신학연구 입문 시리즈 ②

The Blackwell Companion to Christian Spirituality

기독교 영성 연구

아서 홀더 편집 | 권택조 · 유해룡 · 오방식 · 최창국 · 정은심 옮김

기독교문서선교회

기독교문서선교회(Christian Literature Center: 약칭 CLC)는 1941년 영국 콜체스터에서 켄 아담스에 의해 시작되었으며 국제 본부는 미국의 필라델피아에 있습니다.

국제 CLC는 59개 나라에서 180개의 본부를 두고, 약 650여 명의 선교사들이 이동도서차량 40대를 이용하여 문서 보급에 힘쓰고 있으며 이메일 주문을 통해 130여 국으로 책을 공급하고 있습니다.

한국 CLC는 청교도적 복음주의 신학과 신앙서적을 출판하는 문서선교 기관으로서, 한 영혼이라도 구원되길 소망하면서 주님이 오시는 그날까지 최선을 다할 것이다.

The Blackwell Companion to
Christian Spirituality

Edited by
Arthur Holder

Translated by
Taeg-Jo Gwon, Hae-Yong You, Bang-Sik Oh,
Chang-Kug Choi, Eun-Sim Jeong

Copyright © 2005 by Arthur Holder
Originally published in English under the title as
The Blackwell companion to Christian spirituality
Translated and used by the permission of
BLACKWELL PUBLISHING
9600 Garsington Road, Oxford OX4 2DQ, UK

All rights reserved.

Korean Edition
Copyright © 2017 by Christian Literature Center,
Seoul, Korea

추천사 1

주명수 박사
법무법인 정담 대표변호사/밝은교회 담임목사
『영혼의 어두운 밤』(CLC, 刊) 저자

    영성에 대한 갈증과 갈망이 커져가는 현대에 바른 영성에 대한 이해를 돕기 위해『기독교 영성 연구』가 번역되어 출간된 것을 축하드린다. 본서는 독자들이 기독교 영성을 이해하는 데에 큰 도움을 줄 수 있는 매우 가치 있는 책이다. 기독교 영성이라는 주제를 다루는 다른 책들과 비교할 때, 이 책의 접근법은 종합적이고 포괄적이다.
    『기독교 영성 연구』는 총 여섯 부로 구성되어 있다. 제1부("기독교 영성이란 무엇인가?")는 영성에 대한 신학적, 역사적, 인류학적 접근법을 설명한다. 제2부("성경과 기독교 영성")는 기독교 영성에 대한 역사적 연구와 현대적 적용을 조명한다. 제3부("역사에서의 기독교 영성")는 기독교 영성에 대한 핵심적인 주제들을 소개한다. 제4부("신학과 기독교 영성")는 기독교적 체험과 밀접한 신학의 측면들을 다룬다. 제5부("기독교 영성 연구를 위한 학제간 연구의 대화 상대자들")는 여러 학문 분야들과의 대화를 통해 기독교 영성의 전망을 탐구한다. 제6부("현대 기독교 영성의 중요한 주제들")는 일곱 가지 주제를 바탕으로 연구를 확장한다.
    본서는 한국 교회, 교인들, 신학생들에게 분명히 선한 영향력을 끼칠 것이다. 본서를 번역하신 다섯 분의 교수님들의 수고에 진심으로 감사드린다.

추천사 2

전요섭 박사
성결대학교 기독교상담학 교수
한국복음주의상담협회 이사장

본서 『기독교 영성 연구』는 제목 그대로 기독교의 영성을 이해하는데 매우 중요한 저서로서 우리말로 번역된 것에 대해서 기쁘게 생각한다. 국내외적으로 기독교 영성에 대해서 이렇게 다양한 입장에서 포괄적으로 다룬 책은 흔히 발견하기 어렵다. 무엇보다도 기독교 영성에 대한 역사적인 이해를 기초로 영성과 관련된 다양한 주제의 신학 그리고 영성과 다양한 학문 간의 관계를 폭넓게 다룬 것이 이 책의 장점이다.

영성은 조직신학의 주제이기도 하면서, 동시에 성경신학, 역사신학의 주제이며, 또 실천신학, 기독교교육 및 기독교상담 등 신학과 신앙의 모든 분야에서 공통적으로 다루는 주제이다. 따라서 본서는 신학도들뿐만 아니라, 목회자, 설교자, 교육자, 상담자 등 모든 사역자들이 기독교 영성 이해에 입문하도록 하고, 건전한 영성을 수립하도록 하고, 그에 대한 확고한 의식과 통찰을 가질 수 있도록 돕는 양서가 아닐 수 없다.

본서가 우리말로 번역되어 한국 교회의 영성에 대한 바른 개념 이해 및 그 의미를 소개한다는 면에서 한국 교회를 위한 큰 선물이 아닐 수 없다. 번역하신 교수님들과 출판해 주신 기독교문서선교회(CLC)에 진심으로 감사드리며 기쁘게 추천한다.

역자 서문

권택조 박사
前 아세아연합신학대학교 대학원장

『기독교 영성 연구』를 번역한 후에, 역자에게 주어진 최대의 선물은 망원경적 시각과 현미경적 시각이 증진되었다는 점이다. 본서는 독자들에게도 망원경적 시각을 선사하여 객관적 안목을 증진시켜 줄 것이고, 아울러 현미경적 시각을 증진시켜주어 자신을 깊이 통찰하여 자기 개혁을 계속함으로써 끊임없는 자기 성장을 도모하게 할 것이다! 이 책은 영성 발달의 필수 요소인 영적 통찰력(spiritual insight)을 모든 독자들의 내면에 풍성하게 제공할 것이다!

본서는 기독교 2,000년 역사 안에 숨 쉬고 있는 기독교 영성에 대한 다양한 내용들을, 다양한 시각들을 통하여 표현된 논문들로 구성되어 있다. 그러므로 본서를 번역함에 있어서, 역자들은 다음과 같은 지침을 가지고 번역을 시작했다.

첫째, 번역은 정확해야 한다는 점이다. 번역은 번역다워야 한다. 번역에서 정확성은 아무리 강조해도 지나치다고 할 수 없을 것이다. 저자의 의도가 정확하게 전달되지 않는 번역은 이미 번역의 정체성을 상실한 번역이기 때문에, 정확성은 번역 정신의 핵심이다.

둘째, 번역을 위한 번역을 해서는 안 된다는 점이다. 충실하게 번역을 한다고 했으나, 독자가 그 번역문을 읽을 때에 내용을 파악할 수 없는 문장들로 번역된다면, 그것은 번역을 위한 번역이지, 번역다운 번역은 아니다. 번역의 목적은 저자의 사상을 독자에게 잘 전달하는 것이기 때문에, 번역을 위한 번역이 아니라, 번역다운 번역이 필수적이다.

셋째, 문장의 질이다. 독자들이 잘 이해할 수 있도록 정확하게 번역을 했지만, 문장의 질이 낮으면 좋은 번역이라고 할 수 없을 것이다.

이와 같은 번역 정신으로 번역을 했으나, 부족한 점을 절감한다. 사전에도 나오지 않는 수많은 단어들과 용어들을 번역하는 것은 보통 어려운 일이 아니었다. 영어 논문이지만, 불어와 라틴어와 독일어와 스페인어와 헬라어는 기본이고, 아시아와 아프리카에서 사용되는 많은 단어들이 보통 명사와 고유 명사로 쓰였다.

 본서를 번역하는 데 동참해주신 유해룡, 오방식, 최창국, 정은심 교수님께 감사를 드리며 본서가 한국 교회와 신학도들의 "기독교 영성 연구"에 큰 도전이 되기를 바란다.

기고자들

Michael Barnes, SJ, teaches theology and religious studies at Heythrop College, University of London, where he is also co-director of the Centre for Christianity and Interreligious Dialogue. He has written various books and articles on inter-religious relations, most recently *Theology and the Dialogue of Religions* (2002). He also runs the De Nobili Centre for Dialogue in Southall, a strongly multicultural and multi-faith area of West London.

Diana Butler Bass is Senior Research Fellow and Director of the Project on Congregations of Intentional Practice, a Lilly Endowment-funded research study of contemporary mainline Protestantism at the Virginia Theological Seminary in Alexandria, Virginia. She is the author of four books on American Christianity, including *Strength for the Journey: A Pilgrimage of Faith in Community* (2002) and *The Practicing Congregation: Imagining A New Old Church* (2004). In addition to teaching and writing, she has served on a number of national committees of the Episcopal Church (USA) and on the staff of an Episcopal congregation as director of adult education.

Michael Battle is Associate Dean of Academic Affairs at the Virginia Theological Seminary in Alexandria, Virginia. He previously taught at Duke University Divinity School and the School of Theology at the University of the South (Sewanee). He has also worked as an inner-city chaplain with Tony Campolo Ministries, and in Uganda and Kenya with the Plowshares Institute. He holds certification in spiritual direction from the Shalem Institute. He also is vice-chairman of the board of the Ghandi Institute. He is the author of *Reconciliation: The Ubuntu Theology of Desmond Tutu* (1997) and *Blessed are the Peacemakers: A Christian Spirituality of Nonviolence* (2004).

Douglas Burton-Christie is Professor of Christian Spirituality in the Department of Theological Studies at Loyola Marymount University, Los Angeles. He is author of *The Word in the Desert: Scripture and the Quest for Holiness in Early Christian Monasticism* (1993) and editor of the journal *Spiritus*, the official journal of the Society for the Study of Christian Spirituality.

John A. Coleman, SJ, is the Casassa Professor of Social Values at Loyola Marymount University, Los Angeles. For twenty-three years he was Professor of Religion and Society at the Graduate Theological Union, Berkeley. His most recent book, co-edited with William Ryan, is *Globalization and Catholic Social Thought: Peril or Promise?* (2005). He is currently working on issues of globalization, ethics and religion, and ecology and the common good.

Philip Endean, SJ, teaches theology at the University of Oxford, and is editor of *The Way*, the journal of contemporary spirituality published by the British Jesuits. He is a co-editor and translator of *Saint Ignatius of Loyola: Personal Writings* in the Penguin Classics series, and is the author of *Karl Rahner and Ignatian Spirituality* (2001).

Alejandro García-Rivera is Associate Professor of Systematic Theology at the Jesuit School of Theology at Berkeley and the Graduate Theological Union. He is the author of numerous articles and books, including *The Community of the Beautiful: A Theological Aesthetics* (1999; 2000 Catholic Press Award) and *A Wounded Innocence: Sketches for a Theology of Art* (2003). He is past president of the Academy of Catholic Hispanic Theologians in the United States, and recipient of the 2003 Virgilio Elizondo award for distinguished achievement in theology.

Barbara Green, OP, is Professor of Biblical Studies at the Dominican School of Philosophy and Theology in the Graduate Theological Union in Berkeley, California. She is author of *How Are the Mighty Fallen? A Dialogical Study of Saul in 1 Samuel* (2003) and *Jonah's Journeys* (2005). She is general editor of Liturgical Press's "Interfaces" series on biblical characters.

David Hay is Honorary Senior Research Fellow in the Department of Divinity and Religious Studies at the University of Aberdeen and Visiting Professor at the Institute for the Study of Religion of the University of Cracow in Poland. He is a zoologist by profession and a Roman Catholic layman. He worked for some years at the Religious Experience Research Unit in Oxford, becoming its director in 1985. Subsequently, he was appointed Reader in Spiritual Education at Nottingham University, a post from which he retired in 2000. His books include *Exploring Inner Space: Scientists and Religious Experience* (1982) and, with Rebecca Nye, *The Spirit of the Child* (1998).

Arthur Holder is Dean, Vice President for Academic Affairs, and Professor of Christian Spirituality at the Graduate Theological Union in Berkeley, California. A priest of the Episcopal Church, he is the translator of *Bede: On the Tabernacle* (1994) and cotranslator of *Bede: A Biblical Miscellany* (1998). He is co-chair of the Christian Spirituality Group of the American Academy of Religion, and serves on the governing board of the Society for the Study of Christian Spirituality and the editorial board of the society's journal *Spiritus*.

Amy Hollywood is Professor of the History of Christianity and Theology at the University of Chicago Divinity School. She is the author of *The Soul as Virgin Wife: Mechthild of Magdeburg, Marguerite Porete, and Meister Eckhart* (1995) and *Sensible Ecstasy: Mysticism, Sexual Difference, and the Demands of History* (2002).

Robert Davis Hughes III is Norma and Olan Mills Professor of Divinity and Professor of Systematic Theology at the School of Theology of the University of the South (Sewanee). A priest of the Episcopal Church, he is a Fellow of the Episcopal Church Foundation, a member of the Society for the Study of Christian Spirituality, and past president of the Society of Anglican and Lutheran Theologians. He publishes regularly in *Sewanee Theological Review* and *Anglican Theological Review*, maintains a private practice in spiritual direction, and is president of the board of the GOAL project, a mission society promoting twelve-step recovery worldwide.

Kwok Pui-Lan is William F. Cole Professor of Christian Theology and Spirituality at the Episcopal Divinity School, Cambridge, Massachusetts. She has published extensively in Asian feminist theology, biblical hermeneutics, and postcolonial criticism. Her recent books include *Introducing Asian Feminist Theology* (2000) and *Postcolonial Imagination and Feminist Theology* (2005). She co-edited *Beyond Colonial Anglicanism: The Anglican Communion in the Twenty-first Century* (2001).

Elizabeth Liebert, SNJM, is Professor of Spiritual Life at San Francisco Theological Seminary and a member of the faculty of the doctoral program in Christian spirituality at the Graduate Theological Union. A past president of the Society for the Study of Christian Spirituality, she is co-author of *The Spiritual Exercises Reclaimed: Uncovering Liberating Possibilities for Women* (2001) and *A Retreat with the Psalms: Resources for Personal and Communal Prayer* (2001) and author of *Changing Life Patterns: Adult Development in Spiritual Direction* (1992, 2000).

Ann Loades is Emeritus Professor of Divinity at the University of Durham, England, where she was the first woman to receive a personal chair. She is currently President of the Society for the Study of Theology (2005–6). One of the first two lay members of Durham Cathedral Chapter, she is also its first woman member. She was recently appointed Commander of the Order of the British Empire. Her publications include work on such diverse figures as Kant, Coleridge, C. S. Lewis, Evelyn Underhill, and Austin Farrer. Her most recent monograph is *Feminist Theology: Voices from the Past* (2001) on Mary Wollstonecraft, Josephine Butler, and Dorothy L. Sayers.

David Lonsdale teaches in the graduate Christian spirituality program at Heythrop College, University of London, and played a large part in creating that program. He was also co-editor of *The Way*, a journal of Christian spirituality, from 1984 to 1993. His books *Listening to the Music of the Spirit: The Art of Discernment* (1992) and *Eyes to See, Ears to Hear: An Introduction to Ignatian Spirituality* (2nd edn, 2000) are widely used in teaching and have been translated into several languages.

John A. McGuckin is a priest of the (Romanian) Orthodox Church. He is Professor of Early Church History at the Union Theological Seminary in New York, and Professor of Byzantine Christian Studies at Columbia University. He has written extensively on early Christian and New Testament literature. Recent publications include *St Gregory of Nazianzus: An Intellectual Biography* (2001) and *The Westminster Handbook to Patristic Theology* (2003). He is a Fellow of the Royal Historical Society. Current projects include a translation of Origen and a popular edition of the largely unknown treasures of Ethiopian religious poetry.

Mark A. McIntosh, Associate Professor of Theology at Loyola University of Chicago, is also currently serving as a chaplain to the House of Bishops of the Episcopal Church and as Canon Theologian to the Presiding Bishop and Primate of the Episcopal Church, USA. An Episcopal priest, he holds degrees in history and in theology from Yale, Oxford, and the University of Chicago. In addition to his most recent work, *Discernment and Truth: Meditations on the Christian Life of Contemplation and Practice* (2004), he is the author of *Mystical Theology: The Integrity of Spirituality and Theology* (1998) and two other monographs considering the relationship between theology and spirituality.

David B. Perrin, OMI, is Professor of Spirituality and Ethics at Saint Paul University, Ottawa, Canada. Most recently, he authored *The Sacrament of Reconciliation: An Existential Approach* (1998) and he is the editor of *Women Christian Mystics Speak to our Times* (2001). His research interest in mysticism centers on the mysticism of John of the Cross. Former Dean of the Faculty of Theology at Saint Paul University and past co-chair of the Mysticism Group of the American Academy of Religion, he currently serves on the governing board of the Society for the Study of Christian Spirituality.

Jill Raitt is Professor Emerita of Religious Studies and founder and Senior Research Fellow of the Center for Religion, the Professions, and the Public at the University of Missouri-Columbia. A past president of the American Academy of Religion, she has served as a senior editor of and contributor to the *Oxford Encyclopedia of the Reformation* and as primary editor of and contributor to *Christian Spirituality: High Middle Ages and Reformation* (1987), vol. 17 in *World Spirituality: An Encyclopedic History of the Religious Quest*.

Janet K. Ruffing, RSM, is Professor of Spirituality and Spiritual Direction at Fordham University, Bronx, New York. She is the author of numerous articles and of *Spiritual Direction: Beyond the Beginnings* (2000). In addition, she edited *Mysticism and Social Transformation* (2001) and prepared the critical introduction and translations for *Elisabeth Leseur: Selected Writings* (2005). She is one of the founding Coordinating Council members of Spiritual Directors International.

Robert John Russell is Professor of Theology and Science in Residence at the Graduate Theological Union, and Founder and Director of the Center for Theology and the Natural Sciences (CTNS). He co-edited the five-volume CTNS/Vatican Observatory series, "Scientific Perspectives on Divine Action." He helped lead the CTNS Science and the Spiritual Quest and Science and Religion course programs. He co-edits the new journal, *Theology and Science*. He is ordained in the United Church of Christ. His research includes eschatology and cosmology, quantum physics and divine action, and time, eternity and relativity theory.

Sandra M. Schneiders, IHM, is Professor of New Testament Studies and Christian Spirituality at the Jesuit School of Theology in the Graduate Theological Union, Berkeley, California. She is author of *Women and the Word* (1986), *The Revelatory Text* (1999), *Written That You May Believe* (2003), and two volumes on Roman Catholic religious life (2000, 2001). She has served on the editorial boards of *Spiritus*, *New Testament Studies*, *Catholic Biblical Quarterly*, and *Horizons*, and on the governing board of the Society for the Study of Christian Spirituality, of which she was president in 1997.

Philip F. Sheldrake is William Leech Professor of Applied Theology at the University of Durham, England. He is the author of several books, including *Spirituality and History* (1995) and *Spaces for the Sacred: Place, Memory, Identity* (2001). His current research and writing focuses on spirituality and theological method, and the spirituality/ethics of place and the meaning of cities. He is regularly a visiting professor in North America and is a past president of the Society for the Study of Christian Spirituality.

William C. Spohn is Augustine Cardinal Bea, SJ, Distinguished Professor of Theology and Director of the Bannan Center for Jesuit Education at Santa Clara University. He is the author of *What Are They Saying about Scripture and Ethics?* (2nd edn, 1995) and *Go and Do Likewise: Jesus and Ethics* (1999). He serves as Project Director for Discover (the Santa Clara program for reflection on vocation) and is a member of the Medical Board of California Ethics Task Force.

Columba Stewart, OSB, is a monk of Saint John's Abbey in Collegeville, Minnesota. He is Professor of Monastic Studies at the Saint John's School of Theology and Executive Director of the Institute for the Book, Art, and Religious Culture and the Hill Monastic Manuscript Library at Saint John's University. He is the author of *Cassian the Monk* (1992) and *Prayer and Community* (1998), and is currently at work on a study of early monastic prayer.

Joseph Stewart-Sicking is the Project Associate for the Project on Congregations of Intentional Practice, a Lilly Endowment-funded research study of vital mainline Protestant churches at the Virginia Theological Seminary in Alexandria, Virginia. An Episcopal layperson, his work focuses on the inter-relationships among Christian practices, Christian traditions, and congregational vitality in contemporary society.

William Thompson-Uberuaga is Professor of Systematic Theology at Duquesne University in Pittsburgh, Pennsylvania. A former president of the Catholic Theological Society of America, his published books include *Christology and Spirituality* (1991) and *The Struggle for Theology's Soul* (1996). He specializes in the dialogue between spirituality, theology, and philosophy (especially political theory).

Bonnie Thurston was an academic for thirty years. She now lives as a solitary in West Virginia, USA. An ordained minister in the Christian Church (Disciples of Christ), she was William F. Orr Professor of New Testament at Pittsburgh Theological Seminary and has authored many books including *Spiritual Life in the Early Church* (1993), *Reading Colossians, Ephesians, and II Thessalonians* (1995), *Women in the New Testament* (1998), *To Everything a Season: A Spirituality of Time* (1999), *Preaching Mark* (2002), the Sacra Pagina volume on Philippians (2004), and two books of poetry.

Susan J. White is Alberta H. and Harold L. Lunger Professor of Spiritual Resources and Disciplines and Associate Dean of Academic Affairs at Brite Divinity School, Texas Christian University. She received her PhD from the University of Notre Dame and was previously on the faculty of the Cambridge Federation of Theological Colleges, Cambridge, England and a member of the Faculty of Divinity of the University of Cambridge. Her recent books include *Christian Worship and Technological Change* (1997), *The Spirit of Worship: The Liturgical Tradition* (200 0), and *A History of Women in Christian Worship* (2003).

Ulrike Wiethaus holds an interdisciplinary appointment as Professor of the Humanities at Wake Forest University. She combines her interest in medieval women's spirituality with cross-cultural and interdisciplinary work on the arts, film, and cultural representations of the sacred. She is the author of numerous articles and books on medieval Christian mysticism and spirituality, including *Ecstatic Transformation* (1995), and, most recently, a translation of the visions of a medieval holy woman, *Agnes Blannbekin, Viennese Beguine: Life and Revelations* (2002).

Richard Fox Young is Timby Associate Professor of the History of Religions at Princeton Theological Seminary. He served for some years as a Presbyterian Church (USA) mission worker with churches and Christian institutions in Asia. His major publications – *Resistant Hinduism* (1981), *The Bible Trembled* (1995), *Vain Debates* (1996), and *The Carpenter-Heretic* (1998) – use the indigenous literatures of South Asia to historically reconstruct the encounter of Hindus and Buddhists with Christianity and to reflect theologically on contemporary problems of pluralism, dialogue, and witness.

Contents

추천사 1_ 주명수 박사(밝은교회 목사/변호사)   5
추천사 2_ 전요섭 박사(성결대학교 교수)   6
역자서문_ 권택조 박사(前 아세아연합신학대학교 대학원장)   7
기고자들   9

서문
아서 홀더(Arthur Holder)   18

제 1 부 | 기독교 영성이란 무엇인가?

제 1 장 기독교 영성 연구에 대한 접근방식   36
샌드라 슈나이더스(Sandra M. Schneiders)

제 2 부 | 성경과 기독교 영성

제 2 장 기독교 영성에서의 구약   62
바바라 그린(Barbara Green)

제 3 장 기독교 영성에서의 신약   91
보니 서스턴(Bonnie Thurston)

제3부 | 역사에서의 기독교 영성

제4장 로마 제국 시대의 기독교 영성(100-600)   116
콜롬바 스튜어트(Columba Stewart)

제5장 비잔티움과 동방에서의 기독교 영성(600-1700)   141
존 맥커킨(John A. McGuckin)

제6장 중세 서방에서의 기독교 영성(600-1450)   163
울리케 비트하우스(Ulrike Wiethaus)

제7장 유럽의 기독교 영성 개혁(1450-1700)   186
질 레이트(Jill Raitt)

제8장 유럽과 북미에서의 기독교 영성(1700년부터)   212
다이아나 버틀러 배스(Diana Butler Bass), 죠셉 스튜어트-시킹(Joseph Stewart-Sicking)

제9장 아프리카, 아시아, 라틴 아메리카, 호주에서의 기독교 영성   236
리차드 폭스 영(Richard Fox Young)

제4부 | 신학과 기독교 영성

제10장 기독교 영성에 관한 삼위일체적 관점   268
마크 A. 매킨토시(Mark A. Mcintosh)

제11장 기독교 영성에서의 기독론   289
윌리암 톰슨-우베루아가(William Thompson-Uberuaga)

제12장 기독교 영성에서의 성령   314
로버트 데이비스 휴스 3세(Robert Davis Hughes III)

제13장 기독교 영성과 인간에 관한 신학   338
필립 엔딘(Philip Endean)

제14장　기독교 영성을 위한 정황으로서의 교회　　　362
　　　　　데이비드 론스데일(David Lonsdale)

제15장　성례성과 기독교 영성　　　382
　　　　　앤 로즈(Ann Loades)

제16장　기독교 영성과 신학적 윤리학　　　403
　　　　　윌리암 스폰(William C. Spohn)

제5부 | 기독교 영성 연구를 위한 학제간 연구의 대화 상대들

제17장　사회학　　　428
　　　　　존 A. 콜먼(Jone A. Coleman)

제18장　심리학　　　458
　　　　　자넷 K. 러핑(Janet K. Ruffing)

제19장　자연 과학　　　482
　　　　　로버트 존 러셀(Robert John Russell)

제20장　미학　　　512
　　　　　알레얀드로 가르시아-리베라(Alejandro Garcia-Rivera)

제21장　여성학　　　538
　　　　　애미 헐리우드(Amy Hollywood)

제22장　예식학　　　573
　　　　　수잔 J. 화이트(Susan J. White)

제23장　종교학　　　592
　　　　　마이클 바안즈(Michael Barnes)

제6부 | 현대 기독교 영성의 중요한 주제들

제24장 경험 616
　　데이비드 해이(David Hay)

제25장 신비주의 648
　　데이비드 페린(David B. Perrin)

제26장 해석 669
　　필립 쉘드레이크(Phillip E. Sheldrake)

제27장 자연 694
　　더글라스 버튼-크리스티(Douglas Burton-Christie)

제28장 실천 720
　　엘리자베스 리벳(Elizabeth Liebet)

제29장 해방 운동 747
　　마이클 배틀(Michael Battle)

제30장 종교 간의 대화 770
　　궉 푸이-란(Kwok Pui-Lan)

주제 색인　　795

서문

아서 홀더(Arthur Holder) 박사
버클리연합신학대학원 영성신학 교수

　본서 『기독교 영성 연구』(*The Blackwell Companion to Christian Spirituality*)는 기독교 영성에 대하여 포괄적으로 이해할 수 있도록 도움을 줄 것이다. 기독교 영성은 근래에 영어권에 있는 대학교와 단과대학과 신학교에서 확실한 학술 분야로 자리매김이 되었다. 본서는 여러 분야와 깊은 관계를 맺고, 매우 보편적이며, 최근에 이 분야에서 가장 괄목할 만한 진전의 양상을 대변하게 될 것이다.

　필자는 편집자로서 기고자들에게 기독교 영성이 무엇인지 그 정의를 내려달라는 요구를 한 번도 시도하지 않고, 그들로 하여금 "기독교적 신앙과 훈련에 대한 삶의 체험"을 반영해 달라고 부탁하였다. 본서의 여섯 파트는 기독교 영성, 성경적 근거, 역사적 전개, 신학적 관점, 포괄적인 대화 상대자들, 그리고 오늘날 기독교 영성에서 선택된 주제들에 대한 연구가 다루게 될 것이다.

　필자는 『기독교 영성 연구』가 이 분야의 학자들과 이와 관련된 다른 분야의 학자들 및 교리적인 문제나 제도적 발전을 다루는 어떤 책들을 통해서보다 더욱 쉽게 기독교에 접근하기를 갈망하며 신학과 종교를 연구하는 대학생들과 대학원 학생들에게 사용되기를 희망한다. 또한 본서가 신앙의 실천에 관하여 더욱 배우고자 하는 모든 교단들과 전통들에 속하는 그리스도인들에게 사용되기를 희망한다.

1. 기독교 영성의 정의

> 무릇 하나님의 영으로 인도함을 받는 사람은 곧 하나님의 아들이라 … 우리가 아빠 아버지라고 부르짖느니라 성령이 친히 우리의 영과 더불어 우리가 하나님의 자녀인 것을 증언하시나니(롬 8:14-16).

비록 사도 바울이 "영성"이라는 용어를 결코 사용하고 있지 않다고 할지라도, 이처럼 진지한 신앙 고백은 그 용어에 대한 기독교적인 어떤 해석도 그것이 하나님의 성령과 신자들의 영(생기를 주는 삶의 활력소)과의 밀접한 사랑의 관계, 즉 혈족 관계와 영적 교류의 관계에 필연적으로 관련되어야 함을 제시하고 있다.

그리스도인의 삶은 항상 "성령 안에서의 삶"이며(갈 5:25 참조), 많은 변화와 예측이 불가능한 삶이다. 하나님의 성령은 한 분이지만, 다양한 모습으로 나타나신다. 우리는 인류의 구성원들로서 하나의 공통적인 인간의 영을 공유하고 있지만, 그 영은 우리 각 사람 안에서 독특하고 특유한 형태를 취하고 있다. 이처럼 "기독교 영성"으로 알려진 현상도 다양한 시각들과 역사적, 문화적 문맥의 무한한 범위 안에 나타나는 특수한 표현들을 주의 깊게 관찰할 때에만 이해되고 평가될 수 있는 복합적 주제다.

"Spirituality"(영성)라는 단어는 영어에서 아주 오랜 역사를 가지고 있지 않다. 적어도 그것의 현대적인 의미에 있어서 오래된 단어가 아니다. 그리스도인의 삶의 체험에 관계되는 용어로서, 영어에서의 그 용어의 최근의 대중성은 20세기 초의 프랑스 가톨릭 저서들의 번역에 근거를 두고 있는 것 같다(Principe 1993, 931; Sheldrake 1995, 42-4). 본서의 독자들은 영성의 정의에 관하여 빈번한 논의를 접할 것인데, 구체적인 사항들은 각 글의 문맥 안에서 가장 잘 이해될 수 있을 것이다. 여기에서 영성의 정의는 단순히 기고자들이 일반적으로 동의하는 어떤 쟁점들(issues)을 가리키기도 하며, 동의하지 않는 것들을 가리키기도 한다(혹은, 적어도 신중하게 다른 강조점들을 제시하기도 한다).

본서의 기고자들을 포함한 현대의 기독교 영성학자들은, 다르지만 서로 관련된 영성의 수준(levels)에 대한 왈터 프린시페(Walter Principe)의 다음과 같은 분류를 쾌히 수용하고 있다.

첫째, "실제적 혹은 실존적 수준."

둘째, 영향력 있는 영적 지도자들이나 전통들이나 학교들에 의하여 구성된 "삶의 현실에 관한 가르침의 체계화."

셋째, "첫 번째 수준 및 특별히 두 번째의 영성의 수준들에 관한 학자들의 연구"(2000, 47-8).

이 세 가지 의미들 중 각 담론에서 어떤 것이 활용되었는지에 관한 것은 그 문맥에 따라 결정되는데, 이것은 영어를 말하는 사람들이 "역사"(history)에 대하여 생각할 때에 때로는 그것이 과거의 사건들을 의미하기도 하고, 때로는 그 사건들의 이야기식의 설명서를 의미하기도 한다는 점을 고려하는데 익숙해져 있는 것과 마찬가지다.

또한 때로는 역사를 해석함에 있어서 과거의 사건들과 후대의 저술가들이 제공한 설명서를 연구하는 학문적 분야를 모두 고려해야 하는 경우도 이에 해당한다. (그러나 역사학에서처럼 기독교 영성학 분야에서도 탈근대[postmodern] 이론가들은 우리가 우리 자신이 아닌, 다른 누군가를 위하여 첫 번째의 "실존적" 수준에 직접적으로 접근해왔는지 아닌지에 관한 질문을 종종 한다는 점을 주목하라. 만약 아니라면, 이 분야의 학문들은 사실상 담론들과 두 번째 수준에 나타나는 가공품들을 연구하는 것에 불과할 것이며, 첫 번째 수준에서 도출한 그들의 추측들은 필연적으로 일시적인 것이거나 아마도 환상에 불과할 것이다.)

본서를 위한 모든 기고자들은 영성의 연구는 "체험"에 적절하게 초점을 맞출 필요가 있다는 것을 주장하는 것 같다. 비록 "체험"이 의미하는 바가 무엇이며, 혹은 그것을 어떻게 하면 가장 잘 연구할 수 있는가에 대한 문제에 대하여는 완전한 합의를 보지 못하지만, 이 방면의 학자들이 동의하는 바는 기독교 영성의 분야에서 연구되는 체험은 특별한 환상이나 통찰의 순간들, 혹은 기도와 묵상(meditation)과 같이 명시적으로 나타나는 경건의 체험들에 국한되지 않는다는 것이다.

확실히 기독교 영성의 학문적 분야가 관여하고 있는 체험은 "물질적인"(material) 혹은 "육신적인"(embodied) 것과 반대되는 개념으로서의 "영적인"(spiritual) 것을 의미하는 것은 아니다. 이 방면의 학자들은 바울의 용어에서 "영적인"(*pneumatikos*, "프뉴마티코스")이라는 것은 "성령의 영향권" 아래에 있다는 것을 의미한다는 것을 잘 알고 있다. 그것은 "육신"(body/*soma*, "소마")과 대조되는 개념이 아니라 "육"(flesh/*sarx*, "사르스"), 육의 이기적 욕망들과 대조되는 개념이라는 것이다.

그러므로 이런 학자들은 모든 이원론의 제안들을 탈피하기 원하며, 명시적으로 나타나는 종교적 현상들은 물론, 정치, 경제, 예술, 성(sexuality), 과학 등 삶에 관계되는 요소들을 총체적으로 영성에 포함시키기를 원한다. 물론, 한 가지 어려운 점이 있는데, 그것은 영적인 글을 쓰는 기독교 저술가들과 실천가들 중 대다수의 전 세대 사람들은 이원론에 대하여 확실한 반대의 입장을 취하지 않고 있기 때문에 그들의 신념과 흥미가 그들이 연구하고자 하는 자료들이 가지고 있는 경향성과 맞지 않는다는 점을 솔직하게 인정해야 한다는 점이다.

마지막으로, 본서의 기고자들은 기독교 영성 연구는 근본적으로 포괄적이라는 점에 동의한다. 비록 그들의 학문 분야는 성경 연구, 역사, 신학, 사회학, 심리학, 물리학, 생물학을 포함하는 다방면의 학문적 분야에 배경을 두고 있다고 할지라도, 필자가 믿기로는 그들 모두가, 적어도 부분적으로나마 기독교 영성에 관한 연구를 하는 사람들이라면, 그들 자신들을 기독교 영성학자들이라고 여길 것이다. 그것은 자신들의 학문적 배경의 정체성들의 특질 때문이 아니라, 그 정체성들을 강화시키고 거기에 초점을 맞출 수 있기 때문이다.

그들 중 어떤 사람들에게는 기독교 영성이 그들의 주요 학문 분야가 되었고, 다른 사람들은 다른 분야의 학문을 찾아 그것을 본거지로 삼아 때때로 기독교 영성에 과감하게 접근하려는 시도를 하고 있으며, 또 다른 사람들은 아마도 그것들 중 하나의 입장에서 일을 할 때에 특별한 구별의 필요성을 느끼지 못하면서 두 진영에 모두 발을 들여 놓는다고 여길 것이다. 그러나 확실히 그들 누구도 그 주제에 대한 자신의 접근이 소모적이라거나 스스로 충분하다고 주장하지는 않을 것이다.

진실로 필자가 믿기로는, 본서의 독자들은 그 모든 학자들이, 학문적 분야의 이질성에도 불구하고, 그들에게 매혹을 주는 방대한 정체성을 가진 기독교 영성이라고 하는 한 가지 주제에 대하여 하나의 공통적 대화에 참여하고 있다는 것을 식별할 수 있을 것이다. 기독교 영성은 그들의 전문가적 지식의 특수한 부분에 관련하여서가 아니라 방대한 전체성에 관련하여 그들을 매혹시킨다는 사실을 본서의 독자들은 식별할 수 있을 것이다.

이와 같이 의미 있는 일치성에도 불구하고, 본서의 기고자들은 기독교 영성의 분야에서 모든 학자들이 가담하고 있는 영성의 정의에 대한 중요한 질문들에 대하여는 다양한 견해를 주장한다. 아마도 이런 견해들 중에서 가장 중요한 것은 "기독교 영성"(Christian spirituality)이라는 용어에서 어떤 부분을 주된 질문으로 다룰 것인가에 관한 것이다. 성경 연구나 역사나 신학의 분야에 속하는 어떤 학자들은, 항상 그렇지는 않지만, 대부분의 경우에 구체적인 역사적 현상으로서의 기독교(Christianity)에 중심을 두고 영성을 정의한다. 그리고 다음과 같은 질문을 계속 던진다.

"기독교의 영역 안에서 윤리나 교리나 제도적인 구조들과 구별하여 명확하게 '영성'이라고 확인할 수 있는 것이 무엇이며, 혹은 기독교적인 현상의 특징들을 결합하여 영성이라고 확인할 수 있는 것이 무엇인가?"

기독교 영성의 학문적 분야는 기독교 연구의 광범위한 범위 내에서, 혹은 성경 연구, 교회사, 조직신학과 같이 더욱 협의적으로 정의된 분야에서 실제적으로 전문화된 것이다. 다른 학자들(항상은 아니지만 빈번히 사회 과학이나 자연 과학의 입장에서 영성에 접근하는 학자들, 혹은 그 분야의 학자들과의 대화에 참여하기를 원하는 학자들)은 하나의 우주적 인간 현상으로 영성에 대한 논의를 시작한 다음(예를 들면, "자기 초월[self-transcendence]의 역량"), 이와 같이 공통적인 인간의 체험을 그리스도인들이 어떻게 그들의 특수한 전통에 따라 독특한 방법으로 상술하며 주제화할 것인가를 질문한다.

"그리스도인"이라는 요소와 "영성"이라는 요소 중 어느 것이 먼저 오느냐에 관한 질문은 종종 영성과 신학의 관계에 관한 뜨거운 논쟁거리가 된다.

단순히 우리가 하나님과 하나님에 대한 인간의 담론을 고려하지 않고는 기독교에 관한 어떤 요소도 이해할 수 있는 희망이 없다는 이유에서 기독교 영성에 관한 연구는 필연적으로 신학적이어야 하는가?

혹은 기독교 영성의 학문 분야는 종교 연구의 한 형태로 더 두드러지게 보이는가?

종교 연구에 있어서 신학은 특별한 기여를 하지만 다른 학문 분야들처럼 단지 부수적인 기여만을 한다. 물론 두 견해에 있어서 많은 변수와 미묘한 그늘이 존재하는데, 그것은 그 주창자들이 "신학"을 어떻게 정의하느냐에 달려있다.

신학은 "교리"(doctrine)와 동일한 것인가?

이 경우에 영성학자들은, 그리스도인들이 마땅히 믿고 느껴야 할 것들에 대하여 지성적 또는 교회적으로 선입관에 사로잡힌 개념들이 그들의 삶 속에서 실제로 체험하는 것들을 방해하지 않도록 주의를 기울여야 한다. 신학을 "이해를 추구하는 믿음"이나 단순히 "하나님을 아는 것"으로 정의할 경우엔 신학은(동방 기독교에서 항상 그러했던 것처럼) 사실상 영성과 동의어가 되는 셈이다.

이와 같은 질문들에 대한 논쟁은 12세기 이후 서방 신학의 역사에서 발달된 것들에 의해 결정되는데, 그때는 신학과 영성 간의 분리, 혹은 믿음의 이성적 표현과 삶의 체험 간의 분리로 특징지워졌던 시기였다. 비판적 이성의 우위, 과학적 방법들에 대한 애착, 그리고 "객관적" 학문에 대한 계몽주의적 개념 등이 그것들에 대한 탈근대적 비판들과 더불어 모두 함께 작동하고 있다.

학문적 분야로서의 기독교 영성의 적합한 제도적 위치에 대한 논의들이 현대의 많은 논쟁을 통해 드러난다. 만약 영성이 신학의 하위 학문이거나 혹은 고유의 신학적 산물이라면 그것은 교단 신학교나 교회 소속 대학 등에 존재하는 신앙 공동체의 테두리 안에서 수행될 뿐일 것이다(이와 같은 관점은 신학이 일반 대학들의 커리큘럼에 흔히 등장하는 영국이나 캐나다에서보다는 미국에서 자주 발견된다). 그러나 만약 기독교 영성이 규범적 학문이 아니라 단지 서술적 학문이라면 그것은 아마도 연구와 반응이 권위 있는 신앙 공동체와 무관하게 수행되는 환경에서 가장 잘 추구될 것이다.

기독교 영성의 실천과 참여라는 문제들은 그것을 탐구하는 적절한 환경에 대한 질문과 분명히 깊은 관련을 맺고 있다.

만약 기독교 영성학자들이 종교적 체험을 반영하는 것을 추구한다면, 그들은 동시에 다른 사람들에 대한 영적 안내자로서 다른 사람들의 체험들을 북돋아주고 실현하도록 돕는 것은 적절한 일인가?

영성학자들이 어느 정도까지, 그리고 어떤 방법으로 자신의 체험들을 반영하는 것이 적절한가?

기독교 영성은 수학과 같은 이론적 학문으로서 혹은 공학과 같은 응용 학문으로서 매우 잘 이해가 되는가?

이 영역에서 신앙의 성장과 성화는 참되고 적절한 목적인가, 아니면 단순히 행복하지만 필수적이 아닌 부산물인가?

기독교 영성의 연구는 다른 종교적 전통들에 의하여 가능한가, 그렇지 않은가?

만약 그렇다면, 다른 종교의 학자들은 이 분야의 기독교 학자들과 같은 것을 한다고 볼 수 있는가?

혹은 그들은 내부인들이 아니라 외부인들로서 연구를 하기 때문에 그들의 연구는 필연적으로 다른 어떤 것인가?

어떤 특수한 영적 전통에 대하여 내부인이 외부인의 태도를 취하는 것과 그 반대의 경우도 정말 가능한가?

만약 그것이 가능하다면, 그것은 바람직한 일인가?

이런 질문에 대하여 직접적으로 답변하는 글은 많지 않다. 대부분의 글들은 적어도 저자가 선택하는 어조나 스타일이나 관점에 의해서 암시적인 대답을 준다. 각 글들의 기고자들의 특징적 접근을 확인하기를 원하는 독자는 일인칭(단수나 복수 모두)의 사용에 대하여 주목할 필요가 있다. 오늘날 기독교 영성 분야의 학자들은 고백적인 자기 이야기로부터 시작해서 분명한 "저자가 없는"(즉 객관적인-역주) 글로 나아간다. 본서에 있는 글들은 어느 것도 양극에 치우치지 않고 양자 사이에서 적절한 위치를 차지하고 있다.

기독교 영성학자들을 매혹시키거나 때로는 당혹케 하는 마지막 질문은, 영성과 종교의 관련성에 관한 것이다. 영성과 종교는 동의어라고 주장하거나 혹은 적어도 그것들 사이의 일반적으로 만들어진 구별들이 영성을 비역사적, 개별적, 비구체적, 지극히 사적인 것으로 축소시킬 것이라고 주장하는 사람들이 있다. 비역사적, 개별적, 비구체적, 지극히 사적인 영성은 본서의 기고자들과 같은 학자들에게 전혀 흥미를 주지도 못하고 이런 것은 "그리스도인"이라는 이름에 합당치 않다.

혹자들은 영성을, 주어진 종교적 전통을 개인적으로 적용한 것이라고 주장하기를 원할 것이다(그렇다면 우리가 어떻게 침례교나 아르메니안 정교회의 영성에 대하여 의미 있게 말할 수 있겠는가? 그렇다면 그와 같은 단체들도 하나의 특징적인 공동의 영성을 가지고 있지 않을 뿐만 아니라 공통적 종교라고도 할 수 없지 않겠는가?).

어떤 사람들은, 영성은 초월에 대한 인간의 보편적 경험으로서 그것은 어떤 특정한 종교의 형태와 구조로 특수화되고 구체화된다고 주장한다. 이는 종교를 "절대적 의존의 감정"이라고 주장하는 슐라이에르마허(Schleiermacher)의 유명한 종교의 정의와도 맥락을 같이한다. "영성"을 "종교"와 대립적인 개념으로 보려는 현대적인 경향은("영적이지만 종교적이 아닌"과 같은 표현에 나타나는 것처럼), 여기에 기고한 어떤 저자들도 그렇게 보는데, 이와 같은 대립적인 정의가 정확하든 그렇지 않든, 그 자체가 학문적 관심을 가질 수 있는 가치를 지닌다.

다른 말로 하자면, 우리는 사람들이 그 두 용어를 대조적으로 사용할 때에, 그들이 무엇을 말하려 하는지에 대하여 주의 깊게 경청할 필요가 있다. 우리는 추상적인 개념으로 "영성"이나 "종교"에 관하여 많은 것들을 배우지 못할 지도 모르지만, 그 단어들을 이와 같은 방법으로 사용하는 사람들의 체험에 관한 것들을 많이 배울 수 있을 것이다.

전에 언급한 대로, 본서의 기고자들에게 필자가 부탁한 작업적 정의(working definition)는 "기독교적 신앙과 제자도(discipleship)의 생생한 체험"으로서의 기독교 영성에 관한 것이었다. 비록 어떤 기고자들은 더 구체적인 것이 주어질 필요가 있다고 말하거나 기독교 밖에 있는 사람들의 영성과 관련될 필요가 있다고 말하기도 했지만, 기고자들 중 그 누구도 이와 같은 정의를 철저히 거부하거나 특별히 문제가 있는 것으로 여기지 않는 것 같다. "신앙"과 "제자도"라는 낱말이 명백한 기독교적 용어들로서, 성경적이고 신학적 공명이 충분하다는 것은 주목할 만한 가치가 있다.

어느 세기의 사람이든지, 신중한 기독교 저술가들이라면, 이와 같은 단어들이나 이와 유사한 단어들을 균형 있게 사용하지 않았다고 생각할 수 없고, 어떤 기독교 단체들도 가르치고 예배할 때에 이런 단어들을 의존하지 않았다고 생각할 수 없다. 그러므로 이 작업적 정의는 기독교에 대하여 외부자적이기보다는(분석 중에 있는 현상 밖에서 온 용어들로 표현하는), 분명히 내부자적이다(즉, 자기 이해에 따라 고유한 용어들로 표현한다). 어떤 학문적 주제의 정의가 그렇듯이, 이 정의도 한계성뿐 아니라 강점도 있다. 궁극적으로 무엇이든지 그러한 정의의 가치는, 그 정의가 누군가로 하여금 스스로 답을 찾도록 돕느냐에 의해 정해지는 것이다.

이 정의는 연구를 고무시키고, 통찰력을 길러주며, 논쟁과 탐험을 위한 흥미로운 질문들을 제기할 수 있는가?

기독교 영성에 대한 필자의 작업적 정의는 그 중요한 척도에 의하여, 그리고 본서에 실린 논문들(essays)을 근거로 하여서, 그 역할을 다할 것으로 보인다.

2. 논문들에 대한 서론

본서 『기독교 영성 연구』의 구조는 우연한 것도 아니고 필자의 독창적인 것도 아니다. 버클리연합신학대학원(The Graduate Theological Union in Berkeley)의 필자의 동료들은 즉시 인식할 것이지만, 본서의 여섯 가지 구성 요소들은 기독교 영성 박사 과정의 초안과 거의 일치하며, 몇 가지 부분에 필자가 참여하는 영광을 가졌던 서론적 세미나 강의 요목과도 거의 일치한다(본서를 편집하는 주된 동기는 이제 우리가 드디어 대학원 수준에 맞는 교과서를 갖게 될 것이라는 인식에 있었다).

즉 우리는 정의와 방법에 관한 질문들로부터 시작해서 성경과 역사 안에서 기독교 영성의 기초를 탐구한 다음, 신학적인 관점들을 만나게 된다. 여기까지 우리는 그들의 연구 계획의 성격과 관계없이, 이 분야에 있는 모든 학자들이 숙고하며 완성한(적어도 일반적인 수준에서) 자료들과 질문들을 다루게 된다.

그 다음에 우리는 학제간 연구의(interdisciplinary) 대화 상대자들을 모은 것을 숙고하게 될 것이다. 한 학자가 특정한 연구 주제와 관련하여 연결 짓기를 원하는 하나 또는 그 이상의 학제간 연구의 대화 상대자들에 대해 우리는 숙고하게 될 것이다.

그리고 마지막으로, 오늘날 이 분야에 종사하고 있는 많은 사람들이 특별한 흥미를 가질만한 현대 기독교 영성의 주제들에서 몇 가지 실례를 살펴보게 될 것이다. 필자는 이 역동적이며 변화무쌍한 학문에 대한 안내자이며 멘토의 역할을 한, 버클리연합신학대학원의 학생들과 교수들이 수년에 걸친 도움과 영감을 제공해준 것에 대하여 감사를 표한다.

제1부("기독교 영성이란 무엇인가?")는, 비교적 새로운 학문 분야에 적절한 정의들와 방법론들에 관하여 가장 명료하고 박식하게 글을 쓰는 영어권 학자로 생각되는 샌드라 슈나이더스(Sandra M. Schneiders)가 쓴 한 편의 논문을 담고 있다. 여기에서 그녀는 그녀의 잘 알려진 영성의 정의, 즉 "한 개인이 인식하는 궁극적 가치의 지평을 향한 자기 초월을 통하여, 삶의 통합을 위한 과제에 의식적으로 참여하는 경험"에 대해 설명하고 다듬는다. 그 다음에 기독교 영성에 대한 세 가지 접근들(역사학적, 신학적, 인류학적)에 대하여 진술하고, 각각의 접근들이 약속한 것들에 대한 관대한 평가와, 그 접근들에 존재하는 잠재적 함정들에 대하여 통찰력 있는 경고를 제공한다. 마지막으로, 슈나이더스는 기독교 영성의 연구에 있어서 실천과 참여라는 논쟁적인 주제에 대하여 자신의 미묘한 관점을 제시한다.

제2부("성경과 기독교 영성")의 논문들은 모두 역사적 탐구과 현대적 적용에 대한 문제들을 결합한다. 첫 번째 논문은 주로 성경이 산출하는 영성을 다루는 반면, 두 번째 논문은 성경을 산출하는 고대 영성에 관하여 더욱 집중한다. 이와 같이 상이한 접근들은 어느 정도까지는, 구약과 신약 사이에 있는 뚜렷한 차이를 반영한다(즉, 후자는 그리스도인들에 의하여 기록되었고, 전자는 유대인들에 의하여 기록되었다). 그들은 또한 "성경적 영성"에 대한 두 가지 다른 접근들을 대변한다.

그 첫 번째 논문에서 바바라 그린(Barbara Green)은 구약성경이 그리스도인들을 위하여 얼마나 형성적(formative)이며 또한 변형적인(transformative)지를 보여주기 위하여 요나서의 기독교적 주석의 역사를 추적한다. 결론적으로, 구약 본문의 기독교적 적용을 위한 다섯 가지 영구적 논점들을 확인한다.

보니 서스턴(Bonnie Thurston) 작품인 두 번째 논문은 신약이 영성들의 복합성을 반영한다는 것을 우리에게 상기시켜 준다. 그리고 그 영성들 각각은 공동체 안에서의 제자들의 종교적 체험에서 나온 것들이며, 그 영성들 모두는 1세기 세계가 우리의 때와는 다르다는 것을 인식 가운데 연구될 필요가 있다는 것을 반영한다. 비록 그리스도인들이 동일한 부활의 그리스도를 경험할 것을 주장하기는 그때나 지금이나 마찬가지지만 말이다.

제3부("역사에서의 기독교 영성")의 여섯 개의 논문들은 가장 의미심장한 주제들, 순간들 그리고 발전상들의 어떤 면에 대한 전체적 관망을 제공한다. 각각의 논문들은 백과사전적으로 나열한다든지 총망라하려는 시도를 하지 않고, 설명에 도움이 되는 인물들과 기관들과, 실천들과 사건들을 독자가 선택하도록 소개한다. 이 접근 방법은, 저자들이 서

로 관련이 없는 다양한 영성 학파들을 다루는 것을 탈피하여 더욱 종합적인 설명을 제시하려고 한다는 점에 있어서, 많은 이전의 기독교 영성 역사 연구와 다른 점이 있다. 그 결과, 독자는 확실한 다양성은 물론, 기독교의 통일성의 감각을 얻을 수 있게 되었다.

콜룸바 스튜어트(Columba Stewart)는 로마 제국 기간(100-600)의 기독교를 예전(liturgy)과 헌신을 실천하며, 공적인 증거(가장 눈에 띄는 것은 순교, 금욕주의[asceticism], 수도원 제도[monasticism] 등임)를 통한 기독교 문화의 통일성을 추구하고, 영적 문화를 형성하는 것으로 특징짓는다.

맥커킨(John A. McGuckin)은 찬송가(hymnody)와 교리 논문들과 영적 안내서와 성인전(聖人傳, hagiography) 및 논증(polemic)을 포함하여 다양한 장르(genre)에서 글을 쓴, 가장 주목할 만한 비잔틴 저술가들과 시리아 저술가들 중 몇 사람들을 중심으로 동방 교회의 역사를 1700년으로 진척시킨다.

울리케 비트하우스(Ulrike Wiethaus)는 종교개혁 직전의 중세 서양에서 긍정적 유산들(여성의 역할의 신장, 신비적인 저술, 극단적 궁핍에 대한 이상들, 고난의 영웅적 수용)과 부정적 유산들(종교적 편협성, 다양성의 두려움, 본문에 대한 지나친 의존)을 모두 남긴 다문화 통합의 출현을 고찰한다.

질 레이트(Jill Raitt)는 혼란했던 시기인 1450-1700년에 있었던 모든 종류의 유럽의 개혁들(개신교, 로마 가톨릭, 성공회, 재세례파, 퀘이커)을 사람들이 은둔 생활에서 탈피하여 일터와 가정으로 나가는 다양한 영적 실천의 방법들로 분석한다.

공저자들인 다이아나 버틀러 배스(Diana Butler Bass)와 죠셉 스튜어트-시킹(Joseph Stewart-Sicking)은 1700년 이후의 근대(modern) 북미와 유럽의 기독교 영성을 계몽주의와 제도적 권위의 실추에 영향을 받은 교회 안과 밖의 창조적 인물들에 의하여 실천된 영적 선택들의 다양한 모자이크로 바라본다.

리차드 폭스 영(Richard Fox Young)의 논문은 본서에서 특별히 환영을 받는데, 그 이유는 그 글이 많은 독자들에게 익숙지 않은 분야를 보완해 주기 때문이다. 그는 아프리카와 아시아와 라틴 아메리카와 오세아니아에 존재하는 영성을 고찰하기 위하여, 많은 전통적인 자료들 뿐만 아니라 문헌을 사용함에 있어서, 복음의 서양식 전달로부터 비서양적 적용으로 그리고 선교사들로부터 회심자들로 강조점을 전환하는 새로운 사료편찬의 관점을 사용하였다.

제4부("신학과 기독교 영성")에서 우리는 생생한 기독교적 체험에 참여하는 신학의 건설적 측면을 살펴볼 것이다.

매킨토시(Mark A. McIntosh)는 삼위일체 하나님의 마음에 존재하는 자기 수여(self-giving)의 신적 관용의 정신에서 기독교 영성을 뿌리내리게 하려고, 고백자 막시무스(Maximus the Confessor), 아퀴나스(Aquinas), 트러헌(Traherne)과 십자가의 요한(John of the Cross) 등과 같이 다양한 신학자들을 접근한다.

윌리엄 톰슨-우베루아가(William Thompson-Uberuaga)은 영성에서의 기독론의 역할은 신앙 생활에서의 신학적 이성의 역할과 유사하다는 것을 제안하면서, 믿음주의자와 합리주의자의 기독론 둘 다는 영성을 감소시키는데로 나아가지만, 양자가 결합된 형태는 세계화와 탈근대 사상의 국면에서 보다 좋은 관망을 제시한다고 주장한다.

로버트 데이비스 휴스 3세(Robert Davis Hughes III)는 성령에 관한 질문(종종 영성의 담론에서 이상하게도 도외시함)을 하면서, 영적 삶에서 회심과 변화와 완성의 삼중 모형의 근원으로서 성령의 삼위일체적 사명을 탐구한다.

필립 엔딘(Philip Endean)은 신학의 연구를 지나치게 제한적으로 보는 샌드라 슈나이더스의 관점에 도전하면서, 최고의 상상력에 도달하여 오늘날 "영성"이라고 부르는 것에 근접한 신비 입문적(mystagogical) 신학을 지지한다. 그 다음에 그는 계속하여 확인하기를 인간 인격에 관한 교리적 전통의 연구(이것은 그가 의미하는 "신학" 전체가 아니다)가 영성을 위하여 세 가지 공헌을 할 수 있다고 주장한다. 즉 정황의 명료화, 진리에 대한 관심, 공감의 확장이다.

데이비드 론스데일(David Londsdale)은 영성을 위한 정황으로서의 교회에 관한 논문에서 교회를, 주로 교회의 적절하고도 특징적인 활동인 예전을 통하여 제자들에게 분별력을 길러주는 정서와 소망의 학교로 묘사한다.

예전은 앤 로즈(Ann Loades)의 성례성에 관한 논문에 자연스럽게 나타난다. 그러나 그녀가 첫 번째의 실례로 우리에게 지목하는 것은, 교회에서 예배드리는 것이 아니라, 자연, 창조성, 생육(生育, procreation and parenting), 가무(歌舞, music and dance) 고요함과 침묵이라는 세상적 성례들이다. 그리고 마지막으로 우리 중에 성육신하신 그리스도를 성례로서 지목한다.

윌리엄 스폰(William C. Spohn)의 글로 제4부의 결론을 짓는데, 그는 덕 윤리학(virtue ethics)에 근거하여 영적 실천으로 다음의 것들을 제시한다. 즉 결혼의 정절, 찬양 그리고 도덕적 인격과 행위를 위하여 기독교 신자들의 정서를 형성하는 주요 수단되는 예전적 기도이다.

제5부의 논문들("기독교 영성 연구를 위한 학제간 연구의 대화 상대들")은 다양한 학술 분야

와 대화를 하면서 기독교 영성의 전망과 도전을 탐구하는데, 이 모든 학술 분야의 대화에 대하여는 신학 연구와 종교 연구의 대화라는 형태로 앞에서 이미 논의되었다.

첫 번째 논문에서 콜먼(John A. Coleman)은, 21세기에 들어서서 미국에서 일고 있는 영성들과 종교 운동들에 대한 방대한 배열을 다루는 근래의 사회학적 문헌들을 개관한다. 그리고 "영적인" 범주와 "종교적인" 범주가 종종 상반되게 정의되는 반면, 많은 사람들은 자신을 이 두 범주에 연관시킨다는 점을 지적한다(영적 성장을 강조하는 교회들에게는 좋은 소식).

그 다음에 자넷 러핑(Janet K. Ruffing)은, 영성의 연구에 특별히 적합한 주요 심리학 학파들(정신 분석학, 인지 심리학, 분석 심리학, 초월 심리학)의 개관을 제공한다. 그러나 러핑은 경고하기를, 영성에 대한 이 학파들의 이해는 종교 공동체와 무관하게 사물화되어 기독교 영성에서 아주 중요하게 여기는 정의와 긍휼이라는 사회적 주제들에 대해서 소홀하다고 한다.

자연 과학과의 대화의 가능성들이 로버트 러셀(Robert John Russel)에 의해 탐구되었는데, 그는 우리로 하여금 빅뱅 이론(Big Bang)과 같이 오래된 것이나 인공지능(artificial intelligence)과 같이 새로운 것이나 DNA 분자와 같이 미세한 것이나 별들과 같이 방대한 것들에 대한 과학적 토론들이 갖고 있는 영적 함의에 관심을 두어야 함을 지적한다.

알레얀드로 가르시아-리베라(Alejandro Garcia-Ribera)는 미학의 역사적 발달을 플라톤과 아리스토텔레스로부터 초대 교회와 중세를 거쳐서 칸트(Kant)와 헤겔(Hegel)과 발타자르(von Balthasar)로 올라오면서 살펴보고, 아름다움을 감상하고 창조하는 인간의 능력은 신성(the divine)에 대한 우리의 체험의 본래적 양상이라고 주장한다.

애미 헐리우드(Amy Hollywood)의 논문은, 캐롤라인 워커 바이넘(Caroline Walker Bynum)과 근래의 다른 학자들이 수행한 중세 영성에 대한 페미니스트적 해석들이 그 역사 이전에 감춰져 있던 양상들을 드러낼 뿐만 아니라 어떤 정황의 기독교 영성과도 관련이 있는 복합 방법론적, 이론적 주제들을 제시했음을 보여준다.

예식(ritual) 연구들과의 대화에 관한 수잔 화이트(Susan J. White)의 논문은 개념들과 인류학과 민족지학(民族誌學, ethnography)과 실행 연구들(performance studies)의 조사 도구들을 통합시킨다. 이 조사 도구들은 특히 종교적 실천과 특히 종교 의식적 실천에 대한 근래의 흥미에 비추어 볼 때에(위에서 언급된 대로 제4부의 몇 가지 신학적 논문들과 관련하여), 많은 영성학자들에게 유용할 것이다. 그리고 만일 기독교 영성이 **종교적** 체험의 한 형태라면, 다른 주요 세계 종교들을 고려하지 않고 기독교 영성을 논하는 것은 어려운 일일 것이다.

제5부의 마지막 논문에서 마이클 바안즈(Michael Barnes)는 자신이 이름을 지은, "대화의 신학"(theology of dialogue)을 제시하는데, 그것은 종교적 "타자"(other)를 이해하기 위한 모델로서 "종교들의 역사"나 "종교의 연구"를 넘어서는 것을 추구한다.

만약 여백이 있었다면, 마지막 부분인 제6부("현대 기독교 영성의 중요한 주제들")는 더욱 많은 주제들을 포함하도록 확장시킬 수 있었다. 그러나 선택된 일곱 가지 주제들은 근래에 가장 학술적인 주목을 끌고 있는 주제들 중 몇몇을 대표하는데, 기회가 온다면 더 많은 주제들을 다루기로 약속한다.

데이비드 해이(David Hay)의 종교적 혹은 영적인 체험에 관한 논문은, 기독교 영성의 기초적인 양상(fundamental aspect)에 관련된 철학적 반추와 경험적 자료를 제공하는데, 이 기초적인 양상은 종종 환각이나 신경증이라는 도전을 받았다. 그러나 그것은 생물학자들과 심리학자들과 사회학자들과 기타 많은 사람들로 하여금 계속적으로 연구하도록 자극을 주고 있다.

데이비드 페린(David B. Perrin)은 신비주의(mysticism)을 "어떤 절대적 신적 실체와 하나가 되거나 친밀해지는 경험"으로 정의하면서, 신비주의와 "일상적" 종교적 체험 간의 관계, 신비주의가 언어와 텍스트와 맺고 있는 관계, 신비주의가 몸과 영혼과 맺고 있는 관계, 신비주의가 기독교 신앙의 예언적이고 은사적 차원과 맺고 있는 관계를 조사한다.

필립 쉘드레이크(Philip F. Sheldrake)는 기독교 영성의 "고전적 텍스트들"(classical texts) 안에서 의미를 발견하려는 모든 노력과 관련하여, 제3부의 역사적 논문들과 함께 풍성하게 읽힐 수 있는 논문에서 해석의 과업에 대하여 숙고한다. 즉, 기독교 독자들의 공동체들은 그들이 읽는 것에서 지혜를 어떻게 발견할 것인가? 더글라스 버튼-크리스티(Douglas Burton-Christie)는 자연에 대한 영적 의미에 관한 현대적인 글, 특별히 "소멸의 시대"(age of extinction)로 묘사된 바, 개인적이고 우주적인 척도에서의 상실의 경험이 그려진 글에 대해 숙고하는 하나의 논문에서 좋은 해석의 실례를 제공했다.

기독교 영성 연구의 "실천"과 역할이라는 부분으로 돌아가서, 엘리자베스 리벳(Elizabeth Liebert)는 학문에의 도움 뿐만 아니라 영적 성장의 도구로서의 실천을 교실에서 옹호하기 위해서 목회신학 분야와 교육 이론에서 얻어지는 통찰력들이 병행하기를 호소한다.

마이클 배틀(Michael Battle)은, 해방신학의 관점들에 대한 확증과 비판 둘 다를 대표하는 현대적 신학자이며 실천가인 데스몬트 투투(Desmond Tutu)가 그러했던 것처럼 기독교 영성이 정체성 정치학(identity politics) 대신에 관계성과 포용(inclusion)에 근거를 둔다면, 해방 운동에 대한 기독교 영성은 어떤 모습으로 보여야 할 것인가를 질문한다.

마지막으로, 궉 푸이-란(Kwok Pui-Lan)의 논문으로 본서를 마무리한다. 그녀는, 증가 일로에 있는 절박한 쟁점들인 종교 간 연합(interfaith) 예배와 다양한 종교적 정체성을 다루는 동시에 종파를 초월한 만남("혼합주의"[syncreticism]라는 부수적인 부담을 가진 채)은 기독교 자체만큼이나 오래된 것이라고 상기시킨다.

3. 학문적 분야의 현재와 과거와 미래

본서는 기독교 영성의 학술적 훈련에 있어서 현존하는 "최첨단"을 대변한다고 정당하게 주장할 수 있다. 그럼에도 불구하고 본서의 목차에 나타나지 않는 중요한 주제들은 여기에 수록된 몇 편의 논문들에서 다루어진다. 예를 들면, 영(Young)과 화이트(White)와 쉘드레이크(Sheldrake)의 논문들에는 기독교 영성에 대한 범주들로서 "문화"를 실체적으로 다룬다. 학제간 연구의 대화 상대자들의 목록에서 문헌연구가 생략된 것을 애석하게 생각하는 독자들은 영(Young)과 헐리웃(Hollywood)과 버튼-크리스티(Burton-Christie)의 논문들을 보도록 초청하는데, 거기에서 문헌과 문학 이론들에 관여하는 좋은 실례들을 많이 발견할 것이다.

영성과 종교의 복합적이고 논란이 있는 관계는 여러 가지 각도에서 배스(Bass)와 스튜어트-식킹(Stewart-Sicking), 콜먼(Coleman), 헤이(Hay), 버튼-크리스티(Burton-Christie)와 궉(Kwok)에 의하여 탐구되었다. 한편 젠더(gender)에 대한 논쟁들은 헐리웃(Hollywood)의 페미니스트 연구에 관한 논문에서만 취급된 것이 아니라, 비트하우스(Wiethaus)와 로즈(Loades) 및 궉(Kwok)의 논문들에서도 다루어졌다.

본서는 이 학문 분야의 현재 상태에 초점을 맞추고 있지만, 그 과거의 의미를 찾기 원하는 독자들을 위하여 여기에 많은 자료들이 있다. 휴스(Hughes)와 페린(Perrin)과 쉘드레이크(Sheldrake)는 물론 슈나이더스(Schneiders)와 엔딘(Endean)도 그 주제에 대한 초기의 학문적 접근들의 양태에 대하여 논의하였으며, 그들이 제공하는 참고문헌들은 독자들로 하여금 도움이 되는 다른 자료들을 접하도록 할 것이다. 그러나 학문 분야로서의 기독교 영성이 발전을 통해 이룬 진보에 대한 가장 큰 효과적 증거는 아마도 본서에 있는 논문들의 응집력(획일성이나 만장일치가 아닌)일 것이다. 다각적인 관점들을 가지고 전혀 다른 주제들로 글을 쓰는 기고자들이 서로의 것들을 포함하여 같은 자료들을 빈번히 인용하고 있다는 사실을 주목하라. 주디스 클라인(Judith Kelin)은 이렇게 썼다.

> 학문적 분야(discipline)라는 용어는 일련의 대상들이나 주제들을 응집력 있게 설명하는 도구들, 방법들, 절차들, 모범들, 개념들 및 이론들을 의미한다. 거듭 말하거니와, 이런 것들은 외적인 우연성들과 내적인 지적 요구들에 의하여 형성되고 재형성된다. 이런 방법으로 훈련은 특정한 '세계관'(world view)을 향하여 경험을 조직하고 집중시킨다(1990, 104).

이것이 그 경우라면, 기독교 영성은 더 이상 단순히 "떠오르는" 학문적 분야가 아니라 분명히 이미 도래했다는 증거를 많이 확보하고 있다.

그러나 클라인의 주된 관심사는 학문 분야의 확립에 있지 않고 학문들 내에 혹은 학문들 사이에 존재하는 제휴상의 예외적인 틈새에 있다. 이런 맥락에서 그녀는 경고하기를, 어떤 학문 분야이든 알기를 원치 않는 것에 대해서는 볼 수 없게 될 뿐만 아니라 자신의 학문적 도구들과 방법론들에 응답하지 않는 것에 대해서는 연구할 수 없다는 점을 피할 수 없다고 한다. 기독교 영성학자들이, 자기들의 학문은 본래 학문간 제휴의 분야라고 주장할 때에, 그와 같은 학문적 손실의 최소화를 희망할 수 있을 것이다. 이와 같은 학문간의 제휴나 "타 분야를 포함하는 분야"(field-encompassing field)는 그 특징적 에너지와 포괄적인 비전과 절충적이지만 잘 정돈된 탐구의 접근을 유지하는 것이 가능할까?

필자는 우리가 기독교 신앙과 제자도의 생생한 체험에 관심의 초점을 맞추는 한, 그것이 가능하다고 믿는다. 기독교 영성학자들과 실천가들인 우리는 그렇게 할 것이다.

학술적 분야로서의 기독교 영성의 크나큰 매력은 그것이 "자기 참여적"(self-implicating) 특성을 가지고 있다는 점에 있다. 많은 영성 학도들은 그들의 연구에 대한 심오한 관계를 가지고 있는데, 그 이유는 그들은 자신의 경험을 이해하기 원하는, 역사적이고 동시대적인 그리스도인들로서 자기 스스로 "성령 안에서의 삶"을 추구하기 때문이다. 다른 이들에게 있어서, 기독교 영성 연구는 아마도 그들이 자신들의 것이라고 부르는 믿음에 대한 연구가 아닐 것이다. 기독교 영성 연구는 그들을 위한 자기 참여이다. 그리고 그것이 이루어 지는 방식은 모든 위대한 인간의 지적 노력이 우리를 진정성과 의미 그리고 목적과 헌신에 대한 질문들에 집중하도록 초대하는, 심지어 강요하는 것이다.

그러나 이 모든 것은 기독교 영성은 필연적으로 "심각하다"(어둡거나 침침하다는 뜻에서)는 것을 의미하진 않는다. 본서의 독자들은 학문적 연구에서 최고의 불후의 명작을 창출하는 것은 의지력이 아니라 갈망이라는 시몬느 베이유(Simone Weil)의 통찰력이 가져다주는 진리를 새롭게 발견하는 것을 기대할 수 있을 것이다.

> 지성은 의욕에 의해서만 이끌림을 받는다. 왜냐하면 의욕이 있는 곳에는 틀림없이 기쁨과 희락이 있기 때문이다. 지성은 희락 안에서만 성장하고 열매를 맺는다 … 영적인 삶을 준비하도록 만드는 연구들에 있어서 지성은 기쁨에 의해서 연주되는 부분이다. 왜냐하면 하나님을 향한 의욕은 영혼을 고양할 수 있는 유일한 힘이기 때문이다. 달리 말하자면, 강림하셔서 영혼을 사로잡는 분은 하나님뿐이나, 의욕만이 하나님을 강림하게 한다(1951, 110-11).

많은 기쁨과 희락과 의욕이 본서의 기고자들의 논문들과 필자의 편집에 스며들었다. 우리의 독자들이 이 『기독교 영성 연구』를 읽음으로써 불붙게 된 진리와 아름다움과 선함과 사랑에 대한 그들 자신의 의욕을 찾아내기를 우리는 희망한다.

참고문헌

Klein, J. T. 1990: *Interdisciplinarity: History, Theory, and Practice*. Detroit: Wayne State University Press.

Principe, W. 1993: Spirituality, Christian. In M. Downey (ed.), *The New Dictionary of Catholic Spirituality*, pp. 931-8. Collegeville, MN: Liturgical Press.

———. 2000: Toward defining spirituality. In K. J. Collins (ed.), *Exploring Christian Spirituality: An Ecumenical Reader*, pp. 43-59. Grand Rapids, MI: Baker Books.

Sheldrake, P. F. 1995: *Spirituality and History: Questions of Interpretation and Method*, rev. edn. Maryknoll, NY: Orbis.

Weil, S. 1951: Reflections on the right use of school studies with a view to the love of God. In *Waiting for God*, trans. E. Craufurd, pp. 105-16. New York: Harper and Row.

기독교
영성

제1부
기독교 영성이란 무엇인가?

제 1 장 ✣ 기독교 영성 연구에 대한 접근방식

제1장
기독교 영성 연구에 대한 접근방식

샌드라 슈나이더스(Sandra M. Schneiders) 박사
버클리연합신학대학원 신약학 및 영성신학 교수

학문 분야로서의 영성은, 신학 또는 종교 연구와 구별되는 형식(형식적 대상)을 가지고 **실존적 현상**(내용적 대상)으로서의 영성을 연구한다. 정의할 정도는 아니지만, 이를 위해선 적어도 연구되는 현상에 대한 확인과 그것을 연구하는 구체적 형식에 관한 설명이 필요하다. 이 글의 첫 번째 부분에서 이 문제를 간략히 다루겠다.

두 번째 부분은 이 글의 중요 주제를 다루고 있는데, 그 주제는 영성 연구에 대한 현재의 접근방식이다. 접근방식이란 지향하는 틀(orienting frameworks)을 의미한다. 그 틀 안에서 구체적인 방법론들이, 영성 분야에 있는 구체적 현상에 관한 연구를 위해 개발된다. 접근 방식들은 주로 학생들이 얻고자 하는 지식의 형태를 반영한다. 또한 그 지식의 형태는 학생들이 흥미로워하고 중요하게 여기는 영성의 측면을 반영한다. 방법론은 흥미로운 것을 조사하기 위해 개발된 절차(방법)의 유기적인 복합체이다.

그러나 이것은 무엇을 연구할 수 있고 연구해야 하는지를 지시하지는 않으며 그렇게 해서도 안 된다. 오히려 방법론들은 그 연구의 타당성과 유용성을 지켜주는 체계적인 시도들이다. 이 글에서 우리는 방법론 혹은 구체적인 방법들보다는 접근방식들을 다루고자 한다.

이 글의 세 번째 부분은 영성이라는 학문 분야에 있는 구체적인 문제, 다른 말로 하면 인간이 하나님을 탐구할 때 자기 참여적(self-implicating) 특징이 어떻게 그 작업에 영향을 미치는지를 다루게 된다.

독자가 염두에 두어야 할 것은, 영성은 다양한 학문적 정황 안에서 연구되는데 이 다양한 환경 속에서 추구되는 목표가 연구 소재와 방법에 상당히 영향을 끼친다는 사실이다.

이렇게 보면 영성은 가령 심리학과 같은 여타 인간을 다루는 분야의 연구와 유사하다. 대학교 1학년생이 심리학을 공부하는 이유는, 주로 자신에 대한 이해를 얻거나 이 분야가 자신의 전공이 될 수 있는지를 결정하기 위해서이다. 대학원생은 중학교 상담사가 되기 위해 필요한 지식과 기술을 얻기를 바란다. 의사는 정신과 전문의가 되기 위해 임상 전문분야를 실습하게 될 것이다. 또는 박사과정 학생들은 주로 그 분야의 이론 연구에 관심을 가질 것이다.

이 목표들은 어떤 구체적인 학생의 작업에 작용하며 상호 영향을 주게 된다. 이와 비슷하게, 영성을 배우는 학생, 특별히 교육 프로그램에 참여하고 있거나 종교 과목 첫 번째 과정을 수강하는 학생들은 보통은 자신의 영적 발달에 대해 제일 큰 관심을 가진다. 특별히 세미나 형식의 프로그램에 참여하는 학생들은 주로 기독교 영성의 풍요로움을 다른 사람에게 전달하는 법을 배우거나 목회적 돌봄의 대상인 사람들의 영적 관심을 분별하고 다루는 법을 배우는데 관심을 가진다. 특별히 영성학 박사과정 수준의 프로그램에 참여하는 사람들은 주로 그 분야 지식의 질적 양적 확장과 장래 자신의 연구와 가르침으로 그 분야에 기여를 하기 위해 준비해야 할 것에 관심을 가진다.

그러나, 이 목표들을 구별하고 목표들 때문에 생기는 영성 연구에 관한 접근 방식의 차이들을 주목하는 것이 중요하지만, 연구가들이 자신의 영적 삶이나 타인을 돕는데 어떠한 관심도 없는 척 하거나 또는 목사들이 영적 삶에 관한 이론적인 지식이 필요 없는 척 하는 것은 모두 부자연스럽다. 요약하면, 비록 영성 분야가 개인적이고 실제적이며 이론적인 프로젝트들이 추구되고 이것들이 상호 작용하는 넓은 영역이지만, 영성이라는 학문 분야의 구체적 목표는 하나님과 인간 간의 관계에 대한 우리의 지식과 이해의 확장이다.

마지막으로 영성이 필연적으로 종교적이거나 교파적이거나 신앙고백적인 것은 아니지만, 본서는 주로 기독교 영성과 관련되어있다. 그러므로 다르게 적시하지 않는 이상, 이 글에서 영성은 기독교 영성을 의미한다.

1. 연구 분야로서의 영성

1) 내용적 대상: 실존적 현상으로서의 영성

학문 분야로서의 기독교 영성은 기독교 신앙에 대한 생생한 경험, 즉 개인적 공동체적 현실(들) 속에서 일어나는 제자도의 삶과 믿음의 주관적 전용(appropriation)를 연구한다. 이 정의는 너무 일반적이라서 잘못 해석할 수 있기 때문에, 필자는 실존적 현상으로서의 기독교 영성을 우선 미묘하게 차이가 있는 일반적인 영성에 대한 정의에 위치시킨 후에 기독교적인 것으로 구체적으로 명시하겠다.

영성은 초월을 위한 인간의 기본적 가능성의 실현이다. 그런데 이 글의 목적을 위해서는, 영성이란 한 개인이 인식하는 궁극적 가치의 지평을 향한 자기 초월을 통하여, 삶의 통합을 위한 과제(project)에 의식적으로 참여하는 경험이라고 정의하겠다. 이 정의의 각각의 요소들은 우리가 논의하고 있는 것을 구체화하는데 도움을 준다.

첫째, 영성은 아무리 고양(elevating)과 조명(illuminating)이 일어날지라도 단순히 자연적으로 일어나는 경험이 아니라, 의식적이고 의도적인 삶의 방식이다. 그것은 계속 진행되는 과제이지 단순히 경험과 에피소드의 집합물이 아니다. 그러므로 영성은 자주 "영적 삶"으로 간주된다. 필자는 영적 삶이라는 용어를 앞으로 가끔씩 쓸 것이다.

둘째, 그 과제는 자기 속에 닫혀있는 것이 아니라, 그 주체로 하여금 순전히 사적인 만족을 넘어서 궁극적 선, 최고의 가치로 지향하게 한다. 이 지향점은 하나님일 수 있고 하나님을 제외한 다른 어떤 것 예를 들면 모든 인간의 완전한 사람됨, 세계 평화, 계몽, 또는 우주의 선(the good of cosmos)일 수 있다.

셋째, 궁극적 가치는 사람을 성장으로 유인하는 지평의 기능을 한다. 그래서 영적 삶은 본질적으로는 역동적이다.

마지막으로, 이 정의는 우리로 하여금 다음의 부정적인 삶의 편성들을 영성이라고 인정하지 않게 한다. 그것들로는 중독(그들이 얼마나 전념하였던 상관없다), 타인과 창조세계를 희생해서 개인의 유익을 구하는 착취적 또는 공격적 과제(이러한 과제가 얼마나 활기가 넘치는지는 상관없다), 또는 돈, 권력, 쾌락과 같이 돈으로 얻을 수있는 것들에 대한 관심들이다.

기독교적인 것으로서의 기독교 영성은 궁극적 가치의 지평을 예수 그리스도 안에서 계시된 삼위일체 하나님이라고 명시한다. 성경은 예수 그리스도를 증언하고 있으며, 그분의 삶은 성령에 의해 믿는 자들에게 전해져서 그들을 하나님의 자녀로 만든다. 바울이

"성령 안의 생명"(참조, 롬 7:6; 8:2, 6, 10-11; 갈 6:8)이라고 부르는 새 생명(삶)은 교회 공동체 안에서 성례적으로 기념되며, 그 생명을 가진 사람들은 하나님의 도래에 대한 사명을 가지고 세상에서 살아간다.

믿음과 제자도의 삶은, 기독교 영성이 연구하는 실존적 현상을 구성한다. 이 시대의 영성 분야는, 인간이라는 주체와 그를 둘러싼 정황이 과거보다는 훨씬 복잡하다는 것을 알기 때문에, 과거에는 영적 삶에 지엽적이고 관계가 없는 것으로 여겼던 주제들에 대해서 관심을 갖는다. 오늘날 기독교 영성의 주제는 전체로서의 인간이다. 즉 영과 정신(mind)과 몸으로서, 개인적이고 사회적이며, 문화적으로 조건되어 있고 생태적으로 모든 피조물들과 얽혀 짜여 있으며, 경제적으로나 정치적으로 책임이 있는 인간이다.

비록 기독교 영성은 개별적인 독특성을 가지며 매우 개인적이지만, 전적으로 기도와 덕의 연습과 관련된 사적인 혹은 순전히 "내면적인" 일이 아니다. 피터 반 네스(Peter Van Ness)가 설명했듯이(1996, 5), 기독교 영성에서는 자기(self) 전체가 전체로서의 실재(reality)와 관련된다. 기독교 영성 분야에서는 "자기"와 "실재"는 기독교 신앙에 의해 정의된다.

2) 형식적 대상: 종교적 경험으로서의 영성

모든 기독교 신학은 기독교 신앙, 즉 하나님, 그리스도, 성경, 성례들, 교회, 도덕 등을 연구한다. 이 같은 것들은 궁극적으로는 전 역사를 통해 구성원들 속에 있는 교회의 경험 속에서 나타난다. 다른 말로 하면, 모든 신학은 경험에 뿌리를 둔 **믿음**에 대한 탐구이다. 연구 분야로서의 영성의 구별되는 특징, 즉 형식적 대상은 개별적 신앙 주체(들)가 가지는 **경험**으로서의 기독교 신앙에 명확히 초점을 맞추고 있다. 바꿔 말하면, 영성은 단순히 기독교 신앙을 연구하는 것이 아니라 기독교 신앙의 생생한 경험을 연구한다.

경험은 종교적이든 그렇지 않든 관계없이 정의하기가 매우 어렵다. 경험한다는 것은 "주관적으로 인식하는 것"이고 경험은 항상 "어떤 것에 관한 경험"이다.

첫째, 경험은 정의상으로 주관적이고, 공유할 수 없다. 당신이 고통을 경험했기 때문에 나의 고통을 공감할 수는 있겠지만, 나의 경험 속으로 유추해 들어와서 그것을 이해하는 것으로는 나의 고통을 느낄 수는 없다. 실존 현상으로서의 영성을 포함한 경험은 "텍스트" 안에 표현됨으로써만, 즉 말, 문자, 예술, 행동 등에 의해서만 전달될 수 있다 (참조, Ricoeur 1976, 16, 30-1).

둘째, 경험은 항상 "어떤 것에 관한 경험"이기 때문에 대상, 즉 표현되고 이해되는 "어떤 것"이 있다. 그래서 심지어 종교 경험 중 가장 말로 표현할 수 없는 신비 경험인 경우에도 경험 주체는 독자/청자가 "어떤 것"에 접근할 수 있도록 어떤 것을 말할 수 있으며 실제로 어떤 것을 말한다. 이렇게 표현된 "어떤 것", 정확히 말하면 경험으로서의 어떤 것이 연구 분야의 대상이고 연구자들이 이해하고자 하는 대상이다.

경험으로서의 종교적 경험은, 그것이 구체화되고 표현된 것을 통해서만 접근될 수 있기 때문에, 영성을 배우는 학생은 항상 "텍스트"를 다룬다. 심리학을 예로 들어보자. 심리학자는 걱정 그 자체 또는 일반적인 걱정을 연구하는 것이 아니라 개인 혹은 집단의 걱정이라는 특정한 경험을 연구한다. 말, 텍스트, 그림, 꿈, 행동 등 걱정에서 나오는 구체화된 것들은 심리학자들이 걱정이라는 특정한 경험에 접근하는 수단이다. 이 특정한 경험을 이해하기 위해 심리학자는 자신의 직간접적인 경험뿐 아니라 걱정에 관한 이론적 지식을 활용한다. 그렇지만 연구의 초점은 일반적인 이론이나 치료자의 경험이 아니다. 치료자가 관심을 갖는 소재의 대상은 걱정이지만, 형식적 대상은 생생한 경험으로서의 걱정이다.

이와 유사하게, 영성을 공부하는 학생은 기도 그 자체를 연구하지 않고, 예를 들면 아빌라의 테레사(Teresa of Avila)의 기도를 연구한다. 테레사의 기도는 『내면의 성』(The Interior Castle)에서 구체적으로 설명되고 있으며, 자서전을 통해 전달된다. 연구자는 아마 신학과 심리학 연구를 통해 그리고 직간접 경험을 통해 기도에 관한 상당한 이론적 지식을 가지고 있을 수 있다. 그러나 연구의 대상은 기도의 신학이 아니며 연구자의 기도에 대한 경험도 아니다. 그것은 아빌라의 테레사의 기도이다.

다른 말로 하면, 영성은 폴 리쾨르(Paul Ricoeur 1976, 78-9)가 "개별적인 것에 관한 학문"(the science of the individual)이라고 부르는 것의 한 예이다. 영성 연구는, 권위 있는 기독교 영성에서 확인되는 영적 삶에 대한 이차적인 이론적 언어를 개발하는 것을 목표로 하지 않고, 과거와 현재의 구체적인 영적 삶을 조사하는 것을 목표로 한다. 영성과 신학 간의 관계는 햄릿 또는 셰익스피어 전집 연구와 문학 이론 연구 간의 관계와 같다. 영성이 연구하는 "개별적인 것(들)"이란, 테레사와 같은 구체적인 사람들, 베네딕트 수도원 운동 같은 구체적인 운동들, "세상"과 같은 주제들, 향심기도, 영성지도, 종교적 평화주의와 같은 실천들이다.

비록 영적 삶에 관한 이론적 지식을 풍성하게 만드는 특정한 개인에 관한 지식과 그 개인에 대한 해석에 도움을 주는 이론적인 지식 사이에 끊임없는 상호 작용이 있지만, 연구 분야로서의 영성의 초점/대상은 영적 삶의 경험이다. 그러므로 분석 및 결론의 일반화를 지향하는 신학(예를 들면 은혜에 관한 적절한 신학은 세례 받은 모든 사람에게 적용되어야 한다)과 달리, 영성은 기독교 신앙의 삶 속에서 나오는 독특한 경험을 연구한다. 그 경험이 한편으로는 일반적 신학 이론을 다른 한편으로는 또 다른 구체적인 신앙 경험을 촉진하고, 도전을 주고, 경고하고, 밝혀주고, 확인해주고, 확장하고, 전복하고, 이 둘과 상호작용할 수 있다.

예를 들어 도로시 데이(Dorothy Day)의 평화주의자 영성은 제2차 세계대전 동안 미국 가톨릭 주교들의 공식적인 신학에 반대되는 행동을 취했고, 그녀와 동시대 사람인 토마스 머튼(Thomas Merton)도 그것을 완전히 적용할 수 없었다. 데이의 평화주의는, 완전히 포함될 수는 없지만 가톨릭의 정의로운 전쟁(just-war) 이론과 신학적으로 관련되어질 수 있고, 또한 도덕 신학의 맥락 속에서 연구될 수 있다. 그러나 영성 분야에서는 데이의 평화주의는 팔복(Beatitudes)과의 실존적 만남이라고 생각하고 이것을 연구한다. 팔복은 독특한 그녀의 신앙 경험과 이 특별한 여성의 생생한 제자도를 형성했으며, 그녀의 경험과 제자도는 기독교 신앙과 삶에 관한 우리의 이해에 도전을 주었고 그 이해를 확장시켰다(Krupa 1997).

영성 연구에 대한 세 가지 다른 접근들을 아래에서 다루겠지만, 대부분의 실제적 연구에서는 그것들이 지속적으로 상호 작용하고 있으며, 20세기 이후 학문 분야에 등장한 탈근대성(postmodernity)의 영향을 받아서 그 세 가지는 모두 근대의 과학적 실증주의를 약화시켰던 언어-해석학적(linguistic-hermeneutical) 전환이라는 특징을 가진다는 것을 알고 있어야 한다.

2. 기독교 영성 연구에 대한 세 가지 접근

여기에서 다루게 될 학문적 분야로서의 영성에 대한 세 가지 접근 방법(역사학적, 신학적, 인류학적)은 지난 삼사십년간 그 분야에서 독서하고 토론하고 관찰한 결과에서 나온 것이다. 다른 말로 하면, 이것은 규범에 의한 규범적 분류가 아니라 사실에 의한 체험적(heuristic) 분류이다.

1) 역사학적 접근

영성 연구에 있어서 가장 논란이 없는 접근이 역사학적 접근이다. 그 이유는 근대 학문 분야로서의 역사학은 서구 유럽의 역사, 계몽주의, 교황권, 바로크 음악, 여성의 의복, 중세 형벌의 방법처럼 주제의 특화를 항상 인정했기 때문이다. 어떤 일이 있어났거나 존재했던 한, 그것을 역사학적으로 연구하는 것은 타당한 작업이다. 그러므로 종교적 경험이나 그 경험의 어떤 측면을 역사적 실제로 연구할 때는, 비록 그 대상을 정하고 확인하는 것이 어려울지라도 특별히 정당한 이유가 필요하지는 않다.

과거에도 그랬고 지금도 그렇지만, 영성을 역사학적으로 접근하는 많은 학자들은 실제로는 그 접근을 역사학적으로 하는 영성학자라기보다는 주로 영성**에 관한** 역사학자들이다. 영성과 관련된 현상들을 훈련된 역사학자로서 접근하는 영성에 관한 역사학자들은 역사기록학(historiography), 역사학적 방법, 역사학적 분석과 해석에 있어서는 종교 역사나 교회 역사를 전공하는 종교학과 동료들과 다르지 않다. 많은 일반 역사학자들은 기독교의 종교적 삶, 인물, 문학, 운동들에 관해 뛰어난 업적을 남겼다(예를 들면, Bynum 1987; Brown 1988; Ranft 1996). 영성에 관한 역사학자(예를 들면, McGinn 1991-8)가 종교학에 소속된 종교 역사학자와 구별되는 요인은, 기독교 신학의 정황 안에서 기독교 신앙 경험이라고 연구되는 것을 해석하는데 대한 관심의 유무이다.

다른 한편으로는 역사학적 영성학자들은 역사학적 접근이 그들의 프로젝트를 위해선 매우 유용하다는 것을 발견한 영성(역사학이 아닌) 학자들이다(예를 들면, Bynum 1982. Short 1999. McGinn 2001). 그래서 "결혼 영성"("그리스도와의 결혼"이라는 은유를 통해 이해되고 표현되는 신비 경험)에 관심이 있는 연구가는 13세기 베긴 수도회 회원들(beguines)의 영성 작품들을 연구하거나(Murk-Jansen 1998) 또는 오리겐(Origen), 클레르보의 버나드(Bernard of Clairvaux), 막데부르크의 메칠드(Mechthild of Magdeburg), 에드워드 테일러(Edward Taylor)의 작품 속에 있는 아가서 주석을 연구하기로 결정할 수 있다.

역사학적 접근과 그 방법론은, 결혼 영성의 역사를 구성하거나 다양한 시기의 신비 경험에 자양분을 준 텍스트인 아가서 해석의 역사를 구성하는 것보다는 결혼 영성을 이해하는데 도움을 준다. 위에서 언급한 저자들이 보여주듯이, 동일한 학자가, 다른 작업 속에서 심지어는 동일한 작업 속에서, 영성의 어떤 측면의 발달에 관심을 갖는 영성에 관한 역사학자로서 활동하다가 또 다른 때에는 그 역사학적 맥락 안에서 연구되는 영성의 어떤 측면에 관심을 갖는 영성학자로서 활동할 수 있다.

20세기 중반 이전에는, 영성에 관한 역사학자들은 성경학자들을 포함해서 다른 역사학자들과 함께 역사 자체 및 그 방법론과 결과에 대한 근대주의적(modernist) 이해를 공유했다. 근대 역사학자는 역사 비평적 방법을 사용해서 "무엇이 정말 일어났는가"에 관한 문제에 전념했다. 역사학적으로 "중요한 것"은 주요 인물들(거의 항상 주도권을 쥔 서구 남성들)의 활동이었고, 주요 운동(거의 항상 역사상 승자의 운동)이었다. 경제, 정치, 군사, 종교적 사건은 근대주의적 역사학자들의 관심을 지배했다.

역사기록학은 주로 어떻게 그리고 왜 그 일들이 그렇게 되었는지를 설명하는 메타서사(metanarratives)[1]를 세우려고 시도했는데, 메타서사는 시대를 구분하고, 원인과 결과를 말하며, 단일 방향의 특징을 가진다. 더욱이 역사학자들은 과거에 대한 이 통시적 분석이, 적어도 인간과 관계된 일과 관련해서는 시간과 공간에서 일어난 일에 관해 충분한 설명을 제공했다고 생각했다. 이러한 상황 속에서 영성의 역사에 관한 근대적 연구가 파리 또는 로마와 같은 중심지들에서 시작되었다.

이때 나왔던 저작물들(예를 들면, Pourrat, 1953-5; Cognet 1959; Leclercq et al. 1968)은 이같은 역사학적 작업의 흔적을 가지고 있다. 비교적 최근까지도 영성에 관한 역사학자들은 학문 분야로서의 영성을 영성에 관한 역사와 동일하게 보는 경향이 있었다. 그들은 실제로 일어난 일을 매개하는 역사적 "텍스트" 연구 말고 무엇을 할 수 있는가라고 생각했다. 오늘날에는 영성학자들 뿐 아니라 그들도, 역사는 역사적 차원 뿐 아니라 다른 흥미로운 차원들을 가진 현상에 접근하는 여러 접근법 중 하나라는 점을 알고 있다(예를 들면, Norris 1996; Lane 2002).

20세기 중 마지막 사분의 일 시기에는, 모든 역사학적 연구가 탈근대주의(postmodernism)가 끼친 영향을 느끼기 시작했다. 역사학자들 스스로는 역사 비평 방법의 기본 가정, 즉 어떤 객관적인 일이 "정말 일어났고," 그 어떤 일은 "과거 속에" 자유롭게 서있으며, 적절한 방법에 의해서 접근할 수 있다는 가정에 의문을 제기하기 시작했다. 또한 그들은 그 "실제 이야기"(real story)는 과거에 대해 사적인(그래서 왜곡된) 역할을 가지지 않은 객관적인 학자에 의해 밝혀질 수 있으며, "전체 이야기"(whole story)와 같은 것을 말할 수 있고, 실제로 일어난 일의 원인을 한정할 수 있다는 등의 가정에 의문을 가졌다.

수정주의 역사학, 이면과 변두리에서 쓴 역사, 역사의 실패자와 희생자의 이야기들, 이전에는 중요하지 않았고 관심이 없었던 과거의 측면과 차원이 역사학자들의 관심을

---

1 "메타서사"(metanarratives)란 지식과 인간 활동의 모든 사항들에서 궁극적 의미를 발견케 해주는 포괄적이고 토대적인 담론이다-역주.

받게 되었다. 그들은 자신들이 순수하고 단순한 "역사"를 연구하거나 기술한 것이 아니라, 단지 부분적으로 접근 가능했던 공인된 자료에서 나올 수 있는, 많은 가능한 구조물 중 하나를 제공했을 뿐이라는 사실을 점점 깨닫게 되었다. 그 자료의 권위는, 객관적이고 자명한 것으로서 발견되는 것이 아니라 단지 마지막 분석 속에서 역사학자가 수여할 뿐이었다(Sheldrake 1992).

이 모든 경향들은 여전히 발전 단계에 있지만, 그것들이 모든 역사에 관한 작업에 영향을 주고 있으며(Burnett 2000), 영성의 역사도 예외가 아니다. 영성에 관한 역사학자들은 여전히 과거 기독교 경험에 관해 이용 가능한 데이터, 통찰력 있는 연결점들, 패턴들, 원인이 되는 영향 등을 이용하면서 신뢰할 수 있는 텍스트를 만드는데 관심을 가진다.

그러나 또한 "사실들"을 발굴하고 확립하는 것에만 전적으로 관심을 가지지 않고, 알 수 있는 것에 관한 해석에도 관심을 가진다. 그들은 해석이 정체성, 사회적 위치, 해석자와 해석에 영향을 주거나 받는 강한 합의의 전제에서 나오는 하나의 기능이라는 사실을 잘 알고 있다. 다른 말로 하면, 일반적으로는 탈근대주의 그리고 구체적으로는 언어-해석학적 입장전환이 역사학에 큰 영향을 주고 있다.

영성 연구에 관한 역사학적 접근은 여전히 전문적인 역사학자가 할 수 있는 작업인데, 그들은 실제로 또는 공감적으로 그 주제와 공유하는 믿음의 생생한 경험에 주된 관심을 가지지만, 그들이 채택한 방법론들은 신학의 전문가들이 점점 더 사용하고 있는 역사 해석학적 원리에서 나온 것들이다. 영성학자들은 전문적인 역사학자는 아니지만, 역사학적 접근법들이 자신의 작업에 매우 유용한 도구임을 알기 때문에 역사학의 방법론들을 점점 더 사용하고 있다. 영성에서 하는 역사학적 연구는 모든 시대에 있었던 기독교 종교 경험을 조사하는 방법으로 가치 있을 뿐 아니라 필수적이라 할 수 있다.

왜냐하면 그것은 다른 접근법들이 그들의 질문을 할 수 있도록 유용한 자료 및 자료의 정황을 제공하기 때문이다. 생생한 경험으로서의 영성은 오직 시간과 공간 속에서, 구체적인 문화적 정황 속에서, 타인 및 동일한 정황 속에서 작용하는 힘과의 상호 작용 속에서 발생하며, 이전의 것에 영향을 받는다. 이런 의미에서 영성 분야의 모든 연구는, 그 목적이 주어진 현상에 관한 역사를 제공하든(영성의 역사) 또는 주제에 대한 역사학적 접근법을 이용해서 현상 그 자체를 이해하든(역사학적 영성) 역사학적이다.

영성을 역사학적으로 접근하는데 있어서 유의해야 할 점이다.

첫째, 영성을 "일어났던 일"에 대한 설명으로 축소하려는 시도와, "일어났던 일"을 역사학적 방법으로 모두 파악할 수 있는 것처럼 설명하려는 시도를 피해야 한다.

둘째, 과거의 사건들은 다양한 방법론을 동원해서 연구할 수 있으며 또한 그렇게 해야 한다. 역사학이 종교적 경험에 접근할 때, 신학, 심리학, 젠더, 예술, 수사학, 과학 등은 이를 보완해야 한다.

2) 신학적 접근

영성 연구에 관한 현재의 신학적 접근은 복잡한 역사를 가지고 있는데, 이것을 채택한 학자들이 하는 일을 이해하기 위해선 이 역사를 고려해보아야 한다. 정교회(Orthodox), 개신교, 성공회(Anglican), 가톨릭의 발전 과정은 매우 다양했다. 정교회가 중세 이전의 전통의 일반적 특징인, 신학과 영성의 종합을 유지한 반면, 고중세(High Middle Ages) 시대에 일어난 신학과 영성의 분리는 세 개의 다른 지류에 의해서 다양하게 다루어졌다.

종교개혁 이후에, 개신교 정통주의는 "신비주의"란 용어가 엘리트주의 또는 성경에 기반을 두지 않으며 모든 믿는 자들에게 개방되지 않은 초자연적 경험을 암시하기 때문에 그것을 수상쩍어 했다. 또한 믿음으로 가는데 있어서 일종의 행위의 의(righteousness)를 암시하는 "영성"이라는 용어도 의심하였다. 그들은 경건(piety)이라는 용어를 더 좋아했다. 경건은 개인과 가족이 성경을 읽고 기도하는 매일의 훈련을 의미하는데, 마틴 루터, 칼빈, 조나단 에드워즈(Jonathan Edwards), 제러미 테일러(Jeremy Taylor)와 같은 인물들이 쓴 이론적인 글과 권면의 글들은 이것을 장려했다.

잉글랜드 성공회는 경건보다는 헌신(devotion)이라는 용어를 더 좋아했다. 그렇지만 또한 가톨릭이 쓰는 용어와 유사한 "내적 삶"(inner life)과 "완전의 삶"(life of perfection)에 대해 말했다. 잉글랜드 성공회의 영성은 공동기도서(Book of Common Prayer)에 깊이 뿌리박혀 있다. 그래서 매우 예전적 형태와 내용을 가졌다. 이러한 전통 속에서 잉글랜드 성공회, 특별히 영국인들은 실제적이고(예를 들면, Law 1978) 이론적인(예를 들면, Underhill 1942) 영적 삶에 관한 방대한 작품들을 썼으며, 이 문학적 감수성의 특징을 지속해왔다(예를 들면, Jones et al. 1986). 가톨릭 전통에 비해 다른 점은 영성에 관한 연구가 대학 커리큘럼에서 신학 속의 하위 분야로 들어가 있다는 점이다. 영성이 대학 안에서 하나의 분야로 여겨진 데에는 가톨릭의 학문적 발달의 공이 크다.

디오니시우스(Dionysius)의 시대(6세기 경)에서 중세를 거쳐(참조 Thomas Aquinas, *Summa Theologiae* II. 2.45.2) 근대로 오기까지, 십자가의 요한(John of the Cross)과 같은 저자들의 글에서 "신비신학"은 연구의 대상과 관련되거나 신학자들이 얻는 사변적인 혹은 실천적인 지식과 관련되지 않는다. 그것은 관상 속에서 하나님에 의해서 영혼 속으로 주입된 하나님에 관한 경험적 지식을 가리킨다. 십자가의 요한은 다음과 같이 말한다.

> 영혼이 말하기를, 하나님이 영혼에게 가르쳐주신 달콤하고 생생한 지식은 하나님에 대한 은밀한 또는 비밀스러운 지식인 신비신학을 의미하며 영성가들은 그것을 관상(contemplation)이라고 부른다(The Spiritual Canticle 27.5).

신학을 성경에 관한 반추가 아니라 주로 대학 커리큘럼 안에 있는 철학적으로 다듬어진 전문 분야(13세기와 그 이후)로 이해하게 된 후부터, 영성신학(spiritual theology)은 점차적으로 영적 경험에 대한 순수 지성적 활동의 결과가 아니라, 다른 주제처럼 연구되고 통달할 수 있는 교리적이고 도덕적인 신학의 하위 분야로 여겨지게 되었다. 그 후에는, 관상 가운데 하나님의 지혜가 자유롭게 유입되기 위해선 독서와 묵상을 통해서 영을 어떤 상태로 두어야 할 것인가에 관한 질문을 하는 것이 아니라, 영적 삶의 내용과 역동을 이해하기 위해 어떤 주제를 연구하고 어떻게 연구해야 하는가를 질문하게 되었다. 신학자들과 영적 지도자들이 영적 삶에 관한 이용 가능한 지식을 그 당시의 지배적인 스콜라신학의 관점에서 종합하면서, 영성신학은 17세기에 주요 과목으로 대학에 들어왔다(예를 들면, Scaramelli 1917; Tanquerey 1932; Garrigou-Lagrange 1950; Aumann 1980).

17세기부터 20세기 중반까지 영성신학은 완전의 삶에 대한 이론적 연구로 이해되었다. 완전의 삶이란, 영적 삶이 구송(vocal) 기도, 도덕적 청렴, 각자의 삶이 주는 의무를 준수하기 등으로 특징져지는 소위 "보통의 그리스도인들"보다 자신의 소명을 따라 더 치열하게 살고자하는 사람들(일반적으로 수도사, 수녀, 신비주의자들[mystics])의 내면적 삶을 의미한다(Saudreau 1926). 이 "완전에 관한 학문"은 그 원리들을 신학에서 가져왔는데, 당시 영성신학은 신학의 하위 분야였다. 그리고 그것은 "완전을 추구하는" 사람들을 돕는 영적 지도자로 하여금 그 특별한 영혼들을 정화(초보자의 길), 조명(진보한자의 길)을 통해 신비적 연합(완전함의 길)으로 안내하도록 도와주는 역할을 했기 때문에 매우 실제적이었다.

영성신학은 두 부분으로 나뉘는데, 하나는 "능동적 삶"(구송 기도나 정신[mental] 기도 속에서의 주체의 활동, 덕의 실천, 금욕주의 등이 가능하며 또한 유용한 영적 삶의 단계)을 연구하는 수덕신학(ascetical theology)이고, 다른 하나는 신비신학 혹은 "수동적 삶"(마지막 단계의 특징인 하나님과의 신비적 연합에 영향을 끼칠 수 없는 주체의 활동을 대신해서 성령이 활동하는 영적 삶의 단계)이다. "신비신학"이라는 말의 의미가, 주부 관상(infused contemplation)에 의해서 영혼 안에 직접적으로 일어난 하나님에 관한 경험적 지식으로부터, 대상으로서의 신비 경험에 관한 연구로 바뀐 것을 주목하라. 이때 영성신학은 전체의 영적 삶을 연구 대상으로 삼는 분야이며, 신비신학은 이 분야에서 나온 두 개의 세부 분야 중 하나였다.

20세기 중반까지 이 고전적인 신학의 하위 분야는 다양한 이유로 인해서 개신교뿐만 아니라 가톨릭 자체에서 제기한 심각한 의문에 봉착했다. 기원을 찾자면 교부시대까지 올라가는 영적 삶의 세 가지 단계(정화–조명–신비적 연합)는 승인과 인정을 넘어서서 체계화되었던 것 같다. 이 엄격하고 다소 인위적인 체계화의 성경적 기초는 매우 의문스럽다. 중요한 신학적 반대들을 보자면, 우선 그 접근법은 엘리트주의적이며, 분리적이라는 것이다. 또한 이 도식에 따르면 모든 사람이 이생의 삶에서 세 번째 단계(신비적 연합)로 부름을 받은 것은 아니기 때문에, 세례 받은 사람들을 영적 삶의 완전함으로 이끄는 보편적 부름을 부정하는 것같이 보인다.

과거의 위대한 영적 안내자들이 언제나 깨달았듯이, 비록 세 단계 중 하나가 영적 발달의 특별한 시기에 두드러질 수 있지만, 정화, 조명, 연합은 동시적이며 겹친다. 이렇게 보면, 그 접근법은 영적 삶의 통일성(unity)을 뒤엎는 것처럼 보인다. 그것은 성령의 선물과 결실의 충만한 작용(전통적인 신학에 따르면 이것은 입회의 성례들 가운데 수여된다)을, 대부분은 부름을 받지 못한 영적 삶의 마지막 단계에 배치했기 때문에, 성령의 역할을 심각하게 제한한다. 이에 기초한 텍스트들은 초월적 경험(모든 위대한 신비주의자들은 이것을 상대화했으며 심지어 관상가들에게 이것을 조심하라고 주의를 줬다)을 영적 삶의 마지막 단계가 가지는 구별된 특징이라는 식으로 과도하게 강조했다.

고전적인 영성신학의 패러다임에 대한 주요한 실제적 반대들을 보자면, 우선 그 접근법은 훨씬 유기적이고 발달 가능한 영적 삶을 과도하게 체계화해서 분해했다. 그것은 "내적 삶"을 기도와 덕의 실천 정도의 의미로 너무 협소하게 이해했다. 이와는 달리 발전된 심리학은 사람들로 하여금 인간의 복잡성과 영적 삶에는 모든 차원이 포함된다는 사실을 알게 했다. 고전적 패러다임은 너무 규범적이라서(심지어 기계적이다), 개인의 개별성을 별로 고려하지 않았다. 수도원이 아닌 "세상 속에" 많은 진정한 성인들(saints)이 있다는 사실을 경험으로 알고 있지만, 그것은 겉보기에는 "완전함을 추구"하지 않는 보통의 그리스도인에 대해서는 별로 관심을 두지 않았다.

하나의 동일한 거룩함으로의 보편적 부름(Lumen gentium 5)을 재확인한 제2차 바티칸 공의회 즈음부터, 고전적인 근대 "영성신학"은 많은 근대 신자들이 더 흥미를 가지는 것, 즉 "영성"으로 대체되어갔다. 이 용어는 20세기 후반에 걸쳐서 통용되었다. 모든 그리스도인뿐만 아니라 유대교도, 무슬림도 받아들였고, 불교도, 힌두교도, 원시 종족들, 다른 비기독교 전통의 추종자들, 심지어 페미니스트, 생태주의자들, 뉴에이지 숭배자들과 같은 비종교적 추구자들, 그리고 종교에 대해 관심이 없는 다방면의 실천가들도 이 용어를 사용하고 있다(Van Ness 1996). "서구 영성의 고전"(Classic of Western Spirituality)이라는 영향력 있는 시리즈를 출간하는 파울리스트 출판사(Paulist Press)는 비기독교적 영성 텍스트(예를 들면, 유대교와 이슬람교)를 그 시리즈에 포함시켰다. 크로스로드(Crossroad) 출판사의 『세계 영성 백과』(Encyclopedia of World Spiritualities)도 영성을 "인간의 가장 깊은 중심"(Cousins 1985. xiii)이라고 이해되는 "영"의 존재와 역동이라고 설명하면서 영성의 정의에 제한을 두지 않았고, 25권 중 단지 세 권만을 기독교 영성에 할당했다.

원래의 기독교적 의미를 넘어서 "영성"의 지시대상이 빠르게 확장됨(용어의 역사를 알기 위해선 Schneiders 1989를 참조)에 따라, 기독교 영성 분야에 있는 학자들은 자신들의 원리가 그것들과 구별이 되는지에 관한 질문을 하기 시작했다. 확실히 기독교 영성의 구별되는 표지는, 이것이 기독교의 종교 전통에 그 뿌리를 두고 있다는 것이다. 개신교와 성공회와 카톨릭과 정교회에 있어서 그 전통은 신학적 전통(교리, 도덕, 성경, 예전, 역사) 속에 표현되고 체계화되었다. 다른 말로 하면, 기독교 영성은 신조, 규범(code), 교회 전통의 의식(cult)과 관계를 가지기 때문에 기독교적이다. 신학교나 교육 프로그램과 같은 신앙고백을 바탕으로 하는 환경 속에서 일하는 학자들은 비기독교적 영성보다는 기독교 영성과의 상호 작용에 더 관심을 가지기 때문에, 그들은 기독교 영성의 신학적 정체성에 관심을 집중하는 경향이 있다(예를 들면, Leech 1985; Senn 1986; Hanson 2000). 이 학자들은 영성의 역사의 중요성을 알고 있고 기독교 범위 밖의 영역에 대한 관심이 커졌다는 것을 인정하지만, 그들은 특별히 기독교적이며 신학적인 관점에서 오는 영성에 집중한다.

현재 이 분야의 학자들이 하는 것과 고전적인 "영성신학"을 구분하기 위해서, 필자는 전자를 "영성신학"이라기보다는 신학적 영성으로 보자고 제안하고 싶다. 이 학자들의 **관심사**는 신학이 아니라 영성이다. 그들이 주로 성경, 신학, 예전적 실천에 의해 설립된 틀 안에서 작업하기 때문에, 그들의 **접근법**은 신학적이다. 그들은 모든 그리스도인에게 적용할 수 있는 영적 삶에 관한 이론(고전적인 영성신학이 시도했던 것과 같은 이차 담론[second-order discourse]으로서의 신학)을 만들거나, 또는 영적 삶의 실천(영적 발전을 위한 금욕적 혹은 도덕적 프로그램)을 규정하는데 특별히 관심을 가지지 않는다. 그들은 전제나 명제를 가지고 시작하지 않고 종교적 경험을 가지고 시작한다. 그들은 "내적 삶"에 배타적인 관심을 두지 않으며, 인간 주체와 인간의 종교적 경험의 전체적 특징을 매우 잘 알고 있다. 더욱이 그들은 모든 그리스도인들이 영적 삶 속에서 성숙해지도록 부름을 받았다는 것과 그리스도인들이 비그리스도인과 이 부름을 공유하고 있다는 것을 인정한다.

마지막으로, 비록 자신들의 작업을 조직화하기 위해 기독교 신학의 기본적 좌표들을 사용하고, 영적 경험을 분석하고 비평할 때 이 좌표에게 규범적 역할을 부여하지만, 그들은 논쟁의 여지가 없는 신학적 전제로부터 개인과 공동체의 영적 삶의 내용과 역동을 추론하지 않는다. 예를 들면, 믿음을 어떤 신학적 접근 안에서의 종교적 경험으로 이해하고 연구하는 현재의 학자들은 믿음을 신학적 미덕, 성령의 선물로서의 특징, 또는 이것이 수반하는 도덕적 의무라고 정의하면서 시작하지 않는다. 그들은 어떻게 인간은 믿음을 가지게 되었나, 어떻게 인간의 믿음은 종교적 믿음과 관련되는가, 믿음의 성장의 발달 패턴, 초자아(super-ego)과 미신과 투사(projection) 등이 믿음에 끼치는 영향, 다양한 믿음의 표현들, 그리고 믿음과 종교적 실천 간의 관계와 같은 질문을 가지고 시작한다.

신앙에 대한 신학적 특징은 조사 영역의 정의, 관련된 경험들의 분석, 조사 중에 드러난 자료의 평가, 연구 결과의 사용에 영향을 미친다. 그러나 그것이 순전히 추론적으로(옳은 대답을 제공하기 위해), 또는 규범적으로(양립되지 않는 경험을 받아들이지 않거나, 신학적 대답과 양립되게 보이는 태도나 행동을 강화하기 위해) 작용하지 않는다. 다시 말해서, 영성에 대한 현대의 신학적 접근법의 특징은 주제(종교적 경험)의 기독교적인 특징과, 그 주제를 연구하기 위해 발전시킨 방법론 속에서 기독교 신학의 구성적 역할을 강조한다는 점이다.

모든 기독교 영성은 규범적 텍스트와 교회의 공동 경험에 기반을 두고 있기 때문에 기독교적이다. 정의상으로, 그것은 당연히 기독교 신앙에서 나오는 생생함이지, 삶 속에 있는 "그 이상의 어떤 것"에 관한 모호한 관심이 아니며, 실천이나 혹은 신념들의 절충적 혼합물도 아니다(Rolheiser 1999; Ranson 2002; Schneiders 2003). 영성에 관한 신학적 접근은 특별히 그 분야가 가진 기독교적 특징을 유지하는데 기여를 한다. 또한 신학적 접근은 그 분야의 모든 사람에게, 이들이 선호하는 접근방식이 무엇이든지 관계없이, 기독교는 다른 전통 심지어는 유사한 관심을 가진 사람들과 공유하지 않는 내용과 역동을 가진 독특한 신앙 전통임을 알려주는데 기여한다.

기독교 영성에 관한 신학적 접근을 취하는 사람들이 유의해야 할 것은, 기독교 영성에는 신학적으로 설명하는 믿음 이상의 것이 있다는 점을 기억해야 한다. 기독교 영성의 연구 대상은 다양한 공동체에 참여하는 복잡한 인간 존재이다. 그/그녀의 다층적 차원과 관여가 신앙의 적용과 표현을 특수하게 만든다. 그러므로 신앙(신학)의 일반적 이론이 포괄하거나 구체화할 수가 없을 때가 있다. 우선 먼저, 신학이 영성을 낳는 것이 아니라 영성이 신학을 낳는다. 그리고 신학은 영성이 추구하는 경험을 완전히 이해하지 못한다. 영성은 심리학, 사회학, 예술, 수사학, 과학과 같은 다른 분야의 도움을 받을 때 비로소 적절하게 탐구할 수 있는 요소들과 측면들을 항상 가지고 있다. 현재의 영성 분야가 학제간 연구의 특징을 가지게 된 것은, 단순히 유행하는 탈근대적 방법론에 따른 선택 때문이 아니라 현재의 상황 속에서 가지는 종교적 경험과 인간 지식의 본성에 대한 응답에 따른 당연한 결과이다.

3) 인류학적 접근

인류학적 접근은 이 분야에서 가장 최근에 발전하고 있으며, 확실히 문화적으로나 학문적으로 탈근대성의 영향을 받고 있다. 이 접근은, 영성이란 일종의 인류학적 상수(constant)이며, 인간을 구성하는 하나의 차원이라는 인식에 토대를 두고 있다(Breton 1990). 인간은 궁극적 가치로 가려는 자기 초월 능력을 가진다. 이것은 이 능력의 개발 유무와는 상관이 없으며, 종교적 혹은 비종교적 방식과도 관련이 없다. 그렇게 본다면, 인간적인 특성으로서의 영성은 영성의 구체적인 실현, 가령 기독교, 불교, 생태 등과 같은 것보다 실존적으로(경험적으로는 그렇지 않을 수 있지만) 앞선다. 기독교 영성은 인간 능력의 구체적이고 경험적인 현실화(actualization)이며, 기독교 영성이라는 학문 분야는 기독교 영성의 구체적 현실화를 연구하는 분야이다. 그렇지만 기독교 영성은, 기독교가 영성이라고 부르는 경험과 이 경험에 관한 연구를 타종교 전통 혹은 비종교 운동과 공유하지 않을 수 없다. 이와 같은 자각은 20세기 후반의 특징인 문화적이며 종교적인 상호 작용 이전에는 일어날 수 없었다.

기독교 영성에 대한 인류학적 접근은 역사학적 차원과 신학적 차원을 진지하게 받아들이지만, 특별히 미학, 언어학, 심리학, 천문학과 같은 비신학적 분야만이 접근할 수 있는 영성의 차원에 관심이 많다. 또한 이 접근은 "가장자리"(edge)에 관심을 가지는데, 여기에서 영성 분야는 경험의 의미, 생태학적 관심, 젠더 문제와 같이 기독교의 본질과 직접적 관련은 없지만 이 시대가 가지고 있는 경험의 중요한 측면에 의해서 영향을 받는다. 그리고 다른 종교 전통의 영성이나 제도적 종교를 반박하고 외면하는 이 시대의 구도자의 영성이 기독교 영성과 유사한지 반대되는지 혹은 이것을 긍정하는지에 대해 관심을 가진다(Conn 1989, 1996; Liebert 1992; Burton-Christie 1994; Kline 2002; Saliers 2002).

그러므로 기독교 영성에 대한 인류학적 접근은 종교 신학의 정황 속에서 작업을 해야 하는 이 시대의 신학과 많은 공통점을 가진다. 이 접근은, 기독교 영성의 첫째는 인간이고 그 다음이 그리스도인이라는 전제와, 영성은 존재론적으로 역사학과 신학이라는 구체화보다 앞선다는 전제를 가지고 시작한다. 영성은 그것을 둘러싼 모든 것에 선험적으로 펼쳐져있다. 만약 인간적이지 않은 것이 기독교적인 것과 상관없는 것이라면, 당연히 영적이지 않은 것은 기독교 영성과 상관이 없다.

탈근대적 관점을 취하는 대부분의 연구처럼, 기독교 영성에서 인류학적 지향을 하는 연구는 해석학적 방법론을 강조한다. 그 연구의 주된 관심사는, 초월과 궁극적 의미를 찾는 인간의 탐색의 예에서 보듯이, 기독교 영성에 대한 이해를 넓히고 심화하기 위해 그 분야의 주제를 해석하는 것이다.

해석학은 두 가지에 초점을 맞춘다. 하나는 이해와 설명(즉 지식의 확장)이며 또 하나는 적용(즉 주체의 확장)이다(Ricoeur 1976. 71-95).

영성 분야에서, 첫 번째 초점은 연구자로 하여금 가장 넓고 풍성한 틀 안에서 기독교 신앙 경험을 조사하도록 인도한다. 그 목적은 그것을 가능한 한 가장 넓게 이해해서 그리스도인의 영적 삶에 관한 우리의 지식을 양적으로나 질적으로 확장하기 위해서이다.

두 번째 초점은 해석자의 지평의 확장인데, 이것은 주체 즉 자아의 확장과 심화를 포함한다. 다른 말로 하면, (교회를 포함한 세상에 영향을 미치는) 조사자의 개인적 변화가 이 접근에는 필수적이다. 그렇지만 이 변화는 기독교 신앙의 더 나은 실천과 관련되었다기보다는(비록 배제할 수는 없지만), 인성의 확장이라는 점에서 그러하다는 뜻이다. 특별히 개별적, 문화적, 종교적, 지적 "타자"와의 만남을 통해서 또는 변화를 일으키는 실천에 능동적으로 참여하는 것을 통해서 그 확장은 일어난다. 이 연구자는 영적 삶 속에서 무엇을 하는 방법, 더 잘하는 방법, 타인을 돕는 방법을 배우는 것이 아니다. 그/그녀는 영적으로 더 풍성하고 더 심오한 사람이 되어간다.

다양한 종교 전통과 학문 분야에서 온 학자들 사이에서 일어나는 다양한 상호 작용에 대한 하나의 응답이라 할 수 있는 이 새로운 접근은, 기독교 영성 분야에 있는 많은 학자들을 배타적인 기독교 신앙고백의 경계 너머로 이끌어갔다. 그들은 영성이 보편적인 인간의 관심사이며 전체로서의 인간의 모험(enterprise)에 있어서 중요하다고 인식했다. 어떻게 하면 기독교를 알리고 세상의 구원을 위한 복음의 메시지를 전할 수 있는가라는 질문은 아래와 같은 질문으로 재구성되었다.

기독교 영성은 궁극적 의미와 가치를 위한 인간 추구를 다르게 이해하는 것과 어떻게 관련되는가?

기독교는 영적 삶에 관해 무엇을 줄 수 있고 무엇을 배울 수 있는가?

인류와 지구의 미래에 관심이 있는 사람들은 어떻게 하면 각자의 전통의 자원들을 활용하여 자신들의 지지자들의 삶을 변화시켜서 모두를 위한 궁극적 선을 성취할 수 있는가?

요약하면, 인류학적으로 접근하는 기독교 영성은 문화적으로나 학문적으로 공적 담론이 되었다. 또한 이것은 기독교적 정체성을 잃거나 축소하지는 않지만, 기독교 영성이 전적으로 통제할 수는 없는 대화에 참여하는 법을 배우고 있다.

인류학적 접근은 틀림없이 탈근대적 감각들을 드러내 보인다. 그것은 메타서사, 실체론(substantialism)², 모든 절대주의를 경계하며, 이전까지는 의문이 없었던 신학적 전제로부터 나오는 것들조차 조심스러워한다. 그것은 특별히 경험으로서의 영성과 전통 혹은 제도로서의 종교 사이에 있는 서로를 결정해주는 관계를 잘 알고 있는데, 결과적으로 이것은 지금까지 의심의 여지가 없던 후자의 우위를 상대화한다. 보편적 상대성이라는 탈근대적 감각은 한편으로는 종교적 경험에 대한 훨씬 넓은 정의를 권장하고, 또 한편으로는 자신의 것이 아닌 경험들의 환원 수 없는 "타자성"(otherness)에 관한 날카로운 감각을 장려한다(Fredericks 2003).

결론적으로 말하면, 종교적 경험의 주체인 인간에 대한 통전적 접근의 복잡함뿐만 아니라, 차원, "장소"와 "공간"의 영향, 세계화, 생태 위기, 자신의 전통 밖에 있는 종교 경험의 유효성, 과학 발달, 문화적 조류 등에 관한 고양된 인식이 인류학적 접근의 특징이다.

영성 연구에 대한 인류학적 접근은, 역사학이나 신학이 하는 질문보다 지금 이 시대가 하는 질문에 대답하기 위해 가장 적절한 틀 안에서 기독교의 종교 경험을 해석하는데 집중한다. 예를 들면, 학자들은 사회 변화와 관련해서는 신비주의의 역사 혹은 신비주의 신학에 덜 관심을 갖겠지만, 어떻게 신비적 경험이 마틴 루터 킹 목사의 비폭력에 관한 가르침이나 실천 속에서 정치 참여와 상호 작용을 일으켰는가, 그리고 어떻게 수사학적 관점에서 흑인의 설교가 억압받는 민중을 신비적이며 예언자적인 역동으로 들어가게 했는가를 탐구할 때는 신비주의 역사와 신학에 더 관심을 갖게 된다.

다른 말로 해보면, 시민 평등권 운동(Civil Rights Movement)은 본질적으로는 영적 현상인가? 그렇다면 그것을 어떻게 이해해야 하는가?

킹 목사의 비폭력에서 나타나는 기독교적 특징은 간디와는 다른 것인가?

그러한 질문에 대한 대답은 진정한 사회 변화에 관해 무엇을 암시하는가?

---

2 "실체론"(substantialism)이란 현상 뒤에 실체적 실재가 있다는 사상이다-역주.

인류학적 접근의 방법론들은 실제로 항상 학제간 연구이다(단순히 다수의 분야를 망라한 것[pluri-disciplinary]이 아니다). 그러므로 여러 다른 분야들이 연구자의 주요한 질문에 따른 다양한 연구 프로젝트 속에서 중요한 역할들을 한다(Klein 1990). 역사학적 접근과 신학적 접근은 복잡한 영적 현상에 대해 제기한 질문들을 그 분야가 가진 기준으로 틀을 잡는다. 반면에 인류학적 접근은 그 현상을 연구자가 알기 원하는 것에 맞추어서 검토하게 되는데, 대부분은 역사학적 또는 신학적 관점이 아닐 수 있다.

그러므로 예를 들면, 만약 주요한 질문이 시민 평등권 운동의 리더십 속에 있는 마틴 루터 킹 목사의 영성의 역할에 관한 것이라면, 진입점은 아마 구약을 테마로 하는 흑인의 설교 속에서 일어난 그의 수사학적 적용일 것이다. 그리고 그러한 테마들이 그 현상의 분석을 위한 틀이 될 것이다.

인류학적 접근을 하기 위한 가장 적합한 장소는 대학원 연구소이다. 이곳은 특별한 종교적 헌신을 허락하고 조성하지만 지시하지는 않으며, 특별한 전통이나 혹은 특별한 사역을 위한 개인의 종교 형성의 임무를 맡고 있지도 않다. 그러한 분위기는, 인류학적 접근이 "주변적"(marginal) 현상, 기독교 영성과 페미니즘, 우주론, 생태학, 평화와 정의 연구, 문화적 발달 등과 같은 비인습적 질문에 관심을 갖는 것에 우호적이다.

인류학적 접근이 한 기여는 다음과 같다.

첫째, 영성 분야에 있어서 가능한 가장 넓은 범위의 질문들, 문제들, 이슈들을 연구할 수 있도게 해주는 그것의 개방성이다.

둘째, 공적 담화의 장에 두기를 영성을 주장할 뿐만 아니라 그러할 수 있게 하는 그것의 능력이다.

셋째, 탈근대적 의제와 감성에 본질적으로 친화적이라는 점이다.

매우 인류학적인 관점에서 영성을 연구하려는 사람들을 위한 도전은 이 분야의 기독교적 특징에 집중할 필요가 있으며, 보편적 상대주의, 허무주의적 해체주의, 모든 권위와 전통의 부정, 개인적 헌신을 불신하는 것과 같은 탈근대적 유혹에 저항해야 한다는 점을 유의해야 한다.

4) 세 가지 접근의 상호 작용

경험에 따르면, 이 세 가지(역사학적, 신학적, 인류학적) 접근은 서로 배타적이거나 경쟁적이지 않다는 것이 확실하다. 모든 기독교 종교 경험은 인간이기에 갖게 되는 것이며 인류의 영적 모험과 관련되어 있고, 역사적으로는 특정 시기의 사회문화적 환경 속에 위치해있으며, 기독교의 신학적 전통에 뿌리를 두고 있으므로, 세 가지 접근 모두는 기독교 영성 분야의 거의 모든 질문에 관련해서 필요하다. 세 가지 접근은 연구의 초입 지점, 가장 중요한 구체적 관심사, 가장 적합한 방법, 연구자의 본성적 성향에 있어서 서로 다르다. 이미 언급했듯이, 각각 다른 접근은 각각 다른 학문적 환경 속에 있으면 더 번창할 수 있다. 역사학적 접근은 일반 대학교의 분위기 속에 있을 때 가장 수월할 것이다. 신학적 접근은 목회 준비 및 교육과 관련된 신학교 상황이 적합하고, 인류학적 접근은 종교 간의 대화를 하는 대학원의 연구 환경이 가장 적당하다. 그러나 기독교 영성에 관한 이 시대의 연구는 방법론에 있어서 본성상 학제간 연구일 수밖에 없으며, 근본적으로 귀납적이고 해석학적인 연구이다.

3. 자기 참여(self-implication)의 문제

연구는 개인이 개입되지 않는 활동이며, 이 활동이 유효하기 위해선 "연구자의 죽음"과 동등한 객관성이 요구된다는 것이 근대주의적 확신이었다. 그러나 이 확신은 오늘날 과학과 인문학을 연구하는 대부분의 학자들이 받아들이지 않는다. 인간의 하나님 경험에 매혹된 학생들은 영성을 연구하려는 열망 안에 자신이 개입되어있다는 사실을 부정할 필요가 없다. 위에서 밝혔듯, 연구자 자신의 영성은, 현상적 영성 연구에 관해 공감적 접근을 제공한다. 다시 말해, 영성은 본질적으로 자기 참여적이다. 오늘날 이 분야의 연구자들은 학생들의 개인적 종교 경험이 그 작업에 역할을 **하는지 혹은 그렇지 않은지**를 묻지 않는다. 단지 **어떻게** 그것이 적절하게 통합될 수 있는가를 물을 뿐이다.

이 질문은 세 가지 초점을 가진다.

어떻게 학생들의 경험이 연구 중에 생산적으로 기능할 수 있을까?

자신이 연구하고 있는 것을 이해하는데 있어서, 개인의 구축된 경험의 적절한 역할은 무엇인가?

영성 연구를 통한 경험적 결실은 무엇인가?

1) 경험의 비판적 사용

영성은 전달할 수 없는 경험에 대한 연구이기 때문에, 연구자의 유비적 경험이 이해를 위해 실제로 필요하다. 두려움, 걱정, 사랑을 경험하지 못한 심리학자는 자신의 내담자가 겪는 혹은 그 분야의 문헌에 적혀 있는 감정적 경험을 이해하기가 어렵듯이, 종교적 경외감, 유혹, 기도, 헌신을 경험하지 못한 사람은 영성에 관한 "텍스트"(인격적 또는 문헌적)에 있는 그러한 경험에 관한 설명을 이해하거나 믿기가 힘들 것이다. 하지만 정신병을 이해하기 위해 정신분열증 환자가 될 필요가 없듯, 십자가의 요한을 이해하기 위해 신비주의자가 될 필요는 없다. 다른 말로 하자면, 영적 삶을 **이해**하기 위해선 영적 삶을 **가져**야 하는 것 같다. 그리고 경험이 더 깊어질수록, 타인의 종교적 경험에 대한 이해가 더 커진다.

반면에, 그 주제에 관해 연구자의 연루가 너무 강하면 그 연구를 망칠 수 있다. 모든 관련된 정보를 들어보기 위해선, 일종의 "객관성"이 방법론적으로 길어져야 한다. 예를 들면, 종교적 소명 안에서의 동성(same-sex) 간의 끌림의 역할을 연구하는 가톨릭 수도회의 사람이 만약 동성애자라면, 종교적 삶에 들어가려는 다른 동기들보다 영적으로 더 우세하고 실질적으로 보편적인 끌림을 발견하려는 그 욕망을 조심스레 통제해야 한다. 잘못하면, 연구보다는 연구자가 그 프로젝트의 중심이 되었다는 의심을 살 수 있다. 자신의 종교적 경험을 이해하려는 욕망은 그 연구 프로젝트에 열정과 집중을 더해줄 수 있다. 그러나 연구는 실제로 "거기에" 있는 것을 이해하려는 노력이지, 자신의 의도나 혹은 자신의 경험의 정당화를 투사하는 작업이 아니다. 현명한 조언자의 임무는, 학생들의 개인적 경험이 연루되는 것을 허락하고 인정하지만(즉 주체성의 발휘와 향상), 연구를 왜곡하는 타입의 주체성은 엄격히 통제하는 방법론을 발전시키도록 도와주는 것이다.

2) 자료로서의 개인적 경험

두 번째 질문은 경험의 자료를 영성 수업에 도입하는 것과 관련 있다.

기독교의 기도에 관한 수업에서, 학생들에게 기도를 하게 하거나 기도 숙제를 부과하는 것, 또는 학생들의 개인적 기도 경험에 관해 보고서를 쓰게 하는 것은 합당하며 바람직한가?

어떤 이들은 그와 같은 경험이, 영성을 연구하는데 매우 적합한 실천 모델의 구성 요소라고 주장한다(Liebert 2002). 또 어떤 이들은 학생들로 하여금 직간접적으로 그들이 연구하는 것을 시험해보도록 격려하지만, 관찰에 방해될 수 있는 개인적 실천을 요구하기를 주저한다. 또한 자기 고백(self-revelation)을 요구하는 것은 저항과 자기 은폐를 유발할 수 있기에 주저한다. 여전히 어떤 사람들은 그 같은 경험은 기껏해야 인위적이며, 최악의 경우에는 속임수이므로 학문의 영역에서는 결코 여지가 없다고 믿는다.

이 질문에 대해 "하나의 옳은 정답"은 없다. 어떤 경험은 연구의 한 방식, 즉 실습일 수 있다. 예를 들면 예배를 하나의 경험으로 이해하기 위해 예전에 참여하기, 또는 하나님에 대한 다른 경험을 가진 사람들과 영적 상담 가운데 대화하기 등이 있다. 그와 같은 경험은 학생 개인에게 당연히 영향을 끼칠 것이다. 그러나 가장 중요한 목적은 만약 그렇게 하지 않았다면 이용할 수 없었을 자료에 접근하는 것이다.

또한 학생들은 자신들의 연구를 통해 어떤 경험을 하고자 하는 동기를 얻을 수 있다. 예를 들면, 묵상 연구가 학생으로 하여금 자신이 텍스트에서 만난 것을 직접 경험하기 위해 피정(retreat)에 참여하는 계기를 줄 수 있다. 이때 학생 자신의 경험은 연구되고 있는 것을 공감적으로 이해할 수 있게 만드는 유사(analogous) "텍스트"가 된다.

학생들이 자신의 경험을 통해 주제를 연구하려고 경험을 만들어내는 것은 더 의문의 여지가 있어 보인다. 예를 들면, 기도에 대한 자신의 경험을 관찰함으로써 기도를 연구하는 것 등이다. 학생들이 기도를 경험하는 것이 기도에 대해, 심지어 그들 자신의 기도에 대해서도 중요한 자료를 제공하는지 알 수 없다. 또한 그렇다고 믿는 것도 기독교 전통 안에서 기도를 이해하는 학생에게 도움이 되지 않을 수 있다. 반면에 신중하게 구성된 경험은, 학생들로 하여금 자신들이 연구하는 것의 차원과 윤곽을 더 잘 이해하는데 도움을 준다. 또한 학생들로 하여금 더 실존적으로 그 주제에 관여하는데 도움을 줄 수 있다(Frohlich 2001).

다시 말하지만, 정황(context)이 질문에 대한 대답에 영향을 준다. 기독교 목회 교육 프로그램에 참여하는 학생은 타인을 상대하기 위한 경험적 기초를 증진하는 훈련을 기대하고 기꺼이 참여한다. 영성에 대해 거의 어떤 경험도 없는 대학의 학생들은 기본적 종교수련과 관련된 실험들이 흥미진진하다는 것을 발견할 수 있다. 그래서 그러한 실험들은 그 주제에 관해 얘기할 수 있는 능력을 촉진시킬 것이다. 대학원 연구 세미나에 참여하는 다양한 종교적 배경(혹은 어떤 배경도 없는)을 가진 학생들은 자신의 종교적 경험을 유도하거나 구축하려는 시도들을 보게 되거나, 또는 그 드러난 경험을 조작하거나 심지어 그것이 격렬해지기를 요구하는 시도들을 보게 될 것이다 그 커리큘럼에 있는 다른 주제와 같이, 가르치는 사람은 어떠한 경험적 소재 혹은 방법을 영성 수업 중에 도입해야 할지 또는 언제, 어떻게 도입해야 할지에 관해서 신중한 결정을 해야 한다.

3) 영성 연구가 가져다주는 변화의 가능성

마지막으로, 영성을 연구하는데서 오는 경험의 영향력에 관한 질문이 있다. "타자"와 진지한 관련을 맺게 되면 주체는 변한다. 다른 말로 하면, 진정한 연구는 당연히 변화를 낳는다(Weil 1951). 영성 연구를 선택한 학생들은 보통 개인적으로 하나님을 추구하는 것에 관여하고 있다. 시험을 준비하거나 논문을 쓸 때 세미나 룸과 도서관에서 하는 일들은 자주 변화를 가져다준다. 믿음이 고무되고, 소명이 재조정된다. 자신에 대한 지식(self-knowledge)이 깊어지고, 다른 전통에 대한 이해가 넓어지며, 봉사의 마음이 강화된다. 연구와 개인의 성장 사이의 조용하지만 역동적인 상호 작용은, 영성 분야의 자기 참여적 특성의 가장 중요한 측면이다. 소크라테스가 알았듯이, 사람이 궁극적 진리와 씨름하게 되면 당연히 그는 다른 사람이 된다. 이것은 풀어야 할 문제도 피해야 할 위험도 아니다. 당연히 축하를 받아야 할 효과이다.

참고문헌

Aumann, J. 1980: *Spiritual Theology*. London: Sheed and Ward.

Breton, J-C. 1990: *Approche contemporaine de la vie spirituelle*. Montreal: Bellarmin.

Brown, P. 1988: *The Body and Society: Men, Women and Sexual Renunciation in Early Christianity*. New York: Columbia University Press.

Burnett, F. W. 2000: Historiography. In A. K. M. Adam (ed.), *Handbook of Postmodern Biblical Interpretation*, pp. 106-12. St Louis: Chalice Press.

Burton-Christie, D. 1994: Mapping the sacred landscape: spirituality and the contemporary literature of nature. *Horizons* 21, 22-47.

Bynum, C. W. 1982: *Jesus as Mother: Studies in the Spirituality of the High Middle Ages*. Berkeley, CA: University of California Press.

_____. 1987: *Holy Feast and Holy Fast: The Religious Significance of Food to Medieval Women*. Berkeley, CA: University of California Press.

Cognet, L. 1959: *Post-Reformation Spirituality*, trans. P. H. Scott. New York: Hawthorne.

Conn, J. W. 1989: *Spirituality and Personal Maturity*. New York: University Press of America.

_____. (ed.) 1996: *Women's Spirituality: Resources for Christian Development*, 2nd edn. New York: Paulist Press.

Cousins, E. 1985: Preface to the series. In B. McGinn and J. Meyendorff (eds), *Christian Spirituality: Origins to the Twelfth Century*, pp. xi-xiv. New York: Crossroad.

Fredericks, J. 2003: Masao Abe: a spiritual friendship. *Spiritus* 3, 219-30.

Frohlich, M. 2001: Spiritual discipline, discipline of spirituality: revisiting questions of definition and method. *Spiritus* 1, 65-78.

Garrigou-Lagrange, R. 1950: *The Three Ways of the Spiritual Life*. Westminster, MD: Newman.

Hanson, B. 2000: *A Graceful Life: Lutheran Spirituality for Today*. Minneapolis, MN: Augsburg.

John of the Cross 1973: *The Collected Works of St John of the Cross*, trans. K. Kavanaugh and O. Rodriguez. Washington, DC: Institute of Carmelite Studies.

Jones, C., Wainwright, G., and Yarnold, E. 1986: *The Study of Spirituality*. Oxford: Oxford University Press.

Klein, J. T. 1990: *Interdisciplinarity: History, Theory, and Practice*. Detroit: Wayne State University Press.

Kline, F. 2002: Artistic performance and ascetic practice. *Spiritus* 2, 173-9.

Krupa, S. 1997: Dorothy Day and the spirituality of nonviolence, 2 vols. Unpublished PhD dissertation, Graduate Theological Union, Berkeley, California.

Lane, B. C. 2002: *Landscapes of the Sacred: Geography and Narrative in American Spirituality*. Baltimore, MD: The Johns Hopkins University Press.

Law, W. 1978: *A Serious Call to a Devout and Holy Life: The Spirit of Love*, ed. P. G. Stanwood. New York: Paulist Press.

Leclercq, J., Vandenbroucke, F., and Bouyer, L. 1968: *Spirituality of the Middle Ages*, vol. 2 of The History of Christian Spirituality. New York: Desclée.

Leech, K. 1985: *Experiencing God: Theology as Spirituality*. San Francisco: Harper and

Row.

Liebert, E. 1992: *Changing Life Patterns: Adult Development in Spiritual Direction.* New York: Paulist Press.

_____. 2002: The role of practice in the study of Christian spirituality. *Spiritus* 2, 30-49. (A revised version of this article appears in Part VI of this volume.)

McGinn, B. 1991-8: *The Presence of God: A History of Western Christian Mysticism*, 3 vols to date. New York: Crossroad.

_____. 2001: *The Mystical Thought of Meister Eckhart: The Man from Whom God Hid Nothing.* New York: Crossroad.

Murk-Jansen, S. 1998: *Brides in the Desert: The Spirituality of the Beguines.* Maryknoll, NY: Orbis.

Norris, K. 1996: *The Cloister Walk.* New York: Riverhead Books.

Pourrat, P. 1953-5: *Christian Spirituality*, 4 vols, trans. W. H. Mitchell et al. Westminster, MD: Newman.

Ranft, P. 1996: *Women and the Religious Life in Premodern Europe.* New York: St Martin's Press.

Ranson, D. 2002: *Across the Great Divide: Bridging Spirituality and Religion Today.* Strathfield, NSW: St Paul's Publications.

Ricoeur, P. 1976: *Interpretation Theory: Discourse and the Surplus of Meaning.* Fort Worth: Texas Christian University Press.

Rolheiser, R. 1999: *The Holy Longing: The Search for a Christian Spirituality.* New York: Doubleday.

Saliers, D. E. 2002: Beauty and terror. *Spiritus* 2, 181-91.

Saudreau, A. 1926: *The Degrees of the Spiritual Life: A Method of Directing Souls According to their Progress in Virtue*, trans. B. Camm. London: Burns, Oates and Washbourne.

Scaramelli, G. B. 1917: *The Directorium Asceticum, or, Guide to the Spiritual Life*, trans. Members of St Beuno's College, North Wales. London: R. and T. Washbourne.

Schneiders, S. M. 1989: Spirituality in the academy. *Theological Studies* 50, 676-97.

_____. 2003: Religion vs. spirituality: a contemporary conundrum. *Spiritus* 3, 163-85.

Senn, F. C. (ed.) 1986: *Protestant Spiritual Traditions*. New York: Paulist Press.

Sheldrake, P. F. 1992: *Spirituality and History: Questions of Interpretation and Method*. New York: Crossroad.

Short, W. J. 1999: *Poverty and Joy: The Franciscan Tradition*. Maryknoll, NY: Orbis.

Tanquerey, A. 1932: *The Spiritual Life: A Treatise on Ascetical and Mystical Theology*, trans. H. Branderis. Tournai, Belgium: Desclée/Society of St John the Evangelist.

Taves, A. 2003: Detachment and engagement in the study of "lived experience." *Spiritus* 3, 186-208.

Underhill, E. 1942: *Mysticism: The Development of Humankind's Spiritual Consciousness*, 14th edn. London: Bracken Books.

Van Ness, P. H. 1996: Introduction: spirituality and the secular quest. In P. H. Van Ness (ed.), *Spirituality and the Secular Quest*, pp. 1-17. New York: Crossroad.

Weil, S. 1951: Reflections on the right use of school studies with a view to the love of God. In *Waiting for God*, trans. E. Craufurd, pp. 105-16. New York: Harper and Row.

제2부
성경과 기독교 영성

제 2 장 ✣ 기독교 영성에서의 구약
제 3 장 ✣ 기독교 영성에서의 신약

제2장
기독교 영성에서의 구약

바바라 그린(Barbara Green) 박사
버클리연합신학대학원 성경신학 교수

그리스도인들은 유대인들이 타나크(Tanakh)이라고 부르는 히브리 성경, 즉 그리스도인들이 더욱 적절하게 부르는 구약을 어떤 합법적이고도 정중하며 유리한 방법으로 사용하는가?

그리스도인들은 2천년 동안 구약을 다방면으로 잘 사용하고 있는데, 이 글의 목적은, 비록 부분적일 수밖에 없지만, 그 과정을 질서 있게 추적하며 그 진로를 제시하는데 목적이 있다. 기독교 영성은 기독교의 구약 연구보다 더 집약적이고 광의적인 용어다. 어떤 성경 연구는 기독교 영성의 외부에 존재하고, 영성은 구약의 기독교적 활용보다 넓은 실천을 포함하고 있다. 두 전문적 학자들이 기독교 영성을 이해하도록 도울 것이다. 샌드라 슈나이더스(Sandra Schneiders)는 영성을 "한 개인이 인식하는 궁극적 가치의 지평을 향한 자기 초월1을 통하여, 삶의 통합을 위한 과제에 의식적으로 참여하는 경험"이라고 정의하는데, 그리스도인들의 경우에 그 궁극적 가치란 예수님 안에 나타난 삼위일체 하나님으로서, 부활절의 신비와 교회 공동체, 그리고 성령의 은사를 통하여 접근된다.

슈나이더스의 영성 이해는 하나님의 영에 참여하는 인간의 영의 본래적 역량을 내포하며, 기초적 계시를 전달하며 각 개인과 교회 공동체의 이야기가 접목되는 기본적 상징체계를 제공하기 위한 성경 말씀의 중요성을 함축한다(Schneiders 1998, 1, 3). 기독교 영성은 신적 자기 표출에 대한 풍부한 유대의 전통 속에서 예수님이 자신에게 반응하는 사람들과의 상호 작용을 함으로써 시작되며, 그 경험은 언어로 변형되어 다른 사람들과 나누어 갖게 된다. 묵상 예술(contemplative art) 역사가인 웬디 베켓(Wendy Beckett)은 예술이 어떻게 성스러운 것을 전달하는지에 대하여 더욱 귀납적으로 논의하는데, 그것은 명시적으로 기독교 중심적이 아닌 히브리 성경에 대한 논의에서도 유용하다. 문학을 포함하는 위대한 예술은, 느껴지지만 아직 나타나지 않은 것들에 대하여 깊은 열망을 가지고 있다. 예술은 사랑, 죽음, 기쁨, 아픔 등과 같이 인간의 마음속 깊은 곳에 존재하는 심오한 욕구와 의욕들을 구체화하는데, 이 모두는 그리스도인들에게 있어서 인간의 영과 하나님의 영이 만나는 장소가 된다.

우리는 우리 앞에 제시된 것들에 대하여 깊은 관심을 가짐으로써 이에 참여하게 되며, 그 과정을 통하여 그렇게 하지 않으면 우리를 제한할 것들을 넘어서게 된다. 이를 통하여 가장 중요한 것에 대하여 깨우침을 깊게 하는데, 베켓과 다른 많은 사람들에게 있어서 그것은 전적으로 하나님께 속하는 것이며, 그것은 또한 기독교 영성의 과정이며 결과다. 그녀는 우리 자신을 분명히 이해하며 하나님의 공동체와 우리가 더불어 살기를 열망하는 모든 피조물들에 대하여 더욱 진지하게 접근하는데 있어서 전체적으로 이해할 수 있는 길을 제시한다(Johnson 1997. 42-8).

구약은 다양하고 복합적이기 때문에 일차적으로 대표적인 본문에 초점을 맞추고자 한다. 요나서는 잘 정돈된 이야기로 구성되었으며 성경적 예언과 관련된 도전들을 접할 수 있고 성경적 지혜의 신비를 제공하는 장르(genre)이다.

간단히 요약하자면 이렇다. 요나는 사악한 니느웨 사람들에게 회개를 촉구하는 설교를 하라는 사명을 받았으나 그는 배를 타고 도망하는데, 그 사람 때문에 그 배는 심한 풍랑에 휩싸이게 된다. 선원은 그가 하나님으로부터 도망친다는 사실을 접하고 할 수 없이 그를 바다에 던진다(1장). 그러나 하나님은 큰 물고기를 지시하여 그를 구하고, 그는 그 물고기 배속에서 하나님께 부르짖는다(2장). 구출된 요나는 니느웨로 가서 한 마디 설교를 했는데 그로 말미암아 그 설교를 들은 모든 사람들이 회심했고, 하나님은 그 응답으로 그들에게 내릴 심판을 취소하신다(3장). 마지막 장(4장)은 일어났던 사건에 대하여 선지자와 하나님의 토론이 전개된다.

만약 그 이야기가 더욱 유명하지만 덜 전형적인 아가서나 창세기의 창조 이야기나 시편에 나온다면 그 결과는 어떤 면에서 달랐을 것이다. 그러나 요나는 잘 어울릴 것이다. 우리는 연대적으로 혹은 문화적으로 중요한 4세대의 해석자들을 주목하여 볼 것이다. 또한 우리는 각 세대의 사회적 요인들에 관심을 가지고 원문의 해석을 전면에 배치할 뿐 아니라 지배적인 해석학적 가정들과 적절한 변동에 분명히 초점을 맞출 것이다. 선택된 표본들은 구약이 변화를 위하여 잘 활용된다는 것을 보여주기 위해 힘쓸 것이며, 그것이 발생하는 방식에 대한 이론들의 범위(명시적인 것에서부터 암시적인 것까지)를 우리에게 제시해줄 것이다. 그 표본들은 우리에게 가능성들의 범위에 접근하도록 할 것이며 내용 자체에서가 아니라 해석의 행위 안에 존재하는 근본적인 문제를 보는데 도움을 줄 것이다.

필자가 선택한 것들은 특유하며, 독자들의 연구를 촉진하도록 할 것이다. 필자는 원문과 해석자의 체험 사이에서 신중한 결속을 모색했고, 구약성경을 통한 실존적 의미에 대하여 책임이 있고, 적절하고, 믿을 만한 접근이 시도될 수 있도록 노력했다. 모든 것은 원문의 세계와 해석자들의 세계에 존재하는 유사성에 의존된다. 우리의 도전은 풍요로운 과거의 것들을 민감하게 이끌어내어, 우리들 스스로가 그것들을 잘 읽고, 우리 조상들이 보지 못했던 것들을 의식하며, 그들이 우리에게 남긴 최선의 것들에 대하여 감사하고, 생생한 가능성들을 열어놓는 것이다.

1. 고대(1-6세기)

고대 그리스도인들이 성경을 읽고자 노력한 이유는 시간을 넘어서는 하나님의 일관된 목적, 즉 유대성경이나 구약성경에 기록된 하나님의 행위와 깊은 관련이 있는 그리스도 사건(Christ-event)을 감지하고 있었기 때문이다. 고대 독자들은 하나님께서 성경 말씀을 기록하는데 각 단어마다 관여했다는 데에 관심의 초점을 맞추고 있었다. 다양한 이론적 근거들과 방법들을 사용하여 하나님과 교통해야 한다는 느낌은 인간적 요청이었다. 모든 성경의 열쇠로서의 예수님께 대한 감각(sense)은 후일에 일어날 사건들에 대한 원래적 구약성경의 정황을 극소화하는 일을 포함한다.

고대인들은 많은 명시적 토론 없이, 구약성경에 제시된 사건들이 일어났다는 것을 당연시한 것 같다. 예수님은 히브리 전통 안에서 출현하여 요나에 대하여 세 가지 점들을 언급한다. 마태복음 12.38-42에는 예수님께서 기적을 요구하는 사람들과 논쟁하는 내용을 담고 있다. 예수님은 그들의 질문에 대하여 요나의 기적 밖에 제시할 것이 없다고 하면서 요나가 3일 동안 밤낮으로 물고기 뱃속에 있었다는 것을 지적하는데, 이는 후일에 자신이 지상에서 겪을 일과 유사한 사건임을 말해준다.

누가복음 11:29-32에는 예수님께서 자신의 설교에 반응이 없는 사람들을 꾸짖는 내용이 기록되어 있다. 그는 니느웨 사람들이 요나의 선포에 회개했다는 사실을 지적하며, 자신을 요나보다 더 큰 사람이라고 규정하고, 자신의 설교를 듣는 청중들이 니느웨 사람들보다도 못한 사람들이라고 책망한다. 각각의 말씀들은, 아주 분명하지는 않지만, 덜 위대한 요나로부터 더 위대한 예수님으로, 즉 "그때"로부터 더욱 긴급한 "지금"으로 구체적으로 적절하게 요점을 제시한다. 마지막으로 예수님은 요점을 청중들의 추측에 맡기면서 더욱 모호하고 수수께끼 같이 요나의 기적에 대한 암시를 준다(마 16:4).

의미에 접근하는 것이 특별히 어려운 것처럼, 초기의 후기 성경 해석자들의 주해들은 비공식적이다. 이레니우스(Irenaeus of Lyons, 약 130-200)는 요나의 이야기를 다양한 관점으로 설명한다. 요나는 아담이 타락한 것처럼 하나님의 처음 명령으로부터 이탈하지만, 자기의 정황에 적합한 기도를 드렸고, 하나님은 요나가 물고기의 소화 기관 안에 있는 동안 요나의 몸의 상태를 돌보시는데, 이는 예수님의 부활을 암시하기도 한다는 것이다 (*Against Heresies* 3.20.1; 5.5.2).

이레니우스는 두 가지 일을 한다.

첫째, 그 이야기의 명백한 상식적 차원에서가 아니라 그리스도인 독자의 정황을 조명하기 위하여 보다 더욱 깊은 의미에서 사안의 중요성을 도출시키며 풍유적으로 해석한다.

둘째, 그는 유형론적 해석을 하는데, 그 해석에서 그리스도 사건은 초기의 의미가 보여지도록 돕는다. 비록 이런 것들이 성경 해석을 위한 표준적 수단이지만, 이것들에 대한 탐구는 이것들이 급격히 늘어나는 후기의 해석자들을 다룰 때 하기로 한다.

오리겐(Origen of Alexandra, 185-254)은 가장 큰 영향력을 미쳤던 초기의 해석자들 중 한 사람인데, 그는 성경에 다양한 의미를 부과하였다. 오리겐은 본문의 문자적 역사적 의미가 탐구되고 보유하였다. 비록 그가 풍유적인(혹은 영적인) 수준, 도덕적인(혹은 비유적인) 수준, 그리고 천상적(혹은 신비 해석적[anagogical]) 수준이라고 불리는 더욱 중요한 수준을 넘어가거나 이런 수준들을 만들었을지라도 말이다. 영적, 도덕적, 천상의 수준들은 보통 문자적 의미를 통하여 접근되는데, 이러한 수준들에서 인간 존재들과 함께하는 하나님에 관한 신적인 비밀들이 그 비밀들에 민감한 자들에게 주어지게 된다. 성경 안에서 가능한 행위는 로고스(예수 그리스도)의 행위로서, 로고스는 영혼을44 깨우치고 모든 독자들에게 묵상과 성화 등의 구원의 은사들을 가르치는데, 이것이 오리겐에게 있어서 열쇠가 된다.

이와 같은 과정은 독자로 하여금 본문이 제공하는 거룩한 교육(*paideia*, "파이데이아")에 참여하는 길을 열어준다. 그러므로 성경 본문이 제시하는 것은 역사적 "우발 사건"이 아니라 성경 본문을 통하여 전달하고자 하는 그리스도의 권고이다. 오리겐은 단순한 수준에서 더욱 심오한 수준으로 치환하는 과정에서 영적인 수준의 열매를 얻기 위하여 문자적 수준을 그렇게 많이 축소하지 않는다. 영적인 의미는 문자의 사본을 그 자체의 목적을 위해서가 아니라 비유적으로 재현하는 것이다. 당대의 독자에게 부각되는 것은 하나님의 구원 행위다. 다른 의미들을 통하여 영적 의미를 분별하는 과정은 오리겐에 관한 연구주제이다. 단 주로 거룩과 분별에 대한 연구에 있어서 그러하다(On First Principle, 4.1-3).

안디옥에서는, 해석자들이 조금 달리 접근하는데, 이런 현상은 수도사이며 감독이었던 데오도르(Theodore of Mopsuestia, 350-428)의 요나 연구에 나타난다. 여러 가지 의미를 탐구하는 알렉산드리아의 풍유적 해석(allegory)와는 대조적으로 안디옥의 유형론적 해석(typology)은 하나의 의미를 상정한다. 유형론적 해석의 지지자들은 이해하기를, "데오리아"(theoria)라고 부르는 하나의 직관의 도움을 받은 저자가 두 요소로 완성되는 하나의 영감된 의미를 구상한다고 한다. (대형[對型, antitype]이신) 예수님을 내포하는 인물, 사건 또는 가르침이 그 유형에서 대형의 가장 현저한 특징들이 보여지게 할 때, (유형[type]이라 불리는) 구약의 인물, 사건 또는 가르침은 보다 충만하고 미래적 의미를 나타낸다. 유형론적 해석에는 풍유적 해석보다 그 두 가지 정황들을 연결시켜주는 더욱 명확한 유추가 존재한다. 그리고 유형론적 해석에는 구약성경의 유형이 신약성경의 대형에 가장 적합하게 참여하는데 결정적인 것으로서 남아있다는 점에서 더 큰 의미가 있다. 안디옥 학파들은 한 본문을 다각적인 수준으로 연구하는 사람들보다 구약성경의 이야기들의 환경을 조성하는데 더욱 헌신했다.

데오도르(Theodore)는 그의 책 『요나서 주석』(Commentary on Jonah)에서 "축복받은 요나"의 반응들을 구성하는데 상당한 시간을 할애했다. 요나는 반응하는 니느웨 사람들과 고집 센 이스라엘 사람들 사이에 존재하는 함축된 대조가 유대인들에게 손해가 되며 그로 인하여 고통을 당했을 것이라고 이해했다. 또한 요나는 "그 동일한" 앗시리아인들이 이스라엘에 재난을 가져올 것이라고 예견했다. 데오도르가 느끼기로는, 요나의 성난 반응은 니느웨 사람들의 입장에서 볼 때엔 하나의 기만으로 여겨졌을 것이다. 왜냐하면 요나는 궁극적으로 발생하지 않은 것을 경고했었기 때문이다. 또한 데오도르는, 물고기 뱃속에서의 기도는 이야기의 환경과 적합하게 어울리지 않는다는 후기의 경향을 예견하고, 더 정확한 상황을 설명하기 위하여 요나의 기도에 말을 첨가한다.

제롬(Jerome, 346-419)은 알렉산드리아의 풍유적 해석와 안디옥의 유형론적 해석을 모두 사용한다. 제롬은 역사적/문자적 해석을 시작하여 요나를 주전 8세기에 배치하고 요나가 출현하는 다른 성경책들의 이름을 거론하며 다음과 같은 주장을 한다. 요나는 젊은 시절에 엘리야에 의해서 죽었다가 살아났다(왕상 17:8-24, 히브리어 성경의 구절). 그래서 제롬은 방문할 수 있는 요나의 두덤이 두 개가 있다. 요나는 여로보암 2세(왕하 14:23-5)

의 통치 기간에 사역을 했다. 토빗(Tobit) 14:3-4은 요나가 니느웨로 돌아가는 것과 연결된다. 왜냐하면 토빗이 주전 7세기 후반 마침내 앗시리아가 전복되기 전에 그의 가족들로 하여금 앗시리아를 떠나라고 권면하였기 때문이다.

제롬은 언어의 지식과 그 지방의 식물계의 지식을 동원하여 요나의 잎사귀 쉼터에 대하여 논쟁의 여지가 있는 번역을 제공한다. 제롬은 급속도로 자라나는 식물을 담쟁이덩굴이라고 주장한다. 마지막으로 제롬은 요나가 큰 물고기 뱃속에서 살아난 일은 조그마한 사람에게 당연히 일어났어야만 했던 일이라고 인정하며, 요나는 기적적으로 위기를 탈출한 첫 사람도 아니고 그런 일을 겪은 마지막 사람도 아니라고 주장한다.

제롬의 소위 도덕적/비유적 해석을 살펴보자. 제롬은 인간이 하나님으로부터 도망치는 것은 우리 인류의 전형이라고 제안한다. 제롬은 독자들에게, 선원들이 제비를 효과적으로 사용했다고 해서 우리가 제비의 사용하는 것이 용서된다고 생각하는 것을 경고하고, 요나가 죽고 싶어하는 것처럼 보였다고 해서 모방해서는 안된다고 독자들에게 충고한다. 마지막으로, 제롬은 죄 많은 니느웨 사람들이 일시적으로나마 실제로 회개했을 때, 성인들(saints)과 죄인이 아닌 자들(ex-sinners)이 사실상 같은 대우를 받아야 하는지에 대하여 말한다.

그리고 제롬은 다음과 같이 우화적으로 해석한다. 요나가 하나님께로부터 도망을 치려는 것은 하나님을 거부하려는 인간의 모습과 유사하며, 배를 은신처로 삼아 잠을 자는 요나의 모습은 하나님에 대하여 무감각한 인간의 모습과 흡사하며, 선원들이 마지못해 승객을 바다에 던지는 것은 예수님을 십자가에 못 박으라고 소리치는 군중들과 대조를 이루며, 그 배는 거짓되고 혼란스런 독선에 흔들리는 인류나 교회와 같고, 그 고래는 지옥의 품과 하나님의 뱃속을 연상시킨다(Bowers 1971, 25). 제롬이 보기에, 요나의 삼일간의 니느웨 여행과 한 마디의 예언적 발언은 삼위일체와 멋있게 공명을 일으킨다.

제롬은 담대함과 창의력에 의해서 요나를 예수님의 유형으로 본다. 요나가 하나님을 떠난 것은 예수님의 성육신과 흡사하며, 요나가 물고기 뱃속에서 3일간 있다 나온 것은 예수님께서 죽으셨다가 3일 만에 부활한 것과 흡사하다. 요나의 슬픔과 분노는 회개를 거부하는 예루살렘에 대한 예수님의 슬픔과 흡사하다. 요나의 통탄스런 기도는 예수님의 기도를 예표하며, 요나의 니느웨 사역은 이방 세계를 향한 예수님의 사역을 예표한다 (*Letters* 3.5; 16.1; 39.3; 77.4; 107.6; 108.8; 3.12; *Against Jovinian* 2.15; *Against the Pelagians* 3.6).

마침내 히포(Hippo)의 감독이 된 어거스틴(Augustine, 354-430)은 기독교 영성의 모든 분야에 있어서 거목이다. 우리의 목적에 가장 적절한 그의 성취는 신플라톤 철학

(neo-Platonist philosophy)과 기독교 성경을 접목한 것이며, 삶의 체험과 성경 본문과의 관계를 명확하게 제시한 것이다.

어거스틴은 성경을 다양한 세대에 저술된 책들의 모음이라고 보는 근대적 감각을 가지고 있지 않았기 때문에, 성경을 하나님의 구원 행동의 세세한 이야기, 심지어는 과정으로 구성된 하나의 거대한 퍼즐(puzzle)로 보는 경향이 있다. 그리고 어거스틴은, 인간은 복잡한 암호 안에 응집된 의미를 찾음으로써 하나님의 구원 행동의 역사에 참여한다고 본다. 그 해석의 도전은 복잡한 양태들과 세부 항목들의 중요성을 포착하는 것이다. 어거스틴은, 비록 그의 플라톤적 개념과 인성의 타락 상태를 고려할 때에 성경을 풍유적으로 해석하는 것이 가장 적합하다고 생각하는 경향이 있지만, 문자적 의미와 영적 의미가 필연적으로 대립된다고 보지 않는다(On Christian Doctrine).

어거스틴의 저서들 중에서 요나에 관한 이야기들을 모아볼 수 있다. 하나님을 떠나고 하나님께 저항하는 요나의 이야기에서, 어거스틴은 인간의 기본적 목표를 상실한 채 어두움을 좇아가는 자기 자신의 젊은 시절의 전형적인 인간 행동을 본다(Confessions 2.6.14). 하나님은, 고래든 벌레든, 동물들을 성공적으로 사용하셨다는 사실을 어거스틴은 지적한다(The Literal Meaning of Genesis 9.14.25). 시편 130편을 주석하면서 어거스틴은 고래 뱃속에 있는 요나에 대하여 멋지고 사려 깊은 논평을 한다.

> "여호와여 내가 깊은데서 주께 부르짖었나이다 주여 내 소리를 들으시며 나의 간구하는 소리에 귀를 기울이소서"(1-2절).

> 요나는 고래 뱃속 깊은 곳에서 부르짖었다. 그는 파도 밑에 있었을 뿐 아니라 더 나아가 동물의 내장 안에 있었다. 그럼에도 불구하고, 그 동물의 배는 요나의 기도가 하나님께 상달되는 것을 방해할 수 없었으며, 그의 기도의 음성을 감금하지 못했다. 그 기도는 모든 것을 관통했으며, 모든 것들을 밀어젖히고 나아갔으며, 하나님의 귀에 도달했다. 만약 진실로 우리가 그렇게 기도하면, 우리의 기도는 모든 것을 젖히고 나아가 하나님의 귀에 도달할 것이다. 왜냐하면, 하나님의 귀는 기도하는 사람의 가슴 안에 있기 때문이다(Augustine 1994, vol. 8, p. 613).

니느웨 사람들의 회개는 어거스틴으로부터 두 가지 해석을 유발시킨다. 하나님께서는 모든 민족들에게 회개할 기회를 주신다는 것과 니느웨 사람들은 그들에게 마땅히 자비가 주어질 것이라는 전적인 확신이 없이 회개했다는 것이다. 니느웨 사람들에게 삼일이나 혹은 사십일 동안에 회개하면 된다는 조언을 받았었는지 아닌지에 관한 논의를 할 때에, 어거스틴이 주장하는 바는 거기엔 문자적 숫자보다 더 깊은 의미가 있다는 점을 알아야 한다는 것이다. 왜냐하면, 그 숫자들이 모두 예수님의 삶에 관한 기록에서 중요한 열쇠가 되기 때문이다. 마지막으로, 어거스틴은 제롬과 대조적으로, 그 식물에 대한 제롬의 비전통적인 해석에 의하여 야기된 모순을 언급한다. 어거스틴은 불필요한 혼란에 대하여 제롬을 꾸짖으며, 그와 같은 문제에 대하여는 유대인들의 의견을 들어야 함을 조언한다(Confessions 2.6-7; City of God 18.44; On Catechizing the Unlearned 19.32; Expositions on the Psalms 51.11).

자기 자신을 깊이 성찰하고 하나님과의 깊은 관계를 맺기 위하여 고향을 떠난 사람들은 더욱 실존적으로 성경을 탐구한다. 이집트의 사막 수도사들은 성경을 통하여 하나님과 깊은 관계를 맺는 사람으로 변화를 받기 위하여 매일의 양식과 음료로서 권위 있는 하나님의 말씀으로 영적 굶주림을 채웠다. 성경은 단순한 번역의 대상이 아니라, 실천하기 위하여 탐구되는 대화의 대상이었다. 고대의 본문들에서 어떻게 하면 특별하고도 실제적인 의미를 이끌어내느냐는 것이 초기 수도사들의 중요한 질문이었다(우리 모든 해석자들도 마찬가지이다). 성경은 가슴으로 배우는 것으로서, 깊이 숙고하고 배운 대로 실천해야 하는 것이다.

한가지 실예를 들어보자. 초기 그리스도인들은 그들의 죄를 사함 받을 수 있는지에 대하여 염려했다. 한 군인이 수도사에게 어떤 질문했다. 그 수도사는 망토가 낡았을 때에 그것을 버릴 수 있는지 없는지에 관하여 군인에게 질문했다. 그 군인은 물론 그것을 수선해서 다시 사용할 것이라고 대답했다. 그 스승은 요나 4:10을 인용하며 이렇게 응답했다. "만약 그대가 그대의 망토에 대하여 그토록 신경을 쓴다면, 하나님도 자신의 피조물에 관하여 그렇게 하시지 않겠는가?"

아일랜드의 순회 수도사들은 더 상상력을 발휘하여 성경의 이야기들을 독특하게 해석했다. 클론퍼트의 브렌단(Brendan of Clonfert, c.483-577)의 모험담은 한 마리의 고래에 관한 이야기로 구성되어 있다. 자스코니우스(Jasconius)라는 고래는 그들의 여행에서 브렌단의 선원을 돕는다(Simms 1989, 40-54). 콜룸바(Columba)라고도 불리는 콜룸실(Collumcille, 521-97)은 아일랜드를 떠나서 요나(Iona)라고 하는 섬에 도달하는데

(이 이름은 요나[Jonah]라는 이름과 관련된 말놀이이다. 비둘기[dove]는 히브리어로 "요나"[yonah]로 발음되는데, 라틴어로는 콜룸바[columba]이다), 그는 거기에서 수도원을 세운다.

콜룸실의 전기 작가인 아돔난(Adomnan)에 의하면, 그 수도원 공동체는 몇 가지 점에서 구약성경을 배경으로 삶을 구성한다. 콜룸실로 대변되는 그 공동체는 성경을 계속적으로 명상하고 시편을 중심으로 의식적인 찬양을 하는 것 이외에도, 지속적으로 성경을 필사하여 아름답고도 실용적인 사본을 만들어서 성경 말씀을 익히고 전파하였다.

아돔난은 콜룸실의 삶의 활동들을 성경 이야기들에 집어넣었고, 콜룸실을 모세로 만듦으로써 이야기들의 경계선을 흐리게 만들었다. 이로 인하여 콜룸실을 언약의 중재자요, 하나님의 측근자이며, 뱀을 부리는 사람이요, 물을 가르는 사람이며, 자기의 죽음을 미리 아는 사람처럼 되었다. 항해 수도사들과 사막 동반자들 모두들에게 있어서 배움이란 지성적이라기보다는 실제적이며 도덕적이고 영적인 것이었다. 성령을 의지하며 거룩함을 갈망하면서 성경의 의미를 분별하는 것이 지혜의 목표였다(O'Reilly 1997, 80-106; 1999, 159-85).

2. 중세(7-14세기)

우리는 좀 더 긴 기간으로부터 고대의 주석가들과 본질적인 연속성을 가지고 있는 세 부류의 주석가들을 선택하면서, 또한 미래적 특성에 어울리는 상태로 전환할 것이다. 진실로, 만약 중세가 성경이 근본적으로 하나님의 말씀이며, 경건과 학문은 결속성을 가져야 하며, 성경에는 다각적인 의미가 있다고 강조한 초기의 입장을 유지하고, 성경에 의한 인간 형성을 더욱 진지하게 다뤘다면, 성경 연구를 지향하는 젊은 대학들의 역할과 스콜라 철학의 영향력은 기독교 영성의 해석에 작용했을 것이다.

첫째, 기본적인 연속성은 베네딕트 수도회의 수도사 도이츠의 루퍼트(Benedictine Rupert of Deutz, 약 1070-1135)와 도미니크 수도회의 수도사인 생 세르의 휴(Dominican Hugh of St. Cher, 1190-1263)와 같은 학자들에 의하여 유지되었다. 루퍼트는 성경은 예배적 정황에서 취급되어야 함이 자명한 일이라는 점을 고려하여, 예배와 성경연구는 서로 긴밀하게 연결되어 있어야 한다는 점을 명시했다. 루퍼트는 요나를 이방인들의 구원자의 모형으로 보았고, 폭풍을 유대에서 예수님을 인하여 일어날 소동을 예표하는 것으로 보았다. 선원들의 두려움은 이방 땅에서 설교할 때에 겪었던 두려움을 생각나게 하며, 요나가 배의 밑창에 잠을 잔 것은 예수님의 인내를 상기시키고, 요나의 은신처가 되던 식물을 갉아먹던 벌레는 로마 제국의 파괴적 통치와 유사하다(Bowers 1971, 47-8).

휴의 도미니크 수도원은 기독교 영성의 요소들이 새롭게 혼합됨으로써 활기를 띠게 되었다. 거기엔 배움과 사랑, 기도와 설교, 하나님께 대한 묵상과 이웃을 위한 행위가 함께 어우러져 있다. 터그웰(Simon Tugwell 1987, 26-7)은 다음과 같이 말한다.

> 진지한 사명감으로 충만한 지적인 삶은 그것이 자비의 동기에 근거한 것이라면, 그리고 그것이 또한 사람들과 진리를 나누고자 하는 의욕이 동기화된 것이라면, 그 자체가 순수한 경건의 모습이라고 할 수 있을 것이다.

요나에 대한 휴의 글은 여러 가지 요소들의 화합이라고 할 수 있다. 물론 휴는 모든 것을 세밀하게 하나하나 그 패턴에 맞추려는 시도에 대하여 경고를 하지만, 요나를 그리스도의 표상으로 본다.

고래 뱃속에서의 요나의 기도는 죽은 자들 가운데에서 하나님께 부르짖는 예수님의 기도를 암시하는데, 휴는 고래를 홍해라고 상상한다. 하나님의 백성들의 안전한 통로는 삼일 간의 예정표에 들어 있었다. 휴는 요나의 기도와 시편 15편 및 87편이 공명을 일으킨다고 주장한다. 휴는 더욱 기발하게, 요나가 이방인들의 회심을 기다리는 동안 그를 시원하게 해주는 덩굴풀이 이스라엘을 상징한다고 본다. 휴는 요나의 분노를 예수님께서 십자가에 달리신 것에 대한 선지자의 분노와 비교하며 요나의 잘못을 면제해 준다. 정녕 그것은 하나의 과도함이며, 말씀들은 그 자체가 중심적인 비교 요인이라는 암시이다(Bowers 1971, 46-58).

둘째, 두 번째 뚜렷한 궤적은 휴(Hugh, 1141년 사망)와 그의 제자 안드레(Andrew, 1175년 사망)로 대표되는 파리의 성 빅토 학교(The School of St. Victor in Paris)로부터 나온다. 빅토 학파 사람들은 다른 중세 사람들과는 달리, 본문을 더욱 작게 함축시켜 해석하는 것이 아니라, 본문을 깊고 넓게 읽으며, 본문을 둘러싼 스콜라적 허영에 대하여 주석하기보다는 성경의 자료들을 있는 그대로 해석하기를 견지한다. 휴는 "거룩한 독서"(*lectio divina*, "렉시오 디비나")는 연구와 경건으로부터 시작되며 또한 그것에 공헌한다고 전제하면서, 어거스틴이 그랬던 것처럼, 신학적 연구는 성경 해석자들에게 필수적인 요소라고 주장한다.

그들은 신비 해석적 요소들을 영적인 요소들과 함께 포장함으로써 문자적, 도덕적, 영적 의미들에 집중할 수 있도록 하여, 성경의 세 가지 기본적 의미들을 탐구하는 경향이 있다. 그러나 그들은 하나님의 성령의 역사를 통하여 문자적 의미를 파악하는 것을 가장 우선시 한다. 그것을 무시하면 오묘하고 깊은 신비에 관한 것을 파악하지 못한다.

그 시기 마지막 시대에 형성되었던 하나의 주안점에 있어서 휴는 문자가 두 가지 의미를 지니고 있다고 말한다. 하나는 문자의 역사적 의미이며, 다른 하나는 영적인 의미다. 그리고 그는 다른 사람들이 그전과 그 후에 그랬던 것처럼, 문자적 의미에 문제가 있는 본문들은 불합리성을 조성하기보다는 오히려 그 본문에 독창성이 존재한다고 도전한다.

요나에 관한 논의에서, 안드레는 기본적으로 제롬에 의존하면서, 제롬이 그랬던 것처럼, 현대 히브리 학자들과의 적합한 대화를 해야 한다고 주장한다. 안드레는 본문의 의미가 분명한 경우에 본문에 대한 논의를 신학적으로 다루기를 즐겨하지 않는다. 예를 들면, 그는 그 책들에서 추정되는 구체적인 내용들에 대한 흥미를 보이면서, 다양한 성경적 예언자들의 배경 인물들에 대하여 사색을 한다.

예레미야가 어머니의 뱃속에 있을 때에 하나님께서 예레미야를 알았다는 것을 예레미야가 어떻게 이해할 수 있었는지에 대하여 안드레는 감탄한다(렘 1:5). 또는 그는 이사야 7장에 언급된 아이는 주전 8세기의 아이로서 그 선지자와 그의 아내 사이에서 태어났다고 추정한다. 그리고 그는 사무엘서 7장에 언급된 왕조의 상속자를 솔로몬이라고 이름 지었다. 이에 대한 기독론적인 의미는 후대의 이해였다고 한다(Smalley 1983; 83-195).

셋째, 언급할 인물은 역시 도미니크 수도회의 수도사로서 중추적 사상가였던 토마스 아퀴나스다(Thomas Aquinas, 1225-74). 스콜라 사상은 토마스 아퀴나스와 함께 시작된 것도 아니고, 그의 글에서 가장 많이 사용된 것도 아니었으나, 그는 아리스토텔레스의 철학을 성경적 계시와 지속적인 관련을 맺도록 했는데, 그것은 매우 중대한 일이었으며, 그의 신학의 역사에서의 탁월성 때문에 스콜라 사상이 강화되었다. 궁극적으로 아리스토텔레스적 범주들은 히브리 성경의 적용을 약화시켰는데, 그로 인하여 영성의 해석과 거리를 두게 되었다.

그러나 토마스에게 있어서, "성경을 실천하는 것"(doing Scripture)의 목적은, 성경을 읽고 기도하는 일에 있어서건, 글쓰고 가르치는 일에 있어서건, 또는 설교하는 일에 있어서건 항상 하나님과 이웃을 사랑하는 것이었다. 그에게 있어서, 믿음은 성경과 신학의 기초였으며, 그의 삶은 신학과 영성이 분리시키는 빌미를 제공하지 않았지만, 그의 많은 글들로 인하여 다른 사람들이 신학과 영성이 분리되는 길로 가게 되었다.

우리가 지금까지 고찰하고 있는 것의 기초가 되는, 성경의 내적인 의미에 대한 플라톤주의자들의 근본적인 이해는, 토마스 아퀴나스의 아리스토텔레스적 구조에 의하여 도전을 받는다. 토마스는 하나님의 계시된 말씀을 육신적/문자적, 영적인 것들이 결합된 인간의 인격과 유비를 이루는 것으로 본다. 영혼을 발견하기 위하여 몸을 벗겨내지 않듯이 구약성경의 문자적 의미는 영적인 의미와 분리될 수 없다. 토마스는 성경을 기록한 신적 저자는 많은 의미를 의도하였으며 의미화를 위한 말씀들뿐 아니라 사건 또는 사물들도 사용하였다는 것을 이론화하였다. 인간 저자의 말씀들은 이중 참조를 통한 하나의 통합된 방식으로 의미화했다.

첫 번째 의미는 인간 저자가 의도한 모든 것들을 포함하는 문자적 의미이다. 그러나 이것은 신적 저자가 원했던 것 그 이상은 아니었다. 인간 필자가 단순하게 말하든지 상징적으로 말하든지, 모든 것은 문자적 의미를 포괄하고 있다. 영적이라고 불리며 도덕적이고 풍유적이고 신비 해석적 측면을 포함하는 또 하나의 지시 대상(사건 또는 사물들—역주)도 역시 말씀들에 의해 표시됐을 것이다. 기독교의 첫 번째 지시 대상(referent)과 두 번째 지시 대상(히브리 성경) 사이의 특별한 관계는 토마스에게 있어서 성경의 의미를 파악하는 열쇠가 된다. 하나님의 영에 의해 의도된 영적 의미는 어떤 뜻에서든 단순한 인간적 성취가 아니었다. 예수님 안에서 역사하시는 하나님은 초기의 사건들과 사람들과 사물들에게 영적인 의미를 부여하셨다(Weisheipl 1974, 106-10; Smalley 1983, 292-308; Valkenberg 2000, 9-53).

토마스는 이와 같이 새로운 구분을 명시함으로써 몇 가지 중요한 일들을 하였다.

첫째, 토마스는 인간 저자를 전보다 더 중요시하게 만들었으며, 그 저자가 의도했던 의미를 더욱 크게 부각시켰다. 문법적, 역사적, 문학적 요소들. 마침내는 이와 같은 움직임은 히브리 성경 연구에 새로운 흥미를 불러일으키게 될 것이다.

둘째, 그는 비록 구약성경이 인간들로 하여금 하나님께로 향하도록 하는 능력이 있다는 것을 부인하지는 않았으나, 구약성경의 영적 의미를 강등시켰다.

셋째, 그는 비유적 묘사를 역사적 혹은 문자적 수준에 속하는 대신 풍유적 혹은 영적 수준에 속하는 것으로 보는 데서 기인한 난제들을 해결했다.

넷째, 신학적 진리는 문자적 의미로부터 탐구되어야 한다고 주장함으로써 그전의 학자들이 주장했던 어떤 요소들을 부적격한 것으로 만들었다. 토마스가 요나를 언급한 것은 주로 예수님의 부활을 설명하기 위한 것이었다. 그 필요성과 시기성을 논의함에 있어서, 토마스는 요나가 고래 뱃속에서 삼일 동안 있었다는 것을 더 큰 논쟁 중에 있는 지극히 사소한 논쟁으로 취급했다. 구약성경은 단순히 하나의 증거 문서가 아니라, 신학적 논쟁에 통찰력을 비춰주고, 확고하게 해주고, 제공한다.

3. 르네상스와 종교개혁(15-17세기)

우리가 탐구하고 있는 세 번째 시대는 세 가지 중복되는 사건들로 집결된다. 고전으로 돌아가고 새로운 방법으로 현실을 보는 르네상스와, 다양한 부조리를 거부하고 초기 기독교적 체험을 되찾고자 열망한 개신교 종교개혁, 그리고 그 개혁에 대한 가톨릭의 응답(결연한 잘라냄과 그것에 동반하는, 영적 삶과 관상적 기도에 대한 재헌신과 함께하는)이다.

그 시기의 중요한 요인들은 일반적으로 알려져 있다. 즉 인간을 사상의 중심에 두는 일, 새로운 역사 인식, 보통의 주제들을 조사하기 위한 더 나은 도구들과 방법들, 권위에 대한 철저한 질문이다.

구약성경을 어떻게 특별히 활용할 것인가에 대한 관심은, 그것을 다른 탐구의 대상들 중 하나로 두면서, 스스로 축소되었다. 역사와 과학의 논쟁들이, 성경의 신빙성과 진실성을 포함하여, 이전의 관심들에 대하여 그늘을 지게 하였다. 르네상스와 개신교 종교개혁가들이 가톨릭의 반동종교개혁(the Counter-Reform)의 세력권 내에 있었던 사람들 속에 더욱 깊이 뿌리박고 있던 스콜라주의(scholasticism)를 비판하고 무시하는 풍조를 따라 논의들이 고백적인 경향으로 형성된다. 또한 거의 분별할 수 없을 정도로 미숙한 비판 정신이 횡행했는데, 그것은 다음 세대에 사라진다.

피셔(John Fisher, 1469-1535)와 같은 르네상스 주석가들은 박식할 뿐 아니라 지혜로웠으며, 개인적으로 헌신적일뿐 아니라 사회적 관심을 가졌고, 고전들에 뜨거운 열정을 가졌으며, 무미건조하고 추상적이며 불가사의한 스콜라 신학에 반기를 들었다. 탄탄한 언어학과 본문의 원리들과 역사적 인식 및 문학적 감수성은 본문의 의미를 명료하게 했을 것이다. 그 결과는 종종 신학적이라기보다는 도덕적이었는데, 그것은 신적인 삶보다는 차라리 인간적인 삶을 조명하는데 목적을 두고 있었다. 르네상스 학자들은 우둔한 직역주의와 독단적인 풍유적 해석의 사용을 반대하면서, 성경 본문과 현실적 필요 사이에 있는 중요한 유사성을 찾으려는 노력을 계속했다.

피셔는 하나님으로부터의 인간의 이탈에 대하여 좀 더 잘 탐구할 수 있기 위하여 죄인들에 대한 하나님의 자비와, 시편 130편과 요나의 이야기가 통합된 작품 안에서 탐구된 주제에 관하여 특별한 관심을 가졌다.

그는 요나가 죄에 빠지는 과정을 일곱 단계로 제시한다.

첫째, 하나님을 떠남.

둘째, 뱃삯을 지불함.

셋째, 배를 탐.

넷째, 잠을 자려고 밑층으로 내려감.

다섯째, 바다에 던져짐.

여섯째, "큰 고래 뱃속 가장 깊은 곳"에 위치함.

피셔는 일곱 가지 성경적 단계를 완성하기 위하여 발생한 일을 쉽게 이름 붙인다.

일곱째, 만약 요나가 회개하지 않았더라면, "그는 고래 뱃속에서 소화되어 똥으로 나왔을 것이다"(Bowers 1971, 73).

피셔는 요나의 여행을 소외(alienation)라고 규정하고, 그것과 동일한 경로를 추적하는 시편을 보여준다.

첫째, 마음의 동의는 잘못을 범할 기회에 이끌린다.

둘째, 그 다음엔 악에 대하여 완전한 동의를 하게 되며, 마음속에 그려진 행위를 하려고 능동적 결단을 한다.

셋째, 그와 같은 정황은 습관으로 굳어지고 뻔뻔하게 잘못된 일을 하도록 길을 열어 준다.

넷째, 그 죄인이 과실을 덕스러운 것으로, 불의를 의로 정당화한다.

다섯째, 요나가 적시에 하나님에 의해서 구조받았던 것과 유사하게, 그 죄인은 절망을 피해야만 하고, 도움을 요청해야만 한다.

두 본문에서 중요한 것은 하나님께 대한 죄인의 부르짖음이며 하나님의 열정적인 반응이다. 사실상, 하나님은 그와 같은 외침을 예견하고 계셨다(Fisher 1998, 204-37).

아우구스티누스 수도회의 수도사였고, 대학교수였던 마틴 루터(1483-1546)는 거의 불가능에 가까운 완전을 요구하시는 것처럼 보였던 하나님과의 몸부림에 대해 말한다. 루터의 질문은 이렇게 전개 된다.

어떻게 어느 인간이 하나님 앞에서 의롭다고 여겨질 수 있을까?

루터의 통찰은 다음과 같다. 하나님은 인간이 자기 힘으로 자신의 구원을 얻기를 바라지 않으신다. 획득하는 것이 아니라, 무상으로 주어진다. 루터는 하나님과 인간 사이의 깊은 신뢰와 의존의 필요성과 가능성을 주장한다. 위협적이고 두려운 노력에 근거를 둔 관계는 바람직하지 않다는 것이다. 루터는 하나님의 말씀인 성경은 하나의 단순하고 확실한 의미를 구성하면서 전체적으로 명료하게 선포되었다고 주장한다. 성경은 모든 사람들에게 읽혀지고, 연구되고, 이해될 수 있는 설교로 상세히 설명되며, 또한 물론 체험되어야 한다.

   루터는 성경과 관련하여 여러 가지 것들을 반대했다. 신비적인 적용, 본문 자체에서 명확히 요구되지 않은 풍유적 해석, 학문적 월권. 그는 교부의 주석에 주어진 특권에 대하여 의문을 제기했는데, 루터는 그것이 의미의 포착을 마비시킨다고 여겨졌다. 성경의 권위는 전통적인 해석에 근거하는 것도 아니며, 어떤 교회적 법령에 근거하는 것도 아니다. 루터가 스스로 성경을 읽을 때면 예언적이며, 도덕적이며, 항상 긴밀하게 그리스도 중심적인 점이 드러난다. 우리가 일관되게 살펴본 바와 같이, 그 자체로 중요한 구약성경 사건의 어떤 의미도 루터의 관심을 별로 끌지 않는다. 히브리 성경은 예수님을 예시(豫示)했는데, 그것은 무엇보다도 먼저 그런 점에서 중요하다고 루터는 주장했다.

   루터는 요나서에 관하여 설교도 하고 글도 썼는데, 그 중심인물은 죄인의 표본으로 등장한다. 그 죄인은 하나님 앞에서 떨며 도망치지만 다시 돌아와 자신의 무가치성을 절감한다. 요나는 그것을 배운 것이다. 루터도 역시 요나를 단 한 마디의 효과적인 말씀을 동원하여 능력 있는 설교를 한 사람으로 생각한다. 루터는 위험을 무릅쓰고, 요나가 사용한 단어가 예수님의 것보다 더 효과적이었다고 여긴다.

   또한 그 작은 선지서는 모든 민족들의 구원에 대한 열망과 적극성을 가지고 계신 하나님을 보여준다. 그 책의 서문에서, 루터는 요나가 주전 8세기의 사역자라는 등의 몇 가지 데이터를 받아들이지만, 죽었다가 엘리야에 의해서 살아난 바로 그 소년이 요나였다는 등의 자료는 거부하면서, 요나의 신상에 대한 질문들을 다룬다. 또한 루터는 유대인들이 하나님께로 돌아와야 했지만(그리스도인이 되는 것) 그렇게 하지 않은 것을 비판한다. 루터는 요나가 도망간 이유에 대하여 상대적으로 광범하게 다음과 같이 평가한다.

   첫째, 가족과 고향을 떠나고 싶지 않은 마음.
   둘째, 니느웨 왕에 대한 두려움과 증오.
   셋째, 그의 말대로 되어도 염려가 되며 그렇게 되지 않아도 염려가 됨.
   넷째, 하나님은 오직 유대인들과만 관계가 있다는 생각.

   또한 루터는 요나가 떳떳하지 못한 마음으로 제비가 자기를 뽑을까봐 무서워 떨었을 것이라고 생각했다. 루터는 요나의 도주가 하나의 죄였는가에 대하여 질문한다. 그리고 그는 그렇다고 대답한다.

요나는 구출을 받을 수 없는 죄인이었음에도 불구하고 하나님은 그를 돌보셨다. 루터는 고래에 관한 논의에서 요나가 그토록 큰 소화 기관 안에서 자신이 소멸되리라 생각했는지에 대하여 궁금해한다. 삼일 간의 체류는 루터로 하여금 무덤에서의 그리스도를 상기시키는 것이 아니라 하나님께 온전히 의지해야 할 필요와 기도의 가치를 상기시킨다. 루터는 그 본문을 논의하면서 다음과 같이 감탄한다.

> 그것은 낯선 항해였음이 틀림없다. 만약 이 이야기가 성경에 기록되지 않았다면, 그것을 아무도 믿지 않고, 거짓말이며 동화 같은 이야기로 여길 것이다 (1974, 68).

니느웨 사람들의 금식은 행위과 은혜에 대한 토론을 야기한다. 왜냐하면, 루터의 "궤변적인 반대자들" 중 어떤 사람들은 그 중요성에 관하여 루터를 반박했었기 때문이다. 루터는 지적하기를, 선지자나 하나님도 행위를 요구하지 않으셨다고 한다. 하나님은 마음을 보신다.

로마 가톨릭의 수도사였고, 개혁의 창시자였으며, 저술가였고, 시인이었으며, 교사였던 아빌라의 테레사(Teresa of Avila, 1515-82)는 하나님께서 인간의 영혼 속에 어떻게 역사하시는가에 대한 것, 다시 말하자면, 인간을 삶 속에 그리고 하나님의 사랑 속에 최대한도로 깊숙이 끌어들여 인간을 변화시키려는 하나님의 계획에 대하여 가장 큰 흥미를 가지고 있었다. 복합적이지만, 그녀의 사상은 다음과 같이 요약하자면, 하나님은 지속적으로 우리에게 나타나시며, 우리는 그것을 더 잘 인식하고, 그를 통하여 우리의 삶이 더욱 더 변화되도록 도전해야 한다는 것이다.

테레사의 마지막 책인 『내면의 성』(*The Interior Castle*)은 그녀의 내면 한 중심에 살고 있는 그 왕을 향한 영혼의 여행을 묘사하는데, 그것은 더욱 폭 넓은 목적을 위한 구약성경의 사용을 예증한다. 테레사가 구약성경을 묘사할 때에, 그녀는 간결한 이미지로 성경에 있는 다양한 장소들을 언급한다. 그녀의 언급이 암시적이며 이해하기 어려운데, 그것은 그녀가 독자들이 주어진 이미지가 무엇이며 그것이 어디에서 왔는지를 스스로 알기를 기대하기 때문이다.

테레사는 해석 과정에 관하여 이론적으로 말하지 않으며, 어떤 의미에서, 그녀가 사용하는 이미지들과 구절들은 성경 주석을 쓰는 사람들의 작품에 비하면 부수적으로 보인다. 그럼에도 불구하고, 그녀의 체험과 글들은 전적으로 성경에 근거를 두며, 그녀의 인용문들은 결코 성경 전체로부터 분리되지 않은 것 같다. 다섯째와 여섯째의 거주지들에 대한 논의에서, 그것은 주로 아가서에 의해 상세하게 설명되었는데, 테레사는 요나를 언급하면서 조그마한 나비로 변형하는 누에의 이미지를 제공한다. 테레사는 뽕나무 잎을 먹고 그 안에서 고치를 짓고 그 안에서 죽어서(변형되어), 변형된 피조물로 나타나는 누에의 일을 묘사한다.

그것은 하나님을 향한 인간의 여행에 대한 훌륭한 이미지가 된다. 그러나 테레사는, 밤을 틈타서 요나를 보호하는 잎사귀를 갉아먹는 요나서 4장의 벌레와 같은 피조물들에 대하여 간략하게 언급하면서, 그것을 뒤집는다. 풍유적으로 그리고 어느 정도 문맥상으로 그녀는 그 벌레에 관하여 말한다. 덕(virtues)은 자기애, 자긍심, 비판정신, 사랑의 결핍이라는 "벌레들"에 의하여 파괴될 수 있다.

4. 근대성과 초기 탈근대성(17-21세기)

고대 시대가 그전의 여러 가지 주장들을 타파하지 않고 걸러 내면서 차츰 중세로 변화했듯이, 르네상스와 종교개혁 시대는 근대주의(modernism)의 주제들의 씨를 뿌려, 더욱 발전되고 빠른 변화의 양상이 추구되었다. 근대 기간은 객관성과 확증, 그리고 "확실한 결과"의 신봉은 물론, 역사주의와 과학주의 및 어떤 종류의 "방법주의"(methodism)라는 특징을 가지고 있다. 그러나 특별히 근래 몇 십 년 동안, 인간 언어의 중요성의 (재)발견과, 르네상스가 상상하지 못했던 주제로의 전환 및 모든 실재의 구성에 대한 심오한 인식은 이러한 강력한 세력들을 저지해왔다. 이와 같은 후대의 통찰들은 르네상스와 종교개혁의 유산을 적용하는 시작에 불과하다. 기독교적 변화를 위한 구약성경의 현대적 활용의 양상들을 더욱 잘 보여주기 위하여 기독교 영성에 대한 우리의 특별한 실천가들을 이 시대(17-21세기)의 시작과 끝을 중심으로 소개할 것이다.

오경 연구가 근대 성경 비평의 온상이 되었다고 할지라도, 회중교회 목사로서 북아메리카의 대각성 운동과 연관되어 있었던 조나단 에드워즈(Jonathan Edwards, 1703-58)의 전반적인 영향력들은 우리가 필요로 하는 틀을 우리의 목적에 맞게 제공한다. 에드워즈는 비록 근대 기간의 주제들에 흥미롭게 정통했지만, 성경의 문제들에 대하여는 전통적 시각을 견지하고 있었다. 주로 에드워즈의 작업이 시간이 지나간 사상들을 위한 후방지킴이 행동의 모습으로 나타나지만, 에드워즈의 박식과 정직과 뚜렷한 명료성은, 전 시대와 근대 기간의 갈등을 잘 조명한다.

젊은 시절에 회심을 경험한 에드워즈의 삶의 계획은 영광스런 하나님을 체험할 수 있는 가능성과 긴급성을 전달하는 것이었다. 그 하나님은 자신의 목적들을 모든 피조물의 목적들에서 조화롭게 드러내셨다. 그는 인간이 어떻게 성경적 의미를 알 수 있는지에 대하여 씨름하였다. 구약성경이 즉시 쉽게 이해되지 않는다는 것은 그것이 전적으로 믿을 수 없다는 것을 의미하는 것이 아니다. 에드워즈는 성경의 역사적 신빙성을 나타내기 위하여 노력하였다.

성경의 사본들과 그 주석들은 믿을 만한가?

성경에 있는 특정한 내용들이 어떻게 이성적 사고 및 과학과 일치할 수 있는가?

믿음이 학문과 어떻게 연결되며, 계시가 어떻게 인식론과 연결되는가?

성경을 포함하여, 어떤 이야기의 진실성은 그것의 역사성과 긴밀한 관계를 가지고 있다.

성경 학자는 이름이 밝혀진 저자들이 사실상의 기록자들 또는 믿을 만한 저자들인지를, 또는 그들의 작품들이 위조인지를 보여줄 수 있는가?

그 저자들은 목격자의 권리들을 주장할 수 있도록, 자신이 체험을 통하여 기록한 것을 알 수 있는 위치에 있었는가?

또는 그들은 혹시 믿을 만한 기록 자료나 어떤 종류의 경험적 증거를 가지고 작업했는가?

그래서 후대의 학자들도 그것에 접근할 수 있었는가?

성경의 기록들은 다른 곳으로부터 확증될 수 있는가?

고대 종교들과 성경 간의 어떤 상관관계들이 그 주장들을 강화시켰는가?

모든 문서들, 특히 고대 문서들의 운명인 엄격한 정밀조사와 같은 것을 이야기들 그 자체가 버텨낼 수 있겠는가?(Brown 2002, 91, 114 등 여러 곳)

이와 같이 쟁점화된 주제들의 함축적인 내용들이 아픈 마음으로 글을 쓴 옥스퍼드 학자인 푸시(E. B. Pusey, 1800-86)의 요나서 주석에 나타나 있는 것 같다. 푸시는 주전 8세기의 요나의 정황과 그를 닮은 다른 성경 인물들을 검증하는 것으로 시작한다. 그는 선원들의 자연 종교에 관하여 간단하게 언급하는데, 이는 대영제국의 지성인들이 흥미를 가지는 주제이기도 하다. 그는 성경의 모든 선지자들은 자신들을 삼인칭으로 언급했다는 것을 지적하면서, 요나가 요나서의 저작자임을 논의한다.

푸시는 요나서의 형식과 언어에 대하여 찬사를 보내며, 유년기를 지난 사람이라면 누구나 그 주제들로 인하여 당황하지 않을 것이라고 주장한다. 요나서에 나오는 기적들은 신빙성이 있다. 왜냐하면 한 증인, 즉 그 선지자 자신이 그것들에 대하여 바로 그 시기에 이야기하고 있기 때문이다. 따라서 요나가 물고기 뱃속에서 생존했다는 것도 신빙성을 갖는다. 만약 그것들이 사실이 아니었다면 그것들이 포함되지 않았을 것이다. 주전 8세기의 히브리인들은 단순한 민족으로서 바다와 큰 물고기에 대하여 아는 바가 별로 없었다는 것을 인정하면서, 푸시는 아무도 성경 이야기를 믿지 못하는 일이 없도록 하기 위하여 한 마리의 큰 물고기가 어떻게 사람을 거의 먹어 치워버리다시피 하였는지에 관하여 1758년에 수록된 한 신문 기사를 예증으로 들었다.

또한 요나서는 실제적으로 제공된 역사적 지식을 제시한다. 힘든 여행으로 지친 요나는 잠을 자려고 배 밑창으로 내려갔다가 배 밖으로 던져지고, 고기에게 삼킨바 되었다. 히브리 시편을 알고 있던 그는 자연스럽고도 진지하게 시와 같은 기도를 드린다. 푸시는 후대의 역사적 연구를 통하여 사용할 수 있게 된 니느웨에 대하여 세부사항들을 제공하면서 요나가 생략하였던 것을 보충한다. 푸시의 주석은 니느웨의 지도와 앗시리아인들에 대한 정보와 호의적인 왕의 칭찬받을 만한 평판들과 요나의 박넝쿨에 대한 사생화와 박넝쿨에 고유한 이름(*Ricinus communis*, "리키누스 코무니스")을 담고 있다.

푸시는 요나가 자신이 하나님에게 분노한 이유에 대해 설명한 것을 누락했다. 영국 사람인 푸시는 요나의 분노가 하나님의 궁극적인 계획에 대한 지식과 그 세기 끝에 앗시리아인들이 이스라엘에게 종국에 끼칠 파괴적 영향력에 대한 지식에서 기인한다고 추측한다.

푸시는 능력으로 섭리하시는 하나님을 소개하고, 풍랑과 고기와 식물과 바람을 언급하면서 오빗(Ovid)의 『변형』(*Metamorphoses*)과 같은 서양 고전들을 유사한 주제로 인용한다. 그러나 그는 곧 이러한 설명들이 필수적이지 않다고 여기고 중단해버린다. 왜냐하면 그는 시편들 그 자체가 그와 같은 현상들을 증명하기 때문이다(시 18편; 42편; 124편).

요나의 이야기는 오늘날 우리들의 정치적 사회적 정황에 적용될 수 있음을 발견한다. 엘륄(Jacques Ellul, 1912-94)은 사회 과학과 법학을 전공한 프랑스의 개신교인으로서 독재에 용기 있게 저항을 했으며, 어떤 근대주의적 전제들에 대하여서는 의문을 가졌다. 진보의 필연성, 늘어나는 세속화의 가치, 과학 기술의 지배, 도시화의 확산. 그는 대안적인 비전을 제시하기 위하여 요나에 관하여 사려 깊은 글을 썼다. 그는 히브리적 실천이 아니라 기독교적 실천으로서 예언에 관하여 구체적으로 글을 썼다.

엘륄은 하나님께서 요나를 선택한 것과 요나가 반항한 것을 묘사하면서, 그 선지자의 불량한 반항뿐 아니라 요나가 아직 설교자가 된 것은 아니었지만 순교자와 증인이 되려는 그의 종국적인 자발성(폭풍이 끝날 즈음에)을 강조했다. 이방의 선원들은 요나를 만남으로써 회심하게 되었으며, 수치스러운 일을 기꺼이 견디어 내려는 요나의 마음은 예수님의 성육신과 사역과 죽음을 잘 나타낸다. 고래 뱃속에서의 요나의 고투는 또 하나의 예언적 주안점을 제공한다. 무엇보다도, 엘룰은 물속에서 죽어 하나님께로부터 분리되는 성경의 장면을 떠오르게 하면서, 물속의 괴물로 인한 위험을 강조한다.

죽음에 직면한 요나가 하나님을 찬양하는 내용은 타인들의 유익을 위하여 죽었다가 살아나신 예수님을 예시한다. 엘룰의 마지막 해설은 요나의 니느웨 체험에 관한 것인데, 거기에서 엘룰은 니느웨 사람들에게 일어난 일에 관심을 두기보다는 요나와 하나님을 사로잡은 것에 관심을 두었다. 엘룰은 요나의 최초의 마음의 변화의 진정성과 하나님의 적극적 인내와 무한한 성실성을 변호한다. 요나의 역할은 니느웨 사람들이 마땅히 체험해야 할 것, 즉 하나님의 사랑으로의 회심을 예시한다(Ellul 1971, 9-103).

기독교 페미니스트 신학자였던 로스매리 래드포드 루더(Rosemary Radford Ruether, 1936년생)는 해방에 대해 몇 가지 도전적인 글을 쓰고, 말을 하고, 일을 하는 전문가였다. 시민의 권리, 페미니즘, 비폭력, 유대인의 이익(jewish causes), 그리고 최근에는 생태학에도 관심을 가졌다. 그녀는 남편과 함께, 상처로 얼룩지고 문제 많은 땅에 사는 이스라엘 사람들과 팔레스타인 사람들의 외침들을 조정하는 책을 썼는데, 그 책에 요나의 이름을 붙였다.

루더는 민족 내부적으로나 민족 간에 어떤 종류의 회개가 요구되는 지에 대한 질문을 하며, "하나님은 모든 민족들을 동등하게 창조하시고 사랑하시기 때문에 민족들 사이에 서로 회개하고 용납"해야 한다고 제안한다(Ruether and Ruether 2002, XIX). 양자는 모두 자신들의 단순한 주장을 포기하고, 상대방의 진정한 고난을 무시하는 유아론(唯我論, solipsism)[1]을 초월하는 성장이 필요하다. 루더의 책에서 요나는 "달갑지 않게 생각하며, 분노하며, 분개하는 선지자"로 특징지어지는데, 요나는 모든 사람들에게 하나님의 실제적인 자비를 나타내라는 임무를 맡긴 하나님께 분노를 표명한다(2002, XIX-XX). 요나서는 줄거리로 요약되어 있고 유비(analogy)가 내포되어 있다.

> 요나는 노하기를 더디 하시고 모든 민족들에게 풍성한 자비를 베푸시는 우주적인 하나님을 원치 않는다. 차라리, 요나는 이스라엘의 적들을 심판하시는 형벌과 당파의 하나님을 원한다(2002, XX).

---

[1] "유아론"(唯我論, solipsism)이란 주관적 관념론의 일종으로서 자기(self)를 최우선으로 하는 사상이다-역주.

[도형 2.1] 요나와 고래(*Jonah and the Whale*), *c*. 1988(유화).
앨버트 허버트(Albert Herbert, 1925년생) 作. 개인 소장품/Bridgeman Art Library.
출처: Courtesy England and Co., London

루더는 그 책의 저작 연대를, 자기 의로 충만한 유대인들의 종교적 배타성으로 특징지어졌던 주전 4세기로 자리매김한다. 그녀는 요나를 니느웨 사람들의 회개에 대하여 메스꺼워하면서 그들에게 복수하기를 갈망한 사람으로 소개한다.

이 글에서 이미 살펴본 바와 같이, 요나의 이러한 협소한 동기들은 그 이야기가 결코 허용하지 않는다. 평론가들은 그리스도인이 이스라엘의 정책에 대하여 반대할 권리가 있는지, 혹은 그 전통의 상속자들에 "대항하여" 사용되는 것이 히브리 성경의 단어들에 적합한 것인지에 관하여 논의하는 것이 아니라, 루더가 정당하게 자극적인 의미들로 그 책을 읽었는지, 혹은 불공정하게 축소된 범주들을 그 책에 적용했는지에 맞춰져 있다.

이 글에서 이미 소개된 웬디 베켓(Wendy Beckett, 1930년생)의 입장은 이미 정리가 되었다. 요나에 대하여 짤막한 묵상을 한 후에 그녀는 기도에 대하여 다음과 같이 말한다.

기도는 우리가 하나님께 소유되는 것이다. 우리는 있는 그대로 하나님께 노출되며, 그는 거룩한 사랑의 창조적 안목으로 우리를 응시한다. 그의 응시는 변

화를 가져온다. 그는 우리를 결핍된 상태에 머물도록 하지 않고, 우리가 마땅
히 되어져야 할 상태로 이끄신다(Beckett 1933, 9).

베켓은 계속 말하기를, 기도라는 은사는 상호적인 과정을 만들며, 어떤 면에 있어서는 우리가 협동적이어야 한다는 것을 의미한다고 말한다. 그것이 행해지는 방법을 말하기 위하여 그녀는 요나를 간단히 언급한다. 그녀는 현대 미술가인 앨버트 허버트(Albert Herbert)의 "요나와 고래"(Jonah and the Whale, 도형 2.1)라는 작품을 참조하여 자신의 의견에 활기를 불어 넣는다. 그 이야기와 그 그림은 하나님을 찾는 사람들을 위한 깊은 의미를 통해 하나의 이야기를 불러일으킨다.

베켓은 요나를 하나님께 아니라고 말하는 원형적 인물이라고 본다.

하나님은 자신의 맹렬한 사랑으로 요나로 하여금 요나의 거절이 의미하는 바를 맛보게 해주기 위하여 고래가 요나를 삼키게 하신다(1993, 106).

허버트의 그림은 요나가 자신의 소명과 충만한 인간적 재능에 대한 질문에 다시 직면하는 순간을 묘사한다. 베켓은 다음과 같이 질문한다.
"요나는 고래와 같은 자기 피난처의 안전성을 받아들이고 거기로부터 빠져나올것인가?"
그리고 베켓은 그 그림에 대한 해석을 계속한다.
"가련하고, 벌거벗고, 놀란 요나와 그를 기다리고 있는 책임감과 성숙의 세계."
요나의 선택은, 일과 위험과 자기 희생과 반대되는 편한 것과 안정성과 자기 사랑이다. 그러나 베켓은 다음과 같이 결론짓는다.

요나의 딜레마는 자기 마음속에 존재한다. 하나님의 사랑은 모든 면에서 그를 기다린다(1993, 106).

앞에서 언급된 샌드라 슈나이더스(Sandra Schneiders, 1936년생)는 마지막으로 소개할, 요나에 대한 마지막 주석가이다. 그녀는 어느 대학 졸업식에서 회화체의 말로 다음과 같은 연설을 했다.
우리는 "나무로 만든 배를 타고 우주의 하나님께로부터" 도망치기를 시도한 이 선지자처럼 선택하면서도 요나와 자신을 동일시하는 것을 거부할 수 있다(1993. 1). 그러나 요나

는 하나님께로부터 도망치는 것이 가능하다고 생각한 마지막 사람이 아니며(즉 우리도 그러하다—역주), 슈나이더스는, 우리가 요나처럼 무익하게 사용해온, 우리에게 친숙한 다른 술책들을 암시한다. 슈나이더스는 그녀 이전의 많은 사람들처럼, 왜 요나가 그렇게 반항적이었는가를 질문하고, 요나를 형제들이 부모님께 책망을 받을 것을 즐거이 예상하면서 고자질을 하는 못된 아이로 묘사한다. 한편, 우리는 그런 아이를 비웃을 것이지만, 슈나이더스는 우리 자신을 돌아보게 하여 올바른 시각을 갖게 하기 위하여 다음과 같이 말한다.

> 이 이야기는 옛날의 한 선지자에 관한 것이라기보다는, 우리가 이해하고 변화되도록 도전해야 할 필요가 있는 우리 내면의 요나에 관한 것이라는 것을, 우리는 즉시 알아차릴 것이다. 이 이야기에 나오는 요나는 웃음거리이지만, 우리 안에 있는 요나는 극히 심각하다(1993, 3).

슈나이더스는 니느웨에 대한 요나의 행동에서 보여지는 양태를 더욱 자세하게 다음과 같이 설명한다. 즉 처음엔 만남을 거절하고, 그 다음엔 우위를 차지하려 하고, 더욱 화를 낸다. 그 다음엔 자신을 향하는 다른 사람들을 파괴하려한다. 슈나이더스는 왜 우리가 이런 일을 하는지를 질문한다.

> 아마도 다른 사람을 진정한 타자로 받아들이는 것은 우리 자신의 본질적인 한계를 체험하고 받아들이도록 도전하기 때문일 것이다. 만약 검정색이나 갈색이나 적색이나 황색이 똑같은 존재 방식으로 받아들여지고 내 자신이 백색이라면, 분명히 백색만이 선한 존재의 방법이 아니며 내가 아닌 가치 있는 어떤 것이 존재하는 것이다 … 타자를 진정한 타자이며 진정한 동등한 자로서, 나와 같은 하나님의 사랑받는 자녀로서 받아들이는 것은, 곧 실제적이며 제한적인 타자의 선함을 받아들이는 바로 그 행동과 사실 가운데서, 나 자신의 실제적이면서 제한적인 선을 받아들이는 것을 의미한다. 이와 같은 생각만이 우리로 하여금 형제와 자매로서 그리고 하나의 공동 운명체로 부름 받은 거룩하신 하나님의 자녀들로서 자유롭게 서로 더불어 이 세상을 살아갈 수 있도록 할 것이다(1993, 3).

슈나이더스는 우리의 생태학적 이기주의를 직면하는 장소로서의 요나의 박넝쿨의 중요성을 환기시키며 하나님께서 던져주신 근본적인 질문을 명확하게 재진술한다.

"내가 그러한 다양성을 조성하고, 내가 만든 모든 것들을 사랑하고, 모두가 구원받고 행복하게 되기를 내가 갈망한다고 해서 네가 분노할 권리가 있는가? 너는 차라리 나의 선지자가 되어, 모든 피조물들, 특히 내가 그토록 여러 가지 방법으로 다양하게 만들고 그 다양성이 나의 영광을 높이도록 되어 있는 나의 아들들과 딸들에 대한 나의 사랑과 배려와 구원의 의도를 선포하며 즐거워하지 않겠는가?"

요나의 이야기는 그 완고한 선지자가 어떻게 되는지에 대하여 말하지 않고 끝나는데, 그 이유는 사실상 그 이야기가 아직도 계속되기 때문이다(1993. 4).

5. 결론

우리가 기독교 영성에 있어서 구약을 적용하는 길을 만들었다. 그 결과 다섯 가지 영구적으로 반복되는 논점들이 우리와 관련된다는 것이 다음과 같이 제시된다.

첫째, **일반적인 도전**이다.

성경 시대로부터 현재로의 확장으로부터, 다양한 차원에서 적용이 어떻게 작용하는지를 이해하고 분명하게 진술하기 위한 탐구가 존재한다. 비록 그것에 대한 그 "어떻게"가 전체 과제는 아니지만 말이다. 비록 비판적인 분류가 필요하지만, 한 시대의 통찰력들은 후세대의 해석자들의 연구에 유용하다. 고전적 통찰력들마저도 참신한 평가를 필요로 한다. 적용에 대한 적합한 성질은 이내 명시되고 계속 탐구 되어야 한다.

둘째, **과제(project)의 성질**이다.

구약은 책임 있고, 평가할 수 있고, 가치가 있고, 권위가 있는 의미를 추구하고 발견하고 만들어내는 하나의 중심지가 되는데, 그 의미는 사회적이고 교회적인 정황 밖에 존재하는 것은 아니지만, 개인적으로 그리고 개별적으로 추구된다. 그 요구는 객관적으로 수행되는 것이 아니라, 항상 체험적으로, 참여를 통하여, 헌신하고, 자기를 관련시킴으로써 수행된다. 탐구된 그 심오한 적합성은 적어도 부분적으로 자신에 대한 지식과 피조물들과 함께하는 하나님의 역사에 관한 통찰력으로 구성된다. 기독교 영성의 해석적 적용은 교회 공동체 안에 존재하는 삼위일체 하나님의 생명력을 향한 지속적인 변화에 의하여 형성되고, 창출되고, 발생하고, 절정에 이른다. 정체성을 형성하기 위한 성경의 수용 능력에 참여하는 것은 개인들과 기독교를 위한 끝없는 삶의 작업이다. 그 결과 부요함을 계속 누리게 된다.

셋째, 정경적 요인이다.

성경의 정경에 대한 헌신이 함의하는 바는, 고대와 고전적 글들의 모음은 특별한 권위가 있고, 규범적이고, 신자를 향한 하나님의 자기 계시와 신자의 하나님과의 자아 통합이 경험되는 주요 좌소라는 것이다. 지속적인 과제는 구약/신약의 관계가 어떻게 작동하는가에 대한 것이다. 기독교 성경이 유대 공동체에서 기원하고 그 공동체와 여전히 관계를 맺고 있는 글들을 포함한다는 사실은 매우 중요하다. 그리스도인들에게 있어서, 그리스도 사건은 중심적이지만, 그 사건이 초기 전통의 정체성을 훼손해서는 안된다. 그리고 그 사건은 삼위일체적(단순히 기독론적 보다는) 방향에서 가장 잘 발전된다. 히브리성경/구약성경에 대한 기독교적 전유는 역사적으로, 반유대주의(anti-Judaism)의 다양한 형태로 인해 고통받았고 미래의 해석적 과업에 있어서 두드러지게 남아 있는 논제와 이 입장들을 최근에야 탐구하고 아마도 인정하고 있다. 정경에 대한 기독교의 헌신은 성경의 "이중 권위"와 관계된다. 그리스도인들은 성경에서 기인하는 하나님의 교통을 인정한다. 또한 동시에 그 본문의 인간적 산물을 자세하게 인지하고 있다. 이 복잡한 기원은 쉬운 협상에 저항한다.

넷째, 그리고 앞에서 진술된 것과 밀접하게 관련된 것은, **성경의 언어의 본성과 관련된 담론**이다.

성경이 어떻게 의미를 갖는가에 대하여 진술하는 과정이 항상 담고 있는 의미는, 본문의 "문자적" 의미(시간을 넘어 사전적 의미, 역사적 지시대상들, 저자[들]의 의도, 초기 독자들/생산자들[producers]의 문화적 배경, 언어적 기술들, 정경적 기반[matrix])는 그러한 요인들에 의해서 소모되지 않는다. 의미는 매우 시종일관되게 영적 수준이라고 불리는 것으로부터 "더욱 깊게" 들어가서 본문의 경험과 후기 독자들의 삶 간의 유비에 뿌리를 내린다. 이러한 요인들을 양극화시키거나 둘로 나누는 것, 심지어 그것들을 층으로 쌓아놓는 것은 유용하지 않다. 더 나은 유비는 그물망(web)이다. 독자이자 해석자(reader-interpreters)의 범주들과 경험은 의미에 있어서 구성적인 것으로 보여진다. 의미는, 대화적으로 분별되고 구성되는 것으로서 얻어지지 않는다. 형성적 참여가 추구되는 기반(ground)은 경험, 즉 인간의 하나님과 타인과의 경험(단순히 성경의 말씀 또는 그것들이 지시하는 것 자체가 아니라)이다. 비록 그것들이 경험에의 참여와 표현의 한 부분으로 남아 있을지라도 말이다. 하나님에 대한 깊은 경험은 성경에서 표상되는 것이며, 지속적으로 그리고 상상에 의해서 해석자들과 현장 전문가들을 통해 다시 나타나는 것이다.

다섯째, **현재의 도전**이다.

전유(appropriation)에 대한 과제는 폭넓게 지적이고 문화적인 시대의 흐름들과 화합되고 관계 맺을 필요가 있다. 그 흐름들은 과거에 대한 잘못된 존경 때문에 알려지지 않거나 무시될 수 없다. 만약 과거에, 기원적 배경이 해석자에게 중요하지 않게 보였다면, 이제는 전혀 그렇지 않다. 오히려 역사적 요인들은 탐구하기를 지치지 않는다. 그러한 것에 대한 어떤 지식은 임의적이고 근본적으로 왜곡된 의미 형성을 예방하는데 필수적이다. 그리고 "문자적인 것 그 이상의" 의미들은 비평적 연구(역사적, 문학적, 그리고 사상적)로부터 배울 수 있는 것과의 기초적 연속성 가운데 있을 필요가 있다. 비록 과거에 그것에 대해서 많은 연구가 있었을지라도 구약은, 교의를 보강하는 것과 본문을 증명하는 것과 극히 단순한 예시들에 기여하는 것, 간단히 말해서 구약의 깊이를 축소하는 모든 것이 요구될 때, 가장 좋은 상태에 있지 못하다. 그것의 복잡성에 저항하는 것은 긴 경주에 있어서 유용하지 못하다. 비록 그것이 귀에 솔깃하고, 짧은 기간 안에 효과적으로 보일지라도 말이다. 요점은 하나님과의 깊은 교제로 들어가는 것에 관한 놀라운 삶의 계획 가운데 필요한 것을 효과적으로 선택하는 것이다.

참고문헌

Augustine of Hippo 1982: *St Augustine: The Literal Meaning of Genesis*, 2 vols, trans. J. H. Taylor, Jr. New York: Newman Press.

_____. 1984: *Selected Writings*, trans. M. T. Clark. New York: Paulist Press.

_____. 1994: *Selected Works*. In P. Schaff (ed.), *Nicene and Post-Nicene Fathers*, 1st series, vol. 1: *The Confessions and Letters*; vol. 2: *City of God; Christian Doctrine*; vol. 3: *On the Holy Trinity; Doctrinal Treatises; Moral Treatises*; vol. 8: *Expositions on the Book of Psalms*. Peabody, MA: Hendrickson.

Barron, W. R. J. and Burgess, G. S. (eds) 2002: *The Voyage of Saint Brendan: Representative Versions of the Legend in English Translation*. Exeter: University of Exeter Press.

Beckett, W. 1993: *The Gaze of Love: Meditations on Art and Spiritual Transformation*. New York: HarperCollins.

Ben Zvi, E. 2003: *Signs of Jonah: Reading and Rereading in Ancient Yehud*. Sheffield:

Sheffield Academic Press.

Bowers, R. H. 1971: *The Legend of Jonah*. The Hague: Martinus Nijhoff.

Brown, D. 1992: Vir Trilinguis: *A Study in the Biblical Exegesis of Saint Jerome*. Kampen, The Netherlands: Kok Pharos.

Brown, P. 2000: *Augustine of Hippo: A Biography*. Berkeley, CA: University of California Press.

Brown, R. E. 2002: *Jonathan Edwards and the Bible*. Bloomington, IN: Indiana University Press.

——. and Schneiders, S. M. 1990: Hermeneutics. In R. E. Brown, J. A. Fitzmyer, and R. E. Murphy (eds), *The New Jerome Biblical Commentary*, pp. 1146-65. Englewood Cliffs, NJ: Prentice Hall.

Burton-Christie, D. 1993: *The Word in the Desert: Scripture and the Quest for Holiness in Early Christian Monasticism*. Oxford: Oxford University Press.

Chase, S. 2003: *Contemplation and Compassion: The Victorine Tradition*. Maryknoll, NY: Orbis.

Donovan, M. A. 1997: *One Right Reading? A Guide to Irenaeus*. Collegeville, MN: Liturgical Press.

Ellul, J. 1971: *The Judgment of Jonah*, trans. G. W. Bromiley. Grand Rapids, MI: W. B. Eerdmans.

Fisher, J. 1998: *Exposition of the Seven Penitential Psalms*, trans. A. B. Gardiner. San Francisco: Ignatius Press.

Grant, R. M. with Tracy, D. 1984: *A Short History of the Interpretation of the Bible*, 2nd edn. Philadelphia: Fortress Press.

Hanson, R. P. C. 2002: *Allegory and Event: A Study of the Sources and Significance of Origen's Interpretation of Scripture*. Louisville, KY: Westminster John Knox.

Irenaeus of Lyons 1996: *Against Heresies*. In A. Roberts and J. Donaldson (eds), *Ante-Nicene Fathers*, vol. 1: *The Apostolic Fathers with Justin Martyr and Irenaeus*. Grand Rapids, MI: W. B. Eerdmans.

Jerome 1994: *Letters and Selected Works*. In P. Schaff and H. Wace (eds), *Nicene and Post-Nicene Fathers*, 2nd series, vol. 6. Peabody, MA: Hendrickson.

Johnson, K. (ed.) 1997: *Sister Wendy in Conversation with Bill Moyers*. Boston: WGBH Educational Foundation.

Lampe, G. W. H. (ed.) 1969: *The Cambridge History of the Bible*, vol. 2: *The West from the Fathers to the Reformation*. Cambridge: Cambridge University Press.

Luther, Martin 1974: *Lectures on Jonah*. In H. C. Oswald (ed.), *Luther's Works*, vol. 19: *Lectures on the Minor Prophets II: Jonah, Habakkuk*. St Louis: Concordia.

McGinn, B. and Meyendorff, J., with Leclercq, J. (eds) 1985: *Christian Spirituality: Origins to the Twelfth Century*. New York: Crossroad.

Marsden, G. M. 2003: *Jonathan Edwards: A Life*. New Haven, CT: Yale University Press.

Mursell, G. (ed.) 2001: *The Story of Christian Spirituality: Two Thousand Years, from East to West*. Minneapolis, MN: Fortress Press.

O'Reilly, J. 1997: Reading the Scriptures in the life of Columba. In C. Bourke (ed.), *Studies in the Cult of Saint Columba*, pp. 80-106. Dublin: Four Courts Press.

_____. 1999: The wisdom of the scribe and the fear of the Lord. In D. Broun and T. O. Clancy (eds), *Spes Scotorum /Hope of Scots: Saint Columba, Iona and Scotland*, pp. 159-211. Edinburgh: T. and T. Clark.

Origen 1966: *On First Principles*, trans. G. W. Butterworth. New York: Harper and Row.

Pusey, E. B. 1860: *The Minor Prophets*. Oxford: J. H. and J. Parker.

Raitt, J., with McGinn, B. and Meyendorff, J. (eds) 1997: *Christian Spirituality: High Middle Ages and Reformation*. New York: Crossroad.

Ruether, R. R. and Ruether, H. J. 2002: *The Wrath of Jonah: The Crisis of Religious Nationalism in the Israeli-Palestinian Conflict*, 2nd edn. Minneapolis, MN: Fortress Press.

Ryan, T. F. 2000: *Thomas Aquinas as Reader of the Psalms*. Notre Dame, IN: University of Notre Dame Press.

Schneiders, S. M. 1993: Seriously, Jonah! Unpublished manuscript.

_____. 1998: The study of Christian spirituality: contours and dynamics of a discipline. *Christian Spirituality Bulletin* 6 (1), 1, 3-12.

_____. 2002: Biblical spirituality. *Interpretation* 56, 133-42.

Sherwood, Y. K. 2000: *A Biblical Text and its Afterlives: The Survival of Jonah in Western*

Culture. Cambridge: Cambridge University Press.

Simms, G. O. 1989: *Brendan the Navigator: Exploring the Ancient World.* Dublin: O'Brien Press.

Smalley, B. 1983: *The Study of the Bible in the Middle Ages*, 3rd edn. Oxford: Basil Blackwell.

Stein, S. J. (ed.) 1998: *Jonathan Edwards: Notes on Scripture*. New Haven, CT: Yale University Press.

Teresa of Avila 1979: *The Interior Castle,* trans. K. Kavanaugh. New York: Paulist Press.

Theodore of Mopsuestia 2004: *Commentary on the Twelve Prophets*, trans. R. C. Hill. Washington, DC: Catholic University of America Press.

Torjeson, K. J. 1986: *Hermeneutical Procedure and Theological Method in Origen's Exegesis.* Berlin: Walter de Gruyter.

Trigg, J. 1983: Origen: *The Bible and Philosophy in the Third-century Church*. Atlanta: John Knox Press.

_____. 1998: *Origen*. London: Routledge.

Tugwell, S. 1987: The mendicants: the spirituality of the Dominicans. In J. Raitt (ed.), *Christian Spirituality: High Middle Ages and Reformation*, pp. 15-31. New York: Crossroad.

Valkenberg, W. G. R. M. 2000: *Words of the Living God: Place and Function of Holy Scripture in the Theology of St Thomas Aquinas*. Leuven: Peeters.

Van Engen, J. H. 1983: *Rupert of Deutz*. Berkeley, CA: University of California Press.

Weisheipl, J. A. 1974: *Friar Thomas D'Aquino: His Life, Thought, and Work.* New York: Doubleday.

Winter, S. C. 1999: A fifth-century Christian commentary on Jonah. In S. L. Cook and S. C. Winter (eds), *On the Way to Nineveh: Studies in Honor of George M. Landes,* pp. 238-56. Atlanta: Scholars Press.

Zaharopoulos, D. Z. 1989: *Theodore of Mopsuestia on the Bible: A Study of his Old Testament Exegesis*. New York: Paulist Press.

제3장
기독교 영성에서의 신약

보니 서스턴(Bonnie Thurston) 박사
피츠버그신학교 신약학 교수

1. 우주론

신약의 영성을 고찰함에 있어서 첫째로 지적해야 할 것은 신약은 1세기의 문서 이상이라는 점이다. 19세기 이후부터, 본문의 근원이 된 경험들을 참조하지 않고, 본문을 오직 본문으로서만 보는 접근방식이 신약의 학문을 지배해오고 있다. 그와 같은 학문은 사전적이고 문법적인 연구들과 형식비평, 편집비평, 자료비평들과 본문의 역사적이고 사회학적인 분석들을 강조한다. 신약은 역사의 인공물이라는 것이 무언의 가정이다.

신약을 저술한 사람들의 경험이나 신약이 신약을 권위 있게 보는 사람들에게 지속적으로 행사한 영향력에 대해 이해라려는 시도는 아주 조금 이루어졌다. 루크 티모디 존슨(Luke Timothy Johnson)이『초대 기독교의 종교적 경험』(*Religious Experience in Earliest Christianity*)에서 자신의 의견을 피력한 바와 같이, "원문대로 정의되고 신학적으로 올바르게" 되도록 하기 위한 편견 때문에 학자들은 초대 기독교의 본문들이 말하고자 하는 바로 그것을 무시하게 되었다(1998, 3).

신약이 "말하고자 하는" 것은 인간 나사렛 예수에 의하여 중재된 하나님에 대한 인간의 경험이다. 신약 영성에 대한 어떤 연구든, 본문은 인간 경험의 기록이라는 사실에서 출발해야 한다. 어느 시대나, 특히 신약의 기원에 있어서, 기독교는 예수 그리스도의 인격에 대한 특유한 경험에 집중되며, 신약을 생성하게 한 예수에 대한 경험을 참조하지 않는 어떤 신약의 연구도 부적절한 것이다. 신약은, 나사렛의 "역사적 예수," 그리고/혹은 부활하신 예수 그리스도를 만난 경험에 대한 초대 교회의 숙고된 반영이다. 달리 말하자면, 신약은 인간 예수 안에서 그리고 그를 통하여 사람들과 하나님 사이의 교통의 경험을 기록한 것이다. 요약하자면, 신약은 영적인 경험을 말해준다. 이러한 주장이 가정하는 것은, "영적 체험"은 "실제"(real)라는 것이다.

영적 체험의 실재성을 서양에서 더 이상 보편적이지 않은 세계관을 가정한다. 대부분의 근대 서양인들은 세속화되고 일차원적인 현실 이해의 문화권에 있고, 실재하는 것은 다섯 가지 육신적 감각에 의하여 감지될 수 있는 물질적이며 가시적이며 측정과 계량이 가능한 세계라고 배웠다. 그러나 신약의 세계관은 다차원적이었다. 신약을 기록한 초기 그리스도인들은 이중의 세계, 즉 물질과 영의 세계, 피조물과 조물주의 세계에서 살았다. 그들에게 있어서, 영적인 세계는, 비록 보이지는 않지만, 실제적이었고, 보이는 물질적 세계에 힘을 주며 영향력을 미쳤다. 제라드 맨리 홉킨스(Gerard Manley Hopkins)의 말대로, 그들에게 있어서 세계는 하나님의 위대하심으로 채워져 있을 뿐 아니라 인간의 삶의 구조를 파괴할 수 있는 악한 힘으로 그늘져 있었다. 이것은 처음으로 기록된 책인 마가복음에 예시되어 있다. 마가복음에서 예수님의 첫 번째 공적 사역의 활동은, 네 명의 어부들을 자신의 제자들로 부르신 다음(막 1:16-20), 가버나움 회당에서 불결한 영을 소유한 사람을 만나 그 영을 추방하는 것으로 시작된다(막 1:21-8). 그 영은 예수님을 보며 부르짖는다.

> 나사렛 예수여 우리가 당신과 무슨 상관이 있나이까 우리를 멸하러 왔나이까 나는 당신이 누구인줄 아노니 하나님의 거룩하신 자니이다(막 1:24).

이 만남은 사악한 힘(불결한 영)과 자비의 힘(여기에서 하나님의 거룩하신 자로 대표되는)을 포함하는 "영적 세계"를 상정하는데, 각각의 힘들은 인간의 삶에 영향을 미친다. 그 불결한 영들은 예수님을 보이지 않는 우주에서 "선한" 힘을 소유한 최고의 대표자로 인식한다. 정직하게 말해서, 신약은 이 두 힘들의 커다란 싸움의 기록인데, 여기에서 예수님의 부활은 우주 배후에 있는 힘은 사악하거나 중립적이지 않고 인간을 위하여 자비롭다는 것을 증명한다. 이와 유사한 맥락에서, 사도 바울은 다음과 같이 기록한다.

> 창세로부터 그의 보이지 아니하는 것들 곧 그의 영원하신 능력과 신성이 그가 만드신 만물에 분명히 알려 졌나니(롬 1:20).

보이지 않는 것은 보이는 것을 통하여 감지된다. 바울은 다음과 같이 말한다.

> 사람의 지혜가 가르친 말로 아니하고 오직 성령께서 가르치신 것으로 하니 영적인 일은 영적인 것으로 분별하느니라(고전 2:13).

바울의 교회는 그 싸움이 "혈과 육을 상대하는 것이 아니요 통치자들과 권세들과 이 어둠의 세상 주관자들과 하늘에 있는 악의 영들을 상대"(엡 6:12)한다는 것을 알았다. 초대 교회는 자연스럽게 "공중의 권세 잡은 자"(엡 2:2)에 대하여 말하며, "우주의 초보적인 영들"(골 2:8)[1]에 대하여 말하며, "보이는 것들과 보이지 않는 것들과 혹은 왕권들이나 주권들이나 통치자들이나 권세들"(골 1:16)에 대하여 말한다.

기독교는 악령들과 천사들의 세계, 꿈들과 환상들의 세계, 보이는 것은 단지 신적 진리 위에 덮은 덮개일 뿐인 투과성이 있는(permeable) 세계에서 발달했다. 예수님의 비유들 대부분은 이러한 전제에서 작용된다. 보편적이고 평범한 것들(빵, 소금, 잃어버린 양)과 관계들(부모와 자녀들)은 하나님의 나라에 관한 거룩하고 특별한 진리들을 나타낸다. 이러한 다차원적 실재성은 예수님에 대한 경험들과 예수님과 함께하는 경험들을 기록한 신약 저자들을 위해 진리가 존재하는 방식이다. 초대 그리스도인들과 신약 기록자들이 물질적이며 영적인 세계를 전제로 하는 세계관을 가지고 살았다는 것을 입증했으므로, 다음 과제는 신약의 정황에서 "영성"이 의미하는 바를 정의하는 일이다.

2. 정의(Definition)

야콥 노이스너(Jacob Neusner)는 제2성전 유대주의(Second Temple Judaism)에 관한 그의 글에서 그 시대의 유대주의들(복수)이라고 적절하게 말을 해야 한다고 가르친다(1984, 1995, 2002). 거기엔 획일적인 유대주의가 없었고, 유대인이 되는데 있어서 한 가지 방법만이 있는 것이 아니었다. 이를테면, 로마령 팔레스타인(Roman Palestine)처럼 말이다.

이처럼, **단 하나**의 신약의 영성이 아니라 다양한 신약의 영성들이 많이 존재한다. 자신의 그리스도인의 삶을 정통 유대인으로서 시작했는지, 혹은 에베소에서 온 이교도로서

---

[1] 저자의 원문은 "elemental spirits of the universe"인데, 저자의 사역(私譯)으로 여겨진다. 개역개정은 "세상의 초등학문"라고 번역한다-역주.

시작했는지의 여부는 그 사람이 그리스도인의 삶을 살아가는 방식에 확실히 영향을 주었다. 예를 들면, 사도행전 15장과 갈라디아서 1-2장에서, 어떤 사람이 온전한 그리스도인이 되기 전에 필수적으로 유대인이 되어야 하는가에 대한 질문에 대하여 교회가 어떻게 응답하는지를 우리는 볼 수 있다.

한 사람의 문화적 정황(예를 들어, 유대인, 로마인, 그리스인), 사회적인 지위(자유인, 노예, 부자, 가난한 자), 성별, 그리고 다른 많은 요인들은 그 사람이 **어떻게** 예수 그리스도에 대한 자신의 헌신을 체험하느냐는 것에 영향을 주었다. 더욱이, 신약은 다양한 종류나 장르(genre)의 본문들로 구성되어 있으며, 백 년이라는 오랜 기간에 걸쳐 기록자들이 쓴 기록물에 해당된다. 누가, 누구를 위하여, 언제, 어디에서 책을 기록했는지에 대한 이 모든 것들은 그 책이 내포하고 있는 내용과 그것이 나타내는 영성에 영향을 준다. 그러므로 항상 아름다운 다양성의 시각으로 신약의 영성을 바라보는 것이 중요하다.

그렇긴 하지만, 샌드라 슈나이더스의 성경적 영성의 정의를 조금 바꿈으로써 신약의 영성의 정의에 대한 논의를 열어둔다. 신약의 영성은 신약에 표현된 영성들과 관련이 있다 (2002, 134). 지난 25여 년 동안 북미의 정황에서 영성은 학술적 학문 분야로 대두되면서 그 분야를 정의하기 위하여 진지한 노력이 기울여졌다. 일찍이 존 알렉산더(Jon Alexander)는 "근래의 저자들이 의미하는 영성은 무엇인가?"(What Do Recent Writers Mean by Spirituality?) 라는 제목으로 논문을 썼는데, 그는 거기에서 로마 가톨릭의 금욕적 신학과 더욱 "포괄적이며 경험적인 의미"에서의 영성 사이에 분명한 차이가 있음을 밝혔다(1980).

알렉산더는 캐롤린 오시에크(Carolyn Osiek)와 매튜 폭스(Matthew Fox)와 조셉 버나딘(Joshep Bernardin) 및 라이문도 파니카(Raymundo Panikkar)와 한스 우르 폰 발타자르(Hans Urs von Balthasar)의 정의들을 조사한 다음, 결론짓기를, 사람들이 어떻게 그들의 신앙을 삶으로 이루어내며, "구체적인 삶 속에서 그들이 어떻게 궁극적인 관심사들과 무제한적인 가치들을 통합할 것인가"에 대한 것이 다양한 정의들의 하나의 공통적 관심사라고 했다(1980, 253). 짧게 말하자면, 영성이란 정서적이며 인격적으로 통합된 종교와 관련이 있다.

이와 유사하게, 샌드라 슈나이더스는 영성을 "고립과 자아도취가 아니라 사람이 인식하는 궁극적 가치를 향한 자기 초월이라는 면에서 자신의 삶을 통합하려는 의식적 노력의 경험"이라고 정의한다(1989, 684). 신약학자인 슈나이더스는 더욱 일반적인 정의들의 통합적인 양상을 포괄하고 또한 성도의 교제(*koinonia*, "코이노니아")나 공동체(고립이 아니라)라는 신약의(혹은 기독교적) 모습을 첨가하는 정의를 제공한다.

마찬가지로, 루크 티모디 존슨(Luke Timothy Johnson)도 신약에 대한 현상학적 접근, 즉 구체적 접근을 찬성한다. 그는 루돌프 오토(Rudolf Otto)를 따라, "궁극적이고, 전인을 포함하며, 특별한 강도로 특징지워지고, 행동으로 나타나는 것으로 인식되는 것에 대한 반응"이라는 요아킴 바흐(Joachim Wach)의 종교적 체험의 정의를 인용한다(1998, 60). 존슨은 단정하기를, 초기 그리스도인들은 "그들 밖에서 와서 그들을 감동시키는 능력"을 경험했다. 그 능력은, 그 능력이 고유하게 속한 "다른 이들로부터 그들에게 전이"되었다 (1988, 7). 그 "능력"은 반응을 요구했으며, 관찰할 수 있는 반응들(입교/세례, 방언과 공동체적 식사/주님의 만찬과 같은 현상들에서 "보이는")이 기독교 영성의 요소들이다. 존슨은 관찰을 통해 자신의 연구의 결론을 다음과 같이 맺었다. 초기 그리스도인들은 "자신들이 하나의 능력에 붙잡히고 한정되었다고 생각했다. 그리고 그들은 그 능력을 통제한 것이 아니라 그 능력이 그들을 통제했으며, 그 능력은 십자가에 못 박혀 죽으시고 부활하신 예수 그리스도로부터 흘러나온다고 생각했다 … 기독교는 어떤 사람들이 예수님의 부활을 통한 하나님의 변화의 능력을 체험했다고 확신했기 때문에 탄생되었다"(1988, 184-5).

그렇다면, 신약은 응답을 요구하는 처음의 능력으로부터의 초청을 전제로 한다. 유한자와 인간 밖으로부터의 어떤 것, 어떤 이는 능력을 보여줌으로써 개인들과의 관계를 맺기 시작한다. 그 반응은 그 능력을 향해 돌이킨 삶이다. 그 반응이 어떻게 삶으로 이어지는가 하는 것이 "영성"이다. 영성이 "정서적인" 특질을 가지고 있는 한, 반응하고자 결심하는 의지만이 아니라 감성들을 포함하고 있다. 영성은 신앙과 행동을 통합하는 것을 추구한다는 점에 있어서, 윤리적 요소를 가지고 있다. 영성은 다른 사람들과의 교제 안에서 이루어진다는 점에서, 공동체적이다.

신약에서, 하나님은 나사렛 예수의 인격안에서 사람들을 초청하신다. 하나님의 능력은 예수님의 삶과 죽음과 부활 안에서 분명히 나타났으며, 그것은 반응을 요청한다. 예수 그리스도 안에서 하나님이 행하신 일에 대한 사람들의 반응이 신약의 영성이다. 필자가 다른 곳에서 제시했던 바와 같이, 영성은 "초기 그리스도인들이 자기들이 믿은 바를 실천에 옮기려고 행했던 것이다. 영성은 하나님과 부활하신 그리스도의 임재로 충만한 세계에 반응하기 위하여 그들이 행한 것이다"(Thurston 1993, 3).

신약의 영성의 특징적 양상은 공동체적이라는 점이다. 개인은 개인으로서 예수 그리스도 안에 있는 하나님의 초청에 응답하는 한편, "그 초청을 수용하는 것"은 자신의 영성을 이루어나가는 공동체에 가입되는 것을 포함하고 있다. 바울의 어법대로 예수 그리스도를 주님으로 고백하여 "그리스도 안에" 존재한다는 것이 의미하는 바는, 똑같은 고백을 한 다른 사람들과 함께 하며, 공동체의 일원으로서 공동체적 삶에 수반되는 모든 기쁨과 고난을 함께 해야 한다는 것이다.

신약의 영성을 정의함에 있어서, 마지막 하나의 중요한 단어는 "현상학적"(phenomenal)이라는 단어인데, 그 의미는 "직관으로 아는 것이 아니라 그 본문을 통하여 아는 것으로서, 가설과 관련된 것이 아니라 그 본문이 보도하는 것에 관련된 것이다." 존슨이 지적하는 것처럼(1998, 57), "현상학(phenomenology)의 임무는 … 행위와 그것을 식별할 수 있는 기능들을 관찰하고 묘사하는 것이다." 이것이 말하는 바는 신약의 영성은 신약이 실제로 보도하는 것에 의하여 한정된다는 것이다.

그 본문이 말하는 것(예를 들면, 초기 기독교의 기도와 종교 의식들에 대한 설명들)이나, 혹은 인물들과 저자들이 실제로 행하거나 경험한 것들에 관하여 보도하는 것들만이 자료가 될 수 있다. 신약의 영성을 연구하는 학생들은 여전히 (본문 **안에** 있는 의미를 이끌어 내는) 석의가들(exegetes)이지 (본문에 있을 수도 있는 것 또는 없을 수도 있는 것을 본문 **속으로** 끌고 들어가는) 곡해자들(eisegetes)이 아니다. 신약의 영성은 인간 예수 안에 나타난 하나님의 능력에 대한 초기 그리스도인들의 기록인 그 본문에 묶여있다.

3. 방법론

신약 본문 어디에서 우리는 신약의 영성을 찾는가?
접근의 수단이나 방법이 무엇인가?
다양한 대답이 제시될 수 있을 것이다. 어떤 사람은 특별한 사람이나 기록자(예수님, 막달라 마리아, 마가, 요한, 바울)의 영성을 살펴볼 것이다. 어떤 사람은 사람들이 자기들의 경험들을 말하거나, 다양한 실천들을 묘사하거나, 기도문을 기록한, 서술적인 글들을 찾아볼 것이다. 어떤 사람은 어떻게 의식을 행하며 기도를 하는가를 가르치거나, 하지 말아야 할 것들을 경고하는 규범적인 글들을 찾아볼 것이다. 어떤 사람은 신약 본문들에 나타난 다양성에 의하여 또 다른 생각이 떠오를 것이다. 필자가 말하는 세 가지 접근들, 더 구체적으로 말하자면, 인격적(personal), 서술적(descriptive), 규범적(prescriptive) 접근들을 조사하기 이전에 역사적인 정황에 대한 정보를 다루는 것이 순서에 맞다.

신약의 영성을 위하여 신약의 본문을 탐구함에 있어서, 우리가 명심해야 할 것은 신약은 1세기의 문서라는 점이다. 그때의 문학적이고 역사적인 정황을 더 잘 알면 알수록, 우리는 거기에 나오는 영성들을 더욱 분명히 이해하게 된다. 신약의 본문들에 나타난 영성들에 대한 심도 있는 연구는, 신약의 다른 연구들의 경우에도 그런 것처럼, 그리스-로마 세계(Greco-Roman world)와 쉬운 코이네(kione) 헬라어에 대한 지식들을 가지고 출발한다. 『캠브리지 고대 역사』(The Cambridge Ancient History)라는 필수적인 책을 잘 알면 그만큼 충분한 보상이 주어진다. 근래의 몇 권의 연속 출판물들도 도움이 된다.

웨인 믹스(Wayne A. Meeks)가 편집한 "초기 기독교 문고"(The Library of Early Christianity)와 존 바클레이(John Barclay) 등이 편집한 "신약과 그 세계에 관한 연구 시리즈"(Studies of the New Testament and Its World)는 특별한 흥미를 끈다. 후자의 출판물에서, 한스 요세프 클로크(Hans-Josef Klauck)가 쓴 『초기 기독교의 종교적 정황: 그리스-로마 종교 안내서』(The Religious Context of Early Christianity: A Guide to Greco-Roman Religions, 2000)는 특별히 적절하다. 루터 마틴(Luther H. Martin)의 『고대 그리스 종교: 개론』(Hellenistic Religions: Introduction, 1987)은 같은 분야를 다루는 더욱 포괄적인 개론이다. 마크 킬리(Mark Kiley) 등이 편집한 기도 모음집인 『알렉산더에서 콘스탄틴까지의 기도: 비평적 문집』(Prayer from Alexander to Constantine: A Critical Anthology, 1997)은 기도에 대한 연구에 특별히 도움이 된다.

신약의 영성들은 1세기 사람들의 영성들이다. 신약에 나오는 사람들은 그 시대의 종교적이고 영적인 선택과 실천과 언어에 제한을 받았다. 필자가 처음에 언급했던 것처럼, 그들의 우주론과 관심은 우리의 것들과 다를 수 있다는 점을 기억하는 것이 좋다. 우리는 그들로 하여금 그들 스스로의 목소리로 그들 자신들을 위하여 말하는 것을 허용해야 한다. 슈나이더스가 주장하는 바와 같이, "성경적 영성에 대하여 진지한 사람이라면, 성경 본문의 역사적-문화적 정황 안에서 그 본문의 문학적 장르와 신학적 범주에 따라 그 본문들에 대한 이해를 튼튼히 하는 것을 필수조건으로 하는 연구에서 면제될 수 없다"(2002, 142).

예를 들면, 당신이 만일 신약에서 기도를 연구하기 원한다면, 그와 병행되는 문헌에서 다양한 용어들이 어떻게 사용되었는가에 대한 특별한 안목을 가지고, "기도"라는 헬라어 어휘를 요약하는 것으로 시작해야 할 것이다. 그 다음에 당신은 제2성전 유대주의 안에서의 및/또는 그리스-로마 종교 안에서의 기도의 실천에 관하여 다시 조사해야 할 것이다.

이와 같은 배경 연구는 기독교적 기도가 특징적으로 이해되는 정황을 제공할 것이다. 혹은, 만약 당신이, 주님의 만찬이 초대 기독교 예배의 특징적 행위였다는 것을 제시하기 원한다면, 유월절과 유대의 식사법 및 그리스-로마 세계에서의 식탁 친교의 실천과 의미에 대한 이해가 필수적이다. 다른 실례들도 있지만, 신약 영성의 정황을 이해하는 것의 중요성을 드러내는 데는 이것으로 충분하다.

그렇다면, 신약 영성에 대한 첫 번째 접근은 인격적 접근으로서 초대 교회의 특정 인물이나 본문의 기록자의 영성을 확정하는 일이다. 예를 든다면, 나사렛 예수의 기도 생활을 연구해야 할 것이다. 이것은 기도에 관련된 신약의 모든 본문들, 그러나 특히 복음서를 사용하면서, 광범위하게 시행될 수 있을 것이다. 다른 하나의 방법을 선택한다면, 어떤 특정한 복음서 기자에 의하여 기록된 예수님의 기도 생활을 연구할 수 있을 것이다.

누가의 예를 들 수 있는데, 다른 복음서들보다는 누가복음에 기도에 대한 언급이 더 많이 있기 때문이다. 마태복음 6:9-13과 누가복음 11:2-4에 기록된 "주님의 기도," 혹은 요한복음 17장의 "대제사장적 기도," 혹은 마가복음 15:34의 십자가상에서의 예수님의 짧막한 기도와 같은 예수님의 기록된 기도들은 본문의 증거로 사용될 수 있다.

연구자는 이와 같은 본문들이, 어느 정도로 "입시시마 복스 예수"(*ipsissima vox jesu*, 예수의 진짜 구술)인지, 혹은 복음서 기자의 문학적 구성인지를 결정해야 할 것이다. 기도에 대한 예수님의 실례들(막 1:35; 6:41; 6:46; 8:7; 14:32-43)과 기도에 관한 예수님의 가르침들(마 6:5-15, 혹은 눅 11:1-13; 18:1-14, 혹은 막 12:40)은 또한 명백한 증거가 된다. 이런 방법으로, 바울 자신의 학문이 개입된 것으로 판단되는 서신들 안에서 발견되는 사도 바울의 영성이든지 또는 바울이 죽고 난 다음 바울을 따르던 사람들이 바울의 사상을 새로운 정황에 적용하기 위하여 쓴 서신들에 의해 묘사된 공동체의 영성이든지 연구할 수 있다.

바울은 예수님 이후에 초기 기독교에 가장 큰 영향을 주었기 때문에, 그의 영성에 대한 간단한 설명은 적절하다. 슈나이더스(1986)는 성령의 영향력 아래에 있는 것들에 대하여 바울이 처음으로 "영적인"이라는 형용사를 사용했음을 지적한다. 바울의 견지에서는 "영적인 사람"과 "자연적인 사람"(육적인 사람-역주)사이에는 구별이 있다(고전 2장과 갈 5:16-18, 24-26을 보라).

마이(Meye)는 바리새파 유대인으로서의 종교적 유산(빌 3:4-6)과 다메섹 도상에서 부활하신 그리스도를 만난 것(갈 1-2장, 행 9장; 22:4-16; 26:9-18)은 바울의 영성 형성에 중대한 영향을 주었다는 점을 주목한다(1993). 마이는 다소의 사울은 교회의 핍박자로서 무가치한 자임에도 불구하고, 예수 그리스도를 통하여 하나님의 은혜를 풍성히 받았다고 이해한다. 이 사실은 그의 두 가지 위대한 신학적 원리들을 뒷받침하는 영성의 머릿돌이 된다. 은혜를 통한 믿음에 의한 칭의(갈 2:16; 3:24; 롬 3:28)와 "그리스도 안"에서의 삶(고후 5:17; 골 1:27, 그리고 골 2:6-15에서 "그 안에서"라는 용어를 주목하라).

바울의 견지에서 영적인 삶의 핵심은 하나님을 신뢰하는 "믿음"이다. 바울은 사도로 부름 받아(갈 2:13-24), 노력 없이 얻은 하나님의 사랑을 체험한 이후에, 율법의 윤리적 요구를 버리지는 않지만, 율법은 능력을 부여할 수 없다는 것을 실감한다. 그리스도인의 삶을 위한 능력은 부활하신 그리스도를 믿는 믿음으로 부여되는데, 그 자체가 은혜다. 빌립보서 2:6-11의 "그리스도 찬가"에 생생하게 예시되어 있듯이, 인간은 겸손의 행위로 이와 같은 삶에 참여한다.

자기를 비우는 겸손의 행동은 믿음을 가능케 하는 운동이며, 바울이 말하는 바, "나를 그의 것으로 만든" 그리스도에 대한 지속적 내적 반응을 시작한다. 역설적으로, 우리는 세례를 통하여 그리스도 안에 살게 되지만, 그를 더욱 온전히 "본받기 위한" 노력을 계속한다(빌 3:12-16). "우리는 모두 세례를 받아 한 몸이 되었고"(고전 12:13), "자기를 위하여 사는 자도 없고 자기를 위하여 죽는 자도 없기 때문에"(롬 14:7), 믿음(그리고 믿음에서 비롯되는 영성)은 바울의 이해에 의하면 사적인 것이 아니다. "사적인" 종교적 의무들은 공적인 삶에 귀결된다. 그리스도인은 더 이상 "이 세상에 속하지 않고"(롬 12:2), 하나님께로 향하여 존재한다. 바울이 말하듯이 그의 "시민권은 하늘에 있다"(빌 3:20). 즉, 기독교 영성은 공동체적으로 이해되는데, 이것은 공동체들을 향한 바울의 많은 가르침에 분명히 나타난다.

바울에 의하면, 믿음은 기독교 영성이 자라나는 씨앗이며, 사랑은 가장 좋은 열매다. 믿음의 삶은 모든 법적 윤리적 요구들을 성취하는 사랑의 법칙에 의해 운영되며 그리스도 안에 있는 삶의 주된 특질이다. "사랑하는 사람은 율법을 이루었다. 왜냐하면, 사랑은 이웃에게 나쁜 짓을 하지 않기 때문이다. 그러므로, 사랑은 율법의 완성이다"라고 바울은 기록한다(롬 13:8, 10). 바울이 사용하는 "사랑"이라는 용어는 지성적이며, 건설적인 선의이며, 개인적인 이익을 얻기보다는 타인들을 돕고, 섬기고, 봉사의 완성을 찾기 위한 의욕이다.

사랑은 공평무사한 의지이며, 타인의 유익을 위하는 일이다. 그것은 가장 중요한 성령의 열매(갈 5:22)로서 불후의 덕목이다(고전 13:8). 마이어는 바울의 영성을 "하나님에 대한 긍정의 표현이며, 성령의 능력을 통하여 신자의 태도와 행위로 증명되는 마음으로부터의 감사의 "예"(Yes)라고 요약한다(1993, 906). 마이어는 바울이 받은 "유대인의 유산"이 기도와 하나님의 말씀과 믿음의 공동체로 이루어진 삼화음으로 형성되었다는 점을 주목한다. 이 모든 것들이 바울의 서신서에 명백히 드러난다.

이제 방법론의 문제로 돌아가자. 만약 누가 바울의 영성을 연구하기 원한다면, 바울이 자신의 영적인 체험을 설명하는 본문을 보아야 할 것이다(고후 10-13장이나 갈 1-2장). 그는 특히 바울서신들 안에 있는 풍부한 주제인 바울의 기도를 조사해 보아야 할 것이다. 왜냐하면, 그리스-로마 편지의 구조는 감사 기도들(예를 들면, 고전 1:4-9)과 은혜의 소원들(고전 1:3; 16:23)과 축복과 축도와 송영이 포함되어 있기 때문이다(롬 16:25-27).

이 모든 기도의 형태들은 각각 분리될 수도 있고 서신서들간에 비교될 수도 있다. 그와 더불어, 우리는 기도에 관한 바울의 가르침을 연구할 수 있고(살전 5:16-18, 혹은 빌 4:6), 혹은 바울이 다른 사람들을 위하여 기도한 그의 기록물을 연구할 수도 있다(바울의 기도에 대하여 더 연구하려면, Stendahl 1980; Hunter 1993; Longenecker 2001, ch.10을 보라). 서술적 접근과 규범적 접근 모두에 대하여 중요한 바울의 글들은 아래에서 인용된다.

신약 영성에 대한 마지막 "인격적" 접근은 신약의 특정한 기록자의 영성을 드러내는 일이다. 바울에 관한 이런 노력에 포함된 문제들은 이미 윤곽을 드러내었다. 어떤 복음서 기록자의 영성을 발견하려면, 그 복음서의 특징이 나타나거나 그 복음서의 자료들을 바꾸거나 편집하는 복음서의 글들에 초점을 맞추는 것으로 시작해야 할 것이다. 만약 마태의 영성을 연구하기 원한다면, 그 복음서 기자가 예수님의 이야기를 말하는 특징적인 방법들을 탐구해야 할 것이다.

예를 든다면, 최초에, 마태가 모세와 예수님의 유사성을 강조한 다음, 예수님의 오대 강론을 중심으로 그의 복음서를 구성하거나, 예수님이 구약의 예언들을 어떻게 성취하는가를 보여주기 위하여 "예언 성취 공식"(fulfillment formular)을 사용한다는 사실은 그의 영성의 "유대인다움"을 나타내는 것이다.

이들 중 어느 것이 기도들을 기록하거나 종교적 실천들을 묘사하는가?

마태가 예수님의 삶 속에 일어난 사건들을 연결시킬 때에, 마가복음에 나오는 동일한 사건의 이야기와 어떻게 다르게 기록하는가?

다른 말로 한다면, 공관복음들을 서로 비교하는 방법을 사용하거나, 종교적 실천과 기도와 기도에 대한 가르침 등을 다루는 글들에 초점을 맞추면서 편집 비평의 방법을 사용할 것이다(이와 같은 종류의 작업에 대하여는 Bouyer 1963, 2, 4, 5장; Barton 1992; Minor 1996을 보라).

신약의 영성에 대한 두 번째 접근 방법은 "서술적" 방법인데, 이는 신약성경기록자들의 개인적인 체험의 서술적 묘사들을 탐구하는 방법(고후 11-12장이나 갈 1-2장에 묘사된 바울, 벧후 1:16-18절이나 요일 1:1-4절에 묘사된 기록자), 혹은 초대 그리스도인들이 부활하신 예수님에 대한 믿음을 실제로 표현하거나 그 실천에 대해 묘사하는 것들을 탐구하는 방법이다. 주의할 것이 있다. 초대 교회의 영적 실천을 설명하는 신약의 글을 읽을 때에,

우리는 "누가 왜 그 이야기를 하고 있는가?"라는 질문을 계속 견지함으로써 그것들이 실제로 설명적인 글이라는 것을 확신해야 한다. 우리는 "이 일을 이런 방법으로 연결함으로써 누가 유익을 얻는가?"라고 질문해야 할 것이다. 신약 본문에는 "역사"(무슨 일이 일어났으며 무슨 일이 행해졌는가)와 "신학"(저자/기록자가 발생한 일을 부여한 해석)에 항상 어떤 긴장이 있다. 본문 연구는 "그것이 말하는 것이 곧 일어난 일일 것"이라는 가정보다 미묘한 차이가 있는 접근 방법을 반영하지 않으면 안 된다(행 2:42-7 이하에 대한 견해를 보라).

예를 들어, 고린도전서 11장에서 왜 바울은 주님의 만찬에 대하여 기록했는가?

왜 누가는 기도에 대하여 특별한 흥미를 가져야만 했는가?

고린도전서와 로마서와 골로새서에서 음식물 제한 문제가 왜 중요하게 취급되었는가?

그 교회들이 실제로 행하고 있었던 것과 바울 신학과 "순수하게 기독교적인" 것들 사이의 "접점"은 무엇인가?

그런 것을 염두에 두면서, 신약 영성에 대한 서술적 접근은 초대 그리스도인들의 실천들이 묘사된 글들을 탐구한다. 다음 목록이 결코 전부는 아니지만, 다음과 같은 초기 그리스도인들의 실천들은 대표성을 지닌다고 본다(그와 같은 자료들이 어디에서 발견되는지에 대하여 한두 개의 실례를 들겠다). 기도(위의 논의를 보라). 세례(막 1:9-11 및 유사 구절들; 롬 6장; 골 2:11-15). 주님의 만찬(막 14:22-5 및 유사구절들, 고전 11장). 금식(마 6:16-18). 찬송가를 부름(막 14:26 및 유사 구절들, 고전 14:26; 엡 5:19; 골 3:16; 그리고 신약은 초대 교회의 몇 가지 찬송가들을 포함하고 있음을 주목하라. 예를 들면, 빌 2:5-11; 골 1:15-20; 딤전 2:1-13; 3:16; 계시록의 찬송들). 치유(행 3:1-10; 5:12-16; 약 5:13-18). 구제(마 6:1-14; 고전 16:1-4; 고후 8-9장). 공동체의 재산(행 2:44-5; 4:32-5). 이와 같은 요소들 몇 가지들을 포함하는 초대 기독교 공동체의 영성에 대하여 특별한 흥미를 끄는 논의는 고린도전서 11-14장에서 발견된다.

초대 기독교 영성이 공동체적이었다는 것은 그것의 특징적 양상들 중 하나다. 그와 같이 하여, 초대 기독교 영성은 설교와 가르침을 포함했다. 설교(kerygma, "케리그마")는 아직 예수님을 따르지 않는 사람들을 믿음으로 이끌기 위하여 복음을 선포하는 것이었다. 사도행전 2:14-36에 나오는 베드로의 설교도 이에 해당된다. 많은 학자들은 고린도전서 15:3-11은 기본적인 선포적 내용이라고 요약한다. 성경에 의하면 예수님은 우리의 죄를 위하여 죽으셨다. 그는 장사되었고, 성경에 의하면 그는 제삼 일에 살아나셨다. 그는 그의 죽음 전에 그를 보고 알던 많은 사람들에게 나타나셨다. 가르침(didache, "디다케")은 신자들을 위한 강의였다. 그것은 예수님에 대한 이해와 헌신을 더욱 깊게 하기 위한 것이었다. 그것은 신약 영성에 대한 세 번째 방법인 규범적 접근에서 반영된다.

신약의 영성에 대한 또 하나의 정보의 원천이 명시적 교육 자료에서 발견되는데, 그것은 다양한 저자들이 권하거나 금하는 것들에 대한 것이다. 이 규범적 자료는 개인들과 공동체들을 위한 것들이다. 예를 들면, 바울은 한 개인의 성적 태도와 행동은 그 사람의 영성을 반영하며 그 공동체에 영향을 미친다는 것을 분명히 하고 있다(고전 5장; 6:12-20; 7장). 혹은, 골로새서의 저자는 "철학과 헛된 속임수"(2:8)와 "사람의 명령"(2:20-3)에 대하여, 특히 그들이 음식과 축제를 언급할 때에, 그 공동체에 경고를 준다. 흥미롭게도, 마태복음의 강론들 외에는, 특히 산상보훈에서 예수님의 가르침에는 명시적인 규범적 자료가 확실히 적다. 예수님은 명시적으로 명령하거나 금하는 식으로 말씀하기보다는 듣는 사람이 스스로 자신의 행동을 결정하도록 원리들을 제공하기를 좋아하신다.

사도 바울은 그렇게 과묵하지 않다. 예수님과 바울의 차이는, 예수님은 율법의 윤리적 지침을 기정사실로 하는 유대 공동체 안에 있었지만, 반면에 바울은 유대인들과 이방인들 모두를 포함하는 새로운 공동체의 형성에 참여하고 있었다는 점이다. 새로운 기독교 공동체 안에 있었던 이방인들은, 이를테면, 십계명의 윤리를 기정사실로 여기는 배경을 가지고 있지 않았다는 것이다. 그들에게 있어서, 더욱 명시적인 규범은 개인적으로만 필요했던 것이 아니라 공동체적으로 필수적인 것이었다. 우리는 바울서신의 후반부에서 빈번하게 사용되는 명시적인 규범적 자료, 기술적인 용어로 말하자면, **권고**(paraenesis, "파라에네시스")라는 자료를 발견한다.

이에 대한 확실한 실례가 로마서 12:1-15:6에서 발견된다. 이들 장들엔 해야 할 것들과 하지 말아야 할 것들의 목록과 같은 것이 있는 것으로 보아, 권고되고 금지된 행동들은 그리스도 닮음(Christlikeness)을 나타내는 삶으로 이끌려는 의도에 의한 것이다. 바울은 신자의 몸을 "하나님이 기뻐하시는 거룩한 산 제물"이라고 말한다. 신자의 몸에서 행하여지는 것은 신자의 "영적 예배"이다(12:1).

흥미롭게도, 바울은 신자의 시민권은 하늘에 있으며(빌 3:20) 신자는 "이 세대를 본받지" 말아야 한다고 가르치지만(롬 12:2), 바울서신에 있는 많은 **권고적** 자료는 보다 큰 그리스-로마의 환경에 어울리는 행동과 태도를 취할 것을 반영한다. 학자들은 스토아 철학자들과 바울의 윤리적 가르침 사이에 일치점이 있다고 지적한다. 확실히 바울은 스토아 철학의 교육 방법들을 사용한다. 그 가운데 가장 명백한 것은 악과 덕의 목록이다(갈 5:19-23을 보라).

이것은 초기 기독교 영성에 하나의 흥미로운 긴장이 있음을 말해준다. 한편으로는 사람들이 예수님을 따르는 자들이 되어 세례를 받으면, 요한복음에 나오는 예수님의 말씀을 사용하자면(요 3:3), 그들은 "위로부터 난다." 삶의 초점의 중심이 일시적인 관심으로부터 영원한 관심으로 옮겨진다. 그리스도 안에서 새롭게 된 피조물들은 그 전의 삶의 방식과는 매우 다른 방법으로 살게 되어 있다(엡 4:17-5.20을 보라).

그러나, 다른 한편으로는, 예수님 자신이 확언하는 바와 같이, 신자들은 세상 밖으로 나가면 안 된다(요 17:5). 초기 기독교 영성에 커다란 긴장이 존재한다. 그리스도인들은 하늘나라의 시민권자들로서 이 세상에 살아야 했다. 그러나 그들이 대단히 대립적으로, 반문화적으로, 혹은 노골적으로 이상하게 살았다면, 그들은 권세자들(유대인이든, 그 다음엔 로마인이든)의 진노를 사게 되었을 것이다. 로마의 권세자들이 조그마한 기독교 공동체들을 박해하여 즉시 없앨 수 있었던 환경에서는, 바울서신에 규범적인 자료가 그리스도인들로 하여금 우호적으로 살도록 권했다는 것은 조금도 놀랄만한 일이 아니다. 실로, 이와 같은 관심은 예루살렘의 초대 교회에 전한 누가의 글에도 나타난다. 신약성경에 있는 **권면적인**(paraenetic) 자료는 말씀을 받는 사람들의 영성의 형성을 위한 기록자들의 의도를 반영하며, 때로는(골 3:18-4:1; 엡 5:21-6:9; 벧전 2:18-3:7에 있는 가족 규범의 경우처럼) 문화적이고 사회적인 수용성과 책임성의 방향을 제시하기도 한다.

이 부분까지 요약하면 다음과 같다.

신약의 세계는 물질적이고 영적인 삶의 역동성에 대한 생생한 인식과 흥미를 가지고 있다. 거기엔 하나의 "신약의 영성"만 있는 것이 아니라 다양한 영성들이 있는데, 그것들은 많은 신약성경의 기록자들과, 초대 그리스도인들이 자신들을 발견한 많은 공동체들과 문화들을 반영한다. 이와 같은 영성들을 드러내기 위하여, 연구자는 본문 안에 나오는 사람들과 그것을 기록한 사람들을 연구하고, 초대 그리스도인들이 행한 것을 묘사하는 본문들과, 규정하거나 금하는 본문들과, 초대 그리스도인들이 실천해야 할 것들과 실천하지 말아야 할 것들을 반영하는 본문들을 연구한다. 각각의 경우에, 그 탐구는 그 역사적 시대의 한계에 묶이며 그 본문 자체가 말하는 것에 묶이게 되고, 적절한 역사 비평적 방법론을 사용하여 탐구가 수행된다. 이 글의 나머지 부분은 사도행전 2:42-7을 간단히 검토함으로써 하나의 접근 방법을 형성한다.

4. 예루살렘의 초대 교회

신약 영성들에 대한 서술적 접근은 초대 그리스도인들이 부활하신 예수님을 믿는 믿음을 표현하고 실천하기 위하여 행한 것을 묘사하는 본문들을 검토한다. 이 방법을 예시하고 신약 영성의 원형과 예루살렘 초대 교회의 영성을 소개하기 위한 수단으로서, 사도행전 2:42-7을 간단히 논의하고자 한다.

사도행전은 초기 기독교의 영성에 대하여 특별히 풍부한 정보의 자료를 제공한다. 사도행전은 누가복음으로 시작되는 두 부분으로 된 한 작품의 후반부이다. 누가복음에서 필자는 예수님께서 어떻게 갈릴리로부터 예루살렘으로 이동했는지를 보여주고, 사도행전에서는 교회가 어떻게 예루살렘(유대교의 중심)에서 로마(이방 세계의 중심)로 이동했는지를 보여준다.

누가는 신약의 저자들 중에서 그리스 문화의(Hellenistic) 저자들을 가장 많이 닮았다. 주후 80-90년에 기록된 누가-행전(Luke-Acts)은 고전적 변증서로서 독자들의 의심과 반대를 예견하는 방식을 취하는 자료를 제공한다. 기독교가 함께 조화롭게 살 수 있는 로마 제국을 위협하는 종교가 아니라는 것을 증명하기 위해 누가-행전은 그리스-로마의 저작물의 어휘와 문학적 모델을 일부로 사용하고 있다(예를 들어, 문학의 서문들 그리고 헤로도투스의 것들과 같은 연설문들의 작문).

사도행전에서 누가는 예루살렘에 있던 초기 기독교 공동체의 삶을 몇 가지로 요약한다(2:42-7; 4:32-5; 5:12-6). 부활하신 예수님을 따르는 사람들은 5:11 이전까지는 "교회"(*ekklesia*, "에클레시아")라고 지칭되지는 않았을지라도, 누가가 예루살렘 초대 교회에 대하여 글을 쓰고 있을 때, 누가가 의미하는 교회는 계속해서 예루살렘 성전에 헌신하고 유대인의 경건에 참여하는 신자들의 모임을 의미했다.

"교회"는 건물이 아니라 신자들의 모임이다. 비록 사도들이 예수님과의 연합 덕택에 권위를 행사했으나, 교회는 공식적인 지도력이나 기구를 갖지 않았다(2세기의 문서들로 여겨지는 가명으로된[pseudonymous] 바울의 후기 서신들 이전까지는 어떤 교회의 규칙들도 신약에 나타나지 않는다). 이 신자들은 분명히 하나의 공동체였다. 누가는 "그들 모두는 함께 모여 지속적으로 기도했다"(행 1:14)고 말했다. "호모투마돈"(*homothumadon*, "함께" 혹은 "한 마음의")이라는 헬라어는 사도행전에서 누가가 10번 사용한 형용사다.

많은 학자들은 누가가 그리는 교회의 초상화는 이상화되었다(idealized)고 믿는다. 할러데이(Holladay)는 교회는 유대와 그리스-로마의 사회에서 존중되던 종교적 공동체의 측면들을 강조한다는 점을 지적했다(1988, 1082). 그것은 매일의 헌신, 영적 능력의 현현에 대한 관심, 서로를 배려하는데서 나타나는 내적 조화와 공동체적 결속, 그리고 관용이다. 브루스(F. F. Bruce)는 다음과 같이 지적한다.

> 사도행전 처음 다섯 개의 장들에 나타난 예루살렘 교회의 모습은 급속도로 성장하며, 이웃 사람들에 대한 선한 뜻을 품고 행하면서 열정적으로 예수님을 따르던 사람들의 공동체의 모습이다(1984, 643).

누가는 그리스-로마 독자들에게 교회를 추천하기 위하여 그 교회의 "최선의 모습"을 기록한다. 누가는 기독교는 "갑자기 나타난" 혹은 "새로운" 종교가 아니라, 하나님의 태초의 계획의 한 부분이라는 점과, 그러므로 그리스 문화적인 용어로 "믿을 만한" 종교라는 점을 부각시키기 위하여 유대교와의 관련성을 강조한다.

누가복음이 무턱대고 초기 기독교의 영성에 관련된 정보의 출처로 사용될 수는 없지만, 그 자료는 진지하게 사용될 수 있다. 예루살렘 교회에 대한 누가의 묘사가 "객관적"일 수는 없지만, 그것은 초기 그리스도인들이 행한 것들에 관하여 많은 정보를 제공한다. 사도행전 2:42은 예루살렘 교회 공동체의 영적 실천들을 요약한다.

"그들은 사도들의 가르침과 친교, 떡을 나누며 기도하는 일에 헌신했다."

그 본문은 고무적인 복음적 요청과 전설적인 성공과 함께 베드로의 오순절 설교(2:14-40) 마지막 부분에 나온다. 3,000명이 세례를 받았다(그러므로 세례는 초기 기독교의 입문 의식으로 소개된다). 사도행전 2:42의 헬라어 원문에 나오는 명사들 앞에 있는 정관사들은 "사도들의 가르침과 교제," "떡을 뗌," "기도들"이 거의 전문용어들임을 암시한다.

"사도들의 가르침"은 위의 서술적 방법론의 논의에서 "케리그마"와 "디다케"의 형태로 취급될 것이다. "교제"(koinonia)는 성도들의 모임만을 의미하는 것이 아니라 경제적으로 작용하는 공동체적 관계성을 의미했다. 사도행전 2:44-45과 4:32-35은 이와 같은 공동체적 소유물들에 대한 실험을 묘사한다(이 실험은 4:36-5:11에서 긍정적으로도 예시되고 부정적으로도 예시된다). "사도들의 교제"처럼, 그 실천은 유다가 공동체의 공동 재원을 관리했을 당시의 예수님의 사역에서 물려받은 것이었을 것이다(요 12:6; 13:29).

공동체 재산은 또한 에세네파(Essene) 공동체의 특성이기도 한데, 초기 기독교에 그에 대한 영향력은 사해문서(the Dead Sea Scrolls)에 대한 글을 통하여 더 잘 알려지고 있다. 초기 그리스도인들은 즉각적인 "파루시아"(parousia, 그리스도의 재림)을 기대하고 있었기 때문에 기존의 경제 질서를 발전시키거나 변경시키는데 주된 관심이 없었다는 점을 주목해야 한다. 부수적으로, 바울이 노예 제도의 경제 관례를 받아들였다는 사실은 그가 급진적 경제 개혁가가 아니었음을 말해준다.

초기 기독교의 영성은 경제생활에 대한 암시를 주지만 특정한 경제 조직을 규정하지 않는다(또한 고전 16:1-4, 고후 8-9장을 보라). 예루살렘 교회에서의 재산의 매매와 분배는 보편적인 법규를 실천한 것이 아니라, "코이노니아"와, 그리스도 안에서의 관계성을 자발적으로 표현한 것이었다(행 5:4을 보라). 사도행전 4:32은 신명기 15:4 이하를 성취하는 것으로 보이며("너희 중에 가난한 자가 없으리라 네 하나님 여호와께서 네게 허락하신 대로 네게 복을 주시리니"), 이렇게 해서 초기 그리스도인들이 온전히 유대인들이었음을 묘사한다. "사도들의 교제"는 밀접한 연계성을 지닌 하나의 공동체를 암시한다. 공동체의 재산은, 바울의 표현에 의하면, 많은 사람들이 그리스도 안에서 한 몸이며 서로가 개인적으로 서로 지체라는 사실에 대한 표현일 뿐이다(롬 12:5).

"떡을 나누는 것"(*te klasei tou artou*, "테 클라세이 투 아르투")은 주님의 만찬(the Lord's Supper)이나 성찬식(Eucharist)으로 알려지게 되었다. 떡을 나누는 것은 예수님의 특징적 행위였으며, 초대 교회는 그것을 통하여 예수님을 인식하게 되었다(눅 24:12-35, 특히 30-1, 35절을 보라). 어떤 학자들은 그 모습이 미쉬나(Mishnah), 페사힘(Pesahim) 10장에 묘사된 유월절 식사(the Passover meal)의 모습과 일치한다고 제안하지만, 초대 교회의 최초의 축하 의식들은 스승과 제자들 간의 유대인 특유의 "차부라"(*chaburah*) 또는 교제의 식사와 차이가 없었을 것이다.

떡을 나누는 것은, 고린도전서 11장에서 밝히는 것처럼, 실제적으로 음식을 먹는 상황에서 거행되었는데, 그중 한 부분은 예수님을 기억하고 감사하는 것으로 시행되었다. 사도행전은 (예루살렘 그리스도인들이) "집에서 떡을 떼며 기쁨과 순전한 마음으로 음식을 먹고"라고 말한다(2:46). 이 식사들은 예수님과 유대의 전통에 의하여 설정된 전례를 따르기 위하여, 그리고 노예들과 노동자들이 기독교 공동체내의 경제적 상위층의 지위에 있는 사람들과 함께 하기 위하여 아마도 저녁에 실시되었을 것이다.

이와 같은 식사의 초점은 아마도 떡과 포도주로 체험되는 예수님의 몸과 피에 맞춰진 것이 아니라(요한복음 6장이 명시하듯, 그런 연상은 유대 그리스도인들에게 충격을 주었을 것이다), 식사의 상황에서 그들에게 작별을 고하고(막 14:12-26과 유사 구절들), 같은 상황에서 부활 후에 그의 친구들에게 나타나신 예수님께 맞춰져 있었을 것이다(눅 24:36; 요 21:12 이하). 쿨만(Cullmann)은 "그 공동체의 첫 번째 성찬식 연회는 부활절 식사를 회상케 하는데, 거기에서 마지막 만찬 시에 예수님이 약속하신 메시아 식사가 이미 부분적으로 예견되었었다"라고 시사했다(1953, 15; 더욱 자세한 논의는 Higgins 1952와 Jeremias 1955를 보라).

"기도들"(tais proseuchais, "타이스 프로세우카이스")은 많은 사람들이 영적인 삶의 핵심이라고 여기는 점과 관련이 있다. 여기에서 "기도"에 해당하는 어근은 "유케"(euche)인데, 그것은 신약에서 기도라는 의미로 가장 일반적으로 사용된 낱말들 중 하나다. 그것은 "기도"와 "맹세"라는 이중의 의미를 지니고 있다. 고전적인 용법에서는 "소원"이나 "열망"(aspiration)을 의미하기도 한다. 그리스 문화적 헬라어에서 그 동사형은 "유코마이"(euchomai)인데, "하나님께 기도하다"와 "소원하다"를 의미한다. 그리스 문화적 헬라어에서, 그 낱말은 "하나님께로 향한 기도"를 의미하거나 기도를 위하여 구별된 장소에서 유래된 의미를 가지고 있다. 그것은 라틴어로 번역되었고 불가타 성경(Vulgate)에는 "오라티오"(oratio)라고 되어 있다.

누가는 기도에 특별히 관심이 있었다. 누가에게 있어서, "우리에게도 가르쳐 주옵소서"(눅 11:1)라는 제자들의 요구는 독특한 문구였다. 왜냐하면 종교단체들은 기도에 대한 태도에 따라 정체성이 드러났기 때문이다. 사도행전 1-6장에서 기도는 예루살렘 교회의 색조를 규정한다. 초기 그리스도인들은 기도의 실천에서 유대적 전례에 큰 영향을 받았다(Burns 1980; Beckwith 1984). 사도행전은 "매일 그들은 성전 뜰에 함께 모이기를 계속했다"고 보도한다(행 2:46). 초기 그리스도인들은, 말라기 3:1에 선포된바, 메시아가 임할 장소인그 성전에서 기도했다. 누가는 헬라의 독자들에게 초기 그리스도인들이 이스라엘 예배의 진정한 계승자들이라는 점을 미묘하게 보여준다.

예루살렘 교회는 또한 유대의 기도 시간을 따랐다.

기도 시간에 베드로와 요한이 성전에 올라갈새(행 3:1).

1세기 유대 예배의 표준 모형은 아침과 저녁에 "쉐마"(Shema)를 사용했고, 매일 세 번씩 "테필라"(Tephillah, 청원 기도)를 드렸다. 몸짓에 나타나는 기도의 특징적 태도는 일어서 있거나(유대의 관습을 따라) 무릎을 꿇는(부복을 포함하여) 모습이었을 것이다. 팔을 펴서 들고 손바닥을 위로 올린 채 서있는 기도자의 모습이 초대 교회 교부들의 글에 묘사되어 있는데, 그것은 더욱 헬라화된 정황을 반영하고 있다(1 Clement [2003], 2.29; Tertullian [2004], On Prayer, 23을 보라).

누가는 여러 가지 상황에서 예루살렘 교회가 기도하는 모습을 묘사한다. 그들은 지도력의 필요성이 부각되었을 때(행 1:24-5; 6.4)와 그 지도자들에게 사명을 줄 때에 "지속적으로" 기도했다(6:6; 13:1-3). 이 위임은 안수 기도와 병행되었는데, 이것은 유대적 전통에 근거한다. 민수기 8:10에 보면, 안수 기도는 여러 사람들에게 직책을 위임할 때에 거행되었다. "세미카"(semihkha, "위에 얹다"는 뜻의 "사마크"[samakh]에서 옴)라는 용어는 랍비의 안수식에서 사용되었는데, 그것은 육신적 또는 영적 권세를 넘겨주는 것을 의미했다.

초대 그리스도인들은 위기에도 기도했고(4:23-31), 축하할 때에도 기도했다. 누가는 사도행전 4:24-30에서 적어도 한 개의 초대 교회의 기도문을 기록하는데, 그것은 유대적 요소를 특징적으로 보여주며 누가 자신의 신학적 몰입을 나타내기도 한다(Thurston 1933. ch. 6). 마지막으로, 누가는 심혈을 기울여 그 교회가 한 마음으로 기도하는 모습을 묘사한다.

사도행전 2:42-7에 두드러지게 나타나는 예루살렘 초대 교회의 또 하나의 영성의 모습은 "기사"와 "표적"이다(2:43). 누가는 "사도들로 말미암아 기사와 표적이 많이 나타나니"(2:43), "사도들의 손을 통하여 민간에 표적과 기사가 많이 일어나매"(5:12)라고 기록한다. "기사들"(wonders)는 자연의 질서를 깨뜨리는 사건인데, 그리스 문화 세계엔 요술쟁이들이 많이 있었다.

그러나 예언적 표적 행위들(the prophetic sign-acts)에 나타난 것처럼, "표적들"(signs)은 사도들 배후에서 작동하는 하나님의 능력을 지칭하는 것이다. 사도적 표적들은 주로 치유의 기적들이었다(행 3:1-10; 5:13-16). 이 기적들은 예수님의 삶과 병행되었다. 누가는 예수님이 행하신 일을 교회도 역시 할 수 있다는 것을 보여주길 원한다. 왜냐하면 예수님의 성령의 능력이 그들 중에 역사하고 있기 때문이다.

마지막으로, 사도행전 2:42-47엔 특별히 언급되진 않았지만, 사도행전 1-10장에는 "예수님의 이름"이나 "그 이름"이라는 말이 스무 번이나 신중하게 언급되어 있다. 누가에 의하면 그 이름은 초대 그리스도인들의 선포의 본질이며(행 8:12), 그들의 능력의 근원이며(3:6, 16; 4:7, 10, 30), 세례를 받으라고 외쳤던 소유권자이며(2:38; 8:16; 10:46), 구원의 수단이었으며(2:21; 4:12; 10:42), 그들이 박해를 받는 이유이다(5:42).

왜냐하면, 1세기에 "이름"은 정체성의 표시 그 이상이었기 때문이다. 그것은 그것을 소유한 사람의 핵심적 본질이었으며 능력을 포함했다. 사도행전에서 능력과 이름은 유사한 개념들이다. 이런 의미로 사도행전 9:34에서 베드로는 "애니아야 예수 그리스도께서 너를 낫게 하시니"라고 말할 수 있었다. 치유**하시는** 예수님을 믿는 믿음이 작동하고 있을 때에, 예수님의 이름은 능력이 있었다. 예수님이 치유하시는 것을 목격하고 예수님께서 그렇게 하실 수 있다는 것을 아는 사도들은 치유하는 예수님의 능력을 매개할 수 있었다. "그 이름"에 대한 이와 같은 개념은 예수님의 유대 세계와 누가의 글을 읽는 독자들의 그리스 문화의 세계를 연결하는 중요한 이음줄이 되었고, 이런 식으로 누가의 변증을 촉진시켰다(Thurston 1993, ch. 4).

그래서 결론적으로 말하자면, 그려진 그림이 이상화되었다는 점을 상기하자. 누가의 사도행전의 초기 장들, 특히 사도행전 2:42-47은 초기 예루살렘 그리스도인들의 영성에 대한 여러 가지 양상들을 묘사하고 있다. 그들의 활동들은 폭넓은 유대 공동체의 활동들과 일치했다. 그들의 영성은 예수님을 이미 알고 있었던 사도들의 가르침에 의해서, 공동체의 구성원들이 하나가 되어 서로 도와주는 것에 의해서, 개인적으로나 공동체적으로나 성전에서나 개인적인 만남에서나 서로 떡을 나누며 기도하는 것에 의해서 특징지어졌다. 그들의 교제는 빛났다. 그들은 함께 시간을 보냈다. 그들은 기쁘고 관대 한 마음으로 잔치를 베풀었다. 그들은 하나님을 찬양했다. 다른 사람들은 그것을 보고 그렇게 하기를 원했다.

누가는 그들의 교제에 참여하는 사람들의 숫자가 급속도로 증가되었다는 것(행 2:47, "주께서 구원 받는 사람을 날마다 더하게 하시니라")은 그 교회가 사람들로부터 칭송을 받고 있었음을 의도적으로 나타내었다. 그들은 "온 백성에게 칭송을 받음"을 즐거워했고(2:47), 그들을 "백성이 칭송"하셨다(5:13). 예수님의 십자가 죽음을 통해 우리가 아는 바는 이런 태도를 유대 권세가들이 취하지 않았다. 그러나 누가의 변증 목적은 분명히 여기에 있다.

기독교가 유대교의 중심지인 예루살렘에서도 위협으로 여겨지지 않았는데, 하물며 로마에게는 위협이 되겠는가?

맥케나(Mary McKennea)는 다른 상황에서 글을 쓰면서, 사도행전 2:42-7을 중추적 본문, 즉 "교회 질서들의 긴 행렬의 핵심"이라고 불렀다(1967, 8). 그녀는 예루살렘 교회를 주님의 전통("사도의 가르침")에 밀접하고 종교 의식("떡을 뗌")이 중심이 되며 기도에 흔들리지 않는 존재로서 특징짓는다. 그 교회가 하나로 굳게 뭉친 공동체라는 것은 "중단없는 봉사"로 증명된다.

사도행전은, 누가의 신학적 관심을 명시하면서, 또한 예루살렘 교회의 영성은 본질적으로 유대적이었으며, 예수님의 삶으로부터의 선례에 따라 형성되었고(치유, 기도, 교제의 식사), 범위가 넓고 "총체적인" 함의를 가졌고(예를 들어, 경제적 영향력), 그 공동체 밖에 있던 사람들에게 매력적인 것이었음을 제시한다. 그것은 존슨이, "예수님의 부활을 통하여 나타난 하나님의 변화시키는 능력"의 체험이며(1998, 185), 삶속에 나타난 체험에 대한 가시적 반응이었으며, 신자들을 불러 모았던 기독교 공동체에 대한 체험과 반응을 윤리적으로 적용한 것이라고 지칭한 것을 명확하게 반영했다.

5. 현대적 적용

기독교 전통들이 신약을 신앙과 행실의 표준으로 받아들이느냐 혹은 거부하느냐의 정도는 크나큰 "신학적 분기점"을 형성한다. 그러므로 끝으로 현대적 기독교 영성을 위한 신약의 적절성을 숙고하는 것은 적합한 일이다.

근대적 기독교 체험은 신약이 기록한 체험과 다르지 않다. 한 개인의 기독교 영성은 부활하시고 살아계신 예수 그리스도의 인격에 의하여 중재된 개인과 하나님과의 관계의 체험으로 존재한다. 이제 그 체험은 비근대적 우주론, 즉 초기 기독교의 이중적 세계관의 어떤 변형(version)을 취하는 정도에 따라서 반문화적인 것이 된다. 그리스도인들은 보이는 것과 물질적인 것과 측정할 수 있는 것들이 "존재하는 모든 것들"이라고 전제할 수 없다. 이것은 히브리서와 니케아 신조가 주장하는 것을 단순하게 강조해준다.

> 믿음은 … 보이지 **않는** 것들의 증거니(히 11:1).

> 우리는 하늘과 땅을 만드시고, 존재하는 것과 보이는 것과 보이지 않는 모든 존재들을 만드신 한 하나님을 믿는다(니케아 신조, 강조는 추가되었다).

영적인 삶은 감각과 영이 하나로 된 이중적인 것이라는 에블린 언더힐(Evelyn Underhill)의 유명한 비유는 아직도 정확하다. 신약이 우선 다면적이며 은유적이며 시적인 언어로 쓰였다는 점에서, 이와 같은 "이중적 성격"은 신약의 모든 곳에서 분명히 나타난다.

그렇지 않으면 초기 그리스도인들이 어떻게 "종교의 신비"를 말할 수 있었겠는가? (딤전 3:16).

이와 같은 맥락으로, 사도 바울은 인간은 절망적으로 부패하였지만(롬 1:18–31 혹은 고전 5:1–13을 보라), 그의 "생명이 하나님 안에서 그리스도와 함께 감춰져 있는"(골 3:3) "성령의 전"(고전 6:19)이라고 가히 주장할 수 있는 것이다. 두 가지가 모두 다 사실이다.

"보이지 않는 하나님의 형상"(골 1:15)인 그리스도, 즉 신적 형상을 본받으려는 신약의 기독교인 등장인물들(*dramatis personae*, "드라마티스 페르소나에") 가운데서 만나게 되는 고투는 오늘날 그리스도인들이 동참하고 있는 것과 동일한 고투이다.

그러나 중요한 것은 1세기의 모범들을 판에 박힌 듯 닮으라는 것이 아니다. 진실로 거기에는 모방해야 할 획일적인 기독교는 없었다. 주후 50년에 팔레스타인과 로마에서 기독교의 실천은 오늘날 중동과 유럽의 삶이 그런 것처럼, 문화적으로 다양했음이 틀림없다. 그럼에도 불구하고 예수님의 부활 속에 나타난 하나님의 변화의 능력은 각각의 환경에서 영향력을 발휘했고 지금도 발휘하고 있다. 만물을 새롭게 하기 위하여 일하시는 하나님의 능력은 신약 영성의 "규범"인데, 그 규범은 초기 그리스도인들의 실천들(예를 들어, 세례나 성찬식이나 방언)도 아니고, 실천을 위한 어떤 특수한 방법도 아니고, 어떤 경우에 많은 학자들이 제시하지만 본문에 존재하지 않는 일련의 행동 규칙들은 더욱 아니다.

그렇다면, 현대 영성을 위한 신약 본문들의 적절성은 미래 세대가 따라야 할 것으로 정착된 고정된 규범들 안에 존재하는 것이 아니라, 그들이 우주적 역동성에 대한 그들의 증거에 존재한다. 그토록 많은 초기 그리스도인들이 그것을 위하여 기꺼이 죽었던 이 증거는 히브리서가 암시했듯이 하나님의 사랑이 모든 사람들에게 확장되었다는 것이었다. 하나님의 사랑의 완전한 매개체는 예수님의 삶과 죽음과 부활이다. 그 영향력은 성령을 통하여 계속적으로 발휘되고 있다.

우주의 최고의 운행자(Mover)는 악하거나 중립적인 분이 아니라, 적극적으로 우리를 사랑하시고, 우리를 찾으시며, 거룩한 포옹을 우리에게 베푸시는 분이다. 신약과 기독교 역사가 증명하듯이, 어떤 그리스도인들은 거기에 맞춰 춤을 추고, 어떤 사람들은 달려가며, 어떤 사람들은 넘어지고, 어떤 사람들은 곤두박질친다. 그 여행은 유전자(DNA)처럼 개인적이다. 하지만, 지금 처럼 **기독교** 영성의 근본적인 운동은 상처 입은 팔을 널리 편 사람들을 향하고 있다. 그리고 그것은 언제나 그러할 것이다.

참고문헌

Alexander, J. 1980: What do recent writers mean by spirituality? *Spirituality Today* 32, 247-56.

Barton, S. C. 1992: *The Spirituality of the Gospels*. Peabody, MA: Hendrickson.

Beckwith, R. T. 1984: The daily and weekly worship of the primitive church in relation to its Jewish antecedents. *Evangelical Quarterly* 56, 65-80.

Bornkamm, G. 1969: *Early Christian Experience*. New York: Harper and Row.

Bouyer, L. 1963: *The Spirituality of the New Testament and the Fathers*. New York: Seabury.

Bowe, B. E. 2003: *Biblical Foundations of Spirituality: Touching a Finger to the Flame*. Lanham, MD: Rowman and Littlefield.

Bruce, F. F. 1985: The church of Jerusalem in the Acts of the Apostles. *Bulletin of the John Rylands University Library* 67, 641-61.

Burns, S. 1980: The roots of Christian prayer and spirituality in Judaism. In A. W. Sadler (ed.), *The Journey of Western Spirituality*, pp. 29-48. Chico, CA: Scholars Press.

Clement 2003: In B. D. Ehrman (ed. and trans.), *The Apostolic Fathers*. Cambridge, MA: Harvard University Press.

Cullmann, O. 1953: *Early Christian Worship*. London: SCM Press.

_____. 1995: *Prayer in the New Testament*. Minneapolis, MN: Fortress Press.

Delling, G. 1962: *Worship in the New Testament*. Philadelphia: Westminster.

Fisher, F. L. 1964: *Prayer in the New Testament*. Philadelphia: Westminster.

Higgins, A. J. B. 1952: *The Lord's Supper in the New Testament*. Chicago: Henry Regnery.

Holladay, C. R. 1988: Acts. In J. L. Mays et al. (eds), *Harper's Bible Commentary*, pp. 1077-118. San Francisco: Harper and Row.

Hunter, W. B. 1993: Prayer. In G. F. Hawthorne et al. (eds), *Dictionary of Paul and his Letters*, pp. 725-34. Downer's Grove, IL: InterVarsity Press.

Jeremias, J. 1955: *The Eucharistic Words of Jesus*. Oxford: Blackwell.

Johnson, L. T. 1998: *Religious Experience in Earliest Christianity*. Minneapolis, MN: Fortress Press.

Kiley, Mark, et al. 1997: *Prayer from Alexander to Constantine: A Critical Anthology*. London: Routledge.

Klauck, H-J. 2000: *The Religious Context of Early Christianity: A Guide to Graeco-Roman Religions*. Edinburgh: T. and T. Clark.

Longenecker, R. N. (ed.) 2001: *Into God's Presence: Prayer in the New Testament*. Grand Rapids, MI: Eerdmans.

McKenna, M. L. 1967: *Women of the Church*. New York: P. J. Kenedy Press.

Martin, L. H. 1987: *Hellenistic Religions: An Introduction*. Oxford: Oxford University Press.

Meye, R. P. 1993: Spirituality. In G. F. Hawthorne et al. (eds), *Dictionary of Paul and his Letters*, pp. 906-16. Downer's Grove, IL: InterVarsity Press.

Miller, P. D. 1994: *They Cried to the Lord: The Form and Theology of Biblical Prayer*. Minneapolis, MN: Fortress Press.

Minor, M. 1996: *The Spirituality of Mark: Responding to God*. Louisville, KY: Westminster/John Knox.

Neusner, J. 1984: *The Messiah in Context*. Philadelphia: Fortress Press.

———. 1995: *Judaism in Late Antiquity*. Leiden: E. J. Brill.

———. 2002: *Judaism When Christianity Began*. Louisville, KY: Westminster/John Knox.

Schneiders, S. M. 1985: Scripture and spirituality. In B. McGinn and J. Meyendorff (eds), *Christian Spirituality: Origins to the Twelfth Century*, pp. 1-20. New York: Crossroad.

———. 1986: Theology and spirituality: strangers, rivals, or partners? *Horizons* 13, 253-74.

———. 1989: Spirituality in the academy. *Theological Studies* 50, 676-97.

———. 2002: Biblical spirituality. *Interpretation* 56, 133-42.

Stendahl, K. 1980: Paul at prayer. *Interpretation* 34, 240-9.

Tertullian 2004: *On Prayer*. In A. Stewart-Sykes (ed. and trans.), *On the Lord's Prayer: Tertullian, Cyprian, Origen*. Crestwood, NY: St Vladimir's Seminary Press.

Thurston, B. 1993: *Spiritual Life in the Early Church: The Witness of Acts and Ephesians*. Minneapolis, MN: Fortress Press.

———. 2000: The study of the New Testament and the study of Christian spirituality: some reflections. *Christian Spirituality Bulletin* 8 (2), 1, 3-6.

기독교 영성

Christian Spirituality

제3부

역사에서의 기독교 영성

제4장 ✣ 로마 제국 시대의 기독교 영성(100-600)

제5장 ✣ 비잔티움과 동방에서의 기독교 영성(600-1700)

제6장 ✣ 중세 서방에서의 기독교 영성(600-1450)

제7장 ✣ 유럽의 기독교 영성 개혁(1450-1700)

제8장 ✣ 유럽과 북미에서의 기독교 영성(1700년부터)

제9장 ✣ 아프리카, 아시아, 라틴 아메리카, 호주에서의
       기독교 영성

제4장
로마 제국 시대의 기독교 영성(100-600)

콜롬바 스튜어트(Columba Stewart) 박사
세인트존스신학교 영성신학 교수

1. 신앙의 통일성 탐구

초기 기독교 영성은 단순한 이야기도 아니고 이상과 실천의 직선적 발달도 아니다. 오순절 이야기(행 2:1-13)는 초창기의 교회에 있었던 유대와 헬라의 종교적 전통들의 기독교적 적용의 모습을 예시한다. 현대 학자들은 3세기와 이후의 논쟁들 이전에 확인 가능한 주류 전통이 사실상 존재하고 있었는지 없었는지에 대하여 질문한다. 이레니우스(Irenaeus, 약 130-200)는 있었다고 추정했는데, 2세기 초까지는 몇 가지 근본적인 일들이 출현하는 "공"(公, Catholic)교회에 의해서 이미 결정되었었다.

기독교의 첫 번째의 신학적 도전은 교회의 근원이 되는 유대주의와 관련하여 기독교를 설명하는 것이었다. 이것은 성경 해석의 문제이다. 즉 예수님이 특별히 자신의 죽음과 부활로써 성경의 예언을 성취했다는 것을 증명하는 것이다. 유대 성경에 대한 이와 같은 기독교적 견해의 시작은 신약 자체에서 찾을 수 있다.

2세기에, 국제적 추종자들을 가진 소아시아 폰투스(Pontus) 태생의 마르시온(Marcion)은, 주로 율법을 통하여 인간과 관계를 맺으며 격정적이고 종종 분노로 가득 찬 하나님을 묘사하는 구약을 거부하고, 예수님은 사랑의 하나님이신 진정한 하나님을 가르쳤다고 주장했다. 마르시온은 유대의 율법을 지켜야할 의무가 없다는 바울의 주장을 인정하면서 바울서신들을 수용하고, 누가복음을 편집하여 사용하였다. 그러나 주류의 그리스도인들은, 구약은 예수님이 그들이 기다리던 메시아라는 주장에 대한 중요한 증거이며, 성육신에서 절정을 이루는 바, 이스라엘 역사에 하나님이 개입하셨다는 것을 증명한다고 보았다.

기독교 영지주의(Christian Gnosticism)의 어떤 요소들이, 예수님의 인성(humanity)과 죽음은, 예수님의 제자들과 특권이 있는 전수자들에게만 계시된 참된 가르침들을 흐리게 하려고 일부러 의도된 교육적인 계책이거나, 심지어는 속임수라고 주장했던 진짜 이유는, 성육신과 부활의 육체성에 대한 거북함이다. 기독교 영지주의는 오랜 기간에 걸쳐 형성되었던 이원론적 세계관에서 생겨났다. 그러나 기독교 영지주의의 난해한 "지혜" 전통들과 기독교적 가르침을 혼합하는 정도에 따라 다양하게 확산된 것 같다. 예를 들어, 『도마복음』(*The Gospel of Thomas*)은 아마도 진짜일지도 모르는, 예수님의 어떤 알려지지 않은 다른 말씀들과 영지주의 사상의 영향을 분명하게 보여주는 다른 것들을 포함한다. 다른 글들은 주류 기독교 문학으로부터 널리 갈라져 나갔다.

영지주의는 안디옥의 이그나시우스(Ignatius of Antioch, 2세기 초 사망)이 살던 때부터 일찍이 기독교의 기초적 가르침에 큰 위협을 주는 것으로 심각하게 취급되었다. 리용(Lyon)의 이레니우스의 2세기 후반부 작품인 『거짓되게 지식이라 불리는 것에 대한 비판과 전복』(*Refutation and Overthrow of the Knowledge Falsely So Called*, 흔히『이단을 반박함』[*Against Heresies*]이라고 더 알려짐)는 성경과 기독교 교리에 대한 영지주의적 해석을 비판하기 위한 것이었다. 이레니우스는 물질적 세계를 창조하신 하나님은 곧 기독교 신앙의 삼위일체 하나님과 동일하신 하나님이라는 것을 확증하고, 신학적 주장들을 측정하는 범주로서 하나의 사도적 "신앙의 표준"(rule of faith)의 중요성을 강조했다. 알렉산드리아의 클레멘트는 그의 『스트로마테이스』(*Stromateis*, "문집," 3세기 초)에서, 이집트에서 유행했던 영지주의 운동에 대응하여, 성경 말씀과 전통에 근거를 두고 헬라 철학을 통해 이해되는 "기독교 영지"(Christian Gnosis)를 대안으로 소개했다.

복음서와 사도행전에 관한 많은 책들이 유통된 것과, 널리 수용되었던 기독교의 글들을 마르시온과 다른 사람들이 거부한 일은, 예수님과 그를 따르는 자들이 하나의 기독교적 성경의 "정경"(正經, canon, 이는 "기준"이나 "규칙"을 의미하는 헬라어에서 온 말)의 일부로 받아들였던 글들의 의미를 더욱 명확히 할 것을 요구한다. 이그나시우스와 이레니우스는 모두 진정한 가르침, 더 나아가 진정한 성경을 판단하기 위한 사도성의 기준(the criterion of apostolicity)을 강조하였다. 다양한 교회의 회의들은 마태, 마가, 누가, 요한복음을 사복음서로 정착시키는 것에 동의하면서 성경으로 채택된 책들의 목록을 만들었다. 사도행전과 바울, 베드로, 야고보, 요한과 유다 등 사도들의 서신서들을 목록에 넣었다.

어떤 교회들에서는 계시의 책인 묵시록(Apocalypse) 또는 요한계시록(Book of Revelation) 뿐만 아니라 다른 서신서들에 대해서도 논쟁이 있었다. 그런가 하면, 『헤르마스의 목자』

(Shepherd of Hermas)와 같이 대부분의 교회들에서 비정경적(완전히 정통적일지라도)이라고 판단된 작품들은 다른 교회들에서는 성경의 정경에 속할만한 가치가 있는 영감된 본문이라고 여겨졌다. 시리아어를 말하는 교회들에서는, 2세기 중반에 열렬한 금욕주의적 타티안(Tatian)에 의하여 네 개의 표준 복음서들에서 조화롭게 편집된 복음서(『디아테사론』[*Diatessaron*])는 삼백년 동안 표준판이었다. 비록 대부분의 교회들이 헬라어 유대 성경인 칠십인역(Septuagint)을 받아들였을지라도, 유대 성경에 대한 그리스도인들의 의존의 재확인은, 기독교적 "구약"의 자세한 내용들에 대한 불일치를 해결하지 못했다.

이와 같은 진전으로 말미암아 교회 안에서 교리적 권위와 지도력의 문제가 대두했다. 안디옥의 이그나시우스는 가르치기를, 교회는 한 지역의 감독(bishop)을 중심으로 모인 신자들의 공동체인데, 그 감독은 장로들과 집사들의 도움을 받아 사역을 한다고 했다. 감독이나 그 대리자는 성찬식을 주재했으며, 권위적 판결을 하였고, 그 공동체 안에서 인식 가능한 일치의 표징(sign)으로서 봉사하였다.

"예수님이 계시는 곳에 공교회가 있는 것처럼, 감독이 있는 곳에 회중이 모이게 하라" (*Letter to the Smyrneans*, 8.2).

이그나시우스의 "단일감독직"(monoepiscopte)과, 감독, 장로(그 후에는 "사제"가 됨), 집사의 삼중적으로 질서화된 사역의 묘사는 곧 규범(norm)이 되었다. 지역 교회의 하나임에 초점을 맞추었던 초기 교회론은, 사도들의 가르침과의 연속성을 가지고 있다고 주장할 수 있었던 감독들의 친교를 계획하는 이레니우스에 의해서 그 다음 세기에 확대되었다. 저작들을 성경으로 비준하는데 사용되곤 하는 사도성의 기준은 또한 교회 지도자들을 위하여도 사용되었다. 사도적 신앙을 가르치고 사도적 가르침의 연장선상에서 사역을 하기 위하여 안수를 받았던 사람들은 전통을 합법적이고 권위적으로 해석하는 사람들이 되었다. 이레니우스는 사도적 권위의 연속적 근거를 로마에 두면서 사도성의 기준을 진일보 시켰는데, 로마는 베드로와 바울이라는 두 명의 위대한 사도들의 순교를 목격했던 도시다(*Against Heresies*, 3.2-5).

신조의 공식적 교리 진술들(Creedal formulas)은 교리를 가르칠 뿐만 아니라 세례 예전에서 사용하기 위하여 계발되었다. 이레니우스의 『이단을 반박함』(*Against Heresies*)과, 흔히 로마의 신학자였던 히폴리투스(Hippolytus)의 작품으로 잘못 알려진 3세기의 작품인『사도적 전통』(*Apostolic Tradition*)은 모두 다 사도신경(Apostle's Creed)이나 니케아 신경(Nicene Creed)과 같은 후기의 본문들에서 자주 등장하는 구절들을 포함하고 있다. 세례를 위한 신조 진술들은 구조에 있어서 삼위일체적이다. 즉 성부 하나님에 의한 창조와, 성자 하나님이 동정녀 마리아에게서 태어나신 인간으로서 세상으로 들어오심과, 그의 죽음과 삼일 만의 부활과, 성령에 의한 예언적 영감을 확언했다. 삼위일체적 신앙의 기독교적 해석들은 기도와 영적 묵상을 형성했다.

오리겐(Origen, 약 185-약 254)에 의하여 더욱 발전된 순교자 저스틴(Justin Martyr, 약 100-약 165)의 초기 "로고스 기독론"(Logos Christology)은 성부 하나님의 탁월성을 강조함으로써 유일신론(monotheism)을 견지했다. 오리겐이 강조한 것은 말씀(*Logos*, "로고스")을 말하시는 분으로서의 성부 하나님의 우위와 말씀이신 하나님의 아들은 예수 그리스도 안에서 육신이 되었다는 것이다. 오리겐은 하나님의 삼위일체적 개념을 표현하는 기독교적 기도의 "원리"(grammar)를 위한 개요를 세웠다. 그는 기도는 항상 성령 **안에서**(in) 성자를 **통하여**(through) 성부 하나님께(to) 드려져야 한다고 가르쳤다(*On Prayer* 15).

예전적 관습은 기독론과 성령론 형성에 자극을 주었다. 다양한 "송영들"과 하나님께 대한 찬양의 표현들이 사용되었다. 어떤 사람들은 오리겐의 모델을 따랐으나("성령 안에서 아들을 통하여 아버지께 영광을"), 다른 사람들은 아버지와 아들과 성령을 동등하게 취급하는 형식을 따랐다("아버지와 아들과 성령께 영광을"). 4세기의 아리우스 논쟁은 성부 하나님과 성자 하나님의 관계에 초점을 맞추었다. 아리우스(Arius)와 그의 추종자들은 전통적이며 더욱 조심성이 있는 오리겐의 기독론을 선호했으나, 니케아 공의회(Council of Nicea)는 아들은 아버지와 동등한 "존재"(being/*ousios*, "우시아")라고 주장하는 바, "호모우시온"(*homoousion*, 동일본질)의 교리에서 아들이 완전하고도 동등한 신성을 가지고 있다는 과감한 주장을 채택하였다. 많은 사람들은 이 가르침을 위험한 혁신이라고 여겼다.

후에 알렉산드리아의 감독이 된 아타나시우스(Athanasius) 집사는 구원 자체가 의혹을 받지 않도록 하기 위하여 아들이 완전한 신성을 가지고 있다는 니케아 공의회의 확언을 지지했다. 그러나 "하나님이 인간이 된 것은 인간들로 하여금 하나님이 되도록 하기 위함이었다"(*On the Incarnation* 54)는 아타나시우스의 유명한 금언은, "호모우시온"처럼, 더욱 의문을 남길 뿐이었다.

신적이며 동시에 인간적인 삶의 근원으로서의 하나님 아버지의 독특한 역할에 대하여 의미 있게 설명할 수 있는 어떤 방법이 존재한다는 것이 과연 가능한가?

만약 아버지와 아들이 동일한 신성을 가지고 있다면 이것은 다신론(polytheism)이 아닌가? 그리고 예전적 교리 진술들은 항상 성령을 포함했는데, 성령은 어떻게 신격에 합당한가? 4세기의 두 명의 위대한 갑바도기아의 신학자들(Cappadocian theologians)이었던 가이사랴의 바실(Basil of Caesarea, 약 330-79)과 그의 친구 나시안주스의 그레고리(Gregory of

Nazianzus, 약 330-90)는 완전히 삼위일체적 양식으로 질문을 확대했다. 그레고리는 삼위일체 하나님 사이의 본질적 특성의 차이에 대하여가 아니라 상호간의 관계성에 대하여 삼위일체의 인격들에 존재하는 특성을 기초로 삼아 삼위일체의 통일성(보이지 않는 한 하나님)과 신격 안에 존재하는 아버지와 아들과 성령(혼돈되지 않는 세 인격들)의 특징을 보존하려 하였다.

정의하자면, 삼위일체는 관계적이기 때문에, 다른 인격들 없이 하나의 신적 인격을 생각할 수 없다. 성부 하나님은 아들이 있기 때문에 아버지이며, 아들에 의해서 성자 하나님은 아버지가 있기 때문에 아들이며, 성령 하나님은 성부로부터 나오시고 성자로 말미암아 세상에 보내졌다. 근원(origination)은 하나님의 부성(Fatherhood) 안에 위치하나, 그것은 연대적 우선(chronological priority)이 아니다. 하나님은 **항상** 아버지, 아들, 그리고 성령이다. 그 관계성들은 시간의 한 시점에 존재하게 된 것이 아니다.

제5세기에, 신학적이고 헌신적 숙고는, 그리스도 안에 존재하는 신성(divinity)과 인성(humanity)의 관계에 초점을 맞추면서, 기독론으로 기울어졌다.

성육신한 아들이 아버지와 동일한 신성을 가지고 있었다면, 순수한 인성은 어느 곳에 있었겠는가?

예수님의 행동들은 인성과 신성 사이에 분리되어져야 했던가?

어떻게 실제적인 용어로 그리스도에 대해 말하거나, 그리스도께 기도해야 하는가?

이런 맥락에서, 예수님의 어머니인 마리아에 대한 헌신은 기독교 영성의 중요한 양상으로 등장하게 되었다. 어떤 사람들이 마리아를 "하나님의 어머니"(*Theotokos*, "데오코토스")라고 칭하기 시작했던 것처럼, 마리아에 대한 헌신은 그리스도에 대한 헌신에서 비롯되었다.

콘스탄티노플(Constantinople)의 감독이 되었던 시리아의 네스토리우스(Nestorius)와 몹쉬에스티아(Mopsuestia)의 감독이 되었던 안디옥의 신학자 테오도르(Theodore)와 같은 비평자들은 "데오코토스"라는 명칭은 신학적으로 무책임한 태도로 그리스도의 인성과 신성을 혼란하게 만들었다고 하였다.

신성이 실제로 인간적 출생에 종속될 수 있는가?

그들의 "안디옥" 기독론(Antiochene Christology)은 그리스도의 양성 사이의 특징을 보존하려 하였다. "데오코토스"는 알렉산드리아의 감독이었던 키릴(Cyril)과 같은 그 명칭의 옹호자들에게 그리스도 안에서의 인성과 신성의 근본적인 조화를 제안하였다. 그들의 "알렉산드리아"(Alexandrian) 기독론은 그리스도의 인성과 신성의 분리를 제안하는 어떤 용어의 사용도 절제하며, 두 본성**으로부터**(from)의 한 인격이 된 그리스도를 논하였다.

431년에 키릴이 의장을 맡았던 에베소 공의회는 "데오코토스"라는 명칭의 정통성을 확인하였는데, 이것은 피할 수 없는 논쟁거리로 확산되었다. 시리아어를 사용하는 많은 기독교 단체들은 에베소 공의회를 거절하고 테오도르의 안디옥 신학을 지지했다. 449년에 로마의 감독이었던 레오(Leo)의 개입으로 콘스탄티노플 근처에 있던 칼케돈에서 열렸던 칼케돈 공의회에서 451년에 비준된 교리의 기초가 놓였는데, 이것은 모순되게 보이는 주장의 기독론을 정교하게 만들었다. 그리스도는 "두 본성 **안에** 한 인격"(one person in two natures)인데 이 두 본성은 "혼합 없이, 변화 없이, 분할 없이, 분리 없이"(without confusion, without change, without division, without separation) 연합되어 있다.

안디옥과 알렉산드리아의 신조들을 이와 같이 혼합한 것을 많은 사람들이 받아들였지만, 이 타협은 첫 천년 안에 교회가 점차적으로 최악의 분열을 맞이하게 하였다. 이집트와 아르메니아의 대다수의 그리스도인들과 많은 시리아인들은 그 공의회가 치릴의 입장과 너무 멀리 동떨어져 있다고 느꼈다. 그들은 두 본성으로**부터**(from)대신 두 본성 **안에**(in)라는 용어의 사용을 받아들일 수 없었다. 이 공의회들로부터 발생한 교회들 간의 공식적인 분리는 비잔틴 왕좌로부터의 길고도 복잡한 저항의 과정을 많이 맞이하게 했다.

교회의 신학적 분열은 전 시대를 특징이었던 예전적 전통들의 상호교류를 끝냄으로써 영성에 영향을 미쳤는데, 그것은 교리와 예전적/영적 실천의 상호 작용이 더욱 협소해진 지역적/문화적 범위 안에서 시행된다는 것을 의미했다. 칼케돈 교회는, 콘스탄티노플과 로마와 더 이상 교제하지 않는 이집트와 아르메니아와 시리아의 대부분과 문화적인 동질성을 더욱 많이 가졌으며, 점점 더 비잔틴 지역의 주도적 교회(Byzantine imperial church)가 되어갔다. 7세기의 이슬람의 증가에 따른 정치적이고 종교적인 영향력은 지대했을 것이다. 즉 중동의 주류 그리스도인들이 동요하거나, 칼케돈 신앙의 수호자들로 이해되는 콘스탄티노플의 그리스도인 황제에게 적대적인 태도를 취했다. 어렵게 이룩된 첫 3세기의 기독교 신앙이 실종된 것은 아니지만, 이때부터 차이점들이 더욱 표명되었다.

2. 기독교의 영적 문화 형성

1) 세례와 성찬: 공동체와 믿음의 양육 시작

그리스도인들은 유대인들의 종교적 정체성을 중심으로 하는 결례와 식사 예식들(rituals)에 기초하여 몇 가지 실천 사항들을 만들었다. 바울서신들에서(특히 로마서 6장), 세례는 이미 죄를 사하여주며, 예수님의 죽으심 및 부활에로 연합되는 근본적인 의미를 갖게 되었다. 세례의 정상적인 형식은 세례를 주재하는 성직자가 성부와 성자와 성령께 기원하는 말과 더불어 당사자의 삼중의 침수로 되어 있었다. 『사도적 전통』은 세례 예식이 죄의 거절과 축사적 기름 부음과 문답적 신앙고백과 삼중 침수와 세례후의 기름 부음과 성찬식과 더불어 고전적 형태로 발전된 모습을 보여준다(Apostolic Tradition 10).

이후의 신학적 발달은 감독이 세례 후에 기름을 붓고 안수하는 것을 성령으로 "인침"(seal) 또는 "표시함"(signing)으로 해석하곤 하였다. 4세기의 기독교 예배의 법률화 이후에, 요한에 의한 예수님의 세례의 형상을 그린 세례용 물통들(baptisteries)이 만들어졌는데, 그것들은 복합적 예식 활동들에 대한 신학적 중요성을 눈으로 볼 수 있도록 뚜렷하게 강조하는 것을 보여주었다. 즉 세례는 그리스도 안에 부여된 새로운 삶과 성령의 은사에 참여하는 일인 것이다.

세례는 예수님께서 마지막 만찬 시에 "나를 기념하여 이를 행하라"(눅 22:19)고 하신 명령에 순종하여 매주 베풀어지는 기독교의 거룩한 식사인 성찬식에 참여하는 자격을 부여했다. 성찬식은 특별히 일요일과 관련이 있었는데, 그것은 기독교 공동체 예배의 전형적인 형식이 되었다. 성찬식은 본래 식사를 하면서 베풀어졌지만, 그것은 이내 성경 읽기와 평화의 입맞춤과 기도와 떡과 잔을 나누는 일로 구성되는 독특한 의식이 되었다(고전 11:20-34를 보라).

성찬식을 베푸는 것의 중요성과 방법에 대한 초기의 증언들은 1세기 후반의 헬라어 『가르침』(Didache)(아마도 시리아 원본에 있는)과 2세기 기록인 순교자 저스틴(Justin Martyr)의 『첫 번째 변론』(First Apology)과 『사도적 전통』에서 발견되는 3세기 원본에서 찾을 수 있을 것이다.

초기 그리스도인들은 성찬식의 교제를, 떡과 잔의 외관적 모습 가운데 그리스도의 몸과 피를 순수하게 수용하는 것으로 여겼다.

우리들은 이것들을 일상적인 떡과 음료수로 받아들이지 않다. 우리 구주 예수 그리스도께서 우리의 구원을 위하여 하나님의 말씀을 통하여 성육신하셔서 살과 피를 가지신 방식에 의해서, 우리는 또한 가르침을 받기를, 우리가 그로부터 받은바 기도의 언어로 감사하는 그 음식은 … 성육신 하신 예수님의 살과 피이다(Justin, *First Apology* 66.2).

세례가 그러했듯이, 이와 같이 예수님의 생명에 친밀하게 참여하는 것은 그의 수난과 죽음과 부활에 초점이 맞춰져 있다.

2) 기도와 금식을 통한 두드러진 시간

비록 그것이 유대의 안식일에서 예수님의 부활을 기념하기 위한 날로서 한 주의 첫 날인 일요일로 바뀌었지만, 그리스도인들은 한 주 단위의 거룩한 날을 유대교로부터 물려받았다. 콘스탄틴 황제가 기독교를 주창하기 이전엔, 일요일은 일하는 날이었고, 그리스도인들은 전날 저녁이나 그날 아침 아주 일찍이 성찬식을 거행하기 위하여 함께 모였다.

부활절은 예수님의 죽으심과 부활에 대한 큰 기념으로서 파스카의 신비(paschal mystery)[1]와 연관되는 세례를 위한 최적의 시기였다. 세례를 받는 사람들과 그들의 후원자들의 기도와 금식은 사순절(Lent)의 기원이었는데, 4세기까지 사순절은 몇 주 동안 연장된 참회의 기간이었으며, 참회자들의 화해와 지원자들의 세례와 부활절 성찬식의 거행에서 그 절정이 이루어졌다. 비록 "거룩한" 혹은 "위대한" 주간의 예배 순서가 중세 시대에 완성되었지만, 부활절 직전의 날들은 예수님의 최후의 날들에 있었던 사건들의 기념일이었다.

그 기원은 4세기에 예루살렘에서 계발된 예전 안에 있었고, 예수님의 수난과 죽음과 부활과 연관되어 있었다. 4세기의 스페인 순례자 에게리아(Egeria)는 부활절을 앞둔 주간 동안의 행할 봉사의 완전한 의장(衣裝)을 아주 상세하게, 숨도 쉴 수 없을 정도로 묘사하면서 380년대의 예루살렘 방문에 대하여 매우 구체적으로 말했다. 성육신과 예수님의 탄생과 요한에게 세례 받은 일에 대한 예전적 기념은 3세기 내지 4세기에 창안된 것으로

---

1 "파스카의 신비"(paschal mystery)는 가톨릭 신앙의 중심 개념들 가운데 하나로서, 구원 역사와 관련되어 있다. 이것의 주요 주제는 예수 그리스도의 고난과 죽음과 부활이다. 카톨릭교회 교리서는 다음과 같이 가르친다. "예수의 고난과 죽음과 부활과 영화를 포함하고 있는 파스카의 신비는, 기독교 신앙의 중심에 서 있다. 왜냐하면 하나님의 구원 계획은 하나님의 아들 예수 그리스도의 구속적 죽음에 의해 단번에 이루어졌기 때문이다-역주.

보이며, 그것은 그리스도의 인성과 신성의 신학적 이해의 발전과 관련이 있는 것 같다.

금식의 금욕적 실천은 성찬식과 예전의 주기들와 밀접한 관계를 맺었다. 『가르침』은 유대적 실천의 반향으로서 매주 이틀간의 금식을 요구했다. 주중의 성일이 있을 때는 다른 날로 옮겼다. 유대인들은 월요일과 목요일에 금식했기 때문에 그리스도인들은 수요일과 금요일에 금식해야 했다(Didache 8.2). 금요일의 금식은 예수님의 십자가의 죽으심과 관련이 있었으며, 성찬을 받기 전에 금식했던 것처럼, 그것은 기독교적 실천의 표준적 양상이 되었다. 금식은 유대적 실천에서처럼, 자신의 약함을 깨닫고 하나님을 의지하도록 하기 위하여 기도와 연결되어 있었다. 금식은 또한 예수님의 자기 희생에 호응하여, 다른 사람들을 위하여 간절히 기도하기 위한 자아 부인(self-denial)의 형식을 가지게 되었고, 음식비로 사용되었어야 했던 돈을 포기함으로써 자비를 위한 실제적 행위가 되었다.

매일 정규적으로 드려지는 기도는 또 하나의 중요한 유대교의 유산이었다. 기독교 내에서 이와 같은 관례는 이내 꾸준히 기도하라는 예수님의 권고(눅 18:1-8)와 "쉬지 말고 기도하라"(살전 5:17)는 바울의 권고로 연결되었다. 그 『가르침』은 하루에 세 번씩 기도하라고 충고하고(주기도문을 사용하여, Didache 8.23), 『사도적 전통』과 같은 후대의 문서들은 밤낮으로 수시로 기도하라는 더욱 발전된 모범을 설명한다(자정에, 닭이 울 때, 일하기 전에, 세 시, 여섯 시, 아홉 시, 자기 전에, ch. 41).

이러한 실천은 지역에 따라 구조와 내용이 다르긴 하지만, 기독교의 "시간의 예전"(the Liturgy of the Hours)이나 "성무일도"(聖務日禱, the Divine Office)의 기원으로서, 초기 기독교의 전통에서 공식화되었고 전형적으로 일반적인 종류의 기도이다. 주일을 예비하기 위하여 토요일 밤의 철야가 있었던 것처럼, 어디에서나 공통적으로 아침과 저녁의 직무에 대한 공적인 축전 의식이 있었다.

다른 기도의 시간들은 금욕주의자들이나, 수도사들이나, 성직자들이나, 특별히 독실한 신자들에 의해서 실시되곤 하였다. 금욕주의자들과 수도사들 중에서는, 매일의 밤샘 철야가, "밤에 도둑 같이" 혹은 혼인 잔치에 도착하는 신랑 같이 임할 그리스도의 재림에 대한 주의 깊은 기대의 실천으로서, 특별히 중요했다.

3) 예전의 발전

예전적, 특히 성찬의 예식은 4세기 이전에 점진적으로 발달했다. 첫 말이 반복되는 집중적 성찬식 기도의 표준 **본문들**은 3-4세기까지 전형적인 것이 아니었지만, 지역적으로 성찬식 기도의 표준 **형식들**이 상당히 초기에 출현했다. 그 시대부터 주요 기독교 예배 전통을 특징짓는 첫말 반복의 초기의 번역문들이 있다. 이 본문들은 감사와 축복과 간구를 강조하는 유대적 영향(특별히, 그러나 식탁 기도를 배제하는 것은 아니다)을 나타낸다.

성찬식 거행 예식는 그리스도의 죽으심과 부활을 기념하는 것으로서 희생적 언어와 상징주의를 점차적으로 습득하게 되었다. 축하 예식에 대한 희생적 이해와 더불어 하나님과 사람들 사이의 제사적 묵상이라는 의미로 예배 사역이 개정되었고, 이와 같은 변화에 적절한 경외심을 강조하기 위하여 상응하는 의식적 변화가 수반되었다. 행렬, 방향(incense), 등화와 품격 있는 의상등과 같은 장엄한 의식이 4세기에 채택된 것으로 보인다. 공공 예배의 자유로 인하여 빼어나고 정교하게 장식된 교회 건물을 짓게 되었다. 그 건물들을 가득 채운 군중들은 더 이상 무슨 말을 하는지 다 들을 수가 없었기 때문에, 의식이 예배의 의미를 더욱 부각시키게 되었다.

헌신적 기도의 중요한 요소가 된 많은 예배 찬송가가 처음 몇 세기 가운데 시작되었지만, 예배시의 회중의 노래는 거의 모두가 시편에 근거하고 있었다. "주여, 불쌍히 여기소서"(Kyrie eleison, "퀴리에 엘레이손"), "거룩하신 하나님, 거룩하시고 강하시고, 거룩하시고 영원하신 하나님, 우리를 불쌍히 여기소서"(Trisagion, "트리스아기온")와 같은 외침은 물론 "가장 높은 곳에 계신 하나님께 영광", "거룩, 거룩, 거룩"과 같이 성경적 영감으로 된 찬송들과 같은 초기의 형식들은 서방과 동방 모두의 전통들에서 발견된다.

교회법 상의 찬송가와 예배의 시가 점차적으로 더욱 더욱 동방 교회의 예배에서 두드러지게 나타났는데, 특별히 "시간의 예전"에서 그러했다. 운율적인 설교의 시리아 전통은 비잔틴 헬라어인 **콘타키온**(kontakion) 발달에 영향을 주었는데, 특히 6세기에 시리아 태생의 성악가 로마노스(Romanos)의 기여를 통해서였다. 비성경적 찬송가에 대한 최초의 저항은 그 장르(genre)가 성공하기 이전에, 특히 아리우스파와 같은 단체의 찬송가와 경쟁하는 데 있어서 그러했다.

4) 개인 기도

초기 그리스도인들의 개인 기도는 기도에 대한 신학적 반영이나 실천적 가르침을 위한 본문들을 통하여만 접근이 용이했다. 우리는 시편은 기독교적 기도의 중심이었고, 다양한 기도의 버팀줄이 되었다는 것을 알고 있다. 고문서 사본이나 질그릇 조각이나 비문에 보존된 기도들은 예배 모형을 반영하는 공식화된 스타일로 되는 경향이 있고, 대부분

기념하거나 중재하기 위한 것이다.

그리스도인들을 위한 원형 기도는 항상 주기도문이었는데, 그것은 예수님 시대의 기도 관습을 반영한다. 주기도문은 그리스도에 기원을 두고 있기 때문에 높이 평가되어, 역시 기도의 모범이 되었다. 2세기 이후에 주기도문에 대한 주석이 수없이 존재했다. 주기도문을 기도의 모델로 제시함에 있어서 주석가들은 찬양과 청원의 조합을 지목한다. 예를 들어, 오리겐은 이상적인 기도는 하나님에 대한 찬양으로부터 시작하여, 감사와 죄의 고백으로 이어지고, 그런 다음에야 자신과 남들을 위한 요구를 해야 하며, 다시 찬양을 하고 끝을 맺어야 함을 주목했다(On Prayer 33.1).

그는 또한 기도에 관한 태도에 관하여 매우 전통적인 일련의 가르침을 제시했다. 초기의 기독교 초상화집에서 볼 수 있는, 그리스도인의 고전적 **기도하는**(orans, "오란스") 모습은 일어서서 두 손을 들고 펴는 것이다. 오리겐에게 있어서, 이와 같은 태도는 몸이 하나님을 향하여 일어서서 펼쳐진 영혼의 이미지(eikon, "에이콘")가 되기 위한 수단이라는 것이다. 기도하는 사람은 또한 가능한 한 언제나 동쪽을 향해야 한다. 왜냐하면 떠오르는 태양은 그리스도의 부활안에 존재하는 새 생명의 상징이기 때문이다. 무릎을 꿇는 것은 죄의 용서를 구할 때엔 적절하지만, 일상적인 기도의 모습은 아니다(On Prayer 31.2-3).

5) 신비적인 기도

비록 바울과 다른 초기 기독교 작가들이 환상적 경험들을 기록했지만, 여러 가지 이유에서, 후대의 신학자들은 그런 일에 말을 더욱 아꼈다. 클레멘트(Clement)처럼, 어떤 작가들은 예언의 주장에 대해서 신경질적이었다. 오리겐의 입장에서, 신비주의는 정신적 기능을 초월하는 황홀경이 아니라 속사람과 영적 감각의 경험이다. 거기에는 불신자들이 황홀경에 붙잡힌다거나 격정에 치우치는 것과 유사한 현상이 일어나도록 하는 기도의 형태에 대한 불안이 존재했다. 그러나 오리겐은 후대의 신학자들로 하여금 신비적 차원의 기도를 더욱 더 계발하도록 여지를 남겨두었는데, 특별히 성경을 개인적으로 그리고 영적으로 읽도록 권고하는 성경 해석의 접근에서 그러했다.

오리겐의 영향은 폰투스의 에바그리우스(Evagrius of Pontus, 399년 사망)의 작품에 분명히 나타나는데, 그는 소아시아 태생으로서 대 바실(Basil the Great, 가이사랴의 바실-역주)와 나지안주스의 그레고리(Gregory Nazianzen, 330-395)의 제자였으며, 콘스탄티노플에서 촉망받는 집사였다가, 개인적인 위기의 여파로 이집트에서 수도사가 되었다. 에바그리우스는 그의 학식을 사막으로 가지고 가서 이집트 수도사들의 실천적 가르침과 오리겐의 사변적 사상에 근거한 우주적 신학을 접목시키는 일련의 금욕 교본을 저술했다. 마음을 혼란케 하는 "생각들"의 정체성을 파악하는 일에 대한 에바그리우스의 강조와 "순수한" 혹은 "상상하지 않는 기도"에 대한 그의 가르침은 오리겐의 영성신학을, 논쟁의 여지가 있지만, 유력한 모습으로 수도원적 전통과 연결시켰다.

에바그리우스의 상상하지 않는 기도에 대한 가르침은 사람의 마음속에 하나님이 그려질 수 있다고 생각하는 사람들에게로 향했다. 성경에 나타나는 하나님에 대한 문자적 해석이나 그리스도에 대한 상상적 묘사를 의존하는 사람들은 그들의 기도를 자신들이 만들어낸 이미지에 한정시킴으로써 하나님에 대한 진정한 이해를 왜곡시킨다고 에바그리우스는 시사한다. 그러나 우리는 "마음의 빛"이나 기도할 때에 번쩍이는 "거룩한 삼위일체 하나님의 빛"에 대한 체험을 기대할 수 있다고 에바그리우스는 기록했다. 에바그리우스의 영성신학은 기도를 통한 이성적 마음의 자아실현을 강조하면서 정서적으로는 담담한 모습을 띠고 있다.

매우 색다른 모습의 영성신학이 4세기 후반의 신비주의적 인물, 흔히 사본의 전통에서 "마카리우스"(Macarius)라고 지칭되는 사람의 글에 의하여 유행되었다. 그러나 오늘날은 주로 "위(僞)-마카리우스"(Pseudo-Macarius)라고 언급되는데, 그 이유는 그의 글이 그와 같은 이름을 가진 4세기의 두 유명한 이집트 수도사들 중 한 사람의 글로 오해되는 것을 피하기 위함이다. 위-마카리우스는 비록 헬라어로 글을 썼지만 그의 글은 시리아 기독교의 전통에 의하여 형성된 것 같다. 위-마카리우스의 저작은 에바그리우스의 저작에 비하여 마음을 강조하기 때문에 정서적으로 "따뜻하다." 그는 자주 하나님께 대한 열망으로 마음을 "고양하고," "사로잡히고," "도취되어야" 함을 언급하였다. 능력 있는 기도의 체험을 묘사할 때에 "불"과 "빛"이 그의 작품 속에 그려진다. 위-마카리우스는 죄에 대한 금욕주의적 투쟁과 마음에서 죄를 제거하고 그곳을 성령 충만으로 대치할 수 있는 유일하신 분인 하나님의 도움을 필요로 한다는 점에서 친근한 인물들과 이야기들을 해석하면서 성경적 이미지를 가지고 교훈적으로 글을 썼다.

위-마카리우스는 개인적인 체험을 중시했으며, 그의 주관적 접근은 그리스도인의 삶에서 교회와 성례의 역할의 중요성을 감소시켰다. 인간의 마음속의 죄 또는 성령의 임재와 그가 성령 임재의 영적 감각을 묘사하는 방법 사이의 확연한 대립은 비판받았다. 모든 영적 실천 이전에 중단 없는 개인 기도를 해야 한다는 주장을 한 어느 금욕주의 단체인 "메살리안스"(Messalians, 이 이름은 시리아어에서 온 것으로서, "기도하는 사람들"이라는 뜻)

에 대한 교회적 정죄의 중심부에는 그의 글들로부터의 인용들이 있었다. 그러나 설교 자체는 정죄를 받지 않았고, 비잔틴 신앙의 버팀줄이 되었다.

에바그리우스와 위-마카리우스는 그들 사이에 상이하게 보이는 두 가지 접근 방법들 중 하나에 대한 선택을 거부하는 후기의 영성신학의 선조들이 되었다. 5세기에 라틴 서방(the Latin West)의 존 카시안(John Cassian)과 포티케의 디아도쿠스(Diadochus of Photike)는 모두 에바그리우스의 용어로 기도에 대하여 순수하고 상상없이 기록했으나, 눈물과 따뜻함과 강렬한 무아경의 체험을 부각시켰다. 카시안은 위-마카리우스에 대하여 알고 있었음이 분명하다. 디아도쿠스는 그가 글을 쓸 때에 자기 앞에 위-마카리우스와 에바그리우스의 글들을 모두 가지고 있었음이 확실하다.

영적 숙고에 대한 서로 매우 다른 두 흐름들을 통합하는 능력이 중요하다는 것은 입증될 것이다. 카시안은 그와 동시대인인 히포의 어거스틴(Augustine of Hippo, 354-430)의 지대한 영향을 보완하는, 주제들의 목록을 서방 교회에 제공했고, 디아도쿠스의 작품은 7세기의 니느웨의 이삭(Isaac of Nineveh)의 풍부한 성취에 대한 전조가 되었다. 시리아어로 쓰였으나 곧 헬라어로 번역된 이삭의 글들에서 기도와 영적 경험에 대한 위-마카리우스와 에바그리우스의 신학들이 가장 완전한 통합되었다.

가이사랴의 바실(Basil of Caesarea)의 동생인 닛사의 그레고리는 영적 성찰에 대한 또 하나의 길을 제시했다. 그레고리는 그의 가장 유명한 신비주의적 글에서, 모세의 생애를 하나님을 찾는 원형으로 해석했다. 그 이야기는 시내산에서 절정을 이룬다. 모세가 시내산을 뒤덮는 구름을 뚫고 올라갈 때에 그는 "빛나는 어두움" 속에서, 하나님의 임재에 접근함에도 불구하고, 하나님은 항상 파악이나 이해를 위한 어떤 인간적 기능 저 편에 머물고 계신다는 것을 발견한다. 그레고리에게 있어서 하나님께 대한 그와 같은 체험은 정확하게 다음과 같은 무능력(incapacity)으로 구성된다.

볼 수 없는 것이 보는 것이다(Life of Moses 2.163).

그런 다음에 그레고리는 그의 가르침에 역동적인 요소를 첨가한다. 보지 못하는 어두움 속에서도 하나님에 대한 모세의 열망은 계속적으로 커간다. 그와 같은 열망이 계속 증가되면서, 모세는 거룩한 무한대의 체험적 울림을 갖는다.

그와 같은 열망이 결코 채워지지 않는 것이 실제로 하나님을 보는 것이다 (2.239).

그레고리의 역동적인 기독교 플라톤주의는 그 다음 천년 동안 신학적 정확성과 체험적 깊이의 발달이 지속한 헬라 동방(the Greek East)에서의 영적 사상의 한 줄기를 이어가는 출발점이 되었다. 중요한 발전의 그 다음 단계는 약 500년경에 "아레오파구스의 재판관 디오니시우스"(Dionysius the Areopagite, 참조, 행 17:34)라는 필명으로, 아마도 시리아에서 기록된 조밀하지만 매혹적인 작품이었다. 위(僞)-디오니시우스(Pseudo-Dionysius)의 영성신학은 신플라톤주의와 역설에 의존하는 것으로 닛사의 그레고리의 영성신학보다 더 주목을 받는다. 신적인 빛들을 전달하기 위하여 질서화된 계급들(천사들, 성례, 성직자, 평신도) 안에서 모든 것들을 진행시키는 분이 하나님이시다.

위-디오니시우스는 예배는 근본적이고 중심적인 것으로서 그리스도인을 하나님과의 연합으로 돌려보내는 수단으로 이해했다. 왜냐하면, 예배는 위계질서를 가장 온전하게 나타내기 때문이다. 예식들(rites)은 하나님께로 돌아가는 과제를 해결하는, 숨겨진 의미를 지닌 모든 행동을 통해 풍성한 상징의 장이 된다. 위-디오니시우스의 예배에 대한 상징적 해석은 비잔틴 세계에서 매우 중요한 예전적 해석의 전통을 시작한다. 그는 다른 작품에서, 하나님은 성경에서 진실로 능력 있고 유용한 많은 이름들을 가지고 계시지만, 하나님은 모든 이름들과 증언들을 초월한다는 역설을 다룬다.

비록 하나님이 속성들 또는 긍정들(affirmations)에 대한 **부정**(negation)을 통하여 가장 잘 묘사될 수 있다고 할지라도, 그래도 역시, 하나님은 궁극적으로 긍정과 부정 **둘 다**를 모두 초월한다. 위-디오니시우스의 이와 같은 두 가지 방법의 앎에 대한 조직적 설명은 중세 서방 라틴 세계에 큰 영향을 주곤 하였다. 동방에서는, 그의 신플라톤주의의 기독교적 적용과 그의 예전적 성향이 고백자 막시무스(Maximus the Confessor, 662년 사망)의 사상을 형성했고, 그를 통하여 14세기의 그레고리 팔라마스(Gregory Palamas)의 영성신학과 니콜라스 카바실라스(Nicholas Cabasilas)의 예전적 주석이 절정을 이룬 비잔틴의 신비적 신학 전통을 형성했다.

초기 기독교 시대의 뛰어난 신학자였던 히포의 어거스틴을 통하여 플라톤주의의 결정적 영향이 라틴 기독교에도 존재했었다는 것이 감지된다. 그의 탁월성과 수사법은 라틴 기독교 세계를 신속히 지배했기 때문에 그가 죽을 무렵에는 그가 서방 신학과 영성을 재편성했다. 어거스틴은 단연 적어도 향후 천년 동안 서방 기독교에서 가장 영향력이 있는 인물이 되었다.

　어거스틴은 그의 『고백록』(*Confessions*)에서, 비록 수사학적 스타일로 쓰였지만, 그의 지적 영적 의 지극히 개인적인 연대기를 남겼다. 그 책은 긴 회개와 감사의 기도로 하나님께 초점이 맞추어져 있는데, 그 책의 일인칭적 시점은 다른 초기 기독교의 영적인 글들과는 차원을 달리한다. 어거스틴의 회심 이야기는 두 가지 경로로 구성된다. 그는 기독교 교리(그리고 어느 정도의 지적 속물근성)에 대한 지적인 난관을 극복해야 했었다. 그는 또한 만성적 사생활의 습관의 덫에 걸려 매우 절망적인 것을 느꼈기 때문에 결국 하나님의 은혜에 대한 절대적 필요성을 실감하게 되었다.

　그는 그의 원죄의 신학에서 그랬던 것처럼, 필연적으로 가장 중요한 것은 아니지만, 성적 욕망이 가장 강력한 것이라는 점에 초점을 맞추었다. 성적 욕망은 인간 의지의 치명적 나약성의 한 실례로서, 특별히 서방에서 성욕을 기독교의 도덕적 염려의 중심부에 두는데 도움을 주었다. 어거스틴의 영성신학은 두 개의 주된 주제들로 형성되었다.

　첫째, 신적 자비와 인간의 자비의 탁월성이다.

　둘째, 하나님의 본성과 하나님에 대한 인간 탐구의 탁월성이다. 어거스틴은 이러한 통찰력을, 플로티누스(Plotinus)의 신플라톤주의에 대한 라틴 번역물에서 발견했다.

　어거스틴이 신플라톤주의에 지고 있는 철학적 빚은, 하나님은 우주에서 물질적으로 임재하지 않기때문에 우주 밖 어딘가에서 발견될 수 있다는 것을 받아들이는 데에 있다. 대신에, 하나님의 임재는 영적인 것인데, 그것은 자아 안에서 비물질적이며 영적인 것, 즉 이성적 정신으로 돌아감으로써 탐구될 수 있다. 마음만이 저편에 존재하는 영원한 빛을 찾기 위하여 저편으로 움직일 수 있는데, 그 움직임은 그것을 만드신 하나님에 대한 사랑 안에서만 가능하다(*Confessions* 7.10.16; 7.17.23). 신비적 상승(mystical ascent)에 대한 어거스틴의 가장 유명한 묘사는 하나님에 대한 모든 감각적 매개물을 배제하여 "매개되지 않는 하나님을 듣는다. 우리는 이 모든 것들 속에서 하나님을 사랑하며, 그것들 없이 하나님을 듣는다. 우리는 마음을 펼치고 번쩍이는 생각을 통하여 이 모든 것들 위에 존재하는 영원한 지혜(Wisdom)를 접한다"(*Confessions* 9.10.25).

　이 두 주제들은 모두 어거스틴의 삼위일체 신학 형성에 도움을 주었는데, 그의 삼위일체 신학은 동방의 갑바도기아 삼위일체론에 대한 서방의 대응물이 되었다. 어거스틴은 삼위일체의 활력(dynamism)을 회상과 묵상과 사랑에 대한 지적 기능들과 유사하게 이해했다. 삼위일체 하나님의 "형상과 닮음"은 인간 이성의 운동 안에서 발견되게 되어 있다.

　어거스틴은 성부와 성자를 결합시키는 사랑으로 성령을 해석함으로써 "성령의 이중적 출래"(double procession of the Spirit)을 가르치기 위하여 라틴 신학을 따랐다. 즉, 성령은 콘스탄티노플 공의회의 신조에서 선언된 바와 같이 성부로부터만 발현되는 것이 아니라 성부와 성자로부터 발현된다는 것이다. 성부가 모든 신성의 유일한 근원이라는 갑바도기아의 교리와의 이와 같은 차이점은 조만간 동방과 서방 사이의 주된 신학적 장애물이 되었다. 그러나 어거스틴의 사상에는 인간 내부에 있는 삼위일체의 반영은 삼위일체 신학과 영성 사이를 연결하는 결정적 이음줄이 되었다. 그리스도인의 삶과 특별히 성례에의 참여는 점차적으로 삼위일체적 이미지를 본래적 완전으로 회복시켰다.

3. 기독교의 덕과 완전의 방법들

1) 순교

성경 자체와는 별도로 평판이 좋은 초기 기독교 문학은 순교자들의 죽음에 대한 이야기들을 포함하고 있었다. 그들 자신의 몸속에 있는 그리스도의 수난의 체험은 매우 생생한 모습으로 부활절의 신비로 그리스도인의 정체성을 나타냈다. 313년의 "교회의 평안"(the Peace of the Church) 이전의 그리스도인들에게는, 순교의 이야기들이 순교자들의 용기에 대한 칭송은 물론 순교의 가능성에 대한 그들의 반응에 관한 자기반성을 촉진시켰다. 순교자들의 생존 행위들은 고도의 문학 창작물로부터 극화된 이야기들보다 더욱 힘이 있을 수 있는 가장 기본적인 사실들의 간결한 열거에까지 이른다. 박해는 드문드문 국부적으로 일어났지만 박해가 기독교적 상상(Christian imagination)에 대한 충격은 대단했다.

콘스탄틴 이전의(pre-Constantinian) 신학의 주된 인물들 중에는 다음과 같은 순교자들이 있다. 즉 바울(Paul), 이그나시우스(Ignatius), 이레니우스(Irenaeus), 그리고 키프리안(Cyprian)이다. 오리겐은 소년시절에 그의 아버지의 체포와 죽음을 증거했고, 노인이 되어서는 자신이 친히 체포되었고, 고문을 당했으며, 강제 노동 판결을 받았다. 그는 석방되었지만 상처 때문에 곧 죽었고, 믿음의 "고백자"라는 칭호를 얻었다.

알렉산드리아 교회는 그 교회의 감독이었던 피터(Peter)가 마지막 박해의 여파로 죽임을 당하는 것을 보았고, 과거의 수난을 통하여 깊숙이 형성된 자유의 새 세대에 진입했다. 우리가 순교한 신학자들의 책을 읽을 때에, 우리는 그들이 그렇게 했던 것처럼, 그들이 명시했던 신앙의 잠재적 대가를 명심해야 한다. 그들의 헌신은 삶의 형태나 철학

이상의 것에 대한 것이었다. 평범한 남자와 여자들의 행동들은 순교자들이 배교 대신 죽음을 택할 수 있는 힘을 준 것은 신학적 궤변이 아니라 신앙의 용기였다는 것을 증명한다. 자신의 기독교 신앙 때문에 실제로 죽음을 선택해야 할 경우가 종종 있었다는 것을 이야기들이 말해준다.

당시 당국자들이 선호했던 결과는 향을 피우고 제주(祭酒, libation)를 마시고 황제를 신으로 묘사한 형상 앞에서 자백하는 행동을 함으로써 기독교 신앙을 거부하는 것이었다(그리스도인들에 대한 공식적 고발은 흔히 무신론에 대한 것이었다. 즉, 그들의 신들인 참 신들을 경배하지 않는 것이 무신론이라는 것이었다). 다른 선택들은 기독교 경전이나 거룩한 그릇들을 넘겨주거나, 공판을 하는 동안에 신앙을 포기하는 것이었다. 피할 수 있었던 기회를 거부한 사람이 순교자였다. 사도행전에서 우리는 종종 공직자들이 최후의 형벌 부과하기를 주저하며, 무의미하고 어리석게 보이는 고집에 대하여 화를 내는 모습도 볼 수 있다.

박해의 신앙적 귀결은 순교자 숭배로 나타났는데, 이것은 순교자들의 무덤에서 그들을 숭배하는 형식으로 시작되었다. 이것을 통하여 기독교의 성인(saints) 숭배가 시작되었다. 사람들의 관심의 초점은 실제로 남아있는 유골에 있었는데, 그 유골들은 순교자들의 뼈들과 연관된 능력이 더욱 널리 접근될 수 있도록 하기 위하여 나누어져 옮겨졌다. 4세기 초에 예루살렘에서 기적적으로 십자가를 발견함으로써 다른 유골들에 대한 관심의 불에 기름을 부었는데, 이것은 전설들과 열렬한 헌신의 기초가 되었다.

어거스틴은 게르바시우스(Gervasius)와 프로타시우스(Protasius)라는 두 명의 밀라노 순교자들의 무덤에 대한 꿈속에서 암브로스(Ambrose)에게 계시를 묘사하는데, 그들의 몸의 회복은 암브로스의 정치적 투쟁을 위하여 능력 있는 도구가 되었다(Confessions 9.7.16). 순교자들의 무덤에 관한 자신의 어머니의 헌신에 대한 어거스틴의 묘사는 시대착오적 실천의 일견으로 제시된다(Confessions 6.2.2). 관심의 초점은 유골들의 더욱 활동적인 능력으로 바뀌어졌다. 도시들은 축일에 그들의 지역 경쟁자들을 몰아내고, 그들이 모시고 있는 성인들의 유골에 의하여 일어난 기적들을 통하여 서로를 물리치려고 힘을 쓰며, 자신들의 지역에서 경쟁적으로 성인 숭배를 하였다.

2) 금욕주의

순교는 확실히 기독교적 헌신에 대한 또 하나의 능력 있는 증거의 형식을 이루도록 영감을 주었다. 일련의 육체적, 영적 훈련의 실천인 금욕주의적 삶은 그리스도의 제자도를 열정적으로 체험하고자 노력하는 사람들을 위한 선택이었다. 그러나 기독교의 첫 3세기 동안의 금욕주의(asceticism)의 위치는 모호했고 종종 논쟁거리가 되었다. 금욕주의는 어떤 유대 단체들의 금욕주의적인 성향을 반영하면서, 초기부터 기독교적 실천에서 하나의 파장을 이루고 있었다. 신약 안에도 독신생활이나 처녀성을 승인하는 기미가 있었고, 금욕주의로 해석되는 성경 구절들이 있다(마 19:12; 고전 7:12 이하; 딤전 3:2, 12; 계 14:1-5). 초기 기독교 저술가들은 금욕주의를 그리스도교적 모습의 일부로 여겼다(Ignatius, *Letter to Palycarp* 5.2; Justin, *First Apology*, 15.6).

비록 어떤 개인들이나 단체들은 자신들은 온전하다거나 참된 기독교에 속한다고 주장함으로써 대다수의 교회와는 차별이 있다고 분명히 선을 그었으나, 특별한 경건과 엘리트적 파벌의식 사이에는 뚜렷한 경계선이 항상 존재하는 것은 아니었다. 엄격한 금식, 의무적인 독신주의, 그리고 타티안(Tatian)의 "고행주의자들"(Encratites, 그들의 "엔크테이아"[enkrateia] 또는 제자라는 단어로부터 그렇게 불림)이나 예언지향적인 몬타나주의자들(Montanists)과 같은 2세기의 카리스마적 지도력을 가진 단체들에 대한 강조는 교회 내에서의 한 운동과는 차별이 있는 또 다른 하나의 교회를 형성하게 만들었다.

동시에, 이와 같은 운동들의 지위는 세계적으로 지방에 따라 다양했다. 타티안은 자기의 본국인 시리아에서 존경받는 것을 즐겼으며, 5세기 중반까지 예전적으로 사용된 시리아에 잘 어울리는 복음서인 『디아테사론』(*Diatessaron*)의 편집자였다. 교회적 금욕주의는 교회를 섬기면서 독신주의적 기독교 생활을 했던 "언약의 아들들과 딸들"(Sons and Daughters of the Covenant)의 형태로 초기 시리아 기독교의 특징적 모습을 취하고 있었다. 아프라하트(Aphrahat)와 에프렘(Ephrem)과 같은 4세기의 두 위대한 시리아 신학자들은 언약의 아들들이었다. 그들의 "독신"(singleness, 시리아어로는 "이히다이우사"[*ihidayutha*])에 대한 강조는 "한 분"이신(독생자) 그리스도와 연관된 긴밀한 정체성에 근거하고 있었으며, 독신주의에서 특별한 표현을 발견하였다. 이 운동은 세례를 결혼 전이든 결혼 중이든 성적 행위를 포기하기로 결심한 사람들에게만 한정시킨 시리아 기독교의 초기 계층을 반영하는 것 같다.

몬타나주의자들(Montanists)이 북아프리카에서 성공했는데, 그들은 최초의 저명한 라틴 신학자였던 터툴리안(Tertullian)도 가입시켰다. 로마의 아프리카(Roman Africa)는 기독교 도덕의 엄격한 해석으로 유명했으며, 믿음을 배신했다가 나중에 회개하고 교회로 돌아오기를 원하던 사람들에 대한 목회적 반응은 강경한 태도를 취한 것으로 유명하다. 비기독교적인 이원론적 마니교도들(Manicheans)은 잠시 동안 그들의 가르침을 경청했던 젊은 어거스틴에게 흥미를 주기도 했었다.

결혼에 대한 금욕적 경멸은 교회 당국자들로부터 비난을 샀는데, 그것은 성경적으로 인정된 삶의 방식과 사회 질서의 방파제에 대한 위협으로 받아들여졌다. 또 하나의 논점은 교회의 성례를 존중하는 삶 또는 교회의 지도자들을 경시하는 경향이었다. 교회적 불안과 두려움 속에서 금욕주의적 집단들에 관한 실제적인 정보를 얻기 위하여 논쟁적인 문헌을 조사하는 것은 어려운 일이었을 것이다.

우리는 금욕주의적 경향을 가졌던 영지주의 운동들(Gnostic movements) 및 마니교도들과, 그들이 종교의 장에서 중대한 역할을 한 사람들이었다는 것을 알려주는 다른 단체들에 대하여 충분한 지식을 가지고 있다. 교회가 다루기 힘든 단체들은 고행주의자들과 같은 사람들이었는데, 그들은 금식과 성생활 거부에 대하여 기독교 주류들보다 더욱 엄격한 규칙을 고집하는 기독교 교리를 신봉하였다. 금욕주의적 추진력을 전체 교회에 통합시키는 문제는 수도원 제도(monasticism)과 처녀들에 대한 감독파의 신성화 관습이 제도화됨에 따라 4세기에야 해결되었다.

외경의 행전과 복음서들은 초기 기독교의 금욕주의에 대한 가장 용이한 접근을 가능케 했으며, 금욕주의와 순교 사이의 유사성을 보여주기도 한다. 순교는 수도원 제도의 형성적(formative) 주제들의 일부분을 미리 보여준다. 가장 널리 읽혀지던 책들 중 하나였던 『바울과 데클라 행전』(Acts of Paul and Thecla)은 초기 기독교 저술가들이 가장 많이 인용하던 책으로서 2세기부터 존재했던 작품이다.

데클라라는 이름을 가진 젊은 여주인공은 바울이 이고니움을 방문하였을 때에 행한 설교를 우연히 듣게 되었다. 바울은 "자기 통제와 하나님의 말씀" 및 "처녀성과 기도"에 대하여 가르친다.

> 육신을 순결하게 지키는 자들은 복이 있나니, 그들은 하나님의 성전이 되기 때문이다. 자기 자신을 통제하는 자들은 복이 있나니, 왜냐하면 하나님은 그들과 함께 말씀하시기 때문이다 … 처녀들의 몸은 복이 있나니, 그녀들은 하나님을 기쁘시게 하며 그들의 순결성에 대한 하나님의 상을 잃지 않을 것이기 때문이다.

그녀는 매우 감동을 받아 약혼을 파기하고 처녀로 남기를 결심했는데, 이로 인하여 가족들과 동네 사람들은 대경실색하게 된다. 그녀는 더욱 배우기 위하여 바울을 가까이 따른다. 그녀의 어머니는 결혼을 거절한 대가로 불에 타 죽으라고 재촉했지만 그녀는 상처

없이 불꽃에서 살아남는다. 다른 남자가 그녀를 사랑하였으나, 구혼을 거절당하자 그녀를 시 당국자들에게 넘긴다. 그녀는 사형을 선고받고 투기장에 끌려갔는데, 그녀는 거기에서 물도랑에 자신의 몸을 던져 스스로 세례(self-baptism)를 받는다. 거친 야수들도 그녀에게 접근하지 않았고, 총독 앞에서 믿음을 고백하였으며, 놀란 총독은 그녀를 석방시키기로 결심한다. 그 다음에 그녀는 90년 동안의 여생을 동굴에서 지내는 금욕주의자가 된다.

이 이야기는 여러 가지 면에서 원형적이다. 즉 처녀성의 강조, 가족과 친구들로부터 버림을 받으면서도 스스로 결단하는 젊은 여성, 놀라운 절개가 그것이다. 데클라가 혼자서 금욕주의로 돌아간 것은 평범하지 않은 요소다. 정상적인 교회 생활의 변두리에서 기독교적 금욕주의의 한 형태로 알아볼 수 있고 공인된 "수도원 제도"의 출현 이전에는, 데클라와 같은 인물들은 젊은 여성들에게 모방하도록 영감을 주었다. 그래서 젊은 여성들은 외톨이로 사는 것이 아니라 그들의 가족의 집에 머물거나 그 마을에서 함께 모여 살면서 다른 그리스도인들과 함께 일생동안 처녀로 살아갔다. 데클라의 이야기는 자신의 금욕주의적 증거를 전통적인 순교와 동일한 것으로 만들었다. 왜냐하면, 그녀는 처녀성에 대한 헌신을 인하여 두 번이나 죽음의 고비를 맞이했었기 때문이다.

3) 수도원 제도

4세기의 수도원 운동이 발생하게된 배경에는 교회의 안과 밖에서 일어났던 금욕주의가 있다. 수도원 운동의 "창시자"인 대 안토니(Antony the Great, 251-356)에게 주어진 전통적인 영예는 오래 동안 지속되었던 금욕주의적 전통과 미묘한 차이가 있다고 보아야 한다. 아타나시우스가 저술한 『안토니의 생애』(Life of Antony)에 의하면, 실로 그는 모든 소유물들과 가족의 얽매임을 떠나기로 결심했을 때에 자기 누이를 처녀 공동체에 들여보낼 수 있었다. 그는 여러 해 동안 마을의 변두리에서 홀로 살고 있었던 금욕주의 스승을 발견했다. 안토니의 혁신은 이집트에서 삶을 지탱하게 하여준 마을과 개화된 땅에 대한 전통적 인연을 과감하게 끊어버리고, 사막을 향하고 있었다. 그는 그렇게 함으로써 교회와 사회의 변두리에 있는 하나의 운동으로 금욕주의를 재설정했으나, 양자는 서로 긴밀하게 연결되었다.

안토니는 니케아 감독들에게 충성스러웠고 기독교적인 삶의 일상적인 방법들을 결코 비판하지 않았다. 그는 수도원 생활을 추구하는 사람들을 가르치는 일 외에도 평신도들을 치유하고 상담하였다. 안토니는 다른 종류의 관계를 위하여 세상과의 일상적 관계를 포기하고, 인간 존재의 일상적 문제들을 영원과 사막의 광대함에 반대되는 것으로 설정하면서, 모범적인 수도사가 된다. 자신의 더욱 큰 육신적 움츠림이, 자신과 자신을 억압하는 "귀신들"과의 더욱 깊은 대면을 반영하면서, 안토니는 지리적으로 정신적으로 세상으로부터 물러난다. 유혹의 정신역학에 대한 안토니의 가르침은 『헤르마스의 목자』만큼 초기에 발견되었고 『제1원리에 관하여』(On First Principles)의 제3권에서 오리겐에 의하여 계발된 영적 분별력을 반영한다.

제4세기에 이집트에 세워진 사막의 영성 학교는 하나님께 대한 인간의 관심사를 전복시키는 내적, 외적 세력들을 제거하기 위하여 철저한 자기 검증을 강조한다. 폰투스의 에바그리우스는 그 전통을 오리겐과 안토니와 그들의 계승자들의 가르침을 매우 단순하지만 심오한 형태로 집대성한 "팔대 사상들"(eight principal thoughts)의 구도로 조직화한다. 그 구도는 존 카시안(John Cassian)의 글에서 사방으로 전달되고, 그로부터 대 그레고리(Gregory the Great)에게 전달되었으며, 대 그레고리는 그것을 변형시켜 중세의 도덕적 논문들에서 애용된 "칠대 주요 죄악들"(seven capital sins)의 목록에 집어넣었다. 그러나 수도원적 환경에서 그 목표는 도덕적 법칙에 있었던 것이 아니라, 지속적인 기도와 하나님과 이웃에 대한 사랑을 위하여 정서적, 심리적 장애물로부터 자유를 얻는데 있었다. 이와 같이 편협한 판단을 하지 않는 태도는 사막의 남녀 수도원장들의 "금언들"(sayings, *apophthegmata*, "아포프세그마타")에 대한 주목할만한 모음집들에서 증명된다.

안토니의 수도원의 삶의 형식은 후기의 고전적인 동방과 서방 세계에 대한 상상력을 불러 일으켰으나, 그것은 "수도원 제도"라고 지칭될 수 있는 발전된 금욕주의의 한 형태일 뿐이었다. 파코미우스(Pachomius)라고 하는 또 하나의 이집트인은 질서가 잘 잡혀있고 아늑하게 둘러 싸여 있는 금욕적인 사회에서 함께 기도하고 일하고 먹는 수도사들의 공동체를 형성하기 위하여 외톨이 생활을 버렸다. 독거적인 삶과 공동체적 삶이라는 두 가지 모델들을 모방하는 사람들이 많아졌으며, 하나의 영적 안내자를 중심하여 은둔자들의 자유로운 연합체 안에서 혼합형도 존재하게 되었다.

4세기와 5세기의 남자들과 여자들 중에 있었던 수도원 제도의 놀랄만한 성장은 여러 가지 면으로 설명되었는데, 아마도 인습적인 사회에 대한 콘스탄틴 교회의 동화에 대한 반작용으로 가장 많이 설명된다. 수도원 제도가 더 이상 순교에 대한 위협 속에 살고 있지 않는 기독교를 위한 증인과 자기 헌신의 한 형태였다는 점에 대하여는 의심의 여지가 없다. 수도원 제도는 여러 가지 방식으로, 특별히 동방에서 영성신학과 예전적 발전을 주도하면서 "전형적인 기독교"가 된다.

후에 서방에 나타난 수도원 제도는 동방의 수도원 운동과 접함으로써 크게 영감을 주었다. 라틴 교회에는 신성한 처녀의 전통이 있었는데, 그것은 아프리카에서 시작되어 이탈리아로 퍼져 나갔으며, 특별히 밀란(Milan)의 암브로스의 지도력 하에서 그러했다. 이와 같은 선택을 한 젊은 여성들의 자기 결단은 딸들에 대한 부모(특별히 아버지)의 통제를 위협했으며, 그것을 방어하기 위한 교회 지도자들의 설득력이 요구되었다. 지역적인 처녀들로부터 신성한 여인들의 공동체로 발전하는 것은 자연스러웠고 필연적이었다.

이탈리아에는 4세기의 남자 은둔자 기록이 있으나, 그 시대의 가장 유명한 수도사는 마틴(Martin)이었는데, 그는 투어스(Tours)의 감독이 되었다(약 315 또는 336-97). 마틴은 기적의 사역자였고 이교도들과 싸우는 전사였다. 그의 임시방편적 수도원 운동은 존 카시안으로부터 비판을 받았다. 카시안은 동방으로부터 고울(Gaul)로 와서 그가 인식한바 미숙한 지역적 금욕주의 전통들을 수정하기 위하여 동방의 수도원적 정통들을 소개하려고 힘을 썼다.

그러는 동안 5세기 초에 고울의 남쪽 해변에서 떨어진 레린스(Lérins)에서 공동체 생활(cenobium)이 시작되었다. 이와 같은 전통들이 이탈리아의 수도원 운동을 고무시켰고, 그 영향이 나중에 『베네딕트 규칙서』(Rule of Benedict)가 만들어졌다(약 540). 수도원적이고 실천적인 지혜를 요약한 규칙은 위대한 미래를 예약했으나, 그것을 만들 때에 그것은 안정적이고 지속적인 수도원의 삶을 성문화하기 위한 서방에서의 많은 노력들 중 하나에 불과했다.

4. 결론

기독교의 처음 세기들은 믿음의 통일성과 교리의 차이점을 위한 기초를 닦았다. 기독교의 예배와 문학을 풍성케 한 문화적 다양성은 또한 정치적 갈등을 일으키는 긴장을 초래했고, 충돌하는 세계관은 그 후 몇 백년에 걸쳐 더욱 넓어져 가기만 하는 틈을 만들었다. 600년까지, 기독교의 지적 정교함과 영적 깊이는 동방과 서방 교회들에게 경이적이었으나 다른 길들을 예비했다. 그들은 그들 중에 존재하는, 극복하기 어려운 실제적 차이점들을 공유하고 있었으나, 기독교 영성은 항상 궁극적으로 하나님에 관한 것들을 이해함에 있어서, 온전히 인간적인 모습으로 남아있는 인간들의 이야기이다.

참고문헌

Acts of Paul and Thecla 1886: trans. A. Walker in *Ante-Nicene Fathers*, vol. 8. Buffalo, NY: Christian Literature (numerous modern rpts).

Apophthegmata patrum 1975: trans. B. Ward in *The Sayings of the Desert Fathers: The Alphabetical Collection*. Oxford: Mowbray.

Apostolic Tradition 2001: trans. A. Stewart-Sykes. Crestwood, NY: St Vladimir's Seminary Press.

Athanasius 1954: *On the Incarnation of the Word*. In E. R. Hardy (ed. and trans.), *Christology of the Later Fathers*. Philadelphia: Westminster Press.

_____. 1980: *The Life of Antony*, trans. R. C. Gregg. New York: Paulist Press.

Augustine of Hippo 1963: *The Trinity*, trans. S. McKenna. Washington, DC: Catholic University of America Press.

_____. 1991: *Confessions*, trans. H. Chadwick. Oxford: Oxford University Press.

Basil of Caesarea 1980: *On the Holy Spirit*, trans. D. Anderson. Crestwood, NY: St Vladimir's Seminary Press.

Benedict of Nursia 1981: *Rule for Monasteries*. In T. Fry (ed.), RB 1980: *The Rule of St Benedict in Latin and English with Notes*. Collegeville, MN: Liturgical Press.

Brock, S. 1992: *The Luminous Eye: The Spiritual World Vision of St Ephrem*. Kalamazoo, MI: Cistercian Publications.

Bunge, G. 2002: *Earthen Vessels: The Practice of Personal Prayer According to the Patristic Tradition*. San Francisco: Ignatius.

Clément, O. 1993: *The Roots of Christian Mysticism*. London: New City.

Clement of Alexandria 1887: *Stromateis*, trans. W. Wilson in *Ante-Nicene Fathers*, vol. 2. Buffalo, NY: Christian Literature (numerous modern rpts).

Diadochus of Photike 1979: *Chapters on Knowledge*. In G. E. H. Palmer, P. Sherrard, and K. Ware (trans.), *The Philokalia*, vol. 1. London: Faber and Faber.

DiBernardino, A. (ed.) 1992: *Encyclopedia of the Early Church*. New York: Oxford University Press.

Ephrem of Nisibis 1983a: *Hymns*. In S. P. Brock (ed.), *The Harp of the Spirit*. London:

Fellowship of St Alban and St Sergius.

———. 1983b: *Hymns*, trans. K. E. McVey. New York: Paulist Press.

Evagrius of Pontus 2003: *Praktikos* and *Chapters on Prayer*. In R. E. Sinkewicz (trans.), *Evagrius of Pontus: The Greek Ascetic Corpus*. Oxford: Oxford University Press.

Frend, W. H. C. and Stevenson, J. 1987: *A New Eusebius: Documents Illustrating the History of the Church to AD 337*, rev. edn. London: SPCK.

Gospel of Thomas 1998: In S. J. Patterson, H-G. Bethge, and J. M. Robinson (eds), *The Fifth Gospel: The Gospel of Thomas Comes of Age*. Harrisburg, PA: Trinity Press International.

Gregory of Nazianzus 1954: *Theological Orations*. In E. R. Hardy (ed. and trans.), *Christology of the Later Fathers*. Philadelphia: Westminster Press.

Gregory of Nyssa 1978: *The Life of Moses*, trans. A. Malherbe and E. Ferguson. New York: Paulist Press.

Hermas 1964: *The Shepherd*. In K. Lake (ed. and trans.), *The Apostolic Fathers*, vol. 2. Loeb Classical Library. Cambridge, MA: Harvard University Press.

Ignatius of Antioch 1970: *Letters*. In C. C. Richardson (ed. and trans.), *Early Christian Fathers*. New York: Macmillan.

Irenaeus of Lyons 1970: *Against Heresies*. Selections in C. C. Richardson (ed. and trans.), *Early Christian Fathers*. New York: Macmillan.

Jasper, R. C. D. and Cuming, G. J. (eds) 1990: *Prayers of the Eucharist Early and Reformed*, 3rd rev. edn. Collegeville, MN: Liturgical Press.

John Cassian 1997: *Conferences*, trans. B. Ramsey. New York: Newman Press.

———. 2000: *Institutes*, trans. B. Ramsey. New York: Newman Press.

Justin Martyr 1966: *The First and Second Apologies*, trans. L. W. Bernard. New York: Paulist Press.

McGinn, B. 1991: *The Presence of God: A History of Western Mysticism*, vol. 1: *The Foundations of Mysticism*. New York: Crossroad.

Murray, R. 1975: *Symbols of Church and Kingdom*. Cambridge: Cambridge University Press. Pelikan, J. and Hotchkiss, V. (eds) 2003: *Creeds and Confessions of Faith in the Christian Tradition*, vol. 1. New Haven, CT: Yale University Press.

Pseudo-Dionysius 1987: *The Complete Works*, trans. C. Luibhéid. New York: Paulist Press.

Pseudo-Macarius 1992: *Spiritual Homilies*, trans. G. A. Maloney. New York: Paulist Press.

Origen 1966: *On First Principles,* trans. G. W. Butterworth. New York: Harper Torchbooks.

_____. 1979: *On Prayer*. In R. A. Greer (ed. and trans.), *Origen: An Exhortation to Martyrdom, On Prayer and Selected Works*. New York: Paulist Press.

Stevenson, J. (ed.), rev. Frend, W. H. C. 1989: *Creeds, Councils and Controversies: Documents Illustrating the History of the Church AD 337-461*. London: SPCK.

Stewart, C. 1992: *Cassian the Monk*. New York: Oxford University Press.

Young, F. 1983: *From Nicaea to Chalcedon: A Guide to the Literature and its Background*. Philadelphia: Fortress Press.

_____. 1997: *Biblical Exegesis and the Formation of Christian Culture*. Cambridge: Cambridge University Press.

제5장
비잔티움과 동방에서의 기독교 영성(600-1700)

존 맥커킨(John A. McGuckin) 박사
뉴욕유니온신학교 역사신학 교수

1. 시대의 자취들

제6세기의 기독교 시대는 로마 제국의 삶의 성격에 있어서 현저한 변화를 증거한다. 그 시대 제국의 백성들은 대부분 그것을 알지 못했지만, 유스티아누스 황제(Justinian, 재위 527-65)는 위대한 건설 전문가였기 때문에(그의 군사 운동은 그의 집권 이전에 수년 동안 점점 축소되었던 로마의 국경을 확장시켰고, 이스탄불[Istanbul]의 하기아 쏘피아[Hagia Sophia] 교회가 아직도 보여주는 바와 같이 그의 건설 사업은 기념비적이었다), 그 변화는 유스티아누스 황제의 통치와 직결된다는 것이 공통적 견해다.

그럼에도 불구하고, 그전 3세기 동안의 진보를 특징짓는 괄목할 만한 성공을 거둔 기독교적 사업들은 그것을 마지막으로 하여 그 후 수 세기 동안 찾아볼 수 없었다. 이 시기에 있었던 두 가지 중요한 사회적 요인들이 있었다.

첫째, 이슬람의 등장이다. 이슬람은 그 시초부터 팔레스타인과 이집트와 시리아에 있던 전통적인 서방의 로마 영토를 향한 군사적 팽창이다.

둘째, 그전 한 세기 반 전부터 시작되었던 아시아의 방대한 초원으로부터의 부족들의 이동에 따른 장기간의 사회적 영향들이다. 그 사건은 서방 역사의 의식 속에 "야만인들"의 침략으로 알려져 있다. 그 부족들은 반달족(Vandals)과 훈족(Huns)과 고트족(Goths)으로서 그들 중 고트족이 가장 강했으며, 아직까지도 서양인들의 집단의식 속에 살아남아 있다.

이와 같은 강력한 사회적, 정치적 요인들은 동방과 서방의 기독교와 제국을 지속적으로 분열시켰다. 야만족들의 서방 침략으로 야기된 사회생활과 교회생활의 혼란으로 인하여 아직도 비잔틴, 즉 콘스탄티노플(Constantinople)에서 제국을 통치하던 황제들에 대하여 민심이 이반되었는데, 대 그레고리(Gregory the Great)가 590-604년 동안 태동시킨 교황제도는 단결의 대안으로 보였다. 그러나 그것은 사회-정치적 관점에서 볼 때에 약소국가들을 임시변통으로 모아놓았다는 인상을 주었다. 이렇게 하여 서유럽이 융성하기 시작하였는데, 이는 비잔틴의 융성과 전혀 다른 궤도다. 비잔틴은 여러 국가가 이미 하나로 통일된 제국으로서 공통된 (그리스) 기독교 신앙과 하나님의 사랑을 받는 황제의 일인 통치로 결합되어 있었다. 이와 같은 기성의 기독교 제국의 구조에 대한 큰 변화와 양분된 라틴과 그리스 제국은 필연적으로 신학적, 영적 글들의 패턴에 영향을 주게 되었다.

6세기까지 헬라어에 익숙한 지성인들이 드물었고, 반면에 라틴어로 글을 쓸 수 있는 사람도 드물었다. 아마도 야만족들의 침략이나 정치적 붕괴보다도 이와 같은 언어 문화적 분리가 동방 교회와 서방 교회의 차이를 확정지어 초기 중세의 주요 저술가들이었던 수도사와 신학자들의 사상에 뚜렷한 차이를 자아내게 하였을 것이다. 이 시기는 서방에서 "암흑시대"(Dark Ages)로 오인되었다. 이 용어는 불연속성을 의미한다. 즉 로마 제국의 안정성이 훼손됨으로써 서방 기독교가 자신을 개조하고자 시도한 것이다. 동시대에 비잔틴 교회는 동일한 질서의 지적인 불연속성을 걱정할 필요가 결코 없었다. 물론 7세기부터 10세기까지 기독교 제국의 재정적이고 정치적인 일들에 있어서 뚜렷한 쇠퇴가 있었으며, 이것이 사회적, 재정적, 정치적 사료에 뚜렷이 기록되어 있다. 그러나 어떤 의미에서도 서방에 나타났던 지적 혹은 문화적 붕괴, 더 정확하게 말하자면, 문화적 불연속성은 없었다.

비잔틴 영토의 축소와, 비잔틴과 함께 손을 잡고 나아가던 기독교 배움의 중심지들의 몰락(이집트의 알렉산드리아, 다메섹, 안디옥, 그리고 로마 령 시리아의 예루살렘의 몰락은 기독교에 쓰라린 타격이었다)할 때, 자연적 중심지이며 기독교적 삶의 중심지였던 콘스탄티노플을 중심으로 학자들과 그들의 글들이 집중되면서 거기엔 항상 대책이 있었다. 외부적 압력이 심할수록, 콘스탄티노플은 더욱 빛났고, 기독교 증언의 아름다움의 이미지로서 동방 기독교를 빛나게 했다.

이 시기의 비잔틴 영성은 소위 "교부"(patristic)시대라고 칭하던 이전의 제국 시대에 닦였던 토대에서 완만한 흐름으로 발전하였으며, 철학의 형태와 복음 진리의 종합에 더욱 열려진 모습으로 지적인 안정감을 새롭게 나타낸다. 동방 기독교 세계의 모든 재능들의 중심 역할을 하며 그 지방들에서 가능하다면 언제든지 모방할 수 있도록 영향을 끼친 위대한 도시였던 콘스탄티노플의 계속적인 역할은 비잔틴이 광대하고 복합적인 문화와 인종의 연합체였음에도 불구하고 공통적이며 응집된 지적 영적 전통을 지녔음을 보장한다. 수 세기 동안 신학적 논란으로 인하여 전반적으로 분열되어 있던 중에도 이것은 오늘날까지 동방 기독교의 모든 형식들 속에 공통적인 정신을 쉽게 알아볼 수 있는 기풍이 있는 이유가 된다.

유스티니아누스 이후 시대의 영성신학의 주된 특징은 창조적 종합이라고 할 수 있을 것이다. 많은 초기의 저술가들은 이런 점으로 보아 초기의 기독교 시대와 비교할 때에 비잔틴은 지적인 삶에 있어서 "불필요하게 지속되는 영향력"(dead hand)이라고 결론지었다. 그러한 견해는 원본을 면밀히 검토하면 더 이상 유지될 수 없다. 확실히 초기의 교부들과 교사들의 전통에는 심오한 추진력이 나타나며, 또한 초기의 전통을 종합하려는 후기 비잔틴인들 중에는 역동적인 힘이 나타난다.

그리고 그 전승은 매우 다채로운 영적 유산에 첨가된 본질적으로 다른 요소들을 포함하고 있기 때문에(셈족의 성경 숙어들, 그리스의 로고스 신학과 철학의 사색, 신비주의와 마음의 인식에 대한 이집트와 시리아의 강조), 초기 비잔틴 시대는 혼합할 것들이 많았고, 지성과 감성을 잘 조화시켰다. 성경적, 헬라 철학적, 수도원적 요소들로부터 하나의 뚜렷한 기독교의 영적 유산이 형성되었는데, 그것은 풍부하고 종합적이었으며, 궁극적으로 그것을 길러낸 기독교 제국보다 더 오래 지속되었으며, 동방 기독교의 공통적 풍속으로 지금까지도 살아남아 있다.

2. 고전주의의 석양(CE 600-900)

유스티니아누스 시대에 살던 사람들은 콘스탄티노플을 새 로마로 이해했고, 그들 자신들을 "로마인들"(the Romans/*Romaioi*, "로마이오이")이라고 불렀다. 그들은, 그 다음 천년 동안에도 그랬지만, 나머지 유럽 사람들이 자기들을 "그리스인들"이라고 부르는 것에 대해 이상하게 여겼다. 유스티니아누스 자신도 자기의 통치가 장기간의 고전적 로마의 가치들을 계승한다고 보았다. 이것은, 유스티니아누스 자신이 로마 법전을 편찬하고 확고히 하기 위한 그의 시도와 다가오는 중세 시대에 영향력을 미쳤던 그의 대대적 법적 개혁에서 증명된다.

영성신학의 영역에서 이 시기의 주요 저술가들은 유사한 전제들을 보여준다. 그들은 고전적 제국주의 과거사의 마지막 목소리의 대변자들이다. 그들은 다른 요소들을 종합하고 조화시키려 했으나, 그들의 목소리와 의상의 스타일은 고풍스러워 보였다. 이 후기 제국주의적 고풍의 양상들 중 하나는 국제적 성격이다. 시리아인들은 그리스적 모습으로 나타났고 고전적 성경 해석과 주석의 스타일은 안디옥과 예루살렘과 알렉산드리아와 같이 멀리 떨어진 곳에서 부르는 예배 찬송가를 통하여 보급되었다.

한때 학교들에서 행하여지던 고대의 철학적 사색은 이젠 순회 수도사들과 신비주의자들에 의하여 길에서 행해졌다. 그것은 확실히 고전주의이지만, 새롭고 흥미로운 모습으로 설정되었다. 주요 저술가들 중 어떤 사람들만 강조되었지만 그들 각자는 자신들의 방법으로 이 시대의 비잔틴 신학이 나타내는 역동적 재현의 특징을 보여준다.

1) 음악가 로마노스

로마노스(Romanos, 약 540년에 활동, 555년 이후 사망)는 아마도 비잔틴의 고전적 종교시인들 중 최고의 시인이었을 것이다. 그의 작품들은 헬라어를 사용하는 교회들의 예전에 사용되었고 기독교의 신비들이 환기시켜주고 개입시켜주는 바 시각적, 정신적 상상력의 분위기를 설정하였다. 그의 작품은 이런 점에서 성화상적(iconic)이며 기초적이었다. 대부분의 후기의 정교회의 성화상들은 사실상 로마노스의 시의 상징적 어휘들 중에서 구체적인 것들을 이끌어내었다. 로마노스는 시리아 태생이었고, 유대인으로서 기독교에 개종한 것으로 보인다. 그는 베이루트에서 안수를 받았고 아나스타시우스(Anastasius) 황제의 마지막 통치 시대인 약 515년에 콘스탄티노플에 왔다. 그는 유스티아누스 황제 때에 가장 유명한 음악가였고 시인이었다. 그의 전공은 "콘타키온"(Kontakion)으로서 그것은 두루마리 위에 쓰인 설교라는 뜻인데, 기본적으로 긴 성경적 찬송가였다.

이것은 그 당시 예전 형식의 표준적 요소였고, 그 자체가 고대 셈족의 예전적 실천으로 되돌아간 것이었다. 그것은 오랜 동안 지속되었고, 그의 시들은 일반적으로, 길이 면에 있어서, 서사시였는데, 그 후에는 예전의 발전에 따라 분량과 중요성이 축소되었다. "콘타키온"은 동방 교회의 예배 직능에서 다소나마 위치를 점하고 있으며, 오늘날 서방 교회의 예배의 기도모음에 들어있다.

로마노스는 성경 이야기의 시적 번역에서 시리아 셈족의 스타일을 대표하는데, 그것은 일종의 이야기 형식이며, 그가 시적으로 이야기를 재해석하는 사건들을 드라마로 엮어낸 것이다. 그는 구원 이야기의 놀라움과 신비감을 드러내기 위하여 대조와 역설을 고양시키기를 즐겨한다. 성경 자체의 내부 구조 안에서처럼, 그의 시 구절들은 종종 구원의 이야기를 생생하게 말하려는데 목적을 둔다. 그 구절들은 청중들을 위하여 구원의 이야기를 재연한다.

성경 이야기는 보통 정교한 형태로 꾸며져 다시 들려졌고, 자기 청중들을 위하여 그 이야기를 설명하고 영적인 중요성을 말해주기 위하여 화자(narrator)가 첨가한 해석이 있으며, 그 장면에 등장하는 인물들과의 대화를 첨가하기도 했는데, 그것은 종종 사건들에 생생한 변화를 가져오게 했다. 그의 "크리스마스 찬송가"(Christmas Hymn)에서는(이것과 "동정녀의 애가"[Hymn of the Virgin's Lament]는 둘 다 오늘날도 정교회의 크리스마스 축하 예배와 성 금요일에 사용되고 있음), 동정녀 마리아가 동방 박사들이 누구이며 그들이 왜 그와 같은 희귀한 선물을 가져왔는지를 의아해 하는 극적인 독백이 주어진다.

복음서 본문들을 노래로 부르는 것과, 선창하는 독창자들이 그 본문을 요동치는 비잔틴 음악에 따라 늘어뜨려 선포하는 것에 의해서(응답송 후렴을 부르도록 되어있는 사람들을 인도할 때에 그 독창자들은 교회의 강단에 위치하고 있음) 노래와 이미지로 복음을 전파하는 새롭고 역동적인 방법이 발견되었다. 이와 같이 기독교 교리를 시적으로 접근하는 스타일은 비잔틴 사람들에게 매우 인기가 있었기 때문에 그것은 그 후부터 계속해서 대부분의 동방 영성의 표준이 되었다. 거의 모든 교회의 예배에 노래가 있듯이, 오늘날까지도 동방 교회에는 "미리 기록된 예배 의식들"(said services)이 있다.

이로 인하여 영적 사상의 패턴들에 영향을 준 것들 중 하나의 요인은 시리아 스타일의 시적 수사(rhetoric)이었다. 이것은 물론 로마노스에게는 특별한 것이 아니라 자연스러운 것이었으며, 하나의 오랜 전통의 일부로서 바르 데이산(Bar Daysan)과 이프렘(Ephrem)과 같은 3-4세기의 시리아의 위대한 시인들에 배경을 두고 있다. 시리아의 시적 전통에서는 강력한 사상의 양극성이라는 방법에 강조점을 두었다. 그 양극성은 이미지들의 계보 안에 쌓여졌다. 하나의 교리는 직선적, 논리적 방법으로 증명되는 것으로 기대되기보다는, 시행자와 청중의 마음이 그 이야기 속에 묘사된 신비들의 이해 속에 빠져들 때까지 시와 음악에 중점을 두는 것이 기대되었다.

이와 같은 신비의 세계로의 몰입은 의지나 정신적 노력으로 되는 것이 아니라 공감과 정서를 통하여서만 가능했던 것이다. 음악과 시가 그런 역할을 해야 했다. 그 결과 고대의 많은 시리아 찬송가들과 거기에서 가져온 비잔틴 예배 시들은, 같은 개념에 대한 다양한 시각들에 의하여 공통된 주제로 돌아가려는 시도를 계속함으로써 서방세계의 사고방식에 반복적으로 영향을 주었다. 특별히 시리아 비잔틴 수사는 부조화(dissonance)와 상보성(complementarity)이라는 두 종류의 양극성을 발전시켰다. 부조화의 스타일에서, 마리아와 하와, 혹은 그리스도와 아담 등과 같이 짝이 되는 성경적 양태가 발견된다.

예를 들면, 하와는 뱀에게 질문을 하지 않고 선악과가 좋은 것이라는 뱀의 속임을 그대로 받아들여 어리석다는 평가를 받는다. 반면에, 마리아는 가브리엘 천사에게 현명한 질문을 한다. 전자는 파괴의 문을 어리석게 열어주는 사람이 되었고, 후자는 구원의 문을 현명하게 여는 사람이 되었다.

반대 개념을 나란히 놓는 방법은 오래된 수사학적 방법으로서 그 시가 의도했던 토론에 청중이 지적으로 공헌할 수 있도록 했다. 이와 같은 개입은 그 시가 바로 청중들로부터 추구했던 바였으며, 그 시는 청중들로 하여금 주님이나 구원 계획에서 그와 같이 현명하고 자비롭게 행동했던 하나님의 어머니(the Mother of God)를 찬양하는데 동참하도록 초청하는 것으로 결론짓는다.

상보성의 짝짓기도 역시 많이 사용되었다. 예를 들면, 이새(Jesse)의 가족에 관해 쓰인 "생명나무"(the Tree of Life)는 이새의 자손인 예수님의 십자가, 즉 생명나무에서 실현된다. 이와 같은 이미지들은 예수님의 이야기가 성경적 상징성들로 잘 짜여 전해지는 방식으로 계보 안에서 사용되었다. 찬송가에 귀를 기울이는 청중들은 완전한 성경의 짜임새에 관하여 많은 것을 배우게 되었으나, 그것은 어디까지나 그리스도 중심적이며 구원론적으로 초점이 맞추어진 방식이었다.

이와 같은 찬송가적 특성은 대부분의 비잔틴 신학의 모범이 되었다. 그것은 서방 신학에 대한 후기의 주석자들에게 흥미 있는 일이 아니었다. 그들은 "찬송가 해설과 서지"(hymnography)를 신학 또는 영성과 구별된 어떤 것으로 취급하면서 부적절한 분석의 범주를 종종 사용하였다. 그러나 이 찬송가들이 전체 백성들(그 찬송가들은 오늘날 그리스와 러시아 민속 가운데 공통적으로 알려져 있음)의 의식 속에 들어갈 때, 예전 그 자체는 예수님과 복음 이해의 핵심이 되는 승리의 구원의 이미지를 형성하는 영성을 위한 기초적 구조를 제공했다고 말해질 수 있다.

그 시들은 다분히 감성적이다. 예를 들면, 로마노스가 성 금요일을 위하여 쓴 슬픔의 찬송은 새끼 양의 죽음에 대한 어미 양의 울음으로 마리아를 묘사한다. 그것은 현대의 도시인들에게는 어색한 이미지를 줄 수 있으나, 초기 그리스도인들의 대부분을 차지했던 고대의 농민들에게는 정서적으로 큰 영향을 미쳤다. 이 시에서 동정녀 마리아는 자기의 독자의 죽음에 대하여 애도할 때에 회중들로 하여금 자기의 울음에 동참하기를 권유한다. 그녀는 통탄하기를, 하늘 위에 "별들을 매어달은 사람"이 이제는 "십자가 위에 달렸다"라고 한다.

그 시인은 고대의 남자와 여자들의 깊은 정서를 자극했으며(그들은 일반적으로 장례식에서 직계 가족들만 울도록 내버려 두지 않고 함께 울었다), 대부분의 그리스 사회에 편만했던 명예와 불명예의 정서를 크게 자극하면서, 공감을 불러일으키고, 청중들로 하여금 그리스도의 죽음이 방임을 통하여 불명예스럽게 된 것이 아니라 그들 자신의 의식 세계로 들어오게 만들었고, 하나의 가족적인 행사가 되도록 하였다. 이와 같은 방법으로 함께 장례식에 동참함으로써 그리스도 및 동정녀와 일체감을 이루도록 하는 감각은 그 시인의 동기(motive)의 중요한 일부분과 그 찬송의 내재적 영성을 형성한다.

우리가 지나친 형식주의자가 아니라면, 전형적인 비잔틴의 예배 형식의 모습을 "심리적 전용"(psychic appropriation)이라고 부를 수 있을 것이며, 그것은 이어지는 수 세기 동안 비잔틴 그리스도인들이 대를 이어 그리스도에 대하여 충성심을 나타내는 원천 역할을 했을 것이다. 시리아의 어떤 영적 저술가들은 만약 그 신자의 마음이 감동되지 않았거나 감동되었다고 느끼지 않았다면 성령은 그 신자의 마음을 거처로 삼지 않았으며, 성령의 임재가 없는 기도와 예배는 죽은 형식주의에 불과하다고 주장하였다.

그런 주장은 후기 비잔틴 전통에서 전적으로 보증을 받지 못했으나, 기도와 찬양이 하나님의 앞에서 진실한 것으로 받아들여지려면 마음을 다하여 진심으로 노래해야 한다는 점이 열정적으로 강조되었다. 로마노스 이후에 카시안 수녀(the nun Cassiane), 찬송가 작가 요셉(Joshep the Hymnographer), 아이톨로스의 코스마스(Cosmas of Aitolos), 혹은 크레테의 안드레(Andrew of Crete)등과 같은 일련의 비잔틴 시인들이 있었으나 로마노스 이후에 가장 유명했던 시인은 8세기의 신학자였으며 수도사였던 다마스쿠스 사람 요한이었다고 할 수 있을 것이다.

2) 마스쿠스의 요한

다마스쿠스의 요한(John of Damascus, "야난 이븐 만수르"[Yanan ibn Mansur])은 계급이 높은 기독교 가문의 일원으로서, 다마스쿠스에 있는 이슬람 국왕의 궁전에서 아버지의 관직을 이어받았다. 그는 아마도 정치적인 압력을 받아 725년경에 관직에서 물러났을 것이다. 그리고 그가 사제로 안수를 받았던 베들레헴 근처에 있는 마르 사바(Mar Saba) 수도원의 수도사가 되었다. 예전적 예배에서 그리스도와 성인들의 성화상 묘사 사용의 타당성이 문제시되었던 첫번째의 비잔틴 우상타파 위기의 기간(726-30)에, 그는 성화상을 옹호하는 세 권의 『강론집』(Discourses)을 썼는데, 그것이 성화상 숭배(image veneration)와 성례적 표상(sacramental representation)에 관한 표준적 작품이 되었다. 그는 753년 성화상 파괴 회의(Iconoclastic Synod)에서 파문되었으나, 그 당시에 팔레스타인은 비잔틴 궁정의 지배를 받지 않고 있었다.

점점 승기를 잡은 성화상 숭배자들은 그가 죽은 후에 그를, 787년 제2차 니케아 에큐메니칼 공의회(Ecumenical Council of Nicaea II)의 영웅적 고백자로서 칭송했다. 성화상(icon)에 대한 신학과 성육신적 기독론의 상관관계는 그의 변증의 두드러진 요소였다. 요한 이후에, 그리고 그가 옹호했던 성화상들의 승리 이후에, 대부분의 동방 기독교의 예배와 기도는 다채롭고 진심어린 성화상 숭배와는 불가분의 관계를 맺게 되었다. 그의 금욕 생활에 관한 글 모음집인『거룩한 비교』(Sacra parallela)는 이젠 일부분만 남아있지만, 그가 모든 기독교 교리를 집대성하여 저술한 신학의 대요인『정통 신앙에 관하여』(On the Orthodox Faith)는 후대에 큰 영향을 미쳤고, 서방의 성 토마스 아퀴나스(St. Thomas Aquinas)의 주요 자료가 되었다.

요한은 로마노스의 모범을 따라 그의 친척 코스마스(Cosmas)와 함께 찬송가를 썼으며, 그의 많은 작품들은 오늘날까지도 동방 교회에서 사용되고 있다. 아레오파구스의 재판관 위-디오니시우스(Pseudo-Dionysius the Areopagite)와 고백자 막시무스(Maximus the Confessor)로부터 자기의 시대까지 그리스의 철학적 전통에 대한 요한의 인지와, 교회를 흔들었던 많은 신학적 논쟁들에 대한 그의 이해와, 기독론과 성례 사상에 대한 그의 숙고들은 그의 시로 하여금 시리아인 전임자였던 로마노스의 것보다 종합적인 작품이 되었다. 성육신에 대한 요한의 시들은 새로운 존재론적 조화와 해석학에 있어서 피조물들과 비피조물들의 본성들이 함께 어울림을 기뻐했다. 그는 로마노스처럼 역동적인 이미지를 사용하면서, 신인(God-Man)이신 예수님의 동일인격 안에 존재하는 영원성과 유약성을 나란히 놓는 것을 즐겨했으며, 이와 같은 성육신의 행위는 예수님께 영향을 미쳤던 일회적 사건이 아니라 전 인류가 영적으로, 도덕적으로는 물론 육신적으로도 신과 교통하는 우주적 신비라는 점을 제시하였다.

그러므로 인간의 육신은, 예수님의 경우처럼, 그 자체가 신적 현존을 실현하는 운송수단으로서 모든 인간의 삶은 이와 같이 신적 구속(the divine redemption)의 빛으로 들어가게 된다. 성화상은, 예수님 자신의 육체가 변화산에서 변형되었던 것처럼, 물질적인 실재가 어떻게 변형될 수 있는가에 대한 작은 예일 뿐이다. 그 변형으로 인하여 물질성은 하나님의 은혜와 임재의 전달수단이 되었다. 요한의 관점에서의 세계 그 자체도 하나님의 영광의 성례이다. 그러나 역동적이며 생생한 하나님의 형상인 남자와 여자의 마음

속에 존재하는 것보다 더 놀라운 것은 어디에도 없다.

요한의 시는 성육신의 역동적 변형의 개념이 어떻게 비잔틴 영성의 심장부를 차지하게 되었는지를 대변한다. 달리 말하자면, 사람이 되는 하나님의 성육신이, 교회의 성례와 신비적 삶을 통하여 어떻게 인성 자체가 신적 실재로 변형될 수 있는가에 대한 방법의 모범(paradigm)을 말해주고 있다. 그 신학자 아타나시우스(Athanasius)는 4세기에 그의 논문, 『성육신에 관하여』(De incarnatione)에서 "말씀이 사람이 된 것은 우리들로 하여금 신(god)이 되도록 함이었다"고 설명했으나, 요한의 글은 이 공리가 얼마나 마음 깊이 자리 잡게 되었는지를 보여준다. "데오시스"(theosis, 은혜에 의한 신화[神化])라는 비잔틴 교리는 성육신의 자비에 관한 그의 서사적(rhapsodic) 노래들 전편에 흐르고 있다.

3) 고백자 막시무스

막시무스는 7세기의 가장 중요한 비잔틴 신학자들 중 한 사람이었다. 그는 당대의 신학적 정통주의와 함께 기도에 관한 시리아-비잔틴(Syro-Byzantine) 신학의 전통적 요소들을 다시 한 번 집대성한 저명한 신학자였다. 그 신학적 정통주의는 5-7세기 동안에 있었던 모순들에 대한 많은 논쟁들을 겪었다. 그의 많은 통찰력은 가장 위대한 세 명의 신학적 영웅들이었던 알렉산드리아의 오리겐(Origen of Alexandria)과 나지안주스의 그레고리(Gregory of Nazianzus)와 아레오파구스의 재판관 위-디오니시우스로부터 얻은 것이었다.

7세기까지는 세 사람들 모두는 신학적으로 애매하고 매우 모호했거나 둘 다였다. 막시무스는 난제들을 설명하면서 그 모든 요소들을 잘 묶는 일을 하였으며, 무엇보다도 그는 세 사상가들의 공통적 가치들을 이끌어 내었는데, 마음이 하나님께로 향할 때에 마음의 최고의 비전은 신비적인 것으로서 이성적 사고를 초월하며 더 높은 지식(gnosis, "그노시스")의 상태에 도달한다고 그들은 열정적으로 믿었다.

막시무스는 헤라클리우스(Heraclius) 황제를 섬기는 귀족이었다. 그는 614년에 자기 직업을 버리고 콘스탄티노플 근처에 있는 크리소폴리스(Chrysopolis)에서 수도원 생활을 시작했다. 페르시아 전쟁(626)의 혼란으로 크레타(Crete) 섬과 키프로스(Cyprus) 섬을 거쳐 마지막으로는 북아프리카까지 이주하였다. 7세기 중반부, 카르타고(Carthage)에 있는 한 그리스 수도원에 사는 동안 기독론의 해석 문제로 야기된 논란에 휩싸이게 되었다. 동방 교회의 칼케돈파(Chalcedonian)와 비칼케돈파(non-Chalcedonian) 사이에 빚어졌던 오랜 동안의 그리스도 단성론 논쟁(Monophysite dispute)을 해결하기 위하여 황제들은 칼케돈 공의회(451년)의 양성론 신학을 회피하고 그리스도를 하나의 신적인 의지를 가진 신적인 사람(divine-Man)으로 묘사하는 타협적인 견해를 지지했다. 예수 안에 있는 이와 같은 심리적인 주체의 단일성은 칼케돈의 어색한 신조보다 성육신 상태에서의 예수님의 신적 능력의 단일성과 현존을 훨씬 더 잘 설명할 수 있으며, 교회들 사이의 전반적인 재결합을 위한 기초를 세우는데 도움이 된다고 생각되었다.

이와 같은 입장은 그리스도가 하나의 의지를 가졌다는 그리스도 단의론(Monothelitism)으로 알려졌는데, 그것은 그리스도 안에는 두 가지 의지가 있다고 가르치는 양의론파(Dyothelite party)의 반박을 받았다. 그리스도 안에는 두 가지 의지가 있는데, 하나는 인간적 의지이고 다른 하나는 신적 의지로서, 각각 그리스도의 두 본성인 인성과 신성에 해당하는 것이며, 각 본성은 각각의 소관에 해당한다는 것이다.

막시무스는 양의론자들과 화해하는 소망을 가지고 단의론의 입장을 칼케돈의 배신으로 여길 뿐 아니라 그리스도가 진정한 인간의 의지를 가지지 않아서 참 인간이 아닌 구세주라는 것을 암시적으로 상기시키는 위험한 이단이라고 여겼다. 막시무스는 단의론이 구세주의 인성을 기계적인 것에 가까운 것으로 보는 관점을 가졌다고 여겼다. 그의 많은 작품들은 단의론적 기독론을 공격하면서 그리스도의 성육신으로 확인된 인성의 자유에 대한 교리를 강력하게 발전시켰다.

막시무스의 논의한 것처럼, 만약 그리스도가 성육신에서 신적인 인격에 대한 접근 의지를 잃어버렸다면, 어떻게 그리스도가 하나님이 인성에게 주신 자유의 모델이 될 수 있었겠는가?

만약 그리스도가 신성에 부담이 되어서 참된 인간의 삶을 유지하지 못했다면, 하나님께서 인간에게 자유를 주셨다는 점에 무슨 의미가 있겠는가?

그리스도는 하나님으로서 완전하게 자유로울 뿐 아니라, 자신의 심리적, 정서적 도덕적 삶에서 초연하게 자유로운 한 인간의 모범을 인류에게 보여주었다. 그러므로 그리스도는 그의 신성이나 인성에 있어서 교회가 따라야 할 하나의 모범이 되었다.

물론, 개인적 자유의 영적 탁월성에 대한 막시무스의 유명한 말들은 정치적 반동을 일으켰다. 그는 황제에 대한 도전 때문에 658년에 재판에 소환되었고, 661년에도 다시 재판을 받았다. 전승에 의하면 그는 "건방짐"(impudence)을 이유로 혀와 우측 손이 잘렸다. 그 후 그는 상처로 인하여 곧 죽게 되었다. 이렇게 해서 그는 사후에 "고백자"(Confessor)라는 칭호를 받게 되었다. 막시무스의 사상 안에서, 고도의 신학은 가장 심오한 영성의 원리와 만나고 도덕적 금욕적 삶을 위한 적극적 동기의 추구와 만나게 된다.

그에게 있어서, 이 세 가지는 모두 신인(God-Man)이신 그리스도의 신비의 개념에서 그 해결점을 찾는다. 모든 인간 역사의 정점으로 보이는 성육신 사건은 인간의 신화(deification)를 위한 역동적 방법이며 수단이다. 그것은 덕을 실천하는데 필요한 자유를 개인들에게 허락하는 인성의 영적 재창조다. 왜냐하면, 모든 인간들은 이미 욕정의 노예가 되어 있기 때문이다.

막시무스는 그의 가장 논쟁적인 신학화에서도, 신학의 본질을 강조하는 것을 결코 실패하지 않았다. 그에게 있어서 신학의 본질은, 기독교적 삶을 하나님과의 영원한 깊은 교통으로 보는 신비적 관점이다. 그에게 있어서, 신학적인 교리들은 신비적인 삶에 대한 규범화된 가르침일 뿐이다. 그의 금욕적인 글들, 즉『금욕적 삶』(the ascetic life)과『자비에 관한 글들』(Chapters on Charity)과 난제들에 대한 신학적 주석들, 즉『불분명한 것들』(The Ambigua)과『달라시우스에 대한 질문들』(Questions to Thalassius)은 근래 몇 십 년 동안 관심이 증가하는 반성적 사색에 관한 깊은 작품들이다. 예전에 관한 그의 연구들, 즉『신비입문서』(Mystagogia)와『우리 교부에 관한 주석』(Commentary on the Our Father)은 막시무스가 기도의 서정시도 쓸 수 있는 유능한 지성인이었음을 보여준다.

4) 시리아인 이삭

다가오는 수 세기 동안 비잔틴 영성에 영향을 주고 형성시켰던 매우 중요한 또 하나의 저술가는 시리아어를 쓰는 신학자인 니느웨의 이삭(Isaac of Nineveh)이었다. 이삭은 베이트 카트레이(Beit Quatraye, 페르시아 만[Persian Gulf]에 있는 카타르[Qatar]인듯)의 갈대아 교회(Chaldean church) 수도사였다. 그는 680년 경 니느웨의 감독으로 임명되었으나, 몇 개월 후에 그의 직위에서 물러나 독자적인 은둔 생활로 복귀하였다. 그는 후에 학문적 활동으로 인하여 소경이 된 것으로 전해진다.

그의 영적인 권위와 기도와 신비적 체험들에 관한 글들의 아름다움은 그의 작품들로 하여금 그의 맞수들이었던 단의론자들과 그 시대의 페르시아 교회의 네스토리아파들(Nestorian)에 의해 소중히 여김을 받게 만들었다. 그의 작품들은 9세기에 시리아어에서 헬라어와 아랍어로 번역되었고, 직후에 비잔틴으로 와서 11세기와 그 이후의 헤시카즘적(Hesychastic) 영성신학 발전에 큰 영향을 미쳤다.

이삭은 동방 교회의 모든 지방들에서 모든 수도사들에게, 개인적 체험으로부터 자신이 말하는 바를 알고 있는 영성의 거장으로 보편적으로 잘 알려졌다. 그는, 4세기의 아프라하트(Aphrahat)나 위-마카리우스(Pseudo-Macarius)와 같은, 초기부터의 대부분의 시리아 영적 저술가들 가운데서 증명될 수 있는, "마음에 대한" 시리아적 영성의 오랜 전통 안에 스스로를 포함시킨다.

이삭은 그들처럼, 하나님의 은혜를 가슴 속에 민감하게 간직하고 있어야 함을 강조한다. 그는 가르치기를, 만약 영적 지혜와 신비적 감각 안에서 성장하려면, 성령의 역사를 감지하고 그것들을 분별할 수 있어야 한다고 한다. 이를 위하여, 현명한 영적 안내의 충고가 필수적이다. 만약 기도의 삶에 대하여 깊은 관심을 가지고 있는 사람이라면, 많은 후기의 비잔틴 저작들은 영적 안내의 필요성에 대한 강조를 지속해줄 것이다.

이삭은 수도원 생활에 근거를 둔 모든 제자들에게 교사와 안내자로서 글을 썼다. 대부분의 그의 설교들과 영적 교훈들은 이런 독자들에게 수도원의 체험을 제공한다. 이삭은 영적 삶에 대한 글을 쓴 고대의 기독교 전통에서 가장 성숙하고 온유한 저술가들 중 하나다. 최근엔 분실되었던 저작물들이 재발견되었고, 그것들이 영어로 새롭게 번역됨으로써 그는 초기 기독교 영성의 위대한 정신들 중 하나로 다시 알려지고 있다.

그의 작품들은 그 자체가 가치가 있었기 때문에 그것들이 헬라어로 번역되었을 때, 더욱 큰 영향력을 발휘했고, 중세의 비잔틴 수도원에서 기본적인 참고문헌으로 보급되었다. 이삭에게서 확인될 수 있는 성령론과 영적 정서는 후기 비잔틴 사상의 대표적 특성이 되었고, 후에 헤시카즘(Hesychasm)[1]으로 알려질 수도원 영성의 부활을 보증하게 되었다. 이런 초기의 운동(예를 들면, 새 신학자 시메온[Symeon the New Theologian]에게서 확인될 수 있다)에서, 남자와 여자들 그들 스스로가 개인의 가슴 속에서 성령 은사의 역사를 체험해야 한다는 요청은 교회로 하여금 공식적 종교성과 브르주아적(bourgeois) 경건의 "불필요하게 지속되는 영향력"(dead hand)에 대항하라는 큰 외침이 되었다.

3. 중기 비잔틴 부흥(CE 1000-1200)

영성의 헤시카즘적 부활의 최초의 형태는 비잔틴 제국 자체의 융성과 일치한다. 비잔틴 제국은 이슬람의 세력이 확장되기 이전에 자신의 암흑기 동안 수 세기에 걸쳐 쇠퇴하

---

[1] "헤시카즘"(hesychasm)이란, 동방 정교회에서 전해지는 기도에 관한 신비로운 전통이다. 예수께서 "너는 기도할 때에 네 골방에 들어가 문을 닫고 은밀한 중에 계신 네 아버지께 기도하라"라고 말한 전통에 따라 오감으로 느끼는 것을 중단함으로써 내적으로 성숙해지는 과정이다. 그 목적은 하나님에 대한 경험적 지식을 얻기 위한 것이다. 본서 156쪽의 "4. 헤시카즘의 부흥(CE 1300-1500)"을 참조하라-역주.

고 축소되는 고통을 겪었었다. 10세기 중반에 일련의 활기찬 황제들이 형세를 바꾸기 시작하면서, 비잔틴의 세력과 문화의 독립을 거듭 주장했다. 불가리아(Bulgaria)와 우크라이나(Ukraine)에서의 선교가 큰 성과를 거두었고, 비잔틴의 영적 전통들은 동방의 예배 형식들과 함께 그런 나라들에서 채용되었다. 이 모든 것은 곧 그리스와 슬라브(Slavic) 민족들에게 일종의 공용어(*lingua franca*, "링구아 프란카")가 되었다.

1) 비잔틴 성인전들

중기 비잔틴 시대엔 또한 성인들(saints)의 삶에 의하여 헌신의 형태를 대중화 시키려는 운동이 있었다. 성인전들(hagiographies)이라고 일컬어지는 것은 일반적으로 사막의 교부들과 교모들(fathers and mothers)의 공훈을 기리면서, 4-5세기에 구성되었던 아주 오래된 성인들의 삶의 형태에 근거를 두고 있었다. 알렉산드리아의 아타나시우스가 쓴『안토니의 생애』(*Life of Antony*)은 하나의 고전적 실례다.

5세기의 시리아 감독이었던 데오도레트(Theodoret)와 같은 사람들은 위대한 금욕주의자들과 기둥에 사는 사람들(**주상 고행자들**[stylites])의 공적을 기록했고, 이와 같은 저술의 형태는 고대로부터 콘스탄티노플과 알렉산드리아와 같은 제국의 도시들 안에 열렬하게 읽혔다. 후기 비잔틴 시대에 성인들의 삶에 대한 기록은 하나의 장르로 유행되었으나 계속적으로 변화되었다.

제국이 초기부터 크기가 축소된 것 같이, 신성한 것(Sanctity)에 대한 제국의 개념들도 축소되었다. 과거의 위대한 성인들은 아직까지도 표준으로 여겨졌으나, 중세의 비잔틴 성인들은 훨씬 더 지역적이었다. 신성한 것은 작은 마을의 측면을 가졌는데, 그곳의 지역 주민들은 그들의 거룩한 사람(성인전에는 거룩한 여성의 삶들도 소개되었지만, 현저하게 남성중심이었다)이 하나님께 대한 그들의 대변자나, 옹호자나, 용서의 사람이나, 치유자로 기대하였다.

동방 교회에서 시성(諡聖, canonization, 성인의 반열에 올림-역주)의 형태는 몇 가지의 기본적인 요소들을 요구하고 있었다. 거룩하다는 평판, 삶의 증거(demonstration), 성인의 무덤에서의 사후 기적, 썩지 않는 육신(이상적으로) 또는 적어도 순례지로 쓰일 수 있는, 수도원에 의해서 관리되는 무덤, 마지막으로는 새로운 성인의 축제에서 순례자들에게 읽혀질 수 있는 공식적 **삶**(*Vita*, "비타")이 있어야 했다.

후기 성인전에서 어떤 것들은 의식적으로 사회적 불의를 시정하는데 사용되었다. 이것이 『젊은 성 마리아의 삶』(Life of St. Mary the Younger)에서처럼, 때때로 여주인공은 결혼한 여자여야 하는 이유가 된다(일반적으로 수도원이나 감독은 시성의 주요 주제들이다). 젊은 성 마리아(St. Mary the Younger, 약 903년 사망)의 경우에 그녀는 가정 폭력의 희생자였다. 그 책은 그 남편의 천박한 행위(고대의 공통적 풍습)가 마리아의 순교 사건은 물론 그리스도인의 삶에 비추어볼 때에 얼마나 비열하며 대조적인가를 확실하게 지적해준다. 그녀의 가정에서의 기도와 자비로운 삶의 모범은 성인전에 의하여 모든 사람들을 위한 공통적 기준으로 대변되었으며, 그녀의 시성은 기독교적 증거의 행위에 있어서 그녀의 순교의 "예외적인" 근거에 의해 진행되었다(그녀는 가족 재산을 나눠준다는 이유로 남편에게 맞아 죽었다).

초기에서처럼, 성인전들은 특이한 문학이었으며, 칙칙한 색상의 풍자화 형식으로 현대인인 우리에게 읽혀지고 있다. 그럼에도 불구하고, 수도원의 기도와 헌신은 유행하던 장르(말하자면, 종교적 로맨스)를 통해 비잔틴 세계의 독자들에게 널리 퍼지게 되었다. 수도원 제도는 항상, 그리고 부분적으로는 성인전의 결과로서, 동방 교회 사람들의 가슴속에 가까이 자리 잡았다. 수도사들과 수녀들은 그 도시의 일상적인 성직자들과 더불어 영적 고백자들로 정기적으로 초대받았다. 이것은 비잔틴 세계의 수도원 안이나 밖에서 수도원 영성이 지배적이었다는 것을 확인해준다. 이것은 오늘날까지도 동방 교회의 하나의 특징이다.

2) 새 신학자 시메온

새 신학자 시메온(949-1022)은 급속도로 세속적 영역에서 수도원 생활로 전환한 사람들 중 하나였다. 그는 제국의 궁전에서 수행원으로 삶을 시작했었는데, 아마도 궁정 내시였을 것이다. 당시에는 시메온과 같은 귀족들 중에서도 내시가 있었다. 그는 그의 글에서 자신을 묘사하기를, 자신이 방탕한 삶을 살았으나, 콘스탄티노플에 있는 스토우디트(Stoudite) 수도원에서 온 시메온 율라베스(Symeon Eulabes)라고 부르는 한 현명한 노 수도사의 지도를 받았다고 한다.

그 노인은 그에게 매일 밤 정규적으로 기도문을 읽으라고 조언했다고 한다. 기도문을 읽는 중에 그는 자신에게 일어난 놀라운 환상의 체험에 대하여 묘사했다. 그는 새벽녘에야 제정신을 차리게 되었다. 그리고 그는 온 밤을 환희로 보냈다는 것을 깨달았다. 그가 기도할 때에 밝은 빛이 그의 방을 가득 채웠는데, 그의 눈이 그 빛에 적응함에 따라, 그는 이 위대한 빛이 그를 더 위대한 빛(그리스도)에게 중재하기 위하여 개입한 그의 영적 아버지인 시메온이라는 것을 인식하였다. 그는 처음에 그 빛을 볼 수 없었다.

이러한 체험을 통하여 그가 알게 된 것은, 죄를 흩어버리는 신적 임재의 빛에 싸인 채 위대한 하나님의 자비의 사슬 안에 자신이 서 있다는 것과, 그러나 그 신적 임재는 열리고 회개하는 마음에만 중보되고, 일반적으로 오직 한 제자의 중보를 통해서 다른 사람에게 중보된다는 것이다.

이 시기에 그는 그의 정치적 생애에서 충격을 받아 상처를 입게 되었고, 그 노 수도사와 함께 은신처를 찾게 되었고, 드디어는 976년에 영구적으로 정치적 야망을 포기하기로 결심하였는데, 그때에 다시 한 번 한 수도원에 은둔하면서 빛이신 그리스도를 다시 한 번 체험하게 되었다. 그는 자신의 영적 아버지의 이름을 수도원 이름으로 채용했고, 3년이 못되어 자신의 수도원의 지도자가 되었다. 그의 영적 교리는 니느웨의 이삭의 오래된 시리아 전통의 요소들을 강조했으며, 그는 이전부터 오랜 동안 수도사로 살았었던 그의 공동체 사람들에게 그것을 가르쳤다.

그의 전 생애와 교리는 심한 논쟁거리가 되었고, 마침내 그는 황제와 원로 법정(patriarchal court)에 의하여 콘스탄티노플에서 추방되었다. 그는 추방 생활을 할 때에도 영적 삶에 대하여 시와 담론을 계속 썼다. 망명 중에 새로운 수도원의 기초를 닦기 위하여 그가 쓴 찬송가 모음집인『거룩한 사랑의 찬송』(The Hymns of Divine Love)은 모든 신비 문학에서 가장 빼어난 모범들 중 하나가 되었다. 그것은 연애 시의 형식으로 빛이신 그리스도를 찬양한다. 그 시엔 고대 문학에서 발견되는 것들과는 매우 다른, 하나님의 임재에 대한 가장 개인적인 감각이 있다.

시메온은 다각적인 측면에서 중세에서 더욱 많이 보여지는 예수와의 신비적 친밀감에 대한 새로운 감각의 선구자이다. 그의 모든 글들은 하나님과의 신비적 합일이 성인전의 시성된 성인만을 위한 것이나 삶의 특별한 때만을 위한 것이 아니라, 살아있는 피조물들을 위하여 존재하는 물이나 공기처럼 모든 실존의 실체적 의미라고 한다. 시메온에 있어서 하나님과의 신비적 합일의 최고의 경지는 영혼이 영혼의 죄성과 영혼의 필요를 깊게 인식할 때 발생한다.

그의 글들은 필사본 형태로 아토스(Athos) 산에 보관되어 있으며, 거기에 있는 많은 수도사들이 가장 애독하는 작품이 되었다. 시메온은 예수님 중심의 열정적 헌신을 통하여 14세기의 아토스 수도사들의 헤시카즘 부흥의 영적 안내자가 되었고, 빛으로 가득 찬 변화와 영적 갱신의 열쇠로서 깊은 개인적 정서의 요소들을 강조하게 되었다.

4. 헤시카즘의 부흥(CE 1300-1500)

헤시카즘(Hesychasm)은 비잔틴 영성의 궁극적 모습을 결정짓는 마지막 위대한 운동들 중 하나였다. 그것은 역시 제국의 일들이 소위 고대 연구의 부흥이라는 맥락 안에서, 다양한 정치, 예술, 문화의 형태로 실제적인 부흥을 경험하던 시기에 발생하였다. 그 단어는 "헤시키아"(hesychia)에서 온 것으로서 "고요함"(stillness)을 뜻한다. 그러나 그것은 또한 당시에 은퇴 후에 수도원에서 사는 삶의 형태와 동의어였다(그 두 가지는 오늘날 동의어처럼 보이지만, 비잔틴에서는 많은 수도사들이 시민들의 봉사자로 분주한 도시에서 일을 하며 살았다).

헤시카즘은 아토스 산(Mount Athos)에서 시작되었는데, 그곳은 그리스의 할키디키(Halkidiki) 반도의 은신처들과 공동체들이 모여 있던 곳으로서, 오늘날까지도 많은 수도원들이 들어차 있다. 그곳은 수도 생활자들로 하여금 그들의 본연의 임무인 기도하는 삶에 집중하도록 그들을 불러낸 영적 갱신 운동의 본거지였다. 저자들은 주장하기를 그 시기에 수도원들의 영적인 삶은 반복적으로 소리를 내어 하는 기도가 지배적이었으며, 영혼의 내적 평정에 관해서는 별로 알려진 것이 없다고 했다.

아토스에 있던 몇 명의 대표적 수도사들, 특히 시나이의 그레고리(Gregory of Sinai, 1258-1346)와 그레고리 팔라마스(Gregory Palamas, 1296-1359)와 같은 사람들은 "예수 기도"(Jesus Prayer)와 같은 정신 집중의 방법들을 옹호했다(다음과 같이 단순한 문구를 천천히 반복하는 것이다. "하나님의 아들 주 예수 그리스도여, 저에게 자비를 베풀어 주시옵소서"). 또한 그들은 신화(deification, 변화산에서의 예수님의 빛을 상징으로 사용하는)의 신적인 빛에 의하여 "변화되는" 존재에 대한 개념에 집중하는 영성과, 마음을 고요하게 하는 방법과 하나님에 대한 정신적 "환상"(vision)의 중심으로서 마음을 상상하는 방법에 집중하는 영성을 옹호하였다.

이런 경향은 동방의 기독교 영성 사상에 결코 "새로운 것"이 아니었다. 그러나 다시 말하거니와, 비잔틴 정통은 오래된 자료로 돌아가서 그것들을 종합해서 새롭게 하는데 천부적 소질을 가지고 있음을 보여준다. 폰투스의 에바그리우스(Evagrius of Pontus)와의 연관 속에서 이집트의 수도원 전통은 모든 사상과 상상을 초월하는 하나님을 보고 듣기 위해서는 마음이 고요하고 잡생각을 버려야 함을 오랫동안 가르쳤었다. 우리가 살펴본 것처럼, 시리아 수도원의 전통은 하나님의 임재는 열정적 헌신의 마음을 가진 신자의 가슴 속에서 체험적으로 느껴질 수 있다고 가르쳤다. 하나님은 온유하고 헌신적인 가슴 속에만 거하시며, 하나님이 내주하실 때엔 마음의 눈이 하나님의 임재를 보고 느낄 수 있다.

이 두 가지의 수도원 영성의 흐름이 함께 헤시카즘 학파에 전달되었고, 그것은 후기 비잔틴 교회에서 힘 있는 갱신 운동으로 작용했다. 영적인 근원들을 찾아가는 과정에서, 이 운동은 수도원 제도 안에서 일련의 더욱 깊은 신학적 논쟁들을 일으켰다. 이런 현상은 비슷한 시기에 서방의 스콜라 신학의 부흥에도 일어났다. 많은 비잔틴 사람들은 아리스토텔레스의 권위에 근거한 서방의 신학적 분석의 형태에 감명을 받았다.

신학의 분야에서 아리스토텔레스의 추종자들에겐 존재의 피조되지 않은 질서(uncreated order)와 피조된 질서(created order) 사이에 엄격한 구분이 있었다. 헤시카즘 신학자들이 영혼과 마음의 눈으로 하나님을 보는 것이 가능하다고 주장할 때에 그들을 비웃은 신학자들이 있었다. 그들은 헤시카즘 신학자들을 궤변적이라고 생각하였으며, 만약 피조물의 눈으로 하나님을 보았다면 그 하나님은 사실상 하나님이 아니라고 지적했다. 왜냐하면, 참 하나님은 모든 물질적 형태들을 초월하기 때문이라는 것이다.

헤시카즘 신봉자들은 그와 같은 삼단논법의 성립을 부인했다. 그들은 반박하기를, 하나님은 초월적이지만, 성직자의 직접적이며 진정한 감각의 은사는 진실로 신비적 영혼에 대한 가능성으로서 주어졌다는 것이다. 하나님을 보는 것은 그 자체가 거룩한 하나님의 활동력과 인간 영혼간의 직접적 만남이며, 그것은 성육신에 나타났던 바와 같은 완전을 상징하는 것으로서 인류의 궁극적 천명(the ultimate destiny)이었다.

헤시카즘파(Hesychasts)에게 있어서 하나님을 실제적으로 직접 만나거나 보는 것이 하나님과 인간 사이에 가능하다는 것을 부인하는 것은 기독교의 구속 신앙을 저버리는 일이었다. 이내 헤시카즘파와 반대자들 사이의 전선이 형성되었는데, 그래서 우리는 헤시카즘 학파에 대한 지식을 가지게 되었다. 결국 그들은 반대자들을 물리치고 승리했고, 진실로 하나님을 보는 것은 모든 교회의 요청으로서, 그것은 불가능하지도 않고 소수의 비범한 영혼들을 위해서 보존된 것이 아니라는 그들의 신학은 그리스 정교회(the Greek Orthodox Church)의 공식적 교리로 확증되었다.

5. 붕괴 이후: 비잔틴-슬라브 영성(CE 1500-1700)

14세기 경 그레고리 팔라마스가 영성신학의 마지막 위대한 번영을 이루어내고 빛나는 환상과 마음의 고요와 심령 안에서의 성령의 나타나심의 인식의 주제들을 헤시카즘으로 종합하는 것을 옹호했을 때에, 고대의 비잔틴 제국은 비극적 종말을 향하고 있었다.

1453년 5월에 메흐메트 II세(Mehmet II)의 오스만 제국 군대는 콘스탄티노플의 성벽을 무너뜨렸고, 로마 제국의 마지막 황제는 자기 도시를 지키다가 죽고 말았다. 그날 이후에 동로마의 그리스도인들은 속국(밀렛[milet])의 상태를 경험하게 되었다.

세금을 내기 위하여 몇몇 교회들의 존속이 허락되었으나 쓴잔을 마시는 압박을 받게 되었고, 교회는 굴욕을 당하며 신음하였다. 기독교는 공개적으로 복음 전도를 허용받지 못하거나, 믿음을 전파한다 해도 극심한 통제를 받았다. 이와 같은 환경에서 기독교의 문화는 저항 운동으로 변했고, 동방의 모든 기독교 조직들의 결합 중심부에 수도원이 있었다. 수도원 공동체들은 문화와 영성의 등대가 되었으며, 신앙을 가르치고 전수하는 중심지가 되었다.

비잔틴 붕괴의 후유증으로 러시아의 황제 차르(Tsars)는 기독교 백성들의 추락한 지도력을 떠맡게 되었고, 지속된 비잔틴 문화의 광범위한 전체를 얻게 되었다. 비록 그 비잔틴 문화가 오스만 제국의 통치하에 있었을지라도 말이다. 오스만 제국의 왕들(Sultans)은 그리스 정교회의 그리스도인 통치자들(*Voivode*, "보이보드")을 임명하여 그들로 하여금 루마니아인들(Romanians)과 같은 기독교 백성들을 통제하도록 하는 일이 많았다.

계속적인 독립을 위해 협상했던 발칸 반도, 슬라브 지방, 그리고 또한 아토스의 산에 있는 수도원들은 기독교적 배움의 중심지 역할을 지속했다. 그곳에서 생산된 대부분의 것들은, 적어도 신학적인 영역에서는, 과거의 작품들을 복제한 것들이었다. 이 시기 동안에, 헤시카즘적인 영성의 원리들을 좋아하고 빛나게 하는 과거의 수도원의 글들을 수집하는 일들이 시작되었다.

그러한 수집은 두 명의 아토스산 수도사들인 고린도의 마카리오스(Makarios of Corinth) 아 니코데무스 하기오라이트 (Nicodemus the Hagiorite)의 생각이었는데, 그 수집은 영적인 글들의 총서(library)로 여겨졌다. 그들은 그 모음집을 "아름다운 것들을 사랑하는 사람들을 위하여"라는 의미를 가진 단어인 『필로칼리아』(*Philokalia*)로 명명하였는데, 거기엔 에바그리우스와 가자의 도로데오스(Thorotheos of Gaza)와 같은 사람들의 고전 작품들이 포함되어 있었고, 또한 시메온(Symeon)과 두 명의 그레고리들(시나이의 그레고리와 그레고리 팔라마스)과 같은 사람들의 중세의 자료들도 망라되었다. 『필로칼리아』는 헤시카즘파를 위하여 진정한 참고문헌 총서가 되었고, 여러 권 가운데 한 모음집은 정교회 수도원들에게 전체 영적 전통의 모습을 제공하였다.

『필로칼리아』의 출간은 다시 한 번 열정에 불을 붙이는 자극제가 되었고, 그 명성은 예속된 비잔틴 문화계에 널리 퍼지게 되었다. 처음으로, 헤시카즘은 비잔틴 영성의 표준이 되었고, 모든 수도원들은 그것을 영적 실천의 안내서로 채용하였다. 루마니아와 러시아(Russia)에서는 성 파이시 벨리코프스키(St. Paisy Velichovsky)가 슬라브어로 된 『필로칼리아』를 유포시켜서 그것은 그리스 밖의 정교회에게도 큰 영향을 끼치게 되었다. 18세기부터 현재까지 필로칼리아적 갱신은, 종종 예수 기도(Jesus Prayer)를 전체적, 내적 철학의 외적, 실제적 증표로 삼으면서, 정교회의 영적 자성과 실천의 품격을 설정하였다.

근래에는 동방 기독교 영성에 대한 묘사의 기록들과 주석들에 대한 접근이 더욱 용이하게 되었기 때문에 예수 기도의 실천, 영적 지도자들에 대한 순종, 그리고 『필로칼리아』의 연구는 많은 정교회 평신도의 영적인 삶을 더욱 증진시키는 역할을 하게 되었다. 『순례자의 길』(*The Way of the Pilgrim*, 비록 헤시카즘 영성에 헌신한 러시아 소작농의 기록이라는 주장도 있지만, 한 러시아의 수도사가 19세기에 쓰여졌다)과 같은 글들은 서방의 많은 독자들로 하여금 고요함의 전통과 마음을 중심으로 하는 집중의 전통에 주목을 끌도록 하였다.

참고문헌

Brown, P. 1988: *The Body and Society: Men, Women, and Sexual Renunciation in Early Christianity*. New York: Columbia University Press.

Browning, R. 1980: *The Byzantine Empire*. New York: Scribner.

Bryer, A. and Cunningham, M. 1996: *Mount Athos and Byzantine Monasticism*. Aldershot: Variorum.

_____. and Herrin, J. 1977: *Iconoclasm*. Birmingham: University of Birmingham, Centre for Byzantine Studies.

Bulgakov, S. 1988: *The Orthodox Church*. Crestwood, NY: St Vladimir's Seminary Press.

Chitty, D. 1966: *The Desert a City: An Introduction to the Study of Egyptian and Palestinian Monasticism under the Christian Empire*. Oxford: Blackwell.

Clément, O. 1995: *The Roots of Christian Mysticism*. London: New City.

Constantelos, D. 1968: *Byzantine Philanthropy and Social Welfare*. New Brunswick, NJ: Rutgers University Press.

Cyril of Scythopolis 1990: *Lives of the Monks of Palestine*, trans. R. M. Price. Kalamazoo, MI: Cistercian Publications.

Daley, B. (trans.) 1998: *On the Dormition of Mary*. Crestwood, NY: St Vladimir's Seminary Press.

Dawes, E. and Baynes, N. 1977: *Three Byzantine Saints*. London: Mowbrays.

Frend, W. H. C. 1972: *The Rise of the Monophysite Movement*. Cambridge: Cambridge University Press.

Geanakoplos, D. J. 1984: *Byzantium: Church, Society, and Civilization through Contemporary Eyes*. Chicago: University of Chicago Press.

Gregory of Nazianzus 2000: *The Theological Poetry*, trans. P. Gilbert. Crestwood, NY: St Vladimir's Seminary Press.

Gregory Palamas 1983: *The Triads*, trans. N. Gendle. New York: Paulist Press.

Hackel, S. (ed.) 1981: *The Byzantine Saint*. London: Fellowship of St Alban and St Sergius.

Hussey, J. M. 1986: *The Orthodox Church in the Byzantine Empire*. Oxford: Clarendon Press.

Kadloubovsky, E. and Palmer, G. (trans.) 1992: *Writings from the Philokalia on Prayer of the Heart*. London: Faber and Faber.

Kazhdan, A. P. (ed.) 1991: *The Oxford Dictionary of Byzantium*, 3 vols. Oxford: Oxford University Press.

Lossky, V. 1957: *The Mystical Theology of the Eastern Church*. London: J. Clarke.

_____. 1975: *In the Image and Likeness of God*. London: Mowbrays.

Louth, A. 1981: *The Origins of the Christian Mystical Tradition: From Plato to Denys*. Oxford: Oxford University Press.

McGuckin, J. A. 1994: *St Cyril of Alexandria and the Christological Controversy*. Leiden: E. J. Brill.

_____. 2001a: *St Gregory of Nazianzus: An Intellectual Biography*. Crestwood, NY: St Vladimir's Seminary Press.

_____. 2001b: *Standing in God's Holy Fire: The Byzantine Tradition*. London: Darton, Longman, and Todd.

_____. 2003: The legacy of the thirteenth apostle: origins of the Eastern Christian conceptions of church-state relation. *St Vladimir's Theological Quarterly* 47, 251-88.

Maguire, H. 1995: *Byzantine Magic*. Washington, DC: Dumbarton Oaks Research Library and Collection.

Mango, C. 1976: *Byzantine Architecture*. New York: H. N. Abrams.

_____. 1980: *Byzantium: The Empire of the New Rome*. London: Weidenfeld and Nicolson.

_____. 1984: *Byzantium and its Image*. London: Variorum.

_____. 1986: *The Art of the Byzantine Empire 312-1453*. Toronto: University of Toronto Press.

_____. (ed.) 2002: *The Oxford History of Byzantium*. Oxford: Oxford University Press.

Meyendorff, J. 1975: *Byzantine Theology*. New York: Fordham University Press.

_____. 1989: *Imperial Unity and Christian Divisions: The Church 450-680*. Crestwood, NY: St Vladimir's Seminary Press.

Nichol, D. M. 1994: *The Byzantine Lady: Ten Portraits 1250-1500*. Cambridge: Cambridge University Press.

Nichols, A. 1993: *Byzantine Gospel: Maximus the Confessor in Modern Scholarship*. Edinburgh: T. and T. Clark.

Ostrogorsky, G. 1980: *History of the Byzantine State*. Oxford: Oxford University Press.

Ouspensky, L. 1992: *Theology of the Icon*, 2 vols. Crestwood, NY: St Vladimir's Seminary Press.

Palmer, G., Sherrard, P., and Ware, K. (trans.) 1995: *The Philokalia*, 4 vols. London: Faber and Faber.

Pelikan, J. 1977: *The Christian Tradition: A History of the Development of Doctrine*, vol. 2: *The Spirit of Eastern Christendom: 600-1700*. Chicago: University of Chicago Press.

Quasten, J. 1975: *Patrology, vol. 3: The Golden Age of Greek Patristic Literature: From the Council of Nicaea to Chalcedon 451*. Utrecht: Spectrum.

Rodley, L. 1994: *Byzantine Art and Architecture: An Introduction*. Cambridge: Cambridge University Press.

Romanos Melodos 1995: *On the Life of Christ: Kontakia*, trans. E. Lash. San Francisco: HarperCollins.

Runciman, S. 1990: *Byzantine Style and Civilisation*. Harmondsworth: Penguin.

Sharf, A. 1991: *Byzantine Jewry from Justinian to the Fourth Crusade*. London: Routledge and Kegan Paul.

Slaatte, H. A. 1980: *The Seven Ecumenical Councils*. Lanham, MD: University Press of America.

Smith, W. and Wace, H. (eds) 1887-8: *Dictionary of Christian Biography*, 4 vols. London: John Murray.

Speake, G. (ed.) 2000: *The Encyclopedia of Greece and the Hellenic Tradition*, 2 vols. Chicago: Fitzroy Dearborn.

Spidlik, T. 1986: *The Spirituality of the Christian East*. Kalamazoo, MI: Cistercian Publications.

Symeon the New Theologian 1976: *The Hymns of Divine Love*, trans. G. Maloney. Denville, NJ: Dimension Books.

Talbot, A. M. 1996: *Holy Women of Byzantium: Ten Saints Lives in English*. Washington, DC: Dumbarton Oaks Research Library and Collection.

Thomas, J. and Hero, A. C. (eds) 2001: *Byzantine Monastic Foundation Documents: A Complete Translation of the Surviving Founders' Typika and Testaments*, 5 vols, trans. R. Allison et al. Washington, DC: Dumbarton Oaks Research Library and Collection.

Trypanis, C. (ed.) 1971: *The Penguin Book of Greek Verse*. Harmondsworth: Penguin.

Wybrew, H. 1989: *The Orthodox Liturgy: The Development of the Eucharistic Liturgy in the Byzantine Rite*. London: SPCK.

제6장
중세 서방에서의 기독교 영성(600-1450)

울리케 비트하우스(Ulrike Wiethaus) 박사
웨이크포레스트대학교 인문학과 교수

　진지하고 헌신된 종교 생활을 위한 탐구를 위해서 새로운 질문들과 관점들이 제시되는 한, 천년 동안의 중세 영성의 영향과 성격엔 논쟁의 여지가 있을 것이다. 우리들이 서양 문명의 중세적 유산을 어떻게 계산하기 원하든지, 600-1450년의 기간이 오늘날의 많은 기독교 영성의 형성을 결정짓는 역할을 하였다는 데에는 이의가 없을 것이다.
　거의 천년에 걸쳐서, 중세 천년은 유럽 부족의 문화들이 계급 중심의 사회들로 변화되고, 선례가 없는 종교적 교양이 확산되고, 로마 교회가 다양한 계층의 다양한 나라의 제도가 되며, 수도원 제도가 놀랍도록 성장하고, 모든 인간 관계를 돌이킬 수 없이 변화시킨 화폐 경제가 태동되었다는 점을 증거한다. 아프리카와 아시아와 중동 문화들에 대한 지식이 늘어남에 따라서, 인간 역사와 종교적 신념 체계에 대한 신성한 기원과 궤도에 관하여 어려운 질문을 하게 되었다.
　그와 같이 복합적이기 때문에 로마 제국의 멸망과 이탈리아 도시들의 형성 기간에 영성에 관한 규정도 오해하게 하는 요소가 있었다. 왜냐하면, 중세의 사람들은 다른 용어를 선호했기 때문이었다. 중세의 그리스도인들은 당대에 가치와과 맞지 않는 것들에 대하여 타협을 하지 않고, 군사적인 갈등과 부정과 부패로 얼룩진 세상과 멀리 떨어진 가운데 깨끗한 삶을 사는 것을 거룩한 삶으로 규정하고 그것을 추구하고 있었다. 중세의 선조들은 삶의 약점과 시간의 흐름과 역사의 무게를 민감하게 의식하고 있었다. 기독교적 정직을 추구하는 삶을 살고자 했던 그들의 노력은 사도 시대로 돌아가게 하든지, 혹은 그들 개인의 죽음이나 세상의 종말을 열정적으로 대비하도록 하였다. 많은 사람들은 그들의 시대는 갱신에 대한 희망이 없이 낡고 늙었다고 느꼈다. 그렇다면, 중세의 그리

스도인들에겐 중세 천년은 중세가 아니라 말세였다.

묵상, 헌신, 신비, 금욕 등과 같이 영성이라는 용어와 관련된 개념들은, 헌신적인 가르침과 설교와 환상과 황홀경의 체험을 감내한 사람들을 위한 열정으로 특징지어진 거룩함을 추구하는 확실한 궤적이었다. 그 당시의 많은 단체들이나 개인들은 오늘날 우리들보다 세속적 매임을 끊으려는 열정을 더욱 많이 가졌으며, 같은 마음을 가진 탐구자들이 모인 공동체의 사람들이나 은자의 집에서 홀로 노력을 하는 사람들이나 타협하지 않는 가치와 참회와 기도를 추구하면서 모험적인 삶을 살았던 거룩한 남녀의 모범적인 삶을 본받으려고 노력하였다.

회의적인 사람들이나 단지 더욱 낙천적인 중세의 그리스도인들은 거룩한 백성을 어떤 의심을 가지고 보았다. 위선, 또는 심지어는 이단, 악령 예배, 또는 정신적 질병에 대한 의혹은, 명망있는 신비주의자들에게 그들의 거룩의 진정성을 시험하도록 요청할 수 있을 정도로 증가했다. 천부적인 독일의 환상가(visionary)였던 힐데가르드(Hildegard of Bingen, 1098-1187)가 젊고 불안정한 베네딕트 수도회의 수녀였던 쇠나우의 성 엘리자베스(St. Elisabeth of Schönau, 약 1129-64)에게 쓴 격려의 편지들은 그와 같은 전문적인 개인 지도(supervision)의 초기 실례가 된다.

그럼에도 불구하고 회의적인 그리스도인들까지도 오늘날 우리가 보기에 지나치게 영적이어서 충격을 줄 종교적 실천에 참여했다. 이들은 순례 여행을 포함했다. 그들은 성당이나 거룩하지 않은 장소들에서 정서적으로 소모적인 기도를 하기도 했고, 보호와 건강과 마음에 관한 일들을 위하여 부적(charms)과 주문(incantations)을 정규적으로 사용하기도 했으며, 상으로 받은 유물을 소유하거나 나누기도 했고, 초자연적인 것들이 인간을 향하여 자비롭든, 악의적이든, 또는 무관심하든지 간에 그것들과 만나려고도 했다. 교육받은 계층들의 경우엔, 성직자들이든 평신도들이든, 모든 거룩함의 차원에 힘차게 참여하여, 그 결과 경건한 글들, 경건한 건축, 경건한 예술, 경건한 음악, 그리고 지속적으로 교회적 검열을 받으면서 진행된 신학적 탐구물을 산출하게 되었다.

환경적, 정치적, 경제적 변화들이 무역과 전쟁을 통하여 다른 문화와 종교를 접하는데 영향을 준 것처럼, 필연적으로 중세 영성에 영향을 주었다. 피할 수 없고 예측 불가능한 역사의 전환들로 인하여, 존중받는 과거의 신앙을 지키면서 주의 깊고 신중하게 혁신을 하려는 막대한 노력을 하게 되었다. 변화의 시기를 통하여, 그리스도의 삶과 같은 거룩한 이야기들은 사람들을 위로하고 안내하기 위한 것으로 면밀하게 검토되었다. 거의 예외가 없이, 우리가 기독교 영성에 대한 시각을 재정립할 수 있도록 도움을 주는 중세의 유산은, 교육받은 계층들로부터의 가공품들, 문서들, 그리고 가난하고 무식하여 아무 말도 못하고 침묵을 지키던 대다수의 중세 그리스도인들의 삶을 포함한다.

거룩한 건축, 예술, 그리고 음악 이외에, 우리가 가지고 있는 자료들엔 거룩한 시대를 말해주는 예전적 예식들 및 편지와 시와 고해 세칙서와 설교와 성도들의 생활, 그리고 신비주의자들과 영적 교사들이 쓴 신학적, 교육적 논문들이 포함되어 있다. 비록 시간이 지남에 따라 파손되긴 했으나, 중세 영성의 유산들엔 당시의 기독교를 말해주는 중요한 부분들이 남아 있다.

중세 시대의 것으로 발견된 규칙서들은 아직도 여러 대륙들에 존재한다. 유럽 지방에 있는 성도들과 기적 사역자들의 유물들은 아직도 치유를 탐구하는 현대의 순례자들을 매혹시킨다. 성가와 예전적 음악들은 수준이 높은 청중들을 위하여 아직도 연주된다. 수도원 건물들은 아직도 영적 피난처가 되고 있으며, 신비적인 글들은 많은 세계적 언어들로 계속 출판되고 있다. 중세 교회에 가부장적인(patriarchal) 신학적 전통과 지도력이 지배적이었음에도 불구하고, 중세의 여성 신비주의자들의 기여에 대한 높은 사회적 배려가 주창되었다.

이와 같이 수백 년의 혼란한 기간 동안의 중세 신앙의 독특성을 제대로 평가하자면, 간단히 요약한다고 해도, 현대의 영성과의 차이점들을 지적하지 않을 수 없다. 서방에서의 중세 영성은 로마 교회의 팽배했던 목회적, 행정적, 정치적 세력들과 함께 발달하였다. 대조적으로 현대의 영성은 제도적 허락에 의존하지 않는다. 영적인 그리스도인들은 교회적 간섭과 검열과 비슷한 어떤 것들도 배척한다. 중세 그리스도인들에게 가장 크게 작용했던 것은 개인적인 영혼의 순례보다는 가장 강한 의미로 말하자면 집단적 소속이었다.

은둔자들까지도 공동체의 날카로운 감시를 받으면서 삶을 살았다. 초자연적인 영역들은 항상 천국이든 연옥이든 지옥이든 많은 사람들의 거주지로 묘사되었다. 죽어가는 성인(saint)까지도 많은 천사들과 악마들로 둘러싸여 있다고 믿어졌다. 수도원 제도의 공동체적 기관은 중세 영성의 굳건한 핵심을 형성했는데, 그것은 영적 개념을 조직적으로 생산하고 재생산하는데 집중하였으며, 순례의 장소들과 유물들의 숭배를 조성하고, 일상적 예배를 통하여 그리고 지속적인 공동체의 지원을 받으면서 신비적 자극을 주었으며, 주석적(exegetical) 자원과 기도의 자원들을 통하여 창조적, 영적 통찰력을 확장하였다.

중세의 영성은 일반적으로 사적이라기보다는 공적이었으며, 중세 그리스도인에게는 큰 의미가 없는 근대적 서구의 개념인 개인적 성장에 대한 의욕보다는 더욱 광범위한 문제들과 결속되어 있었다. 거룩한 여자들과 거룩한 남자들의 역할이 인정을 받으려면 "살아있는 설교들"(living sermons)로 행동할 것이 기대되었다. 즉 환상과 황홀경을 통하여 얻은 신비적 통찰력을 의도적으로 도발적인 공적 방식으로 외면화하는 삶이 요구되었다. 중세의 영적 실천의 한 가지 전형적인 실례가 성 프란시스(St. Francis, 약 1181-1226)의 이야기인데, 그는 가난에 대한 그의 의욕을 나타내기 위하여 아시시(Assisi)의 장터에서 헐벗은 모습으로 활동하였다.

영적인 동작에 있어서 좀 덜 눈에 뜨는 다른 실례를 들자면, 수녀들과 수도사들의 매일의 예전적 암송들은 토지 균분론자(agrarian)의 노동의 요구로부터 자유로운 사람들에 의하여 온전히 드러나고 발전되었다. 그것은 가족 중심의 경제로서 독신자 종교 계급과 귀족, 즉 대중들로부터 숨겨진 채 일을 했던 실로 소수의 엘리트에 의한 것이었다.

중세 영성에 남겨진 대부분의 것들은 종교 전문가들의 훈련과 점진적 결실로 맺어진 것에 연유한다. 대부분의 경우에, 이들 전문가들은 라틴어를 사용하도록 훈련받은 독신자들이었으며, 그들은 단체를 지어 무식한 사람들과 라틴계 그리스도인들에 대하여 검증되지 않은 가부장적 권위를 휘두른 사람들이었다. 현대의 기독교 영성이 평등과 사상의 자유, 모든 사람들이 영적 가르침에 누구나 접근할 수 있는 것, 학생과 교사 간의 비계급적, 비차별적 관계와 같은 민주적 가치관들을 주장하는 경향이 있지만, 중세의 영성은 대단히 다른 사회적 환경에서 펼쳐진 것으로서, 그것은 사회적 계급, 성별과 부의 뿌리 깊은 분열에 의해 형성되었고, 소수의 손으로 만들어진 권력과 지식에 집중되어 있었다.

거룩함은 설교나 영적 지도나 자선적 활동이나 예언을 통하여든, 혹은 치유를 통하여든 다른 사람들에 대한 목회적 돌봄을 통하여 표현되고 인정되었다. 또한 훈련받은 기도 생활과 교회적 권위에 동의하고 충성하는 것, 금욕 생활, 기도 시간을 세심하게 가지는 것으로 거룩함이 표현되고 인정되기도 하였다. 오늘날과는 달리, 소수의 중세 작가들만이 종교적 반유대주의, 성차별, 동성애에 대한 편견, 십자군 전쟁에서 보증된 폭력과 이단들의 박해에 대한 비판을 할 수 있었다.

또한 중세의 인류학적, 우주론적 관점이 현대의 정의와 얼마나 첨예하게 다른지를 포착할 필요가 있다. 일단 어떤 사람이 온전한 인간(이런 범주는 소작인들과 노예들과 이방인들과 유대인들 및 여자들에 대하여 빈번한 논쟁거리가 되었었다)으로 인정이 되면, 그 사람은 일반적으로, 유령들과 천사들과는 달리, 온전히 구별되고 독특한 의지를 가지고 육체 속에 거하는 "영적인 존재"(a spiritual being)로 정의되었다.

그 영혼은 임신 중 어느 순간에 준(semi)-독립적인 "육체적 존재"(body being) 속에 들어가며, 잠을 자거나 의식이 바뀔 때에 간헐적으로 육체를 떠나기도 하며, 죽는 순간에는 영원히 육체를 버린다. 그러나 그 몸은 스펀지처럼, 인식된 성인(saint)의 거룩함을 흡수하며, 그 중 일부는 영혼이 떠나간 후에도 일종의 에너지 형태로 보존되어 성인의 유물들과 무덤에서 치유의 능력이 나타나기도 한다.

선한 그리스도인들의 영혼들은 마지막 순간에 영원토록 부패할 수 없는 두 번째의 몸의 실체를 입게 된다고 믿었다. 몸 자체와 같이 감각기관들을 소유한 영혼도 그 자체의 기동성을 즐기며, 초자연적인 냄새와 색깔과 소리를 체험할 수 있다고 믿었다. 인간의 지성과 통찰력의 자리는 뇌에 있는 것이 아니라 심장에 있다고 믿었다. 다른 주요 기관들도 역시 심리적, 인지적 과업을 수행한다고 믿었다. 특히 피는 유력한 물질로서 영적, 마법적 능력을 복사할 수 있다고 믿었다. 피의 효과를 믿는 중세 최고봉의 실례는 성찬식의 신앙심으로서, 그것은 또한 사회-심리학적 발달(psycho-social development)과 연계되어, 그리스도인의 피를 유대인이 필요로 한다는 편집증적 공포를 야기한다.

많은 신비주의자들에게 천국과 연옥과 지옥은 이웃 나라를 방문하는 것보다 더 쉽게 방문할 수 있는 장소들로 인식되었다. 8세기의 앵글로 색슨 역사가 베데(Bede the Venerable)로부터 이탈리아의 시인 단테(Dante Alighieri)에 이르기까지, 다른 세계들의 여행들에 대한 서술들은 중세 그리스도인들의 영적 지도(maps)를 그려놓았다. 종교적 신념과 다른 영역에서도 유럽의 기독교는 고대 노르웨이(Old Norse)와 켈트(Celtic)와 독일의 환상 여행의 전통들을 죽은 자들의 땅과 숨겨진 영적 존재들의 세계와 통합시키고 그 과정에서 그것들을 변형시켰다.

아마도 그와 같은 많은 변화는 개인들의 통제를 벗어났으며, 시간이 흐름은 어떤 유동성으로 인식되었다. 영적 체험의 조건들과 배경들은 새로운 것을 수용하는 것보다 빠른 변화를 저항하는 공동체들에 의하여 형성되었다. 밤낮 없이 계절과 인간의 삶의 흐름을 생략하는 고대의 축제들과 휴일들의 예견된 순환의 축하(celebration)는, 한번으로 마음을 안정시키는 영적 관습이었다. 생명까지도 가장 잘 예견할 수 있는 요소로 정의되었다. 생명은 시작부터 선한 죽음을 위한 의욕에 의하여 형성될 것이다.

다음의 조사는 거룩한 삶을 위한 중세적 탐구를 세 가지 발전적 국면으로 나눈다. 각 단계의 양상들이 그 다음 세기에 계속되면서 복합성과 깊이가 더해졌다. 지나치게 단순화시키는 위험성을 무릅쓰면서, 초기 중세 영성(6-11세기)은 고유의 종교적 실천과 로마의 행정적 구조를 점진적, 유럽적 종합으로 특징지을 수 있을 것이다. 중세 영성의 두 번째 국면(11-13세기)의 상징성은 글을 읽고 쓰는 능력이 이례적으로 증진된 것과, 저명한 저술가들과 경건한 모방자들에 의하여 재생산된 문서들을 널리 순환시키는 것과, 문서에 근거한 영적 실천이 점진적으로 유행되었다는 점이다.

많은 중세 그리스도인들의 관심사가 그랬던 것처럼, 신비적 지식이 조심스럽게 준비되고 관리되었던 사람들에게 단순히 가르쳐지기만 했다면, 널리 보급된 종교적 교양이 좋은 영향을 주기보다는 해를 끼치지 않았을까?

많은 비판이 가해졌던 이단에 대한 심문과 종교재판의 과정은 정치적 목적에서 기인된 것으로서 난폭하곤 했으나, 그럼에도 불구하고, 그것은 또한 자랑스러운 전통들과 가르침들의 성실성을 방어하고 보존하기 위하여 행하여진 특수한 중세적 관심사를 표현한 것이라고 할 수 있을 것이다. 결국, 문서에 대한 의존성이 증가됨으로써 한 순간의 필요성보다는 문서적으로 고정된 규칙들과 개념들로 측정된 영적 삶을 살게 하였다.

안내 규범은 구전을 흡수하고 대치시켰으며, 무례하게 보이는 것들은 폐기시켰다. 철저하게 제한된 독서 법령은 가장 일반적이고도 보편적인 묵상 실천으로 이어졌고, 특별한 책들은 이와 같은 종류의 묵상을 촉진시키기 위하여 설계되었다. 아마도, 놀랄 것도 없이, 몸과 감각적 체험들에 근거한 모든 초자연적 현상들은 교육받은 계층보다는 교육을 받지 못한 계층, 남자들보다는 여자들과 더욱 관련이 있었다.

큰 유행과 절정의 변화로 측정된 후기 중세 시대(13세기 중반부터 15세기 초까지)엔 유명한 영적 운동들이 일어나곤 했는데, 제도화된 종교에 대한 비판을 공개적으로 자주 했던 카리스마 넘치는 남녀 교사들에 의해 주도되는 일이 빈번했다. 많은 중세 그리스도인들은, 옳건 그르건, 역병과 기근과 교회 안팎에서의 끝없는 정치적 다툼의 공포에 적응하느라고 몸부림을 치는 중, 종교 제도로부터 배신을 당하고 버림받았다고 느꼈다. 우리가 발견할 수 있는 바는, 기독교적 일치성을 보존하기 위한 노력으로, 비국교도들의 종교적 관점들에 대하여 교회적 압박이 가해지고, 교회의 계급제도를 망상과 악마의 속임수라고 예언자적으로 비판하는 것을 포함하는 신비적 체험까지도 마구 배격되었다는 사실이다.

13세기는, 핍박하는 사회가 형성되는 시기에 학습된 사회적 태도들이 특징을 이룬다(Moore 1987). 반유대주의(anti-Judaism)가 강화되고, 문둥병자들이건 매춘부들이건, 남녀 동성애자들이건 변두리 사회 집단들을 강력하게 배척하는 일이 증대되었다. 이렇게 하여, 유럽의 유대인 공동체들은 예루살렘으로 가는 길에 시민군으로 십자군 전쟁에 참여하도록 하는 첫 희생자들이 되었고, 설교와 군사적 선전으로 그들의 폭력에 기름을 부었다.

1. 초기 중세의 영성(6-11세기): 토속적 전통들, 성경적 가르침들, 그리고 로마의 행정적 기술

아마 대단히 놀랍게도, 초기 중세는 오늘날 우리가 직면하는 것들과 동일한 문제의 어떤 것들과 고투하였다. 이와 같이 하여, 중세적 반응들은 우리를 돌아보고 신선한 통찰력을 얻기 위한 기회를 제공한다. 6세기부터 11세기까지의 유럽의 조상들은 영적 전통과 모순되지 않는 한, 다문화와 거기에서 기인되는 다양한 "문화적 누출"(cultural seepage)이라는 특별한 도전에 대한 결의를 해야 했다(Wood 2001). 두 가지의 동일한 위협적인 종교적, 문화적 궤적들은 점차적으로 융화되어 하나의 공통적인 유럽의 정체성이 소란스럽게 시작되는 동안 안정성과 위안의 척도를 창출하게 되었다.

한편으로는 로마 교회와 유럽의 세속적 통치자들에 의한 로마적 행정 구조들의 적응이며, 다른 한 편으로는 기독교 영성에 대한 토속적 실천들의 점차적 흐름이다. 이 두 가지 유산들은, 서로 첨예하게 다름에도 불구하고 결국 생산적이며 매혹적인 방법으로 상호 보완적인 것들로서, 영적 탁월성과 서양의 수도원 제도와 세계적인 것으로 성장한 로마 가톨릭교회라는 하나의 기구에 헌신하는 지속적이며 꾸준히 진화하는 삶의 스타일의 창조라는 점에서 그 절정을 이루었다.

피에 굶주린 이교도들을 굴복시키는 영웅적 선교사들의 통속적 이미지에도 불구하고, 기독교는 로마 제국의 확장과 유럽 토속인들의 유동성의 확대에 의하여, 무역로들을 따라서 일상의 만남과 교환을 통하여 큰 저항 없이 여러 가지 면에서 점점 확산될 수 있었다. 만약 현지의 군대 지도자들이 전 로마 제국의 판도 안에서 유명해지기를 열망했다면, 그들은 "로마의 영광스런 꾸러미"(Roman prestige package)을 요구하는 일부분으로서 그들의 부족들과 함께 전향하는 길을 자주 택했을 것이다. 만약 기독교 여성이 일부일처의 관계를 지나치게 고집하지 않는다면, 그녀와 결혼하는 것이 유리하다는 것을 또한 증명한다.

이와 같은 전향의 패턴에 대한 눈에 띄는 예외들은 문화적 분리주의자들인 바이킹들과 몽고인들과 색슨족들이었는데, 그들은 아직도 기독교화된 이웃 족속들보다 더 야만적이고 무자비한 자들이라는 거짓된 인식으로 인하여 고통을 받고 있다. 문화적, 영적 실용주의의 법칙은 또한 그 반대로 작용할 수 있다. 샤를마뉴(Charlemagne, 742-814)와 같은 기독교 군사지도자가 비그리스도인들이나 유럽의 이교도적 부족 집단들에 대한 침략과 정복을 합법화시키기를 원했다면, 그는 기독교의 선교적 명령의 깃발 아래에서 진군했을 것이다. 이것도 역시 현재까지 확장되는 중세 천년의 유산이다.

좋던 나쁘던 기독교 왕국은 교회 구조와 건축물까지도 로마의 양식을 본받는 것은 물론 라틴어를 공용어로 채택했다. 이와 같은 구조적 양상은 지역 조직을 대치하거나 융화시켰다. 그러나 그것을 수행하는 것은 항상 지역의 지배층의 협조에 의존했다. 기독교가 확산되기 이전의 어떤 토속적 유럽 사회들은 독립된 남자 사제들이나 여자 사제들 계층을 지지한 것처럼 보이기도하고 독특한 종교 건물들을 지은 것처럼 보였으나, 다른 사회들은 그렇질 않았다. 어떤 경우든, 다른 문화권에서 장기적 제도를 구축하는 것에 대한 도전은 특이한 것이었다. 참으로 족히 거대한 문화의 점진적 변형이 있었다.

6세기의 이탈리아의 종교적 지도자들은 초기 중세 영성의 조직적, 다문화적 특성들로 요약된다. 그 지도자들 중에는 베네딕트 수도원과 신비주의의 창시자였던 누르시아의 성 베네딕트(St. Benedict of Nursia, 480-555/60)와 많은 책들의 저자이며 천부적 행정가와 목회 상담의 대가였던 성 대 그레고리 교황(Pope St. Gregory the Great, 약 540-604)이 있었다. 성 그레고리의 사회적 경력은 베네딕트의 그것보다 훨씬 뛰어났다. 베네딕트는 일찍이 교육을 많이 받지 못했고 단순한 사람으로 알려졌다. 그러나 두 사람은 모두 로마의 전통들과 지역적 전통들을 잘 통합시킬 수 있었으며, 중세의 영성을 더 많이 공유하도록 하는 기초를 닦았다.

성 베네딕트의 전과 후에 수도원 제도에 공헌한 종교 지도자들이 많이 있었지만, 그보다 더 큰 영향력을 끼쳤다고 증명되는 사람은 없다. 그는 유럽적 예술과 종교와 교육과 사회를 형성했던 수도원 제도를 남겨주었다. 지나치게 엄격한 것을 요구하지도 않고 부담을 주지도 않는 그의 심오한 인도주의적 수도원 행동강령은 오늘날까지도 영적 안내와 영감의 기능을 발휘하고 있다. 그의 삶에 대한 유일한 자료는 『대화록』(*Dialogues*)이라고 지칭되는 성 대 그레고리 교황의 영향력 있는 성인전 모음집에서 발견된다.

성 베네딕트는 오랜 동안 신앙에 전적으로 헌신하기 위한 삶의 방식을 모색하는 노력을 한 후에, 마침내 이전의 수도원과 은둔자의 전통을 상식과 균형과 인성에 입각한 규범들과 종합하는 일을 창안하였다고 성 그레고리는 말한다. 뜻이 맞는 지지자 단체들을 발견하는 데는 상당한 시간이 걸렸다. 성 그레고리에 의하면, 기분이 상한 수도사들이 적어도 두 번 성 베네딕트를 암살하려 하였다고 한다.

규칙서의 서언은 수도원을 사람들이 영생을 얻기 위하여 전사가 되도록 훈련할 수 있는 학교에 비유한다. 성 베네딕트는 다음과 같이 기록했다.

> 만약 당신이 자기 자신의 의지를 단번에 포기하고, 참된 왕이신 주 그리스도를 위한 싸움을 하기 위하여 강하고 고상한 순종의 무기로 무장할 준비가 되어 있다면, 나의 이 메시지는 당신을 위한 것이다(1998, 3).

성 베네딕트의 가르침들의 핵심은 그 유명한 규칙서 7장에 있는 "겸손의 12단계"에 포함되어 있다. 인성의 12단계는, 수도원 공동체와 인간의 "죄와 악"에 대한 유아적 압력과 제어로부터의 해방의 조화로운 협력과 연결되어(1998, 17), 자아와 그 격정에 대한 절대적 지배를 강조하는 강력한 용사의 이미지를 역설적으로 뒤집는다. 12단계는 하나님을 두려워하며 항상 하나님의 뜻을 실천하고, 대수도원장에게 순종하며(그가 자신의 책임을 수행한다면), 고난을 감내하며, 정규적으로 고백하고, 비천한 일을 아낌없이 받아들이며, 자신을 모든 다른 수도사들보다 부족하다고 여기고, 정중하게 규칙을 따르고, 과묵하며, 웃음을 삼가고, 온유하게 말을 하는 것들을 포함한다. 짧게 말하자면, 항상 겸손하게 행동하는 것을 의미한다.

성 그레고리는 또한 성 베네딕트의 자매이며 성 베네딕트의 수도원 근처에 살던 경건한 여성들의 공동체의 한 회원이었던 성 스콜라스티카(St. Scholastica)를 재평가했다. 성 베네딕트와 그의 수도사들은 베네딕트 규칙의 가치에 따라 여성들의 영적 필요를 충족시켜 주었다. 성 그레고리는 그녀가 특출하게 거룩하다는 점을 강조하기 위해 스콜라스티카의 인성에 관한 여러 가지 사건들을 묘사한다.

이와 같은 평가는 두 가지 이유에서 중요하다.

첫째, 성 스콜라스티카의 전기에 포함된 내용들은 그 출처가 아무리 의심스럽다고 할지라도, 규칙 자체에 여성이 언급되어 있지 않았다고 할지라도, 그 시초부터 베네딕트 수도원의 여성분과의 중요성을 확인하고 있다.

둘째, 그녀의 성인전에는 기독교 성경에서 발견되지 않는 여성의 거룩성(sanctity)에 대한 전통적 패턴의 요소들을 견지하고 있다. 그녀는 영적 여성 공동체를 이끌어갔다. 그녀는 미래를 예견할 수 있고, 기도를 통하여 기후에 영향을 끼칠 수 있었다. 그녀는 타고난 여사제와 선견자의 특성을 지니고 있었다.

특수한 삶은 평범한 기독교 여성의 일상의 영적 실천에 관하여 많은 것들을 말하여 주지 않고 있지만, 우리가 고해 의식서를 통하여 알 수 있는 것은 주문과 신비의 공식들은 풍요와 출산 및 질병과 사랑에 관한 문제들에서 도움을 주기 위하여 널리 사용되었다. 그 시기로부터 여성 성인들(saints)에 대한 다른 문서들의 기록들은 지도력 기술과 고상한 여인들의 전통적 역할이 백성들에 대하여 화평케 하는 일과 어머니의 일임을 강조한다.

성 라드군트(St. Radegund, 약 525-87)는 튀링겐 지방의 프랑크족왕비 성인(queen saint)로서 모범적인 성녀였는데, 그녀는 일부다처제 결혼을 버리고 푸아티에(Poitiers)에 왕립 수도원을 건립하였다. 그곳은 풍부한 기부를 받았고 예술과 교육을 지원하는 곳으로 알려졌다. 성 라드군트는 교육을 많이 받고 강한 의지의 소유자로서 엄격한 고행주의자였고 병 고치는 자였고 기적의 사역자로 칭송을 받았고, 아직까지도 푸아티에의 성직 임명권자로 존경을 받고 있다.

수도원에서 해방된 초기 중세의 다른 성녀들을 든다면, 비히트비(Whitby)의 이중 수도원의 유명한 지도자였던 성 힐다(St. Hilda, 614-80)와 성 보니파스(St. Boniface, 680-754) 계열의 유명한 여성이었던 하이덴하임의 저술가 휴게부르크와 여자 대수녀원장 레오바(Leoba)와 성 발부르가(Walburga)가 있다.

오늘날 "가족의 가치들"(family values)은 많은 그리스도인들에게 성별적 영성(gendered spirituality)의 전형이 되는 것 같으나, 초기 중세 기독교는 가문의 결속과 일부다처제를 중심으로 조직된 고유의(그리고 진실로 성경적인) 가족구조에 해를 끼치지 않을지라도, 지장을 주는 것으로 증명된 것이 역사적 사실이다. 귀족 계급들 중에는, 기독교적 일부일처제에 대한 고집은 가정을 황폐시키거나, 혹은 그렇지 않으면 바람직하지 않은 아내들로 하여금 남성 폭력에 더욱 취약하게 하도록 만들고, 심지어는 살인을 하게 만들며, 사회적 신분을 위태롭게 하고, 첩들과 둘째와 셋째 부인들 및 그들의 자녀들을 위태롭게 하였으며, 잠재적인 적들 간의 동맹체제를 구축하기 위한 평화의 수단으로 일부다처제를 막았다.

과부들과 여성 노예들과 고아들과 포로들은 결혼을 통하여 확장된 가족 체계로 통합될 수 없었으므로 초기 중세의 전투적 사회에서 더욱 소외되었다. 이와 같은 이유로 결혼을 할 수 없거나 불필요하다고 여겨지는 여성들을 위한 피난처로서의 수도원 창설은 긴급한 사회적 필요성이 되었다. 그것은 어떤 때에는 만약 자유롭게 선택하거나 기꺼이 받아들인다면 여성의 독립과 교육을 실천하기 위한 기회가 되었다. 그러나 수도원에 유입된 모든 여성들이 자의적으로 들어간 것은 아니었다. 훌륭한 가족들은 수도원에 유입되어 생존하는 혈족들과의 관계를 유지하기 위하여 특별히 힘을 썼으며, 그들 자신의 필요성을 충족시키기 위하여 수도원의 집들을 거주지와 행정 중심지로 받아들였다.

성 베네딕트가 중세 수도원의 안정적 기초를 창안했다고 한다면, 성 대 그레고리 교황는 성경과 유럽 문화 사이에 다리를 놓고 초기 중세 영성을 정의하는 다문화적 만남의 지침을 마련하는데 공을 세웠다고 할 수 있을 것이다. 거룩성에 대한 이상화된 지역 전통과 다문화적 만남에 대한 그의 다채로운 개론서는 『대화록』이라고 불렸고, 초기 그리스와 로마의 자료들로부터 나온 철학적 대화의 형식으로 구성되었고, 그의 시대의 이탈리아는, 성경의 족장들과 선지자들을 연상시키는, 주목할 만한 이적 사역자들로 가득한 두 번째 성지였다는 것을 드러내고자 시도했다. 『대화록』에 포함시키기 위하여 선택된 대부분의 당대의 성인들은 감독들과 대수도원장들, 혹은 사제들과 같은 교회의 사람들이었다. 성 그레고리는 성 베네딕트 수도원 창시의 강력한 후견인으로서, 수도원 창시는 그리스도와 그의 제자들의 사도적 삶을 현재로 끌어들였으며, 성경의 족장들과 선지자들의 힘과 능력을 소중히 보존하였다고 주장하였다.

『대화록』에 있는 네 번째 책은 인간의 영혼과 죽음 및 사후의 삶에 대한 가르침을 예시하는 이야기들을 포함하고 있다. 네 권의 책 모두 다 전통적, 종교적 실천과의 모범적 그리스도인의 만남을 이야기 형식으로 제공하고 있으며, 무명의 유대인의 유명한 개종 이야기를 포함하고 있는데, 그것은 의심할 여지없이, 선교적 노력과 기독교와 유대인의 관계의 모범을 보여주기 위한 것이었다.

성 그레고리는 기독교의 우월성과 유대인들의 맹목성을 주지시키며 온화한 설득과 기독교 선교의 노력을 위한 초자연적 개입에 대한 믿음을 촉진하였다. 그 『대화록』은 중세 천년 동안 널리 읽혀지고 발췌되었다. 성 그레고리의 다른 유명한 작품들은 목회 상담 안내서와 신비적 가르침을 담고 있는 욥기와 에스겔서의 방대한 주석들을 포함한다.

성 그레고리는 자신의 능동적인 삶을 비추어보며 행동과 묵상의 보완적인 기능을 강조했다. 그는 가르치기를, 기도와 성경의 묵상적 독서는 결국 영혼으로 하여금 신적 실재를 경험하게 하고, 다음에는 영혼으로 하여금 적극적 삶을 살도록 준비하게 하고 강화시킨다고 했다. 성 그레고리는 그의 교황 재직 중에 유럽 전역의 선교를 증진시켰고, 종교적인 측면과 축제를 기독교적 관습과 통합하도록 격려했다.

성 베네딕트와 성 그레고리와 같은 영적 지도자들의 전기들(biographies)과 관심사는 토착적 전통들이 중세 영성에 몇 가지 측면을 기여했다는 사실을 예증하는데, 그들 중 어떤 것들은 오늘날까지 존속한다. 거기엔 여성 선견자와 치유자와 빼어난 자연적 특성에 의해 구별된 거룩한 지역이 포함되어 있으며, 점차적으로 교회력(liturgical year)에 더욱 차별화된 하지와 동지(solstice) 또는 추수기와 파종기와 같은 계절의 변화에 맞는 공동체적 축제의 종교 달력이 포함되었다.

전통적 습관에 따라, 기독교의 성일들은 사회생활의 구조를 강화하기 위하여, 조상들을 경배하기 위해서든(모든 성인들의 날과 모든 영혼들의 날) 사회적 긴장을 최소화하기 위해서든(지위 회복과 축연과 축제의 날들), 천문학적 지식에 입각하여(예를 들어, 크리스마스의 12일) 설립되었다. 다른 기여들을 든다면, 죽은 자들(조상들)의 제례(cult)와, 죽을 몸과 죽지 않을 영혼의 분리에 대한 믿음과, 영혼이 초자연적인 여행에 관여할 수 있는 능력이 있다는 믿음과, 마지막으로 정치적 군사적 지도자의 신성한 자질들에 대한 믿음 등이 있다.

오늘날 유럽에 있는 약 5천 개의 활성화된 순례지역들에 대한 한 연구는 적어도 4%는 아직도 기독교 이전의 제례 활동을 직접적으로 추적할 수 있다는 것을 보여준다(Park, 1994). 많은 다른 지역들의 특징들은 토속적, 종교적 선호와 잘 어울린다. 성지들(shrines)의 거의 절반은, 동물들과 식물들은 물론 산과 물과 나무와 돌과 동굴과 같은 성스러운 자연적 요소들을 합병한다. 많은 성지들은 이제 성인들이나 성모 마리아처럼 숭배되는 죽은 자들의 제례를 지속한다.

자연 지역을 전통적, 영적 영역으로 가장 강력하게 사용하는 일을 계속하는 나라는 아일랜드(Ireland)인데, 거기에는 약 92%의 순례 지역들이 성스러운 돌, 우물, 온천 등등과 같은 특징을 가지고 있고, 약 9%는 죽은 사람들을 경배하는 곳으로 특성화되어 있다. 어떤 곳은 2배의 영적 지시물들이 있었다(Park 1994).

중세 성인들의 초기 세대들은 귀족 계급의 구성원들인 경향이 있었다. 그들은 특출한 사람들이기 때문에 그들의 매장지는, 특별한 지역에서 기독교를 정착시키고 특정 가문들의 지역적 지배를 계속하도록 할 수 있는 제례를 확보하였다. 만약 우리가 고백자들을 위하여 쓰인 고해성사서를 신뢰할 수 있다면, 그와 같은 관습을 기독교화된 것으로 이용하는 것은, 성지에서의 이교도들의 남신들과 여신들의 생존 그리고 많은 세기 동안의 제례적 관습과 공존하였다.

2. 전성기 중세(11-13세기): 본문들과 독자들과 저자들의 세계

비교적 안정적인 지역 경계선, 더욱 안전한 교통과 여행로들, 그리고 점진적으로 대두된 중앙 집권적 권력과 그 법적이고 행정적인 특권과 함께, 문화적, 영적 생산성은 예측되지 않았던 방법으로 활발해질 수 있었다. 유럽의 도시 인구와 교육 받은 유럽인들이 증가됨에 따라 종교적 교양과 가르침의 필요성이 극적으로 증가되었는데, 이에 따라

기독교적 일치와 정직성 그리고 확인되지 않은 새로운 교재의 확산 및 새로운 사상에 대한 염려가 동반되었다. 역사가들의 판단에 따르면, 초기 중세 유럽의 인구는 600년에 1200만 명에서 1000년에는 2400만 명이 되었고, 14세기 초까지는 두 배 이상으로 증가하였다고 한다(Schuler 1992).

중세의 교육은 수사적 규칙들이 적용되어, 세속적인 교육이든 종교적인 교육이든, 원거리 무역과 교통과 여행에 대한 의존성이 증가되는 사람들을 위하여 시간적, 지리적, 문화적 거리를 좁혔다. 초기 중세의 영성이 다양한 지역적인 영적 전통들로부터 공통적 근거를 구축했다는 의미로 가장 잘 이해될 수 있다면, 11-13세기는 묵상적 독서와 집필과 본문 해석의 과정들에 대한 훌륭한 분석적 신중성으로 특징지어질 수 있을 것이다.

기록된 글로부터의 영성의 증가는 검증되지 않는 성장을 저지하기 위한 의도에서 반대 운동을 필요로 하였다. 이런 노력은 검열이나 공적인 책 태우기를 통해서든, 박해와 이단이라는 구실로 저자를 처형하는 일을 통해서든, 기독교적 경력을 배신하거나 배척하여 매우 소중한 일치성을 잃어버리는 데 대한 지나친 염려에 기인한 것으로서, 결코 작은 일이 아니었다. 중세 영성의 가장 중요한 인물들 중 하나인, 카스틸리아의 귀족이며 사제였던 성 도미니크(St. Dominic de Guzman, 약 1170-1221)는 책을 공적으로 태우는 일을 감시하였고, 그것이 감동적으로 묘사되었다.

본문 중심의 묵상적 영성은 수도원 제도에서 처음으로 자리를 잡았는데, 수도원에선 그것이 11세기 이전에도 이미 실행되었었다. 수도원의 본문 영성은 베네딕트 수도원의 개혁과 단순한 사도적 삶으로 복귀하기 위한 필요성이 강화됨으로써 가속화되었다. 베네딕트 수도원의 가장 성공적이며 존경받은 개혁의 날개는 시토 수도회(the Cistercian Order)였는데, 그것은 비상한 영향을 미친 신비적인 영적 작가였던 클레르보의 성 베르나르(St. Bernard of Clairvaux, 1090/91-1153)의 강력하고 지속적인 지도에 의해 형성되었다. 성 베르나르는 특별히 연속적인 아가서의 설교문을 통해서 사랑이나 혼례의 신비를 대중화하였다. 신앙적인 글들은 성경적 자료들의 신비적 의미를 설명하기 위한 열망이 동기가 되어 기록되었으나, 그 해석적 설명은 그들 자신들의 삶에 기초를 두었고, 특별히 그리스도의 신성과 각 계층의 성도 공동체와의 관계를 위한 정신적이고 영적인 도표를 창안하였다. 고상한 사랑 시의 성적인 표현들은 많은 신비적 사랑의 언어에 영향을 주었으나, 그것도 또한 초기 그리스와 소위 하나님을 말로 표현할 수 없다는 "아포파틱 신비주의"(apophatic mysticism)와 하나님에 대한 긍정적 표현을 주장하는 "카타파틱 신비주의"(cataphatic mysticism)의 시리아 전통들을 따른 것이다.

본문 중심의 영성은 수도원을 넘어 대성당 학교들(cathedral schools)로 확장되어 대학들이 새롭게 창립되었다. 소위 묵상을 강조하는 빅토르 학파에는 성 빅토르의 휴(Hugh of St. Victor, 약 110-1141)와 그의 제자 성 빅토르의 리차드(Richard of St. Victor, 1173년 사망)를 위시하여 많은 유명한 묵상 교사들이 포함되어 있다. 빅토르 학파의 노력은 창조의 중심에 신적이고 인간적 사랑과 더불어 성경의 빛 아래에서 종교적 체험을 분류하고 조직하는 것으로 구성되어 있다.

학술적 영성으로 대표되는 두 거장을 든다면 철학자이며 신학자였던 피터 아벨라르드(Peter Abelard, 1079-1142)와 그의 아내로서 고학력자였던 헬로이즈(Heloise, 약 1102-64)를 들 수 있다. 두 사람 모두는 결혼과 대학 생활과 수도원 생활이라는 제도적 요구를 개인적 포부와 열정적 사랑과 진정한 종교 생활을 조화롭게 하기 위한 시도로서 미지의 물(unknown water)에 대하여 기록하였다. 그들의 고된 투쟁은 고상한 편지와 자서전적인 반성과 고백을 공적으로, 개인적으로 교환함으로써 이루어졌으며, 그만큼 철학적으로, 성경적으로, 문학적으로 두드러진, 고상한 이념으로 형성되었다. 잘 알려진 여자 대 수녀원장으로서의 자신의 삶과 아벨라르드를 향한 열정을 뒤돌아보며 헬로이즈는 그녀의 배우자에게 다음과 같이 쓸 수 있었다.

> 사람들은 나를 정숙하다고 부릅니다. 그들은 내가 위선자라는 것을 모릅니다 … 위선이 없는 신앙심이 조금 있어도 나는 한때 신앙이 있다고 판단 받았습니다. 사람들의 의견을 무시하지 않는 사람들은 누구나 그때에 최고의 찬사를 받습니다 … 나의 경우에, 우리가 나누는 연인들의 즐거움은 너무나도 달콤합니다 … 미사를 행하는 기간, 우리의 기도가 더욱 순수해져야 할 때에, 이와 같은 쾌락의 외설적인 환상은 기도 대신 음란함으로 나의 불행한 영혼을 사로잡습니다(Heloise 1981, 133).

본문 중심의 영성은 평신도들의 세계에 유입됨으로써 제3의 물결을 이루었다. 수도원을 중심으로 시작된 본문 기도는 평신도 주변 층 그룹으로 확산되었고, 언어의 변화를 가져오게 되었다. 수도원적이고 학술적인 본문 중심의 기도가 라틴어로 발전되었다면, 평신도 영성 작가들은 자기 나라의 언어를 사용했으며, 그 과정에서 새롭고도 고도로 세련된 어휘들을 모국어로 창안하였다.

학자들은 아직도 유대와 무슬림의 성경 해석의 전통들과 유대인들의 "카발라"

(*kabbalah*, 전수)와 같은 "본문의 신비주의"가 기독교 저자들에게 영향을 준 방식들을 재발견하려는 노력을 하고 있다. 여성들은 본문 영성의 영역에서 항상 소수에 속했지만 수도원적 측면에서나 평신도적 측면에서 활발한 이용자들이었고 본문 생산자들이었다. 그러나 그들은 대학 교육의 세계엔 접근할 수 없었으며, 19세기 후반기 이후까지 그러한 중세적 제한이 있었다. 그럼에도 불구하고 계시와 예언들은 빈번히 진정성이 있는 것으로 받아들여졌다.

시토 수도회의 수도사들은 수도원 내에서 생활하며 헌신하였다. 그 외에 탁발수도회로 알려진 다른 두 개의 수도회가 있었는데, 그 수도회의 수도사들은 남성 지회들(male branches)을 순회하면서 설교하는 것을 강조하였다. 이 두 수도회는 성 프란시스(St. Francis of Assisi, 약 1181-1226)에 의하여 설립된 프란체스코 수도회와 성 도미니크(St. Dominic de Guzman, 1221년 사망)에 의해 설립된 도미니크 수도회다.

도미니크 수도회와 시토 수도회의 여성들이 거주하는 집들은 성 스콜라스티카(St. Scholastica)와 같이 뛰어난 설립 수녀들이 없이 시작되었다. 여성들이 거주하는 집들은 남성들이 거주하는 집들보다 재원 지원이 적었으나 여성 수도회 혹은 제2의(second) 수도원들은 그럼에도 불구하고 어떤 지역에서는 남성들이 거주하는 집들보다 훨씬 더 많았다.

성 베르나르와 성 프란시스의 전기와 가르침들은 수도원 개혁의 범위를 보여주고 있다. 성 베르나르와 성 프란시스는 모두 존경은 받았지만 그리 뛰어난 가문 출신이 아니었다. 그들은 모두 기독교 왕국을 확장하려고 노력하였다. 성 프란시스와 그의 추종자들은 무슬림 국가들에서 왕성한 선교 활동을 하였고, 성 베르나르는 십자군들에게 설교하였고 서부 유럽 전역에서 의용군을 모집했다. 가난한 사람들을 동정하고 구제하는데 헌신하기 위한 수도원의 창시자로서 성 프란시스는 타협하지 않고 사도적 순수성과 헌신으로 되돌아가는 모범이 되었다.

프란체스코회의 이상은 그리스도를 온전히 따르는 것인데, 그것은 성 프란시스가 라버나(La Verna) 산에서 장기적 환희를 경험하는 동안 1224년에 얻은 성흔들(stigmata)에서 상징적으로 표현된다. 비록 성 프란시스는 개인적으로 비교적 적은 분량의 글을 썼으나, 그의 카리스마와 혁신적인 삶은 다른 사람들을 성 프란시스가 성취한 만큼의 신비적 탁월성의 세계로 인도하려는 위대한 영적 문학의 체계를 이루도록 영감을 주었다. 프란체스코 수도회는 또한 더 나아가 동정녀 마리아를 옹호했으며, 수도회의 수호자로서 마리아를 예배했다. 성 프란시스는 동정녀를 향한 기도문을 만들었는데, 그녀는 그 기도문에서 교회와 동일시되었고 "그녀 안에는 모든 은혜와 좋은 것들이 과거에도 충만했고, 지금도 충만하다"(1982, 149).

성 스콜라스티카와 성 베네딕트가 서로 협력했던 것과 유사하게, 성 프란시스는 그 수도회의 여성 지회를 설립하고 지도했던 성 클레어(St. Clare of Assisi, 1194-1253)라고 하는 가까운 여성 동지와 함께 일을 했다. 그러나 클라라회의 수녀들은 초기부터 그들의 뜻과는 달리 남자 수도사들보다 더 큰 제한들을 받게 되었는데, 그것은 성폭력이 난무한 세상에서 여성들이 더 피해를 쉽게 입을 수 있기 때문이라는 이유로 정당화되었다.

왈도파 교도들(the Waldensians)과 카타르파 교도들(the Cathars)과 같은 당대의 다른 영적 운동들은 『그리스도를 본받아』(Imitatio Christi)에 모두 함께 전념하였으며, 그들은 스스로가, 예를 들면, 프란체스코회의 수도사들처럼 진정한 그리스도인이라고 믿었다. 그러나 로마 교회는 마지막 해석에서 그렇지 않다고 결정하였다. 왜냐하면, 성 프란시스와 그를 추종하는 대부분의 프란체스코회의 수도사들은 로마에 대하여 충성과 완전한 순종을 고백하였으나, "이교도"라는 딱지가 붙은 단체들은 로마 교회의 위계질서에 대하여 비판적인 거리를 유지했고, 대안을 모색했으며, 독립적인 지도 구조를 발전시켰기 때문이었다.

융통성 있게 만들어진 수도회들은 평신도 협의체들을 조직했다. 소위 "제3의 수도회들"(third orders)은 점차적으로 빼어난 영적 교사들을 배출했는데, 그들은 말과 글로 가르쳤을 뿐 아니라 개인적 모범을 통해서도 가르쳤다. 영성은, 전 유럽적인 교회 조직망으로부터 혜택을 얻은, 교회로부터 승인받은 공동체적 노력과 더불어, 그 이상의 은사를 받은 교사들과 기적 사역자들을 중심으로 조직된 수많은 작은 운동들을 통하여 번창했다.

남아있는 기록이 결핍되어 있다는 점에 비추어 볼 때에도, 다양한 신앙적 체계들과 종파들과 교사들의 숫자들은 놀라웠으며, 그것은 중세적인 의상을 입은 참된 새 시대 운동을 구성한다. 1215년 제4차 라테란 공의회(the Fourth Lateran Council)로 부터 시작된 몇몇의 교회협의회들은 유럽 전역에 걸쳐 많은 교황의 심문관들을 훈련시키고 파송하였는데, 그것은 자발적인 영적 운동의 확산을 막기 위함이었다.

성직자들을 개혁하고 교육을 증진시키며, 특별히 성찬식과 같은 교회 의식을 더욱 강조하는 일들이 보완된 것은 역시 통일된 기독교 영성을 창조하기 위한 노력의 일환이었다. 특별히 인간의 삶의 의미를 성경적으로 해석하는 영역과 고상한 사랑의 신비적 탐험의 영역에서, 유대주의와 이슬람의 일신교적 조직으로부터의 다문화 영향들은 기독교 영성과 관계를 맺게 되었다. 유대와 무슬림 영성의 깊이를 앎으로써 증가된 회심에 관한 그리스도인들의 불안이 더욱 널리 확산되었다. 십자군 전사들의 말이 전해지면서, 회심의 공포는 이슬람교와 유대교를 반대하는 논쟁을 야기했다.

빈곤한 사람들과 만성적 병자들로 구성된 도시 계층이 늘어남에 따라 기독교 평신도 조직체들은 숙박소와 고아원과 개심한 매춘부들을 위한 집들을 건설하였다. 베긴 수도회들(the beguines)과 같은 여성 단체들은 병들어 죽어가는 사람들을 돌보는 일을 특별히 담당했고, 남녀 평신도들은 문둥이 정착촌을 돌보기 위한 영적 조직망을 구축하였다. 특히 튀링겐의 엘리자베스와 같은 성인들은 관용과 자비를 많이 베푼 사람들로 알려졌다. "베긴"(Beguine)이란 단어는 북 유럽의 평신도 여성 신앙 공동체들을 대충 가리키는 용어인데, 그 여성들은 자신들의 수입을 나눠 가지면서 공동체의 규칙을 지켰으나, 이미 설립된 수도회의 감독을 받지 않았다.

베긴 수도회의 막데부르크 메칠드(Mechthild of Magdeburg, 약 1212-84)의 삶과 글들은 교회에 대한 충성과 사회적 병폐에 대한 비판과 개인적으로 받은 계시 사이의 불균형을 설명한다. 메칠드의 시들과, 신비적 대화들과 그날의 신앙적 주제에 관한 자기 충족적 해설서들은 『신성의 흘러내리는 빛』(The Flowing Light of Godhead)이라는 책에 수록되어 있었다. 그녀가 우리에게 말하는 것처럼, 그녀는 그녀의 책이 소각되어야 한다는 경고를 성직자들로부터 계속 받았다. 그녀는 그와 같은 고통을 겪으면서도 도미니크 수도회의 강력한 지지를 받았으며, 대부분의 그녀의 신학적 지식은 도미니크 수도회의 교사들로부터 받은 것이었다.

도미니크 수도회는 그녀가 죽은 후에 그 책을 진정한 영적 문헌으로 돌려 보았는데, 그것은 그 책을 일곱 번 읽는 모든 사람들의 신앙을 강화하기 위한 것이었다. 특히 『신성의 흘러내리는 빛』의 전반부에는 혼례의 신비에 관한 주제들이 신랑인 그리스도와 신부인 영혼 사이의 노래와 시와 대화의 모음집들로 엮어져 있다. 그 책의 후반부는 계시적 해석들과 교회의 개혁에 관하여 더욱 강력하게 초점을 맞추지만, 항상 육신과 영혼, 영혼과 신성의 관계에 관한 권위 있는 주석들로 돌아간다. 메칠드는 헬프타(Helfta)에 있는 시토 수도회의 한 집에서 그녀의 마지막 생애를 보냈다. 헤프타의 수녀들은 메칠드를 성녀로 존중하고, 그녀의 가르침의 일부분들을 자신들의 영적 글들과 접목시켰다.

3. 후기 중세(13-15세기): 의식의 확대와 급진적 반응들

혹독한 역병의 발생과 기근을 일으키는 기후의 변화와 백년 전쟁 및 교황제도의 깊은 제도적 위기에 도전을 받으면서, 후기 중세의 그리스도인들은 극단적인 사람들로부터 분별이 있는 사람들에게 이르기까지 영적 반응의 잔상을 남기며 대응했다. 학자들은 14세기 초에 시작된 "소빙하기"(Little Ice Age)의 충격과 1315년부터 1321년까지 지속된 끔찍한 "대기근"(Great Famine)을 탐색했다. 이와 같은 위기의 여파는 유럽의 문화와 사회의 근간을 흔들었다. 예를 들어, 프랑스만 해도, 14세기 동안 적어도 3,000개의 마을들이 방치되었다고 역사가들은 추산한다. 14세기와 15세기 사이에 영국의 인구는 반으로 줄어들었다. 기근의 결과로, 동쪽으로 인구가 이동되었고, 많은 공동체들은 절도와 거지들의 약탈 등 사소한 범죄들이 증가함으로써 부차적인 사회적 스트레스를 체험했다.

13세기 후반 이후부터 회개와 계시적 주제들이 영적 지도자들의 비전과 무아지경을 통하여 강화된 영적 조망을 지배했는데, 그들은 고투하는 시골 남녀들이라기보다는 부유한 도시인들인 경향이 있었다. 터무니없게도, 일반적으로 인간의 부패에 의하여 발생한 것으로 받아들여진 재난에 대한 회개의 의욕은 고행 운동(flagellant movement)과 자기 희생의 고통스런 개인적 행동으로 연결되었다.

고행 운동의 첫 번째 물결은 1260년대에 움브리아(Umbria)에서 시작되어 신속히 북쪽으로 확산되었고, 임박한 사회적, 경제적 비운의 감정으로 증폭되었다. 두 번째 물결은 1348년에 흑사병 전염의 반응으로 일어났으나, 일 년 내에 교회에 의하여 불법이라고 선언되었고, 드디어 이단적인 것으로 선포되었다. 고행자들은 유대 공동체들이 그리스도인들의 우물에 독을 넣음으로써 흑사병이 전염되었다는 반유대적 판에 박은 문구와 이성을 잃은 논쟁을 지지했는데, 그것은 유대 공동체에 반하여 폭도들의 폭행이 널리 퍼지게 만들었다.

실존적 공포와 집단적 상처가, 십자가에서 고통당하는 그리스도에서와 그림들에서와 소위 죽음의 춤(Dance of Death) 재현에서의 초현실적 이미지들을 위한 예술적 애호로 반영되었다. 죽음의 춤은 하나의 해골이 원을 그리며 춤을 추는 가운데 모든 직업에서 희생당한 사람들로 구성된 하나의 집단을 인도한다. "죽음의 예술"(Art of Dying/*ars moriendi*, "아르스 모리엔디")에 대한 엄숙한 신앙적 논문들이 평신도들 중에 유행했다. 영국의 공동체들은 그리스도의 고난과 마지막 심판에 초점을 맞추어 예배 극을 계발했다. 은둔자이며 신학자였던 줄리안(Julian of Norwich, 약 1343-1426 이후)은 십자가에서 피를 흘리며 고통 중에 죽어가는 그리스도의 모습에 근거하여 소망과 사랑의 심오한 영성을 계발했다.

전 세대의 신비주의자들의 영적 체험을 조직화하는 것은 덜 극적이지만, 아마도 결국 더 많은 영향을 끼쳤는데, 이런 경향은 더욱 지속되었다. 그러나 그것은 평신도들과 대학 교육을 받은 학자들을 더욱 깊이 갈라놓았다. 만약 아무도 그를 이해할 수 없다면 그는 나무 기둥들에게 설교할 것이라는 도미니크 신학자이며 신비주의자였던 마이스터 에크하르트(Meister Eckhart, 약 1260-1328)의 간결한 논평은 이와 같은 균열의 증상을 나타낸다. 마이스터 에크하르트는 결국 이단으로 기소되었다. 잘 훈련을 받은 동료들마저도 매우 복합적이고 고매한 그의 사상을 충분히 파악할 수 없었다. 마이스터 에크하르트가 설교했던 쾰른(Cologne)에서부터 옥스퍼드(Oxford)까지, 우리는 대학 교육을 받았던 프란체스코 회원들 중에 존재하던 급진주의의 모습을 발견한다.

어떤 다른 사람들보다, 프란체스코회의 신학자였던 오캄의 윌리엄(William of Ockham, 약 1285-1350)은 프란체스코회의 급진파(radical wing)를 강력하게 지지했는데, 그 급진파의 발의자들은 교황의 최고권과 교황주의의 특권을 공격했다. 윌리암은 교황 요한 22세의 책망을 받고 교황 반대자였던 바이에른인 루트비히(Louis of Bavaria)에게 도피하도록 강요당했다. 영적인 프란체스코 회원들의 핍박은 1322년 사도적 빈곤에 관한 그들의 견해에 대한 교황의 저주와 함께 본격적으로 시작되었고, 필연적으로 프란체스코회의가 쇠퇴하게 되었다.

영적인 일에 대하여 학문적으로만 접근하는 일에 내재된 긴장은 쟝 샬리에르 드 게르송(Jean Charlier de Gerson, 1363-1429)의 전기에서 가장 감동적인 표현으로 발견된다. 게르송은 재능이 있는 행정가로서 파리대학의 후임 총장으로 신속히 오르게 되었다. 파리대학은 피터 아벨라르드(Peter Abelard)의 카리스마의 부각 덕분에 성장한 기관이다.

여러 자료를 통해 볼 때, 게르송은 행정가로서 별처럼 빛나는 생애를 만끽했다. 그는 많은 영성신학적 저술을 한 사람으로서 개인적인 정직성의 기준과 타협하지 않고 자신의 목소리를 내었다. 우리는 그가 교황제도와 비교하여 교회 공의회들의 권위를 인정하든 그렇지 않든, 그 시대의 종교적 논제들에 관여한 것을 발견할 수 있다. 그는 남녀 공상가들을 비판했으며, 잔 다르크(Jeanne d'Arc)를 방어하는 글을 썼고, 이단 재판과 강령술 정죄에 관한 글을 썼으며, 혹은 종교를 조소하는 문학적 풍자에 관한 논평을 쓰기도 했다.

그렇지만, 파리에 있는 그의 동료들에게 전달된 주목할 만한 하나의 편지에서, 게르송은 그가 중요한 공헌을 했던 분야인 신학과 관상적 사상의 보편적인 상태를 비난했다.

그는 영성에 학술적인 삶을 주입하려는 최고의 노력을 했음에도 불구하고, 다음과 같이 한탄한다.

> 나는 두려워한다 … 내가 열광적으로 다른 사람들을 비판했던 동일한 악덕에 나도 빠질 것 같다.
> 그리고 네가 질문하는 이것은 무엇이냐?
> 모든 시시한 것들과 서투른 참신성으로 문서와 청중들의 마음을 혼란스럽게 하는 사람들이 있다 … 우리가 쓰지만, 우리의 문장들은 무게도 없고, 우리의 말들은 변호나 기준이 없다. 우리가 쓰는 모든 것들은 나약하며, 비열하며, 느슨하다. 우리는 새로운 것을 쓰지 않는다. 우리는 옛 것을 반복한다. 그러나 그것을 새로운 방식으로 논하고 전수한다(Jean Gerson 1998, 178).

쟝 게르송은 좌절과 환멸을 느낀 채, 마침내 대학 생활을 끝내고 생애의 마지막 십년을 명상을 하며 은둔 생활로 보냈다.

평신도 영성 단체들은 제도상의 안정성을 더욱 유지하며 자기 학대자들보다는 지나치지 않게 살면서 떠오르는 도시 시민 계층의 가치를 강조했는데, 이를 가장 잘 대표하는 것이 당시 유행하던 "새로운 헌신"(*Devotio Moderna*, "데보티오 모데르나") 운동이었다. "새로운 헌신"의 영성은 균형이 잡히고 차분했고, 신비주의를 의심했으며, 신학적으로 분명했는데, 이는 평신도들과 성직자들의 협력을 통하여 발전되었다.

그것은 부유한 시민이었던 게르하르트 그루테(Gerhard Groote, 1340-84)의 작품과 사역을 통하여 강력한 소리를 내었는데, 그는 데벤터(Deventer)에서 태어났고 파리에서 교육을 받았다. 그가 역병으로 짧은 생을 마치기 전에, 그는 설교와 목회 상담을 통하여 많은 남녀 회중들을 섬겼고, 엄격한 교회 개혁과 경건 훈련 프로그램을 약술하는 많은 논문들을 썼다. 그의 이상은 "양손잡이의 삶"(*via ambidextera*, "비타 암비텍스테라"), 즉 거룩한 것을 추구하며 결핍한 사람들을 돕는 삶을 사는 것이었다.

이전의 모든 주제들은 환상가이며 군대 지도자였던 잔 다르크(약 1412-31)의 삶과 죽음 안에서 한 바퀴 돌아 제 자리로 돌아 왔다. 그녀는 극도로 몹시 부패했던 중세의 종교재판 결과 타락한 이단으로 장작더미 위에서 화형을 당했다. 교육을 받지 못했던 소작농 배경의 젊은 여인으로서 그녀의 혜성 같은 삶은 신학적 훈련이나 교회적 지지를 받지 않고 신비적 체험과 민속 이야기들에 근거를 둔 영성의 안내를 받았다.

그녀의 이단 재판 공판 기록은 그녀의 기지와 기독교 신학에 대한 이해가 조금도 빈약한 것이 아니었음을 증명한다. 전례 없이 남성복을 입고 군사 작전을 위해 무장하면서 잔 다르크는 엄격한 성별의 역할을 초월했는데, 이런 경향은 그 후 오백 년 간 지속되곤 했다. 전쟁과 기근의 시기에 그녀가 용감하게 거룩함을 추구한 것은 근대 프랑스의 성스러운 변호인 역할을 했으며, 세계적으로 중세 영성의 표상이 되었다.

4. 결론

중세 천년은 공통적인 유럽 영성의 전통의 창조를 명시했다. 그 특질은 다문화적 종합을 이루어내며 성경과 교부의 자료들을 창조적으로 재해석하는 능력에 존재한다. 중세 영성은 점차적으로 다양한 토속적 유럽의 전통들과 유대교 그리고 지중해 유역의 문화들로부터의 매우 다른 신념 체계들을 흡수하고 재해석하게 되었다. 그 발달은, 한 편으로는 정치력 영향력을 주장하고, 기독교 공동체들의 단합을 위하며, 다른 한 편으로는 거룩한 삶을 살려는 영적 운동들과 지도자들에 의하여 형성된 교회 제도에 의하여 추진되었다.

중세 영성은 오늘날까지 아직도 적절한 자료들과 도전들을 제공하고 있다. 긍정적으로 말하자면, 이와 같은 것들은 환상가들과 대 수녀원장들과 같은 중세 여성들의 지도적 역할들과, 넓은 영역의 신비적 체험의 기록들과, 철저한 빈곤의 이상들과, 죽음과 고난을 심오하게 수용하는 것들을 포함하고 있다. 매우 혼란스럽고 도전적인 것은, 종교적 편협성에 대한 중세적 유산이다. 이러한 편협성은 특별히 반유대주의 형태로 나타났는데, 그것은 교회 안밖의 다양성에 대한 두려움과, 장소와 공간과 소리의 거룩함에 대한 존경심을 통합하는 구체적이고 감각적이며 구전으로 소통된 영성을 무시하는 본문들에 대한 불균형한 의존이었다.

참고문헌

Aers, D. and Staley, L. 1996: *The Powers of the Holy: Religion, Politics, and Gender in Late Medieval English Culture*. University Park, PA: Pennsylvania State University Press.

Benedict of Nursia 1998: *The Rule of St Benedict: In English*, trans. T. Fry. New York: Vintage.

Bynum, C. W. 1987: *Holy Feast and Holy Fast: The Religious Significance of Food to Medieval Women*. Berkeley, CA: University of California Press.

Cantor, N. F. 2001: *In the Wake of the Plague: The Black Death and the World It Made*. New York: HarperCollins.

Cavadini, J. C. (ed.) 1995: *Gregory the Great: A Symposium*. Notre Dame, IN: University of Notre Dame Press.

Devotio Moderna 1988: *Basic Writings*, trans. J. van Engen. New York: Paulist Press.

Francis of Assisi 1982: *Francis and Clare: The Complete Works*, trans. R. J. Armstrong and I. C. Brady. New York: Paulist Press.

Gregory the Great 1959: *Dialogues*, trans. O. J. Zimmerman. New York: Fathers of the Church.

Gurevich, A. 1988: *Medieval Popular Culture: Problems of Belief and Perception*. Cambridge: Cambridge University Press.

Heloise 1981: *The Letters of Abelard and Heloise*, trans. B. Radice. New York: Penguin.

Jean Gerson 1998: *Early Works*, trans. B. P. McGuire. New York: Paulist Press.

Kieckhefer, R. 1984: *Unquiet Souls: Fourteenth-century Saints and their Religious Milieu*. Chicago: University of Chicago Press.

McGinn, B. 2001: *The Mystical Thought of Meister Eckhart: The Man from Whom God Hid Nothing*. New York: Herder and Herder.

_____. Meyendorff, J., and Leclerq, J. (eds) 1987: *Christian Spirituality: Origins to the Twelfth Century*. New York: Crossroad.

McNamara, J. A. K. 1996: *Sisters in Arms: Catholic Nuns through Two Millennia*. Cambridge, MA: Harvard University Press.

_____. and Halborg, J. E., with Whatley, E. G. 1992: *Sainted Women of the Dark Ages*. Durham, NC: Duke University Press.

Mechthild of Magdeburg 1998: *The Flowing Light of the Godhead*, trans. F. Tobin. New York: Paulist Press.

Moore, R. I. 1987: *The Formation of a Persecuting Society*. Oxford: Blackwell.

Park, C. C. 1994: *Sacred Worlds: An Introduction to Geography and Religion*. London: Routledge.

Partner, P. 1997: *God of Battles: Holy Wars of Christianity and Islam*. Princeton, NJ: Princeton University Press.

Raitt, J., with McGinn, B. and Meyendorff, J. (eds) 1989: *Christian Spirituality: High Middle Ages and Reformation*. New York: Crossroad.

Schuler, P. 1992: Bevölkerungszahl. In P. Dinzelbacher (ed.), *Sachwörterbuch der Mediävistik*, pp. 95-6. Stuttgart: Alfred Kröner Verlag.

Sullivan, K. 1999: *The Interrogation of Joan of Arc*. Minneapolis, MN: University of Minnesota Press.

Szarmach, P. (ed.) 1984: *An Introduction to the Medieval Mystics of Europe*. Albany, NY: State University of New York Press.

Vauchez, A. 1993: *The Laity in the Middle Ages: Religious Beliefs and Devotional Practices*. Notre Dame, IN: University of Notre Dame Press.

Wakefield, W. L. and Evans, A. P. (trans.) 1991: *Heresies of the High Middle Ages*, 2nd edn. New York: Columbia University Press.

Wood, I. 2001: *The Missionary Life: Saints and the Evangelisation of Europe 400-1050*. London: Longman.

제7장
유럽의 기독교 영성 개혁(1450-1700)

질 레이트(Jill Raitt) 박사
미주리-콜롬비아대학교 종교학 명예 교수

1450년부터 1700년까지의 유럽의 기독교 영성의 역사는 도시의 발달과 이탈리아 문예부흥의 확산과, 유럽인들의 인쇄술 발명과, 민족의식의 성장과, 민족 언어의 정착과, 유럽인들을 세계 각처로 보낸 항해술의 발달이라는 커다란 문화적 역사의 맥락에서 시작된다. 1450년까지 기독교 세계는 흑사병과, 교황의 왕관에 대한 세 원고들의 스캔들을 극복하고 살아남았었으나, 아직까지도 제국의 요구와 교황의 요구의 충돌 속에 빠져 있었다. 교회 안과 밖에서의 목소리들이 개혁하라는 아우성을 쳤으며, 하나의 중요한 개혁의 노력인 공의회주의(conciliarism)는 교황 유진 4세에게 굴복하였었다. 유진 4세는 1439년에 요새화된 콘스탄티노플에서 온 밀사들을 환영하였다. 콘스탄티노플은 1453년에 터키 군들에 의해 멸망할 것이다.

1. 15세기

15세기의 영성은 교회 통치를 개혁하려는 노력과 대체적으로 흑사병 때문에 그 전 세기 동안 완화되었던 몇 가지 종교 규칙에 의하여 원래의 규칙을 지키려는 노력으로 특징지어졌다. 그것은 또한 목회적 관심을 가진 사람으로 하여금 신학과 영성이 점점 분리되는 것을 치유하려는 시도를 하였던 시기로서, 미래의 교회 지도자들이 훈련을 받아야 하는 주요 대학들에서 특히 그런 시기였다.

그러므로 수학자였고, 신학자였으며, 공의회주의자였으며, 개혁가였던 쿠사의 니콜라스(Nicholas of Cusa, 1401-64)로부터 시작하는 것이 적절하다. 그는 유진 4세를 따르기 위하여 거슬리는 바젤 회의(Council of Basel)를 떠나 플로렌스로 가서 교황의 밀사로 콘스탄티노플로 보내졌다. 영적으로 깊이가 있었으며, 고매한 지성을 지닌 신학자였던 쿠사는 개인적으로 공의회주의와 그것의 패배를 대표하는 사람이었고, 로마 제국 의회에 참석한 교황의 사절이었으며(1438-49), 교황의 소송에서 황제와 논쟁했다. 브릭센(Brixen)의 주교관구의 감독으로 임명된 쿠사는 1450년부터 1460년까지 거기에서 개혁을 시행하였고, 1459년에는 주교 총대리로서 인문주의자 교황 피우스 2세(Pope Pius II)를 위하여 로마 자체의 개혁을 시작하였다. 쿠사는 신학적 탐구를 통하여, 루터보다 60년 이전에, 은혜와 그리스도만의 중재를 통하여 믿음으로 의롭게 된다는 교리를 가르쳤다(Jedin, 1993. 338-9).

가장 잘 알려진 그의 초기 논문은 『박식한 무지에 관하여』(De docta ignorantia, 1440)인데, 거기엔 대립된 것의 일치(coincidentia oppositorum)라는 신학적 방법을 설명하기 위하여 수학이 사용되었다. 그는 위-디오니시우스(Pseudo-Dionysus)의 『신비신학』(The Mystical Theology)이 그에게 영향을 미쳤다는 것을 인정하였으나, 그의 이론은 거기에서 얻은 것이 아니라 자신의 경험에서 나온 사상이라고 기록했다. 일치의 주된 모범은 그리스도인데, 인성과 신성이 그리스도 안에서 일치한다. 다른 일치의 예를 들자면, 다수(plurality)와 단일성(unity)이며, 박식한 무지 자체도 그렇다.

이 모든 것들 배후에는 쿠사가 단순히 "무엇"(Quid, "꾸이드")이라고 명명하게 된 하나님이 존재한다. 24년 후 그가 추기경이 되었을 때에, 신학적 탐구와 더불어, 쿠사의 영적 삶은 "무엇"(Quid)으로서의 하나님을 넘어 가능태 자체(Posse ipsum, "포쎄 입숨")로서의 하나님에 이르게 했고, 그리하여 모든 현실태(actuality)의 배후에 있는 "할 수 있다"(can)라는 동사가 있는 것처럼 모든 곳에서 하나님을 식별할 수 있게 되었다(Jedin 1993. 6-9. 56-70). 이 발견은 『묵상의 극치에 관하여』(On the Summit of Contemplation)라는 그의 저서에서 설명되었고, 이 발견이 그가 죽기 전 몇 달 동안 그에게 큰 기쁨을 안겨주었다.

15세기에 이르기까지 중세에 평신도들은 종교 사회의 회원이 되지 않고 그리스도를 따르는 방법들을 계속 추구하였다. 이에 해당하는 전형적인 운동이 베긴 수도회(the beguines) 여성들이었는데, 그들은 한 집에 모였고, 자금을 모았으며, 함께 기도하면서 가난한 사람들을 섬겼다. 그들은 수도원에 예속되어 있지 않고 면밀한 교회의 감독을 쉽게 받지 않았기 때문에 그들은 점점 이단적인 사상들을 가지고 행동한다는 의심을 많이 받게 되어 14세기 후반기와 15세기에 심한 압박을 받았다. 그들은 1500년에 실질적으로 근절되었다.

평신도 남성들도 비슷한 구도로 모였지만, 그들은 여성들보다 더 의심과 냉대를 많이 받았다. 15세기 후반에 공동생활의 자매들(the Sisters of Common Life)은 성 프란시스의 제3수도회의 규칙을 채용했다. 새로운 헌신(Devotio Moderna)으로도 알려진 공동생활 운동은 그들의 교육 기관들과 널리 유행하던 토마스 아 켐피스(Thomas à Kempis, 1380-1471)의 영적 지도에 관한 소책자, 『그리스도를 본받아』(The Imitation of Christ)를 통하여 확산되었는데, 이 책은 16세기부터 20세기에 이르기까지 성경 다음으로 자주 출판된 책이다.

형제단(the Brothers)은 하나님과 분리된 학식보다는 참된 헌신을 더 선호했기 때문에, 비록 후 세기에 그들의 가르침을 반지성적으로 해석하겠지만, 그들은 자체는 반지성적인 사람들이 아니었다. 빈데스하임(Windesheim)에 있는 형제들의 학교 출신인 데시데리우스 에라스무스(Desiderius Erasmus, 약 1466-1536)는 위대한 학자로서 16세기에 가장 큰 영향을 끼친 인문주의자들 중 한 사람이었다. 에라스무스는 『기독교 기사 설명서』(The Manual of the Christian Knight, 1504)을 썼는데, 그 저술 목적은 박식한 엘리트로 하여금 신약성경과 교회의 교부들에 관한 것을 읽게 하는 것이고, 그 결과 그들이 성령의 인도에 따른 내적 기도에 근거하여 그리스도를 따를 수 있게 되는 것이다.

그러나 중세 후반기의 대부분의 그리스도인들은 그와 같은 독서가 불가능했으므로 그들의 영성은 경건한 헌신의 형태를 취하고 있었다. 모국어로 기록된 거룩하고 영적 문학이 더욱 가능해지면서 설교는 대중적 헌신을 육성하기 위한 주요 수단이 되었다. 12세기 이후부터, 특별히 그리스도의 수난에 나타난 바와 같은 그리스도의 인성에 대한 신앙과 마리아와 성인들과 성찬식에 대한 신앙이 강조되었다. 마리아가 십자가 밑에 서 있거나 사도 요한의 팔에 쇠약하게 의지하고 있는 동안 십자가상의 예수님의 시체는 더욱 비틀려 있었고 피로 얼룩져 있었다.

성인들의 성지들을 방문하고 유물들을 수집한 것을 돌아보는 순례자들은 묵주의 기도서를 가지고 다니며 "바다의 별이신 성모"(Ave maris stella, "아베 마리아 스텔라")와 "평안하소서, 여왕이여"(Salve Regina, "살베 레기나")와 같은 마리아 찬가를 불렀다. "코르푸스 크리스티"(Corpus Christi, 그리스도의 몸)에 대한 축제는 더욱 정교하게 되었고, 끔찍했던 흑사병 기간 동안에는 그 축제의 행렬들은 도시와 마을들의 길거리에 늘어져 있었다. 그 행렬에는 성찬은 성체 현시대에 담겨 함께 했고, 향을 뿌려졌고, 종이 울렸다. 평신도 단체들과 교회에 모인 공예에 관련된 협회들은 그들의 수호성인들에게 헌신했다. 그들은 거기에서 미사에 참여했으며, 설교를 듣고 금식을 하며, 함께 순례를 하고, 회원들을 위하여 정성들여 장례를 행하고, 과부들과 고아들을 돌아보았다.

2. 16세기

15세기의 개혁을 위한 노력들은 백 년 간의 긴 종교전쟁들이 일어나게 한 기독교의 분열을 예방하는데 충분히 강력하질 못했다. 마틴 루터의 이신칭의(justification by faith alone) 교리는 개신교의 특징이 되었고, 개신교회들은 주님의 만찬과 세례로 구성되는 성례들과 같은 다른 교리들과 실천들에 대하여 의견이 갈라졌다. 인쇄술의 발명으로 사람들은 16세기 초기에 책을 쉽게 접할 수 있게 되었다. 책들과 가끔은 우스꽝스럽게 삽화를 넣은 소책자들이 출판사들을 통하여 보급되었다. 이와 같은 새로운 매개체를 통하여 사상이 더욱 빨리 전달되었다. 점화된 개혁은 정치 지도자들의 후원을 받으며 시민들의 생생한 토론을 통하여 재촉되었다. 서서히 나온 트렌트공회의 응답은 개신교의 도전에 대응하여, 20세기에 열린 제2차 바티칸 공의회까지 로마 가톨릭교회의 궤도를 견고히 세우는 기틀을 마련했다. 16세기 후반부는 교단들의 신앙고백들과 교단들의 싸움과 새로운 종류의 종교 계급들과 영성의 발달로 특징지어졌다.

16세기 초에, 개혁의 요구가 더욱 커져갔다. 그 응답으로 제5차 라테란 공의회(Lateran V, 1512-17)가 열렸는데, 그 공의회는 확실한 개선을 제안했다. 교황 레오 10세(Pope Leo X)는 이와 같은 개혁을 수행할 것 같지 않았지만, 개혁은 그와 그 계승자들에게 강요되었다. 제5회 라테란 공의회가 1517년에 끝나자, 이에 관심이 있었던 아우구스티누스 수도회의 수도사였으며 비텐베르크대학(University of Wittenberg)의 성경 교수가 95개 주제들을 내걸고 토론을 제안했다. 그가 지적한 가장 중요한 문제는 면죄부 판매의 불법성이었는데, 그것은 영적인 상품을 파는 것으로서 분명한 성직매매 죄에 해당되었다.

마틴 루터(1483-1545)는 교황이 동의하리라 확신하고 교회 개혁을 추구했다. 그러나 그 대신 교황 레오 10세는 그 성가신 수도사가 조용히 해주기만을 원했다. 루터는 은혜는 값을 지불하는 것이 아니며 선행이나 공로로 얻을 수 없는 것이라고 가르쳤다. 왜냐하면 십자가상에 있는 그리스도는 죄인들이 의롭게 되는 데 필요한 모든 은혜를 받을 만한 가치가 있는 분이기 때문이라는 것이다.

그리스도는 단번에 자신을 제물로 드렸기 때문에 미사는 제물이 될 수 없으며 어떤 사제도 그리스도를 다시 제물로 드릴 수 없다고 루터는 말했다. 그리스도인들은 하나님의 칭의의 약속을 믿고 하나님께 감사함으로 자기들의 이웃을 돕는 것으로 응답한다. 그리스도인들은 죄인들인 동시에 그리스도의 은혜를 통하여 의롭게 되는데, 이 은혜를 통해 그들은 모든 신자들에 대한 제사장직을 공유한다. 이 제사장직으로 말미암아 모든 평신도는 그리스도의 약속에 대하여 말하는 것, 즉 복음을 근심하는 이웃에게 적용하는 것이 이 허용된다.

루터에 있어서, 영성이란 "나를 위한" 그리스도의 역사를 가슴 깊이 신뢰하고 이웃을 너그럽게 섬기는 것으로 이루어진다. 루터는 독신생활은 하나의 행위이며, 생육하고 번성하라는 하나님의 명령에 위배된다고 가르쳤다. 루터는 전에 수녀였던 사람과 자발적으로 결혼하였으며, 다른 신자들로 하여금 자신의 본을 따르라고 권면했다. 루터는 수도사들이 수도사들이 묵상을 행위로 여기며 그것을 통하여 천국을 얻는 줄로 생각한다고 비난했다.

기도에 관하여 루터는, 우리의 아버지께 청원하고 도움을 구하기 위하여, 시편을 사용하며 찬양과 감사를 하라고 권고했다. 우리는, 하나님의 어머니긴 하지만 기도를 들어줄 수 없는 마리아에게 기도해서는 안 된다. 능력은 유일한 중보자이신 그리스도 안에만 보존되었다. 성인들도 여전히 기도에 응답할 수 없다. 미사나 죽은 자들을 위한 기도도 효과가 없다. 그리스도가 모든 죄를 덮기 때문에 그리스도를 믿고 죽는 그리스도인은 즉시 천국으로 올라간다. 연옥은 없다. 순례와 성지와 유골과 모든 선행의 냄새와 같은 것들은 다 혐오스런 것들이라고 루터는 가르쳤다.

로마 가톨릭교회가 시행하는 것과 반대로 루터는 미사에서 잔을 사람들에게 주었다. 왜냐하면 주님께서는 "너희 모두는 이것을 취하여 마시라"고 말씀하셨기 때문이다. 성경은 하나님의 말씀이며 신앙과 교리에 대한 유일한 안내자이기 때문에 성경은 모든 사람들이 그들의 언어로 이해할 수 있도록 그들의 손에 쥐어져야 한다. 루터 자신이 에라스무스의 헬라어 신약성경을 독일어로 번역하였다.

루터가 비텐베르크에서 그의 개혁을 시작하던 바로 그때에, 스위스 취리히 근처의 교구사제였던 츠빙글리(Huldrych Zwingli, 1484–1531)는 이신칭의에 대하여 더욱 진보적 입장을 취했다. 그의 개혁은 여러 가지 면에서 루터의 개혁과 유사했으나, 그는 루터보다 진일보하였다. 루터는 성경에서 금지되지 않은 것이면 무엇이든지 가능하다고 가르쳤지만, 츠빙글리는 성경이 허락하는 것만이 가능하다고 가르침으로써 성경을 사회생활과 개인적 삶에 적용하는 방법이 더욱 협소했다.

츠빙글리는 주님의 만찬 시에 그리스도가 실제로 임재하신다는 것을 부인했으며, 교회의 담에 백색 도료를 칠하고, 오르간에 못질을 하여 차단시켰다. 그와 루터는 주님의 만찬에 관한 교리적 차이를 해결하기 위하여 1529년에 만났다. 루터는 주장하기를 빵과 포도주 "안에"(in), 빵과 포도주와 "함께"(with), 혹은 빵과 포도주 "아래에서"(under) 그리스도가 실제적으로 임재하신다는 것을 굳게 붙들었다. 그럼에도 불구하고 빵과 포도주가 그리스도의 거룩한 몸과 피로 "실체가 변화되는"(transubstantiated) 것은 아니라고 했다.

인문주의자로 훈련 받은 츠빙글리는 빵이 몸이라는 루터의 비합리적 주장을 발견하였다. 오히려, "이것은 나의 몸이다"라는 말은 "이것은 나의 몸을 의미한다"는 뜻으로 이해해야 한다고 츠빙글리는 가르쳤다. 루터는 주장하기를, "이다"(is)는 "이다"(is)를 의미하므로 그리스도의 몸과 피는 빵과 포도주와 함께 주어진다고 했다. 그 두 종교개혁가들은 의견의 일치를 보지 못했다.

츠빙글리의 성례 신학은, 믿음 안에서 모이고, 은혜 안에서 하나님께 감사하는 예배 공동체를 강조했다. 공동체의 회원들은 그와 같은 활동을 통하여 더욱더 그리스도의 몸으로 변화한다. 성령의 역사로 변화되는 것은 빵과 포도주가 아니라 공동체다. 주님의 만찬(The Lord's Supper)은 기억하고 감사하며, 기뻐하는 직무로서, 신자들의 연합의 필수적인 상징이다(Raitt 1987, 300-17). 선지자들(prophets)이라는 낱말의 본래의 의미가 취리히 사람들에게 영향을 주었다. 선지자들은 하나님을 위하여 말을 하며, 그렇기 때문에 아마도 때에 따라서는 다가올 일들에 대하여 예언을 하기도 하지만, 주로 선지자들은 하나님의 대변인들이다.

"취리히 프로페자이"(The Zurich *Prophezai*)는 신학교로서 미래의 목회자들이 성경 언어와 성경 말씀을 전하는 방법을 배우는 곳이었다. 츠빙글리와 그의 뒤를 이은 하인리히 불링거(Heinrich Bullinger, 1504-75)는 개혁교회에서 박식한 성직자의 전통의 모범을 확립했는데, 그 전통은 칼빈(John Calvin, 1509-64)과 칼빈의 동료로서 제네바에서 칼빈을 계승한 데오도르 베자(Theodore Beza, 1519-1605)의 사역으로 이어졌다. 개혁 신학은 다분히 성령론적이었다. 성령론은 모든 개혁 교리 모든 영역에 스며들었으나 그리스도를 깊이 묵상하는 측면이 강화되었다.

취리히와 후대의 제네바는 기독교 도시들(states)이 되었는데, 거기에선 하나님의 주권 아래에서 정치와 종교가 연합되었다. 죄인들은 법을 필요로 하고 백성은 정의를 필요로 한다. 그러므로 치안 판사들의 훈련은 신자들이 언제 어느 곳에서 살았든지, 살고 있든지, 하나님과 신자들 간의 언약의 일부분이었다. 츠빙글리에 있어서, 성령은 제한을 받지 않기 때문에 그리스도 이전에 살았던 선한 무종교인들도 정당화될 수 있었다. 기독교적 가르침과 도덕적 기대는 개인 생활이든 공적인 생활이든 모든 영역에 이르게 되었다. 츠빙글리의 신학에서 율법과 복음은 조화를 이루었다.

최초의 재세례파들이 유아세례의 정당성에 도전함으로써 물속에 빠뜨려 죽임을 당한 곳은 취리히였다. 재세례파는, 신자의 세례는 그리스도를 믿어 회심하고 삶을 바꾸는 경험이 수반되어야 한다고 가르쳤다. 그들은 믿음으로 의롭게 되었기 때문에, 세례는 주님께 대한 의식(ordinance)으로서, 회중과 새로 세례를 받는 사람들과의 상호 헌신을 선언하기 위하여 행하여졌다. 다시 타락한 사람들, 즉 그리스도의 본을 따르는 덕 있는 삶을 사는데 실패한 사람들은 회개하기 전까지 그 공동체와의 만남이 허락되지 않았다.

재세례파들 사이에서, 주님의 만찬은 집이나 다른 평범한 건물에서 그리스도의 수난을 감사함으로 기억하기 위하여 공동체가 모여 기념하는 섬김이었다. 누구든지 성만찬 설교(the words of institution)를 말할 수 있었고 빵과 포도주는 일반적인 그릇으로 제공되었다. 조지 윌리엄스(George H. Williams, 1962)에 의하면, 재세례파들은 "급진적 종교개혁"(Radical Reformation)에 속하는 세 번째 단체들 중 하나였다.

가장 급진적이었던 사람들은 "영적" 재세례파들(Spiritual Anabaptists)이었는데, 그들은 성경의 필요성을 부인할 정도로 성령의 내적 역사에 의존했다. 이런 신(新)가현설신봉자들(neo-Docetists)은, 그리스도는 "영적인 몸"(spiritual body)만을 가졌다고 주장하며 그리스도의 성육신과 육체적 부활의 실제성을 부인한다. 이 교리는 그들의 성례의 개념에도 영향을 주었다. 이와 같이 하여, 카스파르 슈벵크펠트(Caspar Schwenckfeld)는 성례를 그리스도의 "하늘의 육체"(heavenly flesh)를 내적으로 섭취하는 것(inward feeding)으로 이해하였다(George 1987, 337).

급진적 개혁의 세 번째이자 더욱 작은 마지막 부류는 복음주의적 합리주의자들(the Evangelical Rationalists)이었다. 미카엘 세르베투스(Michael Servetus)는, 예를 들면, 삼위일체 교리와 같이 이성에 의하여 설명될 수 없는 모든 것들을 부인하는 복음주의적 합리주의자였다. 이 초기의 유니테리언(Unitarian)는 그가 어느 곳에 있었다고 할지라도 사형선고를 받았겠지만, 제네바에서 죽음을 맞이했다.

재세례파들은 거의 시작과 더불어 불법화되었다. 1529년에 슈파이어에서 열린 제국의회는 도나투스파들(the Donatists)에 관한 유스티니아누스의 법(Justinian's law)을 합법화하였다. 재세례를 받은 사람들은 누구든지 재판 없이 사형에 처해졌다. 재세례파들은,

16세기에 다른 두 급진적 단체들도 포함되었음이 명시되었는데, 16세기 내내 유럽 전역에서 박해를 받았다. 모든 사람들을 위한 그리스도의 희생에 동참하며, 진실로 인간의 죄의 굴레 아래에서 신음하는 모든 피조물들을 위하여 그들 자신들을 희생의 제물들로 바치는 데까지 그리스도를 닮기 위한 순교의 신학을 그들이 계발했다는 것은 놀랄 만한 일이 아니다.

이 점에서 그들은 루터의 멸시를 받았다. 루터는 로마 가톨릭과 유사한 그들의 행위의 의(works-righteousness)에 대하여 비난했다. 재세례파들은 순교를 준비하기 위하여 후기 중세의 라인 지방(Rhineland)의 신비주의를 도입했다. 특별히, 그들은 하나님의 뜻에 맡기는 요하네스 타울러(Joannes Tauler)의 침착성(Gelassenheit, "젤라센하이트")의 교리를 채용했다. 인내와 믿음 가운데 자기의 의지로 온전히 하나님께 맡기는 일은 다음과 같은 확신으로부터 온다. 즉 하나님은 사랑의 항복만을 원하고, 저항할 수 없는 은혜나 그 은혜에 대한 추론인 이중 예정에 의해서 그 누구도 강요하지 않는다.

메노 시몬스(Menno Simons, 1496-1561)는 그의 추종자들로 하여금 아무도 강요하기를 허락하지 않았을 것이다. 왜냐하면 메노파교도들(Mennonites)의 평화주의 때문이었다. 그는 하나님의 뜻에 온전히 일치시키고 그리스도의 고난에 동참하라고 권면했다. 그는 그의 추종자들에게 이렇게 말했다.

> 가시면류관은 당신의 머리를 찔러야 하고, 못들은 당신의 손과 발을 찔러야 한다. 당신의 몸은 괴롭힘을 당하고 당신의 얼굴은 침 뱉음을 당해야 한다. 당신은 골고다에 서서 당신 자신의 희생을 치러야 한다(George 1987, 342).

1529년 칙령이후 한 세기 이상이 지난 1660년에, 네덜란드에서 『피로 얼룩진 극장 혹은 단지 신앙고백에 의해서 세례를 받고 예수님을 그들의 구주라고 간증한 것 때문에 고난을 받고 죽어간 무방비의 그리스도인 순교자들의 거울』(*The Bloody Theater or Martyrs Mirror of the Defenseless Christians who baptized only upon confession of faith, and who suffered and died for the testimony of Jesus, their Saviour*)이라는 책이 출판되었다(George 1987, 343). 1,290쪽에 달하는 두꺼운 책이 초대 교회로부터 17세기 중반까지의 순교자들을 다시 계산하였다. 급진주의자들 간의 기도의 형태들은 다양했는데, 현대 오순절 기도와 유사한 것들로부터 간단한 예배 후에 무릎을 꿇고 드리는 메노파교도들의 묵상 기도까지 있었다.

공동체의 일원이 되려는 사람에게 거듭남의 체험을 요구하는 것은 재세례파들이 청교도들보다 시기적으로 앞선다. 영성을 감정적 경험으로 축소하는 것은 메사추세츠 만 식민지(the Massachusetts Bay Colony)의 청교도들이 1세기 후에 발견한 것과 같은 많은 문제들을 동반하였다. 그들 자신들의 종교를 확립하기 위하여 자유를 추구한 청교도들과는 달리, 많은 급진주의자들은 완전한 양심의 자유와 모든 종교적 박해를 중단해야 함을 가르쳤다.

어떤 급진주의 단체들은 이중 예정과 영원한 지옥을 부정하면서, 타락한 천사들도 포함되는 보편적 구원(universal salvation)을 가르쳤다. 많은 단체들은 좋은 것들을 나누고 다음과 같은 점에 이르기까지 평등주의자들이었다. "여성들은 보호자들로, 후원자들로, 예언자들로, 사도들로, 교사들로, 설교자들로, 집사들로, 그리고 찬송가 작가들로 봉사했다"(George 1987, 365).

가톨릭과 개신교뿐 아니라 개신교 자체 안에서의 주요 분열들은 루터교에 귀의한 한 젊은 프랑스인이 파리를 떠남으로써 발생했다. 존 칼빈(John Calvin, 1509-64)은 슈트라스부르크에서 학자의 삶을 살기 위하여 제네바를 거쳐 지나갈 때에, 윌리암 파렐(William Farel)에게 제네바 개혁을 위해 도와달라고 설득을 당했다. 법률가로 훈련받은 칼빈은 교회 교부들의 글을 깊이 있게 읽었다. 제네바 사람들이 파렐과 칼빈을 함께 보낸 후에, 칼빈은 슈트라스부르크에 머무는 동안 슈트라스부르크의 루터교 목사였던 마틴 부서(Martin Bucer)의 영향도 받았다.

제네바로 다시 부름 받은 칼빈은 그의 여생을 거기에서 보내며 『기독교 강요』(*Institutes of Christian Religion*)와 성경 주석들과 신학 논문들에 간직된 신학을 발전시켰다. 칼빈의 영성은 그리스도 안에서 하나님이 행하신 모든 일들에 대한 감사에 근거를 두고 있었다. 찬양과 감사와 청원의 기도는 시편에서 그 목소리를 찾을 수 있으며, 그 시편은 특별히 제네바의 위대한 작곡가였던 클로드 구디멜(Claude Goudimel, 약 1524-1572)에 의하여 교회에서 사용되는 적절한 음악으로 옷을 입게 되었다. 칼빈은 유아세례를 지지했고, 하나님의 우편에 앉아계신 그리스도와 연합한 신자들에게 성령의 능력을 통하여 그리스도가 실제적으로라기 보다는 참으로 임재하신다는 것을 확인한다는, 주님의 만찬에 대한 신학을 가르쳤다. 빵과 포도주는 주님의 만찬 동안 도구적으로 사용되지만, 의식이 끝나고 나면 어떤 특별한 성격을 지니지 못하며, 일반적인 빵과 포도주로 소비해도 된다.

그러므로 칼빈은 루터와도 다르고 불링거(Henry Bullinger)와도 달랐다. 취리히에서의 츠빙글리의 계승자인 불링거는 주의 만찬 안에서의 그리고 그 만찬을 통해한 그리스도의 몸에 대하여 어떤 언급도 허락하지 않았다. 목사회(The Company of Pastors)와 치안판사들과 교회 장로들로 구성된 치리회(Consistory)는 제네바 시민들로 하여금 경건한 삶을 살 것을 권고했다. 취리히에서처럼 제네바에서도 그 공화국 안에 있는 시민들은 교회의 회원이 되라는 요구를 받았는데, 그 생각은 17세기에 청교도들에 의하여 마사추세츠 만 거주지에 유입되었다.

1530년대에 로마 가톨릭교회는 개신교 개혁에 의하여 제기된 심각한 위협에 대비하여 움직이기 시작했다. 교황과 교황청은 교회 안의 울부짖음과 교회 밖에서의 도전에 대비하여, 마침내 1545년에 트렌트 공의회(the Council of Trent)의 첫 회의가 시작되었다. 트렌트 공의회의 세번의 회의들(1545년 12월-1547년 3월, 1551년 5월-1552년 4월, 1562년 1월-1563년 12월)이 역병들과 전쟁으로 방해를 받았으나, 그 공적들은 몇 가지 개정들과 함께 제2차 바티칸 공의회까지 지속되었다.

트렌트 공의회는 사랑에 의한 믿음의 효력과 은혜는 선행에 의해 강요되지 않는다는 것 뿐 아니라, 인간 본성에 대한 낙관적인 견해, 즉 인간 본성에는 자유가 허락되었기에 하나님의 항상 선행하는 은혜와의 협력도 허락되었다는 것을 재확인했다. 하나님의 행위는 항상 일차적이고, 그리스도인의 협동은 하나님께 대한 반응으로서 이차적이다. 트렌트 공의회는, 성직자들의 훈련을 위한 신학교들을 세우는 것과, 감독들이 주교 관구에 살면서 교리 교육과 성례 집행을 감독하는 적절한 의무를 책임지는 요구들을 포함하는 광범위한 개혁을 제공하였다. 로마는 더 이상의 분열 운동이 발생하지 않도록 주의해서, 교회들의 일과 감독들을 될 수 있는 한 많이 중앙집중화시켰다.

로마 교회는 교리문답들과 다른 형태들의 평신도 교육을 계발하였다. 후기 트렌트(post-Tridentine) 교회는 지역의 성인들(saints)을 보편 교회(universal church)를 위한 성인들의 달력(calendar of saints)으로 대체시켰다. 시성(諡聖, Canonization of saints)은 로마의 특권이 되었고, 로마 가톨릭은 보편적 축제일의 목록을 만들고 그것으로 지역들의 축제일들을 대체했다. 트렌트 공의회와 이러한 행동들은 로마 가톨릭교회에 강화시킨 반면, 그것은 또한 급변하는 유럽의 정치와 문화 세계의 변화에 대응할 수 있도록 점차적으로 강화된 구조들을 공식화했다.

16세기 동안에 여성들을 위한 우르술라 수도회(Ursulines, 1544)와 남성들을 위한 예수회(Jesuits, 1540)등의 새로운 수도원이 설립되어 성직자들과 평신도들의 교육에 이바지하였다. 그러나 중세의 세 번째 수도회인 탁발 수도회처럼, 이런 새로운 수도회들은 주로 단체들과 협회들을 통하여 평신도들로 하여금 영적인 삶과 활동에 참여하도록 하는 길을 닦았다. 이런 것들 중에서 가장 강력했던 것이 마리아 신도회들(Marian Sodalities)이었는데, 그것들은 예수회 최고 지도자의 지도하에 그레고리 8세 황제(Pope Gregory VIII)에 의하여 모이게 되었다.

　이 협회들의 규칙은 회원들로 하여금 매일 기도하고, 매일의 미사에 참여하고, 매주 고해하며, 적어도 한달에 한번은 성찬을 받는 것이 요구되었다. 그들은 병자들과 갇힌 자들을 돌보고, 요리문답을 가르치며, 가난한 자들을 돕는 등 자비의 일에 스스로 헌신해야만 했다. 사제들이 지도자들로 할당을 받았다면, 협회의 행정가들은 그 구성원들에 의하여 선출되었다. 단체 회원들의 조직망은 유럽으로 퍼져나가 그 마을의 자선과 종교적 삶에는 물론 정치 생활에도 영향을 미쳤다. 새로 설립된 수도회와 기성 수도회의 사제들은 충성된 사람들의 경건한 삶이 더욱 왕성해감에 따라 영적 지도에 분주하게 되었으며, 더욱 많은 평신도들이 묵상과 명상에 참여하게 되었다.

　16세기에 가장 중요한 영적 발달들 중 두 가지가 스페인에서 시작되었다. 그 첫 번째가 로욜라의 이그나티우스(Ignatius of Loyola, 1490/1-1556)의 작품인 『영신수련』(*The Spiritual Exercises*)이었는데, 그는 그것을 예수회 회원을 만들기 위하여 사용하였다. 예수회는 보통 6일부터 30일 동안 지속되며 3-5일 동안의 철저한 기도의 묵상을 요구하는 수련회를 통하여 그리스도를 더욱 가까이 따르도록 남녀 평신도들을 변화시키는데 사용하였다.

　영신수련의 첫 주에는 인류의 창조자이신 하나님의 사역을 생각하게 한다. 이와 같은 방법을 통하여 그 사람은 마음을 열어 자신을 하나님께로 돌아가게 한다. 두 번째 주에는 그리스도의 삶을 따른다. 그리고 수련자로 하여금 선하신 주님께 마음을 열어 헌신하도록 의도된 몇 가지 중요한 묵상을 한다. 세 번째 주 동안에는 그리스도의 수난에 대하여 묵상을 하며, "나를 위해" 죽으신 그리스도를 열린 마음으로 따르기 위한 기도를 다시 드린 후에 끝난다. 넷째 주 동안의 묵상은 그리스도의 부활과 천국에 관한 것으로서 그리스도를 섬기는 일에 자신을 전적으로 헌신한다는 의미로, "취하고 받아들이라"(Take and receive)는 기도로 끝난다.

　이 패턴은 영신수련에 의해서 정립되었으나 묵상하는 사람이 훈련을 따르는 방법은 엄격하지 않다. 이그나티우스는 강조하기를 영적 지도자의 주요 업무는 "영혼들을 돕는" 것으로서, 단계를 설정하고 수련자의 영혼 속에 하나님이 직접 역사하시는 것에 끼어들지 않도록 물러나야 한다고 했다.

　스페인에서 일어난 두 번째 영적 발전은 아빌라의 테레사(Teresa of Avila, 1515-82)와 십자가의 성 요한(St. John of the Cross, 1542-91)에 의한 카르멜 탁발 수도회의 개혁이었다.

그들은 카르멜 산의 성모 마리아 수도회를 개혁했을 뿐 아니라 아직까지도 독자들에게 영감을 주는 영적 작품들을 세상에 제공했다. 이 두 사람들은 모두 영적인 글을 쓰고 지도력을 발휘하는 특별한 능력이 있었기 때문에 박사라는 칭호를 받았다. 테레사는 수녀들을 위하여 『완전의 길』(*The Way of Perfection*)과 『내면의 성』(*The Interior Castle*)과 하나님과의 연합 안에서의 자신의 어려운 인생길을 묘사하는 자서전과 같은 현실적인 지도서들을 저술했다.

테레사의 신비주의는 온전히 그리스도 중심적인 것으로서, 그녀는 삼위일체나 성육신을 초월하는 하나님을 추구하지 않았을 뿐만 아니라 다른 사람들에게도 그러한 것을 추구하라고 제안하지 않았다. 테레사는, 영혼이 일곱 개의 거처를 가진 성으로서 다이아몬드와 같다고 여겼다. 영혼은 기도의 문으로 들어간다. 죄로 가득 찬 자신의 모습을 인식하는 것으로부터 영적 결혼으로 진보하는 것은 직선적인 것이 아니라, 첫 번째 거주지로 귀환하는 것과, 돌연 그 목표를 응시하는 것과, 그리스도 안에서의 하나님과의 지속적인 연합을 포함하고 있다.

테레사는 자신의 지도와 권고를 정원에 물을 주는 것과 같은 보통의 경험으로 비유하여 설명한다. 아마도 초보자는 우물에서 물을 길러서 정원으로 무거운 물동이를 끌어 나를지도 모른다. 좀 더 발전된 사람은 관개 시설만을 돌볼 것이다. 하지만 경험이 많은 정원사는 하나님의 선한 비가 그녀를 위하여 정원에 물을 주는 것을 지켜만 볼 것이다. 테레사는 현명한 안내자일 뿐 아니라 실제적인 안내자였다. 만약 어떤 자매가 환상적인 체험을 주장한다면, 그 자매에게는 더욱 실제적인 규정식과 뜨거운 목욕과 특별한 쉼이 필요하다고 테레사는 권고했을 것이다. 테레사에 있어서, 진보를 위한 시험은 환상이 아니라 모든 사람을 향한 지속적이며 온건한 자비이며 매일 충실하게 기도하고 일하는 것이었다.

십자가의 요한은 많은 기술이 있고 위대한 통찰력을 가진 사람이었다. 그는 예술가였고, 건축가였으며, 훈련받은 신학자였으며, 보기 드문 시인이었다. 그의 작품들은 테레사의 것들보다 이해하기가 더 어려우나, 번역이 되어 스페인을 넘고 16세기를 넘어 영향력을 미쳤다. 전부와 무(all and nothing/*todo y nada*, "토도 이 나다")라는 그의 방법은 그 사람이 매달려 있을지 모르는 모든 것을 벗어버리고 자신의 무(無), 즉 "나다"(*nada*)를 인식하는 것을 요구한다. 이와 같은 자기 비움의 목적은 자신이 전적으로 속하기를 원하는 하나님으로 충만해지는 것이다. 이것이 "토도"(*todo*)이다. 아가서에서 큰 영향을 받은 요한의 불타는 시와 주석들은 초기의 영적 전통들을 독창적으로 종합한 것들이다. 카르멜 수도회의 이 두 사람은 하나님께 대한 열정과 초보자에서 시작하여 "영적 결혼"에 대한 향유에 이르는 길들 또는 그리스도 안에서의 하나님과의 계속적인 연합을 분명히 한다.

두 스페인 신비주의자들은 또한 활동적이어서, 스페인을 누비며 맨발의 카르멜 수도회들(the Discalced Carmelites)의 집들을 새롭게 세웠다. 기성의 수도회들이 초기에 그랬던 것처럼, 그들의 개혁은 초기의 유럽의 카르멜 수도회의 순전한 규칙을 잘 지키는 것으로 돌아가는 일이었다. 트렌트 공의회 동안과 그 이후에 성직자들의 개혁에 관한 관심은 이탈리아 영성의 특징이 되었다.

필립 네리(Philip Neri, 1515-94)는 이탈리아의 기도실(the Italian Oratory)을 창설하고 스페인의 이그나티우스와 함께 로마에서 개혁 운동을 인도했다. 감독 개혁의 모델인 찰스 보로메오(Charles Borromeo, 1538-84)는 성직자 개혁에 동일한 관심을 가졌다. 그가 쓴 글들은 남은 것이 별로 없기 때문에, 그의 중요한 공헌은 개혁 운동들이다. 제노아의 캐더린(Catherine of Genoa, 1447-1510)의 글들은 1551년에 출판되기 시작했는데, 그녀는 16-17세기에 나아가서 20세기에 이르기까지 여전히 더욱 널리 이탈리아와 스페인과 프랑스의 영성에 막대한 영향을 끼쳤다. 캐더린은 그녀 자신이 직접 글을 쓰지는 않았다. 그녀의 고해 신부들과 제자인 바티스타 베르나자(Battista Vernazza)는 그 성인의 가르침들과 무아지경의(ecstatic) 발언들을 포착할 책임을 지고 있었다.

제노아의 캐더린은 예수 그리스도를 통하여 신적인 요소 자체와의 영적 연합에 대하여 언급했다. 캐더린은 순수한 사랑 즉, 자신을 완전히 잊어버린 채 오로지 하나님만을 사랑하는 온전한 공평무사의 자선을 지향했다. 그녀의 『연옥에 관한 논문』(*Treatise on Purgatory*)은 그녀의 가장 잘 알려진 작품이다. 거기에서 그녀는 연옥에 있는 영혼들의 상태를 깊은 기도의 여인으로서 그녀 자신이 겪었던 시련들에 비유하였다. 그녀는 하나님 앞에서 자신의 죄와, 순수한 사랑으로 하나님과 연합할 수 있도록 깨끗하게 죄를 씻음 받고자 하는 불타는 의욕이 있음을 깊이 인식했다.

영국은 16-17세기 동안에, 헨리 8세(Henry VIII, 1508-47)와, 개신교의 에드워드 세이모어(Edward Seymour, 에드워드 6세의 삼촌)의 섭정 하에 있었던 헨리 8세의 어린 아들 에드워드 6세(Edward VI, 1547-53)와, 헨리의 딸이었던 로마 가톨릭의 메리 여왕(Queen Mary, 1553-8)과, 개신교의 엘리자베스 1세 여왕(Queen Elizabeth I, 1558-1603)의 집권들을 통한 오랜 기간의 자체 개혁을 이루었다. 헨리 8세가 아라곤의 캐더린(Catherine of Aragon)과 자신의 결혼의 적법성을 주장할 때에, 그는 자신의 비서로서 평신도이며 인문주의자였던 데시데리우스 에라스무스의 친구 토마스 모어 경(Sir Thomas More)과 존 피셔(John Fisher) 감독의 반대에 직면했다. 그들은 모두 깊이 있으나 숨겨진 영성을 함양했는데, 그것은 그들이 순교할 수 있도록 지탱하는 힘이 되었다.

그러는 동안 그 개혁은 캠브리지에 있는 "백마의 사람들"(White Horse Men)을 통하여 정착되었는데, 그들은 다른 것들도 있지만 특히 루터의 작품들을 논의하기 위하여 모였다. 그 운동은 에드워드 6세의 재위 동안 왕성했는데, 당시에 캔터베리 대주교였던 토마스 크랜머(Thomas Cranmer)로 하여금 『공동 기도서』(Common Prayer, 1549, 1552)라는 유명한 문헌을 생산하게 했다. 크랜머는 메리 여왕 통치 하에서 죽임을 당했고, 에드워드 재위 시에 유입되었던 개신교 성직자들은 영국에서 프라이베르크(Freiberg)와 취리히(Zurich)와 제네바(Geneva)로 망명하였다.

1558년에 엘리자베스가 여왕이 되었을 때에 그들은 여왕에게 유럽에서 그들이 배웠던 개혁주의 예전들과 신학들을 받아들이라는 요구를 하면서 귀국했다. 그러나 헨리 8세의 친딸인 엘리자베스는 영국의 국왕이 영국 교회의 머리라는 "수장령"(Act of Supremacy)과 헨리의 가톨릭 신학 선호를 유지했다. 엘리자베스 시대의 타협(The Elizabethan Settlement)은 영국에 있는 두 형태의 영국 개신교 사이의 분쟁을 해결했으나, 스코틀랜드에서는 그렇게 하지 못했다.

마리아 시대의 망명자들(the Marian exiles) 중 하나가 스코틀랜드인 존 낙스(John Knox, 1505-72)였는데, 그는 제네바에 머무는 동안에 칼빈주의자가 되었다. 그는 1559년에 스코틀랜드로 돌아왔고, 1560년에 스코틀랜드는 새로운 법에 따라서 개혁 신앙에 대한 충성을 선포했다. 그러는 동안에 영국에서 사람들은 스코틀랜드의 왕실에서 로마 가톨릭과 개신교가 교체되는 것을 보며 대경실색했다.

메리 튜더(Mary Tudor)의 재위 동안에 개신교도들은 비밀리에 모여 교리를 공부하는가 하면, 영국 재세례파들은 그들의 유럽 동료들이 그랬던 것처럼, 계속적으로 금지당하며 고난을 받았다. 로마 가톨릭도들은 성례를 제공하기 위하여 생명을 걸었던 예수회 시인 에드먼드 캠피언(Edmund Campion)과 같은 사제들을 숨겼다. 캠피언의 시들은 그를 순교적 죽음으로 이끌어갈 만큼 강력한 사랑을 부드럽게 나타낸다. 가톨릭과 개신교 모두는 출판을 통하여 영웅적인 간증들을 쏟아냈다.

3. 17세기

17세기 동안 영국은 개혁의 형태가 어디까지 가야 하는가에 대한 문제를 가지고 지속적으로 고투했는데, 국왕 시해까지 가야 한다는 점을 깨달았다. 대륙에서는 불안전하나마 1648년에 베스트팔리아 평화조약(Peace of Westphalia)과 함께 평화가 돌아올 때까지 종교 전쟁들이 맹위를 떨쳤다. 그러는 동안 개신교 내에서의 신조주의(confessionalism)와 개신교와 로마 가톨릭 신학교들 안에서의 스콜라주의(scholasticism)는 점점 엄밀해졌다. 이것에 대한 반작용으로 독일과 프랑스에서는 집에 모여 서로 격려하며 성경에 근거한 내적 삶을 추구하는 경건 단체들이 일어났다. 1650년, 스콜라주의에 대한 반작용의 방향이 달라졌다. 왜냐하면 그때 데카르트(Rene Descartes)가 그의 저서 『성찰』(Meditations)을 출판하였는데, 그는 철학을 신학과 분리하고, 이성을, 그 다음 세기의 계몽주의(Enlightenment)로 향하는 자율의 길 위에 올려놓았기 때문이다.

16세기 말에 약화된 형태의 스콜라주의가 개신교와 로마 가톨릭 신학교에서 주를 이루었다. 소책자들은 루터와 칼빈의 강력한 신학을 스콜라적 교리 진술로 축소시켰다. 16세기에 왕성하게 열매를 맺었었던 토마스적 스콜라주의의 부흥은 스페인의 살라망까(Salamanca)대학으로부터 퍼져 나왔으나, 17세기에 교리와 세밀한 논쟁에 중점을 두는 것으로 계승되었다.

신학교 교육의 스콜라적 방법과 교리적 일치에 대한 고집은 두 가지 운동이 일어나게 했다. 프랑스 가톨릭에서 가톨릭 스콜라주의에 대한 거부는 데카르트의 철학에 호감을 가지며 근대 합리주의로 이어졌다. 한편 독일에 속한 루터교 지역들에서는 루터교의 스콜라주의에 대한 반작용으로 야콥 뵈메(Jacob Boehme, 1575-1624)와 그의 추종자들과 같은 경이로운 사람들이 나오게 되었으며, 더욱 지속적인 경건주의 운동이 일어나게 되었다.

야콥 뵈메는 그의 제자들과 함께 루터파 경건주의와 가톨릭 신비주의의 요소들을 취하여, 자기 특유의 양상으로 만들었다. 그리고 그의 사상을 독일어권 지역에 보급했고, 그것을 번역하여 1660년에 영국으로 퍼뜨렸는데, 그곳에서 그들은 밀턴(John Milton, 1608-74)과 뉴턴(Isaac Newton, 1462-1727)에게 알려졌다. 뵈메는 제화공이었는데 결혼한 가장으로서 네 아들을 두었고, 괴를리츠 근처의 알트 사이덴베르크 마을에서 살았다. 뵈메는 괴를리츠에서 영성가인 카스파르 슈벵크펠트(Caspar Schwenckfeld von Ossig, 1489-1551)의 제자들과 발렌타인 바이겔(Valentine Weigel, 1533-88)을 알게 되었는데, 자연 신비주의자였던 발렌타인은 뵈메에게 파라켈수스(Paracelsus)의 작품들과 12세기 말엽에 스페인에서 시작된 신비적 전통인 유대교의 "카발라"(Jewish *kabbalah*)를 소개하였다.

뵈메가 당대의 사람들과 논쟁이 적었듯이, 가톨릭 경건주의와 신비주의를 채택했던 요한 아른트(Joann Arndt, 1555-1621)도 그러했다. 괴를리츠 루터파들의 탐구는 개신교의 스콜라주의의 엄격성에 대한 반작용이었으며, 진정한 경건에 대한 추구이고, 헌신과 거룩이 있는 더 개인적인 삶에 대한 추구였다. 뵈메의 가장 영향력 있는 작품인 『그리스도께 이르는 길』(*The Way to Christ*)은 1624년에 출판되었다. 그 책의 출판 전과 후에 정통 루터파들은 뵈메를 공격하고 그를 그의 집에서 축출하였다. 그는 괴를리츠에 돌아와 화해하였고, 거기서 죽었다.

하나님의 사랑은 뵈메의 체험의 중심부에 있었고, "그의 깊은 곳에 계신 하나님이 무엇인지"를 계시하는 처녀 소피아(Virgin Sophia)와 그의 영혼의 결혼 안에서 표현되었다. 지혜는 하나님의 계시이며 성령의 유형성(corporeality)이다. 즉 거룩한 삼위일체의 몸이다"(Boehme, *Antistiefelius*, 2.253, 1978. 9의 서론에 재인용). 뵈메의 사상의 복합성은 간단하게 요약될 수 없다. 그것은 헌신적인 독자에게도 도전을 준다.

독일의 경건주의 운동은 칼빈과 루터의 사상을 중세 후기의 가톨릭 헌신 운동들(Catholic devotional movements)과 함께 도입했다. 그것은 1675년에 요한 아른트(Johann Arndt)의 『복음서 주해』(*Postills on the Gospels*, 1615-16) 서문을 출판한 필립 야콥 슈페너(Philipp Jakob Spener, 1635-1705)와 함께 시작되었다. 슈페너의 『경건한 소원』(*Pia Desideria*), 혹은 『하나님을 기쁘시게 하는 개신교의 진정한 개선을 위한 마음으로부터의 열망』(*Heartfelt Desires for a God-pleasing Improvement of the true Protestant Church*)은 독일의 경건주의에 큰 영향력을 준 교재가 되었다.

프랑케(A. H. Franke, 1663-1727)는 할레(Halle)를 경건주의의 본부로 만들었고, 니콜라스 루이스(Nicholas Lewis)와 진젠도르프 백작(Count Zinzendorf, 1700-60)은 1722년에 헤른후트 형제회(Herrnut Brotherhood)를 창설했고, 거기에 모라비아(Moravia)로부터의 망명자들을 받아들였다. 모라비아 공동체는 주민들에게 조지아 거류지를 제공했다. 성공회 성직자였던 존 웨슬리(John Wesley, 1903-91)가 몇명의 모라비안 형제들을 만난 것은 그가 그곳을 여행할 때였다. 일단 영국으로 돌아갔었던 웨슬리는 그들의 영향으로 거듭나게 되었고, 감리교도들(Methodists)이라고 알려진 경건 집단을 설립했다.

개신교 상호간의 논쟁들(inter-Protestant polemics)에 대한 슈페너의 답변은 베를린대학의 경건주의 교수였던 프리드리히 슐라이에르마허(Friedrich Schleiermacher, 1768-1834)에게도 영향을 주었는데, 슐라이에르마허는 19세기에 독일의 개혁교회와 루터교회를 연합시키는 도구의 역할을 했다. 슐라이에르마허가 쓴 다른 주요 저서들 중에서 『종교론: 교양있는 경멸자들에게 전하는 말』(On Religion: Speeches to its Cultured Despisers, 1799)은 "절대적 의존의 감정"(feeling of absolute dependence)으로 구체화되는 경건한 체험에 근거한 신학 작품이다.

엘리자베스 1세의 재위 동안, 영국 국민들은 존슨(Jonson)과 셰익스피어(Shakespeare)의 희곡들을 즐길 수 있었다. 17세기 초기에는 킹제임스 성경이 출판되었는데, 그 빛나는 영어는 "공동기도서"(Book of Common Prayer)의 운율과 언어와 함께 영국 영성의 언어가 되었다. 그러나 영국의 종교 지도자들은 전쟁이 발발하여 올리버 크롬웰(Oliver Cromwell)의 짧은 승리로 끝날 때까지 서로 반목했는데, 아일랜드는 크롬웰 정권하에서 쇠약해지고 예속되었으며, 찰스 1세 왕(King Charles I)은 교수형을 당했다.

존 밀턴(John Milton, 1608-74)은 크롬웰의 라틴어 비서였는데, 그는 자신의 청교도적 엄격성으로 인해 청교도들에 의하여 금지되었던 예술들을 포함하여 문화적 삶을 즐기는 것에 대해 갈등을 느꼈다. 그러나 그의 『실낙원』(Paradise Lost, 1667)은 청교도 문학의 절정을 이루었다. 이와 같은 소용돌이의 세기에 영국은 "형이상학적 시인들"을 배출했는데, 그들은 잉글랜드 성공회 교도들로서 영적 투쟁을 예민하게 그리고 격정적으로 기록했다. 존 던(John Donne, 1572-1631)과 조지 허버트(George Herbert, 1593-1633)와 헨리 본(Henry Vaughn, 1622-95)과 토마스 트러헌(Thomas Traherne, 1637-74)은 확고한 성육신 신학에 근거하여 영적 투쟁과 심오한 희락에 대하여 글을 썼다.

던(Donne)은 매우 반항적인 가문에서 태어났다. 그의 두 사촌들은 예수회 사제가 되었는데, 그들 중 하나는 붙잡혀 1584년에 런던 탑(the Tower of London)에 수용되었다. 던의 형제인 헨리는 한 로마 가톨릭 사제와 함께 붙잡혀 1593년에 감옥에서 죽었다. 던은 로마 가톨릭과 영국 교회의 모순을 심각하게 연구하였다. 그는 결국 "잉글랜드 국교회 수장에 대한 맹세"(the Oath of Supremacy)를 했다. 던은 늘어나는 가족들을 부양하기 위하여 어려운 시간을 보낸 후에 1615년에 성공회 사제로 안수를 받았다. 1621년에 그는 성 바울 대성당 주임 사제(Dean of St. Paul's)가 되었고 마침내 재정 문제에서 자유로워졌다.

던의 영성은 그의 사제 직무를 통하여 발달하였다. 그는 의심과 냉소에서 희망으로 옮겨졌다. 성 어거스틴(St. Augustine)의 작품들을 읽은 던은 성 어거스틴처럼, 때로는 하나님의 사랑을 의식하는 여정 속에서, 때로는 쓰디쓴 어두움의 여정 속에서 점차적으로 진리를 찾게 되었다. 그의 죄에 대한 인식은 하나님의 자비를 믿는 믿음이 성장함에 따라

누그러뜨려졌는데, 그것은 "아버지 하나님께 대한 찬송"(A Hymne to God the Father)에서 가장 잘 요약되었다.

조지 허버트와의 동시대 사람들은 허버트를 성인 같은(saintly) 교구 목사로 여겼는데, 그의 시와 설교와 산문은 헌신된 성공회 성직자의 삶을 반영하고 있었다. 그의 긴 작품들과 『시골 목사와 성전』(The Country Parson and The Temple)은 성공회 안에서의 그리스도인의 삶을 신실하게 그리고 양심적으로 노래한다. 편집자였던 존 월 주니어(John N. Wall, Jr)는 허버트의 열정을 다음과 같이 요약한다.

> 그 교회가 가르친바, 지상에서 인간 삶의 목표인, 공동체의 이상을 향해 그의 회중을 움직이게 하기 위하여 그의 모든 에너지와 그의 모든 언어의 기술과 그의 모든 설득력을 바친다(Herbert 1981, 25).

허버트는 시골 목사의 삶을 겸허하게 살았으나, 엘리자베스 문화에서 교육 받은 풍부한 지식의 사람이었으며, 말로만 설교하는 것이 아니라 최대한의 모범적 삶을 통해서 설교해야 한다는 확고한 의지를 가진 사람이었다. "사랑 III"(Love III)이라고 일컫는 시는 그 시적 아름다움 때문에 명시 선집에 수록되었으나, 그것은 독자들로 하여금 더욱 깊은 영적 삶을 살도록 도움을 주려는 의도를 가진 모음집에도 수록되었다.

헨리 본(Henry Vaughn)은 조지 허버트를 존경했다. 그는 자신의 회심에 대하여 허버트의 공로를 인정했다. 본의 시는 자연을 그리며, 윌리엄 워즈워스(William Wordsworth, 1770-1850)에게 영향을 끼쳤던 것으로 생각된다. 토마스 트러헌(Thomas Traherne)은 형이상학적 시인들 중에서 제일 마지막으로 태어난 시인인데, 그는 아마도 플라톤(Plato)과 플로티누스(Plotinus)와 어거스틴과 위-디오니시우스로부터 중세 작가들인 성 빅터의 리차드(Richard of St. Victor)와 성 보나벤추라(St. Bonaventure)와 마이스터 에크하르트(Meister Eckhart)와 헨리 수소(Henry Suso)와 얀 판 루스브로엑(Jan van Ruusbroec)에 이르기까지 오랜 전통의 서양 신비주의에 가장 큰 은혜를 입었을 것이다. 그는 또한 위대한 영국의 신비주의자들과 『무지의 구름』(Cloud of Unknowing)의 저자와 노르위치의 줄리안(Julian of Norwich)에게 은혜를 입었다. 야콥 뵈메의 작품들까지도 트러헌에게 영향을 준 것으로 보인다.

청교도의 영성은 성공회의 나라인 영국에서 결코 평안하지 못했다. 청교도들은 전쟁을 하며, 이기기도 하고 지기도 하면서 왕당파가 기세를 부리던 1660년에 미미한 소수

파가 되었다. 많은 청교도들은 영국을 떠났다. 그들 중 어떤 사람들은 1620년에 메사추세츠 만 식민지(Massachusetts Bay Colony)를 설립했는데, 그들은 그것을 전형적인 청교도의 전초기지가 되기를 희망했다.

1652년에 조지 폭스(George Fox, 1624-91)는 랭커셔(Lancashire)에 친구들의 신앙 공동체(the Religious Society of Friends)를 설립했다. 그 친구들은 폭스가 묘사한 바와 같은 지속적인 대화의 깊은 내적 체험을 추구했다. 그들은 또한 단순한 예배의 형식을 모색하다가, 그들이 함께 앉아 한 사람이 감동받아 말할 때까지 침묵을 지키는 것이 그들이 찾던 예배 형식이라고 생각했다. 그들의 체험은 그들을, 그리스도께 인도하는 성령 안에서 새로 발견한 교제를 평화롭게 실천하는 것만을 추구하는 공동체로 결속시켰다. 그러나 이 공동체가 기성 교회와 심지어 크롬웰의 영연방(Cromwell's Commonwealth)의 예배와의 급진적으로 단절한 일은 박해를 불러일으켰다.

1681년에 퀘이커 교도였던 윌리엄 펜(William Penn)은 아메리카에 있는 땅을 협상하여 구입하고 그의 아버지 이름을 붙여 펜실베니아(Pennsylvania)라고 불렀다. 펜의 꿈은 자신과 다른 사람들이 "하나의 거룩한 실험"을 하다가 받게 된 박해를 퀘이커 교도들은 모면하도록 그들에게 도움을 주는 것이었다. 그는 1682년에 펜실베니아 헌법을 초안했다. 그 헌법은 그 거류지 안에서의 기본적 인권의 원리들을 확립했으며, 거기에서 1756년까지 시행되었다.

유럽 대륙에서는, 17세기 초에 가톨릭 영성의 대부분의 흐름들이 함께 파리로 유입되었다. 이탈리아에서는 제노아의 캐더린의 번역 작품들이 들어왔고, 스페인에서는 아빌라의 테레사의 번역 작품들이 들어왔으며, 그 후엔 십자가의 요한의 번역물이 들어왔다. 1609년에, 『하나님의 뜻의 한 요점으로 요약되는 완전한 규칙』(*Règle de perfection réduite au seul point de la volonté divine*)이라는 책이 출판됐다. 이 책은 영국에서 이민온 윌리엄 핀치(William Pinch)이 저술했다. 캐퓨친 수도회에서 그의 이름으로는 베네 칸필드(Benet Canfield) 혹은 칸필드의 베노이트(Benoît de Canfield, 1562-1610)였다. 칸필드의 추상적인 신비주의는 우리에게 요구하기를, 하나님의 뜻과 우리의 뜻이 완전한 일치에 이르게 하기 위하여, 그래서 하나님과의 병합과 하나님으로 변화를 이루기 위하여 성육신을 우회하라고 한다. 상들(images)과 산만한 묵상은 관상(contemplation)의 첫 단계에 속하며 버려져야 한다. 그 결과 그 사람은 하나님의 연합하는 행위에 의해서 완전히 패배한다. 칸필드의 작품들은 17세기 내내 프랑스에서 심오한 영양을 미쳤으며, 1689년에 "정적주의"(Quietism) 문제가 대두된 기간 동안, 금서 목록에 실리면서도 살아남았다.

이 모든 흐름들은 신비적 재능을 가진 바브 아카리((Barbe Acarie, 1565-1618)라고 하는 주목할 만한 한 여인의 응접실에 집중되었다. 영적이고 지적인 천재성을 지닌 남녀들이 그녀의 주위에 모였다. 1601년에, 다른 어떤 곳보다, 그녀의 응접실은 피에르 드 베륄(Pierre de Berulle), 베네 칸필드(Bebet Canfield), 피에르 코튼 예수회 신부(Pierre Coton, SJ), 헨리 4세 왕의 고해 신부(confessor to King Henry IV), 프란시스 드 살레(Francis de Sales), 그리고 얀 판 루스브로엑(Jan van Ruusbroec, 1293-1381)의 작품인『영적 결혼』(Spiritual Espousals)을 불어로 번역한 카르토지오 수도회 수도사 돔 비우쿠신(Dom Beaucousin) 등이 모이는 장소가 되었다.

1604년에 마담 아카리(Mme Acarie)는 성 아빌라의 테레사로부터 직접 훈련을 받았었던 두 명의 카르멜 수도회 수녀들을 파리로 데리고 왔다. 초창기 몇 년 동안 그녀의 모임에서 권장되었던 영적 삶의 스타일은 "추상적 신비주의"(abstract mysticism)였는데, 그것은 모든 개념들(ideas)과 상들(images)을 초월하고, 심지어 그리스도의 인성과, 성 아빌라의 테레사를 따르는 카르멜 수도회의 수녀들이 잘못된 생각이라고 선언한 어떤 것도 초월하기를 추구했다.

베륄(Berulle, 1575-1629)은 그들의 영향과 예수회의 수도사들인 그의 은사들이 주관하던 훈련을 통해서 성육신 신학(incarnational theology)으로의 전환을 수용했다. 베륄은 프랑스 영성 학교의 아버지로 알려져 있는데, 그 회원들은 베륄의 친구들과 조언자 성 요셉의 마들렌느(Madeleine de Saint-Joseph)와 장-자크 올리어(Jean-Jacques Olier)와 존 외드(John Eudes)를 포함하고 있었다.

프랑스 학파에서 디오니소스파인 신플라톤적 나감과 돌아옴의 순환(cycle of exit and return)은 신학적 영성 안에서 성육신과 결합된다. 신학적 영성은 추종자들로 하여금 성육신한 제2위격을 통하여 삼위일체의 삶 속에 들어가도록 요구한다. 제2위격 자신의 깊은 겸손의 세계로의 여행은 그와 그리스도인들이 하나이면서 삼위일체인 하나님의 영광 속에 들어갈 수 있게 한다. 이와 같이 베륄의 영성은 형언할 수 없는 하나님의 타자성(otherness of God) 앞에서 하나님을 경배함에 있어서, 자아에 대한 망각(anéantissement, "아네엉띠스멍")을 계속 강조한다. 그는 그리스도를 이것에 대한 최고의 모범으로 삼는다.

동시에, 베륄과 그의 계승자들은 목회적 쇄신을 위한 후기 트렌트 공회의의 관심을 공유한다. 1611년에 베륄은 "프랑스 기도실"(French Oratory)을 창설했다. 그의 목표는 그가 사제적 사역을 위해서 필요하다고 생각되는 것, 즉 "권위와 거룩함과 교리"를 재결합시키는 것이었다. 거룩함과 교리가 없는 교회적 상태는 "무지하고 영이 없는 독재 권력의 껍질에 불과했다." 올리어와 외드는 베륄의 목회적 목표를 공유했다. 올리어는 신학 교육의 모델이 된 "성 슐피스의 교우회"(Company of St. Sulpice[the Sulpicians])를 창설했다. 외드는 같은 목적으로 예수와 마리아의 회중(the Congregation of Jesus and Mary)을 창설했는데, 그것은 교구의 성직자들을 종교적 제도권으로 끌어들이기 위함이 아니라, 그들로 하여금 거룩하고 학식이 풍부한 성직자들이 되어 부름 받은 일에 효과적으로 쓰임 받을 수 있도록 준비시키기 위해서였다.

장-자크 올리어(Jean-Jacques Olier, 1608-57)는 프란시스 드 살(Francis de Sales, 1567-1622)과 빈센트 드 폴(Vincent de Paul)의 친구였다. 그의 작품과 글들은 베륄의 글과 그의 영성 및 목회적 관심보다 훨씬 단순했다. 존 외드(John Eudes, 1601-80)는 베륄과 올리어를 모두 알고 있었다. 그는 예수회에서 교육을 받았고, 프랑스 기도실에 가입했고(1623), 1625년에 안수를 받았다. 그가 창설한 모임은 선교와 프랑스 성직자의 교육에 헌신했다.

그는 또한 피난처가 필요했던 젊은 여인들과 함께 일을 하기 위하여 노틀 담 종교인 자선 단체(The Religious of Notre Dame of Charity)를 창설했다. 그 단체는 결국 은신처의 자선을 위한 숙녀(Our Lady of Charity of Refuge)와 선한 목자의 자선을 위한 숙녀(Our Lady of Charity of the Good Shepherd)라는 두 단체가 되었다. 외드는 프랑스 학파의 영성을 예수님과 마리아의 거룩한 마음에 집중시켰다.

프란시스 드 살은 비록 사부아인(Savoyard)이었지만, 파리에 있는 예수회에서 교육을 받았다. 드 살은 안수를 받은 후에, 마담 아카리 주위에 모이는 "독신자회"(篤信者會/milieu devot, "밀류 드보")에 참여하였다. 그러나 그의 영성은 프랑스 학파의 영성과는 다르게 발달되었다. 『신앙 생활 입문』(Introduction to a Devout Life)은 평신도, 성직자, 종교인들 등 그리스도인들을 위한 안내서다. 그 단어들은 단순하고 직접적이며 그 내용도 그러하다.

그 내용은 모든 피조물들을 위한 하나님의 사랑이다. 그것은 특별히 인내하는 마음을 가지고 화해를 추구하는 사람이면 누구나 용서하려는 하나님의 무한한 갈망을 결코 의심치 않는 인간 영혼들을 위한 하나님의 위대한 사랑이다. 프란시스 드 살은 하나님의 보편적인 사랑과 그 은사에 대한 반응의 자유에 대하여 사람들을 안심시켜주고자 하는 예수회의 갈망에 근접해 있었기 때문에 포르트 로열(Port Royal)의 얀센주의자들의 예정론적 엄격성과 정 반대편에 있었다. 살의 정치적인 성향도 역시 베륄파든 얀센파든 청교도들과 전혀 달랐다. 그는 1592년에 안수를 받고 제네바의 성 베드로 교회의 주임 사제가 되었다. 그러나 로마 가톨릭도들은 가톨릭 사보이 왕가와 끊임없는 전쟁 중에 있는 공화국인 칼빈파 제네바에서 용납되지 않았다.

살의 꿈은 사보이의 공작이 한 번 이상 시도했던 것처럼, 힘이 아니라 사랑과 학식 있고 경건한 성직자를 통하여 제네바에 로마 가톨릭를 되돌려놓는 것이었다. 그의 꿈은 결코 이루어지지 않았으며, 그는 제네바의 남쪽 지방인 안시(Annecy)의 사보이인들의 마을에서 살았고, 거기에서 1602년에 제네바의 감독이 되었다. 그는 평신도들로 하여금 영적 목표를 추구하라고 격려했는데, 그가 신앙 생활 입문을 쓴 것은 여자 평신도였던 마담 샤르모이시(Mme de Charmoisy)를 위함이었는데, 그 책은 프랑스 전역에 걸쳐 급속도로 넓은 독자층을 확보했다.

드 살은 1604년에 제인 프란체스 프레미오(Jane Frances Fremyot)와 그가 디종(Dijon)에서 하는 설교를 들은 바로네스 드 샨탈(Baroness de Chantal)을 만났다. 메레 마들렌느(Mere Madeleine)와 베륄(Berulle)처럼 그들은 서로 영향을 주고받으며 영성을 발달시켰다. 샨탈이 그의 지도하에 활발했고 그는 그녀의 편지와 충고를 통하여 활발하게 활동했다. 그들은 합심하여 "성모 마리아의 방문"(The Visitation of Holy Mary)을 설립했는데, 이것은 가난한 사람들을 섬기면서 수도원의 기도생활을 추구하는 여인들을 위한 수도회였다. 여인들은 수도원에 격리되지 않고는 엄숙한 서약을 할 수 없었기 때문에, 그 새로운 종교 수도원은 가난한 자들과 병든 자들을 그들의 집으로 방문하는 것을 포기해야 했으며 수녀원 테두리 안에서의 이웃 사랑을 실천해야 했다. "성모 마리아의 방문"의 집들(Visitandine houses)은 1641년에 샨탈이 죽을 때까지 프랑스에서 80개로 늘어났다.

성 프란시스 드 살은 1622년에 죽었으나, 그것은 샨탈로부터 신비주의에 대한 증오의 극복을 배우고 난 후였다. 드 살은 위대한 묵상 작가들을 연구했고, 그의 『하나님의 사랑에 관한 논문』(Treatise on the Love Of God, 1616)은 묵상적 전통에 대하여 심도 있게 연구하고 평가한 것을 포함하고 있다. 그 책은 『신앙 생활 입문』만큼이나 유명했는데, 이들은 모두 영적 고전들로 남아있다.

프란시스 드 살보다 나이가 적은 친구였던 빈센트 드 폴(Vincent de Paul, 1580-1660)은 루이스 드 마릴락(Louise de Mariilac, 1591-1660)과 함께 가난한 사람들의 집과 병원에서 그들을 돌보기 위하여 1633년에 자선의 딸들(the Daughters of Charity)을 창설하였다. 장엄 서원(solemn vow)을 하고 수녀원에 지내거나 가난한 사람들을 돕는 그들의 주된 사역 중 택일해야 하는 상황을 맞이하자, 그들은 그들의 주된 사역을 택했다.

그러므로 그들은 장엄 서원을 하거나 머리 수건을 쓸 수가 없었다. 그들은 대신에 매년 간단한 서원을 하고 모자를 썼다. 자선의 딸들의 영성은 자선의 사도라고 불리는 드 폴과 드 마릴락의 가르침과 실천을 반영한다. 마릴락은 처음으로 결혼을 하고 어머니가 된

샨탈처럼 되었으며, 1625년 남편이 죽기 전에 자신을 하나님께 온전히 바치고 가난한 사람들을 위하여 봉사하라는 허락을 받았었다. 그녀가 그런 길을 찾아내도록 도움을 준 사람은 사제인 드 폴이었는데, 그는 회심과 영성 발달의 주요 수단으로서 서민들을 위한 사역에 헌신했다.

드 폴은 가난한 사람들을 적극적으로 돕는 삶에서 하나님께 이르는 길을 발견했는데, 그것은 그로 하여금 깊은 기도에 이르게 하고 개혁자와 창설자와, 은사 받은 영적 지도자가 되게 했다. 말씀에 대한 사명에 있어서, 드 폴은 자신의 사역과 그가 1617년에 창설한 사명의 회중(the Congregation of the Mission)의 사역의 모델이 된 예수님의 사명을 발견하였다. 드 폴은 하나님은 현재에 발견되며 사랑은 행동과 기도와 삶의 수단이며 목적이라는 확신을 성 프란시스 드 살과 공유했다.

17세기 프랑스에서 가장 위대했던 몇몇의 영적 지도자들은 예수회에서 교육을 받았다. 예를 들면, 피에르 드 베륄과 성 프란시스 드 살과 같은 인물들이다. 블레즈 파스칼(Blaise Pascal, 1623-62)도 역시 예수회에서 교육을 받았는데, 포르트 로얄의 아르노(Arnaulds of Port Royal)와 안젤리크(Angelique, 1591-1661)와 포르트 로얄의 시토 수도회 수도원의 대수녀원장과 "위대한 아르노"(Great Arnauld)라고 부르는 그녀의 막내 남동생 앙뚜안느(Antoine)의 영향을 받고 그의 이전의 스승들과 입장을 달리하게 되었다.

아르노들(The Arnaulds)은 묵상에만 전념한 것이 아니라 코르넬리우스 얀센(Cornelius Jansen, 1585-1638)이 쓴 짧은 제목의 책인 『아우구스티누스』(Augustinus) 안에서 발견된 일종의 학습된 영성에도 전념했다. 『아우구스티누스』를 채택한 그 운동은 출판을 앞당겼다. 얀센파들은 신학교들의 스콜라주의를 배제하고 자유 의지와 은혜에 관한 예수회와 도미니크 수도회의 사이에 일어나고 있는 논쟁에 대처하려는 시도를 하였다.

포르트 오얄의 얀센파들은 정죄 받은 예수회의 개연론(probabilism)의 포용주의(laxism)를 반대하여, 제한 속죄(limited atonement)와 선택받은 자에 대한 예정과 철저한 참회제도를 가르쳤다. 포르트 로얄의 학자들이 예수회에 반대하는 글을 썼을 뿐 아니라, 블레즈 파스칼(Blaise Pascal)이 그의 『시골 친구에게 붙이는 편지』(Provincial Letters)에서 그렇게 한 것처럼, 프랑스에 있는 유그노(Huguenot) 소수자들을 회심시키기 위해서 글을 쓰기도 했다 할지라도, 얀센파들이 칼빈파라고 비난받은 것은 이해가 간다.

정적주의(Quietism)는 잔 마리 보비어 드 라 모트(Jeanne-Marie Bouvier de la Motte, 1648-1717)라고도 알려진 귀용 부인(Mme de Guyon)이 17세기 후반기에 일으킨 운동에 붙여진 이름이다. 그녀는 자신이 "마음의 기도"(prayer of the heart)라고 지칭하는 신비주의를 이해하고 실천하는 일에 타인들도 동참하기를 권고했다. 그녀는 1685년에 『간단하고 용이한 기도의 방법』(*Short and Easy Method for Prayer*)을 출간하였다. 그 신비주의자는 희미하고 목적 없는 묵상을 하면서 하나님 안에서 스스로를 잃어버리는데, 이것은 칸필드의 추상적 묵상으로의 회귀이다. 칸필드의 작품들은 귀용 부인의 작품과 함께 1686년에 금서 목록에 수록되었다.

젊은 사제 페늘롱(Abbe de Fenelon)은 귀용 부인을 만났고 그녀의 경향을 이해하게 되었다. 캄브라이(Cambrai)의 감독이 되었었던 페늘롱은 1695년에 귀용 부인에 대한 공식적 정죄를 얻어낸 권력자 자크 베닌 보쉬에(Jacques-Benigne Bossuet, 1627-1704)에 대항하여 귀용 부인을 방어하려고 노력했다. 페늘롱은 1699년에 굴복했고, 귀용 부인은 정적주의자로 분류되었으며, 그 운동은 잠잠해졌다. 그 세기와 함께 시작된 추상적 신비주의는 보쉬에가 이끌었던 반(反)신비주의 단체(anti-mystic party)의 승리로 끝났다.

4. 결론

영적 실천들은 15세기 중반부터 17세기 사이에 수도원에 머무르지 않았다. 영감 받은 종교 지도자들은, 점차적으로 증가하는 서민 지식층들은 교훈을 받는 것으로 그치지 않고 그들 자신이 평신도로서 삶에 적용할 수 있는 의도적인 영적 방법들을 필요로 한다는 점을 이해했다. 베긴 수도회로부터 성 이그나티우스(St. Ignatius)를 거쳐 성 빈센트 드 폴(St. Vincent Paul)에 이르기까지, 피정과 영적 지도와 책들이 가톨릭 평신도들로 하여금 영적인 삶을 살도록 하는데 도움을 주었다. 종교개혁은 개신교도들로 하여금 그들의 손에 성경을 들고, 개인별로, 또한 점차적으로 소그룹으로, 특히 17세기에 경건주의자들 중에서 눈에 띄게, 복음을 그들의 삶에 적용하도록 격려했다.

그러나 1600년에 이르러, 목회자들과 사제들의 지적 형성은 신학교들에 만연해 있었던 상상을 초월하는 스콜라주의를 반영하였다. 국교 신봉(conformity)과 신조주의(confessionalism)는 대부분의 보수주의자들을 만족시킨 반면, 다른 사람들의 불만은 정반대의 방향으로 나타났다. 영적 경험을 강조한 독일의 경건주의자들과 같은 어떤 사람들은 작은 모임들을 통하여 영성을 깊게 하려고 했는데, 그 여운은 19세기의 낭만주의 운동(Romantic Movement)으로 이어졌다.

더욱 지적인 프랑스의 영적 계층들은 다른 방향으로 움직였다. 포르트 로얄의 아르노(Arnaulds of Port Royal)가 한쪽 극단에 있었고, 다른 극단에는 르네 데카르트(Rene Descartes)의 철학에 있었다. 데카르트는 가톨릭 신앙을 실천하며 그의 철학적 통찰력에 근거하여 성찬 신학에 대하여 집필하려 했지만, 그의 논리적 의심(reasoned doubt)과 "코기토 에르고 숨"(cogito ergo sum, 나는 생각한다. 그러므로 나는 존재한다)이라는 그의 방법론은 철학으로 하여금 신학과의 고리를 끊도록 장려했다. 자율적 이성(autonomous reason)은 18세기 계몽주의의 근본이었다.

참고문헌

Arndt, J. 1979: *True Christianity*, trans. P. Erb. New York: Paulist Press.

Bérulle, P. de, et al. 1989: *Bérulle and the French School: Selected Writings*, ed. W. M. Thompson, trans. L. M. Glendon. New York: Paulist Press.

Boehme, J. 1978: *The Way to Christ*, trans. P. Erb. New York: Paulist Press.

Büsser, F. 1987: The spirituality of Zwingli and Bullinger. In J. Raitt, with B. McGinn and J. Meyendorff (eds), *Christian Spirituality: High Middle Ages and Reformation*, pp. 300-17. New York: Crossroad.

Bynum, C. W. 1987: Religious women in the later Middle Ages. In J. Raitt, with B. McGinn and J. Meyendorff (eds), *Christian Spirituality: High Middle Ages and Reformation*, pp. 121-39. New York: Crossroad.

Clements, A. L. 1969: *The Mystical Poetry of Thomas Traherne*. Cambridge, MA: Harvard University Press.

Cognet, L. 1959: *Post-Reformation Spirituality*, trans. P. H. Scott. New York: Hawthorn Books.

Dupré, L. and Saliers, D. (eds) 1989: *Christian Spirituality: Post-Reformation and Modern*. New York: Crossroad.

The Early Kabbalah 1986: ed. J. Dan, trans. R. C. Kiener. New York: Paulist Press.

George, T. 1987: The spirituality of the Radical Reformation. In J. Raitt, with B. McGinn and J. Meyendorff (eds), *Christian Spirituality: High Middle Ages and Reformation*, pp. 334-71. New York: Crossroad.

Herbert, G. 1981: *The Country Parson; The Temple*, ed. J. N. Wall, Jr. New York: Paulist Press.

Ignatius of Loyola 1991: *Spiritual Exercises and Selected Works,* trans. G. Ganss. New York: Paulist Press.

Jedin, H. 1993: *The Medieval and Reformation Church: An Abridgement of the History of the Church*, vols 4-6, ed. and trans. J. Dolan. New York: Crossroad.

John of the Cross 1987: *Selected Writings*, trans. K. Kavanaugh. New York: Paulist Press.

Kieckhefer, R. 1987: Major currents of late medieval devotion. In J. Raitt, with B. McGinn and J. Meyendorff (eds), *Christian Spirituality: High Middle Ages and Reformation*, pp. 75-108. New York: Crossroad.

Nicholas of Cusa 1997: Selected Spiritual Writings, trans. H. L. Bond. New York: Paulist Press. Raitt, J., with McGinn, B. and Meyendorff, J. (eds) 1987: *Christian Spirituality: High Middle Ages and Reformation*. New York: Crossroad.

Sales, Francis de and Chantal, Jane de 1988: *Letters of Spiritual Direction*, trans. P. M. Thibert. New York: Paulist Press.

Sedgewick, A. 1977: *Jansenism in Seventeenth Century France*. Charlottesville: University of Virginia Press.

Teresa of Avila 1979: *The Interior Castle*, trans. K. Kavanaugh and O. Rodriguez. New York: Paulist Press.

Williams, G. H. 1962: *The Radical Reformation*. Philadelphia: Westminster Press.

Zohar: The Book of Enlightenment 1983: trans. D. C. Matt. New York: Paulist Press.

제8장
유럽과 북미에서의 기독교 영성(1700년부터)

다이아나 버틀러 배스(Diana Butler Bass) 박사
버지니아신학교 선임연구원
죠셉 스튜어트-시킹(Joseph Stewart-Sicking) 박사
버지니아신학교 연구원

1. 근대성의 도전들

지난 3세기 동안 유럽과 북미의 그리스도인들은 하나님을 체험하는 방법들에 대하여 거대한 도전들에 직면했다. 서구 전체를 통하여, 그들 스스로가 한때 믿음의 안내자들이라고 이해하고 있었던 사회들에서, 기독교 전통은 방대한 철학적, 과학적, 정치적, 사회적 변화의 흔적 속에서 점차적으로 방어의 능력을 상실해갔다. 이와 같은 문화적 동향은 그들의 교단이나 신학과는 무관하게 유럽인들과 미국인들과 캐나다인들의 영적인 삶의 실천에 지대한 영향을 미쳤다.

이와 같은 변화들은 종종 중세를 정점으로 하는 서구 기독교의 위대한 영적 전통이 쇠퇴하면서 부정적인 것으로 보여 왔다. 확실히 근대(modern) 유럽과 북미는 많은 전통적 영적 실천들을 약화시켰다. 그럼에도 불구하고 단순한 균열과 쇠퇴와는 다른 양상을 보여주고 있다. 여러 가지 면에서, 근대 서구 기독교의 영성은 디킨스의 소설에 나오는 용어들(Dickensian terms)로 묘사될 수 있다.

"그것은 최선의 시대였다. 그것은 최악의 시대였다."

서구의 전통적 영성과 고리을 혼란스럽게 한 상황들은 또한 새로운 형식과 기독교의 영적 실천을 새롭게 창조하는 길을 열었다. 근대에 들어와서, 서구 기독교 영성은 거대한 문화적 변화에 반응하기도 했고 반작용을 일으키기도 했다. 적응과 반항의 과정들은 그들 자신이 전통적인 범주의 기독교적 삶의 이해를 부정하는 매우 다양한 영성의 패턴들을 야기했다.

20세기 대부분 동안, 학자들은 서구 문화의 거의 모든 변화들을 "세속화"에 의한 것으로 여겼다. 세속화라는 역사적 전개에 의해서 세속적 힘들과 사회적 기관들은 종교적 신념과 기관들을 대체했다. 따라서 학자들은 주장하기를, 의미의 "거룩한 덮개"가 붕괴되고, 하나님이 매일의 삶에서 추방되었을 때, 세계는 "미몽에서 깨어났다"고 한다(Weber 1946, 139 이하; Berger 1990). 그러나 최근 몇 십 년 동안, 전문가들은 서구의 종교 이해의 주된 원리로서의 세속화에 대하여 점차적으로 의문을 품게 되었다.

전통적인 종교, 특히 제도화된 기독교와 공식적인 교리들이 유럽과 북미에서 궁지에 몰려 있는 동안, 두 대륙에 사는 사람들은 모두 그들의 삶 속에서 영성에 대한 새로운 흥미를 가지고 표현하게 되었다. "세속적" 근대성과 신앙이 약화된 300년이 지난 후 새 천년에 이르기까지, 대부분의 서구 사회는 아직도 신앙에 대한 그리스도인들의 특별한 이해를 포함하여, 신앙에 대한 중요성의 감각을 소유하고 있다.

만약 근대성이 서구사회에서 하나님에 대한 체험을 완전히 배제하지 않았다면, 지난 3세기 동안 무슨 일이 일어났을까?

기독교 영성학자들은 점점 더 근대성의 뿌리가 14세기의 지적 변화들 안에 있다고 밝히고 있다(von Bathasar 1991; Dupré 1993). 이 시기 동안 둔스 스코투스(John Duns Scotus)와 그의 추종자들은 유명론 철학을 발전시키기 시작했다. 유명론은 하나님의 심오한 타자성(otherness)을 강조하면서, 자연 세계의 유비들을 사용해서 하나님의 실재에 대하여 말하는 것은 불가능하다고 주장했다. 그 결과 철학과 과학은 신학 및 신앙과 독립적인 것으로 여기게 되었다. 유명론이 인간의 창의력을 강조하는 인문주의적 사상의 계통과 결합되었을 때에 하나의 새로운 근대적 스타일의 사상이 부상했다(Dupré 1993).

이와 같은 해체는, 천 년 동안 처음으로, 신학을 참고하지 않아도 과학과 철학, 우주의 초자연적인 질서와 인간의 결합이 가능해졌음을 의미했다. 하나님의 길은 알 수가 없기 때문에 순수한 인간의 계획들은 과학과 철학에 초점을 맞추었다. 우주로서의 창조는 자연이 되었고, 소우주로서의 인간은 주체(the subject)가 되었으며, 신격화된 자연으로서의 구속(redemption)은 초자연적 은총에 의한 구속이 되었다(Dupré 1993). 과학과 종교의 분리, 그리고 양자 간의 새로운 경쟁 동일하게 논쟁적인, 이성과 계시의 경쟁 및 사실과 느낌의 경쟁과 더불어 근대성의 기초를 형성했다. 한때, 영혼이 하나님께 이르는 일종의 형이상학적 과학이었던 영성은 점차적으로 비이성적이며 감정적인 범주로 전락되었다.

과학과 신앙이 두 영역들로 분리된 것은 종종 세속화의 과정으로 설명된다. 그럼에도 불구하고, 최신 문화 이론은 세속화 대신 "비전통화"(de-traditionalization)라는 용어가 서양의 근대성에서 종교적 실천의 형태를 바꾼 힘들의 상호 작용을 가장 잘 묘사한다고 주장한다. 비전통화는 반드시 종교적 신앙이 사라졌다는 것을 의미하진 않는다. 차라리 폴 힐라스(Paul Heelas)가 주장하는 것처럼, "비전통화는 밖으로부터 안으로의 권위의 이동을 포함"하는데, 그것으로 인하여 "개별 주체들 자체는 권위를 사용하도록 부름 받고," "'목소리'(voice)는 확립된 원천들에서 대체되고, 자아와 함께 멈추게 된다"(1996, 2).

비전통화는 한때 명확한("한 목소리의") 권위에 의해서 형성되었던 사회가 모호한("다양한 목소리의") 문화가 되는 일련의 과정으로서 권위가 개인들에게로 이동한다. 전통들은 논쟁의 방식과 개인적 선택의 무게에 의해서 약화되거나 근절된다. 다양한 목소리의 상황 속에서는 어떤 신앙 제도들, 사회적 실천들, 또는 종교적 전통들을 포용하고 따를지를 개인들이 선택해야 하는데, 이렇게 함으로써 개인적 자율성이 진선미(眞善美)의 판정자가 된다.

대부분의 역사가들이 동의하는 바는, 서양에서 후기 중세 신학과 개신교의 개혁은 모두, 기독교 세계의 전통적인 개념과 그 권위가 새로운 신학적 선택과 개인의 종교적 양심의 자유의 사상의 출현에 의하여 의문시 되었을 때에, 비전통화의 과정을 작동시켰다는 것이다. 비전통화는 계몽주의 기간 동안 그 범위와 길이가 증대되었으며, 미국과 프랑스 혁명과 다른 유럽 국가들에서의 확대된 관용 가운데서 정치적 표현을 모색하였다. 개인적 자율성에 의한 전통적인 종교적 권위의 이동은 1960년대와 1970년대에 그 절정을 이루었으며, 그 결과 사회, 의미, 정체성, 그리고 전통에 대한 종전의 구조들과 거의 완전히 갈라지게 되었다(Hammond 1992).

비록 학자들은 비전통화의 범위와 그것이 기독교에 미친 영향에 대하여 논쟁을 하기도 하지만, 그것이 일어났다는 사실에 대하여는 이견이 없다. 중세 기독교 세계와, 종교 개혁 교회와 국가 간의 타협은 어떤 종류의 기독교 영성이 번창하게 할 수 있는 문화적 조건들을 창조한 반면, 근대적 서양과 탈근대적(postmodern) 서양 안에서 개인적 자율성과 개별적 선택에 대하여 계속 증가하는 감각은 영적인 삶의 다른 형태와 수반되는 실천을 조성했다.

과거 3세기 동안 외적 권위의 붕괴는 하나님에 대한 관계 안에서 심오한 자아 감각을 길러내고, 인간 공동체와 창조의 비전을 확장시켰으며, 기독교 전통들에 대한 심각한 재참여(re-engagement)와 재전유(re-appropriation)과 재작업(re-working)을 촉진시켰다. 이 논문은, 근대와 탈근대의 유럽과 북미에서, 이와 같은 지적, 정치적, 문화적 조건들은 기독교 영성을 탐구하는 가장 실속 있는 길을 제공한다고 주장한다.

비전통화의 주제는 그에 수반되는 한번 교착되었던 범주들의 해체와 더불어, 그 시기에 출현했던 영성들의 복합적 다양성의 짐을 풀어주는데 도움을 준다. 그러므로 이 논문은 기본적으로 지리나 학파들이나 신학들에 따라 정리되지 않는다. 이 논문은 차라리, 개인적 자율성의 성장에 관련된 기독교 영성 운동들에 대한 추적을 시도한다. 기독교 조직과 신앙과 실천의 형식적 구조들의 몰락과 과학과 종교의 긴장을 추적한다.

이와 같은 방법으로 주제들을 접근함으로써, 근대 기독교 영성은 지성과 감성의 기둥들, 합리주의와 신비주의의 기둥들, 확신과 의심의 기둥들, 배제와 관용의 기둥들, 폭력과 평화의 기둥들 사이를 움직이며, 거룩한 자아로 하여금 하나님은 떠나 있으며 죽었을지도 모른다는 증대되는 두려움에 반하여 의미와 목적을 일생동안 추구하게 하는 일종의 방대한 기획으로 보여질 수 있다.

2. 하나님은 어디에 존재하는가?(1700-1820)

비록 서구 그리스도인들이 초기 근대에 많은 의문들과 투쟁했으나, 가장 주된 질문은 놀랍게도 분명했다.

"하나님은 어디에 존재하는가?"

가톨릭 전통이 경쟁자인 개신교 그룹들로 분열되었다는 것은 그 어떤 한 교회도 의심받지 않는 종교적인 권위를 주장할 수 없다는 것을 의미한다. 그리스도인들 간의 전쟁들이 주는 극한의 고통은 거대한 의심과 불신앙의 길을 열어놓은 고통과 폭력에 대한 질문들을 통제 불가능하게 만들었다. 과학에 대한 새로운 개념들은 하나님과 천사들은 특별히 자연을 주관하지 않는다는 것을 시사했다. 차라리 이렇게 생각했다. 멀리 계신 하나님은 자연 법칙의 패턴을 만들어놓았고, 그것에 의하여 우주는 작동하는 것이다.

민주주의와 종교적 포용과 국가를 세우는 실험들은 인간과 가족과 공동체 독자성의 신적 기원에 대한 전통적 생각을 재조정했다. 비록 많은 초기 근대 그리스도인들이 인간의 능력과 자연에 대하여 비교적 낙관적이었으나, 그들은 종종 하나님의 존재, 하나님의 임재, 이 세상에서의 하나님의 사역에 관하여 놀라울 정도로 비관적이었다. 서양 전역에 걸쳐, 분명히 하나님이 떠나가셨다는 생각이 만연되었다. 아마도 하나님은 세상을 버렸을 것이다. 아니면 하나님은 이미 사라지셨다. 그리스도인들은 하나님을 체험하고, 하나님의 말씀을 듣고, 하나님의 뜻을 분별하는 새로운 방법을 찾을 필요가 있었다.

고전적 신비주의가 영적 계층에 속하는, 일종의 비합리적인 내적 체험의 형태인 "열광"으로 부정적으로 격하됨으로써, 많은 그리스도인들은 하나님에 대한 그들의 체험들을 이해하고 새롭게 개념화하기 위한 이성과 관용과 조화와 질서와 섭리와 도덕에 대한 새로운 문화적 강조를 채용하기 시작했다. 이와 같이 하여, 어떤 전통적 그리스도인들, 특히 로마 가톨릭 교인들은 고전적 신비주의와 헌신적 실천에 흥미를 가지게 되었고, 다른 사람들은 그 시대성을 반영하는 영성을 발달시켰다.

초기 근대는 중세로 회귀하는 스타일과 후기 근대적(later modern) 관심으로 나가고자 하는 스타일을 모두 가진 야누스(Janus)와 같은 시대였다. 그러나 초기 근대는, 그리스도인들이 어떤 방향으로 나가든지, 오늘날까지도 생생하게 선택의 여지를 주는 "하나님은 어디에 존재하는가?"라는 질문에 대한 대답을 제시하면서 위대한 혁신과 변화의 시기였다.

잔 마리 보비어 드 라 모트 귀용(Jeanne-Marie Bouvier de la Motte Guyon, 1648-1717)은 고대와 중세 교회의 신비주의로 돌아감으로써 하나님을 발견하기를 시도했던 사람들의 실례를 제공한다. 회귀의 길을 향한 변화가 주어졌으나 그녀의 과거로의 여행은 독특하게 근대적 전향을 취하고 있다. 스콜라적 교리와 기계주의적 자연 과학은 하나님의 말씀을 침묵시키는 듯했기 때문에, 신비주의자들은 하나님께서 그녀의 내적 체험을 통하여 역사하신다는 가능성으로 주의를 기울이게 했다. 이와 같이 하여 초기 근대 기간에는 자신의 내면에 하나님께서 말씀하시도록 하나의 공간을 창조하기를 추구하는 자서전적 신비주의(autobiographical mysticism)라는 새로운 형태의 문학형식을 생산했다(de Certeau 2000).

귀용의 자서전적 글들은 한 영혼이 선례가 없는 심리적 투명성을 가지고 내면에 계시는 하나님을 추구하는 모습을 보여준다. 그녀의 영성은 라인 지방의 신비주의자들을 연상시켜주지만, 그것은 또한 프란시스 드 살의 낙관주의적 인도주의와 모든 그리스도인들을 하나님의 사랑 안으로 안내하고자 하는 그의 의욕을 통합시킨다. 그 중심에는 "사랑의 내적 실천"(Guyon 2002, 9)이 있는데, 그에 의하여 그 영혼은 점차적으로 자신의 욕망들을 던져버리고 온전히 하나님께 복종한다.

그 영혼은 하나님의 목적에 편승하여 자신의 목적과 무관하게 되어 하나님의 섭리적 의지의 도구로 행동하게 된다. 귀용에 있어서, 기도는 머리와 가슴 그리고 외부와 내면이 상반됨을 전제로 한다. 기도는 내적인 일로서 마음을 개혁하는 일에 관여한다. 그녀는 주장하기를, 교회는 참된 신성은 외적 변화가 아니라 내적 변화를 통해서 오며, 거룩함을 함양하려는 노력은 훨씬 더 많은 성공을 거둔다는 것을 인식해야 한다고 했다.

귀용은 그녀의 영성의 대부분을 가톨릭의 "아파떼이아"(*apatheia*, 부동심), 혹은 무관심

(indifference)의 교리에 의존하면서, 이 개념을 논란이 많은 방법으로 발전시켰다. 그 시대의 많은 그리스도인들처럼, 귀용은 인간의 욕망을 불신했다. 이와 같이 하여, 그녀는 오직 하나님의 은혜만을 통한 영혼의 급진적 개혁을 강조했다. 기도는 노력으로가 아니라 인내와 열림으로 특징지어져야 한다. 이처럼, 덕은 외적인 훈련을 통해서가 아니라 그 영혼 안에 거주하시는 하나님의 주권적 행동을 통하여 함양되는 것이다. 그 영혼의 유일한 역할은 거룩한 사랑의 완파하는 능력에 자신을 맡기는 일이다.

귀용이 이와 같은 교리들을 표현한 개방성은 논란의 여지가 있는 것으로 확인되었다. 얀센주의자(Jansenist)와 정적주의자(Quietist)에 대한 논쟁이 있던 그녀 시대에, 특히 한 여인의 그와 같은 대담성은 정밀 조사를 받지 않을 수 없게 만들었다. 귀용의 경우는 신비주의와 스콜라 신학이 근대성에서 얼마나 동떨어져 있었다는 것을 보여주며, 신비주의자들이 얼마나 교회의 주변인들(outsiders)이 되었는가를 보여준다.

프랑스 당국은 귀용을 7년 동안 감옥에 가두었고 그녀의 글들을 금지했다. 그럼에도 불구하고 그녀의 영향은 지속되었다. 그녀의 신념은 장-피에르 드 코사드(Jean-Pierre de Caussade)에 의하여 더욱 정통적인 형식이 갖추어졌고, 그 다음 3세기 동안 가톨릭에 영향을 주었다. 그리고 로마 가톨릭 밖에서는 개신교에 널리 영향을 주었고, 특히 웨슬리 전통에 속한 교회들에게 그러했다.

귀용처럼 미국의 신학자 조나단 에드워즈(Jonathan Edwards, 1703-58)는 인간의 행위(agency)과 하나님의 의지의 문제로 고투하였다. 에드워즈는 칼빈주의의 예정론 교리와 계몽주의의 철학적 충동을 하나님의 구원 활동과 연결시킴으로써 그 문제를 해결하였다. 에드워즈는 과학을 잠깐 접한 신학자로서 초기 근대 기간의 합리주의적 사상을 구현하였다. 그러나 그는 청교도의 상속자로서, 이성이, 계시와 신비적 체험을 믿는 그의 신앙을 침범하는 것을 허락하지 않았다. 하나님은, 인간의 이성(reason)의 기능에 첨가하여, 예측 가능한 자연적 법칙들에 따라 작용하는 감정(affection)의 기능을 창조하셨다는 점을 그는 기정사실로 여겼다.

에드워즈는, 인간은 하나님과 하나님의 우주에 관하여 알기 위하여 이성을 동원할 수 있지만 하나님을 알기 위하여 감성을 동원하지 않으면 안된다고 믿었다. 에드워즈에게 있어서 다른 개혁주의 개신교 신자들처럼, 감정들은 하나님의 신적 작용에 의하여 "켜질"(turned on) 때까지 작동될 수 없다. 하나님이 "신적이고 초자연적인 빛"(divine and supernatural light)을 영혼 속에 스며들게 할 때에만 의롭다함을 얻은 사람들은 하나님의 아름다움을 이해할 수 있으며, 거룩함의 성장을 통하여 그것에 반응할 수 있다.

에드워즈가 비록 과학적 탐구를 온전히 신용하고 있었지만, 그럼에도 불구하고, 그는 온전한 인간의 지식은 신적 아름다움을 생생하게 체험하는 것을 통해서 온다고 믿었다. 존 웨슬리(John Wesley)와 조지 휫필드(George Whitefield)와 같이 잘 알려진 다른 18세기의 개신교도들은, 에드워즈의 통찰력을 발전시켜 "거듭남"(born again)의 체험을 통한 신앙의 정서적 양상을 강조한 유명한 대륙횡단의 부흥 운동을 일으켰다. 이와 같이 하여, 머리에 있다기보다는 가슴에 있는 기독교 영성은 점차적으로 영미 복음주의 개신교 사상의 골격을 이루었다.

몇몇의 계몽주의 그리스도인들은 복음주의 종교 안에 "열정"(enthusiasm)이 다시 태어났다고 이해함으로써 불안을 느꼈다. 미국의 독립 선언서(The American Declaration of Independence)를 쓰고 대통령이 되었던 토마스 제퍼슨(Thomas Jefferson, 1743-1826)도 그 중 한 사람이었다. 제퍼슨을 대표적인 인물로 지목하는 기독교 영성학자들은 많지 않다.

그럼에도 불구하고, 제퍼슨은 다른 두 미국 대통령들인 아브라함 링컨과 지미 카터와 함께, 신학과 도덕과 기독교적 실천에 깊이 관여한 사람으로 평가된다. 제퍼슨이 많은 개인적 단점들을 가지고 있었음에도 불구하고, 역사가인 마틴 마티(Martin Marty)는 그를 영미 계몽주의의 종교적 추진을 대변하는 존경받는 사상가로서 "종교는 덕과 도덕의 기초가 되거나 도구가 된다"는 것을 믿은 사람으로 기록한다(Sheridan 1998, 9).

어거스틴의 하나님에 대한 힘찬 감각에 의존한 관점을 가지고 있는 조나단 에드워즈와는 달리, 하나님에 대한 제퍼슨의 관점은 자연으로부터 왔으며, 이성과 도덕을 통하여 계시된다. 비록 그의 정적들이 그를 불신자로 낙인찍었으나, 제퍼슨은 자신을 늘 합당한 그리스도인으로 생각했으며, 유니테리언(Unitarian)이었던 조셉 프리스틀리(Joseph Priestly)에게 깊은 영향을 받았다. 제퍼슨은 예수님은 신이 아니라 위대한 도덕 교사로서, 그의 삶은 기독교적 자선의 보급을 통해 계발될 수 있는 인성의 원리들을 실천한 본보기가 되었다고 생각했다. 제퍼슨은 공화국 정부는 자비의 영역을 증대함으로써 번성하게 되고, 합리적 기독교 유토피아의 일종인 사회적 조화가 찾아올 것이라고 주장했다.

이와 같이 하여, 제퍼슨은 합리적이며, 자연스러우며, 질서 정연한 기독교의 비전을 만들고, 이 모든 이상들을 버지니아에 있는 그의 소유지에 반영시켰는데, 이것은 "예수님의 순수한 교훈들"을 격찬하는 형태의 영성이었다. 제퍼슨은 중세 기독교의 지나친 헌신을 받아들이지 않으면서 일련의 단순한 예수님의 윤리적 가르침을 반영하는 신약성경의 기독교의 순수성의 회복을 추구하였다.

비록 제퍼슨의 이와 같은 가르침의 특별한 분류와 그의 이신론(deism)이 미국에서의 강한 전통을 증명할 수 없지만, 자기 자신이 성경을 해석하며, 자유롭게 신학적 탐구를 하며, 종교적 체험으로서의 의심을 확인함으로써 소박한 기독교로 돌아가고자 하는 그의 시도는 다가오는 세대들을 위하여 자유로운 기독교 영성을 위한 유력한 모델을 제공할 것이다.

제퍼슨은 기독교의 가르침을 공화국의 도덕적 기초로 연계시킴으로써, 종교가 어떤 한 교회가 설립되는 영광을 허락하지 않으면서, 공적인 삶에서 중요한 역할을 할 것이라고 주장했다. 제퍼슨은 "나는 내가 아는 한, 내 자신이 하나의 종파다"라고 말함으로써, 자신의 급진적 공화국 신앙을 요약했다(Sheridan 1998, 69). 그리고 거기에서 그는 종교적 권위와 초기 근대성의 영적 체험의 완전한 혁명을 표출했으며, 그 혁명에 의하여 제기된 질문들에 대한 약간의 자극적인 대답의 길을 열어놓았다.

더욱 많은 전통적 그리스도인들은 제퍼슨이 주창한 소박한 신앙(primitive faith)에 대하여 마음이 불편했으며, 전통을 자연과 이성과 개인적 자율성의 선호로 대치시키는 것도 불편했다. 그와 같은 그리스도인들은 권위와 체험을 합리적 자아와 도덕적 정치적 공동체로 대치시키는 급진적 위치 변동에 저항했다. 이와 같은 불안감의 실례가 엘리자베스 베일리 세튼(Elizabeth Bayley Seton, 1774-1821)의 삶 속에서 발견되는데, 그녀는 뉴욕 성공회교인으로서의 특권층의 삶과 사회적인 명사인 남편의 죽음 이후에, 로마 가톨릭을 받아들이고 결국 최초의 미국 태생 성인으로 공표되었다.

세튼의 경우는 초기 근대 영성의 몇 가지 양상을 예시한다. 그녀는 귀용(Guyon)럼, 중세 기독교 영성으로 돌아감으로써 하나님을 발견했다. 이탈리아의 순례 길에서, 그녀는 미사를 하는 동안 하나의 신비적 체험에 압도되었고, 미국으로 돌아가는 길에 로마 가톨릭으로 개종했다. 세튼은 하나의 수도원을 만들어 원장이 되었고, 소녀들을 위하여 학교를 설립했다. 이 모든 것들을 통하여 그녀의 영성은 버림과 가난의 영성이었고, 공화국 초기에 서부 개척자들에게 그녀의 신앙을 전파한 것 때문에 심문과 박해를 받으며 고난을 당했다. 그리고 또한 귀용처럼, 그녀는 의무감을 가지고 자신의 영적 통찰력을 전기로 기록했는데, 그것은 깊은 개인적 신앙과 냉철한 신학적 지성을 나타낸다.

그러나 귀용과는 달리, 세튼은 자기 위에 있는 남성들의 권위에 복종했다. 이것은 종종 그녀를 크나큰 개인적 고뇌와 위험으로 몰아넣었다. 그러나 그녀는 갈등을 믿음 때문에 겪는 것으로 여겼으나, 결국 지원의 부족과 그녀의 상관의 잘못된 판단 때문에 죽고 말았다. 궁극적으로 세튼의 이야기는 토마스 제퍼슨의 영성의 아이러니한 반전이다. 제퍼슨처럼, 그리고 무수한 근대인들처럼, 그녀는 집안 내력의 종교를 버리고 자기 자신의 신앙을 선택했으며, 위계적 권위와 신비적 기도와 초자연적인 것들과 전통에 대한 순종을 받아들였다.

초기 근대성과 고도 근대성(high modernity) 사이의 접점에 프러시아의 철학자 임마누엘 칸트(Immanuel Kant, 1724-1804)가 서 있다. 이성과 체험의 영성이 번영하던 바로 그때에 칸트는 그 뿌리들을 잘라 없애려고 하였다. 그의 저서『순수 이성 비판』(Critique of Pure Reason)에서 칸트는 종교의 형이상학적 양태에 대하여 호된 공격을 가했다. 칸트에 의하면, 마음은 이성의 범주들을 통하여 우주를 포착한다. 마음에 일어나는 현상들은 물자체들(things-in-themselves)이 아니다. 그러므로 어떤 생각들이나 관찰들이나 체험들을 통해서 하나님이나 어떤 초월적 존재를 아는 것은 불가능하다. 우리는 체험으로부터 온 개념들을 통하여 체험을 초월할 수 없다. 용인될 수 있는 유일한 생각은 도덕성이다. 왜냐하면, 인간은 물자체들로서, 자유로울 수 있기 때문이다. 칸트는 자연 과학과 종교의 근대적 분리를 그것의 논리적 결론으로 이끌어간다.

3. 우리와 함께 계시는 하나님(1820-1915)

도덕적 의무와 행위를 선호하면서, "저곳 밖에"(out there) 계시는 합리적인 하나님과 "이곳 안에"(in here)에 계시는 하나님의 신비적 체험 모두에 대한 칸트의 비판은 그를 기독교 영성의 영역 밖으로 밀어낸 듯하다. 그렇지만, 하나님의 다스림을 인간의 선함과 동일시한 칸트의 조치는 서구의 하나님에 대한 체험에 있어서 하나의 심오한 변화를 대변한다. 아이러니하게도, 칸트가 전통적 영성의 실천들의 근거를 손상시키고, 이성을 통하여 하나님을 알 수 있는 가능성을 배제시킴으로써, 그는 인간의 역사와 인간의 도덕성과 인간의 행복과 인간의 문화를 통하여 하나님을 알고 체험할 수 있는 길을 열어놓았다.

고도 근대성 가운데, 그리스도인들이 "하나님은 어디에 존재하는가?"라는 질문에 대하여 "하나님은 우리와 함께 계신다"고 답변을 많이 함으로써 하나님은 다시 이동했다. 이신론의 하나님, 곧 이성적 하나님은 인간의 경험과 하나님의 나라를 건설하는 의무를 지닌 인간 활동의 낭만적 아름다움들을 통하여 알려지는 내재하는 하나님으로 바꾸어졌다. 그리스도인들은 인성에 대한 흥미가 많아짐에 따라 그들이 인간의 역사(아이러니하게도, 초기 근대 기간에 거부되었던 실천들과 전통들)를 그들의 삶 속에서 하나님을 체험하는 주된 영역으로 이해하면서 영적 목적을 위한 새로운 역사과학을 책정했다.

영국에서 이와 같은 자극에 대한 가장 좋은 실례가 옥스퍼드 운동(Oxford Movement)인데, 이 운동의 선두 지지자인 존 헨리 뉴먼(John Henry Newman, 1801-90)은 "묵상적 몰입"(contemplative rapture)의 부족으로 기독교 영성학자들에 의하여 오랫동안 비판을 받았다(Wakefield 199, 278). 전형적으로, 에드워드 퓨지(Edward Pusey, 1800-82)는 그 운동의 "신비 박사"(doctor mysticus)라는 칭호를 받았다. 뉴먼의 영적 표현은 빈약했지만, 교회의 성례를 통하여 성공회의 보편성과 거룩함을 회복시키려는 그의 강렬한 관심은 근대 기독교 영성에 크게 공헌하였다. 뉴먼은 이것을 통하여, 그리고 교리 발전에 대한 신학적 설명을 통하여, 역사적인 질문들을 중요한 영성과 실천의 열쇠로 만들면서, 세상에서의 하나님의 활동의 영역으로서의 역사에 고도 근대적 관심을 예시한다. 드디어 뉴먼은 의회의 신학적인 참견에 대응하여, 영국 교회를 지키는 정치적인 문제들에 몰입하게 되었고, 옥스퍼드 운동을 정치체제에 대항하는 일종의 항거의 영성으로 만들었다. 뉴먼은 마침내 로마 가톨릭으로 개종하면서 역사적인 교회를 찾는 요구를 성취하고 근대 세계에서 종교적 체제를 정치적 문제에서 나오게 하는 길을 개척했다.

뉴먼을 따른 사람들은, 성공회에 남아있든지, 로마 가톨릭으로 개종했든지, 가난한 사람들을 섬기는 일과 도시 선교 활동에 대한 지대한 관심을 넓혀가면서 하나님께서 계속 내재하시도록 하곤 하였다. 많은 사람들은 결국, 기독교 사회주의자들이 되거나 사회 복음 운동의 지지자들이 됨으로써, 사회를 더 좋은 미래로 가도록 격려하면서 현대를 이끌어가는 영적 관심과 과거의 영성(가톨릭의 관습)을 결합하려고 했다.

이 시기에 로마 가톨릭 영성의 또 하나의 대조적인 본보기는 리지외의 성 데레사(St. Thérèse of Lisieux, 1873-97)이다. 그녀는 프랑스 알랑송(Alençon)에서 태어나 데레사 마르탱(Thérèse Matin)이라는 본명을 가졌는데, 리지외에 있는 카르멜 수도회의 수녀로 15세부터 살다가, 27세에 폐결핵으로 사망했다. 성 데레사는 여러 가지 면에서 그녀의 시대에 하나의 전형적인 젊은 여성이었는데, 그녀의 독특한 영적 깊이는 환경을 침해하기보다는 평범한 환경을 통하여 정확하게 나타난다. 진실로 그녀의 가장 위대한 통찰은 신성과 은혜는 지극히 작은 삶의 양상을 통하여 흐른다는 것이다.

성 데레사는 경건한 중류층 부모 하에서 태어난 아홉 명의 자녀들 중 하나였고, 그녀는 그녀의 네 자매들처럼 수도원으로 들어갔다. 데레사는 처음에 영웅적인 미덕을 가진 사람으로 부름 받았다고 알고 있었으나, 그녀는 자기 자신의 경건과 다른 사람들과의 상호 관계를 검토해본 바, 자기 자신이 부족하다는 것을 발견하였다. 그녀는 성 바울에게로 돌아가서 "모든 것이 은혜다"는 것을 알게 되었다. 이와 같은 기본적 통찰력은, 그녀의 자서전인『한 영혼의 역사』(*The History of a Soul*)에 요약된 대로, 그녀의 영적 유년기의 교리(doctrine of spiritual childhood)로 발전하였다.

영적 유년기의 교리는 하나님의 사랑이 어떻게 가장 부족하고 작은 자들에게 펼쳐나가는지를 숙고함으로 시작된다. 그리스도인들은 하나님의 자비와 사랑의 빛 속에서, 어린 아이와 같이 빈손으로 하나님께 다가가도록 부름 받아, 그들의 행동을 지도하고 완성하기 위한 하나님의 목적과 자비에 자기 자신들을 맡긴다. 아이는 부모의 선물을 통제하기를 원치 않는다. 부모는 사랑으로 자녀를 보며, 사랑으로 자녀를 추켜세운다. 성 데레사는 사랑은 아무리 작은 어떤 행동도 가능케 한다고 가르친다. 모든 그리스도인들은 소량의 사랑 속에 살며, 하나님 아버지 앞에서, 아무리 속되다 할지라도, 일상생활과 관계의 모든 국면들을 연약한 꽃잎들처럼 퍼뜨리며 살도록 부름 받았다.

그녀 시대의 많은 가톨릭 교인들처럼, 성 데레사는 근대성의 양극성을 나타내었다. 그녀의 체험과 자기 지시적인(self-referential) 경건은 전형적으로 근대적이지만, 그녀는 또한 성경 말씀과 성인들의 글들에 깊이 잠기며 전통에 깊이 뿌리를 박았다. 그녀의 신학은 루터에 대한 가톨릭적 반응을 보일 만큼 심오하지만, 근대성에 대한 큰 사상의 일부나 전부의 허를 찌르고 고전적인 가톨릭의 모습으로 자연적이며 극히 평범한 것들을 하나님의 초자연적 은사들과 접목시키는 "작은 길"(little way)이다.

개신교도들 중에서 프리드리히 슐라이에르마허(Friedrich Schleiermacher, 1768-1834)는 비전통화와 근대 과학에 대한 자유로운 반응의 중요한 실례를 제공한다. 그는 자신의 책들을 통해서, 종교와 그 전통이 미신적이며 강압적인 것이라고 믿는 "교양 있는 경멸자들"(cultivated despisers)에게, 주목하지 않을 수 없는 기독교 신앙의 비전 제시를 추구했다. 슐라이에르마허의 대응은 기독교 영성과 종교적 의식의 탐구를 통하여 형성된 근대 철학을 교묘하게 종합하는 것이었다.

이 종합의 일부는 친숙하다. 슐라이에르마허(1999)는 종교의 핵심을 우리가 능가할 수 없는 "우리의 존재의 출처"(whence of our being)에 대한 절대적 의존의 감정(*Gefühl*, "게펠," 느낌/암시/경험/의식)과 동일시한다. 그렇지만 슐라이에르마허는 이와 같은 일반적인 관찰이 대단히 실제적이고 깊은 기독교적 경건의 뿌리가 되기를 기대했다. 그 경건 안에서 신자는 그리스도의 영향으로 인한 은혜로 마음속에 들어가는 모든 자극이 신-의식(God-consciousness)과 결합하는 상태에서 살기를 추구한다. 그리스도의 은혜는 모든 경험에서 하나님을 만나기 위한 여지를 준다. 그리고 많은 근대적 자극들과는 대조적으로, 슐라이에르마허는 견지하기를, 신자 홀로는 이 은혜를 만날 수 없다고 한다. 그것은 전도의 언어를 통하여 전달되며 공동체에서 재점화되는 경험이다.

슐라이에르마허는 또한 의식에 초점을 맞춘 경건에 대한 자신의 사상에 적합하도록 하기 위하여 전통적 정통 교리를 전적으로 재해석하면서도, 지속적으로 그것을 추구했다. 예를 들면, 슐라이에르마허에 있어서, 죄는 하나님으로부터 실질적으로 돌아서서 삶의 장애물을 만나는 것인데, 그것은 하나님의 명예를 거스르는 범죄이기 때문이 아니라, 매순간 신-의식의 빛 속에 사는데 실패하기 때문이다(1999). 슐라이에르마허의 위대한 종합은 자유주의 신학을 위한 모델을 제공했다. 전통적 교리들은 근대 과학과 철학에 일치하는 용어들로 번역되어야 했으며, 이 모델은 그 다음 세기 동안 지속적으로 영향을 주었다.

슐라이에르마허처럼, 미국의 윌리엄 제임스(William James, 1842-1910)는 교양 있는 경멸자들(cultured despisers)에게 종교적 체험에 대한 변증자가 되려고 노력했다. 제임스는 그렇게 하기 위하여 교리를 던져버리는 것에 대하여 양심의 가책을 느끼지 않았다. 종교적 체험을 보편적이며 순수한 종교의 핵심으로 보는 그의 개념은 두 세기들 사이에 주요 지점에 존재하며, 이전 세기의 낭만적 자극들을 요약하고, 다음 세기의 비제도화(de-institutionalization)를 예시한다.

얼핏 보면, 윌리엄 제임스를 기독교 영성의 논의에 포함시키는 것이 이상할지도 모른다. 제임스는 신학자가 아니라 심리학자이며 철학자다. 그는 조직화된 종교를 믿지 않는 하버드대학의 세속적 교수였다. 그리고 그 자신의 평가(James 1997)에 의하면, 그로 하여금 그가 연구한 바로 그 종교적 체험을 즐길 수 없도록 하는 기질을 가지고 있는 것 같다. 그럼에도 불구하고, "저쪽에 진리가 있다"(thither lies the truth)고 그에게 말하는 "신비한 병원균"(mystical germ)에 대한 불평을 벗어날 수 없음을 그는 인정했다(James 1920, 135). 이와 같이 그는 종교를 쓸모없는 환각으로 취급하려던 실증주의 세속화 시대에 종교의 실재와 가치의 변증자가 되려고 노력했다.

영성에 대한 제임스의 견해는 1900년 "기포드 강의들"(the Gifford Lectures for 1900)에 실려 있는 『종교 체험의 다양성』(The Varieties of Religious Experiences)에 나타나 있다. 이 강의에서 제임스는 종교의 가치와 성격을 과학적 측면에서 이해하고자 했다. 제임스는 그의 탐구의 시초부터 기본적인 종교적 체험을 "교회중심주의"(ecclesiasticism)와 구별하였다. 제임스에 의하면, 제도화된 종교들은 종교 창시자들의 특별한 체험을 받아들이고, "역사적 외피들"(historic incrustations)이나 교리의 "과신"(over-beliefs)을 순수한 영적 체험에 첨가한다. 이와 같이 하여, 개인적인 종교적 체험들은 영적인 삶의 심장부로 여겨지며, 신조와 규율과 광신적 종교는 모두 또 하나의 비난거리다.

제임스는 종교를 다음과 같이 정의한다.

자신들이 신적이라고 여기는 그 무엇과의 연관 속에서 서 있다고 이해하는 가운데, 홀로 있는 개인의 느낌들과 행동들과 경험들(1997, 42).

그러므로 종교의 핵심은 그와 같은 경험들을 가진 특별한 개인들에 대한 연구를 통하여 발견된다.

그럼에도 불구하고 이런 느낌들은 환각이 아니다. 그것들은 확실히 실재하며, 천재의 특징들을 보여준다. 제임스는 영적 거장들을 탐구하면서, 종교적 체험은 다른 체험과는 다르기 때문에 그것은 의식의 변두리에 두어야 한다고 결론지었다. 더욱이 성인들(saints)의 긍정적인 영향으로 그는 영적 적성은 조정될 수 있는 인간의 기능이라고 믿게 되었다. 이처럼, 종교는 절대적으로 자연스러우면서, 그 영향이 실제적이기 때문에, 종교는 또한 절대적으로 실제적이다.

제임스는 종교적인 체험들은 완전히 자연적인 것이기 때문에 거짓이라는 환원주의적 시각과, 종교적인 체험들은 초자연적이기 때문에 진실하다는 전통적 복음주의의 견해 사이에 있는 큰 차이를 중재하려고 노력한 전형적인 본보기가 된다(Taves 1999). 종교적인 체험들은 자연적이면서도 진실하다는 제임스의 결론은 창의적이며 흥미를 끈다. 그럼에도 불구하고 그것은 또한, 자연적인 것과 초자연적인 것을 분리하는 것이 당연하다고 여기면서, 대단히 근대적이다. 제임스의 신비적이면서도 반교회적인 자세는, 점점 자신들을 "영적이지만 종교적이 아니다"(spiritual, but not religious)라고 보는, 20세기의 기독교 영성의 이와 같은 요소들에 대하여 긴 그림자를 남겨주었다.

4. 신은 존재하는가?(1915-1980)

후기 근대 기간은 역설로 가득 차 있다. 그리스도인들은 하나님은 인간의 역사와 정신 속에 내재한다고 다시 주장함으로써 계몽주의 영성에 대한 칸트의 두 갈래의 공격을 회피했었다. 그러나 1900년까지 하나님은 그 방정식에서 제외되었.

만약 하나님이 인간의 경험 속에 얽매였다면 거기에 하나님에 대한 어떤 필요가 있겠는가?

20세기 초의 많은 정치적 사회적 철학적 운동들은 한때 그와 같은 열정의 중심에 있었던 하나님을 무시하거나 거부까지 하면서, 기본적인 그리스도인의 생각을 지켰다. 의술과 마르크스주의 심리학은 하나님을 고려하지 않고 인간의 문제 해결을 제안했다.

20세기 초반부는 서양의 위대한 이데올로기시대였는데, 그들 중 어떤 이데올로기들은 모든 인간의 활동에서 하나님은 발견될 수 없다고 주장했다. 어떤 이데올로기들은 반인륜적인 악랄한 죄악을 범하면서 하나님의 축복을 외쳤다. 어떤 인간 경험들은 신적인 아름다움보다 악과 더욱 밀접한 관계가 있다는 것을 서양의 그리스도인들은 배우곤 했을 것이다. 서양의 그리스도인들은 하나님이 어디에 있는가에 대하여 의심하는 대신에, 하나님이 과연 존재하느냐는 의심을 하기 시작했다.

후기 근대성의 본질을 가장 잘 포착한 사람은 아마도 잉글랜드 성공회의 루이스(C. S. Lewis, 1898-1963)일 것인데, 그는 "피고석의 하나님"(God in the dock)이라는 에세이를 써서 모든 세속적 이데올로기들에 대항하는 기독교 신앙을 수립하였다. 회의론자이며 불가지론자였던 옥스퍼드대학 교수인 루이스는 예수님의 신성에 대한 주장에 관하여 오랜 동안의 철학적 고민을 거쳐 기독교를 품에 안았다. 그의 작품, 특별히 『순전한 기독교』(*Mere Christianity*)는 기독교 변증학을 덕망 있게 실천할 수 있도록 새 생명을 불어넣었다. 그는 증거와 논리와 지적 엄격성과 시를 근거로 하여 하나님에 대한 입증을 대중화시켰다.

"잉클링스"(the Inklings, 암시들 또는 가벼운 지식들-역주)로 통칭되어 알려진 영국의 한 작가 집단에 속하는 톨킨(J. R. R. Tolkien)과 세이어(Dorothy Sayer)와 윌리암스(Charles Williams)는 기독교에 대한 학술적 예술적 방어에 루이스와 함께 했다. 신비주의자들이 아닌 그들은 근대의 세계관들과, 그들 생애의 절정에서, 파시즘(fascism)과 전쟁의 광란으로 제기되었던 뼈아픈 질문들에 대하여 기독교 신앙의 방어에 고투하면서 일종의 마음의 영성을 예시한다.

루이스와 동료들은 하나님과 악마의 단호한 비극적 투쟁에 있는 세계를 설명하면서, 그들의 에세이와 희곡과 시와 소설에서 선과 악 사이의 냉혹한 대조를 그린다. 루이스가 확신하는 바는 하나님은 항상 승리한다. 그러나 그 승리는 신앙적 용기와 살아있는 정통적 신앙과 초자연적 도움을 통해서만 찾아온다. 믿음의 시련이 아무리 혹독하다고 할지라도, 기독교는 진리를 품음으로써 추구하는 영혼에게 영적 확신을 제공하는 기쁨의 삶이라고 루이스는 주장했다.

루이스의 예술적 변증의 힘은 특별히 아주 오랫동안 지속된 인지도에서 확인된다. 논쟁의 여지가 있지만 확실히, "잉클링스," 특히 루이스와 톨킨은 20세기에 그 어느 누구보다도 전 세계적으로 더 많은 사람들에게 기독교의 메시지를 가지고 영향을 끼쳤다고 할 수 있을 것이다. 그리고 그들의 시적 변증론의 전통은 영국의 저널리스트인 말콤 머거리지(Malcolm Muggeridge)와 미국의 매들린 랭글(Madeleine L'Engle)과 같은 다른 작가들에 의해 계승되었다.

도로시 데이(Dorothy Day, 1897-1980)도 기독교에 개종한 사람이었다. 그녀의 신앙 행로는 근대주의에 대한 마르크스주의와 무정부주의적 노동조합주의의 비판을 거쳤다. 데이는 부룩클린(Brooklyn)에서 태어나서 후기 근대성의 급속적인 비전통화를 반영하는 아동기를 보냈다. 그녀가 자기의 전기인『오랜 외로움』(*The Long Loneliness*)에 기록한 것처럼, 그녀의 부모들은 교회가 없는 곳에서 자라나서 교회에 가는 것은 그녀 자신의 성장에 있어서 하나의 드문 일이었을 뿐이다.

그녀의 초기 기독교 접근은 친구들과 함께 지역 감독교회에 가는 정도로 제한되었고, 문학을 탐독할 때에 도스토예프스키(Dostoevsky)를 읽는 것으로 제한되었다. 그녀가 기독교에 흥미를 느끼고 있는 동안, 그녀의 영적 욕구는 대학교에서 급진적 사상을 가진 마르크스주의자들과 무정부주의자들과 노동조합주의자들을 만남으로써 만족되었다.

데이는 초기 노동 운동 활동가가 되었으며 급진적 신문에 글을 쓰고, 자기의 신념을 인하여 감옥생활을 했다. 그녀는 무모한 시기에 트로츠키(Trotsky)같은 전문가들을 만나며, 자기 자신이 그 운동의 핵심에 있음을 발견했다. 그녀는 관습법상 남편이 된 무정부주의자와 사랑에 빠져 아이를 갖게 되었다. 그리고 그러는 사이에 그녀는 로마 가톨릭를 접하게 되었다. 데이는 점점 혁명 운동에서 그녀가 느꼈었던 약점들을 기독교가 다룰 수 있을 것이라고 보았으며, 자기의 임신 기간 동안, 남편을 떠나 교회에 합류하고 아이에게 세례를 주려고 결심하였다. 후에 그녀는 프랑스의 국외 추방자이며 "근대의 성 프란시스"(modern Saint Francis)였던 피터 모린(Peter Maurin)을 만났고 그들은 함께 가톨릭 노동자 운동(Catholic Worker movement)을 창설했다.

가톨릭 노동자 영성 운동은 성경과 교회 전통이라는 렌즈를 통하여 그것을 읽음으로써 자본주의에 대한 마르크스주의의 비판과 그것의 활용을 위한 주안점을 변형시켰다. 가톨릭 노동자 운동은 혁명을 조장하기보다는 소외된 사람들에게 무조건적인 사랑을 공급하는 "환대의 집들"(houses of hospitality)을 통하여 예언적인 사회적 증거를 제공했다.

가톨릭 노동자들은 평화주의와 자발적 빈곤을 포용하고 성찬식과 수도원적 일과에 초점을 맞춘 생활의 질서를 따라 평신도 공동체에서 살았다. 마르크스주의와 다른 급진적 운동들이 근대사회의 고질적인 문제인 소외와 고독을 확인했지만, 도로시 데이는 오직 기독교와 기독교의 아가페 사랑의 사상과 과감하게 포용하는 공동체만이 그 문제의 해결을 제공할 수 있다고 믿었다.

> 우리 모두는 오랜 고독을 알고 있으며, 그에 대한 유일한 해결책은 사랑이며, 그 사랑은 공동체와 더불어 온다(Day 1952, 286).

하워드 더만(Howard Thurman, 1900-81)은 공동체와 정의와 사랑을 강조한 또 하나의 미국인 신비주의자로서 그는 최초의 보스턴대학의 흑인 교목실장이 되었다. 더만은 미국의 인종차별과 폭력과 압박의 배후에 대항하여 전인적 영성(spirituality of wholeness)을 수립하였는데, 그것은 압박 받는 사람들을 위로하고, 또한 팽배하던 인종에 관한(백인 그리스도인들을 포함하는) 사회적 규범들에 도전하기도 했다. 더만은 자연과 하나가 되는 고대 아프리카의 전통을 빌려, 모든 생명체들의 필수적 통합을 탐구했다. 이 통합은 존경과 책임과 정의가 실천되어야 하는 공동체의 희망적 비전으로 확대되었다.

> 더만의 공동체 이상은 전인성과 통합과 피조물들의 조화였다(Bridges 2001, 128).

조화를 잃는 것이 죄인데, 조화는 명상을 하고 고난을 받은 기독교적 실천을 거친 개인들에 의해서만 회복될 수 있다. 신자들은 기도와 저항과 박해와 순교의 고투를 통해서, 더욱 넓은 인간 공동체 안에서 피조물들이 필수적으로 연합하고 조화를 이루도록 힘을 주시는 사랑의 하나님을 만나게 된다.

그렇다, 하나님은 존재하신다. 더만에 의하면, 하나님은 예배와 기도와 사회적 행동 안에서 축복받은 공동체의 온전한 전인성에 의해 나타나시기 때문이다. 더만의 공동체 영성은 그의 어린 친구이자 대학 동료인 마틴 루터 킹 주니어(Martin Luther King, Jr.)의 비전을 형성했다.

후기 근대(late modern)의 영성의 추세와 탈근대(postmodern)의 영성의 추세의 경계선상에 트라피스트수도회(Trappist)의 수도사 토마스 머튼(Thomas Merton, 1915-68)이 서 있다. 그는 진실로 많은 경계선들에 걸쳐 있었다. 그는 작가의 직업을 가진 간헐적 은둔자였고, 수도사로 부름 받은 세계적 지성인이었으며, 선(禪 Zen)에 대하여 글을 쓴 기독교 신비 신학자였다. 그는 수도사로서 전근대의 기독교 전통에 몰두했는데, 그럼에도 불구하고, 그는 또한 자기 자신의 정신을 검사할 수 있는 예민한 근대적 능력을 가진 사람이었다. 이 두 가지 능력들이 그의 글에서 결합되었다.

그의 글들은 예를 들면, 사막의 거주자들(desert dwellers), 아포파시스적 신학(apophatic theology), 수도원 전통(monastic tradition)과 같은 고전적 기독교 영성을 복구했고, 후기 근대 독자들이 주목하지 않을 수 없는 방법으로 그것을 제시했다. 머튼의 글들은 그의 독자들에게, 전통에 충실하게 사는 것은 가능한 일이며 당대의 문화에서 주목을 받는다는 것을 보여주었다. 머튼은 또한 근대성에서 분리되었던 사상의 계통들, 즉 자연과 초자연, 과학과 종교, 전통과 진보, 철학과 신학, 묵상과 행동을 재통합하기 시작했다. 예를 든다면, 그의 글들은 종종 자기 기만과 분노에 관한 근대 심리학적 통찰력을 가지고 겸손과 믿음이라는 전통적 기독교의 용어로 그것들을 다시 구성 했다.

머튼은 진정한 자아를 나타내기 위해서 정신 분석학이나 과학을 의존하기보다는, 조용한 묵상과 있는 그대로의 모습으로 하나님을 만남으로써 우리의 진정한 자아를 발견할 수 있다고 주장했다. 머튼에게 있어서, 근대적 관심들과 통찰들은 고전적 기독교의 교리들을 충분히 설명하기 위한 중요한 신호가 된다고 보여졌다. 제2차 세계대전에 따른 불안의 시대에 근대적 진보에 대한 신뢰감을 잃은 사람들은 세속적 철학과 과학이 제공해야 했던 어떤 것들보다 더 온전하며 덜 속이는 삶의 방식을 기독교적 전통에 대한 머튼의 설명에서 발견했다.

머튼의 영향은 그의 트라피스트수도회 동료들이었던 토마스 키팅(Thomas Keating)과 바실 페닝튼(Basil Pennington)의 글들을 통하여 계속 이어졌다. 그들은 역시 머튼처럼, 심리학, 의심, 종교적 다원주의에 몰두한 근대의 독자들의 마음을 끄는 방식으로 고전적 기독교의 묵상 실천을 제시하는데 관여했다. 키팅과 페닝튼은 "거룩한 독서"(lectio divina, "렉시오 디비나")와 집중적 기도의 실천에 관한 글들을 통하여 새 세대에 고대의 실천을 소개함으로써 기독교의 묵상적 전통에 대한 흥미를 불러 일으켰다.

또 하나의 중요한 인물이 독일 루터교의 목사이며 신학자였던 디트리히 본훼퍼(Dietrich Bonhoeffer, 1906-45)였는데, 그는 아돌프 히틀러(Adolf Hitler)의 암살 계획에 연유되어 나치당(the Nazis)에 의하여 처형되었다. 본훼퍼의 영성은 많은 부분이 제도적 종교에 대한 비판과, 행동과 지식에 대한 세속적 자료들을 낙관적으로 보는 점에 있어서 도로시 데이(Dorothy Day)의 영성을 닮았다. 본훼퍼는 감옥에서 쓴 마지막 글에서 "비종교적 기독교"(religionless Christianity)를 요청했고, 교회로 하여금 아름다움과 고난을 모두 지닌 세속 세계를 품으라고 조언했다. 본훼퍼는 나치의 공포가 지배할 때에, 기대할 수 없고 예측할 수 없는 장소들에서 은혜와 순수한 신앙의 능력을 체험했으며, 한편 교회는 국가에 항복하고, 히틀러는 그들의 하나님이 히틀러 편이라고 주장했다.

"하나님은 존재하는가?"라는 근대적 질문에 대한 대답에 첨가하여, 본훼퍼는 또한 20세기의 지난 몇 년 동안 더욱 예민했었던 관심사들에 관여하곤 하였다. 그의 "비종교적 기독교"는 1960년대의 사신 운동(God is Dead movement) 이후의 유행에 뒤떨어졌지만, 기독교의 전통(그의 경우엔 마틴 루터의 원래의 신학적 통찰들)과 공동체적 기독교의 실천에 대한 본훼퍼의 깊은 열정은 그의 사후 약 50년 동안 탈근대의 1세대들에게 힘을 실어주었을 것이다.

나치의 국가교회의 통제에 저항했던 사람들의 대안적 공동체에 나타난 바, 본훼퍼의 진정한 기독교는 "하나님은 존재하는가?"라는 질문에 대한 다가오는 답변을 예견하였다. 고도 근대성이 쇠퇴함에 따라 그리스도인들은 루이스, 데이, 더만, 머튼을 당황케 했던 철학적 질문을 회피하기 시작했고, 그 대신에 진실로 하나님이 행하시는 **것처럼 단순히 행동했다**. 그런 다음에 그 하나님은 새 시대에 본받을 만한 가치가 있는 것으로 증명된 신앙과 실천의 궤도에 신실한 사람들을 올려놓고, 삶을 치료하는 방식을 창조하는 놀라운 의미를 제공하였다.

5. 하나님은 존재한다 … 아마도(1980-현재)

어떤 의미에서 천년의 변곡점의 영성은 그 전세기에서 증류된 것이다. 유럽과 북미의 발전된 자본주의 사회에서, 삶의 모든 국면들은 상품화되었다(Jameson 1991). 윌리엄 제임스가 재능으로 여겼던 근대적 발명은 신비적 영재들에 국한되었고, 영적 체험은 이제 대량 소비를 위해서 포장되고 상품화되었다. 그리고 영적 탐구자들은 서구 사회에서 세계화와 증가하는 종교 다원주의와 함께 계속적으로 넓어지는 종교적 제품들을 선택할 수 있게 되었다. 탈근대시대의 개인들은 더 이상 특별한 장소나 공동체에 얽매이지 않고 자유롭게 굴곡이 있는 영적 체험의 흐름을 만끽하며 방랑자가 될 수 있는 가능성에 노출되어 있는 것 같다(Deleuze and Guattari 1987).

그러나 거기엔 또한 천년의 변곡점이 근대 사상의 패턴으로부터 벗어나는 것을 대변하는 진실한 탈근대가 되는 많은 길이 있다. 프랑스의 철학자 장 프랑수아 리오타르(Jean-François Lyotard 1984)가 언급하는 것처럼, 탈근대의 조건은 근대성의 방대한 묘사들과 총체적 실재의 설명을 추구하는 자기 정당화 이론들과의 종말을 고하는 것으로 특징지어진다. 탈근대성에 있어서, 서양인들은 과학과 철학은 스스로가 자기 자신이 궁극적 진리의 결정자가 될 수 없다는 것을 인식하게 되었는데, 근대시대에는 그것이 통용되었다.

많은 기독교 신학자들(예를 들면, Milbank 2003)은 이와 같은 새로운 개방성은 기독교 영성으로 하여금 비전통화와 근대성의 심장부에 있는 과학과 종교의 분리를 바로 잡는 기회를 제공한다고 믿는다. 그리고 현대 기독교 신학은 이와 같은 두 가지 특징적인 근대 신학적 교착 상태 주변에서 길을 모색하는 과거 35년간의 노력의 열매를 맺기 시작하고 있다. 개신교 신학은 루드비히 비트겐쉬타인(Ludwig Wittgenstein)과 알라스데어 맥킨타이어(Alasdair MacIntyre)의 영향을 받아, 필연적으로 전통을 통하여 전수된 기독교 공동체의 독특한 언어로 신학을 바라보기 위하여 그 전통적인 특색으로부터 신학을 번역하는 자유주의적 전략을 넘어섰다(Lindbeck 1948).

로마 가톨릭 신학은 은혜가 닿지 않는 순수한 지역 같은 것은 없다는 것을 계속 주장함으로써 철학과 신학의 근대적 분리를 되돌리려는 통합주의신학(예를 들면, de Lubac, Rahner, von Balthasar)이 융성하는 것을 보았다. 더욱이 가톨릭과 개신교 신학자들은 모두 서양의 근대적 사상의 패턴에 특별한 영향을 받지 않았던 동방정교회(Eastern Orthodox)와 세계 신학들의 영향을 반영하기 시작한다. 그리고 무엇이든지 사용하는(bricolage) 탈근대적 감각으로 그들은 이와 같은 고대의 전통들을 해방 영성과 페미니스트 영성과 동성애 영성에 대한 현대 서양 신학의 탐구와의 대화는 물론이고 비기독교들과의 대화에도 참여시키고 있다. 그 결과는 역사적 전통이 회복되고, 또한 한때 도달할 수 없었던 신학적 경계들을 넘는 영적 실천의 극적인 상호 작용을 이루게 되었다.

이와 같이 새롭게 떠오르는 패턴의 빛 속에서, 현대 기독교 영성은 한 신학자가 "메타서사 현실주의"(metanarrative realism)로 묘사하는 자세로 특징지어지기 시작하고 있다(Milbank 1993, 385 이하). 어떤 사람이 실재에 관하여 말한 이야기들에 의존하여 진리를 보며, 이스라엘과 그리스도와 교회를 통하여 하나님이 행하신 특별한 이야기에 참여함으로써 자신의 삶을 살아간다. 탈근대적 상황이 장려한 인간 이야기들의 신빙성을 감소시킬지라도, 그것은 인간들로 하여금 자기 자신과 세계를 신적 담화 속에 참여하는 자들로 다시 보게 된다. 탈근대적 기독교 영성은 은혜와 자연의 상호 참여를 강조하고, 하나님에 대한 지식은 이야기와 공동체와 전통에 의하여 매개된다는 점을 주장하면서, 방랑자를 순례자로 변화시킨다(Bass 2004).

로완 윌리암스(Rowan Williams, 1950-) 캔터베리 대주교는 떠오르는 탈근대 스타일의 신학과 영성의 좋은 실례가 된다. 윌리암스는 학자로서, 고대, 중세, 근대, 탈근대, 서양,

동양, 가톨릭, 그리고 개신교의 기독교신학 전반적인 영역을 활용한다. 그의 글들은 기독교의 사회적 비판과 신앙적 글들과 교리와 신비주의에 대한 역사적 연구들과 호흡을 같이한다. 그럼에도 불구하고, 그것들은 상실되었다가 신학과 영성을 재통합하는 삶의 길로 엮는 사고방식의 회복에 관여함으로써 연합이 된다.

윌리암스의 영성은 근대적 범주를 넘어선다. 그는 전통적 기독교적 실천과 예배를 진보적 사회 윤리와 결합한 진보적인 성공회 고교회파(Anglo-Catholic) 운동에 관여했다. 그럼에도 불구하고 게이(gay)에 대한 감독 안수 문제로 성공회 연합(the Anglican Communion)에서 논쟁이 있는 동안 그의 지도력에 나타난 바대로, 그는 근대적 자율성의 국면에서 상호 의존과 연합의 사상을 회복하기 위하여 게이 안수에 대하여 관대했다.

미국인 매튜 폭스(Matthew Fox, 1940-)는 많은 같은 주제들을 가지고 그들을 결합하여 하나의 다른 효과를 낸다. 전에 도미니크 수도사였다가 수도회에서 물러나 이제 감독교회의 사제가 된 폭스는 논란이 있는 그의 책『원복』(Original Blessing, 1983)에서 탐구되었던 가르침에 근거하여 캘리포니아 오클랜드에 창조영성대학교(the University of Creation Spirituality)을 설립하였다. 창조 영성은 "서양 영성과 세계의 토속적 문화들의 지혜를 대학교에 대한 떠오르는 탈근대적인 과학적 이해 및 창조를 위한 예술적 열정을 일깨우는 것과 통합한다"(University of Creation Spirituality 2002).

폭스는 신약성경으로부터 현대 시인들과 신학자들에 이르기까지 기독교 영성에 대하여 놀라운 호흡을 이끌어내지만, 마이스터 에크하르트(Meister Eckhart)와 빙엔의 힐데가르트(Hildegard of Bingen)와 아시시의 성 프란시스(St. Francis of Assisi)에 근거를 두고 있다. 폭스는 고전적 영성으로부터 자료들을 접목시키지만, 기독교 신학의 어떤 근본적 문제들과 교회의 권위에 도전하기 위하여 "창조 중심의"(creation-centered) 기독교 전통을 활용한다(귀용 부인과 다르지 않은 방법들로). 그의 창조 영성의 체계는 우주는 선천적으로 선한 것이며 구원은 "그 선을 보존하는 것"(preserving the good)으로 가장 잘 이해될 수 있다고 주장한다.

따라서 폭스가 믿기는, 모든 사람은 신비주의자이며, 선지자이며, 예술가로서, 그들의 영적 여행은 기쁨과 암흑과 창의성과 동정심이라는 사중행로로 걸어가게 된다는 것이다. 폭스는 하나님을 남성과 여성으로 정의하고, 모든 민족들을 하나님의 사역 속에 완전히 포함시키기를 추구하며, 만유내재신론(panentheism)을 창조물들의 치유의 방법으로 장려하면서, 이 축복의 신비주의(blessing-mysticism)를 페미니스트, 게이, 환경주의 신학들과 통합한다.

또 하나의 미국인 신학자인 듀크대학의 스탠리 하우워스(Stanley Hauerwas, 1940-)도 역시 기독교 신학과 실천에 대한 더욱 통합적인 접근의 회복을 추구하였다. 하우워스의 글은 예상 밖의 무리들의 영향력들을 반영한다. 즉 알라스데어 매킨타이어의 토마스학파의 덕 윤리, 재세례파의 급진주의와 존 하워드 요더(John Howard Yoder)의 평화주의, 존 웨슬리의 회심과 성결의 영성, 칼 바르트의 이야기 신학, 그리고 교황 요한 바오로 2세의 높은 교회 건축학이 그것이다. 하우워스는 우리가 이야기를 갖지 않은 근대적 이야기와 인간은 서로 독립적이라고 하는 허구에 대한 기독교적 대안을 제공하려고 노력하였다.

하우워스는 근대적 윤리와 교전하면서, 세속적 담론과 최소의 공통분모를 가지고 생소한 언어와 실천을 수용하려는 자유주의 개신교를 공격한다. 그 대신에 하우워스는 진실로 기독교는 그리스도 안에서의 하나님의 활동의 이야기에 의해서 형성된 생소한 공동체에 관여하는데, 화평케 하는 것을 실천함으로써 하나님의 나라를 기대한다고 주장한다. 기독교는 교회의 전통과 이야기를 통하여 전수된 공동체 안에서의 삶의 길을 실천함으로써 합당한 사람들을 형성하는 제자도의 모험이다.

이와 같은 기독교의 실천에 대한 초점은 북미의 새 세대 저자들의 주목을 끌었다. 미국인 노라 갤러거(Nora Gallagher, 1949-)는 세속적 가정에서 자라났는데, 교회력(church year)의 영성을 통하여 믿음을 발견하는 것에 관하여 웅변적으로 기록한다. 그녀는 넓은 범위의 기독교 전통으로부터 이끌어내어 순례와 실천의 주제들을 관련짓는다(Gallagher, 1998). 비슷한 주제들이 모두들 1945년에서 1965년 사이에 태어난 캐슬린 노리스(Kathleen Norris), 안네 라모(Anne Lamott), 데브라 파링튼(Debra Farrington), 다이아나 버틀러 바스(Diana Butler Bass)와 같은 다른 미국 여인들의 글에서도 발견된다.

젊은 남미의 저자인 로렌 위너(Lauren Winner, 1977-)는 그녀가 개종 전에 믿었던 종교인 정통 유대교의 실천들을 그리스도인들이 어떻게 배울 수 있는지를 조사한다(Winner 2004). 위너는 그리스도인들은 그들의 믿음의 관습들과 다시 연결함에 있어서 그들이 이스라엘로부터 물려받은 실제적 지혜를 연구함으로써 유익을 얻을 수 있다고 기록한다. 그리스도인들은 "할라카"(*halakha*, 유대교 관례 법규집)에 묶이지 않지만, 사도 바울과 함께 어떻게 기독교적 관습이 새로운 방법으로 율법을 이루는가를 알도록 부름 받았다. 위너는 중세 교회의 관습들뿐 만 아니라, 사도 시대에 변화된 유대주의의 관습들을 회복하려는 하나의 시도가 있다는 증거를 보여준다.

6. 결론: 기독교 영성의 근대적 모자이크

　근대 기간의 기독교 영성은 종종 신비적 전통과 영적 훈련과 기독교 세계의 헌신적 실천이 쇠퇴하는 것으로 특징지어지는 것으로 보인다. 이 논문은 근대 기독교 영성은 쇠퇴하는 것이 아니라 바뀌어졌다고 주장한다. 지난 3세기에 걸쳐, 기독교의 영적 자극들은 일련의 지적, 정치적, 사회적, 도덕적 도전들에 의하여 혼란에 빠뜨려지며 이동하고, 방향을 잃게 되며, 새로운 방향을 설정하고, 약화되며, 재정립되었다.

　창의적 사상가들은 각각의 연속적인 물결과 함께, 고대의 신앙의 자원들을 통하여 갈등 많은 세상에서 그리스도인들로 하여금 그들의 하나님과 연결하여 의미를 찾고자 하는 소망을 결집시켰다. 이와 같이 하여, 근대성 가운데서 어떤 한 가지 패턴도 기독교 영성의 옳고 유일한 형태라고 주장할 수 없다. 차라리, 위에서 요약된 경로들은 그리스도인들이 지난 3백년 동안 탐구한 수많은 기독교 영성들을 간단히 언급하고 있다고 해야 할 것이다.

　이러한 과다한 영적 선택사항들을 쇠퇴라고 정의될 필요가 없다. 차라리, 이와 같은 기독교 영성의 모자이크는 근대적 체험들의 기본적 실재들 중 하나를 그리고 있다고 해야 할 것이다. 단일 음성(univocality)에서 다양 음성(multivocality)으로의 변화는 전에 제외되었던 음성들을 받아들임으로써 초래했다. 근대인들에게 전래된 전통적 기독교 영성의 많은 부분들은 일종의 "공인된"(approved) 영성이다.

　밖에서 들려온 도전적 음성들이 제도적 구조들에 스며 들어온 것은 매우 제한적이다. 기독교 역사를 통하여 가장 창의적 음성들은 대부분 신비주의자들과 영적 지도자들의 음성이었다. 제도적 기독교가 그들을 인정하였을 때, 그것은 보통 그 제도가 그들의 힘을 이해하지 못하거나 그들의 거룩함을 경외했기 때문이다.

　근대 유럽 초기에 제도적 단결이 와해됨으로써 예술가들, 행동가들, 의심하는 사람들, 질문하는 사람들, 그리고 실천자들과 같은 영적 선지자들(visionaries)은 종교의 형식적 구조에 반대하여 압력을 가하며 하나님과 의미와 계속 변화하는 문화 속에 있는 공동체에 대한 자기들의 신념들을 제시하기 시작했다. 근대성의 도전들에 대하여 답변할 수 있는 영성을 구성하기 위한 그리스도인들의 창조적 응전은 결코 부족하지 않았다. 아마도 부족했던 모든 것은 실천을 위한 창의적 실험에 부응하는 현대 기독교 영성의 정의들을 주목하고 제공하기 위한 관측자들의 상상의 비전(imaginative vision)일 것이다.

참고문헌

von Balthasar, H. U. 1991: *The Glory of the Lord: A Theological Aesthetics,* vol. 5: The Realm of Metaphysics in the Modern Age. San Francisco: Ignatius.

Bass, D. B. 2004: *The Practicing Congregation: Imagining a New Old Church.* Herndon, VA: Alban Institute.

Berger, P. L. 1990: *The Sacred Canopy: Elements of a Sociological Theory of Religion.* Garden City, NY: Anchor.

Bridges, F. W. 2001: *Resurrection Song: African-American Spirituality.* Maryknoll, NY: Orbis.

de Certeau, M. 2000: Mystic speech. In G. Ward (ed.), *The Certeau Reader,* pp. 188-206. Malden, MA: Blackwell.

Day, D. 1952: *The Long Loneliness.* New York: Harper and Row.

Deleuze, G. and Guattari, F. 1987: *A Thousand Plateaus: Capitalism and Schizophrenia*, trans. B. Massumi. Minneapolis, MN: University of Minnesota Press.

Dupré, L. K. 1993: *Passage to Modernity: An Essay in the Hermeneutics of Culture.* New Haven, CT: Yale University Press.

Fox, M. 1983: *Original Blessing.* Santa Fe, NM: Bear and Company.

Gallagher, N. 1998: *Things Seen and Unseen: A Year Lived in Faith.* New York: Knopf.

Guyon, J-M. B. de la Motte 2002: *A Short and Easy Method of Prayer.* Grand Rapids, MI: Christian Classics Ethereal Library (available at www.ccel.org, accessed August 4, 2004).

Hammond, P. 1992: *Religion and Personal Autonomy: The Third Disestablishment in America.* Columbia, SC: University of South Carolina Press.

Heelas, P. 1996: Introduction: detraditionalization and its rivals. In P. Heelas, S. Lash, and P. Morris (eds.), *Detraditionalization,* pp. 1-20. Malden, MA: Blackwell.

James, H. 1920: *The Letters of William James,* 2 vols. Boston: Little, Brown. Quoted in D. M. Wulff, *Psychology of Religion: Classic and Contemporary,* 2nd edn. New York: Wiley.

James, W. 1997: *The Varieties of Religious Experience: A Study in Human Nature.* New

York: Touchstone.

Jameson, F. 1991: *Postmodernism: Or, the Cultural Logic of Late Capitalism.* Durham, NC: Duke University Press.

Kant, I. 1965: *Critique of Pure Reason*, trans. N. K. Smith. New York: St Martin's Press.

Lewis, C. S. 1991: *Mere Christianity.* San Francisco: Harper.

Lindbeck, G. A. 1984: *The Nature of Doctrine: Religion and Theology in a Postliberal Age.* Louisville, KY: Westminster John Knox Press.

Lyotard, J-F. 1984: *The Postmodern Condition: A Report on Knowledge,* trans. G. Bennington and B. Massumi. Minneapolis, MN: University of Minnesota Press.

Milbank, J. 1993: *Theology and Social Theory: Beyond Secular Reason.* Malden, MA: Blackwell.

_____. 2003: *Being Reconciled: Ontology and Pardon.* New York: Routledge.

Schleiermacher, F. 1999: *The Christian Faith*, ed. H. R. Mackintosh and J. S. Stewart. Edinburgh: T. and T. Clark.

Sheridan, E. 1998: *Jefferson and Religion.* Charlottesville, VA: Thomas Jefferson Memorial Foundation.

Taves, A. 1999: *Fits, Trances and Visions: Experiencing Religion and Explaining Experience from Wesley to James.* Princeton, NJ: Princeton University Press.

Thérèse of Lisieux, 1996: *Story of a Soul,* 3rd edn, trans. J. Clarke. Washington, DC: ICS Publications.

University of Creation Spirituality 2002: About us (available at www.creation-spirituality.com, accessed 4 August, 2004).

Wakefield, G. S. 1991: Anglican spirituality. In L. Dupré and D. Saliers (eds), *Christian Spirituality III: Post-Reformation and Modern*, pp. 257-93. New York: Crossroad.

Weber, M. 1946: Science as a vocation. In H. H. Gerth and C. W. Mills (trans. and eds), *Max Weber: Essays in Sociology*, pp. 129-56. New York: Oxford University Press.

Winner, L. 2004: *Mudhouse Sabbath.* Orleans, MA: Paraclete Press.

제9장
아프리카, 아시아, 라틴 아메리카, 호주에서의 기독교 영성

리차드 폭스 영(Richard Fox Young) 박사
프린스턴신학교 역사신학 교수

문학은 그 배경이 서양이든 비서양이든, 기독교 영성의 다면적 성격을 보여주는 유용한 자료다. 아프리카는 유럽 세계 밖의 어느 지역들보다 이와 같은 종류의 문학이 더 많이 창출되었기 때문에(Killam and Rowe 2000, 240-9), 영어 소설을 처음으로 쓴 서아프리카의 작가들 중 한 사람인 가나 감리교인 요셉 에브라임 캐슬리 헤이포드(Joseph Ephraim Casely-Hayford, 1866-1930)가 쓴 『에디오피아 해방』(*Ethiopia Unbound*)으로부터의 한 인용문으로 이 글을 시작하고자 한다. 약간 길지만, 그것은 그들 중에 필자가 취급하는 주제들로 하여금, 토속적 언어, 문화, 종교와 온 세계에서, 주로 비서양적 환경에서 표현한 기독교적 영성들 사이의 관계성을 환기하도록 한다.

에디오피아 운동(Ethiopianism)에 대한 설명은 하지 않겠다. 왜냐하면 오늘날과 헤이포트가 살던 당시 이후로 에디오피아 운동은, 아프리카 기독교의 다양한 색실로 그림을 짜 넣은 직물(tapestry) 속에 있는 하나의 실이기 때문이다. 하지만 캐슬리 헤이포드는 기독교의 재아프리카화(re-Africanization)의 대변자였다는 점을 명심하라. 에디오피아는 고대 신앙의 중심지로서, 기독교는 원래 본질적으로 아프리카적이었으며 다시 아프리카적으로 되기 위하여 유럽으로부터 해방되어야 한다는 것을 믿는 그리스도인들을 위한 모든 아프리카적 상징이 되었다.

1. 이상하고 놀라운 하나님의 이름들

후기 빅토리아 시대에 런던에서 두 친구들이 토트넘(Tottenham) 거리를 나란히 걷고 있었다. 하나는 황금해안(the Gold Coast) 출신의 크와만크라(Kwamankra)로서 법을 공부하는 사람이고, 다른 하나는 영국 태생의 사일러스 휘틀리(Silas Whiteley)인데, 그는 신학을 공부한다. 휘틀리는 예수님의 신성에 관하여 의심을 품고 있지만, 성공회에서 안수를 받게 되어 있다. 서 아프리카의 전통적 종교들 중 하나를 신봉하는 크와만크라는 휘틀리의 당혹스런 수수께끼를 발견한다. 크와만크라는 그의 러셀 스퀘어(Russel Square) 방에서 휘틀리가 의심을 푸는데 도움을 주고자 노력한다.

"예수 그리스도는 사람인가 하나님인가?"라고 반복하며 천천히 생각에 잠겼다. 그런 다음에 갑자기 무엇인가를 그의 친구에게 전해주려고 다음과 같이 말했다.

"저 말이야, 휘틀리, 내가 너희들의 언어를 배운 후에 ⋯ '하나님'이라는 용어에 대한 근본적 사상을 접하려고 노력해왔는데, 내가 조사한 바에 의하면, 그것은 앵글로 색슨 용어로서, 튜턴족은 '구타'(Gutha)라는 형태로 표현하는데, 그것은 '선한'(good)이라는 말과는 아주 다르지. 그러면 어떤 사람들은 요구하기를, 모든 선, 무소부재, 전지, 전능의 근원과 연관된 개념들을 생각해보라고 하지. 물론 그것들은 우리들처럼 이방인들로서 헬라어를 통해서 에디오피아인들로부터 많은 것을 배워야 했던, 로마사람들로부터 빌려온 말들이지."

언어학과 종교에 실제적인 흥미를 가지고 있는 크와만크라는 그의 모국어인 판티어(Fanti) 혹은 아칸어(Akan)와 영어를 취급하는 어휘사전을 만드는 일에 열중하였다. 크와만크라는 사전에서 대문자 "엔"(N)을 찾아, 그의 처음에 하던 이야기의 실마리를 찾는다.

"조금 전에 내가 자네에게 앵글로 색슨 언어에서 하나님이라는 개념이 얼마나 취약한 가를 말해준 것 기억나지. 내가 판티어로 그에 해당하는 단어를 발견했지. 그것은 큰 발인데, 너무 커서 자네의 상상을 초월할 걸세."–
NYIAKROPON
⋯ "이 낱말을 구성 부문별로 분해하면 다음과 같지"–

Nyia nuku ara oye pon. 즉,

홀로 위대하신 그분.

휘틀러가 판티어는 그런 단어가 하나뿐이라고 생각하지 않도록 하기 위하여, 크와만크라는 그에게 또 하나의 단어인 "Nyami"를 소개한다.

"분해하면 그것은 그 의미가 이렇게 두드러지지."–
Nyia oye emi. 즉,
그는 나이다.
"히브리어 '내가 나를 보낸다'와 비교해보면 알게 될 걸세. 이것은 그 어근에 대한 유희가 아니네. 왜냐하면 우리 민족 사람들은 지금도 다음과 같은 노래를 부르네."
Wana so onyi nyiami se?
Dasayi wo ho inde, okina na onyi,
nyami furi tsitsi kaisi odumankuma.
"그 의미는 다음과 같네."
그가 하나님과 동등하다고 누가 말하는가?
오늘은 사람이고 내일은 그가 아니다.
나는 영원으로부터 와서 영원으로 이어진다.
"이제 이해할 수 있을 걸세 … (예수님의 신성에 대한) 자네의 어려움이 왜 나를 놀라게 하는지를. 그러나 내가 이제 생각해보니 당신의 언어의 한계 때문이지."

하나님에 대하여 다른 이름들로 생각하는데 익숙하지 않은 휘틀리는, 휘틀리의 연구가 아무 도움이 되지 못한다고 문제 삼는 크와만크라와 호적수가 되지 않는다.

[크와만크라]: "만약 예수 그리스도가 다윗의 계보로 마리아에게서 태어나는 대신에 에디오피아 여인에게서 태어났다고 가정하면, 예수 그리스도가 인류에게 영향을 미치는데 달라질 것이 있다고 생각하는가?"
[휘틀리]: "이상한 질문이군 …."
[크와만크라]: "그럼, 이상하고말고 … 하지만 내 생각에 이상한 게 무엇이 있

는지 내게 말해보게."

[휘틀리]: "오, 모르겠어. 내가 추측하기는, 생각과 관습과 그런 모든 종류들이겠지."

결론을 얘기하자면, 휘틀리의 신학적 의혹은 풀리지 않은 채 남아있으며, 그는 황금해안에서 비극적이고 희극적인 식민지 목사직을 단념한다.

2. 영성과 세계 기독교의 새 역사기록학

세계 기독교의 역사기록학(historiology)에서 가장 괄목할 만한 변화들 중 하나는 서양적 복음의 전파로부터 비서양적 전용(appropriation)으로, 선교사들에서 개종자들로, 선교에서 교회로 강조점이 이동되었다는 것이다(Shenk 2002). 사일러스 휘틀리와 같은 사람들은 뒤로 물러나고, 언어와 문화와 종교를 포함하여 기독교를 대조적인 방법으로 변화시킨 아프리카와 아시아와 라틴 아메리카와 오세아니아의 그리스도인들은 그전 어느 때보다 더욱 전면에 나타나고 있으며, 이러한 역할은 그들에게 다시 주어진 것이다.

역사 기록가들은 토속 민족들이 자신들이 채택한 것에 적응한다고 항상 인식해왔다. 전의 학문과 지금의 학문의 차이는 유럽중심주의와 다중심주의(polycentricity)의 차이다. 왜냐하면 표준적 기독교라는 것이 존재하지 않기 때문에, 적응(adaoption)이 우리에게 말하는 것은, 비교문화적 과정(the cross-cultural process)이 무언가를 하지 말아야 하는 방식으로 작용하는 것이 아니라 오히려 해야 하는 방식으로 작용한다는 것이다.

주로 안드레 월스(Andrew Walls 1996, 2002a)와 그의 학생들이었던 라민 사네(Lamin Sanneh 1998)와 크와메 베디아코(Kwame Bediako 1995)로부터 파생된 새 역사기록학 배후에 있는 기동력은 본질적으로 성경적이며 신학적이다. 새로 계발된 대부분의 것들에서처럼 그 전제는 적용보다 덜 놀랍다. 새 역사기록학이 사용하는 지렛대의 받침점(Point d'appui)은 "말씀이 육신이 되어 우리 가운데 거하시매"(요 1:14)라는 친숙한 요한복음 구절이다. 무엇보다도 언어학의 언어는 새로운 역사기록학을 이전 것과 구별 짓는다.

월스(Walls)와 다른 사람들에게 있어서, 성육신이란 존재하지도 않는 포괄적인 인성이나 포괄적인 용어로의 번역(translation)[1]이 아니라 구별할 수 있는 특별한 개별성으로의

---

1 저자가 말하는 "번역"(translation)은 언어에 대한 번역이 아니라 사상 또는 문화에 대한 번역을 의미한다-역주.

번역을 의미하다. 이 관점에서, 번역으로서의 성육신은 기독교의 다형태성(pluriformity) 을을 자세히 설명하고, 가능하게 하고, 보증한다. 월스 학파의 격언(Wallsian dictum)은 다음과 같다(1996, 28).

기독교의 다양성은 성육신(Incarnation)의 필연적 산물이다.

월스가 기독교의 모든 차후의 번역들은 원본에 달려있다는 점을 서둘러서 첨부하려고 할지라도 그 모델은 급진적 비표준화의 하나다.

경험적으로 그 새로운 역사기록학은 결정적으로 체제 전복적이다. 이런 관점에서 불쌍한 휘틀리는 결국 그렇게 독특한 사람이 아닐지도 모른다. 새로운 역사기록학이 파괴하는 것은 "사상과 전통과 모든 그런 종류의 습관들"인데, 이러 것들은 의식의 지평을 유럽 세계로 제한하거나, 혹은 아프리카나 아시아나 라틴 아메리카나 오세아니아의 세계로 제한한다(왜냐하면 유럽중심주의는 비서양 대응자들[예를 든다면, 크와만크라]과 같은 반동주의자를 수반하기 때문에).

줄여 말하자면, 기독교의 다양한 변화에 대한 연구는 변형시키는 힘이 다분하다. 문학을 아는 사람들에게 월스 학파의 관점들은 그들 스스로 초교파적 연대와 영성을 불러일으킨다. 번역은 타협과 잡종성과 풍자에 의하여 더럽혀진다고 주장하는 사람들에 반하여, 월스와 그 추종자들은 세계 기독교에 말씀이 육신이 되었다는 교회의 이해를 확장하고 풍부하게 하기 위한 새로운 가능성을 상기시킨다.

언어와 문화와 종교의 변두리에 위치한 존재는, 비서양의 기독교에 있어서 새로운 것이 아니다. 중동의 그리스도인들(그들의 대응자는 아시아에 흩어져 있다. 특히 남인도의 시로말라바[Syro-Malabar] 교회들)과, 에디오피아를 포함하는 북아프리카의 많은 그리스도인에게 있어서 여전히 그러하다. 기독교는 거의 바로 그 시작부터 다중심주의적(polycentric)이었기 때문에 라고스(Lagos)나 서울이나 쌍 파울로(São Paulo)나 포트 모레스비(Port Moresby)를 예루살렘과 안디옥과 로마와 캔터베리처럼 활기차게 기독교가 박동하는 중심지로 생각하는 것은 크게 어려운 일이 아닐 것이다.

그러나 기독교와 전통적으로 기독교 세계의 위치를 확립한 종교들 사이에 있는 가장자리들은 그것들이 있던 곳에 더는 있지 않다. 하나가 따라잡기 위하여 많은 노력을 기울이면 기독교는 빠른 속도로 다시 중심잡는다. 그러므로 북에서 남으로의 기독교의 중심 이동에 대해 관심이 적은 것은 당연하다. 월버트 쉥크(Wilbert Shenk)는 다음과 같이 내다본다(2002, xii. 참조, Barrett et al. 2000; Jenkins 2002).

> 세 번째 천년이 시작 될 때에 이와 같은 역사적 변동의 충격은 분명하다. 즉 전체 그리스도인들의 60%가 전통적 서양 심장부의 외곽에 살고 있다.

18세기에 세계 기독교 전체 인구 중에서 비서양 집단(non-Western cohort)은 그 현재 숫자의 삼분의 일에 불과했다. 그 집단은 1970년대까지 절반도 되지 못했다. 기독교 영성에 대한 연구들은 이와 같은 극적인 변화에 보조를 맞추어야 할 필요가 있는데, 새로운 역사기록학은 스스로 거기에 맞는 "사후의 반응"(ex post facto response)이 될 것이다.

이와 같은 배경에 반하여, 우리는 환원주의(reductionism)를 경계해야 한다. 영성은 전 대륙들과 국민들에게 만연하는 단수형이 아니다. 특별히 좋게 여겨지는 오세아니아의 기독교 영성에 대하여 언급하는 것은 즐거운 일일지 모르지만, 우리 모두가 그렇다고 말할 수 없다. 왜냐하면, 영성은 지리적으로 한정될 수 없을 뿐 아니라, 새 역사기록학의 전체적인 방향이 적절한 조정이 없이 내부 문화나 국제 문화를 일반화하는 것에 저항하기 때문이다.

영성에 대하여 일반적으로 말하는 것은 번역의 원리를 벗어나게 하는 일이 될 것이다 (즉, 성육신 과정의 특별한 개별성). 그렇다면, 필자는 영성에 대한 필자의 해석에 내관주의자(interiorist)의 편견을 허용하지 않는다는 점을 첨가해야만 한다. 필자에게 영성은 국제 문화의 전달과 기독교 신앙의 전용에 의하여 조성된 종교적 풍조(ethos)와 의식(consciousness)을 아우른다(즉 포함하지만 한정되지는 않는다).

3. 문화들 사이의 경계선상에 있는 가톨릭 영성(1700년까지)

기독교 선교 운동이 주로 18세기 이후에 일어난 하나의 현상이다. 그렇다고 해서 그 이전에는 중동과 아프리카와 아시아에서 아무 것도 안했다는 것이 아니다. 네스토리우스 교도들(Nestorians)은 그곳을 자주 방문한 여행객들이었는데, 그들은 8세기에 이미 중국에 이르렀었다. 그들은 작은 공동체들로 지속되었는데, 거의 천년 후에도 그 흔적이 포착되었으며, 자기들이 최초로 거기에 들어간 사람들이라고 생각했던 가톨릭 선교사들은 그것을 보고 놀랐다. 네스토리우스 교도들은 8세기 이전에 스리랑카 불교의 고대 중심지였던 아누라드하푸라(Anuradhapura)로 가는 길과 동남아시아를 통과하는 바닷길들에 있는 왕국들로 가는 길을 발견했을 것이다. 네스토리우스 교도들은 중앙아시아에서 광활한 초원에 사는 몽고의 씨족들 중에서 발견되었다.

13세기에 몽고의 지배자들(Khans)에게 파견된 가톨릭 사절들은 자신들이 예상했던 것보다 더한 기독교적 환경에 있다는 것을 발견했다. 몽고인들은 새로운 세력을 고려하여, 그들의 전통적 종교가 손상을 입지 않으면서 더욱 광범위하고 포괄적인 종교로의 전환을 하고 있었다. 이런 목적을 위하여서는, 네스토리우스교와 로마 가톨릭는 불교보다 덜 적합해 보였다. 네스토리우스교를 믿는 몽고인들은 지역적 전통 종교의 용어를 채택했지만(예를 들면, 초자연적인 의미의 용어로 "God"을 "텡리"[tengri]로 번역하는 등), 몽고 기독교의 문화 토착화의 자료들은 미약하다. 사라진 교회에 관하여 아는 바가 전혀 없는 것 같다(Moffett 1998; Tang 2002).

콜럼버스 항해 이전에 시작된 이베리아적(Iberian) 가톨릭의 팽창은 더욱 오랫동안 지속되었다. 재속 신부들(secular priests)은 서아프리카의 해변에 포르투갈 함대들을 동반하면서 주로 그들의 동포들을 신앙적으로 돌보기 위하여 사오 토메(São Tomé)와 같은 소수민족 집단 거주지에 교회를 설립했다. 하지만 선교사의 열정은 결핍되지 않았다. 몇 년 후에, 자이레(Zaïre) 강 유역의 콩고(Kongo) 왕국은 그 국왕인 느징가 느쿠부(Nzinga Nkuvu)가 영세를 받아(1491) 주앙1세(João I)가 되었음을 목도했는데, 이는 번역된(translated) 가톨릭의 첫 열매였다. 이러한 가톨릭은 우주를 선과 악의 대결장으로 보는 아프리카의 전통적 종교와 친밀감이 있었다.

콩고의 가톨릭는 주앙 1세의 계승자들의 통치하에서 갈등하곤 했으나, 첫 몇 년 만에, 토속적 종교 종사자들인 "느강가"(nganga, 영적 치유자)가 교회의 사제들로 대체되었다. 사제들은 "느강가"로 지칭되었지만 매우 크고 비범한 힘들에 접근하는 사람들로 인식되었다(Hastings 1994, 73-86). 우리는 리베리아 사람들과 아프리카 사람들의 이와 같은 특별한 세계관의 융합이 해안을 따라 앙골라(Angola)에서 모잠비크(Mozambique)까지 어디에서나 복제되는 패턴을 보게 된다. 그러나 남아시아와 동남아시아와 동아시아에서는 이런 일이 좀처럼 일어나지 않는다.

인도의 서남 해안에 있는 고아(Goa)와 동남 해안에 있는 밀라포르(Mylapore)와 중국의 진주 강(Pearl River) 어귀의 마카오(Macao)에는 스스로 교회가 세워졌다. 그러나 그 모든 소수 민족 거주지들은 주요 문명들과 세계 종교들의 중심지들이 아니라 변두리들에 위치하고 있었다. 기독교에 대한 관심의 징표들이 드물다. 마카오의 대성당에서 넋을 빼는 오르간 소리를 들었다는 17세기 후반의 시인인 리앙 디(Liang Di)의 중국어 시가 초기의 한 실례가 된다(Zhang 1997. 144).

> 성 바울 대성당 꼭대기로부터,
> 멀리 넓게 들릴 수 있는 음악이 떠오른다.
> 그것은 가위가 비단을 자르는 것처럼 부드럽고,
> 거위가 소리를 지르는 것처럼 분명하고,
> 제비가 노래하는 것처럼 듣기 좋고,
> 원숭이가 비명을 지르는 것처럼 슬프다.

우리가 명심해야 할 것은 포르투갈의 멀리 떨어진 식민지는 상업적 기회주의에 근거를 둔 해안도시로서, 포르투갈이 그곳을 완전히 장악하기 보다는 그 지역 정치의 변덕에 좌지우지되었다. 포르투갈이 스리랑카 해안지역을 차지했을 때에, 고테(Gotte)의 왕이었던 다르마팔라(Dharmapala)가 세례를 받음으로 말미암아 포르투칼의 지배권이 완성되었고(1557), 기독교화가 되는 것에 저항했던 불교신자들은 중앙 고지대에 은신처를 마련했다. 콜롬보 남북 해안에 걸쳐 있는 가톨릭 마을들에서는 아직도 신할리즈화된 (Sinhalacized) 이베리아 스타일 예수 수난극인 "나다가마"(nadagama)의 공연을 종종 목격할 수 있다(Goonatilleka 1984).

그 이전 시대에 "나다가마"는 효과적인 전도의 수단이 되었으며, 복음화된 사람들을 목회적 관리상 가까이에 머물도록 장려하는데 도움이 되었다. 마라타족들(Marathas)과 아시아 전역을 조정하는 교회의 본부로부터 억지로 떼어진 고아(Goa)에서만 자비의 엄격한 적용(the Rigor of Mercy)이라는 기독교화의 정책이 강행되었다. 고아의 한 힌두(Hindu)가 그것을 무시하기 위해 행한 모든 것은 단지 내지에 있는 사원들로 몇 마일을 걸어가는 것이었다.

가톨릭의 하부구조가 일본에서보다 더 취약한 곳은 그 어디에도 없었다. 1549년에 프란시스 하비에르(Francis Xavier, 1506-52)에 의하여 창설된 그곳의 선교는(Higashibaba 2001) 마카오 비단 무역으로부터 경제적 지원을 받았다. 그러나 한 세기 후, 히데요시 장군(Shogun Hideyoshi)이 기독교의 가르침을 신도 가미(Shinto *kami*)와 같은 사후 신화(post-mortem deification)에 대한 위협으로 보았을 때, 포르투갈 해군력은 절반도 사용할 수 없는 상태여서 그에 합당한 결과를 당할 수 밖에 없었다.

비록 처음에는 규슈의 봉건 군주들이 열성적으로 받아들였고(많은 사람들은 기독교는 불교의 변종이라는 인상을 가지고 있었음), 그 선교는 종합적 문화 수용정책을 펼치고 있었던 예수회의 건축가 알레산드로 발리그나노(Alessandro Valignano, 1539-1606)의 재빠른 관리에 의하여 큰 문제 없이 유지되었지만, 그럼에도 불구하고 로마 가톨릭은 이질적으로 인식되었다(서양 냄새가 풍긴다는 용어로 "바타구사이"[*batakusai*, 고약한 버터냄새]가 사용된다. 유럽의 요리습관을 참조하라). 간단히 말해서 로마 가톨릭은 "데우스"(*Deus*, 하나님)의 종교였다(일본의 예수회 사람들은 언어보다 문화를 잘 수용하였다. Elison 1973). 도쿠가와 이에야스(Tokugawa Ieyasu) 장군이 17세기 초에 최후의 일격(*Coup de grâce*)을 가했을 때에 기독교는 지하에 숨었다. 일본의 "숨겨진"(*kakure*, "카루레") 그리스도인들은, 마리아 상들을 관음(Kannon)으로 변장시키고 마을 단위의 교구를 조직하고 합본화한 거룩한 글들과 함께 발리그나노가 구상한 것보다 더 문화화된 기독교가 되는데 영향을 주었다(Harrington 1993).

가톨릭이 아시아와 특이하게 부딪친 것을 실제로 이해하기 위하여 우리는 포르투갈의 영향으로부터 멀리 떨어진 지역들을 주목하게 된다. 중국의 베이징에서 이탈리아의 예수회 회원인 마테오 리치(Matteo Ricci, 1552-1610)가 유교적 고관들과 교제했다(Kim 2001), 남인도의 마두라이(Madurai)에서 다른 이탈리아의 예수회 회원인 로베르토 드 노빌리(Roberto de Nobili, 1577-1656)가 지혜로운 사람에게 지혜를 전파했고(Amaladass and Clooney 2000), 통킨(Tonkin)과 코친차이나(Cochinchina)에서는 프랑스의 예수회 회원인 알렉산드르 드 로드(Alexandre de Rhodes, 1593-1660)가 스스로 모든 베트남 종교들에 몰두했다(Phan 1998).

세 사람은 모두 다 놀라운 문화적응주의자들(inculturationists)[2]이었다. 그들은 "데우스"라는 표현을 쓰지 않았다. 리치는 "하나님"을 높은 곳에 계신 주님이라는 뜻인 "샹티"(*Shangti*)로 번역했고, 드 노빌리는 모든 것들의 주님이라는 뜻인 "사루베쉬바란"(*Saruveshvaran*)으로 번역했으며, 드 로드는 하늘과 땅의 고귀한 주님이라는 뜻인 "두크 추아 트로이 다트"(*Duc Chua Troi Dat*)로 번역했다. 뿐만 아니라 그들은 또는 외적으로 문화변용되었다(acculturated). 리치는 유교의 지식계층 의복 차림을 했고, 드 노빌리는 세상 포기자 같이 보였으며, 드 로드는 전통적인 모자를 쓰고 유교적 겉옷을 입은 베트남 사람으로 오해를 받을 정도였다.

리치와 드 로드는 조상 숭배를 종교적이라기보다는 사회적(civil)으로 여겼다. 하지만

---

2 "문화적응"(inculturation)이란 기독교의 복음을 비기독교 문화에 적용하는 것을 의미한다-역주.

18세기 초의 중국의례논쟁(the Chinese Rites Controversy)에 대한 교황의 개입으로 그 실천이 무산되었다. 같은 논쟁이 드 노빌리의 개혁들이라고 지칭되는바 말라바르 의례(the Malabar Rites)에는 거의 없었다. 라틴화(Latinization)는 항상 잠재적인 힘으로 존재하고 있었다. 이미 1599년에 디암퍼의 종교 회의(the Synod of Diamper)에서 가톨릭 당국자들은 케랄라의 시로-말라바르 교회들(Kerala's Syro-Malabar churches)의 영적 전통들에 개입하기 시작했다(Thottakara 1990).

그 결과, 이베리아적 가톨릭을 복제하려는 경향은, 라틴 아메리카와 카리브해 지역과 필리핀(Marzal 1993)은 물론 오세아니아(Garrett 1982)에서까지 기독교의 초기 역사에 분명히 나타난다. 그 하부구조는 18세기 즈음부터 제2차 바티칸 공의회(1962-5)가 교회의 이베리아적 기초들을 흔들때까지 대부분 동일했을 것이다(Hastings 1999). 아즈텍(Aztec)과 마야(Maya)와 잉카(Inca)와 그밖에 민족 언어를 쓰는 국민들이 무제한의 힘에 굴복했던 이른 후기-콜럼버스 시대(post-Columbian period)의 가톨릭 전도의 끔찍한 폭행은 잘 기록되어 있다(Rivera 1992). 바르톨로메 드 라스 카사스(Bartolome de Las Casas)와 나후아틀(Nahuatl)의 위대한 학자들과 베르나르디노 드 사아군(Bernardino de Sahagun)과 같은 다른 언어권 사람들의 저항이 있었음에도 불구하고, 그 지역은 리치나 노빌리나 로드와 같은 수준의 문화적응주의자들을 거의 배출하지 못했다. 그 대신 이베리아화(Iberianization)에 대한 막후의 저항과(Klor de Alva 1993), 가끔의 반란이 발견된다(특별히 안데스에서. Szeminski 1993). 토속적 그리스도인 자신들이, 1531년에 나우아 후안 디에고(Nahua Juan Diego)가 성모 마리아를 보았다는 데서 연유된 것 같은 승인되지 않은 문화적응 운동을 주관했는데, 그것은 "과달루페의 우리의 성모"(Our Lady of Guadalupe)가 되기 위하여 전에 존재하던 아즈텍(Aztec)의 종교와 이베리아의 전통을 긴밀하게 혼합한 것이었다(Burkhart 1993).

그렇지만 거의 시초부터 이베리아의 민속적 로마 가톨릭의 상당한 감언이설들이 있었던 것이 분명하다. 아드리안 해스팅스(Adrian Hastings)는 우리에게 말하기를(1999, 334) 멕시코에서 사람들은 "교회를 짓도록 허락받기 위하여 구걸을 했고, 성 금요일의 참회 행렬에서 서로 무자비하게 채찍으로 때렸다." 옛 스페인령인 뉴 스페인(New Spain)에서처럼 북미의 프랑스 식민지인 뉴 프랑스(New France)에서도 이로퀘이족(Iroquoian)과 알곤킨족(Algonquian) 개종자들, 특히 여성들의 고행은 놀랄 만큼 혹독했다.

성 로렌스 강 유역의 한 선교지로부터 온 1689년대의 한 보고서에서 예수회 회원인 클로드 쇼세티에르(Claude Chauchetiere)는 다음과 같이 이야기 했다(Greer 2000, 150-1).

그들 중 어떤 사람들은, 어떻게 배웠는지 나는 모르지만, 몬트리얼 병원의 수녀들을 따라 경건의 실천에 대하여 배웠다. 그들은 철제 속옷과 헤어 셔츠를 입은 제자들에 관한 말을 들었다. 그들에게 종교 생활이 매력적이었으며, 그들 중 세 사람이 일종의 수녀원을 설립하기 위한 협회를 만들었으나 우리는 정지시켰다. 왜냐하면 그것은 시기상조라고 생각했기 때문이다.

세 사람 중 하나인 모호크족(Mohawk)인 카테리 테커퀴사(Kateri Tekakwitha)를 막을 사람은 아무도 없었다. 그녀는 일반적 엄격성에 토속적 요소를 가미하여, 자신을 캐나다의 눈보라를 노출시켜 결국 죽었고, 성인의 자격을 얻었다. 그렇지만 기독교는 전반적으로 주변인화된 신세계의 사람들을 확실히 거룩함이 결여된 것으로 보았다(Axtell 1985; Tinker 1994; Treat 1996).

4. 문화 경계선에서의 개신교 영성의 급증(1700년대)

가톨릭이 신세계에서 자리를 잡는 동안 아프리카 내부에서의 가톨릭의 실존은 포르투칼의 외부의 상업적 활동의 성공에 달려있었다. 무엇보다도 노예 제도는 교회를 손상시켰고 그 위에 짙은 먹구름을 던져주었다(Hastings 1994, 127). 18세기는 해외의 가톨릭은 특별히 좋지 않았다. 가장 심각한 시련은 1770년대에 시작된 예수회에 대한 억압이었을 것이다. 그것은 교회의 가장 진보적인 문화적응주의자들을 잃어버렸다는 것을 의미한다.

중국에서는 백련교(White Lotus)와 같은 천년왕국 비밀 단체의 관습들을 닮은 어떤 가톨릭 실천이 있었는데, 치안판사들은 잠재적으로 전복적인 활동을 억압하는 일을 자청했다. 비밀단체들은 일반적으로 채식주의자들이었고, 그것은 1750년대에 쓰촨성에서 일어났는데, 그리스도인들은 "금식"(zhai)이라는 단어를 사용했기 때문에 체포되었는데, 그것은 비밀 단체들도 그 단어를 사용하기 때문이었다(Entenmann 1996). 중국의례논쟁에 대한 교황의 결정이 일단 강희 황제(Emperor Kangxi)에게 전달되자, 법정에서 오랜 동안 존중을 받아오던 예수회 회원들은 그것을 고수하기가 더욱 어려움을 발견하였다. 그러나 그들은 그렇게 했고, 그랬기 때문에 1770년경에 홍유한(洪儒漢)이라는 한 한국인이 베이징에서 가톨릭 문헌을 얻을 수 있었다. 그는 경탄을 금치 못하며 그것을 읽은 후에 음력으로 예배 교육 프로그램을 고안하고, 유교와 도교를 잘 결합한 스타일로 조용히 묵상하며 살기 위하여 산으로 피정했다.

리치(Ricci)의 『천주실의』(*The True Meaning of the Lord of Heaven*)는 다른 유교 지식층들을 매혹시켰다. 가족 가치의 보루인 이곳에서 그 유교 지식층들은 은밀한 공부 모임으로 만났다. 베이징 교회의 당국자들로부터 조상 제사가 용납되지 않는다는 소식이 왔을 때, 18세기 후엽에 어떤 사람들은 순교를 당했다. 왜냐하면 불효는 국가에 혐오스런 일로 취급되었기 때문이다(Grayson 1985, 70-7; Chung 2001). 예수회의 강압이 계속되는 동안 인도의 로마 가톨릭는, 뒤에서 언급하겠지만, 더욱 실적을 거두었다. 그러나 모든 것을 고려할 때에, 17세기부터 18세기까지의 변화는 개신교가 해외에서 놀랄만한 기세로 급증했다는 특징을 지닌다.

포르투갈이 가는 곳에 다른 나라들도 따라갔다. 첫째가 화란인데, 화란은 17세기 후반에 케이프타운(Capetown)에서 콜롬보(Colombo)와 바타비아(Batavia)에 이르기까지 영토 가운데 한 구역에 화란동인도회사(the Dutch East Indies Company)와 화란개혁교회(the Dutch Reformed Church)를 설립했다. 그러나 이러한 선교는 화란이 지배하고 있는 곳에서 허용되지 않았다. 그런 제재는 19세기 중반까지 지속되었다.

그러나 18세기 말엽에는 겸손한 거주생활로 말미암아 악의가 없는 것처럼 보였던 모라비안들(Moravians)은 케이프(the Cape)의 부시맨들(Bushmen)인 호텐토스 사람들(Hottentots) 중에서 일을 했다(Hastings 1994. 197-205). 스리랑카 화란개혁교회는 사회적이고 의식적인 의미로서의 힌두들과 불교도들을 많이 포함하고 있었다. 사실상 거의 전 인구가 화란동인도회사의 지배하에 있었다.

세례가 그들의 시민적 권리를 위한 가장 좋은 안전장치라고 보았기 때문에, 이들은 개인적으로는 전통을 준수하면서도 "공적" 그리스도인들(public Christians)이었다. 일상적 순회의 영역을 벗어나서 설교를 하는 신교 목사들(*Predikants*)은 적었다. 17세기 후반에 스리랑카 반도의 북쪽에 있는 자프나(Jaffna)에서 목회를 했던 필리푸스 발두스(Phillipus Baldeus)가 그렇게 설교한 사람이었다.

그와 우리를 모두 놀라게 한 것은 그가 기독교 브라만들(Christian brahmans)을 만났는데, 그들의 기원을 아브라함의 여섯 명의 아들들과 그의 세 번째 아내이며 첩인 그두라(Keturah)에게로 거슬러 올라갔다(창 25:1-6; 대상 1:32-3; Hudson 2000, 5-9). 스리랑카는 이 공동체가 정착한 것으로 알려진 아라비아인들의 "향료 교역로"(incense route)로부터 동쪽으로 상당히 멀리 떨어졌고, 자프나의 기독교 브라만들의 실질적 기원이 아마도 불분명하지만, 개신교도들은 어떤 종류의 기독교들로서 이미 대부분의 지역에 적응하고 있었던 것으로 보인다.

영국의 역사기록학은 인도의 기독교는 18세기 말 침례교 선교사 윌리암 캐리(William Carey)와 더불어 캘커타 근처의 갠지스 강 유역에 있는 세람포(Serampore)에서 시작된 것으로 보는 반면, 독일의 역사기록학은 거의 한 세기 이전에 "트란쿠에바르(Tranquebar)에서 시작되었다"(*Es began in Tranquebar*)고 주저 없이 말한다(Lehmann 1956). 후자가 정확하다. 인도의 동남 해안의 탄조레(Tanjore) 왕국에 있는 덴마크인 거주지 트란쿠에바르는 1706년에 루터교 경건주의의 중심지가 되었다. 그 선교 창시자인 바르톨로메우스 지겐발크(Bartolomaeus Ziegenbalg, 1683-1719)는 할레(Hale)에 새워졌던 독일의 경건주의 출신이지만, 덴마크 왕국으로부터 아우구스부르크 신앙고백(Augsburg Confession)과 루터교를 타밀(Tamil) 사람들에게 전하라는 위임을 받았었다. 개신교 선교 역사 전체적으로 볼 때에 지겐발크보다 더 힌두교와 우호적인 관계를 맺는데 헌신한 인물은 없다. 같은 이유로 많은 힌두교인들이 기꺼이 긍정적으로 관여했다. 하지만, 개종자는 드물었다.

최초의 교구민들의 대부분은 유력한 농경인(Vellala) 공동체의 이전 가톨릭 신자들 또는 카스트(caste) 계급의 하위 계층이었다. 물론 그와 같은 모든 사람들이 예배하던 새예루살렘교회는 가톨릭교회들과는 달리, 우상 반대에 철저했다. 그것은 토속적 관점으로 본다면 필수적이지 않았다. 그러나 좌석배열은 그들의 일이었다. 어떤 사람은 이 지역에서 토속적 그리스도인들은 자신들이 손으로 지도자를 뽑아 세우는 것을 보았다. 바닥에는 매트가 깔려 있으나, 그 사이에 공간이 있었다. 농경인들은 한 쪽에 앉았고, 다른 한 쪽엔 사회적으로 열등한 사람들이 앉았다.

물리적 구분은 교회 밖에서는 옳게 보였고, 교회 안에서는 적절하게 보였다. 그것은 논의가 되었다. 그러나 성찬식(어떤 독일 교회들에서는 습관적인)은 농경인들을 위하여 분명히 두 개의 잔으로 거행되었다. 왜냐하면 타액(*eccil*, 가장 나쁜 육체적 불순물들 중 하나)으로 인하여 그들의 순결함이 오염될 수도 있었기 때문이다. 이것은 지겐발크 시대에 용납이 되었으나, 그 후의 선교사들은 모든 사람들이 하나의 잔에 참여할 것을 주장했다. 이것을 거절하는 사람들은 격앙된 추방으로 출교되었다. 물론 그 문제들은 진지하게 신학적이었다. 특별히 연루된 타밀인들에게 그러했다. 그 타밀인들은 특별히 농경인 그리스도인들의 실천(praxis)에 대해 방어적으로 논의했다. 실제로 경작자들은 말하기를, 영성은 비포괄적(non-generic)이라고 한다(Jeyaraj 1996; 특별히 Hudson 2000).

가톨릭 가운데 문화적응은 두 가지 다른 노선으로 신속히 진행되었다. 하나는 드 노빌리 후계자들에 의한 범어(Sanskritic)와 문학 노선이었고, 다른 하나는 평신도들에 의한 지

방어와 공용어 노선이었다. 전자의 고전적 실례가 에주르 베다(*Ezour Veda*)이다. 이 작품은 매우 철저하게 힌두교의 문학작품 향기로 가득 채워 있기 때문에, 볼테르(Voltaire)를 포함하여 그것을 알게 된 많은 유럽인들은, 힌두교인들로 하여금 제목이 그들의 경전을 닮은 고대 종교 문서들 중 하나인 야주르 베다(*Yajur Veda*)를 읽고 있는 것처럼 생각하도록 하기 위하여 예수회의 위조품이라고 비난했다.

그러나 사실상 거기엔 속임수가 없었다. 에주르(*Ezour*)는 예수(Jesus)다. 그 저자는 프랑스어를 말하는 예수회 회원이었는데, 산스크리트어에서 음성학적 합성 법칙 때문에 "예수"(Jesus)의 발음이 에주르(*Ezour*)가 되었다(예를 들어, "v" 앞에 오는 "s"는 "r"이 된다. *veda*는 힌두교 등의 경전을 의미한다). 현인들에게 지혜를 전파하는 전통에서는 비슷한 글들의 모음집(corpus)이 돌고 돈다. 한 대표적인 시는 불이일원론(不二一元論, non-dualism, Advaita)의 용어를 하나님에 대한 찬양으로 전환한다.

> 특성이 없는 상태(*nirguna*)로 존재하며, 결코 변치 않는 주님, 그분께, 나는 두 손 모아 예배드립니다(Amaladass and Young 1995, 13).

베단타(Vedanta)가 더 잘 이해될 때에, 산스크리트어를 말하는 예수회 회원들도 더욱 인격신론적(theistic) 관용어에 귀를 기울일 것이며, 하나님은 모든 선한 특성들에 충만하다고 선포할 것이다. 하나님은 **모든** 속성이라고 일컬어진다는 진술에는 베단타적 난점이 남아있다(예를 들면, "하나님은 사랑이다"에서처럼, 실체와 부수적인 것 사이의 구별이 없다는 것). 이것 때문에 "사트"(*sat*, 존재)와 "치트"(*chit*, 의식)와 "아난다"(*ananda*, 복)는 가톨릭 어휘에서 포함되어 있다. 그러나 모든 것이 순화된 철학적 신학은 아니다.

카르나틱 선교(Carnatic mission)를 했던 장 칼메트(Jean Calmette, 1693–1740)는 성무일도서(breviary)를 산스크리트어로 번역하며 자신의 기도문을 첨가했다. 가장 특징적인 것은 그리스도인의 임직식(*upanayana*, "우파나야나")을 위해 브라만을 상징하는 성스러운 실로 만든 의상이다. 드 노빌리 때에 그랬던 것처럼, 카스트 제도는 아직도 사회적 지위를 반영하였다(Amaladass and Young 1995, 192–5). 그 문학은 그 모든 전통들과 함께 예수회의 강압 이후에 쇠퇴하였다. 인도의 가톨릭 교인들은, 자기들 뜻을 유지하면서, 그들 자신이 문화적응주의자들이 되었다. 경건에 대한 자국어적이고 공동적인 표출들은 남아있던 선교사들을 깜짝 놀라게 했다. 그들 중 하나인 두보이(Abbé J. A. Dubois, 1770–1848)는 자기 교인들의 허가받지 않은 축제 행사들을 약간 지나친 것 이상으로 생각했다(1823, 69–70).

수백 개의 탐탐북(tom-toms)과 트럼펫과 모든 시끄러운 소리가 나는 시골 음악들이 수많은 햇불과 불꽃놀이와 함께 동원되었다. 수레에 실려진 성인의 성화상이 시골의 취향에 따라 화환과 천박한 장식들로 둘러싸였다. 그 수레는 행진하는 동안 소리치는 군중들에 의하여 천천히 끌려갔다. 수레를 에워싼 회중들은 혼란스러웠고, 그들 중 어떤 사람들은 춤을 추었다 … 어떤 사람들은 맞붙어 싸우고, 어떤 사람들은 광대놀이를 했다. 어느 누구도 존경이나 신앙의 모습을 조금도 보이지 않는 채 소리치거나 대화를 했다.

이 이야기를 남인도의 기독교 축제에 대한 현대 사회적인 인류학적 연구들(Dempsey 2001; Younger 2002)과 비교해보라. 주된 변화는 교회는 지금은 그런 축제들을 허가한다는 점이다.

5. 유럽 밖의 개신교회(1800년대)

두보이(Dubois)의 유럽 중심적 오만은 보편적인 것이다. 영성의 문화적응(inculturation)에 있어서의 토착적 작용인(agency)은 거의 모든 곳에서 끊임없는 관심사였다. 이미 살펴본대로 어떤 개인들은 다른 사람들보다 더 공감을 잘 했다. 비록 때때로 지방의 고급문화(local high culture)의 의복을 입었지만, 대체적으로 그 모델이 되는 사람들은 유럽인들이었다. 비록 19세기는 비슷한 기반에서 출발했지만, 선교의 모델들은 점점 의문시되어 가곤 했다.

우리가 선교적 "승리"를 생각할 때에, 좋은 역사적 이유에서 19세기가 갑자기 마음에 떠오른다는 사실을 감안하여, 그 반대의 것이 일반적으로 추정된다. 런던 선교회(the London Missionary Society)의 요하네스 반 데르 켐프(Johannes Van der Kemp)가 코사족(Xhosa)들 사이에서 일을 하기 위해 1799년에 도착했던 곳인 케이프(the Cape)에서 놀랄만한 시도들이 있었으나, 가장 괄목할만한 어떤 활동은 아직도 남아시아에서 일어나고 있다.

침례교선교회(the Baptist Missionary Society)의 첫 선교사였던 윌리엄 캐리(William Carey, 1761-1837)는 1793년에 도착하였다. 캐리는 가장 전형적인 개신교의 노력인, 현지어로 된 성경 번역에 대한 실례를 보여주기 때문에, 그의 명성을 과장하기 어렵다. 그러나 이것이 영향을 미친 것은 그것이 인도 외부에 있는 다른 사람들로 하여금 그렇게 하도록 했다는 점에서 더욱 중요하다.

인도어로 된 작품을 읽지 않는 학자들은 캐리가, 의도하지 않았을지라도, 뿌리 깊은 산스크리트어를 말하는 사람이었다는 점을 간과한다. 세람포르 선교출판사(Serampore)의 번역들은 지식층들을 겨냥하고 있다. 기독교 신앙의 어휘에 미치는 그 파급효과는 거대했다. 얄궂게도, 산스크리트화(Sanskritization) 이면에서 어떤 사람은 반가톨릭적 편견을 발견한다. 그 편견은 단지 보편적인 것에 지나지 않지만 캐리로 하여금, 그에게 인도의 라틴어와 같은 산스크리트어를 포함해서 브라만적인 모든 것에 대해 선입견을 갖게 했다. 평범한 사람들은 산스크리트어를 이해하지 못했으므로 자국어적인 번역(그 개신교적인 명령)이 필요했다.

하지만 벵골 성경이 완성되기도 전에, 산스크리트어에 공을 들인 캐리는 힌두 문학의 "조약돌들과 쓰레기"(pebbles and trash)를 성경 내용으로 대치할 것을 결심하였다. 재신성화(resacralization)[3]에 의한 비신성화(desacralization)[4]는 전체의 과제에 기이한 브라만적 특성들이 스며들게 했다(Amaladass and Young 1995, 31-9).

우르 번역(Ur-translation)이라는 이유로 인도의 개신교 안에서 인정받지 못한 산스크리트어의 원천인 캐리의 성경은 킹 제임스 성경으로부터 거의 조금도 벗어나지 못했던 어눌한 문장 때문에 읽을 수 없는 것으로 판명되었다. 비록 반 가톨릭적 편견은 없었으나, 동일한 산스크리트화의 경향이 캘커타에 있던 캐리와 동시대의 성공회 동료들 중에 분명히 나타났다. 고교회파(High Church)의 교부 학자였던 윌리암 하지 밀(William Hodge Mill, 1792-1853)은 1820년대에 캘커타의 복음 전도회(the Society for Propagation of the Gospel)와 더불어 에주르 베다(*Ezour Veda*)를 알고, 그것을 칭송하였으며, 자신의 작품과 더불어 그것을 복제하려고 하였다. 밀은 성경을 그렇게 번역하지 않았고, 대신에 『쉬리크리쉬타산기타』(*Shrikhrishnasangita*, 복된 그리스도께 드리는 찬가)라는 감미로운 서사시를 썼는데(Amaladass and Young 1995, 197-327), 그것은 다음과 같이 시작된다.

> 거룩하신 분의 귀하신 발 앞에 바쳐진,
> 나의 소박한 제물을 받으시옵소서.
> 자스민 같은 향내와 정결한 몸의 소유자이신,
> 당신의 발 앞에 드려진 애원을 받아 주시옵소서.

---

[3] "재신성화"(resacralization)란 일상적 삶의 모든 부분에서 종교적 의미를 되찾으려는 작업이며 세속화에 대한 저항이다-역주.
[4] "비신성화"(desacralization)란 종교적인 것으로부터 종교적 의미를 제거하는 것을 의미한다-역주.

밀의 작품은 순수 문학을 높이 평가하는 브라만 계층에게 환영을 받았다. 대부분 변두리 공동체 출신인 그리스도인들에게 그것은 극히 박식한 것이었다. 그럼에도 불구하고, 『복된 그리스도께 드리는 찬가』(Hymn to the Blessed Christ)는 캘커타의 "옥스퍼드 운동을 지지하는 고딕적"(Tractarian Gothic) 교회들 안에서 성공회 고교회파(Anglo-Catholic)의 예배를 상기시켰는데, 그곳에서 "복음주의적 식민지"(Evangelical Colonial) 교회들의 성찬 식탁과 거대한 강단들 대신에, 제단과 십자가와 촛대와 향이 발견되었다(Clark 1997, 183). 18세기 후엽쯤에는 산스크리트어가 가톨릭계에서 다시 사용되었다.

17세기 이후에 가장 열정적인 산스크리트 운동가였던 브라마반드하브 우파드히아이(Brahmabandhav [Theophilus] Upadhyay, 1861-1907)는 아직도 라틴화(Latinization)를 처방된 모델로 삼았지만, 『복된 삼위일체께 드리는 찬가』(The Hymn to the Blessed Trinity)를 작곡하였는데, 오늘날 인도 전역에서 많은 가톨릭 신자들이 그 노래를 부르고 있다. 그것은 베단타(Vedanta)를 생각나게 하며 이렇게 시작된다(Gispert-Sauch 1972, 60).

> 오, 내가 숭배하는 최고의 목표인 "삭치다난다"(Sacchidananda/존재-의식[Consciousness]-복)는 세속적인 사람들에게는 조롱을 받고, 성스러운 사람들에게는 동경을 받는도다.

산스크리트화 등에 의한 문화적응은, 비록 때때로 일부러 꾸민 것처럼 보이지만, 자연스런 과정일 뿐 아니라, 기독교는 교양 없는 유럽인들의 종교라는 반발에 대한 대응이었다. 남인도의 "톤다만"(tondaman) 계급 출신의 어떤 사람이 그랬던 것처럼, 회심자들(converts)은 저항하는 것은 당연했다(Hutteman 1965, 93).

"내가 그리스도인이 되었다고 **영국인**이 된 것은 아니다. 나는 아직도 **톤다만**이다!"

아직까지도 여러 가지 면에서, 그리스도인들은 산스크리트적 장식물들로 인해 착각하는 방식들에 의해서 바뀌고 있었다. 개신교의 입장에서 볼 때에, 십계명의 첫 번째 계명은 배타적 종교적 행위에 대한 묘사였다. 회심자들은 변화된 마음의 증거로서 자신의 회심을 선언해야 함이 요구되었다. 그러나 양극성(bi-polar)이나 다극성(multi-polar)의 경향을 지닌 많은 사람들은 준비가 되지 않았었다. 그런 경향을 지닌 사람들에게는 "회심"(conversion)이라는 단어보다는 "부착"(adhesion)이라는 단어가 더 나았다. 캐리의 벵골 교사였던 람 람 바수(Ram Ram Basu)는 그 전형적 경우가 된다.

람 람은 캐리가 인도에 도착하기 이전에 침례교 평신도로부터 복음을 듣고 예수 그리스도를 찬양하는 서정시를 지었는데, 이 시들은 "힌두교 찬양"(The Hindoo's Hymn)이 되었고, 캐리가 인도로 떠나기 전에 영국 교회들에서 부르는 노래가 되었었다. 캐리는, 람 람이 힌두교와 기독교 사이에 있는 한 사람이라는 것을 발견하고, 친분을 느꼈다. 강압은 지속되었다 람 람은 쇠약해지고 사라졌다. 마음의 습관들은 사라지기 힘들지만, 그리스도인이 되려면 그는 두보이(Dubois)가 설명한 것 과 같은 축제들을 피할 뿐 아니라, 힌두교와 다른 종교들과는 달리, 습관보다 신앙 및 신앙의 고백에 중심을 둔 종교성을 의식적으로 생산하지 않으면 안 되었다.

오랜 시간 동안 신앙이 더욱 뚜렷하게 정의된 윤곽을 유지함에 따라 개신교화(Protestantization)가 그리스도인들 내부에 일으킨 변화는 로마 가톨릭이 거리에서 천천히 걸으면서 단순히 집에 머무르는 것보다 더욱 중요한 여러 가지 방법으로 관습들을 바꾸었다. 19세기 말에 일본에서 이런 경향이 발견되는데, 그곳에서 기독교의 금지가 폐지되었으며 이렇게 근대화하는 국가의 국민들에게, 변화의 소용돌이 속에서 일체감을 주기 위하여 메이지(Meiji) 집권자들은 천황 제도의 이념에 근거하여 국가 종교의 형태로 신도(Shinto)라는 새로운 시민 종교를 만들었다. 1891년에 국가원수모독죄(lese-majesté) 사건이 발생하였는데, 그것은 오늘날까지 개신교를 전형적인 양심의 종교이며 불굴의 종교라고 특징짓고 있다.

암허스트(Amherst)를 졸업한 도쿄의 한 귀족 학교 교사였던 우찌무라 간조(Uchimura Kanzo, 1861-1930)는 공직자들에게 요구되었던 황국교육칙서(the Imperial Rescript on Education)의 족자 앞에서 절하기를 거부하였다. 물론 우찌무라는 일본인이 아니라는 비난을 받고 기소됨으로써 대중 앞에서 혹독한 대가를 치루며 십계명의 첫 번째 계명을 실천하였다(Miura 1996). 그러나 일본인이라는 점에 관하여 말하자면, 우찌무라 자신이 1901년에 독특하게 일본적인 교회론에 근거하여 "무끼오까이"(Mukyokai)라는 무교회 기독교(Nonchurch Christianity)를 설립했는데, 그것은 평신도가 인도하는 성경 연구 단체로서 안수 받은 목사를 기피하고 서양의 교단주의를 비난하였다(Mullins 1998, 55-67).

그 세기 말엽까지 기독교 전 세계에서 토속인들이 시작한 기독교 단체들이 더욱 설립되었는데, 그들은 자신들의 신조에 근거하여 "기독교화의 독자적 도구인"(Hastings 1994, 243; Ndung'u 2000) 성경을 그들의 손에 들고 그들의 시각으로 그것을 읽었다. 그러나 독립은 거기에 상응하는 끔찍한 세력들과 부딪쳤는데, 그것들은 대다수 신생 교회들을 통제하며 그와 같은 모든 교회 밖의 문화적응을 탄압하는 유럽인들로부터 온 것들이었다.

19세기 중엽에, 유럽인과 자바인의 혼혈인인 쿨렌(C. L. Coolen)이 번창하는 그리스도인 거주지를 설립했던, 머나먼 동자바(East Java)의 브란타스(Brantas) 강 유역으로부터 불길한 사례가 들려왔다. 안수받지 않은 쿨렌은 "자바인들의 신비한 용어들로 설교를 쏟아내고, 자바의 유명한 쌀의 여신인 "데위 스리"(*Dewi Sri*)를 기도에 복합적으로 인용하고, 기독교의 신앙 고백을 노래하는 수피교 스타일 "지키르"(*dzikir*)를 동원하고, "가믈란" (*gamelan*, 인도네시아의 타악기-역주) 음악과 "와양"(*wayang*, 인도네시아의 인형극-역주) 그림자 극장과 같은 자바인들이 사랑하는 예술을 지원했는데, 이런 것들은 주로 안식일 예배 직후에 행해졌다"라고 헤프너는 기록한다(Robert Hefner 1993, 104).

여기에 하나의 도덕 공동체가 조성되고 있었는데, 이 지방 고유의 도박과 아편을 피우는 것이 줄어들고 있었으나, 예배는 혼합주의 냄새가 났다. 개혁교회(The Reformed Church)가 개입하여 쿨렌 공동체에 유럽인들의 "바지"(trousers)를 입힌 기독교로 묘사될 수 있는 생활방식을 부과했으며, 중요한 문제들 중 하나가 옷 입는 방식이었는데, 그것은 자바인들의 저항의 상징이었다. 예외도 있었으나, 그것은 주로 선교사들이 드문 곳에서였다.

예를 들면, 19세기 후엽에, 부간다(Buganda)에서, 교회들을 향하여 지방에서 시작된 하나의 커다란 운동이 일어났는데, 그것으로 인하여 그 왕국이 동 아프리카의 기독교 심장부들 중 하나가 되도록 했으며, 개종자들도 다른 모든 사람들처럼 "칸주"(*kanzu*, 아프리카 동부 지역에서 남자들이 입는 흰색의 헐렁한 옷-역주)라는 지방 옷을 입게 되었다(Hastings 1994, 477).

자유도시와 서아프리카에서는 경우가 달랐다. 그곳에는 영국의 노예 제도 금지 이후에 돌아온 노바 스코샤 아프리카인들과 자마이카 아프리카인들과 다른 흑인 유럽 아프리카인들이 다시 정착하고 있었으며, 신세계의 기독교 공동체들이 복제되고 있었다. 재정착한 사람들 중에 전에 요루바(Yoruba)족 노예였던 사무엘 아드자이 크라우더(Samuel Adjayi Crowther, 1807-91)가 있었는데, 그는 1864년에 니제르 교구의 감독이 되었으며, 그것은 아프리카 역사상 이정표적 사건이었다.

크라우더의 경우는 교훈적이다. 왜냐하면 그의 주교직 승진은, 아프리카화에 의한 "안락사"를 선교 정책으로 삼았던 교회 선교사회(the Church Missionary Society)의 헨리 벤(Henry Venn)과 같은 선교 행정가들에 대한 승리의 전조였기 때문이다. 비록 우리가 기독교적 문화적응에 있어서 토속적 매개자(agency)가 교회 밖 어느 곳에서 발견될 때마다 염려가 될지라도 크라우더의 경우에 거기엔 축하할 이유가 있었다. 즉 영국의 감독이 지도

하는 그 방법으로 교회를 지도하는 아프리카인이 있었다는 것이다.

이런 관점에서, 유능한 행정가였던 크라우더는 기반이 결코 강하지 않았던 어려운 환경에서 완전한 성공을 거두었다. 요루바족의 이웃인 익보족(Igbo)들은 그의 지도 아래에 있게 되었는데, 이것은 벤(Venn)이 가졌던 아프리카화의 포부들 중 하나인 아프리카인들에 의한 아프리카 선교가 시작되는 신호가 되었다. 그렇지만, "백인 유럽인" 선교 인사부(personnel)는 다시 한번 그것을 상쇄시키는 힘을 동원했고, 크라우더가 죽자 유럽인 후임자를 임명했다.

유럽인들이 시작한 교회들에서 허가된 문화적응의 전반적 실패로 인하여 20세기에 들어오면서 아프리카에서 가장 역동적인 힘을 발휘했던 독립의 중요성이 과소평가되었다. 물론, 그 선교사들 중에는, 앞에서 언급된 바 있는 것처럼, 그 세기에 케이프(the Cape)에서 사역을 했던 요하네스 반 데르 켐프(Johannes Van der Kemp)와 같은 문화적응주의자들이 있었다. 그에 관하여 말하자면, 그는 한 코사족 연장자(a Xhosa elder)와 다음과 같은 대화를 했다고 전해진다(Hastings 1994, 273, 338-71).

> [반 데르 켐프]: "만물의 창조에 대하여 당신은 어떻게 말하겠습니까?"
> [코사족 연장자]: "만물을 만드신 그분을 우리는 '우틱소'(Utikxo)라고 부릅니다."
> [반 데르 켐프]: "아주 좋습니다. 나는 바로 그분을 당신에게 소개하겠습니다."

사람들이 하나님의 아프리카 이름을 찾고 존중했던 반 데르 켐프와 같은 선교사들을 알게 될 때, 캐시 해이포드의 책에 등장하는 휘틀리는 하나의 슬픈 풍자로 보이는 것 같다. 20세기에 더 가까이 올수록 아프리카인들은 이런 하나님의 이름들을 다른 아프리카인들과 함께 나누는 일이 더욱 중요한 일이 된다. 그 이름들을 높일지라도, 그것들의 원래 의미는 무시하지 않아야 한다.

6. 새 영성과 옛 영성(1900년대와 그 이후)

오직 20세기 초에 와서야 사람들은 주도적으로 복음을 전파한 아프리카인들에게 이름이 붙여줄 수 있었다. 라이베리아의(Liberian) "선지자"라는 윌리암 웨이드 해리스(William

Wadé Harris)는 "유럽의 흑인"(Black European) 그리스도인들과 가까이 지냈는데, 그들 방식의 문화에 동화되었다. 꿈속에서 신발을 벗고 걸으라는 부름을 받고, 그는 1912년에 정착지를 떠나서 식민 당국자들에게 제재를 받을 때까지 길을 따라 노래를 부르고 치유를 하며 크라우더 감독의 옛 영지였던 니제르 삼각지(the Niger Delta)로 여행을 했다.

그는 자신을 새로운 엘리야라고 불렀지만, 자기를 따르는 것을 권장하지 않았다. 그는 자기에게 감동을 받은 사람들에게 개신교인이 할 수 있는 일이면 무엇이든지 지방에서 하라고 권장하였다. 자이레(Zaïrian) 침례교인 시몬 킴방구(Simon Kimbangu, 1899-1951)의 경우처럼, 그 운동이 그 자체의 삶을 갖지 않는 한, 예언자들은 그들의 교회의 변두리에 머물렀다. 해리스의 이야기와 다름없이, 꿈과 치유의 은사가 개입되었는데, 이들은 모두 침례교나, 로마 가톨릭나, 벨기에 식민 행정에서 받아들여지지 않았다.

앞에서 우리는 대항하는 세력이 어떻게 차고 들어왔는지를 살펴보았다. 킴방구는 체포되어 재판을 받고 투옥되었으며, 유럽 기독교의 거절(European Christianity's rejection)을 상징하게 되었다. 인류학자 요한네스 파비안(Johannes Fabian)의 『현재를 기억하며』(Remembering the Present)라는 저서는 킴방구의 재판에 대한 한 자이레인 거리 예술가의 삽화를 재현하였다(1996, 54-5). 기소된 사람들과 다른 재판정 인물들과 헴프틴 각하(Monseigneur de Hemptinne)와 가톨릭의 공적 대표자들이 묘사되었다. 아프리카인의 눈으로 보지 않으면, 설명을 듣기까지는 그 그림에서 아무것도 눈에 띠지 않았다. 헴프틴의 양다리는 훌쩍 꼬여 있었고, 그의 신발 뒷꿈치는 킴방구를 향해 기울어져 있었다. 그 예술가는 파비안을 위하여 그 자태를 해석하면서 각하는 다음과 같이 생각하고 있었다고 설명했다.

"그가 감히 어떻게 종교를 발견했단 말인가?
내가 바로 백인의 종교를 가지고 오는 사람이 아닌가?
우리는 흑인이 종교를 전파하도록 할 수는 없지."

20세기가 진행되면서 기성 교회들이 교회 밖의 문화적응을 의심의 눈초리로 바라보는 것은 더 이상 문제가 되지 않았다. 시몬 킴방구의 선지자의 지팡이는 그의 아들들의 손에 들어가, 그 아버지의 카리스마를 관례화(routinization)하는 신호가 되었다(베버적[Weberian] 용어를 빌리자면). 그 운동은 새로운 관리를 통해 교회가 되었다(역시, 세계교회협의회의 한 회원임).

킴방구의 교회처럼, 아프리카인들이 창시한 교회들(African-initiated churhes/AICs)은 1950년대 이후에 아프리카 전체적 현상이 되었다. 그들은 더 이상 변두리의 교회들이 아니라, 남아프리카 흑인들의 주도적 교회들이 되었다. 유럽인들이 창시한 교회들이 더 이상 개신교의 주류를 형성하지 못한다(Anderson 2000, 306, 318). 킴방구의 교회들처럼, 아프리카인들이 창시한 교회들(AICs)은 영구히 "어린"(younger) 교회들로 남아있지 않는다.

기성 교회들이 교단화하는 동안, 다른 교회들은 개신교의 방식대로 자기 지역 언어로 성경을 읽으며 존재가 부각되고 있다. 그리고 세계 각 지역에서 그런 것처럼, 오순절적 카리스마적 기독교는 아프리카 기성 교회들과 아프리카인들이 창시한 교회들 틈에서 번창하고 있다(Martin 2002). 어떤 사람들은 그 기원을 1900년대 초기에 일어난 로스앤젤레스(Los Angeles) 아주사(Azusa) 거리의 부흥에서 찾고, 다른 사람들은 라고스(Lagos)나 나이로비(Nairobi)나 소웨토(Soweto)의 부흥에서 찾는다.

그와 같은 1950년대 즈음의 발전상을 모두 목록으로 만들기 위하여 우리는 아프리카인들이 창시한 교회들의 아주 단순한 목록(nomenclature)을 이용할 수 있다(Hastings 1979, 67-85). 이제 오순절이나 은사주의에 대한 연구 분야가 급증함에 따라(Caplan 1987의 인도에 대한 연구; Martin 1990의 라틴 아메리카에 대한 연구; Lubinstein 1996의 타이완에 대한 연구), 우리는 더욱 새로운 물결을 일으키는 남아프리카의 시온주의(Zionist)교회나 사도적(Apostolic)교회에 대한 알란 앤더슨(Allan Anderson) 특유의 분류 체계들을 가지고 있다(Anderson 2000).

전반적인 분위기를 상기시키기 위해서, 필자는 다시 문학으로 돌아가서 나이지리아 작가인 디모데 모폴로룬소 알루코(Timothy Mofolorunso Aluko)의 저서인『친척과 작업감독관』(Kinsman and Foreman)을 인용하고자 한다(1966, 70-2). 그 책은 성공회 교도인 디도 오티(Titus Oti)가 어떻게 라고스(Lagos)의 뒷골목에 있는 한 초라한 교회에 다가갔는지를 말하고 있다. 하얀 카프탄(kaftan)을 입은 마태 장로는 디도를 환영한다. 그때,

요루바어(Yoruba)로 한 여인의 목소리로 유행가 한 곡이 울려 나왔다.
거기에서 모든 교인들이 하나로 뭉쳤으며,
세 개의 북과 한 개의 빈 맥주병으로 구성된 하나의 밴드가 동반되었고,
한 작은 소년이 4인치 못으로 멋있는 리듬을 뽑아냈다.

"나는 하나님의 아들이다. 알렐루야 …
악마는 나에게 아무 짓도 할 수 없다.
왜냐하면 나는 하나님의 아들이기 때문이다. 알렐루야 …"

디도에게 끼친 영향은 대단했다. 이것은 차별성이 있는 종교적 노래였다. 그것은 지루하게 단조로운 방식으로 노래를 부르는, 올소울스(All Souls)교회의 예배에서 행하여지는 기도들, 화답들과는 완전히 다른 효과를 그의 내면에서 일으켰다. 그것은 한 음으로 신조를 따라 세 가지 기도를 노래 부르는 모라키뇨(Morakinyo) 목사가 그에게 주었던 효과와 전적으로 다른 것이었다. 이것이 진정한 아프리카적 배경의 예배였다. 그리고 그는 무의식적으로 신발을 벗고 손뼉을 치며 노래하는 곳에 합세했다.

그들은 아무 것도 없는 시골의 가난한 이들의 공동체가 되는 것 이외에도, 마을과 씨족과 가족에 대한 조상의 인연이 끊어진 채로, 도시의 익명성 안에서 그들의 존재성을 연명하였다. 마태 장로의 라고스 교회는 아래로부터의 문화적응의 특징을 나타낸다. 카속(cassock)대신 카프탄을 입고, 영어 대신에 요루바어를 말하고, 찬송 예배식 대신에 영적 전쟁의 노래를 불렀다.

미천한 집안에 태어난 디도는 이제 위로 올라가는 사회학적 에스컬레이터를 타는 기술자(engineer)가 되었다. 전형적으로 그는 과거가 끌어당기는 것을 느끼고, 그것으로부터 자신을 자유롭게 하고자 열망하며, 아프리카의 전통적 종교들 가운데서 근원적 동질성의 가능성을 보지 않는 그리스도인들의 상징이다. 디도는 그 사이에 있는 사람이지만, 그가 살고 있는 세상은 성경의 세상과 다름이 없다. 즉 세상은 그와 같은 안목으로 볼 때에 "완전히 초자연적"이다(Hastings 1994, 485).

적절한 적응이 고려된다면, 디도는 유럽 세계 밖에 있는 다른 그리스도인들(오순절이나 은사주의 그리스도인들이 아니라도)이, 후기 계몽주의(post-Enlightenment)가 무시했던 바, 조상들과 다른 초자연적인 것들을 경외심과 두려움으로 대한다면(모라키뇨 목사의 올소울스 교회의 경우처럼), 어느 곳에 있는 교회들에 대하여든 친밀감을 느끼는 동일한 이유로, 이반의 선지자들(the Prophets of Iban)에게 친밀감을 느낀다. 어떤 사람들은 자신을, 그것**들로부터의**(against) 보호가 필요한 존재로 본다. 디도가 그렇게 하는 것처럼 말이다. 다른 사람들은 자신을 조상들이나 초자연적 존재들과 적절한 교감을 가질 필요가 있는 존재로 본다. 그렇지만, 조상들과 초자연적 존재들이 결코 실제하는 존재가 아니거나 구원을 가져다 줄 수 없다고 상상하는 사람들은 적다.

그러나 무엇으로 전통적인 종교의 초경험적 영역에 대한 양쪽 묘사에 대한 적절한 방향을 제시할 것인가?

미국 침례교의 선교를 받은 인도 북동쪽의 나가스족(Nagas)은 죽은 자들의 안녕에 관한 잠재적 염려들이 솟구칠 때, "성령의 사람들"(tanula akuter, "타눌라 아쿠터")이 된다. 그들은 전통적 무당들처럼, 비록 이제 그 소리가 성령의 소리일지라도, 죽은 자를 목소리로 표현한다. 비록 교회의 목사들이 죽은 자들은 하나님의 보호 안에서 안전하다는 교리적 확신을 제공하지만, 그들은 감각할 수 있는 증거를 필요로 한다.

일본에서 조성된 다양성의 기독교에서, 조상들의 안녕은 대리적 세례를 통하여 확보된다. 그와 같은 경우에, 1941년에 창립된 무라이 준의 예수영교회(Murai Jun's Spirit of Jesus Church)와 같이 토속적으로 창립된 교회들은 머나먼 해안을 건너가는 불교적 형상을 생각나게 하는 예배 의식적 찬송가들을 사용한다(Mullins 1998, 151-2).

> 바다로 나가는 배는 바다 밑을 모르는 중,
> 점점 더욱 깊게 깊은 곳으로 가라앉는다.
> 그럼에도 불구하고 이제 우리 조상들의 구원은 닫힌 채로,
> 영원한 영들은 끊임없이 번뇌한다.
> […]
> 오, 기쁨의 외침이 울려 퍼지도다!
> 우리의 조상들이 구원을 받았도다!
> 은혜의 빛이 만방에 비치며,
> 천사들의 노래들이 하늘과 땅에 천둥을 치도다.

마태 장로의 교회에서는 이와 같은 찬송가를 부르지 않을 것이다. "악마는 나에게 아무 짓도 못한다"는 것은 조상들과 요루바어로 하나님의 이름인 올로런(Olorun)까지 포함하는 **모든** 초자연적인 것들로부터의 해방을 의미한다. 이 교인들에게 올로런은 이상하거나 놀랍지 않으며, 너무 친근하면서도 너무 두려워 예배 중에 기원하지 않는다(아프리카의 기성 교회들의 관습과는 다른데, 이에 관하여는 Paris 1995, 29와 Walls 1996, 94-7을 보라).

아래로부터의 문화적응의 예측 불허의 변화들은 다른 문화들과 그 문화들 안에서의 획일적인 일반화를 저항한다. 어떤 사람들은 조상들**로부터** 그리스도에게로 돌아올 수 있고, 다른 사람들은 조상들을 그리스도**로 향하게** 할 수 있다. 어떤 길로 가든, "어떤 회심도 과거로부터의 회심이 없이는 완성되지 않는다"(Walls 1996, 53).

마태 장로의 예배 중에서 부르는 알렐루야는 물론 오래된 기독교의 풍습으로 불려진다. 알루코의 책에 등장하는 디도 오티는 거기에서 "참된 아프리카의 배경에서의 예배"를 경험했다고 느꼈을지 모르지만, 알렐루야는 요루바의 억양으로 부르든, 다른 억

양으로 부르든, 모든 곳에 있는 그리스도인들과 이스라엘의 예배 전통의 공감대를 형성한다. 알렐루야는 또한 기독교이전의 과거로 하여금 또 하나의 거룩한 역사를 향하게 한다.

기성 교회들에 의하여 허가된 위로부터의 문화적응(특히 로마 가톨릭교회는 제2차 바티칸공의회의 자국어화[vernacularization] 지시 때문에 그런데, 그것은 개신교도 마찬가지임)은 전(前)기독교적(pre-Christian) 과거와 기독교적 현재의 관계를 (재)발견과 (재)동화를 기다리는 근본적 관계라고 여긴다. 어떤 사람들에게는 전(前)기독교/기독교의 이분법이 더 이상 신학적으로 방어할 수 없다고 보이며, 다른 사람들에게는 기독교화의 화해 과정에서 그 관계가 근본적으로 형성된다고 보인다.

그럼에도 불구하고 다른 성향들이 등장했다. 우리는 과거와의 관계를 유지하기 위하여 토착적(vernacular) "작은 전통들"(little traditions)을 돌아보는 그리스도인들을 연속체의 한 끝에 배치할 수 있는데, 특별히 당대의 중앙아메리카의 발전상이 이런 관점에서 흥미롭다(Cook 1997). 우리는 연속체의 다른 한 끝에 비토착적(non-vernacular) "커다란 전통들"(great traditions)을 배치할 수 있다. 가톨릭의 묵상적 전통은 아시아에서 분명히 특별히 후자의 상징이 된다. 가톨릭의 베단타(Vedanta)나 가톨릭의 선종(Catholic Zen) 사상이 서양의 독자들을 위하여 글을 쓰는 유럽인들이 선호하는 문화적응의 모범이 된 덕분에 (Raguin 1997), 그것은 더 이상 많이 놀라게 하지 않는다(Johnston 1971).

비록 그 연속체의 이 끝이 식자층들을 향하고 있지만, 토착적 예배에 대한 그 영향이 상당하다. 아말로파바다스 신부(Fr D. S. Amalorpavadass)에 의하여 설립된 인도의 명망 있는 국립성경교리및예전센터(National Biblical Catechetical and Liturgical Center/NBCLC, Bangalore)는 우리가 17세기에서 주목했던 동일한 산스크리트화(Sanskritizing)의 경향들의 영구화를 지속하고 있다. 국립성경교리및예전센터에서 부르는 인도의 성찬식 거행을 위한 성가들은 다음과 같은 것들을 포함하고 있다.

> 지극히 거룩하신 분을 찬양하고(*Om shuddhaaya namaha*, "옴 수드다야 나마다"),
> 거룩하게 하시는 분을 찬양하며(*Om pavanaaya namaha*, "옴 파바나야수드다야 나마다"),
> 우주에 생명을 공급하는 분을 찬양하라(*Om vishva jeevanaaya namaha*, "옴 비쉬바 지바나야 나마다").

산스크리트어를 높이 평가하는 사람들에게 그 언어는 우파니샤드적(Upanishadic), 즉, 대화 형식의 철학서 같기도 하지만, 기독교적 예배의 상황에서 그것은 동시에 어떤 면에서 **비우파니샤드적**(un-Upanishdic)이기도 하다. 하지만, 인도의 기독교 인구 주요 집단과 거리가 먼, 변두리 공동체 출신의 달리트(Dalit, 인도의 불가촉천민 계급-역주)와 부족적 그리스도인들에게, 산스크리트화는 "힌두교 신자들의 성스러운 언어 폭압"을 의미하는데(Clarke 1993, 123), 그들은 그것이 대변하는 과거로부터의 탈출을 위한 해방을 추구한다. 토속적 다양성에 대응하는 힘들이 작동하고 있다.

18세기는, 20세기부터 현재까지 이르는 동안, 필자가 시작했던 비총체성의 전제를 확인한다. 만약 우리가 우리의 것들만을 연구한다면, 우리는 기독교 영성을 연구하는 것이 아니다. 윌스 학파의 마지막 격언(2002b, 19)은 다음과 같다.

> 어떤 하나의 장소나 문화도 기독교 신앙을 소유하거나 그 표현을 영속적으로 지배할 수 없다.

참고문헌

Aluko, T. M. 1966: *Kinsman and Foreman*. London: Heinemann.

Amaladass, A. and Clooney, F. X. 2000: *Preaching Wisdom to the Wise: Three Treatises by Roberto de Nobili, SJ, Missionary and Scholar in 17th Century India*. St Louis: Institute of Jesuit Sources.

_____. and Young, R. F. 1995: *The Indian Christiad: A Concise Anthology of Didactic and Devotional Literature in Early Church Sanskrit*. Anand, Gujarat (India): Gujarat Sahitya Prakash.

Anderson, A. 2000: *Zion and Pentecost: The Spirituality and Experience of Pentecostal and Zionist/Apostolic Churches in South Africa*. Pretoria: University of South Africa Press.

Axtell, J. 1985: *The Invasion Within: The Context of Cultures in Colonial North America*. Oxford: Oxford University Press.

Barrett, D. B., Kurian, G. T., and Johnson, T. M. (eds) 2000: *World Christian*

Encyclopedia. Oxford: Oxford University Press.

Bediako, K. 1995: *Christianity in Africa: The Renewal of a Non-Western Religion*. Maryknoll, NY: Orbis.

Burkhart, L. M. 1993: The Cult of the Virgin of Guadaloupe in Mexico. In G. H. Gossen (ed.), *South and Meso-American Native Spirituality: From the Cult of the Feathered Serpent to the Theology of Liberation*, pp. 198-227. New York: Crossroad.

Caplan, L. 1987: *Class and Culture in Urban India: Fundamentalism in a Christian Community*. Oxford: Oxford University Press.

Casely-Hayford, J. E. 1911: *Ethiopia Unbound: Studies in Race Emancipation*. London: C. M. Phillips.

Chung, D. 2001: *Syncretism: The Religious Context of Christian Beginnings in Korea*. Albany, NY: State University of New York Press.

Clark, I. D. 1977: The Tractarian movement in the Anglican Church in India in the nineteenth century. *Indian Church History Review* 11, 182-203.

Clarke, S. 1998: *Dalits and Christianity: Subaltern Religion and Liberation Theology in India*. Delhi: Oxford University Press.

Cook, G. (ed.) 1997: *Crosscurrents in Indigenous Spirituality: Interface of Maya, Catholic and Protestant Worldviews*. Leiden: E. J. Brill.

Dempsey, C. G. 2001: *Kerala Christian Sainthood: Collisions of Culture and Worldview in South India*. New York: Oxford University Press.

Dubois, J. A. 1823: *Letters on the State of Christianity in India; in Which the Conversion of the Hindoos is Considered as Impracticable*. London: Longman, Hurst, Rees, Orme, Brown, and Green.

Elison, G. 1973: *Deus Destroyed: The Image of Christianity in Early Modern Japan*. Cambridge, MA: Harvard University Press.

Entenmann, R. E. 1996: Catholics and society in eighteenth-century Sichuan. In D. H. Bays (ed.), *Christianity in China: From the Eighteenth Century to the Present*, pp. 8-23. Stanford: Stanford University Press.

Fabian, J. 1996: *Remembering the Present: Painting and Popular History in Zaire*. Berkeley, CA: University of California Press.

Garrett, J. 1982: *To Live among the Stars: Christian Origins in Oceania*. Geneva: World Council of Churches.

Gispert-Sauch, G. 1972: The Sanskrit hymns of Brahmabandhav Upadhyay. *Religion and Society* 19 (4), 60-79.

Goonatilleka, M. H. 1984: *Nadagama: The First Sri Lankan Theatre*. Delhi: Sri Satguru Publications.

Grayson, J. H. 1985: *Early Buddhism and Christianity in Korea: A Study in the Emplantation of Religion*. Leiden: E. J. Brill.

Greer, A. 2000: *The Jesuit Relations: Natives and Missionaries in Seventeenth-century North America*. New York: St Martin's Press.

Harrington, A. M. 1993: *Japan's Hidden Christians*. Chicago: Loyola University Press.

Hastings, A. 1979: *A History of African Christianity*, 1950-1975. Cambridge: Cambridge University Press.

———. 1994: *The Church in Africa*, 1450-1950. Oxford: Clarendon Press.

———. 1999: Latin America. In A. Hastings (ed.), *A World History of Christianity*, pp. 328-68. Grand Rapids, MI: W. B. Eerdmans.

Hefner, R. W. 1993: Of faith and commitment: Christian conversion in Muslim Java. In R. W. Hefner (ed.), *Conversion to Christianity: Historical and Anthropological Perspectives on a Great Transformation*, pp. 99-125. Berkeley, CA: University of California Press.

Higashibaba, I. 2001: *Christianity in Early Modern Japan: Kirishitan Belief and Practice*. Leiden: E. J. Brill.

Hudson, D. D. 2000: *Protestant Origins in India: Tamil Evangelical Christians, 1706-1835*. Grand Rapids, MI: W. B. Eerdmans.

Hutteman, J. 1765: The life of a pandaram, a fierce convert to Christianity at Cudulore. In *An Account of the Society for Promoting Christian Knowledge*, pp. 89-93. London: J. and W. Oliver.

Jenkins, P. 2002: *The Next Christendom: The Coming of Global Christianity*. New York: Oxford University Press.

Jeyaraj, D. 1996: *Inkulturation in Tranquebar: Der Beitrag der Frühen dänisch-halleschen*

Mission zum Werden einer indisch-einheimischen Kirche, 1706-1730. Verlag der Ev.-Luth. Erlangen: Mission.

Johnston, W. 1971: *Christian Zen*. New York: Harper and Row.

Killam, D. and Rowe, R. (eds) 2000: *Companion to African Literatures*. Bloomington, IN: Indiana University Press.

Kim, S. 2001: Strange names of God: the missionary translation of the divine name and the Chinese responses to Matteo Ricci's *Shangti* in late Ming China, 1583-1644. Unpublished PhD dissertation, Princeton Theological Seminary.

Klor de Alva, J. J. 1993: Aztec spirituality and Nahuatized Christianity. In G. H. Gossen (ed.), *South and Meso-American Native Spirituality: From the Cult of the Feathered Serpent to the Theology of Liberation*, pp. 173-97. New York: Crossroad.

Le Saux, H. [Abhishiktananda] 1974: *Saccidananda: A Christian Approach to Advaitic Experience*. Delhi: ISPCK.

Lehmann, A. 1956: *Es begann in Tranquebar: Die Geschichte der ersten evangelischen Kirche in Indien*. Berlin: Evangelische Verlagsanstalt.

Martin, D. 1990: *Tongues of Fire: The Explosion of Protestantism in Latin America*. Oxford: Blackwell.

———. 2002: *Pentecostalism: The World their Parish*. Oxford: Blackwell.

Marzal, M. M. 1993: Transplanted Spanish Catholicism. In G. H. Gossen (ed.), *South and Meso-American Native Spirituality: From the Cult of the Feathered Serpent to the Theology of Liberation*, pp. 14-69. New York: Crossroad.

Miura, H. 1996: *The Life and Thought of Kanzo Uchimura, 1861-1930*. Grand Rapids, MI: W. B. Eerdmans.

Moffett, S. H. 1998: *A History of Christianity in Asia*, vol. 1: *Beginnings to 1500*. Maryknoll, NY: Orbis.

Mullins, M. R. 1998: *Christianity Made in Japan: A Study of Indigenous Movements*. Honolulu: University of Hawai'i Press.

Ndung'u, N. W. 2000: The role of the Bible in the rise of African instituted churches: the case of the Akurinu churches in Kenya. In G. O. West and M. W. Dube (eds), *The Bible in Africa: Transactions, Trajectories and Trends*, pp. 236-47. Leiden: E. J.

Brill.

Paris, P. 1995: *The Spirituality of African Peoples: The Search for a Common Moral Discourse*. Minneapolis, MN: Augsburg/Fortress Press.

Phan, P. C. 1998: *Mission and Catechesis: Alexandre de Rhodes and Inculturation in Seventeenthcentury Vietnam*. Maryknoll, NY: Orbis.

Raguin, Y. 1997: *Ways of Contemplation East and West*, 3 vols. Taipei, Taiwan: Ricci Institute for Chinese Studies.

Rivera, L. N. 1992: *A Violent Evangelism: The Political and Religious Conquest of the Americas*. Louisville, KY: Westminster/John Knox.

Rubinstein, M. A. 1996: Holy Spirit Taiwan: Pentecostal and Charismatic Christianity in the Republic of China. In D. H. Bays (ed.), *Christianity in China: From the Eighteenth Century to the Present*, pp. 353-66. Stanford: Stanford University Press.

Sanneh, L. 1989: *Translating the Message: The Missionary Impact on Culture*. Maryknoll, NY: Orbis.

Shenk, W. R. (ed.) 2002: *Enlarging the Story: Perspectives on Writing World Christian History*. Maryknoll, NY: Orbis.

Szeminski, J. 1993: The last time the Inca came back: messianism and nationalism in the Great Rebellion of 1780-1783. In G. H. Gossen (ed.), *South and Meso-American Native Spirituality: From the Cult of the Feathered Serpent to the Theology of Liberation*, pp. 279-99. New York: Crossroad.

Tang, L. 2002: *A Study of the History of Nestorian Christianity in China and its Literature in Chinese, together with a New English Translation of the Dunhuang Nestorian Documents*. New York: Peter Lang.

Thottakara, A. (ed.) 1990: *East Syrian Spirituality*. Rome: Centre for Indian and Interreligious Studies.

Tinker, G. 1994: Spirituality and Native American personhood: sovereignty and solidarity. In K. C. Abraham and B. Mbuy-Beya (eds), *Spirituality of the Third World*, pp. 119-32. Maryknoll, NY: Orbis.

Treat, J. (ed.) 1996: *Native and Christian: Indigenous Voices on Religious Identity in the*

United States and Canada. New York: Routledge.

Walls, A. F. 1996: *The Missionary Movement in Christian History: Studies in the Transmission of Faith.* Maryknoll, NY: Orbis.

_____. 2002a: *The Cross-cultural Process in Christian History: Studies in the Transmission and Appropriation of Faith.* Maryknoll, NY: Orbis.

_____. 2002b: Eusebius tries again: the task of reconceiving and re-visioning the study of Christian history. In W. R. Shenk (ed.), *Enlarging the Story: Perspectives on Writing World Christian History,* pp.1-21. Maryknoll, NY: Orbis.

Younger, P. 2002: *Playing Host to Deity: Festival Religion in the South Indian Tradition.* Oxford: Oxford University Press.

Zhang W. 1997: Catholicism in the poetry of Macao during the Qing Dynasty. *Review of Culture* (Macao) 30 (2nd series), 141-66.

제4부

신학과 기독교 영성

제10장 ✢ 기독교 영성에 관한 삼위일체적 관점
제11장 ✢ 기독교 영성에서의 기독론
제12장 ✢ 기독교 영성에서의 성령
제13장 ✢ 기독교 영성과 인간에 관한 신학
제14장 ✢ 기독교 영성을 위한 정황으로서의 교회
제15장 ✢ 성례성과 기독교 영성
제16장 ✢ 기독교 영성과 신학적 윤리학

제10장
기독교 영성에 관한 삼위일체적 관점

마크 A. 매킨토시(Mark A. Mcintosh) 박사
시카고 로욜라대학교 신학부 교수

나사렛 예수는 그를 따르는 사람들 가운데서 놀라운 경이의 순간과 이제껏 없었던 새로운 견해를 불러일으켰다. 예수님의 행적들 중에는 자비로운 반전이 갑작스럽게 등장하고 놀랍도록 풍성한 것들이 있는 것 같다. 성경의 비유 속에서, 왕들은 초대받지 않은 손님들에게 훌륭한 것들을 아낌없이 베푼다. 배고프고 가난한 사람들은 광야에서는 상상하기 힘든 음식을 먹는다. 죽은 자들이 살아난다. 그리고 이 모든 것을 완성한 것처럼, 예수님은 죽음에서 살아난 후 배신자들에게 용서와 평화를 베풀고 부활의 생명을 공유한다. 기독교 영성은 이 같은 깊이를 알 수 없는 신적 관대함에 뿌리를 두고 있으며, 자라나는 나뭇가지처럼 전개된다. 그리스도인들은 이 신적 관대함이 예수 안에서 명백히 보였다고 믿는다.

요한복음은 특별히 이 신비로운 관대함을 불러온다. 이 복음서는 하나님과 더 큰 친밀함으로 가는 여정으로 초대한다. 예수님은 그를 따르는 자들에게 지금은 마주보고 있지만 곧 떠나야 한다고 말씀하신다. 그러나 "가서 너희를 위하여 거처를 예비하면 내가 다시 와서 너희를 내게로 영접하여 나 있는 곳에 너희도 있게 하리라"(요 14:3)고 말씀하신다. 그가 계시는 곳은 '아버지가 계신 곳'임이 밝혀지는데, 그곳은 자기 자신을 나누어 주는 사랑의 여행을 통해서만 발견할 수 있는 장소이다.

자신을 내주는 삶으로 가는 제자들의 여정은 그리스도께서만 명한 것이 아니다. 또 다른 신적 관대함의 목소리인 성령도 제자들에게 영감을 주면서 그것을 완수하게 한다.

> 내가 아직도 너희에게 이를 것이 많으나 지금은 너희가 감당하지 못하리라 그러나 진리의 성령이 오시면 그가 너희를 모든 진리 가운데로 인도하시리니 그가 스스로 말하지 않고 오직 들은 것을 말하며 장래 일을 너희에게 알리시리라 그가 내 영광을 나타내리니 내 것을 가지고 너희에게 알리시겠음이라 무릇 아버지께 있는 것은 다 내 것이라 그러므로 내가 말하기를 그가 내 것을 가지고 너희에게 알리시리라 하였노라(요 16:12-15).

진리의 성령은 예수님을 따르는 자들이 더 앞으로 나가서 지금의 능력을 넘어 아버지의 온전한 생명으로 가도록 인도한다. 이 생명은 성령의 능력에 의해 예수님에게 수여되었으며, 예수님을 통해 세상에 수여되었다. 이 모든 것 안에 삼위일체이신 하나님에 대한 기독교 믿음의 기원과 삼위일체적 삶에 참여하는 것으로서의 기독교 영성의 기원이 있다.

이후의 논의에서, 필자는 삼위일체로서의 하나님의 생명과 기독교 영성 사이의 **관계**에 대한 세 가지 차원을 고찰하겠다. 먼저, 영성의 삼위일체적 근원이라는 것이 무엇을 의미하며 반면에 무엇은 **아닌**지를 좀 더 밝힐 것이다. 그리고 이 글의 두 번째, 세 번째 절에서는, 구체적인 예로 파스카의 신비와 창조 안에서의 인간 소명이라는 두 가지 기독교 영성의 중심적인 주제에 대해 이 같은 삼위일체적 관점이 무엇을 밝혀줄 것인가를 알아 볼 것이다.

1. 무한하게 주는 생명: 기독교 영성의 삼위일체적 리듬

위의 요한복음 구절에서 빛나는 성화상(icon)처럼 그려졌듯이, 예수 안에 있는 위대한 생명의 수여는 깊이를 잴 수 없을 만큼 신비롭다. 대부분의 일반적인 인간 경험은 한계, 빈곤, 결핍으로 울타리가 쳐지며, 이 모든 것은 죽음이라는 피할 수 없는 그림자가 드리워진 삶에 이르게 된다. 죽음은 인간 지각에 매우 깊이 영향을 미치지만, 예수께서는 자신을 죽음에 이르기까지 포기한다. 그때 설명할 수는 없지만, 그로 인해 제자들은 그분이 자신들을 사랑하고 있다는 헤아릴 수 없는 느낌을 받게 된 것 같다.

"세상에 있는 자기 사람들을 사랑하시되 끝까지(telos, "텔로스") 사랑하시니라"(요 13:1).

그들의 경험은 예수님이 "텔로스"(telos) 즉 마지막 절정인 유기(dereliction)와 죽음에로 넘어감(passover)에 대한 것이며, 사랑을 주심에 대한 것이다. 그런데 그 사랑은, 예수님이 자신의 원천으로 경험한 그분, 즉 예수님을 사랑하고 모든 제한을 넘어 예수님과 공유한 분을 가리킨다. 제임스 앨리슨(James Alison)은 요한복음 14장을 주석하면서 예수님의 죽음과 부활이 믿는 자들에게 끼친 영향을 설명한다.

> 예수님은 우리가 머물 곳을 준비하기 위해 아버지에게로 가는데, 그것은 죽음으로 가는 것이다. 이 죽음은 우리에게 아버지가 계신 곳에 머무를 수 있는 가능성을 열어준다. 그의 가심은 아버지에게로 가는 유일한 길을 만든다. 왜냐하면 죽음에까지 이르는 창조적이고 신중한 예수님의 자기 수여(self-giving)가 아니면, 우리의 상상력이 하나님의 생기에 의해 재형성될 수 없고 또한 그분의 생명을 활발히 공유할 수 없기 때문이다. 우리 스스로는, 죽음 안에서 우리가 재형성된다는 것, 그리고 우리가 죽음을 넘어 설 수 있다는 것을 상상할 수 없다. 오직 예수와 그의 자기 수여를 알 때에만 우리는 아버지에 대한 지식을 가지기 시작한다(Alison 1996, 62).

앨리슨은 어떻게 예수님의 운명으로 인해 하나님의 풍성한 생명이 제자들에게 현존하게 되었는지, 또한 어떻게 이렇게 수여된 생명이 제자들을 새로운 전망으로 데려갔는지를 보여준다. 그들은 더 이상 죽음에 구속되지 않고 하나님의 생명의 무한함에 개방된다. 상상할 수 없는 관대함의 유입을 통해 죽음의 공포에 순응하는 정신과 마음이 움직여 열렸으며, 그 안에 새로운 성령이 쏟아진다. 이 새로운 영은, 예수님이 자신을 맡겼던 대상인 그분이 생명을 나누었던 것 같이, 우리의 보혜사(Advocate)이고 생명의 수여자(Giver)이다. 초기 기독교 시대의 또 다른 증인은 이렇게 말했다.

> 자녀들은 혈과 육에 속하였으매 그도 또한 같은 모양으로 혈과 육을 함께 지니심은 죽음을 통하여 죽음의 세력을 잡은 자 곧 마귀를 멸하시며 또 죽기를 무서워하므로 한평생 매여 종노릇 하는 모든 자들을 놓아 주려 하심이니 (히 2:14-15).

사실, 그리스도인의 삶은 신적 생명의 공유를 향해 새롭게 접근하고 이로 인해 변화되는 것에서 나온다. 그 신적 생명의 공유가 우리를 죽음의 지배로부터 해방한다. 특별히 이것은 모든 기독교 기도의 원천이며, 우리가 '영성'이라고 부르는 하나님과의 더할 나위

없는 친밀함으로 가는 여정의 원천이다. 허버트 맥케이브(Herbert McCabe)는 이러한 예수님의 자기 공유(self-sharing)의 가능성이 기도의 토대라고 분석한다.

> 무엇보다 예수님은 하나님 아버지께 기도하는 한 개인이 아니다. 아버지를 향한 그의 기도는 그를 본래 모습으로 형성하게 하는 요소이다. 그분은 단지 기도하는 자가 아니며, 가장 훌륭하게 기도하는 자도 아니다. 그분 자체가 순전한 기도이다. 다른 말로 하면, 예수님의 십자가형과 부활은 단지 예수라는 인격을 구성하는 아버지와의 관계를 인간의 언어와 인간의 역사 안에서 보여주는 것이다. 아버지를 향한 사랑 안에서 자신을 절대적으로 포기하는 것이라고 말할 수 있는 십자가형은 예수님의 기도이다. 이 기도는 아버지와 아들의 영원한 관계이다. 이 관계가 우리 역사의 일부로 통용된다 … 우리가 기도한다는 것은 아버지와 아들 사이에 있는 사랑의 생명인 성령에게 인계되고 소유되는 것이다. 성령은 아버지와 아들 사이에 있는 사랑의 생명이다(McCabe 1987, 220).

영적 여정으로 가게 만드는 간절한 열망은, 가장 깊은 진정성 속에서 본다면 그것은 바로 성령 하나님이다. 성령은 신적 근원 즉 아버지(Father)를 불러서 또 다른 분(Another)에게로 가게 한다. 성령은, 그 말씀(Word)이며 하나님의 지혜(Wisdom of God)인 그 다른 분으로 하여금 사랑과 고난을 통해서 창조세계의 완전히 다른 면으로부터 오는 사랑의 근원을 말하게 하고 또한 하나님으로부터 인간이 소외되었다는 것을 말하게 한다.

성령 하나님은 무한히 공유하는 하나님의 생명을 받아들이는 변화의 시작을 그 믿는 자들에게 부어주기 때문에, 기독교 영성을 촉진하는 분이다. 다시 말하면, 아버지는 사랑과 자유 안에서 아들과 모든 것을 공유하는데, 아들은 하나님과 동등됨을 움켜쥘 것으로 여기지 않지만 신적 생명을 동등하게 영원히 나눈다. 그리고 아버지는 성령과도 모든 것을 공유하는데, 성령의 바로 그 공유의 열망과 공유할 수 있는 능력은 삼위일체를 영원히 연합되게 하고 또한 무한히 다양하게 만든다.

필자는 모든 기독교 영성이 당연히 의식적으로 삼위일체를 신봉해야 하며, 삼위일체의 용어로 해석되어야 한다는 점을 말하고 있는 것은 아니다. 그러나 자기 공유의 풍성함 속에서 나오는 삼위일체의 리듬은, 파악되는 것 이상으로 기독교 영성 안에서 항상 깊고 우아하게 작동하고 있다. 필자는 기독교 영성의 일반적인 표지들(marks)을, 예수님이 아바(Abba)라고 부르는 분과 예수님이 맺고 있는 관계에서 나오는 더 위대한 자유, 사랑, 관대함으로 가는, 성령 안에서의 여정이라는 관점에서 고려된다면, 특별히 이해가 잘되며 명쾌해진다는 점을 알고 있다. 구체적으로 기독교 영성의 세 가지 표지를 확인해 보겠다.

첫째, 자기 초월(self-transcendence).
둘째, 타인에 대해 깊어가는 사랑.
셋째, 자유와 행위(agency)에 관해 커져가는 감각(sense).

흥미롭게도 이 세 가지 특징들 속에 내재하는 특유한 역설이 있다. 그 특징들은 정기적으로 기독교 영성의 다양한 형태 안에 나타나지만, 인간 존재의 일반적 질서에서 그것들은 서로 적대적이고 부정적인 형태로 나타날 가능성이 크다. 또는 그것들은 자기 파괴적이며 하향하는 나선형을 그리는데 숨은 공모자가 될 수도 있다. 그러나 기독교 영성의 여정 안에서 건강한 방식으로 자라날 때는, 그것들은 서로를 손상시키지 않고 신기하게 방해하지도 않으며 상호 활력을 교환하는 것 같다.

자기 초월을 예로 들어보자. 이것은 자아도취로 흘러가는 문화적 경향에 매우 쉽게 영향을 받는다. 더 큰 실재를 향한 개방성 안에서 현재의 자기를 꾸준히 포기할 때, 알아차리지 못하는 사이에 자신의 발전에 대한 이기적인 자기 몰두(self-preoccupation)로 미끄러져 들어갈 수 있으며 **또는** 깨닫지 못한 상처와 자기 체벌(self-punishment)의 충동에 사로잡힐 수 있다. 이러한 어두운 그림자의 형태 속에서의 자기 초월은 타인을 향한 진정한 사랑에 해를 끼쳐서, 자기 강화(self-aggrandizement)나 소모적인 자기 부정(self-negation)으로 왜곡될 수 있다. 또한 이러한 형태는 진정한 자유와 행위(agency) 속에서 일어날 수 있는 성장을 훼손한다.

그러나 만약 이 세 가지 특징(자기 초월, 타인에 대한 향한 사랑, 자유와 행위[agency])을, 가령 시에나의 캐더린(Catherine of Siena)과 로욜라의 이그나티우스(Ignatius of Loyola)에게서 찾는다면, 그것들이 함께 존재하지만 서로 에너지를 빼앗지 않으면서 서로의 장점으로 인해 더 강해진 것을 보게 될 것이다. 캐더린은 『대화』(Dialogue) 3-8장에서 자신에 대한 지식(self-knowledge)의 방에서 변화되어 나온 자아가 유일하게 이웃을 섬길 수 있는 자아라는 것을 확신한다. 이그나티우스(Spiritual Exercises 특히 165 이하)는 하나님과 이웃을 섬기면서 가장 심한 굴욕을 당했을 때, 가장 자유롭고 소명의 느낌이 가장 명확하며, 만물 안에서 행하시는 하나님의 사역에 매우 민감한, 작용(agency)에 대한 매우 기쁜 느낌을 가지고 임무를 맡게 된다. 기독교 영성생활의 이 같은 역설의 중심에는 복음서가 말하는 동일한 역설이 있다.

> 누구든지 자기 목숨을 구원하고자 하면 잃을 것이요 누구든지 나와 복음을 위하여 자기 목숨을 잃으면 구원하리라(막 8:35).

필자가 이미 제안해오고 있는 것은, 이 모든 것의 기반은 삼위일체적 생명 그 자체의 구성적(constitutive) 역동이라는 것이다. 그 생명 안에서 각각의 위격(each One)이 서로에게 양보함에 의해서 **존재한다**. 그 생명 안에서 각 삼위의 인격적 특성(personhood)은 감소되지 않고 오히려 신적인 생명의 전체를 서로 공유함으로 인해 영원히 구현된다. 다른 말로 하면, 삼위일체의 관계적 생명은 영적 성장을 받치는 심오한 구조이며, 영원히 중요함을 지닌 채 인간의 영적 여정을 조명한다. 인간은 생물 상태 혹은 문화가 만들어낸 자아를 넘어서 사랑의 황홀한 여정에 의해서 완성되며, 또한 신적 타자를 포함한 타인과의 삶 속에서도 고갈되지 않고 자유롭고 권위를 갖게 된다.

하나님의 삼위일체적 생명 안으로 공동체가 지속적으로 참여하는 가운데 펼쳐지는 삼위일체에 대한 **신념**(belief)은 기독교 영성을 규정하기 위한 일련의 인위적 공식이 아니다. 오히려 삼위일체적 믿음은 믿는 사람들에게 신비로 가는 여정으로 오라고 손짓하는 부름이다. 그래서 기독교 영성에 관해 "삼위일체적으로"(trinitarianly) 생각한다는 것은 하나님의 진정한 생명에 의해 조명을 받고 힘을 얻게 된다는 것이다.

그리스도인들은 삼위일체의 교리가 우리를 이 생명으로 이끌어준다고 믿는다. 토마스 아퀴나스(Thomas Aquinas)가 말했듯이, 믿음이라는 인간의 영적 행위는 믿음의 진술이 아닌 신적 실재 그 자체 안에 있어야 그 목표에 도달할 수 있다(*Summa theologiae* 2-2, 1.2, 답변 2). 또는 에블린 언더힐(Evelyn Underhill)의 말을 인용해보면

> 사도신경은 단순히 학문적 문서가 아니며 "교의들"(dogmas)의 목록도 아니다. 그것은 실재하는 것에 관한 설명이다. 그것이 포함하는 모든 단어는 각 영혼의 특별한 경험 속에 있는 보편적이고 실질적이며 영적인 의미를 지니고 있다. 그것은 우리 삶의 모든 수준을 빛나게 하며 조화롭게 한다 … 기도의 삶이란 우리 너머에 있는 거룩한 실재와의 깊은 교제 속에 있는 것이다. 그 거룩한 실재는 진정으로 거기에 계시며 우리를 만지고 부르신다. 그러므로 우리가 그 실재에 관해 믿는 것이 그것에 대한 우리의 관계를 지배할 것이다. 우리는 친구와 기계를 동일한 방법으로 접근하지 않는다 … 우리는 처음에는 어떤 것을 믿기 때문에, 아마 어떤 단계에서는 매우 거칠거나 모호한 것을 믿기 때문에 기도

한다. 그러나 기도가 깊어지고 끈기 있게 연마하는 중에 우리가 믿음의 대상인 거룩한 실재와 직접적인 교제에 들어가면, 천천히 때로는 갑자기 믿음의 부요함과 확장이 오게 된다(Underhill 1991, 5-7).

여기에서 언더힐은 상호성(reciprocity)의 중요성을 지적한다. 즉 하나님의 삼위일체적 생명에 대한 믿음은 영적 구도자로 하여금 신적 실재를 만나도록 지시하는 길 표시들을 따라가게 한다는 것이다. 그러나 이 표시들은 단지 안내일 뿐이며, 문법책과 같은 역할만을 한다. 그렇지만 이것들의 목적은 더 깊고 더 진정한 대화와 만남을 촉진한다. 상호적으로 본다면, 하나님에 대한 삼위일체적 이해 그 자체로 공동체의 지속적인 영적 삶 즉 성령 안에서 그리스도를 통한 하나님과의 만남의 표현이다.

성 띠에리의 윌리암(William of St. Thierry)은, 삼위일체가 자애롭게도 삼위일체에 관해 숙고하는 자의 영적 추구에 깃드는 것을 관찰한다.

> 즉시 그 기억은 지혜가 되며, 주님의 좋은 것들을 맛본다 … 생각하는 자의 오성(understanding)은 사랑하는 자의 관상(contemplation)이 된다(1971, 92).

이러한 방식으로 기독교 영성은 기독교 교리에 관한 깊은 이해와 발전에 기여한다. 필자가 생각하기에, 영적 삶을 훈련하고자 하는 사람들을 위한 편지에서 하고 있는 이 설명이 삼위일체적 믿음과 영성 사이에 있는 상호성의 핵심에 도달한 것 같다. 그것은 아마 용어와 개념을 가지고 하나님께 말하는 것으로부터 깊은 열망을 가지고 하나님께 말하는 것으로의 변화로 이해할 수 있다.

사람은 용어와 개념이 하나님을 부를 수 있게 되며 응답을 받을 수 있게 되는 이름으로 소생되는 것을 발견하게 된다. 그리고 개념들이 더 이상 자기 자신의 생각이 아니라 하나님의 자기에 대한 지식과, 하나님의 하나님 자신에 대한 사랑에 의해서 생기를 띠게 된다. 이것은 윌리암이 다음과 같이 말한 것과 같다.

> 생각하는 자의 오성은 사랑하는 자의 관상이 된다. 생각의 대상이 하나님일 때, 생각의 대상이 하나님과 관계된 것들일 때, 의지가 사랑이 되는 단계에 도달할 때, 성령 즉 생명의 영은 즉시 사랑의 방식으로 자신을 불어넣고 모든 것에 생명을 준다(1971, 92).

2. 파스카의 신비의 삼위일체적 차원 안에서 살아가기

이 모든 것은, 비록 삼위일체적 사유가 영성의 구체적인 특징 속에서 뚜렷하게 보이지는 않지만, 아마도 이것이 어떤 요소들로 하여금 빛을 내고 의미 있게 만든다는 점을 말하고 있다. 심지어는 영적 여정 전체에 생기를 주는 분에 대해서 더 깊은 깨달음으로 가는 문을 열어 줄 것이다. 기독교 영성에서 그리스도의 죽음과 부활을 공유하는 것보다 더 중심이 되는 활동은 없을 것이다.

삼위일체적 숙고가 그리스도와의 이 같은 본질적인 교제에 어떤 빛을 비출 수 있을까?

가장 단순하게 말한다면, 이것은 그리스도가 의지하는 아버지에 대한 신비와 예수님의 고난 안에 숨어있는 성령의 타오르는 사랑에 대한 감각을 깨운다. 확실히 책 전체가 고난의 신비주의와 영성이라는 주제에 할애될 수도 있겠지만(단순하지만 훌륭한 소개와 참고문헌을 위해서는 다음의 책을 보라. Cousins 1987), 여기서 필자는 단순하게 두 가지 중요한 삼위일체적 관점에 주목해보겠다.

보나벤투라(Bonaventure)는 그의 작품 『하나님께 이르는 정신의 여정』(*The Journey of the Mind to God*) 중 주목할 만한 마지막 줄에서 정신의 관상적 상승(contemplative ascent of the mind)이라는 고전적인 개념을 근본적으로 변화시킨다. 즉 그는 이것을 파스카의 신비 안에서 다시 규정한다. 정신의 여정의 궁극적 목적은 단지 진리를 침묵하며 바라보는 것이 아니라 십자가에 의해서 전혀 다른 존재로 넘어가는 것(passing over)이다.

불행하게도 고난 신비주의(passion mysticism)에 관한 기독교 영성의 역사에서 왜곡된 예를 찾기란 매우 쉽다. 자기 개입(self-involved)이 커지고, 자기 멸시(self-despising)로 인한 은밀한 극적 상태에 의해서 매혹당하거나, 힘 있는 자들이 사회적으로 멸시받는 자들을 통제하는 도구가 되어 끊임없이 그들의 고난을 정당화시키고 억압을 강요한다.

이와 대조적으로 보나벤투라는 고난을 하나님의 상상할 수 없는 실재로의 구출과 이행으로 본다. 또한 끝없이 수여되는 끊임없는 선함에서 나오는 자유하게 만드는 진리로의 구출과 이행으로 본다. 그는 영적 여정에서 정신은 많은 단계를 통해 진보할 수 있다고 말한다. 그런데 마지막 단계는 단순히 '고난'이라는 값비싼 대가를 치루는 진전의 순간이 아니다. 다시 말하면, 진리에 관한 더 정화된 비전을 얻게 되는 자기 소멸의 단계가 아니다. 정신은 "보이는 세상뿐만 아니라 심지어 자신도 초월하고 넘어가야 한다" (Bonaventure 1993, 7.1, 37).

보나벤투라는 영혼이 고난당하는 예수님을 본받아서 더 혹독한 고통을 받아야 한다고 요구하지 않는다. 오히려 그는 십자가 위에 달리신 예수 안에 숨어있는 아버지의 사랑의 신비를 응시하고, 말로 표현할 수 없는 자비를 보면서 자유롭게 되어야 한다고 주장한다.

> 그러한 자는 그분과 함께 파스카, 즉 유월절을 축하한다. 그래서 십자가를 사용해서 홍해를 건너고 이집트로부터 광야로 가게 된다. 거기에서 숨겨진 만나를 받아 맛본다(1993, 7.2, 38).

노예 상태에서 새로운 삶으로 가는 여정의 목표는 무엇일까?

> 십자가에 달리신 그리스도와 함께 이 세상을 지나가서 아버지께로 가자. 아버지를 우리가 보게 될 때 빌립과 함께 다음과 같이 말할 수 있을 것이다. 이것으로 우리는 충분하다!(1993, 7.6, 39)

고난에 관한 삼위일체적 비전 때문에 보나벤투라는 아버지의 신비에 개방된 그리스도의 고난을 붙잡을 수 있었다. 그렇게 함으로써 그는 그리스도의 고난의 심오한 관계적 원리를 기독교 영성에 복권시키고, 영성을 유아적 자기 몰두의 유혹으로부터 자유롭게 했다. 또한 그가 삼위일체적 차원을 강조하기 때문에, 자기 훼손(self-denigration)이나 자기 억압이라는 해로운 역영성(逆靈性, counter-spirituality)을 약화시켰다. 십자가는 고통당하는 사람이나 집단을 그 상태로 영원히 가두는 야만적인 억압이 아니다. 그것은 측량할 수 없는 관대함으로 가는 여정, 진정한 생명의 숨겨진 만나, 더 위대한 아버지의 자유로 가게 만드는 자유로운 순례자의 막대기와 지팡이다.

또한 보나벤투라는 고난 신비주의에서 성령의 역할을 강조했다. 그 천사와 같은(Seraphic) 박사는 고난을 관상할 때 매우 소중히 여기는 사랑의 강렬한 감동을 성령의 덕분이라고 말한다. 성령은 그리스도가 십자가 위에서 성취한 근원으로의 넘어감을, 믿는 자들 안에서 이루어지게 하는 진정한 작용인(agent)이다. "그것을 열망하는 자를 제외하고는" 어느 누구도 이 "신비하고 매우 비밀스러운" 신적 생명으로의 변화를 얻을 수 없다. 그런데 "성령의 불이 골수까지 침투한 자가 아니라면 어느 누구도 그것을 열망할 수 없다"(1993, 7.4, 38). 그리고 나서 그는 말하기를, 하나님은 이 불이며 "그리스도는 타오르는 자신의 고난의 흰 불꽃 안에서 이 불을 일으킨다"(1993, 7.6, 39)고 한다.

그를 보낸 분의 뜻을 행하려는 그리스도의 간절한 열망은 십자가 위에서 큰 불꽃을 일으킨다. 그리고 보나벤투라는 이 불의 숨겨진 이름이 성령임을 계시한다. 이것을 증명하기 위해 그 프란체스코회 사제는 또 다시 고난이 가진 완벽하게 삼위일체적인 본성과 믿음의 공동체 안에서 동일한 불을 켤 수 있는 고난의 능력을 밝힌다. 고난 신비주의의 삼위일체적 토대는 사적 개인주의 또는 감정주의로부터 신비주의를 구해낸다. 왜냐하면 십자가를 관상하는 사람들의 그 열망이 결코 단순히 자신의 감정이나 소유물이 아니라 시간과 공간을 통해 일하시는 성령의 공동체적이고 관계적인 고난이기 때문이다.

성령은 고난의 영성을 훨씬 더 충만한 관계적이고 공동체적인 깊이로 개방한다. 또한 성령은 그리스도의 성육신과 고난의 신비 안으로 인도된 자들 안에서 새로운 목소리와 행위(agency)를 깨운다. 다른 말로 하면, 영성 안에 있는 삼위일체적 차원은 영성이 두 가지 방향으로 쓰러지는 것을 막아준다. 그 두 가지는 다음과 같다.

첫째, 신적 일원론(divine monism)이다. 여기에서는 영혼은 단순히 소멸되며 정적주의(quietism), 수동성, 또는 자기 학대의 상태를 합리화할 위험성을 가지고 있다.

둘째, 독특한 형태의 이상주의이다. 여기에서는 "신적인" 것은 단지 인간 자아도취의 가장 고양된 형태로 가게 만드는 암호가 될 뿐이다. 고난 신비주의에서 성령의 작용(agency)이 회복되면, 은혜의 빛 속에서 "공간"이 드러난다. 이곳은 십자가의 공유(sharing)로 특징되는 자기 수여(self-giving)의 가장 친밀한 연합 속에 있더라도, 별개성(別個性, alterity)과 진정한 인간 행위(agency)를 위한 공간이다.

십자가의 요한(John of the Cross)은 『영적 찬가』(The Spiritual Canticle)에서 이 주제를 매우 날카롭고 특별하게 탐구한다(십자가의 요한의 사상 속에 있는 작용[agency]에 대한 탁월한 고찰을 보기 위해서는 Howells 2002와 Williams 2002를 참조하라). 요한은 그리스도가 어떻게 "그의 성육신의 달콤한 신비와 구속(redemption)"(John of the Cross 1979, 23.1, 499)을 영혼에게 전달하는지를 관찰한 후에, "십자가에서 행한 결혼"(23.6, 500)으로부터 신랑이신 그리스도와 영혼의 관계는 점점 상상할 수 없는 깊이로 성장해간다고 말한다.

요한은 이같이 성장하는 연합의 신비로움을 전개하면서 중요한 감각을 밝혀주는데, 그 감각 속에서 영혼은 성령에 대한 열망을 가지게 된다. 이 열망은 영혼의 자리를 차지하는 것이 아니라 오히려 영혼을 강화시켜주며, 신적 현존에서 오는 무한한 자기 공유 안에서도 자신의 진정한 역할(agency)을 하도록 만든다.

영혼의 목표는 하나님의 사랑과 동등한 사랑이다. 그 영혼은 본성적으로 그리고 초월적으로 항상 이 동등성을 열망했다. 왜냐하면 연인은 자신이 사랑받는 것만큼 사랑한다고 느끼지 못하면 만족스러워하지 않기 때문이다(1979, 38,3, 553).

요한은 영혼을 위한 새로운 정체성과 목소리를 의미 있게 그리고 있다. 그 정체성은 더 이상 예속이나 대항의 관점이 아니라 동등함의 관점에서 이해된다. 그 상관관계적 정체성에서 나오는 자아성(selfhood)과 행위(agency)는 타자로부터 모든 것을 받고, 모든 것을 타자에게 자유롭게 줌으로써 이루어진다. 물론 요한의 생각에 따르면, 이같이 발전해가는 영혼의 정체성은 생명의 삼위일체적 패턴으로부터 직접 나오며, 영혼은 여기에 보다 더 깊이 참여하게 된다. 이것은 영혼이 하나님의 지식과 하나님의 사랑을 공유하는 것으로 인해 하나님을 알고 사랑하게 되는 것을 의미한다. 그런데 정확하게 말한다면, 하나님 안에 진정한 타자성(otherness)을 위한 삼위일체적 공간이 있기 때문에, 영혼이 참여하는 이 지식과 사랑은 진정으로 그 영혼의 것이 된다.

영혼의 지성이 하나님의 지성이 되는 것처럼, 영혼의 의지도 하나님의 의지가 될 것이다. 이와 같이 영혼의 사랑도 하나님의 사랑이 될 것이다. 영혼의 의지는 거기에서 파괴되지 않는다. 하나님이 영혼을 사랑하는 수단인 그분의 강한 의지에 그 '영혼'은 굳건히 연합되어 있기 때문에, 그분을 향한 영혼의 사랑은 영혼을 향한 그분의 사랑만큼 강하고 완벽하다 … 이 강함은 성령 안에 있으며, 그 성령 안에서 영혼은 변화된다(1979, 38,3, 554).

흥미롭게도, 요한은 영혼의 열망을 강조할 뿐만 아니라, 하나님을 사랑하기 위해서 영혼이 열망하는 만큼 그 영혼이 강해질 필요가 있다는 점을 강조한다. 여기서 우리는 복음서에서 성령이 했던 역할이 생각날 수 있는데, 성령은 자기를 보낸 분의 뜻을 이루기 위한 열망의 진정성과 진실을 더 깊이 발견하도록 예수님을 광야로 보냈다.

이러한 삼위일체적 빛 아래에서 고난의 영성을 해석하는 것은 건강한 형태의 영적 자기 복종(self-surrender)로 이끈다. 이것은 자신을 넘어서는 것이지만 동시에 점점 더 자신의 것이 되는, 성령에 의해 수여된 힘을 가지고 사랑할 수 있게 한다. 그러므로 자기 포기는 커져가는 자유와 권위에서 행해지는 자기 공유이다. 요한은 하나님이 영혼에게 단순하게 신적 사랑을 **주시지** 않는다는 점을 강조한다.

그분은 영혼이 열망하는 것만큼만 완벽하게 그분을 사랑하는 법을 보여주실 것이다 … 마치 영혼의 손에 기구를 쥐어준 채 함께 그것을 움직이면서 어떻게 작동하는지를 보여주듯이, 그분은 영혼에게 사랑하는 방법과 그렇게 할 수 있는 능력을 주신다(1979, 38.4, 554).

그 타자를 위해 삼위일체성이 만들어주는 공간으로 인해 완전히 자유롭게 된 목소리는 영혼의 견습(apprenticeship)을 받는다. 그렇지만 그 목소리는 견습 중에 어린아이 취급을 당하는 것이 아니라 오히려 더 힘을 얻게 된다. 성령의 완전한 삼위일체적 역할을 분별하는 것이 영성으로 하여금 이 역설적인 자유에 개방하게 하는 것을 유지시켜준다(페미니즘 관점에서 보는 성령과 작용의 문제에 관해서는 다음의 통찰력 있는 논쟁을 참조하라. Coakley 2002).

3. 창조세계 안에 있는 삼위일체적 조명과 인간의 소명

삼위일체적 관점이 기독교 영성의 중요한 주제에 도움의 빛을 줄 수 있는 또 다른 예를 보기로 하자. 최근 수십 년간 영성과 창조에 관한 논의보다 더 유행하고 더 애매한 주제는 거의 없었다. 여기서 필자는 창세기 1:28 해석의 복잡한 역사, 창조 영성의 경이로운 성장, 또는 생태적 관심과의 중요한 연결점들을 열거하지는 않을 것이다(다음의 책은 창조 생명이 중심이 되는 신학, 영성, 성령론의 교차점에 관해 독창적이고 예리한 분석을 제공한다. Wallace 1996) 그 대신 삼위일체 신학이 제공하는 중요한 설명을 언급하고 싶다. 두 가지를 지적할 수 있다.

첫째, 창조세계에 대한 이해이다. 즉 창조세계는 이해될 수 있음(intelligibility)과 진리로 인해 빛난다는 것이다.

둘째, 인간에 대한 이해이다. 인간은 영광 안에서 창조세계의 완성을 돕고 용이하게 만들도록 부름을 받았다는 것이다(이것에 관해 더 많은 것을 알려면 다음의 책을 보라. Mcintosh 2004).

기독교 신학 중 중심이 되는 가닥 중 하나는 모든 창조물은 하나님의 삼위일체적 생명인 앎과 사랑 안에서 영원히 알려지고 사랑받는다는 생각이었다. 오리겐의 『제1원리에 관하여』(On First Principles) 1.2-3, 어거스틴의 『요한복음 강의』(Lectures on the Gospel *according to St. John*) 1.17, 막시무스(Maximus)의 『지식에 관한 장들』(*Chapters on Knowledge*) 1.42 이하를 보더라도, 우리는 이 주제에 관한 다양한 설명들을 발견할 수 있다. 즉 영원한 삼위일체적 발현으로부터 나오는 충만함과 기쁨 속에는, 생명을 타자와 공유할 수 있다는 생각이 삼위일체의 관계적 자기 공유의 한 차원으로 포함된다.

그런데 신적 타자 즉 하나님의 세 위격뿐 아니라 **전적으로** 다른 타자들, 즉 피조물도 이 타자에 해당된다! 신성의 기쁨과 자유 속에는 이 타자들의 창조와 완성 속에 하나님의 생명을 줄 수 있는 선택도 포함된다. 주목할 만한 17세기 신학자이자 시인인 토마스 트러헌(Thomas Traherne)을 대신해서 우리는 (디오니시우스, 에리우게나, 에카르트의 메아리를 가지고) 다음과 같이 말할 수 있다. 즉 피조물을 향한 이 사랑은 아버지와 아들에게 생기를 주는 성령의 사랑스러운 열망을 가진 사랑이고, 하나님으로 하여금 하나님 안에 그 타자(the Other, 성자-역주)를 알게 하는 품으심(conceiving), 즉 성자의 영원한 나심(eternal begetting)을 가진 사랑이다. 이 위격(성부-역주)에 대해서 트러헌이 다음과 같이 말한다.

> 그는 아버지의 지혜인 것처럼 그는 아버지의 사랑이다 … 그리고 이 위격(성부-역주)은 우리를 사랑함으로 인해서 하나님을 낳으셨는데, 그 목적은 그(나신 하나님, 즉 성자-역주)가 우리 모두의 영광의 수단이 되게 하기 위함이다 (Traherne 1985, 2.43, 77. Traherne에 대해 뛰어나고 간략한 소개를 보려면 다음 책을 보라. Inge 2002).

이 관점에서 보면 모든 피조물의 은밀한 깊음 속에는 사랑이 불러낸 신적인, 자신에 대한 지식이 빛나고 있다. 이 같은 모든 피조물의 심오한 구조는, 왜 이것이 그 자체로서 알려질 수 있고 이해될 수 있는지에 관한 이유이다. 왜냐하면 모든 피조물은 한 마디로 말할 수 있는 특질을 가지고 있는데, 그것은 무한한 사랑을 표현하는 존재이기 때문이다.

토마스 아퀴나스(Thomas Aquinas)도 동일한 설명을 했다. 『요한복음 주석』(*Commentary on the Gospel of St. John*) 2.91에서 아퀴나스는 장인의 생각 속에는 나무로 만들어질 실제의 상자 혹은 테이블과 분리된 지적 실존(existence)이 있듯이, 존재하게 될 모든 피조물은 하나님의 마음 안에 있는 영원한 원형들(archetypes)로서 존재한다. 피조물들이 아들 안에서 아버지의 이러한 앎으로부터 나온다는 점이 아퀴나스에게는 중요하다.

왜 그런가?

이 삼위일체적 관계**는** 진리 그 자체인 "진리를 행함"(truthing)이기 때문이다. 즉 신적 위격들 서로간의 기쁨 안에서의 영원하고 무한한 교통(correspondence)이기 때문이다. 피조물들은 이러한 진리의 만들기(truth-making)의 영원한 사건에서 나왔기 때문에, **그것들**은 그 자체로 진정하다. 그것들은 다른 피조물에게도 이해될 수 있는 진리를 가지고 있다. 피조물들은 그 진리를 이해할 수 있으며 즐길 수 있는데, 그 진리는 마치 만물들이 흘러나온 원천인 그 삼위일체적 축제에서 나와서 이 땅을 울리는 메아리와 같다.

> 하나님께서는 자신을 이해하는 방법으로 모든 타자들을 이해하기 때문에 …
> 하나님의 품 속에 있는 그 말씀(Word)은 자신에 대한 자신의 이해에 의해 모든
> 만물의 말씀임이 틀림없다(Aquinas 1975, 4.13.6, 94).

여기서 주목할 것은 모든 만물은, 하나님의 자기에 대한 지식과 사랑이라는 영원한 행위 안에서 또한 그 행위로부터 만들어졌다는 사실이다. 그러므로 이러한 자기에 대한 지식인 그 말씀(Word)은, 아퀴나스가 말했듯이, "완벽히 존재하는 이해될 수 있음(intelligibility)이다"(1975, 4.13.6, 94-5). 그래서 피조물들을 완전한 의미 속에서 아는 것은 그것들 모두에게 말씀하시는 그 말씀(Word)과의 만남을 수반하게 된다. 또한 피조물을 그 자체가 가진 진리에 따라 이해하고 기뻐하려는 열망은 성령에 의해서만 타오를 수 있는데, 성령은 삼위일체 상호간의 사랑 속에서 그들의 영원한 원형적 형태에서 나온 피조물들에게 영감을 주는 분이다.

그러므로 모든 피조물 그 자체는 신적 기쁨에서 나온 기적들이다. 그것들은 신적 위격 사이에 있는 순수한 호의와, 대가 없이 자기를 수여하는 사랑에서 나온 결과이다. 그래서 어떤 생물학적 제약 속에 피조물이 있든지 혹은 어떤 문화적 구조 속에서 피조물의 의미가 형성되든지 관계없이, 모든 피조물은 진정한 음성과 아름다움을 가진다. 그런데 이 음성과 아름다움은 자신의 신적인 진실성 안에서 듣고 볼 때, 밝게 드러난다.

그런데 어떻게 하면 피조물을 이와 같이 인식할 수 있을까?

어떻게 피조물을 진정한 재능과 자유 안에서 발견할 수 있으며, 또 그 존재 그대로 인정하고 소중히 여길 수 있을까?

어떻게 그 존재들 자체가 영원히 서로 함께 있고자 하며 서로를 위하고자 하는 영원한 기쁨과 열망의 결과물인 것을 알 수 있을까?

이것은 피조물을 낳은 삼위일체적 생명에서 나온 진정한 표지의 충만함을 알아챌 때 가능하다. 가장 깊은 의미에서 본다면, 창조의 진리는 그 말씀(Word)과 성령의 역사적 사

명을 통해서만 성취되는데, 그 사명은 그리스도의 죽음과 부활 그리고 오순절 성령의 보내심 안에서 완성된다. 막시무스가 주장하듯이(통찰력 있는 분석을 위해 다음의 책을 참조하라. Louth 1996), 말씀의 성육신은 온 세상의 다양한 차원들이 본연의 말을 하도록 고양시키는 것을 의미한다. 이것은 단순히 인간의 뼈, 피, 근육, 머리카락의 "로고이"(logoi, 원리 및 진리)에 관한 문제가 아니다. 그것들은 예수처럼 그것들의 존재의 원인과 거처인 "로고스"(Logos)를 표현하는데 있어서 그것들이 진정한 반향을 일으키도록 자유롭게 되었다. 이것은 확실히 해당되지만, 예수님은 또한 창조세계와 생명의 말씀에 대한 그 동일한 통합을 더욱 넓게 확장시킨다.

즉 이 땅 자체는 그의 비유 속에서 신비로운 풍성함과 숨겨진 보물들로 비옥하게 된다. 인간 사이의 깨진 관계들이 그들의 빈곤함 속에서 노출되고, 예수님을 따르는 자들 사이에서 일어난 치유의 관계로 들어오게 된다. 성육신은 점점 더 많은 창조세계를 포함시켜서, 그 말씀(Word)이 하는 이야기를 다시 공유할 수 있도록 회복시키고 진정한 음성을 듣게 한다. 오순절 사건에서 성령의 은밀한 사역은 계시되었고, 타오르는 열망을 통해 창조세계를 움직였다. 창조세계의 마음과 입은 자유롭게 되어서, 본성 혹은 문화에서 오는 세속적 분열을 초월하는 방법으로 그 진리를 알고 말하게 된다.

막시무스에 의하면 부활한 그리스도는 "순전한 정신 위에 선 가운데, 자기 자신과 이것에 의해 존재해 왔고 존재하게 될 원리들(logoi)을 현시할 것이다"(Maximus 1985, 1.95, 45). 성령을 통해 인류 안에서 작용하는 부활의 능력은 모든 피조물의 이 같은 해방과 진리의 상태를 계속해서 성취해낸다. 그런데 성육신적 활동과 조화를 이루는 가운데 피조물 자체가 참여하는 활동이다. 특별히 지성을 가진 피조물은 해야 할 역할이 있다.

왜냐하면 이들은 (성찬식의 요소처럼) 자신의 원천인 삼위일체적 기쁨에 관해, 이 땅에서 빛나는 표지(sign) 역할을 차지하고 있을 뿐 아니라, 다른 피조물을 이 봉헌으로 데려가는 것을 자유롭게 선택할 수 있기 때문이다. 『신비 입문서』(Mystagogia)에서 막시무스가 말했듯이, 인간 공동체의 손 안에서 피조물의 하찮은 재료들은 빵과 포도주로 만들어진 후 창조주의 사랑의 손 안에 다시 봉헌될 수 있다. 그리고 난 뒤 진리의 빛 안에서 영광스럽게 된 그것을 다시 돌려받는데, 이것은 생물학적으로 영양분이 많을 뿐 아니라 생명 그 자체가 된다.

이러한 모습의 창조 영성은 심오한 삼위일체적 원리, 즉 신적 위격들의 기쁨으로 반향되고 울려 퍼지는 창조에 관한 심오한 구조로부터 떨어져서는 가능할 수 없다. 누군가는 인간이 이 심오한 삼위일체적 반향에 귀가 멀 때마다 피조물이 받은 생생한 선물

(gratuity)과 자유가 짓밟혀져 왔다고 주장할 수도 있을 것이다. 창조세계는 침묵하고 말 못하는 대상이 되었다. 삼위일체적 자유와 관계성을 표현하는 존재가 되기보다는 탐구해야 하며 가능하다면 개발해야할 실체 또는 벌거벗은 자연이 되었다. 그 자유와 관계성의 표현은 엄밀히 말한다면 창조된 존재로 하여금 창조로부터 나오는 자유와 사랑의 응답을 유비적으로(analogously) 하는 것을 허락하기 위해 주어진 것이다.

인류는 은혜를 통해서, 단순히 자연적이고 생물학적인 필요성에서 인격적 관계, 자유, 사랑으로 가는 여정을 표현할 수 있는 창조세계 속의 한 부류이다. 그리고 인간은 지능을 가진 다른 피조물과 더불어, 성령의 능력에 힘입어서, 생명을 모든 피조물에 흘려보내면서 음성과 공동체를 회복하시는 그 말씀(Word)의 사역에 참여할 수 있다. 심지어 가장 영광스러운 꽃이 아이의 손에 쥐어져서 상처 받은 친구에게 전해질 때, 비할 수 없이 큰 반향을 불러일으키며 가장 충만한 표적을 남기게 된다. 왜냐하면 동료애와 공감의 행동에 참여함으로써 꽃이 가진 본성은 무한히 확장되었으며, 그 결과 영원부터 그 꽃을 품었던 삼위일체적 우정을 울려 퍼지게 했기 때문이다.

필자가 판단하기에, 이 같은 창조세계의 고유한 재능(모두를 통해 모두에게 생명을 주고자 하는 하나님의 열망) 그리고 이 축제를 공유하고자 하는 인간의 소명을 탐구하는데 토마스 트러헌에 필적할 만한 신학자나 영적 교사는 거의 없다. 인간은 만물이 가지는 이 깊은 진리를 파악하고, 만물 안에 있는 신적 수여에 귀 기울이고 응답하도록 부름을 받았다. 다만 이 지점에서 생기는 질문은 인간이 비전을 품은 천사처럼 행동할 것인가 또는 오히려 탐욕스러운 돼지처럼 행동할 것인가이다.

> 사물들과 그것의 탁월함을 섬기는 것은 영적인 것이다. 즉 그것들은 눈의 대상이 아니라 정신의 대상이다. 그리고 그것들을 더 존중할수록 당신은 더 영적이 된다. 돼지는 도토리를 먹지만, 그들에게 생명을 주는 태양에 관심을 갖지 않고 영양분을 공급하는 하늘이 그들에게 끼치는 영향을 알지 못한다. 또한 도토리가 있었던 나무의 뿌리에 신경을 쓰지 않는다. 이것은 천사가 할 수 있는 일이다. 그들은 넓고 밝은 빛 안에서 심지어 그들에게 수분을 공급하는 바다를 본다. 그들은 도토리가 만들어진 목적을 아는 한 그것을 영적으로 먹는다. 그리고 그것 안에 있는 기쁨의 세상을 즐기듯이 이 모두를 즐긴다. 반면 껍데기를 먹는 무지한 돼지에게는, 그것은 맛도 없고 좋은 향도 없는 비어있는 껍질이다(Traherne 1985, 1, 26, 13).

여기서 천사의 지식은 숭고한 사랑의 비전과 제한 없는 풍성함에 개방되어있으며, 더 중요한 것은 각각의 창조물에 내재된 **기쁨**을 아는 진정한 느낌을 포함한다. 그 기쁨은 창조물에게 존재를 부여하는 삼위일체적 기쁨에 대한 하나의 표지(sign)이다. 대조적으로, 돼지의 지각은(과감히 말하면, 트러헌은 돼지보다는 인간이 가진 너절함을 더 염두에 두었을 것이다) 희미해지고 마침내 없어져서, 바로 가까이 있는 것에 코를 대고 킁킁거리면서, 누가 그것을 먹기 전에 자기를 위해 먹어치운다.

트러헌의 견해에 따르면, 창조물의 삼위일체적 비전은 사회의 온전치 못한 것을 진지하게 비판하도록 이끈다. 신적인 수여에서 나오는 무한한 풍성함에 자유롭게 들어가는 대신에, 인류는 빨리 움켜쥘 수 있고 소비될 수 있는 것들을 향해서 본능적으로 돼지와 같은 식욕을 발달시켰다. 그리고 이것은 인간 관계로 옮겨간다. 그래서 사람들은 서로를 소유하기를 원하고, 거짓된 자기표현의 책략과 서로에게서 더 좋은 것을 얻기 위해 가장된 겉모습을 고안하기를 원한다.

> 이 같은 야만스러운 고안품들이 어떻게 당신의 지식을 망쳐버리는지를 생각하지 않으려 한다. 그것들은 굼벵이와 벌레들을 사람의 머리에 집어넣는데, 굼벵이와 벌레들은 모든 순수하고 진정한 생각의 적이며 이것이 주는 행복을 먹어치운다. 그것들은 자신이 지배하는 자들로 하여금 하나님의 작품 속에 뛰어난 것이 있다는 것을 믿지 못하게 하며, 자연의 고귀함 속에 있는 달콤함을 맛보지 못하게 하고, 큰 축복이 아닌 평범한 것을 소중히 여기지 못하게 한다. 그것들은 하나님의 생명에게서 인간을 소외시키고, 마침내 하나님 없이 이 세상에서 살도록 만든다(1985, 3.13, 116-17).

관대한 지식인으로 그리고 창조물이 가진 진리를 축하하는 자로서 인간이 그 잠재성을 완수하기 위해서는, 다른 눈이 필요하다. 트러헌이 일깨우고자 한 것은 모든 창조물의 바탕이 되는 삼위일체적 관대함에 관한 새로운 비전, 즉 이것이 "만물 안에 있는 가장 최고의 근거"라는 인식이다(1985, 3.18, 119).

그의 가장 유명한 구절 중 하나에서, 트러헌은 창조세계에 관한 인간의 지각 안에 일어나는 혁명을 상상한다.

모래 한 알이 하나님의 지혜와 능력을 보여준다는 것을 알기 전까지는, 당신은 결코 세상을 올바르게 즐길 수 없다. 표면 위 눈에 보이는 아름다움보다 또는 만물이 당신의 육체에게 하는 물질적 봉사보다, 만물이 당신의 영혼에게 하나님의 영광과 선함을 보여줌으로써 훨씬 더 당신을 섬기고 있다는 사실을 소중히 여겨라. 내가 음미하든 그렇지 않든 관계없이, 수분으로 만들어진 포도주는 갈증을 해소한다.

그러나 인간에게 준 그분의 사랑으로부터 포도주가 흘러나오는 것을 보게 된다면, 거룩한 천사의 갈증도 해소된다. 이것을 음미한다면 포도주를 영적으로 마시게 된다. 이것의 확산을 기뻐하는 것은 공적인 정신에서 나오는 것이다. 이것이 모두에게 베푸는 모든 유익함을 기뻐하는 것은 하늘의 일이다. 왜냐하면 하늘에서는 그렇게 하고 있기 때문이다. 그렇게 하는 것은 신적인 것이며 선한 것이며, 무한하고 영원한 아버지를 닮는 것이다 (1985, 1, 27, 13-14).

트러헌은 모든 피조물을 깊이 보고 이해하는 것 안에 내재한 경로를 알려준다. 그 경로는 하나님의 관대함 **그 자체**가 주는 즐거움으로 이끌 뿐 아니라 하늘의 "공적인 정신" 안에 있는 관대함의 바로 그 뿌리, 즉 삼위일체의 자기 확산적 풍성함에 대한 깨달음으로 이끈다.

인간이 만물에 관한 삼위일체적 지식과 사랑에 더 깊이 참여할수록 만물 안에 있는 신적인 목적을 더 잘 볼 수 있게 되는데, 그 목적은 상대방에게 즐거움을 주고, 기쁨을 주며, 상호적 삶의 행복을 공유하는 것이다. 모든 피조물은 사실 신적인 의지의 표현물이다. 그렇기 때문에 이것을 주신 분에게 감사하고 창조 질서 안에서 삼위일체적 수여와 받아들임에 반향을 함으로써 그들 스스로가 인정받고 하나님께 바쳐질 때, 비로소 그들은 최상의 상태에 이르게 된다. 트러헌은 다음과 같이 묻는다.

하나님 안에서 기뻐하고 즐길 수 있는 피조물이 없다면 천개의 언덕 위에 가축들이 있지만 이것들은 단지 죽은 것에 불과하지 않은가? (1985, 3, 82, 155)

트러헌은, 지적 능력을 가진 존재들이 창조세계를 감사함으로 받아들이고 하나님께 감사함을 통해 창조세계의 완전한 진리를 알 수 있다면, 그들은 각각의 피조물이 최상의 상태로 가는 것을 도와줄 수 있다고 주장한다.

> 찬양은 내면의 사랑의 호흡, 행복한 삶의 표징이자 증상, 넘쳐흐르는 감사, 유익에 대한 보답, 영혼의 봉헌, 신적 정서의 날개를 달고 하나님의 보좌로 올라가는 마음이다. 하나님은 영이므로 죽은 것을 드시지 않는다. 그분은 감사를 기뻐하시고, 기쁨의 발산을 한없이 즐거워하신다(1985, 3.82, 155).

이 단락에서 흐르는 삼위일체적 배경음은 십자가의 요한이 묘사한 상호간의 '호흡'을 떠올리게 한다. 여기서 주목할 점은, 창조물이 삼위일체적 삶이 되게 하는 책임을 인류가 져야한다는 요청에서 트러헌은 물질적인 창조물을 폄하하지 않는다. 그의 신학에서 **영**은 **물질**의 반대편이 아니다. 물질은 **고립**과 텅 빈 본질, 즉 피조물이 가진 본질적인 관계성이 제거된 존재가 되어서 단지 "자연"(nature)이 되는 것과는 정반대이다.

그래서 트러헌이 피조물을 감사와 찬양의 상태로 데려가는 인간의 소명을 말할 때, 필자가 보기에 그는 물질에서 탈출하는 것을 말하지 않았다. 그 '물질'은, 우리가 보통 창조물을 다룰 때 말하는 것보다는, 본질적으로 훨씬 관계적이며 소통의 결과라고 그는 주장하고 있는 것이다(이러한 의미에서 보자면 그는 최근 양자 물리학이 말하는 것과 별로 다르지 않은 것을 말하고 있는지 모르겠다. 이에 관해서는 폴킹혼[Polkinghorne]이 아원자[亞元子, sub-atomic] 실재의 관계적 에너지에 관해서 1996년에 쓴 글을 참조하라).

그러므로 우리는 창조에 관한 삼위일체적 관점 속에서, 모든 피조물 안에 있는 새롭고 축복받은 관대함을 회복시킬 뿐 아니라 착취가 아니라 창조세계의 찬양과 완성에 도움이 되는 인간의 역할을 재발견하게 된다. 트러헌은, 인류가 창조물을 이용 가능하고 소비될 수 있는 모습으로 축소시키리라고 예상하지 않는다. 오히려 인류가 창조물을 계획된 충만함과 울림으로 확장시킬 것을 기대한다.

> 당신 안에 있는 세상은 돌려보내는 봉헌물이 된다. 그리고 이것은 전능한 하나님께 무한히 받아들여진다. 왜냐하면 그것은 그분에게서 왔고 그분에게 돌아가야 하기 때문이다. 이러한 점에서 그 신비는 위대하다. 왜냐하면 하나님은 당신이 당신의 마음속에서 세상을 창조할 수 있게 만드셨는데, 이렇게 만든 세상이 그분이 만드신 세상보다 그분에게는 더욱 귀중하기 때문이다. 그리고 하나님은 당신이 만든 그 세상을 하나님께 드리고 봉헌할 수 있게 만드셨는데,

> 세상은 그분에게서 흘러나오는 것을 매우 기뻐하지만, 그분에게로 돌아가는 것을 더욱 기뻐한다(1985, 2.90, 99).

창조세계는 찬양의 축제 속으로 인도되었기 때문에 더 위대한 기쁨과 고양을 누린다. 이것은 피조성이라는 폄하를 암시하지 않는다. 피조물은 사랑 안에서 창조주와 응답을 나누는 우정을 선택할 수 있는 자유와 기회를 가진 채, 창조된 존재임을 받아들였다. 아마 모든 피조물들이 이같이 자유로운 봉헌, 즉 삼위일체적 "페이코레시스"(*perichoresis*, 상호 교통)를 공유할 수는 없을 것이다. 그러나 하나님은 일부 피조물에게 이것을 성취할 수 있는 능력을 주셨으며, 이것은 그들 사이에서의 상호 관계를 통해 가장 잘 충족된다. 지성을 가진 피조물이 찬양 중에 동료 피조물을 올려드릴 때, 그들은 그 피조물을 하늘의 모국어로 바꾸고 있는 것이다. 그들은 영원히 주고받는 사랑의 언어 속에서 그 피조물의 표현들을 용이하게 전달한다.

참고문헌

Alison, J. 1996: *Raising Abel: The Recovery of the Eschatological Imagination*. New York: Crossroad.

Aquinas, Thomas 1975: *Summa contra Gentiles*, Book Four: *Salvation*, trans. C. J. O'Neill. Notre Dame, IN: University of Notre Dame Press.

Bonaventure 1993: *The Journey to the Mind of God*, trans. P. Boehner. Indianapolis, IN: Hackett.

Coakley, S. 2002: *Powers and Submissions: Spirituality, Philosophy, and Gender*. Oxford: Blackwell.

Cousins, E. 1987: The humanity and the passion of Christ. In J. Raitt, with B. McGinn and J. Meyendorff (eds), *Christian Spirituality: High Middle Ages and Reformation*, pp. 375-91. New York: Crossroad.

Howells, E. 2002: *John of the Cross and Teresa of Avila: Mystical Knowing and Selfhood*. New York: Crossroad (esp. on trinitarian and human agency in John, see chs 2 and 3).

Inge, D. (ed.) 2002: *Thomas Traherne: Poetry and Prose*. London: SPCK.

John of the Cross 1979: *The Spiritual Canticle*. In K. Kavanagh and O. Rodriguez (trans.), *The Collected Works of St John of the Cross*. Washington, DC: Institute of Carmelite Studies.

Louth, A. 1996: *Maximus the Confessor*. London: Routledge.

McCabe, H. 1987: *God Matters*. London: Geoffrey Chapman.

McIntosh, M. A. 2004: *Discernment and Truth: Meditations on the Christian Life of Contemplation and Practice*. New York: Crossroad (esp. on creation and illumination, see chs 8 and 9).

Maximus the Confessor 1985: *The Four Hundred Chapters on Love*. In G. C. Berthold (trans.), *Maximus Confessor: Selected Writings*. New York: Paulist Press.

Polkinghorne, J. 1996: *The Faith of a Physicist: Reflections of a Bottom-up Thinker*. The Gifford Lectures, 1993-4. Minneapolis, MN: Fortress Press.

Traherne, T. 1985: *Centuries*. Oxford: A. R. Mowbray.

Underhill, E. 1991: *The School of Charity: Meditations on the Christian Creed*. Wilton, CT: Morehouse.

Wallace, M. I. 1996: *Fragments of the Spirit: Nature, Violence, and the Renewal of Creation*. New York: Continuum.

William of St Thierry 1971: *The Golden Epistle: A Letter to the Brethren at Mont Dieu*, trans. T. Berkeley. Kalamazoo, MI: Cistercian Publications.

Williams, Rowan 2002: The deflections of desire: negative theology in trinitarian disclosure. In O. Davies and D. Turner (eds), *Silence and the Word: Negative Theology and the Incarnation*, pp. 115-35. Cambridge: Cambridge University Press.

제11장
기독교 영성에서의 기독론

윌리암 톰슨 우베루아가(William Thompson-Uberuaga) 박사
듀케인대학교 조직신학 교수

    기독교 영성에서 기독론의 역할은 기독교 신앙의 삶 속에서 신학의 역할과 유사하다는 것이 앞으로 전개되는 사고 실험(thought experiment)을 안내하는 공리(axiom)이다. 간단한 공식으로 설명하자면, 기독교 영성과 기독론의 관계는 믿음과 이성의 관계라고 말할 수 있다. 그러나 믿음과 이성은 모르는 곳에서 불쑥 나온 것이 아니라 어떤 구체적인 곳에서 나온 것이기 때문에(Jantzen 1999, 205), 우리는 그것을 형성하게 한 상황 그리고 수단이 되었던 역사적, 사회적 좌표를 첨가할 필요가 있다.

    더욱이 역사와 사회는 다음의 것들, 즉 시간과 공간, 자유와 강제, 진보와 퇴보, 선과 악, 계획된 것과 우연한 것, 후퇴하는 과거와 파악되지 않는 현재 그리고 쇄도하는 미래, 신비로운 기원과 초월적 저 너머의 것으로 특징지어진다. 그렇다면 "그" 믿음과 이성의 관계 또는 "그" 영성과 기독론의 관계에 관해 말할 때 명확성을 확보하기 위한 사유의 모델을 가지고 말하고 있지만, 실제로는 그 명확한 경계는 틈이 매우 많다.

    우리는 기독교 제자도의 생생한 경험인 기독교 영성(Senn 1986, 1-7; Downey 1997, 30-52)과, "크리스토스"(*christos*, 그리스도)인 예수와 관련해서 "로고스"(*logos*, 말씀, 숙고, 담론, 대화)로서의 기독론이라는 포괄적이고 널리 알려진 정의를 가지고 시작할 것이다. 이때 기독론은, 넓게 본다면 예수라는 인격과, 왜 기독교 공동체는 그를 그리스도로 고백했는가에 관한 진지한 숙고로 이해될 수 있다. 또는 좁게 본다면 동일한 숙고와 관련된 학문적 기획으로 이해될 수 있다. 그런데 이것은 학문적 전통에서 나온 기술과 방법을 가지고 하게 된다. 이 같은 넓은 사용과 좁은 사용의 구분은, 기독론에 관한 학문 이전의 (pre-scientific) 형식과 학문적 형식 사이의 구분과 대충 일치한다.

그런데 "학문적"(scientific)이라는 것이 학문적 제도 안에 국한되지 않는다. 좁은 의미의 기독론은 대학이 등장하기 훨씬 이전부터 있었으며, 학문적 제도와 필연적으로 관계가 없는 사상가와 집단 사이에 있어왔다. 예를 들면 수도원, 개혁 집단, 자발적으로 조직된 지성적 집단이 그러하다. 근대시대에서 예를 들자면 뉴먼 추기경(Cardinal Newman), 휘겔(Baron Friedrich von Hügel), 언더힐(Evelyn Underhill), 발타자르(Hans Urs von Balthasar)는 대학교수가 아니었지만, "학문적" 신학과 기독론에 중요한 기여를 했다.

1. 역사 및 사회적 좌표

우리는 성경적, 고대 및 중세적, 근대적, 탈근대적, 전세계적 유산 이 다섯 가지를, 기독교 영성과 신학을 형성한 인류 역사의 중요한 다섯 가지 변천으로 간주할 것이다. 그리고 종교개혁은 복합적인 장르로서, 초기의 성경적 변천, 특별히 고대-중세적 변천과 중요한 연속성을 보여주고 있으며, 또한 르네상스와 함께 이후에 도래한 근대로의 참여도 보여주고 있다는 견해를 따를 것이다.

좀 더 포괄적인 의미에서, 사회문화적인 것은 "역사적인 것"이 가지는 차원들 중 하나이므로 후자는 전자를 포함한다. 이어줄 다리를 만들어야 할 것처럼, 우리는 "여기"에 있고 역사는 "거기"에 있지 않다. 우리는 어딘지 모르는 곳에서 불쑥 나온 것이 아니라 사회문화적, 지리상의 어딘가에 있는 '여기'에 있다. 그 어딘가는 구체적인 사람들과 사회를 가로지르면서 이전의 변천들이 만들었던 특별한 물결이다. 기독론과의 관계 속에서 나온 기독교 영성의 사회문화적 모습들은 단지 역사 과정의 흘러가는 움직임의 한 양상이다. 우리는 그 흐름 안에 있다. 이러한 연구는 마치 전 역사를 조망할 수 있는 장엄하고 높은 자리를 소유한다는 인상을 줄 수 있겠지만, 상식은 그러한 전체를 조망하는 관점은 사실 존재하지 않는다는 것을 우리에게 경고해주고 있다.

2. 기독교 영성과 기독론 간의 대립

이 부제목은 모순과 비합리성을 담고 있다.
자기를 그리스도인이라고 선언하는 영성이 '예수님은 그리스도인가'에 관한 진지한 로고스와 어떻게 대립될 수 있는가?

또는 그와 마찬가지로, 왜 그와 같은 진지한 로고스가 동일한 예수님의 이름 아래에서 나온 제자도의 생생한 경험과 반대될 수 있는가?

우리는 이어지는 글에서 로버트 몽크(Robert Monk)와 조셉 스태미(Joseph Stamey)가 주장한 믿음과 이성에 관한 분석을 적용해나갈 것이다(1984, 128-57; Thompson 2001; Thompson-Uberuaga 2002).

아테네(이성)와 예루살렘(믿음)이 무슨 상관이 있단 말인가?
아카데미와 교회 사이에 어떤 조화가 있단 말인가?

하나님의 아들이 죽었다. 이것은 불합리하기 때문에 믿어야 한다. 그분은 장사
되고 다시 부활하셨다. 이것은 불가능하기 때문에 확실하다.

3세기 때의 터툴리안(Tertullian)이 한 이 유명한 선언들(*The Prescription of Heretics* 7; *The Flesh of Christ* 5)은 신앙주의에 관해 다소 부당하지만 특징적인 어구가 되었으며 믿음을 위해 이성을 거절한다는 인상을 주었다(Bettenson 1956 14). 그러나 터툴리안이 영지주의적 대적자들의 초이성주의에 대항한 노력했고, 신앙을 돕기 위해서 "로고스"(이성)에 대한 그의 확장적인 사용했으며 심지어 그 사용에 대한 보증해주었다. 그럼에도 우리는 터툴리안이 했던 상당한 신학적 노력은 관련시키지 않고 신앙주의자의 입장에서 한 신랄한 표현이라는 식으로 이것을 언급하곤 한다.

신앙주의 영성은 극단적 입장에서 보면 인간 이성이 부패했다고 여긴다. 이러한 영성은 이성의 가능성을 따라가더라도, 이성을 의심스러운 눈으로 보며 그리스도인의 삶의 문제에서 이성은 왜곡이 일어나기 쉽다고 생각한다. 우리가 기독론을 넓은 의미로 생각하든 혹은 좁은 의미로 생각하든, 기독론을 그리스도로서의 예수에 관한 이성적(로고스를 사용) 사유라고 여기는 이성의 차원은 의심을 받게 되고 타락을 초래할 수 있는 영향을 줄 수 있다고 생각한다.

누군가가 정말 이와 같은 신앙주의 영성의 가장 극단을 지지할 수 있겠지만, 적어도 실제로는 그럴 수 없을 것이다. 아마 터툴리안은 신앙주의적 경향이 있었을 것이다. 그러나 교리적이고 학문적인 기독론에 대해서 터툴리안보다 용어상의 영향을 더 준 사람은 거의 없다. "한 위격(*persona*, '페르소나')"과 "두 본성(*substantiae*, '수브스탄티아에')"이라는 그

의 교리적 진술들(formulas)은 그리스도의 위격적 연합(hypostatic union)에 대한 최종적인 교리적 가르침보다 앞섰으며, 아마도 그것의 진로를 정했을 것이다(Studer 1993, 69).

매우 정제되고 창조적인 로고스의 사용이 명백히 터툴리안의 노력 속에 있었다. 아버지로부터 나온 신적 로고스로서의 예수님의 아들 됨에 관한 가르침을 옹호했을 때, 그는 모든 사람들의 내면에 있는 로고스(이성-역주)에 호소했다.

> 이성은 담화 안에서 모든 사고의 순간과 모든 의식 속에서 발현된다. 당신의 매순간의 사고가 말(speech)이며 당신의 매순간의 의식이 이성이다
> (*Against Praxeas*, 5 ; Bettenson 1956, 119).

우리가 터툴리안의 주장을 따라가다 보면, 심지어 공인된 신앙주의자도 모든 의식하는 순간에 로고스(이성-역주)를 이용하고 있다!

터툴리안은 몬타누스주의자가 되어 프리기아, 로마, 북아프리카의 지역에서 있었던 초기 성령 운동의 옹호자가 되었다. 그는 몬타누스주의자들이 옹호했던 엄격한 가르침의 일부를 받아들였다. 그들은 사도들의 더 완전한 이해를 통해 "영감"을 받게 되는데, 그 완전한 이해는 성령에 의해서 성령주의자들에게 가능하게 되었다. 그가 받아들인 몬타누스의 가르침들은 다음과 같다. 재혼 금지, 자주 금식하기, 항상 순교로 나가도록 재촉하시는 성령, 교회 내에서 여성들에 대해 공적인 역할을 제외 등이다(Heine 1992, 898-902). 이러한 몬타누스주의자의 영성은 우리에게 믿음의 문제에 있어서 이성을 과도하게 의심함으로 인해 생기는 영성에 관한 몇 가지 생각의 단초를 제공한다. 영적 차원에 관한 그 깨달음은 매력적이지만, 로고스와 단절되었을 때 그것은 성경과 교리의 문자주의에 정착할 수 있다. 이 두 측면이 터툴리안의 작품에서 명확히 보인다(Kearsley 1998, 60-5).

터툴리안은 현재의 근본주의 영성에 관한 몇 가지 통찰을 제공한다. 창조론자들은 가장 극단적인 형태의 성경 문자주의와 이와 동시에 과학적 합리주의의 난해한(esoteric) 사용 간의 결합을 떠올리게 한다. 이성은 부패하고 믿을 수 없다. 그러나 또한 믿음의 사람은 합리주의자들을 이성으로 넘어서기 위해 그것을 "무단사용"할 수 있으며, 그러한 의미에서는 그것이 정화될 수 있고 올바르게 될 수 있다고 생각한다. 이성이 믿음의 확신에 지적인 도전을 제기할 때, 어떤 사람들은 선험적인(*a priori*) 방식으로 "이성"을 내쫓는다. 근대 미국 개신교 근본주의와 로마 가톨릭 근대주의자들의 고정관념의 역사 안에서 이 전략의 특성을 쉽게 알아챌 수 있다.

지금의 신앙주의자 영성은 믿음을 옹호하면서 신학과 기독론의 로고스를 불신하거나 회피한다. 믿음은 그 전달수단이 필요하다. 만약 이성이 가치가 없어지면, 느낌, 감정 혹은 행동이 그 공백을 채우게 된다. 인간이 사용할 수 있는 이런 저런 믿음을 표현하는 수단들이 대신 들어올 필요가 있다는 것이다. 예수님이 그리스도라는 것에 대한 고수(adherence)가 이 같은 영성들에게도 있다. 그렇지만 숙고하는 로고스의 도전은 이러한 영성 속에서는 찾아보기 어렵다. 왜냐하면 이것은 교회와 학문 전통의 축적된 노력에 의해서만 가능할 수 있는 일이기 때문이다. 그 결과는, 감정적인 헌신 안에서 또는 교회와 사회에서 행하는 다양한 종류의 활동(자선 사업들) 안에서 편협하게 표현되는 일종의 기독교적 경건이 될 가능성이 크다. 교리적 전통을 가진 교회는 계속해서 형성적(formative) 영향력을 행사할 것이다(터툴리안은 '믿음의 규율'에 의해 형성되었다). 즉 교회는 그리스도를 지향하는 방법으로 감정과 행동을 형성할 것이다.

그러나 위험한 점은, 미숙한 신학적 로고스와 함께 오는 교리적 엄격성과 문자주의의 문제이다. 문화와 세계관이 점점 더 충돌하는 가운데서 나오는 긴장과 함께 오늘날 탈근대적 다원주의는 일종의 사회문화적 상황이다. 이 상황은 변하기 쉬운 이성의 변덕에서 믿음의 확신이라는 더 큰 후퇴를 촉진한다. 로고스는 비천해질 뿐만 아니라 근거 없는 환상이라고 비난받는다.

그런데 관점을 뒤집어보자. 우리는 숙고하는 기독론을 회피하는 신앙주의자의 영성을 그려보았는데 이것은 이성을 피하는 믿음과 유사하다. 신앙주의자 영성은 '기독론'을 선호하지만, 실제로는 접미사인 "-론"(ology)이 약화되거나 잘려나간 기독론이다. 만약 그러하다면, 그와 같은 기독론과 영성은 아폴리나리스(Apollinaris) 사상과 유사하다. 이것은 예수님의 인격 속에 있는 인간의 이성을 부정하는 아폴리나리스를 떠오르게 한다. 이성이 믿음을 회피할 수 있듯이, 이와 유사하게 합리주의적 입장은 영성을 회피할 수 있다. 이것도 말하자면 영성의 일종이지만 거기에서는 영성(spirit-uality)의 접두사인 "영"이 다분히 인간 이성(ratio, "라티오")과 동일시되고, 거룩한 영(divine Spirit)을 반영하는 인간의 영과는 멀어지게 된다.

신앙주의는 합리주의를 육성하는가?
혹은 합리주의는 신앙주의를 촉진하는가?
후기 중세의 유명론(다양한 갈래에서 나온 일종의 신앙주의)의 역사와 거의 동시적으로 르네상스라는 인문주의의 등장은 그 두 가지 질문에 긍정적인 대답을 줄 수 있게 한다(Walsh 1999, 55-9, 67-110). 그런데 유명론이 있었던 후기 중세 시대에는 영성과 신학의 분리가 절정에 다다랐는데, 이것은 믿음과 이성의 분리를 반영한다(Vandenbroucke 1950). 우리의 분석이 정확하다면, 그 "분리"는 기독교 역사에서 일어난 하나의 정기적인 사건 그 이상이다. 동시에 역설적이게도 "분리"는 사용하기에 가장 정확하지 않은 용어일 수 있다. 왜냐하면 일어난 일은 영성의 신앙화 혹은 영성의 합리주의화인 것 같기 때문이다.

합리주의적 기독론/영성을 만나기 위해서 근대성까지 기다릴 필요가 없다. 로고스가 너무 지나칠 때마다 초기 합리주의가 나타나는데, 그것은 오늘날 탈근대적 사상가들이 "총체화"(totalization)라고 이름을 붙이는 것의 선구자격이다. 우리는 이미 영지주의자와 벌인 터툴리안의 투쟁을 언급했다. 우리는 자주 영지주의자들을 합리주의자로 생각하지 않는다. 또한 오늘날 영지주의자에 관한 수정주의자들의 연구에 따른다면 합리주의자로 일반화시키는 것이 조심스럽다.

그러나 아마도 터툴리안 그리고 확실히 이레니우스(Irenaeus)는 그들을 "지식(*gnosis*, '그노시스') 안에 있는" 사람들이라고 생각했다. 이레니우스는 심지어 자신이 논박하고 있는 사람들을, 하나님을 책과 같이 읽을 수 있고 신적 유출(emanations)에 관해 정통한 지식이 있어서 신적인 로고스의 탄생에 조력했다고 주장하는 자들이라고 특징짓는다(*Against Heresies*, 2.28.7 및 6). 영지주의자들 중 일부는 확실히 그들의 영지를 일종의 믿음의 형태로 묘사하지만, 그것은 낯설게 반(半)이성화된 신화학(semi-rationalized mythology)이다. 이 신화학은 보통 인간의 몸으로부터의 강한 소외(alienation)와 함께 진행된다.

그래서 터툴리안은 이와 같이 외친다(*The Flesh of Christ*, 4-5; Bettenson 1956, 125).

> 인간을 사랑함에 있어서 그리스도는 출생의 과정을 사랑하셨고 자신의 육신을 사랑하셨다.

> 하나님은 정말로 십자가에 못 박히시지 않았는가?
> 그분은 정말로 십자가에 못 박히신 후에 죽지 않았는가?
> 그분은 정말로 죽은 후에 다시 살아나시지 않았는가?

우리는 기독교 신앙의 가장 "멋진 경구" 중 하나를 터툴리안에게 빚지고 있다. 이것은 영지주의화된 합리주의에 반대해서 만들어졌는데, 그것은 바로 "카로 살루티스 에스트 카르도"이다(*caro salutis est cardo*, "육체는 구원의 문지도리[hinge]이다." *On the Resurrection*, 8.1; Studer 1993, 67). 여성은 육체와의 연관성 때문에, 육체를 배척하는 영지주의자의 세계에서는 환영을 받지 못했을 것이다. 그래서 도마복음에는 다음과 같은 악명 높은 주장이 있다.

> 자신을 남성으로 만드는 모든 여성은 하늘나라에 들어가게 될 것이다
> (*Gospel according to Thomas* 114; Layton 1987, 399).

합리주의 기독론이 기독교 영성으로부터 오는 어떠한 주입도 허락하지 않은 것은 아니다. "기독-론"에서 "그리스도"가 있는 한, 어떠한 주입도 허락하지 않는 일은 거의 불가능하다. 영지주의자들이 그러했듯이, 그 시대의 이성(*ratio*)의 일반적인 이해에 따라 영성도 미묘하게 합리주의화된다(그러한 합리주의화는, 아마 신적 초월에 관해서 다소 헬레니즘적 관점을 가진 아리우스가 로고스에게 완전한 신성을 줄 수 없었던 주요 요소였을 것이다). 토마스 제퍼슨(Thomas Jefferson)이 이신론적(deistic) 관점에서 복음서를 수정한 것에는 그의 이신론적 영성이 동반되었다(Adams 1983). 오늘날 예수 세미나(Jesus Seminar)의 기독론은 대체로 보면 제퍼슨적 전통 안에 있다(Brown 1997, 819-30).

그러나 "이성"에 관한 지배적인 정의들은 탈근대성의 흐름에 따라 변해왔다. 이것과 동반한 것이 오늘날의 영지주의자들이 가진 뉴에이지 영성이다(Bloom 1996). 그렇지만 예수님을 고수하는 것이 그러한 합리주의화에 대해 미묘하지만 적절한 영향을 가져다주며, 강력한 성경적, 교리적 전통을 가진 교회 안에서는 그 영향은 훨씬 더 강력하다. 그러므로 우리는 합리주의의 미묘한 많은 차이들을 그려볼 필요가 있다. 구체적 역사 속에서는 일관성이 언제나 명백하지는 않다. 터툴리안은 그리스도의 육체를 우리의 구원의 중심이라고 감동적으로 적어놓았지만, 몬타누스주의자의 엄격주의와 여성을 열등하게 보는 것으로 탈선될 수도 있었다.

3. 간단한 에피소드: 선구자로서 경계선에서 살고 사유하기

경계선상에서 사는 것은 종종 외롭고 고통스럽다. 그와 동시에 그것은 우세한 정통주의로부터의 소외의 모습을 가진다. 그런데 그러한 정통주의는 해체되었거나 또는 이미 해체의 단계에 접어들었다. 이와 같이 어떤 형태의 소외는 건강함의 표시이다. 소외는 더 큰 정화를 위한 창조적인 어둔 밤이다. 이것은 더 건전한 대안으로 약진하는 것의 전조가 된다. 영성 작가들은 자주 어둔 밤-조명의 변증법을 언급하는데, 기독교 영성에서

의 기독론의 역할을 고찰하는 자리에서 이것을 언급하는 것은 적절하다.

키에르케고르(Kierkegard)에 대해 살펴보자. 그의 글은 전형적으로 실존주의적 비합리주의(existentialist irrationalism)와 관련되어 있고, "믿음의 도약"(leap of faith)이라는 방식에 집중하고 있다. 이러한 이유 때문에 그는 근대 신앙주의자의 정수가 되었다.

심미적 단계에서 윤리적 단계로 그리고 믿음의 단계로 가는 단계들은 의지의 '도약'으로 특징지어지는데, 마지막 믿음의 단계에서 정점에 도달한다.

무엇을 도약하는가?

아무리 정제되더라도 감각의 만족이라는 축 주위로 지향하는 삶(심미적)과 추상적이고 보편적 이성의 축 주위로 지향하는 삶(윤리적)을 도약한다. 키에르케고르는 전형적으로 소크라테스를 윤리적 관점과 연관시킨다. 그러나 이러한 그의 이해는 더 명백히 헤겔에 대한 이해로 향한다. 키에르케고르가 읽은 바에 따르면 헤겔은 성육신을 보편화한다. 즉 그것은 하나의 인격이 아니라 하나의 원리로써 모든 사람에게 존재하는 영과 물질사이의 관계를 표현한다.

키에르케고르의 믿음의 관점은 이 같은 추상화에 대한 저항이고, 구체적이고 인격적인 것으로 가는 길을 다시 찾으려는 시도이다(Gardiner 1988, 40-64). 또한 그것은 심하게 희석된 19세기 덴마크의 국가 기독교에 대한 저항인데, 그의 견해에 따르면 이 기독교는 "교양 있는 자들의 감정을 상하게 하지 않으려고 만든 적당한 종교 신념을 가진 공손한 도덕적 휴머니즘에 불과하다"(Copleston 1963, 339).

성육신하신 하나님이 제공한 진리는 이중의 역설로부터 온다. 한편으로 성육신 그 자체는 역설적이게도 영원한 것과 일시적인 것을 결합시키는데, 그렇게 함으로 인해 인간이 무한한 존재에 대해 응답할 수 있게 된다. 무한한 존재와 개별적인 만남이 가능해졌다. 이것은 또 다른 역설을 동반하는데, 이름을 붙이자면 믿음의 도약이라는 기적이다. 이러한 믿음은 우리 자신이 진정으로 선택하지만, 역설적이게도 그것은 은혜의 선물이다(Kierkegaard 1962, 81; Gardner 1988, 65-102).

유일한 대안이 헤겔주의자가 되는 것이라면, 키에르케고르는 차라리 신앙주의자가 되기를 선택하고 있다고 말할 수 있다. 이 관점에서는, 믿음의 대상은 "부조리한 것"이며, "이해를 십자가에 못 박는 것"을 수반하게 된다(Kierkegaard 1941, 189; Gardner 1988, 101-2). 또 다른 관점에서 보자면, 그는 인간 실존 안에 있는 두려움과 죄의 문제로 끌려가고 있다는 자각을 강화할 뿐 아니라 도약을 통해 존재하게 되는 개별성과 존재성의 역할을 회복시키기를 추구하고 있다고 말할 수 있다.

추상적 이성은 성육신의 절대적 역설이 계시하는 근본적인 진리의 조건들을 망각해 왔다(Copleston 1963, 345-51; Webb 1988, 226-83, 302-17). 이 관점에서 보면 그는 더욱 균형 잡힌 기독교 영성과 더 적절한 기독론에 큰 기여를 하고 있다. 그의 이야기는 어떻게 더 풍성한 믿음이 추상적이고 실체화된(hypostatized) 그리고 경험의 기반에서 단절된 이성에 도전을 주는지, 또한 그 이성을 어떻게 풍성하게 하는지를 보여준다.

이와 같이 키에르케고르는 신학과 기독론에 관한 탈근대적 양상을 이미 알았다. "탈근대"는 "부드럽고" 더 조심성 있는 종류의 로고스의 탐색을 지향하는데, 이것은 칸트 이후 "존재론적 신학"(ontotheology)으로 불리는 실체화된 전체주의적 사고를 피한다(Caputo 2002, 1). 이것을 완성하기 위해 로고스를 전적으로 포기해야 하는지는 오늘날 학문적 신학에서 가장 논쟁적인 소재로 남아있다. 예수님의 신적 로고스가 인류에게 하나님이 몸소 드러난 것에 관한 전통적 상징인 한, 이것은 또한 기독론과 관련이 있다.

로고스의 용해 혹은 해체는 기독론과 그리스도인의 삶에 어떤 의미가 있을까?

로고스는 인간 공동체와 교통(communication)의 바탕이 되며, 신적 공동체와 인간 공동체는 로고스를 통해서 육체가 된다. 로고스에 관한 질문은 진정으로 큰 모험(high stakes)을 수반한다.

4. 결합적 접근

기독교 역사를 통해서, 믿음과 이성 그리고 이와 유사하게 영성과 신학/기독론은 때때로 서로 대항했지만 대체로 다양한 우호적인 결합의 형태로 존재했다. 아무리 단편적이더라도, 다양한 음영(shadings)의 우호적인 결합을 이룰 수 있는 기독교의 수용력이 기독교 문화와 문명을 세우게 한 토대라고 말할 수 있다. 중세 문화는 전형적으로 이 같은 문화적 결합의 고전적인 예이지만, 오늘날의 잠재성 있는 결합들은 훨씬 더 다원적이다.

좀 더 명확히 하기 위해, 영성과 기독론 사이에 있는 대화적 결합의 더 약한(softer) 형식과 더 강한(harder) 형식을 구별해보자. "더 약한"이라는 것은, 믿음과 이성 사이에 잠재적으로 유익한 합동의 영역 혹은 중첩의 영역이 있듯이, 기독교 영성과 기독론/신학 사이에도 그러하다는 입장이다. 반면에 결합적 사고의 "더 강한" 형태는 더 밀접한 결합, 즉 우연한 결합이라기보다는 "고유하게(intrinsically) 필연적인 결합"을 주장한다. 차례로 그 각각을 다루어 보자.

먼저 몇 가지 예를 상기해보자. 신약은 유대 기독교와 헬레니즘 문화를 융합시켰다. 사도행전 15장의 예루살렘 공의회는 그 극적인 예에 해당한다. 사도행전 2장 오순절 사건에서 등장하는 다양한 언어들은, 성령이 부어졌기 때문에 가능하게 된, 모든 나라들 사이의 협동이라는 새로운 시대를 알렸다. 그때 아테네와 예루살렘은 함께 일할 수 있게 되었다. 동방과 서방 교부의 신학/기독론은 주로 플라톤주의, 스토아주의, 아리스토텔레스주의와 성경적 유산들 사이에 있었던 창조적인 협동의 결과물이다. 중세 시기에는 훨씬 더 극적인 통합이 이루어졌는데, 동방에서는 다메섹의 요한(John Damascene) 그리고 서방에서는 보나벤투라(Bonaventure)와 토마스 아퀴나스(Thomas Aquinas)에서 정점을 이루었다.

종교개혁 후기의 개신교 진영과 에라스무스를 어느 정도 거친 로마 가톨릭은, 수사학과 철학에 관해 더 새로워진 르네상스 학파들과 성경적 유산 사이에 있었던 새로운 형태의 협동을 보여줬다. 다양한 종류의 신토마스주의(Neo-Thomisms), 신플라톤주의화한 동방신학(Eastern Christian theology)의 여러 모습들, 근대시대와 탈근대시대에 생겨나는 신앙과 철학전통과 인문 사회 과학의 무한한 형태의 협동, 그리고 기독교 신앙과 다른 종교 전통 사이의 새롭지만 실험적인 협동은 또 다른 예들이다.

복음서에 나오는 선교 명령을 수행하려는 시도가 아마도 결합적 관점의 기초가 되었을 것인데, 이 복음서의 말씀은 예수께서 보편적인 구원과 관련이 있다는 점을 암시한다(마 28:19-20). 이것을 성취하려는 노력 가운데서 사람들은 복음과 문화 사이의 연결점을 찾게 된다. 그 관계는 명료함과 확정을 주기도 하지만, 종종 도전과 정화를 준다. 우리는 인간의 권리, 노예 제도의 극복, 우주에 관한 진화론적 관점의 수용, 여성의 동등한 권위 등을 떠올릴 수 있다. 인문학과 철학 전통에서 나온 이 모든 통찰들을 믿음은 천천히 자기 것으로 흡수하였고, 이 통찰들이 믿음의 깊은 의미가 표현된 것으로 마침내 보게 되었다.

믿음과 이성 사이의 상호수용과 유사하게, 기독교 영성은 신학과 기독론이 가진 비평적 사유의 고찰에서 오는 풍성함을 추구하고 발견했다. 그것은 마치 어떤 믿음의 "본능"이 작용하고 있기 때문에, 생생한 기독교의 경험의 건전성을 위해선 설명(일종의 내면적 주해)과 도전이 필요하다는 것을 깨달은 것 같다. 예수 그리스도는 "기독교" 영성이라고 인정되는 모든 것의 원천이자 중심이므로, 그것을 안내하는 기독론적 고찰에 대한 특별한 지향이 있다.

일곱 번의 에큐메니칼 공의회에서 도출된 기독론적 교리는 "비학문적"(non-scientific) 기독론의 가장 중요한 예들이라고 할 수 있다. 이 교리가 교회의 영성을 인도하고 그리스도를 닮는(Christoform) 방식으로 영성을 형성했으며, 이것이 과도한 주관주의 혹은 감정주의를 피하는데 도움을 줬다. 이 교리들은 또한 사회와 교회의 결합을 더욱 증진시켜서, 느리지만 효과적으로 그리스도의 몸(corpus Christi, "코르푸스 크리스티")을 세우는데 역할을 했을 것이다. 이 신조(creed) 배후에 있는 "비학문적" 기독론은 학문적 기독론 이상의 것이었고, 교부들(the Father)의 어휘의 무기고였다(마크리나[the younger Macrina]와 같은 일부 교모[the Mothers]들도 이에 해당될 것이다. Pelican 1993, 8–9). 그런데 그 교부들은 헬레니즘 철학과 라틴 철학의 통찰로부터 크게 도움을 받았다.

약한 결합적 접근은 특별히 영성 및 비판적인 고찰이 상대적 자율성을 가지도록 보호하는 것과 관련된다. 그렇게 될 때, 기독교 제자도는 비판적 사상을 억압할 수 없으며, 또한 비판적 고찰도 영성을 그 경험적 뿌리로부터 단절시키면서도 영성을 억누르지 않게 된다. 이것은 그 둘의 동등성을 촉진한다. 이러한 접근은 어떤 면에서는 새로운 것인데, 이것은 근대 인문과학의 분화와 근대 자유민주주의 속에서, 인문과학이 교회의 통제로부터 분리된 것에 따른 결과이다. 그런데, 수도원적 배경을 가졌던 중세 신학의 반(semi)자율적 분위기와 중세 대학의 분위기는 어느 정도 이것을 예견하고 있었다.

영성과 기독론의 약한 결합은 안디옥적(Antiochene) 경향성의 영성과 기독론을 더욱 육성하게 된다. "안디옥적"이라는 것이 의미하는 바는 예수 그리스도의 이중성의 완전함, 즉 신성과 인성이 한 존재 안에서 연합된 것을 강조하는 전통을 의미한다. 안디옥의 "북극성"이라 불리는 몹쉬에스티아의 테오도르(Theodore of Mopsuestia, 392–428)는 이것을 다음과 같이 설명한다.

> 본성들(신성과 인성–역주)의 특징이 혼합됨이 없도록 하라. 그리고 그 위격이 나누어지지 않은 채 인식되게 하라. 전자는 본성의 특징적인 특성에 때문이다. 왜냐하면 취해진 분(the one)[1]은 그를 취한 분(the One)과 구별되기 때문이다. 그리고 후자는 위격적 연합 때문이다. 왜냐하면 취한 분(the One)과 취해진 분(the one)의 본성은 하나의 이름의 외연 안에 포함되기 때문이다.

비록 테오도르와 그의 계승자인 네스토리우스(Nestorius)가 두 본성의 연합을 표현한 칼케돈 공의회의 정밀함을 훌륭하게 설명하지는 못했지만, 그들이 두 본성의 완전함을

---

[1] 테오도르는 성자의 인성을 인격(person)으로 여기지 않았지만, 인격성(personality)이 있는 것으로 여겼다. 그래서 성자의 인성을 인격적으로 표현했다-역주.

강조한 것은 안디옥 전통이 이룩한 특별한 기여이다(Young 1983, 199-240).

믿음이 기독교 제자도의 하나님 지향의(Godward) 차원을 예우하듯이, 이성은 인간적 차원을 존중한다. 결합된 믿음과 이성은 서로를 존중한다. 또한 이와 비슷하게 사색적인 신학과 기독론 그리고 이것과 결합되어 있는 영성은 서로를 존중한다. 영성의 차원은 신학적 로고스와 기독론적 로고스에게 한계를 넘어서지 않기를 환기하면서 로고스의 과잉(*Logomania*, "로고마니아")을 막아낸다. 이성/로고스의 차원은 영성이 계속 겸손하고, 인간적이고, 역사적이며, 자기 비판적이 될 수 있기를 촉구한다. 이것은 로고스에 대한 불신(*Logophobia*, "로고포비아")을 막아줄 것이다.

강한 결합적 관점은 일종의 "믿음과 이성의 공모"(conspiracy)이다(Voegelin, 2001: 514). 그러나 그 공모는 더 단단하고 내재적인 것이다. 즉 믿음은 이성의 기반(ground)으로 여겨진다. 기반(*Grund/t*, "그룬트")은 독일 신비주의 전통에선 시작의 근원이라는 의미로 사용된다(예를 들면, 에크하르트[Eckhart]. 다음의 책을 보라. McGinn 1986, 42). 그러므로 믿음은 이성을 생기게 한다. 말하자면 이성에 호흡을 불어넣는다. 마찬가지로 믿음에서 파생한 이성은 믿음이 계속 유지할 수 있게 해준다. 비판적인 로고스를 금지하는 믿음은 미성숙한 믿음이다.

이 유비(anology)를 따라간다면, 기독교 영성은 신학, 기독론, 사색하는 로고스에서 나온 모든 응용물의 기반이 된다. 사실 믿음과 이성은, 자신의 본래적 해석을 통해 스스로 밝혀지는 과정 속에 있는 영성의 광대한 "생성의 경험"의 인식론적 차원에 불과하다(Voegelin 1990b, 173-232). 이 견해에 따르면, 그것은 단순히 영성과 신학(기독론) 혹은 믿음과 이성 사이에 겹칠 수 있는 잠재적 영역에 관한 문제가 아니며, 간헐적이고 우발적인 대화의 문제도 아니다. 그것들이 기반으로서 내적 발산과 관련되어야 한다는 각각의 온전함(integrity)의 문제이다. 모든 형태의 기독교 신학(기독론, 인간론, 교회론 등)은 잠재적으로는 영성의 모습을 가지는데, 영성은 그 모습들 안에서 스스로 빛을 발한다.

그 전통은 때로는, 사람이 믿도록 하게 하는 믿음(*fides qua creditur*, "피데스 쿠아 크레디투르,") 과 계시되는 진리들에 대한 믿음(*fides quae creditur*, "피데스 쿠아에 크레디투르")을 구별한다. 전자는, 인간 경험 안에서 스스로를 개방하는 신적 기반에 관한 충실한 신뢰감을 우리가 가지는데 도움을 준다. 이 충실함이 우리의 탐구를 불러일으킨다. 그래서 로고스의 사변적 과정이 일어난다. 그것은 사랑에 빠지는 것과 같다. 연인들은 서로 알기를 열망한다. 상호간의 사랑은 연인의 탐구의 기반이 되며 또한 탐구를 야기한다(참조, Tallon 1997, 137-54, 221-49, 289-92). 사랑이 잘못된 방향으로 가지만 않으면, 추구하는 지식은 침해를 야기하는 호기심으로 나가지 않는다.

 이와 비슷하게, 믿음의 충만한 경험적 기반으로서의 영성은, 예수 그리스도를 통해서 일어난 신적 개방에 대한 충실함의 풍성한 표명이다. 이 충실함에서 나오는 흐름의 차원들 중 하나는, 그 연인이 앎(knowing), 즉 로고스로 이끌려가는 것이다. 자신을 해석하는 과정 중에 있는 사랑이 이러한 신학적 로고스에 대한 묘사이다. 이해를 추구하는 믿음의 영성으로의 전환이 우리를 믿음, 소망, 사랑 사이의 전통적 연결을 다시 민감하게 느끼도록 해준다. 이 유명한 세 가지는 확실히 바울로 인해서 권위를 갖게 되었다(고전 13:13). 그런데 이 같은 영성의 관점 안에서는, 하나의 논리가 그 연결 안에서 드러난다. 충실함은 소망에 의해 에너지를 얻는 사랑의 넘치는 흐름 안에 뿌리를 박고 있다.

 이 관점에서 보면, 영성은 매우 차별화된 현상이다. 좀 더 포괄적인 관점에서 보자면, 그것은 잠재적 차원에 있는 기독교 제자도에 대한 우리의 생생한 경험의 전체 덩어리와 관련 있다. 이 경험의 흐름에 사랑과 소망의 충실함이 일어나게 되면, 우리는 로고스를 구하고 찾게 된다. 왜냐하면 그것은 예수님에게 참여하기를 추구하며, 구원을 주는 공유된 제자도 운동에 참여하기를 추구하기 때문이다.

 우리는 예전(liturgical)신학에서 그 범주를 얻을 수 있는데, 그것은 제일 신학(*theologia prima*, "데올로기아 프리마")과 부차적 신학(*theologia secunda*, "데올로기아 세쿤다")이다 (Kavanagh 1992, index, s.vv. "theology, primary, secondary"). 학문 이전(pre-scientific)의 로고스가 항상 영성의 한 차원인 한, 영성은 항상 최고의 신학이다. 때때로 그 로고스는 학문적 사색의 수준에 있는 신학이 된다(*theologia secunda*). 부차적 신학은 제일 신학에 대하여 그 다음이고, 그것에서 기원하고, 그것을 섬기고, 그것의 부분적 표현일 뿐이고, 제일의 신학의 훨씬 더 충만한 다양성으로 돌아가야 할 신학이다.

 이러한 형태의 영성과 신학의 "강한" 결합은 어거스틴(Augustine, *The Master*, 11.37; Rist 1994, 56-63)과 안셀름(Anselm, *Proslogion*, prologue와 ch. 1; "이해를 추구하는 믿음")을 떠올리게 한다. 그런데 우리의 근대와 현재의 탈근대와 전세계적 체계는 새로운 변화를 가져왔다. 그것은 명시적인 기독교 신앙에 대해 가지는 전통적인 좁은 "믿음"(예를 들어, 칼 바르트[Karl Barth] 혹은 발타자르[Hans Urs von Balthasar]를 생각해 보라)을 넘어선다. 그래서 그것은 "믿음"을, 모두에게 제공되는 신적 기반(Ground)이 우리를 끌어당기고 있는 것에 충실히 반응하는 것에서 나오는 은혜로운 경험으로 간주한다(예를 들면 칼 라너[Karl Rahner] 그리고 초기 슐라이에르마허[Schleiermacher]를 생각해 보라).

만약 우리가 그러하다면, 넓은 의미의 믿음과 영성은 모두의 노력 속에서 명시적인 기독교의 궤도를 벗어나서 작용하고 있는 셈이다. 믿음의 순간이 모든 지식의 기반이 되고 있다. 필자가 지금 나누고 있는 이러한 관점은, 모든 믿음/신념의 관점들을 초월하는 "순수한"형태의 과학적 지식은 근거 없는 환상이라는 탈근대적 인식을 예견하고 있다. 동시에 기독교 관점에서 본다면 비록 이 믿음이 명시적으로는 기독교가 아니지만, 그리스도가 신적 기반과 분리될 수 없는 한 그리스도와 연결되어 있다.

약한 결합 형태가 기독론적 지향에서는 안디옥 전통의 사상과 비슷하듯이, 이 강한 형태는 칼케돈의 사상을 보다 더 따르고 있으며 심지어는 더 "극단적인" 알렉산드리아적(Alexandrine) 전통의 사상을 지향하고 있다. 그러므로 예수님의 신성과 인성이 구별되지만 분리되지 않는 것처럼(칼케돈 공의회의 표현; Hunsinger 1991, 185-8, 201-18), 이와 유사하게 기독교 영성과 신학/기독론은 동일한 양식을 따르게 된다. 기독교 영성은 여러 가지 내면의 구별이 있는 다원적 실체이지만, 신-인간이신 예수님의 하나의 "위격"을 반영하고 있다. "구별 속의 일치"는 칼케돈 양식의 또 다른 간략화된 공식이다. 칼케돈의 성육신적 영성은 항상 구별 안에 있는 강한 일치를 보여준다.

우리가 "알렉산드리아적"라는 용어를 사용하는 이유는, 신적 로고스가 신성-인성의 구분의 토대가 된다는 기독교 전통을 강조하기 위해서이다(Norris 1980, 26-31; Young 1983, 240-65). 안디옥의 몹쉬에스티아의 테오도르의 상대 인물로는 알렉산드리아의 키릴(Cyril)이 있다. 성육신을 위해 키릴이 자주 사용한 교리 진술인 "그 말씀(Word)의 하나의 성육신적 '휘포스타시스'(*hypostasis*, 위격)"(*Third Letter to Nestorius* 8)은, 로고스가 이러한 연합시키고 분리시키는 토대라는 것을 표현하고 있다.

두 본성의 결합을 보존하고자하는 이 같은 관심은, 위격적 연합(hypostatic union)이라는 칼케돈의 가르침 안에서 더 적합한 공식을 발견하게 했다. 그 위격적 연합 안에서는 "각각의 본성의 구별된 특징은 보존된다. 그리고 하나의 인격과 '휘포스타시스'(*hypostasis*, 위격) 안에서 (각각)은 결합하며 두 개의 인격으로 나눠지거나 분리되지 않는다. 하나의 동일한 아들이고 독생하신 하나님이며 말씀이고 주 예수 그리스도이다 …"(Hardy 1954, 352, 372).

신적 로고스의 "능력"에 의한 인간 본성에 대한 억압, 즉 그리스도 단성론으로의 탈선은 계속 주위에 머물러있다. 특별히 알렉산드리아적 읽기를 따르면, 칼케돈 사상은 우리를 바로 그 가장자리로 데려간다. 교황 레오(Pope Leo)는 그것의 의도를 다음과 같이 표현했다. 성육신에서 하나님은 "신성을 줄이지 않고 인성을 고양시키고자 하셨다"(*Letter to Flavian*["Leo's Tome"]; Norris 1980, 148). 레오의 말은 암시적으로 인성의 축소의 위험을 인정하고 있다. 이에 상응해서, 영성의 인간적 성육신적 이성적 차원은 신화(神化, deification)를 통해 찬양받고 "고양"되지만, 또한 이것은 축소될 수 있다.

결합적 영성은 앞에서 언급한 약한 형태와 강한 형태 안에서 예수 그리스도의 구별 가운데 연합을 숙고하고 있다. 공관복음서와 같이 더 약한 형태는 신성과 인성 그리고 믿음과 이성의 구별을 극대화하는 경향이 있다. 바울과 요한복음과 같이 더 강한 형태는 연합을 극대화하는 경향이 있다. 그러나 이것들은 단순히 관심 있는 관찰자에게 중립적으로 개방된 지적 선택은 아닐 것이다. 그것들 사이의 긴장은 성육신적 믿음과 영성의 긴장을 반영하는 것 같다. 그 긴장 자체는 이리저리 움직이면서 자주 한쪽 가장자리 혹은 반대편 가장자리를 차지하게 되는데, 아마 이것이 그러한 성육신적 영성의 특징일 것이다.

5. 새로운 움직임들

근대성은 성육신적으로 결합된 영성들에 새로운 움직임들을 가져왔다. 초기의 계몽주의 형태는 신앙주의와 합리주의 영성 사이에 생긴 틈을 중재하려고 했다. 소위 인간중심적 전환은 경험적인 것으로의 근대적인 전환을 보여주면서, 그것과 더불어 경험에 관해 넓어진 관점과 하나님과의 만남의 장소인 경험의 역할에 관한 고양된 인식을 가져왔다. 영성은 합리주의적이지 않으면서도 이성적일 수 있었고 그렇게 되어야만 했다. 또한 이것은 경험의 정서적 차원의 재발견을 의미했다(경건주의자, 슐라이에르마허, 일부 로마 가톨릭 근대주의자들). 말하자면, 계몽주의의 낭만적 측면은 그것과 더불어 원리와 경험의 "정서적 전환"을 가져왔다(Pelikan 1989, 118-73).

약한 결합의 형태는 항상 편의적 적응주의라는 위험에 빠지게 된다. 즉 그 시대와 장소에서 유행하는 철학 혹은 문화의 주류에 굴복하기 쉽다. 어떠한 인식의 불안정이 영성과 신학/기독론 사이에서 다소 자유롭게 떠다니면서 우왕좌왕하게 되는 특징이 있다. 이러한 이유 때문에 기독교 자유주의라는 상표는 그들의 교정을 소위 "신정통주의" 상표에 위탁했던 것이다(Tracy 1975, 27).

반면에 강한 결합적 영성은 이미 말했듯이 비록 경험과 역사의 실제적인 도전을 피하려는 단성론적 위험에 빠질 수도 있지만, 믿음의 주도적인 역할 때문에 편의적 적응주의에 덜 영향을 받을 수 있다. 이 모든 것들의 목적은 기독교 영성의 전통적인 원천들, 즉 성경과 교회 안에 있는 성례적인 은혜의 수단들을 대체하려는 것이 아니라, 이것의 경험의 뿌리를 회복하자는 것이다. 그러나 "경험"은 이미 이전의 언급에서 지적했듯이, 논쟁을 불러오는 용어이다.

계몽주의 후반기에는 그 논쟁이 가중되었다. 왜냐하면 개인적(프로이트[Freud]) 또는 사회적(맑스[Marx]와 그를 따르는 사회학자들) 병리학의 왜곡된 영향력을 논쟁 속으로 불러들였기 때문이다(Hugh 1958). 이것은 또한 신정통주의 영성이 설명하고자 애썼던 개인의 "원죄"에 관한 전통적인 가르침을 어느 정도 복권시켰다. 병리학의 실체와 그에 상응하는 치료의 필요성 때문에 기독론의 구원론적 차원과 그에 상응하는 영성의 역할이 강화되었다.

동시에 사회학자들과의 대화는 그리스도인의 삶에 사회문화적인 차원이 중요하다는 사실을 새롭게 불어넣어서, 그 결과 경건과 성경 읽기를 크게 강조했던 초기 계몽주의 경향에 균형을 가져다주었다. 오늘날의 자유주의자, 페미니스트, 여성주의자(womanist), 정치영성, 심지어 생태영성도 이 사회학적 전환의 직접적인 상속자들이다. 다시 말하지만 편의적 적응주의와 사회-정치적 무저항주의는 각각 약한 형태와 강한 형태의 결합적 영성에서 나올 수 있는 위험들이다.

기독교 영성 및 그 영성의 전통적 원천들(성경과 교회 안에 있는 성례적 수단들)이 가진 역사적 차원이 근대 기간에 들어와서 점점 더 관심을 얻게 되었다. 후기 계몽주의 사회학의 방향전환은 기독교 영성의 원천들에 대한 철학적, 역사적 방법의 적용에 대한 사회학적 확장이었다. 기독론은 단지 고립된 위격으로서의 예수에 관한 논의가 아니다. "위격"에 대한 이 같은 관점은 일종의 왜곡이며, 일반적으로 그 위격의 성립에 관여하는 타자들과 문화의 형성적 역할을 무시하는 것이다. 그렇다면 기독론은 예수님의 "운동"뿐 아니라, 그의 친구들, 제자들, 지지자들, 심지어 그의 적대자들의 운동에 관한 것이다. 각자는 서로 상대방을 "형성"해갔다.

만약 예수에 대한 역사적 탐구가 예수님을 좀 더 사회문화적 측면에서 생각하게 만든다면, 성경이 그의 "위격"을 회복하는데 방해가 되는 것으로 쉽게 여기지 않고 오히려 예수와 그의 동행자들이 불가분하게 하나라는 것에 관한 기록으로 보게 될 것이다(Soelle and Schottroff 2002, 35). 마찬가지로 기독교 제자도는 관계 속에서의 개인이라는 특징을 가져야 한다. 이것을 성경이 알려주고 있다. 이처럼 영성의 교회적, 사회문화적, 생태학적, 심지어는 지역적 차원들도 이 관점에서 새로운 주목을 받는다. 또한 이 모든 것은 기독론과 구원론 사이의 분리될 수 없는 연결에 관한 새로운 의미를 제공한다.

탈근대로의 이행은 적어도 다양한 "방향 전환"을 강화하고 그것에 도전을 준다. "탈근대"(postmodern)에 붙은 접두사인 "탈(脫)-"(post-)은 근대라는 형태 안에 있었던 모든 연구과제에 대한 불만족을 가리킨다. 동시에 접미사인 "근대"(modern)는 그 연구과제와 온전히 유대를 끊어버릴 수 없다는 점을 보여준다. 근대와 그 부족함 사이에서의 변증법이 탈근대적 전략들의 특징이다. 근대 역사 방법들이 역사의 내러티브를 재건한다면, 탈근대는 그것을 해체하게 된다. 내러티브는 결코 최종적이지 않고 닫혀있지 않다. 또는 결코 역사의 흐름(시간)과 공간적 위치(지역)를 초월할 수 없다.

근대 연구과제가 행한 역사에 대한 고고학적 접근은 니체 철학의 계보학적 접근에 자리를 내준다. 계보학자는, 주로 자신의 권력에의 의지, 즉 우리 자신의 이익의 관점에서 과거를 바꾸면서 그것에 직면한다는 사실을 깨닫는다.

> 그 연구과제는 매우 기발한 질문들을 가지고, 그리고 마치 새로운 눈들을 가진 채, 거대하고 어렴풋하며 그리고 깊이 숨어있는 도덕의 땅을 가로질러가는 것이다. 이 도덕은 실제로 존재했으며 실제로 그것을 가지고 살아왔었다. 그러나 사실상 이 땅을 처음 발견하지 않았는가?

역사 계보학자는 형이상학적 혹은 역사적 실재에 관한 '진리'를 확신하는 근대 역사와 철학의 허세에 도전한다. 방금 인용된 글을 쓴 니체는 계보학자가 좋아하는 색은 회색이라고 썼다(Nietzsche 1967, 21; Ansell-Pearson 1994, 121-46).

그렇다면 기독교 영성은 회색인가?

단순히 기표(記標, signifier)의 끝없는 놀이가 되어서 항상 헌신은 뒤로 미루면서 끊임없이 사리를 도모하는 권력에의 의지를 통해 자기를 메우고 있는가?

제자도의 전통적인 원천인 성경, 성례, 교회의 관습도 또한 회색인가?

그리스도로서의 예수님의 "케리그마"(Kerygma)는 진정한 예수님의 회색 면에 불과한가?

즉, 이것은 정당함을 입증하려는 소외된 예수 추종집단의 권력에의 의지에서 나온 것인가?

혹은 헬레니즘적 형이상학을 예수님에게 부과하기를 원하는 헬라화된 그리스도인들의 권력에의 의지로부터 나온 것인가?

기독교 전통은 처음 원천에 대한 끝없는 회색화 작업인가?

흥미롭게도 니체는 자신이 한 기획의 의존적 본성을 인정했거나 적어도 인정을 암시했던 것 같다.

어떻게 사람이 진정으로 니체가 느낀 대로의 권력에 대한 적나라한(naked) 의지를 인정할 수 있겠는가?

이것은 "공허하지 않은(unnaked) 권력," 말하자면 인정 많은(beneficent) 권력, 즉 "베네파키엔스"(*benefaciens*, 인정 많음)이기도한 "옴니포텐스"(*Omnipotens*, 전능자)이며, "벌거벗지" 않고 충분한 의미를 갖고 있는 로고스와의 대조를 수반하고 있지 않은가?

니체는 다음과 같이 썼다(*The Anti-Christ* 39; Nietzsche 1990, 163; Walsh 1999, 113-14).

실제로 유일한 그리스도인이 있었는데, 그는 십자가에서 죽었다.

이와 마찬가지로, 아니 더욱 기꺼이 결합적 영성은, 결합적 기독론처럼 이 대조의 긴장 속에서 살아간다. 그들은 이것에 관심을 갖게 도와준 니체에게 감사해야 한다. 안디옥적인 전통의 흐름은 인성 쪽으로 기울어져서 확실히 긴장의 회색 면으로 기울어질 것이다.

반면에 알렉산드리아적 전통은 희망 속에서 그 회색을 푸른색이 되게 만드는 변화시키는 신화(deification)로 기울게 될 것이다. 여기서 "푸른 색"은, 러시아 성화상(icon), 가령 루블레프(Rublev)의 유명한 삼위일체 성화상에 있는 세 명의 인물 속에서 발견되는 신성하게 하는 대양의 깊이를 원용하기 위해 사용된다. 푸른색은 정확히 말한다면 계보학자가 좋아하는 회색과 대립시키기 위해 니체가 사용한 색깔이다(Niezsche 1967, 21).

마지막으로, 오늘날 전 지구적 전환은 이미 언급했던 추이를 더 복잡하게 했지만, 결합적 영성은 그 본성상 그 복잡함을 피해가지 않고 참여하기를 시도한다.

이 전환은 단지 문명의 충돌인가 또는 문명의 변화인가?

부족주의의 증대인가 또는 연대인가?

인종적 "청소"인가 혹은 인종적 통합인가?

확실히 결합적 영성과 기독론은 분리보다는 결합의 가치를 믿는다.

사도행전 15장의 예루살렘 공의회, 오순절 사건, 이신칭의에 관한 바울의 가르침은 모두 결합의 예들인데, 이것은 항상 결합된 요소들의 변화를 가져온다. 예루살렘 공의회는 유대인 기독교와 이방인 기독교 사이의 조정을 가져왔다. 오순절 사건은 성령이 수여한 진정한 믿음을 구성하는 많은 문화와 언어의 선함을 확인했다. 이신칭의에 관한 바울의 가르침은 이방 기독교와 비교해서 유대 기독교의 관습을 부정했다기보다는 상대화했다. 믿음이 구원의 열쇠였다. 은혜는 하나의 문화 또는 종교-문화적 관습에 묶여있을 수 없다. 이것들은 모두 건너감(crossing over)에서 나오는 모습들이며, 말씀이 육신으로 넘어간 것과 유비된다(Dunne 1972; Schreiter 1997; Kuster 2001).

오래 전에 교황 레오는 전반적인 지향을 분명히 표명했는데, 그것은 결합적 영성에 의해서 소망할 수 있는 모습을 뒷받침해줬다. 그것은 신성은 축소되지 않고 인성은 높아진다는 표명이다. 그러나 만약 이러한 넓은 틀이 희망 속에서 언뜻 보이는 것이라면, 전 지구적인 과정의 구체적 윤곽은 더욱더 회색이며 애매모호하다. 우리는 지금 그러한 곳에 있다. 더 밝은 여명 전에 생기는 더 짙은 어둠 속에 있다.

혹자에게는 발타자르가 강조한 성 토요일, 즉 예수님의 무덤의 경험이 떠오를 수 있을 것이다(Von Balthasar 1990, 148-88). 세계화는 어떤 면에서는 성 토요일 경험인데, 이것은 단순히 죽음도 아니며 부활도 아닌 그 사이에 있는 어떤 것이다.

그것은 충돌과 투쟁이 될 것인가?(발타자르의 어느 정도 안디옥적인 해석)

또는 신화(deification)와 승리가 될 것인가?(더 알렉산드리아적인 해석)

예수님은 세계화의 도전에 장애물인가 또는 해결책인가?

신앙주의자는 "불합리하더라도 나는 믿습니다"라고 말하고 싶은 유혹을 받을지 모르겠다. 이것은 터툴리안의 주장을 떠올리게 하는데, 그리스도 예수님의 유일한 구원사역에 대한 전통적인 주장에 의지하는 것이다. 비록 세상의 다른 종교 전통을 어떻게 이해하는지는 알 수 없더라도, 구원하는 주님으로서의 예수님은 우리의 죄의 분열을 치유하며, 타인과의 화해의 토대가 된다.

> 그의 십자가의 피로 화평을 이루사 만물 곧 땅에 있는 것들이나 하늘에 있는 것들이 그로 말미암아 자기와 화목하게 되기를 기뻐하심이라(골 1:20).

제퍼슨과 같은 합리주의자는 다른 방향으로 가려는 유혹을 받을지 모른다. 즉 우리 시대는, 도덕적 인격을 가진 어떠한 사람도 우리에게 유익이 되며, 우리의 분열을 치유하며 사람들 사이의 조화를 성취하게 할 수 있다는 점을 우리에게 가르쳐준다. 다른 말로 하면, 예수님은 하나님의 많은 대리자 중 하나이다.

그러한 입장 사이의 어딘가에 안디옥 영성과 칼케돈-알렉산드리아 영성이 있다. 본성의 다양성과 특수성을 존중하는 안디옥 영성은 종교적 다양성을 더 존중하는 방향으로

나간다. 예수님이 품게 되는 인성의 충만함을 존중하는 한, 적어도 이것이 논리적이다. 이것은 전통적으로 성육신이라는 특별함의 전체 정황 안에서 일어나는데, 이미 보았듯이 이것은 기독론 영성에 관한 안디옥 전통의 특징이다. 이 특별함이 어디에 존재하는가는 계속해서 논의해야 할 필요가 있다.

이것은 영원한 대화와 영원한 투쟁 속에 있는 믿음과 이성의 문제이며, 많은 신학적 인내와 관용을 요구한다. 기독론이 영성과 연합되어있는 한, 우리는 지구촌 시대에 매우 필요한 이 미덕들이 곧 도래할 것이라고 희망할 이유가 있다. 인내와 관용은 성육신적 영성에 적합한 미덕일 것이다. 하나님은 인간이 "되심"에 있어서, 이 미덕을 많이 행하신 것 같다.

안디옥 전통이 가진 관심들을 수용했던 칼케돈 양식은 또한 그 전통의 전 세계적 확장을 수용할 수 있어야 한다. 동시에, 칼케돈의 관점 속에 있는 알렉산드리아 전통의 요소들은 구세주의 한 위격 안에서 하나님과 인간 사이에 있는 새롭고 독특한 하나 됨을 더 강조하는 방향으로 나간다. 위격적 연합, 즉 그리스도이신 예수님의 존재 안에서의 하나됨은 하나님이 신적 자아(Divine Self)와 만물을 하나 되게 하고 있음을 보증하는 것인데, 하나됨은 성육신 안에서 가장 충만하게 표현되었다.

때가 차매 …(갈 4:4).

예수 안에서 하나님과 인간이 하나 되었지만 인간의 특유성을 완전히 존중하고 보존하고 있다는 점이, 모든 인간의 특유성이 신적 토대 안에서도 우리 자신을 위한 공간이 있다는 희망의 바탕이 된다. "본성들"(natures)은 축소되지 않는다. 이것은 마치 신적 기반에 대한 희망과 사랑의 충실함이라고 이해되는 믿음에 기초한 이성이 축소되지 않는 것과 같다.

기독론과 삼위일체 신학은 동시에 발전했는데, 하나가 앞으로 나가면 다른 하나가 나아갔다. 결합적 영성의 구별 속 일치는 구별 속에서의 일치의 신적 토대를 그리고 있다. 이와 상응해서 나지안주스의 그레고리(*Third Theological Oration* 2)와 닛사의 그레고리(*Address on Religious Instruction* 3)는 신들에 관한 헬레니즘적인 다양성과 유대교의 일신론 사이에 있는 하나의 중도(mean)로서의 삼위일체에 대해 썼다(Hardy 1954, 160-1, 273-4).

세계화 시대에는 다양성이 더 중요하다. 그러나 만약 우리가 고립된 거주지에 갇혀있지 않다면, 하나됨의 필요성도 계속 남아있게 된다. 어쨌든 하나와 다수라는 오랜 시간 동안의 문제는 계속된다. 흥미롭게도 삼위일체적 가르침은 그 둘을 동일한 수준에 놓아 두는 것 같은데, 이것이 우리에게 인간의 미래가 문명의 충돌을 넘어서고, 일치 속에 다양성을 존중할 수 있는 법을 배울 수 있다는 희망을 제공한다.

성육신은, 기독교가 공유된 다양성의 신비로운 일치로서의 신성을 더 차별화된 방법으로 표명하는 것을 가능하게 하는 사건이었고, 실제로는 이것을 "강제하는" 사건이었다. 하나님은 "수여자(Giver), 수여되신 분(Given), 선물(Gift/ing)이시다"(Downey 2000, 55-9). 이것은 우리에게 도움이 될 만한 표현이다. 수여자, 곧 신성의 원천은 우리에게, 성육신하신 말씀/지혜(수여 되신 분)를 통해 연합/공동체의 가능성을 제공한다.

그리고 이것이(선물) 우리 존재에 내주하고 또한 우리 모두를 그것(선물)에 대한 참여적 응답에서 나오는 풍성하고 다양한 방법들로 데려가기 때문에, 그 가능성은 우리에 의해서 확증되고 우리 안에서 이루어진다. 세계화 시대에, 세상의 풍성하고 다양한 문화와 종교 안에 있는 성령의 선물은 아마도 우리를 "타자"에 대한 더 큰 존중으로 인도할 것이다. 성령의 사역은 아들의 사역에 종속적이지 않으며 그것보다 열등하지 않다. 각자는 "페리코레시스"(perichoresis, 상호 교통) 안에 있다. 전 지구적인 관용과 인내는 아마도 이 상호 교통의 소박한 시작일 것이다.

6. 평가의 사안들?

각각의 관점들은 "진리" 문제를 어떻게 다루게 될까?

결합적 영성들은 믿음과 이성의 중간적인 공간 중 "어딘가"에서 나온다는 것을 인정한다. 그러므로 이 지형을 보게 되면 알듯이, 결합적 영성은 믿음-이성의 긴장을 넘어서는 특권적 자리에 올라갈 수 없다("아르키메데스적 관점"; Voegelin 1990a, 177). "진리"는 기억에 전념하는 단순한 신조에 갇힌 "어떤 것"이 아니다. 진리란, 믿음과 로고스 사이의 교환 속에 참여하는 것에서 나오는 광명(luminosity)이다. 기독론적 용어로는, 진리는 제자도의 "삶"을 충실하게 사는 것으로 인해 열리게 되는 "길"을 따라가면서 발견하는 광명이다(요 14:6).

"강한" 결합적 형태는 약한 결합적 형태에서 나오는 인식의 불안정성을 피하기 원하는데, 약한 형태는 믿음과 이성 사이에서 모호한 말을 하며 너무 쉽게 그 순간에 존재하는 정통에 순응할 수 있다. 동시에 강한 형태의 위험성은 사회와 역사의 정황 속에서, 숙고하는 로고스에서 나오는 도전에 자신을 개방하기를 거절하는 협소한 믿음의 자세로 너무 쉽게 들어간다는 점이다.

영성의 틀 안에 믿음과 이성이 뿌리박히게 된다면, 또한 우리는 믿음과 이성의 상호교환은 영적 수련, 원리, 미덕을 통해서만 건강하게 유지될 수 있다는 것을 깨닫게 된다. 이 수단들은 전통적인 은혜의 수단(교회 공동체, 성례, 성경)의 정황 안에 있는 것이다. 결합적 영성은, 이것이 신적 기반에 대한 믿음의 자세에서 나온 이상, 근본적 방향에 대해 낙관적이다. 그 기반은 우리의 번영을 증진시키는 방식으로 우리를 불러들인다. 그리고 이것에 비추어서 우리는 자신이 영적 병리를 진단할 수 있게 된다.

신앙주의적 영성과 합리주의적 영성은 당연히 믿음과 이성 사이에서의 투쟁을 통해 생기는 새로운 "합의"의 징후를 보이기도 하지만, 한편으로는 믿음과 이성 사이의 긴장을 넘어가서 아르키메데스의 자리(perch)를 암시하는 경향도 있다. 즉 이성의 도전의 필요를 넘어서 놓여있는 믿음의 자리가 되든가 혹은 믿음의 필요를 넘어서 있는 이성의 자리가 될 수 있다. 이런 것들은 자신들의 위치가 비역사적인 지형의 있지도 않은 곳에 있는 것처럼 가장하는 것처럼 보인다.

또 한편으로는 결합적 영성이 당연히 이 모든 선택과 그것의 다양한 변화들과의 신중한 연대를 보여주고 그것으로부터 배우기를 구한다. 결국, 숙고하는 로고스의 길을 따라가는 믿음의 생생한 경험은, 진보한 단계인 조명으로 가는 길에 많은 어둔 밤(후퇴, 옆길로 감, 지연)이 있음을 알고 있다. 만약 어떤 것이 그들을 거기로 몰지 않는다면, 사람들은 신앙주의와 합리주의와 같은 극단의 가장자리로 가지는 않는다. 그러므로 그것이 무엇이든지 간에 최선을 다해 전념하라.

> 잠잠히 있어라, 죽음의 북풍아. 오라 남풍아, 사랑을 깨우는 너. 나의 정원에 숨을 불어넣으라 …(*Spiritual Canticle* v. 17 ; John of the Cross 1991, 473).

참고문헌

Adams, D. W. (ed.) 1983: *Jefferson's Extracts from the Gospels: "The Philosophy of Jesus" and "The Life and Morals of Jesus"*. Princeton, NJ: Princeton University Press.

Ansell-Pearson, K. 1994: *An Introduction to Nietzsche as Political Thinker: The Perfect*

Nihilist. Cambridge: Cambridge University Press.

Anselm 2001: *Prosologion*, trans. T. Williams. Indianapolis, IN: Hackett.

von Balthasar, H. U. 1990: *Mysterium Paschale: The Mystery of Easter,* trans. A. Nichols. Edinburgh: T. and T. Clark.

Bettenson, H. (ed. and trans.) 1956: *The Early Christian Fathers: A Selection from the Writings of the Fathers from St Clement of Rome to St Athanasius.* Oxford: Oxford University Press.

Bloom, H. 1996: *Omens of the Millennium.* New York: Riverhead.

Brown, R. E. 1997: *An Introduction to the New Testament.* New York: Doubleday.

Caputo, J. D. (ed.) 2002: *The Religious.* Malden, MA: Blackwell.

Copleston, F. 1963: *A History of Philosophy, vol. 7: Modern Philosophy: From the Post-Kantian Idealists to Marx, Kierkegaard, and Nietzsche.* New York: Doubleday.

Cyril of Alexandria 1983: *Third Letter to Nestorius*, ed. and trans. L. R. Wickham in *Cyril of Alexandria: Select Letters*, pp. 12-33. Oxford: Clarendon Press.

Downey, M. 1997: *Understanding Christian Spirituality.* New York: Paulist Press.

_____. 2000: *Altogether Gift: A Trinitarian Spirituality.* Maryknoll, NY: Orbis.

Dunne, J. 1972: *The Way of All the Earth.* New York: Macmillan.

Gardiner, P. 1988: *Kierkegaard.* Oxford: Oxford University Press.

Hardy, E. R. (ed.) 1954: *Christology of the Later Fathers.* Philadelphia: Westminster.

Heine, R. E. 1992: Montanus, Montanism. In D. N. Freedman (ed.), *Anchor Bible Dictionary*, vol. 4, pp. 898-902. New York: Doubleday.

Hughes, H. S. 1958: *Consciousness and Society: The Reorientation of European Social Thought: 1890-1930.* New York: Vintage.

Hunsinger, G. 1991: *How to Read Karl Barth: The Shape of his Theology.* New York: Oxford University Press.

Irenaeus of Lyons 1996: *Against Heresies.* In A. Roberts and J. Donaldson (eds), *Ante-Nicene Fathers, vol. 1: The Apostolic Fathers with Justin Martyr and Irenaeus.* Grand Rapids: W. B. Eerdmans.

Jantzen, G. M. 1999: *Becoming Divine: Towards a Feminist Philosophy of Religion.* Bloomington, IN: Indiana University Press.

John of the Cross 1991: *The Collected Works of St John of the Cross*, trans. K. Kavanaugh and O. Rodriguez. Washington, DC: Institute of Carmelite Studies.

Kavanagh, A. 1992: *On Liturgical Theology*. Collegeville, MN: Liturgical Press.

Kearsley, R. 1998: Tertullian. In D. K. McKim (ed.), *Historical Handbook of Major Biblical Interpreters*, pp. 60-5. Downer's Grove, IL: InterVarsity Press.

Kierkegaard, S. 1941: *Concluding Unscientific Postscript*, ed. and trans. D. F. Swenson and W. Lowrie. Princeton, NJ: Princeton University Press.

_____. 1962: *Philosophical Fragments*, ed. and trans. D. F. Swenson and W. Lowrie. New York: Harper and Row.

Küster, V. 2001: *The Many Faces of Jesus Christ: Intercultural Christology*. Maryknoll, NY: Orbis.

Layton, B. (ed. and trans.) 1987: *The Gnostic Scriptures*. New York: Doubleday.

McGinn, B. (ed. and trans.) 1986: *Meister Eckhart: Teacher and Preacher*. New York: Paulist Press.

Monk, R. C. and Stamey, J. D. 1984: *Exploring Christianity: An Introduction*, 2nd edn. Englewood Cliffs, NJ: Prentice Hall.

Nietzsche, F. 1967: *On the Genealogy of Morals and Ecce Homo*, ed. and trans. W. Kaufmann. New York: Vintage.

_____. 1990: *Twilight of the Idols/The Anti-Christ*, trans. R. J. Hollingdale. London: Penguin.

Norris, R. A., Jr (trans. and ed.) 1980: *The Christological Controversy*. Philadelphia: Fortress Press.

Pelikan, J. 1989: *The Christian Tradition: A History of the Development of Doctrine*, vol. 5: *Christian Doctrine and Modern Culture (since 1700)*. Chicago: University of Chicago Press.

_____. 1993: *Christianity and Classical Culture: The Metamorphosis of Natural Theology in the Christian Encounter with Hellenism*. New Haven, CT: Yale University Press.

Rahner, K. 1978: *Foundations of Christian Faith: An Introduction to the Idea of Christianity*, trans. W. V. Dych. New York: Seabury.

Rist, J. M. 1994: *Augustine: Ancient Thought Baptized*. Cambridge: Cambridge University Press.

Schreiter, R. J. 1997: *The New Catholicity: Theology between the Global and the Local*. Maryknoll, NY: Orbis.

Senn, F. C. (ed.) 1986: *Protestant Spiritual Traditions*. New York: Paulist Press.

Soelle, D. and Schottroff, L. 2002: *Jesus of Nazareth*. Louisville: Westminster/John Knox.

Studer, B. 1993: *Trinity and Incarnation: The Faith of the Early Church*, ed. A. Louth. Collegeville, MN: Liturgical Press.

Tallon, A. 1997: *Head and Heart: Affection, Cognition, Volition as Triune Consciousness*. New York: Fordham University Press.

Thompson, W. M. 2001: Spirituality's challenges to today's theology. *Josephinum Journal of Theology* 8, 54-73.

Thompson-Uberuaga, W. 2002: New christologies: state of the question. *Liturgical Ministry* 11, 1-12.

Tracy, D. 1975: *Blessed Rage for Order: The New Pluralism in Theology*. New York: Seabury.

Vandenbroucke, F. 1950: Le divorce entre théologie et mystique. *Nouvelle Revue Théologique* 72, 372-89.

Voegelin, E. 1990a: *Collected Works*, vol. 12: *Published Essays 1966-1985*, ed. E. Sandoz. Baton Rouge: Louisiana State University Press.

——. 1990b: *Collected Works*, vol. 28: *What is History? and Other Unpublished Writings*, ed. T. A. Hollweck and P. Caringella. Baton Rouge: Louisiana State University Press.

——. 2001: *Collected Works*, vol. 14: *Order and History, vol. 1: Israel and Revelation*. ed. M. P. Hogan. Columbia: University of Missouri Press.

Walsh, D. 1999: *The Third Millennium: Reflections on Faith and Reason*. Washington, DC: Georgetown University Press.

Webb, E. 1988: *Philosophers of Consciousness: Polanyi, Lonergan, Voegelin, Ricoeur, Girard, Kierkegaard*. Seattle: University of Washington Press.

Young, F. M. 1983: *From Nicea to Chalcedon: A Guide to the Literature and its Background*. Philadelphia: Fortress Press.

제12장
기독교 영성에서의 성령

로버트 데이비스 휴스 3세(Robert Davis Hughes III) 박사
사우스대학교 조직신학 교수

성령은 기독교 영성과 그 이해의 중심이 된다. 사실 영성이라는 단어는 그리스도인의 삶이 성령의 능력과 보호 아래에서 인도받고 있다는 깨달음을 반영하고 있다. 이것은 단순히 삶이 "비물질적" 의미 안에서 "영적인 것"을 다루고 있다는 것을 지적하는 것이 아니다(Farrelly 1993, 492b).

성 베네딕트 수도회의 존 패럴리(John Farrelly, OSB)는 성령에 관한 뛰어난 글을 위와 같이 시작한다. 신학적으로 점점 일치되어가는 관점에서 보자면, "영성"이란 인간의 전체 삶에 끼치는 성령의 영향에 관한 것이다(Farrelly 1993, 493a, 502b; Johnson 1996, 42-60). 영적 삶에 관한 신학인 영성신학은 성령을 최고 주제로 삼는다.

그리고 필자가 이미 주장한 것처럼, 구원론이 기독론과 관련되듯이 영성신학은 성령의 위격에 대한 가르침과 관련된 성령에 관한 교리의 한 부분이 되어야 한다(Hughes 2001b). 이와 같은 입장에 따른다면, 기독교 영성은 비물질적인 것에 관한 것이 아니다. 앞으로 보게 되겠지만, 성령의 내주는 물질적, 심지어 몸의 차원을 가지고 있으며, 그 결과로 교회적, 사회적 차원을 가진다. 그것은 어떤 환영적인(ghostly) 특질, 혹은 인간의 "내적" 특질의 발달에 관한 것이 아니라, 오히려 성령이 내주한다는 것과 그리스도의 육체와 파스카의 신비에 내재한다는 것이 무엇을 의미하는지를 구체적인 용어로 묘사한 것이다.

이렇게 강조할 수 있는 이유는 기독교 기원에 관한 문서에서 볼 수 있는 영성에 관한 축적된 내용들 때문이다. 성경과 초기 전통에서 영성은 성령론이었다. 이와는 다른 주제

들을 지지하기 위해 이후에 수집했던 성경의 자료들과 가령 오리겐의 『기도에 관하여』 (*On Prayer*)와 같은 교부의 논문들이 있지만, 성경과 초기 교부들이 영성에 대해 말했던 대부분은 성령에 관한 교리의 작용과 믿는 자들 및 공동체와 맺은 성령과의 관계를 써놓은 것이다.

던(Dunn 1983), 버메조(Bermejo 1989), 패럴리(Farrelly 1993, 493-6), 캘런(Callen 2001, 각 장의 성경관련 부분)은 이러한 성경적 자료를 완전하고 철저하게 분석을 했다. 또한 이것에 관한 훌륭한 분석은 성령론에 관한 동시대의 주요 작품 안에서 발견된다(Tillich 1963, Congar 1983, vol. 1, 3-62; Herron 1983, 3-60; Johnson 1996, 76-103. Kärkkäinen 2002, 23-36).

분열되기 이전 교회의 동방 지역에서는 이후 영성을 위한 토대가 되는 책들 중 많은 부분이 제3위격으로서의 성령의 신성에 관한 논쟁에서 직접 나왔다. 가이사랴의 바실(Basil of Caesarea)의 작품인『성령에 관하여』(*On the Holy Spirit*)는 나지안주스의 그레고리(Gregory Nazianzus)의 글과 함께 "권위있는 작품"(*locus classicus*, "로쿠스 클라시쿠스")이다. 그런데 강력한 성령론의 전통은 새 신학자 시메온(Simeon the New Theologian), 그레고리 팔라마스(Gregory Palamas)를 지나 지금까지 동방 교회 안에서 이어지고 있다(예를 들면, Lossky 1974, 1976).

1. 서방에서 성령론의 쇠퇴

그런데 서방 교회에서는 사정이 좋지 않았다. 서방에서는 많은 요인들 때문에 성령론이 쇠퇴하게 되었다(Lossky 1974, 1976; Jenson 1997, 1999의 로스키[Lossky]에 관한 논평 가운데 몇몇 요점을 보라. Bermejo 1989, 160-7; Farrelly 1993, 492b). 동방 교회는 아버지와 아들 사이에 있는 "사랑의 유대"(*vinculum caritas*, "빈쿨룸 카리타스")로 설명되는 성령의 이중발현(double procession)이라는 어거스틴의 교리(*On the Trinity* 15.27-31)에 모든 잘못이 있다고 주장하지만, 이것은 너무 혹독한 평가일 수 있다. 그것이 전적으로 틀렸다고 볼 수는 없다(Bermejo 1989, 160 이하).

맥쿼리(Macquarrie)가 주장하듯이(1977, 331), 실제로 서방의 주장에는 장점들이 있다. 말하자면 성령과 그 말씀(Word)이 깊이 연결되고, 그 결과 신비적인 것과 예언자적/윤리적인 것이 깊이 연결될 수 있다. 그리스도 인성이 가지는 강한 역할이 서방 영성에 나타나는데, 특별히 13세기 탁발수도사가 좋은 예이다. 또한 동방 전통도 큰 잘못을 범했다고 볼 수 있는데, 특별히 신적 본질과 삼위일체적 관계 사이에 너무 큰 구별을 둔 것이 그 예이다(Jenson 1997, 149-53).

그럼에도 불구하고, 어거스틴의 이중예정 교리의 의도치 않은 결과와 반(反)펠라기우스적인(anti-Pelagian) 그의 글에서 "은혜"라는 용어를 성령 자체와는 다른 어떤 것으로 사용했기 때문에 생긴 의도치 않은 결과로 인해, 명시적인 성령론이 서방 신학에서는 발달하지 않았다. 이것이 영적 삶에 관한 신학에 많은 문제와 결점이 생기도록 한 원인이 되었다(Congar 1983, vol. 1, 159-66; Bermejo 1989, 160-7과 여러 곳).

우선, 스콜라주의자들에 의해 성문화된 "나옴과 회귀"(exitus-reditus, "엑시투스-레디투스")의 도식에 관한 신학적 주제들(loci, "로키," 자리들)의 전통적인 목록에는 성령에 관한 구체적인 자리가 없다(일반적으로 하나님에 관한 주제의 "삼위일체에 대하여"[De trinitate, "데 트리니타테"] 부분에 위치한다). 이것 때문에 성령은 다른 자리, 보통은 성부 하나님의 자리에 들어가게 된다. 또한 교회, 성례, 종말론 이 세 가지가 고전적인 신경(creeds)의 세 번째 단락에서 성령의 사역으로 귀착되지만, 성령의 역할을 구조적으로 설명할 방법이 없기 때문에 나옴과 회귀의 도식 안에 있는 경륜적 계획이 손상을 입는다.

서방 교회는 성령이 성부와 성자 사이에 사랑의 연결(vinculum caritas)을 주는 역할만 하는 것으로 다루었다. 그 결과 성령의 본성과 이름 중 사랑만을 너무 강조해서 다른 신학적 미덕 안에서의 역할을 배제하게 되었다(Bermejo 1989, 176-8). 또한 서방에서는 성령의 공동체적이고 종말론적인 역동이 보이지 않는다(Rahner 1979, vol. 2; Farrelly 1993, 496-9). 특별히 세상과 역사 속에 있는 하나님 활동의 영역에서, 삼위일체의 외면적 행동들은 분리되지 않는다는 어거스틴의 "군주신론"(monarche, "모나르케") 원리가 너무 강조되었다(On the Trinity 15.5).

그 결과 경륜에 관한 엄밀한 삼위일체적 리듬을 알아채지 못했으며, 삼위일체 교리를 단순히 하나님의 내적 본성에 관한 추상적 사유가 되게 하였다(LaCugna 1991). 서방 신학에서는 『한 분 하나님에 관하여』(De Deo uno)라는 논문이 부당하게 하나님에 관한 자리 중 최고의 자리를 차지하였다(Thomas and Wondra 2002, 67 이하는 의도적인 예외이다). 더욱이 이것이 삼위일체와 성령을 경륜과 그리스도인의 삶에서 분리시켰다. 동방 신학자들이 이것에 관해 실제로 한 말을 덧붙이자면, 이것은 또한 성부를 삼위일체의 다른 위격들을 포함한 모든 존재의 원천으로 보는 대신에 신격(God-head) 또는 "신성"(Divinitas, "디비니타스")을 삼위 각자가 공통으로 가지는 네 번째의 것으로 다루게 되는 결과를 초래했다.

아마 지금 서방 신학에 있는 이 같은 과도한 군주신론에 대한 가장 훌륭한 해결책은 로버트 젠슨(Robert Jenson)이 주장한 내용일 수 있는데, 그는 복된 삼위일체의 외적인 또는 경륜적인 사역이 분리되지는 않지만, 구별되어야 한다고 주장한다(Jenson 1999). 이를 통해 그는 경륜의 삼위일체적 구조를, 자신이 펼치는 조직신학에 있는 모든 것을 조직화하는 제일의 특징으로 삼을 수 있었다.

이 조직적인 고찰들이 서방 신학에서는 추상적으로 보이고, 또한 그리스도인의 영적 삶에 단지 희미하게만 연결된다는 사실 자체가 그 문제를 증명하고 있다. 이러한 문제가 생긴 이유는 성령이 서방에선 그리스도인의 삶을 사유하는 자리에서 사라졌기 때문이다(Bermejo 1989, 167-8; Jenson 1997, 156 이하). 그로 인해 일종의 이위일체(binitarianism)가 생겼다. 성경과 동방 전통에서는 성령에게 속하는 것으로 보았던 기능들이 그리스도에게, 이후 프로테스탄티즘에서는 인간이신 예수님에게 전유되었다. 또는 이 기능들은 비인격적 용어로 사용된 은혜, 즉 성령 자체의 위격 및 사역과는 분리된 일종의 유사 실체(quasi-substance)에 귀속되었다(Herron 1983, 94).

바르트의 이위일체가 내포하는 최선의 의도에도 불구하고, 바르트의 이위일체에 관한 젠슨의 비판은 훌륭하고 강력하다(1997, 153-6). 카리스마 운동과 제2차 바티칸 공의회 이후 교정하려는 노력(Congar 1983, vol. 1, 167-73; Farrelly 1983, 502-3)이 있음에도 불구하고, 영적 삶에 대한 최근의 중요한 작품들, 가령 윌리엄 존스톤(William Johnston)의 『신비신학: 사랑학』(Mystical Theology: The Science of Love)에는 비록 성령이 지나가면서 언급되지만 성령에 대한 장 또는 색인이 없다.

엄밀한 의미의 영성신학적 전통이 17세기에 발전하기 시작할 때, 성령은 사라져서 기독론 안에 들어갔다. 또는 신격(God-head)을 비위격화된 네 번째의 것으로 만들거나 은혜를 유사 실체로 만들면서 성령을 비위격화했다. 그래서 영성신학은 그리스도인의 완전 또는 인간의 영적 발달에 관한 논의만 할 뿐, 그리스도인의 삶에 끼치는 성령의 영향에 관한 신학이 되지 못했다(Hughes 2001b, 87-91).

심지어 우리의 삶과 경험 속에서 활동하는 성령의 역할을 찬양하는 언어, 특별히 젠더(gender)를 포괄하는 언어를 회복하려고 노력할 때도, 불행한 결과가 뒤따르게 되었다. 포괄하는 언어로서 성령을 대체하는 말로 사용하는 "뒷받침해주시는 분"(Sustainer)은 종말론적 차원을 가지고 있지 못하며 역동감을 주지 못한다. "거룩하게 하는 분"(Sanctifier)은 더 나은 신학적 계보를 가지고 있지만, 서구에 만연하는 개인주의를 고려한다면 이것은 성령의 교회론적 또는 우주론적 사명감을 없애고 개인주의적으로 해석될 수 있다. 최근까지만 해도 대부분의 서방 신학에서는 종말론은 대개 천국, 연옥, 지옥과 같은 개인의 운명으로 축소되었기 때문에, 우주적 "충만함"(*pleroma*, "플레로마")에 대한 성령의 성례적 성별(consecration)에 관한 논의를 거의 하지 않았다.

젠슨은, 내재적이며 경륜적 관련 속에서 성령을 하나님의 미래로 인식하지 못하는데서 오는 불행에 대해 잘 설명하고 있다(1997, 157). 자유주의 신학에서(Lampe 1977은 권위 있는 작품이다; Tillich 1963도 이에 버금간다) 성령은 "영"(spirit) 심지어는 "인간의 영"(human spirit)이 되었다. 그 결과 삼위일체의 세 번째 위격으로서의 차별성을 잃어버리게 되었으며 인간의 몸을 등한시하게 되었다. 실제로 마니교적 이원론의 나쁜 영향을 따라서, 서방의 영성은 자주 몸/물질과 대조되어 왔다. 다음 부분에서 이 주제를 다루도록 하겠다.

서방 신학의 경향은 기껏해야 삼위일체를 무너뜨리고 양극(bipolarity)으로 가게해서, 성령의 경륜적 활동을 그리스도에 또는 일종의 유사 실체로 다루어지는 "은혜"라는 비인격화된 개념에 할당하는 것이다. 그리스도적(christic) 일원론, 양태론, 마니교가 그 배경에 숨어있다. 아마 네스토리안주의(Nestorianism)도 그 배경에 숨어있을 수 있다(Jenson 1997, 127-33, 188). 그리스도인이 "영성"이라고 부르는 것이 그리스도 안의 존재**로부터** 발생해서 그리스도를 모방**하는** 결과를 가져온다는 고유한 강조는 중요한 사실을 무시하기 때문에 손상을 입게 되는데, 그 중요한 사실이란 우리가 그리스도 안에 있거나 그리스도를 모방할 수 있는 것은 오직 성령의 내주가 있어야만 가능하다는 점이다.

구체적인 악영향은 서방 영성에서는 "그리스도의 임무"(*missio Christi*, "미시오 크리스티")에 대한 공유를 과도하게 강조하는 반면 "성령의 임무"(*missio Spiritus*, "미시오 스피리투")를 잘못 정의한 채 그것에 참여하는 소명을 무시한다는 점이다. 웨슬리안(Wesleyan)/오순절/카리스마 전통은 아마 예외일 것이다. 이들의 계속된 칼빈주의적 복음주의자들과의 논쟁은 개신교 측의 이 같은 문제를 정확하게 보여주고 있다. 칼빈의 가르침을 무시하는 칼빈주의자들의 성향도 이러한 문제점을 가지고 있는데, 칼빈은 성경을 하나님의 말씀으로 나타냄에 있어서 성령의 증언의 역할을 가르쳤다(Calvin, *Institutes*, 3.2.34).

그러나 그 "반대되는 측면"이 있어왔다. "성령-영성들"(Spirit-spiritualities), 예를 들면 마니교의 이원론, 몬타누스주의, "자유로운 성령의 형제들"(the Brethren of the Free Spirit)이라는 이름 아래에서 일어난 많은 현상들, 즉『단순한 영혼들의 거울』(*The Mirror of Simple Souls*), 영적 프란치스코주의자들, 퀘이커교, 프리메이슨주의(Freemasonry) 등이 서방에서 분출될 때, 그들은 자주 그리스도의 임무에 따르는 훈련과 고난을 회피했고, 몸과 물질을 악하거나 환영적인(illusory) 것으로 보았으며, 성육신된 사회-역사적 제도로서의 그리스도의 몸인 교회적 구조에서 탈출하려고 했다.

이것 때문에 그들은 불행하게도 서방에 있는 교회 제도에 의해서 자주 박해를 받았다. 이것은 "열광주의"에 대한 깊은 의구심을 키웠다. 이에 대해 헨리 모어(Henry More)는 하나의 고전적인 텍스트를 제공하였다(More 1662). 최근 더 많은 카리스마 운동이 성령을 다시 전면에 내세우면서 많은 능력을 발휘하게 되었지만, 또한 서방에서 있었던 그러한 운동이 가지는 전형적인 문제점도 생겼다(Congar 1983, vol. 1, 134-212; Bermejo 1989, 326-87; Callen 2001은 이 관점에서 썼음).

2. 영/몸의 역설

주목해야할 사실이 있다. 그것은 성령의 교리가 더 강할수록 영성에서 육신과 몸이 더 중요해진다는 역설이다. 실제로 이것은 비잔틴 제국 말기에 발람(Barlaam)과 그레고리 팔라마스 사이에 논쟁이 되었던 그 문제이다. 전형적인 서방의 스콜라적 관점을 대표하는 발람은 영성이라는 용어를 오직 영혼에게만 적용하면서, 헤시카즘으로 알려진 동방 수도사들의 요가에 가까운 육체적 수련을 공박했다. 그러한 사람들을 "배꼽을 쳐다보는 자"(navel gazers)로 부르면서 비방했는데, 이것은 일종의 호흡기도(breath prayer)인 예수 기도의 훈련 방식 때문에 나온 말이었다. 그런데 우리 시대에는 러시아의 『순례자의 이야기』(Pilgrim's Tale)와 이와 유사한 작품들이 보급되어서 이 기도가 점차 유명해졌다. 실제로 이 수련 방식은 필자가 아는 한 기독교에 있는 유일하게 긍정적인 육체적인 영적 수련이다(Gregory Palamas 1983, Meyendorff's Introduction, 1-10). 그밖에는 특별히 서방에서의 모든 육체적 수련은 참회적이고, 억압적이며, 놀랍게도 종종 징벌적인 것이다.

필자는 이미 이 같은 긍정적인 육체적 수련을 고안한 동방에는 성령에 관한 훨씬 더 강력한 교리가 있다는 사실을 언급했다. 일단 그 신학을 완전히 이해하게 되면, 그 연결은 놀라운 것이 아니다. 버메조(Bermejo)는 사도 바울과 동방 교부들을 조화시키면서 기독교 영성에 있는 육체성에 관해 설득력 있는 설명을 하고 있다.

이 육체성에는 두 개의 차원이 있다.

첫째, 우리와 예수와의 연결은 주로 몸과 몸의 육체적 연결이다. 십자가에 못 박히고, 변화되고, 부활하고, 영광을 받으신 예수 안에 우리가 있게 되는 것은 성령의 집중점(focus)이라고 할 수 있는 예수님의 몸을 통해서이다.

성례에 의해 우리 몸은 그분의 몸에 연결되고, 우리 본성이 그분의 본성과 연결된다. 그 결과 그분의 몸의 역사(history)인 파스카의 신비에 연결되고 심지어 그분 안에 있는 위격적 연합 때문에 신적 본성과도 연결된다. 포도나무에 가지가 붙듯이, 그리스도 안에 우리가 있는 것은 주로 또는 적어도 육체 및 교회와 관련 있다(Bermejo 1989, 37-121). 그래서 그레고리 팔라마스가 주장하듯, 우리의 거룩함은 그분의 변화로부터 직접 오기 때문에, 몸이 우리의 변화에서 제외될 수 없고 그 일부가 된다. 그는 이러한 바탕 위에서 아토스(Athos) 산에 있는 수도사의 헤시카즘적 수행을 옹호했다(Gregory Palamas 1983, 15-16, 41-55).

둘째, 기독교 영성에 있는 육체성의 차원은, 성령의 내주가 단지 우리의 영혼 안에만 있거나 또는 인간의 영과 관련된 것이 아니라는 점이다. 오히려 버메조가 바울의 가르침을 말할 때 상기시켜주듯이, 성령은 마치 야훼 하나님이 예루살렘 성전에 거하는 것처럼 성전인 우리 몸에 거한다. 이것 때문에 우리의 몸은 그리스도의 몸과 연결되고, 그 결과 그분의 위격적 연합을 통해 "신화"(神化, theosis, "데오시스")되어갈 수 있다. 이러한 내주는 세례에서 시작되고 성례와 육체를 포함하는 영적 훈련을 통해 영양분을 공급받는다(Gregory Palamas 1983, 57-69).

몸 안에서 이루어지는 "신화"(theosis)의 이러한 기초를 서방은 이해하지 못했기 때문에, 신화(deification/divinization)라는 용어에 대해 우려했다. 하나님으로 향하는 우리의 성장이 성령에 의존하고 있다는 것을 이해하지 못한다면, 즉 몸에 내주하는 성령이 우리 육신을 십자가에 못 박히고 변화되고 부활하고 영광을 받으신 예수님의 몸에 연결시켜서 그분의 위격적 연합에 참여하게 한다는 것을 이해하지 못한다면, 신화에 대한 모든 주장은 육체가 없는(disincarnating) 인간 영혼 또는 영의 본성적 특성의 발달에 관한 주장처럼 들릴 것이다.

우려되는 점은 이 잘못된 이해 때문에 제도적인 교회와 성례를 경시할 수 있다는 것이다. 그것은 아마 서방에 있는 마니교, 즉 이원론의 슬픈 유산이 울리는 또 다른 오래된 반향일 것이다. 우려할만한 대상인 다양한 "자유로운 영"의 운동들은 모두 일종의 가현설(docetism)에 기초하고 있는데, 가현설에서는 구원의 경륜에서 예수님의 몸과 우리의 몸은 어떠한 역할도 하지 않으며, 우리의 몸에 성령이 내주한다는 것을 이해하지 못한다. 그러나 서방에서 더 건강한 관점이 생겨나기 시작했다. 여기에서는 두 가지 비육체적 경향(심지어 이러한 비육체적 경향은 동방 교부의 사상에서도 발견될 수 있는데)이 교정된다.

첫째, 본래부터 불멸인 영혼에 대한 플라톤의 가르침이 천천히 성경적 가르침으로 대체되고 있다. 그것은 성도의 교제 안에서 믿는 자의 운명의 종국적인 모습은 육신의 부활이라는 교리이다(Moltman 1967, 208-16; Jenson 1999, 354-68). 이러한 회복을 말하는 글을 읽게 되면, 우리는 몸의 부활은 성령의 사역이라는 점을 떠올리게 되는데, 이것은 신경들(creeds)의 세 번째 부분에서 차지하는 자리를 보게 되면 명확하다. 이것은 은혜에서 나오는 새로운 활동이지 본성적인 인간의 특질에서 나오는 것이 아니다.

둘째, 이에 대해서는 틸리히(Tillich)가 대가인데, 어떻게 성령(틸리히의 표현으로는 "영적 현존"[Spiritual Presence])이 항상 진행 중인 역사에 구현되어서 역사의 모호한 것들을 해결하는지에 관한 새로운 이해가 생겨났다(Tillich 1963, 여러 곳). 이것은 그리스도인으로 하여금 문학, 예술, 음악이라는 "고차원적"(higher)문화를 포함한 그들이 향유하는 문화에 대해 책임을 갖게 한다(Tillich 1959). 이 두 가지 추세에서 우리는 또다시 그 역설을 보게 된다. 즉 그리스도인의 영적 삶 속에 있는 성령의 역할을 더 이해할수록, 신적 경륜 안에 있는 몸의 자리를 더 잘 이해하게 되고 또한 "영적"인 것을 주로 "비물질적" 심지어는 "내적인" 것으로 인식하는 것을 반대하는 모든 육체화의(incarnating) 경향을 강조하게 된다(Thomas 2000).

3. 건설적인 제안

성령은 그리스도의 영이며 그리스도의 임무 속에서 "로고스/소피아"(Logos/Sophia, 말씀/지혜)를 후원한다. 심지어 성부(Father/Mother)의 창조적 임무를 응원하고 섬긴다. 그러나 성령은 자신만의 임무가 있는데, 그분은 그리스도의 임무를 범위, 공간, 시간에 있어서 보편적이고 우주적이 되게 함으로써 그 임무를 세우고 완성한다. 이것이 요한복음에서 성령을 제2의 보혜사/중재자/위로자로 불렀던 이유이다(요 14:16; Brown 1970, 1137-44). 예수 자신은 명백히 제1의 보혜사이다. 성령은 제1의 보혜사를 대체하는 것은 아니지만, 단지 우리를 예수님에게 연결하는 기능만 하는 것이 아니다.

성령은 자신이 해야 할 역할이 있다. 헤론(Herron)이 이것을 누구보다 더 잘 지적하고 있는데, 성육신과 그 역사의 경륜에서 이미 처음부터 제2위격의 임무와 제3위격의 임무의 복잡한 섞임과 조화가 있었다. 예수님은 성령에 의해 성육신하였고, 세례 시에 성령이 충만했고 그로부터 위임을 받았으며, 자신의 사역동안 있었던 가르침과 행동들은 성령에 의해 권능을 받았다(Herron 1983, 155-79). 또한 예수님은 죽을 때 성령에 복종했고, 성령의 능력으로 부활했으며, 그를 따르는 자들에게 최고의 선물로 성령을 수여했다.

성령의 사역은 결코 그리스도의 신비와 떨어져 있지 않지만, 자신만의 내용과 모습이 있다. 성령의 임무에 집중하지 않는다면, 승천하고 영광을 받으신 그리스도가 성령을 보내신 것을 무시하는 것이며, 재림을 단지 신화적(mythical) 상태로 축소시켜서 승천과 재림 사이에 있는 성령이 인도하는 역사와 연결되지 못하게 한다. 그 결과 그리스도 임무의 클라이막스를 심각하게 훼손한다. 젠슨이 지적했듯이, 또한 우리는 성령에게서 하나님 안에 있는 우리의 미래뿐 아니라 하나님의 미래로서 가지는 성령 자신만의 장점을 박탈하게 된다(Jenson 1997, 156-61).

이 상황을 고칠 수 있는 세 가지 건설적인 제안을 하겠는데, 이것은 또한 기독교 영성에도 적용될 것이다. 이렇게 하는데 있어서 필자는 우리 시대의 가장 위대한 세 가지 성령론(Tillich 1963; Congar 1983; Johnson 1996)과 젠슨의 훌륭한 삼위일체 조직신학(1997, 1999) 안에 있는 단서들을 따라가겠다. 또한 옳은 길을 가리키는 구체적인 조언들은 버메조(Bermejo 1989)와 캘런(Callen 2001)에게서 왔다. 중요 논점의 출처를 표시하겠지만, 어떤 것이 중요 텍스트에서 왔는지를 완벽하게 밝히려면 매우 지루해질 것이다. 이 같은 독창적인 생각들을 다음에 나오는 세 가지 건설적 제안으로 빚어내는데 있어서 만약 실수를 한다면, 이것은 전적으로 필자의 책임이라는 점을 밝혀둔다.

1) 성령을 위한 신학적 자리

성령은 자신의 신학적 자리(locus)를 가져야 한다. 이 자리는 라너(Rahner)가 수정한 고전적인 목록에서는 그리스도와 교회의 사이에 있다. 교회 다음에는 성례들이 있다(Rahner 1963). (조직신학적 의미와 관련된 필자의 이해는 허버트 리차드슨[Herbert W. Richardson]에게 빚지고 있다.) 성령의 위격 및 내재적 삼위일체의 다른 위격과 성령의 상호작용에 관한 적절한 논의와 더불어, 이 자리는 성령의 사역에 대해 새롭게 설정한 부분을 포함하게 되는데, 이 부분에 적당한 이름 붙인다면 "영성신학"이라 할 수 있겠다. 즉, 기독론과 구원론과의 관계는 성령론과 영성신학과의 관계라 할 수 있다.

기독교 영성의 신학적 토대인 영성신학은 전체로서의 그리스도인의 삶, 즉 사적/개별적, 공적/협동적, 심지어는 우주적 차원으로서의 삶에서 행하는 성령의 사역에 관한 신학으로 재정립되어야 한다.

이와 같은 입장에 따라, 영성신학이 도덕신학에 종속되기보다는 도덕신학은 성령의 임무(*missio Spiritus*)와 이것의 삼위일체적 모습에서 파생되는 많은 부분 중 하나가 된다. 즉 영성신학은 다른 두 위격들의 사역 안에서 행하는 성령의 역할과 성령 자신의 고유한 임무에 관한 논의를 포함하게 된다. 개인, 공동체, 우주에 끼치는 영향이 그 주제의 핵심이 될 것이다(Hughes 2001b). 젠슨과 버메조의 조직신학과 더불어 위에서 언급한 세 가지의 훌륭한 성령론은, 필자가 아는 한 아직까지 그려보거나 실행하지 못한 계획에 가장 접근한 것이라고 할 수 있다.

2) 우리의 영적 삶의 3면의 원천으로서 성령의 삼중적 임무

성령의 임무가 가지고 있는 삼위일체적인 모습은 인간의 영적 발달 속에 있는 3단계의 원천이라고 볼 수 있다. 위-디오니시우스(Pseudo-Dionysius)의 글에 처음 등장한 이후로, 영적 삶 속에 존재하는 3단계에 관한 개념은 그리스도인의 삶에 관한 신학에서는 거의 어디에나 존재하였는데, 예를 들면 보나벤투라의 『세 가지의 길』(*De triplica via*)과 칭의, 성화, 완전함이라는 구원 서정(*ordo salutis*, "오르도 살루티스")에 대한 개신교의 설명 등이 있다(Hughes 2001a; Jenson 2001을 보라). 라너는 이 삼중성을 인간 발달에 관한 법칙처럼 읽는 것에 대해서 비판했는데, 특별히 정화, 조명, 연합의 세 가지 고전적인 단계를 초심자, 앞서간 자, 완전한 자와 연결하는 것에 대해 통렬히 비판했다(Rahner 1967; Hughes 2001b, 91, 96-7).

그렇지만 영적 삶에서의 "3면"(threeness)에 관한 생각에는 일면 진실이 있다고 볼 수 있다. 필자가 제안하는 것은, 이 3면이란 성령의 삼중적 임무가 주는 우리 안의 반향이라는 것인데, 이것은 연속적인 것이 아니며 동시적이다. 다시 말하면, 성령의 사역의 삼위일체적 구조가 우리에게 세 개의 동시적인 흐름들(currents)로 영향을 준다. 이것은 마치 파일럿이나 스쿠버 다이버가 기류나 해류를 다루면서 피치(pitch), 롤(roll), 요(yaw) 이 세 가지 차원과 다투어야 하는 것과 같은 이치이다. 어떤 순간에는 이 가운데 하나 또는 둘이 개인의 삶을 지배할 수 있지만, 어떤 것도 완전히 없어질 수 없다. 예를 들면, 조명과 연합이 지배하는 삶의 단계에서도 회개와 고백이 계속해서 필요한 이유이다.

3) 세 가지 흐름들: 회심, 변형, 완전

성령의 임무가 우리에게 미치는 영향 중 첫 번째 흐름들(currents)을 필자는 "회심"(conversion)이라고 말했다. 만약 성부가 어떤 임무(*missio*)를 가졌지만 단지 보낼(sender)뿐이고 보냄을 받는 것(sent)이 아니라고 말할 수 있다면, 회심은 성부의 고유한 임무 안에서 하는 성령의 활동에 관한 이야기이다. 그런데 모든 신학 용어는 물론 기껏해야 유비일 뿐이다. 그래서 필자는 "임무를 맡겨서 보내는 자들"(mission senders)을 또한 임무를 수행하는 자들(missionaries)라고 평가하는 것은 적절하다고 믿는다. 어떤 면에서는 그것은 모두 말씀/지혜(Word/Wisdom)와 성령에 의해 수행되는 성부의 임무이다.

그런데 또 다른 면에서는, 창조, 언약, 화해와 회심으로의 부름이라는 위대한 성경적 활동이 모두 성부의 직접적인 목적이며 그래서 그분의 임무라고 말하는 것이 "적절"하다. 말씀/지혜와 성령은 이 세 가지의 위대한 활동에서 고유하지만 종속적인 역할을 한다. 젠슨은 이것을 삼위일체적 충만함에서 자세하게 말하고 있다(1999). 성령의 일관된 본질적 역할은 자유이다. 우선은 내재하는 신성 안에서, 성령은 성부와 성자 사이의 관계를 구성하는 제3위로서 그들 각자를 서로에게서 그리고 서로를 위해 자유롭게 한다(Jenson 1997, 159-61).

이와 유사하게, 창조 때 창조주인 성부를 "모든 존재를 자신 안에 보유하는 것에서" 자유롭게 하고, 피조물에게 존재론적이고 도덕적인 자유를 준 것은 성령이다(Jenson 1999, 26). 창조 속에 있었던 심오한 구현(realization)의 순간에 생물을 무생물과 구별하고, 인간을 다른 동물과 구별해서, 하나님과 대화할 수 있고 하나님의 형상을 가진, 의식하는 존재로 창조하게 한 것은 성령이 주신 바로 그 자유 때문이다. 이러한 최초의 의미에서 본다면, 성령은 성부의 창조 사역에서 생명을 주는 일을 하고 있다.

이와 비슷하게, 언약은 하나님과 한 백성 사이에 그리고 한 백성의 구성원들 사이에 사회적 관계를 세우는 것인데, 이것도 또한 하나님의 미래와 우리의 미래로서 자유라는 성령의 선물에 의해 세워진다. 마치 피조물 스스로가 자유롭게, 굴종이 아닌 신실한 복종을 가지고 자유로운 관계를 가지듯이, 성부가 되시는 하나님은 자유롭게, 자신의 피조물과 자유롭고, 언약적인 관계를 맺는다. 여기서 자유는 서로의 관계에서 결정적인 특징이 된다. 성령 안에 있다는 것은 하나님이 부르시고 형성한 한 백성의 일부가 되는 것이다.

죄가 들어왔을 때, 성령은 성부를 인과응보적인 정의의 요구에서 자유롭게하고, 위대한 회개(*shuv*, "슈브"), 즉 돌아오라는 회심으로의 부름을 공포하게 했다. 이것은 마치 성령이 인간을 죄의 속박에서 해방시켜 그들이 그 부름에 자유롭고 은혜로운 응답을 하게 하는 것과 같다. 많은 위대한 기독교 저자들이 인정하듯이, 회복된 자유라는 선물에서 나오는 첫 번째 행동은 "죄의 자각"이다. 자유로 인해 죄인이 하는 첫 번째 진정한 고백은, "내가 여호와께 죄를 범하였노라"이다(다윗이 나단에게 한 말, 삼하 12:13).

물론 그리스도인에게는 성육신해서 십자가에 달리신 말씀/지혜의 역할이 이 가능성을 확증하는데 결정적이다. 그러나 이것은 본질적으로는 삼위일체적 경험이다.

> 그 아들과 동일시되고 성령으로 충만한 사람은 외친다. "아빠 아버지!"
> (Johnston 1995, 206; 롬 8:15; 갈 4:6).

성부의 임무의 마지막 완성인 하나님 자신과 만물과의 화해는 성육신한 말씀/지혜의 놀라운 사역을 통해 성취되지만, 자유롭게 외치는 사람들 안에 거하는 성령의 간구하는 외침을 통해 관을 쓰게(crowned) 된다.

전통적인 "정화(淨化)의 길"(*via purgativa*, "비아 푸르가티바")의 단계에서 나오는 주제들은 이러한 임무가 야기하는 흐름 안에서 적절한 자리를 찾을 수 있을 것이다(마음의 회심으로서의 정화의 길에 관해 뛰어나지만 간략한 묘사를 보기 위해서는 다음의 책을 보라. Johnston 1995, 192-210). 그러므로 성령의 첫 번째 사역은 우리를 성부 안에 있는 생명으로 데려가서 우리들 사이에서 언약의 관계를 세우며, 필요하게 되었을 때 우리를 성부와 화해시키는 것이다.

이미 언급했듯이, 성령은 이 과정 가운데서 그 말씀(Word)과 복잡한 스텝을 밟으며 춤을 춘다. 우리는 성령을 하나님 안에 있는 미래의 자유로 경험하게 되는데, 이 경험을 지배하는 것은 생명의 이미지이다. 또한 성령이 우리 안에서 떠오르게 하는 공감적인 반응으로써의 신학적인 덕목은 믿음이다.

칼빈은 인간 믿음에 대해 가지는 성령의 역할을 탁월하게 설명한다(*Institutes* 3.2). 이러한 의미의 믿음은 신적 활동에 대한 믿음이고, 그것의 선한 목적을 신뢰하는 것이며, 그것에 따르는 관계를 자유 안에서 복종하며 충실히 유지하는 것이다. 제2차 바티칸 공의회가 『계시헌장』(*Dei verbum*) 1.5에서 내린 믿음의 정의는 신뢰하고 승복하는 복종인데, 이것은 특별히 성령의 사역을 명확하게 설명하는데 도움을 준다(Johnston 1995, 176-8). (필자는 신학적 덕목들의 사용과 정의, 그것들의 질서, 다른 주제들과의 관계에 관해서는 라너[1984]를 많이 의존했다.)

데이비드 트레시(David Tracy)의 표현을 빌리자면, 이 흐름에 의해 정의되는 신학적 담론의 모습은 "선포"이다. 즉 창조와 구원의 강력한 행동에 관한 위대한 발언이다(Tracy 1981, 386-9). 이로 인해 생기는 영성의 **모습**(style), 즉 이 흐름 안에서 우리에게 전달되는 하나님의 자기 초월성에 응답하는 우리의 자기 초월성의 모습은 자기 부인(self-denial)이다(Hughes 2002, 119-20; Tracy 1981, 421-35). 이것은 참 자아(true self)를 부정하는 것이 아니다. 오히려 참 자아가 성령 안에서 자유와 생명을 발견하지 못하도록 가두는 악의 모든 위력을 부인하고 단념하는 것이다.

때로는 이것은 보통 "자기 부인" 또는 "포기"(abnegation), 심지어는 "고행"(mortification)이라고 부르는 전통적인 훈련을 요구하는데, 이와 같은 것들은 진실한 운명을 회피하려는 자아의 습관에 대한 일종의 교정이다. 때로는 이것은 진정한 자아를 부인하게 해서 한 개인으로 축소시키려는 힘에 대항하는 혁명적인 포기 선언이다. 우리 시대에 이 교정과 포기는 다양한 형태의 중독, 즉 우리 시대가 거룩한 질병과 투쟁하면서 자주 합쳐진다(May 1988; 1992, 160).

때로는 이것은 참 자아에 깊은 상처를 주고 왜곡시켰던 트라우마를 치료하는 긴 과정이다. 필자가 추측하기로는, 우리 대부분에게는 이 모든 것들이 합쳐진 모습으로 온다. 왜냐하면 진정한 회개는, 하나님 안에서의 운명과는 다른 모든 것에서 돌아서서, 성령의 생명과 자유라는 운명으로 향해가는 것이기 때문이다. 그것이 "돌아섬"이라는 방식으로 나타난다면 그것이 어떤 것이라도, 이 돌아섬과 치유의 활동은 실제로는 내주하는 성령으로 인한 결과이다. 패럴리(Farrelly)는 다음과 같이 말한다(1993, 500a).

> 성령은 이 은혜의 선물 안에서 어떤 선재성(precedence)을 가진다. 왜냐하면 사람이 성령의 연결로 인해서 아들을 통해 아버지에게로 갈 수 있고, 이 선물을 반영하는 제자의 삶을 살 수 있는 것은 아버지와 아들이 성령을 인간에게 쏟아 부으셨기 때문이다.

왜 그리스도인의 삶이, 성령의 임무에서 나오는 첫 번째 삼위일체적 흐름의 지배로부터 두 번째 흐름의 지배로 단순히 이행할 수 없는지에 관해서는, 필자가 아는 한 어떠한 논리적 이유가 없다(비록 그 순서가 일률적이고 필연적이지는 않더라도 적어도 대부분의 삶에서는 그러하다. 다음의 책들을 보라. John of the Cross, *Dark Nights*; Johnston 1995, 219). 우리가 오직 말할 수 있는 바는 다음과 같다. 전통이 가르치는 바는, 우리의 타락한 실존적 환경들 가운데 전이의 한 중간에 어두운 간섭이 있다는 것이고, 그 전이는 두번째 회심과 더 깊은 포기를 요구한다는 것이다.

이것은 십자가의 요한이 말한 "어둔 밤"이라는 고전적 전통인데, 윌리엄 존스턴(William Johnston)은 발달의 정황 속에서 이것을 잘 설명하고 있다(1955, 211-34). 처음 회심의 감격과 믿음의 생명 속에서 생긴 열정은 식기 시작한다. 또한 우리는 그것을 스스로 점화하고 복제하려고 애쓰는 실수를 할 수 있다. 언제나 그렇듯이 이것이 실패할 때, 훌륭한 믿음이 있는 그리스도인도 이것 뒤에 오는 고독(desolation)에 놀랄 수 있다.

이것은 예정된 일이며 또한 하나님과의 더 깊은 친밀을 낳을 수 있다는 점을 공동체에서 가르치지 않을 때 특별히 더 놀랄 수 있다(Jones 1985, 159-84). 우리는 보통 여기에서 자신들이 새로운 부름에 맞춰서 살아왔던 것과는 다른 방식에 직면하게 되고, 소유와 절망의 악마와의 계속된 싸움 때문에 낙심하게 된다. 이 위기 속에서 십자가의 요한이 "감각의 밤"(dark night of the senses)이라고 부르는 것이 우리 안에서 시작된다. 우리는 여기서 자기 배반(self-betrayal)의 가장 깊은 층을 직면하기 때문에, 이 감각의 밤은 자기 부인을 위한 마지막 헐떡임의 단계인 동시에 처음으로 이것을 놓아버리는 단계이다.

더 깊은 수준, 이것을 보통 감각의 수동적 정화라고 부르는데, 이 수준에서 하는 정화는 전혀 우리가 할 수 있는 일이 아니며, 내주하는 성령이 더 깊은 곳에서 솟아날 뿐이다.

어둔 밤은 하나님이 그 영혼 안에 유입해서 정화하는 것이다(John of the Cross, *Dark Nights* 2.5.1; Johnston 1995, 220).

존스턴은 또한 첫 번째 어둔 밤을, 융의 표현을 빌려, 자신의 그림자를 파악하기 시작하는 경험에 비유했다(Johnston 1995, 218). 하나님은 더 이상 우리를 외적 감각을 통해 간접적으로 가르치지 않고, 성령의 분출을 통해 직접 가르치신다. 어머니이신 하나님은 우리에게서 아이가 먹는 젖을 떼게 하시고, 그분 안에서 스스로 걷게 하신다(John of the Cross, *Dark Nights* 1.1.2; Johnston 1995, 216-17).

광야, 즉 감각의 어둔 밤에서 일어나는 처음 정화를 통해 소유욕, 통제 욕구, 중독, 트라우마, 억압이 얼마간 제거된 후에야, 비로소 우리는 신적인 영광의 빛에 의해 조명 받고 변화된 채로 세상과 자기 자신을 볼 수 있게 된다. 그런데 이 신적인 영광의 빛은 다볼 산에서 보았던 그 빛인데, 그레고리 팔라마스에 따르면, 창조되지 않은 에너지이다. 그렇게 되면, 우리는 하나님 안에서 처음으로 세상을 그 자체로 사랑할 수 있게 된다.

우리가 고통과 고난을 통해서 세상으로부터의 초연함을 배우고서야, 세상을 다시 선물로 받을 수 있다(다음의 책을 보라. John of the Cross, *Sketch of Mt Carmel*; Johnston 1995, 230). 믿음은 필자가 "변화"(transfiguration)라고 불렀던 두 번째 흐름이라는 문 앞에서 사랑의 지식으로 다시 태어나는데, 이것은 "조명의 길"(*via illuminativa*, "비아 일루미나티바")에 대한 모든 고전적인 주제를 포함하고 있다.

그런데 이 흐름이 두 개의 어둔 밤사이에 있다(Johnston 1995, 218-20)는 사실은, 순전히 단계적 발달을 말하는 이론만으로는 충분하지 않다는 점을 우리에게 상기시킨다. 회심(conversion)의 흐름은 다른 흐름이 지배할 때에도 항상 존재한다. 정화는 항상 계속될 것이다. 또한 지도(map)가 많은 정보를 주지만, 여정은 지도처럼 간단하지 않다. 그러나 결정적인 핵심은 여전히 유효하다. 즉 그들이 어떻게 느끼더라도 광야와 어둔 밤은 하나님의 부재가 아니며, 내주하는 성령, 즉 생수의 더 큰 분출이며, 성령을 위한 더 넓은 공간을 만든다.

성령의 사역의 두 번째 위대한 흐름은, 삼위일체의 두 번째 위격이자 특별히 예수로 성육신한 말씀/지혜의 사역 안에 있는 성령의 역할에서 나온다. 특히 성령의 두 번째 사역은 우리가 그리스도 안에 있다는 구체적인 사실을 낳아서, 말씀/지혜의 임무를 완성시키는 것이다(Bermejo 1989, 37-70). 다른 측면에서 보면, 예수 자신의 사역은 "또 다른" 대변자(advocate)를 흘러나오게 하는 것에서 정점을 이룬다(요 14:16; Brown 1970, 1135-44). 말씀/지혜와 성령은, 성령에 의해 예수님을 잉태한 것으로부터 예수님이 성령을 보내는 것까지 성육신의 모든 사건들을 통해서 함께 복잡한 춤을 추었다.

이러한 경륜적 관계는 하나님 자신의 생명 안에 있는 내재적 관계의 복잡성을 반영한다. 엘리스데어 헤론(Alasdair Herron 1983, 39-60, 157-79)은 이것을 누구보다 명확하게 설명한다. 세례는 우리가 그리스도와 그분의 죽음과 부활 안에 있다는 것에 관한 위대한 성례인데, 포도나무와 가지의 비유가 말하는 내재성의 완전한 실재이다. 그것은 또한 성령과 성령의 내주의 증표이다. 이것을 세례의 두 가지 효과로 보기보다는, 하나의 단일한 효과로 보는 것이 타당하다. 즉 성령 안에 있는 것이 그리스도 안에 있는 것이며, 그리스도 안에 있는 것이 성령 안에 있는 것이다.

우리는 오늘날 성찬식에서 그리스도의 임재가, 성찬의 "에피클레시스"(epiclesis), 즉 성령강림을 구하는 기도를 통해 최후로 장식된다고 이해한다. 실제로 이것이 모든 성례를 집전하는 방식이다. "코이노니아"(*koinonia*), 즉 제사장이 된 백성들의 일상의 삶을 이루는 친교와 교감의 관계는 근본적인 성례적 실재이다. 왜냐하면 성령이 "교통"(*communio*,

"커뮤니오")의 유대를 통해 그리스도의 몸인 교회를 형성하기 때문이다. 그래서 성령과 그리스도 안에 있다는 것은 그분의 몸이자 신부인 교회 안에 있는 것이다. 또한 위대한 입회(initiation)의 성례는 각 개인에게 임무를 위임하는데, 우선 그리스도의 사역을 공유하고, 모든 민족에게 그분 안에 있을 수 있는 동일한 기회를 제공할 임무를 위임한다.

이 흐름에서 성령이 가지는 가장 지배적인 이미지는 빛과 진리이다. 역사적으로 세례는 "조명"(the illumination)이라고 불러왔다. 그것은 또한 우리의 변화(transfiguration)의 시작이다. 필자는 동방신학의 용어를 따라서 이 흐름의 이름을 붙였다. 말씀과 성례를 통해 성령은 우리를 모든 진리로 인도해서, 우리 자신의 변화 안에서 세상이 하나님의 영광으로 빛나고 있음을 보게 하는데, 세상이 바뀐 것이 아니라 처음으로 본래의 모습을 보게 되는 것이다. 성령의 변화시키는 흐름에 의해서 우리 안에 자라나는 신학적 덕목은 사랑이다. 우리는 자신의 진정한 본성 안에서 빛나고 있으므로, 하나님, 이웃, 세상을 처음으로 진정으로 사랑할 수 있다(Rahner 1984, 133-51을 보라. 사랑에 관한 훌륭한 설명을 위해서는 다음의 논문을 보라. Simone Weil, "Forms of the Implicit Love of God" in Weil 1973, 137-215).

이 흐름에 적합한 신학적 모습은, 트레시가 표현한 것으로 말하자면 "현현"(manifestation)이다. 이것은 우리 자신과 모든 세상 안에 있는 하나님의 영광을 깨닫고 축하하는 것이다(Tracy 1981, 376-85). 영성 혹은 자기 초월의 양식은 자기 성취(self-fulfillment)이지만, 이웃과 하나님에 대한 사랑에 의해 제한되고 형성된다(Hughes 2002, 120-3).

완전한 사랑은 두려움을 내쫓는다(요일 4:18). 우리는 우리를 무죄로 선고하고 준비를 갖춰 주는 또 다른 대변자를 가졌으므로 하나님과의 관계에서 두려움이 없다. 또한 사랑은 적대감을 끝내고 장벽을 허물기 때문에 이웃과의 관계에서도 두려움이 없다. 이것은 계속되는 회심의 특징을 변화시킨다. "무엇으로부터의 회심"이 아니라 "누구에게로 가는 회심"을 강조하게 된다. 일상적 삶의 모든 것들 특별히 사랑의 요구는 은혜의 수단으로 성별(consecrate)되는데, 이것은 더 높은 거룩함과 완전함으로 가는 길이 된다.

그래서 소명과 "직업"에 관한 질문들이 이곳에 속한다. 왜냐하면 그 질문들은 일상적 삶의 구조를 은혜와 하나님의 영광을 표명하는 수단으로 인식하는 것에 초점을 맞추기 때문이다. 이것은 거룩함으로 가는 다른 길뿐만 아니라 결혼, 성별된 독신, 세속적인 일을 포함하는데, 이들 각각도 성령의 역할에 관한 신학이 필요하다. 예술의 "영감," 음악, 문학, 춤, 학문, 과학, 진리를 위한 모든 추구, 심지어 정치도 성령의 변화시키는 사역을 보여준다. "사랑의 띠"(vinculum caritatis, "빈쿨룸 카리타티스")로서의 성령에 대한 서방 어거스틴적 강조는, 성령의 임무의 이 부분에 관하여 정확하다. 또한 영들을 분별하고 "사랑의 지배"(dominion of charity)에 대한 영적 성장을 분별할 수 있는 기준도 그러하다(이상하게도 버메조는 이것을 덜 중요하게 다룬다). 그런데 또 다른 두 개의 흐름이 가지는 성령의 이미지와 기준을 포함하지 않은 것은 잘못이다. 다수의 성숙한 그리스도인들은 아마 이것을 지배적인 흐름으로 여기면서 대부분의 삶을 살아간다. 그것의 정점은 전통적으로 "영적 약혼"이라고 부르는 경험이다. 필자가 생각하기에 이것은 웨슬리안들의 "믿음의 확신"(faith of assurance)과 어느 정도 일치한다(Callen 2001, 183-206).

영적 약혼의 이미지는 두 번째 어둔 밤을 암시하는데, 이 밤은 영적 약혼과 영적 결혼의 완성 사이에 놓인다. 영적 결혼은 영광과 연합의 마지막 흐름 속에서 발생한다. 인간의 만남에 있어서 약혼과 결혼 사이에 있는 그 열망을 성취되지 않으면 거의 견디지 못하는 지금 시대에서는, 아마도 영적 약혼의 이미지는 힘을 많이 잃을 것이다. 그러나 성경에 바탕을 둔 시들이며, 기독교 영성 전통에서 많이 사용되는 십자가의 요한의 『영적 찬가』(*Spiritual Canticle*)는 여전히 그것을 우리들에게 말하고 있다(Johnston 1995, 257-77). 이 시에서 기도자는, 지금 완전한 사랑을 받고는 계시지만 부재하는 듯한 분을 향해 강렬한 열망의 기도를 드리는 데, 이것은 이 밤 때문에 생기는 긍정적인 면이다.

그러나 우리가 사랑하는 하나님께 더 가까이 갈수록, 여전히 우리를 갈라놓는 것으로 인해 생기는 고통은 더욱 커진다. 더 부정적인 면은 정화의 불이라 할 수 있는데, 이 불은 약속된 연합을 방해하고 약화시키는 아주 작은 불완전함이라도 없애기 위해 영혼의 열망을 정화한다. 서로를 위해 최선을 다하는 것은 결혼한 자가 가지는 열망이다. 또한 틀림없이 이 밤은 성령이 더 솟아나는 시간이다.

성령은 우리를 위해 말할 수 없는 탄식으로 바라보시며(롬 8:26), 그분 자신이 정화하는 사랑의 불이다. 두 번째 밤이 주는 긍정적인 묘사에도 불구하고, 이것을 경험한 사람들은 훨씬 더 큰 고독을 경험한다. 그래서 비록 이것이 모든 믿는 자들의 운명임에도 불구하고, 현실적으로는 많은 사람들이 되돌아가고 적은 수의 사람만이 이생에서 세 번째 흐름이 지배하는 거룩한 삶으로 나갈 수 있을 뿐이다.

성령 자신의 고유한 임무인 세 번째 사역은 우리를 거룩하고 완전하게 만드는 것인데, 이것은 모든 물질세계의 성례적 성별(consecration), 즉 충만함(*pleroma*)의 한 부분이다. 젠슨의 성령론은 왜 성령의 고유한 임무가 하나님과 우리를 연합시키는 완성의 종말론적 기능을 가지는지에 대해 명료하게 설명하고 있다(Jenson 1997, 156 이하; 1999, 309 이하, 특별히 319). 충만함이라는 성례적 성별, 완전한 성취, 예정된 목적(end)으로 데려감, 하나님의 나라, 지복직관(至福直觀, beatific vision), 신화(*theosis*)는 동일한 압도적 실재 즉 성령의 내주의 완성을 여러 다른 관점에서 말한 것이다(Bermejo 1989, 113-21; Johnston 1995, 206; Jenson 1999, 338-69; Callen 2001, 95, 244, n. 26). 이 흐름은 처음부터 있었는데, 주로 완전함으로 자라가는 "하나님의 씨앗"(*sperma theou*, "스페르마 떼우")이라 말할 수 있는 성령의 육체 안의 내주를 통해서 있어왔다.

성령을 위한 최고의 이미지는 태우고 정화하는 불 또는 불꽃으로서의 "사랑"이다. 즉 정화의 불은 이제 사랑의 열정으로 더 온화하게 태운다. 십자가의 요한은 다음과 같이 묘사한다.

사랑의 아홉 번째 단계로 인해 영혼은 온화하게 불탄다. 이것은 하나님 안에서 온화하게 불타고 있는 완전한 자의 단계이다. 성령은 그 영혼이 하나님과 연합했기 때문에 온화하고 기쁨에 찬 열정을 낳는다"(*Dark Night* 2.20.4; Johnston 1995: 225).

또 다른 이미지가 이 실재를 파악하는데 도움이 되는데, 다른 두 개의 흐름에 깊이 잠겨있을 때에만 경험할 수 있다. 이것은 약혼 이후 고대했던 영적 결혼의 이미지인데,『영적 찬가』(*Spiritual Canticle*)에서 노래하고 있다. 이것은 신화(*theosis*)에서 절정을 이룬다. 그런데 신랑은 그리스도, 즉 말씀/지혜이지만, 이것은 또한 성령과 인간 영혼의 연합이다. 성령은 이 땅에서의 결혼과 마찬가지로 이 결혼에서도 사랑의 띠가 된다(*Spiritual Canticle* 22.3). 영광 안에 있는 연합의 신비에서 성령이 하는 일을『사랑의 산 불꽃』(*Living Flame of Love*)에서 십자가의 요한이 찬양하고 있다.

인간과 우주의 매일의 성장 속에는 도덕적 삶, 그리스도를 닮는 것, 금욕적인 것과 주부관상(infused contemplation) 또는 예언자다운 해방의 실천과 같은 신비적인 것이 포함된다. 비록 우리 시대는 예언자적인 해방의 실천을 더 강조하고 있지만, 생각보다는 더 자주 주부관상과 해방의 실천이 동일한 사람 안에서 함께 발견되며 그 둘이 한 개의 실체에서 나오는 두 가지 면으로 보일 수 있다(이 점에 있어서 다음의 책이 탁월하다. Johnston 1995, 특히 326-65). 특별히 영광의 연합이라는 이 흐름이 우리 안에서 기르는 덕목은 소망이다. 완성 속에서는 소망할 것이 남아있지 않을 것이라 생각하기 때문에, 이상하게 들릴 수 있다. 그러나 닛사의 그레고리(Gregory of Nyssa)부터 웨슬리(Wesley)를 거쳐 라너로 내려오는 여러 신학자들은 더 깊은 분석을 제공하였다. 그 분석에서 우리는 심지어 완전함의 정점도 더 깊은 곳으로 가는 여정이라는 것을 이해하게 된다(Wesley 1964, 31;

Gregory of Nyssa 1978; Rahner 1984, 253-7; Jenson 1999, 321). 즉 사라지지 않는 이 소망은 몸소 체험한 직접적인 사랑에서 나오는 필연적인 결과인데, 그 사랑은 여전히 더 많은 것을 소망한다.

사랑이라는 성령의 고유한 이름과 본성 안에서 그분을 만난다면, 우리는 더 위대한 사랑을 소망하게 되고, 사랑(Love)이 우리 존재 속으로 더 깊이 침투한 결과 사랑받는 자로서 그 사랑(Love)의 본질 안으로 들어가게 되기를 소망한다. 그 사랑(Love) 자체의 본질은 바로 삼위일체의 "페리코레시스"(perichoresis, 상호 교통)의 신비이다. 이생에서 그리고 아마 다음 생에서도 항상 사랑에 대한 깊은 갈망이 있는데, 이 갈망은 겸손과 소망을 요구한다. 신학적 사유에서 소망이 없어졌다는 것은 이위일체론(binitarianism)의 조짐이 있다는 것이다. 이위일체론에서는 이것이 모두 성령이라는 위격의 사역임을 알지 못한다. 이것은 사랑을 비위격화하고 추상화하는 것이며, 마치 모든 것이 만족한 것처럼 소망을 잃게 만든다.

이러한 흐름의 신학적 양태는 트레시가 사용한 단어로 말하면, 그것은 "예언"이다 (Tracy 1981, 390-404). 예언은 미래의 길흉을 판단하는 것이 아니라 현재에 대한 신학적 분석이지만, 그럼에도 불구하고 종말론적이고 미래를 응시하는 것이다. 이것은 하나님의 미래이며, 바로 성령이다. 예언은 소망이 필요하다. 왜냐하면 이것은 사랑(Love)이 요구하는 희망찬 미래에 대해 현재에서 전하는 설교이기 때문이다. 필자는 이 흐름 안에 있는 자기 초월의 모습을 자기 비판(self-criticism)이라고 이름을 지었다(Hughes 2002, 118-19, 123-6; 세 번째 모습에 이렇게 이름을 붙인 것이 그 논문의 주요 제안이다). 그것은 정화의 길이라는 철저한 집안 청소가 아니라 소망의 어머니인 진정한 겸손의 탄생이다.

우리가 완전히 연합되는 것을 방해하는 모든 결점으로 인해 고통스럽게 되기 때문에, 두 번째 어둔 밤이라는 마지막 정화를 통해 우리는 더 깊은 회개를 경험하고 성도들의 절망을 경험하며 희망 없음과 무력함 속에서 나오는 소망을 경험한다. 이 흐름은 사회적 지위, 젠더, 인종, 계급 등에 대한 다양한 형태의 잘못된 인식과 맞서게 하므로 예언적이다. 만약 예언과 자유의 실천이 진실하다면 이러한 잘못들은 모두 소멸될 것이다. 성령의 영감을 받은 예언은, 하나님의 뜻으로 충만하기 때문에 우리의 모든 계획에서 자유롭다.

그 목적(end)은 신화(theosis), 연합, 정의와 평화의 완벽한 통치 안에서 삼위일체의 내면의 생명 속에 온전히 참여하는 것, 사랑의 지식을 특징으로 하는 하나님을 봄(vision)이다. 이것은 마지막, 즉 텔로스(telos)이지만, 우리는 이것을 가질 수 있는 본성적 능력이 없으며, 우리 자신이 만족해하는 것만을 가지고서는 소망할 수 없는 바람이다. 그것은 마지막에 우리에게 선물로서 우리에게 오게 된다. 다시 말하면, 충만함(*pleroma*)이라는 성별된 완전함 안에 포함됨으로서, 즉 성령의 능력에 의한 위격적 연합을 통해 있게 되는 삼위일체적 생명 자체 속의 상호 내재 안에 포함되는 것으로서 우리에게 오게 된다.

우리와 만물은 영광의 빛에 의해 조명을 받는다. 그 빛은 단지 하나님의 에너지에 불과하지만, 그럼에도 불구하고 그레고리 팔라마스에 따르면 신적이며 신적이게 한다(divine and divinizing)(1983, 71-111). 만약 젠슨의 말이 옳다면, 이 에너지를 하나님의 본질적인 생명으로 가는 것을 가로막는 장애물로 설정하는 것은 팔라마스적 정교회 신학의 결정적인 오류이다(Jenson 1997, 152-3).

그러나 본성적으로는 하나님을 볼 수 없지만, "성도의 교제, 죽은 자의 부활, 영원한 생명"을 통해서 우리의 육신의 눈을 가지고 하나님을 보게 될 것이라고 그레고리 팔라마스가 말할 때, 그 말은 타당하다(Jenson 1997, 229-30; 1999, 338-69). 이것은 우리의 완성과 세상의 완성, 즉 우리가 할 수 있는 일은 없지만(Hughes 2002, 130), 성령이 우리에게 성령의 선물의 결과로 주시는 예정된 마지막에 관한 신비이다.

또한 성령의 임무를 통해서, 우리 안에 있는 이 세 가지 흐름은 각자의 고유한 모습인 진정한 자기 초월로 향한다(Hughes 2002, 126-32). 성령의 역할은 생명의 선물에서부터 우리의 근원이 되는 하나님의 자기 초월의 보편적 반향인 초월적 존재까지 계속된다. 또한 그 역할은 주부관상 안에서의 신비적 연합의 원천이며, 자유를 주는 예언적 활동으로 이끄는 하나님 뜻과 조화를 이루게 하는 원천인 하나님의 씨앗의 내주까지 계속된다. 그러므로 성령은 계속해서 그리고 최종적으로 정의와 평화 안에서 이 땅의 모습을 새롭게 하며 충만한 상태를 성별하는 영이다. 물론 전체는 삼위일체적이지만, 성령은 우리의 것이며 또한 하나님의 것인 미래라는 마지막 말을 얻는다.

우리가 말씀/지혜와 성령의 상호 내재를 공유함으로 인해 성부와의 연합으로 자라갈 때, 어떠한 순간에도 이 세 가지 흐름은 함께 온다. 성령에 의해 우리가 그리스도 안에 있게 됨으로써 우리의 육체가 예수님의 육체와 연합되기 때문에, 우리는 그리스도를 닮아가고 심지어 위격적 연합을 공유하게 된다. 이 사실은 성령의 내주로 인해 완성된다. 즉 성령은 자신의 성전인 우리 몸에 내재하면서, 결혼을 위해서 우리를 미덕으로 꾸며주시고 신적 생명(*zoe*, "조에") 즉 삼위일체 자체의 내적 생명으로 채우신다.

성령의 내주 때문에 삼위 중 어떤 분도 함께 합쳐진 모두이므로(Augustine, *On the Trinity*, 8.15.5), 우리가 삼위일체 안에 있다고 하듯이 삼위 전부가 우리에게 내주하신다고 말하는 것도 타당하다(Bermejo 1989, 113-17). 이 관점을 따른다면, 그리스도인들이 경험하는 영성은 성령에 의해 그리고 인간 및 공동체에 끼치는 성령의 삼위일체적 사역의 영향에 의해 형성된다.

4. 성령의 선물들

은사들(charismata, "카리스마타"), 즉 성령의 전통적인 선물은 이사야 11장의 목록, 팔복, 바울의 목록 특별히 고린도전서 12-14장 등 어떤 출처에서 오든지 간에, 그것에 관해서는 마지막에 말하는 것이 순서에 맞다. 웨슬리안 성결 운동(Wesleyan Holiness)에 기원을 둔 오순절/은사 운동은 아마도 다른 어떤 세력보다 성령의 활동적 교리를 회복하는데 더 많은 일을 해왔다. 이 글에서 취한 관점에서 보자면, 개인의 영적 선물은 무계획적으로 배달된 연관 없는 것들의 꾸러미가 아니다. 최고의 영적 선물이 있는데 그것은 성령 자신의 내주이다.

개인적 선물들은 이 최고의 선물이 개인들에게 끼치는 영향이며, 성령의 임무의 삼위일체적 모습의 전부분에 분포한다. 신학적인 덕목과 같은 것들 그리고 성령의 열매뿐 아니라 팔복은 성령 충만한 자들의 유산인데, 그것을 향해 우리 모두는 다양한 속도로 성장해간다. 이 선물들은 개인을 단장하기 위한 것일 수 있지만, 또한 우리 각자를 잘 단장해서 성도의 교제와 하나님의 나라에 알맞은 자로 만들어간다.

그런데 성경과 전통을 보면, 기도와 목회적 재능과 같은 바울이 말하는 은사는 어느 때에도 받을 수 있지만 오로지 개인만을 위한 것이 아님은 분명하다. 대신에 이 은사들은 성령의 경륜적 사역, 특별히 세상 속에서 그리스도의 몸을 세우는 것을 돕기 위해 받는 것이다(다음의 책들은 성령 사역의 교회적 차원에 대한 권위있는 작품이다. Bermejo 1989, 326-72; Callen 2001, 116-88; Congar 1983, vol. 1, 3-64).

성령의 삼위일체적 임무라는 넓은 계획 안에 그 선물에 관한 질문을 두게 되면, 서양 기독교 영성의 주류 안에서 누락된 주제를 복원할 수 있는 기회를 가질 뿐만 아니라 자유로운 성령/웨슬리안/오순절 안에 있는 일부 잘못된 경향을 교정할 기회를 가질 수 있게 된다. 이것이 우리로 하여금 다시 보게 하는 것은, 기독교 신학의 관점에서 영성이란 단순히 말하면 성도 안에서 활동하고 있는 내주하는 성령에 대한 묘사이다. 그 성령은, 우리 모두가 예정된 성례적 충만함으로 향해갈 때, 우리와 세상 속에서 삼위일체적 임무를 완성한다.

참고문헌

Augustine 1991: *On the Trinity*, trans. E. Hill. Brooklyn: New City Press.

Bermejo, L. M. 1989: *The Spirit of Life: The Holy Spirit in the Life of the Christian*. Chicago: Loyola University Press.

Brown, R. E. 1970: *The Gospel According to John*, vol. 2. Garden City, NY: Doubleday.

Bulgakov, S. 2004: *The Comforter*, trans. B. Jakim. Grand Rapids, MI: Eerdmans.

Callen, B. L. 2001: *Authentic Spirituality: Moving beyond Mere Religion*. Grand Rapids, MI: Baker Academic.

Calvin, John 1960: *Institutes of the Christian Religion*, ed. J. T. McNeill, trans. F. L. Battles. Philadelphia: Westminster Press.

Chan, S. 1998: *Spiritual Theology: A Systematic Study of the Christian Life*. Downer's Grove, IL: InterVarsity Press.

Congar, Y. 1983: *I Believe in the Holy Spirit*, 3 vols, trans. D. Smith. New York: Crossroad Herder.

Dunn, J. D. G. 1983: Spirit, Holy. In G. S. Wakefield (ed.), *The Westminster Dictionary of Christian Spirituality*, pp. 357-8. Philadelphia: Westminster.

Farrelly, M. J. 1993: Holy Spirit. In M. Downey (ed.), *The New Dictionary of Catholic Spirituality*, pp. 492-503. Collegeville, MN: Liturgical Press.

Gregory of Nyssa 1978: *The Life of Moses*, trans. A. J. Malherbe and E. Ferguson. New York: Paulist Press.

Gregory Palamas 1983: *The Triads*, trans. N. Gendle (intro. J. Meyendorff). New York: Paulist Press.

Herron, A. I. C. 1983: *The Holy Spirit: The Holy Spirit in the Bible, the History of Christian Thought, and Recent Theology*. Philadelphia: Westminster.

Hughes, R. D., III 2001a: Retrieving and reconstructing "justification by grace through faith": some disturbing questions. *Sewanee Theological Review* 45 (1), 51-71.

——. 2001b: Starting over: the Holy Spirit as subject and locus of spiritual theology. In R. B. Slocum (ed.), *Engaging the Spirit: Essays on the Life and Theology of the Holy Spirit*, pp. 85-102. New York: Church Publishing (orig. pub. in *Anglican Theological Review* [2001] 83, 455-72).

_____. 2002: A critical note on two aspects of self-transcendence. *Sewanee Theological Review* 46 (1), 112-32.

Jenson, R. W. 1997: *Systematic Theology*, vol. 1: *The Triune God*. Oxford: Oxford University Press.

_____. 1999: *Systematic Theology*, vol. 2: *The Works of God*. Oxford: Oxford University Press.

_____. 2001: Reply to Robert Hughes. *Sewanee Theological Review* 45 (1), 72-4.

Johnson, E. A. 1996: *She Who Is: The Mystery of God in Feminist Theological Discourse*. New York: Crossroad.

Johnston, W. 1995: *Mystical Theology: The Science of Love*. London: HarperCollins.

Jones, A. W. 1985: *Soul-making: The Desert Way of Spirituality*. San Francisco: Harper and Row.

Kärkkäinen, V-M. 2002: *Pneumatology: The Holy Spirit in Ecumenical, International, and Contextual Perspective*. Grand Rapids, MI: Baker Academic.

LaCugna, C. M. 1991: *God for Us: The Trinity and Christian Life*. San Francisco: Harper.

Lampe, G. W. H. 1977: *God as Spirit*. Oxford: Oxford University Press.

Lossky, V. 1974: *In the Image and Likeness of God*. Crestwood, NY: St Vladimir's Seminary Press.

_____. 1976: *The Mystical Theology of the Eastern Church*. Crestwood, NY: St Vladimir's Seminary Press.

McDonnell, K. 2003: *The Other Hand of God: The Holy Spirit as the Universal Touch and Goal*. Collegeville, MN: Liturgical Press.

McIntosh, M. A. 1998: *Mystical Theology: The Integrity of Spirituality and Theology*. Oxford: Blackwell.

Macquarrie, J. 1977: *Principles of Christian Theology*, 2nd edn. New York: Charles Scribner's Sons.

May, G. G. 1988: *Addiction and Grace*. San Francisco: Harper and Row.

_____. 1992: *Care of Mind, Care of Spirit: A Psychiatrist Explores Spiritual Direction*. San Francisco: Harper.

_____. 2004: *The Dark Night of the Soul: A Psychiatrist Explores the Connection between*

      Darkness and Spiritual Growth. San Francisco: Harper.

Moltmann, J. 1967: *Theology of Hope: On the Ground and the Implications of a Christian Eschatology*, trans. J. W. Leitch. New York: Harper and Row.

More, H. 1662: *Enthusiasmus triumphatus*, repr. edn 1966. Los Angeles: William Andrews Clark Memorial Library, University of California.

Pseudo-Dionysius the Areopagite 1987. *Works*, trans. C. Luibheid. New York: Paulist Press.

Rahner, K. 1963: *The Church and the Sacraments*. New York: Herder and Herder.

_____. 1967: Reflections on the problem of the gradual ascent to Christian perfection. In *Theological Investigations III: Theology of the Spiritual Life*. London: Darton, Longman, and Todd.

_____. 1979: *The Spirit in the Church*, vol. 1: *Experiencing the Spirit*, trans. J. Griffiths; vol. 2: *The Charismatic [Dynamic] Element in the Church,* trans. W. J. O'Hara. London: Sheed and Ward.

_____. 1984: *The Practice of Faith: A Handbook of Contemporary Spirituality,* ed. K. Lehman and A. Raffelt. New York: Crossroad.

Sheldrake, P. 1998: *Spirituality and Theology: Christian Living and the Doctrine of God*. London: Darton, Longman, and Todd.

Taylor, J. V. 1972: *The Go-between God: The Holy Spirit, The Church, Eschatology*. London: SCM Press.

Thomas, O. C. 2000: Problems in contemporary Christian spirituality. *Anglican Theological Review* 82, 267-81.

_____. and Wondra, E. K. 2002: *Introduction to Theology*, 3rd edn. Harrisburg, PA: Morehouse.

Tillich, P. 1959: *Theology of Culture*, ed. R. C. Kimball. New York: Oxford University Press.

_____. 1963: *Systematic Theology*, vol. 3. Chicago: University of Chicago Press.

Tracy, D. 1981: *The Analogical Imagination: Christian Theology and the Culture of Pluralism*. New York: Crossroad.

Weil, S. 1973: *Waiting for God.* New York: Harper and Row.

Wesley, J. 1964: *John Wesley*, ed. A. C. Outler. New York: Oxford University Press.

제13장
기독교 영성과 인간에 관한 신학

필립 엔딘(Philip Endean) 박사
옥스퍼드대학교 신학부 교수

우리가 제대로 듣기만 한다면, 복음은 우리를 뒤엎는다. 복음은 우리의 생각과 우리 자신에 관한 인식을 변화시킨다. 복음은 인간이 되는 것이 무엇인지에 관해 두 가지 점에 있어서 놀라움을 준다. 아마 17세기 새뮤얼 크로스먼(Samuel Crossman)보다 이것을 더 잘 설명한 사람은 없다.

> 나의 노래는 알려지지 않은 사랑의 노래.
> 나에게 베푸신 구세주의 사랑.
> 사랑스러운 자가 되도록
> 사랑 없는 자에게 주신 사랑.
> 오 내가 누구이기에,
> 나를 위해서
> 나의 주님은 연약한 육신을 입고 죽으셨네.

찬송가의 편집자는 이 절 마지막에 있는 구두점에 대해 결정을 해야만 한다. 그것은 물음표일 것이다. 그리스도의 성육신과 죽음은 우리가 어떤 존재인지에 관해 궁금하게 만든다. 또한 그것은 느낌표일 수 있다. 우리는 일어났던 놀라운 변화 때문에 우리가 어떤 존재가 되었는지에 관해 감탄한다. 이 문장은 마침표로 끝나는 평서문은 될 수 없다.

여기서 말한 문학적 쟁점은 신학적 진리의 본성에 관한 매우 중요한 핵심을 반영한다. 필자가 제안하건데, 만일 영성과 신학이 어떻게 관련되는가에 관한 질문을 현명하게 다루려면 이것은 완전히 이해되고 고려되어야 할 핵심이다. 대부분의 신학자들은 종종 머리말, 여담, 결론에서 엄숙하고 무미건조한(apophatic) 표현을 사용하고 놀라움의 느낌을 거의 드러내지 않는다. 또한 그들은 자신의 일을 수행하는 방법에 조직적으로 영향을 주지만 통제할 수는 없는 실재에 관해 글을 쓰고 있다는 인식을 거의 드러내지 않는다. 신학의 진리를 표현하는 가장 중요한 진술 방식은 정보를 제공하는 진술 방식이 아니다. 신학은 감탄하고 질문하게 만드는 신비로 우리를 개방한다. 위의 진술 방식이 전달하는 정보는 진정하지만 부차적인 것이다. 놀라움과 궁금함의 반응을 불러일으키는 것이 진짜(real)이다.

여기서 말하고 있는 것은, 확실히 신학자가 "기독교 인간론"(Christian anthropology)이라고 별스럽게 부르는 것, 즉 은혜와 죄, 인간의 시작과 완성, 몸과 영혼, 개인과 공동체에 관한 신학을 훨씬 뛰어 넘는다. 삼위일체, 기독론, 교회에 관해서도 마찬가지다. 기독교가 제기하는 질문은 "내가 누구인가?"만이 아니다.

창조주이며 존재하는 모든 것을 지속하게 하는 분이지만, 또한 인간 안에, 창조 안에 임재하시는 하나님은 누구인가?

하나님과 하나이면서 완전한 인간이 되어 십자가의 죽음도 받아들이신 예수 그리스도는 누구인가?

성령의 전이면서 동시에 오류에 빠지기 쉬운 초라한 인간의 집합체인 교회는 무엇인가?

기독교의 진리는 기독교가 제공하는 설명에 있기보다는 그 진리가 제기하는 질문에 있다(Vass 1968, 130; Lash 1973, 177). 진리의 확신은 단순히 신조(creed)의 선포에 있지 않고, 그 진리 뒤에 있는 질문들이야말로 의미 있으며 현명한 질문이라는 확신 속에 있다.

어떻게 죽음이 생명으로 이어질 수 있는가?

어떻게 특정한 장소에 집중된 계시가 온 우주에서 결정적으로 중요할 수 있는가?

어떻게 무한한 창조주이신 하나님이 당신의 뜻을 거스르는 피조물 안에 계시는가?

로욜라의 이그나티우스(Ignatius of Loyola)가 죄에 관해 설명할 때, 그 설명의 절정이 "마음에서 우러나오는 경이의 탄성" 안에 있다는 사실은 이 문맥에서 매우 중요하다.

> 모든 피조물들에 대해 성찰하면서 어떻게 그들이 나를 살려두었고 지켜 주었는지를 생각하며 [마음에서 우러나오는 경이의 탄성을 올리는 것이다.] 천사들은, 하나님의 정의의 칼이면서도, 어떻게 나 때문에 고통을 겪고 나를 지켜 주었으며 나를 위해 기도해 왔는지, 성인들은 나를 위해 얼마나 간구하고 기도

해 왔는지, 그리고 하늘과 태양, 달과 별의 자연의 모든 요소들, 열매들과 새들과 물고기와 짐승들은 어떻게 나를 살도록 두었으며, 또 땅은 갈라져서 나를 집어 삼키고 새로운 지옥들을 만들어서 그 안에서 영원히 벌을 받도록 하지 않았는지를 생각한다(Ignatius of Loyola 1996, no. 60).

기독교 진리에 관한 진술들이 틀렸다거나 만족스럽지 못하다는 것이 핵심이 아니다. 만약 그것들을 낳게 한 질문과 투쟁에 관한 인식 없이 단순히 사실로만 제시한다면, 오해를 줄 수 있다. 필자는 언젠가 인기 있는 로맨스 소설을 탐닉하는 나이 많은 부인을 알고 있다. 필자는 그녀에게 제인 오스틴의 『맨스필드 파크』(*Mansfield Park*)를 빌려주었다. 그녀가 1장을 다 읽기 전에 필자에게 공모라도 하듯이 말했다.

"이미 무슨 일이 일어날지 알겠어요. 패니가 에드문트와 결혼을 하겠군요. 그렇지요?"

기독교의 주장들 뒤에 있는 인간의 경험적 과정을 언급하지 않은 채, 단순히 그것의 사실적인 주장에 집중하는 것은 마치 단순히 마지막에 누구와 결혼을 하는가 하는 관점에서 위대한 고전 연애 소설을 읽는 것과 같다. 진리를 들을 수 있을 것이다. 그러나 그것을 말하는 방식 때문에 그 진리는 왜곡된다.

칼 라너(Karl Rahner)는 그 점을 에세이 선집(『신학논총』[*Theological Investigation*]) 서문에서 보다 전문적으로 다루었다. 라너는 전통적인 신학, 즉 엄격한 교리 진술(formula)에 단순히 관심을 갖는 것이 주는 황량함에 대해 불평하면서, 과거의 신학에 접근할 때에는 신학의 역사에 공감을 하면서 접근하기를 호소했다.

그것이 한때 울렸던 모든 배음들(overtones)과 함께 그것을 충분히 가까이서 들어야 한다. 그 배음은 그 당시에는 아마 학문적인 신학의 명확한 신조는 아니었다. 오히려 설교, 믿음, 그리스도인의 삶의 울림이었다 … 역사가는 과거에서 온 신학자들과 동행하면서 (물론 그들의 말에 귀를 기울이면서) 연대기적인 과거의 신학이 아니라 실재 그 자체를 응시해야 한다. 실재와 동행하면서 실제적으로 **신학을 해야** 한다 … 강의실의 수업방식은 모든 것을 동일한 수준에 올려놓는다. 그것은 오래된 신학의 숨겨진 에너지에 민감하지 못하다. 그러한 방식은 내재된 채로 남아있는 것, (정확히 말하면 내재되어 있다는 이유 때문에) 거기에서 큰 영향력을 발휘하는 것, 즉 당연하게 여기고 있는 숨겨진 실재를 발견할 수 없다. 그것은 말한 것과 의미한 것 사이, 특별한 문제에 관한 겉핥기식 해결과 본질적인 원리 사이에 있는 대립과 차이를 간과한다. 그것은 부분들을 가질지 모르나 그것 모두를 하나로 묶는 정신을 가지지 못한다(Rahner 1954, 17-18).

확실히 많은 것이 "영성" 뿐만 아니라 "신학"이 의미하는 바에 의존되어 있다. 그러므로 기독교 영성 연구에서 인간에 관한 기독교 신학의 역할에 관해 말하기 전에, 우리는 바로 그 질문의 기초가 되는 전제를 탐구할 필요가 있다. 필자는 인간에 관한 기독교 신학을 가르치고 연구하는 것이 무엇을 의미하는지에 관해 하나의 입장을 제시하겠다.

왜 우리는 아직도 고전적인 신학 텍스트들, 가령 루터의 『그리스도인의 자유』(the Freedom of a Christian), 트렌트 공의회의 의인에 대한 신조, 반(反)펠라기우스적인 어거스틴의 글과 관련되어있어야 하는가?

우리가 원죄나 몸의 부활과 같은, 규범이 되는 신학적 문제를 다시 돌아볼 때 무엇을 얻을 수 있을까?

조심스럽게 말하지만, 신학과 영성의 관계에 대한 현재의 많은 논의들은 필자가 앞으로 설명하는 것보다는 더 협소하고 빈곤한 신학적 관점에 서있다. 그런데 필자의 설명은 일반적으로는 신학교에서는 적합하기 때문에 영향력이 있겠지만, 신학에 내재하는 바탕에서 본다면 당연히 비판받을 수 있을 것이다. 이러한 기초에서 필자는 다음과 같이 제안하겠다.

"영성"에 대한 관심을 가장 잘 이해하는 것은, "신학"이 접근 못하는 하나님과 인간에 관한 이론의 필요성을 지적하는 것에 있는 것이 아니라 신학의 규범적 절차 안에서 갱신이 필요하다는 점(확실히 지금은 쓰라린 필요지만)을 지적하는 것으로 이해하는 것이다. 그러할 때 사물의 본성상, 영성에 대한 관심은 계속 유지될 것이다.

"영성"에 대한 담화을 가장 잘 이해하는 것는, 신학자들에게 그들의 책임을 상기시켜주는 것이라고 이해하는 것이다. 더 정확하게 말하자면, 신학자들의 책임은 계속되는 인간과 하나님과의 계속되는 관계로부터 배우며, 이 관계를 증진하고 육성하는 방향으로 글을 쓰고 가르치는 것이다.

그러한 점들이 확립되었을 때, 비로소 우리는 은혜에 관한 교리적 고찰이 어떻게 영성 연구에 기여할 수 있는지를 질문할 수 있다. 필자는 세 가지 주요한 역할을 제안하겠다. 그것은 상황을 구체화하는 역할, 진리에 관한 질문을 제기하는 역할, 비전을 넓히는 역할이다.

1. 신학과 인간 존재

"나의 노래는 알려지지 않은 사랑의 노래."

인간이, 알려지지 않은 사랑이 가득한 능력, 우리를 사랑스러움으로 변화시키는 그 능력을 직면한다는 것은 어떤 의미일까?

기독교는 그리스도의 구원, 해방의 경험, 그리고 이 사실에서 유래한 은혜, 의인, 거룩함의 교리로 시작한다. 그런데 이 교리들은 필연적으로 그 변화가 일어나기 전의 인간 상태에 관한 이야기로 우리를 돌려보낸다. 그것은 원죄와 실제적인 죄에 관한 교리와 인류의 최초의 창조 때 가졌던 하나님의 목적에 관한 이야기이다. 그리스도 안에 있는 생명을 지금 여기에서 그리스도인이 경험한다는 것은 또한 우리의 미래에 관한 질문을 불러일으킨다.

은혜가 주는 새로운 생명 안에서 성장한다는 것은 어떤 의미인가?

지금 우리의 삶이 이와 같다면 우리의 궁극적 운명을 어떻게 이해해야 하는가?

에스겔이 우리가 새 마음과 새 영을 받게 되리라는 것을 말할 때(겔 36:26), 바울이 새로운 창조를 말할 때(고후 5:17), 그 말의 익숙함과 그것의 신앙적 힘 때문에 개념적인 문제점이 감추어진다. 예를 들면, 새로운 창조가 어느 정도 옛 창조와 연속성이 있게 된다면 이것은 실제로는 "새롭지" 않다. 또한 연속성이 없게 될 경우 복음은 우리에게 좋은 소식이기를 그만두고, 어떤 다른 피조물에게 일어나는 일에 대한 보고로 변질된다. 그 피조물은 우리와 닮았을지 몰라도 우리와는 다른 존재이며, 어떤 의미에서는 더 이상 인간이 아니다. 기독교 신학은 우리를 참여시켜 이 딜레마와 씨름하게 했다. 그리스도가 우리 안에 살고 우리가 그리스도 안에 있다는 기독교의 언명은 어떻게 신적인 작용과 인간적 작용이 연관될 수 있는지에 관한 질문을 좀 더 근본적인 방식으로 제기한다. 그러므로 기독교는 은혜와 자유에 대한 질문들을 계속해야 한다. 또한 하나님이 그리스도 안에서 하신 일이 하나님의 처음 창조와 어떻게 관련되는지에 관한 질문(자연[nature]과 은혜의 문제)을 계속해야 한다.

은혜와 자유의 문제에 대한 해결책들은 의지의 속박이라는 강한 교리로부터, 우리는 은혜 아래에서 자유로운 채 있다는 점을 구체화하는 시도들까지 다양하다. 구원과 창조에 관한 질문은 다양한 반응들을 초래한다. 그리스도 안에 있는 하나님의 활동을 강조해서 처음 창조를 대신한다는 대답부터, 처음부터 창조 안에 주어진 원복(original blessing)이라는 낙관적인 확신까지 다양한 반응들이 있다. 더 일반적으로 말하자면, 그 문제는 실재에 관한 신학적 설명과 과학이 내놓는 설명 사이의 관계에서 나온다.

신학은, 가령 심리학이나 고생물학이 제공하는 것과 계속 경쟁하면서 대안이 되는 설명을 제시하고 있는가?

또는 우리는 신학과 과학이 양립하고 보완적이라는 비전을 발전시켜나갈 수 있을까?

더욱이 구속과 창조에 관한 질문은 틀림없이 죄에 관한 문제를 제기한다. 사람들이 그리스도를 "구세주"로 경험한다는 것은 우리가 어떤 것으로부터 구원받을 필요가 있다는 사실을 암시하는 것이다. 그리고 만약 그리스도의 구원의 역할이 보편적으로 확장된다면, 문제가 되고 있는 죄는 근원적이고 보편적인 것임에 틀림없다. 그래서 전통 안에서는 대부분 인간 조건을 부정적으로 보는 경향이 있다. 인간에 관한 기독교 신학은, 신학이 인간의 기원에 관해 말하기를 원하는 것과 말할 필요가 있는 것 그리고 과학이 알려주는 설명 사이의 관계를 고려해야 한다. 일부의 사람들은 진화론이 원죄에 대한 생각의 신빙성을 떨어뜨린다고 믿는다. 반면 어떤 사람들은 화해로 가게 하는 다양한 전략들을 채택한다.

그런데, 그리스도 안에 있는 새로운 생명 경험은 피조물의 과거뿐 아니라 그것의 미래에 관한 사변적 문제를 제기한다. 영성의 고전 작품들은 어떻게 피조물이 변화하며, 성장해서 그리스도를 닮게 되는지를 설명함으로써 조직신학 안에서 적절한 자리를 차지하고 있다. 또한 우리는 기독교가 인간 존재와 그들의 궁극적 미래에 대하여 진술하고 있는 것들, 특별히 죽음 후의 삶을 고찰할 필요가 있다.

우리는 어떤 기반 위에서, 당연히 접근할 수 없는 실재에 대해 말할 수 있을까?

마지막에 일어날 네 가지 중요한 것 즉 죽음, 심판, 천국, 지옥에 관해 무엇을 말할 수 있을까?

연옥이라는 개념은 변호할만한가?

인간에 관한 기독교의 설명 속에 있는 주요 문제들은 넓은 견지에서는 서구 문화 속에 있었던 논의들을 반영한다. 자유와 결정론에 관한 문제를 제외하고도, 인간은 어떤 존재인가에 관한 다른 질문들이 있는데, 이것들은 확실히 특별한 신학적 비전을 형성하게 만들지만, 그 질문에 관해서 기독교가 결정적으로 가르친 것은 없다. 이 질문 중 하나가 정신(mind)과 몸(body)의 문제이다. "영혼"을 언급하고 있는 다른 교리들뿐만 아니라 죽음 이후의 삶에 관한 기독교의 믿음이, 인간 의식의 본질과 이것이 몸과 독립될 수 있는지에 관해 오랫동안 결론이 나지 않는 철학적 논의 속으로 흘러들어갔다. 이 논의는 최근 신경과학과 인공지능의 발전으로 새로운 전환을 맞게 되었다.

개인과 사회의 관계도 똑같이 논쟁 중이다. 많은 전통적인 기독교 신학에서는 개인과 그 개인을 구원한다는 관점에서 논의를 하고 있다. 그러나 우리는 타인과 관계를 맺고 있어야만 인간일 수 있다고 말할 수 있다. 이 경우에는 구원은 집단적이어야 하며, 그렇지 않다면 구원은 없다. 더 최근에 우리는 젠더(gender)의 역할에 더 관심을 두게 되었으며, 이데올로기적 왜곡에 대해 의문을 제기하게 되었다. 이론의 여지가 있지만, 주류신학 전통을 남성, 실제로는 특권을 가진 남성들이 배타적으로 만들어왔기 때문에, 그 결과 오직 주변인의 경험에 의해서만 배울 수 있는 지혜를 편입하지 못했다. 아마 우리의 신학의 범주는 철저히 개혁될 필요가 있다.

서구 문화뿐 아니라 특별히 기독교 교회도 이와 같은 이슈들에 관해 의견 일치에 결코 이르지 못했다. 그러므로 인간에 관한 기독교 신학은, 가령 기독론, 삼위일체론보다는 필연적으로 훨씬 다원적이다. 선택들이 가장 명확해지는 곳은 아마도 종말론의 영역일 것이다. 즉 우리의 임무를 미래에 투영하게 되면 그것의 함축된 의미들이 드러나게 한다. 자유에 관한 질문은 예정론에 대한 논의에선 본질이 될 수밖에 없다.

영혼에 관한 질문은, 우리가 죽음 이후의 삶이 어떠한지 그리고 몸과 분리된 인간의 영혼이 있는가 하는 것을 고려할 때 문제가 되기 시작한다. 보편 구원에 대한 현재의 논쟁은 두 가지 문제에 달려있다.

첫째, 피조물은 얼마나 그리고 어떻게 창조주의 뜻을 거스를 수 있는가?

둘째, 인간 개성(identity)은 얼마만큼 관계있는가?(왜냐하면 만약 인간이 종국적으로 하나님의 생명으로 부활한다면, 인간과 관련된 일관된 설명에 따르면 우리 모두는 하나님의 시간 안에서 그분에 참여한다고 주장하고, 우리를 보편주의의 한 형태로 나아가게 할 것이기 때문이다)

2. 추론적 논쟁을 넘어서

독자들이 짜증을 낼 수도 있었겠지만, 인간에 관한 기독교 신학의 이야기를 주로 의문문으로 써 보았다. 앞서 인용한 칼 라너의 주장을 따라서 필자는, 신학 연구는 어떤 질문을 생동감 있게 유지시켜야 한다고 생각한다. 그것이 맺는 가장 적절한 결실은 교육 관료가 좋아하는 "측정 가능한 결과물"이 아니며 근본주의적 교리교육이 추구하는 특별한 일단의 신념에 대한 헌신도 아니다. 그것은 기독교 계시가 해결하지 않은 채 남겨둔 질문과의 친숙함 속에서 일어나는 성장과 지속되는 유식한 무지이다.

그러므로 신학 연구는 단순히 "옳은" 해답을 얻는 문제가 아니라 영원히 풀지 못하는 질문을 시작하는 것이다. 만약 우리가 신학과 "영성"이라는 새로운 학문 분야 사이의 관계를 현명하게 고려하려면, 만약 영성이 "결론"이나 "함축된 의미"를 도출할 때 그 원천이 되는 것이 신학이라면, 우리는 이것 때문에 발생하는 어려움을 넘어서서 나가야 할 필요가 있다. "신학" 자체가 너무 자주 실험 과학인 양 제시되고 있다. 생물학이 살아있는 유기체에 관한 사실을 제공하거나 사회학이 사회 속 인간 삶의 역동성에 관한 진리를 산출하는 것과 같은 방법으로 신학이 하나님에 관해 그리고 창조세계를 다루는 하나님의 방식에 관해 발견한 것을 전달하고 있다고 착각한다.

만약 이렇게 되면, 영성과 신학에 관련된 논의들이 딜레마가 있는 것처럼 보이게 된다. 즉 한편으로는 기독교 영성 연구는 단지 기독교 신학 아래에 있는 한 부분에 불과할 뿐이어서 영성을 용인할 수 없을 만큼 빈곤하게 만든다. 또 한편으로는 영성 연구는 신학 분야와는 다른 어떤 것이 될 수 있다. 이렇게 되면 기독교적 정체성이나 지적인 진지함 또는 이 둘 모두를 의심받게 된다. 그러나 기독교 신학이 전하는 사실이 단지 우리를 경이로움으로 나가게 해주는 어떤 것이라면, 우리는 영성의 정체성에 관한 질문을 다른 방법으로 접근할 수 있게 된다.

영성의 이해는 아직은 초보 수준이며, 여전히 정체성을 확립하기 위해 노력하고 있다. 영성의 이전 역사는 복잡하다. 로마 가톨릭 및 그 밖의 가톨릭 전통 안에서는 적어도 20세기 초 이후부터는, 다양한 모습으로 거룩한 삶을 살았던 뛰어난 인물들이 쓴 기도 중심의 텍스트들을 연구해왔다. 제2차 바티칸 공의회의 갱신, 특별히 "거룩함으로의 보편적 부름"을 강조하는 『교회 헌장』(Lumen gentium) 속에서 발전된 사상에 영감을 받으면서, 이러한 연구는 확장되었다. 항상 그렇듯이 테레사, 이그나티우스, 줄리안의 글을 꼼꼼하게 읽어보면, 그들은 단순히 성별된 삶 또는 기도라고 부르는 그리스도인의 활동에 관한 특별한 생각들을 전한 것이 아니라 전체로서의 그리스도인의 삶에 관한 비전을 전달하고 있다는 것을 알게 된다.

비록 관습화되지 않고 체계적이지 않은 장르지만 그 안에서 그들은 인간이 된다는 것이 무엇인지에 관한 신학적 설명을 제공하고 있다. 제2차 바티칸 공의회는 사람들에게 이 점을 진지하게 인식할 수 있게 해줬다. 더욱이 그들은 그 공의회를 통해 경계가 많이 개방되었다는 인식을 가지게 되었다. 그 결과 새로운 교회일치적 접촉과 종교 간(interfaith) 접촉이 생겨나게 됐으며, 또한 하나님에 관한 학문적 고찰에 더 경험적인 접근을 하게 되면 종래의 신학에 있던 차이점으로 인해 초래한 불편한 갈등을 넘어설 수 있으리라는 생각을 암묵적으로 승인하게 되었다.

"영성"에 대한 이전 접근에 내포된 엘리트주의를 반대한다는 토대 위에 세워졌던(Allik 1993, 784) 개신교 전통들은 영적 갱신에 관해서 열정적이며 에너지가 넘치는 가톨릭 프로그램과 접촉하면서, 그 안에서 건조한 지성주의에서의 해방을 발견한 것 같다. 제도적으로 영성 프로그램들은 신학 프로그램들로부터 자율성을 가지고 발전하면서, "경험으로서의 종교적 경험에 관한 연구"에 집중했다. 즉 도덕과 목회 영역 어딘가에 있었던 중요하지 않은 신학의 하위 분야였으며, 주로 수도회의 회원들이 일구었던 이것이 자신만의 영역을 가진 연구 분야가 되었다.

이 같은 영성적 비전의 배경 중 가장 지속적이고 영향을 미친 진술은 페미니스트 성경학자인 샌드라 슈나이더스(Sandra M. Schneiders)에게서 나왔는데, 그녀는 1980년 중반부터 계속해서 중요한 일련의 글들을 써오고 있다. 슈나이더스는 캘리포니아 버클리에 있는 연합신학대학원(Graduate Theological Union)에서 프로그램 개발의 주역을 맡고 있는 인물이다. 그녀는 대화를 지속하면서 자신의 입장을 발전시켜나갔지만, 계속해서 단호하게 신학과 영성의 상대적 독립을 끝까지 고수했다.

> 영성이 자율적인 분야를 가진 채 신학과 제휴하고 상호적으로 기능한다는 입장이 가장 설득력 있으며 명확하다(Schneiders 1989, 689).

> [신학적 접근은,] 예를 들면 다른 세계 종교 또는 페미니즘에서 온 요소들을 기독교 영성에 통합해서 고전적인 에큐메니컬 대화 혹은 종교 간의 대화를 넘어서게 하는 것과 같은, 지금의 영성의 무대에서 가장 흥미로운 현상에 관한 연구를 배제하거나, 적어도 일부를 떼어내 버린다(Schneiders 1994, 11-12).

그녀가 말하기를, 신학적 접근은 또한 무엇이 진정한 영성인가에 대해 "내가 보기에 현재의 기독교 영성이 가지는 다양성과 폭에 비해서 너무 제한적인"(1994, 12) 규범과 기준을 두려는 경향이 있다고 한다. 슈나이더스는 확실히 "영성"은 신학의 통제 하에 있는 것이라는 접근에 대해 염려한다. 이러한 접근에서 잃게 되는 것은,

> 나머지 생생한 경험으로서의 영성이며, 신학적 분석으로는 감지할 수 없는 것 가령 심리학, 사회학, 예술, 과학 등의 분석에서 파악할 수 있는 모든 것

이다. 예를 들어 십자가의 요한(John of the Cross)의 은혜와 빙엔의 힐데가르트(Hildegard of Bingen)의 은혜는 신학적으로 서로 다르지 않다. 그들의 영성의 차이점은 젠더, 기질, 나이, 경험적 배경, 역사적 정황 등과 같은 요소에서 생겨난다. 이것들은 신학적 분석이 파악할 수 있는 특질이 아니므로, 영성에 관해 완전히 신학적 연구만 하게 되면 이것들은 제외된다(Schneiders 1998, 5).

슈나이더스는 학문의 다원적 비전을 옹호하는 것 같다. 이 비전에서는 어떤 사람들은 아빌라의 테레사(Teresa of Avila)의 신비적인 기도를 은혜의 신학의 관점에서 연구하겠지만, 다른 사람들, 즉 진정한 영성 연구가는 "신학적 관점뿐만 아니라 심리학, 정신의학, 예술, 문화, 문학의 관점에서" 그녀의 신비 경험을 묻게 될 것이다(Schneiders 1998, 6).

영성 연구에 있어서 신학의 역할에 관해 여기서 하는 질문은, 신학이 순수한 신학적 활동보다는 더 폭넓은 지적 활동에는 단지 제한된 기여만을 한다는 관점에서 제기되는 듯하다. 만약 우리가 영성을 단지 신학이 인간에 관해 말하는 것의 일부라고 이해한다면, 우리는 기독교 영성을 연구하는 것이 무엇인가에 관해 매우 빈곤하고, 추론적인 설명을 얻게 될 것이다. 이러한 설명은 십자가의 요한과 힐데가르트를 또는 베르디(Verdi)의 진혼곡(requiem)과 포레(Fauré)의 진혼곡을 사실상 똑같다고 설명하는 꼴인데, 이것은 매우 터무니없다. 그러므로 우리는 영성 연구를 신학이 추구하는 것보다는 더 넓고 포괄적인 활동으로 여겨야 한다는 것이다.

슈나이더스는 세 가지 중요한 점에서 신학과 영성을 대조한다.

첫째, 신학은 영성이 하지 못하는 어느 정도 적합한 규범적 기준을 부과한다.

둘째, 영성은 신학보다는 더 넓은 범위와 관련된다.

셋째, 영성은 학제간 연구인 반면 신학은 훨씬 단일한 연구이다.

그런데 만약 신학을 제대로만 하면, 이 대조들 중 어느 것도 정당하지 않은 것 같다. 슈나이더스가 신학자들을 비판하기를, 그들은 마치 자신들이 명료하게 표현하려 한 대상을 자신들이 믿고 구입하는 것처럼 자기의 일을 할 뿐만 아니라 그 기초 위에서 신앙인이 말하는 것뿐 아니라 성령이 하시는 일을 제한하고 있다고 비판하는 것은 확실히 납득이 간다. 만약 신학을, 정확한 설명을 제공하며 그 기초 위에서 규범과 기준을 부과하는 일이라고 이해한다면, 영성은 이와는 대조적으로 자유로운 어떤 것으로 이해할 여지가 있다. 비록 종교의 권위적 억압과 자신을 합리화시키기 위해 발전시켜온 이데올로기가 부끄럽고 유감스러울지라도, 충분히 정당하다고 인정할 수 있는 중요한 가르침들이 그 표면 아래에 있다.

그런데 필자가 이미 설명했듯이, 신학을 이와 같은 관점에서 이해할 필요는 전혀 없으며 그렇게 하지 않는 것이 오히려 더 좋다. 슈나이더스가 무심코 신학적 "분석"이라고 말했던 것에 유의할 필요가 있다. 분석, 즉 실체가 어떻게 작동하는지 설명하기 위해 그것을 부분으로 나누는 것이 인식의 유일한 방식이 아니다. 그리고 신학적 분석이라는 개념은 용어상으로 거의 모순에 가깝다. 만약 신학이 마치 우리 가운데 있는 하나님의 활동을 분석할 수 있는 것처럼 수행한다면, 그것의 방법과 그것의 주제 사이에서 절망적인 모순에 갇히게 된다. 신학과 인간 경험 사이의 관계는 서로 주도권을 가지는 관계 또는 추론적 제한의 관계여서는 안된다. 옳게 실천할 수 있다면, 신학이란 잠정적 탐구이며 질문을 하는 탐구이다.

신학의 범위와 관련해서, 슈나이더스는 조직신학적 담론의 한계에 관한 명백하고 논란의 여지가 없는 주장에서부터 어떤 것들은 신학의 범위 밖에 존재한다는 훨씬 문제가 있는 주장으로 옮겨가고 있는 것 같다. 만약 신학이, 하나님이 세상을 다루는 것에 관한 학문이라면, 신학은 모든 것에 관해 말하는 **어떤 것**(something)을 가져야만 한다. 더욱이 (비록 이 "신학"이라는 용어가 성경 연구와 기독교 역사를 포함하지는 않는다는 슈나이더스의 암묵적 주장을 받아들이더라도) 만약 표면적으로는 당연히 신학적이지 않은 지적인 방법들, 가령 언어분석, 철학, 역사, 사회 과학 등을 신학이 수용하지 않는다면 신학이라는 것은 생각할 수 없다. "신학"은 **어떤 것**(something)에 관한 신학이다. 이 어떤 것은 필연적으로 다른 용어로 논의하는 것을 허락하고 요구한다. 본질상 **신학**은 절충적(eclectic)이고 학제간 연구적이다. "영성" 분야를 구별하려고 한다면, 이 형용사들(절충적, 학제간 연구적-역주)은 적절히 사용될 수는 없다.

영성을 학제간 연구 활동으로 보는 생각은, 슈나이더스가 든 예들 중 하나를 보면 가장 잘 설명된다. 그녀는 교리적인 것에 관해서는 십자가의 요한과 빙엔의 힐데가르트 사이에는 중요한 차이가 거의 없다고 했는데, 이것은 정확한 지적이다. 더욱이, 비록 이것이 사실이 아니더라도, 단지 교리 신학 안에 있는 표준 관용구를 가지고 이 풍성함과 복잡함을 가진 저자들을 연구하는 것은 별로 유익할 것 같지 않다. 영성 고전을 지성적으로 그리고 신학적으로 읽는 예들이 실제로 너무 많다. 그러나 여기서 문제가 되는 것은 신학과 그 외의 것과의 구별이 아니다. 오히려 적절하지 않으며 단조로운 방식으로 하는 신학과 풍부한 상상력으로 잘 수행하는 신학과의 구별이다.

요한과 힐데가르트는 변화에 대한 자신의 경험을 썼는데, 그들은 다른 사람들도 이것을 따르기를 소망했다. 그들을 연구할 필요가 있는 것은 주로 이러한 이유 때문이다. 영적 지도와 그에 수반되는 것에 관해 어느 정도 정형화된 목회에서, 어떤 사람이 한 위대한 저자에게서 도움을 받을 수 있지만 어떤 저자에게서는 도움을 받지 못할 수도 있다는 사실은 명백하다. 또 다른 예를 들면, 교리의 내용을 전달하는 동일한 가사를 바탕으로 한 음악 작품들은 극적으로 다른 효과가 나타난다. 윌리암스(Vaughan Williams)가 엘리자베스 2세의 대관식 행렬을 위해 작곡한 음악은, 죠셉 젤리노(Joseph Gelineau)가 시편 99편에 붙인 단순한 음색의 음악, 또는 동일한 가사이지만 상당히 다른 두 개의 떼제(Taize) 돌림노래, 또는 동일한 시편의 다성적인 르네상스 모테트(motet)들과는 예전적으로 상당히 다르게 기능한다.

여기서의 문제는, 무엇이 사람들로 하여금 하나님께 응답하는 것을 도와주는가에 관한 판단들이다. 그 판단들은 단지 임의적인 취향의 문제가 아니다. 우리는 어느 정도 판단을 할 수 있으며 또한 그렇게 될 수 있다. 우리는 자주 본능에 따라서 그와 같은 판단을 할 수도 있다. 더욱이 만약 그 이유를 구체적으로 설명하게 된다면, 우리가 사용하게 될 용어는 문학, 심리, 음악 용어가 될 것이다. 이것은 성경이나 교리적 본문에 관한 논쟁이 헬라어 문법의 미묘한 부분들에 의존하는 것과 마찬가지이다. 그런데도, 그러한 판단들이 신학적인 것이 아니라고 주장하는 것은 이상하다. 이 판단을 어떻게 설명하든, 이것은 어떻게 사람들이 하나님께 더 개방되는가와 관련되어 있다.

만약 인간에 관해 이렇게 판단하는 것이 신학적이지 않으면, 어떤 것이 신학적인 것인가?

신학, 즉 신학적 해석은 본질적으로 절충적이다.

그러므로 기독교 영성 연구에 기여하는 신학적 숙고라는 관점에서 생각하는 것은, 그 자체로 문제가 있을 수 있다. "기여"라는 그 개념이 더 좁은 분야(신학)가 더 넓은 분야(영성) 안에서 자기 역할을 하고 있다는 것을 암시하고 있다. 이것이 아무리 나쁜 인습을 정확하게 반영할지라도, 신학의 분야와 소명을 하찮게 만드는 것이다. 그 문제가 요구하는 것은, 억압보다는 오히려 가능성을 주고, "기독교 영성"이라고 부르는 새로운 분야에 제한을 설정하기 보다는 오히려 그것의 특징이 되는 해방과 창조성을 알려주는 것으로서의 신학적 인간론의 통찰이다.

영성의 현현(顯現, manifestation)을 단순히 신학적 원리로부터 추론되어야만 한다고 주장하지 않는다면, 우리는 은혜의 신학을 기독교 영성 연구의 규범으로 이해할 수 있을까?

이 문제에 대해 알아보도록 하자.

3. 신비 입문으로서의 신학

신학을 엄격하게 통제해야 한다는 생각은, 영성에 관한 논의에 있어서 사리분별이 있는 사람이라면 본능적으로 반감을 갖는 미개한 생각이며 누구도 진지하게 받아들일 수 없는 낡은 태도로 보여진다. 이러한 간략한 반감들이 가지는 문제는 이 반감들이 이 충분히 본질적인 것에 근거하지 않는다는 점이다. 이러한 반감은 신학에 관한 저런 관점이 자기모순을 가진 착각이며 실체 없는 유령이라는 점을 보여주지 못하고, 저런 관점을 터무니없이 지속시키는데 공헌할 뿐이다. 이번 항목에서 해야 할 첫 번째 임무는 이 유령을 쫓아내는 일이다.

세계관, 즉 "모든 것에 관한 이론"은 논리 일관되게 제시될 수 없다. 마치 뉴턴 물리학에서 주장하듯이 이것은 실험을 거쳤으며, 중립적이고 객관적인 관찰에 의해 증명된 것처럼 말할 수 없다. 우리는 본성상 삶의 의미에 관한 감각과 무엇이 사물을 존재하게 하는가에 관한 감각을 가지고 있다. 그런데 가설에 의한(ex hypothesi) 이러한 관점이 우리를 통합한다. 우리는 "안에서부터" 그 관점에 참여한다. 전체로서의 실재에 관한 설명, 즉 하나님에 관한 일관성 있는 담론은 자기 참여적(self-implicating)이다.

이것은, 탈근대주의자가 거대 담론에 대해 비난하는 것만큼 강하게 다음과 같은 내용을 주장할 것이다. 즉 의미와 일관성의 궁극적 원리는 인간 정신보다 더 위대한 창조적 작용(a creative agency) 안에 있다. 그리고 그 원리는 본질상 소모적인 정의 맺기를 피한다. 왜냐하면, 하나님의 초월성에 관한 고려는 별문제로 하고서라도, 그것은 아직 끝나지 않은 활동과 관련되기 때문이다. 그것의 언어는 외형만을 갖춘 채, 의문을 계속 던지고, 계속되는 경험에서 오는 내용으로 채워지기를 기다릴 것이다.

우리는 궁극적 실재들을 주장할 수 있겠지만 그것은 단지 영원히 개방된 실재일 것이다. 그러므로 기독교 계시를 우리의 삶이 이러해야 한다는 것을 추론하게 만드는 일련의 원리로 이해해서는 안 된다. 오히려 우리 삶의 불확정성을 평화와 신뢰 속에서 다루도록 권한을 주는 일련의 약속으로 이해해야 한다.

> 기독교 진리의 명확성과 궁극적 확정성은 사정없이 인간을 신비 쪽으로 인도한다. 그것은 인간과 세상의 부분적 요소를 보거나 그것 너머를 보는 것으로부터 오는 그러한 명확성이 아니다(Rahner 1976, 183; 영문판 1978, 181).

게다가, 만약 기독교가 우리와 함께하는 하나님(God-with-us)에 관한 것이라면, 우리가 하나님께 어떻게 응답해야 하는가에 관한 어떠한 설명도 그 자체로는 하나님에 대한 교리의 한 측면이다. 칼 라너가 가르쳤듯이, 우리는 인간에 대해 말하지 않고서 하나님에 대해 말할 수 없다. 또한 하나님에 대해 말하지 않고서 인간에 대해 말할 수 없다 (Rahner 1966, 43; 영문판 1972, 28). 라너의 기도 중 하나는 이 점을 뚜렷이 보여준다.

> 아버지, 당신은 당신의 말씀을 나의 존재 속으로 계속해서 넣어주셨습니다. 그 말씀은 모든 것보다 앞섰고, 모든 것들보다 더 실제입니다. 그 말씀 안에 있을 때에만 모든 현실과 모든 생명은 존재하게 됩니다 … 이 말씀 안에 있어야만 생명이 있습니다. 그러한 말씀이 당신의 활동을 통해, 나의 경험이 되었습니다 (1938, 45).

적어도 기독교가 전제한 것들에 따르면(이 점이 어느 정도 기독교 계시에 **의존**하는지는 흥미로운 질문이지만 그 논의는 생략하겠다), 하나님에 관한 교리(doctrine)와 인간 경험사이에는 어떠한 괴리도 있을 수 없다. 하나님의 실재는 인간 안에서 그리고 인간을 통해 존재하게 된다. 그래서 하나님에 관한 교리는 항상 그리고 영원히 인간 경험에 관한 교리이며, 그 반대도 동일하다.

우리가 궁극적 실재에 관해서 일관된 담론을 할 수 있는 경우가 무엇이 되어야 하는지를 고려할 때, 영성과 신학의 관계에 관한 종래의 설명이 새로운 빛 아래에서 보이게 된다. 왜 영성이 인간 경험의 우연성과 특수성에 개방되어 있는 자기 참여적 분야인지는, 영성이 특별한 종류의 신학 분야인 것과는 아무 관련이 없다. 즉 그러한 특색들은 사물의 궁극적 본성에 관한 지각있는 **모든** 담론의 특성을 드러낸다. 위에서 언급한 인간에 관한 신학의 의문문적인 설명은 더 이상 무미건조하고 특수한 답변으로 들리지 않으며, 앞뒤가 맞는 말이다.

진짜 문제는 지식(knowledge)을 파악하는데 뉴턴 물리학을 붙잡고 평서문적 진술만 진리의 규범적 형태라고 보는 경향이다. 만약 우리가 경험적 관찰이 모든 앎을 위한 패러다임이라고 여기는 생각을 포기한다면, 우리는 또한 형이상학적 담론의 규범적 역할을, 추론을 위한 원천을 제공하는 것이 아닌 다른 어떤 것으로 이해할 수 있다. 이것은 오히려 자유롭고 예측할 수 없는 그래서 영성의 징후가 충만하게 일어날 수 있게 하는 정황을 잘 설명해준다.

그러므로 신학적 진리 속에 있는 일종의 이중성의 그림이 그려진다. 즉 규범적인 원리(principle)와 구체적이고 예측할 수 없는 현상(manifestation)라는 이중성이다. 신학은 혼돈에 질서를 부여하기 위해 있는 것이 아니라 자유롭고 자율적인 과정을 설명하고 용이하게 만들기 위해 있다. 신학이 계속해서 앞으로 나아가기 위해선, 영성 연구를 하게 만드는 관심사들에 대해 개방되어 있어야 한다.

즉 신학의 대상은 엄밀히 말한다면 인간이 여전히 응답을 하고 있으며 여전히 참여하고 있는 신비(the mystery)이다. 신학은 구별 속에서의 일치이다. 즉 단순하지만 보편적으로 유효한 이론과 생동감 있고 독특한 표현 간의 상호 작용이며, 예수 안에 있는 성경적 패턴과 성령 안에 있는 무한하게 많고 다양한 연속 사이의 상호 작용이고, 규범적 원리와 계속되는 경험 간의 상호 작용이다. 칸트의 구절을 응용해보자면, 영성이 없는 교리는 공허하고 교리가 없는 영성은 맹목적이다(Endean 2001, 246-51).

이상적인 세상 속에 있다면, 어느 누구도 신학과 영성을 가까이 접근시키는 문제에 관해 이야기하지 않을 것이다. 왜냐하면 그 세상 속에서는 이 둘의 활동과 원리는 동일한 실재에 관심을 가지기 때문이다. 그것은 우리 가운데 계신 하나님이다. 우리의 논의의 대부분은, 강조하는 것에 있어서의 차이일 뿐이다. 만약 구별을 중시하게 되면, 그때는 둘 다는 아니어도 이러한 지적 활동 중 하나는 잘못 추구되고 있다. 신학과 영성 연구는 신비 입문(mystagogy)에 관한 문제이다. 즉 우리 삶의 실재를 전유해서(appropriate) 이해하고, 이 바탕 위에서 자유로이 그것을 수용하도록 이끌어주는 것에 관한 문제이다. 신학 건축은 전복(subversion)을 통해 계속해서 갱신해야한다. 그런데 "영성"이라고 부르는 새로운 분야는 이 갱신에 중요한 기여를 할 수 있다. 그러한 갱신은 때로는 인습적인 경건에 충격을 줄 것이다. 그러나 갱신은 훌륭한 신학적 행위이다. 충격은, 단지 신학에 대한 왜곡되고 빈약한 설명으로 인해서 영성 연구가 마치 종류가 다른 어떤 것이라는 오해 때문에 일어날 뿐이다.

4. 은혜의 교리와 영성 연구

우리는 이제 어떻게 은혜에 관한 교리신학적 숙고가 영성 연구에 영향을 줄 수 있는가를 직접 질문할 수 있는 입장이 되었다. 여기에서 전개했던 신학에 관한 전제들을 받아들인다면, 아마 신학과 영성이 구별되는 것이 아니라 오히려 교리와 영성이 구별되어 있다. 신비 입문(mystagogy, **이것을** "신학"이라고 부르자)의 지적 과정 속에는, 대충 두 개의 구분이 있을 수 있다.

첫째, 주로 규범적 원천과 원리에 집중하면서 우리들 가운데 있는 하나님의 자기 주심(God's self-gift)의 신학적 신비에 접근하는 방식이다. 다른 말로 하면 이것이 "교리"이다.

둘째, 계속 진행 중인 경험으로부터 시작하는 접근 방식이 있다. 이것이 "영성"이다.

비공식적으로 그리고 잠정적으로, 필자는 인간에 관한 교리적 전통을 연구하는 것이 기독교 영성을 이해하는데 주는 세 가지 중요한 기여를 확인하고 싶다. 그 세 가지는 **정황의 명료성**(articulation of a context), **진리와의 관련성**(concern with truth), **공감의 확장**(extension of sympathy)이다.

그 중 첫 번째는 **정황의 명료성**이라고 간단히 이름 붙일 수 있다. 에카르트(Eckhart) 또는 루스브로엑(Ruusbroec)이 하나님과 영혼의 연합을 탐구하면서 정체성이라는 단어를 사용할 때, 줄리안(Julian)이 어거스틴의 설명에 도전하는 듯한 내용으로 죄에 대해 쓸 때, 학생은 언급되고 있는 중요한 점을 깨닫기 위해서는 그와 같은 주제에 대해 기본이 되는 교리적 설명을 알 필요가 있다. 이그나티우스(Ignatius) 영성을 공부하는 학생이 예수회가 창안한 "만물 안에서 하나님을 발견하기"라는 승리주의적 표현을 알게 되었을 때 더 넓은 신학적 인식이 있다면, 그는 제자들이 자기의 이름으로 모일 때 항상 함께 있겠다는 예수님의 약속을 적은 마태복음 본문을 떠올릴 것이다.

인간적 정황 안에서 신학적 진술을 이해할 필요성에 관해 이미 말했던 것에 비추어보면, **진리와의 관련성**에 관한 질문은 미묘한 특징을 얻게 되고 상대적으로 생각할 수 있을 것이다. 그러나 그 질문을 완전히 없앨 수 없다. 영성의 표현들은 논쟁하고 평가할 수 있는 진리의 주장을 가진다. 제라드 맨리 홉킨스(Gerad Manley Hopkins)의 걸작인 『도이칠란트호의 조난』(*The Wreck of the Deutschland*)은 재난 가운데서도 하나님의 섭리에 붙잡힌 인간의 통찰을 표현하고 있다.

> 나는 당신(thee)을 탄복하며 바라봅니다. 조수(tídes)의 주인이시여.
> 옛 홍수(Yóre-flood)와 송년(yéar's fáll)의 주인이시여.
> 다시 꾸짖으시고(recúrb) 그 해안을 회복시켰습니다(recóvery),
> 그 둘레와 그 곳에 있는 부두(whárf) 그리고 그 성벽(wáll)을.
> 움직이는(mótionable) 마음의 대양(ocean)을 억제하고 누르셨습니다(Stánching, quénching).

존재의 터전이시여(Gróund of béing), 화강암과 같습니다(gránite of it).
무엇보다도 하나님을 붙잡으라(Grásp Gód).
그분은 죽음 뒤에서 왕위에 오르셨다(thróned behínd).
주권을 갖고 주목해보시지만 숨어있으며(héeds but hídes),
예고하시지만 기다리신다(bódes but abídes).

위의 작품은 벤자민 브리튼(Benjamin Britten)의 "전쟁 레퀴엠"(*War Requiem*) 같은 작품에 내재하는 관점과는 다르다. 이 작품은 훨씬 모호하고 불가지론적인 진술 속에서 윌프레드 오웬(Wilfred Owen)의 몇 개의 시들을 레퀴엠과 병치시킨다. 오웬이 플랑드르(Flanders)에 있는 한 교차로에서 십자가상을 우연히 보았을 때, 그리고 브리튼이 그 시를 『하나님의 어린양』(*Agnus Dei*, "아그누스 데이")에 포함시켰을 때, 우리는 예수님의 가르침을 떠올린다. 그러나 희망과 섭리의 질문은 아주 희박하게 표현되었다.

포격을 받았던 길이 갈라지는 곳에 한 사람이 걸려있다.
이 전쟁에서 그도 사지 하나를 잃었다.
그러나 그의 제자들은 뿔뿔이 흩어져 숨는다.
지금은 군인들이 그를 업는다.

골고다 근처에 많은 사제들이 어슬렁거린다.
그들의 얼굴에는 자만심이 서려있다.
그 얼굴은 짐승에 의해 살이 패어졌는데,
그들이 온유한 그리스도를 부인했다.

서기관들이 모든 사람을 밀고 들어가서
국가에 충성을 외친다.
그러나 더 위대한 사랑을 사랑하는 자들은
자신의 삶을 내려놓는다. 그들은 미워하지 않는다.

"전쟁 레퀴엠"의 풍부한 상상의 세계에서, 그리스도인의 희망은 일깨워지지만, 확언되지는 않는다. 오웬의 "무익함"에 관한 질문은 대답을 듣지 못한 채 남아있다.

"오 무엇 때문에 땅의 잠을 깨우려고 / 어리석은 태양빛은 수고하는가?"

이 두개의 관점 중 어느 것이 참인가에 관한 질문이 단순하다고 말하거나, 또는 영성에 대한 이 두 가지 표현에 관한 연구는 주로 그 질문에 집중되어야 한다고 제안하는 것은 경솔하다. 이 두 개의 영적 걸작은 우리의 인간적 공감과 감수성을 확장시킬 수 있고, 언어, 음악, 음향으로 우리의 느낌을 고양시킬 수 있다. 그럼에도 불구하고 여기에서 논의해야 할 신학적 논점이 있는데, 이것은 영성에 관한 어떤 논의에서도 적어도 약간의 역할을 할 것이다.

막연하게 말하자면, 우리는 그것을 서구 종교개혁 기간 동안에 있었던 칭의의 본성에 관한 논의와 관련시킬 수 있다.

그리스도의 은혜에 대한 우리의 확신은, 우리에게 진정으로 선이 있고 그 선이 죄를 명확하게 근절시킨다고 말할 수 있는 그런 것인가?(그것에 반대되는 직접적인 증거가 있음에도 불구하고)

또는 우리의 입장은 더 역설적이고 변증법적인가?

한 번에 그리고 동시에 파괴되고 완전해지는가?

여기서 말하는 요점은, 교리적 진리 문제는 영성 연구와 관련 있다는 것이다. 이것은 교리적 불일치가 마침내 해결될 수 있다는 것을 암시하는 것은 아니다. 그렇다고 해서 그 해결을 더 풍성한 인간적 정황 속에 설정하는 것의 중요성을 부정하지도 않는다. 곤경을 극복하는 수단으로써, 교리적 논점을 다시 구성하는 창조적인 방법을 찾을 필요성은 남아있다. 중요한 점은, 복잡하고 해결될 수 없더라도 진리의 주장들은 영성 연구 과정에서 무시될 수는 없다는 것이다.

세 번째 역할은 아마도 가장 중요하다. 그것은 **인간적 공감의 범위를 양성**하는 방법으로서의 교리 연구인데, 기독교 영성을 섬세하게 연구하기 위해서 절대적으로 필요하다. 다시 반복하지만, 교리의 진리는 평서문의 문제라기보다는 의문문과 감탄문의 문제이다. 그리스도 사건은 우리의 자기 이해를 단순화하기보다는 복잡하게 만든다. 즉 그리스도는 죄가 주는 원래적 재앙에 우리가 개입되었음을 밝혀주셨는데, 우리는 어떻게 해서든 그 재앙을 우주의 기원에 대한 과학의 대답과 통합시켜야 한다.

그리스도는 인간 정체성(identity)이 신적 정체성과 양립할 수 있음을 계시하였는데, 그 결과 자유에 대한 곤란한 문제를 야기함으로써 인간의 정체성에 관한 우리의 이해를 복잡하게 만든다. 그분은 우리가 죽음의 극복에 관한 딜레마를 지속적으로 다루며, 이것을 잊지 않도록 명하셨다. 교리 전통에 관한 연구는, 그와 같은 질문을 너무 단순하고 깔끔하게 해결하려는 성향을 훈련시키기 위한 조절적 기능을 한다.

더욱이 우리는 예수교(Jesuanity)가 아닌 기독교(Christianity)의 기초 위에서 신학 작업을 하는데, 이 예수께서는 전 우주를 창조하고 유지하는 신비와 연결되어있다. 이 원리는 중요한 신학적 임무를 낳는다. 즉 우리 삶에 작용하는 신적 활동에 관한 관습적 이해가 어떻게 그 활동을 암암리에 제한하는지를 탐구하고 극복해야한다. 구체적으로 말하면 관습적 이해는, 신적 활동을 아름다운 창조세계보다는 그리스도인에게, 하나님의 전체 백성보다는 수도자와 성직자에게, 정치적인 것과 성(性)적인 것들이 뒤섞인 곳보다는 내적 생활에 제한한다.

교리적 전통에 친숙하게 되면 우리는 그 신적 활동을 새로운 정황 안에서 확장할 수 있으며, 혁신적이지만 또한 진정한 전통적 방법으로 그 정황에 응답할 수 있다. 페미니스트 신학자가 죄라든지 온전함이라는 것에 관한 통념적 생각에 의문을 제기하기 위해 "여성의 경험"에 호소할 때, 그녀는 신학을 버리는 것이 아니라 그것을 주장하고 있는 것이다. 그녀는 전통을 하찮게 여기거나 거부하려는 것이 아니라 이것을 유지하기에 충분할 만큼 그것을 전유했기 때문에 그렇게 하는 것이다.

영성 연구가 전통이 확장되고 갱신되는 영역, 즉 오늘날 젠더, 종교 간의 관계, 신학 및 경제학, 그리고 사회 시스템과의 연결과 같은 주제에 관심을 갖고 있다는 점을 고려한다면, 교리적 전통의 연구는 중요한 자원이 될 것이다. 왜냐하면 교리는 고정된 실체가 아니라 오히려 해방의 역동에 대한 표현이기 때문이다. 그러므로 충실함(fidelity)은 단순한 반복이 아닌 지속적인 탐구이다.

토마스 아퀴나스(Thomas Aquinas)의 『신학대전』(Summa Theologiae) 속에 은혜를 다루는 지루하고 복잡한 형식적 절차를 읽을 때면, 필자는 그 역설들을 성경(testimony)의 관용구로 번역하고 싶다. 아퀴나스가 말하고 의미한 것은, 바울이 말한바 "그런즉 이제는 내가 사는 것이 아니요 오직 내 안에 그리스도께서 사시는 것이라"(갈 2:20)와 같은 진술을 원용하면 더 직접적으로 표현될 수 있다.

그렇지만 더 엄격하고 형이상학적인 관용구로 남아 있을 때 중요한 이점들이 있다. 이렇게 하면, 은혜가 초래하는 실재는 익숙하지 않은 방식으로, 인습적인 것 밖에서, 우리의 공감의 범위를 넘어서 일어날지 모른다는 가능성으로 우리를 개방시킨다. 로욜라의 이그나티우스(Ignatius of Loyola)는 영적훈련을 지루하게 만드는 사람을 격려할 때, 이렇게 말한다.

묵상이나 관상의 순서와 방법을 일러주는 사람은 그 관상이나 묵상의 줄거리를 충실히 이야기해주되 간단명료하게 요점들만 일러주어야 한다. 왜냐하면 영신수련을 지도하는 이가 그 내용을 자세히 설명하고 의미를 부연해 주는 것보다는, 관상을 하는 사람이 스스로 사색과 추리를 하여 그 내용의 진정한 근거를 파악하거나, 추리나 하나님의 도우심으로 이해력이 밝아져서 그 내용을 조금 더 분명히 알거나 느끼는 것이, 더 많은 영적인 맛과 열매를 주기 때문이다. 또한 우리 영혼을 가득 채우고 만족시키는 것은 많은 것을 아는데 있지 않고 어떤 것을 내적으로 느끼고 맛 들이는 데에 있기 때문이다(Ignatius of Loyola 1996, no. 2).

스페인어 "인떼리오르"(*interior*)의 번역어는 "내면으로부터"인데, 이것은 이그나티우스가 기독교 신비를 참여자로서, 즉 그 움직임 속으로 들어가는 자로서 이해한다는 것을 분명히 해준다. 그런데 그 움직임은 밖으로부터는 이해하거나 볼 수 없으며, 단지 참여해서 그것이 이끄는 알지 못하는 것 안으로 따라갈 뿐이다. 그러한 관점에서 본다면, 고전적인 형이상학적 관용구는 그 무미건조함 때문에, 그리고 바탕이 되는 실재와, 이것이 현실화될 때 일어나게 되는 부수적인 것 사이를 구별해주기 때문에 가치가 있다. 이 형이상학적 관용구를 떠올리면 과대평가(Dead White European Males)가 연상되기 때문에, 그러한 가치들을 과도하게 옹호하는 것을 편협하게 보이도록 만드는 전체론(holism)[1]과 포괄성(inclusiveness)을 낳을 수 있다.

5. "기독교 영성"에서 "기독교"

신학과 영성의 관계에 대한 현재의 많은 논의들의 바탕이 되는 전제들에 대해 가지는 깊은 불만이 이 글의 중심이다. 필자는 은혜 및 인간에 관한 교리 전통에 대한 연구가 기독교 영성 연구에서 가지는 세 가지 역할을 제안하면서, 영성을 전공하는 학자가 종종 당연한 것으로 여기는 설명들보다 신학을 한다는 것이 무엇인지에 관해서 더 풍부하고 더 세밀한 설명을 계발하지 않는다면 그 주제를 올바르게 연구할 수 없다고 주장했다.

---

[1] "전체론"(holism)이란, 복잡한 체계의 전체는, 단지 각 부분의 기능의 총합이 아니라 각 부분을 결정하는 통일체라는 입장이다-역주.

여기에서 중요한 이슈는 연구 대상이 연구 방법을 조건지우는 방식이다. 우리는 세상의 일을 다루는데 적합한 지식 모델을 하나님에 관한 담론에 옮겨놓을 수 없다. 하나님은 대상이 아니라, 알아감의 바로 그 행위를 포함해서 존재하는 모든 것과 미지의 미래를 지탱하는 배경이기 때문이다. 계시에 관한 바르트주의자들의 타당한 관심은 별문제로 하고서도, 형이상학적 고려사항들은 우리에게 자기 참여적 "신학적 신학"(Webster 1998)을 요구한다. 신학에 관한 이 같은 관점이 만족스럽게 실현된 적이 거의 없었기 때문에 영성 연구가 그것의 신학적 정체성에 대한 상반된 감정(ambivalence)을 특징으로 하는 건강한 역반응(counter-reaction)속에서 발전해왔다.

우리는 그 점을 확장하면서 결론을 맺겠다. "기독교적 영성에 관한 연구"(the study of Christian spirituality)라는 표현은 사실 그 자체로는 애매한 규정이다. 이 어구의 구조는, "기독교적"라는 단어로 연구의 **대상**을 한정할 것을 제안한다. 물론 그 연구는 그 방법 때문에 신앙고백에 있어서 중립적이다. 만약 그 관점을 계속 추구하게되면, 그 결과는 기술적인 분야가 될 것이다. 그런데 신학적 언어는, 일부 다른 범주, 즉 더 근본적인 범주에서 보면 해독(decoding)될 수 있다. 종교적 표현들은 일종의 상부구조이며, 적어도 잠재적으로는 망상(illusion)의 원천이다. 신학자들이 기꺼이 방법론적으로 기독교적인 것을 제쳐두고 더 넓고 더 중립적이고 객관적인 관점을 수용한다면, 그들은 학문적 신임을 세우게 될 것이고 배움에 개방되어있다는 점을 증명하게 될 것이다.

그 소재에 대한 이러한 설명적인 종교학적 접근 속에는 중요하고 합리적인 가치들이 있다. 그러나 기독교 영성을 연구하는 현재의 학자들이 실제로 하는 것은 필자가 보기엔 오히려 다른 동기 때문에 하는 것 같다. 최소한, 거의 어떤 학자도 실제로는 자신의 관심을 기독교가 발전시켜온 영성에 관한 설명에 한정하기를 원하지 않는다. 더 일반적으로 말한다면, 그들은 "영성에 관한 기독교적 연구"(the Christian study of spirituality)라고 칭하는 쪽으로 가고 있는데, 이 용어에서 "기독교적"이라는 단어는 방법과 해석의 목적을 구체적으로 명시한다.

그러나 대상의 범위는 제한하지 않는데, 이것은 만물을 창조하신 하나님에 관한 어떠한 학문 분야에도 당연한 모습이다. 영성 연구에 관한 이 새로운 버전에서, 기독교 신학은 이해의 궁극적 범주를 제공한다. 그리고 담화의 다른 형태들, 즉 사회 과학, 문학, 기독교가 "기타 종교들"이라고 부르는 것의 신학들은 우리가 기독교적 용어를 적절하게 사용하는 것을 도와주기 위해 이용된다. 그러므로 우리는 기독교의 착각을 폭로하기 위해 프로이트의 이론을 이용하는 것이 아니라 오히려 초자아(superego)의 예속과 성숙한 그리스도인의 헌신을 구별하기 위해 그의 이론을 이용할 수 있다.

우리는 기독교의 도덕적 담론을 더 정확한 어떤 것으로 대체하지는 않고, 오히려 다른 분야의 지혜를 이용해서 기독교 신학의 범주 안에서 표명된 실재를 깊이 이해하고, 그 이해를 정화할 수 있다. 게다가 사물들의 궁극적 정체성과 하나님이 창조세계를 다룰 때 그 사물들의 역할 사이의 필연적 연결은, 배움을 통해서 변화가 일어나게 되는 이유를 제공한다. 즉 그 분야의 자기 참여적 본성은 학문적 의심이 아니라 오히려 궁극성을 지시한다. 객관적 중립성에서 나오는 지식은 이 궁극성에 비해서는 부차적이다.

학문의 특징인 자유는 기독교를 괄호 쳐서 배제하는데 있는 것이 아니라, 존재하는 모든 것의 기독교적 의미에 대해서 최고로 관대하게 설명하는 일에 헌신하는데 있다. 이것은 종교의 지배적인 구조에 끊임없이 도전하는 태도를 낳게 될 것이다. 그리고 학문적 연구는 우상숭배로 향하는 너무 인간적인 경향, 즉 거룩한 것을 익숙한 것에 가두는 경향에 도전하는데 도움을 줄 것이다. 그런데 이 경향은 특별히 관습적 기독론과 교회론 안에 많이 존재한다. 이러한 의미에서, 영성 연구는 하나님에 대한 끊임없는 개방을 특징으로 한다. 그분은 우리가 쌓은 구조물보다 더 위대하시며, 이러한 연구를 통해 우리가 변화되도록 부르신다.

영성 연구의 이 두 가지 모델은 물론 이상적인 관념이다. 어떤 것도 완전한 채로 존재하지 않지만, 필연적으로 학자들은 그 두 가지로부터 영향을 받게 된다. 그렇지만 그 둘의 접근은 본질적으로 다르다는 점을 알 필요가 있다. 또한 우리는 하나의 학문 분야인 "기독교 영성"의 정체성에 관한 방법론적 질문들은 그것들이 제시하는 다른 이론적 접근들에 대한 상반된 감정에서 연원한다는 점을 추측할 수 있다(Endean 1995). 비록 두 개의 모델은 각자 일관성이 있지만, 이 글은 두 번째를 기초로 해서 썼다.

즉 이 글에서, 일반적으로는 기독교 신학, 구체적으로는 인간에 관한 기독교 신학의 범주들은 영성에 관한 기독교적 연구를 위해서 토대가 되는 범주라는 것을 주장했다. 이 두 번째 모델은, 기독교를 한 분야로 정의하는 것을 도와주는데 헌신했지만, 또한 신앙주의의 위험과 함께 살아가야 한다. 이 모델은 기독교의 권위에서 나오는 어떤 특별한 활동들을 단호하게 비판할 수도 있지만, 우리가 완전히 복종할 수밖에 없는 방법으로 하나님께서 인간 역사 안에서 말씀하신다는 생각을 완전히 포기할 수 없다. 이것은 특정한 전통의 가치에 대한 신뢰를 포함한다.

비록 그 신뢰가 희망에 반하는 희망(hope against hope)의 모습을 가질지라도 그러하다. 정신의 넓이, 문화를 넘어서는 개방성, 상상력이 풍부한 공감은 기독교 영성 분야에서 창조적인 일을 하기 위한 결정적인 자질들이다. 그러나 칼 맑스(Karl Marx)의 표현을 빌리자면, 세상을 다양한 방법으로 해석하는 것만으로는 충분하지 않다. 중요한 것은 세상을 변화시키는 것이다. 영성 연구가 신학적이고 신앙고백적 전통 안에서부터 추구될 때에만 비로소 변화될 수 있다.

참고문헌

Allik, T. 1993: Protestant spiritualities. In M. Downey (ed.), *The New Dictionary of Catholic Spirituality*, pp. 784-90. Collegeville, MN: Liturgical Press.

Endean, P. 1995: Spirituality and the university. The Way Supplement 84, 87-99.

_____. 2001: Karl Rahner and Ignatian Spirituality. Oxford: Oxford University Press.

Ignatius of Loyola 1996: Spiritual Exercises, trans. E. Mullan. In D. L. Fleming (ed.), Draw Me into your Friendship: The Spiritual Exercises - A Literal Translation and a Contemporary Reading. St Louis: Institute of Jesuit Sources.

Lash, N. 1973: Change in Focus: A Study of Doctrinal Change in Continuity. London: Sheed and Ward.

Rahner, K. 1938: Worte ins Schweigen. Innsbruck: Felizian Rauch.

_____. 1954: Über den Versuch eines Aufrisses einer Dogmatik. In Schriften zur Theologie, vol. 1, pp. 9-28 (Einsiedeln: Benziger), trans. C. Ernst in Theological Investigations, vol. 1. London: Darton, Longman, and Todd.

_____. 1966: Theologie und Anthropologie. In Schriften zur Theologie, vol. 8, pp. 43-65, trans. G. Harrison in Theological Investigations, vol. 9, pp. 28-45. London: Darton, Longman, and Todd, 1972.

_____. 1976: Grundkurs des Glaubens: Einführung in den Begriff des Christentums (Freiburg: Herder), trans. W. V. Dych as Foundations of Christian Faith: An Introduction to the Idea of Christianity. London: Darton, Longman, and Todd, 1978.

Schneiders, S. M. 1989: Spirituality in the academy. Theological Studies 50, 676-97.

_____. 1994: A hermeneutical approach to the study of Christian spirituality. *Christian*

Spirituality Bulletin 2 (1), 9-14.

_____. 1998: The study of Christian spirituality: contours and dynamics of a discipline. *Christian Spirituality Bulletin* 6 (1), 1-12.

Vass, G. 1968: On the historical structure of Christian truth. *Heythrop Journal* 9, 129-42, 274-89.

Webster, J. 1998. Theological *Theology. Oxford*: Clarendon Press.

제14장
기독교 영성을 위한 정황으로서의 교회

데이비드 론스데일(David Lonsdale) 박사
런던대학교 영성신학 교수

교회가 기독교 영성을 위한 정황(context)이라는 점은 교회를 아는 사람은 당연하게 여길 것이다. 결국, 기독교 영성은 종교 공동체와 제도가 하는 것이다. 즉 공동체와 제도는 "영성"에 관한 자신만의 브랜드를 만드는 영적 전통과 공동의 배경을 제공한다. 그런데 더 나아가서 실제로는 어떻게 기독교 교회가 영성을 위한 정황이 되는지, 또한 이 정황에서 "영성"은 어떤 의미를 지니는지 묻기 시작하면, 그 문제는 더 복잡하다.

여러 가지 요소들이 이 복잡함에 기여한다. 그 중 하나는, 현대 신학적 방법들을 사용하는 분야로서의 "기독교 영성"은 여전히 발달 초기에 머물고 있다는 사실이다(Sheldrake 1995, 32-55). 이 책의 독자들은 이 분야가 다른 신학 연구 분야와 비교해서 현재의 훌륭한 학문적 업적이 얼마 되지 않는다는 사실을 알 필요가 있다. 필자는 이 글을 위해 조사하면서, 최근 출간된 책들 중 영성을 위한 정황으로서의 교회라는 주제를 직접 다룬 책을 찾지 못했다.

영어권 세계에서 기독교 영성학자들과 교사를 위한 전문적 협회는 기독교 영성연구협회(Society for the Study of Christian Spirituality) 단 하나뿐이다. 지금 이 분야에 발을 들여 놓은 젊은 교사와 학자들은, 현대 신학의 한 분야인 영성 연구 분야에서 충실히 훈련을 받고 대학원에서 나온 첫 세대이다. 몇 안 되는 유용한 학술지들은 역사가 오래되지 않았다. 로마 가톨릭의 수도회들이 출간하는 것들도 있지만, 이것은 수도회의 특성을 가진 기독교 영성만 주로 다룬다.

기독교 영성을 복잡하게 만드는 두 번째 요소는, 현재 사용하는 단어인 "영성"이 가지는 개념적 모호성이다. 세 번째로, 현재의 세계를 종교적, 문화적 다원성과 다양성의 세계로 보는 것이 이제는 일반적이다. 이 같은 전 지구적인 변화 속에는 종교적인 "영성"뿐 아니라 비종교적인 "영성"이 가지는 믿음과 실천의 모습들도 포함되는데, 이것들이 매우 다양할 뿐 아니라 어떤 경우에는 서로 갈등을 일으킨다. 이와 유사하게, 기독교도 다양한 교회들과 다양한 영적 전통 그리고 다양한 믿음과 훈련의 패턴을 가지고 있는데, 이들 중 일부는 더 자세히 조사해보면 서로 모순되고 양립할 수 없다.

그러므로 도전해야 할 일은, 한편으로는 차이를 깨달으며 그것을 존중하고 또 한편으로는 다양성으로 특징되는 정황 속에서 영성의 배경이 되는 교회에 고유한 것이 무엇이 있는지를 확인하면서, 기독교와 영성에 대해 말하는 방법을 찾는 것이다.

이 글은 기독교를 하나의 "학교"(school)로 보는 견해를 사용하는데, 이것은 니콜라스 래쉬(Nicholas Lash)가 제안한 것이다(1988, 258). 만약 이 비유가 적절하다면, 배움과 가르침의 한 방법이며 교회의 특징을 드러내는 "교육"(pedagogy)의 중요한 측면들을 확인할 수 있을 것이다. 이 경우 "가르침"은 단순히 지시와 설교가 아니라 공동체와 그 안에 있는 사람을 형성하는 더욱 심오한 과정을 의미한다. 강론, 교리적 가르침, 설교, 회람 서신들(encyclical letters)도 교회 교육의 일부이지만, 필자는 모든 종류의 활동의 원천, 정확히 말하면 교회 자체라고 할 수 있는 교회의 배움 및 가르침의 핵심은 딴 곳에 있다는 점을 제시하겠다.

1. 영성에 대해 말하기

이 글의 주제에 영향을 미치는 다양성의 한 측면은, "영성"이라는 단어의 의미가 불명확하다는 점이다. 개념적 모호성 가운데서, 두 개의 다르지만 관련된 의미를 현재 유행하는 학문적 논의 가운데서 감지할 수 있다. 더 전통적으로 말한다면, 기독교 정황 속에서 "영성"이란 예배와 기도 그리고 활동과 관계의 양식들과 관련되기 쉬운데, 이러한 것들은 그 원인이 되는 믿음, 교리, 정신적 자세와 함께 특별한 신앙 공동체의 특징을 나타내는 것들이다. 여기에서 "영성"은 보통 신앙 공동체나 종교적 기관의 회원 자격을 암시한다. 공동체는 자신의 근본적 믿음에 의해 지시를 받기 때문에, 영성은 공동체의 경험과 생명을 가리킨다. 그렇다면 전통적인 의미에서는 "기독교 영성"은 교회의 삶 속에서 일어나는 믿음의 외적 활동과 관련되는데, 이 삶은 다른 말로 하면 그 말씀(Word)에 충실하여 아버지의 영광에 이르는 성령 안에 있는 삶이다.

신앙 공동체 속에 있는 영성을 논의하게 되면, 개인과 공동체의 정체성은 오랜 시간 동안 관계들을 통해 형성된다는 것을 알게 된다. 물리적 환경, 가족, 중요한 사람들, 집단, 공동체, 교회, 그리고 전체 사회와 관련된다는 것은, 이전의 고립 속에서 형성된 개인의 정체성에 단지 어떤 것을 첨가하는 것이 아니다. 그것들은 개인의 정체성을 창조하는 수단이다. 관계 안에 있거나 관계를 통하지 않고는 정체성은 존재하지 않으며 또한 지속되지 않는다. 신앙 공동체 회원들의 영성은, 특별한 종교적 풍경과 또한 그들 삶의 대부분을 보내는 다른 비종교적 풍경에 머문 채 시간을 보내면서 형성된다.

신앙 공동체에 뿌리를 박은 이러한 종류의 영성은 종종 명확한 윤리적, 사회적, 정치적 차원을 가진다. 이슬람과 유대교도 마찬가지이지만, 성경의 세계에서 그리고 기독교 역사의 대부분 동안, "내적" 삶은 "외적" 세상에서 하는 말과 행동에서 분리될 수 없었다. 또한 신앙이 사회적, 정치적, 경제적 사상 및 활동과 분리될 수가 없었다. 오히려 그 시대에는, 공동체의 신앙이 사회 정의와 정치적 수행에 관해서 공동체 전체뿐만 아니라 구성원 각자에게 어떤 윤리적 요구를 한다는 것을 명확히 인식하고 있었다. 삶의 "내부"와 "외부," "수직"과 "수평"의 차원을 분리하는 것과 "내적"이고 "사적"인 영역에 영성을 제한하는 것은 비교적 현대의 일이며, 오늘날의 기독교에서는 결코 보편적인 일이 아니다.

윌리암 스트링펠로우(William Stringfellow)는 과거부터 1984년까지 "영성"이라는 단어가 가진 여러 다른 의미들을 주목했다. 그는 자신의 시대에 있었던 그 단어의 의미들을 수집함으로써 이 주제에 관한 동시대의 많은 대화가 초래했던 막연함과 혼란을 지적했다. 이것은 다음을 포함한다.

> 스토아적 태도, 오컬트 현상, 소위 마인드 컨트롤 수련 … 내면의 여행, 동양 종교 이해, 잡다한 경건 수련 … 다채로운 음식 처방, 명상, 조깅 예찬 … 관상, 금욕, 환대, 가난의 소명 …"(Leech 1992, 3에서 인용).

"영성"이란 단어를 이런 의미로 사용한 것은 비교적 최근의 일이다. 그 일부 특징들은 다음과 같다.

첫째, 이러한 종류의 "영성"은 특별한 종교적 신념이나 헌신과 필연적으로 연결될 필요가 없으며, 어떤 신앙 공동체나 제도에 속해있음을 암시하지도 않는다. 이것을 옹호하는 자들 중 일부는 종교적 신념 혹은 공동체로부터 분리된 것을 미덕이자 장점으로 여긴다. 다니엘 하디(Daniel Hardy)는 자신의 딸이 이렇게 말했던 것을 회상한다.

> 내가 쉐일라를 보면서 감탄하는 이유는 그녀가 영적이지만 종교적이지 않다는 점이예요(2001, 95).

둘째, 이와 같은 사용은 영성을 모든 면에 관여하는 삶의 특별한 방법으로 보지 않고 "영적 차원" 즉 그 자체의 고유한 삶의 영역과 관련되어 있다고 여기는 일반적인 견해를 반영한다.

셋째, 영성은 "사적 삶"의 영역에 속한다고 간주해서, 사회적 관심, 정치, 경제의 측면과는 별로 관계가 없는 사적 선택의 문제로 본다. 이러한 의미에서 보면, 영성이란 서구 특별히 미국에서 만연하는 일종의 개인주의에 뿌리박고 있으며, 이것을 강화한다고 말할 수도 있겠다.

이 같은 "영성"의 이해는 도덕적 중립성을 요구하는 것 같다. 이 영성 이해는 잡히지 않는 포괄적인 어떤 것이 있다는 가정에 의존하는 것처럼 보인다. 그 어떤 것을 영성이라고 부를 수 있다. 또 그것은 종교를 가진 자와 가지지 않은 자, 믿음을 가진 자뿐만 아니라 무신론자, 그리스도인과 다른 신앙을 가진 자, 마녀와 기독교 신비주의자 등 두 부류의 모든 사람들의 말과 행동에서 구현된다. 이러한 의미를 따른다면, 아돌프 히틀러(Adolf Hitler)와 아시시의 프란시스(Francis of Assisi)는 각각 "악한" 영성과 "선한" 영성의 예로 인용될 수 있을 것이다.

여기에 적용되는 설명 모델은 시장, 즉 소비자와 생산자 관계의 모델이라는 생각을 피하기 어렵다. "영성"은 생산품처럼 매매된다. 소비자들은 자신들이 개인적인 영적 선호와 필요를 가지고 있어서 자기에게 잘 맞는 영적 "생산품"을 고르고 선택할 수 있다. 이것은 개인들이 서로와는 고립된 채 행동하면서 "영적" 신념, 태도, 실천들 중에서 마음에 맞는 것을 고르는 모습을 보여준다. 또한 이것은 매우 "탈근대적" 정신을 갖고 있어서, 개인적 정체성, 즉 자아는 단지 덧없는 비실재적 존재에 지나지 않으며, 어떤 "영적" 수련을 채택하거나 거절함으로써 비교적 빠르고 고통 없이 해체되고 재건될 수 있다는 느낌을 준다.

아마 이 두 가지 영성의 이해에서 가장 뿌리 깊은 차이점은 근본적 지향에 있다. 예를 들어 유대교, 이슬람교, 기독교와 같은 신앙 공동체들은 항상 하나님의 최고성(supremacy)을 인정했다. 하나님이 우주와 인간을 만들고 유지하시기 때문에, 인간은 스스로 주인이 될 수 없다. 이 전통에서는, "영성"이란 하나님의 신비에 대한 인간의 반응이며, 인간은 자신의 의존성을 인정한다. 공동체와 신앙인은 말과 행동, 예배, 기도, 삶의 질서를 통해 하나님께 영광을 돌리는 것으로 인해 "구원"을 발견한다.

더욱이, 많은 기독교 영성 전통은 하나님의 진리와 거룩함 안에 있는 성장의 여정을 제공한다. 이것은 자기 만족에 대한 모든 주장을 포기하고, 궁극적인 인간의 행복은 사랑 안에서 용서하고 화해하고 치유하는 하나님의 포옹에 순종하고, 예수님의 삶과 죽음의 모범을 따르는데 있다. 역설적이게도, 니콜라스 래쉬가 말한 것처럼, 이 순종 속에서 우리는 자신이 "노예가 아니라 아들과 딸, 형제와 자매"(1986, 192)임을 발견하게 된다.

이와 대조적으로, 두 번째 타입의 영성은 사랑 안에서의 순종이라기보다는 개인의 행복과 인격의 완성에 관심을 갖기 위해 필요한 통제 수단이라는 의심을 피하기 어렵다. "영성"을 자기 완성, 중독으로부터의 회복, 또는 심리적 성장으로 가는 수단으로 보는 치료의 과정들은, 하나님과의 관계를 조종할 수 있는 인간의 수단으로 만들 위험성이 있다.

만약 그렇다면, "영성"은 단지 또 다른 기술, 즉 인간의 환경과 "몸, 정신, 영"의 건강 또는 궁극적으로는 운명을 통제하고자 하는 도구적 이성의 또 다른 예가 될 위험성이 있다. 더욱이 이 "영성"이 하나님에 대한 믿음을 고백할 때는, 하나님을 도구화할 위험성이 있다. 이 하나님은 유대교, 이슬람교, 기독교의 불가해한 신비, 즉 조종할 수 없고 소유될 수 없는 "생명의 주님"을 거의 닮지 않았다.

대학에서, 미국과 그밖에 다른 곳에서, 영성이 별개의 연구 주제로 등장한 결과, "영성"에 관한 일반적 정의에 도달하려는 시도를 하게 되었다. 그 정의는 모든 상상할 수 있는 경우들, 가령 기독교와 비기독교, 종교적인 것과 비종교적인 것을 모두 포함하는 것이다. 그러나 소위 우리가 "영성"이라고 부르는 것의 "본질"이 있다는 생각 그리고 기독교와 비기독교 또는 종교적인 것과 그렇지 않은 것들이 속한 다른 역사적 환경 안에서 "공통의 핵심"이 있다는 생각은 사실 매우 의심스럽다.

하나의 예를 들자면, 소위 "본질적인" 영성의 예들은 깊게 조사하면 종종 매우 다르게 보이기 때문에, 비슷한 것으로 비교할 수 있을 가능성이 없다. 영성의 "공통 핵심"에 관한 모든 표명들을 축소하려는 어떠한 시도도, 결국에는 차이를 존중하지 않거나 낯설고 다른 것을 그 상태로 두지 못하는 태도로 가게 된다. 그것은 특별하다는 것은 사실 다른 것이 아니라 단지 동일한 것에 어떤 것을 더한 것일 뿐이라는 주장을 할 위험이 있다. 그래서 "낯선 사람들"은 위축되고, 깔봄을 당하고, 자기 자신이 되는 것을 금지당해서, 결국 그들도 공통적인 "인간 영성"의 또 다른 예로 환원될 위험이 있다.

2. 기독교의 다양성과 일치

20세기 후반 수십 년 동안, 교회의 신학과 교리에 대한 접근에 변화가 있었다. 니콜라스 힐리(Nicholas M. Healy 2000)는, 교회에 관해서 더 전통적인 방법으로 말하는 것을 "청사진 교회론"(blueprint ecclesiology)이라고 이름 붙였다. 이것은 성경 저자가 사용한 교회에 관한 이미지를 탐구하는데 초점을 맞추는 경향이 있으며, 교회가 "보이는" 실재(인간 공동체, 사회 또는 제도)일뿐 아니라 "보이지 않는" 실재(신비)라는 점을 강조한다. 또한 이상적인 것에서 시작해서 교회는 이렇게 되어야 한다는 당위성으로 옮겨간다는 점에서 규범적인 경향이 있다. 방법과 내용에 대한 이 같은 접근이 주는 불만족 때문에, 교회 신학은 교회의 실제적이고 역사적인 실재에 집중하는 것을 신학적 사유의 출발점으로 삼았다(Healy 2000; Hardy 2001).

다양한 양식의 예배, 기도, 생각, 느낌, 활동이 주는 풍부함과 복잡함을 이 짧은 글 속에서 충분히 평가하는 것은 불가능하다. 이것들은 넓고 다양한 범위의 교회와 공동체 안에서 계승되고, 발전되며, 실천적인 영성의 모습을 구성한다. 또한 너무 다양하기 때문에, 그것들이 어떤 공통점을 가지고 있는가를 간파하는 것이 어렵다. 교회와 전통 사이에 있는 신학적 차이점들은 잘 기록되어있다(예를 들면, Avis 2002). 또한 신학적, 역사적 변화는 교회들 간의 경험의 차이를 야기했다.

러시아 대초원 지대에 사는 정교회 신자인 농부의 "교회"와 "영성"에 관한 이해 및 경험이 할리우드나 시카고 도심에 사는 오순절 교회에 다니는 부유한 변호사의 이해 및 경험과 어떤 공통점을 가지고 있을까?

어떤 의미에서는 모든 기독교 교회는 예수에 대한 헌신 및 성경을 읽는 것에 의해 통일되어있다는 점은 명백한 사실이다. 그러나 자세히 살펴보면 많은 차이가 있다. 가령, 예수님을 어떻게 이해할 것인지, 예수에 대한 헌신을 어떻게 생각하고 어떻게 살아낼 것인지, 성경을 어떻게 읽을 것인지 등은 다양한 교회들 간에 큰 차이가 있다. 이 모든 것들은, 서로 다른 교회들은 매우 다른 형태의 기독교 영성을 공급한다는 점을 증명해주는데, 이들 중 일부는 서로 양립할 수 없다. 그리고 그 공급 자체도 다른 형태를 취한다.

그러나 이 다양성 안에서도 공통적인 전통을 발견할 수 있다. 로완 윌리암스(Rowan Williams 2000)에 따르면, 성경 이야기 속에 있는 "계시"는 민족과 공동체에게 인간 삶의 새로운 가능성을 가져다주는 사건인데, 그들은 이 가능성을 이전에는 알지 못했기 때문에 하나님께서 이것을 주도하셨다고 여긴다. 그러므로 출애굽기에서 하나님의 해방의 활동은, 자유를 얻은 공동체에게 하나님과 관계를 맺는 삶이라는 새로운 가능성을 열어 준다. 이와 비슷하게, 예수님의 제자들도 또한 그들이 목격했던 사건들이 인간 삶을 위한 새로운 가능성을 열어줬다는 것을 이해하게 되었다. 그들은 이렇게 생겨난 가능성들이 한 공동체만을 위한 것이 아니라 전 인류에게 제공되었다는 사실을 믿게 되었다.

그러므로 교회는 이 가능성의 원천이신 하나님에 대한 믿음을 고백하는 공동체이고, 또한 이것을 목격하고 이에 대한 응답으로 공동체의 삶뿐만 아니라 더 넓은 세상에서 그것을 실현시키기 위해 일하는 공동체라고 이해할 수 있다. 그러므로 교회는 새로운 창조로부터 나온 백성이다.

> 그래서 "그리스도 안에" 있게 되는 것, 예수님에게 속한다는 것은 인성의 중대한 재건을 포함한다 … 상호간의 사랑과 섬김의 공동체 안에서 갖게 되는 새로운 정체성, 이것의 잠재적 지평은 보편적이다"(William 2000, 134).

세례는 한 인간을 이 공동체에 처음으로 가입시킨다. 처음에는, 교회가 자신을 하나님의 백성인 이스라엘의 연장으로 이해했다. 이 이스라엘 백성의 공동의 삶은 하나님과의 언약으로 이루어진다. 그 언약은 그들이 역사, 공적인 예배, 성경 그리고 그들의 사회적 삶을 형성하는데 발현되었다. 기독교에서는, 그리스도 안에서, 그리고 그분의 삶, 죽음, 부활의 사건 안에서, 또한 "성령을 보내신 것" 안에서 교회가 새로운 이스라엘이 되며, 인간 사회를 위한 하나님의 더 큰 목적이 밝혀진다. 그 목적은 모든 인간과 모든 국가가 하나가 되리라는 것이다.

그러므로, 그리스도인에게 고유한 영성에 관한 물음은 역사적으로는 구약의 언약 안에 있는 하나님의 백성들과 함께 시작한다. 교회는 여전히 하나님의 언약 백성의 연속성 안에 있지만, 자신의 특징을 교회가 갖고 있는 근본적 사건에 두고 있다. 그것은 예수 그리스도의 삶, 죽음, 그리고 부활이다. 그러므로 교회는 하나님의 말씀(Word)에 의해 만들어졌고, 하나님의 성령에 의해 힘을 얻고 인도를 받는다는 삼위일체적 기초를 가지고 있다.

3. 예전: 영성 학교의 교육

다음 단계에선 두 가지 내용을 살펴볼 것이다.

첫째, 교회에 고유한 활동은 "예전"(liturgy)이라는 것이다.

둘째, 이 예전은 제자도를 키우는 학교로서, 교회 형성의 중심이자 원천이라는 것이다.

마이클 바네스(Michael Barnes)는 이 내용을 종교 간의 대화의 정황에서 광범위하게 고찰한다(2002, 133-56, 182-204). 이 부분은 특별히 그의 글에서 도움을 받았다. 인식론적으로 보면, 예전은 예배와 기념행사에서 하는 "사람들의 일"이다. 그러나 "예배와 기념행사의 '일'이 되기 전에, 예전은 **하나님**의 일이며, 예전이 신앙 공동체**에 의해** 완수되기 전에 신앙 공동체 **안에서** 완수되는 것이다"(Barnes 2002, 199).

오늘날 기독교 교회와 공동체의 스펙트럼에 따른 예전의 모습은 매우 다양하다. 2천 년을 통해 생긴 복잡한 역사와 신학적 요소들 때문에, 오늘날 여러 기독교 공동체들은 그 안에 있는 예전의 형식과 강조에 있어서 매우 차이가 난다. 너무 융통성 없게 보지만 않는다면, "성찬식의 교회"와 "말씀의 교회" 그리고 "성령의 교회"를 구별해보는 것이 설명에 도움이 될 수 있다. 일부 교회는 성찬식, 즉 주님의 만찬을 기념하는 것을 교회의 중심이며, 교회의 신학과 활동의 원천이라고 생각한다. 또 다른 공동체는 성경을 바탕으로 하는 설교와 더불어 성경을 읽고 연구하며 묵상하는 것을 교회의 삶과 영성의 핵심이라고 보는 경향이 있다. 세 번째 그룹에서는, 오순절 사건과 사도행전 이야기처럼 성령의 사역을 회상하고 갱신하는 것이 교회의 핵심이자 사명의 원천이 된다.

이 차이점에도 불구하고 각각의 기독교 공동체는 예수님의 삶, 죽음, 부활과 성령의 보내심 속에 있는 자신의 토대를 회상하고(recall), 갱신하고(renew), 기념하고(celebrate), 묵상(ponder)한다. 이것이 교회에서 예배의 형식으로 일어나든지 또는 그 밖의 곳에서 연구와 설명으로 일어나든지에 관계없이, 이것이 바로 예전이며, 교회의 특별히 구별된 활동이다. 기독교 예전은 예수님의 삶과 죽음 그리고 부활에 관한 기독교의 이야기로 돌아가는 것을 의미하며, 그 이야기를 기억하고, 다시 말해주며(심지어 약간 변화를 주면서), 감사와 찬양으로 그것을 기념하고, 묵상하는 것을 의미한다.

교회의 교육(pedagogy)의 핵심, 즉 교회와 그 구성원들이 기독교의 정체성과 제자도(한 마디로 기독교 영성)의 구성요소가 되는 신념, 태도, 실천을 훈련받는데 사용하는 수단들이 여기에 있다. 이러한 활동, 즉 그 "사람들의 일"이 "학교"로서의 교회가 하는 교육의 핵심이자 원천이며, 예수님의 제자도를 통한 인격 형성의 중심이 된다. 모든 다른 교리적, 종교적, 신학적 교육은 이 중심으로부터 흘러나온다.

4. 정서와 욕망의 학교

예전의 거행에 의해서, 특별히 성찬식 거행을 통해 제공되는 형성(the formation)은 단지 지성적이지만은 않다. 즉 단순히 정신에서 나온 것만은 아니다. 예전은 전인(whole person)을 위한 학교이다. 특별히 그것은 정서(affections)와 욕망(desires)을 훈련시켜서 하나님의 형상으로 바꾼다.

교회는 항상 다루기 힘든 정서와 욕망의 압력으로 인해 괴롭힘을 당한다. 안과 밖에서 나는 사이렌(Siren)[1]의 목소리가 교회의 완전함을 위협한다. 그리고 교회의 이야기는 과거와 현재를 가릴 것 없이 자신의 약함, 즉 다루기 어려운 충동이 쉽게 활개 쳤음을 증언한다. 성령의 능력 안에서 그 말씀(Word)에 충실하면서 하나님께 영광을 돌린다는 교회의 삼위일체적 기초와 예전의 삼위일체적 역동은, 교회 안에 있는 무질서의 원천들(선한 질서의 원천들뿐 아니라)에 대한 실마리를 제공한다.

첫번째 충동은 무질서를 일으키는 것으로서, 교회로 하여금 교회의 하나님이 환영(welcoming), 용서, 화해, 치유의 하나님이라는 것을 잊게 만들고, 또한 교회가 하나님의 형상과 모순되게도 그 구성원과 외부인에게 자신의 힘을 사용하게 한다.

두번째는 통제되기 어려운 욕망으로서, 교회가 하나님께서 값없이 주는 선물에 기초를 두고 있다는 사실을 잊어버리게 해서 교회의 말과 힘, 구조와 제도 속에서 자급자족하고 있다고 착각하게 만든다.

세번째 충동은 하나님의 진리를 말하고 사람들을 하나님의 거룩함으로 이끌기 위해서는 성령을 의존해야 한다는 사실을 잊는 것이다. 또한 겸손하게 성령께 마음을 여는 것을 잊는 것이다. 그리고 미래를 알지 못하므로 수용적이고 기꺼이 배워야 할 필요가 있다는 것을 잊는 것이다.

여기에 덧붙여 그 말씀(Word)에 충성하라는 부름을 무시하고 말씀 아닌 다른 것에 집착하려는 유혹이 있다. 이것은 "세상"과 일치되고자 하는 유혹이다. 사회와 문화가 말씀

---

[1] "사이렌"(Siren)은 그리스 신화에 등장하는 존재로서, 아름다운 노랫소리로 근처를 지나는 뱃사람을 유혹하여 파선시켰다고 전해진다-역주.

에 충성하는 것과 갈등관계에 있는 한, 교회가 세상과 일치된다면 교회는 사회 및 문화와 다를 바 없다. 위의 목록이 교회 안에 있는 무질서의 가능성을 모두 다룬 것은 아니지만, 그 가능성은 항상 존재한다는 사실을 잘 설명하고 있다.

이러한 상황에서 교회는 계속해서 예수님의 삶, 죽음, 부활의 신비에 의해서 정서와 욕망을 훈련시켜야 한다. 다른 말로 하면, 교회는 믿음, 소망, 사랑에 의해 형성되어야 한다. 기독교의 이야기를 반복해서 회상, 기념, 묵상함으로써, 교회는 환영, 환대, 용서, 치유의 하나님에 대한 믿음 안에서 형성된다. 예수께서 죽음 앞에서 하나님께 자신을 내어드린 것을 신실하게 기억할 때, 교회는 혼돈, 폭력, 상실, 죽음에 의해 위협받는 알지 못하는 미래에 일어날 하나님의 약속의 완성을 위해서, 희망에 반하는 희망(hope against hope) 속에서 훈련받게 된다.

그리스도인이 예배드리는 하나님은 또한 사랑의 원천이시므로, 그들은 그 사랑에 의해 살기를 소망한다. 예전을 거행함으로 그리스도인은 환영, 용서, 치유의 하나님이 주시는 사랑과, 예수님의 삶과 죽음 속에서 분명히 나타나는 사랑 때문에 치른 대가를 회상하고 갱신한다. 바네스가 강조하듯이, 예수님의 마지막 만찬은 아버지의 나라에서 참여하게 되리라고 예수께서 약속했던 만찬을 가리키기 때문에, 기독교의 예전도 또한 미래를 가리키면서 "하나님의 자기 수여(self-giving)의 풍성함을 기대한다"(Barnes 2002). 예전을 거행하는 것은 "단순히 예수에 관한 인간적 회상으로 축소될 수 없다. 오히려 그것은 토대가 되는 사건에 지속적으로 참여하는 과정이다"(Williams, 2000: 140).

그러므로 예전을 거행함으로써 교회의 정서와 욕망은 믿음, 소망, 사랑 안에서의 형성을 통해 모양을 갖추고 지도를 받게 된다. 이것이 교회의 핵심이며, 영성의 정황이 되는 교회의 지식, 동기, 에너지의 원천이다. 교회가 가르침, 교리, 교육, 또는 제자도를 통해 그밖에 무엇을 하든지, 그것은 기독교 이야기의 반복, 기념, 묵상 안에 그 원천을 가진다.

5. 분별의 학교의 형성

이를 통해 도달하게 되는 것은 그리스도인의 분별의 학교로서의 교회의 형성이다. 분별을 해야 하는 이유는 성령의 능력 안에서, 한편으로는 그 말씀(Word)에 대한 교회의 충실함에서 나오고 또 한편으로는 세상의 요구들에 대한 이해에서 나오는 기독교 제자도의 모습을 배우고 그에 맞게 살아가기 위해서이다. 이 일을 완수하기 위해서 교회는 관상적

(contemplative)일 필요가 있다. 필자는 "관상적인 것"을 주의 깊은 참여, 주의를 기울이는 것으로 이해하는데, 이것은 호기심을 가지고 말하고, 질문을 한다는 의미에서는 능동적인 면을 가지고 있으며, 또한 특별히 말을 하지 않은 채, 자신이 어떤 방식으로 배우고 훈련받고 만들어지는 것을 허락한다는 의미에서는 수용적이고 수동적인 측면을 가진다.

더욱이 교회 자신과 하나님께 진실하기 위해선, 교회는 언제나 예전과 기도, 묵상, 연구 등을 하면서 하나님의 신비와 그 신비주의자 현존하는지에 관해 주의를 집중해야 한다. 다르게 표현하면, 교회는 하나님과의 교제를 배우고 성령의 능력 안에서 그 말씀(Word)에 의해 형성되기 위해선 제자의 귀를 가질 필요가 있다. 동시에, 교회가 그 말씀을 증언할 뿐만 아니라 세상을 섬기려면, 세상을 잘 알 필요가 있으며 또한 성령의 인도에 따라 특정한 시간과 장소 그리고 공동체와 사람의 필요에 적합한 기독교 제자도의 모습을 창조하고 날마다 그에 맞게 살아가야 한다. 그러므로 교회는 세상을 관상해야 하며, 그렇게 하면서 그 구체적인 상황에서 세상의 이해를 깊게 하는 모든 형태의 인간의 질문들을 이용해야 한다.

1) 분별의 학교 안에 있는 무질서한 충동들

분별의 학교인 교회는 실제로 또는 잠재적으로 말씀과 성령에 연결되어 있지만, 파괴적인 무질서의 위협에서 자유롭지 않다. 교회는 혼란을 주고 적대적이며 위험한 세상에 직면할 때 한 가지 충동을 느끼게 되는데, 그것은 단순히 전통을 반복함으로써 현재의 도전에 직면하려는 충동이다. 이 정황에서 "전통"이란 성경과 특별한 교리 공식을 의미할 수 있다. 이것은 교회의 헌신, 예식, 질서, 구조, 제도를 절대적이고 변하지 않는 것으로 만들고자 하는 충동과 같은 것이다.

언어의 관점에서 보자면, 그것은 하나님에 대해 말하는 인간의 언어가 일시적이거나 부분적이거나 불완전하지 않고, 완전히 적합하다는 것이며, 하나님의 이해할 수 없는 신비에 관해 모든 것을 다 담았다고 말하는 것 같다. 교회의 구조와 예식(rituals)의 관점에서 보자면, 이 입장은 그 말씀(Word) 안에서 드러나는 "새로운 창조"가 이미 성취되었고, 구체적인 예식이나 교회의 구조는 하나님의 측량할 수 없는 신비에 관한 매개로써 완전하다는 것을 시사한다.

사실, 하나님에 관한 교회의 말은 항상 일시적이었고, 머뭇거림이 있었다. 믿음의 언어는 항상 불충분했고, 더듬거렸고, 정확하지 않았으며, 변화에 개방되어 있었다. 이와 유사하게, 그 말씀(Word)에 의해 드러난 인간의 가능성은 미리 알 수는 없다. 교회는 하나님의 약속이 미래에 어떻게 성취될 것인가라는 계획을 소유하고 있지 않다. 다만 교회는 그 말씀(Word) 안에서 말해진 하나님의 신비를 관상하고, 거기에서 발견한 것을 증언하며, 당면한 구체성 속에서 세상을 관상한다. 그러나 교회는 하나님의 희망과 의도가 구체적인 시간과 장소 가운데서 어떻게 실현될지는 알지 못한다는 것을 깨달을 뿐이다.

교회 안과 밖에서 다루기 힘든 두 번째 충동은 도덕률 폐기론자의 카리스마적 성향에 끌리는 것인데, 이것은 분별의 학교가 가지는 유용성에 좋지 않은 영향을 끼친다. 이것은 열광주의를 무비판적으로 신뢰하고, 어떤 종교적 경험이나 이것에 취한 것을 하나님의 영의 목소리라고 자명하게 여기려는 충동이다.

2) 기독교 분별의 삼위일체적 문법

이 두 개의 무질서한 성향은, 교회의 삼위일체적 기초와 그리스도인의 분별의 삼위일체적 역동을 존중하지 않고 그것과 맞물리지 못한다는 비판을 받을 수 있는데, 여기서 그리스도인의 분별은 그 말씀(Word)에 대한 충실함과 성령의 창조하고 변화시키는 능력 안에서 하나님께 영광을 돌리도록 정해진 예전 속에 기반을 두고 있다. 다른 말로 하면, 그 말씀(Word)은 알 수 없는 하나님과 인간 삶의 새로운 가능성을 계시하고 은폐한다. 그리고 이러한 가능성들이 자신의 삶과 세상에서 충분히 결실을 맺는 방식으로 실현되도록 교회를 인도하는 것은 성령의 역할이다.

그러므로 분별의 기본적인 패턴은 다음과 같다.

첫째, 예수님의 삶, 죽음, 부활의 사건을 가지고 예전, 관상, 연구에 참여하는 것이다.

둘째, 현재 세상의 구체성과 특수성 속에서 관상적 태도를 가지고 사람들과 환경에 관여하는 것이다.

셋째, 하나님의 자기 주심(the self-gift)인 성령을 향한 개방과 신뢰이다.

성령은, 교회가 그 기반이 되는 사건이 지금 여기에서의 구체적인 상황과 관련해서 무엇을 의미하는지를 계속해서 찾는 것을 가능하게 해준다. 성령의 사역은 구체적인 상황 속에 있는 공동체의 구성원에게 그리스도의 모습을 닮게 해서 공동체를 성숙하게 만드는 것이며, 교회의 안과 밖에서 인간의 삶, 구조, 제도를 변화시켜 하나님 나라의 새로운 피조물이 되게 하는 것이다.

그러므로 기독교 분별의 역동은, 교회의 안과 밖 그리고 지금 여기에서, 변화와 창조적 가능성 면에서 기반이 되는 사건의 중요성을 깨닫기 위한 투쟁에 관여하기 위하여 계속해서 그 사건(말씀)으로 되돌아가는 것이다. 윌리암스는 다음과 같이 말했다.

> 나의 논지는 "교회는 어떻게 할 셈인가"와 같은 생각 때문에 생기는 어떠한 곤혹스러움도 교회로 하여금 그 기반이 되는 사건이 지시하는 바를 탐구하게 만든다면, "성령" 하나님의 계시적 작용이다 … 예수 안에서 생긴 자유와 창조적 책임이라는 갱신된 인간의 가능성이, 공동체의 삶의 이러저러한 측면, 즉 예수와의 새로운 관계를 불러일으킨 모든 것 안에서 구체적으로 그리고 특별하게 생겨난다(2000, 145).

6. 윤리적 측면

하나님의 진리와 거룩함에는 윤리적 차원이 있다. 그러므로 교회의 형성에도 이러한 윤리적 차원이 있다는 점은 명백하다. 이 상황에서 두 가지 중요한 윤리와 관련된 질문이 생긴다.

첫째 질문은 교회 자체의 내면적 삶의 질서와 관련된다.

둘째 질문은 교회의 "임무"와 관련되는데, 더 정확히 말하면 세상을 변화시키고 치유하는데 동참하기 위해, 사랑의 마음을 가지고 아들과 성령을 보내는 하나님의 사역에 교회가 참여하는 것과 관련된다.

이 논의에서 중요한 점은 교회가 공동체 안에서 그리고 공동체 밖의 사람들과 관련해서 어떻게 힘을 사용하는가이다.

1) 교회 공동체 안에서

영성을 위한 정황으로서의 교회의 윤리적 임무는 내부의 질서, 즉 관계 형성, 목회, 교회 질서, 교회의 진정한 정체성과 부름에 적합한 생각, 느낌, 활동의 패턴 등을 배우고 조성하는 것이다. 여기에서도 역시 교회의 윤리적 형성(교회 자체의 윤리적 형성과 그 구성원들의 윤리적 형성 모두)의 핵심과 원천은 교회가 자신의 기반이 되는 사건의 이야기를 반복, 갱신, 기념, 묵상하는 것 속에 있다.

이미 본 것처럼, 교회는 지금의 현실이든지 미래의 가능성이든지 간에 죄의 무질서로 끌려가는 것 때문에 곤란을 겪는다. 교회와 그 구성원들은 내재하는 개인적이고 공동체적인 삶의 질서 속에서 사고, 느낌, 행동의 패턴들 속으로 무비판적으로 끌려갈 수 있으며, 이것이 교회의 소명 및 목적과 갈등을 일으킨다. 즉 윤리적 분별에서 교회는 말씀 및 성령과 관련되어서 유혹에 빠질 수 있다.

첫 번째 유혹은, 확실하고, 영원하며, 변하지 않고, 개정할 필요가 없는 보편적인 윤리적 규범 혹은 법칙이 주는 편안함을 추구함으로써, 끊임없는 분별이 주는 노고와 이것으로부터 나오는 잠정적이고, 위험하며, 항상 개정될 수 있는 윤리적 결론을 피하려는 데서 생겨난다. 이 영원하고 보편적인 규범들이, 특별히 성경 구절이나 그것이 주는 교훈이든지 혹은 교회의 권위에 의해 만들어져서 도전받지 않고 변하지 않는 규범인지는 별로 문제되지 않는다. 그것은 동일한 충동에서 나온다.

두 번째 윤리적 유혹(그런데 이것은 현재의 주류 기독교 교회를 많이 괴롭히는 것 같지는 않다는 점을 미리 말해둔다)은 자유로운 성령(Free Spirit)으로 인한 유혹이다. 이것은 하나님의 자녀의 자유에 근거해서 모든 윤리적 제한을 거절하게 만든다. 그러나 폭력 및 혼돈의 세상과 상실 및 죽음의 어둠 앞에서, 교회의 구성원들도 역시 하나님의 지속적인 임재에 대한 믿음과, 변화시키고 고치는 성령의 능력에 대한 희망을 잃어버릴 수 있는 것에서 면제되지 않는다.

특별히 교회 안에서 손해를 주는 무질서의 충동들은 힘의 사용 혹은 남용과 관계가 있다. 교회 안에 있는 모든 개인과 집단들, 즉 권위를 행사하는 자와 그 아래에 있는 자, 남자와 여자, 부유한 자와 가난한 자, 성직자와 평신도, 다른 인종적 혹은 문화적 집단의 구성원들은, 그들이 힘을 사용하는 중에 말씀에 대한 충실함과 변화시키고 치유하는 성령에 대한 개방을 의심하게 만드는 관계와 행동 패턴 속으로 들어갈 위험이 항상 있다.

영성의 정황인 교회가 가지는 주요한 윤리적 임무는 기독교 분별의 습관을 배우고 육성하고 실천하는 것이다. 그런데 그 임무는, 세상을 수용하고 관상하고 이해하는 관점에서 예수 그리스도의 이야기를 말하고, 기념하고, 묵상하면서 행해진다. 또한 생각, 느낌, 말, 행동, 삶의 모든 면, 특별히 교회가 힘을 사용하는 것 속에서, 그 신비에서 나오는 윤리적 결과들을 살아내면서 그 임무를 실천한다. 교회는 구체적이고 특별한 시간과 장소에서 인간 삶의 변화와 치유의 가능성을 증언하고 실현하는 임무를 수행하고 있지만, 성령이 어떻게 인도할지는 미리 알지 못한다. 오직 계속해서 그리스도의 신비로 돌아가서 성령의 능력 안에서 윤리적 길을 발견하고 따라가게 되면, 이것을 알 수 있고 행할 수 있게 된다. 그 윤리적 길은 말씀에 대한 충실함 안에서 진정으로 하나님께 영광을 드리는 길이다.

그러나 죄의 무질서는 교회 안과 밖에서 미래의 위협으로 또는 현재의 현실로써 계속 존재하기 때문에, 이 배움은 계속 갱신되어야 한다. 말씀과 성령 사이의 변증법은 이미 보았듯이 매우 중요하다. 교회가 자신의 토대가 되는 사건으로 계속 돌아가게 되면, 현재 개인과 공동체의 윤리적 질서를 위해 가지는 그 사건의 의미와 중요성을 이해하게 된다.

2) 낯선 자와의 관계

종교적 다양성과 문화적 다양성은 현대 세계의 특징이다. 실제로 그리스도인들은 종교적 상황과 함께 종교적 용어로는 정의되지 않는 여러 다른 형세 속에서 살고 있다. 그들은 기독교적이지도 종교적이지 않으며, 아마 기독교나 다른 종류의 종교적 신앙과 실천에 적대적이거나 무관심한 직장 문화 속으로 들어간다. 기독교 공동체와 교회들은 종교적이거나 혹은 종교적이지 않은 낯선 자들의 세상이나 문화와 피할 수 없는 관계 속에서 산다. 바네스가 지적하듯이, 그러한 세상과 문화가 주는 도전은 환영을 받든지 그렇지 않든지 관계없이 항상 가까이에 있다(Barnes 2000).

게다가 기독교적 공동체와 개인들은, 만약 타인과의 관계가 이전에 고립되어 있을 때 형성된 정체성에 단지 부가되는 어떤 것이 아니라 개인적, 공동체적 정체성의 구성요소라면, 그들은 어쩔 수 없이 어느 정도 그 관계에 의해 형성된다. 만약 "선교"에 관한 어느 정도의 이해와 실천이 기독교 영성을 구성하는 요소라면, 종교적 다양성이 있는 현재의 정황에서 "선교"가 정확히 무엇을 의미하는지에 관한 긴급한 질문을 하게 된다.

윤리적 용어로 말하자면, 기독교 관점에서는 무엇이 교회와 낯선 자의 세상 사이에 "옳은 관계"를 구성하게 되는가?

다른 말로 하면, 교회는 환영과 환대의 하나님을 예배하고 선포하며 성령의 능력 안에서 그 말씀(Word)에 충성하기 위해선 낯선 자와 관련해서 힘을 사용하게 되는데, 선교의 윤리적 차원은 이 힘의 사용에 대한 질문과 관련이 있다.

죄의 무질서로 가려는 충동들은 항상 교회와 세상과의 관계를 위협한다. 그 중 하나의 선택은 교회가 낯선 자들을 지배하고, 폭력으로 대하는 것이다. 이것은 여러 다른 모습들로 나타나겠지만, 교회는 자주 기독교 밖에 있는 사람들과 다른 전통을 가진 교회의 구성원들을 이런 식으로 다루었다. 이것은 교회만이 하나님의 진리와 거룩함을 가지고 있으며, 그래서 인류를 위한 하나님의 약속을 실현하는 것(하나님의 뜻을 행하는 것)은 모든 사람들을 동일한 기독교 신앙으로 데려오는 것을 의미한다는 전제 위에 서있다. 이것은 분파적 적대 행위, 공격적 복음주의, 종교적 박해의 동기를 제공한다.

그런데 이것은 훨씬 덜 명확한 모습으로 다른 형태의 기독교 선교에서도 존재한다. 그들은 조나단 색스(Jonathan Sacks)가 "차이의 존엄성"(dignity of difference)이라고 부르는 것을 존중하지 않으며(Sacks 2000), 외부 사람들을 공격하고 비하하고 억압한다. 그들은 성령이 어떻게 인간의 미래를 위한 하나님의 역사를 실현하는지를 미리 알고 있다고 생각한다. 그들은 하나님의 약속은 이미 인류의 특정한 지역과 사람에게는 실현되었으며, 나머지는 이것에 순응하든지 또는 소멸되어야 한다는 태도를 가지고 있다.

두 번째 선택은 "내포적"(inclusive) 태도이다. 이와 같은 윤리적 태도는, 기독교가 낯선 사람들이 가졌던 진리와 가치 모두를 이미 합법적으로 소유하고 있다는 것을 전제한다. 그러나 이것 역시 하나님의 창조세계의 차이와 다양성을 인정하지 않고 존중하지 않는 태도이다. 낯선 자들의 세상 속에서 다르게 보이는 것이 실제로는 다른 것이 아니라, 기독교 또는 특정한 신앙 공동체에 있는 것의 열등한 또는 일탈된 관점일 뿐이라는 주장이다.

"영성"에 관련해서 이러한 태도는 기독교 밖 또는 기독교의 특정한 모습 밖에서 존재하는 것처럼 보이는 모든 영적 선물들은 이미 기독교 안에 완전하게 있다고 주장한다. 교회 밖에 있다고 주장되는 어떤 "영성"도, 비록 그 신봉자들은 하나님만 아시는 이유 때문에 그 사실을 알 수도 없고, 알려고도 하지 않지만, 실제로는 단지 기독교 영성의 열등한 모습이고 "익명의"(anonymous) 모습이라는 것이다.

세 번째 선택은 종종 "규범적 다원주의"(normative pluralism)로 불리는데, 이것은 모든 형태의 기독교와 더 넓은 캔버스에 펼쳐진 모든 형태의 "영성"은 특정한 시대, 민족, 사회, 문화와 관련되어서 모두 유효하고 효력이 있다고 여긴다. 이 관점은 상호관용과 공존을 옹호한다. 그러나 이것이 가지는 특별한 문제점은, 어떻게 이 입장을 유지할 수 있는지를 알기 어렵고, 더욱이 하나님이 주신 임무가, 단지 "다름"을 향유하고 두려움 때문이든지 또는 낯선 자들에 대한 친절한 관용 때문이든지 기독교 고립집단(ghetto) 안으로 후퇴하지 않는 것이 아니라면, 교회가 하나님의 임무를 공유한다고 주장하기가 어렵다는 점이다.

어떻게 이것이 성령의 능력 안에서 그 말씀(Word)에 충실하면서 하나님께 영광을 돌리는 것이 될 수 있는지 또한 그리스도의 나라의 이미지를 따라 세상을 변화시키고 고치는 하나님이 주신 임무에 참여하는 것이 될 수 있는지 이해하기가 어렵다. 더욱이 영성의 관점에서 보자면, 이 접근은 일종의 상대주의에 의존하고 있다. 즉 모든 형태의 영성이 동일한 가치를 가지고 있다는 것이다. 가장 중요한 질문은 어떤 영성이 개인과 그 집단에 적합한가이다.

교회는, 낯선 자들이 누구이든지 관계없이, 말씀에 대한 충성 속에서 성령의 인도를 받으면서 사랑을 가지고 그들을 대하도록 하나님의 요청을 받는다. 교회는 그 원천과 사랑의 모델을, 모든 사람들에게 환영, 환대, 치유를 베푼 예수 그리스도에게서 발견한다. 교회는 자기가 받은 선물의 풍성함과 부유함을 목격한 후, 사랑 안에서 이 선물을 타인에게 나누기를 원한다. 믿음, 소망, 사랑의 학교인 교회는 우리가 이미 보았듯이, 그리스도의 삶, 죽음, 부활의 이야기 속에 있는 교회의 토대가 되는 사건을 반복해서 기억하고, 갱신하고, 기념하고, 묵상하는 것 속에서 형성된다. 여기에서 교회는 "그리스도의 마음"을 가지고 낯선 자들을 사랑하는 방법을 배우게 된다.

낯선 사람들에게 어떻게 사랑을 표현해야 하는가에 대한 방법을 설명하는 윤리적 형태는 계속해서 분별되어야 한다. 그 이유는 세상이 계속 변하기 때문에 그렇기도 하지만, 죄에게 끌리는 성향이 항상 있기 때문이다. 다른 말로 하면, 교회는 결코 안팎에서 들리는 사이렌의 목소리로부터 자유롭지 못하다. 그 목소리는 그럴듯하게 교회를 꾀어서 하나님 아닌 다른 존재에게 영광을 돌리게 하고 사랑의 대가를 회피하게 하고, 성령이 아닌 다른 힘을 신뢰하게 한다. 이 분별의 목적은 낯선 자들을 향해 구체적인 모습을 띤 사랑을 배우고 실천하기 위함이다.

그 사랑은 한편으로 교회가 말씀 안에서 하나님의 신비에 참여하는 것에서 흘러나오며, 성령의 인도 아래에서 모든 역사적, 문화적 다양성에, 그리고 교회와 낯선 사람이 만나는 구체적인 시간과 장소에 적합하게 수용된다. 분별의 학교인 교회의 형성 그리고 낯선 자들을 향한 윤리적 활동에 영향을 주는 독특한 기독교적 형태와 역동은, 예배와 기도 성경 읽기와 연구 속에서 기독교의 이야기를 기념하는 것에서부터 나온다. 이러한 활동 속에서, 기독교의 이야기를 다시 말하고, 구체적인 사건과 시간, 지역, 문화의 구체적인 특성 아래에서 그 이야기의 의미를 배우면서, 교회는 성자(the Son)에 대한 충실함 속에서 그리고 성령의 안내와 에너지를 향한 개방 속에서 하나님께 영광을 돌리라는 요청에 응답한다.

3) 대화

어떤 형태의 대화는 교회 안에 그리고 교회와 종교적인 혹은 비종교적인 "낯선 자" 사이에 옳은 관계를 위한 패러다임을 제공할 수 있다. 따라서 종교적 다양성 속에서 이 다급한 윤리적 질문에 비추어서 교회가 종국적으로는 삼위일체 하나님과의 관계 안에 그 원천을 두는 대화의 형태를 배울 때, 교회는 영성의 학교로서 자신에게 충실할 수 있다. 특별히 믿음 형성의 핵심인 예전 속에서, 교회는 모든 사람을 환영하는 하나님 그리고 그들에게 관대한 하나님을 찬양한다. 또한 교회는 특정한 나라 혹은 공동체뿐만 아니라 전 인류를 위해서 "새로운 창조," 즉 새로운 가능성을 열고 시작하신 예수 그리스도의 말씀과 행동을 관상한다.

교회는 그 말씀(Word)에 충성하면서, 또한 성령의 능력과 인도 아래에서 그 새로운 가능성들의 증인이 되고, 그 가능성을 완성하기 위해 노력한다. 이것의 목적은 모든 사람들을 특정한 종교 제도 속으로 데려오기 위함이 아니다. 교회는 종교적인 혹은 비종교적인 낯선 자들과의 대화가 어떻게 또는 언제 끝날지 알지 못한다. 낯선 자와의 대화가 진정으로 기독교 제자도와 일치되고, 아들에 대한 충실함과 성령의 능력 안에서 아버지께 영광을 돌리는 것일 때, 그 대화는 윤리적으로 책임져야 할 임무이다. 윤리적 책임은 결코 낯선 자를 폭력으로 대하거나, 다른 사람을 "우리 중 한 사람"으로 축소시켜서 보호하는 것을 의미하지 않는다.

이 글의 전반부에서 필자는 "영성"의 의미에 대한 두 가지 사용법을 설명했다. 그 둘은 근본적으로 다른 모델에 기초하고 있는데, 하나는 종교적 전통과 공동체에 기반을 두고 있고, 다른 하나는 시장의 논리에 놓여있는 사람에 기반을 두고 있다. 이 부분에 대한 필자의 결론을 말하자면, 필자가 설명하려고 했던 그러한 대화방식은, 낯선 자들의 세상에 접근함에 있어서 배우고 받아들여야 하는 교회를 위한 관계의 적절한 형태가 될 수 있을 것이다.

7. 결론

이 글에서 주장했듯이, 기독교 영성의 정황으로서의 교회의 중심에는 기념(celebration)이 있다. 기독교 제자도 학교의 교육을 제정하는 교회의 고유한 활동은 예전이다. 예전은, 세상을 만들고 변화시키고 치유하는 하나님께 대한 응답으로 예수님의 삶, 죽음, 부활의 이야기를 반복하고 갱신하고 축하하고 묵상하는 "사람들의 일"이다. 이것에서 모든 다른 교리적, 종교적, 신학적 형성물이 흘러나온다.

또한 예전은 교회가 기독교 분별의 학교가 되게 만드는 교육인데, 교회가 구체적인 시간과 장소에 있어서 그 말씀(Word)에 대한 충실함과 성령과 협력을 할 수 있는 제자도의 모습을 발견하고 실천하는 것을 가능하게 만든다. 교회는 하나님으로부터 받은 풍성한 것들을 자신의 구성원과 그 이외의 모든 인류와 나누기를 바란다. 진정한 제자도의 길을 분별하는 훈련을 받음으로써, 교회는 자신이 받은 것들을 교회 안과 바깥세상과의 관계 가운데 공유할 수 있게 된다.

이 모든 것은 확실히 삼위일체적이다. 그것의 모든 측면은 말씀과 성령을 "보내는 것"을 통해 세상을 변화시키고 치유하는 창조주와의 관계를 반영한다. 교회는 하나님의 말씀(Word)인 예수님의 삶, 죽음, 부활의 사건 속에서 성립된다. 그리고 교회는 자신을 말씀에 대한 충실함과 성령의 능력 안에서 아버지께 영광을 돌리는 일에 헌신하는 존재로 이해한다. 하나님 자신을 세상에 주신 것을 기념하는 교회의 예전도 동일한 움직임을 따른다. 즉 하나님이 주신 것을 인식하면서, 그리스도 안에서 성령의 능력으로 아버지께 예배드린다.

또한 기독교 분별의 학교인 교회의 교육도 동일한 패턴을 따른다. 즉 그것의 목적은, 교회로 하여금 특정한 시간과 공간 속에서 성령의 온화한 손길 아래에서 말씀에 대해 충실하면서, 하나님께 영광을 돌릴 수 있는 기독교 영성의 형태를 발견하고, 그것에 맞게 살 수 있게 해주는 것이다. 교회가 본분에 충실할 때, 교회의 내부와 외부에서 행동하는 방식이 말씀에 대한 충실함과 성령에 대한 개방을 통해 하나님께 영광을 돌리는 것을 반영하게 된다. 기독교 영성을 배우고 육성하는 가운데, 교회는 말씀과 성령 안에서 모든 사람을 환영하고 치유하는 헤아릴 수 없는 하나님이 세상에 자기를 주신 것의 풍성함에 참여하고, 그것을 숙고하고 기념하며, 또한 그것을 타인과 함께 나눈다.

참고문헌

Avis, P. (ed.) 2002: *The Christian Church: An Introduction to the Major Traditions*. London: SPCK.

Barnes, M. 2002: *Theology and the Dialogue of Religions*. Cambridge: Cambridge University Press.

Hardy, D. W. 2001: *Finding the Church: The Dynamic Truth of Anglicanism*. London: SCM.

Healy, N. M. 2000: *Church, World and the Christian Life: Practical-prophetic Ecclesiology*. Cambridge: Cambridge University Press.

Lash, N. 1986: Considering the Trinity. *Modern Theology* 2, 183-96.

_____. 1988: *Easter in Ordinary*. London: SCM.

Leech, K. 1992: *The Eye of the Storm: Resources for a Spirituality of Justice*. London: Darton, Longman, and Todd.

Sacks, J. 2002: *The Dignity of Difference: How to Avoid the Clash of Civilizations*. London: Continuum.

Sheldrake, P. 1995: *Spirituality and History: Questions of Interpretation and Method*, 2nd rev. edn. London: SPCK.

Williams, R. 2000: *On Christian Theology*. Oxford: Blackwell.

제15장
성례성과 기독교 영성

앤 로즈(Ann Loades) 박사
더럼대학교 신학부 명예 교수

하나의 문구(phrase)로 표현되는 "성례성(聖禮性, sacramentality)과 영성"은 신학적 숙고와 제자도에 대한 생생한 헌신 사이의 중요한 교차점이다. 이 교차점에서 제자로서 살아가려면, 우리는 변화를 견디고 기꺼이 받아들일 용기가 필요하다. 진정한 인간이 되기 위해서 서로가 연루될 때, 우리는 자신이 변화된다는 것을 알고 있다. 하나님께서 우리를 찾고 계신다는 것을 주목하면, 우리는 하나님을 찾게 되며 자신과 타인에 대한 인식뿐 아니라 하나님에 대한 인식도 변화된다.

"성례성"과 "영성"의 결합 자체가, 하나님과의 관계에 대한 이해에 주목할 만한 변화가 있다는 점을 보여주고 있는데, 최소한 일부 공동체에서는 그렇다. 왜냐하면, 비록 어떻게 해야 할지는 아직 알 수 없지만, 우리는, 인간과 다른 존재 사이의 상호관련을 이해와 종교적 다양성이 있는 새로운 시대에 살고 있기 때문이다. 그러나 인간과 하나님(영성)과의 관계에 관한 인문과학의 통찰을 여기서 검토하지는 않겠지만, 우리는 일부 교회에서 20세기 동안 "성례성"을 재인식하는데 있어서 주요한 발전이 있었다는 것을 확인할 수 있는데, 이에 대해 관심을 가질 필요가 있다. 원칙적으로, 우리는 이해에 도움이 될 만한 자료에서 나오는 어떠한 지식도 미리 배제할 필요가 없다.

물론, "성례"(sacrament), "성례적"(sacramental)이라는 주제 하에 간행됐던 출판물들을 살펴보고 나서 "영성"을 보면, 어느 정도 성과가 있을 수 있다. 그러나 "성례성"과 "영성"의 특별한 결합에는 신선한 사고가 필요한데, 우리는 이것을 시도해보겠다. 이를 위해서는 완전히 새로운 제안을 하기보다는, 가능하다면 이미 알고 있는 것을 종합할 필요가 있다. 이것은 익숙한 것들을 다른 정황에서 창조적으로 배치하고, 다르지만 이해를 주는 방식으로 그것을 종합하는 문제 그 이상이다.

그 결과 중 일부는, 즉시 파악되지는 못하겠지만 잘못된 것으로 밝혀질 것이다. 그리고 많은 결과들은 잠정적이고 일회적인 것으로 그칠 것이다. 그 선택들을 분별하는 것은, 과거에는 그랬을지 모르지만 더 이상은 일부 "전문가"의 임무가 아니다. 물론 권위에 의해서 임명을 받은 자들은 자신의 교회에서 특별한 역할을 하고 있다. 그러나 그것은 모든 "하나님의 백성," 즉 신적인 은혜의 약속과, 인간의 일들 가운데 있는 하나님의 변화의 영(성례성)에 개방된 모든 사람의 책임이다. 비록 어떻게 살아야 하는가에 관한 방법은 각각의 인간만큼이나 다양하지만 우리 모두는 동일한 열망을 부여받았다. 이것은 그리스도의 부활의 빛 안에서 살고자 하는 열망이다. 우리는 이것을 증언하라는 부름을 받았다.

물려받은 자원들을 재구성하거나 우리가 살고 있는 상황 안에서 그것들을 가지고 무엇을 할지를 확인하기 전에, 우선 전제조건과 그 자원들을 가지고 생각해보자. 우리는 가장 넓은 의미의 "성례성"으로부터 시작할 것인데, 이때 성례성은 단지 교회 안에서의 삶뿐만 아니라 전체의 삶과 관련된다. 성례성은 "교회"와 "세상" 사이를 넘나든다. 우리는 "연결됨"을 염두에 두어야 한다. 이 글은 성례인 그리스도 자신과 연결되는 성례성으로 결론을 맺게 된다.

1. 자연 세계

인간이라면 나이와 생김새 크기에 관계없이 놀랍도록 다양한 역사와 문화 속에서 서로 의존하고 있다. 우리는 "내가 너희 안에 거하듯이 내 안에 거하라"(요 15:1-8)는 말씀이 그리스도와 제자가 맺는 관계의 진정한 모습이라는 것을 안다. 왜냐하면 우리는 그것이 다른 인간 관계 속에서 무엇을 의미하는지를 충분히 잘 알고 있기 때문이다. 상호 의존은 성례성과 영성을 이해하는데 있어서 매우 중요하다. 왜냐하면 확실히 특별한 일이지만, 성례성과 영성은 인간적인 자원을 넘어선 생명에 참여하고 그것에 의해 은혜를 받음으로써 완전한 인간이 되는 것과 관련되기 때문이다.

우리는 진정한 존재가 되는데 있어서 서로에게 큰 역할을 하고 있다. 그러므로 자신의 정체성, 즉 "개체성"(individuality)을 발견하는 것은 우리 자신과 우리의 의도, 행동, 그 결과를 책임지는데 있어서 확실히 중요하다. 그런데 그 발견을 위해선 "유아론"(唯我論, only-oneself-ism)은 요구되지 않고, 경계가 있는 정체성 확보가 필요하다. 그러나 그 경계는 투과될 수 있다.

　더욱이 인간뿐만 아니라 다른 종들(species)과도 상호 작용하면서 투과된다. 왜냐하면 우리 인간은 상상적 공감과 다른 종에 대한 관여를 통해 다른 존재들과 많은 것을 공유하기 때문이다. 인간과 모든 "타자들"은 상호적응하고 함께 진화하며, 끊임없이 서로를 놀라게 하고, 서로에게 경이(wonder)의 원천이 될 수 있다. 이에 관한 많은 단서를 얻을 수 있는데, 가령 TV에서 방영되는 "야생 생물" 프로그램(노아의 방주의 근대적 형태)의 인기, 동물들을 "의인화"하는 많은 방법들, 무대 위의 동물에 대한 관객의 집중 등이 그 예들이다.

　또한 모든 존재는 필연적으로 서로 상처를 주며, 자신과 타인 그리고 주변 환경에 우연히 또는 고의로 손해를 입힐 수 있다. 특별히 인간은 확실히 다른 존재들보다는 더 큰 악의를 가질 수 있다. 우리의 관점은 우리가 누구이며 어떤 존재인지에 관한 감상적 태도와는 관련이 없다. 우리가 할지도 모르는 최고의 악행으로 인한 부끄러움 때문에, 기독교의 관점을 따라서 세상은 우리의 진정한 고향이 아니라든지 또는 세상은 우리와 상호작용하는 그 하나님께서 만든 것이 아니라는 등의 성급한 추정은 하지 않을 것이다.

　우리의 확신은, 비록 할 수 있는 것은 할 줄 아는 은혜를 받았을지 몰라도 우리의 노력으로는 서로에게 줬던 상처와 해악에서 벗어날 수 없다는 것이다. 오히려 우리는 하나님과 동행하고 있으며, 악한 일을 하도록 방치되어있지 않다. 세상 안에서 드러나는 창조성은 신적 구속 안에서 최고로 드러난다. 인간은 그 구속에 응답하며 자비를 간청한다. "주여 불쌍히 여기소서(*Kyrie eleison*, "퀴리에 엘리손"), 그리스도여 불쌍히 여기소서(*Christe eleison*, "크리스테 엘리손")."

　우리 자신을 이해하기 위한 첫 번째 행동은, 서로가 단지 "피조물"임을 인식하는 것으로부터 시작된다. 우리가 자신을 발견하게 되는 그 상황은 스스로가 만든 것이 아니며 특별히 관대한 하나님으로부터 왔다. 세상 자체가 "거룩하게" 여겨지지 않도록 하나님과 세상을 결코 동일시되면 안 된다. 만약 그렇게 되면, 우리는 미신과 우상으로 나가게 되며, 그 결과 피조물이 가지지 않고 가져서도 안 되며 가지려고 해서도 안 되는 힘과 능력을 피조물에게 부여하게 된다. 이 능력을 피조물에게 돌려서는 안 된다. 창조주와 피조물이 동일하지 않다는 것은 성례성과 영성을 이해하는데 매우 중요한데, 이 같은 이해가 있으면 차이점을 알아갈 때 생기는 혼돈을 조심스럽게 피해 지나갈 수 있다.

　반면에, 세상이 하나님으로부터 나왔다고 주장하는 것이 세상이 하나님을 상실했다는 것을 의미하는 바는 아니다. 오히려 그것은 기독교의 예배, 가령 저 높은 곳의 영광(*Gloria in excelsis*, "글로리아 인 엑셀시스") 안에 있는 "하나님-그리스도-성령"으로 인식되는 생명을 주는 원천이 세상에 은혜를 베풀고 그것을 변화시킨다는 것을 뜻한다. 자연에서 나온 이미지들은 인간 언어와 예배 언어의 핵심적인 부분이며, 예배에서 자연 사물을 사용하는 것은 매우 적절하다.

그러므로 가장 "보편적인"(catholic) 의미에서 성례성을 향유하는 것은 당연하다. 이때 보편적이란 우리의 상황 전체와 관련되며, 그것을 지향하고 이용한다는 뜻이다. 이 같은 감수성은 기독교 전통에서 나온 특별히 중요한 성례들에 참여함으로써 배울 수 있다. 이 성례들은 무한히 흥미로운 세상 속에서 파악할 수 있는 풍성한 "유사 인격적"(quasi-personal) 임재에 관한 단서를 제공한다. 또한 우리 중 대부분은 거의 알지 못하는 다른 종교 전통에서 나온 성례성에 대해서도 배울 것이 많다는 점을 생각하게 될 것이다. 우리는 또한 광대하고 미시적인 에너지와 세밀함 속에서 세상을 과학적으로 발견하고 해석하는 것이 세상에 대한 경이로움을 파괴하지 않는다는 사실을 주목하게 된다.

오히려, 자기 파괴적인 교만에서 우리 자신을 보호할 수만 있다면, 특별한 지성을 가지고 발견하고 상상하고 만드는 능력 때문에, 우리는 신적 창조성에 더욱 기민할 수 있으며 인간의 창조성을 신적 창조성에 보다 더 귀착시킬 수 있다. 우리는 욥기 38장, 시편 104편, 70인역(Septuagint) 다니엘서의 소위 "만물의 송가," 아시시의 프란시스(Francis of Assisi)의 "피조물의 찬가," 크리스토퍼 스마트(Christopher Smart)의 "어린양을 기뻐하라," 또는 제라드 맨리 홉킨스(Gerad Manley Hopkins)의 시 "하나님의 위대함" 과 같은 글로써 그 경이로움을 표현한다. 마지막으로, 전부는 아니지만 모든 형태의 기독교 성찬식에서 중심이 되는 이사야 6장의 "상투스"(*Sanctus*, 거룩한)는 세상이 신적 권위와 영광을 우리에게 계시한다는 사실을 계속해서 상기시켜준다(Brown and Fuller 1995, 1-18, "A Sacramental World").

인간은 신적 임재를 느끼기 위해서 위에서 언급했던 글에서 표현하고 있는 "자연" 세상에 관심을 가지면서, 침범당하지 않은 것들과 훼손당하지 않은 것들을 어렴풋하게나마 감지할 수 있기를 구한다. 그들은 자연적인 것으로 보이는 것도 어느 정도는 인간의 창조적 고안(contrivance)과 관련되었다는 것을 재빨리 발견하거나 재발견할 수 있을 것이다(깨끗이 흐르는 물을 제공하는 것이 중요한 예이다). 예를 들면, 풍경을 그릴 때 인간이 베푸는 "은혜"는 주어진 자연 세계와 협력해서 그 풍경의 가능성들을 다시 이해하게 만든다. 풍경을 그리는 화가 중 많은 사람들은 그들이 보는 것을 단지 모방하지 않고, 세잔느(Cézanne)의 작품처럼 질서와 조화에 집중하면서 숨어있지만 식별이 되는 실재를 보여준다.

그들은 이러한 상호 작용 속에서 자신의 역할을 하고 있는 것이다. 조경사와 정원사들도, "국립공원"을 만들어서 야생 상태와 거주지를 보호했던 사람들처럼, 자신들의 역할을 하고 있다. 요점은, 자연 세계를 누리는 사람들은 자신을 제외한 피조물의 존재를 찬양하라는 초대에 응답하고 있다는 것이다. 그 피조물 중 일부 가령 고래와 깊은 물속에 사는 존재들은, 비록 인간들도 자신에게 적대적인 거주지에 적응해서 살고 있지만, 이러한 인간들을 넘어서는 능력을 향유하고 있다.

그와 같은 해양에 사는 존재들을 생각하면서, 인간은 욥처럼 세상은 자신들이 공유하는 곳이지만 통제할 수는 없는 곳이라는 생각을 하게 된다. 경이로움뿐만 아니라 경외심, 그리고 이에 수반해서 다른 피조물들을 사용과 조작을 통해 해를 끼치지 않고 오히려 가능한 한 간섭하지 않으려고 하는 노력이, "창조" 영성과 소위 "켈틱"(Celtic) 영성이 인기를 얻게 된 원인이 되었을 것이다 켈틱 영성은 적어도 주거와 식량을 제공하기 위한 조화로운 노력 외에는 인간이 환경에 해를 주기 쉽다는 점에 관해 애매하게 말하지 않는다.

2. 포이에시스: 인간 형성의 영역

만약 실제적이거나 또는 자연적인 것에 관심을 가지지 않는다면, 인간은 신적 임재를 인식하기 위한 다른 단서들을 찾기 위해서 인간 형성(making)의 영역, 즉 "포이에시스"(*Poiesis*, 형성)에 관심을 가진다. 풍부하게 은유적이며 쉽게 교정할 수 있는 인간 언어라는 재료는, 특별히 포이에시스의 하나의 양식인 시를 쓰는 사람들의 작품 안에서는 더욱 중요하다. 왜냐하면 단어나 구를 독창적으로 연결하여 쓴 시인들의 글을 보면서, 우리는 각자 다르겠지만 더 명확한 통찰 속에서 자신들이 미래의 새로운 가능성에 개방되어 있다는 것을 알게 되기 때문이다.

은유(metaphor)는 다른 것으로 어떤 것을 말하는 것을 의미하는데, 그렇게 함으로써, 다른 방법으로는 말할 수 없는 것에 관한 이해를 얻게 된다. 이것은 매우 다행스러운 일이다. 왜냐하면 하나님에 관한 언어에서는, 특별히 종교적 맥락 안에서는 우상화의 가능성이 늘 존재하기 때문이다. 우리는 신적 신비는 종국에선 언어를 피해간다는 것을 기억할 필요가 있다. 이것이 하나님을 알려주는 다양한 길, 즉 우리에게 신적 신비를 상기시키는 다양한 방법이 필요한 이유 중 하나이다. 물론 예배에서, 우리는 기도, 찬송, 설교를 위해 "말"(word)을 사용하는데, 이것이 신적 임재를 매개하도록 하기 위해선 지속적인

주의가 필요하다. 거짓은 언제나 우리에게 매우 중요한 것 주위에 도사리고 있다.

종교적 텍스트를 제쳐두고서도 포이에시스, 즉 인간의 창조성에서 나온 많은 다른 표현 방식들을 가지고 그 방식의 고유한 모습을 파괴하지 않으면서 종교적으로 중요한 의미들을 말할 수 있다. 그러나 믿는 사람들이 이미 하나님에 대해 모든 것을 알고 있다는 것은 아니며, 비종교적인 창조적 수단들이 확실한 선(prior) 지식을 단순히 설명하기만 하는 것도 아니다.

종교와 독립된 채, 포이에시스는 "영이신 하나님"(God-Spirit)을 말할 수 있으며, 그렇게 함으로써 종교적 신인동형론과 초기의 우상숭배를 고칠 수 있다. 현재에는 옛 형식과 새 형식의 창조적 수단들이 함께 확산되고 있는데, 이것들은 드라마, 시, 무용, 조각술, 가구 제조, 영화, 필름과 사진, 광고, 원예, 공학과 건축, 스포츠, 스케이트와 체조, 서커스, 뮤지컬, 디자인, 패션과 의복, 조각물, 금속 공예, 꽃꽂이, 슈퍼마켓과 공장 운영, 항공과 운송, 자수, 공용 공간, 높은 수준의 기술 사업과 이외에 더 많은 것들이 있다.

포이에시스의 예들을 고려할 때, 우리는 우상화를 조심해야 하는 것처럼 "좋은 취향"(good taste)도 유의해야 한다. 모두 연결되어있다. 어떤 것도 무시하지 말아야 한다. 인간 그리고 교회의 회중들은 매우 다양하다. 성례성은 매우 다른 타인의 취향에 대해 관대한 이해와 호기심을 요구한다. 가끔씩 우리에게 새로운 인간 형성의 영역에 처음으로 관심을 가질 때, 우리는 성례의 정의가 "내면적이고 영적인 은혜의 외면적이고 보이는 표지"라는 것을 염두에 두면서 새로운 은혜의 "이미지들"을 파악한다.

가령 유리를 생각해보자. 이것이 창문에 붙어있을 때에는 확실히 "고정되어" 있다. 그러나 거기에 있을 때에도 거의 알아챌 수 없게 미묘하게 움직이면서 불투명함과 동시에 투명한 질감과 색상을 구현하고 전달할 수 있다. 특별히, 유리를 부는 직공이 자신의 몸의 에너지를 가지고 투명한 구(globe)를 만들 때, 그 기술은 의도하지는 않았지만 보이지 않는 숨(breath)에게 보이는 형태를 제공한다. 이것은, 성례성과 관련된 사람들이 모험을 하기만 하면 종교적 평가가 오랫동안 부족했던 삶의 여러 차원 속에서 자신들을 밝혀줄 많은 것을 발견할 수 있다는 작은 예에 불과하다(참조, Brown 2004).

과학적 발견이라는 자기 목적을 위해 하나님을 배제할 때에도 우리가 이것을 무시할 필요가 전혀 없듯이, 우리는 계몽의 세대를 위해서 오로지 과학적 발견에만 의존할 이유도 전혀 없다는 점을 유념해야 한다. 하나님은 드러나 계시기도 하지만 숨어계시기도 한다. 이제 성례성과 관련해서 탐구해야 할 다른 두 개의 영역으로 가보자. 이것은 이론의 여지는 있지만 중요하다. 왜냐하면 우리는 신성의 변화시키는 임재의 순간을 밝혀줄 수 있는 인격 내부에서의 교환(intra-personal exchange)의 특징을 찾고 있기 때문이다. 이 두 개의 영역은 인간의 생식성(procreativity)과 일의 형태 안에 있는 창조성(creativity)이다.

3. 출산과 육아

사회성을 가진 다른 피조물들이 새끼를 키우는 것처럼, 어린 아이와 관련될 때에는 상당한 정도의 정교함이 필요하며, 그들이 "생물학적" 부모가 아니더라도 마찬가지이다. 부모는 새로 태어난 인간의 공동 출산자(co-procreator)인데, 이것이 지금은 생식 기술의 발달에 의해 매우 복잡해졌다. 그런데 이로 인한 부담은 특별히 여성에게 부과된다. 그와 같은 기술은 제쳐두고서라도, 세계의 많은 지역에서는 임신과 출산을 통해 생명을 제공할 수 있는 여성의 능력이 바로 여성의 삶을 위협하고 있다. 그들은 출산뿐만 아니라 육아(parenting)를 통해 자신의 살과 피로써 새로운 생명이 존재할 수 있도록 은혜를 베푼다.

비록 돈과 재원이 있는 "아버지"가 즉시 또는 계속해서 존재하지 못하면 여성은 아이를 키우는 지원을 받기 힘들 수 있다. 그렇지만 "수태 고지," "성모 방문," "성모 탄생"의 축일들 또는 "아홉 가지 말씀과 캐럴"과 같은 예식들은 인간 삶의 가장 중요한 측면들로 가득하며 또한 이것들은 한 공동체에서 태어난 생명의 새로운 시작을 통해 전달된다는 것을 보여준다. 확실히 이것들은 성례성의 함축적 의미들이다.

우리는 아이들이 충분한 안정과 돌봄 속에 있을 때 잘 자랄 수 있으며, 일반적이지 않고 관습적이지 않은 가족 집단도 "부모"의 역할을 제공할 수 있다는 것을 알고 있다. 아이들이 단지 생물학적 또는 "사회학적" 부모뿐만 아니라 인간 공동체에게 주는 선물이라고 볼 수 있다면, 육아는 인간을 신적 은혜와 관대함으로 더 가까이 데려갈 것이다. "입양과 은혜에 의해 아이를 갖는 것"을 기억할 필요가 있다(그리스도와 관련된 요셉). 여기에서 "육아"는, 특별히 매우 유동적인 사회 속의 확장되고 혼합된 가족 집단에게 기대되는 세대 사이의 돌봄과 관심에 대한 은유(metaphor)이다.

왜냐하면 모든 인간은 생존뿐 아니라 잘 성장할 수 있기 위해 가장 무력한 시기에 오랜 시간 양육과 보호를 받아야 하기 때문이다. 또한 그들은 어린 시기에는 자신의 요구를 공평한 관계 속에서 남녀 성인들로부터 얻어야 하기 때문이다. 그들은 부모와 같이 있으면서 행복을 위해 중요한 애정을 깨우고 수용성과 상호 의존을 배운다. 이것들은 마치 성례성이라는 개념을 통해 탐구하는 하나님과 인간의 상호 관계 안에서 일어나는 일과 같다.

이것은 아이들에 관해서 또는 부모와의 관계 속에서 일어날지 모를 트라우마(trauma)에 관해서 현실적인 것과 관련이 있다. 아이들은 계속해서 요구하고, 냄새나고, 뾰루지가 나며, 콧물이 마르지 않고, 울며, 짜증내고, 잠을 안자며, 고집이 세고, 말을 잘 듣지 않는다. 그런 그들을 기쁘게 해주기가 어렵다. 그러나 재난 속에서 한 공동체의 아이들을 잃게 되면 끔찍하게 밝혀지듯이(그럴 때 우리는 생명의 "거룩함"의 의미를 발견하게 된다), 그들은 인간 공동체 삶의 중심이며, 그들 각자는 "단 한번 밖에 없는 존재"이다. 아무리 아이들이 짜증나게 할지라도, 만약 건강하기만 하다면 그들은 자발성을 갖게 되고, 열성적이 될 것이며, 호기심을 갖고, 모든 종류의 놀이들을 즐기며, 흉내 내고, 노래 부르고, 춤추고, 순전히 즐거움을 위해 뭔가를 만들게 될 것이다.

이런 종류의 습관들은 우리가 간략히 다루었던 많은 형태의 창조성으로 발전해 갈 수 있다. 그들은 특별히 시간을 보내고, 집중을 하면서, 자기 주위에 있는 것으로부터 최고의 것을 끌어낼 수 있다. 때로는 그들이 존재하는 그 자체가 갈등 완화에 도움이 될 수 있다. 왜냐하면 그들을 돌보면서 어른들은 걱정과 화를 진정시키는 법을, 도움을 청하는 사람을 돕는 법을, 친절을 베풀고 인내하는 법을 배우기 때문이다. 그 결과 타인을 향해서 진정한 존중과 관용을 베풀 수 있게 된다.

어리다는 이유로 아이들과 그들의 관심을 쉽게 지나치게 되는데, 우리는 "어리다는 것"에 있어서 기꺼이 아이들과 일치되려고 하신 그리스도를 알고 있다. 그런데 이에 관한 신학적 숙고는 부족하며, 또한 가끔씩 있는 크리스팅글 서비스(Christingle service)[1]와 같은 의식을 제외하면, 이러한 예배의 기회가 별로 없다.

아이들은 계속해서 우리 앞에서 어른들의 삶과 하나님과 관계 맺는 삶의 중요한 특징들을 보여준다. 우선 아이들을 돌보기 위해선 씻고 먹이는 가장 기초적인 행동이 필요한데, 이것을 하지 않으면 아이는 생존할 수 없다. 이것이 변화되어서 세례와 성찬식이라는 구체적인 성례가 된다. 또한 아이들을 돌볼 때는 계속해서 실수를 "눈감아 줘야한다." 이러한 태도가 서로 관계를 맺는 삶을 지속시키며, 인류의 미래를 열어나가게 한다.

우리나 혹은 아이들이 우리가 지금 무엇을 하고 있는지를 잘 알기 전에, 우리는 아이들과 많은 것을 나누게 되는데, 이것은 하나님과 우리의 관계에 관한 많은 것을 말해준다. 이것을 유념하게 되면, 세례 받을 때 어떤 것이 우리를 대신해서 또는 우리를 위해서 행해지는지 또는 세례가 믿음에 대한 우리 자신의 개인적인 고백과 관련이 있는지에 관한

---

1 "크리스팅글 서비스"(Christingle service)는 12월 28일에 개최되는 성공회의 행사로서 아이가 돈이 든 지갑을 아동협회에 기부하고 초와 빨간 리본이 달린 오렌지를 받는다-역주.

논쟁을 과도하게 강조하는 것을 막는다. 왜냐하면 모든 것은 하나님의 자기 수여(self-giving)에 의존하기 때문이다.

가정에서 값을 내지 않고 음식을 나누어 먹는 것 안에서, 우리는 동료애와 연회(conviviality)의 기초를 배운다. 그러므로 아이들과 관계가 있는 사람들이 그들을 돌보든 그렇지 않든 관계없이 또는 교회가 아이들을 환영하는 공동체이든 또는 그렇지 않든 관계없이, 그들과의 관계들이 어떻게 하나님의 이름을 부르고 그분을 경험할지에 관해서 그리고 하나님을 향한 "부모들의 용어"(parent language)가 기독교 예배와 기도에 얼마나 중요하게 남아있을지에 관해서 아이들의 존재의 심오한 수준에서 확실히 영향을 끼치리라는 것을 우리는 안다. 이것은 또한 여성들이 어머니인지 아닌지에 관계없이 교회 안에서 양육을 받으면서 아이들이 여성의 충만한 인간적 위엄을 발견했는지에 따라 영향을 받게 될 것이다.

우리는 두 가지 점을 마음에 두어야 한다.

첫째 요점은 공적인 혹은 개인적인 예배에서 하나님에 대하여 어떤 언어적 표현을 사용하는가에 관계없이, 가장 근본이 되는 신학적 원칙은 하나님은 성(sex)과 젠더(gender) 그리고 이와 관련된 사회적 역할들을 초월하신다는 것이다.

둘째 요점은, 많은 사람에게는 생소하지만 틀림없이 첫째에서 나온 것으로서, 성례적인 것으로서의 우리의 대부분의 형성적 관계에 대한 우리의 생각과 연결된 것이다.

우리는 다음과 같은 생각을 충분히 숙고해야 한다. 하나님을 향한 우리의 모든 말들은 종국적으로는 불충분하다. 그런데 만약 여성이 하나님의 형상을 남성처럼 완전한 또는 제한적인 방식으로 가지고 있다면, 여성과 연관된 말과 행동도 남성과 연관된 말과 행동만큼 하나님에 관해 말하는데 있어서 충분하거나 혹은 그만큼 불충분하다(Johnson 1993). 우리는 아이들과의 관계의 중요성에서 관심을 돌려서 두 번째 탐구영역으로 가보겠다. 그것은 많은 아이들이 조만간 참여하게 될 일에 대한 어른들의 세상(the adult wold)이다.

4. 업무의 세상

대부분의 성인들은, 돈을 받든 안 받든 혹은 사적이든 공적이든, 소명의 세상과 사회적 정치적 삶 속에서 표현되는 많은 창조적 활동을 성례성의 영역으로 여길 필요가 있다. 우리는 "경영자," "관리자," "사업가," "마무리 전문가," "설비사"의 재능 및 문제해결 능력의 중요성을 충분히 알고 있으며, 만약 그들의 업적을 탐구한다면 하나님의 섭리적 돌봄을 통찰할 수 있다. 만약 우리가 초기에 발생하는 삶의 혼돈과 혼란 그리고 실패로부터 오는 애매함과 당황스러움의 문제와 씨름하면서 적절한 관심을 가지지 않는다면, 우리를 향한 하나님의 섭리적 돌봄에 대해 생각해내기란 어려울 것이다.

물론 인간의 정치적 힘을 "신성화"시키는 무시 못 할 위험에 대해서는 주의해야하지만, 일상적인 삶을 숙고하고 이 삶과 최종적인 신적인 입안자와의 관계를 숙고할 필요가 있듯이 우리는 공유하는 세상, 즉 "폴리스"(*polis*) 안에서 경험한 것을 숙고할 필요가 있다. 이것은 예전(liturgy)에 대한 그리스도인의 헌신에서 나오는 당연한 결과인 것 같은데, 이 예전은 확실히 세상을 향해 교회가 하는 "공적 섬김"(public service)이며, 교회는 이 같은 책임을 맡고 있다.

예전은 "코이노니아 하기온"(*koinonia hagion*)과 관련 있는데, 이것은 일반적으로 거룩한 교제(Holy Communion)로 번역된다. 그런데, 이것이 매우 중요한 예전이긴 하지만, 그 의미를 특정한 기독교 의식(성찬식–역주)으로 너무 제한하고 있다. 이 코이노니아 하기온은 평범한 것을 거룩하게 만드는 것뿐만 아니라 거룩한 것을 평범하게 만드는 것과도 관련이 있다. 즉 종교적인 것과 비종교적인 것 사이의 얇은 경계를 침투하는 것과 관련된다. 그리고 이것은 "평범하고" 일상적인 삶을 지향하는데, 의식의 마지막에 축복과 은혜를 받은 사람들은 세상 속으로 흩어진다.

이것은 아마도 우리를 사업가나 정치가에게서 볼 수 있는 당당함을 가지고 위험과 어려움을 이해하고 즐기면서 살도록 인도해나갈 것이며, 기독교적 통찰은 창조적인 기여보다는 책임지지 않는 방관적 견지에서 오는 부정적 비판과 비난의 형태를 취할 수밖에 없다고 생각하는 오만함을 없앨 수 있을 것이다.

만약 우리가 매우 복잡하고 실수에 시달리는 것 같은 세상을 잘 다루고자 한다면, 우리에게서 새로운 "성령의 열매"를 이끌어내는 폴리스 안에서 생각하고 살아가는 방법들이 필요하다. 다른 말로 하면, 성례성과 영성은 우리가 자신의 일들을 다루는 방법들, 특별히 합의를 도출하고 평화를 추구하는 방법들을 위한 훨씬 원대한 의미를 가지고 있다. 우리는 제도와 정치적 삶 속에 엮이는 것을 피할 수 없듯이, 신적 임재의 가능성이 없는 삶의 측면이 있다고 생각할 이유가 없다.

"주여, 우리를 불쌍히 여기소서"(*Kyrie eleison*)와 신조들(creeds)은 계속에서 우리의 충성이 국가와 교회를 넘어서 근본적으로 어디에 있어야 하는지를 알려준다. 그러나 신적 임재의 표현에 대해 신중해야 하더라도, 이런저런 핑계를 대면서 편협한 "종교" 속으로 쉽게 물러가서는 안 된다. 물론 일시적이더라도, 명백히 그러한 "물러남"(retreat)을 해야 할 이유들은 있다. 특별히 수단들에 대한 재평가, 침묵 기도를 하면서 에너지를 회복하는 것, 단지 인내하면서 거침없는 파도가 돌아오기를 기다리는 것 등이 이에 해당될 수 있다. 물러남은 우리에게 체육관과 헬스클럽에서 한 "연습(training)"을 훈련(discipline, ascesis, "아스케시스")으로 바꿀 수 있는 시간과 공간을 제공한다. 이 훈련은 우리를 자유롭게 해서 마침내 삶의 중요한 모습들을 갖추게 하며, 거절할 수 있는 성숙함과 특별히 소유적 관점에서 우리가 누구인지를 평가하려는 유혹을 거절할 수 있는 성숙함을 회복하거나 발견할 수 있게 한다.

금식이란 사람이 자신의 입에 음식물을 넣는 것을 거절하는 것 이상이다. 거절하는 능력을 배우기에 적당한 훈련이다. 금식은 하나님께 대한 감사, 축제의 준비, 참회, 불행에 저항하거나 불행을 대신해서 자신을 하나로 모으는 것을 표현한다. 어려움에 직면할 수 있는 새로운 활력, 혁신, 희망과 신뢰가 없는 곳에서 이것의 담지자로서 "공공의 선"을 위한 협상에 기여하는 것 등은 바로 이 훈련에서 나올 수 있다. 우리는 구체적인 문제에 관해 도움을 줄 수 있는 재능이 없다는 것 때문에 오는 고통을 감내해야 할 수도 있다.

또는 우리에게서 많은 것을 요구하는 생각지도 않았던 재능을 가지고 있다는 이유 때문에 오는 고통을 감내해야 할지 모른다. 신뢰하는 "영혼의 친구"(soul-friend)와의 대화가 도움이 될 수 있다. 우리는 이 단계에서 자신을 하나님과 관계를 맺어주고 있는 삶의 측면들을 확인하려고 노력하지만, 하나님은 우리가 기대하는 곳에서 항상 발견할 수 있는 분이 아니다. 단지 말할 수 있는 것은, 삶의 측면, 즉 업무(work)에서 오는 신적 임재에 우리가 개방되어야 한다는 것을 배척할 이유는 전혀 없다는 점이다.

여기서, 창조적인 일(음악과 몸짓[movement])속에 있는 신적 임재에 대한 분별과 밀접하게 관련된 문제로 들어가 보자.

5. 음악과 몸짓

우리는 신적 창조성과 성례성에 광채를 더하는 뛰어난 예를 음악에서 발견할 수 있다. 음악은 상호 작용하는 인간 양식에 강하게 의존하는데, 종종 무언으로(wordlessly) 의존한다. 이것은 우리가 성례성와 영성에 대해 생각하고 경험하는데 염두에 두어야 할 또 다른 실마리이다(참조, Begbie 2000). 음악에서, 풍성하고 복잡한 화음 그리고 특히 재즈나 즉흥연주에서와 같이 여러 개의 악기나 보이스가 쉴 새 없이 어우러져 하나가 끝나고 또 다시 다른 것이 연이어 반복되는 음악의 창조성은 우리로 하여금 일시성(temporality)과 인간 삶에 관한 신적 참여의 역동을 주목하게 만든다.

그렇게 되면, 우리는 일시적인 시간 속에서 하나님의 임재를 경험하게 된다. 재즈를 연주하고 듣는 것은 이것을 인식할 수 있는 하나의 방법이다. 왜냐하면 기술과 규율 그리고 서로에 대한 집중을 적절히 전개하는 연주자들의 기민함은, 그들이 모험을 하면서 역할을 바꾸는 것을 가능하게 하며 또한 특별한 수준의 자유를 함께 경험하도록 만든다. 재즈를 연주하든 또는 다른 형식의 음악을 연주하든, 연주자들은 무엇보다 음악은 인간의 몸에서 나오는 창조물이라는 것을 안다.

그들은 얼굴, 즉 눈, 입, 눈썹, 머리를 올리고 내리는 것과, 손과 호흡 그리고 연주자의 몸의 일부가 된 악기를 가지고 서로 상호 작용한다. 이 모두는 "은혜의 수단"이 되어서, 청중이 집중과 인내를 가지고 능동적으로 참여할 수 있는 소리를 만든다. "공동의 몸"이 서로 나눈 노력 속에서 하나가 되는 방법에 관한 것이라면, 우리는 오케스트라에게서 많은 것을 배울 수 있으며, 종교 의식에서 리더, 보조자, 합창대와 독창자, 악기연주자, 작곡가, 조명과 음향 전문가의 관계를 다시 생각해볼 수 있다.

또한 음악을 들으면서 우리는 "의향"(intention)을 가지고 참여한다는 것이 무엇인지를 배우는데, 의향은 조용한 참여 이외에는 역할이 없는 예배 형식에서 필수적인 것이다. 성례성에 관한 음악으로부터 배울 수 있는 것에 주의를 기울일 때, 우리는 시편 40:6 "주께서 내 귀를 통하여 내게 들려 주시기를"[2]이라는 구절을 떠올린다. 이 구절은 70인역에 의해서 히브리서 10:5에서는 "오직 나를 위하여 한 몸을 예비하셨도다"가 되었다. 덧붙여서, 심지어 악보를 연주할 때, 음악은 우리에게 일시적인 음(transient), 즉 흘러서 잠깐 지나가는 음을 소중히 여기는 것의 중요성을 알려주는데, 그때 창조세계에 대한 신적 참여를 알아차린다.

존 콜트레인(John Coltrane)의 재즈곡인 "최고의 사랑"(*A Love Supreme*)은 주제와 변주들로 이루어졌는데, 이 곡 자체는 하나님은 우리의 매우 좁은 관점에 속박되지 않으신다는 것을 역설한다. 삶의 우연성과 유한성을 고려해볼 때, 성례성을 고정되고 굳어진 것과 혼동하지 말아할 충분한 이유가 있다. "현장의"(live) 다양한 수준의 음악 연주를 경험하는 것이 여기에선 매우 중요할 수 있다.

---

2 이 구절에 대하여 저자가 소개한 성경 영역은 다음과 같다. "ears thou hast dug for me," 즉 "당신은 나를 위해 귀를 파주셨습니다"-역주.

좀 더 음악에 집중하게 되면, 성례성으로서의 음악이 예전을 위한 음악으로 축소되거나, 때로는 "거룩한" 음악으로 간주되지는 않는다는 것이 명확해진다. 음악은 예식을 풍성하게 하는 수단 이상이다. 그 자체로 하나님께 드리는 특별한 예배 양식이다. 음악은 이 상황에서는 가게 안에서 들리는 배경 음악정도가 되어서, 우리의 관심을 끌거나 거부감을 줄 수 있는 정도의 것으로 축소될 수 없다. 우리는 음악이 예배를 가능하게 만드는 것과 관련 있다고 주장하고 싶다(골 3:16). 또한 어떤 지점에서는 음악과 말이 같이 필요하겠지만, 음악 없이 하나님을 예배하는 것은 말없이 예배하는 것처럼 이상한 것이다.

비록 어떤 음악은 특별한 공동체에서 시간의 테스트를 견뎌낼 수 있겠지만, 미리 어떤 음악이 특정한 상황 속에서 언제나 도움이 된다고 규정하는 것은 불가능하다. 가끔은 그럴 필요가 있지만, 음악을 매우 숙련된 연주자가 연주할 필요는 없다. 음악에 대한 폭넓은 참여가 있느냐가 핵심이다. 중요한 것은 준비하고 연주할 때 정성을 다하는 것이며, 또한 듣는 사람이 연주하는 사람만큼 중요하다고 확신하는 것이다. 듣는 것 자체가 하나의 기술이며 하나님을 찬양하는 것에 기여하는 것이다. 이 모두가 설교와 기도를 인도하는 것만큼 중요하다.

기독교 예전에서 나온 위대한 텍스트 중 일부가 명시적인 예배 행위의 범위를 넘어서 콘서트홀이나 극장에서 공연된다는 사실에 너무 비난할 필요는 없다. 그와 같은 공연은 적어도 넓고 다양한 상황에서 성례성를 지속시키고 있으며, 다양한 작곡가들은 놀라운 방법으로 그 텍스트에 빛을 비추고 있다. 한가지 예를 든다면, "주여, 우리를 불쌍히 여기소서" 같은 우직하고 단순함이 어떤 작곡가의 작품 안에서 음악적 탐험의 차별성을 방해하는 것처럼 보일 수 있지만, 그것은 사실과 전혀 다르다. 메시앙(Messiaen), 마르탱(Martin), 패르트(Pärt)와 같은 다양한 작곡가들이 성경 텍스트를 사용한 작품들은 매우 중요하다.

그런데 20세기의 모든 "레퀴엠" 가운데, 예전적인 텍스트와 윌프레드 오웬(Wilfred Owen)의 시를 사용한 벤자민 브리튼(Benjamin Britten)의 "전쟁 레퀴엠"(*War Requiem*)은 어느 다른 것보다 더 전쟁의 고통을 조명한다. 인간의 행동지침에 전쟁이 널리 퍼져있다는 것을 감안한다면, 레퀴엠 텍스트의 여러 각색들이 공연되는 것과 마찬가지로 전쟁 레퀴엠이 교회 바깥에서 공연된다고 해서 놀랄 일이 아니다. 예를 들면, 쇼스타코비치(Shostakovich) 피아노 트리오 2악장, E 단조 작품번호 67번(이것은 너무 말라 뼈가 다 보이는 사람들이 죽음의 수용소 안에서 거의 죽게 되었을 때 출 수 밖에 없었던 춤이 주는 공포를 탐구한다)과 함께 브리튼의 "전쟁 레퀴엠"은 세상의 비극을 부정하거나 회피하는 성례성의 어떤 형식을 통해 길을 내면서 헤쳐 나간다.

콘서트 연주를 위해 쓴 또 다른 작품은 제임스 맥밀란(James Macmillan)의 "오소서, 오소서 임마누엘"(*Veni, Veni Emmanuel*)인데, 이 작품의 마지막 부분에는 인간의 공포를 넘어서 부활하신 그리스도의 "심장박동" 소리가 들어가 있다. 솔로 타악기 연주자로서, 도구를 통해 자신의 몸의 소리를 내는 에블린 글레니(Evelyn Glennie)의 재능을 축하하기 위해 만든 이 작품은 그녀의 청각 장애를 초월한다. 이 작품은 처음 5년 동안 수백 번이나 공연되었다.

콘서트홀에서 교회의 예식으로 방향을 돌려보면, 엘링턴 공작(Duke Ellington)은 그의 음악 인생의 말년에 세 개의 "종교 협주곡"을 작곡했는데, 1960년대 중반 이후 지금까지 꾸준하게 연주되고 있다. 이 협주곡에서 발췌한 곡들이 성찬식 거행 예식에 포함되었다. 거기에는 말, 의식, 재즈가 결합되어 있으며, 성례성을 풍성하고 기쁘게 표현한다. 엘링턴의 "주님 앞에서 다윗이 춤을 춘다"는 제목의 작품은 연주되고, 노래로 불릴 뿐만 아니라, 윌 게인스(Will Gaines)가 이 음악에 맞춰 재즈 탭댄스를 추기도 했다. 그는 1928년에 볼티모어에서 태어났지만, 아직도 발의 스텝을 통해서 자신의 몸의 소리를 내고 있다. 아마 하나님 안에서 기뻐하는 것으로 이것과 비교될 만한 것은 "카리스마적" 예배 정도일 것이다. 또한 복음서에 등장하는 인물에 대한 세상의 관심에서도 배울 것이 많은데, 그중 팀 라이스(Tim Rice)가 작사했고 앤드류 로이드 웨버(Andrew Lloyd Webber)가 작곡한 『지저스 크라이스트 슈퍼스타』(*Jesus Christ Superstar*)가 있다. 이 작품은 드라마, 춤, 조명, 무대 사용이 뛰어난데, 이것이 관객으로 하여금 풍성한 기독교 전통에 집중하게 만든다(Drane 2000).

춤을 출 때 나오는 음악뿐만 아니라 춤 자체에 대한 새로워진 관심은 아직은 탐구 중이다. 이 둘은 무대 위에서나 무대 밖에서도 신적 임재의 느낌을 전달할 수 있는데, 단지 종교적인 주제를 가진 작품 공연에서만 그렇지는 않다. 춤은 단순한 오락 또는 불경스러움과는 필연적인 관련이 없다. 인간들은 음악을 공유하듯이, 춤추는 사람으로부터 들뜸과 흥분을 얻는데, 이것은 생동감과 육체적 표현의 정점에서 무언가 강렬한 육체적 경험으로부터 온다.

적어도 이것은 여태까지 생각지 못했던 인간 몸의 능력과 이것이 약속하는 변화에 관한 단서를 제공한다. 그런데 교회 건물의 딱딱한 바닥은 춤을 추는 사람에게는 많은 제약을 준다. 바닥에서 뛰는 것이 많은 춤의 형태가 주는 기쁨의 일부인데, 이 같은 바닥에서는 뛰는 것이 어렵기 때문이다. 여기에서의 요지는, 음악 자체만으로는 몸의 성례성,

그것도 여성의 몸의 성례성을 발견하는 이야기 중의 일부가 된다는 점이다(Ross 1998; Beattie 2002).

춤에 가까운 것은 행렬(processions)의 이용이다. 만약 "영성"이 단순히 지적인 것과 혼동되지 않는다면, 이 행렬은 본질적인 방법으로 몸짓, 말, 음악을 통합시킬 수 있다. 예수 공현 축일(Epiphany) 행렬을 예로 들어보자. 이 행렬은 동방 박사가 그랬듯이 동쪽에서부터 움직여서, 멈춰선 후 그리스도이신 아기 안에 무력하게 있는 신성에 대한 예배의 표징으로 구유에 향료를 봉헌한다. 서쪽으로 해서 그리스도 자신의 세례를 기념하기 위해 생수로 다시 채워진 세례반(font)으로 가는데, 여기서 모든 사람이 세례의 맹세를 재확인하는 기회를 얻는다. 그리고 성찬식이 행해지는 교회로 돌아가서, 가나 혼인잔치의 포도주에서 나타난 새로운 창조를 위해 감사드린다.

우리가 몸짓을 하면서 행렬을 지어나갈 때마다, 춤추는 사람과 관계자의 조언들은 매우 중요하다. 예를 들면, 방문객들을 돕기, 축복을 하는데 손을 사용하기, 십자가를 손으로 긋기, 기도를 위해 무릎을 꿇거나 서있기, 한쪽 무릎을 꿇기, "평화"의 말을 서로 교환하기, 성경을 읽기, 설교하기, 동쪽으로 돌아서서 신경을 고백하기, 복음서를 교회로 가져오거나 회중이 있는 곳으로 가져와서 읽기, 예비 성찬을 저장하기, 성전에서의 그리스도 봉헌 축일(Presentation of Christ in the Temple)에 수백 개의 불빛으로 잠긴 교회에서 초를 들고 가기, 세족식, 축성하기 위해 손을 올리기, 사람과 건물에 성수를 뿌리기, 인사하기, 손을 잡기, 엎드리기, 노래 부르기, 미로 정원을 걷기, 가슴을 치기, 제단 책 성화에 입 맞추기, 손의 깍지를 끼고 기도하기, 성소에 꽃을 올려놓기, 강림절 화관을 밝히기 등을 할 때 그들의 조언은 매우 중요하다.

그리고 여기서 얼굴을 대면하는 상호 작용은 필수적인데, 이것은 출생의 순간부터 시작된다. 우리는 화장을 하고 꾸밀 필요가 없다. 말하고 노래하는 것을 나누고자 한다면, 단지 생기 있게 보이기만 하면 된다. 서로의 눈을 볼 수 없다면, 그리스도의 얼굴을 보기를 소망하듯이 타인의 얼굴을 사랑과 신뢰 속에서 보지 못한다면, 몸짓은 의미가 없다. 정교회에 있는 성화벽은 일종의 얼굴 초상화이지만, 우리를 그리스도께 소환하며, 우리를 생명으로 초대한다.

6. 고요와 침묵

이젠 약간의 신학적 숙고와 반성으로 눈을 돌려보겠다. 만약 성례성과 영성에 관한 주장을 하기 위해 너무 서두른다면, 우리는 이 신학적 반성을 통해서 경고를 듣게 될 것이다. 우리가 최선을 다해 "만든 것"(종교적 의식 수행[performance]과 관계가 있는지는 상관없이 모든 종류의 "수행"을 포함한다)과 하나님께 대한 우리의 응답 사이에 있는 결정적인 차이점은, 다른 사람의 관심과 칭찬을 얻을 수 있는 방법으로는 신적 임재를 이끌어낼 수 없다는 사실이다. 신적 임재를 유도하려는 어떠한 시도도, 하나님께서 우리에게 관여하는 방법과 우리가 하나님께 응답하는 방법에 관한 심각한 오해를 드러낸다.

구체적으로는 기독교 성례들에서 그러한데, 우리는 아마도 만약 진정한 의향을 가지고 참여하기만 하면 신적 임재를 경험할 수 있는 소위 믿을 만한 의식(ceremony)이 있다고 믿는 것 같다. 그러나 계속해서 기억해야 할 것은, 우리가 하나님을 향해 깨어있을 필요가 있지만 하나님께서 세상에 들어오시도록 재촉할 수는 없다. 우리는 자기식대로의 환상으로 채워져 있기 때문에 세상을 오해한다. 이 잡동사니로부터의 해방은 하나님께 드리는 예배와 연결되었을 때에 가능하다. 왜냐하면 가장 중요하고 본질적인 예배의 핵심은 우리가 기뻐하고 감탄하는 세상을 만드신 하나님께 드리는 순전한 경배이기 때문이다.

비록 하나님은 어떤 의미로는 우리가 하나님이라고 여기는 것을 넘어선 "말해질 수 없는 분"이지만 우리가 하나님께서 계시한 것을 붙잡을 수 있는 한, 우리는 여기서 완전한 인간, 즉 "성인"(saint)이 되는데 필수적인 어떤 것을 다루고 있는 것이다. 성례성과 영성을 통해 생각하기 위해선, 이 같은 부정성(negatives), 즉 우리의 자기 투사들(self-projections)과 착각을 넘어서는 하나님의 초월성을 떠올리게 하는 것들이 필요하다. 로스코(Rothko), 몬드리안(Mondrian), 칸딘스키(Kandinsky)의 작품처럼 추상 미술을 관상하는 것이 이 점을 이해하는데 도움이 될 수 있다.

우리는 이 마지막 분석에서 극도의 삭막함(starkness)과 단순성, 고요와 침묵을 찾을 것인데, 적어도 당분간은 필요한 것이며 이 같은 예배 방식의 핵심을 잃지 말아야 한다. 우리는 때로는 하나님에 대한 절대 의존과 매개 없이 직접 오는 신성에 대한 신뢰가 너무 강해서, 하나님은 신적 임재를 중재하는 예전적 수단이 필요하시지 않다고 생각할 수 있다. 어떠한 의식도 요구되지 않으며, 인간을 통한 매개도 부정된다.

그리고 난 후 단순함과 침묵에서 의식으로 되돌아갈 때 가져가는 것은, 사람들이 고요하게 머물기 위해선 그리고 하나님께 대한 순전한 경배에 다시 집중하고 자신을 하나로

"모을 수 있기 위해선" 충분히 오랜 시간 동안 침묵해야한다는 침묵의 중요성이다. 우리는 예식이 너무 빈약해서 그것의 핵심을 잃는 것보다는 아무 것도 하지 않는 것이 낫다고 생각할 수 있다. 그렇지만 최소한을 넘어서 그것을 시도해보면, 어느 누구도 예식을 망칠 수 있다는 것을 깨닫게 된다. 때때로 진행되고 있는 것을 근본적으로 확실히 재평가해야 할 필요가 있다. 예를 들면 우리는 구세군 군기의 색깔 상징의 중요성을 인정할 수 있지만, 반면에 나치 정당의 표장인 만(卍)자가 가진 상징을 허용하는 것은 단호히 거절해야 한다.

7. 성례로서의 그리스도

하나님께서 우리를 찾으시기 때문에 우리는 하나님과 관계 맺기를 원한다는 것을 다시 떠올려 보자. 창세기 3:9을 보면, 하나님은 에덴동산에서 이 땅의 피조물을 찾아서 부르시는 분으로 묘사되고 있다. 또한 요한복음 4장에 나오는 그리스도와 사마리아 여인과의 대화도 그러하다. 구체적인 의식(ceremonies)의 관점에서 보았을 때, 요한복음이 하나님을 찾을 때 예전적 매개를 의도하고 있는지 아니면 이것에 반대를 했는지는 명확하지 않지만, 기독교 성례성은 본질적으로 하나님은 우리를 찾고 계시는 분이라는 확신에서 그 기원을 가진다.

요한복음 4:23의 말씀은 하나님을 영과 진리 안에서 찾는 것과 관련 있는데, 이것은 많은 종교개혁가들이 수 세기 동안 지적하고 싶은 내용이었다. 그러나 우리는 "말해질 수 없는" 하나님이 모든 육체를 만드셨을 뿐 아니라, 구체적인 인간 속에서 직접적으로 육신을 가진 말씀(Word)이 되셨고, 성례로서의 그리스도가 되셨으며, 은혜가 되었고, 우리에게 나타난 성령이 되셨다는 확신을 가지고 일한다.

우리는 요한복음에서 볼 수 있는 그리스도의 말씀, 그분이 채택한 이미지들, 그분이 보여준 행동들이 모두 동일하게 그분의 삶, 죽음, 부활 속에 있는 신적 임재의 매개를 고수하고 전달하려는 그 복음서 저자의 투쟁 아마 그리스도 자신의 투쟁을 계시하고 있다는 것을 짐작할 수 있다(Brown and Loades 1996). 그렇다면 발전된 기독교 교리의 관점에서 보면 그리스도의 "승천"은 하나님이 사랑하고 구속한 피조물에 대한 그분의 지속적인 참여와 관련이 있다. 왜냐하면 그리스도 자신은 영광을 입은 인성 속에서 계속해서 모든 구체적인 성례들 위의 성례가 되기 때문이다.

성례성은 우리의 현재 상황뿐 아니라 "성도의 교제"(communio sanctorum, "코무니오 상토룸") 속의 구성원들의 기억 속에서 발견할 수 있는 구속받은 자들의 삶도 포괄한다. 그 "성도들(saints)의 교제"은 다시 소유한 낙원의 연회(conviviality), 동료애, 풍성함을 서로 나눈다. 이 라틴어 표현은 놀랍게도 의미가 불명확한데, 아마 의도적으로 그렇게 했을 것이다. 이 표현은 거룩하게 된 자들, 즉 "모든 성도"를 가리킬 수 있고, 또는 연회의 "주인"이신 그리스도와 함께 하는 천상의 만찬의 "거룩한 것들"을 그들이 즐기는 것을 가리킬 수도 있다.

그 성도들 중 일부는 특별히 중요할 수 있다. 예를 들면, 우리는 예수님의 어머니 마리아(8월 중순의 마리아의 영면/승천[Dormition/Assumption]과 같은 축일에 기념되는)에게 해당되는 것은 우리 모두에게도 해당된다는 것을 깨닫는다. 이것은, 우리 모두는 평생 동안 신적인 은혜의 약속에 의존한다는 것이다. 그러나 교회 전통에서 개별적으로 기념되는 사람들만이 성도는 아니다.

삶과 죽음 속에서 용기를 가지고 하나님께 절대적으로 충성하면서 살았던 "보잘것없는 사람들"(nobodies)도 당연히 포함되는데, 20세기 동안 그들의 순교의 숫자는 이전 시대의 순교를 뛰어넘는다(Johnson 1998). 예배 중에 하나님의 약속과 관여에 대한 응답 속에서, 우리는 신적인 생명 그 자체인 관대함과 사랑의 주고받음을 경험하게 된다. 이것은 우리가 은혜와 사랑과 우정을 가지고 서로를 축복하는 "삼위일체"에 대해 더듬거리면서 배웠던 바로 그것이다.

더욱이, 우리는 극단의 상황 속에서 어떤 일이 생기더라도 계속 그렇게 할 수 있도록 하나님께 예배드린다. 왜냐하면 그렇게 할 때, 우리는 십자가 위에서 그리스도가 하신 말씀을 통해 듣게 된 악에 대한 하나님의 승리에 공동 전선을 펼 수 있기 때문이다. 악은 우리의 비극들과 전 세계에 걸친 전쟁, 테러, 난민과 죽음의 캠프에서 생기는 일들을 둘러싸고 있다. 악의 궁극적인 패배를 위해선, 우리는 희생자들 뿐 아니라 배신하고 파괴하는 사람들도 포용하는, 부활하시고 영광을 받으신 그리스도의 성품에서 나오는 신적인 자기 현현(self-manifestation)의 중요성을 신뢰해야 한다.

실패와 배신은 그리스도 수난 이야기의 핵심이다. 시편 68:18은 다음과 같이 말한다.

> 주께서 높은 곳으로 오르시며 사로잡은 자들을 취하시고 선물들을 사람들에게서 받으시며 반역자들로부터도 받으시니 여호와 하나님이 그들과 함께 계시기 때문이로다(시 68:18).

하나님께 드리는 예배는 필연적으로 악을 초래한 자들을 위한 중보기도를 요구하고 있다. 이것은 틀림없이 고통을 주는 어려운 일이지만, 교회뿐만 아니라 세속의 삶을 위한 기도의 중심이 된다. 결코 최악에 속박되지 말고 최고를 선택할 수 있도록 용기를 내야 한다. 용서로 인한 창조적 단절은 기대하지 않은 기회를 발견할 수 있게 해준다.

기도뿐만 아니라 악으로 인한 비탄도, 비록 정의를 세우고 이를 위한 일을 하는데 많은 어려움이 있더라도, 우리로 하여금 신적 임재를 나타내는 자비뿐 아니라 정의에 대해서 열린 마음을 갖게 한다(Ackermann 2003). 이미 위에서 언급했던 키리에 엘레이손, 상투스와 기독교의 주요 신앙 고백들(교회에서의 세례식을 위해 사용된, 서방에 기원을 둔 사도신경[the Apostles' Creed], 동방 교회의 니케아 신경[Nicene Creed], 성찬식을 위해 보편적으로 사용된 후대의 신경)은 계속해서 인간의 충성이 누구에게로 향해야 하는지를 우리에게 상기시켜준다. 하나님은 정의와 자비의 원천이시며 우리 자신의 자원에 의지해서 사는 것을 그대로 두시지 않는 분이므로, 우리가 신뢰하고 소망할 수 있다. 또한 우리도 이러한 도움을 받지 못하고 사는 타인들을 그대로 둘 수 없다(예를 들면, 사 58:6-9; 마 25:31-46; 토빗 1-2, 그리고 자비를 베푸는 육체적이고 영적 활동의 전통들).

성경, 신앙고백, 예식의 본문들에서 우리가 성례로서의 그리스도에 집중할 때, 하나님은 "말해질 수 있는 분"(sayable)이 된다. 우리가 사용하는 것들과 그것들을 사용하는 방법은 말(words)에게 표정을 제공한다. 인간과는 다른 자연의 것들, 즉 향, 소금, 불, 기름, 재, 꽃, 곡물, 포도는 우리에게 성례적 선물이 된다.

기억해야 할 핵심은 이 같은 것들은 일반적으로 사용할 수 있으며 쉽게 얻을 수 있어야 한다는 점이다. 우리는 특별한 방식으로 가운, 예복, 모자를 착용할 수도 있다. 띠, 수놓은 제의(chasubles), 코프(copes)[3]와 스톨(stole)[4]을 착용할 수 있다. 특별한 천, 쿠션, 팔걸이, 책, 잔, 접시, 벨을 사용할 수 있다. 그러나 이것에 마음을 너무 뺏기면 안 된다. 또한 차이점들을 즐길 수는 있겠지만, 분열을 건설적으로 극복하려는 목적을 제외하고는, 과거의 논쟁에 너무 몰두해서도 안 된다.

성례들(적어도 세례식과 성찬식을 포함해서 세 개 또는 일곱 개 정도의 성례들)이 보편적으로 받아들여져서 사람들의 출생부터 죽음까지의 삶의 변화 속에서 그들을 뒷받침할 수 있다면, 그 성례들은 다양하지만 일관성 있는 의미를 낳을 수 있다는 것을 안다. 우리는

---

3 "코프"(copes)란 로마 카톨릭과 성공회와 루터교 등에서 행렬이나 성례 거행 등을 할 때 성직자가 몸에 걸치는 외투이다-역주.
4 "스톨"(stole)이란 목에 걸쳐 길게 늘어뜨리는 천-역주.

세례식과 성찬식을 위한 다양한 문화적 표현과 의식을 감안해야 한다. 예전의 일치와 우리의 일치는 획일성 속에서 발견되지 않으며, 우리가 받아들인 그리스도에 대한 내면적 의존 안에서 발견된다. 우리는 그분의 "몸"에 의해서 살아가는 존재이기 때문에 그리스도의 "몸"이 된다. 우리는 믿음 안에서 그분의 몸과 연결되고, 성찬식과 교회 속에서 사랑 안으로 받아들여진다.

참고문헌

Ackermann, D. M. 2003: *After the Locusts: Letters from a Landscape of Faith*. Grand Rapids, MI: Eerdmans.

Beattie, T. 2002: God's Mother, Eve's Advocate: A Marian Narrative of Women's Salvation. London: Continuum.

Begbie, J. 2000: *Theology, Music and Time. Cambridge*: Cambridge University Press.

Brown, D. 2004: *God and the Enchantment of Place*. Oxford: Oxford University Press.

_____. and Fuller, D. 1995: *Signs of Grace: Sacraments in Poetry and Prose*. London: Cassell.

_____. and Loades, A. 1996: Introduction: the divine poet. In D. Brown and A. Loades (eds), *Christ: The Sacramental Word. Incarnation, Sacrament and Poetry*, pp. 1-25. London: SPCK.

Drane, J. 2000: *The McDonaldization of the Church: Spirituality, Creativity and the Future of the Church*. London: Darton, Longman, and Todd.

Fink, P.E. (ed.) 1990: *The New Dictionary of Sacramental Worship*. Dublin: Gill and Macmillan.

Foley, E. 1991: *From Age to Age: How Christians Celebrated the Eucharist*. Chicago, IL: Liturgy Training Publications.

Ford, P. F. 1999: *By Flowing Waters: Chant for the Liturgy*. Collegeville, MN: Liturgical Press.

Hall, B. and Jasper, D. (eds) 2003: *Art and the Spiritual*. Sunderland: University of Sunderland Press.

Hastings, A., Mason, A., and Pyper, H. (eds) 2000: *The Oxford Companion to Christian Thought*. Oxford: Oxford University Press.

Johnson, E. A. 1993: *She Who Is: The Mystery of God in Feminist Theological Discourse*. New York: Crossroad.

_____ 1998: *Friends of God and Prophets*: A Feminist Theological Reading of the Communion of Saints. London: SCM.

Luff, A., Dunstan, A., Ferguson, P. et al. (eds) 1997: *Sing His Glory: Hymns for the Three-year Lectionary*. Norwich: Canterbury Press.

MacGregor, N. 2000: *Seeing Salvation: Images of Christ in Art*. London: BBC Worldwide.

Pelikan, J. (1997): *The Illustrated Jesus through the Centuries*. New Haven, CT: Yale University Press.

Ross, S. A. 1998: *Extravagant Affections: A Feminist Sacramental Theology*. New York: Continuum.

Saint Gregory of Nyssa Episcopal Church 1999: Music for Liturgy: *A Book for All God's Friends*. San Francisco: St Gregory of Nyssa Episcopal Church.

제16장
기독교 영성과 신학적 윤리학

윌리암 스폰(William C. Spohn) **박사**
산타클라라대학교 신학부 석좌교수

　영성과 윤리학은 모두 기독교 제자도의 필수적인 요소이다. 복음서는 예수께서 그를 따르는 자들에게 기도하는 법과 하나님과의 새로운 관계에 맞게 행동하는 법을 가르쳤다는 것을 명확히 보여준다. 그러나 영적 경험이 어떻게 도덕적 실천으로 나가는지 또는 왜 자주 그렇게 되지 못하는지에 관해 복음서는 이론적인 설명을 주지 않는다. 신학적 윤리학의 임무 중 하나는 그 연결점을 고찰하는 것이다. 그리고 비평적인 기독교 영성의 임무 중 하나는 신앙적 헌신으로부터 오는 행동과 특성의 도덕적 함축을 설명하는 것이다.

　예수 그리스도를 따르는 것은 선택이 아닌 의무적인 요소들이 포함되기 때문에, 기독교적 삶에는 고유한 윤리적 차원이 있다. 인간은 어떤 모습의 행동은 인정하지 않으며, 명확하지는 않지만 번영을 지향하는 내적 동인이 있다. 성경은 그리스도인들에게 도덕적 권위를 가진다. 왜냐하면 그리스도인들은 그 본문들이 예수 그리스도 안에 있는 하나님의 규범적 자기계시뿐 아니라 그리스도에게 응답하는 적절한 방법들을 담고 있다고 믿기 때문이다. 기독교 제자도는 구체적인 가치들과 행동방식에 의해 형성되는 특별한 삶의 방식이다.

　최소한도로 보면, 신약은 하나님을 사랑하는 것과 양립할 수 없는 경향과 행동을 배제한다. 보이는 이웃을 미워하면서 보이지 않는 하나님을 사랑한다고 주장할 수 없다(요일 4:20). 최대한도로 보면, 친구들을 위해 자신의 생명을 내놓은 예수님의 본보기가 영웅적 기준을 설정한다. 왜냐하면 그 사랑이 제자들로 하여금 스승이 준 동일한 궁극적 선물을 만들도록 이끌었기 때문이다. 하나님을 사랑하는 것과 이웃을 사랑하는 것 사이의 분리될 수 없는 연결이 신약의 중심이다(눅 10:27).

좋은 열매를 맺는 좋은 나무(마 7:17)와 포도나무와 그 가지(요 15:1-8)와 같은 이미지들은, 그리스도로 인해 얻은 새로운 삶은 도덕적으로 유익한 결과를 낳는 본성적 역동을 가진다는 점을 보여준다. 물 한잔을 주는 것에서부터 감옥에 갇힌 사람을 방문하는 것과 같은 일반적인 봉사는 궁극적인 종교적 중요성을 획득한다. 왜냐하면 그것은 자신을 어려움에 처한 사람과 동일시하시는 그리스도를 섬기는 것과 같기 때문이다(마 25:31-46). 반대로 말하면, 이웃에게 해를 끼치는 것도 궁극적 결과를 가지게 된다.

동시에 그리스도인의 도덕적 삶은 영성, 즉 그리스도 안에서의 하나님 경험에 기초한다. 신학적 윤리학은 믿음의 삶을 숙고하는데, 이 믿음의 삶은 근본적으로 그리스도 안에 있는 하나님의 선하심에 관한 실제 경험에 대한 응답이다.

> 우리가 사랑함은 그가 먼저 우리를 사랑하셨음이라(요일 4:19).

그 사랑을 나사렛 예수의 성품과 행동에서 볼 수 있다. 또한 부활하신 그리스도가 현재하고 계시는 일에서도 그 사랑을 명백히 볼 수 있다. 기독교 제자도는 하나님의 성령에 의해서 인정되고 치유되며 보냄을 받았다는 현재의 경험에서 흘러나온다. 믿는 사람들이 하나님으로부터 사랑을 받는다는 것은 단순히 사실 혹은 이론이 아니라 응답을 요구하는 경험이다. 종교적 언어와 교리가 이 신비한 약속을 해석할 수는 있겠지만, 우정에 관한 이론이 친구를 만들어주지 못하듯이 그 약속을 만들어낼 수는 없다.

믿는 사람들에게 하나님은 마치 우주적 원리로서 또는 역사 안에서의 일반적 요소로서 전체 세계를 다스리는 분이 아니다. 하나님은 더 이상 축소될 수 없는 인격적인 능력과 은혜의 현존으로서 다스린다. 그분은 개인들을 아시고 그들 각자의 이름을 부르신다(요 10:3). 믿음은 심지어 이 관계가 부재하는 듯이 느껴질 때도 지속되고 있다는 것을 신뢰하게 한다. 성경과 교리의 안내를 받은 이 경험은 기독교 윤리학의 내용(그것의 가치와 행동 양식)과 그 동기(인간이 제자가 되고 그에 따라 행동하게 만드는 정서적 역동)를 제공한다.

1. 윤리학과 영성을 정의하기

윤리학은 도덕에 관한 비평적 연구, 다시 말해 인간의 가치와 의무에 대한 직접적이고 생생한 경험에 관한 비평적 연구와 관련된다. 신학이 영성 즉 신앙의 생생한 경험을 고수하듯이, 윤리학은 도덕을 고수한다. 기독교 윤리학에 관한 논문이나 학술 서적들이 신앙의 생생한 경험으로부터 도덕적 원리들을 추출할 때, 이것들은 기독교 윤리학이 주로 그 자체의 논쟁에서 나온 권위에 터 잡은 지적인 입장이라는 인상을 줄 수 있다.

성경은 매우 다른 그림을 제공하는데, 이것이 오히려 왜 누군가가 믿음을 가지게 되었는가에 관한 실제적인 이유에 훨씬 더 가깝다. 그리스도인의 도덕적 삶은 하나의 논쟁의 결론으로서가 아니라 그리스도 안에서 일어난 하나님의 부르심에 대한 응답으로서 온다. 신학적 윤리학은 복음이 요구하는 것에 대한 이해를 깊게 해줌으로써 그 관계를 도와주며, 비판적 입장에서 믿는 자들의 행동을 제련한다. 또한 그들의 신앙을 공유하지 못한 사람들에게 그것을 알려준다.

비록 기독교 제자도는 필연적으로 도덕적 헌신을 포함하지만, 신학적 윤리학은 헌신된 종교적 생활이 어떻게 도덕적 성격과 행동에 영향을 주거나 주어야만 하는지에 관한 적절한 설명을 제공한다. 필자는 기독교 영성이 진정한 기독교 신앙의 실제적, 정서적, 변화시키는 차원을 가지고 있다고 생각한다. 필자는 믿는 자들의 내적 정체성이 예수님의 십자가와 부활의 모습을 띨수록, 영성은 근본적인 변화로 이끄는 정서적 성향을 통해 실제적이 된다는 점을 논증하겠다.

영성의 세 가지 측면은 도덕적 삶을 사는데 단계적으로 작용한다. 그것들은 서로를 의지하면서 하나님의 생명이 주는 열매를 맺는다.

1) 실천적

제자도는 믿는 자들로 하여금 계획된 영적훈련을 하게하고, 구체적이고 실제적인 결과로 이끈다. 예를 들면, 원수를 사랑하라는 명령은 그리스도인에게 자비의 연습, 즉 화해로 가는 실질적인 조치인 인내와 용서라는 의도적이며 헌신된 훈련을 하도록 요구한다. 용서는 대립과 고통의 상처를 입는 시간에 한정되지 않는다. 자기 성찰, 형제애적 훈계(fraternal correction), 죄의 고백과 같은 규칙적인 영적 훈련은 그리스도인들이 용서의 필요성을 깨닫는데 도움을 주며, 용서를 타인에게까지 확장시켜준다. 그 훈련들은 그들이 구별된 태도와 성향을 가지고 즉 자비의 미덕을 가지고 대립과 상처와 만나도록 준비시켜준다(Jones 1995).

2) 정서적

이 영적 훈련은 "정서"(affection) 즉 "마음"(heart)의 특징인 깊은 감정을 형성한다. 그런데 이 "마음"이라는 단어는 인격적 실재의 인지-감정의(cognitive-emotive) 중심을 설명하기 위해 성경이 사용한 이미지이다. 정서는 어떤 방식으로 행동하려는 영속적 성향이므로, 그것은 작용하고 있는 인간의 가치들(values)이다. 그리스도인은 자신에게 나쁜 짓을 하는 자들에 대항해서 방어적으로 행동하거나 보복하기보다는 자비와 이해심을 갖겠다는 성향을 가져야 한다. 영적 훈련처럼, 이 성향은 하나님께서 인간을 위해 그리스도 안에서 하신 일에 대한 믿음에 기초하고 있다. 하나님은 무조건적으로 자비로우시다는 확신과 경험은, 믿는 자들로 하여금 타인에게 자비로울 수 있게 하는 성향과 의무를 가지게 해준다.

3) 변형적

성령의 능력 아래에서, 일상의 삶 속에서 하는 다양한 훈련들은 믿는 사람들의 도덕적 특징과 그들의 삶을 변화시킨다. "변형"(trans-form)의 의미는, 근본적인 인격의 모습이 자기 중심적인 존재의 방어적이고 불안하며 가책을 느끼는 역동으로부터 신뢰하는 믿음과 인내하는 소망 그리고 관대한 사랑의 역동으로 바뀐다는 의미에서 "모양을 바꾸는 것"(change shape)이다. 새로운 정서적 성향을 따라서 행동하고 죄의 역동에 반대해서 행동하게 되면 사람은 점차 "그리스도의 마음"을 품게 된다(고전 2:16).

다시 말하면 그리스도의 삶, 죽음, 부활 속에서 드러난 덕과 행동을 따라가게 된다. 인간의 선택과 의향은 신적 활동으로 대체되는 것은 아니지만 이것들은 은혜에 의해 새로운 모습과 활력을 얻는다. 그리스도의 영은 각자의 마음과 신앙 공동체에서 활동하면서 이러한 변화 즉 "성화"(sanctification)를 이루어준다. 그러므로 인간과 하나님과의 화해를 위해 자신의 생명을 드린 분에 대한 감사는 동일한 자비와 용서의 실천을 하게 만드는 동기가 된다. 그 실천의 내용들은 특별히 죄인들과 가진 예수님의 식탁교제와 용서할 줄 모르는 종과 같은 비유(막 2:13-17; 마 18:21-35)에서 구체적으로 나타난다.

인간은 본래 관계 의존적 존재이므로 타인에게서 배우고 영감을 얻는다. 그러므로 제자도의 도덕적 변화는 고립된 채 일어나지 않으며, 그리스도의 몸인 인간 공동체와 하나님의 통치(Reign of God)의 등장하는 사회적 실제(reality) 속에서 일어난다. 믿는 사람들은, 예배드리고, 실패를 깨닫고, 세상을 섬기려고 노력하는 신앙 공동체 안에서 영적 훈련을 배운다. 공동체의 지혜와 전통이 구성원들의 훈련을 고취시키고 안내한다.

이 훈련들은, 구원의 연대 공동체를 만들라는 예수께서 내리신 임무를 수행함으로써 세상 속에 그리스도의 몸을 세우는 것을 목표로 한다. 그러므로 영적 훈련은 개인의 성장이 아니라 그리스도의 몸 전체의 지속적인 성장에 중점을 두어야 한다. 이것이 세상을 하나님의 통치의 증거인 정의, 사랑, 평화로 좀 더 가까이 데려갈 것이다.

2. 덕 윤리학: 문제의 핵심

어떤 윤리학이 기독교 영성을 해석하는데 가장 적절한 방법인가?

윤리학은 대부분 원리(principles), 결과(consequences), 또는 덕(virtues)을 통해 접근한다. 비록 원리와 결과가 그리스도인의 삶에서 일정 부분 역할을 하고 있지만, 덕 윤리학(virtue ethics)이 제자도의 삶의 역동을 가장 잘 파악한다. 이것은 개별적 행동보다는 전체 인격에 초점을 맞춘다. 그리고 마음(heart)에 집중하는데, 마음에서 확신과 감정이 결합된다. 덕 윤리학은 신약에서 관찰되는 근본적 변화를 분석하는데 필요한 범위와 깊이를 가지고 있다. 이와는 대조적으로, 다른 두 가지 접근은 그리스도인의 도덕 경험의 중요한 특징을 생략하는 경향이 있다.

첫째, 원리의 윤리학(ethics of principles)이다. 도덕규범과 의무의 중요성을 인식하지만, 제자도의 전반적인 모습을 놓친다. 예를 들어 칼 바르트(Karl Barth)의 신학적 윤리학은 현재의 "하나님의 명령"에 집중한다(Barth 1957). 비록 성경의 전형적인 명령에 기초를 두고 있지만, 신적 명령은 항상 실존적으로 새롭다. 왜냐하면 하나님은 본질적으로 새롭고 놀라운 행동을 명령할 수 있는 권한과 자유로움이 있기 때문이다. 그 명령은 구체적 상황 속에서 믿는 자들에게 전해지고, 그것은 충실한 복종에 의해서 이해된다.

그러나 불행히도 바르트는, 그리스도인의 삶은 연속성이 결여된 일련의 근본적 결단이라는 인상을 준다. 그는 점점 모습을 드러내는 제자의 정체성과 마음의 지속적인 성향에 별로 관심이 없는 것 같다. 왜냐하면 그는 그렇게 되면 나쁜(sinful) 자기 몰두가 강화될지 모른다고 염려했기 때문이다. 도덕적 삶은 방향 감각과 지속적인 헌신을 포함하기 때문에, 윤리학은 간헐적인 복종 이상의 것에 관심을 기울여야 한다. 비록 신적 명령에 대한 복종에 의해 만들어진 영성은 하나님을 주님 또는 명령자로 인식하겠지만, 그것은 예수 그리스도 안에서 계시된 그분의 다른 측면, 즉 아버지, 창조주, 심판자, 치유자, 동료라는 측면을 간과한다.

성경은 하나님이 요구하는 것만을 말하고 있지 않고, 하나님이 믿는 자들에게 행동할 수 있는 능력을 어떻게 주시는가도 말하고 있다. 사실상, 그 요구들은 항상 하나님이 하시는 것에 따르는 반응이다. 출애굽기 19장에는 야훼께서 이집트 종살이에서 이스라엘 백성을 구원한 것과 그들과의 영원한 언약의 약속에 대한 낭송이 있는데, 이것은 십계명이 있는 본문보다 앞에 있다. 그 약속에 응답하는 사람들이 하는 도덕적 질문은 "나는 무엇을 해야 하는가?"가 아니라 "하나님이 내가 무엇을 할 수 있게 하셨으며, 무엇을 하기를 원하시며, 무엇이 되기를 원하시는가?"이다(Gustafson 1975). 덕 윤리학은 이 같은 능력의 원천, 삶의 지속성, 지향해야 하는 우리 존재의 모습, 우리가 세워야하는 공동체를 살핀다.

둘째, 결과의 윤리학(ethics of consequences)이다. 행위자나 사회를 위해 가장 큰 이익을 만들어내는 행동이 옳은 행동이다. 확실히 성경은 결과에 관심을 가진다. 구약은 자주 주님의 길을 따를 때 오는 복과 그 길을 포기할 때 오는 저주를 언급한다. 예수님은 현재의 행동이 영원한 생명 혹은 파멸이라는 궁극적 결과로 이끈다고 가르친다. 보상과 처벌은 자기 이익에 호소하기 때문에, 많은 윤리학자들은 이것들을 "도덕 이전"(pre-moral)의 것이라고 해서 무시한다.

그렇지만 결과를 고려하는 것을 금지하는 것은 네 이웃을 네 몸과 같이 사랑하라는 계명과 조화되지 않는데, 왜냐하면 이 계명은 적절한 자기 사랑(self-love)을 전제하고 있기 때문이다. 그러나 영성이 개인적 거룩함이나 내면의 평안을 얻는 것과 같이 너무 협소한 결과만 집중한다면, 그 영성은 믿음의 삶을 인간적 필요를 만족시키는 수단으로 축소시킬 위험이 있다. 사회를 염두에 두는 신학은, 그리스도의 포괄적 목적은 하나님의 나라를 이루는 것이며 이것이 모든 그리스도인의 행동의 척도가 되어야 한다고 주장해왔다.

그런데 결과의 윤리학은 제자도의 일부만을 파악할 뿐이다. 확실히 그리스도인은 선한 결과를 낳는 일을 해야 하며 인간의 고통을 완화시켜야 한다. 이웃에 대한 사랑은 그 이웃이 실제로 유익을 얻었는지를 고려하지 않고 평가될 수는 없다. 그렇지만 그리스도인은 유익이 되고 생산적인 사람이 되기 위해서 믿는 것이 아니다. 하나님께서 먼저 사랑하셨고 그들을 하나님과의 새로운 관계로 부르셨기 때문에 믿는 것이다.

메노나이트파(Mennonite) 신학자인 요더(John Howard Yoder)는 십자가 사건은 결과에 대한 어떠한 관심에도 이의를 제기한다고 말한다. 하나님은 믿는 자들이 충실하기를 요구하시지만, 유능하며 결과를 만드는 자가 되라고 요구하시지는 않는다. 하나님의 나라를 이루는 것이 하나님의 사업이다. 그러나 예수께서 그러했듯이, 심지어 죽음에 이를 때가지 충실해야 하는 것이 제자의 의무이다(Yoder 1972).

어떠한 신학적 윤리학도 도덕적 원리와 결과를 고려해야겠지만, 덕 윤리학은 윤리학의 초점을 넓혀서 그 사람을 전체로 보며, 마음의 근본적 역동을 고려함으로써 윤리학의 영역을 심화시킨다(Porter 1990; Statman 1997). 덕 윤리학은 행동에서 존재로, 즉 그리스도 안에 있는 하나님의 은혜로운 활동에 대한 응답 속에서 우리는 어떤 사람이 되어야 하는지를 질문하는 것으로 관심을 옮긴다. 행동은 인격에서 나오며, 그렇게 나온 행동은 도덕적 정체성을 강화한다.

전인(whole person)에 초점을 맞추는 것은 예수께서 마가복음의 시작에서 요구하셨던 근본적인 응답과 잘 맞는다.

> 이르시되 때가 찼고 하나님의 나라가 가까이 왔으니 회개하고 복음을 믿으라 (막 1:15).

바울은, 세례가 그리스도인을 예수님의 경험의 핵심으로 몰아넣었다는 그의 극적인 주장 속에서 이 근본적 회개를 표현한다.

> 그러므로 우리가 그의 죽으심과 합하여 세례를 받음으로 그와 함께 장사되었나니 이는 아버지의 영광으로 말미암아 그리스도를 죽은 자 가운데서 살리심과 같이 우리로 또한 새 생명 가운데서 행하게 하려 함이라(롬 6:4).

바울서신들은 복음서가 이야기로 전해주는 것을 신학적으로 또한 이론적으로 설명한다. 즉 회심의 과정은 오랜 시간이 걸리며 큰 저항에 부딪친다는 것이다. 새 생명(newness of life)은 죄에 젖은 습관과 과거의 자아 중심적 존재에서 나오는 정서적 역동을 거스르게 된다. 성령의 성화의 능력을 통해 회심자는 완전히 새로운 정체성을 가져야 한다. 즉 예수님의 성향과 일치하는 새로운 태도와 동기를 가져야 한다. 바울이 세운 교회를 분열시켰던 경쟁심과 자만심은 성령이 그들 속에서 키우려했던 열매들, 즉 "사랑, 희락, 화평, 오래 참음, 자비, 양선, 충성, 온유, 절제"(갈 6:22)로 대체되어야 한다.

덕 윤리학은 도덕적 성격을 특징짓는 헌신, 정서가 채워진 성향(emotionally charged dispositions), 습관에 초점을 맞춘다. 우리가 헌신에 따라 행동할 때, 이것은 마음의 습관이 되고 그 결과 인격을 형성한다. 우리가 의도적으로 가치(values)에 맞게 행동할 때, 그것들은 성향으로 구현된다. 반가치들(disvalues)은 나쁜 습관을 통해 구현되기 때문에, 이 윤리적 접근은 악덕에도 관심을 가진다. 덕 윤리학은 도덕적 습관이 심어지고 표현되는 방식을 관찰한다. 또한 그 습관들이 어떻게 판단하고 행동하는 방식이 되는지 그리고 어떻게 선 또는 악에 대한 근본적 지향으로 유착되는지를 관찰한다.

우리의 축적된 행동은, 도덕적 자기 정의(self-definition)에 영향을 주게 된다. "행동을 심고 습관을 거둔다. 습관을 심고 인격을 거둔다. 인격을 심고 운명을 거둔다"는 오래된 속담이 있다. 특정한 행동에 대한 비교적 자유로운 선택 속에서, 우리는 어떤 사람이 될 것인지를 선택하는 더 근본적인 자유를 실습하고 있다. 더 쉽게 말한다면, 우리 존재는 우리가 하는 대로 형성된다. 필자가 깨닫든지 깨닫지 못하든지 거짓말을 함으로써 나는 거짓말쟁이가 되며, 진실을 말함으로써 나는 정직한 사람이 된다. 우리는 결코 의도적으로 하나의 성격을 단번에 선택할 수 없다. 그것은 모든 행동과 관계들의 구현물이다.

덕과 성격에 대해 이렇게 초점을 맞추게 되면, 기독교 윤리학은 은혜의 활동을 통해서 드러나는 새로운 생명을 파악할 수 있게 된다. 예수님의 도덕적 헌신과 성향이 제자들의 마음에 뿌리내릴 때, 그들은 선생을 더 닮아간다. 모든 덕은 "우리에게 주신 성령으로 말미암아 하나님의 사랑이 우리 마음에 부은바 됨이니"(롬 5:5)에 대한 실제적인 표현이다. 또한 신학적 덕 윤리학은, 인간이 개인적 공동체적 영적 훈련에 참여함으로써 성령의 성화의 사역에 협력하는 방법에 집중한다. 우리 존재는 은혜와의 협력 속에서 우리가 행하는 대로 되어간다.

더 근본적으로 말하자면, 인격에 집중한다는 것은 삶의 전부를 하나님께 대한 응답으로 본다는 것이다. 인간은 하나님의 신비에 직접적으로 "예"와 "아니오"라고 말하지 않고, 일생동안 그들의 이웃에 대한 인간애를 긍정 또는 부정하는 방법을 통해 대답한다(Rahner 1974). 윤리학과 영성은 분리될 수 없다. 이웃을 사랑하는 것 안에서 그리고 그것을 통해 우리는 하나님을 사랑한다. 영적 훈련은 인간 상호 작용과 하나님을 향한 이러한 근본적 지향을 결부시키려고 노력한다. 비록 덕 윤리학이 완전주의(perfectionism) 또는 개인의 도덕 발달에 경도되었다는 점 때문에 비판을 받지만, 이러한 경향은 덕스러운 삶을 하나님과 이웃을 사랑하는 것 안에 두게 된다면 교정될 수 있다(Meilaender 1984).

3. 영적 훈련

기독교 영성은 "영적 훈련"(Spiritual Practices)이라고 부르는 의도적인 수련을 통해 믿는 사람들의 삶 속에서 구현된다. 모든 삶의 방법은 훈련으로 이루어지는데, 기독교도 예외가 아니다. 로버트 워트노우(Robert Wuthnow)는 경건 훈련을 구별하는데, 그는 자신의 영적 삶을 풍성하게 하려는 목표를 가진 훈련, 즉 영성을 발현시키는 훈련과 신성한 것과의 관계에서 비롯되는 훈련을 구별한다(2001, 313). 필자는 이 용어를, 믿음을 삶 속으로 가져가며, 충실한 삶을 통해 믿음을 심화시키는 의식적 활동의 핵심이라는 의미로 사용하겠다. 종교개혁 전통에서는 그것을 "은혜의 수단"으로 불렀다. 왜냐하면 하나님은 이 훈련을 통해서 구원을 전달하시고, 훈련은 "이러한 전달과 매개의 중요한 전형"이기 때문이다(Hutter 2002, 206).

권위 있는 기독교 영성들이 가족처럼 닮은 이유는, 규범이 되는 성경 본문 속에 있는 예수님의 이야기, 공식적인 신조, 성령의 전반적인 안내뿐 아니라 반복적인 훈련에 그들의 바탕을 두고 있기 때문이다. 세례, 성찬식, 말씀을 전하는 것, 환대, 기도, 용서, 가난한 사람들에 대한 관대함이다.

이것들이 없는 진정한 기독교 공동체가 있을 수 있겠는가?

영성에 결함이 있다면, 그것은 복음적 삶을 세우는 훈련이 부족하기 때문이다. 비록 우리가 어떤 훈련이 필요하며, 어떤 훈련이 우선되어야 하는가에 대해 논쟁을 하지만, 진정으로 기독교 영성이라고 표할 수 있는 윤곽이 있다(Murphy et al. 1997). 어떤 공동체는 봉사보다는 예배를 더 강조할 수 있고, 또 다른 공동체는 말씀을 전하는 것보다 가난한 사람을 돕는 것을 더 강조할 수 있다. 그렇지만 모든 공동체는 핵심적인 훈련이 있어야 한다. 마틴 루터가 가르쳤듯이, 이러한 훈련이 그리스도의 몸의 표지이고, 이것을 분명히 나타내는 특징이다(Luther 1955).

덕 윤리학은 어떻게 영적 훈련이 예수님의 이야기와 그리스도인의 도덕적 삶 사이를 연결시켜주는지를 보여준다. 훈련은 믿음이 우리 안에서 뿌리내리게 하는 수단이며, 정서가 채워진 성향이 되게 해서 신실한 행동을 하게 만든다. 하나님의 영(Spirit)의 은혜 아래에서 이같이 구현된 믿음에 관한 확신은 덕이 된다. 즉 손쉽고 기쁜 마음으로 옳은 일을 할 수 있는 마음의 역동적 습관이 된다. 덕은 동기 부여뿐만 아니라 통찰력도 제공한다. 예를 들어, 공감이라는 덕은 고통 받는 자들이 필요로 하는 것이 무엇인지를 알게 해서, 우리로 하여금 그 필요를 채워줄 수 있게 하는 마음이 생기게 한다.

헌신적인 훈련이 없으면 개인과 공동체는 성령에 의해서 변화될 수 없다는 점을 영성은 계속해서 주장해왔다. 사람들은 영적 경험을 찾아 쇼핑하듯이 돌아다닐 수 있지만, 규칙적이고 의도적인 훈련이 없다면 진정한(real) 영성은 없다. 비록 절정 경험(peak experience)으로 인해 우리는 변화의 가능성을 볼 수 있겠지만, 새로운 인격을 형성하기 위해선 은혜에 대한 응답으로 일생 동안의 규칙적인 훈련을 해야 한다(Wuthnow 1998; Sedgwick 1999; Spohn 1999).

훈련이라는 개념이 최근에는 덕 윤리학에서 중심적인 지위를 차지하였다. 철학자인 앨리스데어 매킨타이어(Alasdair MacIntyre)는 삶의 모든 방식들은 훈련을 통해서 그것의 특징이 되는 덕들을 심어준다고 지적했다. 즉, 그 자체로 가치가 있으며 우리의 인간적 역량을 확대하는 사회 구성적 행동방식을 통해서 덕들을 심어준다는 것이다(MacIntyre 1981, 175). 덕스러운 습관들은 전통과 사적인 본보기를 통해 배운다.

또한 그것들은 옳은 의향을 가지고 어떠한 방식에 맞춰 행동하는 것에서 나온다. 우정을 맺는 것, 글쓰기, 체스게임을 하는 것과 같은 훈련들은 그 자체로 할 만한 가치가 있다. "덕은 그 자체가 보상"이라는 격언은, 덕스러운 훈련은 더 이상의 타당한 이유가 필요 없는 방법으로 삶을 고양시켜준다는 것을 의미한다. 그러나 대부분의 훈련은 테크닉, 즉 그 밖의 어떤 것을 위한 수단으로 사용될 수 있다. 그래서 소설가는 단지 수입을 위해 글을 쓸 수 있으며, 세일즈맨은 고객을 얻기 위해 상냥할 수 있다.

훈련은 좋은 행동을 자동적으로 낳는 행동 조건이 아니기 때문에, 그것은 간접적으로 덕에 이르게 한다. 훈련에 참여하게 되면 내적 가치에 자신을 노출하게 되어서, 그 가치를 실현시키는 습관적 기술이 날카로워진다. 덕들은 서로 밀접한 관계가 있기 때문에, 하나의 훈련은 하나의 덕 그 이상을 일깨워준다. 그래서 좋은 우정은 우리를 자기에 대한 관심(self-concern)과 방어적 태도를 넘어서게 만들어서 더 정직하고, 더 믿을만하고, 더 공감할 줄 아는 사람이 되게 한다. 깊은 우정에서 나오는 이러한 표지들은 또한 우정의 내적 규범으로 기능한다. 왜냐하면 그것들을 저버리는 것은 우정을 해하거나 파괴하는 일이기 때문이다.

결혼생활의 근본적 덕인 정절(fidelity)에 대한 훈련과 어떻게 이 덕이 내면화된 도덕적 표준이 되는지를 생각해보자. 캐더린 왈레스(Catherine M. Wallace)는 부부의 정절은 단순히 결혼의 이익을 보장하는 신중한 투자가 아니라고 주장한다. 서로가 가지는 육체적 독점을 존중하는 것 이상으로, 정절은 정직한 자기 노출(self-disclosure)를 허락하고, 친밀감을 북돋우며, 신뢰의 기반이 되는 내면적 덕성이며 결혼의 구성 요소이다.

정절이 없이는 이 같은 덕성들은 성장하지 않을 것이며, 그 관계는 진정한 결혼이 아닐 것이다. 그 관계 속에 내재하는 가치들은 관계가 잘 되어 가는지, 그렇지 않은지를 판단하는 기준이 된다. 이 기준들은 결혼생활 밖에서 부과되지 않는다는 사실을 유념하라.

이것들은 결혼생활이 건강하기 위해 필요한 요소들이다. 간음을 금하는 계명은 성적인 불충실함만이 잘못된 것이라고 하지 않는다. 오히려 그것은 혼외 성관계는 결혼생활의 핵심이 되는 가치들을 파괴하고 배우자를 불명예스럽게 한다는 점을 말하고 있다.

또한 정절의 훈련은 결혼한 사람들을 위해 긍정적인 것을 한다는 의미에서 도구적 미덕이라고 할 수 있다. 그러나 결혼생활의 본질적 미덕인 정절은 그들의 성격을 형성하는 것으로써 결혼한 사람들에게 영향을 준다. 모든 훈련은 일련의 의도적인 습관의 지원을 받는다. 건강한 결혼생활 중에, 정기적인 정직한 대화, 함께 시간을 보내기, 괜찮은 유머, 상대방이 자신과 같을 수는 없기 때문에 배우자를 용서해주기 등은 정절의 덕성을 지원한다. 충실함을 통해 배우자들의 결혼 서약은 실제적인 것이 된다. 왈레스는, 그녀는 작가이기 때문에 글을 쓰는 것이지 즐거움 혹은 재정적 보상 때문에 글을 쓰는 것이 아니라고 말하고 있다. 그러고 나서 다음과 같이 말한다.

> 아내이기 때문에, 아내인 것에 헌신해왔기 때문에, 나는 충실하다 … 보상으로 어떤 것을 얻기 위해서가 아니라, 내가 누구인지, 내가 어떤 사람이 되어야 하는지를 세월이 지나면서 좀 더 명확하게 이해하게 됐다는 징표로써 그렇게 하는 것이다. 다른 누군가가 되지 않는 이상 나는 불충실할 수 없다(1998, 19).

20년이 넘는 결혼생활 동안, 정절은 왈레스의 인격의 한 부분을 차지했기 때문에 배반은 생각조차 할 수 없는 일이 되었다. 도덕적 의무감은 간음을 금하는 도덕적 금지에서 나오는 것이 아니라 배반에 강력히 저항할 수 있는 덕스러운 습관에서 나온다.

훈련들은 즉시 만들어지지 않으며, 역사적인 모습을 가진다. 왈레스와 그녀의 남편은 그들의 대가족으로부터, 그리고 비록 기독교 전통이 성에 대한 양면적 태도를 가졌음에도 불구하고 그들을 길러왔던 그 전통으로부터 충실해지는 방법을 배웠다. 성경의 이야기와 상징들은 왈레스에게 충실에 대한 더 깊은 의미를 제공했다. 이스라엘의 하나님은 세대를 거쳐 약속을 지키시는 언약의 주님이시다. 예언자 호세아의 끈기가 방황하는 아내를 되돌아오게 했듯이, 야훼의 충실함은 이스라엘의 불충실함을 이긴다. 믿는 사람들은 자신들이 약속을 지키는 것을 통해 하나님이 누구이신가에 대해 알게 되고, 자기가 맺는 언약적 관계 안에서 주님을 깨닫게 된다. 그들은 하나님의 사랑의 길을 닮아갈 뿐 아니라 그것을 일상에서 실행한다.

기독교 영성 훈련은 두 가지 방식에서 매킨타이어의 일반적 설명을 넘어선다. 첫째, 모든 규범들이 기독교적 훈련의 내부에 있는 것은 아니다. 성경 이야기는, 어떠한 훈련도 하나님의 사랑과 자기 계시에 대한 적절한 반응으로 이해될 수 있게 하는 방식(patterns)을 설정하기 때문에, 추가된 규범을 만들어낸다(Dykstra and Bass 2002). 둘째, 영적 훈련은 매킨타이어가 언급하는 훈련인 체스나 악기를 연주하는 것보다는 더 관계적이다. 틀림없이 아름다운 음악과 체스의 대가가 체스를 두는 것도 사회적으로 구성되고, 타인을 포함한다. 그러나 지속적인 인격적 관계 속에 놔두지 않아도 그것들은 훌륭하게 수행될 수 있다.

우정이 영적 훈련에 대한 비유로는 더 적절하다. 왜냐하면 그것은 필연적으로 타인을 포함하기 때문이다. 하나님은 모든 그리스도인의 훈련에서 은혜의 원천이며 궁극적 목표이다. 심지어 관상과 같은 고독한 훈련도 그리스도의 몸(Body of Christ)의 상호 의존적 사회적 실재에서 나오며 다시 거기로 돌아간다. 마치 결혼 관계를 위해 정절을 훈련하듯이, 모든 영적 훈련은 개인적인 영적 대가(virtuosi)를 낳기 위해서가 아니라 하나님과 이웃과의 관계를 심화시키기기 위해서이다.

훈련은 헌신적인 단련을 통해서 덕스러운 습관을 심어준다. 수련자가 하고 싶을 때에만 기도하면, 경외할 줄 아는 성향이 생기지 않는다. 그리고 집 없는 사람들을 위해 가끔씩 기부를 하는 것으로는, 기독교적 환대가 우리 인격의 일부가 되지 못한다(Pohl 1999). 습관적인 훈련이 보상을 받든지 그렇지 않든지 관계없이, 헌신은 계속되어야 한다. 모든 예배 행위 또는 가난한 자들에 대한 모든 환대가 감동의 느낌을 주지는 않는다. 이것은 마치 오랜 결혼생활 동안 모든 대화가 풍성한 친밀감을 주지는 않는다는 것과 같다.

결혼생활의 생동감을 유지시켜주는 것은 배우자에게 자주 와서, 배우자의 말을 경청하고, 시간을 내주는 것이다. 규칙적으로 예배드리고 가난한 사람들을 섬기는 것과 같은 훈련에 참여하는 것은, 단지 하나님의 호의를 얻기 위해서만이 아니다. 그렇게 되면 훈련은 테크닉으로 축소된다. 훈련은, 하나님께서 그들 안에서 일과 치유를 하실 수 있도록 그리스도인들은 그 앞에 있어야 한다는 것을 공동체가 알아가는 장소이다.

4. 정서: 행동의 원천

훈련은 정서, 즉 마음의 깊은 감정을 교육함으로써 인격의 모습을 바꾼다. 훈련을 통해서 성령은 정서를 재정립하여서 점점 그리스도의 정서를 닮아가게 한다. 은혜는 단순히 용기와 관대함 같은 본래적 감정을 취한 후 이것을 새로운 정황 속에 두지는 않는다. 은혜는 새로운 시간과 장소에서 예수님의 길을 구현하기 위해, 내부에서부터 나온 그 감정들을 다시 고친다. 눈에 보이는 제자도 훈련은 우선 이 같은 내적 형성으로 이끌고, 마침내 인격의 근본적인 변화로 이끈다.

조나단 에드워즈(Jonathan Edwards)보다 정서의 중요성을 더 잘 파악한 신학자는 없다. 그는 "진정한 종교는 많은 부분 거룩한 정서에 있다"고 썼다(1959, 95). 믿음의 진리들은 심오한 경험의 정서적 구조 속으로 들어올 때에야 파악된다.

만약 사람들이 하나님이 우리를 위해 하신 것에 관한 경험적 인식이 없다면, 그들은 과연 믿음의 진리들을 이해할 수 있을까?

하나님을 신뢰하는 믿음의 삶, 하나님 통치의 도래에 대한 지속적인 소망, 적의와 죽음을 극복하는 사랑, 이 모두는 하나님의 선물이지만 또한 인격의 영속적인 성향 속에 뿌리내려져야 한다. 가끔씩 의식 속에서 경험되더라도, 믿음, 소망, 사랑은 일시적인 느낌이 아니며, 단순히 즐거움을 주는 기분이 아니다. 그리스도인의 덕은 하나님의 진정한 아름다움과 선함을 기뻐하고 즐기는, 인식에 바탕을 둔 성향(dispositions)이다.

인식과 확신은 정서라고 부르는 인격의 역동 안에 수렴된다. 이것은 보통 믿음의 공동체 안에서 배운 훈련에 의해 형성된다. 그래서 에드워즈는 수백 번의 설교를 통해 사랑이 결실을 맺게 하는 구체적인 "은혜의 수단들"을 상세히 설명했다. 예를 들면, 그는 정직한 자기성찰은 "교만하지 않는"(고전 13:4) 사랑을 기르는 중요한 방법이며, 타인의 동기에 대한 관대한 평가는 시기심이 사랑을 약화시키는 것을 막는다고 가르쳤다(1989, 227).

어떻게 영적 훈련이 감정을 지도하는지를 이해하기 위해서는, 우선 감정은 길들여질 수 있다는 점을 깨달아야 한다. 그것은 맹목적이고 본능적인 반응이 아니고 습득된 행동이다. 감정은 우리에게 무슨 일이 객관적으로 일어나고 있는지 그리고 그것에 어떻게 반응해야 하는지에 관한 단서를 제공한다. 비록 감정을 통한 인상(impression)과 지적인 판단이 틀릴 수 있지만, 성숙한 사람에게는 그것이 함께 작용한다.

감정은 사회적 관습, 과거의 경험, 그리고 기타 요소들에 의해 형성된다. 예를 들면, 화는 지각된 불법에 반응하고 또한 그것을 교정하기를 강력히 추구한다. 비록 화는 보편적 감정이만, 대본에 쓰여진대로 반응하는 것일 수 있다. 왜냐하면 그들이 속한 문화가 어떤 환경 아래에서 불법으로 여기는지를 가르치기 때문이며 또한 문화가 사회적으로 옳다고 받아들이는 방식을 전달하기 때문이다.

그리스도인의 삶의 방식에서 화는 억압되지 않고 재구성된다. 성경적으로 보면, 거룩한 대의를 위한 의로운 화는 "열심"(zeal)이다. 구약은 이 감정을 주님에게 돌리는데, 그분은 가난한 자를 착취하는 부자를 용납하지 않으신다. 예수님은 가끔씩 적대자들에게 화를 내셨는데, 그가 환전상과 동물을 파는 사람들을 성전 밖으로 쫓아내실 때 그것이 가장 생생하다(마 21:12-13). 그럼에도 불구하고, 화의 감정은 치명적인 악덕일 수 있는데, 특별히 그것이 잘못된 것을 고치는 것에서 더 나아가 죄를 범한 자를 처벌하는 데까지 나갈 때 그러하다.

예수님의 말씀과 본보기는 이 같은 화의 징벌적 차원에 도전한다. 다른 뺨을 돌려대라는 훈계, 집 나간 아들의 형의 무례함, 예수님을 체포하러 온 사람들에게 저항하지 않은 것, 자기를 십자가에 못 박은 사람들을 용서하는 예수님의 마지막 말씀 등은 모두 화에 관한 대본을 다시 쓰게 한다. 또한 하나님만이 인간 행동의 공적을 판단하시며 인간은 우주를 옳게 만드는 책임을 맡고 있는 존재가 아니라는 믿음도 화를 재구성하는데 중요한 역할을 한다. 이러한 확신은 복수에 의문을 제기하는 복음서의 이미지와 결합된다. 제자도의 모든 덕들은 이 같은 방식처럼 이야기로 형성(story-shaped)된다(Hauerwas 1981).

제임스 구스타프슨(James M. Gustafson)은 근본 정서들, 즉 "느낌들"(senses)을 설명하는데, 이것들은 함께 그리스도인의 기본 태도를 구성한다. 그 느낌들에는 근본적 의존, 감사, 회개, 의무, 가능성, 목표 등이 있다. 이 정서들 각각은 성경에서 계시된 하나님의 특별한 측면들과 "내재적이며 유기적으로" 관련되어있으며, 믿는 자들의 경험 속에서 확인된다.

근본적 의존의 느낌은 창조주로서의 하나님에 대한 경험과 믿음으로부터 나온다. 감사의 느낌은 하나님을 창조와 구속 가운데서 선하고 자비로운 분으로 경험하는 것과 관련이 있다(1975, 92). 개인적인 기도 훈련과 예전적 기도 훈련은 이러한 신적 자질을 정서로 구조화해서, 이에 상응하는 도덕적 주장을 하게 만든다.

> 기도하는 중에 하나님에 관해 말하고 그분을 부르는 것은, 어떤 존재 방식을 떠맡는 것을 의미하고 그 방식 속에서 타인을 향하여 행동하는 것을 의미한다 (Saliers 1991, 30).

"조직화된" 종교가 가진 전통, 훈련, 신앙 공동체는 그리스도인이 "영적"이게 하는 매개체이다. 종교 전통은 신성한 것에 대한 그들의 다양한 경험들을 확인해주며, 그 경험이 삶을 위해 가지는 의미를 깨닫게 해주는 언어를 제공한다. 공동체는 믿는 사람들로 하여금 그들이 찾는 분이 누구인지를 깨닫는데 도움이 되는 이야기와 믿음의 주장들을 전달해준다. 종교적 정서들은 인격의 일부가 되므로, 그것들은 인식과 행동을 하는데 있어서 인지적(cognitive) 역할을 하게 된다. 그래서 진정으로 공감할 줄 아는 사람은 다른 사람의 필요를 더 즉시 파악하고, 적절하게 응답하는 방법을 깨닫게 된다.

신앙 공동체에서 배운 훈련들은 하나님의 특유한 성품을 확인하게 하고 거기에 상응하는 정서를 발전시킨다. 공동체에서 그리스도인들은 성경을 간절히 읽고, 선포되고 설명되는 말씀을 들으며, 성찬식을 거행한다. 그리고 찬미, 감사, 신뢰의 찬송을 부르고, 자신의 죄를 고백한다. 하나님의 영은 의도적이고 반복적인 활동 속에서 일하면서 그리스도를 닮은 정서를 발전시킨다.

인간의 헌신이 그 선물의 원인은 아니다. 그러나 그 선물은 습관적 훈련을 통해 인간의 마음에 들어온다. 성경의 이미지와 이야기 안에서 목격하는 자비와 정의가 행동으로 나타날 때, 그것들은 인간의 성향에 명기되고, 내면의 대본을 다시 쓴다. 이 변화는 점차적으로 일어나지만, 자주 멈추기도 한다. 왜냐하면 그 변화는 이미 자신의 정서에 써놓았던 편견, 죄, 선입관에서 오는 저항을 만나기 때문이다.

시편을 노래하고 묵상하는 것은 감정을 다시금 하나님께 향하게 하는 오래된 성경적인 훈련이다. 어떻게 그 과정이 진행되는지, 성 금요일(Good Friday) 예배에서 자주 불렀던 전통적인 "흑인 영가"를 통해 알아보자. 엄숙한 톤과 침착한 억양의 첫 가사는 다음과 같이 질문한다.

"그들이 나의 주님을 못 박았을 때, 거기 너 있었는가?"

두 번째 가사는 처음을 반복하면서 그것을 충분히 이해시켜준다. 세 번째 가사는 노래 부르는 자의 반응을 말한다.

"오 때로는 그 일로 나는 떨려, 떨려, 떨려."

마침내 그것은 주제로 되돌아온다.

"그들이 나의 주님을 십자가에 못 박았을 때, 거기 너 있었는가?"

이 가사를 문자적으로만 이해하면, 이 노래는 우리의 관심을 사로잡지 못한다. 문자적 대답은 "아니요 나는 거기에 있지 않았습니다"이기 때문이다. 그러나 믿는 사람들은 상상을 통해 그 문자적 사실을 초월하며, 그 질문에 강렬히 사로잡힌다. 이 찬송은 예수님이 십자가에 못 박힌 것은 봉인된 과거의 사건이 아니라 시간과 공간을 가로질러 접근하고 투과될 수 있는 사건이라는 점을 전제한다. 유대인들이 매년 유월절 밤의 식사에서 이집트에서 있었던 유월절 사건을 기억하고 안도하듯, 그리스도인들은 성 금요일에 십자가에 못 박히는 사건을 다시 기억하고 거기로 들어간다.

공동체의 기억을 불러오는 의식을 통해 예수께서 십자가에 못 박히신 사건이, 마치 처음 그 영가를 불렀던 노예들의 힘든 삶 안으로 들어왔듯이, 믿는 자들의 현재의 경험 속에 들어온다. "나의 주님"이라는 가사는 못 박히신 분과 현재 관련되어있다는 점을 명시한다. 단지 기억과의 유대가 아니라 믿는 자를 부르는 분과의 현재의 관계를 말하고 있는 것이다. 음악과 가사는 복음서 이야기가 주는 복잡한 감정들을 전달해준다. 장엄한 가락은 공포, 슬픔, 떨림의 분위기를 돋운다. 십자가에 달리신 그분과의 생생한 연결을 깨닫는 회중이 그 영가를 부를 때, 슬픔과 공감은 개인적인 것이 되고 또한 공동체의 것이 된다.

그 영가의 다음 절은 노래 부르는 사람들을 그 사건의 구체적인 면에 몰두하게 함으로써 그 분위기를 심화시킨다. 두 번째 절은 다음과 같이 질문한다.

"그들이 그를 못박고 나무에 달 때, 거기 너 있었는가?"

그리고 세 번째 절에서 다음과 같이 질문한다.

"그들이 그를 무덤 속에 넣었을 때, 거기 너 있었는가?"

이것을 반복할 때 슬픔과 떨림은 새로운 깊이가 더해진다. 이 정서적 반응은 그 가사들이 노래를 부르는 사람에게 주는 요구로 인해 생긴 단순한 감정이 아니다.

"거기 너 있었는가?"

이 질문은 노래를 부르는 사람들이 오늘날 고통 받는 사람들 옆에 있을 것인지 아니면 예수님의 제자들처럼 도망갈 것인지를 묻고 있는 것이다. 이 영가를 부르는 사람들은 큰 슬픔과 고통 앞에서 해야 할 선택이 있다. 마침내, 마지막 절은 동일하게 슬픈 가락을 따르지만, 이야기를 마지막까지 따라간다.

"그가 부활절 아침에 일어나셨을 때, 거기 너 있었는가?"

이 이야기는 슬픔을, 어렵게 얻은 희망과 기쁨으로 데려간다. 이 기쁨은, 어디에서부터 비롯되었는지를 결코 잊을 수 없는 그러한 기쁨이다.

이 영가를 사순절과, 목요일의 세족식에서 부활절 아침의 할렐루야 찬양을 모두 기념한 공동체가 부를 때, 의미와 충격은 심화된다. 사흘 동안의 엄숙한 의식은 예배를 드리는 사람들의 정서에 구체적인 패턴을 심어준다. 노예시절 그리스도인이 처음으로 불렀던 애절한 찬송가는 성 금요일의 조용하지만 마음을 공허하게 하는 기념에서 부활 성야(Easter vigil)의 우주적인 축전으로 가는 이행의 틀을 가지고 있다. 일부 성 금요일 예전은 이 영가를 세 번째 절까지만 노래하면서, 예수님의 죽음과 부활 사이에 간격을 둔다. 이것은 성 금요일 마지막부터 부활 성야 또는 일출 예배까지의 감정을 형성한다. 기다림의 기간은, 새로운 생명이 고통과 죽음에서 나오기까지는 시간이 걸린다는 깨달음을 전해준다.

성 토요일은 죽음으로 가는 것과 생명으로 가는 것 사이에 붙잡혀있는 신앙인들의 현재의 도덕적 투쟁을 상징한다. 예전적 훈련에 들어가 있는 이 전통적 영가는, 그리스도의 십자가를 공유하지 않는 사람들은 그분의 영광도 공유하지 못하리라는 것(롬 6장)을 가르치고 있다. 고난 주간의 예전은 절망 한가운데서 희망의 태도와, 그리고 하나님은 심지어 죽음 앞에서도 믿음을 지켜주실 거라는 확신을 심어준다. 목요일부터 부활절까지의 완전한 가락을 따라가지 못한 공동체도 그들의 핵심적인 정체성은 예수님의 죽음과 부활을 기념함으로써 형성되었을 것이다. 예전적 훈련은, 하나님은 계속해서 고통당하는 자들과 억압받는 자들을 무덤에서 일으키시기 때문에 십자가와 부활은 역사를 통해서 다시 일어난다는 사실을 깨닫게 해준다. 그리스도의 몸은 세상으로 확장되기 때문에, 그의 고난과 부활은 단 한 번의 사건이 아니다.

예전적 기도는 올바르게 드리기만 한다면 중요한 도덕적 결과를 가져온다. 그 결과는 신학적 전제에서 도출된 통찰력이 아니라 구현된 확신과 태도의 재형성이다. 의식(ritual)이 기도로 표현되고 설교를 통해 해석되면서, 회중은 하나님께서 능력을 주면서 그들에게 요구하시는 존재의 모습이 어떤 것인가를 깨닫게 된다. 고난 주간을 통해 형성된 정서들은, 믿는 자들로 하여금 그들의 문화와 세상을 향해서 분명한 도덕적 태도를 취하도록 이끈다. 예전이 불러온 공감은 그들을 고난 받는 자들과 연합하게 한다. 이것은 연민 때문이 아니라 억압당하는 자들을 역사의 "십자가에 달린 사람들"로 보기 때문이다(Sobrino 1994).

고난 주간의 렌즈로 가난한 자들을 바라보게 되면, 그들을 십자가에서 내려오게 해야 한다는 의무감을 갖게 된다. 그러므로 예전적으로 훈련된 공감은 정의와 연대를 위한 행동으로 이끈다. 이 정서들은 또한 그리스도인들로 하여금 세상의 불의한 구조 속에서 자신이 공모했음을 깨닫고, 그것의 변화를 책임지게 한다(Gilman 2001, 120). 그렇지만, 예전은 도덕적 동기를 불러낼 수 있는 테크닉이 아니라 하나님의 활동에 대한 감사의 응답이다. 그러나 그 응답은, 믿는 자들은 어떻게 살아가야 하는가를 생각하고 실천할 수밖에 없는 결과를 가져온다.

예전(liturgy)의 훈련은 예배 행위의 중심이 되는 구원 이야기 안에 나타난 모든 정서를 불러일으킬 수 있으며 또한 그렇게 되어야 한다.

> 기도는, 삶을 특징짓는 감정들이 구체적 상황에서 발휘되는 덕이 되도록, 기독교 이야기(the Christian story)에 자신을 드리는 것이다(Saliers 1991, 97).

고난 주간의 예전은 참회의 느낌을 가능성과 희망의 느낌과 결합시키고, 감사와 경외의 느낌을 고난 받는 자들을 위한 책임감과 연결시킨다.

성경 이야기의 양식에 기반을 두고 있으며 규칙적인 훈련을 통해 마음에 새겨진 상호 연관된 전체 감정들은, 그리스도인의 양심을 위한 정서적 규범을 형성한다. 깊숙이 새겨진 이 가치들은 나아가는 방법과 저항할 때를 분별하기 위한 도덕적 나침반이 될 수 있다. 신실한 생활은 이 내적 기준을 더 예리하게 한다. 그 결과, 그리스도의 가치에 순응해서 하는 선택들이 조화롭다는 것을 경험하게 되고, 반면에 그것에 반하는 선택들은 충돌을 일으킬 것이다(Spohn 1999).

민감함이 증대되었다고 해서, 사실을 똑바로 알고, 타인들의 도움을 구하며, 윤리적 원칙들을 고려하고, 대안이 되는 행동을 생각하는 것 같은 일이 면제되지 않는다. 제자들은 예수께서 하신 방법을 그대로 베끼는 것이 아니라, 복음의 요구에 충실함과 동시에 새로운 환경에 맞는 행동 방법을 찾아야 한다. 예수 안에서 발견되는 사랑, 겸손, 섬김이 드러날 수 있도록, 복음에 의해 형성된 정서는 모든 행동을 위한 내적인 안내자의 역할을 해야 한다. 예수께서 제자의 발을 씻기신 것(요 13장)에서 볼 수 있는 정서들은 야망의 삶과 힘의 갈망과는 양립될 수 없다.

5. 현실을 변화시키기

기독교 영성은 자기 중심적 존재에서 하나님 중심적 존재로의 근본적인 변화(transformation)를 그린다. 비록 변화의 달성은 종말론적이지만, 변화의 궤적은 명확하다. 예수께서는 하나님의 통치, 즉 하나님과 올바른 관계 속에 있는 치유된 세상을 선포하고 개시하였다. 예수님의 영은 제자들을 개인적 욕구 너머로 이끌어, 그들의 마음과 행동을 변화시켰다. 성장에 대한 신약의 이미지들은 하나님 통치가 은폐되었어도 꾸준히 커져가고 있다는 점을 보여주고 있지만, 제자도의 중심 유비(analogy)가 되는 예수님의 십자가와 부활은 완전히 선언적이다.

전통적인 기독교 작가들은 그리스도인의 변화는 오랜 시간에 걸쳐 단지 소수에게만 일어난다는 점을 강조했다(John of the Cross 1973). 그들은 그 과정이 가지는 무념적(apophatic) 성질을 강조하면서 영적 발달의 단계인 정화, 조명, 일치의 단계에 적합한 금욕적 훈련을 구체화했다(Coakley 2002). 현재의 기독교 작가들은 자기 부인의 훈련보다는 정의를 위한 연대와 행동을 통해 타인의 고통을 나누는 것을 더 강조한다(Soelle 1984, Sobrino 1994). 하나님의 신비와의 종국적 연합은 정확히 정의할 수 없기 때문에, 결과의 윤리학으로는 그리스도인의 변화를 이해하기가 어렵다.

영적 훈련과 정서들을 분석해보면, 완전주의(perfectionism)와 고립(isolation)은 진정한 변화로 가장한 자기에 대한 관심의 두 가지 표현이라는 것을 알 수 있게 된다. 지금의 영성과는 잘 맞지는 않지만, 전통적 작가들은 근본적 변화에 대한 저항의 깊이와 죄의 지속적인 영향에 기반을 둔 자기 기만의 가능성을 인식했다.

1) 개인주의를 넘어서: 그리스도의 몸에 관한 훈련

가장 흔한 유혹은 하나님 체험을 공동체와 관계없이 추구하는 영성이다. 미국 성인 중 약 20퍼센트가 조직화된 종교와는 떨어진 채 영적 경험을 추구하고 있으며, 점점 많은 사람들은 기독교 교파에는 충실한 채 다른 종교에서 가져온 훈련방법들을 혼합하고 있다(Fuller 2001). 그러나 해석의 정황이 되는 공동체에서 단지 영적 추구의 방법들만 발췌한다면, 그것들은 쉽게 피상적이 되거나 왜곡될 수 있다.

영적 변화에 대한 신약의 모든 은유들은 주로 사회적 과정과 연관되며, 단지 파생적으로 개인적인 과정과 연관될 뿐이다. 예수께서 선포한 하나님의 통치는 그야말로 사회적인 실재이다. 예수께서 하나님이 세상 속으로 들어오고 계심을 선포할 때, 그것은 이스라엘 전체의 삶이 지금 막 변화되리라는 것을 알리는 것이었다(Wright 1996).

하나님이 통치할 때, 자연과 모든 인간 관계는 신적 지혜와 공감에 의해 인도를 받을 것이다. 그때 고장난 세상은 하나님을 따르는 세상이 될 것이다. 그러므로 복음을 선포할 때, 예수께서는 개인들에게 개별적인 갱신을 요구하였을 뿐 아니라 공동체적이고 우주적인 현실의 재배열(reordering)에 참여하기를 요청하셨다. 그 목적을 위한 첫 번째 조치로써 그는 제자들에게 가족의 안락함을 떠나 하나님 통치 아래에 있는 새로운 형태의 가족에 가입하라고 말씀하셨다.

그 다음 세대에서, 바울은 그리스도의 몸(Body of Christ), 즉 구원의 사회적 실재에 초점을 맞췄다. 세례를 통해 개인들은 유기적인(organic) 구원의 실제에 참여하는데, 거기에서 그들은 몸의 각 부분들이 그렇듯이 상호 의존적이다. 영적 훈련이 "그리스도 안에" 있을 때에만, 다시 말해 그 훈련이 신학적이고 사회적 경계를 가진 규범적인 구원의 실체 안에 위치해있을 때에만, 그것은 구원에 도움이 된다. 그러므로 하나님의 통치 또는 그리스도의 몸의 관점에서 본다면, 비록 흠은 있지만 구속을 받은 신앙의 공동체와 연결되지 않는 진정한 영성은 없다. 지금의 취사선택적 영성 추구는 개인주의 문화에서 비롯된 것이며, 또한 조직화된 교회가 자신들의 주장에 맞게 살지 못하고, 교회의 구성원들에게 생명력 있는 영적 훈련을 전해주지 못하는 것에도 그 원인이 있다.

심지어 고독해 보이는 영적 훈련도 가족과 교회에서 배우며, 사회적 역사에 의해서 유지된다. 말씀에 대한 "개인적인" 묵상에서도, 공동체에 의해서 권위를 인정받았고 해석의 역사 안에서 이해가 되는 성경 본문을 숙고한다. 관상적 성경 읽기(Contemplative Bible reading)는 타인과의 "친교 속에서 하는 성경 읽기"의 부산물이다(Fowl and Jones 1991). 심지어 개인기도, 즉 하나님과 홀로 시간을 보내는 훈련도 말과 본보기에 의해서 타인으로부터 배운 것이다. 기도는 그리스도의 몸의 사회적 실재 안에서 발견되는 하나님과의 우정을 심화시킨다. 다른 모든 훈련과 같이, 그 기도는 그리스도의 몸을 세우고 있는가에 의해서 평가를 받는다.

앨런 베리(Allen Verhey)는, 무엇을 해야 하고 무엇이 되어야 하는가를 결정하는 기독교 윤리학의 실제적인 일(enterprise)은 예수님을 기억하는 집단적인 영적 훈련에 뿌리를 두고 있다고 주장한다. 예수님의 이야기를 충실히 읽으면서 그리스도인들은 "기억하기를 배운다. 기억하기는 과거를 자신의 것으로 소유하는 것이고, 과거를 정체성과 공동체성을 구성하는 요소로 또한 분별의 결정적인 요소로 소유하는 것이다"(2002, 165).

기독교 윤리학은 무엇보다 학문적 일이 아니라, "우리가 말하고 싶어 하고 그에 따라 살기를 소망하는 이야기"를 "상기하는 것에 의해서" 행하는 공동의 훈련이다(2002, 473). 이 "기억하기"는 훈련이 목표로 하는 본질적인 선(good)이다. 베리는 훈련이 목표를 달성하고 있는가를 결정하는, 훈련에 내재된 세 쌍의 덕에 대해 말한다. 그것은 거룩함과 성화, 충실함과 창조성, 절제와 분별이다. 정절의 덕이 결혼생활의 내적 기준이듯이, 이 덕들은 성경을 읽는 훈련이 진정으로 기독교적인가를 보여주는 척도이다. 이것들은 개인적인 영적 성장의 표지일 뿐 아니라 공동체가 집단적으로 "그리스도 안에서" 변화했는가를 보여주는 덕들이다.

2) 완전주의를 넘어서: 자신을 잃어버리기

완전주의는 자기 중심적 존재에서 하나님 중심적 존재로 옮겨갈 때 오는 두 번째로 큰 도전이다. 이것은, 영성이 훈련을 도덕적 성장이나 개인적 평화를 위한 테크닉으로 바꿀 때 생겨난다. 이러한 도구적 접근은 예수께서 세우신 역설, 즉 자신을 구하고자 하면 잃을 것이고 그를 위해 자신을 잃어버리면 찾을 것이라(막 8:35)는 말씀과 모순된다. 사실 어떤 질서 속에서는 본질적인 선이 다른 질서 속에서는 도구적 선일 수 있다. 누구에게는 선은 항상 선이다. 그러나 그렇다고 해서 그것이 주로는 개인적 이익을 위해 추구된다는 것을 의미하지는 않는다.

그래서 정의의 덕이 더 풍성하고 심오한 인간 존재에 도움이 된다는 사실이, 정의롭게 행동하는 주된 이유가 더 완전한 인간이 되기 위함이라는 것을 의미하지는 않는다. 정의의 주된 지향은 억압받는 자들의 권리를 되찾고 모두를 위한 공공선을 추구하는 것인데, 이를 위해서는 보통은 자신의 이익을 희생하는 것이 필요하다. 관상 훈련을 생각해보자. 그것의 본질적인 선은 하나님의 임재 안에서 사는 것인데, 이것은 결코 완전히 사심이 없는(disinterested) 추구가 될 수 없다.

왜냐하면 그것은 근본적인 인간의 필요를 충족시키기 때문이다. 그럼에도 불구하고, 영적 삶에서 오랜 기간 동안 발생하는 하나님 부재의 피할 수 없는 경험은 마음을 정화한다. 하나님을 향한 갈망은 단지 하나님 체험만을 향한 갈망으로 축소될 수 없다. 또한 그것이 영적인 완전함의 추구 또는 "천국에 이르기 위한" 하나의 수단으로 축소될 수도 없다. 비록 기도와 같은 헌신의 연습을 시작하는 데 있어서 그 의도가 도구적일 수는 있어도, 그 훈련의 본질적인 선은 기도하는 사람을 자기 이익을 초월하는 하나님의 신비로 이끈다.

영적 훈련은 하나님께로부터 오고 하나님께로 인도하기 때문에, 그것은 하나님 중심적이다. 이 모든 것 안에 있는 제일의 동인(agent)은 하나님의 영이다. 그분은 믿는 사람 안에서 기도하고, 설교하고, 노래 부르며, 섬긴다. 영적 훈련은 신적인 은혜와 합쳐지는 인간의 행동들이다. 성숙한 우정은 개인적 만족에 관심을 덜 갖고 상대방의 유익과 연합 자체에 더 관심을 가지듯이, 하나님과 관계를 맺게 되면 점점 자아에 대한 관심에서 멀어진다. 우정은 친구 둘이 한 쌍이 된 것을 넘어서서 이것을 초월하는 대의와 가치로 나아간다. 바울은 자신의 경험을 예로 들었다. 그는 한때 자신을 특징지었던 모든 자격들을 뒤에 두고, 한 마음을 품고 그리스도와 부활의 능력을 알기위해 나아갔다(빌 3장). 에드워즈는 다음과 같이 생각했다.

> 기독교는 죄로 인해 발생한 쪼그라든 자기 몰두를 뒤엎는 놀랄만한 확장과 광대함을 회복시켜서 이를 영혼에게 선사한다(1989, 254).

그는 하나님의 아름다움이 주는 광대한 이끌림은, 자기 사랑(self-love)을 제거하지는 않지만 그것을 복종시켜서 그 관심을 이웃의 도덕적 종교적 복리와 안녕으로 돌리게 한다고 생각했다. 모든 진정한 종교적 정서들은 사랑에서 오기 때문에, 그것들은 모두 사랑에 이른다. 동시에 에드워즈는 성령의 변화시키는 능력은, 믿는 자들이 자기성찰, 공동 예배, 자선, 관대함과 같은 "은혜의 수단들"을 의도적으로 그리고 헌신적으로 사용할 때 일어난다고 생각했다.

모든 시대에서 기독교 영성은 종교적 전통과 특정한 사회의 필요와 도전 사이를 매개했다. 진정한 영성은 전통적 훈련을 적용시키거나 혹은 새로운 훈련을 발명하면서 중요한 문화적 문제들과 왜곡들을 다룬다. 오늘날, 정의의 훈련은 특별히 연대를 통해 공감과 정치적 행동을 조합하면서 여성과 가난한 자들의 억압을 다룬다. 환경 위기에 대한 응답으로써, 창조세계와의 의식적 일치 훈련을 채택하고 또한 단순한 삶을 사는 훈련을 한다. 선진국에서는, 일과 생산성에 대한 소모적 요구로 인한 폐해 때문에 안식일을 지키는 아주 오래된 훈련에 관심을 가지게 되었다(Bass 1997, 81). 제자도의 핵심 훈련과 함께 이와 같은 의도적 훈련을 심어줌으로써, 영성은 윤리적 헌신과 도덕적 결실로 나가는 정서를 형성해간다.

참고문헌

Barth, K. 1957: *Church Dogmatics*, vol. 2, pt 2. Edinburgh: T. and T. Clark.

Bass, D. C. (ed.) 1997: *Practicing our Faith*. San Francisco: Jossey-Bass.

Coakley, S. 2002: Discerning practices: perspectives from ascetical and mystical theology. In M. Volf and D. C. Bass (eds), *Practicing Theology: Beliefs and*

Practices in Christian Life, pp. 78-93. Grand Rapids, MI: Eerdmans.

Dykstra, C. and Bass, D. C. 2002: A theological understanding of Christian practices. In M. Volf and D. C. Bass (eds), *Practicing Theology: Beliefs and Practices in Christian Life*, pp. 13-32. Grand Rapids, MI: Eerdmans.

Edwards, J. 1959: *Religious Affections. In The Works of Jonathan Edwards*, vol. 1. New Haven, CT: Yale University Press.

——. 1989: *Ethical Writings. In The Works of Jonathan Edwards*, vol. 8. New Haven, CT: Yale University Press.

Fowl, S. E. and Jones, L. G. 1991: *Reading in Communion: Scripture and Ethics in Christian Life*. Grand Rapids, MI: Eerdmans.

Fuller, R. C. 2001: *Spiritual, but Not Religious: Understanding Unchurched America*. New York: Oxford University Press.

Gilman, J. E. 2001: *Fidelity of Heart: An Ethic of Christian Virtue*. New York: Oxford University Press.

Gustafson, J. G. 1975: *Can Ethics Be Christian?* Chicago: University of Chicago Press.

Hauerwas, S. 1981: *A Community of Character: Toward a Constructive Christian Social Ethic*. Notre Dame, IN: University of Notre Dame Press.

Hutter, R. 2002: Hospitality and truth: the disclosure of practices in worship and doctrine. In M. Volf and D. C. Bass (eds), *Practicing Theology: Beliefs and Practices in Christian Life*, pp. 206-27. Grand Rapids, MI: Eerdmans.

John of the Cross 1973: *Dark Night of the Soul*. In K. Kavanagh and O. Rodriguez (trans.), *The Collected Works of St John of the Cross*. Washington, DC: Institute of Carmelite Studies.

Jones, G. 1995: *Embodying Forgiveness: A Theological Analysis*. Grand Rapids, MI: Eerdmans.

Luther, M. 1955: On the Councils and the Church. In *Luther's Works*, vol. 41, pp. 146-68. Minneapolis, MN: Concordia and Fortress Press.

MacIntyre, A. 1981: *After Virtue: A Study in Moral Theory*. Notre Dame, IN: University of Notre Dame Press.

Meilaender, G. C. 1984: *The Theory and Practice of Virtue*. Notre Dame, IN: University of Notre Dame Press.

Murphy, N., Kallenberg, B. J., and Nation, M. T. 1997: *Virtues and Practices in the Christian Tradition: Christian Ethics after MacIntyre*. Harrisburg, PA: Trinity Press International.

Pohl, C. D. 1999: *Making Room: Recovering Hospitality as a Christian Tradition*. Grand Rapids, MI: Eerdmans.

Porter, J. 1990: *The Recovery of Virtue: The Relevance of Aquinas for Christian Ethics*. Notre Dame, IN: University of Notre Dame Press.

Rahner, K. 1974: Reflections on the unity of the love of God and the love of neighbor. In *Theological Investigations*, vol. 6, pp. 231-49. New York: Seabury.

Saliers, D. 1991: *The Soul in Paraphrase: Prayer and the Religious Affections*, 2nd edn. Akron, Ohio: Order of St Luke Publications.

Sedgwick, T. F. 1999: *The Christian Moral Life: Practices of Piety*. Grand Rapids, MI: Eerdmans.

Sobrino, J. 1994: *The Principle of Mercy: Taking the Crucified People Down from the Cross*. Maryknoll, NY: Orbis.

Soelle, D. 1984: *The Strength of the Weak: Toward a Christian Feminist Identity*. Philadelphia: Westminster.

Spohn, W. C. 1999: *Go and Do Likewise*: Jesus and Ethics. New York: Continuum.

Statman, D. (ed.) 1997: *Virtue Ethics: A Critical Reader*. Washington, DC: Georgetown University Press.

Verhey, Allen. 2002: *Remembering Jesus: Christian Community, Scripture, and the Moral Life*. Grand Rapids, MI: Eerdmans.

Wallace, C. M. 1998: *For Fidelity: How Intimacy and Commitment Enrich our Lives*. New York: Knopf.

Wright, N. T. 1996: *Jesus and the Victory of God*. Minneapolis, MN: Fortress Press.

Wuthnow, R. 1998: *After Heaven: Spirituality in America since the 1950s*. Berkeley, CA: University of California Press.

———. 2001: Spirituality and spiritual practice. In R. K. Fenn (ed.), *The Blackwell Companion to Sociology of Religion*, pp. 306-20. Oxford: Blackwell.

Yoder, J. H. 1972: *The Politics of Jesus*. Grand Rapids, MI: Eerdmans.

제5부
기독교 영성 연구를 위한 학제간 연구의 대화 상대들

제 17 장 ✢ 사회학
제 18 장 ✢ 심리학
제 19 장 ✢ 자연과학
제 20 장 ✢ 미학
제 21 장 ✢ 여성학
제 22 장 ✢ 예식학
제 23 장 ✢ 종교학

제17장
사회학

존 A. 콜먼(Jone A. Coleman) 박사
로욜라메리마운트대학교 사회학과 교수

필자는 1990년대에 8명의 사회학자들과 신학자들과 함께 버클리 캘리포니아대학교의 한 토론 그룹에 초대되었다. 우리는 사회학적 관점에서 영성을 연구하는 것이 어떤 것인지를 토론하기 위하여 약 2년간 매달 만났다. 버클리인간발달연구소(Berkeley's Institute for Human Development) 소장이며 사회심리학자인 스완슨(Guy E. Swanson)이 그 그룹의 중심적 역할을 하였다. 그 연구기관은 1920년대 이래로 몇십 년 동안 버클리와 오클랜드에서 같은 시대에 태어난 두 집단을 뽑아 그들의 어린 시절과 청소년기와 성인기 등을 주의 깊게 추적하였다.

스완슨은 그의 유명한, 통계 인자 공유 집단 연구로부터의 많은 인터뷰 자료에서 인터뷰에 응한 많은 사람들이 중년기에 종교에 다시 관여하거나 혹은 기성 종교 밖에서 새로운 종류의 영적 성찰을 하였다는 것을 발견하였다. 스완슨의 관심은 다음과 같다.

사회학에서 영성을 어떻게 개념화할 수 있을 것인가?

영성을 종교성(religiosity)과 어떻게 관련시킬 것인가?

그리고 영성이 어떻게 개념적인 준(semi-)독립변수로 이해될 수 있을 것인가에 있었다.

신학자들이 세미나에서 발표하듯이, 우리 중의 누군가가 가톨릭 식으로 영성("은혜," 그리스도를 본받기, 공동체적이고 개인적인 분별, 멘토에게 영적 지도 받기, 소명에 대한 관념, 묵상과 경건한 독서[*lectio pia*, "렉시오 피아"], 성찬식 등과 같은 주요 개념과 실천을 중심으로)을 말하기 시작한다면, 그 가톨릭 영성을 유대교, 이슬람교, 정교회, 개신교, 불교 등 다른 종교의 영성과 "세속적인" 영성에 까지 어떻게 "유추적으로 적용"(*mutatis mutandis*, "무타티스 무탄디스")

하고 유사한 개념을 끌어내고 실천할 수 있겠는가?

신앙과 실천과 예식이라는 유사한 유형이 다른 영성들의 잔상에서도 동시에 발견되지만, 인터뷰에 응한 대부분의 사람들은 영성을 한 가지 영성만 있다고 보기보다는 포괄적 개념으로 보고, 다수의 영성들을 인정하면서 영성들이라는 개념을 선택하는 경향을 보였다. 종교와 영성을 융합해서도 안되고 단순히 대항하는 위치에 두어서도 안 된다. 종교와 영성이 개념적으로는 다를 수 있지만 사실은 대부분의 영성은 종교 전통에서 유래되었고 거기에서 양육되었다.

얼마 전까지만 해도 사회학 문헌은 이러한 질문에 거의 대답할 수 없었다. 종교사회학(나의 학문 분야)을 하나의 기준으로 해서 20세기 하반기 동안의 종교성/영성에 관한 연구 내용을 살펴보자. 1940년대와 1950년대에 주요 학문들은 종교성의 **정도**(degrees)를 강조했다. 연구의 초점이 주로 종교 그룹에서 하는 활동(교회 참석, 일상의 기도나 성경 읽기와 같은 여러 실천)이 정치 질서나 경제, 일, 결혼, 성적 역할에 대한 태도와 그 밖의 결과에 어떻게 다양한 영향을 미치는가에 맞추어져 있었다.

영성에 대해서는 명백한 언급이 없었으며, 있었다면 종교성 안에 포함된 것처럼 보였다(Ficher 1951; Lenski 1961). 그러나 종교와 편견에 관한 혁신적인 연구에서 고든 앨포트(Gordon Allport)는 **본질적**(intrinsic) 종교성과 **비본질적**(extrinsic) 종교성이라는 이원화된 개념을 가정했다. 본질적 종교성은 성찰적이고 개인적이고 개별화된 것을 의미하는 반면, 비본질적 종교성은 진실로 믿고 그것을 스스로 적용하는 것보다는 소속감과 관련이 있다. 본질적 종교성은 관용, 이타심, 사회적 섬김과 연관된 반면, 비본질적 종교성은 권위주의와 좁은 집단에의 충성에로의 경향이 있다. 본질적 종교성은 가장 낮은 수준의 편견(심지어 불신자들보다 낮음)을 갖는 반면, 비본질적 종교성은 외부 집단에 대해 높은 수준의 편견을 갖는 경향이 있다(Allport 1950, 1954). 종교성 유형에 관하여 앨포트가 본질적 종교성과 비본질적 종교성으로 이원화시킨 것과 관련하여 1990년대에 새로운 변형이 나타났다. 그것은 영성을 앨포트가 말한 본질적 종교성의 개념과 맞추고, 종교를 앨포트가 비본질적 종교성이라고 부른 것의 한 종류로서 다소간 희화화하는 것이다.

1960년대와 1970년대에는 종교사회학의 주요 저자들인 찰스 글록(Charles Glock), 로드니 스타크(Rodney Stark) 그리고 피터 버거(Peter Berger)도 영성에 관하여 명백하게 탐구하지 않았다. 그러나 글록과 스타크는 종교적 참여 유형과는 독립된 종교성의 "차원"(사상적, 종교 의식적, 지적, 경험적 그리고 필연적)이라고 부르는 것에 초점을 맞추기 시작했다 (Glock and Stark 1965). 그들이 말하는 경험적이고 필연적인 종교의 범주는 우리가 지금 영성이라고 부르는 것과 조금은 중복되는 부분이 있지만, 그때는 종교성의 넓은 범주의 일부분으로 여겨졌다.

글록과 스타크는 종교성이 영성을 포함하고 있다고 여겼기 때문에 영적이지만 종교적이 아닌 것들에는 그다지 관심을 보이지 않았다. 그러나 글렌 베르논(Glenn Vernon)은 특정 종교에 소속되지 않았음에도 신앙인이라고 말한 사람들 중의 사분의 일이 신앙인들이었고 하나님의 임재를 경험했다고 말할 수 있다고 하였다(Vernon 1962). 베르논의 연구는, 나중에 이들을 "영적이지만 종교적이지는 않은" 사람들이라고 불린 것에 대한 첫 주목이었다.

버거(Berger)는 사회에서 정당하게 존재하는 체계, 즉 "성스러운 덮개"(sacred canopy)로서의 종교의 역할에 관하여 주로 관심이 있었다(Berger 1967). 그는 개별적 의미체계보다는 집합적 의미체계를 강조했었다. 그러나 그의 저서 『천사들의 소문』(A Rumor of Angels, 1969)에서 버거는 글록과 스타크와 같이 경험적이고 개별적인 종교를 탐구하였다. 한때 버거의 동료였던 토마스 러크만(Thomas Luckmann)은, 개인들과 하위문화 집단들이 반문화적(counter-cultural) 움직임들을 이끄는 그들의 종교적 신념들과 실천들을 강화하기 위해 힘들게 일하게 만드는, 근대성 가운데 있는 사회적이고 종교적인 중요한 법적 체계들이 더 이상 지배하지 않는다고 가정했다.

근대성이 종교와 관련된 모든 전통들을 침식하고 있기 때문에 보이지 않는 종교는 이들과 절충해야 했다(Luckmann 1967). 버거는 그의 저서 『이교도적인 명령』(The Heretical Imperative, 1979)에서 이 점에 대해 매우 공감적으로 쓰고 있다. 버거와 러크만은 영성을 그렇게 다루지는 않지만, 많은 전통들로부터의 창조적인 개인적 전유(專有, appropriation), 즉 절충적인 브리콜라주(bricolage, 손에 닿는 어떠한 재료들이라도 가장 값지게 창조적이고 재치 있게 활용하는 기술이라는 뜻-역주)인 영성에 대해서 90년대에 많이 탐구된 한 주제를 언급한다.

1960년대와 70년대의 종교사회학 문헌들에서 지금 영성이라고 부르는 것에 가까운 것을 찾으려면, "개인적인 종교과 그의/그녀의 종교," "비공식적 종교" 혹은 "생활화된(lived) 종교"와 같은 말들을 찾아보면 된다. 하지만 이것들 중에서 어떤 것도 영성의 의미를 제대로 나타내는 것은 없다. 생활화된 종교의 어떤 형태들(예를 들면, 가족 제단[altars], 친밀한 축복, 메달과 성화상[icons]의 사용 등)은 "공식적인 종교"(official religion)에 의해 규정되지도 않으면서 공식적인 종교를 부인하지도 않고, 오히려 공식적인 종교에 의해서 종종 권장된다. 더구나 생활화된 종교의 어떤 유형들이나 "비공식적 종교"는 영성이라는 용어가 담고 있는 것보다 훨씬 더 공동체적이다(예를 들면, 대중 종교성).

물론 종교와 영성에 관한 연구의 역사는 연구자들이 살고 있는 당대의 시대정신을 반영한다. 경제 대공황, 제2차 세계대전, 냉전시대, 1940년대와 50년대에는 종교적/사회적 기관들에 경의를 표하고 순응하였다. 미국인들은 종교성(항상 종교 그룹에 참여하는 것이나 공식적 종교 실천에 참여하는 것으로 평가되는)과 영성(하나님과의 사적으로 전유된 [appropriated] 관계)을 불가분의 관계로 보는 경향이 있었다. 윌 허버그(Will Hergerg 1955)가 미국의 대다수 종교인을 "개신교인, 가톨릭신자 그리고 유대교인"이라고 했던 때와 비교해 보면, 꽤 편협한 것처럼 보이던 미국에서 이제는 유대교인들만큼이나 많은 혹은 더 많은 이슬람교인, 정교회 그리스도인 그리고 불교인들이 있을 만큼 종교적으로 다양화되었다.

1960년대는 종교 연구의 분수령으로 표현된다. 종교 기관들을 포함하여 모든 기관들은 의심을 품었다. 새로운 종교들에는 주요 동양 종교들과 의식 개혁이 풍부하다. 그 의식의 개혁은 교회 밖에서, 뉴에이지 네트워크에서, 천사론(angelology)에로의 회귀에서, 마녀들의 집회에서, 묵상을 하는 심리학적 그룹에서 그리고 에설런연구소(Esalen)에서 하는 것과 같은 신체 훈련(bodily regimes)과 영적 실천에서 대안적 영성들을 발견했다 (Needleman 1970; Glock and Bellah 1976; Wuthnow 1976; Cox 1977; Wilson and Cresswell 1999). 종교심리학에 관한 가장 초기의 저서들은 "종교적인"(religious)이라는 형용사를 강조하고 신념, 실천, 태도, 성향, 도덕적 가치 그리고 문제에 직면하고 해결하는 체계 등 종교사회학의 주제를 말하는 경향이 있었다(Grensten 1952; Clark 1958; Pruyser 1968).

사회학처럼 1990년대에 종교에 대한 심리학적 접근에서도 영성을 확실하게 인지하는 방향으로 급전환하기 시작했다(Collins 1991). 새로운 종교 운동들이 열심히(아마도 그것이 차지하는 비율에 비하여 지나치게) 연구되었고, 새로운 종교 운동들에 대한 보고서들은 그 새로운 종교 운동들의 생각과 실천이 교회에 때로 어떻게 다시 스며들어 갔는지가 언급되었다. 프린스톤대학교 사회학자인 로버트 워트노우(Robert Wuthnow)는 다음과 같이 다음과 같이 주장한다.

> 동양 영성의 유입은 그동안 단편적이고 독단적이라고 볼 수 있었던 기독교적 영성 실천을 대중에게 널리 확산시키는 효과를 가져왔다(1998b, 219).

1965년 이후에 아시아에서 많은 사람들이 이민해 오면서 미국에 불교인과 힌두교인들이 증가했는데(Wuthnow 1998a; Putnam 2000), 그것은 "나는 영적이지만 종교적이지는 않다"는 표현에서 나타나는 것처럼 종교는 이제 종종 흔히 나쁜/위선적인/절망적인 것으로 여겨지고, 영성은 좋은/진정한 것으로 평가되는 식으로 영성과 종교를 구분하는 정형적 틀을 만들었다. 그러나 사회학이 영적인 범주에 대해 깊은 관심을 보인 것은 1990년대 후기의 한 현상일 뿐이다.

1. 1990년대 이후의 영성에 대한 사회학적 연구

영성과 종교에 관한 문제를 언급하는 1990년대 후기의 몇몇 주요 연구를 검토해 보는 것이 유용할 것이다. 그 다음에는 영성을 연구하는 학생들이 사회학으로부터 배울 수 있는 것과 영성 연구 분야에서 사회학적 접근으로 아직 연구하지 못한 미완성 과제에 관하여 개괄적으로 말할 것이다.

1) 웨이드 클락 루프

의심할 바 없이 웨이드 클락 루프(Wade Clark Roof)의 『영적 시장: 베이비부머 세대와 종교 재생』(*The Spiritual Marketplace: Baby Boomers and the Remaking of Religion*, 1999)은 현대 영성과 종교성에 관한 사회학 서적 중 가장 훌륭한 단행본이다. 루프가 20세기 후반의 종교적 변화에 대해서 언급할 때, 매우 낙관적이고 사색적이고 성찰적인 영성이 결국에는 단순히 절충적인 개인주의를 이길 것이라고 너무 확신하는 것 같지만 말이다. 그럼에도 불구하고 그 책은 일종의 역작이다. 베이비부머 세대와 그들의 종교에 관한 초기의 연구인 『구도자들의 시대』(*A Generation of Seekers*)에서 루프는 영성에 관한 초기 정의를 다음과 같이 내린다.

> 영성은 우리 안에 있는 존재를 표현한다. 그것은 느낌과 관련이 있고, 내부에서 오는 힘, 심오한 자기와 우리 안에 있는 성스러운 것을 앎, 매튜 폭스(Matthew Fox)가 말했듯이 "마음의 지식"과 관련이 있다(1993, 64).

영성에 관한 이 정의는 내적인 면에 치우쳐 있고 공동체의 중요성이나 대외적 봉사의 개념은 포함하고 있지 않음으로 온전하지 못하다. 그것은 또한 영성을 공동체에 심지 못한다. 몇 비평가들은 루프가 여기서 그 "의미심장한 개인주의"를 찬양한다고 생각한다. 로버트 벨라(Robert Bellah)와 그의 동료들은 자신들의 널리 인정받은 저서인 『마음의 습관』(Habits of the Heart, 1985)에서 그 "의미심장한 개인주의"가 공화주의자들의 덕과 미국 공동체와 시민적 마음 자세를 약화시킨다고 혹독하게 비판했었다.

그럼에도 불구하고 루프는 『구도자들의 시대』에서 오늘날 문화에서 여러 영성을 비교해 볼 때 필요한 주요 범주를 알 수 있도록 돕는다. 그가 말한 다섯 가지 범주는 다음과 같다.

① **자아에 대한 개념**: 자아에 대한 개념이 정착되고 고정되어 공동체에 닻을 내리고 있는가 아니면 덧없고 협상적이며 상황에 따라 유동적인가?
  루프는 근대 문화가 자아에 대한 첫 번째 개념보다 두 번째 개념을 더 선호하는 경향이 있다고 주장한다.

② **권위의 좌소**: 영적 권위가 개인의 내부에 있는가 아니면 외부에 있는가?
  영적 권위가 개인의 외부에 있는 경우의 사람들은 믿음과 실천이 대상적 하나님, 도덕적 진실, 계시의 실천에 근거한 몇몇 전통적 영성들(기독교 혹은 그 밖의 영성)에 닻을 내린다. 영적 권위가 개인의 내부에 있는 경우에는 자연이나 삼위일체 하나님 안에 내재하는 초월성에 잘 호소할 수 있다. 에머슨(Emerson 1940)이 말했듯이 이들은 자기 자신을 이들 안에 거주하시는 하나님의 부분 또는 구획으로 본다.

③ **의미 체계**: 영성이 자기 표현적인가 아니면 외적 권위에 연결되어 있는가?
  영성이 주시하고 표현하는 것이 어떤 "진정한 자기"나 내 안에 숨겨진 어떤 의미인가, 아니면 신뢰하는 외적 초월적 권위와 연결되는가?

④ **영적 스타일**: 어떤 영성은 일종의 "내려놓기"(letting go)와 자발적으로 솟구치는 에너지와 용솟음치는 창조성을 허용하는 것을 강조한다. 다른 영성은 금욕주의와, 잘못된 갈망의 절제에 더 초점을 둔다.

⑤ **영적 자원의 접근성**: 영성은 풍부하게 공급되는가 아니면 희귀하고 어렵게 성취하는 업적인가?
  루프는, 풍부한 공급 중심의 영성이 "희귀보다는 풍부, 결핍보다는 충만함이 진정한 영적 조건"이라고 생각한다는 점을 주목한다(1993, 68). 루프가 연구한 사례들에

서 보면 베이비부머들은 적어도 이렇게 생각한다.

> 새로운 가치들은 자기충족과 자기성장, 즉 내적인 영적 발견과 탐구, 더 큰 자아감, 몸과 성별 차이와 영성에 대한 감사, 다른 사람을 지원하기와 내려놓기를 강조한다(1993, 47).

이 베이비부머 표본의 86%가 종교적이라고 했고 14%가 종교적이지 않다고 했다. 그러나 종교적이지 않다고 말한 후자 그룹의 65%는 그들이 영적이라고 말했다. 이들은 루프의 베이비부머 표본 중의 9%를 차지한다.

어떤 학자들은 루프가 베이비부머를 대상으로 후속 연구를 하여 저술한『영적 시장』에 대하여 비평하면서 그가 "열렬한 구도자"라고 명명한 9%가 너무 과도하게 평가되었다고 느꼈다. 영적이라고 말한 대다수의 사람들이 또한 종교적이고, 종교적인 대다수의 사람들이 또한 스스로 영적이라고 말하기도 하기 때문에, 대다수의 사람들이 "나는 영적이지만 종교적이 아니다"라는 진부한 생각을 가지고 있다.『영적 시장』의 전체 표본에서 74%는 자신이 종교적이라고 말하고, 73%는 자신이 영적이라고 한다. 종교적인 사람의 79%는 또한 영적이고, 종교적 꼬리표를 거절하는 54%는 그럼에도 불구하고 영적이다(1999, 173).

종교와 영성 사이에 설정된 거짓된 그러나 새로이 등장하고 있는 이분법적 이해는 루프의 연구에서 정설화된다. 영성은 종교와 다른 뭔가와 관련이 있고 매우 주관적인 것처럼 보인다. 반대로 "조직화된 종교"는 틀에 박혀있고 외관에 덮여있고 문화적으로 제한받는다. 전반적으로 루프의 표본(대다수의 교회 지지자뿐만 아니라 어떤 교회에도 속하지 않은 "구도자"도 포함함)은 놀랍게도 영적 탐구에 개방되어 있다. 루프의 두 번째 연구에서 영적 탐구에 열려 있는 사람들의 비율은 베이비부머 세대를 연구한 선행연구보다 증가했다(52%에서 60%로). 48%는 "세계의 모든 종교들은 동등하게 진실하고 선하다"고 보며 낮은 충성심을 보이고, 표본의 54%는 "교회/유대교 회당은 종교의 진정한 영성적 부분을 잃었다"고 동의한다.

현대 사회에서 종교적 정체성은 유동적이고 다층적이며 개인적으로 상당히 성취되고 있다. 점차적으로 사람들은 자신이 속하여 성장했던 종교 그룹을 바꾼다. 다수의 현대 미국인들을 면담하여 쓴『영적 시장』에서 루프는 영성을 다음과 같이 정의해 보려고 시도한다.

> 영적인 것(the spiritual)은 이해가 가능하지만 지성이나 인지나 기관 구조로 담아낼 수 없다. 그것은 경험을 통합하여 정돈하는 방향으로 나아간다. 그것은 변형에 대한 관심이 고착되는 것을 혐오한다. 경험의 정돈과 변형에 대한 개념 모두는 궁극적 의미, 가치, 그리고 윤리적 헌신과 관련 있는 깊은 존재론적인 어떤 것을 제안한다.

확실히 말하자면, 대부분의 미국인들은 종교적이고 영적이다. 그러나

> 미국인들이 영성을 말할 때, 그 용어는 전통이라는 의미에서 종교를 포함할 수도 있고 또한 대부분 그러하지만, 많은 사람들에게 그것은 교리나 신념이나 혹은 교회의 범주에 제한받지 않는다(1999, 34).

루프는 "탐구 문화"(a quest culture)라는 용어를 사용하면서 영성이 여정, 길, 성장, 체험의 탁월성, 의심과 추구의 합법성, 몸에 의존이라는 용어를 점점 더 많이 이용하는 문화적 현상을 분석한다. 확실히 말하면, 이러한 문화에서 영성이라고 여겨지는 많은 것들은 단순한 모방 작품이나 잡동사니를 모아놓은 것이다. 개인에게 있어서 종교 다원주의, 규정의 뒤섞임, 여러 전통에서 온 관행의 절충 등은 한마디로 메뉴에서 골라먹는 종교이다.

그러나 루프는 종교 공동체 내외적으로 "영적 형성을 위한 인간 쪽의 노력이 더 관여하게 하는 성찰적인 대안 영성을 생각한다"(1999, 75). 근대성이 공동체와 전통을 모두 침식하는 현상이 나타나기 때문에 성찰적 영성이 요구된다. 산성 물질이 고체를 녹아내리게 하는 것처럼 온전함에 대한 갈망은 근대성을 부식시키는 것과 반대적 측면이 있다.

> 장소와 공동체에의 연결성을 끊는 근대성은 사람들을 자연 환경에서 소외시키고 일과 삶을 분리시키고 윤리적 가치, 즉 매우 깊게 느껴진 경험을 통합시킬 필요를 만드는 모든 윤리적 가치들을 약화시킨다(1999, 62).

루프의 저서의 제목에서 시장이라는 말은 근대 사회에서 선택의 자유를 의미한다. 어떤 종교 기관도 이제는 더 이상 신성함의 상징이거나 그것에 특권적으로 접근하는 독점권을 가지지 않는다. 물론 개방되고 비정규적인 종교 시장은 신성함의 영역에서 단순한 영적 소비자주의나 관광 심리를 부추길 수 있다. 서점, 소그룹, 새로운 네트워크와 지역

구들, 인터넷에서 등장하는 가상의 영성 공간에서도 여러 새로운 영성 제공자를 찾을 수 있다. 근대 사회의 세 가지 조건이 새로운 영성에 대한 탐색을 하도록 부른다.

첫째, 상징을 그것이 가리키는 대상으로부터 분리하여 기호 표현(signifier)에 대한 자유로운 의미부여를 하는 것이다. 이것은 종종 탈근대성(postmodernity)의 조건이라고 불려진다. 루프의 조사에서 놀랍게도 베이비부머 그리스도인의 3분의 1이 환생(reincarnation)을 믿는다고 밝히고 있듯이 그것은 여러 개념의 혼합을 허락한다.

둘째, 의미와 담론과 사회적 유형에 있어서 권위의 탈중심화가 되고 있다. 우리는 점점 더 선택의 폭이 넓어지는 일종의 슈퍼마켓과 같은 다원적 사회에 살고 있다.

셋째, (방송과 정보에서) 문화의 세계화는 소비자 지상주의와 정보 과잉과 함께 안정적으로 자기를 유지하지 못하게 만든다.

루프는 서로 다른 영성들의 이상적인 유형들을 제공한다.

- 거듭난 그리스도인들.
- 구도자 기독교 교회들.
- 주류 그리스도인들.
- 형이상학적 신자들과 인격적 개념을 포함하지 않는 하나님 개념을 강조하는 구도자들(몇몇 페미니스트 영성을 포함하는 이 범주는 연구 대상자들 중에서 사회성이 가장 약하고 가장 낙관적인 그룹으로 나타난다).
- 교리주의자들과 세속주의자들: 전자는 종교적이나 영적이 아니라고 말하는 사람들을 포함하고(연구대상자의 15%), 후자는 종교적이지도 영적이지도 않다고 말하는 사람들을 포함한다(연구대상자의 12%).

그러나 모든 다른 유형의 영성들은 내적 권위를 강조하든지 외적 권위를 강조하든지, 마지막 그룹을 제외한 모든 그룹들은 서로 현저하게 다름에도 불구하고 직접적 경험에 대한 강조, 육체적이고 정서적인 치유, 개인적이고 사회적인 변형, 그리고 전체성에 대한 깊은 탐구(1999, 154)와 같은 여러 주제들에 대해서 놀랍게도 하나 되는 견해를 보여준다. 영성에 관한 이러한 어휘는 조직화된 종교 사회 내의 삶에 널리 퍼져 있으면서 이를 대체한다.

그러나 마지막에 가서는 루프가, 사려 깊고 성찰적인 영성이 실제로 널리 퍼져 있다는 적절한 증거를 제공하고 있는지 결코 확실하지 않다. 루프는 사려 깊고 성찰적인 영성이

"필요한 것"이라는 분명한 논거를 제시한다. 즉 다원적인 사회와 후기 근대성의 상황 하에서 그러한 영성의 필요성을 명백하게 주장한다. 그의 임상 연구는 종교적 정체성이 더 유동적이고 다층적이 되었고 의미보다는 개인적으로 성취할 수 있는 것이 되었음을 보여준다. 연구에 참여한 사람들은 더 다양한 해석을 하고, 여러 목소리로 말하고, 여러 전통들을 조금씩 맛보았을 수 있다. 그러나 이 새로운 폭넓은 영성이 후기 자본주의 사회와 소비자 주의 사회에서 자기의 파편화와 상품화를 반영하는지 아니면 파편화에 대한 치료제와 해독제인지가 아직 적절하게 나타나 있지 않다.

2) 로버트 워트노우

프린스톤대학교의 사회학자이며 종교사회학의 대가인 로버트 워트노우(Robert Wuthnow)의 여러 저서들은 미국 내에서 작은 집단적 움직임, 미국 종교의 변형, 미국 복음주의, 교회 내의 청지기 운동, 종교와, 종교와 물질주의와의 대립 그리고 종교와 시민사회에 관하여 조사했다. 최근에는 워트노우는 영성과 종교 간의 관계에 관심을 돌렸다. 그의 첫 번째 저서 『천국 이후: 1950년대 이래로 미국에서의 영성』(*After Heaven: Spirituality in America since the 1950s*, 1998b)은 루프의 『영적 시장』과 같은 영역을 탐구한다. 두 저자는 조직화된 종교는 신성함에 대한 권위를 잃어가고 있으며 이제 종교가 더 사적이고 절충적인 경향을 띤다고 보는 견해에 서로 동의한다(워트노우는 그의 연구 대상자들의 3분의 1이 천사의 존재를 경험했다고 말한 자료를 제공한다).

두 저자 모두 연구 대상자들에게서 유동성의 증가, 느슨한 소속감, 협상된 정체성, 여정과 구도에 관한 언어가 두드러지는 현상을 강조한다. 두 학자 모두는 신성함에 대하여 다시 마음을 여는 방법이 내적 자기 안에 새로운 관심을 갖는 것이라고 본다. 외부에 존재하는 하나님보다는 내재하는 하나님에 더 강조점이 있다. 워트노우는 영성을 다음과 같이 정의한다.

> 영성의 핵심은 개인이 그들의 삶과 하나님 혹은 신적 존재나 어떤 다른 초월적 개념을 관련시키려고 하는 모든 믿음과 행위들로 구성되지만 … 영성은 단순히 개인의 창조물이 아니라 더 큰 사회적 상황과 더 넓은 문화 속에 존재하는 믿음과 가치에 의해 형성된다(1998b, viii).

워트노우는 사람들이 영성을 보는 경향이 안주 이미지에서 탐색 이미지로 문화적 변화를 하고 있다고 가정한다. 여론 조사 자료에 의하면 미국인들의 영성에 대한 관심이 증가하는 것처럼 보이나 조직화된 형태의 종교의 변화는 보이지 않고 있다. 워트노우의 주된 논지는 미국에서 신성함이 미묘하게 새로운 것들로 바뀌어져 왔다는 것이다.

> 신성함이 자리하고 있는 전통적 영성은 새로운 영성 찾기에 길을 양보해왔다. [미국인들은] 부분적 지식과 실천적 지혜를 찾으면서 신성함에 대해서 상충되는 점들을 더 잘 타협한다(1998b, 3).

사회적 우주는 더 이상 고정적이거나 안정적이지 않고 매우 변화되고 있다. 우리는 공동체에 자주 들락날락하고 더 이상 그 안에 안주하지 않는다. 신성함에 대한 옛 개념은 신성한 곳의 존재성, 즉 안전히 지낼 수 있는 일종의 공동체를 의미한다. 그러나 신성함에 대한 새 개념은 오히려 순례 여정이라는 생각이 강하다. 영성 추구 혹은 여정은 우주에 대한 거대한 개념을 고수하고 있는 전통적인 교회에서 표방하는 영성일 가능성이 훨씬 적다. 추구 또는 여정의 영성은 무엇이든 될 것 같고 유용할 것 같은 것을 시도하게 하는 실용적 태도를 취하게 할 가능성이 더 크다.

> 새로운 형태의 영성은 연계가 더 느슨하고 다양함과 타협을 강조하며 조직화된 상황보다 실천적 행위를 우위에 둔다. 규칙보다는 상징적 메시지가 우세하다(1998b, 9).

이 새로운 형태의 영성은 교회 안에서와 밖에서 모두 발견되며 교인들이 그 지역 교회의 교인을 보는 방법을 바꾼다. 교회는 신실하게 충성을 하고 안전한 기지 역할을 하는 곳이기보다는 점점 더 영적 상품과 서비스를 제공하는 기능을 가진 곳으로 보인다. 이제는 더 많은 사람들이 실천적 규칙이나 매일의 삶에서 그들을 유지해 주고 인도해 줄 실천 방법을 찾는다. 그들은 고정된 교리보다는 내적 변형을 더 추구한다.

워트노우는 대부분의 영성에서 중심이 되는 두 가지 개념(실천과 훈련)에 관심이 있다. 그는 실천의 개념이 진정한 영성을 이해하는 본질이라고 주장한다. 실천은 목적성을 의미하며 자신이 누구인가에 관한 깊은 성찰을 하는 활동을 말한다. 그것은 신성함과의 관계를 계속 유지하는 의도적 활동을 포함한다. 실천 지향적 영성은 기도와 묵상과 절실한 갈망의 점검, 그리고 경배하는 태도로 하나님과의 관계에 집중하는 것에 상당한 시간과 노력을 기울이는 것을 필요로 한다.

영적 실천은 개인적으로 행해질 수밖에 없다. 영적 실천을 다른 사람들과 함께 할 수도 있고 혹은 전통 종교에 의해서 명령될 수도 있지만, 궁극적으로는 자기 스스로 그것을 행하고 누리는 것을 내포한다. 영적 실천을 종교 전통과 종교 기관에만 묶어둘 필요가 없다. 루프가 말한 것처럼, 워트노우의 영적 실천에 관한 정의가 가지는 한 가지 장점은 구도자 영성이나 종교적인 영성에 특권을 주는 것처럼 보이지 않는 것이다.

현대인들에게 훈련은 다양하고 세분된 의미를 가질 수 있다. 어떤 사람들에게는 그것이 주로 세상의 것과 분리하는 것을 의미한다. 어떤 사람들에게는 절실한 갈망을 자제하는 것을 의미한다. 또 다른 사람들에게는 유쾌한 태도를 유지하는 것을 의미한다. 워트노우에 의하면 훈련은 내면적인 지도라는 의미보다 신앙을 통한 세계와 삶의 궁극적 선에 대한 재확증이라는 의미가 강하다. 그러나 영적 삶은 점차로 여러 세대가 뿌리를 내려야 한다고 여기는 공동체적 상황에서 분리되어, 이제는 거의 개인의 자유에 달려있다. 더구나 영적 삶에서 훈련을 강조하는 이들도 자유에 대한 관심을 가질 가능성이 있다. 갈등의 순간에는 결국 선택의 자유가 훈련을 이긴다.

워트노우는 실천 지향적 영성이 미국 사회에 깊은 뿌리를 내릴 것인지에 대해서는 그다지 낙관적이지 않다. 그는, 자기와 계속 협상하는 과정의 결과인 영성은 지배하는 사회적 기관이 실천하기가 더 어렵다는 것을 주목한다. 그러나 사회적 기관에 더 깊이 뿌리를 내리지 않고는 그러한 영성은 유지하기가 더 어려울 수도 있다. 워트노우는 영적 시장의 자선행위에 대하여서 루프보다는 더 좋지 않게 본다.

> 그러나 구도자들이 종종 영성 아류에 지나지 않는 것을 발견한다면 그것은 전적으로 그들의 잘못이 아니다. 영성은 큰 사업이 되었고, 그 사업은 그것들을 소비하기 쉬운 작은 상자에 넣어서 많이 팔리고 잘 팔리는 길을 찾는다 (1998b, 132).

더구나 개인적 선택을 하지 않고는 공적 종교 기관의 공식적 이념이나 지혜에는 성스러운 것을 입증할 수 있는 것이 거의 없다. 결국 워트노우는 새로운 영적 추구가 미국 사회의 문화적/조직적 복잡성에 어울린다면 "그럼에도 불구하고 그것은 종종 깊이가 없이 손만 담그는 것 같은 일시적인 영적 경험을 가져온다"(1998b, 168)고 본다. 분명히 워트노우는 영성에 대한 관심은 계속될 것이지만 대다수의 미국인들은 깊은 관심을 갖지 않을 것이라고 주장한다(1998b, 111). 『천국 이후』에 대하여 비평을 하는 사람들은 그 저서가 영성을, 새로운 것을 추구하는 영성과 기존의 것에 안주하는 영성으로 이분법적으로 나누고 있는데 이러한 구분은 아무 이득이 없으며 너무 과도하게 나눈 것이라고 지적한다.

워트노우의 『창조적 영성: 예술가의 길』(Creative Spirituality: The Way of the Artist, 2001)은 훨씬 더 전문화되어 있다. 그 안에서 워트노우는 일반적으로 새로운 것을 추구하는 영성을 기존의 것에 안주하는 영성보다 우선시하는 예술가들을 인터뷰했다. 그가 인터뷰한 예술가들은 매우 영적이지만 종교적이지 않은 많은 사람들을 포함했다(일반 대중의 8%는 선호하는 특정 종교가 없지만, 인터뷰에 참여한 예술가는 20%가 그러하다). 『창조적 영성』은 또한 진지한 영적 삶을 위한 실천과 훈련의 의미를 찾아 설명한다.

> 만일 예술가들이 영성을 보는 관점에 대하여 하나의 근거를 찾는다면, 그것은 영성이 예술처럼 완벽하게 실천되어져야 한다는 것이다. 예술가의 길은 단지 행함에 대한 가능성을 믿는 것이라기보다는 행함이다. 그것은 훈련이 요구되고 자기 자신을 상당히 투자하는 것이 요구된다(2001, 4).

워트노우가 인터뷰한 예술가들은 탐구에 몰입하는 사람들이었다. 그들은 가벼운 쇼핑객이 아니었다. 그들이 말하는 영적 여정은 일종의 순례 여정을 포함한다. 더구나 "변화의 자유를 강조하는 사람들을 쇼핑객이라고 한다면, 이 예술가들은 일반적으로 몰입하는 것 외에 선택의 여지가 없다고 느꼈다." 그들의 영성은 자기 자신을 이해하기 위한 명상과 집중과 관련 있다. 여러 가지를 절충하기보다는 내적으로 집중하며 명상하는 성향이 우세했다.

> 왜냐하면 종교적 다양성에 노출된 이 예술가들은 여러 가지를 조금씩 혼합하지만 영성에는 개인이 이해할 수 있는 것보다 훨씬 많은 것이 있다는 예리한 깨달음이 있기 때문에 여러 가지를 절충하지 않는다(2001, 101).

대부분의 그 예술가들은 치료, 치유, 영적 자각 그리고 회복을 강조한 언어를 사용했다. 많은 이들이 영적 실천(예를 들면, 묵상, 리듬 호흡, 영창[chanting])이 그들의 예술에 어떻게 반영되었는지를 서술하였다. 그들은 영적 실천에 시간을 보내고 멘토를 두며 실천에서 예배로 가는 길을 찾는 것을 강조했다. 워트노우는 종교에 종사하는 사람들이 예술가들의 영성에서 배울 것이 두 가지 있다고 한다. 그것은 실천을 계속 유지하는 것과 창조성의 중요성을 강조하는 것이다.

> 아주 자주 종교는, 내가 누구인가에 대한 다른 사람의 이해를 적용하는 것이 필요한 하나의 믿음 체계로 여겨져 왔다. 자기 정체성에 대한 예술가들의 접근 방법은 종교에서 얻은 통찰력 위에 세워지지만 창조성을 위한 공간도 포함시킨다(2001, 100).

영성에 관한 워트노우의 세 번째 저서 『동시성 안에 있는 모든 것: 음악과 예술이 미국의 종교에 어떻게 활력을 주고 있는가』(All in Sync: How Music and Art are Revitalizing American Religion, 2003)는 『창조적 영성』을 바탕으로 작업하면서 종교와 영성간의 이분법을 주장하는 문화를 강하게 반대하는 가설을 탐구한다. 『동시성 안에 있는 모든 것』은, 영성에 관한 대중의 관심은 조직화된 종교에 흡수되고 있으며, 영성에 진지한 관심을 발전시키고 있는 대부분의 사람들은 조직화된 종교를 통해 그 관심 분야에 정진한다는 것을 주장하기 위한 자료를 찾아낸다.

워트노우는 전국에서 무작위로 뽑은 조사 대상자들 중에서 23%에 해당하는 사람들에 초점을 맞춘다. 영성을 가볍게 여기는 사람들과는 반대로 이들은 영적 성장에 노력을 많이 하고 기도와 묵상 같은 영적 실천을 규칙적으로 하며, 영적 성장에 지대하게 헌신을 하는 사람들은 종교 조직에 상당히 많이 관여한다는 것을 발견했다. 영적 성장을 가치 있게 여기는 사람들 중 80%는 교회에 등록한 교인들이며, 이 그룹의 71%는 거의 매주 예배에 참석하고 성직자를 매우 존경한다고 말한다. 영적 성장을 위해 노력을 한다고 하는 사람들은 또한 자원 봉사를 할 가능성이 더 많다.

그래서 워트노우는 영성이냐 종교냐를 두고 심각하게 경쟁하기보다 대중이 더 높은 차원으로 영적 성장을 하도록 그들의 관심을 일깨우는 어떤 것(그리고 단순히 표면적인 것보다는 실제로 실천하게 하는 것)은 궁극적으로 조직화된 종교에 이득을 줄 가능성이 크다고 주장한다. 워트노우의 연구 결과 자료가 제안하는 새로운 명제는 이와 같다.

"나는 영성에 진지하다(그리고 그것을 규칙적으로 실천하며 영적 성장에 관심을 보인다), 그러므로 나는 또한 종교적이다."

3) 메리디스 맥과이어

사회학자 메리디스 맥과이어(Meredith McGuire)는 가톨릭 "지하" 가정 교회에 관한 박사학위 논문에서부터 상을 받은 연구인 가톨릭 은사주의(1982)와 심도 깊은 민족지학적(民族誌學的, ethnographic) 연구인 『미국 중산층의 예식적 치유』(*Ritual Healing in Suburban America* 1988)까지 열심히 교회 내외에서 종교와 영성의 대안적 유형을 살펴보았다. 맥과이어는 『예식적 치유』에서 동양의 묵상과 인간 잠재능력 회복 그룹, 형이상학적 그룹, 기독교 치유 그룹, 초자연적/주술적 그룹, 그리고 시아추 마사지(Shiatsu massage)와 같은 비전통적 대안 기법에 관심 있는 치유 그룹을 살펴보았다.

그녀의 세밀한 민족지학 연구는, 이 다양한 그룹들이 치유의 원천(비인간적 힘 혹은 하나님)과 치유자의 역할(의미와 치유를 우연히 혹은 진정으로 매개하는)에 관하여 서로 다른 이해를 갖고 있다고 보여준다. 또한 그녀는 대안적 치유 예식들이 교육을 많이 받지 못했거나 치유가 절실한 사람들에게서 주로 사용되는 것이 아니라 중산층에 견고하게 뿌리를 내리고 있다는 것을 보여준다.

연구에 참여한 사람들은 대안적 치유 예식들이 의료 모델을 대체한다는 것보다는 보완하는 것으로 본다. 대안적 예식은, 권력과 기관에 대한 반대 주장을 위한 매개물과, 사회와 관련을 맺고 있는 대안적 자기 이해를 제공한다. 그러나 『예식적 치유』를 자세히 읽어보면 하나의 포괄적 영성보다는 다수의 영성들에 대하여 이야기 한다. 의미 체계와 도덕적 질서의식 그리고 자기에 대한 개념은 사람들이 다양한 대안적 영적 그룹들로 이동하면서 변화된다(Albanese 2001).

맥과이어는 민족지학적 방법을 사용하여 항상 "체험된 종교"에 관심을 가져왔다(Orsi 2003). 또한 그녀는 영성을 이해하기 위하여 신학적이고 사회학적이지 않은 자원들에 호소한다. 영성을 실천하는 그리스도인을 주요 대상으로 하여 쓴 중요한 논문에서 맥과이어는 영성에서 몸과 젠더(gender)의 새로운 역할을 강조하고, 여러 전통을 넘나들며 더 큰 규범들을 섭렵하는 워트노우와 루프의 견해를 그대로 담고 있다. 그녀는 "치유 묵상에 사용되는 자수정 결정체, 동양의 향과 티벳 기도 종, 프리다 칼로(Frida Kahlo, 1907-1954)의 크고 다채로운 삼면화와 운동화를 신고 있는 과달루페(Guadalupe)의 근대적 성모상"이 포함되어 있는 가정 제단을 쌓고 있는 라틴아메리카계의 가톨릭 여성을 묘사하고 있다(1997, 4). 맥과이어는 영성 훈련에서 그 특징과 해석 그리고 몸의 역할도 탐구했다(2002).

맥과이어는 사회학자들이 최근에 영성을 너무 환원주의적 방법으로 평가하는 것에 대하여 경고했다.

> 영성을 연구하는 사회학자들은 그들이 내린 영성의 정의에 스스로 도전하는 것이 필요하다.
> 예를 들면, 영성에 관한 우리의 정의와 방법으로 신의 "임재 연습"에 필요로 하는 강력한 내적 훈련을 파악할 수 있을 것인가?
> 관상에 대한 세밀하면서도 매우 복잡한 실천에 있어서 실천하는 사람들의 몸과 마음(그리고 영)이 어떻게 관여할 수 있을까?
> 사회 과학자들은 형식적 기도와 같은 지극히 자명한 것뿐만 아니라 모든 중요한 종교적 실천을 연구해야 한다(2003, 301).

맥과이어는 미래의 영성에 관한 사회학적 연구에 도전장을 내놓는다.

> 종교 전통들은 시대마다 각각 다른 자기 이미지에 근거를 두어왔다.
> 현대의 영성 형태들을 오늘날 새로 나타나는 다양한 자기 이미지들과 어떻게 연결시킬 것인가?(2003, 301)

4) 돈 밀러와 참여하는 영성

돈 밀러(Don Miller)는 남부캘리포니아대학교에 소재한 "종교와 시민문화센터"(the Center for Religion and Civic Culture)의 소장으로 봉사하고 있다. 그는 영적 추구자들을 양육하는 초교파 대형교회에 관한 저서(1997)를 저술했다. 그레고리 스탠책(Gregory Stanczak)과 공저한 연구 저서 『참여하는 영성: 미국의 주류 종교 전통에서 영성과 사회 변형』(Engaged Spirituality: Spirituality and Social Transformation in Mainstream American Religious Traditions, 2002)에서 저자들은 영성을 어떻게 사회봉사와 사회복지옹호에 연관시킬 것인가에 주력한다. 후자의 책은 "종교와 시민문화센터"에서 수행한 주요한 연구 주제이다. 저자들은 67명의 사회활동가나 영성과 사회봉사/행동을 결합하는 영적인 사람들(예를 들면 베네딕트 수도회 사제인 조언 치티스터[Joan Chittister]와 "거류하는 이"[Sojourners] 설립자인 짐 왈리스[Jim Wallis])를 면담했다.

스탠책과 밀러는 영성에 관한 사전 문헌 연구에서 세 가지 유형의 사회 과학적 영성 모델을 주목한다.

첫째, 심리학과 사회복지에서 찾은 치료적 모델은 주로 삶의 의미와 동기의 원천으로서의 영성 연구 쪽으로 전환하여, 영적 실천을 하는 사람들과 하지 않는 사람들 사이의 차이점, 즉 신체적 질환과 중독과 심리적이고 사회적인 질병의 회복이나 적응의 속도가 다른 것들을 추적한다(Joseph 1987; Helminiak 1996; Galanter 1997; Canda 1998; Sheridan 2001).

둘째, "영적 작업장"(spiritual workplace)의 개념을 중심으로 하는 조직적이거나 사업적인 모델은 세속적이고 심리학에 근거한, 불분명한 영성에 선호한다. 영적 작업장 모델은 사람들의 물리적이고 정신적인 가치나 피고용자 중심 경영을 인지하고, 뛰어난 통합의 근무환경과 신뢰, 신앙, 정의, 존경과 사랑을 창조하며, 피고용자의 경제적이고 개인적인 필요 모두를 충족시키는 것을 지지한다(Burak 1999).

셋째, 영성을 독특한 사회학적 변수로 개념화하는 것에 초점을 맞추는 모델이다(Zinnbauer et al. 1997; Silka 2003).

그러나 사회 과학 문헌에서는 영성과 사회봉사/행동 간의 연관성에 대해서 관심을 그다지 기울이지 않았다. 스탠책과 밀러는 정규적인 영적 실천에 참여하는 여러 사회 행동가들이 그들의 동기를 유지하면서 소진되는 것을 피하는 것을 발견했다. 사회봉사와 행동이 조직화된 세계에서 영성이 사적이고 주제화되지 않은 화제로 남아있기에 이 응답자들은 그들의 영성에 대해서 질문을 받았을 때 놀라는 것처럼 보인다.『참여하는 영성』은 영성에 관하여 여섯 가지 요소나 차원을 열거한다.

- 전체론적 의미.
- 취해질 행동에 대한 분별을 통한 방향성.
- 새로운 에너지와 동기를 줌으로써 능력부여.
- 치료나 치유의 차원.
- 영적 실천가들(practitioners)로 하여금 일상생활의 평범한 세계에 초월적 의미를 연결시키게 하는 통합의 차원.
- 초월적 경험.

그 연구는 영적 실천가들이 봉사와 행동을 하게 되는 전형적인 발달 유형을 또한 가정한다. 그것은 세 단계를 포함한다.

① **개인적 상호 작용**: 참여를 향한 영적인 길에서 중요한 타인들이 멘토로 섬긴다.
② **조직화된 기회**: 명백하게 종교적 조직이더라도 조직들은 그들이 영성(많은 사람들은 그것을 매우 따르지만 상대적으로 주제화하지 않는다)과 봉사를 강조하는 방식에 있어서 상당히 다르다. 『참여하는 영성』에 나오는 한 인터뷰에서는 하나님의 성회(Assembly of God)의 목회자를 묘사하는데, 그는 영성과 사회 정의를 전혀 구분할 수 없다고 믿었다. 그러나 조직이라는 관점에서 봤을 때, 그의 교회는 두 가지 간의 결합을 거의 강조하지 않았기 때문에, 그는 교회가 외부의 섬김에 힘을 쓰게 하기 위해서 자신의 대부분의 힘을 교회의 조직적 변화를 위해 사용한다. 영성에 관한 차별화된 조직적인 자원들과 봉사하기 위한 연대의 영성은 좀 더 연구해야 할 영역으로 남아 있다.
③ **영적 계시**: 세 번째 단계는 영적인 계시와 관련되어 있는데, 그 계시는 영적 실천가들의 영성과 사회봉사와 행동의 완전한 불가분리성과, 봉사와 행동 그 자체가 영성의 길을 구성하는 방식에 대한 것이다.

스탠책과 밀러는 193개의 기독교 신학교와 유대교 신학교를 살펴보았다. 그들은 그중 3분의 1에 해당하는 신학교에서만 영성이 중심적인 교과과정임을 발견했다. 그러나 이 신학교들에서도 "영성과 영적 실천이 거의 사적이고 성찰적이며 개인적인 형성과 관련 있는 교과 내용으로 제시"되거나 목회적 적용에서 제시되었다(2002, 62). 저자들은 영성 공동체들이 대부분의 경우 사회 변혁을 논의하지 않고 있으며, 사회적 행동 조직들은 종교적 언어를 때로 사용하지만 그들의 참여에서 영적 실천을 그다지 반영하지 않는다는 것을 주목하면서 결론을 맺는다. 이들은 자주 영적 실천에 참여하지만, 그 기관은 사명을 수행하게 하는 자원으로 사용하기 위하여 이것을 의식적인 주제로 상정하지 않는다. 결과적으로 사회 변혁을 위해 영성이 제공하는 고유한 혜택의 일부, 예를 들어, 목적 제공, 분리를 통한 자아 축소, 지속 가능성에 대한 지원 등이 소멸된다.

5) 말러/헤더웨이와 진바우어

마지막 한 쌍의 연구는 영적/종교적 이분법을 명백하게 조사한다. 페니 말러(Penny Marler)와 커크 헤더웨이(Kirk Hadaway)는 "영성"과 "종교성"이 상호 배타적이라는 가정이 정당한지를 묻는다(2002). 임의의 국민 표본 조사에서 말러와 헤더웨이는 조사 대상자들에게 그들이 스스로 종교적인 사람이라고 생각하는지를 물었는데 73.5%가 그렇다고 대답했다. 또한 그들 스스로 영적 사람이라고 생각하는지를 알기 위한 질문을 했는데 82.4%가 그렇다고 대답했다. 교차표(cross-tabulation)는 다음과 같은 부차적 표본(subsample)을 산출했다.

① 종교적이면서 영적인 사람들(64.2%).
② 영적이지만 종교적이지 않은 사람들(18.5%).
③ 종교적이지만 영적이지 않은 사람들(8.0%).
④ 종교적이지도 영적이지도 않은 사람들(8.4%).

명백하게도 대다수의 응답자들은 스스로 종교적이며 영적이라고 본다.

후속 심층 인터뷰에서 말러와 헤더웨이는 응답자들이 "종교적임"과 "영적임"이라고 하는 말의 의미가 무엇인지 그리고 이 두 가지를 어떻게 연관시키는지를 탐구했다. 다음과 같은 유형이 나타났다. 28%는 종교적임/영적임을 같은 개념으로 보고, 8%는 이 둘이 다른 개념이며 서로 독립된 개념으로 보며, 6.3%는 이 둘이 다르지만 상호 의존적 개념으로 본다.

말러와 헤더웨이는 "종교적임"과 "영적임"은 동일한 것이 아니라는 것을 보여주었다. 그들의 자료는 "종교적임"과 "영적임"은 아주 자주 독특하지만 상호 의존적 개념으로 여겨진다는 것을 보여준다. 많은 응답자들이 "벌거벗은," 무종교적 영성 또는 텅빈, "영혼이 없는" 종교성을 인식하는 반면, 영성은 주로 개인과 어떤 더 큰, 보통 초자연적인 존재 간의 관계로 여겨진다. 종교는 그 관계에 관한 조직화된(organized) 표현이다. 어떤 응답자들의 말에 의하면 그것은 "조직화된 영성"이다.

더구나 워트노우의 『동시성 안에 있는 모든 것』과 매우 유사한 그들의 자료는 가장 종교적인 사람들은 또한 가장 영적인 사람들일 가능성이 크다는 것과, 가장 영적인 사람들은 일반 사람들보다 더 종교적으로 연결되어 있는 경향이 있다는 것을 나타낸다. 정말로 말러/헤더웨이의 응답자들 중 많은 사람들에게 "영적이지만 종교적은 아님"이라는 선택사항은 기본적인 입장(default position)이었다.

확실히 말하면, 스스로 "영적이지만 종교적이 아닌"이라고 한 작은 그룹의 사람들은 교회를 다니지 않는다. 이 표본 그룹은 불가지론자이며 사회적 유대감이 느슨한 경향이 있다. 그들은 뉴에이지나 동양의 영성 실천 유형을 실험할 가능성이 더 크다. 그러나 대다수의 미국인들은 그들의 영성을 종교성의 연장선상에서 표현하는 경향이 있다. 말러와 헤더웨이는 대부분의 미국인들은 자기 스스로가 종교적이고 영적이라고 여긴다고 결론을 맺는다. 그들은 급증하는 "성찰적 영성"(reflexive spirituality)에 대한 루프의 낙관주의를 공유하지 않는다.

> 사실, 다음 세대의 통계 인자 공유 집단을 검토을 통해서 또는 교회와 관련이 적은 응답자들과 더 비교함에 의해서 가능한 변화가 추적될 수 있다면, 그 유형은 종교성과 영성에 덜 가깝게 된다. 가장 젊은 사람들과 가장 종교적으로 소외된 사람들은 그들 자신을 종교적이고 영적이라고 볼 가능성이 훨씬 적다. 오히려 영적이라고 볼 가능성이 조금 더 크고 종교적이지도 않고 영적이지도 않다고 볼 가능성은 훨씬 더 크다(Marler and Hadaway 2002, 297-8).

브라이언 진바우어(Brian Zinnbauer)와 그의 동료들은 영성과 종교성에 관하여 응답자들이 실제로 내린 정의들을 조사했다(Zinnbauer et al. 1997). 그들은 사회 과학적 문헌에서 종교성을 가두어지고 제도적인 어떤 것으로 좁게 정의하고, 영성을 개인적이고 주관적인 것으로 특징짓는 경향이 증가하는 것을 주목한다. 그들은 응답자들이 이 두 용어를 여러 의미로 생각한다는 것을 발견하였다. 일반적인 사용에서 영성은 열정으로 불분명함을 끌어안는 애매한 개념이다. 그것은 종종 경험적 근거와 작동화(operationalization)를 필요로 하는 불분명한 개념이다. 실제로는 진바우어의 표본은 다르지만 완전히 독립적이지 않는 그 두 개념의 근거를 이룬다. 역시 가장 종교적인 사람들이 가장 영적이었다.

> 영성은, 아주 자주 하나님이나 더 높은 힘에 대한 믿음 혹은 하나님이나 더 높은 힘과의 관계를 맺는 것와 같은 개인적 혹은 경험적 용어로 묘사되었다. 종교성에 관한 정의는, 하나님이나 더 높은 힘에 대한 신념과 같은 개인적 신념과, 교회 등록, 교회 출석 그리고 교회나 조직화된 종교의 신념 체계에의 헌신과 같은 조직화되었거나 제도화된 신념들과 실천들을 다 포함한다(1997, 561).

진바우어와 그의 동료들은 이 둘에 관한 여러 사회 과학적 설명에서 영성과 종교(그리고 후자에 경멸적 색조를 띤) 간의 이분법을 암시적으로 지지하는 것을 비판한다. 그 용어들을 서로 양립할 수 없는 반대개념으로 이론화하고 예배에 관한 인습적이거나 전통적인 표현을 거절하는 것은, 종교성과 영성을 그들의 삶 속으로 통합하는 모습을 보이는 대부분의 신자들의 경험을 거스르는 것이다.

반면 그 저자들은 종교에 대한 넓은 정의를 내린다. 왜냐하면 사실상 종교적인 사람은 가장 영적인 사람으로 나타나고, "영성과 연관 있는 다양한 현상은 종교의 본질적 부분이기 때문이다. 그 부분들은 종교적인 삶의 핵심을 차지한다"(1997, 583). 더구나 영성을 단순하게 초월자에 대한 개인적인 전용으로 격하시키려는 시도는, 영성의 자원들, 영적 삶에 관한 멘토링, 사회적 관계망 그리고 영성이 종종 결국 사회봉사와 행동으로 되어가는 방식에 대한 체계적인 조직적 분석을 도외시한다.

확실히 말하자면, 진바우어의 조사에 응한 사람들 중의 적은 수(19%)가 자신을 "영적이지만 종교적이지 않다"고 분류했다. 특정한 직업이나 그룹(뉴에이지 그룹과 정신건강 전문직)은 이 두 개념을 극명하게 이분화시킬 가능성이 더 크다. 수가 훨씬 더 많은 "영적이고 종교적인" 그룹과 비교할 때, 수가 조금 더 적은 "영적이지만 종교적이지 않은" 그룹은 종교적인 것을 긍정적으로 평가할 가능성이 더 적고, 교회 출석과 기도와 같은 예배의 전통적인 형식에 참여할 가능성이 더 적고, 정통적이고 전통적인 기독교 신념을 가질 가능성이 더 적다.

반면, 이들은 다른 사람들로부터 독립적일 가능성이 더 많고, 영적 성장과 관련된 집단 경험에 참여할 가능성이 더 많고, 종교에 더 회의주의적일 가능성 더 많고, 종교성과 영성을 다르고 일치되는 점이 없는 개념들이라고 규정할 가능성이 더 많고, 비전통적 "뉴에이지" 신념을 가질 가능성이 더 많고, 신비적 경험을 주장할 가능성이 더 크다. 또한 이 그룹은 종교적임에 대하여 다른 사람들보다 더 우수하다고 느끼고 개인적 책임감을 회피하는 수단이라고 꼬리표를 붙이면서 경멸적인 정의를 내릴 가능성이 더 크다(Zinnbauer et al. 1997, 561). "영적이지만 종교적이지 않은" 사람들은 미국 사회에서 흥미 있는 소그룹이다. 그러나 그들이 미국 종교와 영성을 대표하거나 미래를 위해 선구자가 될 길은 없다. 영성에 대한 사회 과학적 연구가, 종교성과 영성의 개념들이 명백하게 상호 의존적이라는 것과 서로 겹친다는 것 사이가 양분되어 있음을 가정하기 위하여 이러한 작은 부차적 표본그룹에 초점을 맞추는 이유를 묻는 것은 합당하며 강조할 만하다.

6) 로버트 풀러

로버트 풀러의 저서, 『영적이지만 종교적이지 않은: 교회를 다니지 않는 미국인 이해하기』(*Spiritual but Not Religious: Understanding Unchurched America*, 2001)는 미국 문화에서 영

적이지만 교회 다니지 않는 그리스도인 그룹의 전통에 관한 유용한 자료로서 역사 종교학적 관점을 제공한다. 풀러는 사전에 나와 있지 않던 "교회 다니지 않는 그리스도인"(the unchurched)이라는 새로운 단어를 소개한다. 교회 다니지 않는 그리스도인 미국인들의 40% 중 8-15%(15%는 최상으로 예측함)는 종교적이지도 영적이지도 않다.

10%는 교회와 모호한 관계를 맺고 있으며 유대감이 약하다. 19% 정도는 "영적이나 종교적이지 않은" 사람들이며 자주 전통적인 종교에서보다는 다른 것에서 영적 자원을 찾는다. 풀러는 이 그룹에 대한 인구통계학적 자료를 제공한다. 그들은 일반 대중에 비해서 대학을 졸업했을 가능성이 더 많고 관리직을 가지고 있으며 정치적으로는 급진적이며 사회적 관계나 유대감이 약하고 교회 다니는 자녀들을 적게 둔 부모일 가능성이 크다.

분명하게 "영적이지만 종교적이지 않은"이라는 범주가 있으므로, 이러한 현실을 반영하지만 두 개념을 이분화하지 않고, 대부분의 미국인들에게 두 개념이 상호 의존적이며 밀접하게 관련다는 것을 보는 데 실패하지도 않으면서 그 실제를 반영하는 영성의 개념이 필요하다. 풀러는 영성을 다음과 같이 정의한다.

> 더 큰 우주적 계획 속으로 우리 삶을 어떻게 맞추어 가야 하는가의 문제로 투쟁하는 곳마다 영성은 존재한다 … 생각 또는 실천이 삶을 다스리는 심오한 의미 또는 힘과의 느껴지는 관계(felt-relationship)를 세우고 싶은 개인적 갈망을 드러낼 때, 그 생각 또는 실천은 "영적"이다(2001, 8).

풀러의 연구의 장점은 그가 미국에서 교회 다니지 않는 그리스도인의 영성의 문화적 전통, 즉 오랫동안 끊임없이 영향력 있는 전통을 묘사하는 것이다. 유명한 종교적 각성이 있었던 것처럼, 형이상학적 각성기가 있었다. 엠마뉴엘 스웨덴보그(Emmanuel Swedenborg)의 연구에서부터 초월주의(Transcendentalism), 최면술(Mesmerism), 심령주의(Spiritualism), 신지학(Theosophy), 신사상(New Thought), 화합의 종교(Harmonial Religion)에 이르기까지, 다양한 형이상학적 운동들(힌두교나 불교의 실천이나 이와 관련된)은 미국인의 영성에 있어서 오랫동안 합법적인 하위 문화 역사를 가지고 있다.

풀러는 형이상학적 전통에 있어서 핵심적 신념의 통합체를 생생하게 표현한다. 즉 범신론적 하나님 이해, 항상 존재하는 신적 존재와의 관계에서 자아의 지속성, 신체적이고 정서적인 체계의 활기를 되찾아주는 미세한 영적 에너지에 대한 내적 감수성, 종교적 혹은 영적 믿음에 도달하기 위한 중요한 범주로서 경험과 개인적 성찰, 과학을 거부하기

보다는 그 위에 세우는 개인적인 영적 전망이다(2001, 85).

풀러는 교회 다니지 않는 그리스도인의 영성(형이상학적 전통)은 점차적으로 교회 내에서의 영성에 대한 관념들에 영향을 주었다고 주장한다. 교회에 기반을 둔 종교는 시들어버리지 않지만, 시간이 지나면서 가볍게 참여하는 사람들의 충성심이 적어지기 때문에 유대가 적은 사람들은 기본적 자세로 "영적이지만 종교적이지 않은" 영역으로 차츰 사라진다고 그는 강하게 피력했다. 그러나 그의 형이상학적 실천과 믿음의 전형화(typification)는 교회에 다니면서 뉴에이지나 동양의 종교적 신념들에서 받은 실천을 해보려는 사람들의 주의를 끌 수 있다(기독교가 이교도주의나 그리스 철학에서 여러 가지를 빌려온 것들이 많은 것처럼, 다른 전통에서 관념들이나 실천들을 빌리는 것은 그것들을 변질시킬 수 있지만 말이다). 그러한 실천은, 종종 전통적인 종교성과 호환이 가능하지 않은, 자기와 초월자에 대한 신념과 관념들에 연결되어 있다.

교회 다니지 않는 그리스도인들에 관한 최근의 사회학적 연구는 종교적 소속이 없다고 한 응답자의 수가 놀랍게 증가한 것을 보여준다. 그들의 인구 비율은 1990년에 천사백만 명에서 2001년에 이천구백만 명으로 늘어나 10년 사이에 두 배가 되었다. 사회학자 마이클 하웃(Michael Hout)과 클라우드 피셔(Claude Fischer)는 최근 종교적으로 "아무 관심이 없는"(nones) 사람들의 증가는 종교적 경건의 감소라기보다는 정치와 더 관련이 있다고 주장한다.

> 1990년대에는 종교에 애착이 약하고 중도적이거나 자유주의적인 관점을 가진 많은 사람들은 그리스도인의 권리 같은 보수적인 안건을 편하지 않게 여기며 조직화된 종교에 대한 그들의 약한 애착을 끊어버리는 식으로 반응했다 (Lattin 2003, 15).

복음주의적인 교회 소속의 가족 출신들이면서 교회 다니지 않는 그리스도인인 이 새로운 미국인들은 형이상학적이거나 뉴에이지적인 영성을 받아들일 가능성이 거의 없다. 요약하면, "영적이지만 종교적이지 않은" 상태라고 말하는 것이 진정으로 무엇을 의미하는지를 알 수 있기 전에 교회 다니지 않는 그리스도인들을 더 자세히 분석하는 것이 필요한 것 같다.

2. 기독교 영성과 영성의 사회학적 연구에 대한 도전

영성에 대한 사회학적 연구는 기독교 영성 실천가들에게 도전과 기회를 모두 제시한다.

(1) 조직화된 종교의 기관적인 면을 꺼리는 반면 더 깊은 영성을 추구하는 교회 다니지 않는 그리스도인 미국인들 가운데에는 널찍한 보금자리가 존재한다. 교회 다니지 않는 그리스도인들은 기독교 영성의 세계에 남아있을 가능성이 없으며 불가지론적(agnostic)이고 세속적으로 남을 것이다. 두 번째 소수파를 위한 보금자리에는 비기독교적 종교, 형이상학적 종교, 신지학적 종교 혹은 동양 종교들의 영성(때로는 가볍게 때로는 진지하고 부단한 실천으로)을 추구하는 사람들이 있다.

교회 다니지 않는 종교인에 관한 사회 과학적 자료는 그것이 그리스도를 믿고 기도하며 사후 세계를 기대한다고 말하는 다수의 사람들을 포함한다는 것을 보여준다(Bromley 1988). 등록 교회를 바꾸는 교인들이 교회 다니지 않는 그리스도인의 부류인 것처럼, 교회 다니지 않는 그리스도인들도 고정되고 안정된 그룹이 아니다. 해마다 "비종교적인"(nones) 그룹에 속한 많은 사람들이 교회로 돌아온다. 영적 추구자에게 다가가는 기독교 교회는 빨리 성장하고 있다(Miller 1997). 교회는 영성, 즉 영성이 약속된 변형적인 회심, 영성의 실천, 영성이 삶을 살아내는 방식은 종교적이 된다는 것의 핵심이라는 확실한 메시지를 내보내야 한다.

(2) 로버트 워트노우의 연구 자료(2003)에 따르면, 기독교 교회는 영적 성장을 위한 심화 프로그램이 영성을 자라게 함에 있어서 좋은 입장에 있다는 것을 강조해야 한다. 1970년대와 1980년대에 나타난 기이한 것들 중의 하나는 동양 종교의 구루(Gurus, 힌두교 지도자―역주)와 선생들은 구도자들에게 영적 변화를 지원하기 위한 구체적 실천, 즉 요가, 심호흡 훈련, 만다라를 약속했다는 것이다(Cox 1977). 빈번하게 그 시기의 교회는 영적 가치를 지지했지만 구도자들에게 구체적 실천과 영적 훈련을 제공할 수 없었던 것 같다.

30년 전 "영성"이라는 용어는 일찍이 감성적 경건주의의 유산을 받은 미국의 개신교 쪽에서 의심을 받았다. 이러한 상황은 바뀌었다. 대다수의 미국인들은 자기 스스로 종교적이고 영적이라고 여기므로 영성을 더 높은 수준으로 높이도록 미국인들의 관심을 일깨우는 것은 어떤 것이든 궁극적으로 조직화된 종교에 혜택을 줄 가능성이 크다고 워트노우는 제안한다.

(3) 사회학자들은 미국 문화에서 새로이 등장하여 성장하는 영성의 스타일에 관한 증거를 찾는 것에 집중한다. 내재하는 하나님을 강조하고 경험과 실천을 중요시 여기며, 영적인 것을 일상적인 일과 관심들로 변형시키고, 몸을 귀중히 여기게 하는 사람은 성의 차이(gender differences)에 민감하며, 추구하는 것과 남아있는 의심 그리고 여정의 일부분으로서의 탐구를 가치 있게 여긴다. 성 보나벤투라(Saint Bonaventure)의 『하나님께 이르는 정신의 여정』(*The Soul's Journey to God*)에서부터 번연(Bunyan)의 『천로역정』(*Pilgrim's Progress*)까지 기독교는 여정이라는 주제(motif)에 참여하는 오랜 역사와 다양한 자원들을 가지고 있다. 통찰력과 선별적 사용은 이와 같이 매우 많은 새로운 문화적 주제들을 진정한 기독교 영성으로 통합할 수 있게 했다. 그러나 통찰력은 쉽게 절충하는 개인주의적 영성, 느낌 좋은 가벼운 영성 혹은 영적 실천을 향한 소비자 지상주의 태도에 도전을 할 수도 있는데, 사회학적 연구가 보여주는 이러한 것은 현대 미국 문화 안에서 매우 만연하다.

(4) 많은 기독교 영성 실천가들이 싫든 좋든 간에 요가, 선불교 묵상, 전신 마사지, 만다라, 방향요법 등 원천적으로 비기독교적 실천인 다른 전통 속으로 계속 빠질 가능성이 있다. 다시 말하면, 깊은 성찰은, 여러 신념들, 예를 들면, 환생, 범신론적 비인격적 원리의 초월성, 천사에 대한 고귀한 개념과 진정한 기독교적 자기 이해와 부합하지 않는 실천 등을 끊도록 요청하는 것 같다.

대중적인 종교성(예를 들면, 이교도 신사[shines]와 그리스 종교)을 흡수하고 변화시키는 가운데 기독교를 오래 경험하는 것과 그것들을 기독교적 실천으로 통합하는 것은 절망적으로 혼합된 타협주의에 대한 과장된 두려움을 누그러뜨릴 수 있다. 타협주의적인 개인주의의 위험성은 실제로 충분히 있으며 주의를 요하지만 영적 삶에서 어떤 방식들이 섞이는 것은 필연적이다. 통전성에 대한 갈망과 영적 추구는 위험한 만큼 기회일 수도 있다.

(5) 그들이 단호히 진지한 영성 연구 쪽으로 간다면 사회 과학에 도전이 된다. 우리는, "영성"과 "종교"가 사람들에게 실제로 의미하는 바와 그 중 하나를 선택하기 위하여 다른 하나를 배제하는 데서 오는 희생과 혜택을 연구하기 위한 더 나은 귀납법적인 질적 접근 방법이 필요하다. 자신을 "종교적" 혹은 "영적"으로 보는 것과 관련된 더 나은 형태의 자아 개념들을 찾아내야 한다. 지금 현재는 사회과학자들은 그 용어들에 대해 공통된 분명한 정의나 두 용어를 설문 조사 연구하기 위한 명백한 측정 도구가 빈약하다. 이 둘의 아무 쪽에도 소득 없는 견해나 종교성의 한 범주로 융합하는 정의는 이념적 편향이므로 꺼

리는 사람이 있을 것이다. 우리는 아직도 종교성과 영성이 분리되어 있든 통합되어 있든, 그것들의 사회적인 출처를 거의 알지 못한다.

나이, 교육, 세대, 인종, 종족, 부모의 종교성/영성, 또래집단의 영향, 멘토링 그리고 지역이 종교성/영성의 개념에 어떤 영향을 미치는가?

또한 종교성/영성의 사회적 결과에 관한 더 나은 연구가 필요하다(예를 들면, 부자와 빈자 간의 간격을 알기 위한 연구, 영성과 봉사/지지 활동에의 참여를 연결하기 위한 연구, 사회적 자본을 위한 연구). 고립된 개인적 영성은 실천에 뿌리를 내리고 있다 하더라도 종교성이 자원봉사주의, 사회적 자본, 폭넓은 시민 감각에 대해 가지고 있는 것과 같은 효과가 없는 것 같다(Wuthnow 1991, 325).

"체험된 종교"(lived religion)는 기독교이든지 불교이든지 형이상학적이든지 간에 "공식적인 종교성"이 말하는 대로 정확하게 실천하지는 않는다.

예를 들면, 삼위일체를 신봉하는 유니테리언들[1](그들은 존재한다!)은 어떻게 이해되어야 하나?

부자와 예수님을 동등하게 보는 사람들은 어떻게 해야 하나?

치유를 위해 예수님에게 기도하는 뉴에이지 형이상학자들은 어떻게 해야 하나?

어떻게든 환생을 믿는다고 하는 가톨릭 신자들은 어떻게 이해해야 하나?

여기에 사회 과학자들에게 대한 도전이 있다. 사회 과학적 영성 연구는 설문 조사 연구에서 자주 발견되는 조잡하고 간결한 영성 지수를 넘어서서 더 깊은 민족지학적 연구, 즉 메리디스 맥과이어가 요청한 체험된 영성에 대한 "풍부한 묘사"로 나아가야한다(McGuire 2003).

---

1 일반적으로 유니테리언(Unitarian)은 단일신론주의자로서 삼위일체의 세 위격을 부정한다-역주.

참고문헌

Albanese, C. 2001: *American Spiritualities*. Bloomington, IN: University of Indiana Press.

Allport, G. 1950: *The Individual and his Religion: A Psychological Interpretation*. New York: Macmillan.

_____. 1954: *The Nature of Prejudice*. Cambridge, MA: Addison-Wesley.

Bellah, R. N., Madsen, R., Sullivan, W. M., et al. 1985: *Habits of the Heart*. Berkeley, CA: University of California Press.

Berger, P. 1967: *The Sacred Canopy*. Garden City, NY: Doubleday.

_____. 1969: *A Rumor of Angels*. Garden City, NY: Doubleday.

_____. 1979: *The Heretical Imperative*. New York: Anchor Press.

Bromley, D. 1988: *Falling from Faith: Causes and Consequences of Religious Apostasy*. Beverly Hills, CA: Sage.

Burack, E. 1999: Spirituality in the workplace. *Journal of Organizational Change Management* 12(4), 280-91.

Canda, E. (ed.) 1998: *Spirituality in Social Work*. New Directions, NY: Haworth Pastoral Press.

Clark, W. H. 1958: *The Psychology of Religion: An Introduction to Religious Experience*. New York: Macmillan.

Collins, J. 1991: *Mysticism and the New Paradigm in Psychology*. Savage, MD: Rowman and Littlefield.

Cox, H. 1977: Turning East: *The Promise and Peril of the New Orientalism*. New York: Simon and Schuster.

Emerson, R. W. 1940: On the oversoul. In B. Atkinson (ed.), *The Complete Essays and Other Writings of Ralph Waldo Emerson*, pp. 261-78. New York: Modern Library.

Fichter, J. 1951: *Southern Parish*. Chicago: University of Chicago Press.

Fuller, R. 2001: *Spiritual but Not Religious: Understanding Unchurched America*. New York: Oxford University Press.

Galanter, M. 1997: Spiritual recovery movements and contemporary medical care.

Psychiatry 60, 211-23.

Glock, C. and Bellah, R. (eds) 1976: *The New Religious Consciousness*. Berkeley, CA: University of California Press.

_____. and Stark, R. 1965: *Religion and Society in Tension*. Berkeley, CA: University of California Press.

Grensted, L. W. 1952: *The Psychology of Religion*. New York: Oxford University Press.

Helminiak, D. 1996: *The Human Core of Spirituality: Mind as Psyche and Spirit*. Albany, NY: State University of New York Press.

Herberg, W. 1955: *Protestant, Catholic and Jew: An Essay in American Religious Sociology*. Garden City, NY: Doubleday.

Joseph, M. V. 1987: The religious and spiritual: aspects of clinical practice. A neglected dimension of social work. *Social Thought* 13 (1), 12-24.

Lattin, D. 2003: Living the religious life of a none: growing numbers shed organized church for loose spiritual sensibility. *San Francisco Chronicle* December 4, 15.

Lenski, G. 1961: *The Religious Factor: A Sociological Study of Religion's Impact on Politics, Economics and Family*. Garden City, NY: Doubleday.

Luckmann, T. 1967: *The Invisible Religion*. New York: Macmillan.

McGuire, M. 1982: *Catholic Pentecostals*. Philadelphia: Temple University Press.

_____. 1988: *Ritual Healing in Suburban America*. New Brunswick, NJ: Rutgers University Press.

_____. 1997: Mapping contemporary American spirituality: a sociological perspective. *Christian Spirituality Bulletin* 5 (1), 1-8.

_____. 2002: New-old directions in the social scientific study of religion: ethnography, phenomenology and the human body. In J. Spikard, J. S. Landres, and M. McGuire (eds), *Personal Knowledge and Beyond*, pp. 195-212. New York: New York University Press.

_____. 2003: Review of Sarah Coakley, *Powers and Submissions: Spirituality, Philosophy and Gender* (Oxford: Blackwell, 2002). *Journal for the Scientific Study of Religion* 42, 301.

Marler, P. and Hadaway, K. 2002: Being religious and being spiritual in America: a zero-sum proposition? *Journal for the Scientific Study of Religion* 41, 289-300.

Miller, D. 1997: *Reinventing Protestantism*. Berkeley, CA: University of California Press.

Needleman, J. 1970: *The New Religions*. Garden City, NY: Doubleday.

Orsi, R. 2003: Is the study of lived religion irrelevant to the world we live in? *Journal for the Scientific Study of Religion* 42, 171-4.

Pruyser, P. 1968: *A Dynamic Psychology of Religion*. New York: Harper and Row.

Putnam, R. 2000: *Bowling Alone: The Collapse and Revival of American Community*. New York: Simon and Schuster.

Roof, W. C. 1993: *A Generation of Seekers*. San Francisco: Harpers.

_____. 1999: *The Spiritual Marketplace: Baby Boomers and the Remaking of Religion*. Princeton, NJ: Princeton University Press.

Sheridan, M. J. 2001: Defining spiritually sensitive social work practice: the heart of helping. *Social Work* 46 (1), 87-92.

Spilka, B. 2003: *Psychology of Religion: An Empirical Approach*. New York: Guilford.

Stanczak, G. and Miller, D. 2002: *Engaged Spirituality: Spirituality and Social Transformation in Mainstream American Religious Traditions*. Los Angeles: The Center for Religion and Civic Culture, University of Southern California.

Vernon, G. 1962: *Sociology of Religion*. New York: McGraw Hill.

Wilson, B. and Cresswell, J. 1999: *New Religious Movements: Challenge and Response*. New York: Routledge.

Wuthnow, R. 1976: *The Consciousness Revolution*. Berkeley, CA: University of California Press.

_____. 1991: *Acts of Compassion*. Princeton, NJ: Princeton University Press.

_____. 1998a: *Loose Connections*. Cambridge, MA: Harvard University Press.

_____. 1998b: *After Heaven: Spirituality in America since the 1950s*. Berkeley, CA: University of California Press.

_____. 2001: *Creative Spirituality: The Way of the Artist*. Berkeley, CA: University of California Press.

_____. 2003: *All in Sync: How Music and Art are Revitalizing American Religion*. Berkeley, CA: University of California Press.

Zinnbauer, B., Pargament, K., Cole, B., Rye, M., Butter, E., Belavich, T., Hipp, K., and Kader, J. 1997: Religion and spirituality: unfuzzying the fuzzy. *Journal for the Scientific Study of Religion* 76, 549-64.

제18장
심리학

자넷 K. 러핑(Janet K. Ruffing) 박사
포덤대학교 영성신학 교수

기독교 영성 연구는 학제간 연구 분야로서 매우 빠르게 발전되고 있다. 샌드라 슈나이더스(Sandra Schneiders)는 다음과 같이 말한다.

> 그것은 [기독교 경험에 대한] 이해를 추구한다. 왜냐하면 그것은 실제로 일어나고 그리스도 안에서 충만한 삶을 향하여, 즉 기독교 신앙 공동체 안에서 자기 초월적 삶의 통합을 향하여 인간을 실제로 변화시키기 때문이다(1998, 3).

이와 같이 기독교 영성은 구체적으로 기독교 영성의 내용과 상황에 의해 만들어진 의미와 실천이라는 면에서 연구된다. 기독교 영성의 학제간 연구에 관련된 학문들은 보통 기독교 영성사, 근본 자료로서의 성경 그리고 특정한 기독교 전통의 특정한 역사와 신학적 강조를 포함한다. 영성의 특정한 국면, 즉 학자가 탐구하려는 주어진 사안이나 문제는, 연구자가 그 특정한 문제를 해결하기 위하여 도입하는 추가적 학문을 따를 것이다.

영성과 심리학, 즉 인간의 내적인 면과 그것의 기형, 계발, 통합 그리고 그것의 거룩한 것과의 관계에 초점을 두는 두 분야 사이의 내적 상호 관계성 때문에 이 특별한 대화는 적대감에서 경쟁심으로, 상호 협조로 그리고 상호 존중으로 옮겨간다. 오늘날 심리학의 많은 학파에서 내담자의 세계관의 한 양상으로서 영성의 중요성과 그것이 치료에 미치는 긍정적 혹은 부정적 결과 때문에 영성은 현대의 주요한 연구 주제가 되었다.

심리학적 관점에서 나온 최근의 관심사는 너무 강렬해서, 엄청난 양의 연구와, 영성을 연구와 치료에 재빨리 응용하는 실천가들의 방대한 숫자에 기초로 하여 심리학이 영성 연구에서 권위 있는 학문이 되는 것은 당연하다. 수많은 연구자와 치료사들은 영성에 대한 일반화된 정의를 받아들이는데, 그것은 종교적 신앙 공동체로부터 독립된 영성과, 동양의 묵상을 강조하는 영적 실천의 절충적인 접근과, 종종 교회와 사회에서 사랑과 자비 혹은 정의의 행동에 헌신하는 것과는 괴리된, 영성과 종교 체험에 대한 지극히 개인화된 해석을 당연한 것으로 받아들인다.

기독교 영성 연구에 특별히 관심있는 학자들은 이러한 미묘한 편견을 경계해야 한다. 그리고 그들은 기독교가 역사적으로 영적 삶을 예수 안에서 계시된 삼위일체 하나님과 관련해서, 그리고 성령의 은사로 실제의 신앙 공동체 안에서 파스카의 신비(Paschal mystery)에 계속 참여와 관련해서 명시하는 방식에 정통해야 한다. 이러한 대화는 기독교 영성 연구에서 심리학(the personality sciences)의 사용이라는 상호 비평적 상관관계를 취할 필요가 있다는 것을 의미한다. 심리학적 자료의 비평적 독서가 필요함에도 불구하고, 지난 15년간 나온 폭발적인 연구는 이러한 대화에 대한 풍부한 출발점을 제공한다.

심리학의 특정한 공헌은 영성뿐만 아니라 영성의 병리학적 사용을 비평적으로 보는 정신 분석(psychoanalytic) 이론의 발달, 발달 심리학(developmental psychology), 인지(cognitive) 심리학, 성의 차이(gender differences), 신경학적 이해와 묵상 실천의 신체적 유익, 질적 연구 방법의 이해 그리고 영성의 어떤 양상을 측정하는 다양한 정신력 측정 도구, 뿐만 아니라 건강과 관련된 연구에 있어서 영적 실천과 신체적이고 정신적 행복(wellbeing) 간의 잠정적 상관관계에 관한 풍부한 자원을 포함한다. 또한 많은 개별적 주제들이 있다. 즉 의식(consciousness) 연구, 전이 이론, 성적 문제, 치료적 양상들(therapeutic modalities), 용서와 정신적 외상(trauma) 등이 있다.

1. 영성 정의에 관한 문제

흔히 여러 심리학에서 기독교적 관점과는 불일치할 수 있는 미묘하거나 극적인 방식으로 영성을 이해한다. 에워트 커스즈(Ewart Cousins)는 크로스로드(Crossroad) 출판사의 "세계 영성"(World Spirituality) 시리즈를 위해 다음과 같이 영성을 정의하고 있다.

> 사람의 내적 차원은 어떤 전통에서는 "영"(the spirit)이라고 부른다. 이러한 영적 핵심은 사람의 가장 깊은 중심이다. 여기에서 그 사람은 초월적 차원에 개방

된다. 여기에서 그 사람은 궁극적 실재를 경험한다. "세계 영성" 시리즈는 영적 핵심을 발견하고 그 발달의 역동성과 궁극적 목표를 향한 여정을 탐구한다. 이 시리즈는 기도, 영적 안내, 영적 여정에 관한 다양한 지도들 그리고 영적 등정에서 진보하는 방법을 다룬다(Cousins 1985, xiii).

영성에 대한 필자의 정의는 커슨즈의 정의를 더 구체화한다. 그것은 다음과 같다. 기독교 영성은 우리가 살아가는 방식이며, 예수 안에서 하나님에 대한 경험의 결과로서 우리의 삶을 사는 방식이다. 그것은 우리가 "거룩함"에 어떻게 반응하는가 그리고 우리 자신, 다른 사람, 사회 그리고 창조물과의 관계에서 그 경험의 결과를 어떻게 표현하는가에 대한 것이다. 그것은 역동적인 사랑의 관계이며, 우리를 위해 충만한 삶을 갈망하는, 우리 삶의 궁극적 사랑의 원천에 응답하는 것이다. 그것은 세계의 거주민을 사랑하고 돌보고 정의를 세우고 이러한 아름다움과 삶의 진가를 알아보는 자와 그 사랑을 교환하는 것을 포함한다.

이 정의들에서 신학적 관점에서 온 가정들은 하나님의 실재와, 자기 초월을 향해 가는 아름다운 능력을 소유한 인간 인격 안에 있는 영의 실재를 포함한다. 초월자와의 관계는 신앙과 관계 경험으로서 그것은 우리의 삶을 심오한 의미로 가득 채운다. 기독교 전통은 의미의 지평선, 신자들의 공동체, 삶의 방식, 이런 영적 탐구의 역사 그리고 그것을 성취하기 위한 실천적 수단을 제공한다. 그것은 개인의 종교적 경험의 사적 영역뿐만 아니라 보이지 않는 하나님 사랑의 기준으로서 이웃 사랑에 실제로 헌신하는 것을 포함한다. 이러한 정의에 함축된 것은 이러한 차원의 삶은 시간이 지나가면서 펼쳐지고 성장하게 된다.

특정한 심리학 이론을 사용함에 따라 심리학자들은 종종 영성을 기능적으로 정의하여, 영성을 신념들을 구성하는 것으로 정의하고, 가치기준(values)은 영성의 의미를 만드는 기능으로 정의하고, 영적인 경험들은 영성의 경험적 구성요소로 정의한다. 전형적으로 교회 출석이나 교회에 소속하는 것, 성경 읽기나 연구, 묵상과 기도와 같은 종교적 실천은 행위적 차원을 구성한다. 영적 실천, 신비적 경험의 관계적 상황, 그리고 헌신하는 신앙 공동체에서의 종교적 경험, 예배와 세상에서의 활동들 사이에서 연속성을 보여주는 인정된 행동과 태도의 기준들은 심리학적 정의에서 적게 드러난다.

2. 정신 분석 이론들

프로이트가 종교와 영성에 사람들이 결국에는 탈피하게 될 "환상"이라고 틀을 씌우면 정신 분석 이론은 종교와 영성과는 적대적인 관계로 시작되었다. 악타르(Akhtar)와 파렌스(Parens)는 종교적 믿음의 기원에 대해 프로이트가 지적한 두 가지를 요약한다.

> 첫째, 종교적 믿음은 어린아이가 경험한 초기의 무력감이 성인이 되어서 계속 되는 것이다.
> 둘째, "종교는 어린 시절의 신경증(neurosis)에 비교되며" 프로이트는 "인류가 이 … 신경증을 극복할 수 있을지"를 궁금해 했다(2001, 5).

그럼에도 불구하고 무의식에 관한 프로이트의 발견, 즉 정신 안에 있으면서 아주 어린 시절의 경험에 그 기원을 두어 갈등을 일으키는 무의식의 발견, 전이와 역전의 현상의 발견, 그리고 꿈과 모든 말의 실수 그리고 치료과정에서 나오는 자유 연상(free association) 방법의 발견 등은 모두 인간 이해의 일부분이 되었다. 그의 이론을 통해서 영성이나 종교적 실천의 병리학적 징후를 분명히 인식할 수 있지만, 기독교 영성의 관점에서 보면 종교를 신경증이나 병적 측면(pathology)으로 보는 프로이트의 배타적인 환원주의는 거부되어야만 한다.

정신(the psyche)의 독립적이고 자율적인 모델 안에 있는, 성적 본능과 공격적 본능에 바탕을 둔 프로이트의 동인 이론(drive theory)은 프로이트 이후에 발달된 정신 분석학의 전통에서 가장 크게 개정되었다. 정신병리학에 대한 프로이트의 강조점은 개인의 정신적 삶에 무엇이 잘못되었는지에 대해 계속해서 상당한 통찰력을 제공하기도 했지만, 정상적인 성장과 발전에 관하여 설명하는 정신 이론으로 증폭되었다. 에릭 에릭슨(Erik Erikson), 마가렛 말러(Margaret Mahler), 안나 프로이트(Anna Freud), 하인츠 하트만(Heinz Hartman)과 같은 학자들의 자아 심리학(The ego psychology)은 이 범주에 속한다.

정상적 발달에서 엄마의 중요성을 자세히 연구한 말러의 연구는, 하나님에 대한 표상들(God-representations)과 프로이트가 말하는 "대양 체험"(oceanic experience, 예기치 않게 전체 우주와 하나가 되며 존재의 모든 부분에 깊은 의미와 목적을 느끼는 경험–역주)은 정확하게는 어머니 쪽에 더 근거하고 있다고 제안하면서, 보호와 의존의 필요를 채우는 대상을 아버지에 둔 프로이트의 이론을 수정한다. 그녀는 누군가에게 의존하는 것은 어린 시절의 경험에만 국한되지 않고 어른이 되어서도 그것이 계속되며, 그것이 꼭 퇴행의 유형은 아니라는 생각을 더 발전시켰다.

악타르와 파렌스는 이 시각을 근거로 "종교적 믿음은 어떤 사람이 성인이 되어 느끼는 의존성의 필요를 채워줄 수 있다"는 점을 제시한다(2001, 10). 어머니 쪽에 기반을 두고 있는 에릭슨의 "기본적 신뢰" 역시 신앙의 비병리학적인 면을 제안하며, 각 단계별로 특징적 과제와 덕목이 전 생애로 확장되는 그의 발달적 개요는 기독교 영성 연구의 빈번한 대화 상대가 되어왔다. 페미니스트적 비평은, 일생에 걸친 여성의 발달을 말할 때 이러한 남성의 편견을 "정상적" 발달이라고 하는 점을 정정할 필요가 있다고 지적한다.

대상관계 이론(object relations theory)과 자기 심리학(self-psychology)은 기독교 영성을 이해하기 위한 풍부한 가능성을 제공한다. 위니코트(Winnicott), 밀너(Milner), 스턴(Stern), 미첼(Mitchell), 컨버그(Kernburg), 보울비(Bowlby) 그리고 최근에는 메사츄세츠 스톤센터(the Stone Center in Massachusetts)의 여러 페미니스트 심리학자들이 정신 분석학의 패러다임을 변화시키는데 일조를 해왔다. 스티븐 미첼(Stephen Mitchell 1988, 17)에 따르면, "마음은 처리 유형과 상호 작용, 대인 관계 분야에서 파생된 내부 구조에 대한 개별 유기체 내부에서 나온 미리 정해진 일련의 구조에서 재정의 되어왔다." 미첼은 세 개의 주요한 면에서 이 이론들의 공헌을 묘사하는데, 즉 그것은 인간이 설계, 의도, 의미라는 면에서 관계적이라는 발견이다. 그는 이러한 복잡한 관계적 틀을 다음과 같이 요약한다.

> 인간은 자기 조절을 하는 동시에 환경 조절을 한다. 우리는 계속되는 인식과 감정의 변화에도 비교적 안정적이고 일관성 있게 자기 의미를 만들고 유지하는 것에, 그리고 다른 사람에 의지하고 지지하는 관계를 실제적으로 그리고 내면적으로 만들고 유지하는 것에 관심이 있다. 자기 인식과 다른 사람과의 관계 간의 변증은 때로 둘 중의 하나가 더 우세하기 때문에 복잡하고 난해하다. 자기 조절 과정과 환경 조절 과정은 때로 서로를 강화시키기도 하지만 큰 갈등의 기반을 형성하여 때로 서로 상충되기도 한다. 내적 심리와 인간 관계는 각각 일련의 고유한 처리 과정과 작용 그리고 관심이 있어서 계속적으로 상호침투하는 영역이다(Mitchell 1988, 35).

하인즈 코후트(Heinz Kohut)의 자기 심리학은 어린 시절 자녀의 완벽한 "반영하기"를 감탄하는 부모의 "자기애적인" 기능과 자녀가 이러한 완벽한 부모를 "이상화"하는 것을 강조한다. 그는 안정적이고 가치 있는 자아감은 이 중요한 두 경험에서 길러진다고 보았다. 자기 대상(The self object)은 공감적 기능을 제공한다. 코후트의 이론(1971, 1977)에서 "자기애적인"이라는 말의 사용은 장애라기보다는 발전적 개념이다.

위니컷(D. W. Winnicott)은 엄마와 자녀를 관찰한 것을 바탕으로 그의 이론을 만들었다 (1965, 1971). 그는 "환경 조성," "환경 유지," "과도기적 대상"(transitional objects), 그리고 "과도기적 현상"과 같은 기능들을 묘사하면서 이런 상호 작용을 풍부한 이론으로 개발했다. 괜찮은 엄마(good-enough mother)는 아이가 "주관적 전능감"(subjective omnipotence)을 느끼도록 거의 보이지 않는 방식으로 아이의 필요를 충분히 채워주는 환경을 제공한다. 점진적으로 그 아이는 한 존재로서 엄마를 의식하게 되며 엄마의 이미지를 내재화하고 엄마가 없을 때에도 엄마의 존재감을 채우는 "과도기적 대상"을 통해 엄마와의 연결을 상징적으로 유지할 수 있다.

위니컷은 아이와 엄마 간의 공간에 관하여도 이야기한다. 자기와 "대상"(실제 엄마) 사이에 존재하는 공간은 자기와 다른 사람이 구분되고 발견될 수 있는 그 사이, 즉 그들의 상호 작용을 위한 정신적 공간을 제공한다. 위니컷의 이론에서 "사이의 공간"(space between)은 홀로 있게 할 수 있는 수용력의 근간이 된다. 그 수용력은 먼저 다른 존재 앞에서 생겨야 하고, 놀이를 펼칠 수 있는 공간이기도 하다(Winnicott 1965). 위니컷은 이러한 종류의 과도기적 경험을 성인의 삶에서 창조성과 문화의 영역으로 일반화시킨다.

윌리엄 마이스너(William W. Meissner)와 마이클 에이건(Michael Eigen)은 모두 과도기적 현상에 대한 종교적인 혹은 신비적인 해석의 잠재성을 인식했다. 마이스너(1987)는 이 용어를 신앙, 하나님에 대한 표상들, 상징, 그리고 기도에 적용했다. 에이건(1998)은 이 과도기적 현상을 그의 신비에 대한 이해에 포함시킬 뿐만 아니라 신성한 "진정한 자기와의 소통단절"(incommunicado core of the self)과 필수적인 "통합되지 않음"(unintegration)을 사용하였는데, 그것은 새로운 경험이 일어나게 하고, 자아에 대한 감각을 재작업하는 것을 촉진하게 한다. 악타르와 파렌스(2001, 7)는 종교적 체험과 "과도기적 현상"의 관계에 대한 가능성을 다음과 같이 덧붙인다.

> 위니컷은 **과도기적 공간**을 엄마에 의해 양육되면서 경험된 일체감과 모호함의 느낌이 일어나는 곳이라고 한다. 그것은 실재와 부재의 융합이지만 그것의 내용을 형성하지 않는 경험이다. 그것은 상상력이 탄생되고 역설이 통치하는 정신적 영역이다. **과도기적 현상**이 선택적 경험 속으로 이동이 가능한 정서적이

고 관념적 정신 상태인 반면, **과도기적 대상**은 엄마에 의해 양육된다는 경험의 구체적인 표상이다. 과도기적 대상은 붙잡고 껴안고 빨 수 있고, 구석에 던져질 수 있고, 학대할 수 있는 것이다. 과도기적 현상은 구체적 구조에 포함되지 않고 붙잡거나 내어버릴 수 없다. 그것은 주관적으로 경험되며 즐길 수 있으며 그것의 다양성을 물을 수도 묻지 않을 수도 없는 것이다. 종교적 느낌과 신념이 이 영역에 속하는 것처럼 보인다.

존스(Jones)는 어떻게 "기도를 할 때 신자가 조종하는 '대상'은 실제로 없지만 오히려 그가/그녀가 들어가는 심리적 '공간' 혹은 의식적 상태는 있으며, 종교적 입장에서 그것이 가장 중요하게 참조할 수 있는 '과도기적'이라는 용어일 수 있는지"(1991: 126)에 대해서 묘사한다.

대상관계 이론과 자기 심리학은 기독교 신앙과 신비적 경험에서 끊임없이 펼쳐지는 자기/다른 사람 관계를 설명하는데 중요한 잠재성을 제공한다. 기도는 이러한 두 개의 주체성이 상호 영향을 미치고 발견하게 하는 의식 상태에로 들어가는 것으로 이해될 수 있다. 그것은 투사의 경험 그 이상인 것으로서 다른 두 주체가 상호 작용하는 훨씬 더 풍부한 그 무엇으로 보일 수 있다. 이 이론들은 기도를 통해 하나님을 만난 결과 긍정적인 심리적 성장과 자기 발전뿐만 아니라 자기 대상들(self-objects)과 하나님에 대한 표상들의 변형이 일어날 가능성을 이해하기 위한 모델을 또한 제안한다(Forhlich 1993; Gillespie 1995). 심리 발달에 대한 관계 이론은 자신을 계시하시고 관계를 맺으시는 하나님을 믿는 기독교 영성과 더 잘 맞는다. 또한 이 이론들은, 아가페적 사랑을 할 수 있는 능력과 같은 종교적 이상들을 성취하려는 것을 심리학적으로 불가능하게 만들거나 있을 수 없게 만드는, 개인 발달에서 잘못될 수 있는 것을 이해하는 것에 대한 동정적인 방식을 제안한다.

3. 하나님에 대한 표상들

아나-마리아 리주토(Ana-Maria Rizzuto)는 그녀의 환자들뿐만 아니라 의료진들을 대상으로 한 연구에서 하나님에 대한 표상들 혹은 하나님에 대한 이미지들에 관한 정신 분석학 연구를 개척했다. 이 현상에 대한 분석가로서 그녀의 접근은 매우 정신 내부적이다. 다른 말로 하면, 치료사들은 내담자의 주관적 하나님 경험을 고도의 세련된 수준으로 탐구할 필요가 있었다. 리주토(2001)는 미국 문화 속에서 사는 모든 사람들이, 그들의 삶의 내력, 대상관계, 자애적인 균형 그리고 자기 방어적 구조, 즉 치료적으로 작용될 수 있는 모든 영역에 바탕을 둔 무의식적인 그리고 종종 의식적인 하나님에 대한 표상을 형성하는 방식을 주목한다.

그녀는 치료사들이 이 표상들과 그 원천들을 다른 정신적 내용으로 탐구할 필요가 있다고 주장한다. 그녀는 또한 치료사들이 신학적 주장이나 하나님의 존재에 대한 거절을 삼가야 한다고 제기하며, 그것은 임상적 작업 영역 밖에 있다고 말한다. 그녀는 그녀가 "개인의 하나님"(personal God)이라 부른 대상의 형성이 내담자의 종교 전통 안에 나타난 하나님 이미지와 매우 비슷하게 형성될 수도 있고 거의 비슷하지 않을 수도 있다는 단서를 붙인다. 그녀는 이 하나님에 대한 내적 표상이 시간이 지나면서 발달되고 변화하는 방식을 묘사한다.

결국, 그녀는 내담자의 개인의 하나님과의 관계가 내담자에게 도움을 줄 수도 있고 해악을 줄 수 있다고 설명한다.

> 그러한 하나님으로부터 도움이 오는지 그렇지 않은지는 하나님과 관련된 자기 자신에 대한 개념과 특정한 개인의 하나님 사이에서의 관계적 역동성에 달려있다(2001, 23).

이 하나님에 대한 표상들에는 부모의 이미지들가 포함되어 있는데, 리주토는 또한 그것이 일반적으로 순수하게 숭고한 부모의 이미지는 아니라는 것을 발견했다. 그러하면 그것은 종종 심각하게 병리학적이다. 오히려 이 표상들은 "아이와 의미 있는 실제적으로 혹은 상상 속의 욕구적(libidinal) 유대관계를 형성한 주요 대상, 주요한 성인들(조부모, 삼촌과 이모, 때로는 형제와 종교적 인물)의 중요한 양상의 모음"(2001, 29)이다. 발달의 과정에서 내적으로 표상화된 대상으로서의 하나님은 사람의 경험들과 다른 사람과의 만남의 결과로 수정을 겪게 된다.

또한 리주토는 신자들이 이 개인의 표상을 초월하는 하나님을 제시하는 자신들의 전통의 가르침과 자신들의 표상들에 도전하는 사건들의 관계 가운데서, 자신들의 개인의 하나님을 형성하고 재형성하는 일생의 과정에 관여한다는 것을 발견한다. 그녀는 긍정적이고 사랑하시며 응답하시는 이미지의 하나님은 친밀감과 관계를 원하는 인간의 갈망과 상응한다는 것을 발견한다. 이 하나님은 "항상 거기 계시는" 분으로서, 그 존재로 말미암아 아이가 홀로 있는 것을 편안해 할 수 있는, 위니컷의 "충분히 좋은 엄마"와 유사한 분이다.

부모도 하나님을 믿으면, 아이들은 부모의 전능감이 부모보다 큰 하나님에 의해 완화될 수 있다는 위안과 희망을 가질 수 있다. 그러나 리주토는 하나님에 대한 표상들은 그 사람을 도울 수도 있지만 심하게 가해하거나 파괴할 수도 있다고 결론을 맺는다. 그것은 그 사람이 하나님께 기도하면서 관련시키는 하나님에 대한 표상뿐만 아니라 그 사람의 무의식적 역동성에 달려 있다. 하나님에 대한 표상들은 전이 과정의 일부 일수도 있고 저항일 수도 있고 방어적으로 사용될 수도 있다. 만약 치료사가 이 하나님에 대한 표상들이 내담자의 정신 역학(psychodynamics) 속에 단서들을 제공하는 모든 방식을 기꺼이 따라가면 그 내담자는 "심리적으로 오래도록 부담이 되어온 짐이 없는 새로운 유형의 믿음을 획득할 수도 있다"(2001, 46).

다른 곳에서 리주토는 이러한 유익은 획득될 수 있는 것임을 조심스럽게 서술한다.

> 분석가는 **하나님과 종교에 관하여 결코 어떤 선언을 하지 않아야** 한다. 엄밀히 말하면, 그러한 선언은 하나님에 대한 개인의 표상과 개인의 믿음을 통해 진행하는 연구 분석 작업에 지장을 준다. 또한 분석가가 하나님을 확실히 안다는 것이 환자에게 전달되는 것은 정신 분석 대상자가 분석가의 권위에 순복해야 한다는 것을 옳게 만든다. 이것은 환자가 자율성과 내적 자유를 최대화하도록 도우려는 치료 목적에 배치된다. 환자가 "진정한" 하나님과 종교를 찾도록 돕는 것은 분석가의 책임이 아니다. 그녀의 책임은 환자가 자신의 과거 삶의 내력과 현재의 상황에서 하나님과 종교를 찾도록 돕는 것이다(1996, 429).

리주토는 이러한 유형의 분석 작업은 자기 자신의 하나님에 대한 표상들이 발전되고 변형된 것을 탐구하지 않은 치료사에게는 매우 어렵다고 제안한다.

이러한 정신 분석적 연구와 임상적 경험에 대한 성찰에 부가하여, 조셉 키아로치(Joseph Ciarrocchi)는 사람들이 하나님을 보는 시각에 관하여 메릴랜드의 로욜라대학에서 진행된 광범위한 임상적 연구를 보고한다(2000). 내적 관계의 다양한 요소들을 발견하기 위해 더 깊은 탐구를 필요로 한다는 자료가 증가하는 추세를 지적하면서, 그는 신학자들(그리고 기독교 영성을 연구하는 사람들)에게 이 연구 결과를 그들 자신의 연구에 진지하게 그리고 비평적으로 결합하며 다룰 것을 요청한다.

4. 인지 이론가들

　심리학 문헌에서 영성에 관한 가장 공통적인 정의 중의 하나는 "인생의 의미와 목적에 대한 감각"이다. 인지발달(cognitive development)을 말한 피아제(Piaget)로 시작하여 발달심리학자들은 다양한 발달 단계 이론을 만들어 왔다. 이 이론들은 인지 복잡성을 증가시키는 능력이 단계를 통과하며 진행된다고 묘사하는 주된 방식이다. 영성에 관하여서 보면, 각 발달 단계의 사람들이 세계관과 의미 구성을 하는 접근 방법은 종합적 세계관 안에서 다양한 양상의 실재를 독특한 방식으로 본다는 것을 의미한다.

　단계 이론들은 단계들은 순차적이며, 각 단계는 그 단계를 포함하여 이전 단계를 성취해야 한다고 가정한다. 전형적으로, 모든 사람에 의해서 반드시 성취되었다고 할 수 없는 변화 단계는, 확정과 도전 모두를 경험하는 단계 변화를 겪는 사람에게 어떤 상황을 제공하는 적절한 "환경 유지"와 결합된 "보측자"(pacers: 보조를 맞추어 걷는 사람)에 의해서 촉진된다. 그 보측자는 변화를 증진시키는 도전의 어떤 종류이다. 흔히 특정한 단계에 있는 사람은 다음 단계로 진행하기 전까지는 그들이 최근에 젖어들어 있는 세계관을 추상적으로 인지할 수 없다.

　로렌스 콜버그(Lawrence Kohlberg)는 어린이의 도덕적 추론을 탐구하여 도덕발달 단계를 연구했다. 그의 동료이자 조력자인 캐롤 길리건(Carol Gilligan)은 그의 이론에서 성차별적 편견에 도전하면서 여성들에게는 관계적 돌봄의 윤리가 콜버그가 말하는 법칙의 윤리보다 더 전형적이라고 묘사했다. 제임스 파울러(James Fowler)는 보편적단계 이론을 신앙발달에 적용했다. 로버트 키건(Robert Kegan)은 "자기"를 구성하는 것과 "다른 사람"을 구성하는 것에 관하여 진보적인 사항을 제공하고, 알고 있는 자기를 잃고 새로운 자기를 재구성하는 정서적 과정을 주목하면서 또 하나의 인지발달 이론을 개발했다(1982, 1994).

　엘리자베스 리벳(Elizabeth Liebert)은 키컨의 인지 발달과정에 관한 내용을 취하여서 그것을 여성 연구를 바탕으로 한 제인 뢰빙거(Jane Loevinger)의 자아 발달에 관한 내용(Loevinger 1976)에 결합하였다(Liebert 1992). 최근에 프레드릭 허드슨(Fredric Hudson)은 성인기의 자기재생(self-renewing)에 관한 그의 이론에서 더 복잡하고 사회적으로 통합된 성인발달 이론을 제안했다(1999). 허드슨은 각각의 새로운 생애 시기가 조직되는 것을 핵심으로 생애의 사명에 초점을 맞춘다. 이것은 의미를 지각하는 핵심이 자기에 대한 다른 변화를 일으키게 하는 하나의 안정적 지점을 만든다는 이론이다. 리벳와 조앤 월스키 콘(Jann Wolski Conn)은 이 이론들이 영적 발전과 영적 지도 그리고 목회 상담에 적용가능성이 있음을 보여 주었다(1989).

5. 분석적이고 초인격적인 심리학

심지어 프로이트가 살아있는 동안, 칼 융(Carl Jung)은 프로이트의 욕망(libidinal) 이론의 배타적인 성적 해석에 관하여 그와 결별했고, 종교를 개인적 리비도에 대한 방어적 왜곡으로 해석하는 것을 거부했다. 1912년에 융은 리비도의 의미를 성적 필요와 갈망에서 "열정적 갈망"으로 확장시켰다(Halligan and Shea 1992). 융은 정신적 삶의 모든 차원을 중요한 것으로 포함시키고, 심리적 치유는 그가 꿈과 신화를 통해 접근한 영적 차원을 통해 일어난다고 여겼다. 분석 심리학은 중년기나 그 이후에 일어나는 경향이 있는 심리발달들에 관심의 초점을 더욱 맞추었다. 그 시기의 심리발달들은 본질적으로 영적인 문제들이라고 융은 믿었다. 즉 의미와, 무의식적인 것과 무의식의 집단적인 원형들(archetypes)에 대한 개방성 그리고 자아의 신적인(numinous) 원형과 관련된 질문들이다.

영적 체험을 꿈과 상징과 "신적인" 것에 내적으로 개방하는 것은 분석 심리학이 자연스럽게 기독교 영성 연구의 대화 상대가 되게 한다. 융은 스스로 다양한 신비적 전통과 상당히 친숙함을 가지고 글을 썼고, 그가 하나님과 성령의 존재 가능성을 받아들이는 방식이 그의 학문적 저술에서는 개념적으로 모호하지만, 개념적으로 명백함이 부족한 것은 관심의 집중 대상이 되었고 이 이론적 틀을 기독교에도 사용할 수 있는지에 관련된 많은 연구를 하도록 고무시켰다. 페미니스트 학자들은 꾸준히 융 학파의 가부장적 편견을 비평해왔지만, 그의 무의식 모델과 개성화를 통한 정신의 여정은 학적으로 그리고 실천적으로 계속 관심을 끈다.

심리학자로서 융은 각 개인의 정신 안에서 고유하게 활성화된 개인적 원형과 집단적 원형의 의식적인 이해를 통하여 정신적 삶의 다양한 양상에 관한 내적 정신의 과정을 묘사하려고 했다. 분석 심리학의 주요한 단점은 직관적이고 관계적인 삶을 도외시했다는 것이다. 내적 정신을 탐구하는 것은 점점 지성적이고 추상적이 될 경향이 있고, 다른 사람과의 실제적 관계성과 하나님의 실재와 관계성 안에서 자기의 점진적인 변형을 해 나가는 세상에서의 활동보다는 분석대상자의 관심을 그의/그녀의 내부에 있는 자신의 의식의 결과에 두게 될 수 있다. 어떤 사람들에게는 융 학파의 심리학은 기능적으로 영성의 영지주의적 형태가 된다. 그럼에도 불구하고 분석 심리학은 특정한 방식으로 그리스도인의 의식을 형성하고 정신적 에너지를 조직하는 기독교 상징들과 예식들과 이미지들을 탐구하는 방식을 풍부하게 한다.

융의 추종자 중의 한 명인 로베르토 아싸졸리(Roberto Assajoli)는 그의 정신종합의 체계를 통해 분석 심리학의 이러한 상징적 양상을 실질적인 방식으로 발전시켰다(1971). 이 초인격적 심리학 학파는, 상징적 재료(symbolic material)를 직접적으로 다루는 분해와 통합의 잠재성을 구별하는 방법을 개발했다. 이 상징적 재료는 의식으로 올라오기 위해 준비된 무의식의 부분인 중간무의식으로부터 올라온다. 이 방법과 기술은 의식의 더 초인격적 중심을 전제로 하는데 그것은 자아(ego)도 아니고 무의식의 어떤 일부도 아니다.

깨어있는 상상의 안내를 이용하면서, 치료적 개입은, 통합되지 않은 이미지를 안전하게 만남에 의해서, 그리고 그것들이 새로운 종합적 이미지로 변형될 때까지 대안적 이미지를 가지고 그것을 수정함에 의해서 이 초인격적 중심의 주위로 통합된 정신적 성장을 촉진할 수 있다. 상징들에 대한 이 접근 방법과 그 상징들이 정신의 에너지를 조직하고 표현하고 소멸시키는 방법은, 상상의 기도 가운데 또는 그것들이 환상적이며 신비적인 상태들로 나타날 때, 이 과정들을 이해하고 육성하는데 특별히 유용하다. 이미지와 정신 건강 그리고 신체 건강 간의 관계성에 관하여 다량의 문헌들이 출판되었다.

초인격적 심리학자들은 "의식의 움직임과 성장, 즉 신성한 것의 드러남 속에 있는 의식의 발달과 흥망과 다양한 표현"(Cortright 1997, 49)을 계속 주된 관심사로 가지고 있다. 코트라이트(Cortright)에 따르면, 그 사상은, 이 피상적 자아 밑에 있는 무조건적이고 영적인 존재와의 자유롭고 방해받지 않는 연결에 따라 자아, 즉 의식의 조건화된 부분에 대한 두 큰 응집력일 것이다(1997, 48). 윌리엄 제임스(William James)는 종교 경험모델을 발견한 선구자였지만, 아브라함 매슬로우(Abraham Maslow)는 자아 실현(self-actualization)과 절정 경험에 초점을 맞추었다. 이들 둘 다 특정한 종교 경험에서 그것들을 근절하면서 종교적 경험에 관한 그들의 견해를 사유화하는 경향이 있다.

그러나 그들은 이러한 한계 안에서 건강한 영적 발달에 관하여 설명하였다. 초인격적 심리학은, 심리학 이론이 하나님과 자기 초월, 즉 인간의 주요한 동기에 대한 탐구를 초기 프로이트 학파가 선호하던 일종의 퇴행적으로 해석에 따라 축소하려는 시도들에 지속적으로 저항한다. 초인격적 심리학은 다양하고 풍부한 유형의 의식을 받아들이는 세계관과 세계의 영적 전통들을 포함하고 배우는 세계관을 당연한 것으로 여긴다. 코트라이트가 말하듯이, "그 영역에서 첫 20여년의 저술들은 인간 경험의 "극상"(high-end)에 초점을 맞추었다(1997, 12). 초기의 「초인격적 심리학 저널」(Journal of Transpersonal

Psychology)의 사명 선언문은 이러한 관심을 잘 표현하고 있다.

> 메타 욕구(meta-needs, 초월 욕구-역주), 궁극적 가치, 합일 의식(unitive consciousness), 절정의 체험, 황홀경, 신비적 체험, 존재 가치(B-values), 본질, 행복, 경외, 경탄, 자아 실현, 궁극적 의미, 자기 초월, 영, 일상의 신성화, 일체감, 우주적 경외심 … 그리고 관련된 개념과 경험과 활동에 관한 이론적 연구와 응용 연구, 독창적 기여, 임상 논문과 소논문의 출판(Sutich 1969, 16).

이러한 특정한 연구에 대한 관심은 다른 상태의 의식(consciousness), 묵상의 심리학, 영적 체험의 즐거운 측면을 이해하는데 상당한 공헌을 했다.

크리스티나와 스타인슬로프 그로프(Cristina and Stanislov Grof) 부부의 연구는 임상가들이 익숙하지 않은 의식 상태로 들어가는 "돌파"(breakthrough) 체험을 약으로 치료해야 할 정신병적 상태로 간주하던 이전의 경향에 이의를 제기했다(1989). 그로프 부부는 삶 속에서 체험되는 초인격적 영역의 출현을 그 사람이 이해할 수 있고 통합할 수 있게 하는 안전한 지지 환경을 대신 요구하면서 혼란스럽게 하는 의식의 몇 가지 다른 상태를 "영적 비상상황들"(spiritual emergencies)로 인식했다.

초인격적 심리학은, 의식적으로 극한 상태나 장단기적인 정신 분열이 없는 감각적인 면의 박탈 상태를 유지하기 위하여 그리고 신비적이고 정신병적인 특색들이 동시에 존재할 때 차별화하기 위하여 일종의 인격성 발달(personality development)이 필요하다고 이해한다(Lukoff 1985). 어떤 사람에게 신비적 경험이 끝나는 중간 중간에 병적인 증상들을 경험하지 않고 신비적 경험이 일어날 수도 있다는 것을 식별하는 능력은 기독교 신비주의 전통 안에 있는 오랜 가정들을 인정한다.

병리학적인 증상과 신비적 경험이 동시다발적으로 존재한다는 것을 인식한다는 것은 연구자들이 어떤 신비주의자의 생애 동안에 존재하는 병리학적인 증상을 찾아낼 수 있게 한다(Agosin 1992). 초인격적 심리학은 인격성의 표면층을 통해서 얻는 것보다 더 깊은 지혜 또는 지침의 원천에 접촉하는 것이 가능하다는 것과 이것이 심리적 성장에 도움이 된다는 것을 자주 설명하려고 시도한다. 더구나 영적 충동을 가진 인간의 의지와 갈망을 의식적으로 지지하는 것은 궁극적 삶의 가치이다(Cortright 1997).

초인격적 심리학이 발달되면서 그것은 영성과 일상적 삶뿐만 아니라 고난과 고통과 학대의 경험에 더 관심을 기울인다. 초인격적 심리학은 삶의 초월적 차원을 폄하하지 않으면서 초기 발달 단계에서 온 상처들에 관한 임상적 연구를 더 일반화시키도록 하는데 공헌을 했다. 그럼에도 불구하고 하나님, 어떤 신적 대상, 즉 자기와 동일시되지는 않지만 분명히 자기에게 영향을 주는 대상과의 복잡한 상호 관계 경험이 부족한 "초인격적인 것"이, 무의식의 한 부분이며 인간 경험의 어떤 양상이고 심리적 경험의 어떤 양상이라고 개념화하는 설명 체계는 심리학적 문헌 심지어 초인격적 연구 안에 남아 있다. 마치 영혼/영이 완전히 정신 속으로 무너져 내려서 이러한 기이하고 말로 표현할 수 없는 관계의 영적 효과를 개념적으로 정의할 수 있는 공간이 거의 남아있지 않은 것처럼 보인다. 그 영적 효과는 기독교 신비주의자들에 의하면 종종 심리학적 자각 밑에 자리하고 있지만 그럼에도 신과 인간과의 관계 그리고 그리스도인의 일상적 경험 모두에서 변형을 가져온다.

대부분의 초인격적 심리학 문헌은 이원론적이지 않은 동양의 종교나 영적 실천의 유형에 초점을 맞춘다. 켄 윌버(Ken Wilber)의 의식의 파장(spectrum of consciousness)과 다른 이론들과 같은 의식에 대한 많은 "지도"(maps)는 더 유신론적이며 상호 관계적인 유형의 종교 경험을 이러한 중요한 틀 속에 맞추어 넣으려는 경향이 있다. 윌버는 주로 불교라는 틀에서 개인적 성장에 영향을 주는 다양한 수준의 의식을 설명하려했다(1981). 윌버는 어떤 수준의 개인의 현실이 특정한 치료적 접근 방법에 의해 다루어지는가를 보여줌으로써 심리치료를 개인 성장에 관련시키려 한다. 그의 의식에 대한 지도(map)는 기독교적인 영적 삶의 진보에 꼭 부합해야하는 것은 아니다. 윌버에게는 심리학적 작업이 영적 발전 앞에 있다.

윌버는 창조적이고 독창적인 사상가로서 최근에 과학과 영을 하나로 묶을 수 있는 통일된 이론을 만들려고 시도하고 있지만, 그는 최근의 이해를 바탕으로 하여 그의 초기 이론을 수정하지는 못하고 있다(1999). 그의 모델은 다양한 종류의 심리적 치료가 정신의 어떤 층들(layers)만을 다룰 수 있다는 기본적 통찰력을 제공한다(어린 시절의 상처는 정신 분석적 접근이 요구된다는 등). 영적 성장 이전의 심리학적 성장이 있다는 그의 모델은 많은 이들에 의해서 수용되었는데, 그 모델은 영적 각성이 아주 어린 아이들에게도 일어날 수 있고 실제로 일어나며 일생의 어떤 시점에서든지 일어날 수 있다는 가능성을 고려하지는 않았다.

하지만 동시에 그는 영적 실천만으로는 오래 겪어온 심리적 결손을 적절하게 다루지 못한다고 바르게 인식한다. 의식의 영적 수준을 치료적 수단으로는 다루지 못한다는 그의 인식은 심리학에 어떤 한계, 즉 심리학자들이 고려할 필요가 있는 한계가 있음을 의미한다. 심리학적 훈련은 어떤 특정한 종교 전통에서의 영적 발달과 같지 않다. 어느 누구도 개인적 종교 체험만으로 그가 다른 사람의 영적 성장을 도울 수 있는 자격이 있는 것은 아니다.

월버가 두 번째로 중요하게 공헌한 것은 그가 사용한 "전(前)/전이 오류"(pre/trans fallacy)라는 개념이다. 그는 서양의 심리치료가 초인격적 상태, 즉 프로이트의 "대양적 느낌"(oceanic feeling)을 전(前)인격적(pre-personal) 발달 또는 정신병의 수준의 퇴행에 연관 짓는 전형적인 실수를 한다고 말한다. 월버는 초인격적 상태들은 정신병적이거나 퇴행적인 상태라기보다는 오히려 성찰적인 자아 통합을 넘는 하나의 확고한 발달을 나타낸다고 주장한다. 또한 초인격적 상태들은, 현실을 경험하는데 있어서 비자아(non-ego)가 묶인 방식을 받아들인다. 이 경험들이 자아 발달 전에 발생하는지 아니면 후에 발생하는지에 관한 연구에 진보를 가져왔다.

짐 마리온(Jim Marion)의 의견은 월버의 이론적 틀을 기독교 상황에 적용하려는 흥미 있는 시도인데, 그것은 이 구조 안에 그의 개인적인 영적 여정을 세우는 것이다(2000). 마리온은 기독교에 월버의 도식을 적용한 그의 시도를 "기독교 영성의 내적 작업"이라는 말로 묘사한다. 그러나 완전히 합일된 상태의 의식에 대한 그의 주장과 그가 경험한 내적 상태에만 제한을 둔 그의 견해는 중대한 의문을 일으킨다.

그가 여전히 기독교적 패러다임 안에 있는가?

그리고 우리가 교회라고 이해하는 신자들의 실제 공동체에는 무슨 일이 일어났는가?

더 많은 사례들이 그의 주장을 확증하기 위해 필요할 것이다.

마지막으로 마이클 워시번(Michael Washburn)은 초인격적 심리학자들 중의 한 명인데, 그는 중년의 경험을 정신 분석적 관점으로 본 융 학파의 접근 방법을 생애 전반기에 통합한다(1994). 워시본은 유신론과 더구나 초인격적 신비주의를 대표하는 서양 신비주의자로서 십자가의 요한과 아빌라의 테레사를 거의 배타적으로 사용한다. 그의 가장 가치 있는 통찰 중의 하나는 "초월이 주는 퇴행"(regression in the service of transcendence)에 관한 묘사인데, 그는 그것을 억압된 충동의 폐지와 영적 경험 모두를 포함하는 역동적 기반에서 오는 새로운 경험의 출현이 합쳐진 것이라고 보고, 자아가 소외되거나 일반 집착에서 거리를 두는 것을 스스로 발견하는 시기라고 특징짓는다(Washburn 1995).

중년의 경험에 관한 그의 설명이 매우 미묘한 차이가 있을지라도, 그는 이러한 경험의 영적 국면, 즉 믿음 체계 안에서 일어나는 변화, 신앙 체험, 자아 통제가 되지 않는 관상적 경험을 설명하지도 못하면서, 어두운 밤에 관한 묘사를 평범한 중년의 해체와 종종 융합한다. 어두운 밤이 그가 사용한 심리적 용어를 묘사할 수 있지만 그의 도식은 이런 경험의 개인적 자질을 말하거나 이러한 수동적 정화를 동반하는 경향이 있는 일상에서 작용하는 능력을 말하는 것이 아니다.

모든 중년의 경험이 신학적으로 어두운 밤의 감각이나 영이 아니다. 그의 설명은 정신분석학에서 얻은 통찰, 특히 대상관계와 자기 심리학의 발달 그리고 그것들이 영성을 다루는 방법을 이해하는데 도움이 된다. 그러나 그는 중년의 경험 이전의 영적 각성과 발달에 관하여 적절하게 설명하지도 않으며, 영적이고 심리적인 두 가지 수동적 정화가 중년에 일어나는 현상이라면, 중년 이후에 영적으로 혹은 심리적으로 무슨 일이 일어나는지에 관하여도 제시하지 않는다.

6. 초월성

기독교 영성 연구의 단 하나의 중요성은 어떤 특정한 학파나 이론가의 연구를 바탕으로 하든지 인간 발달이 목표라는 점이다. 월터 콘(Walter Conn)은 다음과 같이 말했다.

> 심리학적 이념인 자기 실현(self-realization)과 자기 성취(self-fulfillment)와 자아 실현(self-actualization)이 기독교적 이념인 자기 부인(self-denial)과 자기 복종(self-surrender)과 자기 희생(self-sacrifice)과 조화될 수 있을까?(1999, 35)

콘은 심리학적 자기 실현의 개념이 진정한 자기 성취를 의미하고, 자기 부인의 개념이 "진정한 자기 실현을 방해하는 자기에 대한 관심과 갈망과 소망을 거부하는 것"으로 이해된다면, 이 개념들이 기독교와 조화를 이룰 것이라고 확신한다. 자아는 의미와 진리와 가치와 사랑을 목표로 할 때 진정한 존재를 인식하고 행복을 얻기 위해 이기적인 노력을 하지 않는다. 진정한 자기 실현은 다른 사람을 이롭게 하려고 애쓰면서 자신을 초월하는 움직임에서 온다. 이것은 다른 사람에 대한 사랑의 봉사로 자신의 생명을 잃는 것을 의미할 수도 있다. 그는 초월성에 대해 소개하는 내용을 다음과 같이 요약하면서 결론을 맺는다.

> 독창적 이해의 모든 성취, 실제적 판단, 책임감 있는 결정, 그리고 관대한 사랑은 자기 초월의 한 사례이다. 복음이 이웃에 봉사하도록 부르는 인지적, 도덕

적 그리고 정서적 자기 초월은 진정한 자기 실현의 척도이다(1998, 36).

자기 초월을 향한 움직임은 관계적 모형 내에서 반복적인 나선형 구조로 반응한다. 그것은 자유로운 영과 자유롭게 헌신할 수 있는 선택의 다양성이 요구되는데 그래야 억압적이지 않을 수 있다. 과거의 상처에서 온 부자유에 대하여 여러 가지로 접근하는 심리학적 이해, 인간 존재의 복잡함과 모호함에 관하여 적절하게 설명하지 못하는 삶의 비전, 관계의 전체적인 상호 관계적인 상황을 고려하지 않고 자기에게만 초점을 맞춤 등이 모든 것들은 자기 초월의 과정을 방해할 수 있다.

사랑 안에서 우리는 무엇에 헌신해야 할까?

심리학적 자기 이해와 인간 발달의 목표는 기독교적인 영적 삶의 중심 목표와 조화를 이루는 방식으로 비평적이고 적절해야 한다.

7. 영성을 측정하는 임상적 도구의 발달

지난 10년 동안에 영성을 측정하는 믿을 만한 도구의 개발은 종교성/영성과 건강 간의 관계성을 발견하려는 관심에서 나왔다(Larson 1993; Matthew et al. 1993; Matthew and larson 1995; Matthew and Saunders 1997). 묵상에 관한 초기 연구는 동양의 주요 묵상 실천에서의 심리적 효과에 관한 것들이 있다. 이제 MRI나 뇌를 스캔하는 다른 기술들을 이용하여 현재 상태를 점검하는 방식은 더 충분한 결과를 발견하게 하고 연구의 진보를 가져오게 하는 큰 가능성을 제공한다.

유대-기독교(Judeo-Christian) 전통 안에서 영성을 측정하는 주요한 도구는 교회 출석이었는데 이는 잠재적으로 다수의 변수, 예를 들면 종교심의 강도, 사회적 요소, 예배 양식, 개인적 기도 실천, 가치와 믿음 등과 같은 다른 변수들과 병합될 수 있다. 묵상 연구는 유대 기독교의 기도 실천 방법을 간과하고 선불교와 요가와 초월적 묵상에 초점을 맞추는 경향이 있다(Seeman et al. 2003). 풍부한 연구 기회들이 여기에 있다. 이 연구 기회들은 기독교 영성에 있어서 학자들에게 기존의 수단들과 평가들을 바탕으로 그것들을 개념적으로 더 다듬을 수 있고, 더 광범위한 특수 상황을 심리학자들과 함께 연구할 수 있는 도구들을 수립할 것을 요구할 것이다.

힐과 후드(Hill and Hood)는 17가지 다른 범주로 구분할 수 있는 종교와 영성에 관한 125가지의 측정 도구를 평가했다(1999). 그들은 예를 들어 믿음, 태도, 종교적 방향, 신앙 발달, 근본주의, 죽음에 대한 태도, 회중의 참여, 그리고 만족을 포함시켰다(Hill and Pargament, 2003). 고령화 문제 해결 그룹에 더 특성화된 펫쩌연구소(Fetzer Institute/ National Institute)는 사람들의 삶에서 종교와 영성이 기능하는 여러 방식에 익숙하지 않은 건강 관련 연구자들에 의해 사용될 수도 있는 12가지 영역을 바탕으로 종교/영성을 다층적으로 측정하는 도구를 개발했다(1999). 이 12가지 영역은 일상의 영적 체험, 의미, 가치, 믿음, 용서, 개인적 종교 실천, 종교적/영적 극복, 종교적 지지, 종교적/영적 내력, 헌신, 조직화된 종교, 그리고 종교적 선호도이다.

힐과 파가멘트(Hill and Pargament)는 현재 존재하는 것과 같은 측정 도구 개발과 관련된 세 가지 주의할 개념을 밝혔다. 그들은 종교와 영성의 의미가 양분된 경향이 필요 이상으로 더 크게 양극화를 만든다는 것을 주목한다. 그들은 **영성**은 "종교적 체험의 개인적이고 주관적인 측면"을 의미하지만 **종교**는 "관념이나 이념적 헌신의 고정된 체계"와 동일시된다고 지적한다(2003, 64). 따라서 종교는 "기관의, 형식적, 외적, 교리적, 권위적, 억제된 표현"과 동일시되고 영성은 "개인적, 주관적, 정서적, 내적, 비체계적, 자유로운 표현"과 동일시되고 있다.

이렇게 양분하는 것은 기관적인 영역과 개인적인 영역을 측정하기 위한 다른 도구를 만들게 한다. 영성에 관한 이러한 사유화된(privatized) 개념은 모든 영적 표현이 더 큰 사회적 상황에서 일어난다는 사실과 조직화된 신앙 전통은 공적이고 사적 영역의 체험 모두에 관심을 갖는다는 사실을 등한시한다. 이렇게 양분하는 것은 일반적으로 영성은 긍정적인 요인으로 종교는 부정적인 요인으로 추정한다. 이러한 추정은 영성의 부정적 양상과 종교의 긍정적 혜택을 간과하는 결과를 낳을 수도 있다.

영성을 지지하는 모든 사람이 조직화된 종교를 포용하는 것은 아니지만 신앙 전통에 관심있는 사람들은 조직화된 종교적 상황 안에서 영성을 경험한다. 종교성과 영성을 측정하는 최근의 세련된 측정 도구들보다는 이러한 개념적 성향이 불필요한 이중적 노력을 초래했을 수 있다. 종교와 영성은 구분되지만 서로 관련된 구성 개념으로, 이 둘의 방향성이 성스러움을 추구하는 것임을 알아차리는 식으로 정의될 필요가 있다. 이 두 저자는, 건강 관련 연구자들에게는 잘 알려져 있지 않은 종교심리학자들의 임상적 연구나 종교적 병리학이 아닌 건강한 종교가 심리학 교재에는 그다지 잘 제시되고 있지 않음을 주목한다.

그럼에도 불구하고 힐과 파가멘트는 "기능적으로 신체적이고 정신적인 건강에 관련된 영성 개념과 측정 도구"의 개발에 진보가 이미 이루어지고 있다고 한다(2003, 66-7). 그들은 하나님과의 인지된 친밀함, 지향적이고 동기부여가 된 힘, 종교적 지지, 종교적 영적 투쟁 등 몇 가지 세부적인 사항들을 논의한다. 그들은 "예측요인"만을 개발하기보다는 자기 보고 측정 도구, 종교적이고 영적인 "결과"(outcome)를 측정하는 도구와 종교적이고 영적인 변화와 변형을 측정하는 도구에 대한 대안을 개발하기를 소망한다.

시간 경과에 따른 발달을 기록하지 않는, 더 대중적인 횡적(cross-sectional) 연구 분야보다는 종적(longitudinal) 연구 분야를 위한 측정 도구가 더 개발되어야 한다. 기독교 영성 연구와 최근의 임상적 종교심리학 연구 간의 개념적 교두보를 세우는 측정 도구 개발은 더 많은 영역에서 복잡한 연구를 할 수 있게 할 것이다. 추가적 연구를 위한 제안과 임상에 기초한 정보와 기독교 영성 이해 간에 더 만족스러운 대화를 위한 제안은 영성 연구 분야를 정말로 풍부하게 할 수 있다.

이러한 연구 결과가 신학적이고 역사적인 학문 분야에 기초한 영성 이해에 어떤 변화를 요구하는가?

기독교 영성에서 연구자가 기독교 체험과 실천에 알맞은 측정 도구 개발에 어떻게 공헌할 수 있을까?

8. 기독교 영성 연구에서 질적 연구 방법

질적(qualitative) 연구 방법은 심리학을 포함하여 많은 영역에서 연구 방법론으로서 점점 더 많이 사용되어지고 있으며 기독교 영성의 새로운 탐구의 길을 제공한다. 질적 연구 방법은 종종 연구의 초점에 대한 개념적 발달로 시작하여 결국에는 질적 연구에서 보통 사용되는 소량의 인터뷰 과정에서 얻은 가설과 연구결과를 추가로 검증할 수 있는 양적(quantitative) 연구로 마무리 짓는 연구과제의 출발점이 된다. 질적 연구는 제안하는 사항이 많고 연구 대상자의 경험을 다양한 국면으로 탐구하게 한다(Miles and Huberman 1984; Moustakas 1990, 1994; Ruffing 1995; Anderson 1998; Hay 1998).

질적 연구 방법의 사용은 민족지학적(ethnographic)이고 현상학적이며 발견적인(heuristic) 유형의 연구 방법을 가능하게 하는데, 그것은 연구자가 자신의 제한된 관점을 초월하고 연구과정에서 연구자의 공감적 통찰과 이해를 이끌어낼 수 있게 한다. 비록 그러한 연구의 결과가 통계학적으로 신뢰할 수 있는 자료는 아니지만, 거룩한 것을 불어넣어 줄 수 있는 광범위한 인간 경험에 대한 새로운 통찰을 제공한다. 따라서 기독교 영성학자들을 위한 적절한 연구 방법이다.

9. 결론

심리학에 대한 각각의 접근 방법은 나름대로 고유한 관점과 통찰 그리고 한계점이 있다. 치료적인 접근 방법은 인간적 방법에 의해 제한된다. 유익한 개입은 절제적인 (ascetical) 수단들과 비교될 수 있다. 즉 치료는 자신을 알게 하고 심리적 상처를 고치고 내담자의 자유를 증진시킴으로써 자아를 더 잘 통합하고 작용하게 하는 인간의 활동이다. 어떤 유형의 자기 초월, 신적인 것과의 연합, 다른 사람에 대한 이타주의적인 헌신 혹은 최소한 자신에게 하는 것처럼 동일하게 완전한 인격으로 다른 사람에게 하게 하는 치료 과정에서 인간의 개인적 특질을 이해하는 것은 심층심리학에 관한 적절한 이해 없이는 더 이상 가능하지 않다. 특정한 묵상과 기독교의 기도가 건강에 미치는 혜택을 보여주는 심리학적 연구는 어떤 특정한 시대 사람들의 삶에서 사용된 특정한 방법이 실존적 조건과 관상의 과정 모두에 관련되어 있음을 밝히고 있기 때문에 기독교 영성학자들이 그 방법들을 추천하는 데 도움을 준다.

그러나 기독교의 관상 전통은 기도와 묵상의 주요 목적이 개인과 하나님의 관계를 키우는 것이라고 보며, 이것의 반복으로 말미암아 예측하지 못하는 가운데 고유의 방식으로 지속적으로 각 개인에게 삶과 의식의 변형이 일어난다고 본다. 하나님과 인간(영/정신, 몸)의 신비적인 상호 작용의 결과는 자아(the self)에 관하여 임상적으로 측정된 혹은 인간의 기술로 예상된 것에 의해서 제한될 수 없다. 영적 투쟁과 변화 중의 기도는 삶의 스트레스를 감소시키는 요인이라기보다 스트레스를 일으키는 요인일 수 있다.

치유 행위는 인간이 최종적으로 죽음에 이르는 것으로부터 막을 수 없다. 헌신이 그리스도인의 삶을 구성하는 모든 관계망을 유지하는 실천인 것처럼 삶의 의미나 가치 추구를 위한 탐구여정은 평생의 과제이다. 심리학적 언어와 개념과 치료 방법들은 중요하지만 기독교 영성 연구의 일부분일 따름이다. 이 연구 방법들이 기독교 영성 연구를 위한 단독적 연구 방법일 수는 없다. 이 분야의 학자들은 어떤 이론과 어떤 연구가, 각각의 구체적인 연구에서 부분적 문제를 형성하는 특정한 현상을 적절하게 이해하는데 가장 큰 가능성을 제공하는지 발견하기 위하여, 새롭게 떠오르는 학파와 심리학적 관점들을 상당히 조절하는 것이 필요하다.

참고문헌

Agosin, T. 1992: Psychosis, dreams, and mysticism in the clinical domain. In F. Halligan and J. Shea (eds), *The Fires of Desire: Erotic Energies and the Spiritual Quest*, pp. 41-65. New York: Crossroad.

Akhtar, S. and Parens, H. 2001: Is God a subject for psychoanalysis? In S. Akhtar and H. Parens (eds), Does God Help?: *Developmental and Clinical Aspects of Religious Belief*, pp. 1-18. Northvale, NJ: Aronson.

Anderson, R. 1998: Intuitive inquiry: a transpersonal approach. In W. Braud and R. Anderson (eds), *Transpersonal Research Methods for the Social Sciences: Honoring Human Experience*, pp. 69-94. Thousand Oaks, CA: Sage.

Assajoli, R. 1971: *Psychosynthesis*. New York: Viking.

Ciarrocchi, J. 2000: Psychology and theology need each other. *National Catholic Reporter* March 17.

Conn, J. W. 1989: *Spirituality and Personal Maturity*. New York: Paulist Press.

Conn, W. E. 1998: *The Desiring Self: Rooting Pastoral Counseling and Spiritual Direction in Selftranscendence*. Mahwah, NJ: Paulist Press.

Cortright, B. 1997: *Psychotherapy and Spirit: Theory and Practice in Transpersonal Psychotherapy*. Albany, NY: State University of New York Press.

Cousins, E. 1985: Preface to the series. In B. McGinn and J. Meyendorff (eds), *Christian Spirituality: Origins to the Twelfth Century*, pp. xi-xiv. New York: Crossroad.

Eigen, M. 1998: *The Psychoanalytic Mystic*. Binghamton, NY: ESF.

Fetzer Institute Working Group 1999: *Multidimensional Measurement of Religiousness/Spirituality for Use in Health Research: A Report of the Fetzer Institute/National Institute on Aging Working Group*. Kalamazoo MI: Fetzer Institute.

Frohlich, M. 1993: *The Intersubjectivity of the Mystic: A Study of Teresa of Avila's Interior Castle*. Atlanta: Scholars Press.

Gillespie, K. 1995: Listening for grace: self-psychology and spiritual direction. In R. J. Wicks (ed.), *Handbook of Spirituality for Ministers*, pp. 347-65. Mahwah, NJ: Paulist Press.

Grof, C. and Grof, S. 1989: *Spiritual Emergency*. Los Angeles: Tarcher.

Halligan, F. and Shea, J. 1992: *The Fires of Desire: Erotic Energies and the Spiritual Quest*. New York: Crossroad.

Hay, D., with Nye, R. 1998: *The Spirit of the Child*. London: Fount.

Hill, P. C. and Hood, R. W. (eds) 1999: *Measures of Religiosity*. Birmingham, AL.: Religious Education Press.

_____. and Pargament, K. 2003: Advances in the conceptualization and measurement of religion and spirituality: implications for physical and mental health research. *American Psychologist* 58, 64-74.

Hudson, F. M. 1999: *The Adult Years: Mastering the Art of Self-renewal*. San Francisco: Jossey-Bass.

Jones, J. 1991: The relational self: contemporary psychoanalysis reconsiders religion. *Journal of the American Academy of Religion* 59, 119-35.

Kegan. R. 1982: *The Evolving Self*. San Francisco: Jossey-Bass.

_____. 1994: *In Over our Heads: The Mental Demands of Modern Life*. Cambridge, MA: Harvard University Press.

Kohut, H. 1971: *The Analysis of the Self*. New York: International Universities Press.

_____. 1977: *Restoration of the Self*. Madison, CT: International Universities Press.

Larson, D. 1993: *The Faith Factor: An Annotated Bibliography of Clinical Research on Spiritual Subjects*, vol. 2. Rockville, MD: National Institute for Healthcare Research.

Liebert, E. M. 1992: *Changing Life Patterns*: Adult Development in Spiritual Direction. Mahwah, NJ: Paulist Press.

Loevinger, J. 1976: *Ego Development*. San Francisco: Jossey-Bass.

Lukoff, D. 1985: The diagnosis of mystical experience with psychotic features. *Journal of Transpersonal Psychology* 17, 123-53.

Marion, J. 2000: *Putting on the Mind of Christ: The Inner Work of Christian Spirituality*. Charlottesville, VA: Hampton Roads.

Matthew, D. A. and Larson, D. B. 1995: *The Faith Factor: An Annotated Bibliography of Clinical Research on Spiritual Subjects,* vol. 3: *Enhancing Life Satisfaction*.

Rockville, MD: National Institute for Healthcare Research.

_____. and Saunders, D. 1997: *The Faith Factor: An Annotated Bibliography of Clinical Research on Spiritual Subjects*, vol. 4: *Prevention and Treatment of Illness, Addictions, and Delinquency*. Rockville, MD: National Institute for Healthcare Research.

_____. Larson, D., and Barry, C. 1993: *The Faith Factor: An Annotated Bibliography of Clinical Research on Spiritual Subjects*, vol. 1. Rockville, MD: National Institute for Healthcare Research.

Meissner, W. 1987: *Life and Faith: Psychological Perspectives on Religious Experience*. Washington, DC: Georgetown University Press.

Miles, M. B. and Huberman, A. M. 1984: *Qualitative Data Analysis: A Sourcebook of New Methods*. Beverly Hills, CA: Sage.

Mitchell, S. 1988: *Relational Concepts in Psychoanalysis: An Integration*. Cambridge, MA: Harvard University Press.

Moustakas, C. 1990: *Heuristic Research: Design, Methodology, and Applications*. Newbury Park, CA: Sage.

_____. 1994: *Phenomenological Research Methods*. Thousand Oaks, CA: Sage.

Rizzuto, A-M. 1979: *The Birth of the Living God: A Psychoanalytic Study*. Chicago: University of Chicago Press.

_____. 1996: Psychoanalytic treatment and the religious person. In E. Sahfranske (ed.), *Religion and the Clinical Practice of Psychology*, pp. 409-32. Washington, DC: American Psychological Association.

_____. 2001: Does God help? What God? Helping whom? The convolutions of divine help. In S. Akhtar and H. Parens (eds), *Does God Help?: Developmental and Clinical Aspects of Religious Belief*, pp. 21-51. Northvale, NJ: Aronson.

Ruffing, J. K. 1995: The world transfigured: kataphatic religious experience. *Studies in Spirituality* 5, 232-59.

Schneiders, S. M. 1998: The study of Christian spirituality: contours and dynamics of a discipline. *Christian Spirituality Bulletin* 6 (1), 1-12.

Seeman, T., Dubin, L. F., and Seeman, M. 2003: Religiosity/spirituality and health: a critical review of the evidence for biological pathways. *American Psychologist* 58, 53-63.

Sutich, A. J. 1969: Some considerations regarding transpersonal psychology. *Journal of Transpersonal Psychology* 1, 15-16.

Washburn, M. 1994: *Transpersonal Psychology in Psychoanalytic Perspective*. Albany, NY: State University of New York Press.

_____. 1995: Regression in the service of transcendence. In The Ego and the Dynamic Ground: *A Transpersonal Theory of Human Development*, pp. 171-202. Albany, NY: State University of New York Press.

Wilber, K. 1979/1981: *No Boundary: Eastern and Western Approaches to Personal Growth*. Boulder, CO: Shambhala.

_____. 1999: *The Marriage of Sense and Soul: Integrating Science with Religion*. New York: Broadway.

Winnicott, D. W. 1965: *The Maturational Process and the Facilitating Environment: Studies in the Theory of Emotional Development*. New York: International Universities Press.

_____. 1971: *Playing and Reality*. London: Routledge.

제19장
자연 과학

로버트 존 러셀(Robert John Russell) **박사**
버클리연합신학대학원 신학부 교수

이 글의 과제는 자연 과학에 의해 발견되고 이해된 실제로서 하나님의 창조물과 함께, 창조물을 통하여, 창조물 안에서 경험된 하나님 경험을 기독교 영성 연구에 부가하는 것이다. 기독교 영성에 과학을 소개하기 위한 방법론을 살펴본 후에, 과학이 영성을 심오하게 할 수 있는 다양한 함축된 의미를 탐구하고, 거꾸로 영성이 과학적 연구에 흥미 있는 방향성을 제공해 줄 수 있는 부분을 제안할 것이다. 이 글의 도처에서 독자들이 이 분야에 흥미와 역동성을 가지고 참여하게 하고 앞으로 학적으로 연구해 볼만한 것들을 알게하기 위하여, 자주 질문의 형태로 문제의 쟁점을 제기할 것이다.

1. "자연의 책" 전통

여러 가지 점에서 영성이 자연과 상호 작용하는 가장 기본적인 것은, 비성찰적으로 세계를 경험하거나 적어도 최소한 이차적(second-order) 분석을 하는 것이다(Barbour 1974, 51-3). 이것은 "세계 안에서 존재"에 대한 경험과, 우리 주변에 그리고 우리 안에 있는 자연 세계에 대한 완전하고 놀라우며 감탄할만한 맛과 감촉에 대한 경험이다. 한밤중에 반짝이는 거미줄이나 해질 무렵 떠 있는 구름 사이로 솟아오르는 보름달을 처음 보았을 때의 기억을 떠올려보라.

"존재"감 혹은 아마도 "타자"가 존재한다는 느낌으로 오싹해 본적이 있었는가?

타히티 산호섬(Tahitian atoll)에서 살면서 울창한 산호초가 있는 매끄럽고 따뜻한 바닷물 속으로 표류해 보라. 마터호른(Matterhorn, 프랑스와 이태리 사이에 있는 알프스 산맥의 한 봉우리-역주)의 얼어붙은 북쪽 면에 구름이 형성되는 것을 지켜보라. 세렝게티(Serengeti, 탄자니아 서부에서 케냐 남서부에 걸쳐 있는 광범위한 초원-역주) 평원 위를 활공하여 그것이 펼치는 흐름과 수없이 많은 누(gnu/wildebeests) 떼를 내려다보라. 남극(Antarctic)에서 둥지를 틀고 있는 수많은 펭귄을 지켜보라. 앵무새의 소리를 뒤로 들으며 하와이의 열대 정글을 천천히 통과해 보라.

제인 구달(Jane Goodall, 영국의 동물학자, 환경 운동가, 침팬지 연구의 세계 최고 권위자-역주)과 함께 고릴라들이 숲에서 나와 멈추어 서서 엄청나게 큰 폭포를 마치 신성한 공간이 실재하는 순간을 경험하듯이 올려다보는 것을 지켜보라. 호주 원주민들의 신성한 장소인 울루루(Uluru, 호주 북부 지방에 있으며 "에이어의 암석"[Ayers Rock]이라고도 불림. 단일 암석으로는 세계에서 가장 큰 모래 암석으로 신성시됨-역주)나 미국 원주민을 위한 서부 평야의 신성한 장소에 섰을 때, 상승하는 열기와 "생수"에 대한, 고동치는 갈증을 느껴보라. 시내산의 불타는 가시나무 덤불 이야기를 떠올려보라.

확실히 "자연의 책"은 많은 사람들에게 영성을 위한 "텍스트"이며, 그것은 "성경"과 함께 우리의 삶과 세계에 있는 그리고 우리 삶과 세계를 초월하는 하나님을 경험케하는 심오한 원천으로서 그리스도인들에게 도움을 준다. 자연과의 이러한 직접적 경험에서 나온 영성은 성 프란시스(St. Francis)의 "태양의 노래"(Canticle of Brother Sun)에서부터 데이야르 드 샤르뎅(Teilhard de Chardin)의 『우주의 찬가』(Hymn of the Universe)까지 폭넓은 글들에서 나타난다.

그것은 본서의 27장에서 더글라스 버튼-크리스티(Douglas Burton-Christie)의 논문이 논의하는 것처럼 현대의 "자연 문학"(nature-writing)장르에서 발견된다. 자연과의 이러한 직접적 경험과 연관된 영성들과 신적인 것에 대한 자연의 중개 작용은 자연에서 그리고 자연을 통한 거룩한 것과의 신령한 만남(유념적 영성[a kataphatic spirituality]), 자연의 신적 원천과의 신비한 연합(무념적 영성[an apophatic spirituality]), 공동체인 자연과의 연합(관계적 영성)을 포함한다.

또한 일상생활에서 우리가 경험하는 자연의 "두 번째 측면"이 있는데, 그것은 두려움과 공포를 느끼게 한다. 창조의 우수성을 바로 위에서 이야기 했는데 이 "두 번째 측면"은 "자연의 악"(natural evil)이라고 불릴 수 있으며 자연에서 피할 수 없는 이 역할을 알아차려야 한다. 따라서 거미줄은 금방이라도 벌릴 것 같은 거미의 입을 지켜보는, 덫에 걸린 벌레의 공포를 감추고 있다. 떠오르는 보름달은 태평양 연안 저지대 마을을 황폐화시키는 해일을 일으킬 수 있다.

현란한 색채의 산호초는 종종 암초 상어의 소굴이며, 우아한 해파리의 아름다움은 그 촉수 안에 있는 독극물을 알아채지 못하도록 우리의 주의를 빼앗는다. 마터호른에 형성된 구름은 실제로 등산객의 생명을 앗아간 산사태에서 온 것일 수 있다. 세렝게티 평원을 가로질러가는 야생 짐승들은 사자의 입에서 죽고, 남극의 펭귄은 얼음 위에서 물속으로 뛰어 내릴 때 상어에 의해 집어삼킴을 당한다. 정말로 지상에서 생명의 역사를 나타내는 약육강식의 질서 가운데 대부분의 동물들은 고통스러운 죽음을 맞이한다.

이러한 동일한 순간에 들어오며 극단의 상태로 우리를 개방시키는 "완전히 반대인 것"을 어떻게 단정해야 할까?

이 물음은 "일차적"(first-order) 현상을 넘어 이 글의 분석적 과제로 이끈다. 루돌프 오토(Rudolf Otto)는 세계 종교에 관한 연구에서 "두렵고도 황홀한 신비"(*mysterium tremendum et fascinans*, "미스테리움 트레멘둠 에트 파스키난스")라는 용어를 만들었다(1958). 오토가 제안하듯이 자연 세계에 대한 양극단의 경험에서 보면 기독교 영성은 선과 악에 대한 근본적인 판단, 친밀하고 내재적이며 근본적인 가까움, 거룩함과 아름다움과 기쁨의 신적 원천, 즉 하나님 모두를 포함할 것이다.

2. 과학과 영성의 전제 조건

아서 홀더(Arthur Holder)는 이 책의 서론에서 실제로 쓰이는 기독교 영성을 "기독교 신앙과 제자도에 대한 실제(lived) 경험"에 관한 연구라고 정의한다. **분별**(discernment), 즉 우리 안에 있는 하나님의 "세미한 음성"(still small voice)을 기다리는 훈련은 중요한 체험의 한 양상이다. 분별은 신이 주시는 선물이며 개인적 욕망이 결과를 미리 결정하지 않는 대안에 완전히 개방하는 인간의 능력이다. 또한 영성에 대한 홀더의 정의는 **제자도**, 즉 세상에서 하나님께서 부르신 소명에 대한 우리의 실제(lived) 응답을 포함한다. 시간이 지나면서 이것은 교회로서 모이는 그리스도인 공동체 안에서 경청하고 행하는 반복 과정이 된다.

기독교 영성에 관한 홀더의 정의에서 시작하여 분별과 제자도의 "가능성을 위한 전제 조건"을 탐구함으로써 우리는 영성과 자연 과학 간의 몇 가지 연관성을 발견할 수 있다.

사실 과학이 드러내는 세계는 일종의 이러한 전제 조건에 딱 맞는 세계로 밝혀진다.

1) 분별을 위한 전제 조건

여기서는 분별의 가능성을 위한 전제 조건에 대해 집중해 보자.

첫째, 세상에서 숨겨진 하나님의 활동, 즉 인식론적인/방법론적인 논쟁이다. 분별은 역사와 자연 세계 안에서 하나님의 뜻과 활동은 "숨겨진" 그러나 "분별 가능한" 것이라고 가정한다. 하나님의 뜻과 활동은 하나님에 대한 신앙이 불필요한 자연 세계에서는 그렇게 "논의의 여지가 없이 명백한" 것은 아니어야 한다. 이것은 세상이 "마치 하나님이 없는 것"(etsi Deus non daretur, "에트시 데우스 논 마레투르") 같아야 한다는 의미이다.

그러나 하나님의 뜻과 활동은 세계에 의해서 "숨겨질" 수 없기에 우리는, 역사와 자연에 대한 우리의 지식의 빛 가운데서 지적일 수 있는 믿음(fides quaerens intellectum, "피데스 쿠아에렌스 인텔렉툼," 이해를 추구하는 신앙)에로 나아갈 수 없다. 숨겨짐과 분별할 수 있음의 모순적 조합을 이해하기 위한 용어는 존 힉(John Hick)이 도덕적 성장이 가능한 환경을 위한 전제 조건을 분석할 때 소개한 "인식론적 거리"(epistemic distance)이다(1966, 280-91). 영적 분별이 가능하다면 "인식론적 거리" 또한 그 경우일 것이다. 그러므로 필자는 힉의 주장을 확대시키고자 한다.

과학이 여기에서 얼마나 적절한가?

그 답변은 과학이 근거하는 방법론적 가정, 다시 말하면 방법론적인 자연주의, 즉 자연 세계의 인과관계의 관점에서 자연의 과정에 관하여 말하는 과학적 이론들에 놓여 있다. 과학적 이론에서 "하나님"께 간청하는 것은 이 방법론을 어기는 것이다. 도덕적 성장과 기독교 영적 분별로서 인식론적 거리는 세계가 "마치 하나님이 없는 것처럼"보여야 함을 수반한다는 것을 지금 막 보았다. 따라서 인식론적 거리는 **또한** 방법론적 자연주의의 전제 조건이며, 또한 자연 과학의 전제 조건이다.

세상에서 하나님의 "숨겨짐"은 자연에 대한 과학적 이해를 가능하게 하며 그로 인해 우리는 세상이 "마치 하나님이 없는 것처럼" 여긴다. 그러나 자연 속에서 그리고 자연을 통해서 하나님을 분별할 수 있는 가능성은 우주 대폭발 이론이나 생물학적 진화론과 같은 과학 이론이 자연 안에서 하나님의 뜻과 활동이라는 의미로 신학적인 해석을 할 수 있다는 의미이다(따라서 "신학과 과학"이 가능하다). 도덕적 성장을 위한, 과학을 위한 그리고 영적 분별의 가능성을 위한 중요한 조건은 하나님께서 우주를 창조하실 때 인식론적 거리를 주셨다는 사실에서 충족된다는 결론을 내릴 수 있다.

둘째, 세상에서 하나님의 숨겨진 활동, 즉 구조적인/존재론적인 논쟁이다. 분별이 세상에서 하나님의 활동을 통한 하나님의 뜻에 대한 분별이기 위해서는 우리는 하나님이 세상에서 정말로 행하신다고 가정해야 한다. 신학과 과학에서 "신적 활동"에 관한 문헌이 점점 늘어나면서 그러한 가정은 "비개입주의적인 객관적 신적 활동"(non-interventionist objective divine action)이라는 꼬리표가 붙여졌다(Russell et al. 1993, 1995, 1998, 1999, 2001). "객관적인"이라는 말은 하나님께서 세상에서 정말로 활동하신다는 의미이다.

"비개입주의적인"이라는 뜻은 하나님께서는 과학적 자연 법칙들(laws of nature)을 정지시키거나 침해하지 않으면서 행하신다는 의미이며, 대신 하나님의 활동은 과학에서는 "숨겨진" 것이다. 궁극적으로 "자연 법칙들"은 하나님의 규칙적인 신실한 활동(예, 일반적인 섭리)을 묘사하기 때문에, 하나님의 부가적이고 특별한 활동(예, 특별한 섭리)이 근본적으로 새로운 쪽으로 이끌면서 이 법칙들과 일치한다는 것은 신학적 의미가 있다. 그러면 분별은 하나님의 뜻과 활동이 어떤 면에서 자연적이고 역사적 과정에서 숨겨져 있다는 것과, 그럼에도 불구하고 하나님의 뜻과 활동은 자연과 역사의 **특수한** 미래 과정에서 객관적인 차이를 만들어낸다고 가정한다.

다시 말하면, 현대 과학은 이러한 지적 주장을 함에 있어서 놀라운 역할을 한다. 뉴턴학파의 물리학과 계몽주의 철학에서 온 자연을 보는 기계적인 관점은 세상을 폐쇄된 원인과 결과의 질서로 묘사했다. 자연에 대한 그러한 관점에서 보면, 객관적인 신적 활동이 간섭주의적인 것이고, 신학적 보수주의자와 자유주의자 간에 분열이 증가하는데 역사적으로 공헌하는 결과를 낳았다.

그러나 우주론, 양자물리학(quantum physics), 복잡계학(complexity studies), 진화분자생물학(evolutionary and molecular biology)을 포함하여 현대 자연 과학은 새로운 자연 철학에 실제 희망을 제공하는데, 그 철학에 의하면, 세상은 신적 섭리와 인간의 작용 모두에 개방되는 것처럼 보인다. 이러한 해석으로 작업을 하면, 우리는 하나님이 자연의 과정을 파괴하지 않으면서 자연과 함께 일하신다고 볼 수 있다. 요약하면, 하나님께서 창조하시는 세계는 기독교적 분별이 가능한 세계이다.

2) 신앙과 제자도 체험을 위한 전제 조건

제자도는 홀더가 지적한 것처럼 영성에 매우 중요하다. 이제 제자도를 위한 전제조건은 하나님의 은혜가 우리의 죄를 사하시고 우리를 자유롭게 하셨기 때문에 우리가 삶 속에서 하나님의 영향력에 자유롭게 반응할 수 있는 것이다. 하나님께 자유롭게 반응하는 것은 유전과 사회적 인습과 같은 요인들이 그렇게 하지 못하게 할 수 있지만 그것들이 우리의 선택권을 완전히 지배하는 것은 아니다. 유전학과 심리학 간의 관계성에 관한 최근의 연구는 반대 의견이 있지만 이 전제 조건을 지지하는 경향이 있다.

그러나 자유는 신체적인 속박 없이 행할 수 있는 것을 또한 전제한다. 위에서 논의했듯이, 이 전제 조건이 자연에 대한 기계적 해석에 의해 도전을 받는 반면, 세상은 이제 역동적이고 상호 관계적이며 진정으로 개방적이고 새로움으로 가득한 것처럼 보인다. 이 관점은 기독교의 제자도 이해와 관계된 전제 조건과 일치한다.

3. 영성에 과학을 소개하기

보다 더 일반적이고 예비적인 생각을 마음에 두고, 방법론적인 질문을 해보자.

기독교 영성과 자연 과학을 어떻게 연관시켜야 할까?

이에 답변하기 위하여, 먼저 홀더가 제공하는, 간결하여 실제로 쓰이는 기독교 영성에 관한 정의를 확장시킬 필요가 있다. 버나드 맥귄(Bernard McGinn)은 영성에 관하여 35가지 이상의 다른 정의를 보고한다(1993). 다행히도 그는 영성을 하나의 현상(즉, "1차" 정의)과 이 현상에 관한 연구(즉, "2차" 정의) 둘 다를 포함하는 광범위한 세 가지 범주 혹은 접근 방법으로 정리해 놓는다.

1) 신학적 접근 방법은 "2차" 정의에 초점을 맞추고, 종종 영성을 신학적 관점에서 배타적으로 다루며, 초월에 대한 인간의 일반적 노력과 기독교의 계시에 대한 특별한 반응을 구분한다.
2) 역사적이고 상황적인 접근 방법은 역사적인 사례들, 즉 어떤 영적 공동체의 특정한 역사, 그리고 역사를 넘어 신앙의 일치가 역사적 용어로 이해되는 방식에 집중한다.
3) 인류학적 접근 방법은 영성을 "심오함," "진정성," "내적 차원"을 포함하는 일반적인

인간 경험의 한 양상으로서 본다.

그러면 영성을 어떻게 정의해 나가야 하는가, 즉 이 세 가지 접근 방법 중에 하나를 선택해야 하는가 아니면 이것들의 복합을 찾아보아야 하는가?

맥귄은 "세 가지 접근 방법이 가진 공통의 의미"때문에 후자를 취한다. 즉 이 세 가지 접근 방법들은 역사적인 인물들과 현시대 인물들이 실제로 설명한 영적 체험, 그 설명이 신학으로 형성되고 진실을 제시하기 위해 분석하는 방식 그리고 이러한 설명이 철학적이고 사회 과학적 관점에서 인간의 본성에 관하여 말하고 있는 것에 주력한다(1993, 7). 맥귄의 제안은 도움이 되는 출발점을 제공한다. **신학적** 접근 방법은 아마도 과학을 기독교 영성에 소개하기에 가장 자연스러운 방법이다.

"2차"적 성격의 신학용어는 "1차"적 용어가 경험 자료인 과학의 "2차"적 성격의 이론적 언어에 "자연스럽게 들어맞는"다. 그것은 지난 5년간 신학과 과학 간의 관계에 관한 학문에서 있어온 엄청난 성장을 우리로 하여금 이용하게 한다. 그것은 우리로 하여금 신학을 자연 과학에 비추어 새롭게 표현하도록 요청하며, 따라서 그것은 기독교 영성과의 연관성 안에서 신학을 좀 더 활기 있고 현대적인 학문이 되게 한다. 더구나 그것은 환원주의/물질주의의 시각으로 과학을 연구하는 것을 바탕으로 신학과 영성을 무시하려는 무신론적 접근 방법이 되지 않도록 조심하면서 그렇게 한다. 동시에, **역사적**이고 **인류학적**인 접근 방법은 또한 과학을 신학뿐만 아니라 영성에도 소개하기 위한 장소를 제공한다.

내 생각에 맥귄의 제안은, 충분하게 복합적인 분석을 어떻게 이 세 가지 접근 방법이 함께 할 수 있는지에 대하여 말하고 있지 않다. 샌드라 슈나이더스(Sandra Schneiders)의 연구는 여기에서 매우 도움이 된다. 슈나이더스는 영성을 "고립과 자아도취가 아니라 사람이 인식하는 궁극적 가치를 향한 자기 초월이라는 면에서 자신의 삶을 통합하려는 의식적 노력의 경험"이라고 정의한다(1989, 684; 1994, 1998). 그녀는 인류학적/해석학적 접근 방법을 지지하며, 영성 연구를 본질적으로 "학제간 연구"로 본다. 그것은 인식론의 두 층을 포함한다.

첫째, 기독교 영성 자료를 제공하는 구성적 학문 분야(성경과 기독교 역사).

둘째, 기독교 영적 경험에 관하여 중요한 관점을 제공하는 해결되지 않은(problematic) 학문 분야(심리학과 사회학과 같은)(1998, 7).

그러면 신학은 어떠한가?

슈나이더스는 신학이 양 쪽 모두에 속하는 것으로 본다. 신학은 성경과 기독교 경험의 역사에 대한 비평적 성찰을 통하여 그러한 경험에 관한 기독교적 특징을 잘 정리할 때 구성적 학문으로서 기능한다. 여전히 신학은 경험에 관한 비평적 성찰을 제공하는 반면, 기독교 영적 경험의 실제 자료를 결코 제공할 수 없기 때문에 **문제 제기적** 학문 분야의 범위 안에 남아있다.

필자는 슈나이더스가 제공하는 의미의 방법론으로 연구하기를 제안한다. 다른 곳에서 필자는 슈나이더스의 방법론이 제공하는 과학과 영성을 관련시키는 몇 가지 방법을 탐구했다. 이 방법론의 핵심적인 공헌은 과학과 창조적으로 상호 작용하는 영향을 받은 신학이 영성과 신학 간의 상호 작용을 크게 향상시킬 수 있는 통찰력일 것이다. 이 통찰력을 유지하기 위하여, 필자는 먼저 널리 퍼진 두 가지 가정에 반대 의견을 말해야만 한다.

첫째, 과학과 신학이 서로 무관하다는 가정에 반대하기 위하여 필자는 그들의 이론적인 방식이 유사하다는 것을 주장할 것이다.

둘째, 신학과 모든 다른 학문 분야들은 학문으로 남지 않고 축소될 수 있다는 가정에 반하여, 필자는 신학과 그 학문 분야들 모두가 축소될 수 없는 인식적(epistemic) 네트워크에 알맞다는 것을 주장할 것이다. 필자는 이러한 주장을 펼친 후, 과학과 신학 간에 가장 좋은 관련성은 "쌍방향"의 상호 작용이라고 제안할 것이다.

1) 유사한 방법들

이안 바버(Ian G. Barbour)의 주의 깊은 분석에 따르면, 이론들이 과학에서 그리고 신학("이론"을 위한 "교리"연구)에서 만들어지고 알맞게 사용되며 평가되는 방식 간에 유사성이 존재한다. 양쪽 분야에서 패러다임들은 모든 것을 포함하는 해석의 틀을 제공하고 형이상학적이고 미학적 요소들을 둘 다 포함한다. 적절하다고 여겨진 자료에 대한 선택은 점검된 이론의 편견들을 반영한다(즉, "모든 자료는 이론을 담고 있다").

상상력은 모델과 이론을 구축하는데 중요한 역할을 한다. 이론들(교리들)은 새로운 유형의 자료를 해석하고 삶의 실천적 결과에서 그 유익함이 점검된다. 두 영역 모두 부분적이며 수정이 가능하지만 지식과 관계가 있고 비평적 현실주의 해석을 제공할 수 있고, 그 안에 주관적이고 객관적인 요소가 모두 있다. 마지막으로 과학과 신학 모두 "팽창하는 우주," "유전 암호," "생태," "웹"(web)과 같은 은유적 언어에 의존한다. 종종 이러한 은

유들은 샐리 맥페이그(Sallie McFague)가 우주를 "하나님의 몸"으로 언급하듯이 신학과 과학의 대화에서 결합된다(1982, 1988, 1993).

과학적 방법론과 신학적 방법론 간의 이러한 유사성을 기독교 영성 학문을 포함시키는데 확장하기를 제안한다. 영적 실천의 패러다임 안에서 자료의 해석(즉, 성경, 전통)은 전통적 공동체가 자라고 성숙하는 방식을 형성한다. 분별의 실천은 어떤 자료를 사용할지 그리고 슈나이더스의 훌륭한 용어를 사용하여 "평생 계획" 안에서 그 자료를 어떻게 통합할지에 관하여 성령의 영향력에 마음을 여는 것이 요구된다. 이러한 통합의 점검은 "성령의 열매"에 기초한다. 마지막으로, 기독교 영성은 "하나님"과 같은 용어들이 심지어 형언할 수 없는 신비를 강조하더라도 비평적 현실주의가 필요한 것처럼, 어떤 관계있는 의미가 있을 수 있다고 전제한다. 따라서 학문 분야로서 기독교 영성의 방법론은 과학의 방법론과 여러 방식에서 유사하다.

2) 인식론적 제약과 돌이킬 수 없는 등장

두 영역의 방법론들이 유사하다는 것을 감안하면, 과학의 발견을 기독교 영성에 어떻게 "반입"할 것인가?

아더 피코크(Arthur Peacocke 1993, 특히 217, 그림 3), 낸시 머피(Nancey Murphy 1997; 1998b), 조지 엘리스(George Ellis, Murphy and Ellis 1996, 특히 204. 그림 9.3)와 같은 학자들은 기독교 신학 내에서 과학의 발견을 해석하기 위한 복잡한 계획을 개발했으며, 영성의 영역을 거기에 포함시키기 위하여 그 계획을 일반화시키기를 제안한다.

이 학자들은 과학과 인문학이 하나의 전체 인식론적 네트워크 층을 이루고 있다고 보는데 그 층들은 점점 더 복합적인 체계를 연구하는 학문들이다. 그 네트워크는 제일 밑층에 물리학으로 시작하여 화학, 생물학, 신경생리학, 심리학, 언어학, 경제학의 순서로 통과하여 미술, 윤리학, 신학까지 작업한다. 이러한 접근 방법에 따르면 하위 층들은 상위 층들 위에 인식론적 제약들을 놓는다. 그러나 상위 층들에서 나타나는 진정으로 **새롭고 축소시킬 수 없는 지적 특성들과 과정들**이 있다. 따라서 생물학은 물리학을 부정할 수 없고 오히려 물리학을 전제로 한다. 그러나 그것은 물리학으로 축소될 수 없다. 이 접근 방법이 의미하는 것은, 신학이 진지하게 여겨져야만 하며 자연 과학을 포함한 다른 모든 학문의 지식에 의해 영향을 받게 되어 있다는 것이다. 비록 신학이, 다른 학문에 의해서 축소될 수 없고 잘 설명될 수 없는 하나님의 은혜와 하나님의 형상(*imago Dei*, "이마고 데이")과 같은 실재들을 다룰지라도 말이다.

영성이 이 학문적 네트워크 안에 포함되어져야 한다고 제기함으로써 우리는 이 주장을 확장할 수 있다. 그렇게 함으로써, 영성은 자연 과학을 포함하여 신학이 다루는 모든 학문에 의해 영향을 받을 것이다. 동시에 기독교 영성은 결코 축소되어질 수 없는 진실로 분별과 제자도와 같은 새로운 영역의 지식과 경험을 포함한다. 간단히 말하면, 학술 연구 분야로서 기독교 영성은 이것의 축소될 수 없는 특징을 유지하면서 과학에서 배울 수 있다고 필자는 믿는다.

3) 상호 작용

마지막으로 필자는 필자가 쓴 글에서 그 네트워크에서 상위 층의 학문이 하위 층의 학문에 간접적으로 영향을 미칠 수 있는 방식을 추가함으로써 이 네트워크가 진실로 쌍방향이 되게 해야 한다고 촉구했다. 근대 과학의 상승에 신학이 담당한 역할은 한 역사적 사례를 제공한다. 양자역학과 물리 우주론과 같은 영역에서 최근에 신학적 신념과 철학적 신념이 20세기에 새로운 과학적 연구 프로그램의 구성을 격려한 방식들을 사례로 발견할 수 있다. 필자는 이러한 확장된 접근 방법을 신학과 과학 간의 "창조적인 공동의 상호 작용"이라고 불렀다(Russell 2002a). 이제 우리는 그것이 과학 연구 발전에서 건설적인 자기 발견적 역할을 할 수 있는 가능성을 허락하면서 앞으로 조금 더 나아갈 수 있고 기독교 영성을 이 설명 안에 포함시킬 수 있다.

요약하면 기독교 영성은 이제 자연 과학을 포함하여 전체적인 인식론적 네트워크의 일부분으로서 이해되어야 하며, 모든 학문 분야 사이에서 대화의 충분한 교류가 다양하게 중복되는 방향으로 흘러야 한다고 필자는 제안한다. 이제 우리는, 신학과 과학 많은 믿음직한 교류들 시작함으로써 그리고 기독교 영성이 이런 교류들에 의해서 창조적으로 향상될 뿐만 아니라 그 교류들에 기여를 하게 하는 방식을 가리킴으로써 이 복잡한 상호 작용을 탐구할 수 있다. 이에 필자는 신학과 과학의 연구 자료를 의존할 것이다(Barbour 1990; Peacocke 1993; Polkinghorne 1994). 유용한 서론적 자료들 역시 쉽게 이용할 수 있다 (Haught 1995; Richardson and Wildman 1996; Barbour 1997; Peters 1997b; Polkinghorne 1998; Southgate et al. 1999; russell and Wegter-Mcnelly 2004).

4. 자연의 수학적 법칙들과 초월로서의 하나님께로 올라감

많은 과학자들에게 물리학적 법칙들은 기본적이고 자연에 대한 근본적인 법칙의 근사치이며 이 근본적인 법칙들은 자연의 합리성과 이해가능성(intelligibility)을 표현한다. 이러한 관점은 신학과 영성을 위한 여러 통찰력을 향해 열려 있다.

자연은 왜 우리가 이해 가능한 것인가?

알버트 아인슈타인(Albert Einstein)이 매우 웅변적으로 말했듯이, "세상의 영원한 신비는 세상의 파악가능성(comprehensibility)이다"(1978, 292). 순교자 저스틴(Justin Martyr, 100-165)까지 거슬러 올라가서 얻을 수 있는 신학적 답변은 자연의 합리성과 이해가능성은 요한복음이 예수와 동일시한 "로고스"(Logos)에 기초하고 있다. 로고스를 통하여 모든것이 창조되었다(요 1:1-3).

이 동일한 로고스는 사고하는 우리의 능력, 즉 **하나님의 형성**의 한 양상으로 우리에게 주어졌다. 따라서 자연에 대한 법칙을 명확하게 진술하는 우리의 능력은 우리에게 내재하는 신적 로고스를 반영한다(Torrance 1969; Polkinghorne 1994, 특히 74). 이 법칙을 발견하기(더 나아가 맛보기[gustus, "구스투스"]) 위한 우리의 갈망과 발견하는 기쁨은 앎의 과정을 통하여 궁극성에 참여하는 영성, 즉 어거스틴수도회/프란시스수도회의 영성이라 불릴 수 있는 영성에 뿌리를 내리고 있다(Tillich 1967, vol. 1, 40-6).

마크 리차드슨(Mark Richardson 2002)은 과학과 영성에 관한 과학자의 글에 세 가지 뚜렷한 문학 장르가 있다고 제기했다. 즉 "이성적이고 이론적인", "정서적이고 전체적인", "비평적이고 역사적인"인 장르를 말한다. "이성적이고 이론적인" 장르로 글을 쓰는 저자들은 보통 과학을 세상에서 하나님께로 올라가는 것으로 본다. 통제된 실험으로 시작하는 과학은 상상력을 통해 모델로 그리고 자연에 관한 이론으로 일반화되고 그 다음에 그것은 세상을 초월하여 이성적이고 이론적인 상승을 통하여 형언할 수 없고 초월적인 "하나님의 마음"에로 인도하며 그 안에서 자연에 대한 법칙은 플라톤주의적인 이상적 형태가 된다.

따라서 이론적 과학을 하는 것은 "하나님을 따라 하나님의 생각을 생각하기"(thinking God's thoughts after God)이다. "우주적인 종교적 느낌"을 말한 알버트 아인슈타인과 "하나님의 마음" 읽기에 대하여 이야기하는 폴 데이비스(Paul Davies)가 그런 과학자들이다(1992). 이러한 관점은 플라톤주의적인 영성과 때때로 영지주의적으로 세상을 부정하는 영성을 대변한다.

수학은 하나님에 대한 개념을 탐구하는데 친밀한 역할을 했다. 무소부재, 영원성, 전지전능과 같은 전통적 하나님의 속성에 관한 많은 논리는 유한성의 반대 개념으로 정의되는 무한성에 관한 그리스인의 관점을 반영한다. 그러나 어떤 학자들에게는 칸토어의 초한수(Cantor's transfinite numbers)와 같은 19세기와 20세기의 수학의 진보는 심지어 유한을 초월할 때에도 무한을 포함하는 것으로 묘사한다. 수학에서 이러한 진보는 결국 세상의 "초한수들"에 숨겨져 있는 동안에도 계시된다는 하나님의 속성과 하나님의 피조물과의 관계에 대한 전통적 개념을 다시 생각해 보게 한다(Russell 1997). 그러한 신학적 관점이 무념적인 것(the apophatic) 안에 있는 유념적인 것(the kataphatic)에 대한 깊어진 영적 체험으로 인도할 수 있을 것이다.

5. 자연에 대한 확장된 경험과 세상에서의 하나님의 내재성

폴 샌트마이어(Paul Santmire 1985)는 기독교 신학의 역사에서의 "모호한" 자연의 역할에 관한 그의 설득력 있는 분석에서 두 개의 상충하는 은유를 바탕으로 하여 산에 오르는 이미지를 사용한다. 한 은유에서 우리는 자연에서 멀리 떨어져 하나님께 더 가까이 다가가기 위하여("세상을 부인하는" 은유) 산을 오른다. 다른 은유에서는 우리는 세상 위에서 더 넓은 경치를 관망하기 위하여("세상을 긍정하는" 은유) 산을 오른다.

그의 은유가 과학이 우리가 오르고 있는 "산"으로서 기능하는 방식을 포함하도록 우리는 그 은유를 확장시킬 수 있다고 필자는 제안한다. 어떤 사람들에게는 방금 보았듯이 자연에 대한 법칙이 이 세상에서 하나님께로 오르는 길을 제공한다. 허블 망원경(Hubble telescope, 미국 항공우주국이 지구 대기권 밖으로 쏘아 올려 지구 궤도를 돌고 있는 천문 관측용 망원경-역주), 전자 현미경, 적외선 분광계(infrared spectrometer), 핵연구유럽기구(CERN[Conseil européen pour la recherche nucléaire])의 입자 가속기(particle accelerator), 유전자 서열 분석기(gene sequencers)는, 다른 사람들에게는 과학이라는 도구이지만, 인간의 감각 경험을 훨씬 넘어서는 자연과의 연결을 제공한다.

우리는 언뜻 보기에 범위(광년을 생각해 보라)와 깊이(원자보다 작은 입자를 생각해 보라)의 끊임없는 성장 속에서 과학 없이는 단순히 도달하기 어려운 방식으로 자연을 문자 그대로 "보고," "들을" 수 있다. 과학적 도구를 통해 뒤엉킨 거미줄은 유기적 분자, 원자, 소립자의 덤불이 된다. 떠오르는 보름달은 가시적 우주 건너편에 끊임없이 확장되는 은하의 지평선과 은하의 무리들 안에서 하나의 먼지 입자가 된다. 타히티 섬의 풍부한 지상 생물 세계는 은하 그 이상으로 넓게 흩어져 있는 광대하고 화려한 생명의 소우주이다. 마터호른의 북쪽 면에 형성된 구름은 허블 망원경에 의해 관측되는, 광년의 거리를 갖고 있는 별들 사이에 있는 무지개 빛깔의 먼지의 흐름들, 즉 태어날 새 별의 배양소와 유사하다. 폭포에서 고릴라 뒤에 서 있는 것은 지적 삶의 은하 공동체이다. 칼 세이건(Carl Sagan)과 프랭크 드레이크(Frank Drake)와 같은 과학자들이 지적 삶의 은하 공동체가 우리의 은하계에 존재한다고 믿으며 그것들을 만나게 되는 "다가오는 때"를 기다린다.

이러한 광경들은 "베헤못"(욥 40: 15)을 기뻐하며 하나님의 창조에 대한 순수한 기쁨을 즐기시는 하나님을 상기시킨다. 이 광경들은, 우리가 세상에 대하여 아는 것과 세상의 깊이 가운데 있는 하나님의 내재성에 대하여 우리가 아는 것 가운데 그리고 그것들을 통하여 유념적 영성과 궁극에 대한 경험으로 인도할 수 있다. 어떤 사람들은 우주를 경험함에 있어서 그것이 우주 자체를 초월하여 우주의 창조자 하나님을 가리키는 것으로 경험한다. 어거스틴이 『참회록』(*Confession* 1991, 183)에서 아주 풍부하게 묘사하고 있는 것처럼 말이다.

다른 사람들에게 과학은 본질적으로 거룩한 것으로써 세상을 보는 창의 역할을 한다. 리차드슨(2002)은 이것을 "정서적이고 전체적인" 장르라고 부르면서 폴린 루드(Pauline Rudd), 조엘 프라이마크(Joel Primack), 브라이언 스윔(Brian Swimme)과 같은 과학자들의 글들을 포함시킨다. 우리는 이제 "신학과 과학" 혹은 리차드슨이 "비평적이고 역사적인" 글이라고 부른 주요한 문헌에 이르게 된다.

6. 과학과 무로부터의 창조

과학 역사가들은 유대교 신학과 무슬림 신학과 기독교 신학에 역사적 근거를 둔 **무로부터**(*ex nihilo*)의 창조라는 교리가 자연 과학의 기원이 되는 지적 환경에 기여했다는 것을 보여준다. 하나님께서 세상을 무에서 창조하셨다는 특수한 주장은 세상이 우연적(contingent)이며 합리적이라는 말이다. 우연성(Contingency)이 의미하는 바는, 우주는 존재할 필요가 없으며, 우주가 존재하는 것은 가장 완벽한 신비라는 것이다. 또한 자연에 관한 진정한 지식은 단순히 연역적 논리에서가 아니라 임상적 방법에서만 나올 수 있다는 의미이다. 우주의 합리성이 의미하는 바는, 자연은 이성에게 알려질 수 있고 우리의 이성적 지식은 수학으로 표현될 수 있다는 것이다.

이러한 특징들, 즉 우연성과 합리성은 기독교 영성에 엄청난 의미를 가진다. 우리는 이미 자연에 대한 법칙과 관련하여 우주의 합리성의 중요성을 논의했다. 우주의 **우연성**과 우리를 포함하여 그 안에 있는 모든 것이 의미하는 바는, 우리가 모두 "피조물"이라는 것이다. 유한한 육신 안에는 영지주의적 "신적 불꽃"이 없으며, 물질적 우주는 끊임없는 망각 속으로 빠지는 것으로부터 불멸의 영혼을 구원하시는 하나님의 구원 전략(오리겐 [Origen]이 생각했던 것처럼)도 아니다.

그 대신 우리를 향한 하나님의 계속되는 선물은 우리의 순수한 실존이다. 모든 피조물과 우주에게도 마찬가지다. 여기서 영적인 의미는, 영적 경험의 가능성을 위한 조건으로 전제되는, 살아있는 피조물로서의 우리의 존재 자체는 하나님의 지속적인 선물이라는 것이다.

결국, 과학자들의 연구에 있어서 기독교 영성이 제공해야만 하는 것은 무엇인가?

바로 앞에서 말했듯이 창조 교리는 합리적이고 우연적인 것으로서의 자연의 개념을 과학의 기초들에 제공했다. 그러나 그것은 가치론적(axiological)이고 미학적인 의미로 자연을 이해한다. 즉 하나님이 창조하신 모든 것은 좋고 아름답다. 유사하게 우주에 대한 영적 경험은 자연에서 선과 미를 찾는 위대한 것이다. "공동의 창조적 상호작용"(mutual creative interaction)의 방법을 따른다면, 자연에서의 가치론과 목적론에 관한 이 가설들이 고유하게 미묘한 차이를 나타내고 신중하게 해석될 때, 이 가설들이 과학에서 새롭고 결실 있는 연구 프로그램들로 인도할 수 있을지를 탐구하는 일은 흥미로울 것이다.

1) t = 0

우리가 우주 대폭발론과 같은 특정한 과학적 우주론을 말할 때, 데이비드 트레이시의 어구를 사용하자면 심오한 "한계 질문", 즉 우주론을 넘어 철학적이고 신학적 사안(다음의 책들에서 논의되었다. Peters 1989; Russell et al. 1993; Worthing 1996; Clayton 1997)으로 인도된다.

천체물리학적 증거는, 우주가 130억 년 전쯤에 어느 정도의 작은 크기와 급상승하는 온도의 최초의 기간으로부터 팽창된 것으로 묘사한다. 결국 이 증거는 우주가 절대 시간적 기점이 있다는 것을 나타낸다("t = 0"로 상징화됨). 그것은 우주가 무에서 하나님의 창조물이 된 간접적 증거를 제공한다. 좀 더 공식적으로, 영원히 오래된 우주가 여전히 엄밀한 의미로 우연적으로 된 것일 수 있지만, 우주의 시간적인 시작은 우주가 우발적으로 만들어졌다는 철학적 주장과 우주가 창조되었다는 신학적 주장을 구체화하는 하나의 방식이 될 수 있을 것이다(Russell 1993). 한편 모든 것이 "t = 0"에 공동의 기원을 두고 있다는 발견은, 모든 피조물들에 대한 우주론적 공동 기원을 통해 유대(紐帶, connectedness)의 영성에 영감을 줄 수 있다.

2) 인류발생의 원리

인류발생(anthropic) 원리에 따르면, 우주는 살기에 알맞도록 아주 "잘 맞추어져"(fine-tuned) 있다. 기본 물리 법칙이나 물리 상수 값이 10억 분의 1이라도 달라졌다면, 우주에서 생명이 결코 발전할 수 없었을 것이다(Barrow and Tipler 1986; Leslie 1989). 그렇게 "잘 맞추어져" 있다는 것은 하나님과 **이러한** 우주를 창조하려는 하나님의 의도성에 대한 추가 "증거"로 채택될 수 있다(Ellis 1993; Murphy 1993; Peacocke 1993, 특히 106-12).

결국, 낸시 머피와 조지 엘리스는 그 다음에 엄격한 물리적 한계를 그 근본적인 법칙들과 상수에 위치시킴으로써 생명뿐만 아니라 인류에게 있는 지적 능력과 도덕적 판단 능력도 지적한다(Murphy and Ellis 1996). 필자는 영성에 대한 우리의 수용능력이 그러한 "잘 맞추어져" 있는 논거들 가운데 진지하게 사용되어야 한다는 것을 제안하기 위하여 그들의 논리를 확장하려고 한다. 언약 신앙과 영적 제자도에 참여할 수 있는 피조물들은, 우주의 의미와, 인류 존재와 양립이 가능하다면 우주에서 실현되어야만 하는 상수들과 가능한 법칙들에 대한 특별한 "제약"이 의미하는 바에 대한 중요한 "단서"를 제공한다. 이 움직임은 인간중심적(anthropocentric)이거나 신인동형론적인(anthropomorphic) 것이 아니다. 그것은 단지 우리의 존재가 이 우주에서 발전해온, 그리고 하나님의 은혜로 하나님과의 언약에 참여할 수 있는, 물리적이고 생물학적인 피조물이라는 사실을 진지하게 받아들이는 것이다.

물론 과학은 변화한다. 그리고 빅뱅 우주론에는 지난 몇 십 년 사이에 중요한 변경이 있었다. 1980년대에 팽창 빅뱅 우주론(inflationary[or hot] Big Bang cosmologies)은 "t = 0"이라는 과학적 상태와, 그것와 함께하는 인류발생의 원리 또는 잘 맞춰진 논거를 가지고 질문하면서 기존의 빅뱅 이론에 이의를 제기했다. 양자중력론이나 양자우주론에 대한 최근의 접근 방법은 신학과 영성과 함께 상호 작용하기 위하여 한층 더 도전하면서 기회를 찾고 있다.

이 우주론들도 기독교 영성에 의한 풍성한 해석을 받아들일 것인가?

반대로, 기독교 영성에 관한 학술적 연구에서 얻은 관점을 가지고 작업하는 사람들을 위한 새로운 모델을 개발하는 형성 과정에 영성이 무엇을 제공할 것인가?

7. 양자 역학과 특수 상대성 원리

양자 물리학에 대한 비결정론적(indeterminist) 해석이 자연 세계에서 신의 객관적 활동에 대한 "비개입주의적인" 설명을 가능하게 했다는 것을 우리는 이미 보아왔다. 양자 역학은 아원자(亞原子, subatomic) 수준에서 물리적 실체가 보통 세계의 파동과 입자보다 더 존재론적으로 복잡하다는 것을 또한 제안한다. 1930년대의 아인슈타인-포돌스키(Podolski)-로젠(Rosen)의 주장에서부터 1960년대의 존 벨(John Bell)의 획기적인 정리까지, 양자 체계는 "비국소적"(non-local)이라는 놀라운 사례가 만들어지고 있다. 즉 하나로 묶여 있는 두 입자들이 크게 분리될 때, 개별적 특질들은 전통적 설명과는 다른 방식으로 상호관련된 상태로 남아있다. 이러한 상호관련성은 그 입자들이 서로 엄청난 거리를 두고 있더라도 단일체의 부분, 즉 "비분리적"(non-separable) 체계로 남아있음을 가리킨다. 결국 이 관점은 생태학에서 온 "거미줄" 혹은 "상호 작용" 모델보다 훨씬 더 미묘하고 존재론적으로 세워진 자연에 대한 "전체성" 혹은 "통일성"(unity)을 제안할 수도 있다(Russell et al. 2001).

양자 비분리성은 삼위일체의 상호 내재적(perichoretic) 관계, 삼위일체 하나님의 외적(ad extra) 사역, 교회의 통일성, 그리고 피조물(인류, 지구 생태, 우주)의 통일성에서 발견되는 진정한 관계성의 영적 경험 속에서 강력한 영감을 제공한다.

반대로 삼위일체 영성의 렌즈로 양자 비분리성을 보면 기본 물리학의 차원에서 더 과학적인 연구를 위해 어떤 새로운 영감을 발견할 수 있을까?

마지막으로 다른 양자 역학의 해석이 양자 비분리성을 대치했다면 이것 모두를 어떻게 변경시킬 수 있을까?

아인슈타인의 특수 상대성(special relativity) 이론에 따르면, 공간과 시간은 더 이상 분리된 차원의 자연 세계가 아니다. 오히려 그것들은 시간 확장, 길이 축소 그리고 인간 역사를 불가역적으로 변화시킨 "$e = mc^2$"의 결과와 같은 "역설"로 인도함으로 근본적으로 상호연결되어있다. 특수 상대성이론은 그 다음으로 여러 방식으로 대립되게 해석될 수 있다(Isham and Pokinghorne 1993).

첫째, 기존의 민코프스키 학파(Mincowskian)의 관점에 따르면, 이러한 상호연관성은 공간과 시간이 "시공간"(spacetime)이라고 불리는 사차원적 단일 기하학적 구조의 일부분임을 나타낸다. 이 해석은 "흐르는"(flowing) 것으로서의 시간에 대한 우리의 기본적이고 실제적 체험을 약화시킨다. 그 대신 우리는 과거, 현재, 미래라고 부르는 모든 일들이 동등하게 실재하는 "고정된 우주" 안에 살고 있다.

둘째, 우리의 실제적인 시간적 체험에 충실한 "흐르는 시간" 해석에 특수 상대성이론이 사용될수 있지만, 특수 상대성이론의 모든 측면과 조화되기는 어렵다.

그러나 두 가지 해석은 기독교 영적 경험을 명백히 설명한다. 시간의 경과는 체험, 개인적 사역, 기독교 제자도에 있어서 기본적인 것이지만, 하나님과의 신비적 연합은 종종 "영원한" 순간으로 경험된다. 더구나 이 해석들 사이에 존재하는 갈등은 현대 삼위일체 신학들과 그 신학들이 "시간과 영원성"을 다루는 것을 통하여 해결될 수 있을 것이다(Peters 1993). 그리고 우리는 신학에서 과학으로 이동함으로써 영원성에 관한 풍부하고 충분한 관점이 특수 상대성에 대한 우리의 이해를 명백하게 할 수 있을 것이다(Russell 2000).

8. 생물학적 진화와 창조주로서 하나님의 행동

현대 생물학은 지구 위에서 생명의 진화를 임의적인 유전의 결과와, 자연도태(natural selection)를 동반하는 환경적인 변수의 결과로 해석한다(Ayala 1998a).

그러면 진화에 있어서 "우연"(chance)에 중요한 역할을 부여한다면, 진화가 신학적으로 하나님의 지속적인 활동에 기인한다고 해석될 수 있을까?

리차드 도킨스(Richard Dawkins)와 같은 무신론자는 "아니오!"라고 하겠지만 그리스도인인 아서 피코크(Arthur Peacocke)는 "예!"라고 말한다. "유신론적 진화론"에 따르면 하나님께서는 법칙과 우연을 통해 일하신다. 정말로 하나님은 하나님의 **지속적인 창조**(*creatio continua*, "크레아티오 콘티누아")과 조화가 되는 식으로 **무로부터** 우주를 창조하셨다(Peacocke 1979; 1993).

이제 우리는 한 걸음 더 나아가서 유신론적 진화론을 가질 수 있다. 양자 물리학이 유전적 돌연변이의 생성과 관련이 있음을 우리는 안다. 양자 물리학을 하나님의 비개입적 활동으로서 열어 놓고 해석을 하면, 유신론자들은 진화가 진정으로 하나님이 생명과 마음과 영적 경험을 할 수 있는 피조물, 적어도 인류를 만드시는 방식이라고 주장할 수 있다. 이 건강한 유신론적 진화론의 관점으로 보면, 임재하시는 창조주의 지속적인 선물로서 우리와 모든 생명이 발달되어 온 진화과정을 이해하는 것을 통해 우리는 감사와 신뢰의 영성에 이끌릴 수 있다.

우리는 여전히 자연 세계에 있는 고난, 질병, 죽음, 멸종 등이 기독교 신앙에 대하여 취하고 있는 거대한 도전적 물음에 대답해야 한다. 생명은 생명을 먹고 산다. 죽음 없이 우리 세계의 생태계는 가능하지 않았고, 멸종 없이 복잡한 생명의 진화가 발생할 수 없었을 것이다. 생물학적 죽음은 명백하게 인간 역사가 시작될 때 있었던 "원죄"(창 3장)의 결과가 아니라 삶의 **구성요소**이다. 고난은 복잡한 유기체의 감각성이 수반되는 일이다. 대부분의 동물들은 다른 동물들의 먹이로서 고통스러운 죽음을 맞는다. 고난, 질병, 죽음, 멸종과 같은 현상은 피할 수 없이 "자연의 악"과 "자연의 신정론" 문제를 일으킨다.

진화 과정을 통해 하나님께서 자연의 악을 허락하시는가, 더 정확하게 말하자면, 일으키시는가?

이에 대한 대답으로, 이안 바버, 존 호트(John Haught), 존 폴킹혼(John Polkinghorne)과 같은 학자들은 "자연의 악"에 대한 신적 응답으로서 하나님의 구속적 고난과 같은 비움(kenotic) 신학으로 돌아가고, 하나님의 구속적 고난을 지구 위의 모든 생명을 포괄하는 것으로 확장한다(Barbour 1990; Haught 2000; Polkinghorne 2001; Russell 2004). 홈즈 롤스톤(Holmes Rolston)의 표현대로, 자연은 "십자가 형태"(cruciform)이다(1987, 144-6, 289-92; 2001, 58-65). 이제 인류만이 아니라 진화가 그리스도의 수난(동정)의 범위를 근본적으로 확장시킨다면, 이제 가난하고 억눌린 사람들의 고난 가운데 그리고 그들의 고난과 함께 하는 하나님의 임재에 대한 우리의 경험은 이제 모든 살아있는 피조물들을 포함해야 한다. 그러나 부활절에 부활이 없는 그리스도의 십자가는 돌이킬 수 없는 비극일 것이다.

그러면 그리스도의 부활이 주는 소망이 모든 살아있는 피조물을 포함하다는 것을 우리가 이해할 수 있을까?

이 중요한 질문은 밑에서 다시 살펴볼 것이다.

9. 인류의 진화 기원들에 비추어 본 기독교 영성

호모 사피엔스(Homo sapiens, 지혜로운 인간)의 생물학적 진화가 기독교 영성에 주는 함축된 의미는 무엇일까?

1) 적합한 목적

우리는 이제 지구 위에 수없이 많은 종의 생명이 나무줄기들이 서로 엉겨있는 덤불처럼 관련되어 있다는 것을 안다. 전통적이고 자만스러운 우리의 자존감에 반대하여 인류는 그 덤불 꼭대기에 앉지 않는다. 왜냐하면 덤불 꼭대기는 존재하지 않기 때문이다. 여전히 우리는 덤불나무가지 한 이파리 끝에 위치하고, 생명의 진화에 방향성은 있다. 종들이 환경에 적응된 방식에서 보면 기능적 목적(목적론적 법칙)도 있으나, 그것은 설계도에 의한 것이 아니라 조리법(유전 암호)에 의해 만들어진 진화적 목적이며, 외적 "작용인"("지적 설계"[intelligent design]를 제창한 사람들에게는 미안하지만)이 필요치 않다.

"목적"에 대한 이러한 더 겸허하면서도 진실한 감각은, 역동적인 지구 위의 생명의 역사 "내부에서" 창조하고, 그것의 끊임없는 경로들 가운데 그리고 그 경로들을 통해서 일하며, 종말론적 미래를 염두에 두고 그것의 다양한 윤곽에 계속 반응하시는 하나님에 대한 우리의 영적 경험을 열게 한다. 진화 안에서 목적 있는 하나님의 활동에 관한 이러한 역동적인 견해는, 우리 삶에 계속적으로 목적을 가지고 있는 하나님의 영향력에 대한 우리의 영적 체험을 불러일으킨다.

2) 윤리

적어도 인류 안에서 자기 의식(self-consciousness)과 합리성의 진화는 적합한 이점이 있다는 것이 밝혀졌다. 도덕적 성찰과 행동 능력이 이것들과 함께 오지만, 프란시스코 아얄라(Francisco Ayala 1995, 1998b)에 따르면, 잉여 능력, 즉 우리의 윤리의 내용/도덕규범은 문화가 결정하도록 "자유 변수"로 남겨져 있다. 이것이 의미하는 바는, 윤리는 어떤 사회생물학자가 제기하듯이 생물학으로 축소될 수 없다는 것이다(Ruse 1995). 그 대신, 그것은 하나님의 계시에 대한 우리의 반응으로 이해될 수 있다.

그러면 "영혼"의 진화에 관해서는 어떠한가?(Murphy 1998a)

죄를 지을 능력의 진화는?
영성을 위한 능력의 진화는?

3) 유전학

유전자의 생화학적 구조는 지구상의 모든 생명이 공유하는 것으로, 우리를 자연 세계와의 공동체의 영성으로 이끈다. 그 다음으로 유전적 변수는 진화 과정의 강력한 요인이며 자연 세계에서 하나님이 지속적으로 창조하는 장소이다. 유전적 다양성은 우리가 축하하는 인간의 다양성과 문화적 분열도 제압할 수 없는 하나의 종으로서 인간의 단일성 둘 다를 만든다. 그러나 유전적 변수는 수많은 질병을 일으키고 또한 그것을 치료하기 위해서는 유전공학이 필요할 수도 있다. 대부분의 경우 치료는 개인 환자만을 다루지만, 그 결과는 인간 유전자 공급원에 영향을 미칠 수 있다.

이것을 "하나님 행세하기"와 새로운 우생학의 유형으로 여기고 거부해야 하는가, 아니면 질병을 치료하기 위한 윤리적 위임(mandate)으로 여기고 적어도 치료약에 대한 급진적 접근을 고려해 보아야 하는가?

이와 밀접하게, 영성의 방식을 포함하여 유전자가 인격의 모든 양상에서 취하고 있는 유전적 성향은, 체념하게 하는 숙명론("유전적 결정론")으로 인도하든지 아니면 테드 피터스(Ted Peters)가 "프로테메우스와 같은 결정론"(1997a)이라고 부른 견해인 미래 유전자 공급원을 변화시키기 위하여 위험한 권력으로 인도할 수 있다.

기독교 영성 안에서 유전학의 이와 비슷한 정반대되는 의미들을 어떻게 비평적으로 평가하고 윤리적으로 통합해야 할까?

그러한 영성이 어떻게 다루어지고 유전학 연구의 방향에 어떻게 영향을 줄 수 있을까?

4) 음식

모든 생명의 공동의 생화학구조는 먹이사슬이 가능하게 하며, 그로 인해 동물이 고난을 겪는 현상이 있다. 그러나 음식은 떡과 잔의 성례의 영성에서 중요한 역할을 한다.

자연 세계에 있는 고통을 공감하는 것이 보통의 식사와 성스러운 식사에서 하나님의 임재를 영적으로 경험하는 것을 어떻게 재형성할까?

5) 신경과학과 마음/뇌 문제

정신적 상태가 뇌의 상태에서 일어난다면("아래에서 위로 올라가는 인과관계"), 마음이 어떻게 뇌에 영향을 미칠까?("위에서 내려오는 인과관계" 그리고/혹은 "그 실존에 있어서 다른 것의 어떤 특성으로부터 영향을 받음")(Russell et al. 1999)

만일 신경과학이 "밑에서 올라가는 인과관계"만을 그렇게 강하게 강조한다면, 분별력과 제자도를 포함하는 기독교 영성에 관한 우리의 경험을 어떻게 이해할 수 있을까?

6) 인공/컴퓨터 지능

첨단 인공지능이 인간 본성에 관하여 무엇을 말하는가?

응답하는 방법 중의 하나는 인간 지능과 컴퓨터의 차이점이 구현될 것인지를 질문하는 것이다. 다른 방법은 노린 허츠펠드(Noreen Herzfeld 2003)와 함께, 공동체에 대한 우리의 필요를 왜 컴퓨터와의 상호 작용에 투사를 하는지, 그리고 반대로 관계성을 위한 능력으로서 하나님의 형상 모델이 컴퓨터학 연구에 무엇인가를 제공하는지를 묻는 것이다.

그리고 컴퓨터는 우리의 영성의 능력에 관하여 무엇을 말하는가?(Palmer 1997)

7) 과학 기술과 종교적 우상

인류는 공작 인간(Homo faber), 공구 제작자이다. 예술품을 만드는 것은 인간으로서 우리 정체성의 일부이다. 영성과의 연관성은 심오하다. 우리는 하나님과 우리의 관계를 중재하고 우리 중에서 그 신성함을 표현하기 위하여 종교적 성화상을 만든다. 우리는 세상의 통행으로부터 보호구역을 제공하기 위하여 대성당을 짓고, 성당의 스테인드 글라스 창은 글을 읽을 수 있는 사람들이 거의 없을 때 사람들에게 성경 이야기를 해 주었다. 동시에 우리가 만든 것은 아무것도 신이 아님을 기억하기 위하여 성경에서 우상을 금하는 경고를 받는다. 정말로, 과학 기술의 오용에 관한 우리의 윤리적 관심은 우리가 만든 것을 경배하는 것에 대해 영적으로 거부하는 것과 병행한다.

8) 과학 기술과 우리의 자연과의 영적 관계

이안 바버는 자연에 대한 인간의 태도와 과학 기술에 대한 인간의 태도 간의 유사성을 제안하는 유형분류체계를 개발했다(1980, ch. 2). 과학 기술에 대한 우리의 태도는 또한 우리의 자연과의 영적관계와 하나님 형상에 대한 우리의 이해를 반영한다. 이것은 성 베네딕트를 모델로 삼고 자연 세계의 청지기직을 적용하는 "기도로서 작용"하는 영성이 될 수 있다. 그것은 또한 필립 헤프너(Philip Hefner)가 하나님의 형상을 "창조된 공동 창조자"라고 흥미 있게 해석하면서 제안한 것처럼 공동의 미래에 그 초점을 두는, 자연과 일체가 되는 영성이 될 수 있다(Hefner 1989, 1992, 1993).

그러나 우리가 진정으로 자연을 다스림에 있어서 죄악된 방식으로 장악하려는 파괴적인 유혹에 지게 되면 과학 기술은 또한 우리에게 자연을 잔인하게 "지배하는 힘"을 줄 수 있다(White 1967; Barbour 1993, ch. 3). 생태 페미니즘적(ecofeminist) 비평(Merchant 1980; Ruether 1992)은 과학과 과학 기술을 하나님과 인류 그리고 지구의 가부장적 관계모델에 관련시킴으로써 고백과 회개의 영성으로 우리를 인도한다.

10. 우주론적으로 먼 미래와 부활 신앙 체험

마지막으로 과학은 우리가 경험한 희망과 의미에 도전하는 미래 우주를 제안한다. 지구는 50억년 후에 태양이 만든 마지막 새 별 때문에 파괴될 것이다. 인류가 별들에 이주를 한다고 하여도, 지구의 생명의 풍요로움은 잃게 될 것이다. 그 이후에, 피할 수 없는 우리 은하계의 소멸과 모든 생명이 요구하는 물리적 조건의 종말이 있을 것이다. 그래서 우주는 팽창하여 영원히 차갑게 되거나 불덩어리로 붕괴된다(우주론적으로 "동결 혹은 불타버림"을 주장하는 각본).

그러나 기독교적 희망은 종말론적 하나님 나라의 도래, 그리고 이와 함께 하나님께서 지구 만이 아니라 전 우주를 새로운 피조물로 변형시킨다는 것에 바탕을 두고 있다. 그러한 희망은 부활절에 있었던 하나님의 예언된 행위 즉 나사렛 예수의 신체적 부활에서 발견된다. 학자들은 부활의 의미를 두고 의견이 나뉜다.

그것은 빈 무덤 전통에 의해 강조되었듯이(나사로를 일으킨 것과 같은 신약에서 언급하는 "소생"을 훨씬 더 초월하는 것이지만), 하나님의 급진적인 행동을 통하여 무덤을 초월하는 예수님의 경험과 지속되는 생명으로 구성되는 새로운 사건으로서의 "신체적" 부활인가?

아니면 그것은 빈 무덤 전통이 적절하지 않은, 골고다 사건 이후 새 희망과 자신감을 얻은 제자들의 주관적 경험인 "영적" 부활인가?

전자의 접근 방법을 취하면 거의 종말론적 "새 창조," 즉 세상이 근본적으로 새로운 것으로 변형되는 "미래"에 그리스도의 오심을 뜻할 것 같다("변형"[transformation]은, 무에서 전적으로 새로운 창조 또는 이 창조의 단순한 연장["물리적 종말론"]과 대립되는 불연속성 가운데서 연속성을 수반한다). 과학적 종말론을 도전하는 일에 관여하는 신학과 과학 연구는 진정으로 "선구자적 영역"이다(Polkinghorne and Welker 2000; Russell 2002a, b).

이와 함께 우리는 우주론을 동등하게 수용하고 우주 변형 종말론을 가리키는 기독교 영성에 대한 새로운 이해가 필요하다. 데이야르 드 샤르뎅은 이 방향으로 움직였지만 그의 글은 이제 인간 중심적인 듯하며, 자연은 세계의 인간화(hominization)와 최종점(Omega point)에서의 종말론적 성취를 통하여 구속되었다. 그 대신에 우리는 필요한 영성은, 종말론적 지평선을 우주로 두고, 모든 피조물들이 하나님의 새 창조 안에 있는 희망과 영생을 발견할 수 있게 하는 것이다. 이러한 관점에서 우리는 인류의 역할을 "종말론적 동반자"로 묘사할 수 있을 것이다(Russell 2003).

11. 결론

과학과 신학이 종종 서로 부적합하거나 완전히 갈등관계인 것처럼 보이는 시대에서, 우리가 그 선택사항, 즉 부적절 혹은 갈등을 악화시키거나 혹은 양쪽 분야의 표면적인 견해를 취하여 "수준 낮추기"를 한다면, 과학을 기독교 영성의 학적 연구에 소개하는 과제는 정말 낙심되는 일이다. 그 대신, 이 글이, 기독교 영성의 학적 연구에 있어서 작용하는 방법론이 자연 과학과의 창조적인 상호 작용을 포함시키기를 시작될 수 있는 방법, 즉 영성이 신학과 과학과 함께 혜택을 입을 수 있는 방법을 보여주었기를 소망한다. 한편, 우주의 확장과 지구 위에서의 생명의 진화에 관한 과학적 발견은 기독교 영성을 다양하게 형성하게 하고 새롭게 할 수 있다. 다른 한편, 기독교 영성의 여러 방식들은 잠재적으로 과학적 연구의 결실이 될 수 있는 것에 새로운 영감을 제공할 수 있다.

12. 감사

본 원고를 위하여 편집과 관련된 여러 제안을 해준 낸시 위엔즈 세인트 존(Nancy Wiens St. John)과 이 연구과제를 수행하는 내내 지지를 보내주고 편집과 관련된 안내를 해준 아서 홀더(Arthur Holder)에게 감사를 전한다.

참고문헌

Augustine of Hippo 1991: *Confessions*, trans. H. Chadwick. Oxford: Oxford University Press.

Ayala, F. J. 1995: The difference of being human: ethical behavior as an evolutionary byproduct. In H. Rolston III (ed.), *Biology, Ethics and the Origins of Life*, pp. 117-35. Boston: Jones and Bartlett.

_____. 1998a: The evolution of life: an overview. In R. J. Russell, W. R. Stoeger, and F. J. Ayala (eds), *Evolutionary and Molecular Biology: Scientific Perspectives on Divine Action*, pp. 21-57. Vatican City State: Vatican Observatory Publications.

_____. 1998b: Human nature: one evolutionist's view. In W. S. Brown, N. Murphy, and H. N. Malony (eds), *Whatever Happened to the Soul? Scientific and Theological Portraits of Human Nature*, pp. 31-48. Minneapolis, MN: Fortress Press.

Barbour, I. G. 1974: *Myths, Models, and Paradigms: A Comparative Study in Science and Religion*. New York: Harper and Row.

_____. 1980: *Technology, Environment, and Human Values*. New York: Praeger.

_____. 1990: *Religion in an Age of Science*. Gifford Lectures, 1989-90. San Francisco: Harper and Row.

_____. 1993: *Ethics in an Age of Technology*. Gifford Lectures, 1989-91. San Francisco: Harper.

_____. 1997: *Religion and Science: Historical and Contemporary Issues*. San Francisco: Harper.

Barrow, J. D. and Tipler, F. J. 1986: *The Anthropic Cosmological Principle*. Oxford:

Clarendon Press.

Clayton, P. 1997: *God and Contemporary Science*. Grand Rapids, MI: Eerdmans.

Davies, P. C. 1992: *The Mind of God: The Scientific Basis for a Rational World*. New York: Simon and Schuster.

Einstein, A. 1978: Physics and reality. In *Ideas and Opinions*, pp. 283-315. New York: Dell.

Ellis, G. F. 1993: The theology of the anthropic principle. In R. J. Russell, N. C. Murphy, and C. J. Isham (eds), *Quantum Cosmology and the Laws of Nature: Scientific Perspectives on Divine Action*, pp. 367-406. Vatican City State: Vatican Observatory Publications.

Haught, J. F. 1995: *Science and Religion: From Conflict to Conversion*. New York: Paulist Press.

_____ 2000: *God after Darwin: A Theology of Evolution*. Boulder, CO: Westview Press.

Hefner, P. 1989: The evolution of the created co-creator. In T. Peters (ed.), *Cosmos as Creation: Theology and Science in Consonance*, pp. 211-34. Nashville: Abingdon Press.

_____ 1992: Nature's history as our history: a proposal for spirituality. In D. T. Hessel (ed.), *After Nature's Revolt: Eco-justice and Theology*, pp. 171-83. Minneapolis, MN: Fortress Press.

_____ 1993: *The Human Factor: Evolution, Culture, and Religion*. Minneapolis, MN: Fortress Press.

Herzfeld, N. 2003: *In our Image: Artificial Intelligence and the Human Spirit*. Minneapolis, MN: Fortress Press.

Hick, J. 1966: *Evil and the God of Love*, rev. edn. San Francisco: Harper and Row.

Isham, C. J. and Polkinghorne, J. C. 1993: The debate over the block universe. In R. J. Russell, N. C. Murphy, and C. J. Isham (eds), *Quantum Cosmology and the Laws of Nature: Scientific Perspectives on Divine Action*, pp. 134-44. Vatican City State: Vatican Observatory Publications.

Leslie, J. 1989: *Universes*. London: Routledge.

McFague, S. 1982: *Metaphorical Theology: Models of God in Religious Language*.

Philadelphia: Fortress Press.

_____ 1988: Models of God for an ecological, evolutionary era: God as mother of the universe. In R. J. Russell, W. R. Stoeger, et al. (eds), *Physics, Philosophy, and Theology: A Common Quest for Understanding*, pp. 249-72. Vatican City State: Vatican Observatory Publications.

_____ 1993: *The Body of God: An Ecological Theology*. Minneapolis, MN: Fortress Press.

McGinn, B. 1993: The letter and the spirit: spirituality as an academic discipline. *Christian Spirituality Bulletin* 1 (2), 1, 3-10.

Merchant, C. 1980: *The Death of Nature: Women, Ecology, and the Scientific Revolution*. New York: Harper and Row.

Murphy, N. C. 1993: Evidence of design in the fine-tuning of the universe. In R. J. Russell, N. C. Murphy, and C. J. Isham (eds), *Quantum Cosmology and the Laws of Nature: Scientific Perspectives on Divine Action*, pp. 407-36. Vatican City State: Vatican Observatory Publications.

_____ 1997: *Anglo-American Postmodernity: Philosophical Perspectives on Science, Religion, and Ethics*. Boulder, CO: Westview Press.

_____ 1998a: Human nature: historical, scientific, and religious issues. In W. S. Brown, N. Murphy, and H. N. Malony (eds), *Whatever Happened to the Soul? Scientific and Theological Portraits of Human Nature*, pp. 1-29. Minneapolis, MN: Fortress Press.

_____ 1998b: Nonreductive physicalism: philosophical issues. In W. S. Brown, N. Murphy, and H. N. Malony (eds), *Whatever Happened to the Soul? Scientific and Theological Portraits of Human Nature*, pp. 127-48. Minneapolis, MN: Fortress Press.

_____ and Ellis, G. F. 1996: *On the Moral Nature of the Universe: Theology, Cosmology, and Ethics*. Minneapolis, MN: Fortress Press.

Otto, R. 1958: *The Idea of the Holy: An Inquiry into the Non-rational Factor in the Idea of the Divine and its Relation to the Rational*, 2nd edn. London: Oxford University Press.

Palmer, N. W. 1997: Should I baptize my robot? What interviews with some prominent scientists reveal about the spiritual quest. *CTNS Bulletin* 17, 4.

Peacocke, A. R. 1979: *Creation and the World of Science*. The Bampton Lectures, 1979. Oxford: Clarendon Press.

_____. 1993: *Theology for a Scientific Age: Being and Becoming - Natural, Divine and Human*, enlarged edn. Minneapolis, MN: Fortress Press.

Peters, T. (ed.) 1989: *Cosmos as Creation: Theology and Science in Consonance*. Nashville: Abingdon Press.

_____. 1993: *God as Trinity: Relationality and Temporality in the Divine Life*. Louisville, KY: Westminster/John Knox Press.

_____. 1997a: *Playing God? Genetic Determinism and Human Freedom*. New York: Routledge.

_____. 1997b: Theology and the natural sciences. In D. F. Ford (ed.), *The Modern Theologians: An Introduction to Christian Theology in the Twentieth Century*, 2nd edn, pp. 649-68. Malden, MA: Blackwell.

Polkinghorne, J. C. 1994: *The Faith of a Physicist: Reflections of a Bottom-up Thinker*. Princeton, NJ: Princeton University Press.

_____. 1998: *Science and Theology: An Introduction*. London: SPCK.

_____. (ed.) 2001: *The Work of Love: Creation as Kenosis*. Grand Rapids, MI: Eerdmans.

_____. and Welker, M. (eds) 2000: *The End of the World and the Ends of God: Science and Theology on Eschatology*. Harrisburg, PA: Trinity Press International.

Richardson, W. M. 2002: Introduction. In W. M. Richardson and R. J. Russell (eds), *Science and the Spiritual Quest: New Essays by Leading Scientists*, pp. 1-20. London: Routledge.

_____. and Wildman, W. J. (eds) 1996: *Religion and Science: History, Method, Dialogue*. New York: Routledge.

Rolston, H., III 1987: *Science and Religion: A Critical Survey*. New York: Random House.

_____. 2001: Kenosis and nature. In J. Polkinghorne (ed.), *The Work of Love: Creation as Kenosis*, pp. 43-65. Grand Rapids, MI: Eerdmans.

Ruether, R. R. 1992: *Gaia and God: An Ecofeminist Theology of Earth Healing*. San Francisco: HarperCollins.

Ruse, M. 1995: Evolutionary ethics. In H. Rolston III (ed.), *Biology, Ethics and the Origins of Life*, pp. 89-113. Boston: Jones and Bartlett.

Russell, R. J. 1993: Finite creation without a beginning: the doctrine of creation in relation to big bang and quantum cosmologies. In R. J. Russell, N. C. Murphy, and C. J. Isham (eds), *Quantum Cosmology and the Laws of Nature: Scientific Perspectives on Divine Action*, pp. 293-329. Vatican City State: Vatican Observatory Publications.

_____. 1997: The God who infinitely transcends infinity: insights from cosmology and mathematics into the greatness of God. In J. M. Templeton and R. L. Herrmann (eds), *How Large is God?*, pp. 137-65. Philadelphia: Templeton Foundation Press.

_____. 2000: Time in eternity. *Dialog* 39 (1), 46-55.

_____. 2001: Divine action and quantum mechanics: a fresh assessment. In R. J. Russell, P. Clayton, K. Wegter-McNelly, et al. (eds), *Quantum Mechanics: Scientific Perspectives on Divine Action*, pp. 293-328. Vatican City State: Vatican Observatory Publications.

_____. 2002a: Bodily resurrection, eschatology and scientific cosmology: the mutual interaction of Christian theology and science. In T. Peters, R. J. Russell, and M. Welker (eds), *Resurrection: Theological and Scientific Assessments*, pp. 3-30. Grand Rapids, MI: Eerdmans.

_____. 2002b: Eschatology and physical cosmology: a preliminary reflection. In G. F. R. Ellis (ed.), *The Far Future: Eschatology from a Cosmic Perspective*, pp. 266-315. Philadelphia: Templeton Foundation Press.

_____. 2003: Five attitudes towards nature and technology from a Christian perspective. *Theology and Science* 1, 149-59.

_____. 2004: Natural theodicy in an evolutionary context: the need for an eschatology of new creation. In B. Barber and D. Neville (eds), *Theodicy and Eschatology*. Task of Theology Today, vol. 4, pp. 121-52. Adelaide, Australia: ATF Press.

_____. forthcoming: The importance of the natural sciences to Christian spirituality as an academic discipline. In B. Lescher and E. Liebert (eds), *Festschrift for Sandra M.*

_____. Schneiders. New York: Paulist Press.

_____. and Wegter-McNelly, K. 2004: Science. In G. Jones (ed.), *The Blackwell Companion to Modern Theology*, pp. 512-56. Oxford: Blackwell.

_____. Clayton, P., Wegter-McNelly, K., et al. (eds) 2001: *Quantum Mechanics: Scientific Perspectives on Divine Action*. Vatican City State: Vatican Observatory Publications.

_____. Murphy, N. C., and Isham, C. J. (eds) 1993: *Quantum Cosmology and the Laws of Nature: Scientific Perspectives on Divine Action*. Vatican City State: Vatican Observatory Publications.

_____. _____. Meyering, T. C., et al. (eds) 1999: *Neuroscience and the Person: Scientific Perspectives on Divine Action*. Vatican City State: Vatican Observatory Publications.

_____, _____, and Peacocke, A. R. (eds) 1995: *Chaos and Complexity: Scientific Perspectives on Divine Action*. Vatican City State: Vatican Observatory Publications.

_____. Stoeger, W. R., and Ayala, F. J. (eds) 1998: *Evolutionary and Molecular Biology: Scientific Perspectives on Divine Action*. Vatican City State: Vatican Observatory Publications.

Santmire, H. P. 1985: *The Travail of Nature: The Ambiguous Ecological Promise of Christian Theology*. Philadelphia: Fortress Press.

Schneiders, S. M. 1989: Spirituality in the academy. *Theological Studies* 50, 676-97.

_____. 1994: A hermeneutical approach to the study of Christian spirituality. *Christian Spirituality Bulletin* 2 (1), 9-14.

_____. 1998: The study of Christian spirituality: contours and dynamics of a discipline. *Christian Spirituality Bulletin* 6 (1), 1-12.

Southgate, C., Deane-Drummond, C., Murray, P. D. et al. (eds) 1999: *God, Humanity and the Cosmos: A Textbook in Science and Religion*. Harrisburg, PA: Trinity Press International.

Tillich, P. 1967: *Systematic Theology: Three Volumes in One*. Chicago: University of Chicago Press.

Torrance, T. F. 1969: *Theological Science*. London: Oxford University Press.

White, L., Jr 1967: The historical roots of our ecologic crisis. *Science* 155, 1203-7.

Worthing, M. W. 1996: *God, Creation, and Contemporary Physics*. Minneapolis, MN: Fortress Press.

제20장
미학

알레얀드로 가르시아-리베라(Alejandro Garcia-Rivera) 박사
버클리연합신학대학원 조직신학 교수

아름다운 것을 어떻게 말할 수 있을까?
경험했을 때는 아름다운 것은 명확하지만, 그 경험을 묘사하려는 것은 시도해본 것 중 가장 어려운 과제이다.
그것이 왜 그렇게 어려운가?
신학자들은 준비된 답이 하나 있다. 아름다움(beauty)과 신적인 것 사이에는 본질적인 관계가 있다. 기독교 교회 역사 초기에 신학자들은, 아름다움은 하나님의 다른 이름이라고 제안했다. 그렇게 하면서 신학자들은 아름다움과 아름다운 것 사이에 암시적으로 구분을 지었다. 아름다움이 하나님의 다른 이름인 반면, 아름다운 것은 신적 아름다움에 대한 인간의 경험이다. 그러면 아름다운 것을 이야기하는 것은 신을 이야기 하는 것일 뿐만 아니라 인류의 영적 본성을 이야기하는 것을 말한다. 영적 본성은 서로 연결된 두 개의 차원이 있다. 그러면 아름다움이 신이라면, 이에 대한 인간의 경험은 하나님을 경험할 수 있는 인간의 능력뿐만 아니라 아름다운 작품을 만들 수 있는 인간의 능력에 영적인 기초가 있다는 말이다. 다시 말하면, 미학의 영적 차원은 신적 아름다움을 경험할 수 있는 인간의 내적 능력뿐만 아니라 아름다운 작품을 만드는 명백한 인간의 활동에 있다.

1. 아름다움의 신학과 영성의 근원

아름다움의 신학과 영성의 역사는 최초의 남성과 여성의 동굴벽화와 함께 시작되었을 수 있지만, 그리스인들과 같이 시작하는 것이 더 유익하다. 그리스인들은 아름다움에 대한 경험에서 본질적 종교성이나 영성을 처음으로 감지한 사람들이었다. 그리스인들은 아름다운 것에 대한 경험을 명명하려고 분투하면서 이것을 암묵적으로 알았다. 그들에게는 아름다움에 관한 두 가지 단어가 있었는데, 하나는 "부르다"라는 어원을 가진 명사 "칼로스"(*kallos*, 아름다움)과 다른 하나는 그 의미를 "부름 받은 것"로 번역할 수 있는 형용사 "토 칼론"(*to kalon*, 아름다운 것)이다. 두 단어의 어원적 의미뿐만 아니라 그 경험을 명명하기 위한 두 단어의 필요는, 아름다움이라는 본성에 대한 두 개의 심오한 종교적 직관을 말한다.

아름다움을 표현하기 위해 사용된 두 단어에서 그리스인들은, 비록 불가사의하지만, 역설적인 접합 쌍 사이에서 통일성을 인지했다. 직관적으로 그들은 아름다움의 경험은 객관적인 외면성과 친밀한 내면성, 매력적인 타자와 주관적인 심리작용, 초대와 응답 사이에 있는 일종의 연합 활동과 관련 있다는 것을 파악했다. 그리스인들이 아름다움을 묘사하기 위하여 두 단어를 사용할 필요를 안 사실은 아름다운 것의 중심 부에 종교적 기초가 있다는 우리의 이해를 확장시킨다.

아름다움은 스스로 아름답다고 명명되기를 쉽게 허락하지 않을 것이다. 아름다움의 경험은 하나의 이름으로 명명될 수 없는 매우 특별한 것이 있다. 다시 말하면, 그리스인들은 명명하려고 노력했던 아름다움의 존재에서 내재적인 초월자를 직관적으로 인지했다. 그리스의 위대한 두 철학자 플라톤과 아리스토텔레스는 이러한 심오한 종교적 직감에 관하여 아주 다른 두 가지 방식으로 그들의 생각을 밝혔다.

1) 플라톤

그리스인들의 아름다움의 경험에 대한 플라톤(Plato)의 가장 영향력 있는 언급은 『대 히피아스』(*Greater Hippias*)와 후기의 저서 『향연』(*Symposium*)에서 발견할 수 있다. 플라톤은 영원한 아름다움(Eternal Beauty)에 관한 그의 개념, 영원한 아름다움과 감각적인 아름다움 간의 차이점, 그리고 이 두 아름다움 간의 내재적 관계를 통한 아름다움의 경험에서 신비스러운 한 쌍(pairing)과 초월적인 한 실재에 대한 감각에 대해 언급한다. 플라톤은 인간의 영혼을 안내하는 에로스(Eros)나 사랑(Love)을 영원한 아름다움의 영역을 향하여 위로 계속 상승하는 중에 있는 감각적인 아름다움의 영역에서 보았다.

따라서 플라톤은 아름다움을 단순히 쾌락이나 단순한 감각적 경험으로 보는 것을 경고했다. 플라톤의 경고를 대략 요약하면 "반짝이는 모든 것이 금은 아니다"라고 말할 수 있다. 이러한 미학에서 플라톤은 "영적 지성"과 같은 어떤 존재가 있으며, 아름다움의 경험을 평가할 때 이 지성이 두드러진다는 느낌을 제공한다.

아름다움의 경험은 단순한 이성보다는 더 특수한 지성을 필요로 한다는 합리성을 가지고 있다. 이 지성을 묘사하기 위하여 플라톤은 새로운 미학적 범주인 "이데아"(Idea)와 "형상"(Form)을 묘사하기 위한 시각(vision)의 은유를 사용했다. 그러한 "형상"(혹은 "이데아")은 인간의 경험을 초월하는 어떤 세계에 영원히 존재한다. 그럼에도 불구하고, 그것들은 남성과 여성의 세계에서 인간 경험의 수많은 감각적 형상으로 스스로 드러내 보인다. 이와 같이, 이 경험들은 영원한 형상(Eternal Forms)의 그림자나 단순한 모방이어서 영원성은 유한성과 감각성에서 분별되어야만 한다. 이와 같은 방법으로 우리는 불멸의 형상 세계의 참된 영적 시각인 밝은 태양을 오직 실재의 희미한 그림자만 보게 하는 동굴 같은 실존으로부터 위로 올라갈 것이다.

플라톤은 이러한 뛰어난 생각을 아름다운 것(the beautiful)에 적용하였다. 그는 영원한 아름다움(Eternal Beauty)을 순수 형상 혹은 이데아와 동일시했다. 영원한 아름다움은 인간이 아름답다고 경험하는 다양한 감각적 형상들이 생기게 함으로써 인간 경험 세계에 들어간다. 아름다움에 대한 경험, 즉 아름다운 것은 영원한 아름다움에서 분리되어 평가절하된다. 아름다운 것은 아름다움과 동일하지 않다. 그것은 감각적 아름다움, 즉 영원한 아름다움의 한 형상의 단순한 모방인 수많은 형상의 인간 경험으로 우리에게 다가온다. 마지막으로 이것이 의미하는 바는, 어떤 것이 아름답다고 말할 수 있는 정도가, 영원한 아름다움이라는 하나의 형상에 감각적 아름다움이 참여하거나 연명하는 정도에 달려있다는 것이다.

모든 그리스 철학자들 중 플라톤은 그의 미학에서 아름다운 것의 본질에 관하여 가장 종교적으로 언급한다. 아이리스 머독(Iris Murdoch)은 그녀의 저서 『불과 태양』(*The Fire and the Sun*, 1977)에서 대부분의 근대 미학이 아름다움을 순수한 미적 경험으로 보는 것에 대비하여 플라톤은 아름다운 것을 순수하게 종교적인 경험으로 보았다고 주장한다. 그럼에도 불구하고 플라톤의 설명은 아름다운 것의 중요한 종교적 차원을 간과한다. 영원한 아름다움에 대한 관상은 아름다움의 "부르다"로서의 차원을 공정하게 다루지만

"부름 받은 것"으로서 아름다움의 차원에 대해서는 거의 언급하지 않는다.

다시 말하면, 아름다움에 대한 플라톤의 이해는 인간이 만든 형상이나 미술 작품을 완전히 가치절하한다. 플라톤은 인간의 미술 작품을 "모조품 중의 모조품"으로 보았다. 화가는 어떤 매개물로 아름다운 것을 구체적으로 만들어서 자연 형상의 지적 시각을 모방한다(*mimesis*, "미메시스"). 자연 형상은 이미 영원한 형상의 모방이기 때문에 인간이 만든 형상은 영원한 형상의 모조품 중의 모조품이다. 플라톤은 영원성에 참여하도록 초청함으로써 아름다움에 대한 훌륭한 설명을 하고 있지만, 아름다움을 인류의 영적 응답으로 확신시키는 것은 아니다.

2) 아리스토텔레스

반면, 플라톤의 제자인 아리스토텔레스(Aristotle)는 아름다움을 인간의 영적 응답으로 보는 훨씬 나은 설명을 한다. 그는 인간의 다른 지성에 관하여 말하면서 이를 설명한다. 아리스토텔레스의 미학을 이해하기 위한 핵심은 현실을 알고 파악하는 지성의 우수성에 대한 그의 신념을 인지하는 것이다. 이것은 부분적으로 아리스토텔레스가 형상(form)을 다르게 이해한 것에 연유한다. 플라톤이 형상을 대문자 "F"로 보았다면 아리스토텔레스는 형상을 소문자 "f"로 이해했다.

형상을 경험을 초월하는 영역에 있는 것으로 본 플라톤과는 달리, 아리스토텔레스는 형상을 경험의 본질 그 자체로 본다. 다른 말로 하면, 아리스토텔레스는 형상과 물질, 즉 구체적 경험의 두 요소가 불가분하게 관련되어 있다고 믿었다. 어떤 의미로 보면, 형상은, 생각 중인 구체적 실재의 본성을 정의하는 어떤 "목적"(end)에 따라서 물질에 어떤 "모양"(shape)을 주는 것이다. 아리스토텔레스의 형상은 다른 세계에서 온 방문자로서 경험의 세계에 진입하는 것이 아니라 적극적으로 이 세계의 모양을 만들고 움직이는 자로서 진입한다.

형상에 대한 아리스토텔레스의 이해는 플라톤의 영원한 형상의 개념보다 훨씬 적극적인 역할을 한다. 플라톤에게와 마찬가지로 아리스토텔레스에게도 아름다운 것은 형상을 통한 경험 안에서 그 자체를 드러내 보이지만, 플라톤과는 달리, 그 경험은 소극적으로 받아들이기보다는 적극적으로 표현하는 성격을 가진다. 아리스토텔레스의 형상은 그것의 모양을 만드는 자 그리고 움직이는 자로서 경험에 진입하는 반면, 플라톤의 형상은 경험을 통하여 모방하고 참여함으로써 경험에 진입한다. 플라톤의 미학은 아름다움에 대한 소극적 차원의 경험(수용성)을 강조하는 반면, 아리스토텔레스의 미학은 아름다움에 대한 적극적 차원의 경험(표현이나 미술)을 강조한다.

아리스토텔레스의 미학은 그의 『시학』(*Poetics*)에서 가장 발달된 형태로 발견된다. 사실상 어떤 "목적"에 따라서 형상이 물질에 모양을 준다면, 인간이 만든 형상들은, 화가가 마음에 그리는 "목적"에 따라 형상들이 어떤 매개체의 모양을 형성한다는 점에서 자연과 유사한 것이다. 이와 같이 플라톤의 미학에서와 같이 인간의 미술 작품은 모조품의 모조품으로 보이지만 그것들은 우리 주변 세계를 형성하고 모방하는 자연 자체의 적극적인 작업의 모방품이다.

아리스토텔레스의 이러한 통찰력은 라틴 어구인 "미술은 자연을 모방한다"(*ars simiae naturae*, "아르스 시미아에 나투라에")에서 잘 담아내고 있다. 따라서 아리스토텔레스에게 있어서 모방은 플라톤에게서 보다 훨씬 더 적극적인 과정이다. 자연 자체의 활동을 모방하는 인간의 능력이 의미하는 바는, 인간이, 자연의 작업에 의해 아직 완전히 실현되지 않았지만 자연의 작업과 일관성이 있는 가능성을 상상할 수 있는 능력을 가지고 있다는 것이다. 다시 말하면, 인간의 예술 작품은 그것이 비록 궁극적으로 만들어진 현실이더라도 실재를 탐구할 수 있다.

아리스토텔레스가 그의 『시학』 2.5에서 말하고 있듯이, 인간이 만든 현실은 실제 현실(과거나 현재), 세계에 대한 개념 혹은 적절한 행위나 행동의 규범을 표현할 수 있다. 이러한 방식으로, 아리스토텔레스의 미학은 현재까지 계속 유지되어온 미술에 영향을 미치는 설명을 제공한다. 인간이 만든 현실(즉 미술 작품)은 감상하는 사람이 **실제** 세계를 파악하고 평가할 수 있는 만큼만 파악하고 평가할 수 있는, 어떤 **가능한** 세계를 적절하게 탐구하게 한다.

이것은 중요한 철학적 의미를 가지고 있다. 자연의 활동을 모방할 때, 예술적 건축물의 상상된 세계와 자연이 건축한 실제 세계는 적절하게 관련되어 있기 때문에, 시와 같은 예술적 작품은 플라톤 철학의 대화보다도 더 철학적일 수 있다. 두 세계 모두 온전성(wholeness)과 완전성(completeness)으로 구성된다. 현실세계에서 온전성과 완전성은 자연세계가 의도된 "목적"으로 모양 지어지는 자연의 형상의 일치성과 통합성에 놓여 있다.

예술 세계에서 온전성과 완전성은 『시학』 9에서 예술작품이 "시작, 중간, 결말"로 구성되어 있다고 한 정해진 방식에 놓여있다. 그러나 온전성과 완전성에의 관여하는 것은 종교적 활동이다. 따라서 아리스토텔레스는 연합에 관한 고유한, 즉 플라톤의 설명처럼, 본질적으로 종교적인 견해를 말한다고 할 수 있다. 그러나 연합에 관한 아리스토텔레스의 미학에서 가장 종교적인 요소는, 아마도 온전성과 완전성에 대한 관여가 연합적이고 공감적 차원을 가진 것이다. 그것은 그리스인들이 카타르시스(catharsis)라고 부른 것이다.

불행하게도 카타르시스는 그리스 문화에서 여러 의미를 가진 단어이며, 아리스토텔레스는 그의 『시학』 전체에서 한번만 사용했기 때문에 그가 의미하는 바가 무엇인지 이해하도록 우리를 돕지 않았다. 플라톤은 여기서 더 도움을 준다. 플라톤은 『국가론』에서 그것을 "나쁜 것은 제거하고 좋은 것을 남기는 것"이라고 말함으로써 카타르시스의 여러 의미를 요약한다. 카타르시스의 여러 의미들 안에서 종교적 연관 가능성을 분별하는 종교학에 익숙한 사람에게는 많은 상상력을 필요로 하지 않는다.

아리스토텔레스가 의미하는 카타르시스에 대한 하나의 가능한 종교적 해석은, 예술적으로 상상한 세계에서 관객이 배우의 도덕적 혹은 이타적인 특징에 대하여 반응하면서 풍부하고 심오한 감정의 경험을 하는 것을 관찰한 것에서 시작할 수 있다. 이 반응은 감동적이지만 지성과 철학적 통찰을 통해 얻어진 감동이다. 그럼에도 불구하고 카타르시스에 대한 이 설명은 부르는 자와 부름을 받은 자 간의 영적 연합에 대한 종교적 경험, 즉 헬라어로 아름다움(kallos)과 아름다운 것(to kalon)으로 표시되는 경험에 잘 부합한다.

이 두 위대한 사상가 플라톤과 아리스토텔레스는 이해를 추구하는 신앙이 "너는 신상들을 부어 만들지 말지니라"(출 34:17)는 계명이 있는 종교의 놀랍게 혁명적인 발전을 설명할 수 있는 철학적 토양을 제공했다.

2. 초대 기독교의 미학

그는 라벤나(Ravenna)에 있는 성 아폴리나리스(St. Apollinaris) 예배당의 장축을 덮은 아름다운 모자이크를 쳐다보는 것을 멈출 수 없었다. 그 아름다움은 그의 영혼을 사로잡았고 황홀경에 빠져서 그는 심오하고 역설적인 결정을 내렸다. 그는 수도사가 되려고 했다. 토마스 매튜스(Thomas Matus)는 성 로무알도(St. Romuald)가 10세기 투스카니(Tuscany)에 있는 카마돌리(Camaldolese) 은둔 수도사들의 창시자로서 그의 소명을 발견한 것을 위와 같이 묘사한다(1985, 1994).

성 아폴리나리스 예배당에서 그가 바라보았던 미술 작품에 대한 깊은 감동이 일상의 즐거움에서 떠나 하나님을 찾는 삶에 전념하도록 영감을 주었다는 심오한 역설이 그 이야기에 스며들어 있다. 성 로무알도가 수도사로서의 소명으로 회심을 한 것은 미술 역사에서 큰 미스터리 중의 하나이다.

기독교 교회 미술이 이미지에 대한 혐오에 깊이 박힌 유대교적 뿌리들에서부터 갑자기 3-4세기의 놀랄 만큼 아름다운 미술로 어떻게 폭발적으로 바뀌었는가?

4세기 전에 기독교 미술은 거의 존재하지 않았다. 토마스 매튜스(Thomas Mathews)는 그의 저서 『신들의 충돌』(*The Clash of Gods*, 1993)에서 중요한 관찰을 한다. 성 아폴리나리스 예배당의 미술 작품이 매우 정교하여도, 그전의 것은 그렇지 않았다. 훨씬 초기의 기독교 미술은 서투르고 세련되지 않았다. 매튜스에게는 이것이 중요한 의문을 일으켰다. "실험적 방식으로 되는대로 상상되고 그냥 보통 솜씨의 장인에 의해 묘지에서 애매하게 처음으로 만든 엉성한 기독교 미술 작품을 무엇이 한 세기의 전통이 있는 매우 세련되게 완성된 작품보다 더 강렬하게 했는가?"(1993: 10).

한 독일 학자들의 모임에서 매튜스가 "황제의 신비로움"(Emperor Mystique)이라고 부른 것을 제안함으로써 그 회답을 찾아냈다. 이 견해는 위대한 성화상학자 앙드레 그라바(André Grabar)에 의해 발전되고 널리 알려졌는데, 그는 312년 콘스탄틴의 회심 전에 기독교 미술은 본질적으로 사적이며 가정교회와 카타쿰에 제한되었다고 제안했다(Grabar and Nordenfalk 1957). 콘스탄틴의 회심 후에 기독교 미술은 특히 제왕의 옷을 입은 그리스도를 표현하면서 제국 미술의 장엄함을 도용했다. 따라서 312년 이후 기독교 미술은 황제가 그의 궁정에 둘러싸여 있는 것처럼 성인들(saints)에 둘러싸여 있는 그리스도와 같은 "생생한 궁정 예식 이미지"를 띠었다. 그러나 이런 멋진 모습은 의문이 제기될 수 있다.

매튜스가 지적하듯이, 헬라 왕국의 이교 문화의 세련된 이교도 미술이라는 경쟁자가 존재했다. 성 아폴리나리스 예배당에 있는 이미지는 대부분의 헬라 문화의 이미지가 그러지 않은 방식으로 후기 고대 사람들에게 영향을 미쳤고 매력적이었다. 복음서의 기적 이야기의 이미지나 암시를 다루는 미술 작품을 언급하면서, 매튜스는 다음과 같이 추정했다.

> 기적 이미지에서 그리스도는 고대 세계의 어떤 신들도 채우지 못한 빈 공간으로 들어섰다. 그는 자신이 "작은 사람"의 신, 진정한 "서민의" 신임을 보여주었다. 간단명료한 이미지로 보면, 식탁 용품에서 석관까지 그는 누군가가 시력을 잃고 있는지, 관절염으로 굽어졌는지 혹은 혈루증으로 고생하고 있는지 관심을 가지는 돌보는 신임을 스스로 보여주었다. 물론 고대 세계는 사람들이 고충이 있을 때에 찾는 많은 신들이 있었기에 이것이 새로운 것은 아니었다. 새로운 것이 무엇인가 하면 그 심상(imagery)이었다. 이제 갑자기 하나님이 그의

<blockquote>
백성들 사이에서 걸으면서 만지고 쓰다듬고 위로하며 따스하고 생명을 주는 손을 그들 위에 얹으시고 눈에 잘 띄게 마법을 행하셨다. 이것은 근본적으로 특별한 힘을 가진 새로운 이미지였고 이와 경쟁할 것은 아무것도 없었다. 이교도 신들의 이미지는 유한한 인간들의 필요에 응할 수 있음을 보여주지 못했다 (1993, 92).
</blockquote>

매튜스의 설명은, 성 아폴리나리스 예배당에 있는 모자이크의 아름다움에 대한 성 로무알드의 반응에서 역설처럼 보이는 것을 이해하도록 돕는다. 수도사가 되기로 한 로무알드의 결정은 예배당에 있는 아름다운 장축에 대한 그의 경험, 즉 하나님의 현존에 더 깊이 거하고 싶은 경험과 함께 한다. 로무알드의 동기는 오늘날 동방 교회의 성화상(icons)으로 보여 질 수 있다. 동방 교회의 성화상에 대한 진정한 감상은 만지고 싶은 욕구와 만져지고 싶은 욕구, 보고 싶은 욕구 그리고 보이고 싶은 욕구, 예수님의 형상으로 내재하는 존재에 의해 진정으로 치유되기 원하는 욕구와 불가분하게 연관된다.

아름다움에 대한 기독교의 경험은 동방 교회의 상화상을 넘어 확장된다. 성 아폴리나리스 예배당 십자가의 중앙에 있는 그려진 그리스도에서부터 와너 샐먼(Warner Sallman)의 "그리스도의 두상"(Head of Christ)까지, 그리스도의 형상을 상상하는 것은 정치적이거나 문화적으로 그리스도의 이미지를 채택하는 것보다 더 실제적인 더 심오한 것이라고 제안한다. 이 의문은 8-9세기의 성화상 파괴적(iconoclastic) 위기로 알려진 신학적 폭풍의 중심이 되었다.

이러한 "더 심오한 것"은 무엇인가?

다마스커스의 성 요한(St. John Damascus)과 성 테오도르(St. Theodore the Studite)의 성화상 파괴 논쟁에서 제공된 대답은 플라톤과 아리스토텔레스가 논의한 바로 그 안건을 중심으로 하고 있으므로 놀랄 것 없다. 그러나 결정적인 차이점은, 기독교 교회가 인격적이고 신적인 존재와의 관계에서 아름다운 것을 설명하는 도전의 기초를 세운 반면 플라톤과 아리스토텔레스는 비인격적 신적 존재와의 관계에서 아름다운 것을 설명하는 도전의 기초를 세웠다는 사실에 있다. 8-9세기의 성화상 파괴주의자들은 플라톤과 아리스토텔레스의 철학적 고충을 원형에 대한 이미지의 적절성이라는 면에서 해석했다. 성화상 숭배자들(성화상 숭배를 방어하는 자들)은 인격적인 신적 존재를 묘사하기 위한 이미지와 원형의 적절한 관계에 의문을 가졌다. 어떤 의미로 보면, 그것은 아리스토텔레스와 플라톤 간의 논쟁과 같은 것이다.

이미지는 "현실 세계"와 일치하는 "상상 세계"인가 아니면 단순한 그림자, 즉 영원하고 신성한 존재의 "모조품"인가?

성화상 파괴자들은 플라톤의 논거들을 단호히 기독교적으로 사용했다.

그리스도가 신이며 동시에 인간이라면, 인간 그리스도에 대한 새겨진 이미지가 어떻게 그의 신적 본질을 제한할 수 있겠는가?

이 주장의 철학적 힘은 영원한 형상은 감각적 형상에 의해 적절하게 표현될 수 없다는 플라톤의 견해에 의지한다. 그러나 성화상 파괴주의자들은 많은 종교적 주장을 이것을 통하여 보았다. 그것은 부활하신 그리스도에 대한 교회의 경험의 중요성을 파악하지 못했다. 그러나 성화상 숭배자들이 성화상 파괴자들의 도전에 반응하는 것을 이해해야 한다면, 유대교의 유산을 가진 이미지를 기독교가 계속 사용하는 것을 검토해볼 필요가 있다.

아마도 기독교 미술에 관하여 가장 일반적으로 실수하는 것은 유대교적 이미지를 하나님을 표현하기에 부적합한 이미지로 보고 유대교 신념으로는 미술을 지속하지 않는 것이다. 어쨌든 이스라엘은 절대적으로 우상을 반대하는 것은 아니었다. 유대교는 나름대로 시각적 미술을 가졌다. 이스라엘(기독교 역시)은 하나님의 형상을 새기는 것이 금지되었지만, 하나님 경험을 표현하는 것은 금지하지 않았다.

새긴 형상을 만들지 말라는 계명을 따르면서, 출애굽기에서는 마치 동방 교회의 성화상처럼 이스라엘에게 하나님의 존재에 접근하도록 하는 것처럼 언약궤를 짓는 방법에 대한 세밀한 지시사항을 계속 언급한다. 구약에 대한 위대한 성화상학자 오쓰마 킬(Othmar Keel)은 다음과 같이 말한다.

> [이미지를 반대하는 항의]는 형상을 부여하고 하나님 경험을 표현하기 위하여 결코 모든 시도를 허락하지 않는 것은 아니다. 그것 없이, 그리고 어떤 접근성 없이는 하나님과 이스라엘(그리고 하나님과 이스라엘 백성 개인) 간에 존재하는 교감은 생각도 할 수 없을 것이다(1978, 178).

킬에 따르면 이미지를 반대하는 명령에서 진실로 중요한 것은 표상의 불가능이 아니라 이스라엘에게 야훼의 완전한 존재를 확증하는 것이었다. 다른 말로 하면, 복제로 가능한 신을 표현하는 것이 아니라 비인격적 이미지로 인격적 존재를 대체하는 것이다. 이미지는 신적 존재에 대한 감성을 형성하도록 도움으로써 믿음의 공동체를 제공한다. 이스라엘은 교제로 초대하는 적극적인 인격적 하나님의 존재에 대한 경험에서 온 눈에 보이는 이미지를 많이 가지고 있었다.

이것을 참고하여 보면, 초기 기독교 미술은 이의 유산과 단절하지 않는다. 정말로 한편으로 그것은 완벽하게 하고 그것을 완성한다. 결국 기독교는 나사렛 예수의 경험에서 이스라엘의 인격적 하나님 경험을 주장한다. 살아 있고 인격적인 아브라함의 하나님 존재에 대한 이스라엘의 경험을 계약의 궤가 표현하는 것처럼, 초기 기독교는 부활하신 그리스도의 존재에 대한 경험에서 형상을 빌렸다.

어떤 의미로, 이것은 성화상 파괴자들의 도전에 대한 성화상 숭배자들의 대답이었다. 신성한 이미지는 하나의 표상 그 이상이다. 그것은 개념화 그 이상이다. 그것은 신성한 존재 그 이상이다. 그것은 인격적인 신성한 존재와의 영적 교감이다. 성화상을 통하여 그리스도의 인간 모습을 "그리지만," 그것은 신앙심 있는 사람들을 부활하신 그리스도와 교감하는 경험으로 "부르는," 인간이며 신인 그리스도의 현존이다.

성화상을 단순한 이미지로 보는 것은 그 이미지를 이상화나 개념화하는 것이다. 이미지 특히 신성한 이미지는 개념화나 표상 그 이상이다. 그 이미지들은 불가분하게 감각적이다. 성화상에 대한 논란에 성화상 숭배자들이 주는 답변은, 성화상은 존재에 대한 것이라고 한다. 이 존재는 매우 특별한 유형의 존재이다. 그것은 우리와 함께 하시는 하나님, 임마누엘, 성육신의 존재이다.

초기 기독교 교회는 우상에 반대하는 유산을 버림으로써가 아니라 우리로 하여금 그를 알고 사랑하기를 원하시는 하나님께서 우리에게 그렇게 하는 수단을 주셨음을 담대히 인지함으로써 종교적 미술에 변혁을 일으켰다. 기독교 성화상의 폭넓은 의미는 그리스도인이든 아니든 기독교 미술이 단순한 표상 그 이상임을 우리에게 보여주려 함이다. 그것은 우리를 아름답게 보는 신적 아름다움에 의해서, 만지고 만져지도록, 보고 보여지도록 우리를 초대하는 방식으로, 거룩한 현존을 만들도록 돕는다.

3. 중세 시대

피터 브라운(Peter Brown)은 고대 후기에서 중세시대로 가는 과정에서 기독교 미술에서 눈에 띠는 변화를 발견한다(1999). 중세 시대의 미술은 참여하는 경험보다는 "더 고상한" 영적 세계로 향하는 길을 더 강조하고, 신을 향한 "창"으로써 예술적 경험보다는 영적으로 보이지 않는 하나님을 향한 "다리"로서의 역할을 더 강조하기 시작했다. 브라운은 미학에 대한 교회의 이해에 있어서 미세하지만 중요한 변화가 700년쯤에 자리를 잡기 시작했다고 제안한다. 신적 존재와의 교감에 대한 성화상 미학은 신적 존재에 대한 더 중재적이고 관상적인 미학으로 변화하기 시작한다. 결정적인 변화에 대한 브라운의 제안은 일련의 유익한 대조를 함으로써 쉽게 확증될 수 있다.

성화상이 동방 교회, 즉 비잔틴 교회의 미학을 상기시키면, 스테인드글라스(stained glass) 창문은 서방 교회, 즉 로마 가톨릭교회를 상기시킨다. 초기 기독교 미학이 이미지를 좋아하는 헬라 문화와 시름했다면, 중세 기독교 미학은 강력한 수사학을 좋아한 로마 문화와 씨름했다. 초대 기독교 교회에 대한 헬라 문화의 도전은 우리와 함께하시는 하나님의 가능성을 부인하는 성화상 파괴주의(iconoclasm)였다. 중세 기독교 교회에 대한 로마 문화의 도전은 우리와 함께하는 천국의 가능성을 부인하는 성화상 파괴주의였다. 중세 교회에게 우리와 함께하는 천국은 물질적으로 볼 수 있는 것을 통하여 영적으로 보이지 않는 것을 보는 것에 도전할 뿐만 아니라 현세와 내세 간에 있는 분기점을 분별하는 것을 의미한다.

다시 말하면, 기독교 교회가 고대 후기를 떠나 중세 시대로 들어서면서, 종교 미술은 내세가 현세를 교차하는 "천국의 문"(porta caeli, "포르타 카엘리")의 형상을 취하기 시작했다. 이 천국의 문들은 중세 신자들에게 일종의 "영적 비전", 즉 미학적으로 "고상"하며 "저급"한 감각을 가져다주었다. 이와 같이, 그것은 비전 이상이었고, 신성하게 하는 경험이기도 했다. 초기 기독교 교회처럼, 중세 기독교 교회는 서방 양식의 성화상 파괴주의 도전에서 이 영감을 얻었다. 600년에, 마르세이유의 주교 세레너스(Bishop Serenus of Marseilles)는 성화상 파괴적 분노로 그의 도시의 교회 안에 있는 모든 종교 이미지들을 파괴했다(혹은 그렇게 보고되었다).

무엇이 그러한 분노를 가져왔는가?

세레너스가 우리에게 직접 말하는 것은 아니므로 정확히 확실한 것은 아닐 수 있다. 그러나 이미지가 성경 말씀과 전통을 어떤 식으로든 격을 낮추었다고 세레너스가 느꼈다고 제안하는 것은 훌륭한 가정일 것이다. 다시 말하면 세레너스는 생각을 관여하는 말의 힘에 대한 로마 문화의 자긍심을 가진 선지자였을 것이다(Besançon 2000, 149). 세레너스의 행동은 대 그레고리 교황(Pope Gregory the Great)의 관심을 끌었는데, 그는 한 서신에서 서방 기독교 미학 원리를 명확히 표현하여 기독교 교회 역사에서 반복적으로 인용되었다.

그림을 경배하는 것과 경배되어야 하는 것을 그린 그림에서 표현된 광경에서 배우는 것은 다르다. 읽을 수 있는 자들에게 글이 어떤 배움을 제공하는 것처럼, 그림은 그것을 바라보는 글을 배우지 못한 사람들에게(*idiotis*, "이디오티스") 어떤 배움을 제공하며 그들이 모방해야 할 어떤 것을 볼 수 있게 한다. 때문에 그림은 글을 모르는 사람들에게 책이며 그래서 특별히 이교도들에게 책과 같은 위치를 차지한다(Besançon 2000에서 재인용).

따라서 그레고리 교황은 교회 안에서 미술의 사용을 정당화하기 위하여 미학 원리의 기초를 명확히 설명했다. 그것들은 "글을 모르는 사람들의 책"(*libri idiotarum*, "리브리 이디오타룸")이다. 그레고리 교황은 이 유명한 어구에서 오늘날 근대 세속 미학에서 잊고 있는 세 가지 기초 미학 원리를 밝혔다.

미술은 영적 진리를 가르침으로서 뿐만 아니라 이 원리를 현재까지 유지함으로써 일상에 있는 영적 차원을 우리에게 상기시키도록 도울 수 있다. 가장 중요한 것은, 말이 정신에 관여하는 것보다 미술의 관능성(sensuality)은 훨씬 더 효과적으로 우리의 영성에 관여한다는 것이다. 그것은 로마 문화의 상속자들에게 답을 준 마지막 미학의 원리이다. 수사학은 열변이나 우아한 문체보다는 다른 방식으로 발견될 수 있다. 역사가 브장송(Besançon)은 『금지된 이미지』(*The Forbidden Image*)에서 다음과 같이 말한다.

이미지는 신앙심이 많은 사람들을 강화하고 교화하며, 그것은 고대인들이 말한 의미처럼 그들의 지성과 감정과 기억 즉 그들 "자신"을 감동시킨다. 이미지는 강한 의미에서 수사적이다. 그것은 설득하고, 가르치며, 감동시키고, 기쁘게 하며, 깊이 생각하게 하는 방식으로 상담하고, 법적 방식으로 고소하거나 변호하며, 그것은 과시적인 방식으로 찬양하거나 비난한다. 키케로 수사학의 범주는 그레고리의 프로그램에 완벽하게 적용되었다(2000, 150).

교황 그레고리는 로마 수사학의 성화상 파괴주의 관점을 취하여 그것을 서방 기독교 교회를 위한 강력한 미학 원리로 변형시켰다. 미술은 교회에서 신성한 성경의 위엄을 취하게 시작했으며 신성한 미술의 본질을 신성한 대상이 되는 성화상과 같은 것에서 신성한 성경과 같은 것으로 변경했다. 이것은 강력한 미학적 의미를 가진다. 서방 기독교 미술의 미학은 신적 존재의 신실한 표상으로서보다는 신실하고 덕망 있는 그리스도인의 삶을 향한 강력한 설득이라는 면으로 더 접근했다. 더구나 그것은 신성한 성경이 해석되어야 하는 것처럼 신성한 미술도 그렇게 해석되어야 한다는 의미였다. 그러나 그러한 해석은 어떤 일종의 지적 분석이 아니라 강력한 미학을 통해 미술품에 감정이 어떻게 관여할 것인가 하는 분별력의 문제이다.

따라서 중세 미학은 많은 고딕 성당을 장식하는 괴물 석상들(gargoyles)에서 가장 명백하게 보이는 풍부한 표현력과 생기를 미술에 가져오려고 애썼다. 그러나 그러한 풍부한 표현력을 성취하는 것은 훌륭한 장인정신과 기술이 요구되었다. 글을 모르는 사람들의 책이라는 그레고리 교황의 미학 원리는 위대한 중세 미술의 시기로 인도했다. 중세 미술의 주요 특징은 놀라운 장인 정신이었다. (우리가 이 지점에서 잠깐 멈추어 인식해야 하는 것은, 종교 미학에서 장인 정신은 우수한 미술과 멀리 떨어진 것이 아니라 진정한 종교 미술 속으로 들어가는 영적 차원으로서 고려될 수 있다는 점이다. 그것은 세속적 미학으로는 도달하지 못하는 지점이다.)

그러나 중세 종교 미학에 대한 어떤 설명도 그 시기의 매혹적인 색과 빛을 탐구하지 않고는 완벽하지 않을 것이다. 토마스 아퀴나스는 그의 『신학대전』(*Summa theologiae*)에서 아름다운 것은 통합(*integritas*, "인테그리타스," 전체에서 부분의 유기적 연합), 조화(*consonantia*, "콘소난티아," 부분들 간의 조화로운 관계), 그리고 명료성(*claritas*, "클라리타스," 어떤 형상 안에서 나와서 발하는 색채 혹은 빛 혹은 미학적 형상의 풍부한 자기 표현력)으로 구성된다고 말한다. 이 정의에서 새로운 것은 명료성이라는 미학의 원리이다. 그리스인들은 조화와 통합을 미학의 원리로 알고 있었지만, 명료성은 적어도 그것의 종교적인 의미에서 기독교 미학의 독특성이 되었다.

명료성의 종교적 의미는 빛의 형이상학과 성경 구절의 영적 의미에 대한 교회의 성찰에서 온다. 어거스틴은 그러한 성찰이 있는 미학에 기초한 초기 신학자들 중의 한 명이었다. 『창세기의 문자적 의미』(*The literal Meaning of Genesis*)라는 책에서 어거스틴이 주목하는 것은, 창세기에 따르면 빛은 하나님의 첫 번째 피조물(*fiat lux*, "피아트 룩스," 빛이 있으라)이었고, 그것은 더구나 "무에서" 만들어졌다는 것이다(1982, 1.12.23-4). 따라서 어거스틴은 빛은 하나님 말씀의 "첫 번째 성육신"이며 그것이 무형이므로 모든 피조물 중에서 가장 영적이며 하나님의 아름다움 혹은 형상의 최고의 전형이라고 결론을 맺는다. 어거스틴에게 이 결론은 시각(vision)의 영적 미학을 제안한다.

어거스틴은 우리는 육체적 또는 물리적으로 볼 수 있다는 것을 인정한다. 플라톤처럼 그는 또한 우리가 지성적 봄(vision), 즉 이상화된 형상을 관상(contemplation)할 수도 있음을 인정한다. 그러나 계속해서 어거스틴은 빛이 본질적으로 영적이므로 기억에 저장된 그 이미지들을 우리 영에 새겨 넣을 수 있다고 말한다. 그렇게 특정한 종류의 시각은 이 세계에 대한 물리적으로, 육체적으로 보는 것과 다가올 내세에 대해 지적으로 보는 것 사이에 다리를 놓는 "영적 봄"(Spiritual vision), 다른 말로 하면 "천국"이 우리에게 임하게 됨을 가능하게 한다.

아퀴나스와 어거스틴 외에 그 다음의 중세 시대의 위대한 사상가는 신비스럽게 알려진 수도사인 위-디오니시오스(Pseudo-Dionysius)였다. "세상에 대하여 죽음"이라는 수도원의 전통에 맞게, 이 수도사는 그의 글에 자신의 진짜 이름을 넣지 않음으로써 겸손을 실천했다. 그는 『하나님의 이름들』(The Divine Names)과 『천상의 계급』(The Celestial Hierarchy) 등과 같은 매우 영향력 있는 그의 저술을 사도행전에 언급된 아레오파구스의 재판관 디오니시우스(Dionysius, the Areopagite)의 것이라고 말했다. 그의 진짜 이름이 무엇이었든지, 위-디오니시우스는 서방 교회의 가장 영향력 있는 미학 중의 하나를 제공했다.

위-디오니시우스는 신플라톤 사상을 빌려왔지만 독창적 공헌을 하면서 "어두움에 비치는 빛"을 말하는 요한의 서막에 있는 성경 구절을 성찰한다. 위-디오니시우스는 하나님, 즉 신플라톤주의의 일자(the One)로부터 모든 존재가 나온다고 보았다. 모든 피조물은 하나님으로부터 나오기에, 창조자 바로 그 존재 안에서 같은 방식으로 참여한다. 그러므로 하나의 유비(analogy)가 만들어질 수 있다. 모든 피조물은 하나님의 이미지, 상징 혹은 반영이다. 그러나 빛은 주요한 형상 혹은 하나님의 "반영"(mirror)이다. 이것이 의미하는 바는, 하나님께 참여하는 모든 피조물은 피조물이 빛을 띠는 정도로 평가되어야만 한다는 것이다. 그러한 참여를 마음으로 그려보는 것은, 원천에서 멀리 떨어질수록 희미해지는 빛을 유비로 사용한다. 따라서 "어두움에 비치는 빛"으로의 그것들의 참여에 의해서 평가되는, 그것들의 창조자에로의 피조물의 참여는 참여의 위계(hierarchy) 혹은 "사다리"와 같다.

참여의 위계 혹은 "사다리"에 관한 생각이 현재에는 나쁜 평판을 얻을지라도, 그것은 위-디오니시우스의 체계에서 말하는 강력한 미학으로 떠오른다. 모든 물질적 현실은 그것들이 빛에 관여함으로 눈에 띠게 되는 영적 차원, 즉 하나님께 참여하는 정도와 상응한다. 다시 말하면, 우주에 존재하는 모든 것은 형이상학적으로 하나님께 끝까지 인도하는 비유적 "사다리"에서 "단계들"로서 존재한다. 이와 같이 어떤 물리적 대상은 어거스틴이 "영적 봄"이라고 부른 분별하는 영을 유비적으로 제공할 수 있다. 영적 봄은 "해석"이다. 왜냐하면 물질적 실재들은 일자에로 유비적으로 참여함으로써 상징들이고, 상징들은 반드시 해석되어야 하기 때문이다. 이러한 방식으로 위-디오니시우스는 영적으로 기초된 미학을 과단성 있게 묘사한다. 그것은 해석임과 동시에 시각(vision)이다. 미학은 영적 경험일 뿐만 아니라 영적 통찰력이다.

이 미학의 본질, 즉 경험이기도 한 영적 통찰력은 무엇인가?

그것은 위-디오니시우스가 "신비 해석"(anagogy)라고 부른 것이다. 점심시간에 조용한 교회에 들어가서 스테인드글라스 창문으로 들어오는 부드럽고 푸른 빛에 가만히 무릎을 꿇어 본 사람이라면 신비 해석적 경험이 무엇인지 안다. "anagogy"는 "들어 올리다" 혹은 "더 높이 올리다"는 의미이기 때문이다. 다른 말로 하면, 그것은 "더 높은" 그리고 "더 낮은" 경험, 즉 현세와 내세 사이에 있는 분기점이다. 그것은 천국의 문(porta caeli) 앞에 서 있는 경험이다. 그것은 "우리와 함께하는 천국"의 미학적 경험이다. 이와 같이 위-디오니시우스의 생각은 필자가 "신비 해석적 상상력"이라고 부른 것의 강력한 영적 미학의 기초가 되었다. "신비 해석적 상상력"은 중세시대로부터 우리에게 내려온 아마도 종교 지향적 미학의 가장 위대한 유산일 것이다. 그것은 여전히 영성의 동반자로서 우리를 잘 섬긴다.

그러나 종교 지향적 미학의 본질은 중세시대가 근대시대로 들어서면서(르네상스부터 20세기 후기까지라고 말하자) 극적으로 변화한다. 어떤 사람들은 그것을, 거대한 중세 미학적 종합의 점진적 세속화가 천천히 지속되는 과정으로 보지만, 필자는 더 친절한 관점이 있다고 믿는다. 필자의 이해는 이것이다. 즉 근대시대는 그리스 사람들이 아름다움의 경험(불확정적인 인간의 영이 초월적인 신적 존재와 교감하도록 역설적으로 부름)에서 간파했던 것을 이해하기 위한 새로운 추구를 시작한다.

미학이 근대성에서 취하는 우여곡절은 믿을 수 없을 만큼 복잡하더라도, 미학의 영적 여정은 성 토마스 아퀴나스가 명료성이라고 부른 것에 대한 새로운 추구로 요약될 수 있다고 필자는 믿는다. 근대시대를 중세시대로부터 구분 짓게 한 것은 근대 사람들이 아름다움의 명료성을 신에게서가 아니라 인간의 신비한 창조성과 인간의 생각의 힘에서 찾기 시작했다는 점이다. 한스 우르 폰 발타자르(Hans Urs von Balthasar, 1983-91)는 주장하기를, 이러한 근대의 추구는 궁극적으로 초월자의 세속화, 아름다움의 신적 차원과 불확정적인 인간의 영의 신격화로 인도했다고 했다. 폰 발타자르가 근대시대의 미학의 영적 여정을 정확하게 특징지었다고 필자가 믿는다고 하여도, 우리는 미학의 영적 여정의 본심은 영적 추구라는 사실을 잊지 잃지 말아야 한다.

4. 근대시대

아름다움의 명료성에 대한 근대적 추구의 뿌리를 명백히 보기 위해서는 쿠사의 니콜라스 추기경(Cardinal Nicolas of Cusa)에서부터 시작해야 한다. 위-디오니시우스처럼, 쿠사는 천국을 땅에 더 가깝게 가져오기를 소망했다. 그러나 그는 이 가까움을 하나님에게로 인도하는 영적인 신비 해석적 "사다리"로 보지 않았다. 오히려 그는 마이스터 에크하르트(Meister Eckhart)의 글에서 많이 영향을 받아서 형성한 신비적 가까움으로 보았다. 이 신비적 가까움은 쿠사가 "반대되는 것의 일치"(coincidentia oppositorum, "콘인키덴티아 옵포시토룸")라고 부른 원리에서 유래한다.

쿠사는 무한한 것은 유한한 것에 의해서 파악될 수 없다는 생각을 거절했다. 다른 말로 하면, 유비와 신비적 해석은 무한한 하나님에 대한 고유한 절대적 불가지성(unknowability)을 정당하게 다루지 않았다. 이것은 쿠사를 어떤 유의 회의적 신학자로 만들지는 않았다. 오히려 쿠사는, 무한과 유한이라는 절대적으로 상반되는 것은 전통적 논리가 아니라 신비적 논리에서만 화해될 수 있다고 본다. 그는 신비적 논리를 무지한 앎(docta ignorantia, "독타 이그노란티아")라고 부른다. 그것은 플라톤적인 지적인 봄(vision)에 의존한다. 플라톤적인 지적인 봄은, 궁극적으로 하나가 되는 원천에 대한 모든 논리적 구분 혹은 상반을 넘어서 볼 수 있다. 이것은 상반되는 것의 일치이며, 신비 해석적인 중세의 미학에 근본적으로 도전했다.

쿠사의 "반대되는 것의 일치"는 서방 기독교적 유럽의 영적 질서를, 지상의 것과 천상의 것을 연결시키는 "사다리" 가치로부터 천상의 것과 지상의 것이 함께 존재하는 것으로 변형시켰다. 이와 같이, 쿠사의 질서는 근대 사람들이 하늘과 땅, 하나님의 창조와 인간의 창조성, 자연의 형상과 미술적 형상, 자연과 미술 사이에 미세한 영적 연관성을 어떻게 보았는지에 영향을 미치기 시작했다. 예를 들면, 그것은 미술에 대한 견해를 자연의 형상을 능숙하게 모방한 것이라고 보는데서, 화가의 창조성으로 신비하게 표현한 것이라고 보는 식으로 변형시켰을 것이다.

그 질서가 더 이상 천상의 것에 연결하는 "사다리"가 아니므로 하늘의 문(porta coeli, "포르타 코엘리")의 위치가 바뀌었다. 천상의 그리고 영적인 실재로 향하는 문은 인간의 영혼 안에 있다. 신적 아름다움의 명료성은 자연의 외적 대우주에서가 아니라 인간의 영과 정신의 내적 소우주에서 찾아지는 것이다. 이 변화의 시작은 화가들이 세계가 근대성으로 들어섰다고 그들 스스로를 알기 시작하는 방식에서 볼 수 있다(Wittkower and Wittkower 1969).

미술은 과학이라기보다는 기술(skill)이다. 르네상스 화가들은 스스로를 중세의 장인이라기보다는 교수로 혹은 교육받은 성직자로 보았다. 예를 들면, 레오나르도 다빈치(Leonardo da Vinci)는 중세 신학자들처럼 빛의 영적 본질에 매혹되었다. 그러나 중세 화가와 신학자와는 달리 그가 빛을 좋아한 이유는, 빛이 그에게 "고상한" 시각을 주었기 때문이 아니라 자연의 일상적 형상에서 특별한 것을 볼 수 있게 해주는 빛의 능력 때문이다. 다빈치에게 있어서 일상성을 정확하게 관찰하는 것은 비범한 것에 대한 영적 시각을 성취하는 수단이었다.

따라서 한 화가의 자연 대상의 표현은 자연 형상의 단순한 모방 이상이 되었으며, 그것은 새로운 종류의 하늘의 문, 즉 자연 세계의 실재에서 공존하는 영적 실재로 들어가는 문이었다. 따라서 과학으로서 미술은 자연을 모방하기 위한 것 이상으로 보기 시작했으며, 그것은 오히려 영적 실재, 즉 자연의 형상을 다스리는 수학 법칙에 대한 새로운 비전으로 가는 문이었다.

초월의 영적 아름다움이 수학적 형상으로 구성되었다는 견해는 근대의 것만은 아니다. 그것은 피타고라스와 그의 추종자들만큼이나 오래된 것이다. 그것은 또한 풍부한 기독교 유산을 가지고 있다. 어거스틴과 같은 신학자들은 지혜서 11:20, "그러나 당신께서는 모든 것을 기준과 수와 무게로 질서 잡으셨습니다"에 매우 무게를 두었다. 그러나 근대시대에서 자연에 나타난 수학적 실재는 하나님의 예술적 활동으로서보다는 점점 더 자연의 본질 자체로 동일시되었다. 더구나 이 수학적 실재는 우리의 자연 경험의 반대 방향으로 간다.

그것들은 아모스 푼켄쉬타인(Amos Funkenstein)이 『신학과 과학적 상상력』(*Theology and the Scientific Imagination*, 1986)에서 "반 사실적 조건의" 실재라고 부른 것이다. 다른 말로 하면, 이 수학적 실재는 일상적 경험에 의해서가 아니라 오직 수학적 형태를 파악할 수 있는 상상력의 행동에 의해서만 인지될 수 있다. 이와 같이, 아름다운 것은 감각을 통해서 주로 인지되지 않는다. 뉴사이언스(New Science)에서 초월의 영적 아름다움으로 들어가는 문은 과학적 상상력이라는 마음의 눈에서 발견되는 것이다.

그러나 이 견해는 중요한 필연적인 결과가 있다. 미술은 화가의 영혼의 창조적 활동의 산물이었다. 예를 들면, 레온 바티스타 알베르티(Leone Battista Alberti)는 발명(*invenzione*, "인벤지오네")의 개념을 소개하기 시작했다. 알베르티는 아름다움을 위한 공식을 찾고 있었다. 그는 미술 자체의 원리에서 절대적인 완벽한 아름다움을 추구했다. 그는 다음과 같은 생각에서 그것을 찾았다고 생각했다. 즉 "그 자체에 의해서도" 유쾌함을 주는 그림에서 궁극적 요소가 존재한다는 것이다. 이것은 화가의 새로운 것, 즉 발명을 표현하는 능력이었다.

알베르티는 발명의 개념에서 화가의 영적 본성과 그 영성이 화폭과 대리석에 어떻게 표현되는지에 대한 새로운 유형의 미학적 성찰을 시작한다. 르네상스 시대가 이 과정에 대한 이름을 가지고 있지 않지만, 그것은 오늘날 "창조성"이라는 이름으로 알려진다. 그것은 신적 초월자에 관심 있는 미학에서 인간의 자기 초월에 관심 있는 미학으로 변화의 신호를 보낸다. 그 탐구는 이제 아름다움의 "부름"이 아니라 화가의 "소명"을 설명하려는 것이다. 그것은 다음 세대가 탐구하기 시작할 "소명"이다.

1) 칸트와 헤겔

쿠사와 함께 시작되어 르네상스 시대에 계속된 이 새로운 발전은 알렉산더 바움가르텐(Alexander Baumgarten)에 의해 1735년에 철학적으로 분명하게 설명되어졌다. "미학"(aesthetics)이라는 용어를 만든 사람이 그였다. 바움가르텐은 "감각"(aisthesis, "아이스떼시스")이라는 헬라어에서 파생된 "미학"을 "감각적 인지"에 대한 과학으로 보았다. 다시 말하면, 바움가르텐은 감각이 우리에게 고유의 특별한 앎을 가져다주며 그러한 앎은 이성적 사고에 접근을 가능하게 한다고 느꼈다. 이러한 신념에서 유비와 신비 해석에 의지하지 않는 새로운 종류의 앎에 대한 쿠사의 요청을 감지할 수 있다. 그러나 쿠사와는 달리 바움가르텐은 신비적 앎의 개념에 대해 인내하지 못했다. 바움가르텐은 이성적 앎과 아름다운 것의 이성적 앎에 대해서까지도 관심을 갖는다.

이와 같이 바움가르텐의 새로운 미학에서 아름다운 것은 세속화를 겪는다. 미학은 신적 아름다움을 경험하는 것보다도 아름다운 것을 아는 것에 대한 본성에 더욱 집중하기 시작한다. 바움가르텐의 새로운 미학은 경험보다는 앎에 대한 강조로 인도한다. 그 결과는 아름다운 것의 영적 차원을 인간 마음의 작용들에 두는 것이다. 세속화는 두 사상가 칸트(Kant)와 헤겔(Hegel)에게서 가장 명확하게 볼 수 있는데 그들은 바움가르텐의 미학의 후계자이며 근대시대에서 미학에 대한 세속적 이해에 가장 영향을 미쳤다.

칸트는 그의 시대에 많은 논란이 있던 **천재성**(genius)과 **숭고함**(sublime)이라는 두 가지 용어를 개발했다. 그렇게 함으로써 칸트는 근대 미학을 형성하고 오늘날까지 계속 영향을 미치고 있는 일련의 미학적 직관들을 표현했다. 이 두 용어 "천재성"과 "숭고함"은 르네상스 시대에 발달된 미학적 통찰력을 지속하지만 분명히 세속적 방식으로 한다. 그러한 세속화는 자연 세계와 인간 영의 세계를 단절된 것으로 보는 태도처럼 보일 수 있다. 더 중요한 것은, 그러한 세속화는 마음의 작용들 안에 있는 아름다움의 초월적 차원의 자리에서 볼 수 있다는 점이다.

예를 들면, 칸트는 아름다운 것과 구별되는 숭고함의 개념을 사실로 받아들였다. 칸트가 말했듯이, 숭고함은 "별들의 희미한 빛이 밤의 그림자를 뚫고 비치며 외로운 달이 우정에 대한 기대감으로, 세상에 대한 경멸로, 영원함에 대한 고조된 기분으로 떠오를 때에 여름밤의 정적에 점진적으로 끌려드는"(1960, 47) 경험이다. 유한한 아름다움은 무한성을 "감지"할 수 있는 우리 안에 있는 초감각적 기능을 "일깨움"으로 인도한다. 이 기능은 즐거움의 생동적이고 친밀한 느낌과 그 즐거움을 주는 대상의 본질과 연결할 수 있는 일종의 판단을 포함한다. 다른 말로 하면, 그것은 우리가 "이 장미꽃은 아름답다"고 말할 수 있게 하는 판단이다. 그것은 이성적 판단이라기보다는 취향에 의한 판단이다.

그러나 그러한 판단들은 두 개의 가능성을 허락한다. 하나는 대상이 그것의 한정성 혹은 형상 때문에 주는 즐거움을 판단하는 것이다. 다른 하나는 대상이 그것의 불한정성 혹은 형상을 만들기를 거부하기 때문에 주는 즐거움을 판단하는 것이다. 전자의 즐거움은 칸트가 "아름다운" 것이라고 명한 것이며, 후자의 즐거움은 그가 "숭고한" 것이라고 명한 것이다. 그것은 칸트가 숭고함을 "절대적으로 훌륭한" 것이라고 정의하게 한 후자의 의미인 취향에 의한 판단이다. 칸트는 많은 사람들이 미학의 영적 여정에서 의미심장한 결과가 있다고 알아차린 "아름다운" 것과 "숭고한" 것 사이를 대비시킨다.

칸트가 개발한 다른 용어는 "천재성"이다. 이것은 새로운 용어는 아니며 17-18세기 문헌에서 에드먼드 버크(Edmund Burke)와 같은 사상가들에 의해 상세하게 논의되었다. 그 용어가 개발된 칸트의 시대에서처럼, "천재성"이라는 용어는 그의 시대의 영적 문헌에서 묘사하는 신비적 상황에서 유비를 찾는다. 신비적 경험은 칸트의 시대에는 어떤 개인에게 주어진 은사와 특별한 은혜라고 논의되었다. 이와 같이, 그것은 매우 독창적이고 그것의 원리가 진정으로 신비하기 때문에 묘사될 수 없다.

칸트 시대의 철학자들에 의해서 이 신비한 상태는 화가의 창조적 영감으로 적용되었다. 칸트는 "천재성"을, 숭고함을 충분히 이해할 수 있게 하는 것으로 여김으로써 그 유비를 한 층 더 진전시킨다. "천재성"은 무한성, 즉 모순 없이 "절대적으로 훌륭한" 것을 생각할 수 있는 능력을 가능하게 한다. 칸트의 미학에서 의문스러운 점은 그것이 미술 작품에 대하여 매우 적게 말하고 있다는 점이다. 칸트는 "천재성"과 "숭고함"의 개념을 개발하면서 미술 그 자체에 대해서는 거의 말하지 않았다.

칸트가 미술 작품에 대하여 매우 적게 언급한 반면 헤겔은 아름다운 것은 미술 작품을 통하여 스스로를 알리는 역사적 과정에서 그의 미학을 발견했다(Hegel 1998). 이 체계에서 헤겔은 근대 미학에 영향을 준 두 가지 생각을 소개했다. 예를 들면, 헤겔은 미술은 역사(history)가 있다는 생각을 소개했다. 더구나 이 역사는 진화되는 것이다. 헤겔에게 미술은 자연의 아름다움에 대한 경쟁자라기보다는 영(spirit)의 나타남이었다. 미술의 역사는, "영적화된 감각적 외관이나 영적인 것의 감각적 외관"(Besançon 2000, 205)이라는 역사적 과정을 통하여 자신을 감각적으로 깨닫는 영의 역사이다. 헤겔은 하나님을 이 세상의 역사 속에서 사역하시는 절대적 영(Absolute Spirit)이라고 보았다. 정말로 미술의 역사적 과정은 세상에서 절대적 영의 역사적 관여와 일치한다. 화가는 아직은 이 신적이고 영적인 활동이 역사적으로 실재하게 하지 않지만 자신의 미술 작품에서 구체적 이미지로 이 영적 활동의 일부를 포착한다. 따라서 헤겔은 미술 비평과 미술사에 대한 새로운 영역의 기반을 놓음으로써 미학의 역사에서 새로운 장을 연다.

그러나 이 생각 안에는 다른 더 영향력 있는 미학이 있다.

헤겔은 영의 의미를 무엇이라고 보는가?

헤겔은 "정신"(mind)이라는 의미일 수도 있는 독일어 "가이스트"(*Geist*)로 영을 언급한다. 헤겔에게 영은, 인간 역사의 갈등과 해결 안에서 그것의 의식(consciousness)을 구체적으로 느껴지는 사상의 활동이었다. 헤겔에게 미술은 이 영적 의식이 역사적 과정에서 그 자체를 구체적이게 하는 가장 직접적인 의미다. 따라서 미술의 영적 본성은 정신의 본성과 연관되며 절대적으로 초월적인 신은 절대적 지식과 연관된다. 그러나 절대적 지식은 표현될 수 없다. 미술은 표현될 수 없는 정신(*Geist*)을 공개함으로 진전되며, 영적인 것에 대한 미술의 표상들은 점점 더 추상적이 된다. 마지막으로, 미술은 표현될 수 없는 것을 표현하기 위한 미술의 자원을 다 써버려 끝날 때가 온다. 따라서 아름다운 것은 숭고함으로 역사적으로 진화된다.

2) 한스 우르 폰 발타자르의 신학적 미학

미술과 영적인 것 간의 지각된 관계에 관한 칸트와 헤겔의 미학의 결과는 과대평가될 수 없다. 많은 사람들에게 칸트와 헤겔에 의해 철학화된 미학의 의미하는 바는 해방(liberating)이다. 그것은 화가를 교회의 훈육이나 교리적 개입에서 자유롭게 했다. 화가는 이제 전례 없는 권위와 힘으로 인간의 영을 탐구하기에 자유롭다. 그것은 또한 미술 비평에서 비전문가의 참여를 자유롭게 했다. 미술 작품의 장점에 대하여 권위를 가지고 말하기 위하여 꼭 신학자이어야만 할 필요가 없다. 미술 작품은 그 자체의 진가로 판단될 수 있다. 그러나 다른 사람들에게 그것은 일종의 "타락"을 나타냈다. 미술은 위대한 영적 힘의 원천이 되는 것에서 돈 많은 미술품 수집가들의 시장터에서 거래되는 단순한 물품으로 변했다. 미술은 신앙 공동체와의 연결성을 잃었다. 미술품은 신앙 공동체가 깊은 관상을 하며 무릎을 꿇는 교회의 벽에 걸리는 대신에, 이제는 결코 기도 소리를 들을 수 없는 소외되고 조용한 박물관에 걸린다.

이 "타락"은 문헌에서 정확하게 설명되었다. 존 듀이(John Dewey)의 『경험으로서의 예술』(Art as Experience, 1959) 그리고 야나기(Yanagi)와 리치(Leach)의 『무명의 장인』(The Unknown Craftsman, 1972)과 같은 초기의 작품에서부터 엘레인 스캐리(Elaine Scarry)의 『아름다움과 그냥 있는 것에 관하여』(On Beauty and Being Just, 1999) 그리고 번스타인(J. M. Bernstein)의 『미술의 운명』(The Fate of Art, 1992)까지, 미술의 영적 생동감이 있는 어떤 불안이 강하게 표현된다. 이러한 증가는 많은 목소리에 신학자들도 그들의 고유한 관점을 더하기 시작했다. 이 "타락"의 가장 단호한 설명은 스위스의 신학자 한스 우르 폰 발타자르(Hans Urs von Balthasar)에 의한 것이었다. 『주님의 영광』(The Glory of the Lord, 1983-91)이라는 일곱 권으로 된 그의 책에서 폰 발타자르는 그리스 고전에 그 뿌리가 있는 두 가지 경향에서 미학의 "타락"을 발견한다.

첫 번째 경향은 신들로부터 비밀의 불을 탈취한 그리스 영웅 프로메테우스(Prometheus)의 행동과 부합한다. 이 프로메테우스 경향은 인간의 "나" 혹은 정신이 신적 "나" 혹은 정신과 일치하게 만들어진 칸트와 헤겔의 철학에서 가장 잘 인지된다. 그것은 프로메테우스처럼 하나님이 아는 것을 알아내어 고유의 인성을 초월할 수 있는 인간의 영의 환희이다.

두 번째 경향은 그리스의 신 디오니시우스(Dionysius)와 부합한다. 근대 인류의 디오니시우스적인 경향은 자기 초월을 향한 간절한 야망에 있다. 그러나 그것은 프로메테우스처럼 그 자신의 실존적 한계들을 지배하기 위하여 추구하기보다는 그 자신의 실존적 한계들에서의 탈출을 추구하는 초월성이다. 그러나 그러한 초월성은 환멸이 뒤따르고 근대시대의 디오니시우스는 실존의 모순감으로 가득 차게 된다(von Balthasar 1937).

폰 발타자르에게 이 두 미학적 경향은 근대성이 아름다운 것에 대한 "본래의 현상"을 잊고 있기 때문에 프로메테우스의 분방한 낙관주의와 디오니시우스의 각성된 허무주의를 일으킨다. 폰 발타자르가 말하는 아름다움은, "모습과 그 모습에서 비추는 것과 동시에" 우리를 직면하여 "그 모습을 가치있게, 사랑할만한 가치가 있는 것으로 만드는 것이다"(Steck 2001, 15). 아름다움의 "부르다"과 "부름 받은 것" 사이에 있는 그리스인들의 구분에 관하여, 폰 발타자르는 이 긴장관계에서 신학적 요소, 즉 사랑을 발견한다.

이 사랑은 "영광"의 성경적 개념으로 "부름"의 하나님의 측면에서 표현된다. 창조의 아름다움은 우리에게 선물일 뿐만 아니라 그것은 또한 우리에게 "주어진" 것이다. 그것은 "주어진" 것일 뿐만 아니라 또한 "부여" 이다. 이것은 자연 형상의 아름다움이 그것을 창조한 창조주의 사랑으로 가득찬다는 의미이다. 이 사랑은 칸트가 "별이 총총한 하늘"에서 보았던 형상 안에서부터 빛이 뿜어져 나오는 "훌륭함"이다.

한편 이 사랑에 대한 우리의 응답 또한 사랑이지만 그것은 자신의 밖으로 끌려가는 황홀함의 성질에서 나오는 사랑이다. 그것은 인간의 자기 초월을 정의하는 황홀함이다. 그러나 그러한 초월은 절대적으로 자율적이지 않고 하나님의 은혜에 의지한다. 폰 발타자르는 흥미 있는 유비로 이것을 주장한다. 인간의 영이 신적 영에 더 많이 참여하면 할수록 인간이 얼마나 불균형적으로 신으로부터 더 멀리 있는지 의식하게 된다. 아이단 니콜스(Aidan Nicols)가 그의 저서 『말씀이 퍼지다』(The Word Has Been Abroad)에서 말하듯이, 이 풍부한 유비에서 폰 발타자르는 "성 토마스의 정신과 성 어거스틴의 가슴을 성 이그나시우스 로욜라의 영에 모두"(1998, xiv) 결합시킨다. 이 유비는 폰 발타자르가 "신학적 미학"이라고 부른 것을 출범시켰다.

신학적 미학은 세상의 아름다움의 초월적 차원인 것은 하나님의 영광임을 깨닫는다. 하나님의 영광은 하나님의 우리를 향한 사랑을 통하여 표현된다. 그러한 사랑은 하나님께서 그의 영광을 밖으로 비추기 위하여 세상의 문화적 형상을 취하신 미학을 이룬다. 초월적 성질의 아름다움은 안에서부터 그것들을 깨뜨려서 하나님의 영광이 우리를 붙잡고 기쁘게 하기 위하여 사용하는 바로 그 형상이다.

그러한 형상의 모든 모델은 예수 그리스도의 궁극적 형상이다. 따라서 폰 발타자르는 세상의 아름다움과 신적 영광(신학적 미학), 유한적 자유와 무한적 자유(신학적 드라마), 그리고 만들어진 진실과 자존의 진실(신학적 논리)을 대비하는 일련의 토론을 시작한다. 이 대비는 중세 철학에서 세 가지 초월적인 것, 즉 아름다운 것, 선한 것, 참된 것과 일치한다.

폰 발타자르는 신학과 미학의 자연스런 관계를 취하기 위하여 다시 신학의 기초를 놓았다. 그럼에도 불구하고 많은 사람들이 탈근대로 여기는 오늘날의 세계에서 암시된 도전과 가능성에 진정으로 관여하는 신학적 미학을 향하여 해야 할 것이 많이 남아

있다. 정말로 신학자들의 새로운 세대는 신학적 미학의 가능성을 탐구하기 시작했다. 프랭크 버치 브라운의 『좋은 취향, 나쁜 취향 그리고 기독교 취향』(*Good Taste, Bad Taste, and Christian Taste*, 2000), 리차드 빌라데소(Richard Viladesau)의 신학적 미학(*Theological Aesthetics*, 1999), 제러미 벡바이(Jeremy Begbie)의 『창조의 찬양 표명』(*Voicing Creation's Praise*, 1991)과 『신학, 음악 그리고 시간』(*Theology, Music, and Time*, 2000), 그리고 필자의 『아름다운 것의 공동체』(*The Community of the Beautiful*, 1999)와 『상처받은 순진함』(*A Wounded Innocence*, 2003)은 모두 아름다운 것과의 진정한 관계를 위하여 신학적 감수성 면에서 본질적인 변화를 표명한다. 매우 긴 가뭄 후에 미학은 다시 영성의 동반자가 되려하고 있다.

참고문헌

Augustine of Hippo 1982: *St Augustine: The Literal Meaning of Genesis*, 2 vols, trans. J. H. Taylor, Jr. New York: Newman Press.

von Balthasar, H. Urs 1937: *Apokalypse der Deutschen Seele*. Salzburg and Leipzig: Anton Pustet.

_____. 1983-91: *The Glory of the Lord*, 7 vols. San Francisco: Ignatius Press.

Barasch, M. *Theories of Art: From Plato to Winckelmann*. New York: New York University Press.

Beardsley, M. C. 1975: *Aesthetics from Classical Greece to the Present: A Short History*. Tuscaloosa: University of Alabama Press.

Begbie, J. 1991: *Voicing Creation's Praise: Towards a Theology of the Arts*. Edinburgh: T. and T. Clark.

_____. 2000: *Theology, Music, and Time*. Cambridge: Cambridge University Press.

Bernstein, J. M. 1992: *The Fate of Art: Aesthetic Alienation from Kant to Derrida and Adorno*. University Park, PA: Pennsylvania State University Press.

Besançon, A. 2000: *The Forbidden Image: An Intellectual History of Iconoclasm*. Chicago: University of Chicago Press.

Brown, F. B. 2000: *Good Taste, Bad Taste, and Christian Taste: Aesthetics in Religious Life*.

Oxford: Oxford University Press.

Brown, P. 1999: Images as substitute for writing. In E. K. Chrysos and I. N. Wood (eds), *East and West: Modes of Communication. Proceedings of the First Plenary Conference at Merida*, pp. 15-34. Leiden: Brill.

Cassirer, E. 1964: *The Individual and the Cosmos in Renaissance Philosophy*. New York: Harper and Row.

Dewey, J. 1959: *Art as Experience*. New York: Capricorn.

Dupré, L. 1988: Hans Urs von Balthasar's theology of aesthetic form. *Theological Studies* 49, 299-318.

Finney, P. C. 1994: *The Invisible God: The Earliest Christians on Art*. New York: Oxford University Press.

Freedberg, D. 1989: *The Power of Images: Studies in the History and Theory of Response*. Chicago: University of Chicago Press.

Funkenstein, A. 1986: *Theology and the Scientific Imagination from the Middle Ages to the Seventeenth Century*. Princeton, NJ: Princeton University Press.

García-Rivera, A. 1996: Creator of the visible and the invisible: liberation theology, postmodernism and the spiritual. *Journal of Hispanic/Latino Theology* 3, 35-56.

——. 1999: *The Community of the Beautiful: A Theological Aesthetics*. Collegeville, MN: Liturgical Press.

——. 2003: *A Wounded Innocence: Sketches for a Theology of Art*. Collegeville, MN: Liturgical Press.

Grabar, A. and Nordenfalk, C. A. J. 1957: *Early Medieval Painting from the Fourth to the Eleventh Century: Mosaics and Mural Painting*. New York: Skira.

Harrison, C. 1992: *Beauty and Revelation in the Thought of Saint Augustine*. Oxford: Clarendon Press.

Hegel, G. W. F. 1998: *Aesthetics: Lectures on Fine Art*, trans. T. M. Knox. Oxford: Clarendon Press.

Jolley, N. 1995: *The Cambridge Companion to Leibniz*. Cambridge: Cambridge University Press.

Kant, I. 1960: *Observations on the Feeling of the Beautiful and Sublime*, trans. J. T.

Goldthwait. Berkeley, CA: University of California Press.

Keel, O. 1978: *The Symbolism of the Biblical World: Ancient Near Eastern Iconography and the Book of Psalms*. New York: Seabury Press.

Kessler, H. L. 2000: *Spiritual Seeing: Picturing God's Invisibility in Medieval Art*. Philadelphia: University of Pennsylvania Press.

Lindberg, D. C. 1976: *Theories of Vision from al-Kindi to Kepler*. Chicago: University of Chicago Press.

Mathews, T. F. 1993: *The Clash of Gods: A Reinterpretation of Early Christian Art*. Princeton, NJ: Princeton University Press.

Matus, T. 1985: *"... And I Will be your God": The Monastic Life of the Camaldolese Benedictines*. Big Sur, CA: Hermitage Books.

_____. 1994: *The Mystery of Romuald and the Five Brothers: Stories from the Benedictines and Camaldolese*. Trabuco Canyon, CA: Source Books.

Miles, M. R. 1979: *Augustine on the Body*. Missoula, MT: Scholars Press.

_____. 1989: *Carnal Knowing: Female Nakedness and Religious Meaning in the Christian West*. Boston: Beacon Press.

Murdoch, I. 1977: *The Fire and the Sun: Why Plato Banished the Artists*. Oxford: Clarendon Press.

Nichols, A. 1998: *The Word Has Been Abroad: A Guide through Balthasar's Aesthetics*. Edinburgh: T. and T. Clark.

Rorem, P. 1993: *Pseudo-Dionysius: A Commentary on the Texts and an Introduction to their Influence*. New York: Oxford University Press.

Scarry, E. 1999: *On Beauty and Being Just*. Princeton, NJ: Princeton University Press.

Sendler, E. 1988: *The Icon, Image of the Invisible: Elements of Theology, Aesthetics, and Technique*. Redondo Beach, CA: Oakwood.

Steck, C. W. 2001: *The Ethical Thought of Hans Urs von Balthasar*. New York: Crossroad.

Tatarkiewicz, W. 1980: Beauty: history of the concept. In *A History of Six Ideas: An Essay in Aesthetics*, pp. 121-52. The Hague: Nijhoff.

Theodore the Studite 1981: *On the Holy Icons*, trans. C. P. Roth. Crestwood, NY: St Vladimir's Seminary Press.

Viladesau, R. 1999: *Theological Aesthetics: God in Imagination, Beauty, and Art*. New York: Oxford University Press.

Wittkower, R. and Wittkower, M. 1969: *Born under Saturn: The Character and Conduct of Artists. A Documented History from Antiquity to the French Revolution*. New York: Norton.

Wolfson, S. J. 2001: *The Cambridge Companion to Keats*. Cambridge: Cambridge University Press.

Yanagi, M. and Leach, B. 1972: *The Unknown Craftsman: A Japanese Insight into Beauty*. Tokyo and Palo Alto, CA: Kodansha International.

Zajonc, A. 1993: *Catching the Light: The Entwined History of Light and Mind*. New York: Bantam Books.

제21장
여성학

애미 헐리우드(Amy Hollywood) 박사
시카고대학교 역사신학 교수

버나드 맥귄(Bernad McGinn)은 학문으로서의 영성 연구에 관한 글에서 폴리스트(Paulist) 출판사가 "서구 영성 고전"(Classics of Western Spirituality) 시리즈를 출판하기 시작한 이야기를 한다.

> 롱 아일렌드(Long Island)의 한 기차역 플랫폼에서 서쪽과 동쪽 방향을 향해 반대로 달려가고 있는 두 기차를 바라보며 서 있는 한 사람이 있다. 우연히도 종교지 편집자였던 이 사람은 즉각적으로 반대 방향으로 달리고 있는 이 두 기차를 서로 관심이 없고 연계성이 약한 서양과 동양의 영적 전통의 이미지로 연상한다. 그는 두 영적 전통도 속력을 줄이고 멈추어서 창문과 창문을 통해 대화를 하게 할 수 있다면 서로 반대하는 것이 겉으로 보이는 것만큼 그다지 많지 않다는 것을 깨닫지 않을까라고 생각해 본다(1993, 21).

맥귄은 그 편집자가 통찰력을 얻는 순간을 읽는다. 그 순간은 마치 어거스틴이 지적인 봄(intellectual vision)이라고 부른 것과 같다. 이것을 통해 맥귄은 "신앙이 있는 교사들과 교육자들의 노력들이 1차적 영성에 연관되는" 어떤 방식들을 제안하고 있다(1993, 21). 그 이야기에서 내 관심은 맥귄과는 다르다. 왜냐하면 그 편집자의 통찰력은 "서구 영성 고전" 시리즈의 예상치 못한 성취에 대해 설득력 있는 방식으로 말하고 있기 때문이다. 그 일화를 이야기하면서 맥귄이 주목하듯이, 처음에 계획되기를 그 시리즈는 전체가 두 부분으로 구성된 "동방과 서방의 영성 고전"이라는 시리즈의 한 부분이었다. 서쪽을 향해 달려가는 기차가 없으면, 그 시리즈는 틀림없이 이러한 영감을 주는 광경에 부응하지 못한다. 그러나 거기에는 현저하게 반대되는 것들 간의 또 하나의 대화가 있다. 그 대화에 이 시리즈가 처음부터 참여해왔다.

그 시리즈에서 첫 번째로 출간한 책은 에드먼드대학(Edmund Colledge)과 제임스 월쉬(James Walsh)가 번역한 14세기와 15세기 초기에 은둔 생활을 한 노르위치의 줄리안(Julian of Norwich)의 『계시』(Showings)였는데, 짧은 것과 긴 것 둘 다 있다(Julian of Norwich 1978). 이 시리즈에서 다음에 출간한 책들을 보면 여성들이 쓴 글과 여성들이 중요한 역할을 한 기독교 내의(그리고 경계선에 서 있는) 영적 전통(예를 들면, 중세 영국의 은둔 운동)에 속한 글들, 혹은 남성과 여성 간의 대화나 논쟁, 때로는 첨예한 대립(예를 들면, 프란시스 드 살레[Francis de Sales]와 쟝 드 샹탈[Jane de Chantal])을 보여주는 글들을 포함한다. 물론 그리스도인 여성들의 저술과 그리스도인 여성들과 그들의 영성에 관한 글들이 이 "고전" 시리즈만은 아니다. 수많은 중요한 출판물들 중에서 페레그리나(Peregrina) 출판사의 것, 특히 초대와 중세 그리스도인 여성들의 영적인 글들에 심혈을 기울인 카타리나 윌슨(Katharina Wilson 1984)과 엘리자베스 알빌다 페트로프(Elizabeth Alvilda Petroff 1986)와 마고 킹(Margot King)의 인쇄본 등 시집 분야에 중요한 기초를 다진 것만을 언급할 것이다.

기독교 영성 시리즈가 처음부터 여성과 남성 모두가 쓴 글들을 부득이 포함시키는 데는 적절한 이유가 있다. 이 이유들을 알기 위해서는 먼저 영성을 어떻게 정의할 것이냐는 까다로운 질문을 들여다보아야 한다. 학자들이 영성을 다양하게 정의하면서 어떤 것을 일반화시키는 것에 대하여 의문을 제기해 왔지만, 영성을 신앙적 삶의 경험이나 그러한 경험 후의 노력으로서 이해하는 맥귄의 견해를 따를 이유가 있다(McGinn et al. 1985, xv. 이에 대한 비평에 관하여는 다음의 책을 보라. Eire 1990).

적어도, 학술 분야나 다른 상황에서 이 용어가 얼마나 자주 사용되는지가 그 이유인 듯하다. 슐라이에르마허 이래 신학자들에게 아주 더 친근한 것은 가장 일상적인 용법에 있는데 그것은 종교에 본질적인 것은 교리도 실천도 아니고 "느낌"이다. 무엇이 영성을 구성하고 있는가에 대한 논쟁의 한 중심에는 경험과 신앙 간의 관계 그리고 경험과 행동 간의 관계와 관련된 질문들과 함께 "느낌"과 "경험"을 정의하는 것에 대한 어려움이 있다(영성과 실천에 관하여는 다음의 책을 보라. Hadot 1995; 영성과 신학에 관하여는 다음의 책을 보라. McIntosh 1998)

그러면 이 모든 것들이 반대편을 향해 달려가는 것처럼 보이는 기차에 타고 있는 남녀들과 그들이 각자의 창문을 통해 이야기하기 위해 속력을 줄이는 것과 무슨 상관이 있는가?

다시 말하면, 왜 서구 영성에 관한 시리즈는 번역할 글을 선택하는데 있어서, 명시적이든 암시적이든 남성과 여성이 이야기하는 장이 되어야 하고, 성적 차이, 젠더(gender) 그리고 성별과 같은 문제들이 불가피하게 대두되는 장이 되어야 하는가?

우선적이고 가장 명백한 답변은 적어도 기독교 전통 내에서 신앙적 삶의 경험을 다룬 가장 중요한 몇 편의 글들이 여성들에 의해 저술되었고 계속 저술된다는 것이다. 이것이 기독교 전통의 역사에서 대부분 사실임에도 불구하고, 여성 혐오적인(misogynist) 견해들로 인해 대부분의 교회에서 직책을 얻거나, 남녀가 섞인 회중에게 설교하거나 가르치거나(특별한 경우를 제외하고는), 신학을 가르치는 엘리트 교육기관에서 배우거나 하는 것에서 여성들이 제외되어왔다. 그러나 탈출구는 언제든지 있을 수 있어서 여성들(그리고 그것을 지지하는 남성들)은 기독교 전통의 꽤 이른 시기에 여성들을 사용하는 방법을 발견하였다.

주요 쟁점이 되는 추정이 있는데, 그 추정은 성경 본문의 지지를 받다. 그 추정의 내용은, 여성들은 특별한 은혜들을 받을 지도 모른다는 것이다. 즉 초대와 중세 그리고 근대 로마 가톨릭 내에서 특히(그러나 오직은 아니다) 처녀로서 하나님께 전력하는 여성들이 그러하다고 추정했다(Aspegren 1990; Newman 1995).

하나님이 여성에게 비전을 주고 그들에게 예언의 능력을 부여하거나 그들이 성령과 하나 되는데 그 자신을 내어주기로 했다면, 그들도 이러한 것들을 말하고 쓰도록 소명을 받지 않았겠는가?

결국 기독교 진리에 대한 여성들의 체험은 그들이 말하고 가르치고 글을 쓰도록 힘을 부여해 주는 주요한 수단 중의 하나가 되었다(Petroff 1986; Newman 1987; Weber 1990; Lochrie 1991; Mack 1992; Connor 1994; Hollywood 1995; Watt 1997; Kienxle and Walker 1998; McGinn 1998; Harris 1999; Hilbert 2001; Bell and Mazzoni 2003).

그러나 여성들 자신이 쓰지 않았더라도, 전통적 영성에 관한 어떠한 연구라도 여성을 포함시키려고 하는 경우에는 어떤 방식으로든 여성에 관하여서나 성적 차이에 관한 문제를 언급할 것이다. 기독교적(혹은 다른 종교 전통의) 삶을 추구하는 예배 예식과 기도서와 성인 언행록 등은 영성 연구의 핵심이다(Newman 1995, 19-45; Mews 2001). 더 나아가 학자들에게 알려진 거의 모든 종교 전통은, 신앙적 삶은 성별 차이가 명백하게 나타난다고 주장한다.

따라서 케이트 쿠퍼(Kate Cooper 1996)가 초대 기독교의 경우에서 보여주고 있듯이 여성성(femininity)은 중요한 범주가 되는데, 그 범주를 통하여 남성의 종교적 정체성과 영성이 고려되고 규정된다. 기독교 전통에 대해 주목할 만한 것은, 여성들이 영성을 글로 표현하는 일에 참여할 수 있는 범위이다. 이것을 통해, 어떻게 여성이 살아야 하는지와 어떻게 여성 자신의 자아상(self-conceptions)과 경험이 다른지에 대한 남자의 이해 방식을 잠깐 들여다 볼 수 있을 뿐만 아니라 어떻게 여성이 남자와 같거나 다른 방식으로 젠더를 "생각"하는 지에 대한 통찰력을 얻을 수 있다.

그렇게 기독교 역사에서 남성들과 여성들은 항상 영성에 대해 이야기해왔다(McGinn 1998). 이러한 대화는 여러 다양한 유형으로 나타났다. 어떤 경우에는 남성들이 여성들을 그들의 안내자나 귀감으로 여겼으며, 때로는 서로 동등하게 나타나기도 했고(Coakley 1991a; Ranft 1998, 2000), 아마도 가장 흔하게는 남성들이 특정한 유형의 영적 삶을 여성들에게 안내하거나 지시하거나 혹은 강요했다(Newman 1998; Hamburger 1998, 특히 35-109, 197-232; Voaden 1999). (중세 기독교 시대에 영을 분별하는 법을 개발해야 한다는 성직자들의 주장이, 성직으로 여성들을 매우 통제하게 하고 중세 말기와 근대 초기의 마녀사냥이라는 사고방식을 갖게 하고 이를 실제로 행하게 했다는 주장에 대해서는 다음의 책들을 보라. Kieckhefer 1994; Dinzelbacher 1995; Elliott 1998, 1999, 127-63; 2003; Caciola 2000)

그러나 이러한 대화들이 아주 흔함에도 불구하고, 여성들의 글과 삶이 역사에서 사라지는 경향은 그들의 이야기와 글들이 소멸되거나 혹은 여성과 남성 혹은 다른 시대의 여성들 간의 연계성을 찾기를 거부함으로써, 반대편을 향해 달려가는 기차의 속력을 줄이고 여성들이 영적 풍부함으로 기독교 영성 전통들에 공헌한 점들과 성별 차이가 이러한 전통에 공헌하게 했다는 점을 다시 한 번 보여줄 필요성을 갖게 한다.

기독교 영성을 연구하는 페미니스트 학자들은 지난 20여 년 동안 19세기 말과 20세기 초기의 중요한 선구자들의 업적을 발굴하고 논평하고 분석하는 작업을 꾸준히 해왔다. 발견되거나 재발견된 그 풍부한 자료들, 논평과 분석의 섬세함 그리고 최근 학계 내에서 이 자료들에 대해 새로이 흥미 있게 쏟아지는 질문들을 적절하게 정리하는 일은 아마도 불가능할 것이다. 필자는 단지 1980년대에 학자들이 만들어 놓은 학문적 지형과 획기적인 학문적 통찰에서 나온 중요한 질문 몇 가지를 정확하게 서술하고자 한다.

기독교 영성에 대한 페미니즘적 연구가 그다지 많지 않기 때문에 캐롤라인 워커 바이넘(Caroline Walker Bynum)의 연구는 이러한 논의에서 매우 중요한 자리를 차지한다. 중세 기독교의 여성의 영성에 관하여 바이넘이 주장하는 주요 사항들을 주의 깊게 살펴본 후에, 그녀의 연구에 대해 제기된 몇 가지 중요한 질문들에 답하려고 한다. 바이넘의 획기적인 학문성의 비평들과 개선들과 확장들에 관심을 기울이는 것은 영성에 대한 여성적 접근에서 새로운 방향성을 논의하도록 이끌 것이다(기독교 영성 연구에 있어서 페미니즘적 개입은 여성 또는 남여 독자를 명확하게 고려하지 않고, 남성들에 의해 생산된 글들과 문서들과 이미지들을 분석하는 형태를 띤다는 것을 알아야 한다. 이러한 작업의 초기의 예를 찾으려면 다음의 책을 보라. Massey 1985)

1. 캐롤라인 워커 바이넘과 중세 여성의 영성에 관한 역사

제2차 미국 페미니즘(Second-wave American feminism)은 처음부터 기독교와 관련이 있었고 기독교 신학과 영성에 즉각적으로 영향을 미쳤다. 남성 우월적인 제도적 구조와 신학적 관점에 대한 비평은 여성에 대한 기독교 전통의 측면들을 되찾기 위한 시도들과 관련되어 있다(이에 대한 최근의 연구는 다음의 책들을 보라. Schneider 1998; Armour 1999; Parsons 2002) 캐롤라인 워커 바이넘은 1980년대에 내놓은 일련의 중추적 연구에서 기독교 영성에 대한 페미니즘적 연구를 진보시켰으며, 많은 페미니스트 신학과 연구에서 추정하는 것들과 그것들이 실행된 것에 대한 핵심적인 질문을 했다.

바이넘의 연구는 제2차 페미니스트 신학과 여신학(thealogy)[1]의 두 개의 주요한 전제에 이의를 제기했다.

첫째, 종교에 대한 대부분의 페미니스트 학문이 추정하는 것은, 기독교의 주류 전통들은, 남성이 다스리는 제도적 구조들, 남성 신격들, 처녀성과 금욕주의과 순결에 대한 강조, 그리고 여성을 위한 지도력에 접근하는 주된 방식들인 순종과 함께, 예나 지금이나 근본적으로 여성으로부터 권력을 빼앗고 있다는 점이다.

둘째, 바이넘이 비평과 관련된 두번째 요점이 의문을 갖는 추정은, 신학적 언어와 심상(imagery)이 사회적 구조를 반영하고 지탱하기에 남성 신은 남성들에게 권력을 주고/주거나 남성의 권력을 반영함으로 결과적으로 여성들이 힘을 얻기 위해서는 신에 대한 성 중립적 혹은 여성적 언어의 도래를 통해서만 가능하다는 것이다. (이러한 주장에 대해 계속 관심이 있으면 다음의 책들을 보라. Irigaray 1985; Rapael 2000. 미국의 여신 운동과 이것의 이론적이고 역사적인 한계에 대한 지적 토론에 대하여는 다음의 책을 보라. Eller 1995, 2000. 종교적 상징에 있어서 성 평등의 필요성에 대한 미묘하고 역사적으로 근거있는 논거들은 다음의 책들에서 찾아볼 수 있다. Keller 2000; Newman 2003)

---

[1] "여신학"(thealogy)이란, 페미니즘의 관점에서 여성 신(feminine divine)에 대해 연구하는 분야이다-역주.

『어머니로서의 예수: 중세 절정기 때의 영성에 관한 연구』(Jesus as Mother: Studies in the Spirituality of the High Middle Ages, 1982)에서 바이넘은 12-13세기 종교적 저자들의 저술에 나타난 주요한 이미지와 은유들을 상세하게 연구하여, 남성들이 더 남성적 언어와 상징들에 끌리고 여성들이 여성적 언어와 상징들에 더 끌린다는 증거가 거의 없다는 것을 보여준다. 사실 바이넘은 주장하기를, 어머니로서의 예수 이미지는 남성과 여성의 글에서 서로 다른 방식으로 사용되고 있지만, 모두의 글에서 나타난다고 한다. 더구나 동정녀 마리아에 대한 신앙은 여성들이 쓴 글에서보다도 남성들이 쓴 글(그리고 그들의 종교적 삶)에서 더 큰 역할을 한다(마리아론[Mariology]에 대한 페미니즘적 연구들에 관하여는 다음의 책들을 보라. Warner 1976; Johnson 1987; Futon 2002; Newman 2003, 245-90).

덧붙이자면, 바이넘이 보여주는 것은, 남성과 여성(수도사 대 사제 혹은 베긴 수도회 수녀[beguines] 대 일반 수녀)들이 적용한 특정한 삶의 형태들은 개인적 영성의 특성에 많은 영향을 미쳤다는 것이다. 젠더가 개인적 영성의 특성에 영향을 끼치는 것만큼이나 말이다. 동시에, 바이넘이 주장하는 바는, 1200년 즈음에 거룩성에 대한 여성적 형식들에 있어서 변화가 **있다**는 것이다. 비록 이 현상에 대한 역사적 설명들이 "일종의 고유한 여성적 '감성주의' 또는 일종의 여성과 여성적 이미지 간의 친밀함"이라는 측면에서, "그렇지 않"을지라도 말이다. 바이넘이 예리하게 다음과 같이 묻는다.

> 만일 여성들이 내재적으로 남성들보다 더 감성적이고 상상력이 있고 종교적이거나 예민하기 때문에 신비주의자들이 된다면, 왜 이것이 나타나는데 수 세기가 걸렸는가?(1982, 172-3)

바이넘은 스티븐 해럴(Stevan Harrell)과 폴라 리치먼(Paula Richman)과 함께 편집한 『젠더와 종교』(Gender and Religion: On the Complexity of Symbols, 1986)의 서론에서 이 역사적 통찰에 프로그램적 형태를 부여한다. 동시에, 그녀는 자신의 작업과 그 책의 다른 기고자들의 작업의 위치를 분명하게 설정한다. 그 책은 기독교와 다른 남성 중심의 종교들에 대한 비평과 관련되어 있다. 바이넘은, "모든 인간은 젠더화되었다(gendered). 즉 일반적인 **종교적 인간**(Homo Religiosus, "호모 렐리기오수스")이라는 것은 없다"라고 주장하는 페미니스트 학자들의 견해를 따른다. 그러나 종교적 상징들이 "실재를 규정하고 바꾼다"고 추정하는 페미니스트 종교 비평가들과는 달리 바이넘은 종교적 상징의 "다의적" 성격, 즉 상징들이 다양한 방식으로 의미를 가지며 또한 그렇게 사용된다고 주장한다.

젠더와 관련된 상징들은 이의 복잡성 때문에 젠더를 확정하거나 바꾸거나, 지지하거나 의문을 갖거나 하는데 쓰일 수도 있고, 혹은 그 상징들의 기본적 의미 때문에 남성과 여성으로서의 역할과는 거의 관련을 갖지 않을 수도 있다. 따라서 우리가 하는 분석은 젠더와 관련된 상징들이 때로는 젠더를 나타내기보다는 가치에 "관한" 것이라고 시인한다. 그러나 또한 우리는 모든 사람들이 "젠더화되었다"(gendered)고 가정한다. 그러므로 다른 차원에서 그것은 젠더와 관련된 상징들뿐만 아니라 모든 상징들이 "젠더화된" 사람들의 경험에서 나온다고 제안한다. "어떤 상징이 누구에게 의미가 있는가?"라고 묻지 않으면서 "하나의 상징, 즉 **모든** 상징이 어떤 의미가 있는가?"라고 묻는 것은 불가능하다(Bynum et al. 1986, 2-3).

바이넘은 젠더화된 상징들을 사회적 효과와 의미에 대해 쉬운 가정들로부터 자유롭게 한다. 그러나 동시에 그녀는 남성과 여성이 아주 다른 방식으로 상징을 사용할 수도 있다는 가능성을 말한다. 이 책에 실린 그녀의 글인 "'… 여성 하나님의 인성': 중세 후기의 종교적 저술에 나타난 여성의 이미지"("… And Woman His Humanity": Female Imagery in the Religious Writing of the Later Middle Ages)는 존 홀리(John Hawley)와 존 토우즈(John Toews)의 글과 함께 이러한 것을 논의하고 있다. 바이넘은 홀리와 토우즈와 함께 중세 기독교 신비주의자들, 힌두 시인들, 그리고 20세기의 정신 분석학자들이 젠더에 대한 같은 개념을 사용하지 않는다고 결론을 맺는다. 그러나,

그들이 발견하는 것은, 한 전통의 남성과 여성들은, 같은 장르로 글을 쓰고 같은 종교적 혹은 전문적 상황 속에서 살고 있을 때, 상징을 사용하는 면에서 어떤 일관된 남/여 차이를 보인다는 것이다. 여성들이 사용하는 상징과 신화는 사회적이고 생물학적인 경험으로부터 세워지는 반면, 남성들이 사용하는 상징과 신화는 그것을 반대로 하는 경향이 있다. 역설을 통해서든지 종합을 통해서든지 여성들이 상징을 사용하는 방식은 상반되는 것을 언급하지 않지만, 남성들이 사용하는 방식은 반대, 상충, 도치, 전환을 강조하는 특징이 있다. 여성들이 사용하는 신화와 종교 의식은 존재 상태를 탐구하는 경향이 있는 반면, 남성들은 자신과 다른 사람과의 사이를 단계별로 정교하게 분리하는 경향이 있다(1986, 13).

따라서 기독교 영성 안에서 이전에 무시되었던 여성들의 역사를 발견하는 일에 종사하면서 바이넘은 동시에 여성의 글들과 여성의 영성의 특징에 관하여 대담하게 주장한다. 『거룩한 향연과 거룩한 금식』(Holy Feast and Holy Fast, 1987)과 『부서짐과 구속』(Fragmentation and Redemption, 1991)에서 정확하게 설명하고 있는 가장 우선시되는 바이넘의 논지는, 중세 시대 여성의 영성은 남성의 것과 뚜렷한 방식으로 다르다는 것이다. 아마도 가장 간결한 공식적 진술은 "중세 후기에서 여성의 몸과 종교적 실천"(The Female Body and Religious Practice in the Later Middle Ages)의 자주 인용되는 글에 나타난다.

> 따라서 최근 많은 학자들이 주장해 왔듯이 남성과 여성 신비주의자들의 영성이 다르며, 그 다름은 몸과 관련이 있다. 여성은 종교 경험을 쉽게 신체화하고 신체적 은유들을 가지고 진지하게 저술하는 경향이 있다. 여성 신비주의자들은 남성보다 더 하나님에 대하여 묘사적이고 신체적인 환상을 볼 가능성이 많다. 여성과 남성 모두는 엄격한 금욕주의와 황홀경을 여성의 것으로 여기고, 그것들을 여성들에게 권하는 경향이 있다. 더 나아가, 12세기와 13세기에 처음 나타났든지 혹은 그때에 중요하게 나타나는 횟수가 증가했든지와 상관없이 신체로 느끼는 현상으로 가장 특이하게 나타나는 것(예를 들면, 성흔[stigmata], 시체의 비부패성, 신비적 수유와 임신, 긴장된 무아지경[catatonic trances], 황홀한 코피 흘림, 기적적인 거식증, 고름을 먹고 마심, 피 흘리는 군중에 대한 환상들)은 여성과 관련되어 있다(1991, 194).

이 글에서 바이넘의 관심은, 몸(여기서는 여성의 몸)이 역사를 갖다는 것과 몸이 "과거 유럽에서 특정한 순간에 새로운 방식으로 행동하기 시작한다"(1991, 195)는 것을 제안하는데 있다. 왜 이것이 그러해야 하는 가라는 질문에 대한 그녀의 대답은, 그 변화 자체에 대한 그녀의 묘사만큼, 중세 여성의 영성에 대한 학문에 영향력이 있어 왔다.

바이넘은 중세 전성기와 후기 때에 여성적 경건의 구별된 본성에 대한 수많은 중복된 설명들을 제시한다. 그 설명들을 광범위하게 특징 잡아 본다면 다음과 같다.

첫째, 교회적이고 사회적이다.
둘째, 심리적이고 생물학적이다.
셋째, 관념적이고 신학적이다.

첫 번째 경우에, 여성들이 종교적 삶을 추구하는데 특정한 제약이 있었으며, 종교 지도력은 신성한 경험에 대한 자신들의 호소를 합법화된 중심적 형태로 만든다(Bynum 1982, 1987, 1991; Bynum et al. 1986; Petroff 1986; Newman 1987; McGinn 1998). 더 나아가 여성들에게는 라틴어 교육이 비교적 제한되었는데 그것이 여성들이 모국어를 추구하는 것에 어떤 기여를 했다(Bynum 1982, 170-1; 1991, 196. 또한 다음의 책을 보라. Grundmann 1936 그리고 다음의 책과 거기에 인용된 연구를 보라. Blumenfeld-Kosinksi et al. 2002). 또한 바이넘이 보여주는 것은, 남성 종교 지도자들은 이원론적 이단에 대항하는 유용한 도구로서 여성의 경건이 신체적 형태들로 나타나는 것을 능동적으로 격려했다는 사실이다(Byum 1991, 195 또한 다음에 책과 거기에서 인용된 학적 자료들을 보라. Hollywood 2002a, 253-7).

중세 여성들의 경건에 있어서 음식의 중요성에 대하여 논하고 있는 『거룩한 향연과 거룩한 금식』(Holy Feast and Holy Fast)에서 바이넘은, 여성들의 종교성의 형성적 요인으로서 더 큰 사회 안에서 여성의 역할을 지적한다. 그런데 바이넘은 중세 시대에는 음식을 준비하는 것이 여성들이 통제할 수 있는 몇 개 안되는 영역들 중의 하나였다고 주장한다. 음식을 섭취하는 규율, 음식을 구호품으로서 분배하는 것, 그리고 그리스도의 몸을 음식으로 강조하는 것은 여성의 사회적 상황의 특수성 때문에 부분적으로는 여성의 영성을 이해하는 핵심 열쇠로 등장한다(1987, 189-224).

유사하게, 『부서짐과 구속』(Fragmentation and Redemption)에서도 여성의 경건에서 몸에 대한 보다 더 넓은 논의를 하는데 그것은 사회적 역할과 연관이 있다. 바이넘이 주장하듯이 "어느 정도까지, 여성들은 … 그들의 영적 삶에서 가장 깊은 종교 경험으로 들어가는 것보다 일상적인 양육을 취한다"(1991, 198 또한 다음 책을 보라. McNamara 1991).

바이넘은 남자와 여자의 영성의 차이점의 원인을 심리적이고 생물학적인 차이점에 돌리는 것을 더욱 주저한다. 비록 후기 중세 문화에서 양육자로서의 여성의 역할에 대한 강조로부터 남성과 여성의 다른 심리학적 발달에 근거한 것으로 이동하는 것이 비교적 더 쉬울지라도 말이다(바이넘의 책을 읽는 많은 독자들은 바이넘이 그러한 주장을 했다고 미루어 짐작한다). 더구나 바이넘은 『거룩한 향연과 거룩한 금식』에서 양육자와 돌봄 제공자로서 여성의 역할이 여성과 남성에게 심리적으로 어떤 특성을 갖게 했을 수 있다고 제안하기 위하여 난시 초도로(Nancy Chodorow)와 캐롤 길리건(Carol Gilligan)의 연구에 호소한다(1987, 282-96).

물론 그 다음에 생물학으로 이동하는 것은 꼭 필요한 것은 아니므로 바이넘은 남성과 여성의 영성의 다름을 설명하기 위하여 남녀의 생물학적 차이를 사용하는 것의 가능성을 암시적으로만 언급한다. 그녀는 다음과 같이 기록한다.

> 몸의 경험의 어떤 종류에 대한 여성들의 성향에 있어서 생물학적 요소가 있을 수 있다. 많은 문화에서 여성은 영에 사로잡히는 데 더 열려있고 내적으로 감성적이고 영적 상태를 더 쉽게 신체화하는 경향이 있다는 사실은 생리학적인 요인이 있다는 것을 암시한다(1991, 200).

(여기에서 제기하는 바이넘의 주장과 『어머니로서 예수』에서 표명한 이와 비슷한 가설에 대한 바이넘의 단정적인 거절 사이에 있는 긴장감을 주시하라.) 동시에 그녀는 주장하기를, 널리 알려졌다시피 생물학과 문화는 풀어내기가 아주 어렵다고 한다.

> 여성들이 남성들보다 금식하거나 자해하거나 방언의 은사를 경험하거나 그리고 영적 상태를 신체화하는 경향이 더 많은 다양한 문화는 모두, 여성을 자기희생과 봉사와 연관시키는 사회이다(1991, 200).

궁극적으로 바이넘에게 있어서, 결정적인 설명들은 이데올로기적이고 신학적이다. 이런 이유 때문에 그녀는, 기독교 중세시대 여성 그리스도인들은 몸과 연관되어 있는 반면, 남성들은 마음과 연관되어 있음을 보여준다. 그러나 여성들은 그리스도의 고난의 몸(그의 고난받는 인성을 대표하는)이 구속에 있어서 담당한 중심적 역할에 초점을 맞춤으로써 여성의 경험을 무시하는 자들의 이러한 가정을 오히려 그들에게 유익하게 사용했다. 여성들이 인간의 몸 가운데 고통당하시는 그리스도와 동일시하는 것에 대한 정당화로서, 여성과 몸의 밀접성을 사용함으로써, 여성들은 그들의 낮은 사회적이고 존재적인 위치를 그리스도의 구원 사역에 참여하는 수단으로 삼을 수 있었다. 이러한 견해로 보면, 여성들의 극단적인 금욕주의와 몸의 경건은, 중세적 여성혐오나 몸을 경멸하는 이원론의 단순하거나 주요한 표현도 노출도 아니다. 오히려 바이넘이 감동적으로 주장하듯이,

> 중세 후기의 금욕주의는 육체의 모든 가능성을 발굴해 내고 깨닫기 위한 노력이었다. 그것은 그리스도가 인간의 몸을 입으시고 **모든** 인간들을 구원하신다는 성육신 교리의 심오한 표현이었다. 따라서 아시시의 프란시스는 그의 제자들에게 구타는 완벽한 행복이라고 말한다. 손바닥에 못을 박은 오르나시외의 베아트리체(Beatrice of Ornacieux), 십자가형을 괴기하게 극화하여 그 순간을 경험하게 하여 자신들의 몸을 고통스럽게 만든 몬타우의 도로시(Dorothy of

Montau)와 오버바이마르의 루카디스(Lukardis of Oberweimar) 그리고 몸이 마비가 되어서 존경을 받은 산 지미냐노의 세라피나(Serafina of San Gimignano) 등은 동시대 사람들에게 암울하거나 두렵거나 한 존재가 아니라 영광스러운 존재였다. 이 여성들이 자신들의 육체를 혐오하거나 괴롭게 한 이유, 심지어 하나님께 최대한 더 가까이 오르기 위해 육체의 모든 감각적이고 감성적인 범위의 가능성들을 사용한 이유까지도, 육체의 능력들에 대한 죄책감 때문이 아니었다(1987, 294-5).

여기서 바이넘은, 무엇이 많은 중세 여성의 영성에 대한 중심적인 신학적 설명인지를 정확하게 지적한다. 아마도 그것은 13세기 베긴 수도회 수녀 브라반트의 하데비치(Hadewijch of Brabant)의 말에 가장 잘 담긴 것 같다.

우리는 모두 하나님을 소유한 하나님이기를 정말로 원하지만 하나님은 우리 중에 그의 인성을 가진 사람으로서 살기 원하거나 그와 함께 십자가를 지기 원하거나 혹은 그와 함께 십자가에 달리어서 인류의 죄 값을 온전히 지불하기 원하는 사람이 거의 없다는 것을 아신다(1980, 61).

그러나 이것은, 하데비치와 다른 많은 신실한 여성들이 믿은 것은 최고의 영적 완전성을 추구하기를 갈망할 필요가 있다는 것이다.

2. 패러다임에 대한 질문

여성의 영성에 대한 바이넘의 연구는 그 중요성뿐만 아니라 후발 연구들에 큰 영향을 주고 있기 때문에 필자는 이에 대해 좀 더 자세히 쓰고자 한다. 바이넘의 학문은 새로운 독자들에게 영어로는 그다지 알려지지 않은 성인 언행록과 신비주의 문헌들을 소개하는 도구였을 뿐만 아니라 그 문헌이 이해될 수 있는 강력한 패러다임을 제공한다(다음의 책들을 보라. Dronke 1984; Kieckhefer 1984; Lagorio 1984; Bel, 1985; Dinzelbacher and Bauer 1985, 1988; Petroff 1986; Newman 1987; Nichols and Shank 1987; Peters 1988. 핵심적인 20세기 초 유럽 학문에 대해서는 다음의 책들을 보라. Ancelet-Hustach 1926; Grundmann 1995[1935];

Roisin 1943, 1947). 지난 20여 년 동안 기독교 여성들의 영성에 관한 많은 저술들이 그 패러다임을 가지고 혹은 그것에 대항하여 그리고 종종 두 방식 모두로 작업해 왔다.

특히 『거룩한 향연과 거룩한 금식』과 『부서짐과 구속』에서 바이넘의 주장들 가운데 주된 난점들 중의 하나는 두 개의 아주 다른 형식의 자료에 기초하고 있다는 것이다. 앞에서 인용한 글에서 보여주듯이, 그녀는 여성과 남성의 영성을 세 가지 방식으로 구분한다. 그것은 여성들의 엄격한 금욕주의와 관련됨, 삶에서 신비에 가까운(paramystical) 신체 현상 급증, 신과의 만남과 연합을 묘사하기 위하여 신체적 은유를 사용함이다(이러한 신체적 은유를 어떻게 읽을 것인가에 대한 아주 다른 내용을 위해서는 다음의 책들을 보라. Robertson 1991, 1993; Milhaven 1993; Hale 1995; Hollywood 1999; Rudy 2002; Poor 2004) 그러나 1300년쯤까지는 이 세 가지 가운데 마지막 주장만이 여성들이 쓴 신비적 글에 상응한다. 1300년 전에는 여성들의 혹독한 금욕주의와 신비에 가까운 신체적 현상에 대한 주장들은 종교적 여성에 관해 남성 저자들이 쓴 성인전들에 주로 나타난다(Hollywood 1995, 27-39; 1999).

특히 『거룩한 향연과 거룩한 금식』에서 바이넘은 자료들을 취급하는데 주의 깊은 관심의 필요성을 강조하고 있으며(1987, 6-9; Ringler 1985) 성인전적이고 신비적인 글들에 대한 그 연구 가운데 그 증거에 대한 제시를 나누고 있다. 그러나 그녀는 네 개의 경우 중 세 가지(나사렛의 베아트리체[Beatrice of Nazareth], 시에나의 캐더린[Catherine of Siena], 그리고 제노아의 캐더린[Catherine of Genoa])에서 여성의 신비주의자 쪽으로 분석의 중심을 돌릴 때 그녀들의 글들과 성인전 작가들의 글들 둘 다를 인용한다(특히 제노아의 캐더린에 관하여는 때로 이렇게 구분하는 것이 어렵다는 것을 인식해야만 할지라도).

유사하게 바이넘은 중세 여성의 영성의 범위를 하나의 그림으로 제공하려는 갈망으로 1300년 전 여성의 신비적 저술들과 리차드 킥헤퍼(Richard Kieckhefer)와 케이트 그린스펀(Kate Greenspan)이 "자서전적 성인전"(autohagiography)이라고 명명한, 1300년 후의 발전된 글들에서 신체적 금욕주의와 신비에 가까운 현상에 대하여 비교적 덜 강조하면서 반복적으로 나타나는 다른 점들을 찾지도 않고 지적하지도 않는다(Kieckhefer 1984, 6; Greenspan 1991, 1996).

물론 1300년 전 여성들의 글에 극단적인 금욕주의에 관한 내용이 없다는 이유로, 여성들이 이러한 실천을 하지 않았다는 주장으로 나아갈 수 없다. 또한 1300년 이후의 이야기를 경건한 소설들로 봐서 무시하는 식으로 "자서전적 성인전"이라는 명칭을 취할 수도 없다(Hamburger 2001, 152). 그러나 남성들이 여성들에 관하여 쓰고 여성들이 자신들에 관하여 쓰는 다른 방식들에 대한 신중한 관심이 드러내는 바는, 비록 여성들이 우세한 견해들을 내재화하고 행동으로 옮긴다 하더라도 그녀들도 그 견해들에 저항한다는 것이다(Mooney 1999). 더구나 남성과 여성의 종교적 저술들을 함께 볼 때 우리는 남성과 여성이 상호 영향을 주고 논의하고 감상하는 진지한 관계에 관여한다는 것을 안다.

그 결과 남성과 여성의 영성 간의 명백한 구분이 거의 바로 타파된다(비록 남성이, 여성의 영성이 어떤 형태를 취하기를 원하는 경향은 적어도 중세시대 내내 그리고 의심할 바 없이 근대시대에 들어서도 항상 남아있지만). (베긴 수도회는 13세기와 14세기 초 도미니크 수도사인 마이스터 에크하르트[Meister Eckhart]에게 영향을 미친다. 베긴 수도회는 여성의 정서적 영성 대 남성의 사색적인 신비주의에 관한 더 오래된 주장들뿐만 아니라 바이넘의 약간은 다른 논지도 타파한다. 다음의 책들을 보라. McGinn 1994; Hollywood 1995, 1999. 다음의 책은 리차드 롤[Richard Rolle]과 비슷한 주장을 한다. Nicholas Watson 1991)

바이넘의 연구 방법론은 권력, 대리인, 저항에 관한 더 큰 역사기록학적 이슈와 묶여있다. 따라서 데이비드 에어즈(David Aers[Aers and Staley 1996])와 캐드린 비딕(Kathleen Biddick 1993)은, 비록 다른 방식일지라도, 에어즈가 명명한 바이넘의 "권력분산 논지"(empowerment thesis)에 대해 의문을 제기한다. 바이넘은 스스로는 비평 자체를 일으킬 만한 제안들을 다시 한번 제공한다. 에어즈가 주목하는 바는, 앞에서 언급된 1989년에 쓴 논문 "중세 후기에서 여성의 몸과 종교적 실천"에서 바이넘은, 그리스도의 고통하는 육체 및 인성과의 동일시가 여성들에게 권력을 부여해준다는 생각에 한계가 있다고 말한다는 점이다. 바이넘이 말하듯이,

> 이러한 주장이 반드시 인식해야만 하는 것은, 여성 금욕주의, 성찬에 대한 헌신, 신비적 황홀경이 여성들로 하여금 영적 지도자의 지도를 받기위해 더 다가가도록 했기 때문에, 그리고 하나님의 뜻을 알기위한 수단으로 남성들을 위하여 여성들의 비전이 사용되어졌기 때문에 여성들의 이러한 행동을 성직자들 스스로 격려했다는 것이다. 더구나 신학자들과 고위 성직자들은 13세기에 여성의 체험적인 경건이 이단과 맞서서 대항하는데 유용하다는 것을 알았다. 신체적 기적에 대한 강조가 증가하고 신체적 변형과 같은 새로운 기적이 나타난 것은 카타리파(Cathar) 이원론에 대항하는 운동과 정확하게 맞는 시기였다(Bynum 1987, 195; 생략된 부분이 눈에 띄지만 Aers and Staley 1996, 34에 의해 인용되었다).

에어즈가 보기에 문제는, 바이넘이 이 통찰력들을 더 밀고 나가지 않아서 그리스도의 여성화된 몸과 고난 받는 여성 성인이나 신비주의자가 "권력의 특정한 기술들을 가진 특정한 체제 안에서 산출된" 방식을 탐구할 기회를 놓치고 있다(1996, 34-5)는 것이다. 바이넘은 지배적 이데올로기를 묘사하고 그것이 여성에게 권력을 부여한다고 주장하면서 이 이데올로기가 실제로 남성의 권력과 여성성에 대한 남성의 환상에게 힘을 싣고 있지 않는지 그리고 누군가, 즉 남성 혹은 여성이 그것들에 저항했는지를 묻지 않는다. 더구나 쥴리 밀러(Julie Miller 1999)가 강하게 주장한 것처럼, 바이넘은 그녀가 묘사한 거룩성의 모델 안에서 발견된 폭력 무마에 관하여 누군가가 의문을 가질 수 있게 하는 관점을 제시하지 않았다.

바이넘은 이것을 시대착오적 요구로 읽을 수 있지만 거기에는 특히 1300년 전에 여성들이 여성의 신성에 대한 남성의 이해에 저항하는 중요한 증거가 있다. 필자가 언급하였듯이 그 이전의 여성들의 저술은 극심한 신체적 금욕주의와 신비에 가까운 현상에 거의 관심을 보이지 않는다. 이것은 적어도 여성들이 주로 남성 저자들의 성인전에서 제공된 이 패러다임 안에서 그들 스스로를 묘사하는 것을 거부했다는 것을 제안한다. 14세기 초기에는 베긴 수도회라고 알려진 반(semi)-종교적 여성들뿐만 아니라 여성과 연관된 영성의 형태를 부분적으로 비난하였다. 그리고 자서전적 성인전으로 되돌아 가는 것은 종교적 지도자들의 더해가는 검열 앞에서 남성들이 규정한 거룩함에 여성이 항복하는 것임을 표시할 수도 있다는 것을 의미한다(Hollywood 1995, 1990, 2002a; Elliott 1999; Erler and Kowaleski 2003).

비록 필자가 바이넘의 설명에 미묘한 차이를 추가하는 변론을 하지만, 필자는 에어즈가 논의 자료들의 복잡성을 너무 단순히 다루어 권력분산과 지배 사이의 대립을 받아들인다고 생각한다. 여성들이 종종 남성들이 규정한 여성의 거룩함을 취하며 종교적인 인정이나 황홀감 그리고 지도력의 기회를 받았고 현재에도 여전히 받고 있다고 한 바이넘의 말이 옳다. 이러한 비범한 여성들이 권력을 얻음으로써 억압받는 사람에 관한 캐드린 비딕(1993)의 질문, 즉 에어즈도 암시하고 있는 질문이 여전히 남아있다.

기독교 영성 전통 안에서 권력과 지배의 곤혹스러운 상호역할에 주의를 기울일 때만 이러한 복잡한 질문들에 대한 답변을 분별하기 시작할 수 있다. (이러한 모험에 도움을 줄 수 있는, 권력에 관해서 미쉘 푸콜트[Michel Foucault]와 쥬디스 버틀러[Judith Butler]와 한나 아른트[Hannah Arendt]를 세밀하게 페미니즘적으로 읽기 위해서는 다음의 책을 보라. Allen 1999)

마찬가지로 중요한 것은, 영성의 역사 안에서 지배와 권력분산의 복잡성을 이해하기 위하여 우리가 기억할 필요가 있는 것은, 젠더는 유일하지 않은 그리고 때때로 가장 두드러지지 않은, 차별의 범주라는 것이다. 이 차별의 범주는 기독교 중세시대 또는 다른 모든 사회에서 유효하다. 최근 샤론 파머(Sharon Farmer)와 캐롤 브라운 파스테르낙(Carol Braun Pasternack)이 편저한 『중세시대에서 젠더와 차별』(Gender and Difference in the Middle Ages, 2003)에서 모아놓은 소논문들이 보여주듯이 중세의 정체성은 젠더, 또한 사회적 지위, 성, 그리고 종교의 이동과 교차하는 차이들에 의해 형성되었다(바이넘도 『어머니로서 예수』에서 이런 방향으로 지적한다).

파머는 먼저 쓴 소논문에서 중세시대에 여성들은 육체성에 그리고 남성들은 합리성에 연관되어있다는 학적인 지적에 의문을 갖는다. 기독교 사회에서도 나름대로 각 그룹의 구성원들에게 맞는 것이 따로 있다고 묘사하는 13세기 자료들을 보면서 파머는 "여성들뿐만 아니라 가난한 남성들도 몸에 매우 연관을 갖고 있었다"는 것을 발견한다(2000, 170). 파머는 우리가 "성직자 저자들이 남성과 몸보다는 여성과 몸 사이에 더 강한 연관성이 있다고 서술한다"는 점을 "사회적 지위의 위계질서를 따른 다양한 지점들에서" 발견하게 된다고 인정한다. 그리고 파머는 낮은 계급과 높은 계급 간의 차이에 대한 관심이 쉽게 곤란한 젠더에 대한 일반화하는 것이 어렵다는 것을 설득력 있게 보여준다(2000, 171).

중세 후기에 여성과 몸의 연관성에 관한 바이넘의 주장에도 불구하고, 파머와 다른 학자들이 적절히 언급하였듯이, 바이넘은 자신이 몸과 성을 너무 쉽게 동일시하는 근대적 경향으로 여기는 것에 대해 일관되게 반대한다(1987, 1995a, b). 몸에 관한 그녀의 모든 연구에서 그녀의 분명한 목적은 우리가 중세의 글과 실천에서 신체성이라고 하는 그 의미를 확장시키는 것이다.

그러나 로크리 카마(Karma Lochrie)와 리처드 램버스(Richarch Rambuss)는 바이넘이 "신앙적으로 다중적인 의미를 담고 있는 중세의 몸에 대한 성애적(erotic) 그리고 특히 동성애적 잠재성들을 스스로 재빠르게 한계를 정할 수 있다"(Rambuss 1998, 48; 또한 다음의 책을 보라. Lochrie 1997)는 것을 보여준다. 시에나의 캐더린이 "혼례복을 입기"라고 쓸 때 바이넘은 "그 말은 고난을 의미"하며 또한 "그다지 성애적이지 않다"하고 주장한다. 그녀는 캐더린의 논증을 계속해나간다.

> 그리스도의 몸을 발부터 옆구리 그리고 입까지 따라 올라가면서 반복되는 묘사에서 그 몸은 수유하는 여성의 몸 또는 자신에게 붙어 있거나 꾹 찔러 넣는 살덩어리이다 … 캐더린은 그리스도와의 연합을 남성 인물과의 성애적 융합

**이 아닌 그리스도의 육체 그 자체를 흡수하고 받아들이는 것, 즉 되어 가는 것
으로 이해했다**(1987, 178).

여기에서 성과 성애적 갈망(특히 고난, 모성 그리고 동일시와 분명하게 구분될 수 있는 성애적 갈망)에 대한 바이넘의 가정은 적어도 논의의 대상이다.

그러나 램버스가 제안하듯이, 아마도 가장 핵심적인 것은 바이넘이 동성애적 갈망을 잠재적으로 성적인 것으로 보기를 거절하는 것이다. 만일 그리스도의 몸이 여성화된다면(그리고 여성으로 동일시되는 시점이 되면), 바이넘은 그것은 여성의 성적 갈망의(혹은 신에 대한 갈망도 성적 갈망과 **유사한**) 대상이 될 수 없다고 가정한다. 십자가에 달리신 그리스도의 몸의 여성화를 주장하면서 바이넘은 여성이 신과 동일시하기 위한 곳을 제공하여 은유적으로라도 성애화하는 것으로부터 신과 인간의 관계를 보호한다. 램버스는 동일시와 갈망이 한 대상을 중심으로 생길 수 없다는 바이넘의 가정을 받아들일 뿐만 아니라 수동성과 상처받음에서 그리스도의 몸이 필연적으로 여성성인 것은 아닌지를 묻는다.

그리스도의 옆구리에 있는 상처에서 흐르는 피를 모유로 비유하는 바이넘의 글에 답변하면서 그는 "남성의 몸은 그런 구멍이 없는가?"라고 설득력 있게 묻는다(1998, 38). 그래서 12세기 수도사 도이츠의 루퍼트(Rupert of Deutz)는 자신이 제단을 향하여 올라가서 십자가에 달리신 그리스도를 안고 키스하는 것을 묘사한다("키스를 하는 중에 그는 그의 입을 벌려서 내가 더 깊이 그에게 키스를 할 수 있었을 때 그가 이 사랑의 표현을 발견한 것이 얼마나 기쁜지 나는 느낀다"[Fulton 2002, 310에서 재인용]). 램버스는 거기에서 이 구절을 적어도 어떤 면에서 동성애적으로 읽어야 한다고 제안한다(1998, 47).

최근의 많은 학자들이 보여주는 것처럼, 그리스도와 그들의 관계를 의논하기 위하여 중세 남성과 여성들이 성애적 언어를 명백하게 사용했고 그리고 그런 방식으로 그들이 살던 문화의 규정된 이성애에 종종 도전했다(Holsinger 1993; Lavezzo 1996; Lochrie 1997; Dinshow 1999; Moore 2000; Epps 2001; Wiethaus 2003). 그 도전은 그리스도나 신의 몸을 여성화시키거나 남성들의 남성 그리스도와의 관계를 통해서만 아니라 눈에 띄게 이성애적인 이미지를 심하게 과장되게 제시하는 것으로도 나타난다(Lochrie 1997).

예를 들면 소위 신부 신비주의(bridal mysticism)라고 가장 잘 알려진(그리고 그런 이유로, 그것은 결코 이성애적이고 동성애적이지 않은 성적 이미지로 보일 것이다) 북유럽의 베긴 수도회 중에서, 우리는 어떤 성에 관하여 말하는 것인지(이성애와 동성애의 이분법은 근대 독자들에게 매우 쉽다) 근본적으로 유동적이어서 성별의 구분이 명확하지 않은 비정상적 사랑과 끝없는

욕망을 발견하는데 그것은 인간과 신의 관계를 떠올리도록 은유적으로 배치되어 있다.

하데비치(Hadewijch), 막데부르크의 메칠드(Mechthild of Magdeburg) 그리고 마저리트 포레트(Marguerite Porete) 등 세 명의 베긴 수도회 신비주의자들이 신자와 하나님의 관계를 성애적인 면으로 초점을 맞추고 있지만, 바이넘이 20여 년 전에 "신부 신비주의"는 그들의 글에서는 하나님과의 모든 관계를 젠더화된 모든 위치의 모든 범위로 요약할 수 없다고 하였듯이, 어떤 사람은 초대와 중세 기독교에 아가서를 읽으면서 부분적으로만 이를 정당화한다(13세기 여성의 종교적 저술을 "신부 신비주의"로 특성화시키는 것을 제한하는 내용에 관하여는 다음의 책들을 보라. Bynum 1982, 171-2; Newman 1995. 여성의 글에서 신부의 이미지를 사용하는 것에 관한 세밀한 주장을 보기 원하면 다음의 책을 보라. Keller 2000).

여성의 영혼이 남성 신을 만나는 경우도 있고 때로는 여성 신과 관계를 맺고 있는 영혼은 남성이며 다른 경우에는 영혼과 하나님 모두가 여성의 이미지일 때도 있다. 램버스가 근대 초기에 남성들이 지은 종교적 시에 관하여 주장하듯이, 그 글들에서 "성적 유형의 다양화가 체계"의 부재는 "성애적 가능성들의 보다 큰 유연성의 방향 가운데로 이 작품들을 여는 경향이 있다. 그 가능성들은 우리 자신의(종종 오직 가정적으로만 일관성이 있는) 성적 이분법에 의해 전적으로 수용할 수 없는 것이다"(1998, 58). 근대의 성적 범주 안에 중세의 종교적인 성애적 경향을 담아낼 수 없다. 이것은 중세 남성과 여성의 글들과 실천들에서 성적 의미를 제거하는 것이 아니라 오히려 근대의 이성애적 규범성과의 관계에서 그들의 동성애성을 드러내는 것이다.

3. 기독교 영성에 대한 페미니스트 학문의 새 방향성

바이넘의 학설을 새롭고 더 섬세한 방향으로 비평하는 것은 남성 작가와 여성 작가의 글들을 구분하거나 성직 내에서 쓰인 글과 그 경계선에서나 그 그늘에서 쓰인 글들을 구분하는데 달려 있다. 그러나 최근의 학문은 남성작가와 여성작가의 글들을 구분하는 것에 혹은 중세의 종교적 글들을 개인 저술로 보는 것에도 위험성이 있다는 것을 보여준다 (Peters 1988; Mooney 1994; Dinshaw and Wallace 2003; Summit 2003).

초대 기독교에 여성이 저술했다고 여겨지는 글은 거의 없다(Clark 1990). 중세 여성의 영적 글은 모두 필경사, 편집자, 번역자 혹은 수집가들에 의해서 우리에게 알려졌다 (Summit 2003). 어떤 경우에는 라틴이나 일반어도 읽거나 쓰지 못하는 여성들이 자신들의 글을 쓰기 위해 필경사를 사용했다. 다른 때에는 남성인 고해성사 신부나 절친한 친구들은 여성들의 글을 수집하고 널리 알리고 번역하였고 혹은 그렇지 않으면 그것을 널리 전파하는 방편이었다.

여성의 글이 생산되는 이러한 복잡한 유형이 인쇄술이 소개되었어도 끝나지 않는다. 근대 초기에 여성의 저술은 계속 원고 문화로 생산되었던 비슷한 방식으로 취급되는 것처럼 추측된다(Summit 2000). 종교적 가르침이나 예지력 있는 글들은 다른 이들에 의해 종종 옮겨졌거나 혹은 거룩한 여성과의 대화에 기초하여 쓰였다. 20세기로 들어와서 거룩한 여성의 황홀한 경험의 표현이 그들과 함께 산 사람들에 의해 옮겨졌다는 예들이 있다(Bell and Mazzoni 2003; 이러한 현상에 대한 더 초기의 예를 위해서는 다음의 책을 보라. Maggi 1998).

중세 시대 안의 여성 저술은 단순히 그들의 글이 원고 문화 안에서 생산되는 것에 한정되지 않는다. 그러나 그것은 여성의 종교적 저술에 놓인 두 가지 요구사항과 관련 있다. 즉 그 저술들은 경험(항상 그러한 것은 아니지만 종종 특별한 하나님의 임재 경험)에 바탕을 두고 있으며, 종교적 여성 자신은 절대적으로 겸허를 보인다(몇몇 남성들의 삶과 저술 특히 성직권이 없거나 그런 권한보다는 다른 것에 그들의 종교성을 두는 사람들의 저술에서 같은 문제가 보인다. 중세시대 도이츠의 루퍼트는 가장 알맞은 예이다[Fulton 2002, 309-50]). 이 두 가지 요구사항의 특정한 역동성과 모양이 시간이 흐름에 따라 변화함에도 불구하고 중세 여성의 글들에 대한 논의는 더 넓게 여성의 영성에 관한 연구에 유익하다.

13세기 후기와 14세기 초기 움브리아 폴리노의 안젤라(Angela of Foligno)와 15세기 영국 평신도 여성 마저리 켐프(Margery Kempe)가 쓴 것으로 보이는 글들이 중세 여성의 저술과 권위에 대한 많은 논의 중심에 있다. 자크 다라항(Jacques Dalarun)은 안젤라는 프란체스코 수도회 필경사에 의해 만들어진 가상의 인물이 아니었을 수 있다고 물으면서 역사적으로 극단적인 견해에 회의적이다(1995). 그 범위의 다른 쪽에서, 린 스탤리(Lynn Staley)는 마저리 켐프에 관하여 그녀가 필경사를 사용한 것은 그녀의 저작권을 감소시키는 것이 아니라 더 증가시킨다고 주장한다(1991, 1994).

제니퍼 서미트(Jennifer Sumit)가 "기존의 교회법에 마저리 켐프를 맞추어봄"으로 저작권을 붙이듯이, "필경사는 그녀가 원작자가 아니지만 오히려 기존의 **전통**(*Traditio*, "트라디티오")과 **권위**(*auctoritas*, "아욱토리타스") 모델을 옹호하는 사람이라고 정확하게 보여줌으로써 켐프의 권위를 세운다"(2003, 98). 스탤리와 서미트에 따르면, 저자와 권위에 관한 중세의 견해는 지금의 우리 견해와 상당히 다르기 때문에 근대 독자들이 정통이 아니라는 표시라고 할 만한 것이 앞을 내다보는 영성에 관한 권위 있는 전통의 일부가 된다.

스탠리와 서미트와 다른 학자들이 관심을 갖는 것은 중세와 근대 초기에 여성들이 복잡한 공동체라는 배경에서 그들의 영적 삶을 추구하는 방식이다("문헌 공동체"에 관한 영향력 있는 견해를 위하여는 다음의 책을 보라. Stock 1983). 여성들은 우리가 원작이라고 생각하는 것을 그들 자신의 손으로 썼지만 또한 영적 글들은 받아쓰고 수집하고 번역하고 번역을 의뢰하였고, 이 모든 간접적 유형의 저술들이 기독교 영성과 특별히 여성의 영성의 윤곽에 대한 여성의 공헌을 묘사하기 위한 시도에 이용되었다(여성의 필사 사용하는 면에 대해서는 다음의 책을 보라. Ferrante 1998. 필경사로서 여성에 관하여는 다음의 책들을 보라. D'Avray Smith, 1985, 2; Smith 1996. 책과 이미지의 생산자로서 여성에 관하여는 다음의 책들을 보라. Taylor and Smith 1996; Hamburger 1997; Hult 2003. 영적 저술의 독자와 의뢰자로서 여성에 관하여는 다음의 책들을 보라. S. Bell 1982; Hamburger 1990, 2001; Robertson 1990; Meale 1993; Bartlett 1995; D. Bell 1995; Smith and Taylor 1995; McCash 1996; Suydam 1999; Erler 2002).

한편 캐롤린 딘쇼(Carolyn Dinshaw)는 "남성의 저술 작업에서 진정한 여성의 목소리를 분리하려고 시도하는 것은 어리석을 것이다"라고 상기시키면서 최근의 학문의 상태를 가장 간결하게 요약한다. 동시에 "그들 자신의 역할의 중요성을 강조하거나 여성의 참여를 막는 남성 중재자의 경향"을 기억해야 한다(Dinshaw and Wallace 2003, 5). 더구나 이미 살펴본 바와 같이, 남성들은 그들이 규정한 여성의 존엄성으로 그들이 중재한 작품을 쓴 여성들을 읽는 경향이 있다.

여성에 의한, 여성에 관한, 여성에게 쓴 저술들 안에 대리인과 저자에 대한 개념을 단순히 질문할 때도 이러한 글들이 형성되고 전파되고 재형성되는 공동체를 만드는 역동성에 주의를 기울일 필요가 있다. 가장 중요하게는 이러한 저술 공동체는 종종—항상 그런 것은 아니지만—남성과 여성으로 이루어지며 서로 함께 서로를 위해 때로는 서로 반대하면서 사역했다는 것을 깨달을 필요가 있다(몇몇 여성들의 저술은 비교적 남성의 권위로부터 독립되었다는 것을 제기하는 문헌을 위해서는 다음의 책을 보라. Lewis 1996; Garber 2003).

영적 공동체와 문헌 공동체의 관점에서 본 바와 같이, 연구의 주요 영역은 여성들이 쓰고 여성에 관하여 쓴 종교적 저술의 사후세계와 여성들이 쓴 원고와 책의 역사이다. 여성을 위하여 여성에 관하여 여성이 쓴 원고와 책들이 전파되고 사라지고 또 재등장하는 것에 주의를 기울이는 것은 젠더, 저작권 그리고 신성함에 대한 개념을 변화시키는 중요한 통찰을 제공한다(Voaden 1996; Winstead 1997; Summit 2000; Hamburger 2001; Poor 2004).

부가적으로 많은 학자들은 영성과 신성함에 대한 중세의 개념을 근대 세계로 가져가면 무슨 일이 일어날까를 이제 묻는다. 여성의 영성에 대한 중세 후기와 근세의 개념이 공통점이 있기 때문에 여성(아마도 남성도)의 영성의 역사에서 시대 구분을 평준화하는 것이 적절하지 않을 수 있지만, 많은 학자들은 변화하는 사회적, 정치적, 경제적 상황과 상관없이 영성에 관한 공통적인 개념은 항상 읽혀져야 한다고 제안한다(Blackbourn 1994; Christian 1996; Harris 1999; Taves 1999; Schmidt 2000; Dinan and Meyers 2001; Greer and Dilinkoff 2003).

학자들은 다양한 방법으로 특히 남성 신학자의 글과의 대화에서 여성의 영적 저술들을 신학 연구로서 인정함으로 남성과 여성의 종교적 글에서 추정되는 차이점을 타파하기 위해 다양한 방법을 시도했다. 필자는 앞서서 버나드 맥귄(Bernad McGinn)과 니콜라스 왓슨(Nicholas Watson)이 "일반 신학"(McGinn 1994; Watson 1995)이라고 부른 것의 발달에 여성들이 적극적으로 참여하였다는 논문을 주목했다. 바바라 뉴먼(Barbara Newman)은 "상상의 신학"이라는 용어를 소개하면서 남성과 여성의 종교적 글들 간의 구분을 타파하는 또 다른 중요한 제안을 했다. 뉴먼은 다음과 같이 말했다.

> 상상의 신학의 특징은 명제나 성경 구절이나 심원한 내적 경험보다는, 비록 이것들 중 어느 것도 제외될 필요는 없지만, 이미지를 "가지고 생각하는" 것이다. 문학, 즉 은유, 상징주의, 의인법, 우화, 대화, 이야기이라는 장비는 상상의 신학의 작업 도구이다(2003, 298).

비전을 꿈꾸고 일깨우는 것은 모두 상상의 신학에 중요한 것이며, 뉴먼의 새로운 범주는 그녀가 그 둘 사이의 전통적인 구분에 다른 제시를 할 수 있게 했다(뉴먼은 상대적인 투명성 혹은 비전을 말하는 작품성에 관하여 특히 독일 학계 안에서 달아오른 토론에 개입한다. 그 토론의 요약을 참조하기 위해서는 다음의 책을 보라. Tobin 1995, 115-22). 결국, 뉴먼은 막데부르크의 메칠드와 하데비치와 같은 공상가와 함께 12세기 플라톤주의자 단테(Dante)와 피잔의 크리스틴(Christine of Pizan)을 읽으며 남성과 여성 작가들의 신학 장르 사이에 있는 명백한 구분을 타파한다.

근대 초기로 들어서면서 그 범주는 더 현저해질 것인데, 그 안에서 소설과 시는 종종 신학적 견지가 제공되는 영역이 된다. 주장하건데, 근대시대에서 몇몇 가장 중요하고 대담하며 생명을 지탱하는 신학적 사고가 상상적 저술에서 나타난다. 뉴먼은 이것은 12세기에서 15세기 사이에 나타나는 반대되는 모든 추정들에 대항하는 사례가 될 수 있다고 제안한다. 이 글의 초기에서 언급했듯이, 비록 페미니스트 학문이 이러한 특정한 대화가 지닌 힘의 역동성에 주의를 기울이도록 요구하는 더 나은 방식을 이제 우리가 가지고 있지만, 그것은 기독교 영성의 전통 안에서 남성들과 여성들이 지금까지 이야기 해왔다는 것을 나타낸다.

질문이 더 남아 있다. 이 대화들이 우리에게 말하는가?

바이넘의 비평 중 많은 부분은 도미닉 라카프라(Dominic LaCapra)가 그녀를 역사를 "구원하는 견해"라고 부른 것처럼 불편함에 초점을 맞추고 있다(1994, 178-83; 그리고 좀 다르고 더 동정적으로 조명하는 책은 다음과 같다. Watson 1999). 그러나 그녀가 심지어 항상 과거를 공감하면서 읽으려고 시도하여도, 즉 비평을 위한 충분한 공간을 허용하지 않는 방식으로, 바이넘은 과거로부터 거리를 둘 것을 또한 주장한다. 그녀는 다음과 같이 주장한다.

> 자원을 만드는 특수함, 참신함, 충만한 경외심에 그것의 복잡성과 중요성까지 더할 때 최선의 역사를 기록한다. 이해하기 위해 조심스럽게 움직일 때, 배려와 경외하는 돌봄을 가지고 우리의 이야기를 만드는 것에 대한 두려움에 관하여 쓰지 않도록 우리가 "상대"를 도용할 수도 있다는 두려움에 사로잡히지 않을 때, 우리의 연구는 더 나아진다 … 우리는 글과 예술품들을 경외감으로 바라보고, 전통에 관하여는 속히 고민하고, 보호하거나 도용하기는 더디 하며, 중요성이 있는 것은 빨리 추정하고, 그것을 일반화시키는 것은 천천히 하는 새로운 학생 세대를 양육해야 한다(2001, 74).

다시 말하면, 공감은 과거의 것들에 관한 관심이 너무 빨리 무너지지 않도록 시간과 인내와 거절을 요구한다. 그러나 바이넘이 자신의 글에서 반복적으로 보여주듯이, 이것은 과거와 현재 사이의 대화를 방해하는 것은 아니다.

물론 문제는 역사에 대한 책임을 가지고 과거가 주는 생생한 통찰을 이론적으로 그리고 신학적으로 어떻게 알아차리느냐이다. 기독교 영성의 여러 전통들은 인간의 상황에 핵심이 되는 그리고 특별히 페미니스트의 관심의 핵심이 되는 이슈들에 관하여 주목할 만한 방식으로 이야기 한다.

역사를 변화시키는 것에 대한 관점을 잃지 않으면서 이 사실에 관한 관점을 유지할 수 있을까?

(현대 페미니스트를 위한 여성의 신비적 저술의 가치에 관한 주목할 만한 글에 대해서는 다음의 책

을 보라. Jatzen 1995. 그러나 필자는 이 책을 논평하면서 젠슨[Jantzen]은 바이넘이 바르게 관심을 가진 역사적 사실들에 거의 주의를 기울이지 않는다고 주장한다. 다음의 책을 보라. Hollywood 1996)

기독교 영성에서 현대 페미니스트들이 하는 조사는 많은 형태를 띠는데, 역사 기록적이고 이론적이고 신학적인 문제들에 도달하기 위하여 여기에 적절하지 않을 수 있는 것을 말하고자 한다. 여성과 남성의 영성 유형들 사이에 추정되는 구분은 중세 시대에 이미 일어나며 근대 학문에 의해서 여러 방식으로 지적된다(이미 살펴본 바와 같이, 최근에 바이넘에 의해서). 그 구분은 신랄한 비평을 견뎌내지 못하지만 계속 엄청난 힘을 행사한다. 부가적으로 영성의 여성적 유형은 일반적으로 그들의 더 큰 정서주의와 감정과 예지력(남성과 연계되는 지성과 사색적이며 추상적인 신비주의에 대한 반대 개념으로서)이 중세 후기와 근대 학문 모두에서 통상적으로 폄하된다는 면으로 정의된다. 비록 잠재적으로 위험하지만 바이넘의 위대한 성취 중의 하나는 이 동향을 되돌린 것이다.

『분별 있는 황홀경: 신비주의, 성적 차이와 역사의 요구』(*Sensible Ecstasy: Mysticism, Sexual difference, and the Demands of History*)에서 필자가 주장하듯이, 기독교 영성의 정서적이고 예지적이며 황홀한 유형에 빠지는 현상이 20세기에 일찍이 예측하지 않은 곳에서 나타난다. 어떤 프랑스의 세속적 지성인들, 가장 중요하게는 조르쥬 바타이유(Georges Bataille), 시몬느 드 보부와르(Simone de Beauvoir), 자크 라캉(Jacques lacan), 그리고 루스 아리가라이(Luce Irigaray)에게는 정서적이고 신체적인 그리고 황홀한 유형의 영성이 그들의 사고와 실천의 핵심 되는 모델로 사용된다(Hollywood 2002a 또한 다음의 책을 보라. Mazzoni 1996).

이 매력의 중심에 인간의 한계, 질병과 죽음이라는 현실과의 대립이 있다. 필자는 기독교의 신비적 전통에 관심을 가지는 것은 병과 죽음과 상실과 같은 외상을 어떻게 다루는가에 관하여 생각하도록 도울 수 있다고 주장한다(2002, 19-21, 274-8). 동시에 바타이유, 라캉, 보부와르 그리고 아리가라이가 관심을 가진 폴리냐의 안젤라(Angela of Foligno)와 아빌라의 테레사(Teresa of Avila) 같은 여성들은 "그들의 경험을 해석하는 것을 남성 성직자들이 계속 침해하는 것에 대항하려고 애를 썼다."

유사하게 중세에 여성에게 규정된 문화적 역할에 그들이 대항하는 근대적 전유들(appropriations)을 "중세 여성들의 글이 예상하여 저항한다"고 필자는 주장한다(2002a, 6). 특히 13세기의 많은 여성 신비주의자들은 여성의 거룩성에 관한 신앙어록에서 그렇게 집중하는 몸과 여성의 연계성을 적극적으로 저항한다. 유사하게, 모든 사람의 체화된 성질을 알아차리는 방법을 찾으려고 시도하더라도, 여성을 몸(그리고 질병과 한계와 죽음)과 너무 쉽게 동일시하는 것을 저항해야 한다.

　학자들이 널리 퍼지고 있는 여성과 육체의 연관성에 관하여 질문할 때 최근의 다른 연구는 기독교 신비주의 전통 안에서 몸의 역할에 관심을 가지는 경향이 있다. 기독교 영성에 관한 저술에서 심혈을 기울인 20-21세기의 이론적이고 신학적인 많은 연구 방식들 중의 하나는 이러한 글과 근본적으로 가장 다르게 종교 의식이나 실천에 있다. 그러나 많은 역사가나 신학자들은 영적 삶을 추구하는 것이 몸이나 행동과 관련이 없는 것처럼 가정하며 "영성"이라는 단어를 일상적으로 사용한다. 그러나 최근의 연구는 중세 이후의 기독교에서 영적 삶의 계발에 있어서 신체적 정신적 훈련, 종교 의식과 행동이 중요함을 보여준다(Despres 1989; Asad 1993; Hadot 1995; Carruthers 1998; Suydam and Ziegler 1999; Mahmood 2001a, b; Fulton 2002; Hollywood 2002a, b, 2003).

　예를 들면, 제프리 햄버거(Jeffrey Hamburger)는 이전에 폄하된 유형의 중세 여성을 위한 그리고 중세 여성에 의한 신앙적인 예술은 그들의 묵상 실천과 영성의 핵심임을 보여준다(Hamburger 1990, 1997, 1998). 더구나 이미지와 실천에 주의를 기울이는 것은 저술하지 않는 남성과 여성 그리고 일반적으로 저술되지 않은 남성과 여성, 즉 교회의 종교 의식과 종교예식을 초월한 행사 그리고 종종 신앙적 물건이나 이미지에 집중하는 개인적 기도에 참여하는 식으로 신을 추구하는 그리스도인들의 영성을 깊이 연구하도록 인도한다.

　그때까지 글과 예술품 안에 간접적으로만 보이던 영성을 발견하고 이해하려는 시도는 많은 연구 방법론적 도전을 가능하게 한다.

　평신도가 그러한 글이 어떻게 사용되어야 할지 원저자의 설명이 나타나 있지 않을 때 종교 의식, 기도 설명서, 안내 책자를 어떻게 읽을 것인가?(Beckwith 1994; Bestul 1996; Hollywood 1999; Mews 2001)

　그 중요성과 사용법에 관한 설명이 없는 신앙적 이미지와 물건들을 어떻게 이해할 것인가?(Hamburger, 1990, 1997, 1998)

　살아있는 전통에 접근할 때, 어떤 연구 방법론이 영적 공동체와 그들의 신앙과 실천에 가장 잘 접근하고 그것을 잘 이해하게 할 수 있을까?(Orsi 1985, 1996; Griffiths 1997; Castelli 2001)

　만일 반대편에 있는 그 기차(영적 전통-역주)에 실린 새로운 소리를 끌어내고 그들이 관심을 갖고 있는 대화를 이해하기를 소망한다면, 그러한 연구 방법론적 문제에 주의를 기울이고, 역사 기록, 인류학, 사회학, 예술사, 공연 연구, 철학, 신학, 종교 역사, 그리고 다른 연구 분야들의 자료들에 의지하는 것은 중요하다.

참고문헌

Aers, D. and Staley, L. 1996: *The Powers of the Holy: Religion, Politics, and Gender in Late Medieval English Culture*. University Park, PA: Penn State University Press.

Allen, A. 1999: *The Power of Feminist Theory: Domination, Resistance, Solidarity*. Boulder, CO: Westview Press.

Ancelet-Hustache, J. 1926: *Mechthilde de Magdebourg (1207–1282): Étude de Psychologie Religieuse*. Paris: Champion.

Armour, E. 1999: *Deconstruction, Feminist Theology, and the Problem of Difference: Subverting the Race/Gender Divide*. Chicago: University of Chicago Press.

Asad, T. 1993: *Genealogies of Religion: Disciplines and Reasons of Power in Christianity and Islam*. Baltimore, MD: The Johns Hopkins University Press.

Aspegren, K. 1990: *The Male Woman: A Feminine Ideal in the Early Church*. Uppsala: Almqvist and Wiksell.

Bartlett, A. C. 1995: *Male Authors, Female Readers: Representation and Subjectivity in Middle English Devotional Literature*. Ithaca, NY: Cornell University Press.

Beckwith, S. 1994: Passionate regulation: enclosure, ascesis, and the feminist imaginary. *South Atlantic Quarterly* 93, 803–24.

Bell, D. 1995: *What Nuns Read: Books and Libraries in Medieval English Nunneries*. Kalamazoo, MI: Cistercian Publications.

Bell, R. 1985: *Holy Anorexia*. Chicago: University of Chicago Press.

———. and Mazzoni, C. 2003: *The Voices of Gemma Galgani: The Life and Afterlife of a Modern Saint*. Chicago: University of Chicago Press.

Bell, S. 1982: Medieval women book owners: arbiters of lay piety and ambassadors of culture. *Signs* 7, 742–68. Reprinted in M. Erler and M. Kowaleski (eds) 1988: *Women and Power in the Middle Ages*, pp. 149–87. Athens: University of Georgia Press.

Bestul, T. 1996: *Texts of the Passion: Latin Devotional Literature and Medieval Society*. Philadelphia: University of Pennsylvania Press.

Biddick, K. 1993: Genders, bodies, borders: technologies of the visible. *Speculum* 68, 389–418. Reprinted in K. Biddick 1999: *The Shock of Medievalism*, pp. 135–62.

Durham, NC: Duke University Press.

Blackbourn, D. 1994: *Marpingen: Apparitions of the Virgin Mary in Nineteenth-century Germany*. New York: Knopf.

Blumenfeld-Kosinksi, R., Robertson, D., and Warren, N. (eds) 2002: *The Vernacular Spirit: Essays on Medieval Religious Literature*. New York: Palgrave.

Braude, A. forthcoming: Christianity, feminism, and women's history. *History of Religions*.

Bynum, C. W. 1982: *Jesus as Mother: Studies in the Spirituality of the High Middle Ages*. Berkeley, CA: University of California Press.

───── 1987: *Holy Feast and Holy Fast: The Religious Significance of Food to Medieval Women*. Berkeley, CA: University of California Press.

───── 1991: *Fragmentation and Redemption: Essays on Gender and the Human Body in Medieval Religion*. New York: Zone Books.

───── 1995a: *The Resurrection of the Body in Western Christianity, 200–1336*. New York: Columbia University Press.

───── 1995b: Why all the fuss about the body? A medievalist's perspective. *Critical Inquiry* 22, 1–33.

───── 2001: *Metamorphosis and Identity*. New York: Zone Books.

───── Harrell, S., and Richman, P. (eds) 1986: *Gender and Religion: On the Complexity of Symbols*. Boston: Beacon Press.

Caciola, N. 2000: Mystics, demoniacs, and the physiology of spirit possession in medieval Europe. *Comparative Study of Society and History* 42, 268–306.

Carruthers, M. 1998: *The Craft of Thought: Meditation, Rhetoric, and the Making of Images, 400–1200*. Cambridge: Cambridge University Press.

Castelli, E. (ed.) 2001: *Women, Gender, Religion: A Reader*. New York: Palgrave.

Christian, W. 1996: *Visionaries: The Spanish Republic and the Reign of Christ*. Berkeley, CA: University of California Press.

Clark, E. 1990: Early Christian women: sources and interpretations. In L. L. Coon, K. J. Haldane, and E. W. Sommer (eds), *That Gentle Strength: Historical Perspectives on Women in Christianity*, pp. 19–35. Charlottesville, VA: University of Virginia Press.

Coakley, J. 1991a: Friars as confidants of holy women in medieval Dominican hagiography. In R. Blumenfeld-Kosinski and T. Szell (eds), *Images of Sainthood in Medieval Europe*, pp. 222–46. Ithaca, NY: Cornell University Press.

———— 1991b: Gender and the authority of friars: the significance of holy women for thirteenthcentury Franciscans and Dominicans. *Church History* 60, 445–60.

Connor, K. R. 1994: *Conversions and Visions in the Writing of African-American Women*. Knoxville: University of Tennessee Press.

Cooper, K. 1996: *The Virgin and the Bride: Idealized Womanhood in Late Antiquity*. Cambridge, MA: Harvard University Press.

Dalarun, J. 1995: Angèle de Foligno a-t-elle existé? In *Alla Signoria: Mélanges offerts à Noëlle de la Blanchardière*, pp. 59–97. Rome: École Française de Rome.

D'Avray, D. L. 1985: *The Preaching of the Friars: Sermons Diffused from Paris before 1300*. Oxford: Oxford University Press.

Despres, D. 1989: *Ghostly Sights: Visual Meditation in Late-Medieval Literature*. Norman, OK: Pilgrim Press.

Dinan, S. E. and Meyers, D. (eds) 2001: *Women and Religion in Old and New Worlds*. New York: Routledge.

Dinshaw, C. 1999: *Getting Medieval: Sexualities and Communities, Pre- and Postmodern*. Durham, NC: Duke University Press.

————. and Wallace, D. (eds) 2003: *The Cambridge Companion to Medieval Women's Writing*. Cambridge: Cambridge University Press.

Dinzelbacher, P. 1995: *Heilige oder Hexen? Schicksale auffälliger Frauen in Mittelalter und Frühneuzeit*. Zurich: Artemis and Winkler.

————. and Bauer, D. (eds) 1985: *Frauenmystic im Mittelalter*. Ostfildern: Schwabenverlag.

————. and ————. (eds) 1988: *Religiöse Frauenbewegung und mystische Frömmigkeit im Mittalter*. Cologne: Böhlau.

Dronke, P. 1984: *Women Writers of the Middle Ages: A Critical Study of Texts from Perpetua (d. 203) to Marguerite Porete (d. 1310)*. Cambridge: Cambridge University Press.

Eire, C. 1990: Major problems in the definition of spirituality as an academic discipline.

In B. C. Hansen (ed.), *Modern Christian Spirituality: Methodological and Historical Essays*, pp. 53–61. Atlanta: Scholars Press.

Eller, C. 1995: *Living in the Lap of the Goddess: The Feminist Spirituality Movement in America*. Boston: Beacon Press.

———. 2000: *The Myth of Patriarchal Prehistory: Why an Invented Past Won't Give Women a Future*. Boston: Beacon Press.

Elliott, D. 1997: The physiology of rapture and female spirituality. In P. Biller and A. Minnis (eds), *Medieval Theology and the Natural Body*, pp. 141–73. Woodbridge: York Medieval Press.

———. 1998: *Dominae* or *dominatae*? Female mystics and the trauma of textuality. In C. Rousseau and J. Rosenthal (eds), *Women, Marriage, and Family in Medieval Christendom: Essays in Memory of Michael M. Sheehan, CSB*, pp. 47–77. Kalamazoo, MI: Medieval Institute.

———. 1999: *Fallen Bodies: Pollution, Sexuality, and Demonology in the Middle Ages*. Philadelphia: University of Pennsylvania Press.

———. 2003: Women and confession: from empowerment to pathology. In M. Erler and M. Kowaleski (eds), *Gendering the Master Narrative: Women and Power in the Middle Ages*, pp. 31–51. Ithaca, NY: Cornell University Press.

Epps, G. P. J. 2001: *Ecce homo*. In G. Burger and S. F. Kruger (eds), *Queering the Middle Ages*, pp. 236–51. Minneapolis, MN: University of Minnesota Press.

Erler, M. 2002: *Women, Reading, and Piety in Late Medieval England*. Cambridge: Cambridge University Press.

———. and Kowaleski, M. (eds) 1988: *Women and Power in the Middle Ages*. Athens: University of Georgia Press.

———. and ———. (eds) 2003: *Gendering the Master Narrative: Women and Power in the Middle Ages*. Ithaca, NY: Cornell University Press.

Farmer, S. 2000: The beggar's body: intersections of gender and social status in high medieval Paris. In S. Farmer and B. Rosenwein (eds), *Monks and Nuns, Outcasts and Saints: Religion in Medieval Society*, pp. 153–71. Ithaca, NY: Cornell University Press.

———. and Pasternack, C. B. (eds) 2003: *Gender and Difference in the Middle Ages*. Minneapolis, MN: University of Minnesota Press.

Ferrante, J. 1998: "*Scribe quae vides et audis*": Hildegard, her language and her secretaries. In D. Townsend and A. Taylor (eds), *The Tongue of the Fathers: Gender and Ideology in Twelfth-century Latin*, pp. 12–35. Philadelphia: University of Pennsylvania Press.

Fulton, R. 2002: *From Judgment to Passion: Devotion to Christ and the Virgin Mary, 800–1200*. New York: Columbia University Press.

Garber, R. L. R. 2003: *Feminine Figurae: Representations of Gender in Religious Texts by Medieval German Women Writers, 1100–1375*. New York: Routledge.

Greenspan, K. 1991: The autohagiographical tradition in medieval women's devotional writing. *A/B: Auto/Biographical Studies* 6, 157–68.

——1996: Autohagiography and medieval women's spiritual autobiography. In J. Chance (ed.), *Gender and Text in the Later Middle Ages*, pp. 216–36. Gainesville: University Press of Florida.

Greer, A. and Bilinkoff, J. (eds) 2003: *Colonial Saints: Discovering the Holy in the Americas*. New York: Routledge.

Griffiths, R. M. 1997: *God's Daughters: Evangelical Women and the Power of Submission*. Berkeley, CA: University of California Press.

Grundmann, H. 1936: Die Frauen und die Literatur im Mittelalter: Ein Beitrag zur Frage nach der Enstehung des Schrifttumsin der Volksprache. *Archiv für Kulturgeschichte* 26, 129–61.

———. 1995: *Religious Movements in the Middle Ages: The Historical Links between Heresy, the Mendicant Orders, and the Women's Religious Movement in the Twelfth and Thirteenth Century with the Historical Foundation of German Mysticism*, trans. S. Rowan. Notre Dame, IN: Notre Dame University Press (orig. pub. 1935, rev. edn 1961).

Hadewijch 1980: *The Complete Works*, trans. C. Hart. New York: Paulist Press.

Hadot, P. 1995: *Philosophy as a Way of Life: Spiritual Exercises from Socrates to Foucault*, trans. M. Chase. Cambridge: Cambridge University Press.

Hale, R. D. 1995: "Taste and see for God is sweet": sensory perception and memory in medieval Christian mystical experience. In A. C. Bartlett, T. Bestul, J. Goebel, et al. (eds), *Vox Mystica: Essays for Valerie M. Lagorio*, pp. 3–14. Cambridge: D. S. Brewer.

Hamburger, J. 1990: *The Rothschild Canticles: Art and Mysticism in Flanders and the Rhineland circa 1300*. New Haven, CT: Yale University Press.

———. 1997: *Nuns as Artists: The Visual Culture of a Medieval Convent*. Berkeley, CA: University of California Press.

———. 1998: *The Visual and the Visionary: Art and Female Spirituality in Late Medieval Germany*. New York: Zone Books.

———. 2001: Women and the written word in medieval Switzerland. In S. Bieri and W. Fuchs (eds), *Bibliotheken Bauen: Tradition und Vision/Building for Books: Traditions and Visions*, pp. 112–63. Basel: Birkhäuser.

Harris, R. 1999: *Lourdes: Body and Spirit in the Secular Age*. New York: Viking.

Hilkert, M. C. 2001: *Speaking with Authority: Catherine of Siena and the Voices of Women Today*. New York: Paulist Press.

Hollywood, A. 1995: *The Soul as Virgin Wife: Mechthild of Magdeburg, Marguerite Porete, and Meister Eckhart*. Notre Dame, IN: University of Notre Dame Press.

———. 1996: Justice and gender in mysticism. Review of Grace Jantzen, *Power, Gender and Christian Mysticism*. *Christian Spirituality Bulletin* 4 (1), 28–9.

———. 1999: Inside out: Beatrice of Nazareth and her hagiographer. In C. Mooney (ed.), *Gendered Voices: Medieval Saints and their Interpreters*, pp. 78–98. Philadelphia: University of Pennsylvania Press.

———. 2002a: *Sensible Ecstasy: Mysticism, Sexual Difference, and the Demands of History*. Chicago: University of Chicago Press.

———. 2002b: Performativity, citationality, ritualization. *History of Religions* 42, 93–115.

———. 2003: Practice, belief, and feminist philosophy of religion. In P. S. Anderson and B. Clack (eds), *Feminist Philosophy of Religion: Critical Readings*, pp. 218–33. London: Routledge.

———. forthcoming: Sexual desire, divine desire: or queering the beguines. In Gerard Loughlin (ed.), *Queer Theology: New Perspectives on Sex and Gender*. Oxford: Blackwell.

Holsinger, B. 1993: The flesh of the voice: embodiment and homoerotics of devotion in Hildegard of Bingen (1098–1179). *Signs* 19, 92–125.

———. 2001: *Music, Body, and Desire in Medieval Culture: Hildegard of Bingen to Chaucer*. Stanford: Stanford University Press.

Hult, D. 2003: The *Roman de la Rose*, Christine de Pizan, and the *querelle des femmes*. In C. Dinshaw and D. Wallace (eds), *The Cambridge Companion to Medieval Women's Writing*, pp. 184–94. Cambridge: University of Cambridge Press.

Irigaray, L. 1985: *Speculum of the Other Woman*, trans. G. C. Gill. Ithaca, NY: Cornell University Press.

Jantzen, G. 1995: *Power, Gender and Christian Mysticism*. Cambridge: Cambridge University Press.

Johnson, E. 1987: Marian devotion in the Western church. In J. Raitt, with B. McGinn and J. Meyendorff (eds), *Christian Spirituality: High Middle Ages and Reformation*, pp. 392–414. New York: Crossroad.

Julian of Norwich 1978: *Showings*, trans. E. Colledge and J. Walsh. New York: Paulist Press.

Keller, H. 2000: *My Secret is Mine: Studies on Religion and Eros in the German Middle Ages*. Leuven: Peters.

Kieckhefer, R. 1984: *Unquiet Souls: Fourteenth-century Saints and their Religious Milieu*. Chicago: University of Chicago Press.

———. 1994: The holy and the unholy: sainthood, witchcraft, and magic in late medieval Europe. *Journal of Medieval and Renaissance Studies* 24, 355–85.

Kienzle, B. M. and Walker, P. J. (eds) 1998: *Women Preachers and Prophets through Two Millennia of Christianity*. Berkeley, CA: University of California Press.

LaCapra, D. 1994: *Representing the Holocaust: History, Theory, Trauma*. Ithaca, NY: Cornell University Press.

Lagorio, V. M. 1984: The medieval continental women mystics: an introduction. In P. Szarmach (ed.), *An Introduction to the Medieval Mystics of Europe*, pp. 161–93. Albany, NY: State University of New York Press.

Lavezzo, K. 1996: Sobs and sighs between women: the homoerotics of compassion in *The*

Book of Margery Kempe. In L. O. Fradenburg and C. Freccero (eds), *Premodern Sexualities*, pp. 175–98. New York: Routledge.

Lewis, G. J. 1996: *By Women, for Women, about Women: The Sister-books of Fourteenth-century Germany*. Toronto: Pontifical Institute of Medieval Studies.

Lochrie, K. 1991: *Margery Kempe and the Translations of the Flesh*. Philadelphia: University of Pennsylvania Press.

———. 1997: Mystical acts, queer tendencies. In K. Lochrie, P. McCracken, and J. A. Schultz (eds), *Constructing Medieval Sexuality*, pp. 180–200. Minneapolis, MN: University of Minnesota Press.

McCash, J. H. (ed.) 1996: *The Cultural Patronage of Medieval Women*. Athens: University of Georgia Press.

McGinn, B. 1993: The letter and the spirit: spirituality as an academic discipline. *The Cresset: A Review of Literature, Art and Public Affairs* 56 (7b), 13–22.

———. (ed.) 1994: *Meister Eckhart and the Beguine Mystics: Hadewijch of Brabant, Mechthild of Magdeburg, and Marguerite Porete*. New York: Continuum.

———. 1998: *The Flowering of Mysticism: Men and Women in the New Mysticism, 1200–1350*. New York: Crossroad.

———. Meyendorff, J., and Leclerq, J. (eds) 1985: *Christian Spirituality: Origins to the Twelfth Century*. New York: Crossroad.

McIntosh, M. 1998: *Mystical Theology*. Oxford: Blackwell.

Mack, P. 1992: *Visionary Women: Ecstatic Prophecy in Seventeenth-century England*. Berkeley, CA: University of California Press.

McNamara, J. A. 1991: The need to give: suffering and female sanctity in the Middle Ages. In R. Blumenfeld-Kosinski and T. Szell (eds), *Images of Sainthood in Medieval Europe*, pp. 199–221. Ithaca, NY: Cornell University Press.

Maggi, A. 1998: *Uttering the Word: The Mystical Performances of Maria Maddalena de' Pazzi, a Renaissance Visionary*. Albany, NY: State University of New York Press.

Mahmood, S. 2001a: Rehearsed spontaneity and the conventionality of ritual: disciplines of *salat*. *American Ethnologist* 28, 827–54.

———. 2001b: Feminist theory, embodiment, and the docile subject: some reflections on the Egyptian Islamic revival. *Cultural Anthropology* 16, 202–36.

Massey, M. C. 1985: *The Feminine Soul: The Fate of an Ideal*. Boston: Beacon Press.

Mazzoni, C. 1996: *Saint Hysteria: Neurosis, Mysticism, and Gender in European Culture*. Ithaca, NY: Cornell University Press.

Meale, C. M. (ed.) 1993: *Women and Literature in Britain, 1150–1500*. Cambridge: Cambridge University Press.

Mews C. (ed.) 2001: *Listen, Daughter: The Speculum Virginum and the Formation of Religious Women in the Middle Ages*. New York: Palgrave.

Milhaven, G. 1993: *Hadewijch and her Sisters: Other Ways of Loving and Knowing*. Albany, NY: State University of New York Press.

Miller, J. 1999: Eroticized violence in medieval women's mystical literature: a call for feminist critique. *Journal of Feminist Studies in Religion* 15, 25–49.

Mooney, C. 1994: The authorial role of Brother A in the composition of Angela of Foligno's revelations. In E. A. Matter and J. Coakley (eds), *Creative Women in Medieval and Early Modern Italy: A Religious and Artistic Renaissance*, pp. 34–63. Philadelphia: University of Pennsylvania Press.

———. (ed.) 1999: *Gendered Voices: Medieval Saints and their Interpreters*. Philadelphia: University of Pennsylvania Press.

Moore, S. 2000: The Song of Songs in the history of sexuality. *Church History* 69, 328–49.

Newman, B. 1987: *Sister of Wisdom: Saint Hildegard's Theology of the Feminine*. Berkeley, CA: University of California Press.

———. 1995: *From Virile Woman to Woman Christ: Studies in Medieval Religion and Literature*. Philadelphia: University of Pennsylvania Press.

———. 1998: Possessed by the Spirit: devout women, demoniacs, and the apostolic life in the thirteenth century. *Speculum* 73, 733–70.

———. 2003: *God and the Goddesses: Vision, Poetry, and Belief in the Middle Ages*. Philadelphia: University of Pennsylvania Press.

Nichols, J. A. and Shank, L. T. (eds) 1987: *Peace Weavers: Medieval Religious Women*. Kalamazoo, MI: Cistercian Publications.

Orsi, R. A. 1985: *The Madonna of 115th Street: Faith and Community in Italian Harlem,*

  1880–1950. New Haven, CT: Yale University Press.

_____. 1996: *Thank You Saint Jude: Women's Devotion to the Patron Saint of Hopeless Causes.* New Haven, CT: Yale University Press.

Parsons, S. F. (ed.) 2002: *The Cambridge Companion to Feminist Theology.* Cambridge: Cambridge University Press.

Peters, U. 1988: *Religiöse Erfahrung als literarisches Faktum: Zur Vorgeschichte und Genese frauenmysticher Texte des 13 und 14 Jahrhunderts.* Tubingen: Niemeyer.

Petroff, E. A. (ed.) 1986: *Medieval Women's Visionary Literature.* Oxford: Oxford University Press.

Poor, S. 2004: *Mechthild of Magdeburg and her Book: Gender and the Making of Textual Authority.* Philadelphia: University of Pennsylvania Press.

Rambuss, R. 1998: *Closet Devotions.* Durham, NC: Duke University Press.

Ranft, P. 1998: *Women and Spiritual Equality in Christian Tradition.* New York: Palgrave.

_____. 2000: *The Forgotten History of Women Spiritual Directors: A Woman's Way.* New York: Palgrave.

Raphael, M. 2000: *Introducing Thealogy: Discourses on the Goddess.* Cleveland, OH: Pilgrim Press.

Ringler, S. 1985: Die Rezeption mittelalterlicher Frauenmystik als wissenschaftliches Problem, dargestellt am Werk der Christine Ebner. In P. Dinzelbacher and D. Bauer (eds), *Frauenmystik im Mittelater,* pp. 178–200. Ostfildern bei Stuttgart: Schwabenverlag.

Robertson, E. 1990: *Early English Devotional Prose and the Female Audience.* Knoxville: University of Tennessee Press.

_____. 1991: The corporeality of female sanctity in *The Life of Saint Margaret.* In R. Blumenfeld-Kosinski and T. Szell (eds), *Images of Sainthood in Medieval Europe,* pp. 268–87. Ithaca, NY: Cornell University Press.

_____. 1993: Medieval medical views of women and female spirituality in the *Ancrene Wisse* and Julian of Norwich's *Showings.* In L. Lomperis and S. Stanbury (eds), *Feminist Approaches to the Body in Medieval Literature,* pp. 142–67. Philadelphia: University of Pennsylvania Press.

Roisin, S. 1943: L'efflorescence cistercienne et le courant féminin de piété au XIIIe siècle. *Revue d'Histoire Ecclésiastique* 39, 342–78.

———. 1947: *L'hagiographie cistercienne dans le diocèse de Liège au XIIIe siècle*. Louvain: Bibliothèque de l'Université.

Rudy, G. 2002: *Mystical Language of Sensation in the Later Middle Ages*. New York: Routledge.

Schmidt, L. E. 2000: *Hearing Things: Religion, Illusion, and the American Enlightenment*. Cambridge, MA: Harvard University Press.

Schneider, L. C. 1998: *Re-imagining the Divine: Confronting the Backlash against Feminist Theology*. Cleveland, OH: The Pilgrim Press.

Smith, L. 1996: *Scriba, femina*: medieval depictions of women writing. In J. H. M. Taylor and L. Smith (eds), *Women and the Book: Assessing the Visual Evidence*, pp. 21–44. London: The British Library.

———. and Taylor, J. H. M. (eds) 1995: *Women, the Book and the Godly*. Cambridge: D. S. Brewer. Staley, L. 1991: The trope of the scribe and the question of literary authority in the works of Julian of Norwich and Margery Kempe. *Speculum* 66, 820–38.

———. 1994: *Margery Kempe's Dissenting Fictions*. University Park, PA: Penn State University Press.

Stock, B. 1983: *The Implications of Literacy: Written Language and Models of Interpretation in the Eleventh and Twelfth Centuries*. Princeton, NJ: Princeton University Press.

Summit, J. 2000: *Lost Property: The Woman Writer and English Literary History, 1380–1589*. Chicago: University of Chicago Press.

———. 2003: Women and authorship. In C. Dinshaw and D. Wallace (eds), *The Cambridge Companion to Medieval Women's Writing*, pp. 91–108. Cambridge: Cambridge University Press.

Suydam, M. A. 1999: Beguine textuality: sacred performances. In M. A. Suydam and J. Ziegler (eds), *Performance and Transformation: New Approaches to Late Medieval Spirituality*, pp. 169–210. New York: St Martin's Press.

———. and Ziegler, J. (eds) 1999: *Performance and Transformation: New Approaches to*

Late Medieval Spirituality. New York: St Martin's Press.

Taves, A. 1999: *Fits, Trances, and Visions: Experiencing Religion and Explaining Experience from Wesley to James*. Princeton, NJ: Princeton University Press.

Taylor, J. H. M. and Smith, L. (eds) 1996: *Women and the Book: Assessing the Visual Evidence*. London: The British Library.

Teresa of Avila 1979: *The Interior Castle*, trans. K. Kavanaugh and O. Rodriguez. New York: Paulist Press.

Tobin, F. 1995: *Mechthild of Magdeburg: A Medieval Mystic in Modern Eyes*. Columbia, SC: Camden House.

Voaden, R. (ed.) 1996: *Prophets Abroad: The Reception of Continental Holy Women in Late-Medieval England*. Cambridge: D. S. Brewer.

———. 1999: *God's Words, Women's Voices: The Discernment of Spirits in the Writing of Late-Medieval Women's Visionaries*. Woodbridge: York Medieval Press.

Warner, M. 1976: *Alone of All her Sex: The Myth and Cult of the Virgin Mary*. New York: Knopf.

Watson, N. 1991: *Richard Rolle and the Invention of Authority*. Cambridge: Cambridge University Press.

———. 1995: Censorship and cultural change in late-medieval England: vernacular theology, the Oxford translation debate, and Arundel's Constitutions of 1409. *Speculum* 70, 822–63.

———. 1999: Desire for the past. *Studies in the Age of Chaucer* 21, 59–97.

Watt, D. 1997: *Secretaries of God*. Cambridge: D. S. Brewer.

Weber, A. 1990: *Teresa of Avila and the Rhetoric of Femininity*. Princeton, NJ: Princeton University Press.

Wiethaus, U. 2003: Female homoerotic discourse and religion in medieval Germanic culture. In S. Farmer and C. B. Pasternack (eds), *Gender and Difference in the Middle Ages*, pp. 288–322. Ithaca, NY: Cornell University Press.

Wilson, K. M. (ed.) 1984: *Medieval Women Writers*. Athens: University of Georgia Press.

Winstead, K. 1997: *Virgin Martyrs: Legends of Sainthood in Late Medieval England*. Ithaca, NY: Cornell University Press.

제22장
예식학

수잔 J. 화이트(Susan J. White) 박사
텍사스크리스천대학교 신학부 부학과장

지난 몇 십 년을 지나면서, 예식학(Ritual Studies)은 인간과 인간 공동체의 본성에 관한 여러 질문들을 하는 사람들에게 상상력과 관심을 점점 더 불러 일의켰다. 무수히 많은 결혼 상담사들, 동기부여 전문가들 그리고 자립자조(self-help) 지도자들은 유대감과 영감의 대인관계를 깊이 경험하기를 제시하는 "예식 워크숍"을 제공함으로써 그것은 또한 큰 사업이 되었다. 그러나 예식을 더 진지하고 학술적인 방식으로 연구하는 사람들의 주장은 거의가 너무 지나치다. 예식화를 문화, 종교적 예배, 인간 심리학 그리고 공동체 형성의 내적 작업으로 이해할 뿐만 아니라 사람들은 개인적이고 사교적인 세계를 만드는 방식으로 이해한다.

예식학의 뿌리는 1800년대 후기에 인문과학의 발전에 있다. 곧 예식화에 대한 구조화된 분석은 예식학이 심리학, 사회학 그리고 문화 인류학의 영역에 머무르게 했다. 그러나 20세기 마지막 사분기동안 학문의 방법과 목표를 명확하게 하는 연구에 있어서 그 자체로 별개의 학문 분야로 발전하였다. 인간의 예식 행동은 의미 만들기와 인간들 사이에서 그리고 인간과 초월자 사이에서 상호 관계를 구축하는데 중요한 역할을 한다고 여겨졌기 때문에, 많은 기독교 학생들(그리고 특히 예배의식, 성례신학, 더 최근에는 목회 돌봄과 상담을 포함하여 기독교 실천에 관심 있는 사람들)은 예식학의 영역과 결실 있는 대화를 시작했다. 예식학과 기독교 영성 간의 대화는 시인하지만 그다지 진보되지 않았으며, 인간의 예식화를 연구하는 학문이 개인과 그룹의 영적 형성을 위한 연구에 중요한 수단이 될 수 있다는 것에 약간의 의문이 있다.

1. 연구 영역에 대한 정의

　예식은 문화적으로 구축된 상징적 의사소통 체계로서 반복되는 말과 행동의 형태로 구성된다고 정의될 수 있다. 대부분의 예식학 연구자들은, 인류학, 사회학 혹은 종교학 등 어느 관점에서 예식에 접근하든지, 그들이 학문적 관심을 가진 주제에 대한 가장 기초적인 정의에 동의한다. 그러나 인간의 종교 의식 행동에 대한 해석, 자료, 특성 그리고 결과에 따라 매우 다양한 견해가 있다.

　개인적 종교 의식이 있을 수 있는가 아니면 항상 집단적인 행동이어야만 하는가?

　종교 의식이 항상 불변하고 공적인 것인가 아니면 창의적일 수 있는가?

　예식화하는 과정에서 의식을 행하는 사람이 소극적 대행자인가 아니면 적극적 대행자인가?

　종교 의식이 반드시 의미심장해야 하는가 아니면 그 기능이 주요하게 정서적이고 심리사회적일 수 있는가?

　학문으로서 예식학의 역사는 이의 현대 역사를 포함하여 이 질문들에 대한 답변을 명백하게 밝히고 예식화에 대한 조사에서 얻은 통찰력을 인간의 정체성에 대한 다른 다양한 질문들에 적용하려고 시도하는 이야기이다.

　학문으로서 예식학의 발달이 있기 이전에도 건설적이며 파괴적 잠재력 둘 다를 가지고 있는 종교 의식의 힘은 폭넓게 이해되어왔으며 여러 세기를 지나면서 종교 지도자들이 예식 행위 지지자들을 주의 깊게 감독하도록 이끌었다. 이것은 매우 다양한 기관의 반응, 즉 공식적 의식에 대한 부담이나 홍보, 공인되지 않은 예식 활동에 참여하는 것에 대한 허가 그리고 특정한 예식과 예배와 신앙적 삶에서 상징적 요소의 제거 등을 가져왔다. 많은 신앙 공동체에게 종교적 예전은 성경에서나 구전으로 전해 내려오는 특수함이 다양한 정도로 제시되어 있는 신적 기원을 가지는 것으로 이해된다.

　이와 같이, 예식을 누군가가 신학적 순응을 잘하는지에 대한 궁극적 테스트로 보면 그것은 종종 만연한 예식 규범에 대한 충성이며, 준수하지 않음에 대한 벌은 꽤 엄해질 수 있다. 그러나 동시에 종교적 예전을 세심하게 주의하여 보면 더 많은 신자들에게는 영적 성숙과 초월적 실재에 대한 고양된 민감성으로 이해된다. 현대 예식학 분야와 기독교 영성학 사이의 연관성은 이러한 기초 이해뿐만 아니라 종교적 정체성, 통찰 그리고 통합의 형성에서 예식적 행동의 역할에 관한 학문 안에서 제기된 질문에 근거하고 있다.

2. 학문으로서 예식학의 역사

구별된 학문으로서 예식학의 형성이 비교적 최근이지만, 20세기 지적 삶에 눈에 띄는 수많은 공헌을 한 사람들에게 기초가 된 흔적을 찾을 수 있다. 그러나 그들은 수많은 다른 관점으로 그 주제에 도달한다. 종교 의식에 학술적으로 진지한 관심을 준 첫 번째 사람들은 신화, 예식 그리고 다양한 세계 종교 전통 안에서 사용되는 상징화에 관심을 갖게 된 역사가들, 비교연구가들, 철학자들을 포함하여 세계 종교 연구에 특성화한 사람들이었다.

그들 중 종교 철학자 루돌프 오토(Rudolf Otto, 1869-1937)는 가장 초기의 사람들 중의 한 명인데, 그의 저서 『성스러움의 의미』(The Idea of the Holy, 1917)는 "신령함"의 의미를 종교적으로 핵심적인 범주이며, 유신론적(기독교, 유대교, 무슬림과 같은) 종교 전통과 무신론적(몇몇 유형의 불교와 같은) 종교 전통 모두에 적용될 수 있는 것으로 소개했다. 이것은 많은 학자들이 의미 있는 종교적 범주들은 오직 인지적이고 이성적인 것, 즉 사람들이 믿거나 가치 있게 여기는 것과 연관된 것이라는 생각에서 멀어지도록 도왔다. 오토는 예식을 단지 가볍게 다루었지만, 그의 통찰력은 신령함과 연결된 비이성적 형태로서 예식학의 방식을 개방하도록 도왔다.

이와 비슷한 시기에, 인류학자이며 민족지학 연구가(ethnographer)인 아놀드 반 게넵(Arnold van Gennep, 1873-1957)은 그가 연구하고 있던 아프리카 종족의 종교들의 의식을 비교하는 것에 관심을 갖기 시작했다. 그는 그의 여러 최근 연구들과는 달리 종교 의식은 그것이 세워진 사회적이고 종교적인 상황을 제외하고는 이해될 수 없으며, 그것은 다수의 기능과 의미를 가진 유기체적 전체의 일부분이라고 주장했다. 그의 예식학에 대한 주요한 공헌은 그가 "통과 의례"라고 부른 것을 발견하고 분석한 것이었으며(van Gennep 1960), 그는 그것이 사람들이 다양한 중요한 생의 위기와 협상하고 사회가 평정을 유지하도록 도울 수 있게 했다고 주장했다.

그는 한 존재의 사회적 상태에서 다른 상태로, 예를 들면, 어린이에서 어른으로, 미혼에서 기혼으로, 살아있음에서 죽음으로, 변화를 성취하는 종교 의례들에서 몇 개의 단계를 구분했다. "분리" 단계에서 그 사람은 이전의 사회적 신분에서 벗어나며, "전이" 단계에서는 그 사람이 삶의 본질 안에서 그리고 그 사람이 담당하게 될 새로운 역할 안에서 통찰력을 얻을 수 있게 하는 조건들이 세워지고, "결합" 단계에서는, 그 사람은 새로운 사회적 상태 속으로 통합된다. 그가 영성이라는 용어를 특별히 사용하지 않았지만, 반

게넵의 연구는 영성을 연구하는 학생들이 영적 성장과 개인의 성숙에서 종교 의식의 중요성을 이해할 수 있게 했다.

제2차 세계 대전이 일어나기까지 그리고 그 이후로 격동의 여러 해 동안에 비교 예식 영역에 대한 관심이 급증했다. 어떤 학자들은 다양한 종교 전통들의 다른 점들을 비평적으로 계속 초점을 맞추었음에도 불구하고, 대부분의 학자들은 깊이 뿌리를 내린 분리와 갈등으로 파멸의 직전까지 온 서양 사회의 상황에서 그것들의 근원적인 공통점을 밝히려고 노력했다. 이 시기에 가장 중요한 목소리를 낸 사람들 중의 하나는 시카고대학교(University of Chicago)에서 여러 해 동안 가르친 루마니아 비교 종교학자인 메르치아 엘리아데(Mircea Eliade, 1907-86)이다.

엘리아데는 무수히 많은 영향력 있는 저서와 학술 논문에서 모든 문화와 종교적 경계선을 넘어 상상력 안에서 심오하게 작동하는 원형적 상징 구조를 밝히려고 노력했다(Eliade 1961). 인도 철학과 칼 융의 심층 심리학 모두에서 영향을 받은 엘리아데는 현대 인간은 자연의 사이클과의 연결성을 잃었으며 역사에 편만한 선형적 관점은 모든 현대적 갈등의 뿌리에 있다고 주장했다. 대부분의 그의 연구는 신화와 상징주의에 대한 민족지학적(ethnographic) 탐구에 있는 반면, 세상의 내재하는 성스러움을 밝히는 수단으로서 예식의 자리에 대한 그의 관심은 그의 연구를 예식 연구 분야(명백하게 정의된 것은 아니지만)와 기독교 영성 간의 비평적 연결로 보게 한다.

다른 인류학자들과 민족지학자들은 용어로 볼 때 예식연구학자들이 아님에도 불구하고 종교적 의사소통의 방식으로서 그리고 인간의 영적 발전에 그 자리를 두는 종교 의식에 매우 깊이 관심을 가져왔다. 빅터 터너(Victor Turner, 1920-83)와 메리 더글라스(Mary Douglas, 1921-2007)는 모두 아프리카에서 부족 종교들을 연구하면 그들의 대부분의 삶을 보냈는데, 기독교 학생들에게 아마도 가장 잘 알려졌을 그들은 그들의 영감을 종교적 중요성이 성립되고 유지되는 방식으로 사용했다.

더글라스의 연구는 사람들이 유형 물질(예를 들면, 좋은/나쁜, 깨끗한/더러운, 순수한/불순한) 대상들을 분류하는 방식 그리고 그 분류방식에 그들이 부여하는 상징적 중요성을 밝혔다(Douglas 1982, 2002). 터너는 자기 몫을 위하여 반 게넵의 통과의례에 대한 분석, 특히 입문 예식을 발전시켰다. 그러나 더 즉각적인 중요성은 터너는 "리미날리티"(liminality, 신성하고 종교적인 순간의 단계-역주), "예식 과정," "사회적 드라마" 그리고 "커뮤니타스"(communitas, 리미날리티 단계에 머물러 있는 사람들이나 이들이 모여 있는 상황이나 공간-역주) 용어를 그 학문의 핵심 개념으로 소개하면서 분리된 학문으로서 예식 연구에 대한 경계선을 수립했다(Turner 1969, 1974).

　동시에 브루노 베텔하임(Bruno Bettleheim, 1903-90)과 에릭 에릭슨(Erik Erikson, 1902-94)과 같은 심리학자들은 심리 사회적 발달의 초기 단계에서 종교 의식의 중요성을 강조하였으며, 특별히 원시의 불안을 완화하고, 모호한 경험을 이해하게 하며, 본능적 열망과 사회적 수용 사이에서 분리를 협상하는데 있어서 이의 역할을 강조하였다("몸/문화 변증법"이라 불리게 된 것)(Bettelheim 1966, 1975; Erikson 1977). 이들 각자는 초기 인문과학자들의 연구와 예식학의 영역이 될 수 있었던 것 사이에 다리를 놓는 것처럼 보일 수 있다.

　1970년대 후기까지, 예식학은 별개의 학문 분야로서 그 자체를 세우고, 인류학과 사회학에서 뿐만 아니라 종교학, 철학, 신학에서도 하위 전문 분야로서 그 위치를 차지하기 시작했다. 스탠리 탐비아(Stanley J. Tambiah)는 자신을 "예식학자"(ritologists)라고 처음으로 정의한 사람들 중에 한 사람이었는데, 그의 영향력 있는 소논문인 "예식에 대한 공연 접근 방법"(A Performance Approach to Ritual)은 1979년에 영국 학술 저널인 「영국 학문의 나아감」(Proceedings of the British Academy)에 실렸다.

　조나단 스미스(Jonathan Z. Smith)는 1987년에 저술한 그의 저서 『자리 차지하기: 예식의 이론을 향하여』(To Take Place: Toward a Theory of Ritual)에서 예식학을 위한 종합 모델을 처음으로 개발했다. 로날드 그라임즈(Ronald L. Grimes)는 캐나다에 있는 윌프레드로리어대학교(Wilfred Laurier University)의 종교와 문화 교수로서 그가 항상 영성을 종교성의 한 유형으로서 취하는 특별히 예식에 관한 주제에 대해서 저술하는 것뿐만 아니라 또한 1987년에는 「예식학 저널」(Journal of Ritual Studies)라는 학술 저널을 출간함으로써 영향을 미쳐왔다. 이 저널의 설립은 독립된 학술 연구 분야로서 예식학의 "독립 선언"을 한 것처럼 보일 수 있다.

3. 예식 연구에 대한 세 가지 접근 방법

　예식학 영역은 시작된 이래로 비교적 짧은 기간에 단일의 획일적 학문으로서가 아니라 많은 다른 접근 방법들을 수용하는 영역으로 발전되었다. 이 접근 방법들이 상호 배타적이 아니지만, 각 접근 방법은 고유의 특정한 일련의 가정들과 연구 방법론을 가지고 있으며, 기독교 영성학에 각각 특별한 공헌을 하고 있다. 예식학과 기독교 영성학 사이에 연결점의 다양성은 두 학문 영역 내에 있는 다수의 패러다임의 직접적인 결과이며,

대화할 때 그것은 약점이라기보다 장점으로 보아야 한다. 그러나 이 상황은 또한 둘 사이에 직설적인 대화를 적게 하게하고, 다음으로는 많은 분량을 예식학 영역에 대한 각각의 주요 접근 방법을 살펴보려는 시도에 사용할 것이며, 특별한 공헌으로 그것은 기독교 영성학의 진보를 이룰 수 있을 것이다.

1) 공연 이론

"공연"이라는 용어는 예식학 안에서 많은 특정한 의미를 가지지만, 모든 의미는 말과 표현이 실재를 변경시키는 힘, 즉 "뭔가 일어나게 할" 수 있다는 생각에 근거한다. 언어에 관해서, 그 용어의 사용은 1955년에 하버드대학교(Harvard University)에서 철학자 오스틴(J. L. Austin, 1911-60)이 했던 매우 중요한 일련의 강의와 그 후에 『말로 뭔가를 하는 방법』(How to do Things with Words, 1961)이라는 제목으로 출판된 것에서 추적될 수 있다. 오스틴의 논문은 말은 존재 상태를 단순히 묘사하지 않으며, 종교형식에서 선언하듯이 사용될 때 그것들이 주장하는 상황에 대하여 초래할 수 있다.

그가 사용한 사례들은 결혼식의 상황에서 말하는 "당신들을 남편과 아내로 선언한다"와 배의 진수식에서 "이 배의 이름을 메리 여왕이라고 명명한다"와 같은 것들이 있다. 물론 언어의 공연적인 힘이 있게 하기 위하여서는 적절한 표현의 제정과 그 행위의 의미에 대한 공동체의 동의를 포함하여 충족되어야 할 어떤 필수적 조건이 있다. 그러나 이러한 전제조건들이 충족되면, 말은 정말로 그것이 암시하는 것에 효과적일 수 있으며, 그 다음에 문제는 "말한 것이 참인가 거짓인가?"가 아니라 오히려 "말한 것이 성공적인가 아닌가?"가 된다.

공연의 관점에서 예식학에 접근하는 다른 사람들은 주요한 해석적 렌즈로서 드라마 이론을 살핀다. 극장 감독이며 연기 지도자인 피터 브룩(Peter Brook, 1925년생)은 『텅 빈 공간』(The Empty Space, 1968)이라는 제목의 영향력 있는 소책자에서 극장의 폭발적인 힘과 사람의 지각과 관점을 변형시킬 수 있는 이의 능력에 대해 주장했다. 브룩의 "거룩한 극장"에 대한 묘사를 가져온 로날드 그라임즈(Ronald Grimes, 1954년생)는 그것을 기준의 궁극적 틀을 가진 예식이라고 폭넓게 정의하며 우주적 필요성으로 보이는 종교 의식에 특별히 관심을 갖는다. 그라임즈는 그러한 종교 의식을 연기자가 자기를 포기하는 방향으로 가는 모든 좋은 드라마가 소유한 힘을 가지는 것으로 이해하며, 예식 드라마는 우리(연기자로서)가 전통적 의미의 종교에서 단지 수동적으로 "발견할 수 있는" 것이라고 이해되는 것을 **만들** 수 있게 한다고 주장한다(Grimes 1982, 1993).

또 한 명의 감독이자 드라마 이론가이며 1960년대와 1970년대에 폴란드 실험 극단 (Polish Theater Laboratory)의 단장이기도 했던 예지 그로토프스키(Jerzy Grotowski, 1933-99) 는 종교 의식을 연구하는 학생들에게 강한 인상을 남겼다. 연기자와 관객 모두에게 "거룩한 연극"이라는 변형적 힘에 관심을 가지게 하고, 연기자들이 자신을 초월하고 신화적 주제를 내재화하도록 호소함으로, 그로토프스키는 종교 의식을 연구하는 학생과 종교성을 연구하는 학생들에게 똑같이 설득적으로 말한다(Grotowski 1968).

2) 기호학

동시에, 어떤 사람들은 기호학(Semiotics)의 관점으로 예식학에 접근하는 경향이 있다. 예식학 분야와 같은 시기에 성장한 기호학 분야는 기호(signs, 헬라어로 *semion*, "세미온")와 기호 체계가 개인과 공동체의 삶에서 작동하는 방식에 초점을 맞춘다. 기호학은 문학 이론, 음성학 그리고 본문과 독자 간의 상호반응과 특히 의미에 대한 질문에 주요하게 관심을 갖는 철학 내에서 하위 학문 분야로서 시작되었고 같은 방식으로 남아있다.

무슨 의미인가를 누가 결정하는가?

그리고 어떤 과정으로 상징적 의미가 결정되는가?

미카일 박틴(Mikhail Bakhtin), 한스-게오르그 가다머(Hans-Georg Gadamer), 롤랑 바르트(Roland Barthes)와 같은 최초의 지지자들의 작업에서 기호학이 시작한 이래로, 문학 본문들은 기호학의 주요한 관심이었다(Barthes 1972; Bakhtin 1981; Gadamer 1999). 그러나 이 학파의 사상에 영향을 받은 예식학자들은 인간의 예식 행위를 예식적인 몸짓과 분석되어야 할 "기호" 언어로 된 일종의 "본문"으로 읽으려고 시도한다. "현대 기호학의 아버지"로 불리는 찰스 피어스(Charles S. Pierce)의 연구에 영향을 받아, 인간 예식화에 관심이 있는 사람들은 예식 상징들이 사람들로 하여금 그들에게 내재되어 있는 종교성을 표현하도록 도울 뿐만 아니라 사람들은 예식 기호와 상징을 사용하지 않고는 전혀 종교적일 수 없다고 주장하기를 원한다(Pierce 1992-8).

기호학은 그 자체를 실재를 이해하는 보편적인 열쇠로 표현하는 경향이 있으나, 그것은 이의 이론적 기초를 예식학에 대한 질문들에 답하는데 적용하기를 원하는 사람들에게 많은 문제를 야기했다. 첫 번째 어려움은 기호학 분야가 세상을 오직 양극적 대비라는 의미로 봄으로써 우리가 사물의 본질을 이해할 수 있다는 신념을 가지고 이원론을 지향하는 경향이다. 두 번째 어려움은 기호학의 영감을 그들의 연구에 적용하기를 원하는 기독교 영성을 연구하는 학생들을 특히 괴롭히는 문제로, 어떤 경우에는 정말로 실재는 존재하지 않지만 기호만이 존재한다고 주장하면서, 기호학이 연구하는 기호 뒤에 있는 근원적 실재에는 특정한 관심을 가지지 않는다는 것이다. 적어도, 기호학자들은 기호를 묵상함 없이 실재를 직접 감상하는 것은 가능하지 않다고 주장한다.

3) 인문학

정신 분석학적, 인류학적, 사회학적 그리고 신경생물학적 접근 방법을 포함하여 인문학적(Human sciences) 관점으로 종교 의식을 연구하게 된 사람들은 하나의 학문으로서 예식학의 지적 근원에 가깝게 남아있다. 인류학적 연구는 예식 연구에 계속 강하게 영향력을 행사하며, 그 분야에서 민족지학적 연구는 인간의 예식 만들기와 상징 만들기에 관심을 가진 사람들에게 끊임없이 관심 있는 분야이다. 종족의 종교 의식뿐만 아니라 산업화된 사회에서도 일어나는 종교적이고 사회적인 예식화 모두를 포함시키는 인류학적이고 민족지학적 예식학 분야의 확장은 서양 그리스도인들의 예식 행동을 연구하는 학생들에게 많은 유용한 자료를 제공했다.

종교 의식 연구의 인류학적 측면에서 연구를 하는 많은 사람들은 모든 종교 의식 만들기 활동에 적용되는 질문을 하면서 비교 예식학에 계속 관심을 가진다.

종교 의식을 통해 과거의 힘을 어떻게 현재로 가져올 수 있는가?
종교 의식에서 "외부인"이 어떻게 종교 의식의 "내부인"으로 변형될 수 있는가?
예식의 경계선이 어떻게 세워질 수 있고, 무엇이 예식 장소를 "거룩하게" 하는가?
예식 활동이 인간의 신경회로의 구조를 변경시키는가?
예식화가 어떻게 믿음과 신앙을 통합하는가?

광범위한 영역의 문화와 종교적 상황을 망라하여 사람들의 현실의 삶을 주의 깊게 관찰함으로 이 질문들에 대답하려는 시도는 우리의 종교적 실천의 심층적 구조를 발견하게 한다.

사회학자로서 예식 연구에 참여한 얼빙 고프먼(Erving Goffman, 1922-82)은 예식 연구와 기독교 믿음과 실천 연구 간의 관계 구축에 특별히 중요하다고 볼 수 있다. 사회 세계가 어떻게 만들어지고 사람들이 그 세계 안에서 어떻게 의미를 만드는가에 대한 그의 관심은 『일상에서 자기의 표현』(*The Presentation of Self in Everyday Life*, 1959), 『공공장소에서의 행동』(Behavior in Public Places, 1963), 『전략적 상호 작용』(Strategic Interaction, 1969)을 포함하여 수많은 중요한 서적에서 명확히 설명되었다.

"자기에 관한 민족지학 연구가"로 불리는 고프먼은 종교 의식이 인간의 정체성을 성찰하고 만들며, 그렇게 그것은 인성의 온전한 인식에 필수불가결하다고 설명하였다. 더 최근에 자기의 형성에 관심을 가지고 있는 캐더린 벨(Catherine M. Bell)은 인간 사회에 있는 힘의 구조의 유지(그리고 또한 붕괴) 안에서 종교 의식의 위치를 강조했다. 그녀의 중요한 저서 『예식 이론–예식 실천』(Ritual Theory-Ritual Practice, 1992)에서 그녀는 예식화의 궁극적 목적은 예식의 공식적 목적이나 의식주의자들의 공식적 목적을 발전시키는 것이 아니라 예식을 수행하는 방법에 대한 직관적 지식이 복잡한 사회적 상황에서 그들에게 힘을 부여하는 예식을 대행하는 사람들을 배출하는데 있다고 주장한다. 다른 예식학자들은 예식과 힘에 대한 주제를 취하였는데, 예식학 분야에서 얻은 통찰력은 문화에 대한 탈식민지적 분석과 권위 구조를 유지하고 저항하는데 있어서 예식 장소의 이해에 유용하게 되었다.

기독교 학문의 어떤 한 영역이 다양한 측면의 예식학의 통찰력에 가장 적절하게 개방하였다면, 그것은 예전학, 즉 예식 역사 연구, 신학 그리고 기독교 예배 실천 분야였다. 이것은 여러 중요한 영역에서 예전학자들의 폭넓은 연구영역 비전으로 인도했다. 예식과 계몽 사이에 상호역할에 관한 오토와 엘리아데의 초기 연구는 예전학 학생들이 기독교 예식이 초월의 중재자로 행하는 방식을 명확히 설명하도록 도왔다. 입문 실천에 대한 반 게넵과 터너의 민족지학 연구는 그들이 세례식과 입교식의 기본 구조를 발견하는데 도움을 주었다.

예식학자들이 예식과 권력 간의 복잡한 관계를 조사한 것은 예전학자들이 기독교 예식이 사회적 통제를 유지하기도 하며 전복시키기도 하는 잠재성이 있음을 볼 수 있게 했다. 그러나 다른 영역은 예배 전문가들에 의해서 특히 기독교 예식의 철학적이고 기호학적인 기반과 예식 행동의 신경생물학이 단지 탐구되기 시작하고 있다. 그러나 그것은 예식학과 기독교 영성학 사이에 다리가 만들어진 곳일 가능성이 크며, 예전학 분야는 중요한 연결 학문이 될 것이다.

4. 예식학과 기독교 영성 간의 대화에 있는 도전

예식학 분야에 대한 아주 간결한 설명에서도 제안하듯이, 예식학과 기독교 영성학 간의 대화는 쉬운 것은 아닐 것이다. 예식학 지지자들의 이런 저런 전략들에 의해 취해진 여러 가정들은 초기에는 논의의 실패를 보증하는 것처럼 보일 수도 있다(기호 밑에 어떤 궁극적 실재도 없다고 하는 어떤 기호학자들의 주장이 좋은 예이다). 그러나 전체적으로 보면, 다면적 학문인 예식학은 풍부한 통찰력의 만찬을 제공하는데, 주의 깊게 사용한다면, 그것은 기독교 영성 연구, 즉 역사적, 현상학적 그리고 실천적 연구에서 전체 범주의 진보를 제공하는 엄청난 가치가 될 수 있다. 확실하게, 순수이성적인 것, 정서적인 것 그리고 경험적인 것이 가치 있는 학술적 관심 주제라는 기본 개념은 예식학과 기독교 영성학의 핵심이며, 예식학에서 진보된 그 제안에 대하여 더 고도로 발달한 논의는 기독교 영성 분야에서 연구하는 사람들에 의해 동등하게 적용될 수 있다.

그러나 가장 알맞은 것일지라도, 최근에 시행된 것처럼, 예식학은 또한 기독교 영성에 진지한 도전을 제공한다. 예를 들면, 본문에 대한 예식학자들의 일반적 접근 방법은 고대의 것이든 현대의 것이든 모두 복잡한 것이며, 예식을 연구하는 학생들 중 본문에 대해 저자가 "의도한" 의미나 그것이 쓰인 역사적 상황에 대한 해석학적 중요성에 상당한 비중을 두려는 학생들은 거의 없다. 대부분의 예식학자들은 본문의 의미는 독자와 본문 간의 해석학적 만남, 즉 의미를 **만들기** 위한 독자와 본문의 상호 작용에 매우 달려있다고 주장한다. 이것은 확실히 본문에 깔려있는 내용을 이해하기 위하여 중요하게 함축된 의미를 가질 것이다. 본문이 개인과 그룹의 영적 경험을 정확하게 언급하여 단순히 단도직입적으로 고려될 수 없다면, 여느 때와 다름없이 기독교 경건을 연구하는 많은 학자들은 방해받을 가능성이 크다.

예식을 연구하는 학생들이 언어적인 일인칭 화법으로 한 사람의 경험의 모양을 설명하는 접근방식에서도 그 사실은 동일하다. 읽는 행동에 따라 본문의 의미가 달라진다는 같은 방식으로 보도의 의미도 듣는 행동에 따라서 달라질 수 있다. 기독교 경건을 연구하는 학생들에게, 특히 영적 지도자들에게 또한 기독교 영성에서 현장 연구를 수행하기 원하는 사람들에게 이것의 중요성은 명백하다. 예식학자들의 독자/청자의 중재기능에 대한 주장에 따라 만일 한 사람의 내적 삶의 묘사와 그 묘사에서 얻어질 수 있는 신학적 의미 간에 직접적이고 즉각적인 연결이 끊어지면, 모든 경우에 해석자와 해석된 것 모두에 철저한 검토가 필요할 것이다.

예식학자들 사이에 자기에 대한 일반적인 이해는 기독교 영성을 연구하는 학생들과 대화하는데 있어서 잠재적 어려움이 있는 또 다른 영역이다. 예식학 분야에서 많은 이들이 제안하듯이 만일 인간의 정체성이 항상 "진행 중인 일"이고, 다른 사람과 세상 경험과의 상호 작용에서 그리고 이를 통해서 "구축되고" 있는 중이라면, 인간 영혼의 본성에 대한 질문들이 일어날 가능성이 크다. 기독교 영성학에서 "영혼 이야기"가 매우 편만하며 예식학에서는 사실상 부재하다는 사실은 결실이 있는 담화이기 위해서 어떤 공동의 근거가 이 영역에서 발견되어야 할 것이라는 의미일 것이다.

전통을 공유한 사상과 믿음이라고 주로 이해하는 기독교 영성 분야에서 특히 역사적 연구에서 많은 기관의 일반적인 원리가 된 예식학자들의 "전통"에 대한 개념을 재해석하는 것은 또한 도전적인 과제일 것이다. 한편, 예식학자들은 "전통"이 **인지**의 형태가 아니라 오히려 기원 내러티브가 근거하는 그리고 그것이 전이된 **행동**의 형태일 수 있다는 점을 고려해보도록 독려한다. "전통"이라는 용어를 이러한 폭넓은 의미로 이해하는 것은 기독교 영성학의 내적 지형에 도전이 되는 것일 수 있지만, 한편으로는 지금까지 숨겨진 채 남아 있었던 다른 유형의 영성과의 연결을 밝히는 것일 수도 있다.

5. 잠재적으로 결실 있는 탐구 영역

영성학과 예식학 간의 대화에 진지한 도전이 있을 것이지만 그것이 그리스도인의 경건한 삶에 대해서 더 깊은 이해를 추구하는 사람들의 의욕을 잃게 하지는 않을 것이다. 예식학이 기독교 영성의 자매 학문으로 여겨질 수 있으며 두 학문 간의 솔직한 대화는 수많은 탐구 영역에서 분명히 많은 통찰력을 유발시킬 것이다. 아래에서 네 가지 영역을 고려해볼 것인데, 이것은 두 학문에 분명히 결실이 있을 만한 것에 관한 개괄적인 논의이다.

1) 힘과 효험

경건한 삶에 대한 기독교 영성 멘토들과 학자들은 항상 "기도의 힘"에 대하여 진실한 신념을 가지고 이야기했으며, 신학적 범주에서 경건의 능력의 방식과 의미를 하나님과 인간의 관계의 기능으로 명확하게 설명할 수 있어왔다. 그러나 그들은 다른 용어로, 즉 종파를 초월하고 기도에 대하여 인간의 음성학적인 활동의 더 넓은 상황 안에서 이야기하기 원하는 사람들 중에서도 이해되는 용어로 기도의 효능을 주장하는데 있어서는 그다지 성공적이지 못했다.

언어의 공연성 즉 어떤 특정한 상황 하에서 새로운 실재를 창조하는 언어의 능력에 관한 오스틴의 개념은 하나님을 향한 말의 힘에 관한 언어의 철학적 기반에 대하여 더 깊이 알기 원하는 사람들의 진지한 관심을 얻을 가치가 있다. 더 최근에 공연성의 성질을 생각하는 사람들은 예식 공연이 결과를 한층 더 성취하기 위한 수단이기보다 그 자체로 끝나지 않을 수도 있는지에 대한 질문을 고려하기 시작했다. 기도를 단지 어떤 효과를 생산하기 위한 수단이나 외적 상태로서보다는 그 자체로 진지하게 취하는 것은 영적 실천과 멘토링에 대한 새로운 접근 방법일 뿐만 아니라 놀라운 새로운 신학적 통찰력을 이끌어낼 수 있을 것이다.

그러나 동시에 영성을 연구하는 학생들이 신체적 양상을 경시하는 경향인 반면 기독교 경건의 언어적 양상에 대해 매우 집중하는 것은 모두 너무나도 흔한 경우였다. 무릎 꿇고 기도하기, 미로 걷기, 묵주알 세기, 가슴 치기 혹은 십자성호 긋기와 같은 것들에는 기도문이나 의식에 관한 설명문에 주어진 학술적인 관심보다 훨씬 적게 주어졌다. 이것은 우리가 남성과 여성의 영적 삶의 문서 기록을 해석하는 비교적 믿을 만한 해석적 도구를 가지고 있었지만, 부분적으로는 우리가 예식 행동을 분석하기 위한 가장 기본적인 방법을 가지고 있었을 뿐이기 때문이다. 예식의 효험과 예식이 행동을 수반하는 언어에서 더 깊은(그리고 아마도 정반대의) 의미를 드러낼 수 있는 방식을 검토하는 것은 다양한 영적 경험의 전체 그림을 얻기 원하는 사람들에게 필수적일 것이다.

영성을 연구하는 학생들은 경건이 지속성이 있어서 이의 뿌리가 되는 더 큰 믿음과 가치의 구조가 심하게 동요할 때도 상대적으로 안정적으로 남아있는 경향이 있다는 것을 항상 주목해 왔다. 예식학은 이러한 상대적 안정성을 설명하도록 도울 수 있다. 종교 의식을 심리학과 신경생물학으로 접근하는 연구는 내러티브(신화)와 유형화된 행동(예식)의 조합이 내러티브와 예식 참여자 간의 관계 모두에 심층적 내재화를 낳는다는 것을 보여 주었다.

그리고 노래나 영창의 형태가 가미되었을 때 이 내재화는 훨씬 더 강화된다. 이것은 영성에 대한 현장 연구를 하는 사람들과 기독교 경건의 변화하는 지형을 연구하는 역사학자들뿐만 아니라 어떤 신앙 유형에 집착하는 내담자의 성질을 더 온전히 이해하기를 원하는 영적 지도자들에게도 의미를 가질 것이다.

2) 마음과 몸의 연결성

인간의 예식화를 연구하는 많은 사람들은 예식 행동이 마음과 몸 간의 관계에 관하여 무엇을 말할 수 있는지에 매우 관심이 있다. 그들이 다양한 관점, 즉 인류학, 철학, 신경과학에서 이 질문에 접근할 수 있지만, 예식학자들 사이에서는 정신 중심적 형태의 지식이 정말로 있다고 믿는 반면 인지가 사람들이 어떤 것을 "안다"라고 말할 수 있는 방법만은 아니라는 널리 퍼진 믿음이 있다. 예식학 학생들과 영성 학생들 모두를 위한 주요한 질문은 "비정신적인 앎의 방식이 있는가?"이다. 혹은 다른 방식으로 묻는다면, "'몸-지식'(body-knowledge)이라는 것이 있는가?"이다.

여러 현대 예식학자들 특히 페미니스트 학자들은 몸의 체험이 어떻게 의식 혹은 설명의 차원을 초월하는 논리를 받아들이고 기호화할 수 있는지 이해하려고 시도해왔다. 『예식 이론-예식 실천』에서 캐더린 벨은 하나님을 향한 순복과 무릎 꿇는 기도 행위간의 관계의 예를 사용하는데, 그녀는 무릎 꿇기는 그 행동 자체를 수행하는 것을 통해서 "무릎 꿇는 자에게 단순히 종속을 전달"하는 것이 아니라 오히려 "종속된 무릎 꿇는 자를 낳는다"라고 말한다(1992, 100). 비인지적 앎의 방식이 있다는 생각은 기독교 영성 학생들에게는 분명히 알맞은 것이지만, 이것이 행해지는 방식을 설명할 능력은 아마도 예식학 문헌과 대화를 함으로써 진보될 수 있을 것이다.

공연 관점으로 인간의 예식 행동을 접근하는 사람들은 마음과 몸, 즉 이 경우에는 인간의 발언과 행동 간의 관계에 대한 질문에 추가할 수 있는 그들만의 고유한 통찰력을 가지고 있다. 『말로 뭔가를 하는 방법』에서 오스틴은 영성 학생들이 보통 내적 삶을 해석하기 위해 의존하는 많은 종류의 언어는 전혀 묘사적인 것이 아니고 오히려 공연적인 것이라고 제안한다. 다시 말하면 "나는 믿는다," "나는 안다," "나는 갈망한다"와 같은 서술문은 어떤 정신적 상태를 단지 보고만 하는 것이 아니라, 마치 내가 믿고, 알고 혹은 갈망하는 것처럼 행동하려는 의도를 선언하는 것으로 가장 잘 이해된다.

존재와 행위 간의 이러한 음성학적 연결성은 그리스도인의 신앙적 삶을 연구하는 학생들이 개인의 영적 상태를 말하는 정확성을 점검하는 것뿐만 아니라, 기독교 영성과 기독교 윤리 사이에 연결을 구축하는 방식으로 사용될 수 있다. 자신의 영적 상태에 대하여 사람들이 말하는 많은 서술문을 단지 반영적 혹은 성찰적이 아니라 강력한 예식적 성격을 가진 것으로 보는 것은 그것들이 의미 있는 행동을 낳게 하는 잠재성을 이해하도록 우리를 개방시킬 수도 있다.

마음과 몸의 관계에 관한 대화의 또 하나의 양상은 "설치"의 범주이며 그리고 인간들이 종교 의식의 공간과 시간을 만들어 이를 통해 복잡하고 어지러운 세계에서 우리의 자리를 찾기 위하여 어떻게 시도하는지에 대한 질문으로 고려된다. 예식학자들은 예식화를 통하여 장소와 공간 사이의 다른 점들이 지적되고 "무엇인가"와 "무엇이 되어야 하는가" 사이의 부적합성이 조명된다고 주장한다. 예식이 수행될 때, 과거와 현재는 조나단 스미스가 "융합된 일시성"이라고 부른 것(Smith 1987)을 형성하기 위하여 그것이 역사적으로 일어났던 그 장소에서부터 자유롭게 된다.

이 상황 안에서, 예식을 수행하는 자는 본질적으로 실재에 대한 하나의 일시적인 성질을 지각할 수 있다. 의식절차를 수행하는 것을 통해 몸(과 사물)을 "제 자리"에 놓음으로써 예식 대행자들이 그들이 거주하는 영적이고 물리적인 세계로 자신들을 재구성할 수 있는 예식 장소 안에서 같은 종류의 사건이 일어난다. 어떤 예식학자들은 이러한 것들은 주요하게(배타적이 아니라면) 심리사회적 과정이라고 주장한다. 하지만 로이 래퍼포트(Roy Rappaport 1999)와 같은 다른 학자들은 신성한 장소와 시간에 대한 인식에서 신령함의 절대적 필요성을 주장하며, 시간과 공간 안에서 영성과 예식 설치 사이의 통합적 관계가 기독교 경건에서 "장소"의 중요성에 대한 기독교 영성 학생들의 이해를 확장시키는 방식을 개방한다고 지적한다.

3) 방법

예식학의 사회 과학적 접근 방법은 연구 방법론에 대한 질문들을 경청해 왔으며, 기독교 경건을 연구하는 학생들에게 가치 있을 만한 이러한 방법에 대해 많은 논의를 해왔다. 인간의 행동을 관찰하고 기록하는데 있어서 "객관성"의 문제는 여러 예식학 연구 문헌에서 실천적인 문제일 뿐만 아니라 철학적 문제이며, 이 논의는 영성의 현장 연구에 관여하는 사람들에게 진지한 질문을 일으킨다. 현재 유명한 1983년에 쓰인 논문 "원주민의 관점"(From the Native's Point of View)에서 인류학자 클리포드 그리츠는 어떤 종류의 인간 행동을 연구하는 연구자는 항상 내부인과 외부인 모두이며, 주관적이고 객관적이라고 설득력 있게 주장한다.

그는 이 현장 연구에서 그 당시 만연한 "내부인" 대 "외부인" 그리고 "객관적인" 대 "주관적인"이라는 이원론에 도전했다. 그는 다양한 인문학에서 연구할 때는 거리감과 참여 모두 필요할 뿐만 아니라 필수불가결하다고 주장했다. 인간 행동에 대한 진실한 이해에 도달하는 것은 우리 모두 가지고 있는 "성찰 능력"이라는 자질, 즉 우리 자신의 생각과 행동을 반영할 수 있는 능력 때문에 가능하다고 하였다. 기독교 영성을 연구하는 학생들은 이 논의의 의미를 분명히 주의 깊게 고려해야 한다. 예를 들어, 기독교 영성 실천을 관찰하고 기록하고 분석할 때 "내부자"와 "외부인" 모두의 존재론적 차원과 결과가 무엇인가를 고려해야 한다.

동시에, 예식학적 현장 연구를 착수할 때 필요한 기술과 그 기술에 대한 학술적 비평은 기독교 신앙적 삶을 연구하는 사람들이 고려해 볼 가치가 있다. 예식학자들은 사람들이 그들의 종교 체험을 신체적인 방식을 포함하여 다양한 방식으로 그리고 다른 종류의 사람들은 다른 방식으로 "이야기 한다"고 확신한다. 예식학 학생들이 다양한 형태의 상징적 의사소통을 "읽는" 특정한 과정들은 그 학문에 대한 그들의 특정한 접근 방법에 의해서 결정되지만, 기본적인 의미는 정말로 풀이되어질 수 있다고 모두가 가정한다.

아마도 기독교 영성의 학생들은 "이중 언어 구사," 즉 영적 중요성을 표현한 인간의 몸짓과 이야기된 말 모두를 해석할 수 있는 능력이 필요할 것이다. 객관성의 성질에 대한 앞의 논의가 제안하듯이, 현장 연구에서 참여-관찰자의 공헌은 그 분야에서 영성 연구를 위한 점점 더 많이 수용되는 방법이다. 그러나 영성의 역사 연구자들이 얼마나 "참여-관찰자"로 묘사될 수 있을지, 그 신분을 성찰하는 것이 얼마나 가치 있는 훈련이 될 수 있을지 우리는 또한 이해할 수 있다.

예식학자들에게 사회적 예식과 종교적 예식 간의 경계선은 명백하게 없으며, 사회적 예식 행위는 공식적 종교적 절차에 부응하는 학자적인 관심과 같은 정도의 가치가 있다. 인사의 몸짓과 경의를 표하는 것, 애통과 축하의 예식들, 사회적 신분의 상징적 표시, 그리고 법학과 의학과 정치학 분야에서 작동하는 기호체계들은 모두 예식학의 학술적 대상이다. 이것은 기독교 영성 분야 안에서 우리가 경계를 세우는 방식에 관하여, 그리고 비종교적 예식 행위를 진지하게 보는 것에서 우리가 개인과 그룹이 사용하는 영성에 관한 어떤 정보를 얻을 수 있는지 질문이 생긴다.

4) 예식적이고 영적인 건강과 안녕

영적 지도자들과 목회 돌봄 제공자들을 포함하여 영적 건강과 안녕을 증진시키는 것에 특히 관심이 있는 기독교 영성 학생들은 다양한 양상의 인성, 즉 영적, 정서적, 사회적, 심리적, 신체적인 양상들을 통합하는 것의 중요성을 말해왔다. 여러 예식학 이론가들은 일종의 건전한 통합이 예식에 참여함을 통해서 주요하게 일어난다고 확신한다.

치료과정에서 예를 들어 심리치료와 의학에서 예식의 역할은 탐구되기 시작하고 있으며, 예식이 심리적인 병의 한 양상일 수 있지만, 많은 치료사들은 그것이 치료 과정에서 일어나는 어떤 개인적 수행에 있어서든지 핵심 요소가 될 수 있다고 제기한다. 예식은 고통스러운 기억들이 안전하게 만나지고 보존되고, 정화가 증진되며, 정서 의식이 고양되고, 이질적 경험에서부터 의미가 만들어질 수 있고, 능력부여가 성취될 수 있는 수단이 된다. 어떤 경우에는 파괴적이라고 증명된 예식 행위들 대신 건강한 예식으로 대체함으로써 치유가 증진된다.

영적 지도와 영적 형성에서 예식의 자리를 탐구한 저자들은 거의 없다. 영적 지도에서 참회적/성례적 접근을 취하는 사람들은 확실히 고백과 사죄의 행동, 성찬 받기 그리고 세례 맹세 갱신 등을 가치 있게 여긴다. 그러나 영적 성숙을 향한 성장 과정에서, 영적 지도 자체를 진정한 가능성이 있는 하나의 예식으로 진행하는 과정에서, 그리고 심오한 통찰력을 일으킬 수 있는 예식을 만드는 가능성에 대해서 예식에 대한 공식적 성찰 영역에서 아직 더 실행되어야 할 상당한 작업이 있다.

영적 형성의 과정에서 공동 예식의 자리는 영성 문헌에서 거의 눈에 띄지 않는데, 그것은 부분적으로 전체적으로 그 분야의 개인주의적 성향 때문이고, 부분적으로는 공동체는 단순히 개인보다 더 연구하기가 어렵기 때문이다. 기독교 영성 역사의 어느 기초 과정에서, 누구든지 유명한 신앙 공동체(프란시스 수도회, 감리교, 퀘이커교 등)보다는 유명한 사람들(예를 들면, 아시시의 프란시스, 존 웨슬리, 조지 폭스[George Fox] 등)을 연구할 가능성이 훨씬 많다.

그러나 예식학자들의 연구를 자세히 읽는 것은 개인주의를 향한 이 경향은 인간의 영적 경험을 깊이 이해하는 것에서 우리를 멀어지게 할 가능성이 크고, 논의의 모든 각 지점에서 공동체의 범주를 소개하는 것이 우리에게 기독교 경건의 진정한 본질에 더 가까워지게 할 것이라는 것이 즉시 명백해진다. 예식은 가치와 세계관과 정체감이 예식 활동을 통해서 형성된 소속으로 묶인 공동체의 한 중심에 있다. 예식학자들은 종교적 예식이 고립된 상태, 즉 묵주 기도를 하거나 양초를 밝히는 상태에서 수행될 때에도 그것은 항상 공동체, 즉 개인에게 그 의식의 기술을 전이해준 그리고 그 절차의 의미가 실시된 공동체를 의미한다고 제안한다.

민족지학이나 인류학적 관점으로 예식학 분야에 접근하는 사람들은 예식 공동체의 사회학적 안정성을 가리키고, 기호학자들은 공동체 자체의 기호 가치를 말하며, 드라마 이론의 관점에서 예식을 이해하는 사람들은 예식 연기자와 세상의 연기자로서 개인에 대한 능력부여 사이의 상호 혜택의 관계를 이해한다. 영성을 포함하여 모든 기독교적 삶과 사상에 대한 공동체적 기초는 또한 칼 라너(Karl Rahner)가 인간 존재의 "사회적 지평선"이라고 부른 것(1971)을 진지하게 취하도록 강요하는 신학적 근거를 가지고 있다.

6. 결론

위에서 명시한 어느 면에서든지 예식학에 관여하는 것은 의심할 바 없이 기독교 영성을 연구하는 학생들의 연구를 복잡하게 할 것이다. 역사학자들은 종잡을 수 없는 의미와 해석에 의해 더 복잡하게 된 그들의 해석학적 과제를 찾을 것이다. 현대 종교적 실천을 관찰하는 사람들은 참여-관찰자로서 그들의 역할의 모호성에 도전을 받을 것이다. 영적 지도자들은 그들의 내담자에게서 예식 행동의 건설적이고 파괴적인 양상들 모두를 평가해야 한다는 부담이 있을 것이다.

우리 모두는 우리가 계획한 그 학문 내에서 명백한 경계선이 우리가 생각한 것만큼 명백하지 않다는 것을 발견할 것이다. 그러나 동시에 개인과 공동체의 영적 삶을 정확하고 민감하게 해석하기를 원하는 사람들은 이 도전들을 충족시키는 것과 이 풍성한 예식학 분야의 통찰력을 그들의 연구에 통합하는 것이 보람 있는 것임을 알게 될 것이다. 예식학과 기독교 영성학 간의 대화의 미래가 어떤 모습일지 우리에게 말해주는 유리구슬은 없다. 이 글에서 이 대화의 결과로 기독교 영성 분야에서 일어날 수 있는 가능한 변화 몇 가지만을 검토해 볼 수 있었다.

그러나 만일 진정한 책임감을 가지고 수행한다면 분명히 두 학문 간의 상호 작용은 양쪽 분야에서 변화를 재촉할 것이다. 예식학은 사회적 자기 건설에 대한 그리고 의미의 무한한 상호성에 대한 입장을 재고하도록 요청받았을 수 있다. 그리고 예식학 분야의 미래는 우리의 손에 달려있지 않다. 학문들 간의 경계를 허무는 것 그리고 인성에 대한 더 전체적인 견해로 움직이는 것은 그리스도인들의 영적 삶을 이해하기 위한 탐구 여정을 변형시킬 수 밖에 없다고 말하면 족하다.

참고문헌

Austin, J. L. [1961] 1975: *How to Do Things with Words*, 2nd edn. Cambridge, MA: Harvard University Press.

Bakhtin, M. 1981: *The Dialogic Imagination: Four Essays*. Austin, TX: University of Texas Press.

Barthes, R. 1972: *Mythologies*. New York: Farrar, Strauss, Giroux.

Bell, C. M. 1992: *Ritual Theory – Ritual Practice*. Oxford: Oxford University Press.

Bettelheim, B. 1966: *The Empty Fortress*. New York: Macmillan.

_____ 1975: *The Uses of Enchantment: The Meaning and Importance of Fairy Tales*. New York: Alfred Knopf.

Brook, P. [1968] 1982: *The Empty Space*. Harmondsworth: Pelican.

Douglas, M. 1982: *Natural Symbols: Explorations in Cosmology*. New York: Knopf.

_____ 2002: *Purity and Danger: An Analysis of the Concepts of Pollution and Taboo*. New York: Routledge.

Eliade, M. 1961: *Images and Symbols: Studies in Religious Symbolism*. London: Harvill Press.

Erikson, E. 1977: *Toys and Reasons: Stages in the Ritualization of Experience*. New York: W. W. Norton.

Gadamer, H-G. 1999: *Hermeneutics, Religion, and Ethics*. New Haven, CT: Yale University Press.

Geertz, C. 1977: *Interpretation of Cultures*. New York: Basic Books.

_____ 1983: "From the native's point of view": on the nature of anthropological understanding. In *Local Knowledge: Further Essays in Interpretive Anthropology*, pp. 55–70. New York: Basic Books.

Goffman, E. 1959: *The Presentation of Self in Everyday Life*. Garden City, NY: Doubleday.

_____ 1963: *Behavior in Public Places: Notes on the Social Organization of Gatherings*. Glencoe, NY: The Free Press.

_____ 1967: *Interaction Ritual: Essays on Face-to-face Behavior*. New York: Doubleday/

Anchor.

_____ 1969: *Strategic Interaction*. Philadelphia: University of Pennsylvania Press.

_____ 1974: *Frame Analysis: An Essay on the Organization of Experience*. New York: Harper and Row.

Grimes, R. L. 1982: *Beginnings in Ritual Studies*. Lanham, MD: University Press of America.

_____ 1993: *Reading, Writing, and Ritualizing: Ritual in Fictive, Liturgical and Public Places*. Washington, DC: Pastoral Press.

Grotowski, J. 1968: *Towards a Poor Theater*. New York: Simon and Schuster.

Otto, R. [1917] 1950: *The Idea of the Holy*, 2nd edn. Oxford: Oxford University Press.

Pierce, C. S. 1992–8: *The Essential Pierce*, 2 vols. Bloomington, IN: Indiana University Press.

Rahner, K. 1971: *Theological Investigations*, vol. 8: *Further Theology of the Spiritual Life*. New York: Herder and Herder.

Rappaport, R. 1999: *Ritual and Religion in the Making of Humanity*. Cambridge: Cambridge University Press.

Ricoeur, P. 1971: A model of the text: meaningful action considered as a text. *Social Research* 8, 529–62.

Smith, J. Z. 1987: *To Take Place: Toward a Theory of Ritual*. Chicago: University of Chicago Press.

Tambiah, S. J. 1979: A performance approach to ritual. *Proceedings of the British Academy* 65, 113–69.

_____ 1981: *A Performance Approach to Ritual*. New York: State Mutual Book and Periodical Service.

Turner, V. W. 1969: *The Ritual Process: Structure and Anti-structure*. Chicago: Aldine.

_____ 1974: *Dramas, Fields and Metaphors: Symbolic Action in Human Society*. Ithaca, NY: Cornell University Press.

Van Gennep, A. 1960: *The Rites of Passage*. Chicago: University of Chicago Press.

제23장
종교학

마이클 바안즈(Michael Barnes) 박사
런던대학교 신학부 교수

　20-30년 전만 해도 기독교 영성과 다른 종교들 간의 상호 작용은 영성학의 주변 활동으로서 여겨졌었지만 이제는 상당히 진지하게 취급된다. 이 책의 여러 장들에서 고백하듯이 영성학은 신학의 중요한 보완 학문으로써 나타났다. 다른 종교와의 상호 작용의 다른 측면은 더 문제가 많고 산만할 수 있지만, 여전히 그것이 신학과 철학에 더 친밀한 영역이므로 기독교 영성에 대한 근본적인 질문이 생긴다.
　인간의 종교성이라는 에너지의 본질과 원천은 무엇인가?
　기독교는 세계의 위대한 종교들과 어떻게 관련을 맺는가?
　그리고 고대 전통과 변화무쌍한 신앙은 기독교의 제자화와 인간의 운명에 관한 기독교의 설명에 대해 무어라고 말할까?
　이의 원천은 19세기 실증주의자의 역사적 발전에 대한 설명에 깊숙이 놓여 있어서, "종교들의 역사"는 위험하게 파편화된 세계의 현대 종교로 적절하게 대처하기 위한 용어로는 너무 단편적이고 제한적인 듯하다. 이의 뒤를 잇는 학문인 종교학은 여러 유형과 조사 방법들로 만들어졌다. 최근에는 두 가지 두드러진 성취가 있었다.
　첫째, 신화, 예식, 기도, 교회법, 교리와 같은 전형적으로 "종교적인" 현상으로 시작되는 접근 방법과, 그것들을 꽤 명확하게 정의된 힌두교, 무슬림, 그리고 기독교와 같은 별개의 "종교 전통들"과 관련시키는 접근 방법이다.
　둘째, 다양한 종교 전통들에 관심을 갖기 보다는 폭넓은 사회와 문화와 정치에 관련 있는 종교에 더 관심을 갖는 접근 방법이다(Woodhead 2002).
　그러나 실천할 때에는 이 두 가지는 함께 작업한다. 변화된 것은 주제 그 자체보다는 고려되어야만 하는 광범위한 상황이나 중복되는 배경이 더 많다는 것이다. 오늘날 종교에 대한 학술적인 관심은 인류학적, 심리학적 그리고 사회학적 이해를 "순수히" 역사학적 그리고 철학적 이해와 결합하는 것을 추구한다. 학문이 다양한 본문과 주석이 가능하게 했을 뿐만 아니라, 현대적 실천의 **살아있는** 전통이, 복잡하고 파악하기 어려운 주제로 늘 남아 있을 것에 대한 이해를 위해 탐구하는 여정에 새로운 복잡성을 더했다.

종교 역사학과 같이, 종교학은 객관적 관찰, 즉 종교의 본질과 핵심에 대하여서 뿐만 아니라 더 섬세한 연구를 위해서 "그 종교들"이 제공할 수 있는 것에 대하여 답하기 까다로운 질문들을 우회하는 방식으로 종교를 이해한다(Byrne 1988, 20). 한 종교의 전통을 이해하기 위하여 반드시 그 종교의 능동적인 신자가 되어야 하는 것은 아니다. 정말로 종교 인류학이나 종교 심리학에서와 마찬가지로 신학에서도 어느 정도의 객관적인 학적 연구가 필요하다.

그러나 종교적 상상력은 호기심이 많은 것이어서 만일 종교 현상을 다른 것처럼 학술 연구의 특허권을 얻은 인간의 기관으로서만 아니라 실천하는 자들이 주장하는 것으로서, 즉 인간 변형의 궁극적 실재와 원천을 보는 창문으로서 평가하려는 것이라면 까다로운 실증주의 역사학자들조차도 어느 정도의 공감이 필요하다는 것을 부인하지 않을 것이다. 분명히 다양한 반응이 가능하지만, 신학 전통에 대한 대화와 더 분리된 종교학의 방법 사이에서 한번 엄격하게 구분된 것은 다양한 접근 방법들 중의 하나가 될 수 없다.

전자가 그 근원을 예전적 실천과 기독교 교회의 송영에서 찾았다면, 후자는 세계 다른 종교들을 규범적으로뿐만 아니라 순전히 묘사적으로 서술하기 위한 시험적인 역할을 찾기 시작했다. 10년 전에는 잭슨(Jackson)과 마크랜스키(Makransky)가 저술한 『불교 신학』(*Buddhist Theology*, 2000)이라는 제목의 책은 생각할 수 없는 것이었으며, 오늘날에도 이것에 대해 의심의 눈초리를 보낸다. 그러나 저자들은 단지 기독교 신학이 여러 세기 동안 해왔던 것, 즉 복잡한 다문화적 사회가 인간의 생활을 위해서 묻는 질문들에 전통의 지혜를 적용해온 것을 하고 있는 것뿐이라고 주장한다.

물론 어느 정도 학문 세계는 교회와 사회의 대화에서 일어나고 있는 것, 즉 제2차 바티칸 공의회가 표명한 "근대 세계에서 교회"에 단지 응답하고 있는 것이다. 유대교는 서양 종교의 모습의 일부로 오랫동안 친숙해왔다. 이제 유럽과 북미 도처에 힌두교와 시크교(Sikh)와 불교 신자들이 널리 퍼져 살고 있지만, 이슬람교도들은 모든 새로운 이주 공동체 중에서 가장 빠르게 증가하며 가장 다양한 공동체임이 틀림없다.

제2차 바티칸 공의회는 종교 간의 대화에 대한 관심이 증가하는 현상을 맹목적으로 찬성하는 것보다 한걸음 더 나아갔다. 『우리의 세대』(nostra aetate), 즉 교회와 비기독교 종교들의 관계에 대한 선언은, 기독교 교회는 "이 종교들에서 진실하지 않고 거룩하지 않은 것은 아무것도 없다"는 말을 거부하고 그리스도인들에게 다른 신앙을 가진 사람들에게서 발견되는 "영적이고 도덕적인 좋은 것들을 깨닫고 보존하고 격려하도록" 요청한다고 명확하게 서술했다(2절).

기독교 자기 이해의 새로운 궤도를 출발하는 이 개혁적인 태도의 변화는 기독교 교회의 "주요 상대", 즉 결코 파기된 적이 없는 계약의 백성인 유대교인들과의 관계 회복을 시작했고, "기타 다른 종교들"과 전체적인 대화 안에서 확실한 관계를 세우기 시작했다. 그 이래로 상당한 실천적 지혜가 습득되어졌고 신학 작품의 완전히 새로운 장르인, "종교 신학"(theology of religions)이 나오게 되었다.

비그리스도인의 구원에 대한 케케묵은 옛날이야기는 더 이상 안건이 되지 않게 되었다. 칼 라너(Karl Rahner)의 연구는 구원의 **수단**에 관한 질문이다. 익명의 그리스도인에 관한 그의 기념비적 이론이 성취한 것은 기독교 제국주의가 행한 것보다 훨씬 더 많다는 것이다. 라너가 주장하듯이, 만일 다른 신앙을 가진 사람들이 그들의 조상들의 신앙의 전통에도 **불구하고** 구원받지 못하는 것이 아니라 정확하게 그 전통들을 **통해서** 구원받는다면, 이것은 분명히 그러한 종교들이 인류에 대한 하나님의 섭리 목적을 드러내는데 긍정적 역할을 한다는 의미이다(Rahner 1978).

이것은 교계에서 보편적으로 받아들여진 입장이 아니지만, 기독교 신학자들과 종교 역사학자 모두에게 똑같이 피할 수 없는 안건, 즉 다른 종교의 **신학적 의미와 중요성**이 된다. 윌프레드 캔트웰 스미스(Wilfred Cantwell Smith 1976, 16)가 한번은 다음과 같이 유명한 발언을 했다.

> 우리는 창조 교리로 은하수가 있다는 사실을 설명하지만, 『바가바드 기타』(*Bhagavad Gita*, 인도 힌두교의 2대 서사시 중의 하나—역주)가 있다는 사실은 어떻게 설명하나?

같은 질문을 코란(Qu'rān, 이슬람교의 경전—역주)에 대하여, 코타마(Gotama, 석가가 출가하기 전 태자 때 이름—역주) 부처에 대하여, 시크교도 전통에 대하여, 조로아스터교(Zoroastrianism)에 대하여, 자이나교도들(The Jains, 비폭력주의를 중심으로 힌두교를 개혁하기 위해 만들어져 지나[Jina, 정복자]라는 교주를 따르는 사람들—역주)에 대해서도 같은 질문을 던질 수 있을 것이다. 심지어 모세오경(Torah)에 대해서도 마찬가지이다.

이것들은 모두 무엇을 **위한** 것인가?

선교사들의 노력을 배가하기 위하여 그리스도인을 초대하는 순전히 우발적인 현상인가?

아니면 다종교 세상에서 하나님이 하시는 것에 관하여 그들이 그리스도인들에게 뭔가 중요한 것을 말하고 있는가?

물론 이것들은 신학적 질문들이다. 그리고 그러한 질문들이 일어나는 가운데 선명해지기를 바라는 것은, 필자가 기독교 영성에 대한 학문적 연구와 종교학 사이를 연대기적으로 관여하는 것에 덜 개입하고 오히려 신학부터 정치 관계에 이르기까지 관여하는 전체 범위의 더 폭넓은 상황을 묘사하는 가운데 "종교들"에 대한 해설로 이르는 것에 더 개입하게 되는 것이다. 그것은 물을 흐리게 하기 위한 변명하는 것처럼 들릴 수 있다. 그러나 만일 기독교 영성이 기독교 신앙과 제자도의 생생한 경험에 관심이 있다면, 상황, 즉 항상 그리스도의 영의 영향력 아래 사는 인생의 "가장자리"는 매우 중요해진다.

이 글의 논거는 다음과 같이 예상된다. 즉 기독교 신앙의 형성적 경험, 하나님 아버지의 뜻에 신실한 순종으로 순복하는 그리스도의 비움(*kenosis*, "케노시스")는 그리스도인들을 "다른" 종교와 관계에서 항상 가장자리에 위치하게 한다는 점이다. 이 점을 밝히면서, 필자의 첫 번째 과제는 신학과, 새로운 신학 분야인 종교 신학의 출현으로 이끄는 종교 다원주의의 다면적 세계 간에 친교관계를 한층 더 확장시키는 것이다. 이 상황에 대한 더 넓은 사회적이고 정치적인 차원을 언급하는 것보다 더 많은 것을 여기에서 살펴볼 수는 없다. 그러나 기독교 생활과 영성에 대하여 종교들의 다원성이 일으키는 종교의 본질과 도전에 적절한 관심을 주기 위하여 적어도 더 많은 것을 제기하는 것은 중요하다.

1. 종교 신학: 패러다임과 그 너머

종교들에 대한 신학적 토론은 크게 "세 겹의 패러다임," 즉 배타주의, 포괄주의 그리고 다원주의라는 유형을 중심으로 이루어졌다. 종교 신학 발전에 대한 지도(map)를 그리려는 시도는 존 힉(John Hick 1973, 1989)에게서 영감을 얻은 알란 레이스(Alan Race 1983)의 연구에 그 기원이 있다. 단연 다루기 힘든 연구 영역에 대한 조사이므로, 이 접근 방법은 매우 영향력이 있어왔다. 불행하게도 가빈 디코스타(Gavin D'Costa)가 명시하듯이, 그것은 또한 "다양한 재료를 쉽게 통제되는 장소" 속으로 강요하는 결점이 있다(1997, 637). 원래의 지도를 재조직하거나 더 변화된 패러다임을 그리는 것을 통해서 앞으로 나아가는 제안들(특히 Dupuis 1997)은 일반적인 찬성을 얻지 못했다.

 신학적 "유형"을 통한 접근 방법의 약점은 그것이 실제로 다원주의 안건을 선호함으로써 토론을 억압한다는 것이다. 세 가지 입장은 다른 종교에 대한 개방성에 따라 등급이 있는 일종의 위계 안에서 연결되어 있다. 이것은 대화 과정에서 밝혀지는 **다른 종교의 신학적인 중요성**에 관심을 보이는 것을 놓치고 있다. 이런 이유로 필자가 지지하는 구분은 "대화를 **위한** 신학"과 "대화**의** 신학" 간의 구분이다(Barnes 1989, 2002). 세 겹의 패러다임에서 분류한 다양한 접근 방법을 포함하여 전자는 주로 종교나 종교들의 관계에 대하여 선험적인(*a priori*) 이론들의 정당화에 관심이 있다.

 대화**의** 신학은 다른 출발점을 권한다. 여기서 신학은 대화의 결과가 아니라 다른 종교와의 관계에서 기독교 신앙이 **대화에** 참여한 경험의 의미를 성찰하는 것이다. 그러나 이것은 대화의 신학이 단순히 세 겹의 패러다임의 대안이나 혹은 이의 확장, 추가된 "네 번째 모델"이라는 의미가 아니다. 오히려 대화의 신학은 다른 논리적 위상을 가지고 있다. 그것은 다른 종교들을 기독교 중심의 세계에 위치시키려는 이론적 실행이 아니라 모든 형태의 다른 종교, 즉 "자기가 아닌" 것이 기독교 신앙의 형성에서 행하는 역할에 대하여 책임감 있게 관심을 갖는 **선험적인** 경험이다.

 어떤 신학적 중요성이 그리스도인의 신앙과 삶을 위해 인간 간의 만남을 하게하는가? 이 질문을 다룸에 있어서, 파니카(Panikkar)의 용어를 사용하자면, "대화적인 대화"(dialogical dialogue)는 "변증법적 대화"(dialectical dialogue)와 거의 분리될 수 없다는 것을 주목하는 것이 중요하다. 사람들이 그들 스스로가 이해하게 하려면, 특정한 신앙의 언어가 필요하다. 다른 말로 하면 신앙은 본문적(textual) 전통들에 의해 모양 지어진다. 그러나 그러한 전통이 별개의 문화적 공간들을 점유하는 때는 오래 전에 지났다. 많은 인도 그리스도인들에게 『바가바드 기타』는 구약보다 더 친숙하고, 종교적 지혜 전집은 루미(Rumi)의 시에서부터 사막 신부들의 격언들까지 서구에서 자유롭게 얻을 수 있다.

 학계 내에서와 더 자유로운 대중적 영성의 세계에서, 종교 간의 관계에 대해, 패러다임적 접근의 규정들에 의해서 허용된 것보다 더 창조적이고 색다르게 접근하는 것을 생각하는 것은 가능하다. 예를 들어 프란시스 클루니(Francis Clooney)에 의해서 가장 성공적으로 개척된 "비교 신학"의 최근의 발달은, 한 종교 전통의 찬송과 기도와 주석이 다른 종교 전통에서 온 비슷한 본문을 말하는데 사용하는 상상적 대화의 훈련에서 가장 잘 나타난다(Clooney 1993, 1996, 2001). 그러나 그러한 횡단적 본문 읽기가 추측하는 것은 그러한 활동이 의미가 있기를 기대하는 신앙이다. 다문화 세계에서 사는 서구의 많은 사람들에게 있어서, "상대방의 경전 본문"을 만나는 것으로부터 개인 간의 제한이 없는 신앙의 대화까지는 짧은 거리이다.

만일 신성한 글들과 성경에 대한 유용성이 다른 종교와 친숙한 분위기를 만들었다면, 그것은 그리스도인들로 하여금 신앙의 전통을 아주 살아있고 변화하는 정치적이고 윤리적인 차원에 민감하게 한 것이다. 데이비드 트레시(David Tracy)는 신학을 세 개의 "대중," 즉 학계, 교계, 전반적 사회에게 말하는 것으로 생각하게 했다(Tracy 1982, 6 이하). 필자는 종교가 그 네 번째 대중이라고 주장하기 원한다. 이것은 신학자들과 종교 역사학자들이 밝혀야 하는 공동 작업이 되는, 종교의 어떤 분리된 본질이 있다고 말하려는 것이 아니다.

사회가 종교를 포함시키는 것을 부인하려는 것이 아니다. 필자가 지적하려고 하는 것은 "종교적인 것"의 복잡성은 어떤 깔끔한 이론적 틀 안에 포함될 수 없으며, 그것은 현대 기독교 신학과 영성이 추구해야 할 상황에서 바꿀 수 없는 차원이다. 비록 이 논문은 그런 종교 간의 대화에는 관심이 없지만, 어느 정도의 중복은 피할 수가 없다. "종교들"이 서방 의식 세계에서 믿음의 체계로 존재했을 때, 대화는 상당히 추상적인 차원, 즉 기독교와 다른 종교들 사이에서 주로 후자의 손해를 통해서 지속성과 유비를 발견하는 "비교 종교"에서 발견되었다.

종교 간의 관계에 대한 어느 정도의 낭만적 견해는 오늘날 모든 사회를 대항하는 더 빈틈없는 정치적 유형에 오랫동안 자리를 내주었다. 유대인 학살, 추방, 십자군 그리고 지하드(jihad, 이슬람교도가 신봉하는 성스러운 전쟁-역주)의 역사는 종교 간 관계에 지속적인 영향을 준다. 수천 마일 거리에서 일어나는 폭력, 즉 구자라트(Gujerat)에서의 폭동, 카슈미르(Kashmir)에서의 테러 행위, 이라크 전쟁은 모두 커다란 이주 공동체가 자생된 유럽과 북미의 대도시에서 이것들의 반향이 일어나게 한다. 그것은 세계가 정치적이고 경제적인 힘이 얽히고설킨 그물에 연결되어 있다고 제안하는, "세계화"(globalization)라는 기이한 용어로 진부하게 표현된다. 그러나 그러한 구조의 보존과 붕괴에 있어서, 종교, 문화, 그리고 자기 동일시에 대한 전통적인 표현 형태가 담당하는 역할이 종종 무시되고 있다.

이것은 "911 테러 문제"가 아니다. 하지만 그것은 2001년 9월 11일에 세계무역센터와 미 국방성에 대한 끔찍한 공격을 통해서 의심할 바 없이 대중의 경각심을 일으켰다. 그것은 단지 기독교와 이슬람교의 만남 그리고 "서방"이, 거대하지만 아직 분열된 이슬람 문명에 대항하는 난국에서 일어나는 질문도 아니다. 어떤 면에서 오늘날 세계의 모든 주요 종교들은 약함을 경험하고 있다. 깊이 자리한 불안정은 종종 스스로 한정한 고립집단 속으로 후퇴하는 결과를 낳는다.

물론 모든 것을 근본주의라고 쉽게 매도하는 것은 모든 것을 조금 포함하는 보편성으로 축소될 수 없다. 그럼에도 불구하고 그것은 세계화의 다른 얼굴, 즉 조심스럽게 한정된 종교적인 고립 집단들 가운데서 위로와 지지를 추구하는 동질화의 힘에 대한 반작용을 표상한다. 이러한 경우, 내향적 향수병은 안팎으로 깊이 느껴진 분노의 힘을 느껴야 하는 희생양 혹은 목표물을 찾는다. 예를 들면, 인도의 극수주의자 힌두트바(hindutva, 힌두교의 정체성을 세우기를 추구하는 사상-역주) 운동은 힌두교의 폭넓은 전통을 해악한 반무슬림 혹은 반기독교 논쟁으로 만드는 매우 특이한 기원들에 대한 신화를 세웠다. 그러나 그것은 또한 인도의 엘리트 지배 계급에게 힘을 주는 계급제도를 전복하려는 것으로 여겨지는 달릿(dalit, 인도의 계급제도에서 가장 낮은 계급의 사람들-역주) 그룹과 같은 덜 눈에 띄는 희생양을 목표로 삼는다.

다른 예들을 나열할 수도 있었지만, 모든 목록을 다 작성하는 것은 우울한 과제일 것이다. 인간의 종교성은 인간의 영이라는 가장 숭고한 창조물과 심히 손상된 변형이라는 인간의 두 가지 모습 모두를 가능하게 하는 모호한 현상이다. 근대 통신기관에 의해 갑자기 "세계화"가 된 전통적 시골 마을에 살든지, 아니면 이주 공동체가 완전히 다원적 환경에 적응해야 하는 서방 세계 근대 도시의 다종교 거리에서 살든지, 종교 신조와 관념들의 의심할 여지없는 힘이 이념으로 바뀌고 정치적 목적을 위해 조작되어질 때 문제는 일어난다.

한스 큉(Hans Küng)은 종교들 간에 평화가 없는 나라들 사이에서 평화가 있을 수 없다고 주장한다(Küng and Kuschel, 1993을 보라). 명백한 의미에서 그가 옳다. 오늘날의 세계의 수많은 갈등과 전쟁에서 종교는 문제를 복잡하게 한다. 다른 차원에서, 그의 견해는 종교와, 민족성에 기여하는 것이 모든 것 간의 관계에 대한 의문을 갖게 한다. 역사, 종교, 문화의 복잡한 생태학은 항상 상당히 불분명한 문제일 뿐만 아니라, 그것들을 지탱하는 인간 존재에 대한 미묘한 양식들에 폭력을 행함 없이, 일치된 최소한의 윤리적 가치를 세계의 종교들에서 이끌어 내는 것은 불가능한 문제이다.

"종교"를 일련의 다른 전통이라고 정의해 버리기 이전에, 그것은 하나의 **에너지**, 즉 동기의 원천이다. 그럼에도 불구하고, 큉의 "세계 윤리" 프로젝트는 날로 커지는 중요한 안건을 가리킨다. 종교와 정치를 구분하는 경계선이 무너진다면, 종교 신학은 오래된 기독교 중심의 종교 관계 지도(map)를 조정하는 것으로 혹은 새로운 지도를 그리는 것으로도 만족할 수 없다. 더 다루기 힘든 안건이 나타나고 있다. 그것을 위한 지도가 아직 없다. 우리의 조상들이 전쟁에서 생활 경제로 이동하기 시작한 이래로 사람들 사이에 있는 경계선은 무너져 왔다는 것은 의심할 바 없다. 그러나 오늘날의 종교 분열은 다음과 같은 더 예리한 질문들을 만든다.

왜 처음부터 경계선들이 존재하는가?

전세계적 이익들에 매우 집중하려는 힘에 직면하여, 특정한 지역적 이익들은 어떻게 계속 유지되어야 하는가?

그리고 사람들이 "보편적 선"으로 이해하는 모든 것에 대하여 종교는 어떤 기여를 할 수 있는가?

재빠르게, 학술 세미나에서 이루어 지든지 또는 자신의 신앙 경험을 나누는 개인들의 더 친밀한 대화에서 이루어 지든지 간에 종교들의 만남은, 교회 권위의 **명령**(diktat)에 의하지 않는, 자유로운 근대성의 온화한 다원론에 의해 속박될 수 없는, 방대한 수의 감당할 수 없는 요인들을 직면하기 위하여 일반성의 피상적 교환 밑을 관통한다.

요약하면, 종교 신학은 어떤 종류의 "네 번째 패러다임"에 만족할 수 없다. 그런 패러다임은 원초적 문제, 즉 기독교 신앙에 대한 온갖 종류의 "타자"의 신학적 중요성을 설명하지 못하는 더 선험적인 계획을 세울 것이다. 오히려 신학적 "유형들"(types)은 그들의 전통의 기원으로 돌아가고 실천에 뿌리를 내려야 할 필요가 있다. 찰스 매튜스(Charles Mathewes)는 이 접근 방법을 지지하였는데, 그는 그의 매우 참신하고 통찰력 있는 논문 (1998)에서 세 가지 유형들을 신학의 학파들과 관련시키는 것이 아니라, 신학적 덕목들과 관련시킨다.

이 용어들 가운데는, 특정한 전통을 통해서 아는 것을 말하는 신앙을 증언하는 "배타주의", 모든 진실한 종교 진리와 가치의 충만함에 대한 희망을 고대하는 "포괄주의", 항상 현재에 있는 신앙과 희망의 가치를 인정하기를 항상 추구하는 사랑으로 표현되는 "다원주의"가 있다. 이러한 관심의 전환, 즉 신학 연구의 특정한 **대상**에 대한 고려에서 신학의 **주체**로, 즉 더 이상 축소시킬 수 없는 "타자"와의 관계가 존재하는 신앙 공동체의 본성에로의 전환은, 풍부한 종교 간 관계의 복잡성에 대하여, 규정적 또는 "규범적인 다원주의"에 의한 것보다에 의해서 허용되는 것보다 더 윤리적이고 신학적인 의미를 말한다.

다른 책에서, 필자는 종교 신학이라는 용어를 더 많이 사용하는 시도를 해 보았다. 그것은 "기독교 신학이 모두 다루어져야 한다는 생각 안에서 타자의 차원"을 다뤄야 한다는 점을 신중히 지적한다(Barnes 2002, 28). 다양한 종교가 존재하는 오늘날의 현실의 여러 차원을 진지하게 다루는 신학은 문제가 있는 상대를 무장해제 시키는 전략으로는 더 이상 이해할 수 없다는 것이 필자의 주장이다. 중요한 질문은 그리스도인들이 종교적 의미에 대한 이론들을 어떻게 개발해야 하느냐가 아니라, 어떻게 그리스도인들이 관심을 이론으로부터 사람들이 의미를 추구할 때 그들을 후원하는 기술들(skills)과 성향들(dispositions)로 완전히 옮기느냐이다.

기독교 습관(*habitus*, "하비투스")이라고 불릴 수 있는 것은, 전통대로 살아가는 것에서 배워진다. 그것은 기념할 것들을 축하하고 생명을 주는 이야기를 전하고 재상상하는 예전에서 시작해서, 정의와 평화 문제에 대한 충성으로부터 신앙의 다른 사람들과의 관계를 맺는 것에 이르기까지 그들이 지지하는 신앙심 있는 제자도의 다양한 실천들로 인해 지속된다.

그러므로 필자는 그 책(Barnes 2002)의 마지막 장에서 의도적으로, 종교 간 참여를 실천하는 것과 그리스도인의 삶에 요구하는 윤리적이고 정치적인 것으로 돌아간다. 타자와의 대화가 "중간의 협상"으로 이해된다면 그것은 결코 끝나지 않고 항상 임시적이다. 그것은 시간이 걸리고 몇 개의 규정이나 교훈으로 축소될 수 없으며, 하물며 프로그램화된 신학적 계획으로는 더더욱 축소될 수 없다. 이러한 제한 없고 예측할 수 없는 협상의 과정에 종교의 기독교 영성이 함축되어 있다.

2. 영성과 종교들: 성령의 학교

신학과 영성 사이에 있는 헝클어진 공존의 실타래를 푸는 것은 본서의 다른 글에 맡겨 두려 한다. 그러나 레이스(2001)가 명쾌하게 묘사했듯이, 만일 신학과 대화 사이에 있는 그 긴장이 기독교 신앙과 실천을 위하여 타 종교와의 관계의 중요성에 대해 질문을 한다면 여기에서 그 논의를 완전히 피할 수는 없다. 레이스의 논점은, 신학과 대화라는 "한 쌍의 궤도"는 개인과 공동체가 다른 이들의 영적 삶 안으로 동감하며 들어가려고 준비함으로써 종교 실천과 경험을 통해 창조적 조정을 가져올 수 있을 뿐이라는 것이다. 이에 그는 체계가 아니라 거의 모든 종교 간의 대화에서 상투적으로 사용하는 공동의 경험이라는 개념, 즉 사람들이 만날 때 대화가 시작된다는 사실을 표현하고 있다.

기독교 영성에 대한 질문은 명백하다.

어떻게 기독교적 삶이, 다른 종교를 가진 사람들과의 관계가 이론화 되어버릴 불편한 문제가 되는 것이 아니라, 오히려 **그리스도의 죽음과 부활이 파스카의 신비**(Paschal mystery)**에서 드러난 것처럼, 기독교적 인성**(Personhood)**에 대한 변형적 전망의 고유한 차원이 되는 그러한 방식으로 살아질 수 있을까?**

그것을 좀 더 신학적 용어로 표현하자면, 어떻게 그리스도인이 다른 종교인들과 관계하는 여러 차원이, 즉 그들을 이웃으로 고려하는 것으로부터 시작해서 더 공식적으로 신학적 대화에 이르는 차원에까지 **그** 다른 것(Other), 즉 하나님의 어떤 것을 드러낸다고 말해질 수 있을까?

종교학의 폭넓은 틀 안에서 사용될 때 "영성"은 탈 세속 시대에서 "종교적인 것"의 중요성을 설명하는 거의 상징적 위치를 차지한다. 여기에서 전통과 종교적 경험 간의 관계가 위험에 처한다. 만일 전통적 형태를 지닌 조직화된 종교가 감소되어 왔다면, 폴 힐라스(Paul Heelas)가 "삶의 영성들" 혹은 "자기 영성"(self-spirituality)이라고 부른 것, 즉 개인적 관심이나 신념의 권위만을 알아차리는 절충주의 혼합은 지도 개념(guiding consept)이 된 것이다(Woodhead 2002).

"영성"이라는 용어는 "영적인 것" 혹은 "삶의 신성화"에 대한 보편적 명칭으로, 혹은 더 막연하게 일종의 개인의 다른 종교에의 유대감으로 모두 너무 자주 사용된다. 힉의 규범적인 다원주의의 뒤를 따라서, 레이스는 "교류영성"(interspirituality)이라는 웨인 티즈데일(Wayne Teasdale)의 논리학적 개념을 선택함으로써 힉의 지각적인 분석을 뒤집어 엎는다. 여기에는 위험이 존재하는데, 그것은 바로 접점(interface)의 "사이에"(inter)라는 의미가, 다양한 신앙 전통으로 만들어진 특정 언어와 상징 체계들과 관련을 맺지 못하는 혼합적 합성물이 무의식적으로 만들어 진 것을 무비판적으로 드러낸다는 점이다.

그러나 그것은 정확하게 영성의 그 "사이"(the "inter")의 힘이다. 즉 "필수적인(vital) 관계"와 "보편적 책임감" 같이 애매한 보편성들이 허락하는 것보다 더 철학적 분석이 필요한 타인과의 관계 "사이"(between)에 존재하는 경험이다(Teasdale 1999, 27–8). 힉과 같은 종교 철학자들은 놀랍게도 영성, 즉 종교적 삶의 폭넓은 상황과 **본질적으로** 관련됨으로써 신학의 본성에는 거의 적게 관심을 보였지만, 종교들의 만남에서 윤리적 요소를 강조하며 신학과 종교학의 자료를 대화 속으로 가져왔다.

종교 역사 해설 속에 있는 다원적 의제와 기독교가 타 종교와 관여한 역사의 재서술 속에 있는 다원적 의제 모두는, 신에 대한 인간 경험을 주로 이론적으로 연구하는 신학의 모델을 만든다. 그러한 접근의 오류는 눈에 보듯 뻔하다. 하나님은 궁극적 신비이지 어떤 사색적 탐구의 "형이상학적 대상"이 아니다. 그러나 신학과 영성의 관계는 이해되어야 하지만, 아마 보편적 영적 지혜로의 일종의 변증법의 상승(*aufhebung*[elevation])은 그다지 의미가 없을 것이다.

　기독교 신학은 "행동 이상의" 지성주의적 환상(vision)이 아니라 행동, 즉 하나님에게 대한 응답에 근거하는 것이다. 그 하나님은, 모든 인간의 생활을 정의하는 신비스러운 "사이"(mysterious "between")에 선지적으로 임재하는 임마누엘로 항상 성육신하신다. **더 유력한 논거**는, 이것이 세계의 복잡한 종교 신앙을 탐구하는 신학에도 해당된다는 것이다. 다른 말로 하면, 신학은 하나님의 본성을 탐구하는 것에 대한 것이라기 보다는, 기도와 종교 간의 만남만큼이나 다양한 실천들을 통하여 하나님이 하나님에 관하여 말씀한 것에 대한 인간 삶의 함의들을 **소통하는 것**에 관한 것이다.

　그러나 문제는 신학의 "사색적 모델"과 이것의 "타자"와의 관계 방식에만 있는 것이 아니다. 종교 신학이 신앙의 실천과 기도와 영성에 근거를 두고 있다는 감각을 회복하려면, "종교들"에 관한 설명이, 보편화된 영적 믿음과 실천의 다른 유형인지도 질문할 필요가 있다. 그러한 설명은 그것들을 독특하게 만든 특정 역사적이고 문화적인 형성 과정에 대해 적절한 언급을 하지 못한다. 물론 그것은 일종의 종교들의 공동 기반 혹은 본질을 가정하는 것이 가능하며 종교 전통들에 사이에서 "동종의(family) 유사점들", 즉 신비적인 것, 신앙적인 것, 경전의 내용들, 윤리적인 것 등을 찾아 세우는 것이 가능하다.

　종교들은 서로 중복되는 경전과 이야기, 믿음과 관습, 기도와 헌신 등 특정 소재들로 세워졌다. 그러나 비유나 비교의 조건을 자세히 점검하면 종종 의문이 생긴다. 예를 들어, 거룩한 창시자는 모든 종교에서 같은 역할을 하는 것은 아니다. 경건 서적과 상징적 표현과 같은 명백한 공동의 모양들도 마찬가지다. 종교의 해설이 보편적으로 이해되는 것이 가지는 문제는, 그것이 본질적으로 대인 관계적 교육과 학습의 순조로운 과정을 이상적 개념에 대한 요구에 종속시키는 것이다. 다시 말하면, 보편적인 영적 주제에 끊임없이 맞추며 변형을 하는 일반적 용어보다 "종교"에 더 많이 종속되어 있다.

　위대한 세계 종교들은 보편적 본질이 분리된 유형이 아니라 복잡한 역사 구성물이라는 것을 이제는 당연하다고 받아들여진다. 종교가 문화 **위에** 있다는 것은 특이한 근대적 생각이다. 이 안에 어떤 진실이 들어 있든지, 무엇보다도 종교들은 문화**의** 산물이다. 이것은 궁극적 진실의 중요하고 독특한 유형으로 종교들이 남아 있지 않다는 것을 말하려는 것이 아니라, 수 세기동안의 인간 상호 작용에 대한 관점과 편견을 통해 굴절되지 않은 관점(vision)이 없다는 것을 말하려는 것이다. 인도의 종교, 정확히는 모든 일련의 철학자들, 헌신들, 실천들 그리고 아대륙(亞大陸, sub-continent, 인도처럼 대륙 보다 조금 작은 대륙-역주)과 연관된 삶의 방식들은 계몽주의 철학들의 신론과의 유비(analogy)를 통해 선교사들과 제국주의자들에 의해 만들어졌다(Halbfass 1988).

더 최근의 설명은 이질적인 것처럼 보이는 수많은 종교 실천을 결합할 수 있는, 전략적으로 통합적인 산스크리트 전통의 수용력을 강조한다(Lipner 1994). 불교 또한 서방의 비밀스러웠던(esoteric) 자료의 전파를 통해 유입된 학문으로부터 뿐만 아니라, 브라만 전통에서 부처의 사상(Buddhadharma)을 기원으로 하는 더 미세한 개념으로부터도 혜택을 받았다(Williams 1989). 이것이 종교의 본성에 대하여 인류학적 추상개념에서 역사적으로 중요한 수정을 제공받는 영역이다. 탈랄 아사드(Talal Asad)는 "종교의 구성적 요소와 관계가 역사적으로 특정하기 때문만이 아니라, 정의 자체가 토의 과정을 통한 역사적 산물이기 때문에 종교에 대한 보편적 정의는 있을 수 없다"고 말한다(1993, 29). 다시 말하면, 상징적 형태의 종교는 특정한 형태를 주는 신앙의 실천과 교훈에서 분리될 수 없다.

이것은 앞서 주목한 "지도"(map) 이미지보다는 더 종교를 환기시키는 모델을 제안한다. 윌프레드 캔트웰 스미스(Gilfred Cantwell Smith)의 신앙의 형성(forming) 개념을 "전통을 누적시키는"(cumulative traditions) 개념으로 본다면, 니콜라스 래쉬(Nicolas Lash, 1996)의 기독교 신학 용어의 강력한 표현법에서 얻은 관념은 종교를 이해하기에 더 낫다. 그것은 종교를 오히려 특정한 그룹의 사람들에게 그 그룹의 집단적 지혜를 소개함으로써 형성과 교육을 하는 교육과 배움의 중심으로서 이해한다.

그러한 학파는, 그것을 강화하고 보존하려는 고대의 지혜와 전통과, 그 그룹이 만나고 도전을 받는 폭넓은 세계 사이에서 상상적 대화를 하도록 격려한다. 이러한 의미로 보면, 그리스도인은 과거의 기억을 활성화하고 약동하게 하는 성령의 사역을, 즉 그들이 성찰하는 한 종교를 "성령의 학교"로 묘사하기 원할 것이다. 동시에 그리스도인들은 동시에 희망이라는 덕목에 구체적인 표현을 주고, 이 세상에서 하나님의 섭리적 행동에 대한 새롭고 기대하지 못한 형태들에 참여할 것이다.

"성령의 학교"라는 종교 모델은 정확하게 타인과 창조적 관계를 맺기를 격려하는데 그것은 좋은 영성의 핵심이다. 만일 이것이 정확하다면, 다음과 같은 질문이 일어난다.

기독교 영성이 어떻게 그리스도의 제자도에 의해 요구되는 헌신을 지지하고 동시에 덕목들, 즉 신앙과 소망과 사랑뿐만 아니라 인내와 친절과 관대함을 세울 수 있을까?

이것들은 오늘날의 다종교 세계에서 필요한 제자도의 적절한 표현이 아닌가?

필자는 곧 종교의 경계선을 의식적으로 넘으려는, 즉 레이몬 파니카(Raimon Panikkar)의 연구와 관련 있는 영성의 개념을 검토할 것이다. 그러나 그에 앞서, 종교가 믿음의 복합체로서 기관화되기 전에 학습의 과정이라고 지적하며 위에서 주목한 질문들과 연결시키기 위해 잠시 머물 필요가 있다.

이 글은 "타자"와 관여하는 기독교 신앙의 경험을 주제로 취하는 것을 고려하기 때문에, 마크 매킨토시(Mark McIntosh)의 영성 이해인, "신과 다른 인간을 **만남**에 의한 진정한 '자기'의 바른 발견"(1998, 5)을 간략하게 부연하려고 한다. 매킨토시는 보통 말하는 종교 간 안건에 관심 있는 것이 아니다. 그는 그의 연구의 시작을 희망으로 시작한다. 그 희망은, 대화가 지속시키는 것으로서, 영적 실천들 사이의 유비들이 드러내는 것이다. 따라서 그는 기독교 영성과 신학이 어떤 추정된 종교적 보편으로 시작하는 것이 아니라, 신앙의 역사적 특이성에 대한 명확한 설명으로 시작한다는 것을 우리에게 상기시킨다. 영성에 대한 대중적인 관념은, 영성이 어떤 신비한 방식으로 모든 종교적 전통의 기반을 세우는 "내적" 경험의 핵심을 찾는 것과 관련된다는 것이다. 이러한 개념에 도전하는 매킨토시의 영성에 대한 정의는, 보통 말하는 내향성에 근거하는 것이 아니라 더 복잡한 관계성 경험에 근거한다. 필자가 주장하기 원하는 경험은 기독교 삶, 제자도, 기도에서 얻는 고유한 경험이다.

3. 영성과 성령: 실천의 차원

이 용어들에서 기독교 영성은 "사물"(thing)이 아니라 과제(task)이다. 그 과제는 모든 신자들이 대면하는 것이고 파스카의 신비(Paschal mystery)인 잃음과 변형의 경험에서 나오는 그 질문에 응답하는 것이다. 모든 기독교 영성을 위한 기초적 내러티브에서, 엠마오로 가는 길, 즉 산산이 부서진 세계의 모습은 뜻밖에 길에서 낯선 이를 만남에 의해서 원상태로 복구되었다. 두 제자들은 식사를 할 때, 일상적인 경험과 특별한 경험 사이, 평범하게 빵을 나누는 것과 깨진 패턴을 고치고 다시 형성하는 순간 사이의 경계선에서 부활하신 주님을 인식한다.

누가의 입장에서 보면, 그 구절은 사도행전에서의 교회의 경험을 고대한다. 즉 사도행전에서 제자들은, 다른 사람들에게 항상 무엇이 **하나님의** 선교인가를 탐구하고 설명하는 새로운 방식으로 지속적인 성령의 인도를 받는다. 아레오파고스 상급 재판소에 선 바울은 어떤 면에서 실패한 이야기이다. 많은 아테네 사람들은 바울이 하나님께서 예수님을 죽음에서 살리셨다는 것을 언급했을 때 비웃었다.

그러나 그것은 또한 진리를 새로운 언어로 말하는 실험인 "문화화"(inculturation, 기독교 가르침을 비기독교 문화에 적용하는 것-역주)라고 불리게 된 것의 첫 번째 예이다. 바울은 다른 언어에서 동일한 의미의 단어를 찾으면서 유대교 용어를 단지 번역한 것이 아니다. 더 확실하게, 그는 엠마오 이야기의 예수와 같이 행동하고 있었다. 성령은 새로운 만남의 영감을 주면서 항상 교회를 앞서간다는 신념을 그 "주어진 이야기" 줄거리, 즉 그리스도 사건의 구체적인 역사적 형태 혹은 기억 속으로 끌어들이고 있었다.

성공과 실패는 무형적이다. 이러한 신앙 실천이 만드는 것은 필자가 위에서 말한 기독교적 **습관**(habitus)이다. 즉 하나님의 자기 계시적 사랑의 신비, 즉 아버지와 아들이 성령의 사랑 안에서 연합되는 신비가 종종 다른 신앙을 가진 사람들과 관계할 때 어떻게 성찰될 수 있는가를 기꺼이 배우려고 하는 민감성과 비평적인 관대함이다. 필자는 다른 사람에 대하여 무언가를 잘 배울 수 있다. 그것은 필자로 하여금 필자의 신앙, 즉 필자가 "그리스도의 영"이라고 아는 것에 돌아가도록 가리킨다. 그만큼 필자는 필자의 신앙에 대하여 더 배울 수도 있다.

그러나 필자가 "더 배운다"라고 말하는 것은 단지 삼위일체 신비 속으로 더 깊이 들어간다는 것을 강조하려는 것이다. 필자는 성령이 항상 하나님의 자기 계시적 사랑에 의해 취해진 형상, 즉 그리스도 안에서 계시되는 형상을 추구하는 방식에 더 민감해진다. 낯선 사람과 모르는 사람과 그리스도 안에서 계시되는 것을 기대하지 못하는 사람과 관련 맺는 것이 그리스도인들이 항상 추구해야 할 것이다. 그러나 이것은 더 정확히 말하면 성령의 사역이다. 성령은 그리스도인들이 한 번에 **두 방향**을 볼 수 있게 한다. 성령은 하나님의 궁극적인 자기 계시 대행자로서 늘 보이는 것은 아니므로 인간의 상상을 초월한다. 그러나 성령은 "그리스도의 영"으로서 그리스도인의 삶과 제자도를 취하는, 즉 나사렛 예수을 따르는 교회의 모양을 상기시키면서 항상 그리스도를 가리킨다.

이 두 가지 움직임을 함께 가져오면서, 성령은 그리스도인들이 예수님이 선포한 왕국이 현대 세계에 임하게 할 수 있는 새로운 방식을 상상하게 할 뿐만 아니라, **이미** 거기에 있는 언제나 창조적인 하나님의 영을 통해 "말씀의 씨"를 성찰하도록 영감을 준다. 그러나 만일 그리스도인들이 그 비전에 관대하게 응답하고 성령이 가르치는 모든 것을 증언하는 예언의 말을 하려면, 그들은 여전히 그 비전이 어떻게 생겨나고 어떻게 자라게 해야 할지를 물어야 할 필요가 있다. 그것은, 종교의 경계선을 넘는, 애매하고 때로는 위협적인 세계에서 사는 기독교적 삶에 대한 통찰력을 가르칠 영성의 과제이다.

만일 특정한 성령의 학교가 어떤 그러한 용어에서 묘사될 수 있는 기독교라면, 우리는 그것을 다른 유사한 학교와 어떻게 관련시켜야 하는가?

이 학교가 가르치는 그리스도인의 삶과 영성에 대한 비전이 다른 사람에게 어떻게 진정으로 개방되고 어떻게 기독교 제국주의의 다른 유형이 되지는 않을까?

다른 종교를 기독교 중심으로 이해하는 것과 신앙의 세계를 더 다원주의적으로 그리는 것 사이에 있는 구분을 수정하기 위하여 만들어진 몇 가지 시도들 중의 하나는 레이몬 파니카의 시도, 특히 삼위일체(1973)에 대한 훌륭한 묵상에 있다. 파니카는 "모든 주어진 영성"을 "인간의 기본적 태도을 그의 궁극적 목적과 비교하여 표현하는 … 인간의 상황을 다루는 하나의 전형적 방식"(1973, 9)이라고 정의함으로써 그 연구를 시작한다. 그는 종교의 경계선을 넘는 어떤 방식, 즉 몇 개의 추상적인 것들로 그것들을 단지 축소시키지 않으면서 종교들 사이에 있는 동질성을 표현하는 어떤 용어를 원한다. 그가 고려하는 영성은 종교보다 더 넓고 더 유연한 것이다.

사실, 영성은 어느 교리나 기관에 직접적으로 묶여있지 않기 때문에 하나의 종교는 여러 개의 영성들을 포함할 수 있다. 영성은 오히려 다른 종교들에 속하는 것으로 여기는 마음의 태도이다"(1973, 9). 다시 말하면 영성은 예식과 신화와 교리적 믿음과 같은 특정한 종교적 현상과 결코 분리될 수 없지만 어떻게든 그것을 초월하게 한다. 종교라는 용어는 집단 혹은 공동체의 믿음 체계와 매우 인접해 있는 반면, 영성은 실천, 특히 내적 에너지나 행동에 대한 동기를 제공하는 다른 유형의 기도에 초점을 맞추기 때문에 문화적이고 종교적인 경계선을 넘는다. 그만큼 영성은 의미상 거의 종교를 넘어선다. 종교는 종종 나누어지지만 파니카가 묘사하듯이 영성은 통합한다.

파니카는 그의 세 가지 기본 형태의 초종교적 영성을 설명하기 위하여 이 개념을 사용한다. 그가 취한 것은 힌두교의 완전의 "세 가지 길"(trimarga, "트리마르가"), 즉 세 가지 방식의 영적 실천(karma, bhakti, jñana)이다. 문자적으로는 이것들은 "일"의 방식, "헌신" 혹은 "충성"의 방식, "영적 인식" 혹은 신비적 앎의 방식이다. 그것들은 예식, 헌신 그리고 묵상(만족스러운 번역은 아니지만)이라고 번역될 수 있다. 파니카의 용어로는 **성화상숭배**(iconolatry), **인격주의**(personalism), 그리고 **일원론**(advaita)이다.

인도 종교 역사 또는 파니카의 직접적인 영감은, 그 "트리마르가"를 발전에 대한 베다의(Vedic)의 구절들과 우파니사드의(Upanisadic) 구절들과 푸란의(Puranic) 구절들에 따라서 정리하려고 했다. 모두 너무 간결하게 정리하면서, 희생 숭배의 형식성과 마술 같이 난해함은 처음에 요가와 다른 금욕적 실천을 통한 내적 확실성 추구에 영감을 주었고,

이어서 『바가바드 기타』에 대한 지적 헌신으로 시작하여 더욱 강렬하게 정서적인(성애적 [erotic]까지는 아니더라도) 본문인 『바가바드 푸라나』(Bhagavad Purana, 고대 인도의 역사를 기록한 힌두교 경전-역주)에서 절정에 이르는 사랑 신비주의(love mysticism)의 다양한 형식에 영감을 주었다.

의심할 바 없이 다른 종교 전통 안에서도 유사한 발전의 발자취를 추적하는 것이 가능할 것이다. 예를 들면, 이슬람의 금요 기도(jum'a prayer)의 형식은 수피교의 방법(Sufi tariqas)의 사랑 신비주의에 의해서 보완된 반면, 불교의 묵상, 즉 "즈나마가"(jñanamarga, 직관적 지식의 길)의 한 유형의 관점에서, 피난처를 얻는 예식의 강화를 이해하는 논거가 있다. 그러나 파니카의 관심은 현상학적이고 분석적이기보다는 더 신학적이다.

궁극적으로 그는 세 가지 유형의 영성 혹은 진정한 인간의 삶의 세 가지 차원들이 삼위일체의 내적 삶을 반영하는 것으로 이해한다. 즉 예식이 명령하는 순종의 덕에 의해 지지되는 성부 하나님의 영성, 하나님의 자기 계시에 의해 영감된 사랑에 의해 지지되는 성자의 영성, "어떠한 방식으로 우리를 자신에게로 흡입하는 어떤 '실재'에 대한 초합리적인 경험"에 의해 지지되는 성령의 영성이다(1973, 29). 그러나 이 세 가지의 영성들은 그 영성들이 하나의 개별 과정을 분별할 수 있는 단계들 혹은 양상들이라는 면에서만 셋이다. 파니카의 핵심 관점은 세 가지 유형은 끝없이 주고받는 움직임 안에서 하나가 다른 하나로 이어지고 영감을 줌으로써 상호 연결되어 있으며 상호 의존적이라는 것이다. 영적 삶에 대한 설명이 어떤 분별 있는 설명이더라도 이 세 가지 사이에서 균형이 유지되기를 요구한다.

다른 말로 하면 그 과제는 신앙 실천과 그것들이 형성하는 덕목을 통합하는 것이다. 그렇지 않을 경우, 그는 다음과 같이 암시한다. 순전히 예식적 영성은 과도한 형식주의 혹은 심지어 우상을 발달시킬 수 있다. 개인적 헌신에 고착된 영성은 막연하게 "영성화된" 인본주의와 거의 다를 바 없는 의인화(anthropomorphism)라는 위험이 따른다. 내적 영적 인식을 추구하는 순전히 묵상적인 영성은 그가 "천사주의"(angelism, 인간이 본질적으로 천사이기 때문에 죄가 없다는 사상-역주)라고 부른 것, 즉 하나의 분리된 범신론으로 이어질 수 있다. 그러므로 삼위일체 안에서만 그리고 파니카가 "신인 양성적(theandric) 신비"라고 부른 것 안에 해결책이 있다.

4. 통합과 상호 의존

파니카의 접근 방법은 설득적이지만 여전히 문제가 있다.

"마음의 태도"로서 영성이 어떻게 현재의 문화적 상황 안에서의 야합(collusion) 이상일 수 있는가?

그것은 현대 영성을 특징짓는 의식의 내적 상태에 집착하는 것, 특히 "종교 경험에 대한 대화"를 통해 동양의(Eastern) 묵상 형태로 되는 것들을 어떻게 피할 수 있을까?

기독교의 삼위일체 교리는 언제나 종교 간의(interfaith) 관계의 기초가 될 수 있는가?

이 질문들은 여기에서 더 이상 깊게 언급될 수 없다. 균형 있는 영적 삶은 여러 다른 영성들을 한 사람의 삶 안에서 통합하는 것을 추구해야만 한다는 파니카의 핵심 신념 한 가지에 초점을 맞추고자 한다. 이 안에서 파니카는 유대교 인격주의 철학자인 프란츠 로젠츠바이크(Franz Rosenzweig)의 사상을 따른다. 로젠츠바이크의 권위 있는 철학적 연구『구속의 별』(Star of Redemption, 1970)은 유대교의 운명을 기독교와의 고유한 관계에서 찾는 것을 유감으로 여기는 훌륭한 연구이다.

그의 대화적 철학을 이해하기 위한 핵심 사항은 세 가지 요소, 즉 하나님, 세계, 그리고 사람의 복잡한 상호 관계와 그것들 사이에 펼쳐지는 관계들, 즉 창조, 계시, 그리고 구속에 있다. 이 과정에서 로젠츠바이크는 유대인들과 그리스도인들은 동등하게 필요하며 보완적 역할을 한다고 주장한다. 여기에 파니카의 "신인 양성적 신비"에 대한 호기심 어린 기대감이 있다. 특히 삼중의 영성 그리고 이의 흔적인 세 인격의 하나님의 상호 의존 혹은 내주함(perichoresis, "페리코레시스")에 관한 것이다. 파니카는 이러한 영성을 찬양하는 데 있어서 수사적으로 장식함으로써 마친다.

> 영성은 천국에서처럼 땅에서도 우리 삶의 세 차원을 진정으로 결합한다. 그 안에 **관상**(contemplation), 즉 사상 이상의 어떤 것이 있다. 지상의 도시를 세우는 데 이해의 범위를 제한하지 않는 **행동**이 있다 … 간단히 말하면, 형태를 가진 성령에 대한 의식은 배타적이지 않은 **긍정**, 그리고 그 자체에 닫혀져 있지 않는 **부정**, 즉 성령을 도외시하지 않는 성육신의 의미와 결합한다(1973, 82).

화가 날 만큼 암시적인 파니카의 논문은 영성과 종교 실천에 기초한 기독교 종교 신학의 독특한 예이다. 그는 신격(Godhead)안에 있는 삼위일체의 삶을 반영하는 것으로 여겨지는 인간의 의미 만들기(human meanning-making)의 형태에서 **선험적인** 삼각 패턴을 너무 쉽게 당연하게 여긴다. "종교들" 혹은 영성에 관한 설명 때문에, 그의 논문은 매우 도식적이고 일관성이 있다. 그리고 소위 이종교 간의 영성들을 특정한 종교들로 완전히 동화하는 그의 경향은(예를 들면, 전형적으로 불교를 "성부의 영성"으로, 베단타 철학의 힌두교를 "성령의 영성"으로) 많은 방식으로 훌륭하게 조명하고 있지만, 오히려 그가 "마음의 태도"의 개방성과 유동성을 가지고 시작했던 것을 제거해버린다.

파니카의 견해를 "기원에 대한 개괄"이라고 평가한 로완 윌리엄스(Rowan Williams)의 주의 깊은 비평(2000, 171)은 위에서 신앙 실천이 어떤 문화적이고 역사적인 진공상태에서 실행되는 것은 없다고 주목한 점을 중요하게 상기시킨다. 영성은 적어도 자기 변형의 실천들이 특정한 방식으로 공동체를 형성하는 전통에서 유래한 삶에 의존한다는 의미에서 기독교 혹은 불교 혹은 힌두교이든지 전통 고유의 성향이 있다.

파니카가 말하는 종교적 경계선을 넘는 보편적이고 변함없는 "마음의 태도"는, 신앙 실천이 처음에 어떻게 발달될 수 있는지 그리고 **역사적으로** 어떻게 관련되는지에 대한 중요한 질문에 답을 하지 않고는 제대로 이해할 수 없다. 반복하자면 "서 있는 곳이 없는 관점"(view from nowhere)은 없고, "행동을 초월한"(above the action) 좋은 관점이 없다. "서 있는 곳이 없는 관점"이나 "행동을 초월한" 것은 신앙의 사람들로 하여금, 특정한 신앙의 실천로부터 화려하게 고립되어 영적 진리들에 관하여 거만하게 말하게 한다. 매킨토시가 주장하듯이 영성과 신학은 "구체적인 역사적 삶에서 떨어져서" 존재하지 않는다(1998, 5).

구체적인 역사적 삶은 기독교 영성과 종교학을 만드는 다양한 학문이 모이기 시작하는 곳이다. 만일 "영성"이라는 용어가 서로 싸우는 종교적 용어들로 인해 불행하게 흩어진 종파간의 세계를 접수할 수 있는 것이라면, 내면성을 형성하는 신화와 예식과 헌신의 **특정한** 상황을 유념해야만 한다. 따라서 종교 역사가들은 특정한 종교적 실천들의 발달로 이어진 역사적이고 문화적인 과정들을 알아내기 위하여 항상 피나는 노력을 해야 할 것이다. 제2성전기의 유대교(Second Temple Judaism, 성전재건[B.C. 516]에서 파멸[A.D. 66]까지 대략 550년간의 유대교-역주)의 문화적 모체(matrix) 안에 종교적 실천들을 놓음으로써 기독교의 기원에 상당한 빛이 비추어져 왔는데, 종교적 실천과 역사적 문화와의 관계는 기독교 신앙과 실천을 매우 특정한 방식으로 형성되었다.

그러나 다른 종교 간 관계에 대하여 어떤 것은 유비적으로 말해질 수 있다. 예를 들면, 초기 불교는 베다 힌두교의 우파니샤드 전통에 대항하는 "포기자 문화"(renouncer culture)

에서 등장했다. 그리고 아주 종종 획일적인 용어에서 표현되는 이슬람은 그것이 형성된 초기시기에서 그리고 특히 셈족의 선구자들과의 불안한 관계에서 자취를 찾을 수 있는 다양한 실천과 믿음을 드러낸다. 종종 독립된 전통들로서의 정형화된 것은 흔히 자세히 조사해 보면 상상했던 것보다 경계선들과 구별점들이 덜 선명하다.

5. 분별을 위한 문제: 말씀과 성령

기독교 영성과 종교들 간의 상호작용은, 필자가 그것을 묘사하려고 했듯이, "동양(Oriental) 신비주의"의 몇 가지 난해한 접촉으로 기독교의 기도와 예전을 어떻게 북돋을 수 있는가에 관한 것이 아니다. 그것은 어렴풋이 지각된 어떤 영적 본질을 공유하는 것에 관한 것도 아니다. 필자의 주장은, 만일 기독교 영성이 **체험된** 경험에 대한 것이라면, 종교의 바로 그 모호함, 즉 만들기도 하고 파괴하기도 하는 능력이 성장의 원천이 될 수도 있고 신앙을 과격화하게 할 수도 있다.

아주 자주 종교 간의 관계의 경계들에서 완결성의 부족, 즉 근본적 타자성에 대한 느슨한 감각이 발견된다. 이런 것은 회답과 한 층 더 깊은 관여를 요청한다. 기독교 용어인 "말씀의 씨"는 분별하기 위해 시간을 필요로 한다. 파니카의 분석으로 생긴 질문은, 종교적 실천의 형태들 간의 비교점들을 어떻게 추적하는가에 관한 비교적 단순한 문제가 아니다. 오히려 그것은 **분별을 가능하게 하는 긴장과 함께 어떻게 사는가**에 관한 훨씬 더 힘든 문제이다. 다시 말하면, 형상이나 말씀(*Logos*) 그리고 무한한 성령의 삶 사이에서 끝없는 변증법으로 사는 문제이다. 말씀과 성령 **모두**는 성부의 침묵으로부터 말하고 신격의 내적 삶을 펼쳐 보인다.

타자와 공유된 공간에 대한 끝없는 협상 가운데 하나님의 목적을 펼치는 하나님의 그러한 비전은, 살아있는 "성령의 학교"인 기독교 신앙과의 유비로 "종교들"을 묘사하는 것이 이해되는 분명한 이유이다. 고대 지혜의 형태는 보존되었지만 "다른 사람"이 묻는 새로운 물음에 답함으로써 계속 새로운 힘과 의미를 찾아낸다. 비록 매우 명백하게 차이가 있고 다르지만, 위대한 종교들은, 그 종교들이 신념에 대한 독립된 체계들로 굳어지지 않도록 분투하는 인간들의 공동체이다. 그들 모두를 지탱하게 하는 것은 모든 인간들을 단결시키는 것, 즉 인간 실존의 마음에 있는 무한한 것에 대한 어렴풋이 지각된 실재이다.

아마도 결국 가장 효과적인 분별의 기준은, **하나님**께서 일하고 계시는 곳이 정확히 여기 인간이 몸부림치는 가장자리라는 신념 가운데 인간의 종교성의 애매함을 기꺼이 탐구하려는 자발성이다. 기독교 영성은 종교적 경계선들을 넘나드는 제자도의 삶을 양육한다. 그러한 제자도는 종파들이 여러 종파의 형태들에 참여하는 미덕들, 즉 "성령의 학교"인 세계의 종교들 가운데서 하나님께서 행하시려고 하는 것에 대한 감수성을 확립힌다. 성령은, 깊은 어둠의 시간과 공간에서도 계속 말해지는 예언적 말씀(Word)을 상기시킴으로써 그리스도인들을 진리로 인도한다. 그리고 성령은 교회를 앞서며, 교회로 하여금 하나님의 사랑의 임재, 즉 교회가 알지 못하는 "말씀의 씨"의 모든 방식과 형태의 온갖 종류에 주목하게 한다.

이것은 본질적으로 하나님의 말씀에 귀속된 힘의 소통으로서, 구원의 경륜에 있어서 성령의 역할 모델에 대한 대안을 제안한다. 이러한 사고방식이 가진 위험은 교회가 경험하는 모든 것은 하나님의 표준적인 자기 계시, 즉 하나님이 어떠하다는 바로 **그** 예로서 말씀을 다시 언급하는 것에 관한 것이다. 다른 경전들이나 다른 신앙의 사람들은, 기독교 성경에서 발견되어야 하는 것이 무엇인지를 그들이 반영하는 한에 있어서만 정당하게 된다. 다른 신앙의 사람들은 오직 그들이 그리스도에 의해 정해진 모델에 순응하는 한에 있어서 그들 나름대로 통합성을 가진다. 그러나 이것은 성령을 일종의 "이차적 중보자"로 만드는 것이다. 즉 성령의 사역이 말씀의 사역에 종속되는 것이다. 그러면 다른 신앙들에게 하나님의 목적에 대한 더 넓은 섭리적인 펼쳐짐 안에서의 실체적 역할을 주기가 어렵게 된다.

"성령의 학교" 그 자체로서의 교회에 더 민감하면서, 다른 그러한 학교들과 나란히 살아가고 일하는 또 하나 모델은, 성령이 부활의 신비 그 자체 안에서 일하고 있다는 것을 가리키기 **전에**, 성령이 하나님께서 그리스도 안에서 무엇을 하시고 계시는지를 깨달을 것이다. 여기서 성령은 그리스도의 일을 대략 "선형적"(linear) 유형(누가의 강조)으로 지속하지 않는다. 그러나 요한의 용어로 성부와 성자를 상호 증인으로 본다. 다른 말로 하면, 성령은 단지 그리스도인들로 하여금 그리스도 안에서 세계를 보도록 격려하고 그리스도의 이름으로 예언의 말을 하게 하는 일만을 하지 않는다. **성령은 그리스도인들안에 성령이 그리스도 안에 낳은 것과 같이 하나님을 신뢰하는 신앙의 관계를 낳는다.** 성령의 역할은 신자들의 가슴 안에 성부와 성자를 연합시키는, 생명을 주는 사랑의 관계를 재창조하는 것이다. 그렇게 말하면, 그것은 마치 구원의 경륜이 더 기독교 중심인 것처럼 보인다. 그러나 그것은 성령의 역할을 오해하는 것이거나 성령이 가져다주는 무한한 삶의 차원을 소극적으로 다룰 수도 있다.

성령은 로완 윌리엄스(Rowan Williams)가 그리스도의 신비를 다양한 역사 속으로 옮길 수 있게 하는 "양도성"(translatability)이라 부른 것을 가능하게 하면서(2000, 125), 그 신비에게 오직 놀라움의 원천이 될 수는 있으나 자만한 승리주의를 위한 변명이 될 수 없는 자유와 예측불가능을 준다. 그래서 종교적 경험 전체를 일종의 하위 교회적(sub-ecclesial) 총체성 속으로 포함시키는 것에서부터 멀리 떨어져서, 기독교적 삶과 제자도의 공적 실천에 있어서, 영성에 대한 강조는 "그 타자"에게, 하나님의 목적에 대한 섭리적 펼침 안에 있는 고유한 자리를 제공한다.

참고문헌

Barnes, M. 1989: *Religions in Conversation*. London: SPCK.

―――― 2002: *Theology and the Dialogue of Religions*. Cambridge: Cambridge University Press.

Byrne, P. 1988: Religion and the religions. In S. Sutherland, L. Houlden, P. Clarke, et al. (eds), *The World's Religions*, pp. 3–28. London: Routledge.

Clooney, F. X. 1993: *Theology after Vedanta*. Albany, NY: State University of New York Press.

―――― 1996: *Seeing through Texts*. Albany, NY: State University of New York Press.

―――― 2001: *Hindu God, Christian God*. Oxford: Oxford University Press.

D'Costa, G. 1997: Theology of religions. In D. Ford (ed.), *The Modern Theologians*, 2nd edn, pp. 626–44. Oxford: Blackwell.

Dupuis, J. 1997: *Toward a Christian Theology of Religious Pluralism*. Maryknoll, NY: Orbis.

Halbfass, W. 1988: *India and Europe*. Albany, NY: State University of New York Press.

Hick, J. 1973: *God and the Universe of Faiths*. London: Macmillan.

―――― 1989: *The Interpretation of Religion*. London: Macmillan.

Jackson, R. and Makransky, J. 2000: *Buddhist Theology*. London: Curzon.

Küng, H. and Kuschel, K-J. (eds) 1993: *A Global Ethic*. London: SCM.

Lash, N. 1996: *The Beginning and the End of "Religion"*. Cambridge: Cambridge

University Press.

Lipner, J. 1994: *Hindus*. London: Routledge.

McIntosh, M. 1998: *Mystical Theology*. Oxford: Blackwell.

Mathewes, C. T. 1998: Pluralism, otherness, and the Augustinian tradition. *Modern Theology* 14, 83–112.

Panikkar, R. 1973: *The Trinity and the Religious Experience of Man*. Maryland, NY: Orbis.

_____ 1984: The dialectical dialogue. In F. Whaling (ed.), *The World's Religious Traditions*, pp. 201–21. Edinburgh: T. and T. Clark.

Race, A. 1983: *Christians and Religious Pluralism*. London: SCM.

_____ 2001: *Interfaith Encounter*. London: SCM.

Rahner, K. 1978: *Foundations of Christian Faith*. London: Darton, Longman, and Todd.

Rosenzweig, F. 1970: *Star of Redemption*. London: Routledge.

Smith, W. C. 1976: The Christian in a religiously plural world. In W. G. Oxtoby (ed.), *Religious Diversity: Essays by Wilfred Cantwell Smith*, pp. 3–21. New York: Harper and Row.

Talal Asad 1993: *Genealogies of Religion*. Baltimore, MD: The Johns Hopkins University Press.

Teasdale, W. 1999: *The Mystic Heart*. Novato, CA: New World Library.

Tracy, D. 1982: *The Analogical Imagination*. London: SCM.

Williams, P. 1989: *Mahayana Buddhism*. London: Routledge.

Williams, R. 2000: *On Christian Theology*. Oxford: Blackwell.

Woodhead, Linda (ed.) 2002: *Religions in the Modern World*. London: Routledge.

기독교 영성

Christian Spirituality

제6부
현대 기독교 영성의 중요한 주제들

제24장 ✤ 경험
제25장 ✤ 신비주의
제26장 ✤ 해석
제27장 ✤ 자연
제28장 ✤ 실천
제29장 ✤ 해방 운동
제30장 ✤ 종교 간의 대화

제24장
경험

데이비드 해이(David Hay) 박사
에버딘대학교 신학부 선임연구원

1791년 4월 7일. 이 아침에 내 마음은 즐거운 묵상에 잠기며 새로운 힘을 경험한다.
"오직 여호와를 앙망하는 자는 새 힘을 얻으리니 독수리가 날개치며 올라감 같을 것이요 달음박질하여도 곤비하지 아니하겠고 걸어가도 피곤하지 아니하리로다."
오 나의 길을 붙드소서.
6월 1일. 오늘도 쉴 시간이 없다. 그러나 나는 고독한 영적 산책을 통해 나를 은혜의 강으로 이끄시어 그의 선하심과 나의 부족함에 눈물짓게 하시는 그분을 만난다. 나는 모든 선함이 그에게서 나오며 그의 능력을 받을 때에만 모든 일을 바로 할 수 있음을 깨닫는다.

Mary Waring(1809).

1. 현대 경험적 연구의 역사적 배경

그리스도인은 신자의 삶에는 하나님의 임재에 대한 강력한 인식을 경험하는 특별한 순간이 있다는 사실을 알고 있다. 성경은 이러한 내용으로 가득하다. 모세는 불타는 떨기나무를 만나며, 사무엘은 성전에서 자던 중 음성을 들으며, 엠마오로 가던 제자들은 길에서 부활하신 그리스도를 만나며, 사도 바울은 다메섹 도상에서 엎드려진다. 그럼에도 불구하고 "종교적 경험"이라는 특정 용어는 성경 시대 이후 오랫동안 대중화되지 못하였다. 이 용어는 17-18세기 유럽의 칼빈주의 및 경건주의자들 진영에서 교리적 발전과 관련하여 사용되기 시작하였다(Weber 1930; Stoeffler 1970; Erb 1983).

그 후(옥스퍼드 영어 사전에 따르면) 1809년에 이 단어를 제목에 사용한 첫 번째 영어 책 『마리아 워링의 종교적 경험 일기』(*A Diary of the Religious Experience of Mary Waring*)가 나왔다. 따라서 우리는 마리아가 문화적으로나 역사적으로 성경 시대와는 거리가 먼 사람이지만 자신의 언어가 처음이라는 생각을 하지 않았다는 사실을 염두에 둘 필요가 있다. 그녀가 성경 구절을 인용한 것은 이러한 "종교적 경험"이 성경과 직접적이고 확실한 관련이 있음을 보여준다.

17세기 영국 청교도의 종교적 경험은 회개와 개종의 필요성에 대한 강조를 특징으로 한다(Breward, 1970). 이러한 관점의 영향력 있는 선구자는 윌리엄 퍼킨스(William Perkins, 1558-1602)이다. 마이클 왓츠(Michael Watts)는 복잡하고 모호한 비국교도 역사를 개관하면서 퍼킨스의 독보적 지위에 주목한다. 그는 "퍼킨스가 제시한 회심 과정은 약 3세기 동안 영국 복음주의자들에 의해 그리스도인의 정상적인 경험으로 인정받았다"고 주장한다(1978, 173).

우리는 퍼킨스의 저서에서 회심이라는 개념이 만져질 수 있는 "신체적" 경험으로 제시된 것을 볼 수 있다. 이러한 경험이 일어나는 정상적인 루트는 거룩한 율법에 대한 설교를 듣는 것이다. 동시에 이 설교는 회개와 그리스도의 사랑을 발견함으로써 절망에서 벗어나는 길을 제시한다.

> 우리는 **자신에 대한 성찰과 경험**을 통해 그리스도 안에 있는 하나님의 사랑을 깨닫게 될 때 진정한 종교의 능력과 절정에 이르게 된다(Perkins, 다음의 책에서 재인용. Breward 1970, 31).

종교적 경험에 대한 현대 경험적 연구가 대부분 이러한 개신교적 배경과 함께 시작한다는 것은 우연이 아니다. 17세기에 청교도가 영국에서 지리적으로 멀리 떨어진 북미 해안으로 들어왔다는 것은 이들이 사회적으로나 정치적으로 영국을 떠나기 전과는 비교할 수 없는 지위를 얻었음을 말해준다. 이러한 우월적 지위는 회심 경험이 주류 사회에서 매우 중요한 문화적 기능을 할 수 있는 발판이 되었으며(Miller 1975; Cohen 1986), 회중교회 목사인 조나단 에드워즈(Jonathan Edwards, 1703-58)는 이러한 경험에 대한 상당한 통찰력을 보여준다.

지옥불 설교자로 유명한 에드워즈는 『신앙 감정론』(The Religious Affections, 1746)이라는 정서에 대한 사색에서 보여준 통찰력으로 인해 미국 심리학의 아버지로 불린다. 그의 개념들은 존 로크(John Locke)의 인식 철학에 기초한다(Miller 1948; Lee 1988). 에드워즈에게 영적 깨달음은 단순한 지적 또는 이론적 이해가 아니다. 그것은 거룩한 실재와의 직접적인 만남으로부터 온다. 그는 소위 초자연적이지만 준 경험적(quasi-empirical)인 "마음의 감각"(sense of the heart)이 있으며 이러한 감정은 회심 과정에서 일정한 역할을 한다고 주장한다.

> 성도에게 본질상 자연인의 속성에 해당하지 않는 일종의 이해력이나 인식이 있다면 … 그것은 자연인의 마음에 존재하거나 존재할 수 있는 것과는 전혀 다른 개념들이나 정서로 구성되어야 할 것이다. 그것은 자연인의 영혼에 없는 새로운 느낌의 영적 감각이라고 말할 수 있다(1746, 196).

에드워즈에 의하면 그것은 인식된 "하나님의 무한한 탁월하심"이다. 그는 계속해서(그의 동시대인 데이비드 흄[David Hume]이 이에 대해 언급한 내용에도 불구하고) 이것은 단순한 인식이 아니라 의미와 가치에 대한 인식이라고 주장한다. 요약하면 믿음은 무지에 대한 인정이 아니라 일종의 경험적 사건에 기초한다는 것이다.

2. 현대 연구의 시작

하버드대학의 심리학자 윌리엄 제임스(William James, 1842-1910)는 1902년 『종교적 경험의 다양성』(The Varieties of Religious Experience)이라는 제목으로 출판된 에든버러대학의 기포드 강좌(Gifford Lecture)를 통해 "종교적 경험"이라는 용어를 처음 보급하기 시작한 것으로 알려진다. 윌리엄 제임스는 이 문제에 관심을 보인 유일한 미국 심리학자는 아니었지만(동시대인으로는 에드윈 스타벅[Edwin Starbuck 1899], 스탠리 홀[Stanley Hall 1904], 조지 코[George Coe 1916] 및 제임스 레바[James Leuba 1925]가 있다) 가장 많은 기여를 한 인물임은 분명하다.

그는 스웨덴보그(Emmanuel Swedenborg)를 따랐던 부친과 달리 조나단 에드워즈와 같은 칼빈주의자이다. 그의 책에는 150년 전에 시작된 조나단 에드워즈의 연구에 영향을 받은 흔적이 나타난다. 그는 『종교적 경험의 다양성』에서 에드워즈에 대해 언급하거나 때로는 그의 말을 광범위하게 인용한다. 빅토리아 여왕 시대의 상황은 에드워즈 시대와 많이 달랐겠지만 그럼에도 불구하고 제임스는 에드워즈와 동일한 주장을 한다. 그는 한 친구에게 보낸 서한을 통해 기포드 강좌의 목적을 다음과 같이 요약한다.

> 첫째, (나의 강의에 대한 모든 편견에 맞서) 철학과 반대되는 경험 즉 우리의 목적이나 세상의 의미에 대한 고상하고 총론적인 관점이 아니라 종교적 삶의 실제적 근간을 이루는 기도, 인도하심 및 직접적이고 개인적으로 느끼는 경험을 옹호하기 위한 것이다.
> 둘째, 독자나 청중으로 하여금 내가 확고히 믿는 바, 즉 모든 종교적 표현(신앙고백이나 신학 이론)은 불합리할 수 있지만 경험이야말로 가장 중요한 인간의 역할이라는 사실을 믿게 하는 것이다(1920, vol. 2, 127).

이러한 경험적 입장에도 불구하고 제임스 자신은 강좌를 준비하기 위해 실제적인 조사를 하지 않았다. 그가 제시한 종교적 경험의 사례들은 대부분 당시 하버드 신학교의 학생이었던 에드윈 스타벅(1866-1947)이 수집한 자료에서 가져온 것이다. 제임스의 심리학 강의를 들은 스타벅은 그에게 박사 논문을 위해 준비한 자료, 즉 뉴잉글랜드 개신교 신자들로부터 얻은 회심에 관한 간증를 제공했다.

종교적 경험에 대한 연구는 처음부터 논쟁을 불러일으켰다. 1894-5년 겨울 동안 신학교 내 종교철학 대학원생을 대상으로 세미나를 개최한 스타벅은 자신이 처음 발견한 내용에 대해 솔직히 제시한 후 토론을 요구했다.

> 세례반에 뜨거운 물이 부어졌다. 첫 번째 순서는 에드워즈 보르캄프(Edward Bornkamp)였다. 자리에서 일어난 그의 얼굴은 격렬한 감정으로 창백해졌다. 깊은 확신과 열정으로 가득한 그의 첫 마디는 "다 거짓말이다"라는 것이었다 … 물론 첫 번째 발언자가 이런 (유아) 세례식에 대해 정죄한 것은 강보가 신성한 신앙에 부합되지 않는 세속적 심리학의 더러운 누더기에 지나지 않는다고 생각했기 때문이다(Starbuck 1937, 225).

스타벅이 심리학 교사인 뮌스터베르크(Hugo Münsterberg)에게 종교학과 관련된 조언을 구했을 때 뮌스터베르크는 "반대했으며 결국 폭발했다"고 한다. "그는 자신의 문제는 심리학의 문제이지만 내 문제는 신학적이며 따라서 양자는 아무런 관계가 없다고 말했다"(Starbuck 1937: 225). 윌리엄 제임스는 스타벅의 1899년 저서 서문에서 그의 연구에 대해 다음과 같은 관점을 제시한다.

> 제대로 이해하기만 한다면 스타벅 박사의 모든 연구 경향은 과학과 종교의 오랜 반목에 타협과 조정을 가져왔음을 알 수 있다. "복음적" 극단주의자는 회심을 일반적 심리학에서는 유사한 사례를 찾아볼 수 없는 절대적인 초자연적 사건이라고 생각할 것이다. 반면에 "과학자"의 경우 회심은 단지 히스테리와 감정주의 및 절대적인 병리학적 불안일 뿐이라고 생각한다. 스타벅 박사는 두 가지 관점 모두 절대적인 것으로 보지 않는다(Starbuck 1899, ix).

제임스의 연구의 출발점은 회심 경험이었을 것이다. 그러나 제임스의 계몽주의적 보편성에 대한 전제는, 그의 강좌가 스타벅의 자료 영역을 훨씬 벗어났음을 의미한다. 쿠싱 스트라우트(Cushing Strout)가 주장한 대로 그의 열정은 그로 하여금 다음의 광범위한 경험담들을 하나로 묶게 했다. 그 경험담들의 출처는 다음과 같다. "성인(saints), 철학가, 예술가, 일반인, 일반적인 사람, 개신교인, 가톨릭신자, 유대인, 불교신자, 기독교 과학자, 초월주의자, 퀘이커교도, 몰몬교도, 모하멧교도, 멜라네시아(Melanesian) 식인종, 마약 복용자, 무신론자 및 신경증 환자, 익명의 프랑스인의 모습을 한 자신을 포함"(1971: 135). 스트라우트와 많은 비평가들은 제임스가 이와 같이 모든 경험을 결합한 것은 비합법적이라고 주장한다. 그럼에도 불구하고 제임스는 자신의 마지막 기포드 강좌에서 이러한 자료를 기초로 심리학적 용어를 사용하여 종교를 일반화 하려 한다. 그는 세상 종교의 다양성 및 모순에도 불구하고 다음과 같은 공통적인 경험적 요소가 존재한다고 주장한다.

> 첫째, 불안은 가장 단순한 용어로 표현하면 본질적으로 **우리에게 무엇인가 잘못된 것이 있다는 것이다.**
> 둘째, 그 해결책은 **우리가** 보다 높은 힘과의 적절한 연결을 통해 이러한 **잘못으로부터 구원받는 것이다**(James 1902, 400).

핵심은 자기 복종(self-surrender)이라는 것이다. 제임스는 다음과 같은 스타벅의 주장에 동의하며 인용한다.

> "인간의 극한은 하나님의 기회"라는 말은 이러한 자기 순복의 필요성에 대한 신학적 표현이지만 생리학적으로는 "힘닿는 데까지 최선을 다하라. 나머지는 신경계가 알아서 할 것이다"라는 진술로 표현할 수 있다. **두 진술은 동일한 사실에 대한 다른 표현일 뿐이다**(1902, 173).

우리는 여기서 제임스가 앞서 『심리학의 원리』(*Principles of Psychology*, 1890)에서 발전시킨 정신과 신체(보다 정확히 말하면 생물학과 신학)의 평행을 도출하고 있음을 볼 수 있다. 스타벅은 이 부분에서 자신의 멘토를 따르고 있으며 회심 경험을 동반한 구체적인 신경학적 사건들에 대한 묘사까지 제공한다(1899, 100-17).

또한 제임스는 마이어스(F. W. H. Myers)가 텔레파시 현상을 설명하기 위해 제시한 "잠재 의식"(subliminal consciousness) 개념에 깊은 인상을 받았다(Gurney et al. 1886). 그에 따라 제임스는 "가설적이지만 가령 저쪽에 있는 것이 무엇이든 우리가 종교적 경험에서 '더 많이' 관련되어 있다고 느끼는 것은 어렴풋이 의식하고 있는 이쪽의 의식적 삶"이라고 말한다(James 1902, 487). 실용주의자인 제임스는 "진리"에 대해서도 다음과 같이 주장한다.

> **사실 의식적인 사람은 구원적 경험의 통로가 되는 광범위한 자아와 연결되어 있다**는 점에서 내 생각에 **어느 정도 문자적으로 그리고 객관적으로 사실인 종교적 경험의 긍정적 요소를 우리는 가지고 있다**(1902, 405).

끝 부분의 "어느 정도"라는 표현은 오늘날 종교적 경험에 대한 논쟁을 어렵게 만드는 탈출 조항(get-out clause)에 해당한다. 제임스는 이러한 경험에 대한 부분적 설명을 위해 생물학에 의존함으로써 자신의 연구가 적어도 모든 인간에게 잠재적으로 나타나는 무엇인가에 대한 것임을 강조한다. 따라서 기독교가 아닌 종교를 가진 모든 사람들은 물론 종교적 사상은 잘못되었거나 비합리적이라고 생각하는 사람들까지 포함되어야 한다.

그렇다면 이러한 경험을 "종교적"이라고 부르는 것이 타당한가?

오히려 전적으로 생리학 또는 자연 과학이나 사회 과학 내의 다른 분야에 기초한 자연주의적 설명을 찾는 것이 합리적이지 않는가?

제임스 우드(James Ward)는 윌리엄 제임스에게 보낸 서신을 통해 그의 저서인 『종교적 경험의 다양성』에 대해 언급하며 "잠재 의식"에서 출발한 종교적 경험에 대한 그의 개념에 대해 예리한 지적을 한다.

> 귀하의 이론에 동의하는 자는 철저한 칼빈주의자뿐일 것이다. 그러나 귀하는 확실한 펠라기우스주의자이기 때문에 다른 부분에서는 그들을 만족시킬 수 없다(Perry 1935, vol. 2, 649에서 재인용).

19세기말경 뉴잉글랜드에서 시작하여 왕성한 활동을 벌인 한 소규모 종교연구그룹은 「종교심리학 저널」(Journal of the Psychology of Religion)이라는 학술지를 창간하고 스탠리 홀(Stanley Hall)에게 편집을 맡겼다. 그러나 멤버들 간의 신앙적 세속적 사상의 차이에 따른 긴장으로 인해 지속적인 활동을 펼치지 못하였다(Beit-Hallahmi 1974; Hay 1999). 1909년 매사추세츠 클라크대학(Clark University)의 초대 총장인 홀은 20주년 기념식에 프로이트(Freud)와 융(Jung)을 비롯한 대표적인 정신 분석학자들을 초빙하였다.

그는 이 행사를 통해 종교적 경험은 신경증 또는 일시적 정신 이상의 징후라는 프로이트의 해석 및 정신 분석학자들에 대한 미국 사회의 관심을 집중시켰다(Freud 1928b; Reik 1940). 하워드 파인스타인(Howard Feinstein)은 미국인이 프로이트의 사상을 쉽게 받아들인 것은 청교도의 회심을 위한 마음의 준비와 정신 분석학의 기법이 일치했기 때문이라고 해석한다(1970).

제임스의 이론을 약화시킨 두 번째 요소는 1914년에 발간된 왓슨(J. B. Watson)의 『행동: 비교심리학』(Behavior: An Introduction to Comparative Psychology)을 배경으로 제시된 행동주의(behaviorism)이다. 인간의 행동은 전적으로 반응(reponse), 자극과 반응의 관계(stimulus-response associations) 및 강화요인이 그것에 미치는 효과로 설명할 수 있으며 따라서 모든 "정신적" 조건은 배제된다는 왓슨의 입장은 종교적 경험에 대한 연구를 (병리학적 관점에서의 접근이 아닌 한) 진지하게 받아들일 수 없게 한다. 「심리학 회보」(Psychological Bulletin)에 나오는 이 주제를 다룬 저서들에 대한 애브라함 크론바흐(Abraham Cronbach)의 분노한 비평을 신호탄으로 1930년대에는 종교 경험에 대한 경험적 연구의 설득력이 크게 떨어졌다.

> 피스터(Pfister)는 광신적 불교신자에 대한 분석을 통해 불교는 인생의 갈등으로
> 부터의 도피라는 결론에 이른다 … 레이커(Reik)는 다양한 고대 서원 및 제사가
> 현대 보험제도와 유사하다는 사실에 놀란다 … 셸비(Selbie)에게 종교를 옹호하
> 는 방식은 오늘날의 신학적 관점 및 전통적 신학적 관점과 모순된 것처럼 보이
> 는 모든 심리학적 진술을 믿지 않는 것이다 … 과학적이어야 할 저서 또는 다
> 른 부분에서는 모두 과학적인 저서에 비과학적 요소가 광범위하게 혼합되어
> 있다는 것은 이 목록의 작성을 어렵게 했다(1993, 327).

이제 유럽과 미국의 경험적 접근의 유사성에 대해 간략히 언급하고자 한다. 슐라이에르마허(Friedrich Schleiermacher, 1768-1834)의 종교에 대한 정의로 유명한 "절대 의존 감정"은 칼 기르겐손(Karl Girgensohn), 루돌프 오토(Rudolf Otto), 트로엘취(Ernst Troeltsch), 프레드릭 하일러(Freidrich Heiler), 게라르두스 반 데르 레에우(Gerardus van der Leeuw), 요아킴 바흐(Joachim Wach) 및 멀리는 메르치아 엘리아데(Mircea Eliade)에 이르기까지 종교적 경험을 연구하는 학자들에게 많은 영향을 미쳤다. 이들 가운데 한 사람을 제외하고는 모두 유명한 종교 현상학자나 종교 역사학자이다. 경험적 연구에 대한 슐라이에르마허의 영향력은 대체로 간접적이다.

그러나 루터파 신학자인 칼 기르겐손(1875-1925)은 종교적 경험에 대한 슐라이에르마허의 이해를 실제적으로 연구하려는 진지한 시도를 했다. 그는 도르팟(Dorpat, 오늘날의 에스토니아[Estonia]의 타르투[Tartu])대학에 연구 학부를 세우고 경험적 관찰법을 통해 소위 "종교적 경험의 흔적"에 대해 연구했으며 선택된 지원자들은 신중하게 선정된 종교적 텍스트에 대한 즉각적 느낌을 제시했다(Girgensohn 1921). 기르겐손의 접근 방법 및 가정은 내성주의적(introspectionist) 방식의 부적합성 때문에 거센 비판을 받았다(Wulff 1985; Nase 2000). 기르겐손이 시작하고 그루엔(Werner Gruehn)이 물려받았던 이 연구는 불행히도 보다 적합한 방법을 발전시킬 기회를 얻지 못하였으며 1940년 에스토니아가 소비에트 연방에 흡수되고 신학적 활동이 전면 금지됨으로써 중단되고 말았다.

3. 1960년 이후 종교적 또는 영적 경험에 대한 경험적 연구

자신은 인간의 "보편성"을 연구했다는 윌리엄 제임스의 주장은 일부 추종자로 하여금 모든 "호모 사피엔스"(*Homo sapiens*, 지혜로운 인간)에게 공통적으로 나타나는 선천적 능력으로서 "정신적 인식"과 특정 종교의 문화에서 나타나는 "종교적 경험"의 구별을 불가피하게 했다. 이 문제는 오늘날 많은 논쟁이 되고 있으며 "종교적(또는 영적) 경험"이라는 표현은 이 문제가 여전히 해결되지 않은 상태에서 사용하고 있는 것이다.

1960년대에는 경험에 대한 학문적 호기심이 다시 증가했다. 이러한 관심이 왜 생겼는지는 확실히 알 수 없으나 아마도 뉴에이지 사상을 예고한 문화적 변화가 이러한 논의 영역에 정당성을 부여했기 때문일 것이다. 인지 심리학이 발달하고 정신 분석학의 특정 요소에 대한 지속적인 비판이 등장하기 시작하면서 확실히 행동주의의 설득력에 대해서는 의문이 제기되고 있다(참조, Eysenck 1985). 최근에는 이 문제가 짧은 논문에서 포괄적으로 다룰 수 없을 만큼 인류학자, 생물학자, 의학자, 물리학자, 심리학자, 신경학자 및 사회학자의 많은 관심을 끌고 있다. 따라서 필자는 이어지는 논의에서 생물학적 관점에 초점을 맞추되 다른 분야에 대해서는 필요에 따라 적절한 언급할 것이다.

1) 경험적 연구와 관련된 개념상의 이슈

제임스의 강좌가 있은 지 거의 90년이 지난 후 매킨타이어(Alasdair MacIntyre)는 1988년 에딘버그의 기포드 강좌에서 자연주의적 관점에서 시작된 종교학의 출발점에 대해서는 어떤 공감대도 남아 있지 않다는 사실을 강조했다. 기포드경은 1885년 유증에서 이 강좌가 "천문학이나 화학과 같은 엄격한 자연 과학"으로서의 주제(즉 자연 신학)를 다루어 달라고 부탁했다. 제임스의 강좌는 이러한 이상에 근접했으나 지금은 "공감대를 형성할 만한 일차적 전제나 원리가 없다. 따라서 특정 출발점으로부터 엄격하게 시작된 논쟁도 결론에 이르러서는 이미 출발점에서 의견을 함께 한 자들에게 합리적 동의를 촉구하는 것으로 끝난다"(MacIntyre 1990, 10).

2) 정당성

그렇다면 영적 경험에 대한 경험적 연구는 어떤 기초에 바탕을 두고 진행되는 것이 바람직한가?

종교 분야에 과학적 연구를 적용한 방식을 비판한 가장 주목할 만한 동시대 비평가 가운데 하나는 존 밀뱅크(John Milbank)이다. 그는 『신학과 사회 이론』(Theology and Social Theory 1990)이라는 저서에서 "세속적 논리"(그는 사회적 추론이라고 명시하지만 종교에 대한 과학적 연구 전체를 총칭한 표현으로 보인다)는 결코 "토대가 되거나 **염두**에 두어야 할" 영역이 될 수 없다고 주장한다. 이러한 논리는 기독교와 관련하여 "인간과 자연 및 자급자족의 잔재를 남기기 위해 불필요하거나 부가적인 것을 제거하는" 은유를 사용한다(1990, 1).

오늘날 대학 강단에서 가르치는 종교적 또는 영적 경험에 관한 자연주의적 이론은 적어도 기원에 있어서는 확실히 이러한 특징을 가지고 있다. 종교 및 종교적 경험에 대한 객관적이고 비평적인 관점의 발전에 대한 전통적 설명(참조, Preus 1987)은 지적 역사의 주류가 종교적 신앙으로부터 점차 벗어났다고 생각한다.

그들은 어떻게 종교적 오류가 이처럼 광범위하게 확산되었는지에 대한 설명을 제시해야 할 필요성을 느꼈다. 필자는 종교적 경험에 대한 마르크스 학파, 프로이트 학파 및 뒤르켐 학파(Durkheimian)의 해석이 잘 알려진 대로 리쾨르(Ricoeur) 이후에는 "의심의 해석학"(hermeneutics of suspicion)을 통해 소위 종교 정화로 받아들여졌으나 처음에는 이러한 목적으로 출발했을 것이라고 생각한다(가령 William Meissner [1984]와 André Godin [1985]가 종교적 경험에 대한 해석에 정신 분석학을 사용한 사례 및 신적 표상[God representation]에 대한 Ana-Maria Rizzuto [1979]의 정신 분석학적 연구를 참조하라).

3) 특수성과 보편성

보편성 문제는 정당성의 문제와 밀접한 관련을 가지거나 내용이 중복된다. 불행히도 이 문제는 오늘날 문화적으로 분리되어 있는 논의 영역들(universes of discourse) 간의 관계에 대한 해결되지 않은 논쟁의 핵심으로 우리를 인도한다. 제임스의 보편주의는 (더 이상의 비교가 불가능할 만큼) 우리의 경험이 형성되는 사회적 상황을 고려하지 못했다는 이유로 끊임없이 비판의 도마에 오르고 있다(참조, Katz 1978; Lindbeck 1984; Produfoot 1985;

Lash 1988; Bagger 1999; Taylor 2002). 스티븐 캇츠(Steven Katz)는 유대교와 불교의 신비주의 사이에 어떤 공통점이 있느냐고 반문한다(1978). 유대 신비주의는 하나님에 대한 개념을 가지고 있다는 것이다.

> 어떤 의미에서 인격적 존재 이상이며 … 윤리 및 평가적인 면에서 인격적이며 … 즉 선한 행위나 순종의 행동에 영향을 받는 신이시다 … 유대교의 조건반사적 패턴은 주체성을 상실할 만큼 황홀한 연합을 경험하는 순간은 불가능하다고 생각하는 전통적 신비주의에 강력한 영향을 주었다. 그러한 경험은 자신들조차 경험하기 쉽지 않다는 것이다(1978, 34).

반면에 젊은 불교신자는 다음과 같이 배운다.

> 그가 목표로 하는 "열반"(Nirvana)은 유한한 자아가 구원 또는 사랑의 초월적 존재인 신을 만나는 관계적 상태가 아니다 … 그러한 만남은 없다. 그가 배워야 할 것은 진정한 자아는 없으며 다른 초월적인 자아도 없다는 것이다. "자아가 사라진, 텅 빈 상태의 평안함"에 대한 경험을 실제적인 두 자아(그 가운데 하나는 서양 종교의 인격적 하나님)의 강력한 사랑의 관계에 대한 경험과 동일하다고 논리적으로 주장할 수 있는 사람은 없다(1978, 38).

또 하나의 어려움은 "변화된 의식 상태"(ASCs)에 대한 연구의 발전과 관련이 있다. 이러한 연구는 대부분 다양한 문화에 광범위하게 나타나는 종교적 또는 영적 경험과 관련된다. 로크(Locke)와 켈리(Kelly)는 비교문화적 연구에 도움을 주기 위해 ASCs의 유발과 관련된 요소들에 대한 매우 복잡한 설명을 제시한다.

이처럼 다양한 인간의 경험을 "종교적 경험"이라는 하나의 범주 속에 포괄시키는 것이 가능한가?

필자는 이러한 문제들에 대해 다른 곳에서(Hay 1988) 상세히 다룬 바 있다. 요약하면 다양한 종교 문화의 경험에 대한 이론적 분석은 대체로 정통성 유지에 관심을 가진 역사적 경전의 언어에 대한 연구를 통해 시행되었다는 것이다. 이러한 언어가 실재의 형성에 기여하는 역할에 대한 우리의 현대적 통찰력은 확실히 이러한 텍스트가 어떻게 경험에 있어서의 문화적 차이를 생성하는지에 대해 설명해 준다.

그럼에도 불구하고 실제적인 종교 간 만남, 가령 기독교와 불교의 명상 수행자 간의 만남은 캇츠의 가설적 유대교와 불교의 신비주의처럼 문화적으로는 거리가 있지만 종종 공통성을 발견한다. 두 종교의 윤리적 요구나 명상에 들어가기 위한 방법 및 이러한 상태의 생리학적 상황은 매우 유사하며 현상학적으로도 밀접한 유사성이 존재한다(참조, Suzuki 1957; Merton 1968; Graham 1971; Johnston 1974; Kadowaki 1980).

종교적(또는 영적) 경험은 생리학과 사회적 구조의 상호 작용의 결과일 뿐이라고 주장하는 자들은 이러한 경험이, 주어진 실재를 인식하는 경험적 과정과 거리가 먼 절대적 주관성의 영역에 해당한다고 주장한다. 이러한 주장은 "경험은 문화적으로 형성된 망상"이라는 함축을 가짐으로써 세속적 논리와 어느 정도 결부된다. 반면에 종교적(또는 영적) 경험에 대해 언급하고 싶어 하는 사람들은 주관적 상상과 유사하다는 주장을 강력히 부인하며 이러한 경험은 직접적 인식에 가깝다고 말한다. ASCs의 경우 이러한 상태에 대한 인식을 생성하기 위해(축소시키지 않기 위해) 다양한 관습(최면상태, 약물 복용, 명상 등)을 사용하기 때문에 이러한 상태는 생리학적으로 반드시 다를 것이라고 가정할 필요는 없다. 오늘날의 브레인 스캐닝(brain-scanning) 기법을 사용한 연구는 이 문제를 명확히 하는데 도움이 될 수 있다.

4) 질문하기

위에서 논의한 문제들은 경험적 연구에 사용할 질문을 구성하기 시작하는 시점에 중요하다. 이 분야에 대해 연구하는 학자들은 종종 직접적인 질문을 던진다(참조, Glock and Stark 1965; Back and Bourque 1970; Greeley 1975; Unger 1976; Wuthnow 1976; Hay and Morisy 1978; Hay 1979; Hay and Heald 1987). 아래는 1980년대 중반 영국과 미국에서 사용된 질문 유형이다.

> 당신은 성인으로서 하나님의 임재를 느낀 적이 있는가?(Glock and Stark 1965)

> 당신은 당신을 자신 밖으로 끌어내는 듯한 강력한 영적 힘에 이끌린 적이 있는가?(Greeley 1975)

당신은 거룩하거나 신성한 무엇인가와 밀접하게 연결된 느낌을 받은 적이 있는가?(Wuthnow 1976)

당신은 "종교적 경험 또는 신비적 경험," 즉 갑작스러운 종교적 통찰력이나 자각의 순간을 경험한 적이 있다고 말할 수 있는가?(1978 Gallup Poll)

당신은 하나님이든 다른 무엇이든 일상적 자아와 다른 임재나 힘을 인식하거나 영향을 받은 적이 있는가?(Hardy; Hay and Morisy 1978에 의해서 각색됨)

이러한 질문의 어법은 상당한 의미상의 중복에 대한 의구심을 가질 만큼 영역이 광범위하다. 필자는 영국인 전체 모집단 가운데 시험용 표본(pilot sample)에 대한 현장 실험을 통해 이러한 질문이 공통적 의미 영역을 가리킨다는 인식이 광범위하게 자리 잡고 있음을 알고 있다. 그릴리(Greeley)와 하디(Hardy)의 질문의 경우 1967년 영국의 국립 여론 조사기관이 실시한 조사에서 어느 한 쪽에 "네"라고 대답한 사람이 거의 일치함(>0.9)을 보여준다.

그러나 각각의 질문에 긍정적으로 대답한 사람들 간의 비교 우위적 가치에 대해서는 의문의 여지가 있다. 특히 북캘리포니아교회 성도를 대상으로 한 글록(Glock)과 스타크(Stark)의 유명한 연구처럼(1965) 질문이 기독교의 특정 하위문화로부터 도출된 경우 이러한 문제점이 부각된다. 그들은 응답자에게 "그리스도 안에서 구원받았다고 느낀" 경험이 있느냐고 물었다. 이러한 질문 내용은 복음적 개신교에서는 매우 익숙한 표현이기 때문에 개신교가 가톨릭보다 긍정적인 대답을 할 가능성이 훨씬 높다는 결론은 결코 놀랍지 않다. 현재 이 문제에 대한 근본적인 해법은 없다. 다만 마이클 메이슨(Michael Mason)은 질문을 작성하기 전에 다양한 종교 공동체 내의 주요 상징적 보편성에 대한 규명의 필요성을 포함하여 특정 어법의 사용에 대한 준거를 도출한 바 있다(1988).

반응을 도출하기 위한 또 하나의 방법은 경험에 대한 이야기에서 발췌한 내용을 들려주고 응답자에게 자신의 삶에서 유사한 사례가 있는지 진술하게 하는 것이다. 랄프 후드(Ralph Hood)는 이러한 발췌문을 사용하여 종교적 경험을 측정할 수 있는 방법을 고안해 냈다. 다른 사람들은 덜 구조화된 방식의 발췌문을 사용하여 일반 대중의 반응을 도출하거나(Paffard 1973; Hard 1979) 보다 확장된 조사의 한 부분으로 사용하였다(Robinson and Jackson 1985). 반면에 필자는 종교경험연구센터의 기록보관소에 있는 자료에서 발췌한 주요 카테고리를 사용하였다(Hay and Heald 1987; Hay and Hunt 2000).

반응을 도출하기 위한 세 번째 방법은 영적 인식을 예상할 수 있는 상황에 있는 사람들의 사진을 보여주고 그들이 어떤 상황에 처해 있는지에 대해 설명하게 하는 것이다. 이것은 공식적인 방법이 부적합한 아이들의 영성에 대한 연구에 유익한 것으로 드러났다(Hay et al. 1996). 칼레비 타미넨(Kalevi Tamminen)은 핀란드 청소년의 종교적 영적 삶에 대한 대규모 연구를 통해 투영적(projective) 반응을 요구하는 자막과 함께 종교적 환경에 있는 아이들의 사진(가령 "Lisbeth와 Henry는 십자가를 보았다. 그들은 멈추어 서서 그것을 쳐다보았다. 그들은 … 라고 생각했다"라는 자막과 함께 두 아이가 십자가를 바라보는 사진)을 제시한다(1991). 최근에는 레베카 나이(Rebecca Nye)가 6살 및 10살 어린이에 대한 현장 조사에서 유사한 사진을 사용한 바 있으나 명백히 종교적인 내용은 의도적으로 피했다. 이것은 그녀가 공식적인 종교적 상황이나 해석을 넘어서는 영성에 대한 연구를 시도했기 때문이다.

4. 생물학적 관점

이제 영적 경험에 대한 경험적 접근의 구체적인 사례에 대해 살펴보자. 필자의 의도는 이러한 연구가 어떻게 기독교 영성에 대한 이해에 긍정적인 기여를 할 수 있는가에 대해 조명하는 것이다.

1963-4년도 및 1964-5년도 학기 중에 옥스퍼드 동물학자 알리스터 하디(Alister Hardy)는 에버딘대학에서 기포드 강좌를 맡았다. 『살아있는 강』(The Living Stream, 1965) 및 『신적 불꽃』(The Divine Flame)이라는 저서로 출판된 이 강좌는 종교적 인식은 생물학적으로 인간종(human species)을 구성하는 요소이며 생존 가치(survival value)가 있기 때문에 자연의 선택 과정을 통해 진화되었다고 주장한다. 하디의 전제는 경험주의적 과학자 및 진화론자들의 전형적인 주장이다(Hay 2004). 말하자면 그는 비판적 실재론자(critical realist)이다. 그는 종교적 경험이 루돌프 오토(Rudolf Otto)의 "신비적 인식"에 관한 설명(1950)과 어느 정도 맞닿아 있다고 생각하지만 오토가 말한 "두렵고 매혹적인 신비"(mysterium tremendum et fascinans)에 완전히 사로잡히는 경험이 아니라 훨씬 평범한 경험으로 본다.

하디는 자신의 생각을 옹호하기 위해 심리학, 동물행동학, 인류학과 함께 역설적으로 심령 연구 분야에 호소한다. 그는 사회인류학자(특히 Émile Durkheim과 R. R. Marrett)의 저서에 대해 언급하면서 신성함에 대한 어느 정도의 인식은 모든 인간에게서 보편적으로 나타나는 현상이라는 사실을 보여주려 한다. 특히 생존 가치와 관련하여 그는 뒤르켐(Durkheim)이『종교적 삶의 기본 형식들』(*The Elementary Forms of the Religious Life*, 1915)에서 주장한 이론에 많은 영향을 받았다. 뒤르켐은 신자에 대해 다음과 같이 주장한다.

> 종교의 실제적 기능은 우리로 하여금 생각하게 하고 지식을 채우게 하거나 우리가 가진 기존의 학문적 개념에 또 하나의 기원과 특징을 가진 개념을 더하게 하는 것이 아니라 우리로 하여금 행동하게 하고 그렇게 살아갈 수 있도록 돕는 것이다. **자신의 하나님과 교통하는 신자는 단지 불신자가 모르는 새로운 진리를 알고 있는 사람이 아니라 보다 강력해진 사람이다**(1915, 416, 강조는 추가되었다).

하디는 1969년 기포드 강좌 직후 자신의 가설을 탐구할 목적으로 옥스퍼드대학교의 맨체스터대학(Manchester College)에 종교경험연구소(Religious Experience Research Unit)를 설치했다. 그는 먼저 동물학자인 자신에게 가장 적합한 박물학적(natural historian) 방식을 채택했다. 그는 주로 영국의 내셔널 프레스(the British national press)를 통해 일반 대중으로부터의 반응을 수집했다. 그는 계속해서 이러한 방식을 통해 거의 6천 명에 가까운 사람들로부터 문서로 기록한 반응을 모아 (오늘날 램피터[Lampeter]의 성 데이비드[St. David] 대학에 자리 잡고 있는) 알리스터 하디 종교경험연구센터(Alister Hardy Centre for the Study of Religious and Spiritual Exxperience)에 보관했다. 비어즈워스(Beardsworth 1977), 코헨과 핍스(Cohen and Phipps 1979), 하디(Hardy 1979), 로빈슨(Robinson 1983), 헤이(Hay 1987, 1990), 아헌(Ahern 1990), 맥스웰과 츄딘(Maxwell and Tschudin 1990)은 이 자료에 대한 상세한 논의를 제시한다.

필자는 영국 국민을 대상으로 하는 조사에 앞서 이전에 시도된 조사에 대한 연구를 통해 보존된 자료의 내용을 분류하였다. 다음은 여덟 가지 주요 유형의 경험을 빈도수에 따라 열거한 것이다.

① 삶 가운데 기묘한 방식으로 일어났다고 생각하는 전형적 사건들
② 하나님의 임재에 대한 인식

[도형 24.1] 1970-2000년 12개 나라에서 조사된 종교적 경험에 대한 질문에 대한 긍정적 반응

조사기관	공표일자	국가	표본크기	경험한 사람의 비율
Back and Bourque	1970[a]	미국		
(Gallup)	(1962)		3,232	20.5
	(1966)		3,518	32.0
	(1967)		3,168	41.0
Greeley (NORC)	1975	미국	1,467	35.0
Hay and Morisy(NOP)	1978	영국	1,865	36.0
Gallup	1978	미국	3,000	31.0
PRRC	1978	미국	3,062	35.0
Morgan Research[b]	1983	호주	1,228	44.0
RERC/Gallup	1985	영국	1,030	33.0
RERC/Gallup	1985	미국	1,525	43.0
Hay and Heald(Gallup)	1987	영국	985	48.0
Hay and Hunt(ORB)	2000	영국	1,000	76.0

a 1962, 1966 및 1967년에 조사된 자료로 1970년 출간
b 갤럽 여론조사 호주 지사
NORC, National Opinion Research Center, Chicago; NOP, National Opinion Polls Ltd. London; PRRC, Princeton Religion research Center; RERC, Religious Experience Research Centre, Oxford; ORB, Opinion Research Business, London.

③ 기도의 응답을 통해 도움을 받았다는 인식
④ 하나님으로 불리지 않는 임재를 통한 보호하심이나 인도하심에 대한 인식
⑤ 죽은 자의 임재에 대한 인식
⑥ 본질상 거룩한 임재에 대한 인식
⑦ 악한 임재에 대한 인식
⑧ 만물은 "하나"라는 특별한 방식의 경험

다음 단계는 일반 대중이 보고한 경험의 빈도수를 찾아내어 다른 조사와 비교하는 작업이다. [도형 24.1]은 미국, 영국 및 호주에서 시행되고 1970-2000년에 보고된 일련의 국가적 조사(앞서 언급한 여러 가지 질문이 사용되었다)에서 긍정적인 반응을 보인 비율에 관한 자료이다. 자료를 살펴보면 이 비율은 1962년 미국 갤럽(Gallup)이 시행한 조사(1970년 백[Back]과 부케[Bourque]에게 위임)의 20.5%부터 2000년 ORB에 의해 시행된 국가적 조사(Hay and Hunt 2000)의 76%에 이르기까지 많은 차이를 보인다.

[도형 24.2] 1987년 및 2000년 영국의 종교적 또는 영적 경험에 대한 빈도수

종교적 또는 영적 경험	1987 (%)	2000 (%)	변화 (%)
전형적 사건	29	55	+90
하나님의 임재에 대한 인식	27	38	+41
기도가 응답되었다는 인식	25	37	+40
본질상 거룩한 임재에 대한 인식	16	29	+81
죽은 자의 임재에 대한 인식	18	25	+38
악한 임재에 대한 인식	12	25	+107
누계	(48)[a]	76	+58

a 이 수치에는 1987년 "하나님으로 불리지 않는 임재에 대한 인식"(22%) 및 "모든 것은 하나라는 인식"(5%)에 관한 두 가지 질문에 대한 응답도 포함되어 있다. 즉 2000년의 누계 76%는 저평가되었다는 것이다.

자료: Hay and Heald(1987); Hay and Hunt(2000)

[도형 24.2]는 헤이와 힐드(Hay and Heald 1987) 및 헤이와 헌트(Hay and Hunt 2000)가 영국에서 조사한 여섯 가지 유형의 종교적 또는 영적 경험의 빈도수 비교이다. 두 차례의 연속된 조사에서 같은 형식의 질문이 사용된 경우(예를 들어 1987년과 2000년에 시행된 영국의 국가적 조사), 긍정적 응답자의 수치는 시간이 지날수록 올라가는 경향을 보인다. 또한 1987년에는 표본의 48%가 경험이 있다고 대답했으나 2000년에는 이 수치가 76%까지 올라간다. 이것은 13년 만에 거의 2/3가 증가한 것이다.

[도형 24.2]는 여섯 가지 항목 모두에서 가파른 상승세가 나타난다는 사실을 보여준다. 반면에 거의 동일한 시기에 영국 기독교 주류 교단의 교회 출석 성도는 20% 줄어들었으며(Brierley 2000) 오늘날 교인의 비율은 겨우 7%를 넘는 수준이다. 이에 따라 일부 사회학자들(Brown 2001; Bruce 2002)은 영국의 공식적인 종교에 대한 사망 선고를 내렸다. 교회의 급격한 세력 약화는 오래 전부터 시작되었으나 과거에는 창피해서 비밀로 했던 것을 인정한 것으로 보인다(Hay 2003).

가치에 관한 유럽의 연구(ESV)가 조사한 가장 최근의 통계에 의하면 이러한 이탈 현상은 유럽 여러 나라에서, 특히 젊은이 가운데 많이 찾아볼 수 있다(Y. Lambert, personal communication 2003). 영국 국민은 제도적 종교와 영성 사이에 근본적인 괴리가 있다고 생각하지만 이러한 현상은 미국에서도 나타나는 것으로 보인다. 진바우어(Zinnbauer)의 조사(1997)에 의하면 미국의 기독교는 강력하지만 영국과 마찬가지로 "영성"과 "종교"를

구별하는 경향이 증가하고 있다. 이러한 현상이 광범위하게 확산되고 있다는 사실은 호주에서 수차례 시행된 소규모 연구를 통해 뒷받침된다. 이 연구는 영국의 연구 결과와 매우 유사하다(Tacey 2003).

5. 대안적 자연주의 가설들에 대한 생물학적 가설 검증

생물학적 가설에 기초한 "영적 경험에 대한 해석"을 얼마나 신뢰할 수 있는가?

물론 각자의 신학적 입장에 따라 다르겠지만 이 부분에 대해서는 나중에 다시 살펴볼 것이다. 여기서는 이 질문과 관련하여 오늘날 지배적인 마르크스, 뒤르켐 및 프로이트의 자연주의적 추론에 대해 생물학적 가설이 어떠한 탄력성을 보이느냐에 대해 살펴볼 것이다.

1) 아편설

마르크스의 『헤겔법철학 비판』(Contribution to the Critique of Hegel's Philosophy of Right, 1844) 서문에는 종교에 대한 그의 유명한 진술이 나타난다. 그는 이 서문에서 종교를 "아편"으로 묘사한다. 이것은 종교가 아편처럼 가난하고 억압받는 사회 계층의 고통을 없애준다는 함축이 담겨 있다. 이것은 검증이 가능한 가설이다. [도형 24.3]은 각 사회계층을 대상으로 조사한 네 개의 자료이다. 이 자료는 사회계층이 높아질수록 종교적/영적 경험의 수치도 올라가는 추세를 보여주는데 이것은 마르크스의 주장에 기초한 예상과 반대되며 생물학적 가설에 기초한 예상과 부합된다.

다시 말하면 종교적 또는 영적 인식은 가난과 같은 요소 때문이 아니며 그러한 요소에 기초한 유추적 해석도 불가하다는 것이다. 그러나 한 가지 주목할 것은 이 표에 나타난 변칙적인 수치, 즉 호주의 조사에서 "비숙련직"의 긍정적 응답이 높게 나온 것은 마르크스의 이론이 적어도 일부 환경에서는 적용될 수 있다는 것이다. 바꾸어 말하면 이 그룹은 원주민이 많기 때문에 이러한 결과는 유럽과 호주 원주민 사이의 문화적 차이에 기인한 것으로 볼 수 있다.

[도형 24.3] 1978-1985년 4개국에서 시행된 사회 계층별 종교적(영적) 경험에 대한 조사

사회 계층	영국 1978 (%)	미국 1978 (%)	호주 1983 (%)	미국 1985 (%)
중상층	47	–	–	–
전문직 중산층	49	39	50	44
중하층/화이트칼라	41	33	42	35
숙련직	31	31	31	29
비숙련직/빈곤층	32	29	49	28

자료: 영국, Hay and Morisy(1978); 미국, Gallup(1978, 1985); 호주, Morgan Research(1983)

2) 거품설

『종교적 삶의 기본 형식들』(*The Elementary Forms of the Religious Life*, 1915)에는 종교적 경험은 대규모 종교 모임에서 나타나는 "거품"이라는 뒤르켐의 해석이 나타난다. 이 가설을 검증한 연구는 두 가지이다. 영국 노팅엄 주민에 대한 헤이와 모리시(Hay and Morisy)의 계층별 무작위 표본조사(1985)에서 영적 경험을 했다고 대답한 응답자 가운데 60% 이상이 오직 혼자만의 경험이라고 말한다. 갤럽 여론조사 기관이 시행한 영국의 국가적 조사(Hay and Heald 1987)에서 혼자만의 경험이라고 대답한 응답자의 수치는 유형에 따라 61%에서 76%로 나타난다(도형 24.4). 이 수치는 뒤르켐의 추론에서 예상할 수 있는 것과 반대되는 결과이다. 이러한 결과는 종교적 인식이 사회적 현상이 아니라 개인적이라는 해석에 기초한 예상과 일치한다.

3) 노이로제설

필자는 앞서 프로이트가 종교는 노이로제 증상이며(1928a) 종교적 경험은 일시적 정신 이상이라고(Reik 1940) 생각했다는 사실을 언급한 바 있다. 종교적/영적 경험에 대한 독자적 연구를 통해 이러한 경험이 정신 건강과 직접 연결된다고 주장한 사람은 드물다. 그들의 연구는 양자의 관련성을 제시하지 않거나(Lindskoog and Kirk 1975) 대체로 정신 건강과의 긍정적 관계를 주장한다(참조, Hood 1974; Thomas and Cooper 1980; Jackson and Fulford 1997). 이 주제에 대한 세밀한 연구에 따르면 이러한 경험은 특히 측두엽 간질과

[도형 24.4] "자신의 경험에 대해 다른 사람에게 말한 적이 있는가"라는 질문에 대해 "아니오"라고 대답한 사람의 비율

종교적 또는 영적 경험	%
기도가 응답되었다는 인식	76
죽은 자의 임재에 대한 인식	75
만물은 "하나"라는 인식	69
하나님으로 불리지 않는 임재에 대한 인식	68
전형적 사건들	66
하나님의 임재에 대한 인식	64
본질상 거룩한 임재에 대한 인식	64
악한 인재에 대한 인식	61

자료: Hay and Heald(1987)

밀접한 관련이 있다는 일반적 가정은 근거가 없는 것으로 보인다(Sensky et al. 1984).

브래드번의 감정 균형 척도(Bradburn Balanced Affect Scale)에 의해 측정된(Bradburn 1969) 종교적 경험과 "심리적 평안"의 관계를 연구하기 위해 두 차례의 대규모 조사가 시행되었다. 볼링(Bowling)은 이 척도의 가치에 대한 평가를 시도했으며(1991) 버커만(Berkman)은 이 척도에 의한 점수가 개인의 정신 건강 수준과 반드시 일치하는 것은 아니지만 대규모 표본에서는 정신 건강에 대한 적절한 지표가 된다는 사실을 보여주었다 (1971). 앤드류 그릴리(Andrew Greeley)는 미국인을 대상으로 한 조사에 브래드번 척도를 사용하였으며 종교적 경험과 심리적 평안 사이에 중요한 관계가 있음을 발견했다. 당시 긍정적 정서와의 관계는 브래드번 척도에 의해 측정된 그룹에서 가장 높은 상관성을 보여주었다. 헤이와 모리시(Hay and Morisy)는 영국에서의 조사를 통해 그릴리의 미국 표본만큼은 아니지만 브래드번 척도에 의한 긍정적 점수와 경험 사이에 이와 유사한 긍정적 관계가 있음을 발견했다.

만일 생물학적 가설이 옳다면 이러한 결과들은, 비록 정확한 것은 아니지만 프로이트의 주장과 상충되는 것처럼 보인다. 프로이트에 의하면(1928b) 종교는 어느 곳에나 있지만 인식되지 않는 신경증과 같은 것으로서 종교인이 다른 사람보다 덜 신경과민으로 보인다는 역설적 결과와 배치된다. 프로이트의 종교 해석에 따르면 종교적 경험은 환각이며 따라서 이러한 보편적 노이로제에 깊이 빠져 있어야 하는 것이다.

그러나 앞서 언급한 대로 감정 측정에서 점수를 받은 사람들은 종교적 경험을 했다고 주장하는 사람들이기 때문에 그들이 일시적인 정신적 환각을 동반한 노이로제에 빠져 있다고 보는 관점은 오류가 있다. 이러한 오류는 종교가 무의미하다는 선입관에서 비롯된 것이다. 이런 관점은 광범위하게 확산되어 있지만 이 문제는 심리학이나 신학적 이슈를 포함하기 때문에 과학을 초월하며 따라서 프로이트의 과학적 주장은 원점을 맴돌 뿐이다.

6. 앞으로의 전망

윌리엄 제임스의 시대부터 오늘날까지 종교적 또는 영적 경험에 대한 경험적 연구는 수백 년 동안 일상적 의식 속으로 녹아든 종교에 대한 지적 비판의 비호아래 시행되어 왔다. 더구나 신학자들은 때때로 이러한 비평과 결탁해 온 것으로 보인다. 버클리(Michael Buckley)는 『현대 무신론의 기원』(*At the Origins of Modern Atheism*)에서 17세기 동안 수많은 주류 기독교 신학자들(개신교 및 가톨릭)이 경험이라는 문제 때문에 신경쇠약에 걸렸다고 주장한다(1987). 같은 종교를 믿는 청교도나 경건파와 달리 그들은 하나님에 대한 일상적 경험을 언급하는 것만으로는 더 이상 기독교가 보호받을 수 없다고 생각했다. 따라서 그들은 목적론적 증명에 기초한 간접적 변증론으로 돌아섰으며 뉴턴(Isaac Newton)과 같은 우주론자에게 종교에 대한 변증을 맡겼다. 그러나 이러한 영적 경험에 대한 포기는 결국 그들이 피하고 싶었던 종교의 파괴를 초래하고 말았다.

> 종교가 자기주장의 기초가 되는 내적 근거를 가지지 못할 경우 이러한 내적 공백이 단호한 거부로 나타나는 것은 시간문제일 뿐이다 … 결국 종교적 자기 부인은 보다 근본적이고 지속적인 무신론적 자기 부인으로 전락하고 말 것이다. 만일 종교가 본질적 정당성을 가지지 못한다면 외부로부터의 정당성도 보장할 수 없다(Buckley 1987, 360).

이에 따라 환각이나 정신적 불안정과 종교적(영적) 경험과의 연계 가능성에 대한 불안감이 확산되었다. 1987년 미국정신의학협회(americxan Psychiatric Association)가 펴낸 『정신질환 진단 및 통계 편람』(*Diagnostic and Statistical Manual*) 3판(DSM III)에는 정신 의학 분야의 전문가들에게 이러한 경험("임재에 대한 의식"이나 "하나님이 사명을 부여하셨다는 느낌")에 기초하여 정신 질환을 진단하라는 조언이 들어 있다. 유명한 대중 과학서적 저자 및 일부 전문가는 여전히 이러한 경험을 병리학적 증세나 질환으로 본다(참조, Persinger 1997; Dawkins 1998; Alper 2001; Boyer 2001). 필자의 최근 저서에서 언급했듯이 이러한 종류의 가정들이 만들어 낸 금기(taboo)는 매우 강력하다(Hay 2003).

필자는 영적 경험에 대한 부정적 평가에 배치되는 상당한 양의 자료를 인용한 바 있으나 이와 별도로 다른 학문 분야에서도 보다 솔직한 태도의 조짐이 나타나고 있다. 최근의 신경생리학적(neutrophysiological) 연구는 환원주의자의 편견이 대폭 감소된 설명적 주석을 곁들이고 있다(참조, Ramachandran and Blakeslee 1998; Newberg et al. 2001). 또한 영적 경험이 긍정적 기능을 할 수 있다는 가능성에 대한 학문적 논쟁도 늘어났다(참조, Jackson and Fulford 1997; Pargament 1997; Koenig 1998; Koenig et al. 2001; Swinton 2001).

또 하나의 발전은 영적 경험이 정치적 압력에 기초하지 않은 사회적 응집을 뒷받침하는 중요한 역할을 한다는 최근의 연구이다. 영국의 대규모 산업 도시 두 곳에서 6세 및 10세 어린이의 영성에 대해 연구한 레베카 나이(Rebecca Nye)는 모든 어린이의 영적 대화에는 "관계적 인식"(relational consciousness)이 나타난다고 주장한다. 그는 이러한 관계적 인식은 두 가지 요소로 구성된다고 말한다.

> 첫째, 어린이의 대화 속의 다른 발언들과 관계된 특이한 수준의 인식 또는 지각.
> 둘째, 어린이가 사물, 다른 사람, 자신 및 하나님과 관계된 방식을 말하는 상황에서 표현된 대화(Hay, with Nye 1998: 113).

관계적 인식에 내재된 생물학적 본성은 헝가리(Nagy and Molnar 1994) 및 영국(Trevarthen 2002)에서 시행된 어린이 및 신생아의 상호 주관성(intersubjectivity)에 대한 선구자적 연구에 의해 강력한 경험적 뒷받침을 받았다. 이 연구 결과는 생명을 본능적으로 사랑하는 바이오필리아(biophilia) 가설에 대한 연구 결과와도 일치한다(Wilson 1984; Kellert snd Wilson 1993). 이 가설은 인간에게 생명 및 생명과 유사한 과정과 제휴하려는 근본적이고 유전적인 본능이 있다고 주장하며 피터 칸(Peter Kahn)은 미국과 브라질의 아마존에서 아이들에 대한 광범위한 연구를 통해 이 가설의 가능성을 뒷받침하는 자료를 제공한다. 성인에 대한 연구(Greeley 1975; Wuthnow 1976; Hay ad Morisy 1978; Hay 1979)도 이러한 연구 결과와 일치하며 영적 경험에 대한 가장 일반적인 대답은 보다 윤리적이면서 덜 물질적인 삶을 살겠다는 소원임을 보여준다.

관계적 인식이 영성과 윤리적 감성의 구조적 축이라는 생각은 사회적 구조의 제약에서 벗어난 "자아와 하나님에 대한 근본적인 인식"을 주장하는 신학자들에게 경험적 기초를 제공한다(참조, Rahner 1983; Kelly 2002). 최근의 경험적 연구는 언어에 대한 강력한 분석적 강조 및 실재와의 확고한 연결에 대한 인식을 가지기 전, 언어 이전(pre-vrebal) 차원의 이해력에 대해 다루는 것으로 보인다. 이러한 이해력은 이타적 충동을 자극하며 『나와 너』(I and Thou, 1937)에 나타난 마틴 부버(Martin Buber)의 사상과 맥락을 같이 하는 것으로 보인다. 또한 이것은 임마누엘 레비나스(Emmanuel Levinas)가 "타인"에 대한 책임감은 어떤 자의식보다 선재하며 윤리학은 "제1철학"이라고 주장한 배경과도 관련이 있다(Levinas 1984; Bernasconi and Wood 1988).

관계적 영역이 영적 경험에서 차지하는 중심성은 영성과 서구의 개인주의 사이에 존재하는 긴장에 대한 통찰력도 제공한다. 맥퍼슨(C. B. Macpherson)은 『소유적 개인주의의 정치 이론』(The Political Theory of Possessive Individualism, 1962)에서 개인주의가 시장 활동의 근간이 된 한 방식에 대해 연구한다. 그는 개인주의의 영향을 17세기까지 추적하며 어떻게 토마스 홉스(Thomas Hobbes)의 개인주의가 시장의 기반이 되는 기본적 전제들을 시작하고 지속해 왔는지에 대해 보여준다. 알버트 허쉬만(Albert Hirschman)의 권위 있는 저서 『열정과 이해관계』(The Passions and the Interests, 1977)는 이 주제를 더욱 발전시키며 이기심(한때 "탐욕"으로 불렸으며 단테[Dante]에 의하면 그것을 추구하는 자는 지옥의 네 번째 층에 들어갔다)이 미덕의 반열에까지 올랐다고 말한다.

아마도 이러한 관점에 가장 큰 영향을 미친 것은 아담 스미스(Adam smith)의 걸작 『국부론』(The Wealth of Nations, 1776)일 것이다. 이 책은 이기심을 후세대의 모든 경제 이론의 기초를 형성하는 핵심 원리로 제시한다. 여기서 문제가 되는 것은 상충되는 이해관계이다. 영적 경험의 통찰력과 부합되지 않는 인간 본성에 대한 이처럼 막대한 투자를 감안하면 오늘날 서구사회의 종교적 문제는 놀라운 것이 아니다. 경제 체제를 강화하는 것처럼 보이는 이러한 관점과 결탁하려는 유혹이 있다.

한 가지 좋은 소식은 도덕적으로 상반된 세계화 현상 스스로 과연 개인주의가 경제를 움직이는 원동력으로 적합한지에 대한 의문을 제기하고 있다는 것이다. 세계화를 연구하는 학자들은 끝없는 상호연결을 가능케 하는 "시냅틱 네트워크"(synaptic network)에 대해 "세계의 뇌"(global brain)이라는 은유를 사용하기 시작했다. 1991년 걸프 전쟁 당시 정치인들은 "연대"(linkages)라는 표현을 사용하며 중동 분쟁의 원인과 영향 및 결과에 대해 최선을 다해 추적해갔다(Duffield 2001). 이러한 "연대"는 지속적으로 증식되었으며 급기야는 2003년에 다시 충돌이 발생하였다. 수많은 연대가 세계의 정치, 경제, 사회 모든 분야로 확산된 시냅틱 네트워크를 반복적으로 형성했다.

이러한 변화에 대한 인식은 전통적 개인주의를 부적합한 것으로 만들고 매니지먼트 분야 및 세계 시장에서 점차 진부한 것이 되게 했다. 또한 인간이 상호 관계를 맺는 방식에 대한 영적 통찰력은 지구촌에 대한 가장 적합한 모델이라는 인식이 자리 잡기 시작했다. 그러나 기독교적 관점에서 볼 때 필자가 제시한 경험적 증거는 영성과 종교의 괴리에 대한 대중적 인식이 점차 확대되고 있다는 안타까운 결과도 보여준다. 필자가 본서에서 "영적"과 "종교적"이라는 표현 사이에서 고심한 것도 이러한 이유 때문이다. 기독교 교회를 위해 필요한 지적, 목회적 과업은 이러한 괴리를 넘어 소통하는 방법을 배우는 것이다.

참고문헌

Ahern, G. 1990: *Spiritual/Religious Experience in Modern Society: A Pilot Study*. Oxford: Alister Hardy Research Centre.

Alper, M. 2001: *The "God" Part of the Brain: A Scientific Interpretation of Human Spirituality and God*. New York: Rogue Press.

American Psychiatric Association 1987: *Diagnostic and Statistical Manual of Mental Disorders*, 3rd rev. edn (DSM III). Washington DC: American Psychiatric Association.

Back, K. and Bourque, L. B. 1970: Can feelings be enumerated? *Behavioral Science* 15, 487–96.

Bagger, M. C. 1999: *Religious Experience, Justification and History*. Cambridge: Cambridge University Press.

Beardsworth, T. 1977: *A Sense of Presence*. Oxford: RERU.

Beit-Hallahmi, B. 1974: Psychology of religion 1880–1930: the rise and fall of a psychological movement. *Journal of the History of the Behavioral Sciences* 10, 84–90.

Berkman, P. 1971: Measurement of mental health in a general population survey. *American Journal of Epidemiology* 94, 105–11.

Bernasconi, R. and Wood, D. (eds) 1988: *The Provocation of Levinas: Rethinking the Other*. London: Routledge.

Bowling, A. 1991: *Measuring Health: A Review of Quality of Life Measurement Scales*. Buckingham: Open University Press.

Boyer, P. 2001: *Religion Explained: The Human Instincts that Fashion Gods, Spirits and Ancestors*. London: William Heinemann.

Bradburn, N. M. 1969: *The Structure of Psychological Wellbeing*. Chicago: Aldine Press.

Breward, I. (ed.) 1970: *The Work of William Perkins*. Appleford: Sampford Courteney Press.

Brierley, P. 2000: *UK Christian Handbook: Religious Trends*. Carlisle: Paternoster.

Brown, C. G. 2001: *The Death of Christian Britain*. London: Routledge.

Bruce, S. 2002: *God is Dead: Secularization in the West*. Oxford: Blackwell.

Buber, M. 1937: *I and Thou*, trans. R. G. Smith. Edinburgh: T. and T. Clark.

Buckley, M. 1987: *At the Origins of Modern Atheism*. New Haven, CT: Yale University Press.

Coe, G. A. 1916: *The Psychology of Religion*. Chicago: University of Chicago Press.

Cohen, C. L. 1986: *God's Caress: The Psychology of Puritan Religious Experience*. New York: Oxford University Press.

Cohen, J. M. and Phipps, J-F. 1979: *The Common Experience*. London: Rider.

Cronbach, A. 1933: The psychology of religion: a bibliographical survey. *Psychological Bulletin* 30, 327–61.

Dawkins, R. 1998: *Unweaving the Rainbow: Science, Delusion and the Appetite for Wonder*. London: Penguin.

Duffield, M. 2001: *Global Governance and the New Wars*. London: Zed Books.

Durkheim, É. 1915: *The Elementary Forms of the Religious Life*, trans. J. W. Swain. London: George Allen and Unwin.

Edwards, J. [1746] 1961: *The Religious Affections*. Edinburgh: Banner of Truth Trust.

Erb, P. C. (ed.) 1983: *Pietists: Selected Writings*. London: SPCK.

Eysenck, H. 1985: *Decline and Fall of the Freudian Empire*. London: Penguin.

Feinstein, H. 1970: The prepared heart: a comparative study of Puritan theology and psychoanalysis. *American Quarterly* 22 (2), 166–76.

———— 1984: *Becoming William James*. Ithaca, NY: Cornell University Press.

Freud, S. 1928a: *The Future of an Illusion*. London: Hogarth Press.

———— [1928b] 1961: A religious experience. In *Standard Edition of the Works of Sigmund Freud*, vol. 9. London: Hogarth Press.

Girgensohn, K. [1921] 1930: *Der seelische Aufbau des religiösen Erlebnis: Eine religionspsychologische Untersuchung auf experimenteller Grundlage*, corrected and supplemented by W. Gruehn. Gütersloh: C. Bertelsmann.

Glock, C. Y. and Stark, R. 1965: *Religion and Society in Tension*. Chicago: Rand McNally.

Godin, A. 1985: *The Psychological Dynamics of Religious Experience*. Birmingham, AL: Religious Education Press.

Graham, A. 1971: *The End of Religion: Autobiographical Explorations*. New York: Harcourt Brace Jovanovich.

Greeley, A. M. 1975: *The Sociology of the Paranormal: A Reconnaissance*. Beverly Hills, CA: Sage.

Gurney, E., Myers, F. W. H., and Podmore, F. 1886: *Phantasms of the Living*, 2 vols. New York: Trubner.

Hall, G. S. 1904: *The Psychology of Adolescence*, 2 vols. New York: D. Appleton.

Hardy, A. 1965: *The Living Stream*. London: Collins.

———— 1966: *The Divine Flame*. London: Collins.

———— 1975: *The Biology of God*. London: Jonathan Cape.

———— 1979: *The Spiritual Nature of Man*. Oxford: Clarendon Press.

———— 1984: *Darwin and the Spirit of Man*. London: Collins.

Hay, D. 1979: Religious experience amongst a group of postgraduate students: a qualitative study. *Journal for the Scientific Study of Religion* 18, 164–82.

———— 1985: Religious experience and its induction. In L. B. Brown (ed.), *Advances in the Psychology of Religion*, pp. 135–50. Oxford: Pergamon Press.

———— 1987: *Exploring Inner Space: Scientists and Religious Experience*, 2nd edn.

London: Mowbrays.

———— 1988: Asking questions about religious experience. *Religion* 18, 217–29.

———— 1990: *Religious Experience Today: Studying the Facts.* London: Mowbrays.

———— 1994: "The biology of God": what is the current status of Hardy's hypothesis? *International Journal for the Psychology of Religion* 4, 1–23.

———— 1999: Psychologists interpreting conversion: two American forerunners of the hermeneutics of suspicion. *History of the Human Sciences* 12, 55–72.

———— 2003: Why is implicit religion implicit? *Implicit Religion* 6, 17–41.

———— 2004: A biologist of God: Alister Hardy in Aberdeen. *Aberdeen University Review* 60 (3), 208–21.

———— and Heald, G. 1987: Religion is good for you. *New Society*, April 17.

———— and Hunt, K. 2000: *The Spirituality of People who Don't Go to Church.* Final Report, Adult Spirituality Project, Nottingham University.

———— and Morisy, A. 1978: Reports of ecstatic, paranormal or religious experience in Great Britain and the United States: a comparison of trends. *Journal for the Scientific Study of Religion* 17, 255–77.

———— and ———— 1985: Secular society/religious meanings: a contemporary paradox. *Review of Religious Research* 26, 213–27.

———— with Nye, R. 1998: *The Spirit of the Child.* London: HarperCollins.

———— Nye, R., and Murphy, R. 1996: Thinking about childhood spirituality: review of research and current directions. In L. J. Francis, W. K. Kay, and W. S. Campbell (eds.), *Research in Religious Education,* pp. 47–72. Leominster: Gracewing.

Held, D. and McGrew, A. 2002: *Globalization/Anti-globalization.* Cambridge: Polity Press.

Hirschman, A. O. [1977] 1997: *The Passions and the Interests,* 20th Anniversary Edition. Princeton, NJ: Princeton University Press.

Hood, R. W. 1974: Psychological strength and the report of intense religious experience. *Journal for the Scientific Study of Religion* 13, 65–71.

———— 1975: The construction and preliminary validation of a measure of reported religious experience. *Journal for the Scientific Study of Religion* 17, 179–88.

_____ (ed.) 1995: *Handbook of Religious Experience*. Birmingham, AL: Religious Education Press.

_____ 2001: *Dimensions of Mystical Experiences: Empirical Studies and Psychological Links*. Amsterdam: Editions Rodopi B.V.

Jackson, M. and Fulford, K. W. M. 1997: Spiritual experience and psychopathology. *Philosophy, Psychiatry and Psychology* 4, 41–66.

James, W. [1890] 1950: *The Principles of Psychology*, 2 vols. New York: Dover.

_____ [1902] 1985: *The Varieties of Religious Experience*. Cambridge, MA: Harvard University Press.

—— 1920: *The Letters of William James*, ed. Henry James, 2 vols. Boston: Atlantic Monthly Press.

Johnston, W. 1974: *Silent Music: The Science of Meditation*. London: Collins.

Kadowaki, J. K. 1980: *Zen and the Bible: A Priest's Experience*. London: Routledge and Kegan Paul.

Kahn, P. H. 1997: Developmental psychology and the biophilia hypothesis: children's affiliation with nature. *Developmental Review* 17, 1–61.

Katz, S. T. (ed.) 1978: *Mysticism and Philosophical Analysis*. New York: Oxford University Press.

Kellert, S. R. and Wilson, E. O. (eds) 1993: *The Biophilia Hypothesis*. Washington, DC: Island Press.

Kelly, T. M. 2002: *Theology at the Void: The Retrieval of Experience*. Notre Dame, IN: University of Notre Dame Press.

Koenig, H. G. (ed.) 1998: *Handbook of Religion and Mental Health*. San Diego: Academic Press.

_____ McCullough, M. E., and Larson, D. B. 2001: *Handbook of Religion and Health*. Oxford: Oxford University Press.

Lash, N. 1988: *Easter in Ordinary: Reflections on Human Experience and the Knowledge of God*. Notre Dame, IN: University of Notre Dame Press.

Lee, S. H. 1988: *The Philosophical Theology of Jonathan Edwards*. Princeton, NJ: Princeton University Press.

Leuba, J. H. 1925: *The Psychology of Religious Mysticism*. London: Kegan Paul, Trench, Trubner and Co.

Levinas, E. 1984: Ethics as first philosophy. In S. Hand (ed.), *The Levinas Reader*. Oxford: Blackwell.

Levinson, H. S. 1981: *The Religious Investigations of William James*. Chapel Hill, NC: University of North Carolina Press.

Lindbeck, G. A. 1984: *The Nature of Doctrine: Religion and Theology in a Postliberal Age*. Philadelphia: The Westminster Press.

Lindskoog, D. and Kirk, R. E. 1975: Some life-history and attitudinal correlates of selfactualization among evangelical seminary students. *Journal for the Scientific Study of Religion* 14, 51–5.

Locke, R. G. and Kelly, E. F. 1985: A preliminary model for the cross-cultural analysis of altered states of consciousness. *Ethos* 13, 3–55.

MacIntyre, A. 1990: *Three Rival Versions of Moral Enquiry*. London: Duckworth.

McKenzie, P. 1994: Otto, Wach and Heiler: towards a systematic phenomenology of religion. *Diskus* 2, 29–44.

MacPherson, C. B. 1962: *The Political Theory of Possessive Individualism: From Hobbes to Locke*. Oxford: Clarendon Press.

Marrett, R. R. 1920: *Psychology and Folklore*. London: Methuen.

Marx, K. [1844] 1957: Introduction to the contribution to the critique of Hegel's philosophy of right. In K. Marx and F. Engels, *On Religion*. Moscow: Progress.

Mason, M. 1988: Toward further research on religious experience. Unpublished paper.

Maxwell, M. and Tschudin, V. 1990: *Seeing the Invisible: Modern Religious and Other Transcendent Experiences*. London: Arkana/Penguin.

Meissner, W. W. 1984: *Psychoanalysis and Religious Experience*. New Haven, CT: Yale University Press.

Merton, T. 1968: *Zen and the Birds of Appetite*. New York: New Directions.

Milbank, J. 1990: *Theology and Social Theory: Beyond Secular Reasoning*. Oxford: Blackwell.

Miller, P. 1948: Jonathan Edwards on the sense of the heart. *Harvard Theological Review*

41, 123–45.

———— 1975: *Errand into the Wilderness*. Cambridge, MA: Harvard University Press.

Nagy, E. and Molnar, P. 1994: *Homo imitans* or *Homo provocans*? In search of the mechanism of inborn social competence. *International Journal of Psychophysiology* 18, 128.

Nase, E. 2000: The psychology of religion at the crossroads: Oskar Pfister's challenge to psychology of religion in the twenties. In J. A. Belzen (ed.), *Aspects in Contexts: Studies in the History of Psychology of Religion*, pp. 45–89. Amsterdam: Editions Rodopi B.V.

Newberg, A., d'Aquili, E., and Rause, V. 2001: *Why God Won't Go Away: Brain Science and the Biology of Belief*. New York: Ballantine.

Otto, R. 1950: *The Idea of the Holy*, trans. J. W. Harvey, 2nd edn. Oxford: Oxford University Press.

Paffard, M. 1973: *Inglorious Wordsworths*. London: Hodder and Stoughton.

Pargament, K. I. 1997: *The Psychology of Religion and Coping: Theory, Research, Practice*. New York: Guilford.

Perry, R. B. 1935: *The Thought and Character of William James as Revealed in Unpublished Correspondence and Notes, Together with his Published Writings*, 2 vols. Boston: Little, Brown.

Persinger, M. A. 1997: *Neuropsychological Bases of God Beliefs*. New York: Praeger Press.

Preus, S. 1987: *Explaining Religion: Criticism and Theory from Bodin to Freud*. New Haven, CT: Yale University Press.

Proudfoot, W. 1985: *Religious Experience*. Berkeley, CA: University of California Press.

Rahner, K. 1983: *Foundations of Christian Faith*, trans. W. C. Dych. New York: Crossroad.

Ramachandran, V. S. and Blakeslee, S. 1998: *Phantoms of the Brain*. London: Fourth Estate.

Reik, T. 1940: *From Thirty Years with Freud*. New York: Farrar and Rinehart.

Rizzuto, A-M. 1979: *The Birth of the Living God*. Chicago: University of Chicago Press.

Robinson, E. 1983: *The Original Vision*. New York: Seabury Press.

_____ and Jackson, M. 1985: *Religion and Values at 16+*. Oxford: Alister Hardy Research Centre/Christian Education Movement.

Sensky, T., Wilson, A., Petty, R., et al. 1984: The interictal personality traits of temporal lobe epileptics: religious belief and its association with reported mystical experiences. In R. J. Porter et al. (eds), *Advances in Epileptology: 15th Epilepsy International Symposium*, pp. 545–9. New York: Raven Press.

Smith, A. [1776] 1999: *The Wealth of Nations*, ed. A. Skinner, 2 vols. London: Penguin.

Starbuck, E. D. 1899: *The Psychology of Religion: An Empirical Study of the Growth of Religious Consciousness*. New York: Walter Scott.

_____ 1937: Religion's use of me. In V. Ferm (ed.), *Religion in Transition*, pp. 222–7. London: George Allen and Unwin.

Stiglitz, J. E. 2003: *Globalization and its Discontents*. London: Penguin.

Stoeffler, F. E. 1970: *The Rise of Evangelical Pietism*. Leiden: E. J. Brill.

Strout, C. 1971: The pluralistic identity of William James. *American Quarterly* 23, 135–52.

Suzuki, D. T. 1957: *Mysticism, Christian and Buddhist*. London: George Allen and Unwin.

Swinton, J. 2001: *Spirituality and Mental Health Care: Rediscovering a Forgotten Dimension*. London: Jessica Kingsley.

Tacey, D. 2003: *The Spirituality Revolution*. Sydney: HarperCollins.

Tamminen, K. 1991: *Religious Development in Childhood and Youth: An Empirical Study*. Helsinki: Suomalainen Tiedakatemia.

Taylor, C. 2002: *Varieties of Religion Today: William James Revisited*. Cambridge, MA: Harvard University Press.

Thomas, L. E. and Cooper, P. E. 1980: Incidence and correlates of intense spiritual experiences. *Journal of Transpersonal Psychology* 12, 75–85.

Trevarthen, C. 2002: Proof of sympathy: scientific evidence on the co-operative personality of the infant, and evaluation of John Macmurray's "Mother and Child." In D. Fergusson and N. Dower (eds), *John Macmurray: Critical Perspectives*, pp. 77–118. New York: Peter Lang.

Unger, J. 1976: *On Religious Experience: A Psychological Study*. Stockholm: Almquist and Wiksell.

Waring, M. 1809: *A Diary of the Religious Experience of Mary Waring, Daughter of Elijah and Sarah Waring; late of Godalming*. London: William Phillips.

Watson, J. B. 1914: *Behavior: An Introduction to Comparative Psychology*. London: Kegan Paul, Trench, Trubner.

Watts, M. 1978: *The Dissenters*, vol. 1. Oxford: Clarendon Press.

Weber, M. 1930: *The Protestant Ethic and the Spirit of Capitalism*, trans. Talcott Parsons. London: George Allen and Unwin.

Wilson, E. O. 1984: *Biophilia*. Cambridge, MA: Harvard University Press.

Wulff, D. M. 1985: Experimental introspection and religious experience: the Dorpat School of Religious Psychology. *Journal of the History of the Behavioral Sciences* 21, 131–50.

———— 1997: *Psychology of Religion: Classic and Contemporary*, 2nd edn. New York: John Wiley.

Wuthnow, R. 1976: *The Consciousness Reformation*. Berkeley, CA: University of California Press.

Zinnbauer, B., Pargament, K., Cole, B., et al. 1997: Religion and spirituality: unfuzzying the fuzzy. *Journal for the Scientific Study of Religion* 76, 549–64.

제25장
신비주의

데이비드 페린(David B. Perrin) 박사
세인트폴대학교 영성신학 교수

신비주의는 모든 종교 및 종교 제도에 알려진 현상이다. 그러나 신비주의에 대한 정의는 동일한 종교 전통 안에서도 쉬운 작업이 아니다. 1922년에 처음 발표된 버틀러(Dom Cuthbert Butler)의 고전적 연구에는 신비주의의 규명에 관한 문제가 언급된다.

> 우리 시대에 "신비주의"만큼 잘못 남용되고 있는 단어도 없을 것이다. 이 단어는 신지학과 크리스천 사이언스, 심령술과 투시, 귀신론과 마술, 심령주의와 마법, 종교적 색채를 띤 기묘한 심리학적 경험, 계시와 환상, 내세적임 … 등 다양한 유형의 개념에 사용된다(1966, 3).

최근에는 버나드 맥긴(Bernard McGinn)이 『신비주의의 기초』(Foundations of Mysticism, 1991)라는 책에서 "이론적 기초: 신비주의에 대한 근대 연구"(Theoretical Foundations: The Modern Study of Mysticism)라는 긴 제목의 부록을 통해, 신비주의라는 용어의 의미에 대한 공감대가 부족할 뿐만 아니라 이 단어의 정확한 의미에 대한 규명 및 제도적 종교, 기도, 교리적 믿음과의 관계에 대한 공감대를 형성하는 것은 거의 불가능하다고 생각하는 저자들을 인용하며, 자신도 같은 입장임을 밝힌 바 있다.

그러나 신비주의에 대한 규명은 각자의 관점에 달려 있으며 그레이스 얀첸(Grace Jantzen)이 『능력, 젠더 및 기독교 신비주의』(Power, Gender and Christian Mysticism, 1995)에서 분명히 밝힌 대로 성별에 따라서도 달라진다. 얀첸은 신비주의에 대한 규명은 사회적 해석에 해당하며 지식, 능력 및 정치와 밀접한 관련이 있다고 주장한다. 따라서 "신비주의"라는 단어의 다양한 의미에 대한 규명 및 검증은 전적으로 각자의 관점에 적합한 방식으로 수행될 수밖에 없다. 감사하게도 앞서 언급한 버틀러, 버나드 맥긴 및 그레이스 얀센의 연구는 독자에게 유익한 자료이다. 그럼에도 불구하고 적어도 오늘날의 신비주의 개념을 파악할 수 있는 효과적인 규명은 하나의 배타적인 정의에만 국한되지 않은 채 시작되었다는 사실을 알아야 한다. 그러나 우리는 이 논문의 끝 부분에서 자신의 정의마저 포기할 수밖에 없다는 사실을 알게 될 것이다.

여기서 말할 수 있는 것은 이 논문에서의 신비주의에 대한 규명은 신비주의에 대한 서구의 유신론적 접근에 초점을 맞추고 있으며 따라서 이슬람이나 유대교 또는 기독교 전통에 가깝다는 것이다. 이 논문의 관점은 "신비적 경험이란 종교적으로 특별한 경험으로서 불교신자는 불교의 신비적 경험을 하고 유대인은 유대교, 기독교는 그리스도와 관련된 신비적 경험을 한다"(McGinn 1991, 322)는 것이다. 따라서 본 논문은 신비주의가 불교, 유교, 힌두교, 유대교 이슬람 등 "모든 종교 및 종교 시스템에 알려진" 현상이라는 사실을 인정하는 동시에 유일신 종교의 배경이 되는 유신론적 특징을 가정한다.

특히 서구 기독교에서 신비주의에 대한 근대적 접근은 신적 존재나 불가사의한 타자(Other)에 대한 황홀한 또는 불가사의한 경험을 대상으로 하는 경우가 많다. **절대적인 신적 실재와의 하나 됨이나 친밀감**에 대한 경험은 일반적인 신비주의의 핵심요소이다. 신비주의에 대한 작업적 정의라는 관점에서 볼 때 이러한 경험은 날마다의 삶에서 일어나는 "일상적인" 경험으로 생각되지 않는다. 물론 이러한 경험을 "일상적 신비주의"(everyday mysticism)로 이해하는 관점도 있다(이 개념에 대해서는 아래에서 다룰 것이다). 그러나 우리가 앞서 정의한 신비주의는 절대적인 신적 실재와의 교제를 통한 자기 초월 안에서 자아의 영역이 흐려지는 강력하고 특별한 개인적 경험을 가정한다.

이러한 경험은 때때로 생생하고 다채로운 용어로 묘사된다. 예를 들면 동서양의 종교 전통에서 신비주의자로 알려진 사람들은 환상이나 청각, 공중부양 및 신체 이탈 경험에 대해 진술한다. 그러나 신비주의를 이러한 외적 묘사에 한정하는 것은 신비주의로 알려진 현상에 대한 바른 접근이 될 수 없다. 이것은 이러한 현상 자체를 부인하는 것이 아니다. 왜냐하면 이러한 현상은 신비주의 역사 가운데 문서로 만들어져 있기 때문이다.

그러나 이러한 외적이고 개인적인 현상에 대해 더 이상 깊이 들어가지 않는 것은 신비주의로 알려진 인간 경험에 대한 연구의 출발점에 지나지 않는다. 신비적 경험은 반드시 특별한 현상을 포함하는 것은 아니다. 오히려 깊은 신비적 경험은 절대적 타자와의 만남을 통해 온전한 사랑의 교감을 나누는 경험이다. 필자는 이러한 유신론적 사랑의 신비주의(loving-mysticism)야말로 신비적 경험의 핵심이라고 생각하지만 맥긴의 조사에서 드러났듯이 모든 신비주의자나 신비적 해석가들이 이러한 입장을 취하는 것은 아니다(1991, 263-343).

필자는 신비주의의 핵심은 모든 삶과 존재의 근원이 되는 타자의 사랑에 자신을 전적으로 맡기는 것이라고 생각한다. 이처럼 정확한 인식은 앞서 언급한 특별한 현상 안에서 또는 밖에서 일어날 수 있다. 따라서 신비주의로 알려진 인간의 경험 속으로 들어간다는 것은 인성과 신적인 것 사이의 강력한 사랑에 관한 이야기 속으로 들어가는 것이다. 이러한 사랑은 개인과 사회 및 교회를 여러 면에서 변화시키는 결과를 초래했다. 몇 가지 예는 이러한 사실을 잘 보여줄 것이다.

13세기 이탈리아의 가톨릭 신자였던 아시시의 프란시스(Francis of Assisi)는 자연과 우주의 신성함에 대해 알려준다. 그의 사례는 오늘날 많은 사람들, 특히 다양한 생태학 운동에 종사하는 사람들에게 큰 영감을 불러일으키고 있다. 14세기 시에나의 캐더린(Catherine of Siena) 역시 이탈리아의 가톨릭 신자로 당시 목사와 주교 및 교황의 잘못에 대해 강력히 반대했다. 그녀의 담대함은 교회의 개혁을 가져왔으며 당시 프랑스 아비뇽에 거주하던 교황을 로마로 돌려보냈다.

19세기 정교회 평신도인 블라드미르 솔로브요프(Vladimir Solovyov)는 모든 피조세계와의 숭고한 연합을 통한 하나님의 내재 **및** 초월을 강조했다. 그는 하나님이 인간이 닿지 못할 "다른 세계"가 아니라 인간의 삶의 중심에 임재하심을 보여주었다. 그 결과 솔로브요프는 억압받는 계층의 편에 서서 인간의 평등을 위한 일에 매진했다. 1943년에 작고한 유대계 프랑스인 여성 시몬느 베이유(Simone Weil)는 사회 및 정치에 대한 급진적 관점을 가지고 있었다. 정의와 평화를 위해 나치 독일의 반유태주의에 맞선 그녀는 하나님이 자신의 삶에 능력으로 임재하셨음을 보여주었다. UN 사무총장인 스웨덴의 다그 함마르셸드(Dag Hammarskjöld)는 세계 평화를 위해 부단한 노력을 기울였으며 1961년에 작고한 후 노벨평화상을 받았다. 이들은 다 오늘날의 신비주의자에 해당한다. 우리는 이러한 사례로부터 두 가지 사실을 배울 수 있다.

첫째, 우리는 이러한 신비적 경험으로부터 이들이 만난 하나님의 근원적인 사랑이 수도원에만 국한되거나 학술적 논문이나 낭만적 시를 위해 저장된 것이 아니라는 사실을 알 수 있다. 오히려 신비주의는 인성의 가장 깊은 요소 및 하나님이 세상에 거하시는 방식에 관한 진리를 보여준다. 신비적 경험은 상류층이나 "거룩한 자"를 위해 보관되어 있는 것이 아니라 교회와 사회의 가장 근본적인 변화를 뒷받침하는 힘이다. 신비주의는 정치적으로 위험할 수 있다. 그러나 게르숌 숄렘(Gershom scholem)에 의하면 신비적 경험이 사회에 미치는 영향은 예언적 비판 또는 현 상황에 대한 긍정적 확인이라는 두 가지 방식으로 나타난다는 사실을 알아야 한다(1967). 여기서 강조하는 것은 긍정적인 개혁적 잠재성이다.

둘째, 우리는 신비주의에 대해 대체로 12-14세기에 대량으로 유입되고 16세기에 스페인의 강력한 신비주의로 이어진 중세 후기 유럽의 "열광적 사건"(love-affair)이라고 생각하지만 이러한 신비주의는 우리 시대에도 살아 있다. 오늘날 우리 가운데에도 신적 타자와의 친밀한 사랑의 만남을 고백하는 사람들이 있다. 이러한 신비주의는 오늘날 사회, 정치 및 교회와 관련하여 다양한 방면에서 영향력을 발휘하게 하고 있다.

앞서 인용한 모든 사례는 기독교 전통에서 온 것이지만 다른 신앙에도 동일한 신비주의의 현상이 나타난다. 이것은 신비주의가 종교 문화의 "일상성"을 벗어난 현상이 아니라는 것을 보여준다. 신비주의는 종교 제도와 불가분리의 관계에 있다. 신비주의는 세계의 종교 시스템(샤머니즘이든 불교든 가톨릭이든 이슬람이든)의 실제 및 신조를 형성하도록 돕는 핵심 요소이다. 그러나 종종 신비주의자가 종교 제도의 주류에 속하지 않을 때도 있다는 역설이 제기된다. 그들은 어느 면에서 종교의 변방에 머무르고 있다.

신비주의자들이 기존 종교 시스템의 "가장자리"에 위치한 것은 그들이 자신의 장막을 이러한 시스템의 가장자리에 침으로써 예언적이 될 수 있기 **때문이다**. 이것은 카리스마적 요소에 해당하며 신비주의자가 타인에게 전해야 할 은사이다. 유신론적 종교에 있어서 이러한 힘의 바탕에는 신적 타자(Other)의 사랑에 대한 근본적이고 친밀한 경험이 있다. 이처럼 친밀하고 항거할 수 없는 사랑은 유신론적 신비주의자로 하여금 교회와 사회를 위협하는 도전에 맞서게 한다. 그러나 그보다 중요한 것은 이처럼 근본적이고 친밀한 하나님의 사랑을 증거하는 것이다.

1. 기독교 신비주의의 역사적 기원

기독교 경전은 엄밀히 말하면 동서양의 그리스도인에게 신비주의로 알려진 것에 대해 쉽게 또는 명확히 규명하지 않는다. 신약성경에는 "신비적"이라는 형용사(헬라어로는 *mystikos*, "미스티코스")가 한 번도 등장하지 않는다. 만일 이 단어를 앞서 언급한 신비주의에 대한 대략적인 정의, 즉 절대적인 신적 실재와 하나가 되는 경험으로서 사용한다면,

이 논문에서 지금까지 신비적 경험으로 묘사한 것에 대한 언급이 될 수 있는 특정 성경 기사를 찾아낼 수 있다.

주 여호와께서 에스겔에게 직접 말씀하셨다고 진술하는 에스겔 1:28-2:2는 하나님과의 "직접적인 만남"에 대한 경험으로 볼 수 있을 것이다. 다소의 바울을 다메섹으로 가는 길에서 회심하게 만든 강력한 경험(행 9:3-9)은 신비적 경험으로 묘사될 수 있을 것이다. 바울도 고린도후서 12:1-4에 언급된 신비적 경험을 한 것으로 보인다. 이 본문은 주께로부터 받은 "환상과 계시"에 대해 언급한다. 물론 예수님은 하나님과의 친밀한 경험을 통해 "신비주의자"로 묘사된다.

성경 문학에서 하나님과의 친밀한 만남 또는 하나 됨에 대한 경험에 대해 묘사한 신비적 지류에 대해 무엇이라고 규명하든, 후기 신비주의자는 자신의 신비적 경험을 묘사하고 기술하기 위해 성경 본문을 사용할 것이다. 신비주의자가 아가서에 접근하는 방식은 이러한 현상을 잘 보여주는 사례가 된다. 20세기 인물인 클레르보의 버나드(Bernard of Clairvaux)는 이 한 권의 성경 본문에 대해 86편의 설교를 작성하였다. 이와 같이 때때로 신비주의자는 신비적 경험에 대한 명백한 언급이 아닌 본문에 대해서도 신비적 해석을 부여한다.

기독교 신비주의에 대한 경험 및 이러한 신비주의가 어떻게 인간과 세상에 대한 하나님의 근본적인 사랑에 대한 묘사와 관련되는지 이해하기 위해서는 성경적 증거가 중요하다. 그러나 우리는 역사적 관점에서 볼 때 헬라 사상이 기독교 신비주의의 발전과 묘사에 강력한 영향력을 미쳤음을 인정해야 한다. 초기 그리스도인은 주전 4세기부터 플라톤 철학을 사용한 그리스-로마 사회에서 살았다. 따라서 기독교 저자들은 영적 사상 및 하나님에 대한 교리를 제시하기 위해 그리스 사고방식의 언어, 개념 및 철학적 카테고리를 사용하였다.

이러한 개념에는 창조되지 않은 영이 창조함을 받은 육신보다 탁월하며, 신적 절대자로부터 하나의 영혼이 나와서 육신 속에 "일시적으로 머물다" 다시 그에게로 돌아간다는 개념 등이 포함된다. 이러한 개념은 특히 몸과 영혼을 분리하는 이원론적 세계관을 주장하며 오늘날 신비적 경험을 갈망하는 자들의 토대의 역할을 하는 일종의 신체적 금욕주의를 강조한다. 즉 영혼이 "하나님에게 도달"하기 위해는 엄격한 금식과 신체적 채찍질 및 극단적인 고립을 통해 몸에서 "벗어나야" 한다는 것이다. 그리스인은 신플라톤주의에 나타나는 것처럼 인간은 두 세계에 살고 있다고 가르쳤다. 우리는 다른 사람으로부터 고립되어 있을 뿐 아니라 "한 쪽"(물질 세계)을 극복해야만 "다른 쪽"(영적 세계)에 들어갈 수 있다고 가르쳤다. 이러한 세계관은 2-3세기에 많은 그리스도인으로 하여금 사막으로 들어가게 했다.

6세기에 한 무명의 신비주의자는 사도행전 17:34에서 바울 사도를 통해 회심한 자로 언급된 아레오파구스의 재판관 디오니시우스(Dionysius the Areopagite)라는 필명으로 글을 썼다. 그가 사용한 신비주의라는 용어 및 다양한 개념은 오늘날 신비주의의 토대가 되었다. 이 신비주의자는 고도의 사색적 신비주의를 발전시킨 일련의 헬라어 논문을 통해 플라톤 사상의 기독교화를 시도하였다. 그리스도인에게 적용된 신플라톤주의의 사상적 틀은 몸과 영혼의 신격화(theosis, "떼오시스")를 목표로 하며, 순수한 헬라 전통 가운데서 극단적인 계층적 강조와 금욕적 강조 간의 중요한 균형이 된다.

디오니시우스는 실제로 1세기 바울의 제자였던 것으로 보이며 9세기에 발견된 그의 글은 라틴어로 번역되었다. 디오니시우스는 바울의 제자였기 때문에 그의 글은 디오니시우스의 사상을 자신의 글에 가져온 13세기의 토마스 아퀴나스(Thomas Aquinas)와 같은 중세 신학자들로부터 권위를 인정받았다. 토마스 아퀴나스처럼 탁월한 신학자의 글은 기독교 사상에서 지속적인 지위를 유지했다. 따라서 헬라 철학의 언어 및 개념이 포함된 "신비주의적 트로이의 목마"는 기독교 가르침의 주류로 들어왔다.

이러한 위-디오니시우스(Pseudo-Dionysius)의 가르침을 좇아 많은 저자들, 특히 12세기 이후의 저자들은 진정한 신비적 깨달음에 이르기 위해 거쳐야 하는 단계들에 대해 묘사하기 시작하였다. 위-디오니시우스의 글에 나오는 하나님에 이르는 3중적 단계, 즉 정화, 조명, 통합의 영적 순례에 기초하여 완전에 이르는 단계와 신비적 길로 들어서기 위해 "해야 할 일"에 대해 발전시켰다. 서구 그리스도인은 그 후 수 세기 동안 신비주의를 향한 이러한 "단계적" 접근에 몰두하였다. 어쨌든 모든 신비주의의 토대가 되는 하나님의 은혜롭고 자유로운 은혜에 대한 성경적 증거는 신비적 3중 단계를 따라 진보하려는 이론가들이 제시한 규범적 공식, 기도 방법 및 규제적 교훈에 의해서 굳어져 버렸다.

물론 영적인 삶을 정해진 단계를 따라가는 직선적 과정으로 보는 경향에 대한 예외도 많다. 이론적 신비주의는 그렇지 않지만 진정한 신비주의는 동서양에서 지속적으로 일어나고 있다. 이러한 신비주의자들이 제도적 교회의 용인된 가르침이나 행위의 틀과 항상 부합되는 것은 아니다. 신비주의자들이 포함된 12세기 후반의 베긴 수도회(the beguines)라는 평신도여성 단체는 교육과 건강 및 가난한 자를 돌보는 "세속적" 사회 활동에 초점을 맞춘 근본적 영성을 발전시켰다. 이러한 여자들은 수도원 생활을 하지 않았지만 공동체적 삶을 나누었다.

이들 가운데 한 명인 마저리트 포레트(Marguerite Porete)는, 사람은 근본적으로 교회의 규례나 가르침 및 심지어 성례로부터 자유하다고 가르침으로써 1310년에 화형 당했다. 마저리트는 개인의 영혼은 하나님의 사랑과 교화에만 의존한다고 가르쳤다. 신비주의자 마이스터 에카르트(Meister Eckhart, 1260-1327)는 정죄를 받았으나 하나님에 대한 강력한 신비적 경험으로부터 나온 근본적인 관점으로 인해 사형을 당하지는 않았다.

에카르트의 가르침은 앞서 언급한 신플라톤주의에 기초하기 때문에 종종 이원론적이다. 그러나 그는 지금 이 땅에서 하나님과 완전한 하나가 될 수 있다는 사상도 가지고 있었다. 신비적 경험을 통해서뿐만 아니라 실체적으로도 인간의 영혼은 하나님과 하나가 될 수 있다는 에카르트의 가르침은 그의 사후 1329년에 공식적인 정죄를 받았다. 이론가들의 말과 달리 신비주의는 중세 유럽의 빈민가에 풍성히 살아 활동하고 있었던 것이다.

신비적 책에서 공통적으로 발견되는 주제들("하나님과 하나 됨," 하나님의 속성, 영적 발전의 원동력)과 기존의 교리적 가르침과의 관계는 오늘날 신비주의에 대한 연구에서 항상 중요한 이슈에 해당한다. 위-디오니시우스의 신플라톤주의는 동방 기독교 문화는 물론 서구 문화에도 깊이 뿌리를 내리고 있기 때문에 이러한 이슈에 대한 우리의 사고를 근본적으로 바꿀 예언적 음성을 결코 외면할 수 없게 한다.

이 모든 일은 우리를 어디로 인도하는가?

본질적으로 근대시대까지(또는 17세기 중엽까지) 신비주의는 주류 종교에서 파괴적 요소로 받아들였다. 신비주의자들은 종종 세상과 자신, 하나님, 제도적 종교 및 사회 전반에 대한 새로운 관점을 가지도록 도전한다. 신비주의자의 통찰력은 사랑을 주고받는 역동성에서 발견됨에도 불구하고 그들의 "전망 좋은 방"은 "기존의 식구"와 맞지 않는다는 극단적인 회의론이 지배적이라는 것은 역설이 아닐 수 없다. 그러나 돈 쿠핏(Don Cupitt)이 『현대화를 추종한 신비주의』(*Mysticism after Modernity*, 1998)에서 제시한 흥미로운(때로는 과장된) 보고에 따르면 이러한 상황은 1890년에서 1970년 사이에 바뀌었다.

2. 신비주의로의 회귀: 전-근대, 근대, 탈근대

돈 쿠핏은 신비주의에 대한 근대적 개념 및 언어가 확립된 것은 19세기 말부터라고 말한다(1998, 23-7). 본질적으로 이 시대의 신비주의자들은 동일한 경험을 통해 정통 **진리**를 확인하는 사람들로 **재발견된다**. 그러나 이전(특히 17-18세기)에는 불어의 "신비주의"

라는 단어가 엉뚱하고 열광적인 영적 충동을 가리키는 말로 사용되었다. 신비주의는 "신비주의자"를 가리키는 것이 아니라 퀘이커교도들에게서 발견되는 것과 같은 광적인 독실함을 나타내는 표현으로서 17-18세기 프랑스의 고위 성직자들의 "진지한" 종교적 대화에서 조롱의 대상이었다. 이러한 상황은 기독교 신비주의에 관한 주요 서적들이 출간된 1890년에서 1970년 사이에 바뀌었다. 특히 세기 말에는 신비주의에 대한 학문적 연구에 강력한 갱신이 있었다.

윌리암 잉에(Wililliam Inge)의 『기독교 신비주의』(*Christian Mysticism*, 1899), 윌리엄 제임스(William James)의 『종교 경험의 다양성』(*The Varieties of Religious Experience*, 1902), 프리드리히 폰 휘겔(Friedrich von Hügel)의 『종교의 신비적 요소』(*The Mystical Element of Religion*, 1908), 에블린 언더힐(Evelyn Underhill)의 『신비주의』(*Mysticism*, 1911) 등 여러 학자들의 학문적 관심에 힘입어 신비주의에 대한 학문적 연구는 다양한 각도에서 새롭고 진지한 관심을 받았다.

여기서 강조해야 할 것은 이러한 저자들이 신비주의의 본질 및 가치를 밝히기 위해 신비주의 현상에 대한 비평적 분석을 시도했다는 것이다. 사실 그 이전부터, 프랑스의 경우 17세기 초부터, 신비주의자로 알려진 자들의 명단과 함께 그들의 저서에 대한 목록을 만들려는 첫 번째 시도가 있었다. "신비주의 문학"으로 분류될 수 있는 본문에 대한 위조 작업도 이때에 있었다.

그러나 20세기로 접어들면서 신비주의 문학으로 분류된 책들은 학문적으로나 실제적으로 용납되는 방향으로 급격한 변화를 겪었다. 19세기 말부터 시작하여 잘 알려진 신비주의자들은 모두 당시의 주류 대변가로 "재포장"되었다. 신비주의자들은 그들의 "증거"를 통해 정통 종교와 일치하는 진리를 선포할 수 있는 것처럼 인식되었다. 쿠핏이 지적한 대로 신비주의자들은 이러한 "재포장"을 통해 이전에 그들을 조롱하고 심지어 박해했던 동일한 제도권에 의해 성인(saint)의 반열에 오르게 된 것이다.

어떻게 이런 일이 일어날 수 있었는가?

대략 17세기 중엽부터 하나님의 자기 계시에 기초한 계시적 관점이 아니라 성찰적 인간의 주체적 관점으로부터 나온, 통일성 있는 세계관을 찾아 확립하려는 경향이 나타났다. 진리와 실재에 대한 이러한 접근은 1637년 『성찰』(*Meditations*)을 통해 "나는 생각한다 고로 존재한다"라는 유명한 말을 남긴 르네 데카르트(René Descartes)의 철학적 분석으로부터 시작된다. 여기에 덧붙일 수 있는 것은 19세기 후반 및 20세기 초에 융(Carl Jung)과 프로이트(Sigmund Freud)를 필두로 대두된 심리학 및 "내적 세계"(interior landscape)에 대한 강조의 부상이다. 인간의 비언어적, 내향적 본성에 대한 심리학의 강조는 신비주의로 하여금 동일한 관심을 가지게 했다.

20세기에 접어들면서 신비주의자들은 실재에 대한 심오한 통찰력을 가지고 있으며 신비적 경험은 종교적 경험의 한 부분으로서 일정한 인식론적 가치를 가진 것으로 생각되었다. 신비주의자들은 일반적인 인식 능력을 보류하고 실재에 대한 통찰력을 통해 그것의 근본에 "도달"함으로써 진리를 세상에 가져올 능력이 있는 자로 인식되었다. 이러한 신비주의자의 능력은 이론적 체계를 강화하는데 이용되었다.

초월적 주체(신적, 신비적 타자)에 대한 주관적인 경험적 지식으로부터 종교적 진리에 대한 객관화를 도출하려 한 것이다. 이러한 경험적 증거는 근대주의적 시대의 원리로 인정받았으며 지금도 인정받고 있다. 그러나 기존의 제도는 높은 선택적 안목을 가지고 신비주의에 접근했다. 제도와 부합되지 않는 통찰력은 은근히 무시당했다.

쿠핏은 우리가 하나님의 희생적 사랑에 기초한 종교 시스템 안에서 신비주의의 초기의 전-근대적(pre-modern) 역할로 회귀하고 있다고 주장하지만 이러한 전환은 탈근대(postmodern) 시대로 알려진 방향으로의 진입과 일치한다. 캇츠(Steven Katz)의 『신비주의와 종교 전통』(*Mysticism and Religious Traditions*, 1983)은 이것을 특수한 방법으로 설명한다.

캇츠는 종교적 경험은 언제나 "국지적으로 이용되는 상징적 언어"로 묘사된다는 탁월한 진단을 내린다. 문화는 경험을 형성하며 경험은 그것의 표현에 필요한 문화적 도구(언어를 포함하여)와 떨어질 수 없다. 쿠핏에게 1970년 이후에 발전된 신비주의의 탈근대적 개념은 개인적 성찰의 심오한 세계가 아니라 언제나 이용 가능한 일상적 세계의 상징적 제도에 기초한 보다 세미하고 근원적인 신비주의이다.

쿠핏은 이것을 "이차성 신비주의"(mysticism of secondariness)로 묘사한다(1998:6). 이차성 신비주의는 이어지는 모든 지식과 사상을 도출하는 특권적 출발점은 존재하지 않는다고 주장한다. 즉 시공세계 속에 고정된 절대적 실체는 존재하지 않으며 단지 "발견"되기를 기다릴 뿐이라는 것이다. 쿠핏은 우리는 언제나 이러한 이차성 속에 존재한다고 주장한다. 우리는 현재의 자리에서 관찰하고 경험하며 이전의 것을 돌아보거나 사후 성취를 통해 현재의 통찰력을 고쳐나간다는 것이다.

이러한 관점은 여러 면에서 탈근대적 사상에서 볼 수 있는 것들과 거의 일치한다. 인간의 모든 요소에 대해 설명하는 슈퍼 내러티브를 짜 맞추겠다는 생각은 정치적이든, 신학적이든 사회적이든 모두 좌절되고 말았다. 더구나 탈근대적 사상은 자기 실현을 위해 "경험하는 자아"(experiencing self)의 관점에서 모든 것을 확인하려는 야심찬 계획을 포기했다. 사실상 개인적 성취에 대한 추구 자체는 근대 영혼의 영적 탐구로 간주되었다.

쿠핏이 주장하는 신비주의는, "이 세상"의 것을 설명하기 위해 "이 세상 밖"의 것에 접근할 수 있는 특권에 기초한 진리를 주장하지 않는 신비주의이다. 쿠핏은 우리가 신비적 경험과 관련된 진리를 주장하지 않는, 즉 지적인 요소가 제거된 신비주의에 관한 사고를 발전시킬 것을 제안한다. 이것은 우리가 삶의 깊이를 캐기 위해 이 세상의 **다양성**으로부터 "다른" 세상의 **통일성**(oneness)으로 돌아서서는 안된다는 의미이다. 의미 있는 존재는 궁극적이고 일차적인 것에 대한 깨달음보다 오히려 이 세상의 이차적인 것으로부터 얻을 수 있다는 것이다.

신과 인간의 사랑 문제에 관한 신비적 깨달음에 이르는 열쇠는 바로 이 세상, 즉 이 세상에서의 삶이다. 기쁨과 사랑과 화해를 무한히 쏟아내는 능력, 즉 끝없는 장관을 연출함으로써 신적인 요소를 드러내는 능력과 함께 상징적 의미로 가득한 이 세상이야말로 쿠핏이 말하는 신비주의인 것이다. 이러한 신비주의는 독립적이고 자기 확신적인 주체의 와해(dissolution)와 함께 근대시대가 인간을 단절시킨, 관계와 연결의 세계로 우리를 되돌려놓는다. 진리의 시금석은 더 이상 인간의 주관성 안에서 찾을 수 없다.

탈근대적 접근은 독립적이고 단절된 인간이 무엇인가 성취할 수 있다는 낙관주의에 대해 강력한 의문을 제기한다. 이차성 신비주의는 세상이 전적으로 하나님에 의해 형성되었다는 개념을 사장시키고 다만 인간의 유익을 위해 발견되고 도표화되며 탐구되기를 기다릴 뿐이라고 주장한다. 근대주의가 선호했던 이처럼 수동적이면서 동시에 지배적인, 세상과의 관계는 끝난 것으로 보인다. 하나님과 교리 신학에 대한 믿음을 굳게 하고 입증하기 위해 신비주의와 "변화된 의식"을 이용했던 근대의 실용주의는 더 이상 버티기 어렵게 되었다. 더구나 가치나 문화에서 벗어난 오염되지 않은 내적 자아의 언어 이전(pre-linguistic) 상태에 대한 가설을 이용하려 했던 근대의 시도는 우리를 막다른 골목으로 몰았으며 신비주의에 대한 "새로운" 평가를 찾게 하였다.

3. 일상적 신비주의

쿠핏의 "이차성 신비주의"는 장차 신비주의에 대한 연구가 어떻게 전개될 것인가를 보여주는 칼 라너(Karl Rahner)의 "일상적 신비주의"와 연결될 수 있다. 가장 깊이 있는 라너의 저서는 『믿음의 실천』(The Practice of Faith, 1983)이다.

라너는 우리가 실재를 의식하든 못하든, 또는 우리가 삶에 대한 초월적 진리를 하나님이나 다른 초월적 타자와 연계하든 못하든, 모든 세계는 우리가 하나님이라고 부르는 신비로운 타자로부터 기원되고 유지된다고 주장한다. 예를 들어 "모든 악조건에 맞서기를 희망하는" 초월적 인간의 능력은 세상을 선하게 대하며 인간의 희망의 중심에 있는 사랑의 하나님에 대한 믿음 여하에 따라 유지될 수도 있고 그렇지 않을 수도 있다. 또는 우리가 사랑하는 사람들과 죽어서까지 연결될 수 있다는 믿음은 기독교의 부활에 대한 믿음에 의해 유지되지 않을 수도 있다. 라너가 말하고자 하는 것은 우리가 현상 세계 너머에서 살 수 있는 능력을 인간 본성 안에 구축했다는 것이다(비록 이러한 능력을 형성하고 조직화한 종교 제재를 고수하지 않는다고 할지라도).

그러나 라너는 종종 어떤 사람의 의식에서는 모든 생명을 유지하는 초월적 타자와의 친밀한 연결에 대한 근본적인 인식이 있다고 주장한다. 이러한 "각성"은 기존의 일상적 삶에 존재하는 것을 강화한 것이며 따라서 소수의 특권층에만 주어진 특별한 은사로 볼 수 없다. 이와 같이 라너는 신비적 경험을 이러한 일상적 삶(문화, 관계, 특히 경험) 속에서 발견한다. 여기서 중요한 것은 라너가 신비주의의 경험을 하나님의 자기 계시 또는 자기 희생과 연결한다는 것이다. 하나님의 자기 희생은 개인의 특정 신앙이나 행위에 달려 있지 않다. 하나님이 자신을 값없이 내어주셨다는 사실은 일상적 삶을 통해 전달되며 라너의 "일상적 신비주의" 개념의 핵심에 위치한다. 라너는 "초월에 대한 신비적 경험은 (인식할 수 없을지라도) 그리스도인의 마음 깊이 자리 잡고 있는 믿음, 소망, 사랑의 삶을 통해 나타난다"(1983, 70)고 주장한다.

그러나 사실 라너는 본 논문에서 제시한 신비주의에 대한 작업적 정의(하나님의 사랑에 대한 직접적이고 현재적이며 의식적인 경험)에 가까운 소위 "근본적 신비주의"(radical mysticism)라고 부르는 입장을 취한다(1983, 75). 이것은 그리스도인이 **한 그리스도인으로서** 하나님의 친밀한 사랑에 대한 근본적 경험을 하는 명백한 형태의 신비주의이다. 이러한 신비주의는 존재의 근원이 하나님이시라는 명백한 인식을 통해 근본적인 경험을 하는 것이다.

우리는 이러한 경험을 "주입된 묵상"이나 "일치의 길"로 불리는 신적 타자와의 하나됨에 대한 경험과 연계할 수 있다. 그러나 라너는 "근본적 신비주의"는 "일상적 신비주의"보다 더 구원적인 고상한 단계가 아니라고 주장한다. 근본적 신비주의는 일상생활에서 통상적으로 나타나는 희생적 하나님의 임재를 통해 주어진 것보다 고상한 차원의 거룩으로 볼 수 없다는 것이다. "일상적 신비주의"가 "근본적 신비주의"와 다른 점은 우리가 고수하는 언어 및 종교 문화의 매개 변수를 통해 자신의 경험의 기원을 분명하게 제시할 수 있다는 것이다.

이상은 신비주의에 대한 라너의 인식에 대한 일반적 묘사이다. 신비주의와 정상적인 종교적 경험의 관계 및 신비주의가 개인의 영적 성장 및 발전에 어떤 역할을 하는지에 대한 라너의 신학적, 심리학적 설명에 대해서는 여러 가지 의문을 가질 수 있을 것이다. 이러한 질문에 흥미를 가진 독자를 위한 자료는 많다. 그러나 여기서는 그리스도인의 "일상적" 삶과 "특별한" 삶은 동일하다는 라너의 믿음에 초점을 맞추고자 한다. 라너는 하나님과의 근본적인 연합 및 하나님과의 하나 됨으로써 신비주의는 모든 인간의 믿음, 소망, 사랑의 근본이라고 주장한다(우리가 신비주의에 어떤 이름을 붙이든). 라너가 말하고 있는 것은 모든 그리스도인 순례자가 추구해야 할 동일한 길 및 기본적 연속성이다.

쿠핏은 이 점에서 라너와 함께 한다. 쿠핏은 사법적 권위를 가진 두려운 전능자라는 근대적 하나님 개념으로부터 일상적 관계 속으로 들어온 하나님 개념을 주장함으로써 특별한 신비주의로부터 일상적 신비주의로 초점을 바꾼다. 결국 기독교는 성육신 종교를 목표로 한다. 고난과 기쁨, 실패와 성공으로 가득한 복잡한 일상 속으로 들어온 친밀한 하나님이 바로 일상적 신비주의 및 이차성 신비주의의 하나님이라는 것이다.

이것은 스페인의 위대한 신비주의자인 십자가의 요한(John of the Cross, 1542-91) 및 리지외의 데레사(Thérèse of Lisieux, 1837-97)를 비롯한 많은 신비주의자들이 가지고 있는 하나님 개념이다. **저 너머로부터** 우리를 앞으로 불러내시는 분은 하나님이다! 하나님은 우리를 먼 미래로부터 부르신다기보다는 **우리를 뒤에서 밀며** 순례 여정을 따라가신다. 이것은 신비주의가 금욕주의에 앞선다는 의미이다. 우리는 성육신 사건을 통해 하나님과 밀접하게 연결되어 있으며 이러한 관계는 자신을 넘어설 것을 요구한다. 따라서 우리는 신비로운 타자와의 관계를 더욱 깊게 하는 금욕주의적 행위에 반응할 수 있다는 것이다.

4. 언어와 텍스트의 역할

프랑스의 철학자 폴 리쾨르(Paul Ricoeur)는 읽기와 쓰기 및 해석 이론에 대한 광범위한 연구를 통해 인간의 생성(human becoming)에 있어서의 언어의 역할을 이해하도록 돕는다. 리쾨르는 "언어"의 중개 능력에 의해 도입된 결정적 순간, 즉 찰나(moment)가 잘못된 의식의 환상(illusions of false consciousness) 및 자신의 삶과 자신이 고수하는 교리 시스템 안에 숨어 있는 동기를 드러낸다고 주장한다(1981).

새로운(그리고 잠재적 위험성이 따르는) 의미가 부상하도록 길을 여는 것은 글을 쓰는 주체와 독서에 의한 텍스트 수용 사이의 **간격**(distance)이다. 리쾨르는 가장 넓은 의미에서 텍스트는 음악, 그림, 조각과 같은 문화적 흔적을 포함하는 것으로 이해한다(1991). 보다 중요한 역사적 의식 및 자아의 전용에 기여하는 것은 텍스트에 의해 도입되는 비판적 사색의 순간(그리고 세계 곳곳에서 오랜 세월 이어지는 텍스트에 대한 수용)이다.

이러한 입장은 신비주의를 일종의 "내세의 환상"으로 이해한 우리의 인식에 중대한 영향을 미친다. 이것은 신비주의에 대한 근대적 방식의 인식이다. 신비주의를 연구하는 근대 사상가들은 신비주의자는 형언할 수 없는 언어 외적 경험을 한다고 주장하며 이어서 이러한 경험을 언어로 나타낸다는 것은 불가하다고 말한다. 그러나 쿠핏의 입장(리쾨르의 주장과 연계할 수 있다)우리의 생각은 인식 과정의 어떤 단계에서도 언어를 초월할 수 없다는 것이다. 종교적 경험은 아무리 환상적인 상태에서도 언어로부터 벗어날 수 없으며 따라서 신비에 관한 텍스트는 다른 세상에서 경험한 초월적인 것을 증거하려는 부담을 가질 필요가 없다. 오히려 언어는 특정 문화 및 언어적 관점 안에서 경험을 제공하며 계속되는 언어적 만남을 통해 경험을 이용하고 심화시키는 능력이 있다.

텍스트와의 만남 이후에는 자아가 다시 확장될 가능성이 부상한다. 따라서 자아는 고정되거나 정적이지 않으며 인간적 계획을 성취하기 위해 지속적인 변화 과정을 거친다. 마찬가지로 신비주의적 텍스트는, 시스템의 완성을 주장하며 더 이상 정확한 의미나 의미의 확장을 허용치 않는 이데올로기에 도전하는 한, 파괴적이 될 수밖에 없다. 자아는 신념체계와 마찬가지로 언제나 신비로운 사랑의 타자에 뿌리를 내리고 있으며 따라서 어떤 총론적 묘사도 허용하지 않는다. 따라서 신비주의를 일상적 삶에서 일어나는 현상으로 이해하고 다른 세상의 환희로 생각이 넘어가는 것을 허락지 않는 것은 매우 위험한 발상이다. 신비주의에 대한 이러한 이해로 돌아가 민감성을 가지고 과거적 관점에서 신비주의적 텍스트를 재해석한다면 미래적 통찰력을 가지게 될 것이다.

5. 신비주의적 텍스트

리쾨르의 언어적 이론에 기초할 때 신비적 내용으로 밝혀진 텍스트를 읽는 방법은 변화를 필요로 한다. 즉 우리가 존재하는 방식과 유사한 절대적 실재와 관련하여 연합의 상태나 완전의 정도를 묘사하기 위해 실존주의자의 관점에서 신비주의적 텍스트를 읽는 대신 다른 장르를 사용한 다양한 문학적 전통으로부터 나온 내러티브로 읽어야 한다는 것이다. 리쾨르에 따르면 장르는 텍스트의 유형별 분류에 대한 묘사가 아니라 텍스트를 살아있는 말씀으로 되돌리는 "생산 원리"에 대한 묘사이다(1975). 신비주의적 텍스트는 신비주의자를 정통 변증학자로 규명해야 할 필요성을 충족시켜주는 도구가 아니라 계속해서 구성되고 탐구되어야 할 의미 있는 세계에 대한 설득력 있는 자료이다. 신비주의자가 강력한 메타포를 사용하거나 때로는 에로틱한 용어를 사용했다는 것은 텍스트에 대한 해석이 하나뿐이라는 관점을 반대한다.

그렇다면 신비주의적 텍스트는 이러한 여분의 의미로 인해 근대의 존재론적 신학에 대한 강조로부터 나온 결론이나 범주에 저항한다. 메롤드 베스트팔(Merold Westphal)은 다음과 같이 주장한다.

> 존재론적 신학은 잘못된 구체성의 오류(the fallacy of misplaced concreteness)를 범한다. 그것은 종교적 삶에서 인식적 영역을 추출하여 그것에 근본적 우선성을 부여한다 … 보다 분명한 신학적 양태 안에서 존재론적 신학은 노래나 춤처럼 살아있는 신앙을 형성하는 양태로부터 단절되었다(1999, 157).

『미지의 구름』(Cloud of Unknowing)을 저술한 14세기의 신비주의자도 그렇게 생각했다. 십자가의 요한이 말한 무(無, nada)와 유사한 개념으로서 하나님의 비존재를 강조한 그는 일상적 신앙에서 하나님을 단절시킬 수도 있는 "절대적 실재로서 하나님" 개념을 받아들이지 않는다. 의미(meaning)는 텍스트 형식 안에 부호화되어 있으며 독서 행위를 통해 다시 의미와 결합할 가능성을 기다린다. 그러나 이러한 독서는 텍스트에 존재하는 내용에 대한 단순한 "해독," 즉 절대적 진리를 찾아내는 행위가 아니다. 오히려 텍스트는, 특히 시적인 텍스트는 특별한 방식으로 독자의 경험적 삶과 결합하여 저자의 원래적 의미와 전혀 다른 새로운 의미를 구성한다. 또한 신비주의적 텍스트는 객관적 정보에 대한 단순한 전달이 아니라 진리 앞에서 살 수 있는 새로운 가능성을 구축하는 수단이 된다. 이러한 방식으로 텍스트는 정치적, 교회적 문제에 대한 처리 방식 및 현재적 이해를 바로 잡는 역할을 한다. 우리는 텍스트를 통해 세상을 사는 방식 및 자신에 대한 새로운 실존 가능성을 발견할 수 있다.

신비주의적 텍스트는 우리로 하여금 인간 삶의 역동성을 정형화된 하나의 표현 속에 가두지 않고도 그것을 객관화할 수 있게 한다. 신비주의적 텍스트에는 윤리적이거나 신비적인 일상적 표현을 하나로 묶는 창조적 긴장이 존재하며 따라서 우리의 인성을 새롭게 한다. 신비주의적 텍스트가 "아직(not yet)으로 가득하다"는 솔직한 관점을 가질 때 우리는 기술된 묘사의 한계로부터 벗어나 허구와 감정의 모드 속에 있는 실재에 다가갈 수 있게 된다. 따라서 우리는 세상에 대한 창조적 접근과 탐구를 가로 막는 존재론적 당연성에 매여 있는 노예 상태로 부터 벗어난 것이다.

6. 신비주의의 미래

지금까지 살펴 본 신비주의에 대한 짧은 사색을 기초로 우리는 신비주의가 탈근대적 시대에 영성과 함께 어떻게 자리 잡고 평가 받을 것인지에 대한 미래적 전경을 제시하는 여러 가지 전제들을 도출할 수 있다. 놀랍게도 신비주의자들에게 호의적으로 다가가 부정 신학(apophatic theology)에 대한 새로운 관심을 보인 것은 탈근대시대이다. 우리는 라너가 가끔 인용하던 말을 상기한다.

> 미래의 그리스도인은 신비주의자가 되지 않으면 존재하기 어려울 것이다 (1983, 22).

또는 데이비드 트레이시(David Tracy)의 말을 인용할 수 있다.

> 탈근대적 관점들은 가장 초월적이고 극단적인 종교를 꿈꾼다. 그리스도인은 신비주의자, 히브리 신비주의자(Kabbalists), 이슬람 신비주의자(Suffis), 위-디오니시우스와 마저리트 포레트(Marguerite Porete) 및 에카르트(Meister Eckhart)와 같은 아포파시스 사상가, 또는 잔다르크(Joan of Arc)처럼 종교적 현상에 대한 억누를 수 없는 힘을 사랑할 것이다(1999, 177).

이 유명한 두 학자는 모두 다음과 같은 결론적 요약에 초점을 맞추었다.

1) 근본적 체화

영적 훈련은 언제나 "국지적"이며 "체화"(embodiment)된다. 신비주의는 모든 인격적 요소의 통합을 포함한다는 인식이 필요하다. 따라서 육체를 떠난 초월적 타자와의 연합을 경험하는 데만 몰두하는 태도에서 벗어나야 한다. 이러한 강조를 위해 자아는 오직 육체 밖의 보다 큰 공동체와 관련하여서만 존재한다는 사실을 인정할 필요가 있다. 신비주의자들이 인문학 및 인식론에 관한 논쟁에 들고 온 내용에 대한 전-근대적 평가로 돌아가는 방식과 관련하여 "인성의 본질"에 대한 진지한 재평가가 진행 중이다.

여기서 규범이 되는 것은 상호관련성의 패러다임이다. 이러한 사실에 대한 인식은 우리 모두가 인간과 신이 공동 프로젝트로 함께 구축 중인 하나의 세계에 살게 될 것이라는 사실을 인정하게 함으로써 우리가 타인 및 하나님으로부터 격리되어 있다는 종교적 소외감을 극복하도록 도울 수 있다. 신비주의는 우리가 "하나님의 이름을 붙일" 방법을 찾는 것이 아니라 하나님으로 하여금 "우리의 이름을 붙이게" 하는 것이다. 오직 이 방법만이 개인의 배타적 즐거움(또는 거룩)이 아니라 공동체 전체를 위한 사회, 정치 및 교회 시스템을 구축하게 할 수 있다.

2) 예언적 본질

오늘날 제사장이나 제도보다 예언과 은사에 초점을 맞춘 신비적 문학 및 신비주의에 대한 인식이 회복되고 있다. 이러한 민감성은 우리로 하여금 지식과 능력의 밀접한 연결(근대적 신비주의의 영역)을 인식하게 하고 지배적 하나님이라는 정치적 모델로부터 벗어나도록 돕는다. 뿐만 아니라 여성의 지배를 배제하고 남성의 지배를 선호하는 신비주의를 구축하려는 사회로부터 벗어나도록 돕는다. 신비주의자에 대한 열린 "경청"은 하나님을 더욱 사랑하게 할 것이다.

이러한 태도는 우리로 하여금 철학자들이 말하는 엄격한 절대적 하나님이 아니라 **모든 백성에게** 절대적 은혜를 베푸시는 하나님이라는 (기독교 전통의) 처음 강조로 돌아가게 할 것이다. 신비주의에 대한 연구는 유신론에 대한 포기가 아니다. 오히려 그것은 우리의 변덕스럽고 덧없는 욕망에 반응하기를 기대하는 신에 대한 예속으로부터 벗어나는 것이며 일부 분파적인 사회나 신앙 단체의 사사로운 관심사를 막는 역할을 할 것이다. "무엇을 믿을 것인가"와 "무엇을 행할 것인가"는 모든 사람에게 열린 질문이어야 한다. 중요한 것은 신비주의의 에큐메니컬(및 종교 간) 영역에 대해 민감해야 한다는 것이다. 우리는 모두의 행복을 추구하는 화해의 방식에 있어서의 차이와 맞서야 하기 때문이다.

3) 낮은 자리

신비적 전통은 종교 제도에서 지배적인 역할을 한 적이 없다. 그러나 이러한 "낮은 자리"로부터 고귀한 자기 희생적 사랑의 하나님을 강조하기 위해 하나님과 인간 본성에 대한 고전적인 실재적 개념 및 철학적 개념에 대한 해체를 지속할 것이다. 이러한 신비주의는 자신을 하나님으로부터 소외시킨 수직적 형이상학적 구조와 신앙 대신 하나님의 수평적 내재하심에 초점을 맞출 것이다. 신비적 전통에는 조용한 "항변" 문화가 끊이지 않았으며 앞으로도 그럴 것이다. 낮은 자리에서 시작된 이러한 문화는, 정통이 우리가 알고 있는 하나님과 자아 및 세계에 대한 지식을 결여할 때 그것을 재규명하도록 도울 것이다.

4) 이원론으로부터의 탈피

미래적 신비주의는 헬라 사상으로부터 이식된 유해한 이원론은 물론 신플라톤주의를 통해 들어온 사상까지 극복하기 위한 부단한 노력을 필요로 한다. 예를 들면, "변하는 것"과 "변하지 않는 것" 또는 "영적인 것"과 "물질적인 것"의 단절이 "체화된 신비주의"에 대한 민감함에 어떤 유익이 되는지에 대해 의문을 가져야 한다. 인간의 마음, 정신, 몸 및 영혼과 같은 용어를 이해하는 방식은 우리가 사는 세상을 이원론적으로 보는 접근에 대한 해체를 통해 도전받아야 한다. 우리는 장소, 관점, 경향 및 성과 같은 것들이 특정 정신의 철학적 범주보다 신비적 구조에서 보다 큰 역할을 한다는 사실을 점차 깨닫고 있다.

5) 언어

신비주의자가 사용하는 언어의 의도된 불합리성 및 언어에 사용하는 "와일드카드"에 대해서는 보다 큰 이해와 수용이 필요하다. 우리는 신비주의자가 실재를 묘사하지만 인간이 생각지 못한 새로운 의미를 위해 메타포(때로는 에로틱한 메타포)를 이용한다는 사실을 알아야 한다. 이러한 "시적 기법"에 대한 민감성은 신비주의적 텍스트를 받아들이는 방식에 매우 중요하다. 만일 우리가 과거의 위대한 신비주의자를 정통적 변증가로 보고 텍스트를 읽는다면 자신을 소경으로 만들게 될 것이다. 이것은 우리가 사변적 진리를 앞세우는 경향을 제쳐두어야 한다는 것이다. 사변적 진리를 앞세우는 것은 신학적 영역을 강화하는 경향이 있으며 신비주의자의 관심사가 아니다. 이런 점에서 오늘날 해석학적 이론은 매우 가치 있는 도구를 제공하고 있다.

6) 언어적 표현의 불가

언어적 표현의 불가라는 특성은 실제로 신비주의를 특징짓는 요소 가운데 하나인가?
앞서의 논의, 특히 "신비적 경험"을 주는 것은 자신이 속한 문화의 언어라는 사실을 염두에 둘 때 우리는 "언어적 표현의 불가" 및 이러한 이해의 결과가 무엇을 뜻하는지에 대해 스스로에게 물어볼 필요가 있다. 이것은 "신비적 경험"은 소리가 없다거나 순간적으로 육체를 이탈한다는 뜻이 아니다. 그러므로 우리는 먼저 경험한 다음에 이러한 경험을 언어로 옮기려고 "시도"하는 내향적이고 개인화된 자아를 강조하는 것에 강한 의문을 제기한다. 또한 언어적 표현의 불가에 대한 의구심은 근대가 그처럼 열렬히 추구하던 신비주의의 자기 검증적 특성에 대해서도 의문을 제기한다.

7) 거룩함과 세속적인 것

본 논문에서 제시한 신비주의에 대한 접근은 종교의 세속적인 것으로 인도될 위험성을 안고 있다. 즉 종교를 제도에서 들어내어 삶의 현장으로 가져올 수 있다는 것이다. 메르치아 엘리아데(Mircea Eliade)는 이러한 거룩함과 세속적인 것의 구분을 오랫동안 주장해왔다(1959). 이것은 결코 잘못된 것이 아니다. 거룩함을 잘못 표상하는 제도와 세속적인 것을 잘못 표상하는 사회의 개인 간의 긴장은 언제나 계속될 것이다. 그러나 신비주의는 결코 이런 식의 이원론이 아니며 우리는 그것을 극복해야 한다.
게다가 거룩한/세속적인 이원론의 붕괴는 "고전적인 영적 텍스트들"이라고 알려지게 된 것에 대한 재평가를 요구한다. 미래의 신비주의가 과거와는 다른 "신비주의적 텍스트들"의 전체를 판단하여, 누가 신비주의자인지를 재정의하는 것은 당연하다. 또한 리쾨르처럼 가장 넓은 방식으로 이해된 신비주의적 텍스트들의 새로운 형태들(장르들)은 미래에도 생산되고 인정되어야 한다. 예를 들면, 다른 종류의 기록된 텍스트들 뿐만 아니라 그림들, 조각들, 또는 그래픽들은, 신비적 전통이 받아들여지고 전수된 방식으로 인식되어야 한다.

8) 하나님 중심과 그리스도 중심

일부에서는 장차 기독교 신비주의가 유신론적 신앙과 더욱 결속되거나 예수님의 생애, 사역, 죽음 및 부활에 더 많은 초점을 맞출 것이라는 시각에 의문을 제기한다. 그들은 다음과 같이 질문한다.

기독교 신비주의의 핵심은 하나님과 그의 존재, 속성 및 호칭에 대해 더욱 밀접하게 다가가는가?

또는 그것은 예수님의 인성, 치유 사역 및 죽음과 조화되며 그의 부활에 대한 신자들의 궁극적 고백과 일치하는가?

미래에 걱정되는 것은, 삶의 사회적이고 정치적인 차원들에 적은 관심을 갖는, 세상을 부인하는 신비주의가 아니다. 오히려 미래의 신비주의는 인간 상호 간의 관계적 영역 및 사회 정의와 정치적 구조에 대한 변화적 관계를 강조할 것이다.

9) 단편들

데이비드 트레이시(David Tracy)는 총체화하는(totalizing) 모든 시스템을 버려야 한다고 주장한다. 그는 "대신에 우리는 우리의 유산 가운데 폭발적, 한계적, 침투적, 그리고 때로는 아우라 있는 단편들에 초점을 맞추어야 한다"고 말한다(1999, 178-80). 우리는 신비주의자에게 이러한 과업을 홀로 져야 하는 부담을 지울 필요가 없다. 그들은 이러한 비전 가운데 자신이 수행해야 할 특정 역할을 감당한다. 신비주의자의 삶은 확실히 강력하고 한계적이기 때문이다.

신비주의자들은 자신의 글에 제도를 남겨두지 않았다. 대신에 그들은 보다 가치 있는 무엇인가를 남겼다. 그것은 "농축된 사색, 침투적 이미지라는 단편"이다. 이러한 단편을 통해 신비주의자들은 하나님과 인간 및 우주의 신비로운 경이를 탐구하며 이러한 실재를 건설하고 탐구함으로써 기쁘게 살아가는 법을 배운다. 이것은 우리에게 바랄 수 없는 중에 바라는 새로운 방식의 삶과 신앙으로 도전한다. 우리는 이러한 소망 가운데 결코 존재론적 기초와 연결될 필요가 없는, 풍성하고 다양한 종교적 경험 및 영성을 통해 평안한 삶을 살 수 있다.

우리의 미래적 과업은 위–디오니시우스, 쿠사의 니콜라스(Nicholas of Cusa), 노르위치의 줄리안(Julian of Norwich), 빙엔의 힐데가르트(Hildegard of Bingen), 에카르트, 마저리트 포레트, 십자가의 요한과 같은 신비주의들이 전해 준 단편("제도"와 부합되든 그렇지 않든)에 대해 규명하고 이러한 단편들로 하여금 세상을 새로운 삶과 사랑의 가능성으로 향하게 하는 희망찬 일을 지속하게 하는 것이다. 이러한 과업은 새로운 총체적 시스템에 대한 구축이 아니라, 하나님과 우리 세상 간의 사랑의 관계가 지속적으로 새로워지도록 "새로운 무리의 단편들"을 잘라 맞추는 것이다.

참고문헌

Butler, C. 1966: *Western Mysticism: The Teaching of Augustine, Gregory and Bernard on Contemplation and the Contemplative Life*, 2nd edn. New York: Harper Torchbooks.

Cupitt, D. 1998: *Mysticism after Modernity*. Malden, MA: Blackwell.

Eliade, M. 1959: *The Sacred and the Profane: The Nature of Religion*, trans. W. R. Trask. New York: Harcourt, Brace.

Ellwood, R. 1980: *Mysticism and Religion*. Englewood Cliffs, NJ: Prentice-Hall.

Frohlich, M. 2001: Christian mysticism in postmodernity: Thérèse of Lisieux as a case study. In D. Perrin (ed.), *Women Christian Mystics Speak to our Times*, pp. 157–71. Franklin, WI: Sheed and Ward.

Inge, W. 1899: *Christian Mysticism: Considered in Eight Lectures Delivered before the University of Oxford*. London: Methuen.

James, W. 1902: *The Varieties of Religious Experience: A Study in Human Nature*. New York: Longmans, Green and Co.

Jantzen, G. 1995: *Power, Gender, and Christian Mysticism*. Cambridge: Cambridge University Press.

Kaplan, N. and Katsaros, T. 1969: *The Western Mystical Tradition: An Intellectual History of Western Civilization*. New Haven, CT: College and University Press.

Katz, S. 1983: *Mysticism and Religious Traditions*. Oxford: Oxford University Press.

Lewis Furse, M. 1977: *Mysticism: Window on a World View*. Nashville: Abingdon.

McGinn, B. 1991: *Foundations of Mysticism: Origins to the Fifth Century*. London: SCM.

Perrin, D. B. 1996: Mysticism and art: the importance of affective reception. *Église et Théologie* 27, 47–70.

Rahner, K. 1983: *The Practice of Faith: A Handbook of Contemporary Spirituality*. New York: Crossroad.

Ricoeur, P. 1975: Biblical hermeneutics. *Semeia: Experimental Journal for Biblical Criticism* 4, 27–148.

—— 1978: The language of faith. In C. Reagan and D. Stewart (eds), *The Philosophy of Paul Ricoeur: An Anthology of his Work*, pp. 223–38. Boston: Beacon Press.

—— 1979: Naming God. *Union Seminary Quarterly Review* 34, 215–27.

—— 1981: The hermeneutical function of distanciation. In J. B. Thompson (ed. and trans.), *Hermeneutics and the Human Sciences*, pp. 131–44. Cambridge: Cambridge University Press.

—— 1991: What is a text? Explanation and understanding. In K. Blamey and J. B. Thompson (eds and trans.), *From Text to Action: Essays in Hermeneutics II*, pp. 105–24. Evanston, IL: Northwestern University Press.

Scholem, G. 1967: Mysticism and society. *Diogenes* 58, 1–24.

Sells, M. A. 1994: *Mystical Languages of Unsaying*. Chicago: University of Chicago Press.

Tracy, D. 1999: Fragments: the spiritual situation of our times. In J. D. Caputo and M. J. Scanlon (eds), *God, the Gift, and Postmodernism*, pp. 170–84. Bloomington, IN: Indiana University Press.

Underhill, E. 1911: *Mysticism: A Study in the Nature and Development of Man's Spiritual Consciousness*. New York: Dutton.

von Hügel, F. 1908: *The Mystical Element of Religion as Studied in Saint Catherine of Genoa and her Friends*. London: J. M. Dent.

Westphal, M. 1999: Overcoming onto-theology. In J. D. Caputo and M. J. Scanlon (eds), *God, the Gift, and Postmodernism*, pp. 146–69. Bloomington, IN: Indiana University Press.

제26장
해석

필립 쉘드레이크 (Phillip E. Sheldrake) 박사
더럼대학교 신학부 교수

기독교 영성에 대한 연구는 영적 전통 전체 및 특정 텍스트의 해석과 관련된 주요 이슈를 포함한다. 여기서 "텍스트"는 영적 지혜를 담은 문헌으로서 성경이나 다른 전통, 또는 보다 광범위한 의미로 이해할 수 있다. 성경 텍스트는 확실히 특별한 "계시적" 지위를 부여받지만 영적 지혜가 담긴 다른 텍스트에 대한 접근에도 유사한 해석학적 이슈들이 제기된다. 필자는 해석이란 본질적으로 이해를 위한 탐구가 되어야 한다고 생각한다. 그러나 이러한 이해는 사실적 정보와 자료를 모으는 단순한 작업이 아니라 "의미"와 관련되기 때문에 복잡하다.

학문의 한 분야로서 기독교 영성의 기초, 기독교 영성의 목적 및 방법에 대해서는 본서의 다른 장에서 상세히 다루어질 것이다. 여기서는 단지 "해석" 문제와 관련된 몇 가지 요점적 내용에 대해 간략히 요약하고자 한다.

우선, 필자는 영성이 자기 참여적 학문 분야라는 일반적 인식을 발전시키지 아니하고 그대로 받아들일 것이다. 이것은 영성에 대한 연구가 **정보 제공적**일 뿐만 아니라 **변화적**이라는 의미이다. 우리는 특정 전통이나 텍스트에 접근할 때 **정보**를 추구한다. 여기에는 역사적 자료, 텍스트에 대한 상세한 분석, 신학적 체계에 대한 통찰력, 그리고 제시된 영적 지혜나 훈련의 성격에 대한 판단이 포함될 수 있다.

그러나 이와 같은 **정보**적 차원을 넘어 전통이나 텍스트에 내포된 "진리" 또는 지혜에 대한 탐구 및 접근 방법에 대한 고찰이 필요하다. 전통이나 텍스트에 대한 이러한 방식의 접근은 "이것은 어떤 의미가 있는가?" 그리고 "우리의 반응은 어떠해야 하는가?"라는 질문에 직면하게 한다. 이것은 영성에 대한 연구의 **변화적** 영역에 해당하며, **판단**(이치에

합당하고 중요하며 가치가 있다)과 **적용**(appropriation, 이러한 지혜를 자신의 것이 되게 해야 한다)을 포함한다. 이 문제에 대해서는 나중에 다시 살펴볼 것이다.

기독교 영성 분야에서 "이해"에 초점을 맞춘 이러한 접근은 독립적 연구 분야에 적합한 "한 가지 방식"을 고수하는 계몽주의적 이상을 포기해야한다는 것을 의미한다. 사실 일반적 학문 세계에서는, 내적인 일관성은 있지만 확실한 경계선에 의해 구분된 상호 배타적인 학문 개념이 무너지고 있다. 방법론에 있어서 학문 분야의 정체성은 더 이상 발견되지 않는다. 이러한 전환은 "학문적 정체성에 잡아당기는 구심력보다 밖에서 당기는 원심력이 많이 작용한 결과"로 특징지을 수 있다(Scott and Simpson-Housley 1991, 178). 이러한 맥락에서 볼 때 기독교 영성은 (신학과 특별한 관련이 있음에도 불구하고) 광범위한 방법론에 기초한 **학제간 연구** 분야에 해당하며 따라서 해석에 대해서도 단순한 접근이 아니라 복잡한 접근을 요구한다.

우선, 학제간 연구의 접근은 해석의 기초가 되는 학문 분야를 확장한다. 고찰 중인 전통이나 텍스트의 본질에 의존하는 고전적 접근은 역사적, 언어적, 문학적 방식에 기초해 왔다. 또한 해석 대상의 종교적 특성으로 인해 분석 및 평가에 도움이 되는 신학적 도구도 있어야 했다(Sheldrake 1998, 88-93). 이제는 이러한 분야에 덧붙여 페미니스트나 해방 이론과 같은 비평적 분야는 물론 근대 철학, 사회 과학 및 심리학적 방법론과도 연계해야 한다.

그러나 오늘날 해석에 대한 접근의 복잡성은 단순한 방법론적 확장으로 그치지 않는다. 해석의 대상이 되는 영적 전통 및 텍스트는 **지혜**의 원천에 해당하는 것으로 보기 때문에 이러한 방법론이 해석학 이론에 제공할 수 있는 가장 훌륭한 자료 이상의 것, 즉 해석 자체의 본질에 대한 보다 깊은 고찰을 필요로 한다. 이러한 접근은 전통이나 텍스트에 제시된 "의미 세계"가 무엇이며 어떤 종류의 지혜를 활용할 수 있는지 묻는다. 또한 이러한 해석학적 접근은 영적 지혜가 담긴 전통이나 텍스트에 제시된 내용은 우리의 인식적 지혜를 넘어선다는 사실을 인정한다. 이러한 지혜는 근본적으로 도전적일 뿐만 아니라 우리가 따르기만 하면 우리를 변화시키기 때문에 지적 접근에 덧붙여 반드시 관조적(contemplative) 접근이 필요하다(Schneiders 1999a, 11-126).

1. 역사에 지혜가 있는가?

우리가 해석하려는 많은 텍스트와 전통은 역사적, 문화적 거리로 인해 낯설다. 따라서 문제에 접근함에 있어서 한 가지 근본적인 요소는 "역사" 자체의 본질 또는 중요성을 어떻게 볼 것인가가 될 것이다. 우리는 서구 사회에서 역사가 설득력이 있느냐고 묻는 문화적 변혁의 시대에 살고 있다.

과연 서구 문화는 역사 상실 및 추억 상실의 시대로 급변하고 있는가?

그렇다면 장기적으로 볼 때 이러한 현상은 틀림없이 우리의 영성에 심각한 영향을 미칠 것이다. 서구 문화에서, 역사에 대한 싫증 또는 전통이나 지속적 흐름에 매여 있다는 개념에 대한 싫증은 쉽게 감지할 수 있다. 전통에 기초한 삶이나 과거로의 회귀는 혼란을 초래할 뿐이라는 인식이 팽배해 있다. 오늘날 사람들에게 "역사"는 단지 지나간 과거에 불과하다. 과거는 오늘날의 우리를 있게 했다거나 우리가 바라는 것이나 미래에 대해 사색하게 하는 것이 아니라 그저 지나간 시간일 뿐이라는 것이다. 그러나 전통(라틴어로 *traditio*, "트라디티오")은 역사 이야기를 전할 뿐만 아니라 역사를 **인계한다**. 따라서 역사의 자기 정체성의 한 부분으로서 각 세대는 그것을 임의로 그리고 독창적으로 다시 표현한다.

역사에 대한 이러한 싫증은 여러 가지 요인과 연계해서 생각해 볼 수 있다. 급속한 사회적 변화와 전통적 공동체의 쇠퇴는 많은 사람이 가지고 있는 과거와의 살아있는 연대감을 무너뜨렸다. "역사"와 그것에 수반된 "전통"은 보다 성숙되고 합리적인 삶을 위해 뿌리쳐야 하는 보수 세력으로 인식하는 사람도 있다. 뿌리 깊은 사회적, 종교적, 정치적 분열을 유지하려는 "역사"(보다 정확히 말하면 신화로서 역사)의 힘은 이러한 부정적 관점을 강화하는 경향이 있다.

그 외에도 소비자 운동이 지지하는(그리고 정보 기술에 의해 강화된) 직접성(immediacy)에 대한 욕구는 역사적 정체성에 대한 인식이 없는 추억 상실의 문화를 선호하는 경향이 있다. 아마도 20세를 통틀어 가장 강력한 요소는 "운명으로서 역사" 개념이 사라졌다는 사실일 것이다. 이 개념은 한 세기 동안 지속된 산업 성장 및 제국의 확장이 있은 후 발전의 필연성에 대한 믿음에 기초한다. 그러나 이러한 발전적 동력으로서 "역사"에 대한 믿음은 1914–18년의 대량 학살과 홀로코스트의 공포 및 히로시마 원폭 앞에 사라져버리고 말았다.

이러한 오늘날의 오해에도 불구하고 역사의식은 종교 텍스트에 대한 해석의 기본적인 요소이다. 다른 것은 차치하더라도 이것은 영성과 영적 가치관의 돌이킬 수 없는 정황적 본질, 즉 특수성을 상기시킨다. 지난 30년 간 영성에 대한 학문적 연구에서 역사의 복잡성에 대한 진지한 고찰은 괄목할만한 성장을 보여주었다. 그전에는 영적 텍스트와 전통의 역사적 정황이나 오늘날 해석자의 정황이 어떠하든 이러한 정황에 대해서는 관심을 기울이지 않는 경향이 있었다.

역사적 전통에 대한 연구는 신학적 전제나 문화적 전제의 우연성에 대해 깊이 생각하지 않았다. 영적 고전의 경우 그리스도인이 고대 저자의 관점(심지어 언어)과의 역사적 괴리를 거의 느끼지 않았기 때문에 이러한 세계에서 해석 문제는 주요 이슈가 아니었다. 따라서 이러한 경향은 텍스트의 의미를 세월에 영향을 받지 않는 언어의 문학적 의미로만 국한하였으며 최고의 권위를 가지는 원래 저자의 명확한 의도에만 초점을 맞추었다.

2. 정황과 문화의 중요성

신학 분야에서 영성 연구가 역사적 해석의 복잡성에 관심을 가져야 하는 한 가지 중요한 이유는 1960년대 초 제2차 바티칸 공의회와 관련된 언어적 변화에 의해 중요한 전환이 이루어졌기 때문이다. 교황 요한 23세(John XXIII)가 "시대의 징표"(signs of the times)라는 어구를 사용하고 공회 문서가 이 구절을 반복한 것은 사실상 역사는 하나님의 구속 사역을 위한 정황이며 부수적 사건이 아니라는 인식을 보여준다. 역사적 순간(및 그 안에서 발전된 텍스트와 전통)은 그 자체로 하나님의 임재와 능력을 인식할 수 있는 동력을 가진다. 따라서 신앙은 역사와 상충되지 않으며 종교 역사와 세계 역사는 결코 분리되지 않는다(Ruggieri 1987, 92-5).

따라서 영성은 역사의 영역을 벗어난 이념적 차원에 존재하는 것이 아니다. 영적 전통의 기원 및 발전은 특정 시공세계의 상황 및 관련 인물의 심리적 상태를 반영한다. 따라서 그들은 사회적 제약을 받는 가치관을 구현한다. 한 가지 예를 들면 13세기의 탁발 운동(특히 아시시의 프란시스와 클라라)의 영성에서 급진적 가난에 대한 강조는 일반 사회 및 문화적 정황과 분리된 영적 통찰력의 결과가 아니다. "가난"은 당시 사회와 교회의 특정 상황(특히 팽배하던 죄와 관련하여)에 대한 영적, 사회적 반응이었다(Le Goff 1981).

이것은 영적 전통과 텍스트가 원래적 정황을 벗어나면 가치가 없다는 뜻이 아니다. 다만 온전한 의미를 제대로 이해하기 위해서는 이러한 정황을 진지하게 받아들여야 한다는 것이다. 성경의 가치는 기독교 영성의 발전에 있어서 확실한 역할을 하는 것이 분명하지만 비판적 연구는 다음 두 가지 사실을 보여준다.

첫째, 이러한 가치는 정황에 따라 다른 방식으로 적용된다.

둘째, 다른 요소 역시 전통의 발전 및 기록 방식에 영향을 준다.

"정황"이라는 개념은 원래 역사 및 사회 과학 분야에서 도입되었다. 이 개념은 영적 전통에 대한 연구에서 중요한 틀이 되었다. 모든 영적 경험은 어느 정도 문화에 의해 결정된다. 필자가 말하는 "문화"는 원래 인문학에서 사용하는 의미 체계나 세계관을 함축하지만 비판적 연구는 다른 학문에서 도입한 개념을 사용한다. 즉 문화는 "역사적으로 전수된, 상징을 통해 구현된 의미 패턴이며 사람들은 이처럼 상징을 통해 표현된 내재적 개념 체계를 삶에 대한 지식과 태도를 전달하고 영속화하며 발전시키는 수단으로 사용한다"(Geertz 1973, 89).

이러한 접근은 문화 자체가 바로 여러 층의 의미를 가진 잠재적 "텍스트"라는 사실을 강조한다. 이것은 단순한 분류나 설명이 아닌 복잡한 해석을 요한다. 문화를 형성하는 상징, 예식, 사고방식 및 삶에 대한 관점은 인간사회로 하여금 응집하게 하고 일정한 기능을 하게 한다. 문화는 우리가 인간 삶의 핵심 요소를 기준으로 의미를 할당하고 가치를 배분하는 방식을 규제한다. 문화는 그들의 사회적, 경제적, 정치적, 및 종교적 행위를 규정한다. 영적 전통과 그것의 "산물"인 텍스트는 문화적 표현이다(Flanagan 1999; Gallagher 1999).

따라서 영성의 형식은 단순하지 않다. "정황"은 영적 경험이나 훈련에 더하거나 제외할 수 있는 "무엇"이 아니며 그러한 것들을 구성하고 있는 본질적 요소에 해당한다. 종교는 초월적 영역을 주장하지만 역사적으로 지금까지의 모든 믿음은 특정 문화 속에 내포되어왔다(de Certeau 1966; Sheldrake 1995, 58, 84-6, 167-8). 이것은 기독교 영성이란 동일한 이론이나 이미지를 모양만 달리해서 반복하는 영속적 진리라는 옛 개념과 상충된다. 칼 라너와 그의 형제 후고(Hugo)와 같은 영성신학자들도 종종 로욜라의 이그나티우스(Ignatius of Loyola)를 본질상 역사의 영역을 벗어난 인물로 본다.

그의 영성은 "우리가 원한다고 해도 트렌트(Tridentine) 시대 및 바로크 시대에 넣을 수 있는 역사적 사건이 아니다 … 그것은 근원적인 방식으로 모든 시대에 본보기가 되는 가치를 지닌." 칼 라너는 각주를 통해 "이그나티우스는 초기의 원형적인 무엇인가를 가지고 있으며 … 바로크 시대나 르네상스 시대에 속한 어떤 것도 가지고 있지 않다"고 주장함으로써 이러한 사상을 더욱 발전시킨다(1964, 85-7). 라너 형제의 저서는 영국의 가톨릭 종교개혁 역사가 오트럼 에버넷(Outram Evennett)과 존 보시(John Bossy)로 하여금 영적 경험이나 가르침에 대하여 "역사적, 심리학적 상태를 초월하는 확실성의 영역"으로 만들 위험이 있다고 지적하게 만들었다(Evennett 1968, 55-6, 126-32; Bossy 1975).

영성과 관련된 문화 및 정황에 대한 이러한 언급은 오늘날 광범위하게 받아들여지고 있다. 그러나 정황에 대한 연구가 발전시킨 방식은 영성이라는 구체적인 종교적 주제에 관심을 가진 사람들에게 심각한 문제를 초래하게 되었다. 가령 영성의 역사에 대한 연구는 곧 종교적 태도와 가치관이 어떤 식으로 주변 문화 및 사회의 지배를 받았는가에 대한 연구를 의미하는 것이 되고 말았다는 것이다. 이것은 역사적 영성을 심성(mentalités)이나 세계관에 대한 연구와 연결하는 것으로써 20세기 후반 프랑스 역사가들로부터 많은 호응을 받았다. 역사에 대한 이러한 "사회적" 해석이 인문학 및 종교 사회학을 통해 알려졌다. 이러한 접근(만일 배타적이라면)의 한계는 신학적 원천 및 신학 이론이 제시한 문제들을 포기하는 경향이 있다는 것이다. 따라서 우리는 영성에 대한 옛 관점(배타적 신학)과 사회적 정황의 변화에 대한 새로운 강조 사이에서 중도적 입장을 취할 필요가 있다 (Bynum 1982, 3-6).

최근 기독교 금욕주의 및 수도원 제도로부터 한 가지 사례 연구가 제시되었다. 즉 상황적 접근은 금욕주의를 수도원 제도나 교부 기독교보다 광범위한 세계에 위치시키며 금욕주의의 역사에 대해 보다 광범위한 분야로부터 제기된 문제들을 가지고 접근하는 경향이 있다는 것이다. 이러한 접근은 여러 가지 새롭고 흥미로운 현안을 제기한다. 문제는 이러한 **고립된** 접근은 종종 기독교 금욕주의의 지평인 신학적 목표들을 위한 여지를 거의(또는 전혀) 남기지 않는다는 것이다(Stewart 1996).

3. 정황과 선택

영적 전통에 대한 해석은 전통의 기원 및 전수 방식에 있어서의 정황적 특성으로 인해 여러 가지 비판적 질문을 던져야 한다(Sheldrake 1995, chs 3, 4 and 7).

첫째, 주어진 시대 또는 텍스트는 거룩에 대해 어떤 관점을 가지고 있는가?

어떤 범주의 사람들을 거룩하다고 여겼는가?

특별히 신성하다고 생각한 장소 또는 사물은 무엇인가?

반대로 "거룩"이나 "신성함"의 범주에서 배제된 사람 또는 사물은 무엇인가?

예를 들어 성적 행위(결혼)나 신체(육체 노동)와 밀접한 관련이 있는 것은 수백 년 동안 거룩 개념과 연결되기 어려웠다.

둘째, 영성을 만들어 내거나 지배하는 자는 누구인가?

가령 영성의 언어는 소수 계층(그럼에도 불구하고 영적 원천을 지배한다)의 관심사 및 경험을 어느 정도 반영하는가?

셋째, 어떤 방향을 받아들이지 않았는가?

다시 말하면 그들이 선택한 것은 거부한 것보다 절대적인 면에서 탁월한가?

예를 들어 중세 여성의 영적 운동(베긴 수도회[the beguines])을 이단으로 정죄한 실제적인 동기는 무엇인가?

그것은 평신도의 영적 유익을 염두에 둔 진정한 관심이었는가 아니면 성직자의 지배를 제대로 받지 않는 평신도에 대한 의심인가?(Murk-Jansen 1998)

끝으로, 그것에 어울리지 않는 집단들은 누구인가?

예를 들어 서구 가톨릭 전통에서 평신도 그리스도인, 특히 여성이 영적 이론의 형성에서 최근까지 거의 무시당한 이유는 무엇인가?

모든 역사적 연구에는 선택들이 포함되며 이것은 영적 전통에 대한 우리의 해석에 영향을 미친다.

첫째, **시간적 영역**에 대한 선택이다. 다시 말하면 저자는 영적 운동의 시기적 범위와 함께 그들을 이해할 수 있는 적절한 영역을 결정해야 한다. 예를 들어 중세의 영성과 종교개혁 시대의 영성 사이의 연속성 또는 불연속성에 대한 생각은 저자들이 여러 권의 역사 책을 어디서 어떤 방식으로 나누느냐라는 매우 간단한 방식을 통해 드러낼 것이다 (Raitt 1987, introduction).

둘째, 전통적 역사는 **지리적 편향**을 드러낸다. 우리는 영적 전통의 역사에서 어디가 "중심"이며 어디가 "변방"인지에 대해 가정한다. 예를 들어 최근까지 켈틱 기독교의 영성은 그것 자체의 방식대로 다루지 않고 11-12세기경에 동질적인 라틴 전통으로 흡수된 관점에서 다루었다.

셋째, 우리는 **특정 증거를 중요**하게 여긴다. 가령 영성에 대한 연구가 신비주의적 텍스트나 수도원의 규칙에 대해서만 배타적인 초점을 맞출 경우 영성은 본질적으로 문학적이라는 인상을 줄 것이다. 또한 이러한 영성은 특권적 정황에서만 발견될 것이며 "대중적 신앙"과도 동떨어질 수 있다.

4. 해석과 의식화

순수한 역사 연구에서조차 선택의 문제는 앞서 언급한 대로, 모든 해석 행위는 가치가 있으며 단순함과는 거리가 먼 다양한 유형의 의식화와 관련된다는 사실을 보여준다. 많은 그리스도인은 영적으로 중요한 특정 텍스트(또는 "고전")에 지혜 문헌의 지위를 부여한다. 따라서 이러한 텍스트에 대한 해석은 특별한 통찰력이 요구된다. 성경 텍스트와 영적 지혜 문서 역시 이와 유사한 문제가 제기될 수 있다. 이러한 텍스트에 대한 관심이 순수한 문학적 관심이나 옛것에 대한 관심이 아니라면 텍스트를 읽는 **이유** 및 **목적**은 특히 중요할 것이다. 따라서 텍스트를 해석하는 방법은 그것을 읽는 이유와 밀접한 관련이 있다. 근본적으로 독자를 특정 의미의 세계로 인도하는 해석 과정이 아니라면, 성경 텍스트의 심오한 진리를 깨달을 수 없는 것과 마찬가지로 영적 지혜 문헌의 깊은 뜻도 알 수 없다.

이러한 상황에서 많은 학자들은 오늘날 기독교 전통 및 텍스트(성경이든 영적 문헌이든)에 대한 해석과 관련하여 소위 "활용 방식"(appropriative method)을 제안한다. 학자들의 논리는 해석의 목적은 정확한 지식이 아니라 **적용**(application)이며 적용의 목적은 **활용**(appropriation)이라는 것이다. 즉 영적 텍스트에 대한 온전한 "이해"는 정보가 아니라 변화이다(Downey 1997, 126-31; Schneiders 1999b; Williams 2000, ch 4). 이해는 의미와 관련될 뿐만 아니라 목적 및 가치와도 관련이 있다. 이를 위해 텍스트는 말하자면 안으로부터 밖으로의 이해가 필요하다.

스티븐 파울(Stephen Fowl)은 성경에 대한 신학적 해석(그러나 영성에 대한 텍스트와도 상당한 관련이 있는)을 모은 논문집 서론에서 이러한 접근 방식에 대해 제시한다. 그는 신학과 관련된 학문의 세분화 및 신학과 실천의 분리는 둘 다 지식의 내용 및 습득 과정에 대한 특정 견해를 가진 근대적 산물이라고 주장한다(Fowl 1997, xii-xvii). 근대는 역사적 재구성에 초점을 맞춘 해석 방식을 기독교적 성경 해석이 추구하는 신학적 목적과 분리하는 경향이 있는 역사비평적 방식을 선호한다.

그러나 기독교 역사 전체에서 대다수 그리스도인은 성경을 **신학적으로** 읽는 것이 규범이 되었다 즉 그들은 성경을 "삼위 하나님 앞에 바르게살기 위한 노력의 일환으로서 자신의 신앙과 예배 및 행위를 인도하고 교화하며 바르게 하는 책"으로 읽었다(Fowl 1997, xiii). 텍스트를 읽는 방식에 대한 이러한 이해는 영적 "고전"에 대해서도 적용할 수 있다. 지식 및 해석에 대한 변화적 접근은 최근 수십 년간 로마 가톨릭의 데이비드 트레이시

(1991, 77-8) 및 영국의 로완 윌리엄스(Rowan Williams 1991, ch 5)와 같은 철학적 신학자들에 의해 뒷받침되었다.

5. 영적 "고전"의 본질

텍스트에 대한 해석 및 영성의 역사에 대한 묘사는 보편적이며 학자들의 관심사이다. 많은 사람은 이러한 역사적 영적 전통을 받아들이며 그것으로부터 영향을 받았다. 마찬가지로 다른 사람은 고전적 텍스트를 통해 영적 지혜를 얻는다. 전통적 종교 전통과 거리가 먼 사람들조차 역설적으로 빙엔의 힐데가르트(Hildegard of Bingen), 에카르트(Meister Eckhart) 및 이름을 알 수 없는 『미지의 구름』(The Cloud of Unknowing)의 저자와 같은 고전적 기독교 신비주의자의 지혜에 의존한다. 따라서 오늘날의 삶에 적용되는 고전적 텍스트에 대한 해석은 매우 중요하고 살아있는 작업이다.

영적 본문은 역사적 제약을 받음에도 불구하고 일부 내용은 원래의 정황과 다른 상황에서도 시공을 초월한 대중성과 중요성을 유지한다. 이것이 "고전"이라는 용어에 함축된 의미이다(Tracy 1991, ch 3). 이러한 텍스트는 설득력을 가진 무엇인가를 보여준다. 또한 독자에게 도전을 줄 뿐만 아니라 그들을 기독교 전통에서 영속적이고 중요한 내용과의 변화적 만남으로 이끈다. 텍스트의 문학적 장르의 성격은 종종 텍스트의 대중성 및 효력에 영향을 준다(Sheldrake 1995, 172-3). 일반적으로 고전의 힘은 정보 제공뿐만 아니라 독자를 설득하여 반응으로 이끈다는 데 있다.

영적 고전이 특별한 힘을 가질 수 있는 한 가지 중요한 요소는 이러한 고전이 **의식화된**(committed) **텍스트**라는 사실에 있다. 영적 고전은 다른 성경 텍스트와 마찬가지로 사건과 사람 또는 가르침에 대한 특별한 해석을 제공한다. 모든 영적 고전은 그것이 추구하는 전통에 대해 "의식화" 되어 있다는 사실을 볼 수 있다. 우리는 영적 고전에 대한 해석에서 이러한 의식화를 피할 수 없다. 우리는 이러한 텍스트에 구현된 지혜에 대한 주장(사실상 "진리"에 대한 비전)을 간과할 수 없다. 트레이시는 소위 "고전적 텍스트"의 개념을 다음과 같이 제시한다.

첫째, 고전과 시대물(period piece) 사이에는 질적인 차이가 존재한다.

둘째, 고전은 정의상 특정 상황에 대한 새로운 적용을 위해 한층 더 나아간 해

> 석을 필요로 한다.
> 셋째, 고전은 언제나 해석자의 지평에 변화를 주어 새로운 의미와 경험적 가능
> 성을 부여하는 힘을 가지고 있다(1994, 115).

진정한 고전에는 트레이시가 특수성과 보편성 사이의 역설적 긴장이라고 부른 긴장이 존재한다. 고전의 "보편성"은 의미의 세계를 드러내며 무한한 잠재적 독자에 대한 변화를 촉구하는 능력이다. 흥미로운 것은 트레이시에게 있어서 "고전"이라는 범주는 기록된 텍스트에 국한되지 않으며 책으로부터 계시적 지위의 인물이나 사건으로 확장된다는 것이다(Tracy 1994, 118). 나중에 살펴보겠지만 필자는 이 목록에 인공물과 건물까지 덧붙인다. 따라서 아시시의 프란시스나 고딕 성당은 노르위치의 줄리안(Julian of Norwich)의 『계시』(Showings)와 같은 "고전적 텍스트"가 될 수 있다.

6. 해석 과정

우리는 시대와 장소가 다른 고전적 영적 텍스트를 읽을 때 문화적이고 신학적 관점이 다르다는 사실을 알게 된다. 해석이 적용을 의미한다면 텍스트의 개념적 틀이나 구조 또는 역동성을 어떻게 오늘날의 실제와 연관시킬 것인가라는 의문을 피할 수 없을 것이다. 일정한 반응은 지나치게 단순한 태도이다. 그렇게 할 경우 우리는 저자의 의도나 텍스트의 구조를 전적으로 무시하고 우리에게 맞는 내용만 선택할 수도 있다.

또 하나의 위험은 저자의 의도만 규범으로 가정하는 것이다. 그러나 우리가 이러한 의도를 정확히 재구성할 수 있다는 주장조차 우리의 현재적 지평을 과거에 종속시키고 오늘날 독자의 상황을 전적으로 무시하는 것이다. 두 가지 접근 모두 텍스트의 "의미"가 직접적인 문제가 된다. 해석에 대한 보다 효과적이면서 복잡한 접근은 텍스트에 대한 수용적인 태도와 비판적 태도를 가지고 텍스트와 **대화**를 나누는 것이다. 이러한 대화는 텍스트의 지혜를 통해 도전을 받는 동시에 우리의 지평을 바른 자리에 놓을 수 있다(Gadamer 1979).

텍스트의 지평과 우리의 지평 사이에 대화가 필요하다면 텍스트의 역사적 정황은 확실히 중요한 출발점이 된다. 영적 고전은 확인된 청중을 위해 기록되었으며 특정 관심사에 대해 언급한다. 문학비평의 통찰력에 의하면 처음에는 익숙하게 보이는 단어일지라도 배후에 있는 가정이나 경험은 우리 시대와 다르기 때문에 특정 단어에 새로운 의미를

부여한다는 사실을 상기시킨다. 또한 우리는 텍스트를 읽을 때 한참 단절된 두 시점(우리 시대와 저자의 시대)에 대해 다루고 있을 뿐만 아니라 그 사이에 있는 것, 즉 텍스트가 처음부터 지금까지 어떻게 전수되었으며 해석에 대한 역사는 어떠했는지에 대해서도 다루고 있다는 사실을 상기할 필요가 있다. 해석 역사 및 텍스트에 대한 수 세기 동안의 용례는 그것을 읽는 현 시점에 영향을 미친다. 이러한 시간적 괴리를 건너 뛴 "잠재적 독자 공동체"를 어떻게 규명할 것인가라는 문제에 대해서는 나중에 다룰 것이다.

역사적 지식은 해석 역사에서 어느 정도 규범적 역할을 해야 하지만 그것의 가치는 한계가 있다. 예를 들면 우리가 텍스트에서 만나는 것은 그 시대의 직접적인 경험이 아니라 그것에 대한 텍스트의 **주장**일 뿐이다. 모든 텍스트는 그 시대의 전통적 카테고리를 활용한다. 다시 말하면 모든 텍스트는 경험에 대한 기록이 아니라 그것에 대한 해석이다. 노르위치의 줄리안(14세기 영국의 여성 신비주의자)의 『계시』와 같은 텍스트는 그러한 경험이 있은 후 수년 후에 기록되었으며 사후적 관점에 기초하여 작성된 것이 분명하다.

그러나 텍스트의 해석적 본질을 감안하면 그것의 가치에 대해 거부할 수 없다. 실제로 이어지는 저자의 사색은 원래의 독특한 경험 자체보다 텍스트를 **이용**하고자 하는 사람들과 관련될 수 있다. 예를 들어 **그** 고전적 기독교 텍스트, 복음서는 청중의 필요 및 정황을 알고 있는 복음서 저자가 나사렛 예수에 관한 초기 구전 또는 기록된 전통을 창조적으로 재작성한 것이다. 이어지는 세대의 독자에게는 이러한 창의적 접근이 복음서의 가치를 형성하는 한 요소에 해당한다.

그러나 19세기 이후 텍스트의 해석에 대한 전통적 접근 및 최근까지의 추세는 근대 독자가 고전적 텍스트에 부여한 가치나 경험을 기본적 원리로 삼기 때문에 바른 이해에 문제가 된다(Sheldrake 1995, ch 1). 오늘날 해석학적 발전은 텍스트의 새로운 종교적 세계에 의해 저자의 원래적 개념을 넘어서는 텍스트의 가능성을 독창적인 방식으로 일깨울 수 있는 광범위한 접근을 찾고 있다.

성경 텍스트를 "계시적 만남의 장"(locus)으로 규명한 샌드라 슈나이더스(Sandra Schneider)의 접근방식은 영적 고전으로까지 확장될 수 있지만 우리는 로완 윌리엄스(Rowan Williams)의 경고를 염두에 두어야 한다. 윌리엄스는 그의 『기독교 신학에 대하여』(On Christian Theology, 2000, 146)에서 프랑스의 철학자이자 신학자인 리쾨르(Paul Ricoeur)가 **텍스트** 자체의 계시적 본질에만 치중한 나머지 해석 과정의 계시적 특징에 대해서는 충분한 관심을 갖지 못했다고 비난한다.

"하나님은 처음 말씀하실 때와 마찬가지로 반응을 통해서도 말씀하신다."

또는 그가 다른 곳에서 말한 것처럼 "**현재 독자와의 교감이 이루어지고 있는** 텍스트가 곧 **계시의 장**(locus)"인 것이다(2000, 124). 적어도 암시적으로는 슈나이더스와 윌리엄스 모두 종교적 텍스트에 대한 해석은 지적인 정밀함과 인격적인 접근이 이루어질 때 가장 효과적이라고 생각한다. 완전한 의미에서 해석은 사람들의 삶에 변화를 주는 의미의 세계를 창조한다.

영적 고전에 대한 해석은 학문적 영역에만 해당되지 않으며 텍스트에 대한 실제적 **사용**을 통해 (은연중에 때로는 무의식중에) 발생한다(가령 로욜라의 이그나티우스의 『영신 수련』). 따라서 공연 예술의 사례는 해석에 대한 새로운 접근을 이해하는데 도움이 된다. 음악가는 텍스트, 즉 악보를 해석한다. 그들은 기술적으로 음표나 작곡자의 지시를 오차 없이 재현할 수 있다.

그들이 악보에 아무 것도 가감하지 않아도 그것은 여전히 베토벤 교향곡이다. 따라서 좋은 공연은 순전히 악보 때문이다. 그러나 "훌륭한" 공연은 그것 **이상**이다. 작곡자는 음을 재생하는 방법에 대한 묘사뿐만 아니라 경험을 형성하려 했기 때문에 창조적이다. 텍스트는 새로운 지평과 의문을 만날 때마다 새로운 면이 드러나기 때문에 텍스트에 대한 해석은 하나의 정해진 틀만 있는 것이 아니다(Lash 1986, ch 3).

이러한 공연 이미지는 우리를 해석 과정의 핵심으로 인도한다. 우리는 텍스트를 읽을 때마다 원래의 역사적 정황이나 원래 저자(들)의 의도를 무시하지 않고도 새롭고 풍성한 의미를 발견할 수 있다. 의미를 추구하기 위해서는 텍스트의 기술적인 부분에 관한 이해가 필요하다. 그러나 텍스트와의 실제적인 대화는 자료의 확장이 아니라 텍스트에 대한 시야를 확장한다. 우리는 텍스트에 의문을 가지지만 이러한 의문은 텍스트 자체에 의해 재형성된다. 이러한 과정은 종종 "해석학적 순환"(hermeneutical circle)으로 불린다. 종교적 영역에서 광범위한 해석 이론의 발전에 가장 큰 영향을 끼친 인물 가운데 하나는 독일의 철학자 한스 게오르그 가다머(Hans-Georg Gadamer)이다. 그는 텍스트는 애초에 독자에게 출발점을 제공한 전제들(presuppositions)의 "마법 주문을 깨야" 한다고 강조한다 (1979, 324-5).

가다머의 해석 이론은 텍스트가 저자의 주관적 의도를 넘어서는 "풍성한 의미"를 가지고 있다고 가정한다. 이러한 요소가 영적 고전을 현재적으로 되살린다는 것이다. 독자가 경험하고 있는 현재적 상황은 텍스트의 의미에 영향을 미치며 텍스트는 독자의 현재에 대한 이해에 변화를 준다. 가다머는 이해와 해석 및 적용은 독립된 "순간들"이 아니라 통합된 과정이라는 결론을 내린다. 가다머에 의하면 초기 해석 이론의 약점은 텍스트에 대한 실제적 적용(가령 설교)과 기술적 분석을 분리한 것이다.

사실 우리는 텍스트를 현재에 적용할 때만 비로소 깊은 이해에 도달할 수 있다(1979, 274-5). 텍스트와 독자의 대화가 추구하는 목적은 언제나 새로운 의미를 주는 해석을 통해 두 지평을 하나로 묶는 것이다. 고전은 순전히 새로운 해석을 허락하지만 독자는 이러한 만남으로 인해 (처음에는 낯설고 충격적일 수도 있는) 새로운 자기 이해를 가져야 한다. 따라서 영적 고전은 단순한 반복을 요구하는 영적 가공품이 아니다. 텍스트에 대한 이해는 자신의 역사적 상황 안에서 질문하고 답변을 듣는 사람들에 의한 지속적인 재해석을 함축한다. 이러한 사실을 잘 보여주는 한 가지 사례는 본질적으로 동일한 공동체이면서도 라이프스타일은 전혀 달랐던 수도원에서 정기적으로 개혁의 영감을 받았던 성 베네딕트의 수도원 규칙이다.

가다머의 이론은 동일한 영향력을 가진 리쾨르의 다소 다른 접근을 통해 보완된다(1976). 그는 지혜가 일단 텍스트에 기록되면 원래적 산물에 대한 강화의 "거리두기"(distanciation)가 시작된다고 강조한다.

첫째, 텍스트는 사실상 "지배력을 잃은" 저자에 대해 거리를 둔다. 텍스트는 자신을 의미의 매개로 삼는다.

둘째, 텍스트는 원래적 청중에 대해 거리를 둔다. 기록된 텍스트는 본질적으로 그것을 읽는 자를 위해 사용된다.

셋째, 텍스트는 원래적 정황에 대해 거리를 둔다(탈상황화). 이러한 거리두기는 텍스트를 후 세대의 다른 정황과 관련시키는 역할을 한다(재상황화). 요약하면 "거리두기"에 대한 리쾨르의 강조는 텍스트로 하여금 모든 정황에서 잠재력을 발휘하기 위해 원래적 한계를 초월하게 한다.

7. 의미의 본질

우리는 이러한 해석 과정을 통해 어떤 의미에 이르게 되는가?

신학적 관점에서 볼 때 사실상 "해석"은 최종적이고 총체적인 관점을 제공하는 강화를 생산하지 않으며 할 수도 없다. 사실상 종교적 기사는 우주가 어떻게 운행되는지에 대한 "완전한 해석"으로서의 역할을 하지 못하며 특히 로완 윌리엄스가 지적한 "세상의 복잡성에 대한 지속적이고 영리한 반응을 위한 **전략들**"(strategies)으로서의 기능이 부족하다

(2000, 6). 해석은 "탐구적 환원이 아니라 환상이 없어도 실재가 드러나고 지속되는 '세상'의 점진적 형성"이다(2000, 163).

오늘날 해석에 대한 접근은 "공감의 해석학" 및 "의심의 해석학"으로 불리는 해석학적 접근을 필요로 한다.

첫째, 우리는 텍스트의 기원이나 저자의 의도 및 "잠재적 독자 공동체" 안에서 오랜 세월 형성된 공감대가 사적인 목적을 위해 텍스트를 임의로 사용할 수 없게 하는 규범적 역할을 수행해 왔다는 점에서 텍스트에 대해 "공감"한다(예를 들면, Gadamer 1979, 324-41).

둘째, 우리는 오늘날의 상황에 의해 야기된 의문은 텍스트 및 그것이 제시하는 신학적 또는 문화적 가정과 배치될 수 있다는 사실을 인식한다. 예를 들어 오늘날 우리는 텍스트의 **사회적** 정황에 대해 예전보다 많이 알고 있으며 기독교 전통, 특히 우리에게 영향을 끼친 영성의 역사에서 특정 그룹의 사상에 대한 편견을 드러낼 필요가 있음을 알고 있다(가령 Schüssler Fiorenza 1983; John 1988). 우리는 "텍스트에 드러난 내용뿐만 아니라 텍스트가 침묵하고 있는 부분, 즉 배후에 있는 내용, 추정되는 내용, 언급되지 않은 내용 및 배제된 내용에 대해서도 살펴보아야 한다(Downey 1997, 129).

일부 신학자에게 홀로코스트는 기독교 텍스트나 역사에 대한 모든 해석에 근본적인 영향을 주었다. 따라서 데이비드 트레이시는 기독교의 역사성은 "우리가 살고 있는 실제 역사의 놀라운 계시"를 포함하지 않을 수 없다고 주장한다(1994, 64). 전통을 회복하려는 모든 시도는 "오늘날 기독교 역사 전체에 대해 근본적으로 의심하는 신학을 포함해야 한다"(1994, 65). 기독교의 "실제 역사"가 경험한 다른 고통스러운 요소들에도 어느 정도 동일한 판단이 적용되어야 한다. 필자는 특히 유럽 중심주의나 신학적 식민지주의, 여성의 영적 지혜를 무시하는 경향 및 노동과 결혼의 일상적 영성 보다 성직자의 영성을 우위에 두는 경향 등 다양한 형식을 염두에 두고 있다.

8. 텍스트의 배후에 있는 것

지금까지 해석 이론 및 과정에 관한 몇 가지 중요한 일반론에 대해 살펴보았으나 이제 텍스트 및 전통에 대한 오늘날의 해석과 관련된 구체적인 이슈에 초점을 맞출 것이다.

첫 번째 이슈는 텍스트의 배후에 있는 내용에 대한 인식의 중요성에 관한 것이다.

두 번째 이슈는 "텍스트"라는 용어와 관련하여 기록된 내용을 넘어서는 광범위한 이해와 관련된다.

세 번째 이슈는 고전적 텍스트는 대체로 쓸모없게 되었는지에 대해 다룬다.

마지막 이슈는 누가 "잠재적 독자 공동체"를 형성하며, 누가 영적 텍스트의 지혜에 접근할 수 있는 자인지에 대해 살펴볼 것이다.

우리가 찾아서 사용하려는 텍스트는 종종 우리의 해석에 중요한 숨은 텍스트를 보존하고 있는 경우가 있다. 이것은 문서로 기록된 관련 텍스트에도 적용할 수 있다. 가령 예수회『헌법』(Constitutions)을 살펴보면 대충 읽어보아도 이 문서가 본질적으로 실천적이며 법적인 문서임을 알 수 있다(Ganss 1970). 그러나 오늘날 학자들은 예수회『헌법』텍스트의 명료성은『헌법』의 배후에 있는 보다 근본적인 텍스트, 즉『영신수련』(The Spiritual Exercises)에 달려 있다는 사실에 공감한다. 숨은 텍스트라는 관점에서 볼 때 이『헌법』은 법적 문서라기보다 이그나티우스와 같은 경험을 할 수 있는 방법을 제공하려는 유동적 시도이다(Gray 1988; Veale 1988). 반면에 이『헌법』은 목회자 공동체에 대한 특별한 관심 없이 이그나티우스의 경험에 대한 이해를 깊이 하려는 사람들에게 중요하다.

아시시의 프란시스의 "태양의 노래"(Canticle of the Sun)는 기록된 문헌에 대한 해석에서 텍스트의 배후에 있는 내용에 대한 이해가 결정적인 역할을 한다는 다른 사례를 보여준다. 이 노래의 감성을 자연계에 대한 달콤하고 로맨틱한 사랑으로 볼 수도 있다. 그러나 이 노래의 저변에 깔린 의미는 보다 근본적인 내용을 담고 있다. 이 노래의 핵심은 주변의 모든 피조물(생물이든 무생물이든)이 형제자매이며 그리스도의 얼굴을 반영한다는 것이다. 아시시의 프란시스는 창조의 특정 요소를 경험한다(동일한 원천으로부터 초래되는 일반적 창조는 물론 성육신한 예수님으로부터 계시되는 삼위 하나님에 이르기까지). 여기서 추론할 수 있는 것은 창조함을 받은 모든 특수성은 하나님에 대한 계시라는 것이다. 피조세계에 대한 프란시스의 사색의 기초는 만물이 그로 인해 창조되었지만 하나님은 피조물로서 우리에게 오셨다는 것이다.

"태양의 노래"의 첫 아홉 절은 모든 창조적 요소들이 누리는 우주적 형제애에 대해 노래한다.

> 주님 당신이 만드신 모든 것으로 하여금
> 당신을 노래하는 한 찬양이 되게 하소서.
> (우리의 형제) 태양은 무엇보다 탁월하며
> 당신은 그를 통해 우리에게 빛을 주시니

> 그는 지극히 아름답고 빛나며 장엄하나이다.
> 오 지존자여, 그는 당신을 상기시키나이다.

그러나 이 우주적 형제애에 대한 고무적 교리의 배후에는 강력한 예언적 메시지가 숨어 있다. 예를 들면 이 텍스트는 단지 하나님의 선물로서 세상에 나타난 그의 선하심에 대한 찬양이 아니다. 10-11절은 상호 용서와 화해를 통한 평화를 찬양한다. 일반적으로 이 구절은 아시시의 주교와 시장 사이의 분쟁을 해결하기 위한 활동의 일환으로 기록된 것으로 생각된다.

> 내 주여 찬양을 받으소서.
> 당신의 사랑으로 용서한 자들을 통해
> 고통 가운데 허덕이는 약한 자들을 통해
> 평안으로 인내하며 견디는 자들을 통해
> 당신은 그들을 왕과 왕비로 삼으실 것이나이다.
> 오 지극히 높으신 주여(Downing 1993, 129).

이와 같이 만유는 그리스도 안에서 형제가 될 것이기 때문에 피조세계는 단순히 아름다운 장소에서 "화해의 공간"으로 바뀐다. 폭력이나 경쟁 또는 "타인"에 대한 거부는 더 이상 설 자리가 없을 것이다.

우리는 여기서 중요한 문제에 직면한다. 프란시스는 "타인"을 어떻게 이해했는가?

이와 관련하여 우리는 프란시스의 근본적 경험 가운데 하나를 상기할 필요가 있다. 프란시스에게 "타인"은 특별한 의미를 가진다. "태양의 노래" 텍스트의 배후와 그의 창조 및 성육신 신학의 배후에는 또 하나의 "텍스트"가 있다. 초기에 있었던 프란시스와 한 문둥병자의 만남은 그의 삶을 바꾸었다. 프란시스는 1226년 임종하기 전에 짧은 구술을 통해 남긴 『증언』(The Testament)의 첫 세 행에서 나병환자와 만났던 영적 삶의 첫 번째 순간에 대해 진술한다(Armstrong and Brady 1982, 154). 나병환자와의 만남은 단순한 인간적 고통과의 만남이 아니었다. 중세 용어로 표현하면, 프란시스는 배제된 "타인"을 품도록 인도함을 받았던 것이다.

나병환자는 무서운 질병에만 감염된 것이 아니었다. 중세 사회에서 그들은 신체적인 건강은 물론 영적인 순수성에 있어서도 공동체에서 반드시 배제해야 할 두려움과 의심과 죄악의 대상으로서 존재의 어두운 면을 상징했다. 나병환자는 사회에서 추방되었다. 그들은 죄수, 미친 사람, 파문당한 자 및 유대인과 동일한 취급을 당하였다(Geremek 1990, 367-9; Moore 1994, 45-63). 프란시스는 나병환자와의 만남을 통해 고통당하고 소외된 인간의 경험에 동참하는 것이 십자가에 못 박히신 그리스도를 통해 계시된 하나님의 성육신의 핵심임을 깨달았던 것이다.

9. 텍스트의 구성

앞서 언급했듯이 데이비드 트레이시는 "고전"에 대한 묘사에서 이 개념을 기록된 문서 밖으로 확장한다. 기독교 영성의 역사에 대한 보다 포괄적인 접근을 해보면 역사적으로 많은 사람이 문학적 텍스트보다 종교적 구조물과 같은 다양한 형식을 통해 영적 지혜를 얻는다는 사실을 알 수 있다.

방문객에게 캠브리지대학교의 킹스칼리지 예배당(King's College Chapel)을 소개하는 안내판에는 다음과 같은 안내 문구로 시작한다.

"우리는 세상에 존재할 뿐만 아니라 세상의 이미지나 그림 속에 존재한다."

다시 말하면 인간은 자신을 규명하고 세계관을 발전시키는 일반적인 상징 체계 안에 존재한다는 것이다. 확실히 중세의 큰 교회들이나 유럽의 대성당은 건축과 장식을 통해 우주에 대한 분명한 비전을 보여준다.

불행히도 이러한 장소들의 의미는 분명하지 않다. 이러한 것들은 기호학에 의해 함축된 넓은 의미에서의 "텍스트"이다. 우리는 이러한 상징 체계를 읽고 그것의 의미를 해석할 수 있는 열쇠가 필요하다. 중세 대성당은 말하자면 석조물에 새겨진 특정 "의미"를 담은 건축물이다. 중세의 종교 건물은 예식을 위한 공간과 마찬가지로 그 자체가 예배 행위로 인식되었을 것이다. 또한 예술품과 건축물은 신학적 목적을 위한 것이라는 주장 역시 일리가 있다. 고딕 양식의 건축물은 종교적 개념, 특히 하나님의 본성에 관한 개념을 함축한다(Wilson 1990, 64-6, 219-20, 262-3).

고딕 "공간"은 무엇보다 비물질화(dematerialized) 및 영적으로 변한(spiritualized) 특징을 보여주는 것일 수 있다. 또한 이러한 공간은 아치와 천정을 수직으로 솟아오르게 함으로써 무한하신 하나님의 속성을 보여준다. 이것은 인간적 규모에 대한 의도적인 대조로 볼 수 있다. 숫자의 상징에 대한 중세의 집착 역시 무시할 수 없다. 고딕 양식의 기본적인

3층 구조(아케이드, 트리포리움, 천정)는 공학적 설명이 불가능하다.

12세기 도이츠의 루퍼트(Rupert of Deutz)와 수도원장 슈제르(Abbot Suger)는 둘 다 3층 구조의 삼위일체적 상징에 관심을 가졌다. 고딕 양식의 또 하나 전형적인 특징은 초기 로마네스크 양식에 비해 돌로 된 벽이 점차 줄어들고 유리로 대체된다는 것이다. 창문에 나 있는 그 층들은 예배자에게 하나님과 구원에 관한 교리를 가르치지만 여기에는 창문이 "빛의 형이상학"을 나타낸다는 의미도 있다. 하나님은 다가갈 수 없는 빛에 거하시는 분으로 선포되지만 그의 구원의 빛은 세상을 비추었다는 것이다.

최근까지, 6세기의 저자 위-디오니시우스로부터 나온 "빛의 형이상학"에 대한 편중된 집중이 있었다. 사실 어거스틴의 미학은 적어도 수도원 신학에서 위-디오니시우스만큼 중요한 역할을 했다. 또한 디오니시우스의 요소들은 종종 어거스틴의 사상으로부터 영향을 받았다(McGinn, 1995). 따라서 하나님이 세우신 **조화**나 적합한 질서가 핵심 주제이다. 이러한 적합한 질서는 건물과 그것에 포함된 예배 공동체 둘 다를 가리킨다. 생 드니(Saint Denis)에서 고딕 건축의 태동시킨 12세기의 유명한 이론가인 수도원장 슈제르는 "통찰력 있는 질서"를 건축물에 대한 자신의 비전의 핵심으로 언급했다.

어거스틴에게 있어서 "질서"(ordo, "오르도")라는 단어는 우주의 조화로운 아름다움을 가리킬 때 사용하는 특징적 단어이다(Suger 1979, 100-1). "통합"(integration)이라는 단어가 건축 양식이나 건물과 관련하여 사용될 경우 다양한 의미로 해석될 수 있다. 어거스틴의 접근은 확실히 그리스도의 몸을 구성하는 신실한 사람들의 공동체로서 교회라는 근본적인 이해로 시작한다. 이것은 시편 41편(벌게이트 성경)에 대한 어거스틴의 설교에 나오는 "경이로운 장막"(*tabernaculum admirabile*, "타베르나쿨룸 아드미라빌레")과 같은 개념이다(사람들은 이곳을 통해 하나님께 나아간다).

보라 얼마나 경이로운 장막인가 하나님의 장막은 땅에서 가장 신실하도다
(Augustine 1996, 134).

그러나 이 "경이로운 장막"은 일정한 **장소**(*locus*, "로쿠스")을 필요로 한다. 이곳은 계속해서 강화되고 보여주어야 한다. 이러한 "장소"는 먼저 예식(특히 성례)을 위한 곳이어야 하지만 다음으로는 이러한 행위를 수용하는 건물과 연결된다. 따라서 슈제르와 같은 사람들에게 건물은 예배의 목적에 합당한 경외감을 불러일으켰을 것이며 건물 개념을 넘어 영원하고 초월적인 "하나님의 집"을 가리켰을 것이다. 이러한 건물은 하나의 텍스트로서 출입구 또는 접근점의 역할을 했으며 건물의 조화는 단순한 기하학이나 건축적 일관성뿐만 아니라 이러한 기능을 어느 정도 만족시킬 수 있느냐라는 차원에서 평가되었다.

10. 텍스트가 무용지물이 될 수 있는가?

많은 사람은 지혜를 찾기 위해 영적 텍스트나 전통에 접근하기 때문에 고전에 제시된 언어나 일부 전제는 낯설 뿐만 아니라 21세기에 지혜를 찾아 활용하려는 자들에게는 매우 이질적이라는 문제가 발생한다. 한 가지 흥미로운 사례는 14세기 영국의 신비주의 텍스트 『미지의 구름』이다. 오늘날 이 책은 큰 인기를 얻고 있다. 사실 이 책은 1960년대 중반 펭귄 클라식(Penguin Classics)에서 처음 출판된 후 거의 매년 재판되고 있다.

그러나 가령 자아를 "악취 나는 죄 덩어리"로 보아야 한다는 진술에 대해서는 어떻게 판단해야 하는가?(Walsh 1981, ch 40)

상세한 연구에 의하면 이 책은 신체와 물질세계 전반에 대해 의심한다. 또한 오늘날 영적 정서와 비교할 때 지나치게 개인적이다. 확실히 이 책은 명상이 단지 소수의 엘리트에게만 열려 있다고 가정한다. 물론 오늘날 텍스트에 대한 재해석을 통해 이처럼 명백한 문화 충돌은 텍스트의 근본적인 영적 지혜에 비하면 사소한 내용으로 보거나 다른 의미로 보면 된다고 주장할 수도 있다(Sheldrake 1995, 184-92). 그러나 여전히 문제는 남는다.

원리적으로, 사람들은 결국 근대적 지식이나 가치관과 근본적으로 맞지 않는 가정으로 가득한 텍스트는 현실적으로 사용할 수 없다고 말하지 않겠는가?

어떤 대답도 필자가 앞서 제시한 기초에 의존한다. 먼저, 이러한 "의미"는 기존의 텍스트에만 머물러 있는 것이 아니라 텍스트와 오늘날 독자 간의 역동적 대화를 통해서도 확립될 수 있다는 것이다. 필자는 데이비드 트레이시와 같은 학자들이 말한 대로 "고전적 텍스트"라는 개념은 특정 지혜 문헌이 원래적 상황의 제약을 벗어날 수 있는 능력을 보여준다고 생각한다. 이것은 텍스트가 더 이상 원래적 저자나 그가 염두에 두었던 청중의 가정이나 지평에 묶여 있을 필요가 없다는 의미이다. 이러한 텍스트는 이미 그것을 읽을 때마다 끊임없이 재해석될 수 있음을 입증하기 때문이다.

로욜라의 이그나티우스의 『영신수련』처럼 명백히 **입증된**(performed) 텍스트의 경우 수도자의 필요가 텍스트 자체를 형성하며 텍스트에 대한 최초의 실제적 해석을 통해 강화된다(Ganss 1991, 126-8). 따라서 이 "훈련"의 의미는 텍스트 자체의 논리(즉 기록된 문헌에서뿐만 아니라 영적 발전을 위한 도구로서 그것을 이용할 때마다 독특한 재해석을 통해 드러나는 논리)와 일치한다.

건물을 텍스트로 보는 관점도 마찬가지이다. 오늘날 중세 대성당들(cathedrals)에 대한 연구의 한 가지 신선한 관점은 미술사와 중세의 연구를 신학 및 영성과 통합하려는 움직임이다. 그 결과 건물은 움직이지 않는 건축 구조물이라는 사고로부터 벗어났다. 대성당의 암시적 영성은 "신성한 장소"라는 추상적 개념에 기초하지 않는다. 대성당은 사회적 관계 및 공동체와 연결된 장소라는 사실은 신학적 해석에 중요한 요소가 된다. 다시 말하면 "유용성"(performance)이 없는 건물은 추상적 양식에 맞춘 구조물일 뿐이며 결코 고딕 양식이 만든 공간(space)의 "의미"가 될 수 없다는 것이다. 대성당은 공동체의 기억과 열망을 간직한 곳으로 세월과 함께 끊임없이 갱신되고 변화한다. 사실 대성당과 같은 건물은 지속적으로 움직이고 변화하지 않고 고정되는 순간 살아있는 상징이 아니라 박물관이 되고 만다.

오늘날 중세의 종교 건물은 원래의 청중과 완전히 다른 청중을 맞이하고 있다. 실제적인 당시의 청중이나 대성당으로 돌아갈 수 있는 방법은 없다. 또한 우리는 인위적으로 지난 시대의 분위기를 다시 한 번 만들려고 해서도 안된다. 역사적 종교 빌딩은 이용 패턴의 변화에 따라 해석 및 재해석됨으로써 영원히 새로운 의미를 드러내는 일종의 텍스트이다. 이러한 건물은 아무리 고정된 것처럼 보이더라도 (종교 이후 시대조차) 영적 지혜를 전수할 수 있는 능력이 끝났다는 증거는 없는 것 같다.

따라서 고전적 텍스트의 "의미"는 결코 **고정되지** 않는다. 이러한 의미에서 **적어도 원리적으로는** 우리가 고전적 텍스트의 "유용성"이나 해석의 한계에 도달했다고 말할 수 없다. 확실히 이 시대는 특정 텍스트를 배후로 사라지게 하는 성향의 변화가 존재하지만 이러한 텍스트는 시대가 바뀌면 다시 복원될 것이다. 그러나 이러한 현상 자체는 고전의 지위 상실을 의미하지 않는다. 필자는 이 부분에서도 데이비드 트레이시를 따라 텍스트는 "적합성의 준거"(criteria of adequacy, 즉 텍스트는 인간 삶의 기본적 요구를 충족시키는가) 및 "적용의 준거"(criteria of appropriateness, 즉 텍스트는 그리스도인의 존재 이해에 충실한가)에 의해 판단할 수 있다고 생각한다(1975, 72-9). 그러나 이러한 준거를 어떻게 하면 정확히 해석할 것인가라는 것은 정황에 관한 문제이다. 우리는 이러한 준거를 현시대 안에서 적용해야 하며 우리의 판단이 영원히 결정적인 것은 아니라는 사실을 인정해야 한다.

11. 잠재적 독자 공동체란 무엇인가?

"텍스트"의 유동성 및 새로운 차원의 의미를 드러내는 능력은 누가 텍스트를 해석할 수 있는가라는 문제와 밀접하게 연결된다. 엄밀한 의미에서 "잠재적 독자 공동체"로 언급되는 대상은 시대에 따라 변할 수밖에 없다. 예를 들어 이그나티우스적 훈련의 경우 텍스트에 대한 해석은 더 이상 남성이나 가톨릭의 성직자 수도회 또는 예수회만의 전유물이 아니라는 것이다. 여성, 특히 동일한 전통 위에 세워진 자매 공동체는 더 이상 기존의 해석을 수동적으로 받아들이는 입장이 아니라 해석 과정에 직접 개입하여 의미를 도출한다(Lonsdale 2000, introduction and ch. 10). 일반 평신도에게서는 이러한 현상을 더욱 광범위하게 찾아볼 수 있다. 그러나 보다 근본적인 것은 이것이 개혁의 터전이 된 사실을 감안할 때 오늘날 "잠재적 독자 공동체"는 가톨릭의 영역을 넘어 이러한 "훈련"을 통해 유익을 얻고, 다른 사람을 인도한 자들의 대열에 합류한 자들이 포함된다는 것이다(Sheldrake 1990).

종교적 건물의 경우 "대화"라는 해석학적 과정은 오늘날 중세 대성당을 방문하는 자들이 적어도 원리적으로는 이처럼 확장된 잠재적 독자 공동체의 한 부분이 될 수 있는 가능성을 열어주는가?

이러한 사상은 대성당이 그리스도인 예배자만을 위해 존재한다고 생각하는 자들에게 심각한 문제를 초래한다. 오늘날 방문객은 대성당이 원래 무엇을 의미하려 했으며 이러한 건물이 어떻게 오늘날 예전적으로 이용될 수 있는지에 대해 알지 못하는 단순한 관광객일 수 있다는 것이다. 필자가 말하려는 것은 이것이 대다수 비그리스도인은 대성당을 사회적이고 영적인 텍스트로 볼 수 없다는 의미로 해석되어서는 안 된다는 것이다. 중세 대성당을 오늘날에 맞게 재정비하려는 움직임이 있다고 한다. 이것이 사실이라면 흥미로운 이슈가 아닐 수 없다.

누구의 필요를 우선한 것인가?

어떠한 영성 이해가 이러한 변화의 모델이 되었는가?

순수한 예식적 목적을 위한 것인가 아니면 보다 많은 사람들이 이 건물 안에서(또한 건물을 통해) 영적 지혜를 얻게 하려는 목적에서 나온 것인가?

예배가 목적이 아닌 관광객들은 단지 문화유산 사업의 일환으로 부가된 것뿐인가?

혹시 그들은 기독교 복음주의의 새로운 전략을 위한 수동적 타깃은 아닌가?

아니면 잠재적인 의미에서 그들은 대성당과 같은 건물에서 이전에 발견하지 못했던 의미를 찾으려는 과정에 있는 새로운 해석학적 대화에 능동적인 동참자가 된 것은 아닌가?

12. 결론

본 논문의 대부분은 텍스트와 전통에 대한 해석 **과정** 및 역사적 인식의 역할과 관련된다. 그러나 마지막 부분에 다룬 질문은 "잠재적 독자 공동체"의 본질, 다시 말하면 **누가** 텍스트와 전통을 해석하고 권위 있는 독법을 부여할 수 있냐는, 적어도 신학적으로나 영적으로 흥미롭고 중요한 문제라는 사실을 상기시킨다.

이 마지막 질문이 보여주는 또 한 가지 시사점은 영성 분야에 있어서도 해석 역사는 해석의 권한(power)의 문제와 관련된다는 것이다(Ricoeur 1981에 나오는 이슈들에 관한 논의 참조). 물론 이러한 권한 자체는 나쁜 것이 아니다. 그렇지 않으면 기술이나 정보를 골고루 나누어주는 **권한 분산**에 대한 언급도 할 수 없을 것이다. 기독교 영성이라는 정황 안에서 권한은 그것이 어떤 의미로 규명되든, "공적인" 역사에서 그러한 지위에 오를 자가 누구이든, 누가 텍스트와 전통의 탁월한 해석가가 되든, 권한의 실재를 부인할 수는 없다.

이 논문에서 해석과 적용에 관한 이슈의 복잡성에 대한 강조는 영적 지혜에 대한 접근은 학자들에게만 허용된다는 엘리트주의나 일종의 신비화(mystification)와 관련되는 것처럼 보일 수 있다. 그러나 필자의 의도는 그 반대가 되어야 한다는 것이다. 중요한 것은 해석학이라는 케이크 조각은 가능한 모든 사람에게 나누어져야 한다는 것이다.

전통과 텍스트에 대한 전문적 지식을 가진 자나 학자들은 "신비를 맡은 청지기"가 아니다. 그들은 통찰력에 접근할 수 있는 특권을 가진 신 영지주의자가 아니다. 해독 작업은 신학적 **의무**이다. 그것은 교육 철학 및 기독교 신학을 다룬다. 영성에 대한 인기 있는 강좌나 워크숍은 영적인 텍스트와 전통에 대한 보다 깊은 통찰력을 실제적이고 정확하고 이해할 수 있는 방식으로 전달해야 하며, 그러한 노력 없이 단지 실용적 문제에만 매달린다면 한계에 부딪칠 수밖에 없다는 것이 필자의 생각이다.

참고문헌

Armstrong, R. and Brady, I. (eds) 1982: *Francis and Clare: The Complete Works*. New York: PaulistPress.

Augustine 1996: *Expositions on the Book of Psalms*. In P. Schaff (ed.), *A Select Library of the Nicene and Post-Nicene Fathers of the Christian Church*, 1st ser., vol. 8. Grand Rapids, MI: Eerdmans.

Bossy, J. 1975: *The English Catholic Community: 1570–1850*. London: Darton, Longman, and Todd.

Bynum, C. W. 1982: *Jesus as Mother: Studies in the Spirituality of the High Middle Ages*. Berkeley, CA: University of California Press.

de Certeau, M. 1966: Culture and spiritual experience. *Concilium* 19, 3–16.

Downey, M. 1997: *Understanding Christian Spirituality*. New York: Paulist Press.

Downing, F. T. 1993: *Living the Incarnation: Praying with Francis and Clare of Assisi*. London:Darton, Longman, and Todd.

Evennett, H. O. 1968: *The Spirit of the Counter-Reformation*. Cambridge: Cambridge University Press.

Flanagan, K. 1999: *The Enchantment of Sociology: A Study of Theology and Culture*. London: Macmillan.

Fowl, S. (ed.) 1997: *The Theological Interpretation of Scripture*. Oxford: Blackwell.

Gadamer, H-G. 1979: *Truth and Method*, 2nd edn. London: Sheed and Ward.

Gallagher, M. P. 1999: *Clashing Symbols: An Introduction to Faith and Culture*. London: Darton, Longman, and Todd.

Ganss, G. (trans. and ed.) 1970: *The Constitutions of the Society of Jesus*. St Louis: Institute of Jesuit Sources.

—— (trans. and ed.) 1991: *Ignatius of Loyola: Spiritual Exercises and Selected Works*. New York: Paulist Press.

Geertz, C. 1973: *The Interpretation of Cultures*. New York: Basic Books.

Geremek, B. 1990: The marginal man. In J. Le Goff (ed.), *The Medieval World*, trans. L. G. Cochrane, pp. 346–73. London: Collins and Brown.

Gray, H. J. 1988: What kind of document? *The Way Supplement* 61, 21–34.

John, O. 1988: The tradition of the oppressed as the main topic of theological hermeneutics. *Concilium* 200, 143–55.

Lash, N. 1986: *Theology on the Way to Emmaus*. London: SCM Press.

Le Goff, J. 1981: Francis of Assisi between the renewals and restraints of feudal society. *Concilium* 149, 3–10.

Lonsdale, D. 2000: *Eyes to See, Ears to Hear: An Introduction to Ignatian Spirituality*, rev. edn. London: Darton, Longman, and Todd.

McGinn, B. 1995: From admirable tabernacle to the house of God: some theological reflections on medieval architectural integration. In V. C. Raguin, K. Brush, and P. Draper (eds), *Artistic Integration in Gothic Buildings*, pp. 41–56. Toronto: University of Toronto Press.

Moore, R. I. 1994: *The Formation of a Persecuting Society*. Oxford: Blackwell.

Murk-Jansen, S. 1998: *Brides in the Desert: The Spirituality of the Beguines*. London: Darton Longman, and Todd.

Rahner, K. 1964: *The Dynamic Element in the Church*. London: Burns and Oates.

Raitt, J. (ed.) 1987: *Christian Spirituality: High Middle Ages and Reformation*. New York: Crossroad.

Ricoeur, P. 1976: *Interpretation Theory: Discourse and the Surplus of Meaning*. Fort Worth: Texas Christian University Press.

———— 1981: Hermeneutics and the critique of ideology. In J. B. Thompson (ed.), *Hermeneutics and the Human Sciences*, pp. 63–100. Cambridge: Cambridge University Press.

Ruggieri, G. 1987: Faith and history. In G. Alberigo, J-P. Jossua, and J. A. Komonchak (eds), *The Reception of Vatican II*, pp. 91–114. Washington, DC: Catholic University of America Press.

Schneiders, S. 1999a: *The Revelatory Text: Interpreting the New Testament as Sacred Scripture*. Collegeville, MN: The Liturgical Press.

———— 1999b: *Written that You May Believe: Encountering Jesus in the Fourth Gospel*. New York: Crossroad.

Schüssler Fiorenza, E. 1983: *In Memory of Her: A Feminist Theological Reconstruction of Christian Origins.* New York: Crossroad.

Scott, J. and Simpson-Housley, P. (eds) 1991: *Sacred Places and Profane Spaces: Essays in the Geographics of Judaism, Christianity and Islam.* Westport, CT: Greenwood.

Sheldrake, P. (ed.) 1990: *Ignatian Spirituality in Ecumenical Context. The Way Supplement* 68 (summer).

—— 1995: *Spirituality and History: Questions of Interpretation and Method*, rev. edn. London: SPCK.

—— 1998: *Spirituality and Theology: Christian Living and the Doctrine of God.* London: Darton Longman, and Todd.

Stewart, C. 1996: Asceticism and spirituality in late antiquity: new vision, impasse or hiatus? *Christian Spirituality Bulletin* 4 (1), 11–15.

Suger 1979: *Libellus alter de consecratione ecclesiae Sancti Dionysii* 4, trans. in E. Panofsky, *Abbot Suger on the Abbey Church of St Denis and its Art Treasures.* Princeton, NJ: Princeton University Press.

Tracy, D. 1975: *Blessed Rage for Order.* New York: Seabury Press.

—— 1991: *The Analogical Imagination: Christian Theology and the Culture of Pluralism.* New York: Crossroad.

—— 1994: *On Naming the Present: God, Hermeneutics and Church.* Maryknoll, NY: Orbis.

Veale, J. 1988: How the *Constitutions* work. *The Way Supplement* 61, 3–20.

Walsh, J. (trans.) 1981: *The Cloud of Unknowing.* New York: Paulist Press.

Williams, R. 1991: *Teresa of Avila.* London: Geoffrey Chapman.

—— 2000: *On Christian Theology.* Oxford: Blackwell.

Wilson, C. 1990: *The Gothic Cathedral.* London: Thames and Hudson.

제27장
자연

더글라스 버튼-크리스티(Douglas Burton-Christie) 박사
로욜라메리마운트대학교 영성신학 교수

이탈리아 라벤나(Ravenna)의 갈라 플라치디아 영묘(Mausoleum of the Galla Placidia)에는 자연에 대한 기독교 사상을 가장 아름답게 표현한 모자이크를 볼 수 있다. 반짝이는 별 무리가 동심원을 이룬 은은하고 짙푸른 돔 중앙에는 십자가가 새겨져 있다. 중심으로 갈수록 점차 좁아지는 이미지는 마치 아치형 하늘을 보고 있는 듯한 인상을 준다. 이것이 주는 메시지는 분명하다. 온 우주에 하나님의 임재의 빛이 드리워 있다는 것이다. 사실 우주의 궁극적 의미는 십자가 형태이다. 이것은 초기 그리스도인에게 공허하거나 추상적인 개념이 아니라 확고한 신앙 원리였으며 그들이 하나님을 어떻게 경험했는지를 보여준다.

이러한 원리는 말씀이 육신이 되신(요 1:14) 예수님을 통한 하나님의 성육신이 온 우주와 만물을 거룩하게 한다는 믿음으로부터 나온다. 로욜라의 이그나티우스는 이러한 고대 신앙에 대해 다음과 같이 묘사한다.

> 왜냐하면 그분[그리스도]은 하나님의 말씀이시기 때문에 … 그는 보이지 않는 형태로 온 세상을 가득 채우고 있으며 우주의 길이와 넓이와 높이와 깊이를 둘러싸고 있다 … 하나님의 아들은 우주의 십자가 형태에 각인된 이러한 십자가에 못 박히신 것이다(Ladner 1995, 99).

이것은 고대 그리스도인이 "자연"의 의미에 대해 가지고 있는 가장 단순한 형태의 믿음이다. 즉 온 우주는 하나님의 말씀의 살리는 능력에 의해 존재하고 유지되어 왔으며

하나님의 말씀은 말씀을 믿고 말씀대로 사는 모든 자를 구원하시고 온전하게 하신다는 것이다. 그리스도는 우주의 중심이시다. 이것은 이처럼 가치 있는 세상을 어떻게 살 것인지를 보여주는 신학적 통찰력으로 가득한 아름다운 이미지이다. 그러나 생태학적 퇴화가 점차 가속화되고 있는 21세기의 문턱에서 이러한 이미지에 대한 사색은 부인할 수 없는 새로운 도전을 초래한다. 특히 기독교 공동체의 구성원이 우주가 하나님의 말씀에 의해 존재하고 유지되고 있다는 이러한 믿음을 가지고 있는지 또는 그렇게 살고 있는지 의문스럽다.

역사적으로 기독교 공동체는 그리스도에 대한 믿음의 이러한 요소를 심각하게 받아들이지 않았다. 따라서 갈라 플라치디아 영묘의 이미지에 대한 사색은 기독교 신앙의 우주적 영역으로 향하는 새로운 길을 열어 준다. 뿐만 아니라 이러한 사색은 많은 사람이 우리가 사는 세상에서 실패한 사실 및 그러한 실패의 결과에 대해 진지하게 돌아보는 계기가 되게 한다.

아마도 이것은 반짝이는 별 무리 가운데 떠 있는 십자가 이미지가 오늘날의 우리에게 주는 의미 가운데 하나일 것이다. 지극히 모호한 상징적 언어는 진정한 우주적 기독교 신앙에 내재된 구속적 가능성을 보여주지만 한편으로는 끝없이 파괴하고 죽이는 우리의 본질을 여과 없이 상기시키는 역할을 한다. 오늘날 그리스도인은 세상을 사랑하고 보존하도록 도와주는 관점에서 우리의 신앙을 새롭게 하려는 거대한 도전에 직면하고 있다.

오늘날 그리스도인에 대한 도전이 요구하는 핵심은 우리의 영적 전통과 영성을 비판적 입장에서 진지하게 재점검해 보아야 한다는 것이다. 이것은 의식의 내면을 살피는 편협한 성찰 이상의 것을 요구한다. 또한 이것은 기독교 공동체의 입장에서 "시대의 징표," 특히 세상의 생태학, 정치, 사회 및 영적 구조에 대한 심각한 붕괴를 초래하는 생태학적 퇴화의 징표에 대한 면밀한 관심을 요구한다. 이러한 징표들에 대해 관심 및 신앙적 입장에서의 대처 방안에 대한 연구는 많은 노력이 필요한 복잡한 작업이다.

이것은 지구 온난화, 삼림 파괴, 사막화, 거대한 토양 침식, 화석 비료의 격감 및 세계적인 물 부족 현상 등 광범위한 만성적 생태학적 위협에 존재하는 복잡한 관계를 인정해야 한다는 것이다. 또한 이러한 생태학적 위협의 문화적, 사회적, 경제적, 정치적 영역들 간의 관계, 가난이나 과소비와 같은 실재가 생태학적 퇴화를 초래한 다양한 경로 및 이러한 결과가 어떻게 사회적, 정치적, 경제적 불안정을 초래하는지를 염두에 두어야 한다는 것이다(Brown et al. 2002). 오늘날 그리스도인에게 이러한 파괴적 발전의 영적 의미에 대한 묵상은 지구에 대한 공격에 공동으로 대처하려는 기독교 공동체의 노력을 보여주는 중요한 신앙적 표현이 되고 있다.

  이 작업은 다음과 같은 다양한 형태를 취한다. 그리스도인이 생태학적 문제에 관심을 가져야 하는 신학적, 영적, 도덕적 근거를 제시한 교회의 공식적 선언(Commission for Racial Justice, United Church of Christ 1987; Catholic Bishops' Conference of the Philippines 1988; Dimitrios, the Ecumenical Patriarch 1990; John Paul II 1990; US Conference of Catholic Bishops 1991; Presbyterian Advisory Committee on Social Witness Policy 1996; Catholic Bishops of the Pacific Morthwest 2001), 성경 및 드러나지 않은 기독교 전통 안에서 희미하게 나타난 자연의 역할에 대해 탐구한 비평적인 **역사적**(historical) 작품(가령 Merchant 1980; Santmire 1985; Cohen 1989; Albanese 1990; Gregory 1992; Harrison 1992; Ladner 1995; Hiebert 1996; Bergant 1998; Hütterman 1999), 생태학적 위기라는 차원에서 하나님에 대한 변화된 인식에 대한 **신학적** 탐구, 특히 여성 생태학자들의 중요한 기여(예를 들면 Moltmann 1985; McFague 1987; Cobb 1992; Ruether 1992; Johnson 1993; Bouma-Prediger 1995; Edwards 1995; Fowler 1995; Wallace 1996; Boff 1997; Scharper 1997; Baker-Fletcher 1998; Kwok 1999; Hayes 2001; Hessel and Ruether 2001; toolan 2001; Eaton 2003; Scott 2003), 살아있는 세계에 대한 그리스도인의 책임의 넓이와 깊이에 대한 **윤리적** 사색(예를 들면 Nash 1991; Oelschlaeger 1994; Rasmussen 1996), **영성**의 전통에 대한 탐구(예를 들면 Fox 1983; Gregorios 1987; Louth 1991; Kinsley 1994; McFague 1997; Lane 1998; 2001; Sheldrake 2001), 세상에서 새로운 존재 방식을 약속하는, **삶에 대한 실험들**(예를 들면 Fritsch 1987; Lefevere 2003). 이러한 것들은 기독교 공동체의 실제적인 생명력을 보여주며 데이비드 트레이시(David Tracy)가 오랫동안 주장해온 "비판적 상호 관계"와 같은 사례(1975)는 진정성 있는 신학적 작업, 즉 고전적 기독교 텍스트(이 경우 단순한 텍스트 이상으로 확장된다)와 오늘날 인간 경험의 독창적 결합 및 상호 질문의 **필수 조건**이다.

  기독교 공동체가 요구받고 있는 비판적 상호 관계의 또 하나 중요한 사례는 기독교 전통 밖에서 제기된 영적 갈망에 대한 신중하고 철저한 관심이다. 이것은 세계의 주요 종교의 영성은 물론 때로는 숨어 있는 많은 영성, 즉 우리가 종교적 행위와 의식(consciousness)의 위치 및 의미에 대해 평가할 때 전통적 영역 외로 분류하는 영성을 포함한다. 최근 들어 이러한 "비종교" 또는 "세속적" 영성에 대한 관심은 점차 증가하고 있다(Schneiders 1994, 2003; Torrance 1994; Van Ness 1996; NcGuire 1997; Taves 2003).

  우리는 그리스도인과 비그리스도인이 기존의 전통이 신앙을 형성한 방식에 대해서는 거의 관심을 갖지 않은 채 임의로 선택한 광범위한 영적 전통에 기초하여 다양한 방식으로 만들어낸 즉흥적 영성에 눈을 뜨기 시작했다. 이러한 관심은 세대를 이어 전수될 수 있는 일관성 있는 신앙과 행위를 침식시키는 경향 이상의 과잉 현상을 보이고 있다. 그러나 이러한 발전은 확실히 무엇인가 다른 것이 시작되었음을 보여준다. 그것은 매우 긍정적이고 창의적이며, 기존의 종교 전통이 제공할 수 없었던 영적 의미를 발견하려는 갈망이다. 그것은 결국 영성에 대한 의미 있는 통찰력의 근원에 자리 잡아야 할 초월성을 위한 인간의 능력에 생명력과 탄력성을 부여한다.

소위 "영성의 회복"(greening of spirituality)은 광범위한 사회적이고 문화적인 배경으로부터 나온다. 그 배경 안에서 사람들은, 살아있는 세계에 대한 감정에 뿌리내린 친밀하고 의미 있는 영성을 배양하는 방법을 찾고 있다. 대부분의 그리스도인을 포함한 사람들은 이러한 영성을 기존의 종교적 전통에서 찾고 있다. 다른 사람들은 종교적 담론의 세계로 적절히 배치되거나 통합되어야 할 새로운 장소에서 이러한 영성을 지엽적으로 찾아다니고 있다. 그리스도인은 이러한 새로운 탐구에 민감한 관심을 가져야 할 의무가 있다는 것이 필자의 생각이다. 이것은 초월적인 것을 진지하게 찾기 시작한 사람들을 존중하는 마땅한 반응이다. 뿐만 아니라 이러한 탐구는 그리스도인에게 생존 세계를 진지하게 대하는 영성에 대해 많은 것을 가르친다.

이어지는 논의에서 필자는 그리스도인이 동시대 저자들 및 시인들과 자연의 영적 의미에 관한 대화를 통해 영성이 더욱 깊어지고 유익을 얻을 수 있다는 사실에 대해 살펴볼 것이다(Burton-Christie 1993, 1994a, b, 1999, 2000, 2003a, b). 특히 필자는 본 담론의 핵심적 이슈에 해당하는 **광범위한 상실에 대한 경험**에 대해 다룰 것이다. 자연계와 관련된 상실의 경험은 다양한 면에서 접근할 수 있다.

여기에는 종(species), 야생 및 인간 공동체, 특히 생태계가 사라지면서 불균형하게 고통당하고 있는 가난한 공동체의 극단적이고 파괴적인 상실에 초점을 맞추어 살펴볼 것이다. 이러한 현실 속에는 보다 근본적이면서 쉽게 설명하기 어려운 다른 상실, 즉 아름다움과 친밀함의 상실, 거룩함의 상실도 있다. 오늘날 저서들에서 찾아볼 수 있는 상실에 대한 고찰에서는 더 많은 사례가 나타난다.

이러한 고찰은 상실한 모든 것에 대한 안타까움을 토로하는 것으로 끝나지 않는다. 그것은 회복과 치유에 대한 광범위한 사색적, 윤리적, 영적 프로젝트와 연결되는 출발점일 뿐이다. 이러한 프로젝트의 기초는 우리의 과오에 대한 인정과 함께 현재적 고통에 대한 분명한 인식이다. 이것은 그리스도인이 오랫동안 회개의 경험과 동일시 해왔던 인식과 다르지 않다. 이러한 인식은 자연계에 대한 초월적인 영적 가치에 대한 새로운 깨달음에 도달하기 위해 필요한 출발점이다(이러한 깨달음은 오늘날 시급히 필요한 회복과 치유에 대한 윤리적 영적 프로젝트를 장기간 유지하기 위해 반드시 필요하다).

1. 상실에 대한 시학

필자는 6주간의 연구와 가르침을 통해 자연계의 의미에 대해 생각하기 위해 뉴욕 북부에 있는 바사대학(Vassar College)을 찾은 동료들과 함께 테이블에 앉은 적이 있었다. 모임 시간이 거의 끝나서 헤어질 때가 되었을 때, 우리의 삶에 의미가 있었던 자연계의 장소들에 대해 더욱 친밀하고 사적인 대화를 나누었다. 우리는 어린 시절의 추억이 담긴 곳, 야생, 뒤뜰 정원에 대해 이야기꽃을 피웠다. 이러한 장소들은 자연계와의 친밀감을 느끼게 했다. 이러한 장소들에 대해 언급하고 묘사하는 것만으로도 즐거움이 있었다.

그러나 우리의 대화는 점차 상실감에 대한 내용으로 넘어갔다. 이러한 장소들은 더 이상 남아 있지 않다. 그곳은 포장되고 개간되었으며 개발이라는 명목하에 사라지고 말았다. 방안 분위기는 무거워졌다. 우리는 눈물과 무한한 슬픔으로 서로에게 말하고 있는 자기 자신을 발견했다. 그때까지만 해도 그 무한한 슬픔은 우리 대화의 밑바닥에서 울렁이고만 있었었다. 그러나 막상 밖으로 모습을 드러낸 감정은 실로 강력한 것이었다. 그 방에서 마음이 움직이지 않은 사람은 하나도 없었다. 그 순간 우리가 공유한 상실감은 매우 분명하고 깊고 예리한 것이었다. 그것은 마치 옛 상처의 지속적인 영향력에 대한 새로운 인식에 도달한 느낌이었다.

세상에서 생명의 형태들(life-forms)이 소멸되어 가는 규모를 감안하면 자연 자원이 고갈되고 삶의 터전이 파괴되며 그로 인해 공동체 전체가 빈궁하게 되는 현상은 놀라운 일이 아니다. 이러한 상실에 대한 오늘날의 경험의 중심에는 우리가 원 상태로 돌리거나 회복할 수 없을 만큼 엄청난 재앙을 경험하고 있다는 인식이 자리 잡고 있다. 종의 대량 소멸은 우리가 모든 것을 잃고 있다는 유일한 표지가 아니다. 그러나 이것은 인간 상호간 및 다른 종과의 친밀함의 상실이 얼마나 극단적인 반목으로 이어져 왔는지를 잘 보여준다.

많은 종이 6천 5백만 년 전 공룡 시대 말기 이후 전례 없는 속도로 사라지고 있다(Wilson 1989, 26). 지구 역사에서 대량 멸종 사례는 이전에 일어났으며 대부분 인간과는 무관하다. 그러나 모든 것이 변하기 시작했다. 18세기까지 전체 멸종률은 비교적 낮았으나(매년 0.25종) 19세기에는 1년에 한 종씩 사라질 만큼 높아졌다. 1975년에는 매년

1,000종씩 사라지기 시작했으며 1990년대는 멸종률이 매년 10,000종(시간 당 한 종에 해당하는 수치이다)이 사라지고 있다. 2000년부터는 멸종 속도가 기하급수적으로 빨라졌으며 매년 40,000종이 사라지고 있다. 다음 30년간 지구상에 알려진 종 가운데 25%가 사라질 것이라고 한다(Wilson 1984, 122; 2003년 5월 19일 BBC 뉴스).

이처럼 놀라운 통계는 헤아리기 어렵다. 그러나 우리는 인류 역사에 전례가 없었으며 우리의 상상력으로는 가늠하기조차 어려운 현상을 이해하려고 노력중이다.

> 멸종은 이해하기 어려운 개념이다. 그것은 영원한 개념이다. 그것은, 개별적 생명의 형태들이 정상적인 재생 과정을 통해 회복될 수 있는 것과는 전혀 다른 것이다. 멸종은 단순한 숫자적 감소가 아니다. 그것은 다른 것으로 대체하거나 보상이 가능한 손해가 아니며 우리 시대에만 영향을 미치는 것도 아니다. 또한 그것은 초자연적 힘을 통해 고칠 수 있는 것도 아니다. 멸종은 이 땅에서나 하늘에서 치유할 수 없는 절대적이고 최종적인 행위이다. 멸종된 종은 영원히 사라진다(Berry 1988, 9).

이러한 관점에서 볼 때 많은 종의 멸종은 두려운 재앙적 현상처럼 보인다. 이것은 **우리**가 소중하게 생각하는 모든 것이 파괴당하는 것을 볼 때에 경험하는 감정으로, 우리가 세상에 대한 진정한 연민과 책임감을 가지고 사는 방법만 알았더라도 피할 수 있었을 것이다. 그러나 생명의 형태들이 대량으로 사라지는 현실은 과거에 대한 주관적 상실감을 경험하는 것으로 끝날 수 없으며 그래서도 안 된다. 이것은 지구상의 생명체 전체에 대한 거대하고 불길한 위협의 가능성을 말해주고 있다. 에드워드 윌슨(Edward O. Wilson)은 멸종률의 급속한 증가는 생명 자체의 소멸에 대한 전조라는 많은 사람들의 걱정을 전한다.

> 우리는 지금 생명을 끝내고 있다는 느낌이 든다. 내 말은 우리가 생명을 파괴하고 있다는 것이다(Wilson 1989, 26).

또는 이러한 재앙을 약간 다르게 표현하면 "출산이 중단되었다는 것과 죽음은 다른 개념이다"(Soule and Wilcox 1989, 8). 이처럼 놀라운 상실은 한 가지 중요한 질문을 던진다. 대답을 가능하게 하기 위해서 단지 추상적 개념의 소멸을 의미 있는 용어로 바꾸는 것이 가능한가?

이러한 괴리를 줄일 수 있는 방법 가운데 하나는 이 모든 것에서 **우리**에게 중요한 것이 무엇이냐라는 가치관에 대한 질문을 던지는 것인가?

종이 사라지고 세상이 빈궁하게 되는 것은 불행한 일이지만 사회적 경제적 발전의 불가피한 결과가 아닌가?

우리는 인간의 번영을 위해 자연계를 희생시키거나 많은 부분을 잃어야 하는가?

아니면 이러한 소멸을 방치함으로써 인간의 경험과, 자신과 세상에 대한 무엇인가 본질적인 것이 사라지고 있다고 생각하는가?

다르게 질문하자면, 우리의 운명과 **우리** 인류의 안녕이 이처럼 사라지고 있는 종의 생존과 어느 정도 결합 또는 의존한다고 생각하는가?

이러한 질문을 제기하는 것은 우리가 이 드라마의 유일한, 또는 가장 중요한 배우라는 뜻이 아니다. 확실히 인간의 오만은 오늘날의 사태에 대한 책임이 있으며 종의 본질적 가치에 관한 문제는 정직하게 접근해야 한다. 앞으로 할 수 있는 유일한 방법은 다른 종 및 생명 세계 전체와의 관계를 규명하는 것이다(이러한 관계가 깨어진 장소 및 우리가 변화와 상실을 경험한 장소를 포함한다).

시인이 해야 할 일은 이러한 상실을 세부적으로 거론하고 묘사하는 것이다. 그렇게 함으로써 시인은 우리가 잃은 것에 대한 상상력을 발휘하고 감정적인 접근을 하도록 도와줄 수 있으며 또한 실제로 그렇게 하고 있다. 이러한 작업은 우리가 경험한 분명하고 특별한 상실, 즉 단절된 관계, 사라진 풍경, 역사적 대량학살 등이 어떻게 상호 관련되며 때로는 예기치 않게 하나의 복잡하고 파괴적인 상실감으로 밀려오게 하는지 이해하도록 돕는다. 이것은 우리가 마음속에서 일어나는 "근본적이고 재앙적인 불안," 즉 무의식적으로 "말세"가 다가왔다는 느낌과 연결할 만큼 심각한 불안감의 원천이 무엇인지 간파하게 한다(Nicholson 2002, 137). 이러한 말세적 불안에 대한 언어화는 우리를 그처럼 자주 마비시켰던 침묵으로부터 벗어나게 하는 첫 번째 단계가 될 수 있다. 이러한 시적 언어화는 "상실"뿐만 아니라 상실감 속에 거대한 조류처럼 흐르는 "친밀함과 관계에 대한 근원적 갈망"을 제시하는 도구가 될 수 있다.

이러한 내용은 로버트 해스(Robrt Hass)가 『숲 아래의 태양』(*Sun under Wood*, 1996)이라는 시집에서 정직한 통찰력을 가지고 제기한 이슈이다. 여기서 가장 개인적이고 친밀한 상실들은 보다 큰 상실에 대해 언급하고 안내하며 그것에 의해 형성된다. 시인은 알콜중독과 정신병으로 어머니를 잃은 경험과 이제는 갈 수 없는 먼 장소에 대해 어떤 언어로 형용할 수 있으며, 또는 마치 보이지 않는 실로 묶은 듯이 다른 상실들과 실타래처럼 얽혀 있는 현실에 대해 무슨 말로 설명할 수 있겠느냐고 묻는다. "깊숙이 뿌리 내린 쇠풀 / 알칼리 향내 나는 촉촉한 땅 … 한 쪽으로 밀려나거나 / 트럭에 실려 외딴 곳으로 옮겨지고"(1996, 12), 주택 개발을 위해 콘크리트 슬라브로 대체됨으로써 사랑하는 초원을 잃어버린 것도 마찬가지이다. 또한 원주민은 우리보다 먼저 이곳에 터를 잡고 우리와 마찬가지로 "이 높은 산의 여름 아침 초원을 사랑한" 자들이지만 독감과 성병이 많은 사람의 목숨을 앗아간 후 사라졌다(1996, 6).

우리는 사람과 인간 공동체 및 자연계의 이처럼 누적된 상실에 대해 어떻게 이해해야 하는가? 이러한 상실은 개인적인 동시에(어머니의 죽음) 생태학적이며(초원을 빼앗김) 역사—문화적이다(질병과 대량 학살로 인한 원주민이 사라짐). 이러한 상실들을 하나의 전체적 실재의 일부분으로 보기 위해서는 유연하고 대담한 상상력이 요구된다. 그러나 이러한 것들이 하나의 전체적 실재의 요소들이라는 것은 명백하다. 이러한 요소들은 각각 다른 방식으로 관계의 상실을, 때로는 이러한 관계에 대한 폭력적 압제를 드러내며 그것에 동참한다. 그러나 모든 상실에는 친밀감에 대해, 그리고 우리의 감정적, 영적 삶에 드리운 깊은 연결에 대한 어느 정도의 기억이 남아 있다.

우리가 경험한 친밀감으로부터 오는 기쁨 및 이러한 친밀감의 상실로부터 오는 황폐화를 모두 설명하도록 도와주는 "무엇인가"는 존재하는가?

수산 그리핀(Susan Griffin)은 그의 저서 『일상 삶의 에로스』(*The Eros of Everyday Life*, 1995)에서 이 "무엇인가"는 에로스라고 주장한다. 그는 헤시오드(Hesiod)가 제시한 이 단어의 고대 우주론적 의미에 기초하여 에로스는 우리를 매우 감동적인 만남, "타자"와의 만남으로 이끌며 이러한 만남을 통해 일어나는 유동적이고 역동적인 상호교류를 가능하게 할 뿐만 아니라 그로 인해 야기되는 삶이 바로 에로스라고 말한다. 또한 그리핀은 이러한 만남은 우리 삶의 생물학적, 감정적, 언어적, 사회—정치학적 및 영적 영역이라고 주장한다. 에로스의 세계에 산다는 것은 자신과 타인, 인간과 인간을 초월한 세계, 물질과 정신 사이의 경계가 삼투적이라는 사실을 인정하는 것이며 우리의 삶은 이러한 경계를 넘나드는 상호 관계 속에서 가장 온전하고 깊이 있는 모습을 드러낸다.

그러나 우리는 삼투할 수 없는 경계의 세계를 만들고 그 속에 살고 있다. 이러한 세계는 분열과 차단을 특징으로 하며 상호교류는 상상할 수도 없다. 그리핀은 우리가 경험하는 상실의 대부분은 이 풍성한 관계적 세상에서 우리가 가진 깊은 기억으로부터 나온 것이라고 주장한다. 우리는 우리가 살고 있는, 에로스가 거의 없는 이 세계가 우리가 사용할 수 있는 유일한 세계가 아니라는 사실을 알고 있다. 그리핀은 우리가 세상을 처음 만났을 때를 생각해보라고 말한다.

> 아기는 뺨과 입으로 엄마의 품을 파고들며 젖을 찾는다. 젖을 찾기 위해서는 아기의 작은 입술이 젖꼭지의 윤곽과 새로운 미지의 움직임을 동시에 알아야 한다. 이러한 첫 번째 작은 행위에서 볼 수 있듯이 아기는 먹을 것과 지식과 사랑을 동일한 노력을 통해 찾는다.

아이가 문화로부터 이러한 것들을 구분하는 것을 배우는 것은 나중 일이다.

> 그는 여전히 음식을 먹지만 더 이상 생명을 자신의 몸으로 가져오는 법은 알지 못한다. 그는 음식을 통해 감각적 만족을 누리지만 지성의 도구로 사용했던 입의 기억을 잃어버렸다. 그는, **몸들이 되어가는 몸들**(bodies becoming bodies), 즉 지속적인 실체 변화(transubstantiation) 과정의 한 부분으로서 자신의 실존에 대한 깊은 지식을 버린 것이다. 그는 이러한 생성의 핵심에 있는 에로스를 잃어버렸다.

그러나 그리핀은 이러한 분리가 "실제로는 가능하지 않다"고 주장한다. 이러한 분리는 궁극적으로 지속될 수 없다는 것이다.

"잘라져 나간 모든 것은 되돌아온다"(Griffin 1995, 69).

그러나 그리핀은 로버트 해스와 마찬가지로 이러한 "회귀"는 결코 단순하거나 일상적이지 않다는 사실을 알고 있다. 자신에게서 떨어져나간 것들, 즉 "생성의 핵심에 있는 에로스"에 대한 인식을 되찾는 일은, 회귀의 가능한 길들뿐만 아니라 괴리와 균열을 규명하는 길고 어려운 투쟁들과 자발성을 포함한다. 이것은, 해스의 경우에는 어머니의 알콜 중독 및 감정적 불안이 세상에 대한 그의 새로운 인식에 미친 영향을 직시하고 세심한 관심을 가지는 것이다. 이것은 그의 전치(轉置, displacement)[1]의 특정 형태 및 구조에 대한 묘사를 의미한다.

"어머니의 젖꼭지"(My Mother's Nipples)라는 시에는 어느 날 학교에서 돌아온 해스가 엄마가 보이지 않자, 엄마를 찾으러 공원에 가는 내용이 나온다.

---

[1] 어떤 사상, 감정 또는 소망을 더 바람직하고 수용 가능한 다른 사상, 감정 또는 소망으로 바꾸어 놓음으로써 거기에 따르는 고통을 줄이기 위해 사용하는 일종의 방어기제이다-역주.

어머니는 의식을 잃고 오렌지 나무 아래에 쓰러져 있었다. 부풀어 오른 눈썹에 홍조를 띤 어머니의 얼굴은 엉망이었다. 어찌된 영문인지 자초지종을 알아보는 것이 순서이겠으나 나는 차마 보고 있을 수 없었다. 어머니를 깨울 수 없었던 나는 어머니가 일어날 때까지 함께 앉아 있기로 했다. 나는 열 살이 되어야만 했다. 나는 우리가 소풍 나온 어머니와 아들처럼 보이기를 원했다. 어머니는 따뜻한 햇살과 오렌지 향, 그리고 아무 생각 없이 공상에 잠긴 아들 곁에서 잠이 드신 것이다(1996, 21-2).

이보다 깊고 고통스러우며 광범위한 전치는 상상하기 어렵다. 이것은 극도로 개인적이지만 이 순간 끝에서 끝까지 그의 것이 되어버린 우주 전체를 포괄한다. 그는 스스로 분리되었던 것이다. 그는 차마 보고 있을 수 없었다. 그러나 그는 돌아설 수 없었다. 보는 것이 두려웠지만 그는 항상 두려움에 사로잡혀 있었다.

1940년대의 엄마들은 젖을 주지 않았다.
나는 엄마 젖을 본 적이 없다. 아! 있었다.
딱 한 번 있었으나 기억이 나지 않는다.
기억하고 싶지도 않다(1996, 15).

그러나 지금 엄마의 상한 얼굴을 응시하고 있는 그는 그녀를 되찾기 바라면서 엄마가 어디로 가버렸는지 간절히 알고 싶어 한다. 그리고 마치 엄마가 깊이 잠들기라도 한 것처럼 시선을 돌린다. 그는 엄마의 공백으로 인한 허전함을 채우기 위해 실제 세계보다 덜 잔인한 가공의 세계를 창조하려고 버둥거린다.
"이것이 모든 전치가 시작된 곳이다."
해스는 어머니의 품으로부터의 근본적인 전치에 대해 마땅한 관심을 가지고 마치 의사가 종양의 위치를 추적하듯 찾아 나선다. 그러나 그는 그 너머, 또는 그 안에 내포된 모든 것을 내다본다. 그곳에는 다른 상실들이 있다. 수많은 사람들이 이러한 상실에 빠져 있다. 모든 상실은 신비하게 이 원시적 상실에 연결되어 있다. 스쿼밸리(Squaw Valley)의 초원을 불도저로 밀어버려 생긴 균열에 대해 생각해 보자.
시인은 이 장소를 다음과 같이 회상한다.

> 마구간에서 나온 밤색 말 두 마리와 백마 한 마리,
> 안개 속을 응시하며 여름 아침 이슬에 젖은 풀 향기를 맡는다.
> 달빛이 숲쥐와 들쥐 위로 부엉이 그림자를 드리우게 한다.
> 어둠이 찾아오면 대지는 세이지(sage) 향기를 되돌려준다.
> 한낮의 열기와 함께(1996, 12).

지금은 이 모든 것이 사라지고 없다.
"우리 전에 이곳에 살았던 사람들"도 마찬가지이다. 해스는 이 시에서 그들을 "짝짓기 하는 잠자리들"로 묘사한다. 그들은,

> 역시 이 높은 산의 여름 아침 초원을 사랑한다.
> 그들은 쉽게 이곳까지 이르렀다.
> 더운 날이 되어 계곡 물이 마르기 시작하면,
> 산딸기와 소나무 싹(pine buds)을 찾아
> 많은 사람들이 산으로 모여들어 텐트를 치고 야영했다.
> 그리고는 텐트를 걷고 산을 오른 후 다시 텐트를 쳤다.

물론 더 많은 이야기가 있다.

> 하나님을 믿는 프란체스코 사제들은
> 대서양 너머로 바로크 시대 조각상과
> 금속 가공 십자가와
> 정교하게 수놓은 외투와 함께 독감과 성병과 호흡기 질환을 가져왔다.
> 이것이 우리가 이 황량한 캘리포니아 땅에 정착한 이유이다(Hass 1996, 6, 8).

이러한 공허함이 얼마나 모순되고 혼동된 에로스를 만들어 내었는가?
해스는 대답하려는 시도조차 하지 않는다. 그러나 이러한 이미지를 결합한 사실 자체는 하나의 패턴을 암시한다. 공허한 캘리포니아 풍경의 침묵은 불도저가 밀어버린 초원과 오렌지 나무 아래에 서 있던 소년의 마음을 괴롭혔다. 누적된 상실이 스스로 패턴을 만든 것이다.

그러나 이러한 시들은 상실에 관한 내용만 다루지 않는다. 그것은 상실이 초래한 텅 빈 공간 너머로 눈을 돌린다. 그것은 잃어버린 것을 회복할 수 있는 가능성, 살아있는 세계와의 친밀감을 위한 능력을 재발견할 수 있는 가능성에 대해 다룬다. 치카소족(chickasaw) 저자 린다 호간(Linda Hogan)은 우리는 여전히 우리의 한 부분인 "세계와의 깊고 친밀한 감정"을 "느낌으로" 기억한다고 주장한다. 그녀는 다음과 같이 말한다.

> 우리는 이것을 밤중의 속삭임, 알 수 없는 갈망과 불안 및 우리의 마음을 사로잡는 동경으로 경험한다(1995, 83).

우리는 이러한 갈망, 세계에 대한 이러한 "느낌"을 해스가 자신에게 전개된 삶을 묘사하기 위해 사용한 언어를 통해 인식한다. 그곳에는 초원을 잃어버린 착잡한 삶에 대한 꼼꼼한 기억이 있다.

> 그렇게 많은 잔디,
> 갈대밭, 벼이삭, 큰조아재비, 방아새풀,
> 억새풀, 참새귀리, 줄기에서 달린 씨앗들.

또는

> 무지개망상어,
> … 절벽에서 반짝이는 낚싯줄에 달린 줄무늬 농어,
> 켈프(kelp) 양식장의 광택 나는 카본과 같은 비늘,
> 해안가.

이러한 기억이 자살 직전에 있는 친구를 구해내었다(Hass 1996, 18-22).

2. 상실과 신성함

이 언어의 부드러움과 섬세함 및 세밀함은 놀라울 정도이다. 생명 세계는 마치 그리스도인이 말하는 신성함의 느낌을 준다. 그것은 일상적인 삶 속에서 보다 크고 초월적인 실재를 보는 능력이다. 정확히 말하면 그러한 것들과 분리되거나 격리되어 있는 초월적 실재가 아니라 그러한 것들 안에서 삶의 일부로 나오는 실재이다. 지금 상황으로서는 이러한 "보다 큰 실재"에 "하나님"이라는 이름을 붙이기가 애매하다. 오히려 "온전하고 통합적인 세계"라는 묘사가 어울릴 것이다. 또는 "희망"이나 "애정"(affection)과 같은 도덕적-영적 입장은 이러한 세계를 가능하도록 돕는다.

우리가 어떤 이름을 붙이든, 이러한 특별한 생명의 형태들이 우리에게 접근을 허락한 이 큰 실재는 현재로서는 언제나 사방으로 상실, 때로는 돌이킬 수 없는 상실의 위협에 둘러싸여 있다. 이것은 오늘날 자연계에서 신성함을 경험하는 경향의 일부가 된 것으로 보인다. 『토템 연어』(*Totem Salmon*, 1999)라는 책에서 태평양 연어를 다시 강으로 끌어오려는 북 캘리포니아 공동체의 고통스러운 노력을 역사에 남긴 프리만 하우스(Freeman House)는 이처럼 아름답고 신비로우며 점차 소멸되어 가는 존재에 다가가는 느낌이 어떤 것인지 상기시킨다.

> 왕연어(King salmon)와 나는 함께 물속에 있었다. 나는 이 뼈저린 만남을 잊을 수 없다. 나는 많은 날을 이 만남의 의미에 대해 골똘히 생각하며 그 속에서 내가 설 자리를 찾기 위해 싸웠다. 그것은 참으로 **큰** 경험이었으며 언제나 다음과 같은, 분리되면서도 결합된 요소들을 포함했다. 즉 빈 마음과 경외심, 한 인간이자 피조물로서 나 자신의 적극적 역할에 대한 불안함, 때로는 신체적으로 목이 메고 위가 조이는 느낌 및 관자놀이 주변의 통증을 느낄 만큼 불안하게 다가오는 실존적 공포이다(House 1999, 13).

그는 말하기를, 사람이 몸부림치며 적합한 언어로 표현하고자 하는(거의 실패하겠지만) 그 대상은 **큰** 경험이라는 것이다. 그러나 하우스가 찾아낸 언어는 계시적이다. 이것은 종교적 경험을 규명하기 위해 종종 사용되는 언어이다. 그는 이것을 "만남"과 "마주침" 및 "큰 경험"으로 부른다. 이 엄청난 경험은 그에게 자신이 "설 자리"를 찾기 위해 싸워야 할 만큼 깊은 겸허함을 초래했다. 그것은 그의 삶 전체로 확산되었다. 어느 정도 시간이 흐른 후 그는 이 경험의 의미에 대해 생각해 보았다.

> 깊은 바다에서 나타난 고기는 타자에 대한 함축을 가지고 있다. 바다의 위대한 생명은 우리가 지배하거나 이해하려는 미약한 노력을 넘어 영원히 존재한다 … 자신보다 큰 체계 속으로의 진정한 몰입은 기쁨과 공포가 상호 보완적인 한 쌍을 이루는 광범위한 복잡성에 노출되게 한다(1999, 70).

우리가 이러한 순간에 만나는 이 타자는 누구인가?

그것은 이 빛나는 존재들의 "세계"가 아닌가?("자신보다 큰 시스템… 광범위한 복잡성"- 이러한 세계는 우리의 이해를 영원히 벗어날 것이며 따라서 근본적인 신비와 매력으로 남을 것이다)

이러한 존재 자체는 무엇인가?

하나님인가?

연어나 생명체의 종류들(species)과의 만남은 우리로 하여금 이 모든 가능성에 대해 숙고하게 하고 마음을 열게 하며 이 신비한 타자에게 정직과 상상력 및 (어쩌면) 믿음으로 반응하게 한다. 신비로운 타자에 대해 이처럼 아무런 편견이나 제약 없이 자신을 여는 것은 한때 인간이 일상적 경험으로 받아들였던 다른 생명체와의 친밀감을 재발견할 수 있는 중요한 비결 가운데 하나이다. 이것은 자연계의 리듬에 뿌리를 내리고 있는 일종의 "고대 영성"이다. 지금은 많이 축소되었지만 일부 원주민 사이에는 이러한 영성이 여전히 존재하며 우리에게도 맥박처럼 뛰고 있다.

폴 쉐퍼드(Paul Shepard)는 이것을 다음과 같이 묘사한다.

> 정신적 성숙, 협력, 리더십 및 신비하고 아름다운 세계에 대한 연구를 강화하고 자연의 선택(natural selection)에 의해 개체발생이 최적화된 삶 속에는, 삶의 의미에 대한 단서가 자연물 속에 내포되어 있고 모든 삶은 영적 의미 및 만남과 복잡하게 얽혀 있으며 이러한 세계의 구성원은 개인적 단계나 통로를 첫 번째 창조에 대한 예식적 참여로서 기념한다(1982, 6).

그는 이러한 경험의 영역을 깨워 우리의 의식 및 실재 속으로 가져오는 것은 지금도 가능하다고 말한다. 그러나 그렇게 하기 위해서는 불가피하게 영성의 생물학적-세속적 영역(동물과 비인간 자연계의 중요한 영역이다)에 자신을 여는 발상의 전환이 필요하다.

이것이 쉐퍼드의 생태학적-영적 사상에 대한 걸작 『동물은 어떻게 우리를 인간으로 만드는가』(The Others: How Animals Made Us Human, 1996b)의 핵심 내용이다. 쉐퍼드는 6천만 년 동안 이어진 동물(인간이 아닌) 세계와의 관계에 기초하지 않는 한 우리는 결코 인간의 의식이나 초월적 능력에 대한 정확한 통찰력에 이를 수 없다고 주장한다. 조상들에게 있어서 사냥과 관련된 모든 활동은 인간의 의식을 근본적인 방식으로 형성하도록 도왔다. 우리는 이처럼 식량을 구하는 과정에서 동식물의 흔적을 발견하는 능력 및 정신의 지도(mental maps)를 발전시켰다.

우리가 동물을 흉내 내는 것을 배우는 것도 이러한 과정을 통해서이며 홍적세(Pelistocene)로부터 멀리 벗어난 지금까지 자아에 대한 메타포를 형성하는 방법을 알려준다는 것이다. 쉐퍼드는 게걸음, 오리걸음, 『산골짜기의 농부』(farmer in the dell)와 같은 노래 게임, 목말 태우기, 닭싸움과 같은 사례를 증거로 제시한다. 다음은 동물이 고대 인간의 상상력 및 언어 형성에 어떤 역할을 했는지를 보여주는 사례이다. 그러나 쉐퍼드는 우리를 형성하는 이러한 존재의 힘은 어른이 된 후에도 지속된다고 주장한다.

> 인간은 동기와 감정 및 사고가 풍성하다. 동물은 행동을 통해 일정한 특징이나 감정을 드러낸다. 모든 동물은 인간이 가지고 있는 확신, 위협, 애정, 의심, 결심, 친절, 분노, 소망, 짜증, 갈망, 지혜, 재치, 기대, 두려움, 결단 등 일시적이고 감지하기 어려운 요소를 구체적으로 표현한다. 이러한 감정들은 자아 밖으로 표출될 때에 비로소 이처럼 강력하지만 파악하기 어려운 "것들"은 자신의 것이 된다(1996a, 83).

우리 안에 있는 자아와 비인간 세계 사이의 이처럼 관계의 연결망(쉐퍼드는 "자아의 다양한 동물학적 요소"로 부른다)을 받아들인다는 것은 우리가 풍성하고 진한 상호성의 세계에 살고 있음을 아는 것이다. 이러한 세계에서 인간이 아닌 "타자들"은 풍성한 상호 주관적인(intersubjective) 실재 안에서의 주체들로서 인정을 받는다(Abram 1996, 38). 이러한 초청을 받아들이지 않는다면 심각한 결과를 초래할 것이다. 쉐퍼드는 다음과 같이 말한다.

> 우리가 동물을 좋아하는 이유는 우주와 시의 추상 관념을 위한 유추적 언어의 기초를 쌓기 때문이다 … 동물에 대한 어린이 같은 열정을 배양하지 못한다면 어른이 되어 종교적 개념 및 가치관의 은유적 기초가 되는 다양한 생명의 형태

들을 빼앗기게 될 것이다(1996a, 88-9).

이러한 점에서 지구상에서 동식물이 점차 빠른 속도로 사라지고 있는 사태는 치명적이고 돌이킬 수 없는 생물학적 생명의 감축뿐만 아니라 영적 경험의 피폐화를 초래할 것이다. 우리는 인간과 동물 또는 하나님이 살 수 없는 황무지를 만들고 있는 것이다. 야생의 상실 및 신성함의 상실은 분리될 수 없다(Burton-Christie 2003b). 토마스 베리(Thomas Berry)는 이러한 의미에 대해 다음과 같이 결론 내린다.

> 우리는 장엄하고 친밀한 신적 임재의 형태들을 상실하고 있다. 우리는 우리 자신을 상실하고 있는지도 모른다(1988, 8).

3. 상실과 새로운 희망

여기에 놀라운 역설이 있다. 많은 생명체가 이 땅에서 사라졌기 때문에 우리는 이러한 상실의 심각함을 깨닫는다. 이러한 상황에 적합한 유일한 언어는 신성한 절대 타자인 하나님이다. 세상은 죽어가고 있으며 하나님도 그렇다. 여기서 한 가지 불가피한 질문이 제기된다.

자연계에 대한 우리의 경험(및 하나님에 대한 경험) 속으로 점차 밀고 들어오는 상실감은 세계를 새롭게 하고 치유하려는 노력에 도움이 되는가?

우리는 자신을 괴롭히는 개인적 상실감 및 회환을 넘어(또는 그것을 통해) 새로운 윤리, 새로운 정치 및 새로운 영성을 창조할 수 있는가?

오늘날 저자들은 자연계를 신성하게 생각하는 관점에 기초하여 자연에 대한 정치적 비전을 제시할 방법을 찾지 못한다면 우리의 노력은 효과를 거두거나 유지될 수 없다는 강한 공감대가 형성되고 있다. 따라서 자연계에 대한 책임을 다하려는 보다 큰 공동체적 노력 안에서 자연의 신성함에 대한 우리의 개인적 경험을 표현하는 방법을 찾지 못하는 한 세상은, 그것에 대한 우리의 경험과 함께 죽게 될 것이다.

우리가 경험하는 상실들은 **공동체적**이며 **포괄적**이다. 따라서 자연계에 대한 새롭고 지속적인 비전을 도출하기 위한 우리의 노력은 공동체적이고 포괄적이어야 한다. 최근에 경험하고 있는 자연계의 파괴는 주변의 삶에 대한 체계적 붕괴에 일조한 우리 자신에 대해 모두가 침묵한 결과이다. 따라서 개인적 각성이나 마음의 변화가 필요하지만 그것만으로는 부족하다. 이러한 개인적 각성은 함께 삶을 나누는 모든 영역, 즉 사회적, 정치적, 경제적 영역이나 우리의 문화적 가치 및 신성함에 대한 인식으로 파급되고 전달되어야 한다. 이러한 개인적 변화가 보다 광범위한 공동체적 비전에 뿌리를 내리고 한 부분이 될 때 비로소 실제적이고 지속적인 변화가 가능할 것이다.

환경 운동의 역사에는 이처럼 효과적인 사례를 찾아볼 수 있다. 특히 20세기 북아메리카 보수주의 운동의 가장 영향력 있는 인물인 알도 레오폴드(Aldo Leopold)의 사례는 가장 설득력이 있다. 그가 들려주는 젊은 시절의 경험에 대한 이야기는 지속적인 정치적 노력을 가져온 의식의 전환을 상징적으로 보여준다. 이 이야기는 "증언의 정치"(politics of witness)로 불릴 수 있는, 성장하는 증거 단체의 한 부분으로 자리 잡음으로써 개인적 경험에 기초한 새로운 영적–경제적–정치적 비전이 탄생하게 된 것이다. 이러한 증거는 오랫동안 종교 공동체의 성장 및 발전에 중요한 요소로 인식되어왔으나 세상에 대한 새로운 희망의 비전을 만드는 작업에도 필요하다는 인식이 확산된 것으로 보인다.

레오폴드는 청년 시기에 애리조나의 협곡을 보기 위해 여행을 떠났다. 어느 날 그와 그의 일행은 점심을 먹기 위해 벼랑 부근에 멈추었다. 아래쪽 협곡을 바라보던 그들은 갑자기 암사슴처럼 보이는 동물이 강을 건너오는 장면을 보았다. 그들은 그것이 강을 건너 그들이 있는 쪽 언덕을 오르기 시작해서야 무엇인가 잘못 되었음을 알아차렸다. 그것은 늑대였던 것이다. 그 뒤에는 다 자란 새끼 늑대 대여섯 마리가 따르고 있었다.

그것들 "버드나무 아래에서 튀어나와 … 반갑게 꼬리를 흔들며 뒹굴었다. 실제로 우리가 위치한 벼랑 끝 평지 중앙에 한 무리의 늑대가 뒹굴고 있었던 것이다."

레오폴드와 그의 일행은 주저하지 않았다.

"우리는 곧 방아쇠를 조준하였다."

이어서 늙은 늑대가 쓰러지고 다른 늑대는 흩어졌다. 늑대가 있는 곳에 도착한 그는 때마침 "늑대의 눈 속에서 강력한 푸른 빛이 사라지는 것을 보았다. 나는 그때 늑대의 눈에서 산과 늑대만 알고 있는 새로운 무엇인가를 발견하였다."

레오폴드는 오랜 시간이 지난 후 이 잔혹한 만남을 떠올리면서 당시에는 자신과 자연계의 관계가 얼마나 피상적으로 연결되어 있었으며 자신의 판단력과 관점이 빈약했는지 뉘우쳤다. 그는 엄밀히 말해 늑대를 죽일 권리를 부여받지 못했을 뿐만 아니라 미묘한 생태학적 균형에 대해 완전히 오해하고 있었던 것이다.

"나는 늑대의 수가 줄어들면 사슴이 늘어나고 늑대가 없으면 사냥꾼의 천국이 될 것이라고 생각했다."

그렇게 오해했던 그는 수년 동안 미국 서부 전역을 다니며 이러한 원리를 체계적으로 적용했으며 그로 인해 사슴의 수는 폭발적으로 늘어나고 초목은 거의 말라버렸다. 그 결과 "기대했던 사슴 떼는 굶주려 죽고 사체는 늘어났다 … 대규모 황사과 강물은 미래를 바다 속으로 쓸어가 버렸다"(Leopold 1949, 129-32).

이 모든 사태는 레오폴드가 말한 것처럼 우리가 "산처럼 생각하는 법"을 배우지 못하였기 때문에 비롯된 것이다. 즉 우리는 자연계의 리듬에 대한 깊은 공감과 이해에 바탕을 둔 행동을 하지 못했던 것이다. 레오폴드가 자연계와의 관계에 대한 새로운 인식 및 토지 윤리에 눈을 뜬 것은, 죽어가는 늙은 늑대의 눈에서 "강력한 푸른 빛"을 목도한 후부터이다. 이 예기치 못한 계시적 경험은 그의 통찰력을 가리고 있던 베일을 벗겨내었으며 그에게 이전에 생각하지 못했던 실재의 영역을 보여주었다.

레오폴드는 그 날의 만남에 대해 이름을 붙이려는 시도를 해본 적이 없다. 그러나 이어진 그의 활동이나 저술로 미루어 볼 때 늑대와의 만남은 그의 깊은 곳을 건드렸으며 살아 있는 세계와 자신의 관계에 대한 인식을 완전히 그리고 영구히 바꾸어놓았다. 무엇보다도 이 만남은 그의 안에 새로운 "가치관," 특히 인간이 아닌 존재의 가치에 대한 새로운 인식을 심어주었다.

그는 오늘날 고전으로 인정받고 있는 『모래땅의 사계』(*A Sand County Almanac*) 끝 부분에서 다음과 같이 주장한다.

> 나에게 있어서 땅에 대한 사랑이나 존중 및 감탄 없이, 그리고 땅의 가치를 인정함 없이 땅과의 윤리적 관계가 존재한다는 것은 상상할 수도 없는 일이다. 물론 가치란 단순한 경제적 가치를 훨씬 넘어서는 개념이다.

그는 가치에 대한 이러한 사색은 우리가 자연계에서 하는 모든 활동을 일시적인 경제적 가치를 잣대로 판단하는 전제적이고 근시안적인 태도에서 벗어나는데 도움이 된다고 생각한다. 그는 땅에 대한 우리의 감정(사랑, 존중, 감탄)에 대한 사색은 우리로 하여금 땅의 가치에 대한 보다 진정성 있고 영구적인 이해로 인도할 것이라고 확신한다. 이처럼 심오한 가치관은 생태학적 온전함의 의미를 설명하는데 도움이 될 것이다. 레오폴드 자신은 이러한 관점에 대해 "생물 공동체의 온전성과 안전성 및 아름다움을 보존하려는 경향은 바른 방향으로 나아가고 있는 것"이라고 설명한다(1949, 223-5).

오늘날 생태학 운동의 성장 및 심화에 대한 이처럼 간단한 선언의 중요성은 아무리 강조해도 지나치지 않다. 레오폴드의 철저한 학문적 연구는 생태학적 실재에 긴요한 그의 "토지 윤리"(land ethic)에 기초한다. 또한 그는 비인간 세계를 포함한 도덕적 책임 영역을 확장함으로써 생태학적 사고와 행동에 대한 더욱 강력한 도전을 제시한다. 따라서 자신에 대한 영향만 따져 판단하는 방식은, 이제 보다 복잡하고 필요한 도덕적(정치적) 틀 안에서 평가되어야 한다.

이 외에도 레오폴드의 경험은 이러한 계획에 또 하나의 중요한 요소를 제공한다. 즉 우리는 자연계에 대한 자신의 경험과 자연이 우리에게 미치는 영향과 우리를 존재의 깊숙한 곳으로 인도하는 능력에 대해 진지하게 다루어야 할 필요가 있다는 것이다. 여기서 레오폴드의 저서와 개인적 증언은 둘 다 영적, 생태학적 및 정치적 요소를 일관성 있는 하나의 비전으로 통합해야 할 필요성을 제시한다.

자연계에서 인간의 위치에 대한 레오폴드의 통합적 비전은 이어지는 세대의 작가들에게 근본적인 영향을 미쳤다. 그들은 그가 제시한 영적-생태학적-정치적 비전을 심화하고 확장하는 작업을 지속하였다. 이 담론의 흥미롭고 희망적인 요소 가운데 하나는 영적 경험 및 가치에 대한 진술이 정치적 요소를 포함한 저자들의 깊은 관심사를 제시한다는 것이다. 지금으로서는 이러한 생태-정치학적 영성이라는 새로운 표현의 의미나 지속력에 대해 판단하기 어렵다. 영적 갈망에 대한 이처럼 즉흥적이고 개인적인 표현이 영구적 가치를 나누는 공동체의 형성에 기여할 수 있을 것인지의 여부는 앞으로 지켜보아야 할 일이다.

그러나 본 담론의 생명력 및 점차 확장되어 가고 있는 문화적 정치적 팩트(facr)로서 생명의 중요성은 부인할 수 없다. 생태학적 파괴를 막기 위해 일정한 지역의 특정 공동체에 동참하는 일은 이 많은 저자들에게 의미가 있다. 그것은 그들의 노력을 알려줄 뿐만 아니라, 그들의 영적 도덕적 비전에 대한 진술들로 하여금 실제적인 권위를 갖고 생태학적-정치적 투쟁을 하고 있는 자들의 관심사에 대해 말하게 한다.

4. 결론

몬태나(Montana)의 저자 윌리엄 키트리지(William Kittredge)는 전통적 종교와 담론의 경계에 서서(본인은 자신을 "돌과 같은 무종교"라고 말한다) 생태학적-정치적-영적 종합 개념에 대한 모범적 표현을 제시한다. 키트리지에게 우리가 던져야 할 중요한 질문은 "우리는 어떤 종류의 낙원을 바라고 있는가"라는 것이다.

> 얼마 전만 해도 미국 서부는 우리가 끝없는 낙원과 조화로운 삶을 살고 있다고 생각하기에 충분한 장소였다. 이러한 의식은 많은 사람들에게 고정 관념처럼 자리 잡았다.
> 그러나 이러한 낙원의 요소들은 점차 죽어가고 있다. 오래 된 나무는 대부분 벌채되고 대형 연어는 사라졌다. 강은 소떼와 양떼로 인해 먼지로 가득하고 수십 년 전에 폐쇄된 광산에서 흘러나온 중금속은 산에서 나오는 물을 오염시켰다(Kittredge 1996, 4).

모두 우리가 한 일이었다. 우리가 아름다운 풍경에 이러한 상처를 입힌 것이다. 오늘날 쫓겨난 낙원의 이미지를 이보다 더 잘 보여줄 수는 없다. 우리가 한 일에 대해 회복, 세계를 궁극적 파멸로부터 구하는 일은 이미 늦었거나 혹은 그렇지 않을 수도 있다. 그러나 현재로서 영적 역사가 우리에게 요구하는 것은 우리가 세상에 가한 엄청난 파괴를 직시하고 새로운 존재 방식을 찾는 것이다. 이것은 지구상의 생명의 형태들을 파괴하는 데 앞장선 우리의 사회적, 정치적, 경제적 계획에 대한 비판적 재점검을 필요로 한다. 또한 이것은 우리의 영성, 세상을 사랑으로 살아가는 능력에 대한 가장 정직한 성찰을 필요로 한다. 키트리지는 다음과 같이 말한다.

> 지금은 우리의 터전이 되었던 자연계에 대해 무엇인가 돌려줄 때이다. 나는 민감성이 가장 적합한 개념이라고 생각한다. 서구와 모든 곳에서 우리의 고립은 사라졌다. 우리는 우리가 아끼는 것들이 사라지기 전에 그것을 사랑하는 방법을 위해 시간을 줄 필요가 있다. 아마도 그것은 "낙원에서 사는 방법"이라는 기술을 배우는 시간이 될 것이다(1996, 35).

우리가 지구를 사랑하고 유지하는 것을 도울 새로운 윤리, 새로운 정치, 새로운 영성을 발전시키기를 원한다면 여기가 출발점이 되어야 할 것이다.
그러나 우리는 무엇을, 또는 누구를 경배할 것인가?

라벤나의 갈라 플라치디아에서 볼 수 있는 영원한 우주 가운데 달린 십자가의 이미지는 그리스도인의 대답이 어디서 시작해야 할 것인지를 보여준다. 우리는 우주라는 구조 속으로 들어와 모든 존재, 모든 장소, 모든 인격 속에 편재하신 하나님을 찬양한다. 우리는 쫓겨난 자, 상처 받은 자, 빼앗긴 자 가운데 계신 하나님을 찬양한다. 우리는, "때가 찬 경륜을 위하여 … 하늘에 있는 것이나 땅에 있는 것이 다 그리스도 안에서 통일되게" 하실 것이라고 약속하신 하나님을 찬양한다.

참고문헌

Abram, D. 1996: *The Spell of the Sensuous: Perception and Language in a More-than-human World*. New York: Pantheon.

Albanese, C. 1990: *Nature Religion in America: From the Algonkian Indians to the New Age*. Chicago: University of Chicago Press.

Baker-Fletcher, K. 1998: *Sisters of Dust, Sisters of Spirit: Womanist Wordings on God and Creation*. Minneapolis, MN: Fortress Press.

Bergant, D. 1998: *The Earth is the Lord's: The Bible, Ecology and Worship*. Collegeville, MN: Liturgical Press.

Berry, T. 1988: *The Dream of the Earth*. San Francisco: Sierra Club.

Berry, W. 1993: Christianity and the survival of creation. In *Sex, Economy, Freedom, and Community: Eight Essays*, pp. 93–116. New York: Pantheon.

Boff, L. 1997: *Cry of the Earth, Cry of the Poor*, trans. P. Berryman. Maryknoll, NY: Orbis.

Bouma-Prediger, S. 1995: *The Greening of Theology: The Ecological Models of Rosemary Radford Ruether, Joseph Sittleter, and Jürgen Moltmann*. Atlanta: Scholars Press.

Brown, L. R., Larsen, J., and Fischlowitz-Roberts, B. 2002: *The Earth Policy Reader*. New York: W. W. Norton.

Burton-Christie, D. 1993: A feeling for the natural world: spirituality and the appeal to the heart in contemporary nature writing. *Continuum* 2, 229–52.

_____. 1994a: The literature of nature and the quest for the sacred. *The Way Supplement*

81, 4–14.

_____. 1994b: Mapping the sacred landscape: spirituality and the contemporary literature of nature. *Horizons* 21, 22–47.

_____. 1999: Into the body of another: *eros*, embodiment and intimacy with the natural world. *Anglican Theological Review* 81, 13–37.

_____. 2000: Words beneath the water: logos, cosmos and the spirit of place. In D. T. Hessel and R. R. Ruether (eds), *Christianity and Ecology*, pp. 317–36. Cambridge, MA: Harvard University Press.

_____. 2003a: The spirit of place: the Columbia River watershed letter and the meaning of community. *Horizons* 30, 7–24.

_____. 2003b: The wild and the sacred. *Anglican Theological Review* 85, 493–510.

Catholic Bishops' Conference of the Philippines 1988: What is happening to our beautiful land? A pastoral letter on ecology from the Catholic bishops of the Philippines. *SEDOS* 4, 112–15.

Catholic Bishops of the Pacific Northwest 2001: The Columbia River watershed: caring for creation and the common good. An international pastoral letter by the Catholic bishops of the region. Seattle: Columbia River Pastoral Letter Project.

Cobb, J. 1992: *Sustainability: Economics, Ecology, and Justice*. Maryknoll, NY: Orbis.

Cohen, J. 1989: *"Be Fertile, Fill the Earth and Master It": The Ancient and Medieval Career of a Biblical Text*. Ithaca, NY: Cornell University Press.

Commission for Racial Justice, United Church of Christ 1987: *Toxic Wastes and Race in the United States: A National Report on the Racial and Socio-economic Characteristics of Communities with Hazardous Waste Sites*. New York: United Church of Christ.

Dimitrios, the Ecumenical Patriarch 1990: *Orthodoxy and the Ecological Crisis*. Gland, Switzerland: World Wildlife Fund.

Eaton, H. (ed.) 2003: *Ecofeminism and Globalization: Exploring Culture, Context, and Religion*. Lanham, MD: Rowman and Littlefield.

Edwards, D. 1995: *Jesus the Wisdom of God: An Ecological Theology*. Maryknoll, NY: Orbis.

Fowler, R. B. 1995: *The Greening of Protestant Thought*. Chapel Hill, NC: University of North Carolina Press.

Fox, M. 1983: *Original Blessing: A Primer in Creation Spirituality Presented in Four Paths, Twenty-six Themes, and Two Questions*. Santa Fe: Bear and Company. Fritsch, A. J. 1987: *Renew the Face of the Earth*. Chicago: Loyola University Press.

Galvin, J. 1992: *The Meadow*. New York: Henry Holt.

Goodenough, U. 1998: *The Sacred Depths of Nature*. New York: Oxford University Press.

Gottlieb, R. S. (ed.) 1996: *The Sacred Earth: Religion, Nature, Environment*. New York: Routledge.

_____. 1999: *A Spirituality of Resistance: Finding a Peaceful Heart and Protecting the Earth*. New York: Crossroad.

Gregorios, P. M. 1987: *The Human Presence: Ecological Spirituality and the Age of the Spirit*. New York: Amity.

Gregory, F. 1992: *Nature Lost? Natural Science and the German Theological Traditions of the Nineteenth Century*. Cambridge, MA: Harvard University Press.

Griffin, S. 1995: *The Eros of Everyday Life: Essays on Ecology, Gender and Society*. New York: Doubleday.

Harrison, R. P. 1992: *Forests: The Shadow of Civilization*. Chicago: University of Chicago Press.

Hass, R. 1996: *Sun under Wood*. New York: Ecco.

Hayes, Z. 2001: *The Gift of Being: A Theology of Creation*. Collegeville, MN: Liturgical Press.

Hessel, D. T. and Ruether, R. R. (eds) 2001: *Christianity and Ecology: Seeking the Well-being of Earth and Humans*. Cambridge, MA: Harvard University Press.

Hiebert, T. 1996: *The Yahwist's Landscape: Nature and Religion in Early Israel*. New York: Oxford University Press.

Hogan, L. 1995: *Dwellings: A Spiritual History of the Living World*. New York: Norton.

House, F. 1999: *Totem Salmon: Life Lessons from Another Species*. Boston: Beacon.

Hütterman, A. 1999: *The Ecological Message of the Torah: Knowledge, Concepts and Laws which Made Survival in a Land of "Milk and Honey" Possible*. Atlanta: Scholars Press.

John Paul II 1990: Peace with God the Creator – peace with all of creation. World Day of Peace Message, January 1, 1990. *Origins: CNS Documentary Service* 19 (December 14), 465–8.

Johnson, E. 1993: *Woman, Earth, and Creator Spirit*. New York: Paulist Press.

Kinsley, D. 1994: *Ecology and Religion: Ecological Spirituality in Cross-cultural Perspective*. Englewood Cliffs, NJ: Prentice Hall.

Kittredge, W. 1992: *Hole in the Sky: A Memoir*. New York: Knopf.

———. 1996: *Who Owns the West?* San Francisco: Mercury House.

Kwok, Pui-Lan 1999: *Christology for an Ecological Age*. New York: Continuum.

Ladner, G. B. 1995: *God, Cosmos, and Humankind: The World of Early Christian Symbolism*, trans. Thomas Dunlap. Berkeley, CA: University of California Press.

Lane, B. 1998: *The Solace of Fierce Landscapes: Exploring Desert and Mountain Spirituality*. New York: Oxford University Press.

———. 2001: *Landscapes of the Sacred: Geography and Narrative in American Spirituality*. Baltimore, MD: The Johns Hopkins University Press.

Lefevere, P. 2003: Protecting the planet: "green nuns" put land ethic into action. *National Catholic Reporter*, September 19.

Leopold, A. 1949: *A Sand County Almanac and Sketches Here and There*. New York: Oxford University Press.

Lopez, B. 1990: *The Rediscovery of North America*. New York: Vintage.

Louth, A. 1991: *The Wilderness of God*. Nashville: Abingdon.

McFague, S. 1987: *The Body of God: An Ecological Theology*. Minneapolis, MN: Fortress Press.

———. 1997: *Super, Natural Christians: How We Should Love Nature*. Minneapolis, MN: Fortress Press.

McGinn, B. 1993: The letter and the spirit: spirituality as an academic discipline. *Christian Spirituality Bulletin* 1 (2), 1–10.

McGuire, M. 1997: Mapping contemporary American spirituality: a sociological perspective. *Christian Spirituality Bulletin* 5 (1), 1–8.

McKibben, B. 1989: *The End of Nature*. New York: Random House.

Merchant, C. 1980: *The Death of Nature: Woman, Ecology, and the Scientific Revolution*. SanFrancisco: Harper and Row.

Moltmann, J. 1985: *God in Creation: A New Theology of Creation and the Spirit of God*, trans.

M. Kohl. San Francisco: Harper and Row.

Nash, J. A. 1991: *Loving Nature: Ecological Integrity and Christian Responsibility*. Nashville: Abingdon.

Nelson, R. 1991: *The Island Within*. New York: Vintage.

Nicholson, S. W. 2002: *The Love of Nature and the End of the World: The Unspoken Dimensions of Environmental Concern*. Cambridge, MA: MIT Press.

Oelschlaeger, M. 1994: *Caring for Creation: An Ecumenical Approach to the Environmental Crisis*. New Haven, CT: Yale University Press.

Presbyterian Advisory Committee on Social Witness Policy 1996: *Hope for a Global Future: Toward Just and Sustainable Human Development*. Louisville, KY: Office of the General Assembly, Presbyterian Church (USA).

Quammen, D. 1996: *The Song of the Dodo: Island Biogeography in an Age of Extinction*. New York: Scribner.

Rasmussen, L. L. 1996: *Earth Community, Earth Ethics*. Maryknoll, NY: Orbis.

Raymo, C. 1999: *Natural Prayers*. St Paul, MN: Ruminator Books.

Ruether, R. 1992: *Gaia and God: An Ecofeminist Theology of Earth Healing*. San Francisco: Harper.

Santmire, P. 1985: *The Travail of Nature: The Ambiguous Ecological Promise of Christian Theology*. Philadelphia: Fortress Press.

Scharper, S. B. 1997: *Redeeming the Time: A Political Theology of the Environment*. New York: Continuum.

Schneiders, S. M. 1994: A hermeneutical approach to the study of Christian spirituality. *Christian Spirituality Bulletin* 2 (1), 9–14.

_____.2003: Religion vs. spirituality: a contemporary conundrum. *Spiritus* 3, 163–85.

Scott, P. 2003: *A Political Theology of Nature*. Cambridge: Cambridge University Press.

Sheldrake, P. 2001: *Spaces for the Sacred: Place, Memory, and Identity*. Baltimore, MD:

The Johns Hopkins University Press.

Shepard, P. 1982: *Nature and Madness*. San Francisco: Sierra Club.

_____. 1996a: *The Only World We've Got: A Paul Shepard Reader*. San Francisco: Sierra Club.

_____. 1996b: *The Others: How Animals Made Us Human*. Washington, DC: Island Press.

Soule, M. and Wilcox, B. A. (eds) 1980: *Conservation Biology*. Sunderland, MA: Sinauer.

Taves, A. 2003: Detachment and engagement in the study of "lived experience." *Spiritus* 3, 186–208.

Toolan, D. 2001: *At Home in the Universe*. Maryknoll, NY: Orbis.

Torrance, R. M. 1994: *The Spiritual Quest: Transcendence in Myth, Religion and Science*. Berkeley, CA: University of California Press.

Tracy, D. 1975: *Blessed Rage for Order: The New Pluralism in Theology*. Minneapolis, MN: Seabury Press.

US Conference of Catholic Bishops 1991: Renewing the earth. *Origins* 21 (December 12), 425–32.

Van Ness, P. H. (ed.) 1996: *Spirituality and the Secular Quest*. New York: Crossroad.

Wallace, M. I. 1996: *Fragments of the Spirit: Nature, Violence and the Renewal of Creation*. New York: Continuum.

Wilson, E. O. 1984: *Biophilia*. Cambridge, MA: Harvard University Press.

_____. 1989: Ecology and the human imagination: dialogue between E. O. Wilson and Barry Lopez. In E. Lueders (ed.), *Writing Natural History: Dialogues with Authors*, pp. 8–35. Salt Lake City: University of Utah Press.

World Council of Churches 1990: *Now is the Time: The Final Document and Other Texts from the*

World Convocation on Justice, Peace, and the Integrity of Creation, Seoul, Republic of Korea, 5–12 March 1990. Geneva: World Council of Churches.

제28장
실천

엘리자베스 리벳(Elizabeth Liebet) **박사**
샌프란시스코신학교 영성신학 교수

"바른 (공동체적) 행위"는 어떤 의미에서 바른 통찰력을 위한 필수 조건이다.

위의 진술은 미로슬라프 볼프(Miroslav Volf)의 주장이다(2002, 251). 이 진술은 통찰력을 구성하는 요소가 무엇이며 어떻게 도달할 수 있는가라는 문제에 대한 여러 가지 흥미로운 질문을 제기한다. 이러한 질문들은 영적 경험에 대한 학문적 연구에 매진하고 있는 사람들에게 특별한 의미를 가진다. 일부 질문은 인식론적이다.

안다는 것은 무엇인가?
이론적인 지식과 실천적 "지식"은 다른가?
아니면 그것들은 동일한 실재에 대한 도형과 배경(figure and ground)인가?
"학문"을 구성하는 것은 어떤 종류의 지식인가?
다른 질문들은 관점과 관련된다. 학자가 연구 대상에 대해, 그리고 학자와 청중 사이에서 취하는 관점의 성격은 무엇인가?
사실상 가장 설득력 있는 학문은 어떤 것인가?
목회적 성격이 짙은 질문도 있다.
우리는 타자(교수실에 있는 사람이나 이웃이 될 수도 있고 사회-경제적, 인종적, 윤리적 및 성적 타자일 수도 있으며 교회 내 타자나 종교 간 타자 또는 인간이 아닌 타자일 수도 있다)에 대해 어떻게 이해하는가?

본 논문에서 필자는 볼프의 첫 번째 구절, "바른(공공의) 행위"에 대해 고찰하고자 한다. 또한 필자는 특별한 경우에 있어서 그것이 어떤 것처럼 보일 수 있는지 물을 것이다. 즉 내가 제안하는 것은, 내가 "실천"이라고 부를 수 있는 특정한 종류의 행위는, 그것이 영성을 연구하는 학자에 의해서 사용될 때, 단지 유용한 어떤 것이 아니라, 훈련의 **구성적**(constitutive) 측면이라고 제안한다. 이 측면 때문에 영성은 다른 신학 분과들에 유용하고 필수적인 관점을 제공한다. 게다가 적절한 학문적 방법과 연결해서 사용될 때, "실천"은 연구 자체의 그 내용을 진보시킨다.

이 주장은 세 가지 연결된 단계들로 진행한다.

첫째, 연륜이 짧은 또 하나의 학문 분야인 목회신학의 최근 역사 및 발전에 대해 살펴보고 이러한 학문 분야와 영성에 대한 학문적 연구를 대조 및 비교할 것이다.

둘째, 두 분야가 공통적으로 가지고 있는 요소 가운데 하나인 "경험"에 대해 다룰 것이다.

셋째, "경험"이라는 개념을 출발점으로 사용하여 "실천"(훈련, 수행-역주)과 관련된 영성학에 도움이 될 수 있는 건설적 제안을 할 것이다.

1. 목회신학과 영성

아서 홀더(Arthur Holder)와 리사 다힐(Lisa Dahill)은 『오늘날 신학교의 기독교 영성에 관한 교육』(Teaching Christian Spirituality in Seminaries Today, 1999)에서 기독교 영성 개론을 가르치는 자들의 전공 분야는 신학과 역사가 많은 비중(절반 가량)을 차지한다고 주장한다. 그들은 다음과 같이 의아스럽게 여긴다.

> 기독교 영성 개론 과목을 가르치는 교수들 가운데 역사가와 신학자가 차지하는 비중을 감안하면 이들 과목이 사회 과학적 관점이나 미학적 관점이나 실천 신학적 관점이나, 심지어 성경적 관점들보다 역사와 신학을 강조하는 경향이 놀랍지 않다"(1999, 11).

우리가 이러한 다른 학문 분야의 통찰력과 방법론에 관심을 가졌다면 어떻게 되었을까?

목회신학자로서 필자의 개인사를 돌이켜볼 때, 목회신학이 학문적 분야로 자리 잡기까지의 파란만장한 역사는 기독교 영성의 학문적 발전과 매우 흥미로운 유사성 및 대조를 보여준다는 것이 생각난다. 필자는 홀더와 다힐의 연구에 기초하여 "바른 (공동체적)

행위" 문제에 관한 통찰력을 얻기 위해 목회신학 분야에 대해 살펴볼 것이다.

목회신학의 형성은 20세기 초 스탠리 홀(S. Stanley Hall 1904), 윌리엄 제임스(William James 1908), 제임스 레바(James Leuba 1909) 및 1930년대의 안톤 보이젠(Anton Boisen 1936), 리차드 캐봇(richard Cabot 1936), 러셀 딕스(Russell Dicks 1936, 1939)와 같은 종교 심리학자와 1950년대와 1960년대 및 1970년대의 캐롤 와이즈(Carroll Wise 1942, 1951), 세워드 힐트너(Seward Hiltner 1949, 1958), 다니엘 데이 윌리엄스(Daniel Day Williams 1961), 웨인 오츠(Wayne Oats 1962), 하워드 클린벨(Howard Clinbell 1966), 폴 존슨(Paul Johnson 1967)과 같은 조직신학자들로부터 시작되었다.

이들 선구자들은 다양한 성경적, 신학적, 철학적, 심리학적 시스템을 연구의 발판으로 삼았다. 1970년대 후반 필자가 이 분야에 대한 연구를 시작하였을 때 학문적 분야로서 목회신학은 분명한 체계가 잡혀 있지 않았으며 마치 임상의사, 목회자, 신학자 또는 이러한 요소를 종합하여 준비하는 과정 같았다. 그 결과 다양한 분야의 박사 과정을 밟고 있는 학생들은 세 가지 인격들(personae)을 모두 겪어보았다. 그러나 다소간의 차이는 있지만 이러한 요소들은 임상적이든 사색적이든 모두 목회신학의 기반을 다지기 위한 일련의 실천적 훈련을 위해 사용되었다.

벅과 헌트(Burck and Hunter 1990)에 의하면 가장 넓은 의미에서 목회신학은 인간의 경험을 통해 하나님에 대한 보다 근본적인 이해에 도달하기 위하여 믿음의 의미 및 요구를 인간의 구체적인 문제 및 상황과 연결하려는 시도이다. 이 과정에서 목회신학은 불가피하게 구체적 관념(즉, 이 사건, 이 관계, 이 예전, 이 삶의 위기)을 다룰 수밖에 없었으며 따라서 다음과 같은 질문을 하게 된다.

이것은 무슨 뜻인가?

이것은 나에게 또는 다른 사람에게 무엇을 요구하는가?

이것은 하나님과의 관계 및 통찰력에 어떤 영향을 미치는가?

마찬가지로 상호 관계는 다른 방향으로 초점을 맞추어 전개된다.

하나님과의 관계에 대한 나의 이해는 이 특정 경험에 대한 해석에 어떤 영향을 미치는가?

하나님, 그리스도, 교회, 세상이 이와 같다면 나는 이 아이의 죽음에 대해 어떻게 설명해야 하는가?

또한 이 상황에서 나는 무슨 예를 들어야 하는가?

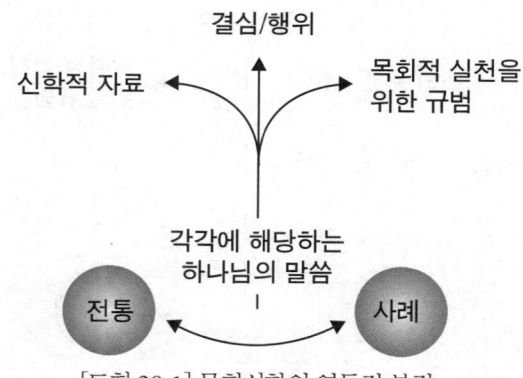

[도형 28.1] 목회신학의 역동적 본질

[도형 28.1]에는 목회신학의 역동적 본질이 잘 나타나 있다. 이 도형은 "사례"라는 영역 표시가 있는 오른쪽 하단으로부터 시작하여 "전통"이라는 영역 표시가 있는 왼쪽으로 옮긴 후 마지막으로 변증적 상호 작용으로부터 나온 세 가지 결과로 이어진다.

이 도형이 보여주듯이 목회신학은, 각 사람에게 동시에 진리인 하나님의 말씀을 우리가 들을 수 있을 때까지, 구체적으로 제시된 **특정 사건 또는 사례**(즉, 개인의 경험, 목회자의 경험, 공동체의 경험, 사회적이고 문화적이고 심리학적이고 경제적이고 다른 역동적인 실재들)를 풍성하고 다양한 **전통**과 함께(즉, 기독교 공동체의 텍스트들, 특히 성경과 믿음의 공동체가 받은 기본적 문헌들, 공동체의 실천에 관한 역사, 공동체의 신앙 감각[sensus fidelium, "센수스 피델리움"]) 숙고하는 작업이다. 일단 하나님의 말씀이 분명히 드러나면 아무리 특정 상황에 대한 임시적인(provisional)이고 특수한 말씀이라고 할지라도 다음과 같은 세 가지 방향을 제시한다.

첫째, 하나님의 말씀은 상황에 **적합한 반응을 제시한다.**

둘째, 하나님의 말씀은 **목회적 실천에 대한 평가를 위한 시금석을 제공한다.**

셋째, 하나님의 말씀은 보다 광범위한 신학적 기획 및 그것의 발전을 위한 **자료를 제공한다.**

이러한 긴장이 있는 숙고는 편안하지 않으며, 해결책은 신속하게 제시되지 못할 수 있다. 또한 그 해결책은 다른 상황에 대해서는 일반화할 수 없으며 오직 이 특정 상황에만 해당되는 결과일 수 있다. 따라서 이러한 숙고가 신학에 기여하는 자료는 점증적이며 귀납적이다.

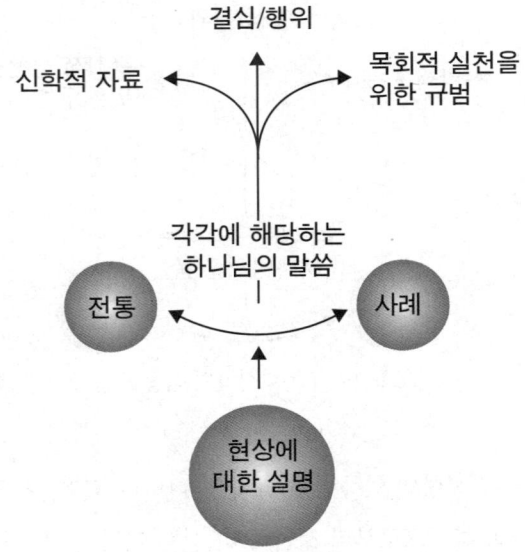

[도형 28.2] 사례에 대한 설명이 포함된 보다 완전한 도형

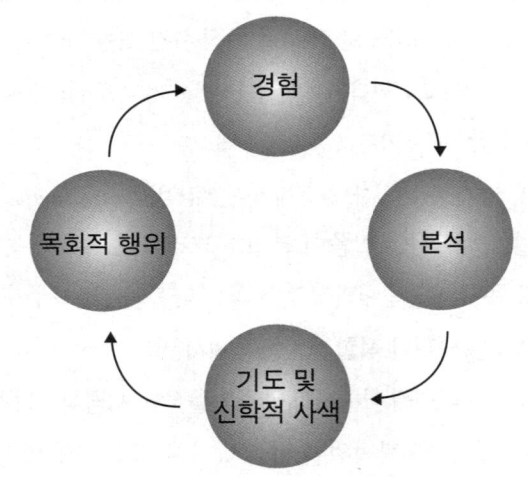

[도형 28.3] 과정의 역동적, 반복적 본질을 보여주는 목회 영역

이러한 설명은 목회신학의 행위가 이루어지는 순간에 초점을 맞춘다. 이것은 그 사례에 대한 상세히 설명의 전단계가 있음을 가정한다. 따라서 보다 완성된 그림은 [도형 28.2]와 같을 것이다. 이것은 내용보다 과정에 초점을 맞춤으로써 해방신학의 목회적 순환(pastoral circle)과 매우 유사한 형태로 보이기 시작하며, 주어진 상황에서 의도적인 행위에 초점을 맞춘 결심 과정의 역동적이고 반복적인 본질을 조명한다(도형 28.3). 세 가지 도형 모두 목회신학함(the doing of pastoral theology)의 기초가 되는 경험에 초점을

맞추며 그 경험이 없으면 원천과 무관하게 된다.

오늘날 목회신학 분야는 영성에 대한 학문적 연구에서와 같이 대화 상대가 급증하고 있다. 목회신학 분야와 영성학 분야의 학자들은 다음과 같이 묻는다.

"우리의 학문 분야의 영역은 어디까지인가?"

그들은 학문 분야의 범위에 대한 정의를 내리고 주제를 다룰 적절한 방법을 찾아내는 두 가지 방식으로 연구의 초점을 맞추었다. 영성 분야에서 정의한 이슈들은 학계의 큰 관심을 받았다(Cousins 1990; Eire 1990; Hanson 1990; Schneideers 1990, 1993; McGinn 1993). 따라서 이 부분에 대해서는 여기서 다루지 않을 것이다. 방법론적 매개변수와 관련하여 목회신학자들은 특정 사례나 상황에 따라 적합한 학문 분야를 선택했으며 그 후에는 이러한 분야가 주어진 상황에서 이론과 실천을 연결할 수 있는 적절한 방법론의 범위를 결정한다. 이와 마찬가지로 영성 분야에 있어서도 특정 연구 현안이 대화 상대와 방법론을 결정한다(Schneiders 1990, 32).

기독교 영성학자들과 마찬가지로 목회신학자에게도 특정 사례 자체는 본질적으로 도전적이며 중요한 사색적 가치를 가진다. 그것은 학문의 연구 대상에 해당하는 "내용물"이다. 마찬가지로 두 학자 공동체들의 "해결되지 않은 학문 분야들"(problematic disciplines, 샌드라 슈나이더스[Sandra Schneiders]가 사용한 용어. 1998, 3-4)는, 정확히 말하면 우리로 하여금 보다 큰 지식과 정확성과 감정이입을 가지고 가까이에 있는 경험(사례)을 보다 잘 이해하게 하고, 특히 사람들 또는 공동체의 구성원으로 하여금 스스로 자신의 경험 및 타인의 경험을 보다 깊게 이해하도록 돕는 것들이다. 이런 점에서 목회신학과 기독교 영성은 밀접한 관계에 있다고 할 수 있다.

"목회신학"이라는 용어는 "기독교 영성"과 마찬가지로 때에 따라 포괄적 현상(경험/사례)과 그 사례(목회신학의 실제적 행위)에 대한 깊은 사색과 이 분야의 역사, 방법론, 철학에 대한 학문적 연구를 가리킨다. 여기에 사용되는 언어는 경험의 차원에 따라 달라진다. 즉 최초의 직접적 경험에 대한 묘사에는 1차적(first-order) 종교 언어가 사용되고, 설명과 비평적 평가 또는 기본적 의미에 대한 활용에는 2차적 종교 언어가 사용되며, 이러한 판단의 방식에 대한 지속적 사색이 이루어지고 과정에 대한 비판적 평가를 내릴 때에는 3차적 종교 언어가 사용된다(Jennings 1990, 862; Schneiders 1990, 17; Waaijman 2002).

물론 담론의 두 영역 사이에는 불일치가 존재한다. 이것은 아마도 목회신학이 주로 개신교 신학 및 교회적 상황에서 제기된 때문일 것이다. 목회신학은 위기에 처한 인간 및 이러한 자들의 편에 선 교회가 취하는 적절한 행위(그를 돕고 적절한 믿음과 연결하는 일을 포함한다)에 초점을 맞추는 경향이 있다. 따라서 목회신학은 개인 및 공동체적 삶의 다양한 현장에서 나타나는 거룩한 경험에 초점을 맞춘 영성 학문과는 출발점이나 추구하는 목표가 다르다. 이처럼 두 학문 간에는 중요한 차이가 있지만 경험에 대한 공통적 강조는 본 담론의 목적에 중요하다.

2. 공통 근거: 경험

목회신학은 특정 사건 또는 상황과 사례를 지속적으로 사용함으로써 경험에 대한 비평적 반성을 중시하는 모습을 보여준다. 기독교 영성은 이러한 성향을 그리스도인의 종교적 경험에 대한 세심한 관심, 그 연구의 자기 참여적 성격, 그리고 "인류학적 접근"을 따르는 자들의 주장(즉, 기독교 영성 연구는 연구 대상이 되는 사람, 운동, 텍스트 또는 연구된 사건은 물론 연구자 본인의 실제 영적 삶에 기초해야 한다는 주장)을 통해 보여준다(Schneiders 1986; McGinn 1993; Downey 1997; Frohlich 2001).

그러나 "경험"이란 정확히 무엇을 의미하는가?

기독교 영성 단체에서는 이 단어의 의미를 자명한 것으로 생각한다. 사실 이 문제는 그리 간단하지 않다. 필자는 필자의 학문적 배경에 따라 단순하지만 목회신학적 자료를 통해 이 유동적 용어의 의미를 추적할 것이다.

목회신학자 브라이언 차일즈(Brian Childs)는 경험이란 "실재와의 만남 또는 동참"이라고 말한다(1990). 이 용어는 "이러한 동참이나 만남을 통해 얻은 실제적 지식"을 가리킬 수도 있다. 경험은 "우리가 경험했거나 행한 모든 것과, 우리가 행했고 겪었던 것들로부터 무엇인가를 **배우는** 방법"이다(Lash 1988, 91). 경험이 우리가 피했으면 더 좋았을 불행한 이분법, 즉 경험과 숙고를 반대할 때, 그 경험에 대한 사색에 대립된 것으로서의 사건의 직접성을 강조한다.

그러나 차일즈는 경험은 원래의 직접성과 함께 사실상 사색을 포함한다고 주장한다. 경험에 대한 이처럼 통합적인 인식은 지혜와 실천적 지식의 기초를 형성한다. 더구나 인간의 경험은 일종의 연결망을 통해 발전된다. 이러한 연결은 우리의 경험에 대한 내용, 대상, 환경 및 상황을 제공한다. 이러한 것들은 우리의 기억, 사상, 이미지, 감정 및 결심을 형성하는 재료가 된다. 이러한 것들은 우리가 행동하는 세계를 형성한다. 이러한 "타자들"은 다양한 그룹, 즉 자연, 자아, 다른 인간, 사회정치적 구조, 초월적 존재로 분류할 수 있다(Wiens St. John 1998; Howard 2000). 따라서 가령 교단에서 관계망을 확장하는 것은 경험을 강화할 수 있다.

우리가 기독교 영성의 긴 역사를 담은 텍스트를 살펴보았다면 이러한 텍스트가 성경주해, 전기, 자서전, 성인전(hagiography), 서신을 비롯한 다양한 문학적 형식으로 나타난다는 사실을 알 수 있을 것이다. 또한 우리는 이러한 텍스트가 특정 가치관이나 삶의 방식에 대한 저자의 직접적인 경험 및 의식화를 통해 기록되었으며 다른 사람을 자신의 경험과 가치 판단 속으로 들어와 동일한 가치관과 삶의 방식을 재현하도록 초청, 설득, 격려, 그리고 지도한다는 사실을 인정해야 한다. 그러나 오늘날의 학문적 문화에서 저자의 경험에 대한 이러한 기초적 지식은 의심을 받고 있으며 학자들의 잠재적 왜곡의 원천이 되고 있다. 다이애나 빌레가스(Diana Villegas)는 기독교 영성의 주제를 감안할 때 참여적 지식은 영성에 관한 지식에서 중요한 요소이며 따라서 기독교 영성에 대한 학문적 연구에도 매우 중요하다고 주장한다(2001).

3. 영성에 대한 학문적 연구에서의 "실천"

따라서 경험은 목회신학과 기독교 영성 분야를 잇는 가교역할을 한다. 우리는 자신의 경험에 대해 음미하고 반복하며 사색하는 활동을 통해 경험에 접근한다. 스테파니 폴셀(Stephanie Paulsell)은 『몸을 존중하기: 그리스도인의 실천에 관한 묵상』(*Honoring the Body: Meditations on a Christian Practice*, 2002)에서 프리윌 침례교회(Free Will Baptist churches)가 분기별로 드리는 성찬식에서 시행하는 세족식에 관한 짧은 이야기를 들려준다. 이 이야기는 우리의 해석에서 실천이 중요하다는 사실을 보여준다.

> 한 여자가 의자에 앉아 신발을 벗고 대야에 발을 담그면 다른 여자가 무릎을 꿇고 앉아 물로 그녀의 발을 씻긴 후 수건 양끝으로 말린다. 나의 눈에는 발을 말리는 행위가 씻는 행위보다 친밀해 보였다. 씻는 것은 대야에 놓인 발 끝부분을 물로 닦아내는 것으로 끝나지만 말리는 동작은 발을 양팔에 안아 무릎에 놓고 수건으로 발끝부터 바닥까지 닦아내어야 한다.
> 프리윌 침례교회와 달리 대부분의 교회는 세족식을 공동체 안에서 정기적으로 실행하여야 할 성례로 생각하지 않는다. 그러나 요한복음 13장은, 예수께

> 서 제자들의 발을 씻긴 기사를 모범으로 삼은 이 의식이 주는 교훈에 대해서 강조한다. 확실히 우리가 예수님을 가장 진실하게 섬기는 것은 친한 친구의 발을 깨끗하게 씻기는 의식이 아니라 모든 사람에게 공의를 행하고 긍휼히 여기는 마음으로 사는 것이다.
> 그러나 만일 우리가 이러한 의식에 동참하지 않고 이러한 행위에 대한 해석에 초점을 맞춘다면 중요한 사실을 놓치게 될 것이다. 가령 우리는 타인의 발을 손을 만지거나 우리의 발을 다른 사람의 손에 맡기는 놀랍고 친밀한 경험을 놓치게 될 것이다 …
> 우리는 깨끗하고 향내 나는 발을 내놓으려고 하지만 어쩔 수 없이 신체의 취약점을 드러내게 된다. 다른 사람에게 발을 씻겨 말리도록 맡길 때 신체와 정체성 사이의 곤란한 관계를 생각하지 않을 수 없다. 그리고 우리가 다른 사람의 발을 씻기려 무릎을 꿇을 때 우리는 어쩔 수 없는 신체적 취약성을 보게 된다. 나는 평생 3-4차례 세족식에 참여하였다. 그러나 평생 지속된 의식이라고 할지라도 그때마다 신체의 신성함과 취약성의 관계에 대한 새로운 비전을 줄 수 있을 것이라고 생각한다(Paulsell 2002, 29-31).

"실천"이란 무엇인가?
실천은 기독교 영성 연구에 허용되는가?
실천은 박사 과정에서는 허용되는가?
레베카 촙(Rebecca Chop)에 의하면 일반적 관점에서 실천의 의미는 다음과 같다.

> 실천은 사회적으로 공유하는 행동 양식으로 소위 주관적 영역과 객관적 영역을 연결한다. 실천은 문화적 차원에서 구축되고 개인적인 차원에서 구체적인 사례로 나타나는, 의미와 행동의 패턴이다. 실천의 개념은 우리를 세상에 의미와 방향을 제시하고 행동을 지도하는 사람들이 공유하는 행동으로 이끈다 (1995, 13).

영역(scoe)과 기간(duration) 개념은 학자들을 두 그룹으로 나눈다. 한 무리의 학자들은 앨리스데어 매킨타이어(Alasdair MacIntyre)의 『미덕 이후』(After Virtue, 1984)의 영향을 받았으며 상당한 기간 동안 인간의 근본적 필요에 대해 언급하고 함께 삶의 방식을 구성한 대규모 공동체적 실천에 초점을 맞춘다. 이 그룹을 대표하는 데이비드 켈시(David Kelsey)의 실천에 대해 정의는 다음과 같다.

> 사회적으로 정착된 복잡하고 내적인 일관성을 갖춘 협력적 인간의 활동은 실천을 정의하는 탁월한 표준이 된다. 이러한 활동은 목적을 위해 시행되지만 반드시 결과물을 얻는 것은 아니다(1992, 118).

켈시가 말한 협력적 인간의 행위란 신체적, 사회적, 그리고 상호적 행위로서, 원리에 가까운 규칙을 함께 하며 탁월한 표준을 공유한다. 따라서 공동체적 담론의 한 부분으로서 자기 비판적 사색을 필요로 한다. 딕스트라(Dykstra 1991), 바스(Bass 1999) 및 볼프와 바스(Volf and Bass, 2002) 역시 이러한 기본적 실천 개념을 따른다.

두 번째 그룹의 정의는 사회 과학으로부터 나온다. 이 분야에서 "실천"은 사회적으로 의미 있는 행동을 가리킨다. 따라서 매킨타이어에 영향을 받은 정의보다 작고 독립된 행동을 포함한다. 종교사회학자 메르디스 맥과이어(Meredith McGuire)는 기독교 영성 연구에 있어서 신체의 중요성에 관한 논문에서 이러한 관점을 보여준다.

> 체험된 종교(lived religion)는 자신의 삶을 이야기로 만들고, 그것을 기억하고, 나누고, 시행하고, 적용하는 훈련(실천)을 통해 형성된다. 또한 이러한 종교는 사람들이 이러한 이야기를 일상적 행위 속으로 가져오는 실천을 통해 형성된다. 일반적인 물질적 존재(특히 인간의 몸)는 이러한 의미 있는 실천의 중요한 재료이다(McGuire 2003, 15).

이러한 관점에서 볼 때 사실상 공유적 의미를 가진 어떤 행위도 "실천"이 될 수 있다. 필자는 기독교 영성의 관점 및 실천에 관한 후자의 관점에 기초하여 "실천"이라는 용어를 다음과 같이 정의한다.

> "실천"은 체험된 영성을 학문적 연구의 다양한 현장 속으로 의도적, 반복적으로 가져오고 행위의 결과에 관심을 가지는 것이다.

필자가 "실천"(practice)이라는 단어를 의도적으로 선택한 것은 이 단어가 명사 및 동사로 존재하기 때문이다. 많은 사람에게 "실천"이라는 단어는 구체적인 영적 훈련을 의미한다. 그러나 필자는 체험된 영성을 학문적 영역으로 지속적으로 가져오는 행위(practicing)라는 뜻으로 실천이라는 단어를 사용한다. 메리 프롤리히(Mary Frohlich)가 말한 것처럼 체험된 영성(lived spirituality)은 우리에게 도전을 주고 우리를 밖으로 향하게 하는 다른 사람의 진실을 포함하여 "자신의 경험의 진실에 최대한 주의하는 것이다"(2001, 68). 우리는 학문 분야에서와 마찬가지로 이러한 기본적 경험에 대해서도 의도적, 반복적, 공개적인 주의를 기울여야 하며 목적을 벗어날 때에는 자기 비판적 접근을 해야 한다.

프롤리히는, 체험된 영성은 모든 영성 연구의 초점이 되어야 한다고 말한다. 따라서 기독교 영성을 연구하는 자는 경험이 제2의 본성이 될 때까지 그것의 진실에 대해 사색하는 연습을 한다. 우리는 텍스트 또는 인물 또는 사건에 대한 모든 접근 방법이 그것에 의해 드러날 때까지 훈련한다. 우리는 학생들 앞에서 우리의 영성에 최선을 다해 주의하는 모습을 보여주어야 하며 그들에게 우리가 훈련하는 모습을 보고 배워 실천할 수 있는 기회를 주어야 한다.

즉 우리는 확실하게 보이는 사회 제도에 대한 반응을 재생하고 조정할 뿐만 아니라 우리의 통찰력을 성장시키는, 특정 **습관**(*habitus*, "하비투스")이나 무의식적인 규칙을 발전시켜 나가야 한다(Bourdieu 1977; Kelsey 1992; Chopp 1995). 이것은 우리가 **연구**한 것을 **항상 실행**하는(우리가 행한 것을 연구하는 것은 물론) 문제이다. 이와 같이 공유된 자기 비판적이고 사색적인 경험이야말로 필자가 말하는 "실천"인 것이다.

필자는 이러한 주장에 대해 불가피하게 제시될 반론에 대해 잘 알고 있다.

"**그러나** 우리는 어떻게 필요한 학문적 엄격성을 유지할 수 있는가?"

"이것은 신학교 강의실에서는 효력이 있을지 모른다. **그러나** 대학교, 특히 공립 대학교에서는 시행하기 어렵다."

"이것은 오늘날 시대 또는 보다 실존적 주제에서는 적용 가능할지 모른다. **그러나** 고대 또는 고전적 텍스트에서는 불가능하다."

"**그러나** 나 같으면 그런 시도를 하지 않겠다."

"**그러나** …."

슈나이더스는 기독교 영성연구협회(Society for the Study of Christian Spirituality)에서 행한 연설에서 이 문제에 대해 가장 설득력 있는 진술을 제시한다.

> 표준적 비평에 대한 온전한 책임을 다하는 전체적 접근 방식과, 적절한 방법론적 관점을 가지고 자신의 연구에 매진하는 헌신, 그리고 이론적 완전성과의 실제적 관계를 어떻게 접목할 것인가라는 문제는 영성 분야가 학문적 정체성을 발전시켜 나갈 때 직면하는 가장 중요한 도전 가운데 하나라는 것이 필자의 생각이다(1998, 10).

그녀는 "기독교 영성 연구에 관한 해석학적 접근"(A Hermeneutical Approach to the Study of Christian Spirituality)에서도 효과적인 반론을 제시한다.

> 그러나 연구 영역에서 필자는 연구 계획을 작성하거나 실행할 때 개인적인 훈련을 직접 사용하거나 어떤 형태의 의무적인 훈련을 포함시키는 것에 대해 진지하게 보류한다. 연구 영역에서 연구의 목적은 다른 분야에서와 마찬가지로 그 분야에 대한 지식의 확장이다(1994, 13).

같은 논문에서 슈나이더스는 기독교 영성 연구에서 몇 가지 중요한 방식, 즉 자신의 내적 변화에 접근하기 위한 통제된 내향성 및 다른 사람의 영성에 다가가기 위한 실습 과목을 통해 경험에 대한 여지를 남긴다. 또한 그녀는 영성 분야에 대한 우리의 신중하고 열정적인 노력이 우리를 변화시킨다는 사실을 인정한다. 학문적 작업은 자기 참여적(self-implicating)일 수밖에 없으며 따라서 훈련된 수행 자체는 일종의 영적 실천이라는 것이다. 그러나 그녀는 학생의 영적 삶을 강화하기 위해 고안된 어떤 형식의 의무적인 훈련도 제외되어야 하며 이러한 훈련이 사역을 형성하는 프로그램이 되지 않도록 막아야 한다고 주장한다. 그러나 주어진 훈련을 모든 사람에게 의무적으로 부과하는 문제를 제쳐두면 이러한 상황은 그렇게 분명하지 않고 구별되지 않을 수 있다.

필자가 믿는 바는, 대부분의 상황에서 명확하지 **않은** 것은, 구할 수 있는 자료에 대한 학자적 연구와 대조되는 "학생들의 영적인 삶을 강화하기 위한 의무적 훈련"은 주어진 때에 발생한다는 것이다. 예를 들어 우리는 전체 신학생을 대상으로 개인적 기도의 한 형식으로서 거룩한 독서(*lectio divina*, "렉시오 디비나")를 가르침으로써 개인적 영적 생활에 도움이 되게 할 수 있다. 그리고 거룩한 독서를 그들은 설교를 위해 텍스트에 접근하는 다양한 방법을 더욱 강화하고 심화시키는 도구로 사용할 수 있다. 그리고 거룩한 독서를 여러 가지 상황에 적합한 그룹 기도의 수단으로 사용할 수 있다.

그러나 만일 필자가 박사 과정과 같은 엄격한 학문적 환경에서 베네딕트 영성을 가르친다면 모든 학생으로 하여금 거룩한 독서와 성무 일과(Divine Office)를 통해 잠시 동안 하나가 되는 시간을 가질 것이다. 이러한 시간을 통해 필자가 의도하는 것은 학생들의 개인적인 영적 형성이 아니라(필자가 반대하는 것은 아니지만) 학생들로 하여금 베네딕트 영성의 보다 깊은 요소들을 이해하게 하도록 돕는 것이다. 박사 과정의 경우에도 한 수단은 베네딕트와 베네딕트 영성을 통해 광범위한 교회에 뿌리를 내리고 전파된 어떤 방법론으로 몰입하도록 초청할 수 있을 것이다.

사실 필자는 솔직히 교육학적인 두 번째 목표를 가지고 있다. 즉 학생들을 **자료 자체가 제시하는** 자료를 활용하는 다양한 방법으로 인도하고 싶다는 것이다. 필자는 우리가 함께 연구할 자료를 학생들이 실제로 이해하고 또한 그러한 자료에 붙잡힐 수 있는 여러 가지 방법을 제시할 것이다. 즉 기독교 영성에 대한 학문 분야의 자기 참여적 및 변화적 본성이 잠재적인 뿌리를 내릴 수 있는 공간을 마련하고 싶다는 것이다. 필자는 경험이 "방으로 들어오면" 그것이 경험에 대한 연구를 더욱 직접적이고 설득력 있게 만들 것이라고 생각한다.

4. 교육이론으로부터 나온 통찰력

파바짜(Favazza)와 글레논(Glennon)은 기독교 영성에서 실천의 역할과 관련하여 최근 종교학의 교육학적 전략에 대해 논의한다(Favazza and Glennon 2000). 즉, 섬김(service) 프로젝트를 주요 학습 수단으로 사용한 것이다. 섬김 학습을 지지하는 자들은 종교학에 대한 객관적, 과학적 접근은 인식론적으로나 교육학적으로 만족스럽지 못하다고 본다. 인식론적으로 만족스럽지 못한 이유는 그것이 중립성과 객관성이라는 명목 하에 연구 주제를 교수와 학생 및 교과목으로부터 분리하기 때문이다.

섬김 학습을 지지하는 자들은 파커 팔머(Parker Palmer 1998, 19, 51, 98)를 따라 인식론과 교육학과 윤리학 사이에는 복잡한 연결이 존재한다고 주장한다. 가르치는 자와 배우는 자의 관계는 행위자와 세상의 관계의 기초가 된다. 따라서 종교와 영성에 대한 객관적이고 대등한 연구는 교사와 학생을 가르쳐야 할 지식과 배워야 할 지식으로부터 분리시킬 뿐만 아니라 이러한 지식과 관련하여 해야 할 적절한 행위를 못 하게 막는다. 영성은 종교와 마찬가지로 삶 속에서 자신과 타인 그리고 하나님과 관련된 질서와 의미를 창출하는 방식에 관한 것이다. 연구를 위해 이러한 영성의 본질에서 벗어난다면 다양한 영성 및 그것의 생명력을 온전히 깨닫지 못할 것이다.

교육학적인 관점에서 볼 때 파바짜와 글레논의 주장(2000)은 다음과 같이 진술할 수 있다. 우리는 지금과 같은 탈근대시대에 중립적 출발점이나 관점은 없다는 사실을 알고 있다. 우리가 무엇을 믿고 무엇을 경험했느냐는 우리가 알고 있는 것(그리고 가르치는 방법)에 영향을 미칠 수밖에 없다. 버릴 수 없는 것을 버리려고 노력하기보다 영성학의 논의 및 대화의 장으로 의식적으로(그러나 비판적으로) 가져오는 것이 낫다. 그러나 이것은 포괄적이고 정중하며 보다 큰 통찰력과 이해를 창출하는 방향이 되어야 한다.

교육학 이론은 체험된 영성에 대한 올바른(훈련된) 사색이 기독교 영성학을 구성한다는 주장의 교육학적 요소들에 대한 통찰력을 제공한다. 하워드 가드너(Howard Gardner)의 다중지능이론(multiple intelligences)은 동일한 내용에 대한 다양한 입구의 필요성을 명확히 한다. 가드너는 『훈련된 마음』(*The Disciplined Mind*, 2000, 185-99)에서 세 가지 중요한 일반적 전략에 대해 제시한다.

1) 다중적 입구를 제공한다.

학생들을 처음으로 주제에 접근하게 하는 방법은 중요한 교육학적 결정이다. 학생들은 연구를 시작하기 위해 입구를 찾으며 모든 학생이 동시에 한 곳으로 들어가지 말라는 법은 없다. 앞서 살펴본 베네딕트 및 베네딕트 영성에 대한 가설적 강의실을 예로 들면, 어떤 학생은 텍스트에 대한 신중한 주석을 통해 접근하고 어떤 사람은 거룩한 독서를 통해, 그리고 어떤 학생은 베네딕트의 삶 및 유럽 전역으로 확산된 베네딕트 영성을 통해 진입할 수 있다. 다른 학생은 학문에 대한 베네딕트의 학구적 열정을 통해, 또 다른 학생은 바티칸의 요구에 대한 순종 범위를 정하려는 펜실베이니아 에리(Erie)의 베네딕트 수도원의 최근 투쟁을 통해 진입할 수 있다.

2) 적절한 유추를 제공한다.

교육자의 중요한 임무는 유추의 힘을 전달하는 것이지만 한계를 전하는 것도 마찬가지로 중요하다. 교육학적 도전은 특정 통찰력을 보장할 수 있는 입구에 대해 설명하고 시험 및 평가하며 사용된 유추의 가정, 상황, 가능성 및 한계를 분명히 하는 것이다. 박사과정의 학생에게 한동안 거룩한 독서를 요구한 사례는 도움이 된다. 그러나 아무런 비판 없이 적용할 경우 이러한 훈련은 비록 계몽적일지라도 방해가 될 수 있다.

우리가 거룩한 독서를 활용했다고 해서 이 기도문이 베네딕트 시대에는 어떠했는지 안다고 할 수 있는가?

반드시 그런 것은 아니다.

프롤리히는 우리가 경험과 실천을 학문적 영성의 행위로 가져옴으로써 빠질 수 있는 늪을 건널 좋은 방법을 제시한다. 그녀는 우리가 "체험된 영성"으로부터 시작했다는 단순한 확신만으로는 가장 중요한 질문에 대한 대답(개인적 차원이든 학문적 차원이든)이 될 수 없다고 말한다. 그녀는 다음과 같이 주장한다.

> 그렇다면 첫 번째 방법론적 원리는 이러한 질문이 되어야 할 것이다.
> 우리는 경험적 영역과 어떤 관계를 가져야 하는가?
> 우리는 이러한 기초에 대해 어떤 암시적 또는 명시적 호소를 하고 있는가?
> 우리는 어떤 단계의 과정을 거쳐 삶의 현장에서 읽고 쓰고 주장하는 장소로 옮겨가는가?
> 우리가 살고 있는 실제적 상황에 대한 호소의 방식이나 활용하는 단계는 영성을 가르치고 배우는 것인가 아니면 가르치거나 배우는 것인가?(Frohlich 2001, 69)

따라서 경험을 학문이나 강단으로 가져온다고 해서 효과적인 "훈련"(실천)을 형성하는 것은 아니다. 우리는 경험이 우리의 학문이나 교육에서 역할을 할 수 있는 방식에 대한 기술 및 비판적 인식을 발전시켜야 한다. 우리는 "우리의 훈련을 훈련시켜야" 한다. 말하자면 이러한 훈련이 우리가 다루는 내용에 대한 (의도적인) 방법론적 관점으로 발전되어야 한다는 것이다.

3) 핵심 주제나 사상에 대한 다양한 표현을 제공한다.

능력 있고 효과적인 교육자는 이슈를 제시함에 있어서 일련의 언어를 사용할 수 있으며 동일한 주제를 표현하기 위한 여러 가지 새로운 시도에 대해 평가하고 다른 사람에게 가르칠 수 있다. 핵심 사상에 도달하기 위한 다중적 입구 및 다양한 제시 방법과 관련하여 기독교 영성 분야로부터 나온 한 가지 인상적인 사례는 벨덴 레인(Beldene Lane)의

『사나운 풍경의 위안』(*The Solace of Fierce Landscapes: Exploring Desert and Mountain Spirituality*, 1998)이다. 필자가 생각하는 이 책의 힘은 정확히 세 개의 다른 입구를 한 곳에 모은 레인의 결심에 있다. 세 개의 입구란 레인 자신이 직접 경험한 상실과 슬픔, 사막과 산의 특정 장소에서의 수행, 그리고 사막 영성을 상기시키는 부정의 길(*via negativa*, "비아 네가티바")이라는 영적 전통이다. "훈련"을 포함한 이러한 다중적 차원의 접근은 학문적 저술 및 교육에서 자의식적 전략을 발전시켜 나가야 한다는 필자의 주장과 일맥상통한다.

5. 영성에 있어서 실천의 중요성

우리는 지금까지 살펴본 것은, 초월적인 것에 대한 인간 경험 연구는, 기독교 영성에 의해 제시된 초월을 경험할 수 있는 여러 가지 방법을 조심스럽게 배제하지만, 교육학적인 보장되지 않은 것이다. 그런 식의 연구는 연구자로 하여금 편견에서 벗어나게 할 것이라는 보장이 없으며 적어도 잠재적으로는 영성에 대한 생략된 개념을 영속화할 것이다.

그러나 건설적 목적은 단순히 유익한 교육의 배후 또는 영성의 본질을 진지하게 다룬 교육의 배후에 존재한다. 그것의 가장 완전한 형식은 다음과 같다. 즉 영성에 대한 실천은 기독교 영성에 대한 학문적 연구(따라서 이러한 학문적 연구가 이루어지는 강의실)에서 금지되어서는 안될 뿐만 아니라 이러한 실천은 우리의 훈련 방식을 구성하는 요소들 가운데 하나를 제공하며, 또한 그로 인해 영성은 조직신학 및 역사신학과 같은 다른 신학 분야에 대해 유익하고 필요한 관점을 제공함으로써 동일한 내용에 초점을 맞추게 한다. 실천은 이 분야의 주제인 영적 삶에 대한 직접적 경험에 접근할 수 있는 상황을 제공한다. 경험이 "강의실로 들어오면" 그리스도인의 삶의 경험에 대한 연구를 직접적이고 설득력 있게 만들 것이다. 그러나 학문의 발전에 있어서 보다 중요한 것은 그것이 연구 내용 자체를 발전시킨다는 것이다

많은 기독교 영성학자들은 텍스트, 즉 성경 본문, 기독교 유산의 일부로 인정받은 다양한 문헌, 그리고 주요 기독교 사상가, 목회자 및 영적 지도자들이 남긴 텍스트에 대해 거의 절대적으로 매달린다. 기독교 영성에 대한 학문적 연구가 모든 유형과 영역의 텍스트와 시대들에 대해 공통적으로 던지는 질문은 다음과 같다.

이 텍스트에서 체험된 영적 경험은 무엇인가?

이 텍스트를 야기한 경험은 무엇인가?

첫 번째 독자들 또는 청중들이 이 텍스트 안에서 경험한 것과 오늘 필자와 필자의 학생들이 이 텍스트를 통해 경험한 것은 무엇인가?

이러한 관점에서 우리는 다음과 같은 질문을 제기할 수 있다.

우리가 이 텍스트를 연구하고 텍스트의 기원, 해석, 실존적 유익과 씨름하는 과정을 통해 어떤 새로운 경험이 창조될 수 있는가?

나의 어떤 경험이 이 텍스트의 세계로 신실하게 들어갈 수 있도록 도울 수 있는가?

어떤 공유된 훈련이 우리로 하여금 이 텍스트와 텍스트의 세계와 해석자로서 우리 자신에 대해 이해하도록 도울 수 있는가?

이곳에서 제시한 논지는 단지 텍스트를 해석하기만 하면 된다는 뜻이 아니다. 현재 본문의 정확성 및 번역의 정확성을 비롯하여 배경, 저자, 저자의 공동체, 문학적 형식, 기록 목적, 청중의 입장 및 준거의 틀에 대한 진지한 연구 등 적절한 주석 활동이 반드시 따라야 한다. 또한 우리는 자신의 전제나 성향을 파악하여 텍스트를 연구하는 동안 그러한 것에 영향을 받지 않도록 해야 한다.

그러나 이러한 기본적 작업이 끝나면 어떤 일이 기다리는가?

우리는 문화, 언어, 세계관의 엄청난 괴리를 넘어 텍스트와 대화하려는 시도를 해야 한다.

우리는 이러한 만남을 통한 모든 수준의 경험, 텍스트가 가져온 경험, 그리고 우리가 가져온 경험을 모두 드러내는 훈련된 실천에 의해 변화될 준비가 되었는가?

체험된 영성에 대한 올바른 실천이 우리로 하여금 텍스트에 대해 재고하도록 돕는 것을 허락하겠는가?

필자는 기독교 영성학자가 할 일은 "경험을 해석하되 역사적 실재를 침범하는 일 없이, 지금 현재 의미 있고 이해할 수 있도록 해석하는 것"이라고 생각한다(Schneiders 1998, 3). 즉 우리는 경험을 **현재**와 관련시키되 경험 **자체의 언어로** 원래적 관점에서 해석해야 한다는 것이다.

웬디 라이트(Wendy Wright)는, 학자의 철저한 연구는 우리가 연구하는 대상의 근본적 다름(otherness)과 직면하는 방식에 있어서 자기 참여적이며 변화적이 될 수 있다고 주장한다(1996, 21). 또한 우리는 이러한 다름과 씨름함으로써 변화를 받기도 한다. 즉 우리의 학문적 견해나 결론이 달라질 뿐만 아니라 우리 자신의 기도, 행위, 그리고 삶까지 바뀔 수 있다는 것이다.

로버트 네빌(Robert C. Neville)을 따르는 다이애나 빌레가스(Diana Villegas)는 사실 우리가 "실천"이라는 주제에서 언급한 특정 지식은 두 가지 이유에서 철저히 객관적이라고 주장한다.

첫째, 자신과 멀리 떨어진 방법론을 통해 연구하는 학자들은 기껏해야 자신이 사용하는 이론과 방법론의 가정 및 범주를 제시하기만 할 뿐이지만 학자 자신은 이런 인식조차 하지 못한다.

둘째, 개인적 동참은 변화를 초래한다라는 영성의 주장이 사실이라면, 이러한 방식으로 가르치는 학자들은 변화에 취약할 수밖에 없다. 동참이 훈련된 방식으로 반복되고 전통의 의미와 연결될 경우 자신과 거리를 둔 비판적 연구를 고치거나 막을 수 있으며 학자는 이러한 경험을 통해 영성이 주장하는 바를 정확히 이해하게 된다(Villegas 2001, 259).

필자가 생각하기에, 기독교 영성학자들이 영성에 대한 학문적 연구에서 실천을 배제하는 이유 가운데 하나는 경험의 직접성이 비판적 관점을 더욱 어렵게 만들기 때문이다. 필자는 둘 다 동시에 일어날 수 있다고 믿는다. 경험/사례, 연구된 영성과 함께 하는 누군가의 경험된 영성과 경험, 그리고 좋은 학문의 규범들을 긴장 가운데 다룰 필요와 그러한 과정에 세심한 관심을 가질 필요가 있다. 그러나 이러한 긴장을 유지하는 것은 학문적 연구나 학자 자신에게 실제적인 도움이 된다.

6. 영성 훈련

체험된 영성을 학문적 연구로 의도적, 반복적으로 도입한다는 실천 개념은 구체적으로 어떤 것인가?

필자는 먼저 연구 및 저술 사례에 대해 제시한 후 교육학적 사례를 제시하고자 한다.

필자와 두 명의 공동 저자가 『교정된 영신수련』(*The Spiritual Exercises Reclaimed: Uncovering Liberating Possibilities for Women* [Dyckman et al. 2001])을 저술할 때 채택한 방식은 이러한 실천에 대한 한 가지 사례를 보여준다. 우리는 이 연구를 위해 몇 가지 목표를 정했다. 우리는 『영신수련』(*Spiritual Exercises*)에 대한 학문을 발전시키고 페미니스트 관점을 제공하며 오늘날 여성이 이러한 "훈련"을 이용할 수 있게 함으로서 그들의 실천을 촉진시키고 싶었다.

우리가 처음 내린 결정 가운데 하나는 학문적 사명을 뒷받침하기 위해 함께 하는 방법에 매진하는 것이었다. 그러나 우리는 이것이 훈련에서 무엇을 의미하는지 차츰 배우게 되었던 것이다. 우리는 "훈련"에 대한 우리의 경험에 관해 일 년 이상 함께 논의하며 효과적이었던 부분과 그렇지 못한 부분에 대해 살펴보았다. 우리는『영신수련』을 완전히 습득하고 다른 사람을 가르치고 있는 오늘날의 여성들과 대화를 나누었다. 우리는 텍스트 전체를 샅샅이 뒤져가며 철저한 대화를 나누었으며 우리의 생각하는 것이나 원하는 것보다 텍스트 자체가 제시하는 의도를 찾으려 했다.

우리는『영신수련』에 대한 해석 역사와 책이 저술된 시기 및 내용에 대해 살펴보았다. 우리는 분노, 열정, 분열, 좌절을 비롯하여 이러한 대화 상대 및 우리 자신으로부터 나오는 다른 경험에 관심을 가졌다. 우리는 일부 내용이나 강조점에 대해 의견이 일치하지 않을 때가 종종 있었으며 그럴 때는 해결점이 도출될 때까지 각자의 관점을 유지한 채 한동안 긴장관계를 유지하기도 했다. 우리는 저술에 돌입했으며 주석, 비평, 그리고 감사의 글까지 모든 집필은 고스란히 우리 세 사람의 몫으로 돌아왔다.

우리는 기도에 대해 교훈하고 있는 텍스트를 다루고 있었기 때문에 텍스트가 요구하는 기도 밖에 있게 된다면 텍스트에 대한 온전한 이용이 어려울 것이라고 생각했다. 우리는 앞서 30일 간의 피정 형식을 통해『영신수련』을 습득하였으며 모두 다양한 환경에서 "훈련"을 가르쳤다. 그러나 우리는 집단적 해석 과정이 새로운 영역으로 들어갈 때마다 함께 "훈련"에 동참하였다. 따라서 우리가 함께 일하는 동안 매일 우리 가운데 한명은 최근에 씨름한『영신수련』의 내용과 관련된 공동 기도문을 작성했다. 우리의 현안은 해결될 때도 있었고 그렇지 않을 때도 있었다. 그러나 우리의 학문은 이러한 공동체 기도를 통해 더욱 발전되었다. 우리는 이러한 훈련이 없었다면 저술의 필수 요소로 생각하지 않았을 여러 가지 통찰력을 모을 수 있었다.

이러한 작업에는 함정이 따르기 마련이다. 하나는 출판사가 그 연구 결과에 대해 어떻게 해야 할지 모른다는 것이다. 이러한 책은 전형적인 학술지로 보기 어렵다. 우리의 경험에 따르면, 학문의 발전을 위한 새로운 분야의 저술 및 출판에는 상당한 시간이 걸린다는 것이다. 예를 들면 우리는『영신수련』(Spiritual Exercises)의 역동적 내용을 현대적 도덕극(Morality play)의 형태로 현대적 재진술하였는데, 이러한 내용이 원고에 들어간 것에 대해 수차례에 걸쳐 해명해야 했다. 끝내 설득시키기는 했으나 부록으로 포함되었으며 더 이상 논리적 흐름의 핵심이 될 수 없었다.

우리에게 있어서 이러한 극은 우리의 통찰력을 요약할 뿐만 아니라 다른 사람들에게『영신수련』을 직접 경험하게 하고 이러한 "교육용 연극"(readers' theater)을 통해 학습을 더욱 강화시킬 수 있다. 우리는 관찰한 바는, 『영신수련』의 내용을, 『영신수련』에 대한 각 개인의 경험적 배경과 반대되는, 비전통적이고 공동체적인 형태로 "실천함"이 일종의 이그나티우스의 반복으로서 역할하고, 이그나타니우스가 반복을 통해 얻을 것이라 제안했던 모든 혜택들을 준다는 것이다. 우리는 우리가 쓰고 있는 내용을 실천하고 싶었으며 그러한 역할을 따르고 싶었던 것이다.

우리의 학문을 위한 또 하나의 장소는 강의실이다.

기독교 영성학자는 어떻게 체험된 영성을 강의실(영성을 학문적으로 연구하는 강의실)로 의도적, 비판적으로 들여올 수 있는가?

필자의 동료 가운데 하나인 존 엔드레스(John Endres)는 오랜 세월 다양한 청중을 대상으로 시편을 가르치면서 훈련과 관련된 몇 가지 흥미로운 발견을 했다. 이러한 발견은 그의 교수 방식을 근본적으로 바꾸었다. 그가 훈련을 의도적인 전략으로 사용하게 된 동인은 사역을 준비하고 있는 학생들 때문이었다. 학생들은 그에게 다음과 같이 물었다.

"시편이 찬양으로 부른 기도라면 이러한 찬양을 강의실에서 부르지 못할 이유가 있나요?"

그는 학생들이나 해석자가 텍스트를 단순히 읽기보다 그것을 **실행**할 때 무엇인가 다른 것이 일어나고 있다는 사실을 첨차 깨닫기 시작했다. 이러한 차이는 여러 면으로 나타났다.

첫째, 이러한 실천은 텍스트를 내면화하도록 돕는다. 거룩한 독서처럼 그것은 그냥 지나쳤을 수도 있는 특정 단어, 모티브, 그리고 반복에 초점을 맞추게 했다. 학생들은 텍스트를 철저히 배우고 암기하며 그것을 텍스트와 연결함으로써 주석학적 영역을 넓혔다.

둘째, 실천은 사람들이 동일한 텍스트를 얼마나 다르게 해석하는지를 직접 보게 하며 절대적으로 배타적인 해석은 없다는 사실을 재확인시켜준다.

셋째, 이러한 접근은 해석자가 해석을 완성하기 위해서는 성경 텍스트에 대한 공시적 접근 및 통시적 접근 둘 다 필요하며 중요하다는 사실을 보여준다. 이러한 동료의 발견에 비추어 볼 때 영성을 "소망의 실천"으로 보았던 벨덴 레인의 묘사는 놀랍다(Lane 2001).

시편은 하나님이 우리에게 하신 말씀이라기보다 우리의 말이 하나님을 향하는 특별한 경우로 볼 수 있지만, 이 특별한 경우에 내포된 원리는 광범위하게 적용될 수 있다. 다른 성경 과목을 가르치는 필자의 동료가 요즘 다음과 같이 질문하는 경향이 있다.

"텍스트를 노래부르기, 텍스트를 듣기 또는 음악적으로 표현하기, 예술적 해석에 대한 관람, 또는 동작을 허용하는 것 또는 극적인 해석 또는 반응과 같은 실천들을 통한, 텍스트에 대한 귀납적 접근은 텍스트에 대한 이해를 강화시키도록 돕는가?"

적합한 훈련에 대한 그의 준거는 실천을 통해 모은 지식으로부터 나온다.

"우리가 참여하는 활동은, 텍스트에 더욱 깊이 몰입하게 하고, 텍스트에 들어 있는 내용을 알고 해석하며, 텍스트를 해석하는 다양한 방식을 파악하고, 해석 역사의 어떤 것을 평가하는데 도움이 되는가?"

시편은 성경 정경에서 특별한 경우일 뿐 아니라, 어떤 의미에서 성경 정경은 기독교 문학에서 특별한 경우에 해당한다. 그리스도인은 성경을 하나님이 인간에게 주신 말씀이자 살아있는 텍스트라고 믿는다.

그러나 다른 기독교 문헌은 어떤가?

우리가 (지적으로나 비판적으로) 깊이 있게, 인격적으로, 그리고 변화적 차원에서 교류하는 텍스트가 있다면 그 텍스트는 그러한 교류를 통해 살아있는 텍스트가 **된다**(becomes). 따라서 우리에게 기독교 영성 연구에 대한 내용을 제공하는 텍스트는 해석자의 체험된 영성에 대한 비판적 사색을 통해 유익을 얻는다. 이와 같이 "실천"은 기독교 영성에 대한 학문을 구성하는 요소가 된다.

강의실 상황을 떠나기 전에 "현상학적"(phenomenological)이라고 불리는 가르침의 방식에 대해 살펴볼 필요가 있다. 현상학은 경험에 대한 사색을 포함한다. 그리고 이러한 사색들로부터 결론이 도출된다. 현상학이 가정하는 바는, 탐구자는 경험에 접근 가능하다는 것이다. 그리고 현상학은 경험하는 주체와 경험된 타자 둘 다의 의도성을 이해하고자 노력한다. 엘리자베스 무어(Mary Elizabeth moore)는 이러한 현상학 방법론에 대해 다음과 같이 설명한다(1998, 120).

첫째, 연구의 초점이 되는 경험에 대해 규명한다.

둘째, 경험에 대한 선입관과 가정을 버린다.

셋째, 그리고서 경험에 대해 관찰하고 기술한다. 다양한 관점에서 경험을 이해하기 위해서는 기술된 내용에 대한 하나 이상의 적절한 비판적 학문을 활용해야 하며 이러한 학문 분야는 신학적 사색에 앞서 또는 함께 다루어져야 한다. 마지막 단계는 적절한 행위에 대한 결심과 실행을 포함한다. 행위에 관한 결심은 연구 중인 실재, 연구자, 그리고 이러한 실재와 존재하는 다양한 공동체와 관련된다. 현상학적 가르침은 항상 심각하게 경험을 다룬다. 그리고 그 경험에는 필자가 "실천"이라고 불렀던 실천된 영성의 경험을 포함한다.

강의실이 훈련으로 넘쳐나는 것은 아닌가?

만일 훈련이 교사가 학생을 끌어들이는 수단으로 사용된다면 이러한 질문이 제기될 수 있을 것이다. 그러나 훈련의 이유가 체험된 영성에 대한 비판적 사색이라면, 이러한 훈련은 학습 과정의 본질적 요소가 될 수 있다. 이 시점에 오면 위와 같은 질문은 사라진다.

그러나 교육 및 저술에 앞서는 영성 연구 자체는 어떤가?

키즈 와이즈먼(Kees Waaijman)은 영성의 형식, 기초, 그리고 방법에 대한 방대한 설명을 통해 영성에 대한 연구를 4개 유형으로 분류한다(2002). 네 가지 유형 모두 학문적이지만 연구하는 현상의 유형, 연구 목적, 그리고 배우는 공동체의 유형에 따라 달라진다. 그의 연구는 실천의 종류에 따라 영성 연구의 유형이 달라진다는 사실을 보여준다. 흥미롭게도 와이즈먼의 방법론을 위한 "청사진" 자체는 그가 비판적 사색으로 규명한 일종의 실천에 해당한다는 것이다. 그가 비판적 사색으로 규명한 이 실천은 체험된 영성을 통해 발전된 것으로, 방향을 인식하고 목적과 수단의 건전성을 검증하며 인생 여정에서 하나님의 가능성들을 묘사하는 분별력이다(2002, 305).

첫 번째 연구 방법은 형태-기술적(form-descriptive)이다. 이 방법은 영성의 형태를 기술하고 분석한다. 여기서 바른 실천은 내적 변화의 과정에 대한 현상학적 기술의 중심이 된다. 실천은 신체적, 심리학적, 사회적 및 영적으로 인간과 관련되기 때문에 연구자의 실천은 중요하다. 존 카시안(John Cassian)은 『회담』(Conferences 1-10) 서문에서 "이러한 생활형에 대해 진실된 주장을 하고 싶다면 … 먼저 유사한 열정을 가지고 자신에게 부여된 사명을 받아들여야 한다"(Waaijman 2002, 610)고 말한다. 즉 현상에 대한 통찰력을 얻기 위한 최선의 방법은 그 현상에 동참하는 것이다.

두 번째 연구 방법은 해석학적이다. 이 방법은 영적 본문에 대한 해석에 초점을 맞춘다. 여기서 영적 실천은 영적 해석 및 해석학적 과정의 중심이 된다. 즉 텍스트를 실천하고 의미를 분별하는 해석 태도에 초점을 맞춘다. "나는 종종 친밀한 대화 가운데 해석학적 작업에 빠져 있는 내 모습을 본다"(Waaijman 2002, 738에서 재인용)라는 슐라이에르마허(Friedrich Schleiermacher)의 진술은 읽고 말하는 과정을 통해 어떻게 의미가 드러나는지를 이해하는 것이 중요하다는 사실을 보여준다.

세 번째 연구 방법은 체계적 연구이다. 여기서 핵심적인 실천은 집단적이다. 즉 공동체 안에서의 비교(collatio, "콜라티오") 또는 비판적 연구이다. 이러한 연구는 논의에 참석한 자의 개인적 지위는 존중되지만, 현상에 대해서는 다양한 관점에서 검증하기를 추구한다. 다양한 지위 간의 변증법적 긴장을 통해 일반적 의미는 물론 영적 의미까지 드러난다.

와이즈먼이 제시하는 마지막 방법은 신비적이며 영적 여정의 핵심 사상이 명확히 드러난다. 여기서 중요한 실천들은 한편으로는 다양한 형식의 영적 전기(autobiography)

이며 다른 한편으로는 감정 이입 또는 "명상을 통한 듣기"이다. 만약 우리가 영적 인도(guide)의 성격과 관련하여 십자가의 요한(John of the Cross)을 따른다면, 영적 인도의 성격들 가운데 핵심은, 이러한 인도는 이미 그 분야를 다 검토했고 경험으로부터 현상의 실제적 의미를 안다는 것이다. 여기서 자세한 설명을 할 수는 없다. 학문적 연구에서 다양한 유형의 "실천"에 대한 체계적 사색은 여전히 요원하다.

필자는 본 논문에서 기독교 영성학자를 그리스도인으로 가정하고 모든 작업을 했다.

실천에 대한 이러한 관점은, 기독교 영성을 연구하지만 다른 영적 전통을 고수하는 자에게 유익이 있는가?

마찬가지로 다른 영적 전통을 연구하는 기독교 학자는 어떤가?

이러한 학자들은 수행을 학문적 연구의 한 부분으로 사용하는가?

기독교 전통을 고수하는 필자는 기독교적 요소에 초점을 맞추어 살펴보았지만 수행에 대한 기독교 영성학자들의 통찰력은 다른 전통으로도 확장될 수 있다고 믿는다. 에믹(emic, 수행 당사자의 내부적) 관점 및 에틱(etic, 외부의 객관적) 관점 모두 체험된 영적 수행에 대한 비판적 사색을 통해 유익을 얻는다. 그러나 전통의 외부자 입장에서는 선정된 수행 및 해석에 대한 특별한 민감성을 가져야 하며, 특히 외견상 유사하게 보이는 다른 전통의 수행과 혼동을 일으키지 않도록 조심해야 한다(Plantinga Pauw 2002).

이제 필자는 학문의 한 요소로서 실천에 관해 다소 소심하게 접근했던 논의를 마치고자 한다. 우리는 "호랑이 꼬리를 잡고 있으며" 그것을 어떻게 해야 할지, 어떻게 길들여 연구와 수업으로 가져올 수 있을지 확신할 수 없다. 그러나 우리는 다른 분야의 학자들에게 유익을 줄 수 있는 무엇인가를 가지고 있다. 체험된 영적 경험이 교실로 들어오면 기독교 영성 연구를 직접적, 변화적, 설득적, 자기 참여적이 되게 할 것이며 삶을 변화시키는 학문이 되게 할 것이다.

감사의 말

이 글의 원래 버전은 2001년 11월 기독교 영성연구협회(the Society for the Study of Christian Spirituality)에서 강연한 원고로, 나중에 「영성: 기독교 영성 여정 2」(*Spiritus: A Journal of Christian Spirituality* 2, Spring 2002, 30-49)라는 제목으로 출판되었으며 허락을 받아 본 지면에 게재하게 되었다.

참고문헌

Bass, D. (ed.) 1999: *Practicing our Faith*. San Francisco: Jossey-Bass.

Boisen, A. 1936: *The Exploration of the Inner World*. Chicago: Willett, Clark.

Bourdieu, P. 1977: *Outline of a Theory of Practice*, trans. R. Nice. Cambridge: Cambridge University Press.

Burck, J. R. and Hunter, R. J. 1990: Pastoral theology, Protestant. In R. Hunter (ed.), *Dictionary of Pastoral Care and Counseling*, pp. 867–72. Nashville: Abingdon.

Cabot, R. and Dicks, R. 1936: *The Art of Ministering to the Sick*. New York: Macmillan.

Childs, B. 1990: Experience. In R. Hunter (ed.), *Dictionary of Pastoral Care and Counseling*, pp. 388–9. Nashville: Abingdon.

Chopp, R. 1995: *Saving Work: Feminist Practices in Theological Education*. Louisville, KY: Westminster/John Knox.

Clinebell, H. 1966: *Basic Types of Pastoral Counseling*. Nashville: Abingdon.

Cousins, E. 1990: What is Christian spirituality? In B. Hanson (ed.), *Modern Christian Spirituality: Methodological and Historical Essays*, pp. 39–44. Atlanta: Scholars Press.

Dicks, R. 1939: *And Ye Visited Me*. New York: Harper.

Downey, M. 1997: *Understanding Christian Spirituality*. New York: Paulist Press.

Dyckman, K., Garvin, M., and Liebert, E. 2001: *The Spiritual Exercises Reclaimed: Uncovering Liberating Possibilities for Women*. New York: Paulist Press.

Dykstra, C. 1991: Reconceiving practice. In B. Wheeler and E. Farley (eds), *Shifting Boundaries: Contextual Approaches to the Structure of Theological Education*, pp. 35–66. Louisville, KY: Westminster/John Knox.

Eire, C. 1990: Major problems in the definition of spirituality as an academic discipline. In B. Hanson (ed.), *Modern Christian Spirituality: Methodological and Historical Essays*, pp. 53–61. Atlanta: Scholars Press.

Favazza, J. and Glennon, F. 2000: Service learning and religious studies: propaganda or pedagogy. *Religious Studies News* 29, 105–7.

Frohlich, M. 2001: Spiritual discipline, discipline of spirituality: revisiting questions of definition and method. *Spiritus* 1, 65–78.

Gardner, H. 2000: *The Disciplined Mind*. New York: Penguin.

Hall, G. S. 1904: *Adolescence: Its Psychology and its Relations to Physiology, Anthropology, Sociology, Sex, Crime, Religion and Education*, 2 vols. New York: Appleton.

Hanson, B. 1990: Spirituality as spiritual theology. In B. Hanson (ed.), *Modern Christian Spirituality: Methodological and Historical Essays*, pp. 45–51. Atlanta: Scholars Press.

Hiltner, S. 1949: *Pastoral Counseling*. New York: Abingdon-Cokesbury.

_____. 1958: *Preface to Pastoral Counseling*. Nashville: Abingdon.

Holder, A. and Dahill, L. 1999: Teaching Christian spirituality in seminaries today. *Christian Spirituality Bulletin* 7 (2), 9–12.

Howard, E. 2000: *The Affirming Touch of God: A Psychological and Philosophical Exploration of Christian Discernment*. Lanham, MD: University Press of America.

James, W. 1908: *Varieties of Religious Experience*. Edinburgh: Edinburgh University Press.

Jennings, T. 1990: Pastoral theological methodology. In R. Hunter (ed.), *Dictionary of Pastoral Care and Counseling*, pp. 862–4. Nashville: Abingdon.

Johnson, P. 1967: *Person and Counselor*. Nashville, Abingdon.

Kelsey, D. 1992: *To Understand God Truly: What's Theological about a Theological School?* Louisville, KY: Westminster/John Knox.

Lane, B. 1998: *The Solace of Fierce Landscapes: Exploring Desert and Mountain Spirituality*. New York: Oxford University Press.

_____. 2001: Spirituality as the performance of desire: Calvin on the world as a theatre of God's glory. *Spiritus* 1, 1–30.

Lash, N. 1988: *Easter in Ordinary: Reflections on Human Experience and the Knowledge of God*. Notre Dame, IN: University of Notre Dame Press.

Leuba, J. 1909: *The Psychological Origin and the Nature of Religion*. London: Constable.

McGinn, B. 1993: The letter and the spirit: spirituality as an academic discipline. *Christian Spirituality Bulletin* 1 (2): 1, 3–10.

McGuire, M. 2003: Why bodies matter: a sociological reflection on spirituality and materiality. *Spiritus* 3, 1–18.

MacIntyre, A. 1984: *After Virtue*, 2nd edn. Notre Dame, IN: University of Notre Dame Press.

Moore, M. E. 1998: *Teaching from the Heart: Theology and Educational Method*. Harrisburg, PA: Trinity Press International.

Oates, W. 1962: *Protestant Pastoral Counseling*. Philadelphia: Westminster.

Palmer, P. 1998: *The Courage to Teach*. San Francisco: Jossey-Bass.

Paulsell, S. 2002: *Honoring the Body: Meditations on a Christian Practice*. San Francisco: Jossey-Bass.

Plantinga Pauw, A. 2002: Attending to the gaps between beliefs and practices. In M. Volf and D. Bass (eds), *Practicing Theology: Beliefs and Practices in Christian Life*, pp. 33–41. Grand Rapids, MI: Eerdmans.

Schneiders, S. M. 1986: Theology and spirituality: strangers, rivals or partners? *Horizons* 13, 253–74.

———. 1990: Spirituality in the academy. In B. Hanson (ed.), *Modern Christian Spirituality: Methodological and Historical Essays*, pp. 15–37. Atlanta: Scholars Press.

———. 1993: Spirituality as an academic discipline. *Christian Spirituality Bulletin* 1 (2), 10–15.

———. 1994: A hermeneutical approach to the study of Christian spirituality. *Christian Spirituality Bulletin* 2 (1), 9–14.

———. 1998: The study of Christian spirituality: contours and dynamics of a discipline. *Christian Spirituality Bulletin* 6 (1): 1, 3–12.

Villegas, D. 2001: Personal engagement: constructive source of knowledge or problem for scholarship in Christian spirituality? *Horizons* 28, 237–54.

Volf, M. 2002: Theology for a way of life. In M. Volf and D. Bass (eds), *Practicing Theology: Beliefs and Practices in Christian Life*, pp. 245–62. Grand Rapids, MI: Eerdmans.

———. and Bass, D. 2002: *Practicing Theology: Beliefs and Practices in Christian Life*.

Grand Rapids, MI: Eerdmans.

Waaijman, K. 2002: *Spirituality: Forms, Foundations, Methods*, trans. J. Vriend. Leuven: Peeters.

Wiens St John, N. 1998: The definition and role of environment in Christian spiritual discernment. Unpublished paper, Graduate Theological Union.

Williams. D. D. 1961: *The Minister and the Cure of Souls*. New York: Harper.

Wise, C. 1942: *Religion in Illness and Health*. New York: Harper.

_____. 1951: *Pastoral Counseling: Its Theory and Practice*. New York: Harper.

Wright, W. 1996: Keeping one's distance: presence and absence in the history of Christian spirituality. *Christian Spirituality Bulletin* 4 (1), 20–1.

제29장
해방 운동

마이클 배틀(Michael Battle) 박사
버지니아신학교 부학과장

기독교 영성에서 해방은 무슨 의미를 가지는가?

특히 오늘날 서로 대립하는 것처럼 보이는 개념(가령 흑인과 백인, 게이와 레즈비언, 부자와 가난한 자, 남자와 여자 등)에서 비추어 볼 때 어떤 의미를 부여해야 하는가?

필자는 해방에 대한 기독교 영성은 인간을 객체나 피해자로 보는 제한적 관점을 넘어서는 운동을 제시한다고 생각한다. 이러한 영성의 궁극적 미덕은 억압하는 자와 억압당하는 자가 인간 사회를 영원한 교착 상태에 빠진 파괴적 변증법으로부터 해방시킬 수 있다는 것이다. 인간 사회는 예수님의 영성을 통해 다양성을 대적이 아니라 하나님이 창조하신 공동체적 탁월하심으로 보는 법을 배웠다.

예수님의 영성 안에서 산다는 것은 무슨 의미인가?

예수님의 영성의 두 가지 핵심적 요소는 가난과 초연함이다.

1. 가난

해방(liberation)신학자들의 주장에 의하면 예수님의 영성 안에서 산다는 것은 예수님의 가난한 삶을 근본적으로 따르는 것이다. 이러한 삶은 성경에서 말하는 가난한 자, 하나님 앞에서 겸손한 자, 즉 "아나빔"(*anawim*)에게서 찾아볼 수 있다. 아나빔은 자신을 가난한 자로 받아들인다. 그들은 자신의 내면적, 외면적 공허함을 발견할 때 하나님을 삶의 원천으로 바라본다. 해방 사상에 중요한 또 한 가지 요소는 이러한 폭력적 세상에서 하나님이 가난한 자의 피난처가 되신다는 통찰력이다. 성경의 가난한 자는 하나님에게 전적으로 의존한다.

예수님은 제자들(대부분 가난한 자들이었다)에게 나그네와 소외당한 자를 받아들임으로써 하나님을 영접한다는 사실을 가르치셨다. 성경의 가난한 자에 대한 이러한 해석은 세상에 공의와 평화를 회복하시려는 하나님의 뜻을 보여준다. 이러한 예수님의 성품을 가진 자들은 "마음이 가난한 자"이다. 이들은 예수님이 산상수훈에서 복이 있다고 언급한 자들이다(마 5:3). NEB(New English Bible)은 이 구절에 대한 번역에서 이러한 사실을 분명히 밝힌다.

"하나님이 필요하다는 것을 아는 자는 복이 있나니 천국이 그들의 것임이요."

그러나 예수님이 가르치신 가난의 영성은 부자나 가난한 자가 저절로 가질 수 있는 것은 아니다. 또한 남미(Latin American) 신학은 이 땅의 가난한 자에 대한 예수님의 영성을 포함하여 다양한 문화적, 정치적 신학을 제시한다. 힘 있는 자는 함께 세계관을 만들어 가는 것이 아니라 그것을 강요한다. 부요나 가난은 다른 모든 실재를 보이지 않게 막아버리는 실재를 제공한다. 아시아 해방신학의 입장에서 볼 때 알로이시우스 피에리스(Aloysius Pieris)는 예수님이 실제로 비하를 경험하고 갈등과 시험을 겪으신 사실을 지적함으로써 이 논쟁에 도움을 준다(1988, 16). 예수님의 처음 대중적 인기는 바뀌었다. 대신에 예수님을 반대하는 세력이 규합되었으며 그를 따르는 자들은 돌아서 버렸다. 세계 도처의 교회들은 종려주일이 되면 예루살렘에서 예수님을 기다리고 있는 것은 승리가 아니라 십자가라는 사실을 들려준다. 또한 교회의 궁극적 속죄 이론은 예수님이 불의한 사회 질서의 희생양이 되심으로서 비로소 하나님의 새로운 질서가 시작된다는 것이다.

예수님이 가난을 택하시고 십자가의 부당함을 겪으신 것은 그것을 영화롭게 하기 위해서가 아니라 극복하기 위해서이다. 가난은 예수님의 선택이며 수동적 상황이 아니라 혼돈으로부터 공동체를 창출하시기 위한 싸움이었다. 예수님의 제자도는 우리를 이러한 싸움으로 이끈다. 이것은 부자 청년에 대한 예수님의 충고의 두 번째 부분의 중요성을 보여준다. 그는 자신이 가진 것을 모두 팔아 가난한 자들에게 나누어주었던 것이다(마 19:21). 가난하게 된다는 것은 다른 사람의 가난을 경감하는 것이며 새로운 존재 방식을 위한 분투에 합류하는 것이다.

그러나 가난한 자는 누구인가?

많은 사람은, 가난은 물질적이거나 외적인 자산에 대한 것이 아니라고 말한다. 내적 가난(inner poverty)이라는 개념도 있다. 이 개념을 가장 잘 나타내는 것은 오늘날의 "우울증"(depression)라는 단어일 것이다. 외적 가난의 의미는 외적인 방향성을 가질 때 드러날 것이다. 피에리스는 그의 통찰을 통하여 도움을 준다. 그의 통찰에 따르면, "가난한 자가 되고자 하는 자는 … 가난하신 예수님을 따르고 지금도 가난한 자들 가운데 계신 예수님을 섬기는 것이다"(1988, 21).

2. 초연함

예수님의 가난은 문제**로부터의** 초연함이 아니라 그것을 **위한** 초연함이다. 초연은 방향성을 동반해야 한다. 히포의 어거스틴(Augustine of Hippo)은 『고백록』(*Confessions*, 1991, 3)에서 하나님께 "당신은 자신을 위해 우리를 지으셨나이다"라고 부르짖었다. 그는 이어서 "우리의 마음은 당신 안에 머무를 때까지 평안이 없나이다"라고 고백한다. 예수회의 창시자인 로욜라의 이그나티우스는 『영신수련』에서 초연함은 그리스도인의 근본적 태도가 되어야 한다고 주장한다.

그는 사람들이 자신이 가진 것에 의해 지배를 당할 수 있다고 생각한다. 그리스도인은 제자들에게 세상적 관심에 초연하라고 가르치신(마 6:19) 그리스도의 새로운 실재에 전적으로 동참해야 한다. 모든 것의 가치는 그리스도의 목적에 부합되느냐의 여부에 달려 있다. 이그나티우스는 다음과 같이 진술한다.

> 우리로서는 만일 우리를 창조하신 목적에 도움이 되지 않는다면 질병보다 건강을, 가난보다 부유함을, 수치보다 명예를, 단명함보다 장수를 좋아해서는 안 된다(1964, 47-8).

예수님의 초연함이야말로 우리가 이 세상에서 반드시 배워야 할 가치 있고 영속적인 길이다. 가난해지려는 노력은 영원한 것을 추구하는 미지의 길을 가는 것이다. 어쨌든 예수님의 가난을 따르는 선택은 다른 사람이 모자랄 때 내가 필요 이상으로 더 가짐으로써 세상 보화가 보편화되고 궁극적 가치가 되는 것을 거부하는 것이다. 이것은 부유함이 하나님의 복이라는 사실을 부인하는 것이 아니라 하나님의 복은 나누는 것이라는 의미이다. 이것은 삶을 부인하는 것처럼 보이지만 사실상 반대이다.

그들은 자신이 하나님이 필요하다는 사실을 알기 때문에, 복 있는 자인 아나빔이 된다는 것은 모세가 죽기 전에 이스라엘 백성에게 촉구한 것처럼 "생명을 택하는" 것을 의미한다(신 30:19). 기독교 신앙은 역설의 신앙이다. 그것은 받은 것을 주는 것이며 죽음을 통해 다시 태어나는 것이다(아시시의 프란시스의 기도 참조). 우리가 가난을 향해 쥐었던 주먹을 펼 때에 비로소 하나님이 주시는 보다 큰 선을 향해 손을 내밀 수 있다. 피에리스의 결론처럼 "다른 사람이 굶주릴 때 먹는 빵은 악이지만 나누어 먹는 빵은 성찬이다"(1988, 20).

끝으로, 초연함은 재물뿐만 아니라 권력으로부터의 초연함도 포함한다. 권력은 "위로부터"만 오는 것이 아니다. 그것은 "아래"로부터도 온다. 대제사장들은 공식적으로는 빌라도에게 복종하였지만 자신들이 원하는 것을 위해 그를 조종할 수 있었다. 예수님이 빌라도에게 "위에서 주지 아니하셨더라면 나를 해할 권한이 없었으리니 그러므로 나를 네게 넘겨 준 자의 죄는 더 크다"(요 19:11)고 말씀하시며 조용히 계신 것은 빌라도의 권력에 대한 반응이라기보다 빌라도의 연약함과 두려움에 대한 반응이다.

예수님의 초연함은 권력이 부정적일 뿐만 아니라 창조성과 치유 및 해결책과 관련된다는 통찰력을 제공한다. 예수님의 권한 행사는 다른 사람을 배려한다. 그리스도인의 해방 영성은 다원성을 염려하며 어떻게 하면 이러한 다원성을 특수성, 특히 다양한 사람들의 특정 주장과 연결할 수 있을지에 관심을 가진다. 그리스도인의 해방 영성은 다원성과 특수성이 상호 의존적이라는 사실을 보여줌으로써 양립적인 태도를 취한다. 기독교 교회의 영성 역사는 예수님 안에 있는 하나님의 다원성과 특수성이 상대를 중시함을 보여준다는 신비적 신앙에 기초한다.

3. 해방의 문제

지금까지 다른 사람, 특히 가난하고 압제 받는 자를 돌아보고 도와주어야 한다고 가르치신 예수님의 영성에 대해 살펴보았다. 이러한 예수님의 해방 영성에 대한 도전이 있다. 해방과 관련된 또 하나의 패러다임인 마르크스주의는 사회를 조화가 아닌 갈등에 기초한 것으로 본다. 한 사람이 얻으면 다른 사람이 잃는다는 변증법은 변함없다. 따라서 권력은 인간 사회 전체를 구성하는 중요한 요소처럼 보인다. 타인을 중시하는 해방 운동이 폭력적 수단을 통해 일어나야 하는지의 여부는 오늘날 해방 이데올로기에서 논쟁이 되고 있는 문제이다. 다음에 제시한 남미의 해방신학에 관한 간략한 논의는 이러한 문제에 대해 잘 보여준다.

해방신학의 대중적 뿌리는 1950년대, 1960년대, 그리고 1970년대에 부패한 권력에 맞서 일어난 라틴 아메리카의 혁명에 기초한다. 해방 운동의 발단은 1950년대와 1960년대의 인민 정부, 특히 아르헨티나의 페론(Peron), 브라질의 바르가스(Vargas) 및 멕시코의 카르데나스(Cardenas)가 민족의식을 고취하고 주요 기간산업을 발전시킨 것이다. 이러한 정책은 중산층과 도시 프롤레타리아 계층에 많은 혜택을 주었으나 수많은 가난한 자를 농촌으로 내몰고 도시 빈민촌을 형성하게 했다. 이 과정에서 국가의 사회-경제적 구조를 근본적으로 바꾸려는 강력한 대중 운동이 일어났다. 이러한 운동은 군사 독재를 촉발하였으며 독재 정권은 정치적 탄압과 함께 모든 대중 시위를 힘으로 진압함으로써 안전을 확보하고 자본을 안전하게 지키거나 증식하려 했다(Boff and Boff, 1987).

이 기간 중에 신학적 운동도 일어났다. 해방신학으로 이어진 첫 번째 신학적 사색은 변화와 해방에 대한 갈망을 바란 교회와 사회의 대화에서 비롯되었다. 제2차 바티칸 공의회는 위대한 자유와 창의성에 초점을 맞춘 신학적 환경을 조성하였다. 이것은 남미 신학자들에게 나라에 영향을 미치는 목회 문제에 관해 스스로 생각할 수 있는 용기를 심어주었다. 신앙과 가난, 복음과 사회 정의의 관계에 대해 깊이 묵상하던 가톨릭과 개신교 신학자 사이에 잦은 회합이 이루어졌다.

1964년 3월 베드로광장(리우데자네이루)에서 있었던 한 남미 신학자 모임에서 구스타포 구티에레즈(Gustavo Gutiérrez)는 신학을 실천에 대한 비판적 사색으로 묘사했다. 이러한 사상은 오늘날 해방신학의 핵심(실천 신학)으로 발전했다. 구티에레즈는 세미나 자료를 『해방신학』(*A Theology of Liberation*)이라는 책으로 출간했다. 사회의 구석진 곳에 관심을 가진 가난한 자를 위한 신학적 발전의 길이 열렸다. 이러한 관심은 교회의 선교 사역에 큰 도전을 주었고 지금도 주고 있다. 구티에레즈의 주요 저서(가령 1988, 1993) 외에도 레오나르도 보프(Leonardo Boff 1988a, b, 1989, 1991, 1993, 1995), 루이스 세군도(Juan Luis Segundo 1973-4, 1976, 1984-7, 1985, 1993) 및 존 소브리노(Jon Sobrino 1978, 1984, 1987, 1990, 1993, 1994)와 같은 탁월한 남미 신학자들의 책이 출간되었다.

해방신학이 확실히 자리 잡기 위해서는 이러한 신학적 사색 과정과 함께 또 하나의 정착이 필요했다. 신학적 사색의 방법은 네 가지 중요한 단계를 포함한다.

첫 번째 단계는 원래적 영적 경험으로부터 나온 주제에 대한 일관성 있는 표현 및 진정한 정황을 다루는 단계이다.

두 번째 단계는 경험에 대한 사색을 실행하는 분석(관찰) 단계이다.

세 번째 단계는 적절한 행동, 특히 불의에 맞서는 행위를 분별하는 단계이다.

네 번째 단계는 사회를 치유하고 변화시키는 행동이 시작되는 목회적 행동의 단계이다.

한 마디로 해방신학은 이론을 실천과 연결하는 방법을 전제한다. 많은 신학자들은 목회자이자 사회의 교회의 밑뿌리 삶을 위한 영감의 전사가 되었다. 신학자들은 의회에서 인식론적 논쟁에 참여하였으며 돌아와서는 교리 교육, 노조문제 및 공동체 조직에 관여했다.

요약하면 압제와의 투쟁은 성장지상주의 및 불균형의 악순환에 맞서는 해방신학자들을 양산했다는 것이다. 남미의 정치 시스템은 광범위한 개혁 약속, 대중적 지지를 얻기 위한 거대한 정부 조직, 폭력적 군사 탄압이 꼬리를 무는 불안정한 정세를 보였다. 이 기간 중 남미 로마 가톨릭교회의 신앙 및 행위의 수준은 높았으나 제도적으로는 약했다. 소수의 성직자가 거대한 교구를 맡고 있었기 때문에 가난한 자들은 일 년에 한 번도 성직자를 보지 못할 수 있었다(1990, 102). 데이비드 레만(David Lehmann)이 주장한 것처럼 이러한 제도적 약점은 교회의 고위 성직자가 메시지의 잠재적 급진주의를 중화하기 어렵다는 역설이 가능하다.

그러나 이러한 계층적 구조 안으로부터 변화의 흐름이 있었다. 1960년대 초기에는 로마 가톨릭교회에서 제2차 바티칸 공의회가 열렸다. 이 모임에서는 전통에 대해 재고하고 기존의 권위에 대해 의문을 가진 "순례자"로서 교회에 대한 새로운 관점이 제시되었다. 정치적 탄압은 이러한 경향에 기름을 부었다. 일부 국가에서는 교회 건물이 사실상 사람들이 체포 위험 없이 모일 수 있는 유일한 장소가 되었다. 국가는 전제주의를 택하고 인권은 광범위하게 남용되었기 때문에 영적인 것과 정치적인 것, 교회와 국가의 분리에 대해 의문이 제기되었다.

교회는 하나님의 백성이 고통당하는 것을 방관만 하고 있어야만 하는가?

압제당한 자들이 불의에 맞서 일어나는 것을 도와줄 신학은 무엇인가?

해방신학의 역사적 뿌리는 라틴 아메리카의 초기 식민지 시대의 복음주의자 및 선교사들의 예언적 전통과 초기 그리스도인 회심자에게서 발견할 수 있다. 라틴 아메리카의 초기 그리스도인 회심자들은 교회가 채택한 존재 유형과, 원주민, 흑인, 혼혈인, 그리고 농촌과 도시의 가난한 자들이 다뤄지는 방식에 의문을 가졌다. 다른 사람들은 원주민에 대한 압제를 반대하는 결속에 동참하였다. 바르톨로메 데 라 카사스(Bartolomé de Las Casas [1474-1566])를 비롯하여 유럽의 그리스도인을 대표하는 자들은 이러한 압제를 참지 못하였다(Gutiérrez, 1993). 오늘날 기독교 영성을 위한 정보로서 해방신학에 대한 통찰력은 바로 이러한 식민지 통치에 대한 초기 저항으로부터 나온다.

교회는 지난 수십 년 간 수많은 사역자와 함께 압제 당하는 자를 위한 일에 매달려 왔다. 해방신학의 뒷받침 하에 많은 운동이 일어났다. 이제 이들은 해방신학에 새로운 도전을 제기하고 있다. 브라질만 해도 흑인 단체, 흑인 의식, 인권, 빈민촌 주민, 소외당한 여성, 아메리카인디언 선교, 농촌 목회 전략 등 해방을 바라는 가난한 자와 관련된 운동이나 단체들이 있다. 해방신학의 부상에서 중요한 것은 이처럼 분열되고 폭력적인 세계에서는 중립성이 불가능하다는 것이다.

소위 객관성은 특정 이해관계를 감추고 있으며 지식은 언제나 특정 관점으로부터 나온다. 무엇인가를 감추거나 변명하기보다 주관성을 받아들여야 한다. 이것은 관점을 형성함에 있어서 상황이 얼마나 중요한지를 분명히 보여준다. 즉 "무엇을 지지할 것인가는 내가 어떤 자리에 있느냐에 달려 있다"는 것이다. 또한 주관성은 가난한 자가 다른 사람의 계획과 정책의 대상이 되기보다는 자신의 운명에 대한 주체로서의 역할을 요구하게 한다. 따라서 해방신학은 가난한 자를 위한 "선택"의 중요성을 촉구하는 자유로운 패러다임을 선호하는 유럽의 자유주의적 관점을 거부한다.

이러한 "우선적 선택"은 가난한 자와 소외된 자의 관점에서 출발해야 한다. 세상에서 하나님의 뜻을 찾는 자들은 반드시 성육신하신 하나님을 통해 부활이 성취되었다는 "아래로부터"의 관점을 가져야 한다. 이러한 선택은 가난한 자뿐만 아니라 가난하지 않은 자들도 하나의 결속 행위로서 필요하다. 그러나 이러한 주관성에 대한 강조는 정치적 주체성을 드러내는 강력한 경향으로 이어졌다. 이것은 신학이 조직이나 환경 또는 근본주의자와 같은 비인격적 용어가 아니라 그것을 양산한 자들의 이름으로(흑인[black]신학, 불가촉천민[dalit]신학, 아시아신학, 페미니스트신학) 불리게 된 것을 의미한다.

4. 투투: 오늘날의 사례

지금까지 필자는 세상을 향해 가난한 자와 압제 당하는 자를 돌보고 치유해야 한다고 가르치신 예수님의 해방 영성에 대해 제시하였다. 이러한 예수님의 해방 영성은 특히 라틴 아메리카의 해방신학 및 상황신학(contextual theology)을 통해 분명히 표명되었다. 이제 아프리카신학의 비전에 대해 살펴볼 것이다. 이 글의 나머지 부분에서 필자는 이 시대의 대표적 해방 영성가이자 비판가인 데스몬드 투투(Desmond Tutu) 대주교에 초점을 맞출 것이다. 남아프리카의 화해를 위한 기적적인 영적 훈련이라는 관점에서 볼 때, 투투의 신학과 사역을 폭력에 대한 해방 운동적 해석을 넘어서는 방식으로 보는 것은 당연하다. 또한 1993-1994년까지 그와 함께 살면서 깊은 감명을 받았던 필자가 투투의 영성을 지지하는 것은 자연스럽다(Battle 1997).

투투는 인간의 정체성의 복잡함을 설명하는 작업을 통해 이 시대의 모범이 되었다. 해방에 대해서는 다른 차원에서의 접근도 가능하겠지만 언제나 관계적 영성이라는 목표를 지향해야 한다. 그러나 이러한 목표는 탁월한 신학자들에게조차 항상 발견할 수 있는 것은 아니다. 예를 들면 흑인신학의 대가 가운데 하나인 제임스 콘(James Cone)은 유럽의 합리론으로부터 도출한 신학의 비인간화 영향력에 맞서 싸우며 백인 정체성을 거부하였다(1969). 투투는 이러한 콘의 주장을 이해하지만 언제나 관계성에 대한 목표를 잃지 않았다. 투투는 "나는 내가 남아프리카 출신으로서 흑인신학의 지지자라고 믿는다. 또한 나는 내가 아프리카 출신으로서 아프리카신학의 지지자라고 믿는다. 그러나 나는 흑인신학이 일련의 동심원들 내부에 들어 있는 하나의 작은 원이라고 강력히 주장한다"(1993a, 391)라고 했다.

투투는 자신과 마찬가지로 비인간화 세력과 맞서 싸우는 콘의 설명에 동의하지만 남아프리카 상황에서 인간의 정체성에 대한 보완적 해결책을 선호하는 흑인/백인 변증법을 거부한다. 투투는 콘의 영웅적 신학을 존중하지만 그가 남아프리카에서 직면한 문제는 다양한 흑인 정체성(가령 줄루족, 코사족)과 백인 정체성(가령 아프리카계 및 영국계)이 존재한다는 것이었다. 투투는 이러한 관찰을 기독교 안에서 종족의 정체성에 관한 문제와 관련하여 제시한다.

> 최근까지 아프리카 그리스도인은 일종의 종교적 정신분열증을 앓았다. 자신의 한 부분은 백인이 이해하고 표현하고 설교한 기독교에 대해 입에 발린 말을 하지 않을 수 없었다. 그러나 자신의 보다 큰 부분, 즉 그가 인정하기를 부끄러워했던 부분이자 억제하려고 싸웠던 부분은, 자신이 아프리카인이라는 사실이 침해를 당했다고 느꼈다는 것이다. 백인의 지성적 종교는 아프리카 혼의 심층에 다가가지 못했다. 그는 자신이 행했다고 믿지 않는 죄로부터 구원을 받아야 했으며 때로는 자신이 묻지도 않은 질문에 대해 화려한 대답을 들어야 했다 (1978, 366).

이러한 "종교적 정신분열증"에 맞서 기독교 영성은 해방이 필요한 압제 당하는 그룹이 느끼는 끊임없는 모순을 극복하는 중요한 수단이 된다. 예를 들면 성공회의 역사적 식민지 교회에서 아프리카인은 아프리카인 특유의 영적 부분을 찾는 과정에서 유럽의 물질주의 문화와의 만남을 통해 더욱 큰 모순을 발견한다. 이런 점에서 필자는 기독교 영성이 보다 깊은 해방의 실재를 분별하는 그리스도인의 인격에 대한 훈련을 얼마나 강조하는지를 보여주고자 한다.

기독교 영성은 공동체의 목적이 달성된 것으로 쉽게 가정해서는 안된다. 예를 들면 아프리카 공동체는 남아프리카에서 정책을 결정할 때 공동체 전체가 동참해야만 모든 종족과 문화에 진정한 해방이 찾아온다고 생각한다. 따라서 투투는 남아프리카 상황에서 시행된 그리스도인의 해방 영성을 통해 흑인과 백인의 바른 관계를 통한 해방을 추구한다. 왜냐하면 남아프리카에서는 흑인이 하나님이 주신 인격과 인성에 있어서 완전한 자유를 얻기 전에는 아무도 인격체가 될 수 없기 때문이다. 계속되는 투투의 영성에 관한 논의를 이해하기 위해서는 그의 자기 이해를 주시할 필요가 있다.

> 내가 중요하고, 내가 가치가 있다면, 다른 사람도 마찬가지로 가치 있고 중요하다. 얼마나 놀라운가?
> 바로 이것이, 진정한 기독교 영성은 하나님의 자녀를 부족한 것처럼 취급하는 어떤 시스템에도 파괴적일 수밖에 없는 이유이다. 나는 기도를 통해 이러한 결과를 얻었다. 이것은 이데올로기나 정치와 무관하다. 모든 기도하는 그리스도인, 이러한 삼위 하나님과 만난 모든 사람은 자신의 형제자매, 이웃에게 진심 어린 관심을 가질 것이다. 왜냐하면 이러한 자를 하나님의 자녀보다 못한 자로 취급하는 것은 영적 경험의 가치를 부인하는 것이기 때문이다. 그렇게 하는 것은 잘못이며 종종 명백히 드러나는 우리의 불의, 우리의 압제, 우리의 착취의 대상에 대해 고통을 주는 것일 뿐만 아니라 근본적인 신성모독이 된다. 왜냐하면 이들은 하나님과 교제하는 자들이기 때문이다. 이들은 하나님의 형상을 따라 지으심을 받은 자들이다. 이들은 하나님을 모시고 살며 성령이 거하는 전이다. 이들을 부당하게 대하는 것은 하나님의 처소를 모독하는 것이며 내가 존중하고 존경해야 할 자를 무시하는 것이다 …
> 분열, 부조화, 적개심, 소외 분리는 치명적인 죄의 결과이다. 하나님의 자녀를 서로 대립하게 만드는 어떤 정책도 악하고 부도덕하며 비기독교적이다. 이러

한 정책에 반대하는 것은 믿음 및 하나님과의 만남을 통해 우리에게 맡겨진 의무이다. 진정한 영성은 불의에 대해 파괴적이기 때문에 기도는 위험하다. 압제와 불의를 행하는 통치자가 사람들로 하여금 기독교의 하나님에게 기도하게 하는 것을 멈추게 해야 한다(1987a).

투투는 화해가 불가능한 급진적 신학을 거부한다. 그러한 신학은 파괴적 영성에 대한 그의 이해에 부합되지 않기 때문이다. 이것은 인간의 인격을 상호적 인격으로 분별한 독창적 모델을 제시하는 것으로 보인다. 이러한 상호적 인격의 목적은 예수님의 해방 영성이다. 예수님은 세상에서 다른 사람, 특히 가난하고 압제당한 자를 돌아보고 인격을 회복하게 해야 한다고 가르치신다. 필자는 남아프리카의 "우분투"(ubuntu)[1] 개념을 통해 영성을 상호적 인격으로 받아들인 투투의 독특한 접근에 대해 제시하였다. 우분투의 의미는, 네가 있기에 내가 있다. 즉 다른 사람을 통해서만 자신의 인성을 찾을 수 있다는 것이다(Battle 1997).

투투는 『위기에서의 희망』(Hope in Crisis: SACC National Conference Report: 1986)에서, 상황에 따라 신학을 대립적 관계로 제시한 해석을 거부함으로서 신학에 대한 관계적 접근을 제시한다(Jacob 1986). 예를 들어 투투는 흑인신학, 아프리카 신학, 그리고 해방신학을 구별하는 것을 거부한다. 또한 투투는 모든 그리스도인이 화해를 경험할 날을 위해 노력할 것을 호소한 가톨릭교회에 대한 이야기를 강조한다. 교회는 상호적 인격을 통해 화해된 창조의 실재 안에서 살아야 한다.

그러므로 교회는 결코 그리스도 안에서 이미 성취된 화해사역을 잊어서는 안된다(고후 5:11-21). 교회의 사명은 우리가 더 이상 폭력과 압제의 노예가 되어서는 안된다는 예수님의 해방 영성에 깨어 있는 것이다. 투투는 아프리카신학과 흑인신학의 모든 요소를 갖춘 신학자이며 이러한 폭력적 세상에서 전쟁을 하고 있는 사람들이 어떻게 조화롭게 살 수 있는가라는 신정적 질문과 싸우는 해방신학자이다.

투투의 영성은 어떻게 영국신학과 아프리카신학과 흑인신학을 성공적으로 포용할 수 있었는가?

본 논문은 인종에 따라 백성이나 나라가 결정되는 특권을 부인하는 투투의 신학적 확신에 기초하여 이 문제에 대해 대답해 나갈 것이다.

---

[1] "우분투"(ubuntu)는 남아프리카의 반투어(Nguni Bantu)에서 유래된 말로서, 사람들간의 관계와 헌신에 중점을 둔 아프리카의 전통적 윤리 사상이다.

5. 공동체의 기독교 영성

기독교 영성은 종종 서구 개인주의의 영향을 받아 사회적 행동에 거의 의존하지 않는 "쓸데없는 명상"일 뿐이라는 비판을 받는다. 그러나 남미와 아프리카의 많은 그리스도인이 보여준 대로 기독교 영성은 자기 성취나 자아를 지배하는 것으로 만족하지 않는다. 투투의 영성에서 영적인 삶에 대한 강조는 자기 성취보다 하나님과 세상의 관계적 성취에 초점을 맞춘다. 해방 영성은 언제나 관계적 성취를 그리스도인의 삶의 목표로 삼아 왔다. 이러한 관계적 성취는 오늘날 그리스도인의 신앙에 대한 표현만은 아니다. 예를 들어 초기교회의 사막 전통은 세상의 왜곡된 권력 관계와 대조를 보이는 급진적인 그리스도인의 공동체 형성에 관한 것이다. 안토니(Antony)와 같은 수도적(ascetical) 인물은 하나님의 공동체를 파괴하려는 세력, 즉 교회 안이든 세상적 위협이든 그것과 맞서 싸웠다. 사막 교부들의 목적은 새로운 것을 만들지 않고 창조시에 하나님의 낙원에서 주어진 관계성으로 돌아가는 것이다.

수도사의 신분은 그리스도인으로서 사회를 근본적으로 재규명하려는 보다 큰 목적을 배제하지 않는다. 예를 들어 안토니는 동시대인에 대해 "엘리트" 그룹에 동참할 기회를 주었다. 그러나 안토니가 속한 후기 그리스-로마 사회와 달리 사막 전통은 아무도 사회적 지위에 따라 차별하지 않는다. 수도사는 하나님의 번성케 하시는 창조에 대한 묵상과 인간의 제도를 샅샅이 뒤지는 귀신의 나라와 세력을 대적하는 행위를 통해 사회적 정체성을 얻을 수 있다. 금욕주의 운동(ascetical movement)의 핵심은 그리스도인의 성품에 대한 엄격한 훈련을 통해 초자연적 능력에 다가가는 것이다. 수도사는 이러한 훈련을 통해 자아를 발견하고 이 땅에서 불분명한 자기 인식을 넘어설 수 있다. 안토니는 다음과 같이 호소한다.

> [마귀를] 대적하는 훈련을 통해 자신을 단련하자. 그들을 대적할 수 있는 무기는 하나님에 대한 신뢰와 바른 삶이다. 그들은 몇 가지 이유에서 수도사를 무서워한다. 즉 금식, 철야기도, 온유함, 돈을 멀리함, 허영심을 버림, 겸손, 가난한 자에 대한 사랑, 자선, 분노로부터의 자유, 그리고 무엇보다도 그리스도에 대한 헌신이다. 따라서 수도사는 무시당하지 않기 위해 최선을 다해야 하는 것이다(Athanasius 1980, 30).

초기교회에는 관상과 행동 사이에 분명한 구별이 없었다. 이러한 모호성으로 인해 종종 안토니와 같은 초기 그리스도인은 기도와 사회적 증거를 구별하지 않았다. 이것은 기독교 영성을 이해하는데 중요하다. 교회가 세상을 반대한다는 구시대적 유형론적 해석을 피하기 위해서는 공동체 건설을 위해 안전, 지위, 지배, 명성을 버리신 예수님을 따르는 안토니와 같은 고대인의 저서를 읽을 필요가 있다. 이처럼 거짓 정체를 드러내는 것을 강조하는 사막 전통은 투투에게 남아프리카의 상황과 관련하여 "인간은 압제자가 정하는 인종적 분류에 의한 존재 이상의 존재"라는 근본적 통찰력을 주었다. 영국의 수도사인 매기 로스(Maggie Ross)는 한때 투투의 영적 지도자였다. 초기교회에 대한 그녀의 묘사는 투투의 해방 영성에 큰 영향을 미쳤다. 로스는 하나님의 관점에서 인간에 대한 재규명이 필요함을 설명하는데 도움이 된다.

> 우리는 고대인의 저서를 읽어야 한다. 우리는 그들의 지혜를 필요로 한다. 우리에게는 그들의 이정표와 지도가 필요하다. 이 신성한 동굴탐험에 나선 우리는 그들이 남긴 발자취가 필요하다.
> 그러나 우리는 무엇보다 그들이 가장 가르치고 싶었던 것을 찾아야 한다. 즉 하나님에 대한 사랑을 향한 이 여정의 핵심은 자신을 잊는 것, 즉 우리가 하나님에 대한 경배를 통해 진정한 자아를 발견할수록 점자 멀어지는 자기 인식이다. 완전을 향한 이 운동은 더 이상 자기 사색을 필요로 하지 않으며 오직 하나님을 아는 것을 필요로 한다(1987, 23).

하나님과 관련하여 인간의 자아를 발견하는 것은 사막 전통의 핵심이었다. 수도원 운동의 기원이 된 이러한 전통은 주로 순교자(즉 증인)적 그리스도인의 성품을 얻는 것에 초점을 맞춘다.

그러나 이러한 목표를 어떻게 달성할 수 있는가?

대답은 기도이다. 사막 전통에서 기도는 세상에서 물러나 있는 은둔(anachoresis, "아나콜레시스")과 관련이 있다. 이러한 수도적 개념은 개인적으로나 사회적으로 적용된다. 개인적 차원에서 은둔은 고립을 뜻한다. 투투는 이 개념에 대해 다음과 같이 설명한다.

> 기도는 육신적 필요를 닫는 것이다. 그것은 사랑의 관계 속에 하나님의 임재 앞에 있는 것이다 … 우리는 종종 침묵을 부정적인 것으로 생각하거나 소음이

없는 것으로 생각한다. 그러나 침묵은 긍정적 역동성이다. 우리는 주위 산만한 소음에 둘러싸이면 창의적인 생각을 하지 못한다 … 따라서 조용한 명상과 침묵에 빠진 사람은 [엄숙함을 느끼게 한다]. 예수님은 제자들에게 잠시 한적한 곳에 따로 있게 하셨다 … 회당에서 예수님이 손 마른 사람을 고치실 때 현장에 있었다고 생각해보라. 당신은 그곳에 있다. 당신은 먼지 냄새를 맡으며 땀투성이의 무리와 함께 있다.

회당은 인파로 가득 찼는가?

간교한 눈으로 예수님을 감시하고 있는 바리새인들을 보라.

손 마른 사람을 향한 예수님의 노기 띤(자비로 가득한) 음성이 들리는가?

예수님은 그 사람에게 무엇이라고 말씀하셨는가?

종교 지도자들에게는 무엇이라고 말씀하셨으며 여러분에게는 무엇이라고 말씀하시는가?

예수님은 여러분에게 무엇을 하라고 하셨는가?(1987b)

사회적 차원에서 "은둔"은 개인에게 세상의 억압적 방식에 대해 도전하게 한다. 안토니는 교회에서 예수님이 부자에게 모든 소유를 팔아 가난한 자에게 나누어 주어야만 하늘에서 보화가 있을 것이라는 복음서 말씀(마 19:21)을 들었다. 이 말씀을 듣는 순간 안토니는 홀로 사막에 들어가 한동안 칩거함으로써 당시 로마의 지배를 받고 있던 이집트의 억압적 사회에 도전할 용기를 내었다(Athanasius 1980, 31). 이것은 과중한 세금 부담 및 농촌 지주간의 경쟁으로 당시 사회가 경제적으로 불안한데서 그 이유를 찾을 수 있다. 따라서 사회적 차원에서 "은둔"은 공동체 삶에 대한 가중한 세금으로부터의 정치적 철수로 볼 수 있다.

초기교회는 사막 전통을 평가할 때 다른 어떤 초자연적 능력보다 은둔에 초점을 맞춘다. 억압 상태에 있는 그리스도인의 삶은 수도적 인물들을 통해 진정한 자유의 삶에 대한 실천이 권력과 특권을 재규명하는 것을 보았던 것이다. 이와 같이 수도원적 영성 훈련은 부패한 정부에 대한 사회적 증거와 무관한 것이 아니다. 보다 긍정적인 방식으로 표현한다면 사막 전통의 영적 실천은 공동체로 하여금 진정한 형태의 "하나님의 형상"(*Imago Dei*)을 보게 했다는 것이다. 투투는 다음과 같이 주장한다.

> 아프리카인이자 한 그리스도인으로 나는 관계적 영성의 출현에 기여해야 한다. 영적인 것이 우리가 하는 모든 일의 중심이라는 것은 두말할 나위가 없다. 우리가 섬기는 하나님은 다가갈 수 없는 빛에 거하시는 특별한 하나님이시다. 그는 높이 들린 보좌에 앉아 계시며 그의 옷자락은 성전에 가득하다. 천사들과 천사장들과 하늘의 만군은 밤낮 하나님을 경배하며 섬긴다. 하늘과 땅은 그의 영광으로 가득하다. 그는 우리를 놀라움으로 가득 채우시는 초월자이시다(mysterium tremendum et fascinans). 그러나 하나님은 자기를 경배하는 자를 영적 고립지역(ghetto)에 버려두지 않으신다. 하나님과 우리의 만남은 그의 세계로 들어가게 하며 그와 함께 그의 나라 건설을 위해 일하게 한다. 이것은 정의, 평화, 의, 긍휼, 돌봄과 나눔의 나라이다. 우리는 변형과 변화 및 급진적 변화의 사역자가 된다(1985, 161).

사막 전통이 제공하는 또 하나의 통찰력은 은둔을 사회적 "죽음"에 대한 설명으로 보는 탁월한 평가이다. 이것은 수도사가 정상적인 사회적 뒷받침이 없이 새로운 신분을 구축하려 한다는 것이다. 이런 점에서 수도적 전통은 투투에게 부패한 사회와 관련하여 인간의 정체성의 모순을 해결하는 귀중한 원천을 제공한다. 그리고 이러한 원천은 인종차별정책 이후(post-apartheid) 남아프리카에도 지속적인 도움이 될 것이다. 투투는 남아프리카의 미래를 위해 영적 삶에 대한 이러한 깊은 사색의 필요성을 설명한다.

> 기술과 기계가 인간을 대신함으로써 여가 시간이 점차 늘어나고 있다. 우리는 이러한 여가 시간을 어떻게 보내야 할지 배우게 될 것이다. 우리는 우리의 친구들과 어떻게 지내야 할지 배워야 할 것이다. 우리는 더욱 사색적이 되어야 할 것이다. 이러한 사색은 우리의 삶의 핵심이 되어야 할 것이며 실제적 자아 및 하나님과 연결되어야 할 것이다. 우리는 하나님에게 굶주려있으며 궁극적으로 하나님만이 이러한 굶주림을 해소할 수 있다. 우리는 초월과 기도 및 묵상을 위한 공간을 마련해야 하며 우리의 민주 국가는 예배와 신앙의 자유를 보장해야 할 것이다(1993b, 318).

수도원 전통은 투투의 해방 영성에 매우 중요하다. 이 전통은 남미 영성과 가장 깊은 관련이 있으며 투투를 정치적 제사장으로 보게 한다. 우리는 이처럼 인간의 해방을 추구하는 영성으로부터 영성의 목적은 언제나 관계성의 회복이 되어야 한다는 사실을 배운다. 기독교 영성은 세상과의 관계에 있어서 거룩한 삶을 추구함으로써 서구 개인주의의 무력한 추상적 관념이 되지 않도록 해야 한다. 요약하면 투투의 신학은 인종차별로 부패한 사회에 대한 거룩한 삶을 모델로 한다.

수도원 전통은 투투에게, 원천을 제공했는데, 그 원천에 의해서 사람들의 **궁극적 목적**(telos, "텔로스")이 더 이상 인종적 정체성이 아니라, 부활 공동체(Community of the Resurrection[COR])나 미르필드 형제들(Mirfield Brothers)과 같은 단체의 특별한 증거를 통해 나타난 공동체이다. 투투의 사상, 즉 그리스도인의 소명은 관계의 회복 및 화해라는 사상에 영향을 준 사람은 수도사 트레버 허들스톤(Trevor Huddlestone)이다. 이러한 신앙 공동체를 통한 희생과 헌신의 모델은 세상의 권력 구조와 대조를 보인다. 투투의 해방 영성은 언제나 압제적 정체성의 범주를 넘어 인간적 신적 번영을 목표로 했다.

부활 공동체(COR)는 투투에게 물질적 번영이나 흑인/백인으로서의 정체성을 위한 정치적 프로그램보다 신앙 공동체에 기초한 전적으로 새로운 이해가 필요하다는 사실을 가르쳤다. 투투는 "내가 진정한 기독교 영성의 본질을 깨달은 것은 요하네스버그(Johannesburg)에 있는 부활 공동체인 세인트 피터스 로세튼빌(St. Peter's Rosettenville) 신학교에서이다"(날짜 미상)라고 말한다. 이러한 영성은 투투로 하여금 인종차별을 넘어 보다 심오한 차원에 기초한 신학적 헌신으로부터 우러나오는 사역을 하게 했다. 투투는 COR의 가장 유명한 수도사인 허들스톤으로부터 이러한 심오한 차원에 대해 배웠다. 투투는 그에 대해 다음과 같이 기술한다.

> 나는 아버지들이 숙식에 어려움을 겪고 있는 직장인이나 고등학교에 다니는 젊은이들을 위해 준비한 숙소로 돌아왔다 … 나는 (트레버 허들스톤[Trevor Huddleston])에게 처음으로 진정한 고해성사를 하였다 … 그는 여러 면에서 영국인 같지 않았으며 언제나 웃으며 사람들을 포옹하는 것을 좋아했다. 이만 드러내고 웃는 여느 백인들과 달리 그는 온몸으로 웃었으며 흑인들은 그의 이러한 점을 좋아했다. 그가 하얀 가운을 입었더라면 얼마 입지 못했을 것이다. 그가 흙먼지 가득한 소피아타운의 길을 걷는 동안 아이들은 지저분한 손으로 그의 손을 붙들려 했으며 "아버지"라고 부르는 그들의 작은 음성에는 애정이 담겨 있었다 …(1988, 2).

투투는 부활 공동체를 통해, 하나님을 사랑하라는 명령에는 민주주의 이상의 것이 담겨 있다는 사실을 깨달았다. 그는 순종에 대한 통찰력이 필요했던 것이다. 그것은 투투로 하여금 왜곡된 사회가 부여하는 신분에서 벗어나게 했으며 모든 사람에게 있는 하나님의 형상을 깨닫게 했다. 그러나 부활 공동체와 투투에게 하나님의 형상은 관계성이다. 즉 관계가 충만한 하나님의 형상을 부인하는 거짓된 정체성을 파괴하는 비움(kenosis)의 형상이다. 그러므로 투투의 남아프리카 사역 및 그의 진정한 기독교 영성을 이해하기 위해서는 수도적 설명이 필요하다. 그는 인종차별을 영구히 따르는 대신, 사람들에게 정해진 정체성을 부여하고 마치 그것이 하나님의 형상인 것처럼 만드는 세력에 도전하는 영적 전통을 가동했던 것이다.

필자는 투투의 영성의 관계적, 공동체적 요소에 대해 초점을 맞춤으로써 상황신학자들로부터 이러한 영성은 오늘날 인간의 갈등, 특히 인간이 당하고 있는 구체적인 상황에 어떤 의미도 주지 못하는 빈약한 개념이라는 원성을 들을 수 있다.

그렇다면 기독교 영성은 어떻게 이러한 사람들을 도울 수 있는가?

이 질문에 대한 답변과 함께 이 글의 결론을 내리고자 한다.

6. 결론: 해방 영성의 함축

관계성에 기초한 해방 영성은 이러한 영성이 압제당하는 사람을 도우기에 빈약하다는 비난에 어떤 대답을 할 수 있는가?

필자의 대답은 해방 영성을 통해 인간의 정체성이 구체적으로 형성되었다는 것이다. 필자의 의도는 해방 영성은 경제적, 정치적 이데올로기와 달리 왜곡된 인간의 권력에 대해 성공적으로 맞설 수 있다는 것이다(가령, 간디[Gandhi]의 무저항주의[satyagraha], 오스카 로메로[Oscar Romero]의 영성, 투투의 우분투). 해방 영성은 결코 연약하지 않다. 이러한 사실은 인간의 존엄성을 축소시키기보다 오히려 더 많은 공동체를 양산함으로써 입증되었다.

보다 구체적으로 말하면, 필자는 투투의 영성을 통해 인간의 정체성은 하나님의 형상에 의해 정의할 수 있으며 우리는 이러한 형상을 통해 기도함으로써 정체성을 왜곡하려는 잘못을 바로 잡을 수 있다는 사실을 보여주고자 했다. 해방 영성은 이런 식으로 지루한 이데올로기에 항거하며 대신에 특정 인간의 정체성(가령 인종적, 문화적 신분)이 그리스도 안에서 근원적인 정체성을 형성하는 개인 및 공동체를 구축한다. 이러한 기독교 영성의 정체성은 이 문제로 갈등하고 있는 자들에게 온전한 관계성을 누리고 있는 모범적 인물들 및 실제적인 전략을 제공한다. 이러한 개인과 운동은 사실상 연약함보다 인간 영성의 강력함을 드러내었다. 그들은 폭력적 실재를 올바른 공동체로 재편하였다.

해방 영성이 빈약하다는 도전에 대한 필자의 대답은 이와 같이 그리스도의 정체성에 비추어 인간의 정체성을 재정리하는 것이다. 그러나 우리는 이러한 도전을 진지하게 받아들여야 한다. 만일 인간의 정체성을 형성하는 이 위험한 전제가 관계성과 화평이라는 그리스도의 정체성에 기초하지 않으면 그리스도인의 영성은 자기 중심적이고 상대론적이 되고 말 것이다. 모든 사람의 해방이라는 그리스도인의 비전은 다양하면서도 하나인 인간의 정체성의 신비를 더욱 깊게 한다. 이러한 비전은 건전한 정치 및 경제를 제시하지 않을 수 없다. 또한 이러한 인간의 형상은 누구의 객관화도 거부하는 "그리스도 안에 있는 하나님"의 신비를 암시한다. 여기서 기독교 영성의 근본적인 힘은 온 세상이 이처럼 신비한 하나님의 형상을 추구하게 하는데 있다. 그리스도인은 하나님이 그리스도 안에 있는 관계성을 통해 보여주신 것으로 인해 더 이상 인성이 침해되는 압제적 구조 하에 머물 수 없다.

해방신학은 그리스도 안에 있는 하나님의 형상으로 인해 가난한 자와 압제당하는 자에게 초점을 맞춘다. 해방신학은 가난한 자와 압제당하는 자가 하나님의 형상에 비추어 자신의 인간성을 되찾아야할 필요성이 있음을 제시한다. 이러한 회복은 가난한 자와 압제 당하는 자의 해방 및 압제자의 죄를 반복하는 것을 거부함으로 이루어진다. 특히 라틴아메리카 및 흑인신학으로부터 나온 해방신학은 압제 당한 자와 압제자를 건져내어 다시 한 번 하나님의 자녀로서 자신을 돌아보게 해야 한다고 주장한다. 투투는 이러한 인식이 하나님의 자녀가 되는 통찰력이라는 결론을 내린다.

> 압제당한 자에게 기독교 복음의 가장 중요한 부분은 우리를 하나님의 자녀보다 못하게 하는 모든 것, 즉 죄, 정치적 경제적 박탈, 착취 및 불의로부터 자유하게 하신다는 메시지이다. 또한 하나님의 자녀의 자유를 누려야 할 사람(여기에는 사람의 운명을 결정하는 정치권력도 반드시 포함되어야 한다)들도 해방되어야 한다(1985, 163).

그러나 해방 영성의 대가들은 압제 받는 자들을 얼마나 건져낼 수 있는가? 그것을 위해 폭력 행사도 불사해야 하는가?

비폭력에 대한 명확한 기독교 영성이 해방 영성을 수반하기 전까지 기독교 영성은 모호할 것이고, 그것의 의미를 한정하는 것에만 적절할 것이다.

본 결론에서는 해방 영성의 모범적 사례이자 그것을 비판한 투투의 모순에 대해서도 살펴볼 것이다. 필자가 투투를 기독교 해방 영성의 모델로 삼은 이유는 그가 우리에게 압제당한 자를 건져내기 위한 수단으로 폭력을 사용하는 것을 거부하는 영성을 제시했기 때문이다. 어떤 사람에게는 이러한 태도가 나약한 것처럼 보일 수 있으나 그는 단기적 효과를 위한 폭력보다 장기적 해법을 추구하기 위한 근본적인 힘을 제시한다.

그러나 투투는 평화주의자가 아니며 소위 "정의로운 전쟁"을 묵인하지 않을 수 없는 특정 상황을 인정한다. 투투의 신학은 신앙의 뿌리를 교회의 실천에서 찾는다는 점에서 급진적 신학으로 분류할 수 있지만 압제의 정치적 정체성을 신학의 해석학적 열쇠로 제시한다는 점에서 급진적 신학으로 보기 어렵다. 다시 말하면 그는 인간의 정체성의 본질은 정치적이며 따라서 힘과 강압이 필요하다는 논리를 거부한다.

결국 기독교 해방 영성은 공동체적 영성을 만드는 작업이다. 인간의 정체성에 대한 이러한 비전의 핵심에는 정체성으로 갈등하는 자들을 공동체적 존재로 돌려놓으신 예수님의 생명, 죽음, 부활 및 승천이 있다. 이러한 비전 안에서 폭력은 하나님의 형상에 대한 모독일 뿐이다. 기독교 영성은 언제나 폭력을 거부하고 가난한 자와 부자가 함께 하는 건설적 동참에서 벗어나지 않는 상호 의존적 공동체 영성이다.

여기서 필자는 전쟁을 정당화할 수 있는 모델에 있어서 투투와 어느 정도 의견을 달리한다. 서구 기독교 영성의 미래는 "너의" 상황이 어떻게 "나의" 상황도 될 수 있는지에 대해 상세히 살피는 분별력에 달려 있다. 서구의 개인주의는 더 이상 그리스도인이 어떻게 세상의 필요에 개입해야 하는지에 대해 제시할 수 없다. "정의로운 전쟁"에 대한 준거는 대량학살 무기와 더는 어울리지 않기 때문이다.

우리는 해방신학으로부터 신학의 다원성 및 상호 다툼과 경쟁이 존재하지만 동시에 상호 보완 및 도전도 가능하다는 사실을 반드시 배워야 한다. 하나님의 형상의 신비는 우리의 영성을 향해 하나님의 신적 생명은 존재의 조화를 원한다는 사실을 알려준다. 서구 개인주의의 위험은 상호 의존적 구조를 위한 노력을 귀하게 여기지 않는다는 것이다. 이 경우 보편(universal) 교회는 특정 정체성에 대한 공감대가 이루어지지 않으면 식별하기 어려울 것이다.

따라서 그리스도인의 임무는 특정 공동체에서 야기된 특정 이슈에 대해 다루는 것이다. 이러한 특정 공동체는 그들의 유용성이 다했다고 해도 쓸모없거나 무익한 것이 되지 않는다. 왜냐하면 그리스도인의 정체성은 인간의 정체성이 하나님의 형상을 닮아 영원한 것임을 알기 때문이다. 그리스도인의 정체성은 우리가 세상에서 그리스도를 통해 하나님의 형상을 회복했다는 복음과 신비를 부인하지 않는 촉매가 된다.

진정성 있는 신학이 되기 위해서는 특정 상황에 개입할 필요가 있을 만큼 해방 영성은 다른 사람에게 있는 하나님의 형상을 진지하게 받아들여야 한다. 해방 영성은 영성의 상황에 초점을 맞추기 때문에 상황 간의 대화는 반드시 필요하다. 기독교 영성은 다양한 사람들에 의해 제기되는 다양한 질문에 끊임없이 대답해야 하기 때문에 다양한 영성이 필요하다. 투투는 다음과 같이 결론내린다.

> 이제 우리는 다양한 신학이 상호 보완적이거나 대립적인 방식으로 밀접하게 연결되어 있는 기묘한 병치를 다루어야하는 당황스러운 입장에 설 수도 있다 (1981).

결론적으로 에큐메니칼 및 종교 간 해방 영성은 불의와 폭력에 맞서고 있는 주변의 다양한 상황을 통해 발전되었다. 이러한 사실을 잘 보여주는 한 가지 사례는 기독교, 무슬림, 힌두교, 자이나교, 유대교 및 여러 종교가 화해와 진실을 규명하기 위해 모인 남아프리카의 "진실과 화해 위원회"(Truth and Reconciliation Commission)이다(Tutu 2001).

서구 기독교 세계관의 확산은 해방 영성에 큰 선물을 안겼다. 해방 영성이 분명히 하는 사실은, 박탈당한 비서구인의 입장으로부터 나온 모든 신학은 서구인으로 하여금 하나님과 이웃을 아는 일방적인 문화적 방법은 없다는 사실을 인식시켜주어야 한다는 것이다. 결국 기독교 영성은 기독교라 불리는 동양 종교로부터 왔으며 따라서 서구의 종교 해석에 억지로 끼워 맞추려 해서는 안된다. 서양 담론의 대부분은, 사상의 억압적 구조를 폭로하는 고유한 진입로로서의 탁월한 정체성(인종, 경제적 지위, 젠더, 또는 문화)을 주장하는 개인들의 합리성의 계몽주의적 틀 안에서 작동된다.

그러나 서구가 아닌 다른 사회에서 인간의 정체성은 공동체라는 틀 속에서 자아를 분별하도록 가르치는 사회화 과정을 통해 더 잘 알려진다. 비서구 사회는 대체로 인종을 문화와 구별한다. 그들에게 문화는 공동체의 원리에 따라 사고하고 행동하는 방식에 뿌리 내린 내재적 개념에 대한 시스템이다. 여기서 공동체 원리는 특정 장소에 있는 사람들을 형성하는 이야기와 역사를 통해 나타난다. 비서구 문화에 있어서 중요한 것은 이러한 공동체적 지식이다. 해방 영성이 필요한 근본적 이유는 우리가 라틴아메리카계, 코사족, 프랑스인, 줄루인(Zulu), 포르투갈인, 요루바족(Yoruba)의 입장에 설 때에만 하나님의 뜻이나 진실을 명확히 알 수 있기 때문이다.

    기독교 영성은 오늘날 (그리고 앞으로도) 어울리지 않는 정체성들 간의 상호 의존이 어떻게 가능한지를 보여주는 중요한 역할을 해야 한다. 오늘날 기독교 영성은 정체성에 대해 갈등하는 자들에게 폭력에 대한 대안을 찾을 수 있는 담론을 제시하는 것이 절실하게 필요하다. 그러나 우리는 권력 구조나 불의 또는 은밀한 헤게모니에 의한 질서를 드러내려는 노력을 통해 일치된 정체성을 요구하는 어떤 주장도 해체해야 한다는 사실을 해방 신학을 통해 배운다. 배타주의적인 서구의 해석학적 방법론과 대조적으로 해방 영성은 다양한 상황과 장소의 사람들에게서 자연적으로 발생하는 갈등을 해소하려는 신학적 준거에 기초한다.

    요약하면 기독교의 해방 영성은 이 땅에 가득한 인간 관계에 초점을 맞추어 사고하고 행동한다. 결국 우리가 어떻게 하면 모든 사람이 번성할 것인가에 대해 주의한다면 폭력적 혁명에 기초한 인간적 담론보다 훨씬 깊고 체계적인 해방을 제시할 수 있을 것이다. 기독교의 해방 영성은 압제당하는 자에게 해석학적 특권을 부여하지만 동시에 압제자에 대한 주장이 하나님의 형상의 목적에 부합되는지 살펴야 한다. 결국 목적은 모든 사람이 건전한 인간성을 찾는 것이다.

    하나님은 우리를 죄인, 멸시 받는 자, 소외당한 자 및 짓밟힌 자의 편으로 인도하신 예수님의 궁극적 온전하심을 통해 계시된다. 그러나 이 하나님은 어떤 특정 그룹에 의해서도 좌우되지 않으신다. 하나님은 여전히 하나님이시다. 이것은, 많은 인간 공동체가 하나님의 해방하시는 힘의 지배를 요구하는 상황에서 매우 중요한 요소이다. 바벨탑 이야기(창 11장)는 자신을 보호하기 위해 하나가 되려 했던 불순종에 기초한 잘못된 단결을 보여준다. 이러한 상황에서 단결은 억압이며 잘못된 동기를 가지고 사람들을 모은 것이다.

    아마도 많은 독자는 인간의 갈등 및 전쟁 상황에 대해 기도와 행동을 요구하신 하나님을 향한 수도적 훈련의 필요성을 강조한 해방 영성이 낯설 것이다. 이러한 훈련은 오늘의 압제당한 자가 내일의 압제자가 될 수 있는 일반적 폭력 사이클과 다른 압제적 실재로부터 벗어나기 위한 지침을 제공한다. 예수님의 영성은, 사람이 하나님의 재창조된 가족으로 옮겨가기 위해 생물학적 혈연관계를 끊어야 하는(창 12:1; 마 12:46-50) 새로운 역사를 발전시킬 수 있다. 해방 영성은 압제의 역사를 통해 형성된 잘못된 관계를 타파하는 살아있는 증거이다. 예수님에 의해 형성된 기독교 영성은 갈등 중인 인간의 정체성을 발전시키기보다 우리를 폭력과 파괴로 점철된 미래가 아닌 하나님이 약속하신 새로운 창조로 들어가게 한다. 따라서 기독교 영성의 목적은 무한하고 영원한 방식의 관계적 존재의 신비 속으로 들어가는 것이다.

참고문헌

Athanasius 1980: *The Life of Antony and the Letter to Marcellinus*, trans. R. Gregg. New York: Paulist Press.
Augustine of Hippo 1991: *Confessions*, trans. H. Chadwick. Oxford: Oxford University Press.
Battle, M. 1997: *Reconciliation: The Ubuntu Theology of Desmond Tutu*. Cleveland: Pilgrim Press.
Boff, L. 1988a: *Trinity and Society*. Maryknoll, NY: Orbis.
_____. 1988b: *When Theology Listens to the Poor*. San Francisco: Harper and Row.
_____. 1989: *Faith on the Edge*. San Francisco: Harper and Row.
_____. 1991: *New Evangelization: Good News to the Poor*. Maryknoll, NY: Orbis.
_____. 1993: *Path to Hope: Fragments from a Theologian's Journey*. Maryknoll, NY: Orbis.
_____. 1995: *Ecology and Liberation: A New Paradigm*. Maryknoll, NY: Orbis.
_____. and Boff, C. 1987: *Introducing Liberation Theology*. Maryknoll, NY: Orbis.
Cone, J. H. 1969: *Black Theology and Black Power*. New York: Seabury Press.
Gutiérrez, G. 1988: *A Theology of Liberation: History, Politics, and Salvation*. Maryknoll, NY: Orbis.
_____. 1993: *Las Casas: In Search of the Poor of Jesus Christ*. Maryknoll, NY: Orbis.
Ignatius of Loyola 1964: *Spiritual Exercises*, trans. R. W. Gleason. Garden City, NY: Image Books.
Jacob, S. (ed.) 1986: *Hope in Crisis: South African Council of Churches National Conference Report: 1986*. Johannesburg: South African Council of Churches.
Lehmann, D. 1990: *Democracy and Development in Latin America*. Cambridge: Polity Press.

Pieris, A. 1988: *An Asian Theology of Liberation*. Edinburgh: T. and T. Clark.

Ross, M. 1987: *The Fountain and the Furnace: The Way of Tears and Fire*. New York: Paulist Press.

Segundo, J. L. 1973–4: *A Theology for Artisans of a New Humanity*, 5 vols. Maryknoll, NY: Orbis.

———. 1976: *Liberation of Theology*. Maryknoll, NY: Orbis.

———. 1984–7: *Jesus of Nazareth: Yesterday and Today*, 5 vols. Maryknoll, NY: Orbis.

———. 1985: *Theology and the Church: A Response to Cardinal Ratzinger and a Warning to the Whole Church*. Minneapolis, MN: Winston.

———. 1993: *Signs of the Times*, ed. A. T. Hennelly. Maryknoll, NY: Orbis. Sobrino, J. 1978: *Christology at the Crossroads*. Maryknoll, NY: Orbis.

———. 1984: *The True Church and the Poor*. Maryknoll, NY: Orbis.

———. 1987: *Jesus in Latin America*. Maryknoll, NY: Orbis.

———. 1990: *Companions of Jesus: The Jesuit Martyrs of El Salvador*. Maryknoll, NY: Orbis.

———. 1993: *Jesus the Liberator: An Historical-theological Reading of Jesus of Nazareth*. Maryknoll, NY: Orbis.

———. 1994: *Principle of Mercy: Taking the Crucified People from the Cross*. Maryknoll, NY: Orbis.

Tutu, D. 1978: Whither African theology? In E. Fasholé, R. Gray, A. Hastings, et al. (eds), *Christianity in Independent Africa*, pp. 364–9. London: Rex Collings.

———. 1981: On being the church in the world. Address given at Cape Town, October 13.

———. 1985: Spirituality: Christian and African. In C. Villa-Vicencio and J. de Gruchy (eds), *Resistance and Hope: South African Essays in Honour of Beyers Naude*, pp. 159–64. Cape Town: David Philip.

———. 1987a: Sermon (Pentecost 18), St George's Cathedral, Cape Town, South Africa.

———. 1987b: Quiet day: why be silent? (text: Mark 6: 30ff), Durbanville, January 2.

———. 1988: An appreciation of the Rt Revd Trevor Huddleston, CR. In D. D. Honoré (ed.), *Trevor Huddleston: Essays on his Life and Work*, pp. 1–4. Oxford:

Oxford University Press.

_____. 1989: Greetings. In M. H. Ellis and O. Maduro (eds), *The Future of Liberation Theology: Essays in Honor of Gustavo Gutiérrez*, pp. 25–6. Maryknoll, NY: Orbis.

_____. 1992: The church and human rights in South Africa. Address given at the University of South Africa, Centre for Human Rights, May 18.

_____. 1993a: Black theology/African theology – soul mates or antagonists? In J. H. Cone and G. S. Wilmore (eds), *Black Theology: A Documentary History, Volume I: 1966–1979*, 2nd rev. edn, pp. 385–92. Maryknoll, NY: Orbis.

_____. 1993b: Postscript: to be human is to be free. In J. Witt, Jr (ed.), *Christianity and Democracy in Global Context*, pp. 311–20. Boulder, CO: Westview Press.

_____. 2001: *No Future without Forgiveness*. New York: Doubleday.

_____. undated: The centrality of the spiritual. Address given at the General Theological Seminary, New York.

제30장
종교 간의 대화

곽 푸이-란(Kwok Pui-Lan) 박사
매사추세츠 성공회신학교 영성신학 교수

캔버라에서 열린 세계교회협의회(WCC) 제7차 총회(1991)에서 한 젊은 여성 신학자 정현경(Chung Hyun Kyung)은 총회 주제인 "오소서 성령이여, 온 세상을 새롭게 하소서"(Come, Holy Spirit – Renew the Whole Creation)에 대한 강력한 기조연설을 했다. 한국의 농촌 여인의 전통 의상을 차려입은 정씨는 히로시마와 나가사키, 홀로코스트, 천안문 광장, 그리고 광주 항쟁으로 죽은 자들의 영혼을 부르는 주술적인(shamanistic) 예식으로 시작했다. 그녀의 연설에는 음악, 슬라이더, 춤, 드럼, 예식들, 그리고 두 명의 원주민 댄서가 동원되었다. 정씨의 연설은 지구촌 전체 교회에 큰 논쟁을 불러 일으켰으며 일부에서는 그녀의 무당 예식에 박수갈채를 보내었다. 불교적 상징, 성령의 사역에 대한 이해의 폭을 넓히려는 동아시아의 철학적 개념이라는 찬사가 쏟아지기도 했다. 그러나 다른 사람들은 그녀가 도를 넘었다고 반대하며 기독교 교회 내의 다양성의 한계 및 혼합주의에 의문을 제기했다.

2년 후 미네아폴리스(Minneapolis)에서 열린 리이메이징 대회(Re-imagining Conference)에서 촉발된 또 한 차례의 논쟁이 미국 교회를 흔들었다. WCC에서 시작된 이 대회는 여성 운동과 연계한 에큐메니컬 교회 십년(Ecumenical Decade of Churches in Solidarity)의 중간시점을 기념하기 위한 모임이었다. 이 대회에 4천 명이 넘는 개신교 여성 및 일부 남성이 기독교를 새롭게 다시 상상하고 교회에서 여성의 투쟁을 강조하기 위해 모였다. 아카펠라 앙상블인 스위트허니인더락(Sweet Honey in the Rock)의 버니스 존슨 레이건(Bernice Johnson Reagan)은 아프리카계 미국 음악의 유산에 대해 열변을 토했으며 칼라 드솔라(Carla DeSola)는 그러한 정신을 무대에서 춤으로 표현했다. 예배 예술가 낸시 친(Nancy

Chinn)은 온 강당을, 다양한 참석자들의 문화를 상징하는 현수막으로 장식했다. 인상적인 노래, 미국의 토속 예식, 그리고 아시아식 축복은 예배와 예식을 더욱 화려하게 했다. 주제 음악 가운데 하나는 복된 소피아(Blessed Sophia)가 와서 모임을 축복해 달라고 간청하는 내용을 담았다. 많은 참석자들은 이 대회를 수년 동안 가장 활기찬 행사라고 생각했지만 보수진영은 이 대회가 예수 그리스도와 속죄에 대한 이단 사상을 확산하고 비성경적 예식을 시행하며 여신에게 찬사를 보내었다고 비난했다.

이 두 가지 사건은 종교 간 만남에 대한 교회 내의 다양한 이해와 그것으로 인해 야기될 수 있는 잠재적 긴장 및 오해를 잘 보여준다. 첫 번째 사례는 다른 종교 전통에 의해서 형성된 아시아 문화 가운데 교회가 토착화하는 역사로부터 비롯된 것이다. 두 번째 사례는 다른 종교의 예식이나 영적 원천을 이용하는 복잡하고 심란한 문제를 드러낸다. 두 사건 모두 지난 수십 년간 세계 여성 운동이 기독교 예배, 예전 및 영적 의식에 가져온 극적인 변화를 보여준다.

산드라 슈나이더스(Sandra Schneiders)는 영성을 정의하기를, "사람에게 궁극자가 무엇이든, 사람이 궁극자(Ultimate)와의 관계 가운데 자기 초월적 통합을 가능하게 하는 인간 주체의 차원"이라고 한다(1993, 210). 그녀는 기독교 영성에 대한 연구는 다른 학문과의 제휴, 타문화 및 타종교와 연계가 필요하며 문자적 진술이나 신학적 설명이 불가능한 비기독교 영성에 대한 진지한 고려가 있어야 한다고 말한다. 그녀의 주장처럼 "종교를 사유화 하거나 영성을 고집화(ghettoize) 하기에는 세상은 너무 좁고 사안은 너무 중대하다"(1993, 218). 실제로 기독교와 다른 신앙 전통과의 만남은 오랜 역사를 가지고 있으며 이러한 만남은 처음부터 기독교의 정체성, 예배 및 예식적 행위를 형성하는데 유익을 주었다. 오늘날의 종교 간의 대화 및 기독교 영성에 대한 논의의 배경을 위해 이러한 만남의 역사적 뿌리에 대해 간략히 살펴볼 필요가 있다.

1. 역사적 뿌리

다른 종교 전통에 대한 기독교의 태도에 가장 큰 영향을 주는 것은 성경이다. 많은 그리스도인은 성경이 다른 신들에 대한 예배를 배격하는 유일신적(monotheistic) 종교를 가르친다고 생각한다. 그러나 다른 종교에 대한 신학적, 종교적 논쟁 너머로 눈을 돌려 유대교 및 초기 기독교 공동체의 영적, 예식적 행위에 초점을 맞추어보면 훨씬 다양하고 다원론적인 경험을 발견할 수 있다. 예를 들어 히브리 백성은 가나안에 정착하여 여호와에 대한 신앙과 예식의 발전 과정에 여러 가지 가나안 예식들 및 의식들을 활용하였다. 예를 들면 성소 및 신전 건축, 신들에게 음식물을 바침, 절기 동안 여자들이 포도원에서 춤을 추는 행위, 새로운 곡식 수확을 축하하는 농업 축제, 그리고 장자를 신에게 바치는 풍습 등이다(Fohrer 1973, 106, 157, 202-3, 208).

히브리인들은 많은 온갖 신을 숭배하는 히타이트, 바벨론, 이집트, 앗수르 등 다양한 종교적 환경 가운데 살았다. 선지자들은 그들에게 이방 신을 섬기거나 그것에 절하지 말라고 거듭 충고했으나 이러한 명령은 제대로 지켜지지 않았다. 이스라엘 백성은 바알과 아세라를 섬기고 엘(El)과 여호와를 동일시했으며 엘과 여호와 신앙을 결합하기 시작했다(Fohrer 1973, 104-5).

과거 그리스도인들은 바알, 아세라, 아스다롯 숭배를 "풍요 숭배"(fertility cults)로 보았으나 오늘날 학계는 이러한 전통 가운데 일부에 대해 새로운 의미를 부여하도록 도움을 주고 있다. 예를 들어 나무를 보호하는 아세라 여신에 대한 숭배는 고대 이스라엘 및 유다에서 오랜 전통을 가지고 있다(Hadley 2000). 태국의 신학자 송(C. S. Song)은 상징으로서 "우상"에 종교적 의미를 부여한 선지자와, 다른 종교에 대한 부정적이고 배타적인 태도에 대해 비판한다.

성경에서 초기 기독교 공동체는 유대교, 그리스-로마 전통 및 고대근동 종교라는 다원적 상황 속에서 자신의 정체성(신앙이나 사상은 물론 종교적 예식적 관습까지 포괄하는)을 규명해야만 했다. 가령 예루살렘 공의회에서 사도와 장로들은 바울과 바나바의 이방인 사역에 대해 보고를 받은 후 이방인 신자에게 유대법을 요구하지 않기로 결정했다(행 15장). 이방인의 사도로서 바울은 이방인은 유대의 할례 관습을 따를 필요가 없다고 주장한다. 바울은 고린도교회에 보내는 서신(고전 8:10)에서 그리스도인이 이방신에게 바친 제사 음식을 먹을 수 있는가라는 민감한 문제에 적절히 대처하는 모습을 보여준다(Yeo 1994).

초기 기독교 공동체는 유대 및 고대근동에서 몸을 씻는 관습인 세례를 입교 예식으로 사용했으며 유대적 예전을 예배에 활용하였다. 영지주의적 개념 및 실천들은, 초대 교회에서 회람되었으나 정경에는 포함되지 않은 종교 문헌들이나 도마복음 및 마리아복음에 유입되었을 뿐만 아니라 바울의 문헌와 요한 문헌에까지 흘러들어갔다. 불트만(Rudolf Bultmann)은 초기 기독교는 유대인과 이방인을 성공적으로 끌어들일 수 있었던 **혼합주의** (syncretistic) 운동이라고 주장한다(1956, 177-9).

유럽 각지로 확산된 기독교는 토착 전통 및 영성을 완전히 제거하지 못했으며 옛 방식 가운데 일부는 기독교 교회에 동화되었다. 이러한 사실이 가장 잘 드러나는 곳은 켈트 교회이다(Joyce 1998). 기독교는 영국에서 아일랜드로 갔고, 영국은 기독교를 골(Gaul, 고대 캘트족의 땅-역주)에서부터 받아들였다. 그러나 유럽의 북서쪽에 위치한 아일랜드는 로마에서 멀리 떨어져 있기 때문에 제국과 함께 확산된 대륙 교회의 조직을 전수받지 못하였다. 로마 제국의 지배를 받은 적이 없는 아일랜드 사람들은 대부분의 사회 조직 및 문화 전통을 보존하고 있었다.

그 결과 켈트 교회에서는 시, 음악, 이야기에 대한 사랑, 자연에 대한 존중, 그리고 친척에 대한 공경 등 켈트족 고유의 특성이 많이 발견된다. 시간과 공간에 대한 비선형적(non-linear) 이해 그리고 모든 것이 밀접하게 연결되어 있다고 보는 관점은 예술, 건축, 저술 및 장식에도 고스란히 드러난다. 켈트족의 삶을 상징적으로 나타내는 것은 직선이 아니라 원이며 외도래 매듭(spiral knot)은 모든 것이 내적으로 연결되어 있으며 시작이나 끝이 없음을 의미한다.

그러나 모든 "이교적" 전통 및 민간 전통이 교회의 환영을 받은 것은 아니다. 일부 관습은 이단으로 정죄 받는 것을 두려워하여 은밀히 지속되어야 했다. 고대 유럽의 민간 전통을 고수한 사람들은 대부분 여자였으며 이들의 관습은 초기 근대 유럽 마녀 사냥의 대상이 되기 쉬웠다. 마녀 사냥을 여성의 역사를 회복하려는 시도를 통해 해석한 앤 레웰린 바스토우(Anne Llewellyn Barstow)는 고소당한 마녀들이 대부분 아이를 구하기 위해 약초나 약을 사용하거나 마법을 통해 저주를 제거하고 평화를 얻으려 했던 치료사나 점쟁이들이라고 주장한다. 민간 치료사로서 그들의 역할은 여성의 리더십이 엄격히 제한된 교회 안에서 제사장의 역할과 유사한 것이었다.

이러한 여자들 가운데 일부는 민간 마법 및 요술을 행하였는데 이러한 행위는 부적을 차고 주문을 외우는 전형적인 마법에 해당한다. 여자들은 약초를 캐면서 주기도문을 외우거나 성모송을 불렀으며 성부, 성자, 성령의 이름으로 귀신을 쫓아내기도 했다. 종교재판에 불려온 여자들 가운데는 다이애나와 같은 고대 유럽의 여신을 섬기는 단체에 속한 자들도 있었다. 이런 여자들은 여신 전통이 주교 교회에 대한 훌륭한 대안을 제시했기 때문에 자신이 죄를 범했다는 생각을 하지 않았다.

유럽에서 반대편, 즉 이단, 마녀 및 유대인에 대한 박해는 유럽의 제국주의 및 인종차별주의와 맞물려 있다. 바스토우(Barstow)는 "마녀 사냥은 식민지 확장 정책 및 대서양 노예무역과 동시에 시작되었으며 동일한 교회 정책 및 법 개정을 통해 가능할 수 있었다"

고 주장한다. 식민지 확장 정책으로 말미암아 기독교 교회는 많은 민족, 언어, 문화, 그리고 신앙 전통과 마주했다. 유럽 중심적 태도를 가진 선교사들은 다른 민족의 종교 관습을 모두 미신과 우상으로 경시하며 비난했다.

처음에는 원주민을 기독교 교회가 받아들일 수 있는 이교도로 생각했다. 그들은 육신적 구원보다 영혼 구원을 중요시 했으나 그것은 끔찍한 대량학살 및 식민지 범죄를 정당화하는 이데올로기가 되었다. 이어진 계몽시대 후기부터 식민지의 지배층과 피지배층의 차이는 점차 인종적 차이로 인식되었으며 피지배층은 시대에 뒤떨어진 열등한 존재로 취급당했다(Thomas 1994, 77). 기독교 선교는 "문명화 사역"으로 바뀌었으며 기독교와 함께 서구의 학교와 의술을 규범적 가치로 전파했다. 19세기의 진화론에서 사용하는 용어로 표현하면 기독교는 가장 발전된 인간 종교로 환영받았다.

2차세계대전 이후 유럽 식민지의 독립 투쟁은 식민지주의에 편승했던 교회에 도전이 되었으며 교회로 하여금 자신의 사명에 대해 재고하게 만들었다. 동시에 수많은 난민과 포로민, 디아스포라 및 이주민의 유입은 서구 사회, 특히 미국의 종교적 상황에 큰 변화를 가져왔다. 다이애나 애크(Diana Eck)가 주장한 대로(2001) 미국은 세계에서 종교적으로 가장 다양한 나라가 되었으며 로스앤젤레스는 세계 최고의 복잡하고 다양한 불교도시라는 주장이 나올 정도가 되었다. 에크는 다른 서구 사회에서도 이와 유사한 종교적 다원성으로의 전환을 찾아볼 수 있다고 말한다.

> 이 시대의 역동적 글로벌 이미지는 소위 문명 충돌이 아니라 문화와 민족의 혼합(marbling)이다. 냉전 시대의 종식이 새로운 지정학적 상황을 조성하였듯이 전 세계적 인구 이동은 새로운 지리 종교적(georeligious) 실재를 초래했다. 오늘날 힌두교, 시크교 및 무슬림은 유럽 종교의 한 부분이 되었다. 파리와 리옹에는 모스크가 들어서고 토론토에서는 불교사원을 찾아볼 수 있으며 밴쿠버에서는 시크교 사원이 등장했다(2001, 4).

다양한 종교를 가진 사람들이 대도시에 집중적으로 정착하면서 이제 서구 그리스도인이 당면한 문제는 어떻게 하면 먼 나라에 사는 불신자에게 복음을 전할 것인가가 아니라 같은 곳에 살며 자녀가 다니는 학교가 같은 그들과 어떤 관계를 맺으며 지낼 것인가라는 것이다. 이러한 상황은 결코 새로운 것이 아니다. 아프리카와 아시아에 사는 많은 그리스도인은 오랫동안 유사한 문제에 직면하고 있다. 즉 지금 서구인은 대다수 세계인의 종교성으로 규명된 다원적 상황을 경험하고 있을 뿐이다. 종교적 다원론은 세계적 현상이 되었으며 어떻게 하면 종교인이 함께 조화롭게 지낼 수 있을 것인가는 세계 평화의 핵심적인 열쇠가 되었다.

2. 종교 간의 대화 및 기독교 영성

식민지 세력의 붕괴 및 문화적 자치권에 대한 요구와 함께 기독교 선교에 대한 승리적 접근은 의혹의 눈길을 받고 있으며 대화가 표어로 등장하고 있다(Panikkar 1987, 95). 많은 사람들은 대화를, 다양한 "종교"에 속한 사람들이 함께 하는 자리로 인식하고 있다. 그러나 시간이 흐르면서 기독교 지도자들은 점차 자신의 대화 상대가 다른 "종교"에 속한 일원이 아니라 심오한 영적 통찰력 및 인격적 경건성을 갖춘 살아있는 믿음의 소유자임을 인식하기 시작하였다.

스미스(Wilfred Cantwell Smith)는 자신의 현대적 고전 『종교의 의미와 목적』(*The Meaning and End of Religion*)에서 서구에서 사용하는 "종교"라는 개념은 오랜 "구체화"(reification) 과정을 거쳤다고 주장한다(1978, 50-1). 즉 종교를 객관적이고 체계적인 실체로 만들었다는 것이다. 스미스에 따르면 "종교"라는 용어에 대한 지속적 사용은, 다른 전통의 사람들이 가지고 있는 신앙의 생명력에 대한 서구의 이해를 차단하였다. 스미스와 같은 학자들의 저서로 인해 일부 기독교 영역에서는 종교 간의 대화 대신 신앙 간 대화(inter-faith dialogue)라는 용어가 사용되고 있다.

1960년대 이후 여러 기독교 단체가 다른 신앙 전통에 대해 분명한 언급을 제시했다. 제2차 바티칸 공의회는 다른 종교와의 관계에 대해 진지한 관심을 기울이는 전례 없는 조치를 취하였으며 기독교 교회와 다른 종교의 관계에 대한 선언(Declaration on the Relationship of the Church to Non-Christian Religions [*Nostra aetate*, "노스트라 아에타테," 우리의 세대])을 발표하였다. 이 선언은 다른 전통의 "심오한 종교적 의미"를 환영하고 모든 가톨릭 신자가 다른 종교를 믿는 자들과 "대화하고 협력할 것"을 호소했다(Knitter 2002, 75-6). 바티칸은 오늘날 종교 간의 대화 위원회(Pontifical Council of Inter-religious Dialogue)의 전신인 비그리스도인을 위한 사무국(Secretariat on Non-Christians)을 설치하였다.

한편으로 WCC는 1968년에 개최된 웁살라 총회(Uppsala assembly)에서 분과 위원회의 주제로 "공동체의 모색"(Seeking Community: The Common Search of People of Various Faiths,

Cultures, and Ideologies)이 채택되었다. 이어진 1975년의 나이로비 총회에서는 종교 간의 대화가 더욱 광범위하게 진행됨으로써 큰 파장을 야기하였으며 일부에서는 이 대화를 땅 끝까지 복음을 전하고 모든 민족을 제자로 삼으라는 예수님의 명령에서 물러난 것으로 보았다(Eck 1993, 198, 214). WCC는 회원 교회가 종교 간의 대화의 필요성을 이해하고 기독교를 초월한 "광범위한 에큐메니즘"을 받아들이도록 "생명력 있는 신앙을 가진 사람들과의 대화"(Dialogue with People of Living Faiths)라는 분과를 만들었다.

이 분과의 전 위원장인 스리랑카의 웨슬리 아리아라자(Wesley Ariarajah)는 광범위한 종교적 세계관 및 종교 간의 대화에 대한 성경적 근거가 있다고 주장했다(1989, 39-47). 그는 성경 이야기는 주로 이스라엘의 관점에서 서술되었으며 다른 종교에 대한 이해를 반영하지 않았을 것이라고 말한다. 그는 모든 민족에 대한 하나님의 언약과 그리스도가 약속하신 온 백성에 대한 보편적 구원을 강조한 성경 전통에 초점을 맞춘다. 하나님은 온 인류의 창조자시며 그리스도의 보편성은 다른 사람에 대한 솔직하고 호의적인 이해 및 대화의 토대를 제공한다는 것이다.

아리아라자는 성경에 나오는 다른 종교를 가진 사람들과의 만남에 대한 사례를 긍정적 모델로 제시한다. 예를 들어 요나는 처음에 앗수르 제국의 수도 니느웨에 가기 싫어했다. 그러나 요나는 결국 니느웨로 가서 백성에게 회개를 촉구했으며 니느웨 백성의 반응은 상상과 달리 즉각적이고 압도적이었다. 그가 제시하는 또 하나의 사례는 베드로가 환상 가운데 하나님이 깨끗하게 하신 것을 속된 것으로 생각해서는 안 된다는 말씀을 듣는 장면(행 10:9-16)이다. 베드로는 이방인과 함께 해서는 안 된다는 유대인의 금기를 깨고 로마 백부장을 만났으며 그는 나중에 예수님의 제자가 되었다는 것이다.

아리아라자는 대화는 기독교의 증거와 모순되지 않는다는 결론을 내린다. 기독교가 국가 종교로 제도화되기 전에 초기 제자들은 종종 대화 방식을 채택했다는 것이다. 그는 바울의 선교 전략을 예로 든다. 바울은 청중의 종교적 배경을 감안하여 유대인에 대해서는 메시아로서 예수님에 대해 강조하지만(행 17:2-4) 아덴 사람들에 대해서는 신중심적(theocentric) 접근을 채택하며 그들이 매우 종교적이고 심지어 알지 못하는 신에게까지 예배한다는 사실을 인정한다(행 17:22-3). 아리아라자는 종교 간의 대화는 오늘날 그리스도인의 관심사일 뿐만 아니라 초기교회에 대한 도전이 된다는 사실을 잘 보여준다.

지금까지 종교 간의 대화가 기독교 신학 및 선교에 미친 파장에 대해 살펴보았지만 이 대화가 기독교 영성과 관련하여 제기하는 문제들에 대해서는 많이 다루지 않았다. 1987년 WCC는 일본 교토에서 "종교 간의 대화와 영성"이라는 주제를 다루었으며 이러한 대화가 참여자들의 영성을 어떻게 바꾸었는지에 대한 연구를 시작하였다(Arai and Ariarajah 1989). 여기서는 종교 간의 대화가 기독교 영성에 끼친 영향에 대해 간략히 살펴보고자 한다.

첫째, 종교 간의 대화에 참여한 자들은 개인 및 공동체적 차원에서 종교적 정체성에 대한 진지한 묵상 및 절충을 시도하는 경우가 종종 있다. 중국어로 대화는 서로 얼굴을 마주한다는 의미를 가지는데 이것은 "상호성, 적극적 청취, 상대의 말을 열린 마음으로 경청함"이라는 뜻이다(Gwok 1995, 12). 진지한 대화 참여는 다른 신앙 전통은 물론 기독교에 대한 이해를 깊이 하며 결과적으로 기독교에 대한 새로운 안목과 함께 지평을 확장한다는 것이다.

상호적 대화는 서로를 변하게 한다. 이러한 변화는 신앙을 약화시키는 것이 아니라 오히려 성숙하게 한다. 대화를 통해 신앙의 도전을 받고 더욱 풍성하게 된다는 것이다. 그리스도인은 영적인 길을 홀로 걸을 수 없으며 많은 사람들과 여정을 함께 한다는 사실을 알고 있다. 교토 총회는 "대화는 영성에 많은 유익을 주며 다른 종교를 가진 자들도 우리처럼 기도와 영적 훈련을 하는 구도자이자 순례자이며 평화와 정의를 위해 힘쓰는 동반자임을 깨닫게 한다"고 선언한다(Arai and Ariarajah 1989, 2).

다른 종교 순례자와의 만남은 그리스도인의 정체성에 대한 개인적, 공동체적 이해에 관한 새로운 문제를 제기한다. 오늘날 종교 다원주의에 대한 신학적 논쟁에는 다른 종교 전통에 대한 세 가지 뚜렷한 입장, 즉 배타적, 포괄적, 다원적 관점이 나타난다(Race 1982, 10-37). 그러나 영성은 일련의 종교적 개념이나 진리 체계에 대한 믿음 이상의 것이며 따라서 쉽게 범주화 하거나 정해진 틀에 가둘 수 없다. 영성은 그리스도인의 삶의 모습이나 방식 및 "세상 속의 존재"(being in the world)와 관련된다. 그것은 마음뿐만 아니라 몸과 영혼까지 포함한다.

종교 간의 대화는 그리스도인의 정체성에 대해 규명하게 한다.

영성은 신념체계나 관습인가?

우리는 불교신자인 동시에 그리스도인이 될 수 있는가?

어떤 식으로 그렇게 될 수 있는가?

왜 많은 사람들은 자신은 영적이지만 종교적이지 않으며 교회에도 가지 않는다고 말하는가?

그들은 "후기-그리스도인"(post-Christian) 또는 "잠재적 그리스도인"인가?

우리는 아래에서 이러한 문제들에 대해 살펴볼 것이다.

둘째, 종교 간의 대화는 다른 형식의 묵상, 기도, 찬양, 그리고 종교적 음악을 접하게 함으로써 그리스도인의 영성을 더욱 깊고 풍성하게 할 수 있다. 유명한 가톨릭 트라피스트회(Trappist) 수도사인 토마스 머튼(Thomas Merton)은 말년에 아시아 종교에 대해 큰 관심을 표명한 바 있다. 수도원 개혁을 위해 아시아를 방문한 그는 불교 승려 및 힌두교 구루를 만나 묵상, 신비주의, 음악, 예술 및 영적 훈련에 대해 대화를 나누었다. 머튼은 1968년 방콕에서 사망하기 직전 달라이 라마를 만나 정신 집중을 위한 자세나 손의 위치 등 구체적인 사항을 포함한 명상법에 대해 논의하였다(Burton et al. 1973, 112).

그는 캘커타에서 열린 종교 간의 대화 모임에서 다음과 같은 요지의 연설을 하였다.

> 나는 우리가 (비록 늦었지만) 이제나마 그리스도인의 수도적 삶에 온전히 헌신하면서 불교나 힌두교의 훈련이나 경험으로부터 깊이 있게 배울 수 있는 신앙적 성숙의 단계에 이르렀다고 생각한다(Burton et al. 1973, 313).

머튼은 같은 생각을 가진 아시아의 수도사들을 존중하였으며 아시아의 언론 역시 그의 신실한 겸손과 호기심 그리고 타인에게 배우려는 자세를 집중적으로 부각시켰다.

머튼을 비롯한 서구 그리스도인이 아시아의 영적 훈련이 유익하다는 사실을 알았다면, 교회를 통해 자신의 문화적 유산을 부인하라는 교육을 받은 일부 아시아 그리스도인 역시 자신들의 토착적 정신을 활용하기 시작하였다. 예를 들어 인도의 신학자 토마스 탕가라지(Thomas Thangaraj)는 음악에 대한 사랑을 통해 힌두교 영성의 세계에 들어갔으며 신학교수이자 목회자로서 그는 힌두교 음악 및 영적 훈련을 기독교 예배 및 삶에 접목하기 시작했다. 탕가라지는 다음과 같이 주장한다.

> 내가 지금까지 한 일은 나의 영성을 점차 포괄적이 되게 하는 것이었으며 지금 나의 영성은 힌두교의 음악적 전통 및 다른 종교의 영적 훈련에까지 확장되었다(1989, 22).

셋째, 진정한 종교 간의 대화는 종교적 사상을 교환하고 함께 기도하는 단계에 멈추지 않고 사회 정의 및 평화를 위해 종교적 장벽을 넘어서려는 노력을 한다. 행함이 없는 믿음은 죽은 믿음이며 종교 간 결속이 없는 대화는 공수표에 지나지 않는다는 것이다. 다른 사람과 협력하여 세상의 고통을 줄이려는 노력은, 영성은 사회적 행위와 단절될 수 없으며 묵상과 행위는 불가분리의 관계에 있다는 그리스도인의 확신을 더욱 깊게 한다.

많은 서구인은, 베트남 전쟁을 반대하고 참여 불교를 주장함으로서 세계적인 이목을 집중시킨 선승 틱낫한(Thich Nhat hanh)의 삶과 사역에 영향을 받았다. 그리스도의 길을 따르는 교인들 중에는 그의 주장을 추종하는 자들이 많다. 틱낫한은 『사랑에 대한 가르침』(Teachings on Love, 1998)이라는 저서를 통해 기독교와 불교 신자 모두 말과 행위를 통해 마음의 유연성을 배양하고 자비를 실천함으로써 사랑으로 가정과 대적 및 세상을 변화시켜야 한다고 호소한다. 많은 사람들은 명상과 소박한 삶을 배우기 위해 그를 찾는다. 그들은 이러한 정신적 훈련이 그들의 삶과 세상에 영향을 줄 것이라고 믿는다.

스리랑카에 있는 디바사라나(Devasarana) 공동체는 대화와 행동, 세속적 이데올로기와 종교적 전통, 그리고 전례와 삶을 접목시키기 위해 노력하는 국제 공동체이다. 마을 사람이 중심이 된 이 공동체는 기독교와 불교 신자의 대화에 기초한 행동-성찰(action-reflection) 운동으로 시작하여 나중에 불교-기독교-마르크스주의자의 대화로 발전했다. 이들의 명상적 삶은 동서양 전통, 특히 성 안토니오(St. Anthony)와 성 베네딕트(St. Benedict)의 영성에 기반을 두고 있다.

이들의 구체적인 사회적 행동에는 농민 자치기구, 농지개혁을 위한 투쟁, 대중 교육 및 집단 농장 조성 등이 포함된다. 이들은 공동 투쟁을 위해 결성된 다양한 신앙 및 이데올로기 간의 살아있는 대화의 훌륭한 사례가 된다. 이 그룹은 전통적 형식의 예배에 대한 각성 및 참여자의 다양성을 살리기 위해 발전, 정의, 자유라는 공통 주제 하에 주요 종교 및 이데올로기에 기반을 둔 새로운 세계 예전(New World Liturgy)을 발전시켰다(Devananda 1989).

넷째, 종교 간의 대화는 예배와 지도력에서 여성의 역할, 여성의 신체와 성, 그리고 나타나고 있는 여성의 영성을 강조한다. 다양한 신앙을 가진 여성이 함께 모여 각자의 상황을 비교함으로써 여성이 종교 공동체에서 리더십을 갖지 못하고 주변인에 머물고 있음을 깨닫고 변화가 필요함을 절감하게 된 것이다(Eck and Jain 1987; Abraham et a. 1989). 필자가 본 논문을 시작하면서 언급한 두 가지 사례는 교회가 여성의 비전통적 형식에 대한 독자적 연구 및 여성의 영적 리더십을 받아들임에 있어서 애매모호한 태도를 취한 사실을 잘 보여준다.

역사적으로 여성은 종교적 제도의 중심이 되지 못하였으며 목회자와 평신도를 엄격히 구분한 계급 질서나 교리적 순수성을 사수하는 일에 관심이 없었다. 정현경은 이처럼 여성을 경시하는 부당한 사회에서 여성이 보인 자구책에 대해 다음과 같이 말했다.

> 아시아의 가난한 여성은 생계 및 능력을 받기 위해 다양한 종교적 원천에 접근하였다 … 아시아 여성은 그들의 문화 및 종교에서 생명력 있는 요소들을 취사선택하여 새로운 패턴의 종교적 의미를 창출해내었다(1990, 113).

그들에게 중요한 것은 생존과 자유이며 교리적 정통이나 예식적 순결은 우선순위에서 배제된다.

여성의 신체와 성은 세계 여러 전통에서 영적 훈련에 위협이 되는 것으로 간주되었다(Becher 1991). 일부 불교 전통에서 생리중인 여성은 제단에 가까이 할 수 없으며 여성의 몸은 깨달음을 얻는데 방해가 된다. 여성은 환생을 통해 남자로 바뀌어야 하며 남성의 몸을 통해서만 깨달음을 얻을 수 있다. 성경에서도 생리나 출산은 부정한 것으로 인식되며 여성은 정해진 정결 의식을 거쳐야 한다(레 12:1-8; 15:19-30). 터툴리안(Tertullian)과 같은 일부 교부는 여성의 성에 대한 강한 부정적 인식과 함께 여성을 사탄의 관문으로 여겼다. 여성은 추방당한 하와의 후손으로서 성욕을 자제하지 못하는 요부이며 남성의 지배를 받아야 한다는 것이다.

이처럼 부정적인 고정 관념에 맞서 여성의 영성은 신체에 대한 재인식에 함께 그것을 독창적인 방식으로 표현하였다(Webb 1993). 리이메이징(Re-imagining) 대회가 예술, 음악, 춤, 전례를 통해 여성의 열정과 영적 힘을 성공적으로 보여주자 일부에서는 근거 없는 비난과 시기심을 드러내었다. 전통적 예배에서 답답함을 느낀 그리스도인 여성은 새로운 예배를 창안하고 다른 종교적 원천으로부터 하나님과의 관계를 표현하기 위한 영감을 찾았다(Neu 2002). 인도의 기독교는 이러한 여성의 강력하고 혁신적인 영성에 대해 생생히 묘사한다.

> 침묵의 문화를 극복하고 자신의 고통을 정치적 힘으로 바꾸려는 여성의 시도는 영적인 경험에 해당한다. 여성이 새롭게 발견한 인식 및 열정을 구현하기 위해 춤, 드라마, 시, 음악, 예술, 이야기 및 민간 전통과 같은 창의적 표현에 의존하는 것은 영성이다. 여성이 자신의 여성다움을 회복하고 생식 능력에 대한 지배권을 되찾으려는 것도 영성이다. 또한 생명에 대해 "예"(yes)라고 말하고 사망의 권세에 대해 "안돼"(no)라고 말할 수 있는 것도 영성이다(Indian Preparatory Group 1992, 71).

우리는 이상의 논쟁을 통해 종교 간 만남이 기독교 영성에 대한 새로운 이슈와 함께 기회를 제공한다는 사실을 알 수 있다. 이들 가운데 기독교 공동체가 진지한 관심을 기울인 두 가지 이슈는 "복수의 종교 정체성 및 참여"와 "타 종교의 자원을 예배와 회중의 삶에 활용"하는 것이다. 아래에서는 이러한 요소에 대해 다룰 것이다.

3. 복수의 종교 정체성 및 참여

많은 그리스도인은 종교 간의 대화를 통해 그리스도인으로 살면서 다른 전통으로부터 명상, 기도, 그리고 요가와 같은 영적 훈련을 배우고 적용함으로써 영적 삶을 풍성하게 하는 것이 가능하다는 사실을 알았다. 문제는 우리가 복수의 종교적 정체성을 가지고 동시에 여러 종교 전통에 참여할 수 있느냐라는 것이다. 복수의 종교 참여(multiple religious participation) 문제는 1980년대 후반 유교에서 사람이 이중 시민이 될 수 있느냐, 즉 동시에 두 전통에 속할 수 있느냐라는 질문을 던진 후 유교-기독교 대화에서 거듭 제기된 문제이다.

힌두교-기독교의 대화에서는 이 문제가 더욱 오랜 역사를 가지며 한 사람이 동시에 힌두교인도 되고 그리스도인이 될 수 있느냐는 문제가 제기된 19세기 및 20세기 초까지 거슬러 올라간다. 일부 학자들은 복수의 종교 참여가 북대서양 기독교 사회(North Atlantic Christian world)에서 신앙과 행위에 관한 문제로 부각되기 시작했다고 믿는다(Berthrong 1994, 27, 212). 이 문제는 서구에서 확산되고 있는 종교 다원주의의 영향을 받은 것이 분명하지만 뉴에이지 영성의 인기도 과소평가할 수 없다.

복수의 종교 가입 및 참여 문제는 기독교가 배타적 지배권을 행사하는 사회의 그리스도인에게 불편을 초래하였다. 혼합주의를 금기시하는 기독교 사회에서 이 문제는 여러 잡신과 종교를 구별 없이 받아들이는 행위이기 때문이다. WCC에서 발간한 종교 간의 대화에 대한 지침은 명백히 혼합주의를 거부한다. 대화 운동을 비판하는 자들이 비난의 대상으로 삼는 것이 그러한 혼합주의이기 때문이다(1994, 177-83). 그러나 유교-기독교 대화에 오랜 시간 관여했던 존 버트롱(John Berthrong)은 혼합주의를 자동반사적으로 거부해서는 안 된다고 말한다(1994, 177-83). 그는 현상학적 관점에서 혼합주의를 이해하려고 노력한다.

일부 학자들은 중국 문명을 혼합주의로 얼룩진 사례로 보지만 버트롱은 기독교 역시 유대교와 그리스-로마 종교로부터 부활절 계란에 이르기까지 다양한 관습을 받아들였다는 사실을 지적한다. 그는 살아있는 전통은 새로운 요소를 만날 때마다 그것을 흡수하거나 거부한다고 생각한다. 그러나 그는 과연 견실한 혼합 종교가 존재할 수 있는지에 대해 의문을 제기한다. 전통은 다른 사상이나 관습을 받아들이더라도 자신의 정체성을 잃지 않고 유지하는 경향이 있기 때문이라는 것이다. 예를 들어 기독교는 원천이 되는 유대교 및 그리스-로마 문화와 명백히 구별된다. 그는 개인에게도 이러한 원리가 적용된다고 생각한다. 어떤 사람이 복수의 종교 전통에 대해 관심을 가진다고 해도 어느 한 전통에 초점을 맞출 수밖에 없다는 것이다.

버트롱과 달리 주디스 벌링(Judith A. Berling)은 중국 사상가들이 어떻게 자신의 삶에서 복수의 종교 지류를 받아들일 수 있었는지에 대한 연구를 통해 종교 전통 간의 상호 작용을 보다 역동적이고 탄력적인 관점에서 제시한다. 그녀는 자신의 저서 『중국 문화 순례자』(A Pilgrim in Chinese Culture, 1997)에서 중국 문화가 복수의 종교 참여를 통해 종교적 다양성을 받아들인 전략을 발전시킨 방식에 대해 묘사하고 그리스도인에 대한 함의를 도출한다. 중국 역사에 나타난 유교, 도교 및 불교 전통 간의 역동적 상호 작용에 대해 인용한 그녀는 혼합주의와 복수의 종교 참여에 대한 문제는 문화적 관점에 따라 달리 볼 수 있다고 주장한다. 그녀는 인류의 종교적 다양성을 바라보는 그리스도인의 지평을 확장하는데 도움이 될 수 있는 다음과 같은 질문을 제기한다.

> 만일 어떤 사회가 복수의 종교 참여가 정상적이라는 가정으로부터 출발한다면 어떻게 되겠는가?
> 만일 종교 단체들이 보다 광범위한 공동체를 조성하고 유지하기 위해 상호 호의적이라면 어떻게 되겠는가?
> 만일 한 문화가 다양한 종교 그룹 간에 상호 친밀함과 일상적인 상호 작용을 조성하고 유지하는 패턴을 발전시킨다면 어떻게 되겠는가?(Berling 1997, 38)

중국의 상황은 미국의 상황과 매우 다르다고 생각하는 벌링은 그리스도인은 다른 종교를 차별 없이 받아들여야 한다고 주장하지 않는다. 그러나 그녀는 중국을 거울이 되는 모델로 제시하며 다른 종교를 가진 이웃을 친절히 대하고 상대의 문화를 이해하며 종교 간의 대화가 필요하다는 사실을 강조한다.

"종교"가 종교적 체계 가운데 사는 자들로부터 분리되어 외부화될 수 있고 대상화될 수 있는 어떤 종교적 체계가 존재한다는 개념을 담고 있고 있다면, 이런 의미의 "종교"라는 용어와 동등한 의미를 갖고 있는 용어를 세상의 문화들의 대부분은 갖고 있지 않다(1978, 57). 다양한 종교적 상황에서 자라난 아시아인의 영적 관습을 면밀히 관찰해보면 하나의 종교 전통으로 규명하기 어려운 다양한 원천이 혼합된 것을 볼 수 있다. 중국 사람이나 일본 사람은 상황에 따라 도교나 불교 또는 신도(Shinto) 사원에 갈 수 있다는 것이다.

이러한 유동적 정체성은 엄격하고 고정적인 종교 정체성 개념에 도전이 되며 개인에게 있어서 하나의 종교 정체성은 다른 종교 정체성을 지배하는 경향이 있다는 버트롱의 주장에 의문을 제기하게 한다. 줄리아 칭(Julia Ching)은 솔직하고 서정적인 회고록인『나비 치료』(The Butterfly Healing, 1998)에서 유교 사상 및 가톨릭 사상 전문가인 자신에게 어떻게 이러한 유동적 정체성이 형성되고 있는지를 보여준다. 그녀는 오랜 세월 암과 투쟁하는 가운데 동서양을 순례하며 가톨릭의 가르침은 물론 불교계 지도자, 도교의 장자(Chuang Tzu), 유교 현자들의 통찰력을 받아들였다. 칭에게 있어서, 자아는 많은 방을 가지고 있으며 그녀는 이러한 복잡성을 "자아의 집"(the house of self)이라는 은유로 표현한다. 자신의 삶을 영적 모험으로 묘사한 그녀는 다음과 같이 말한다.

> 문화적 관점에서 볼 때 이 모험은 동쪽에서 시작하여 서쪽으로 이어졌으나 결국 다시 동쪽으로 돌아가는 여정이었다(Ching 1999, 58).

칭이 말하는 "건너갔다가 돌아왔다"는 표현은 그가 포용한 다수의 전통에 대한 깊은 몰입 및 여러 층으로 이루어진 자아의 참된 화해를 반영한다. 그러나 이러한 정신적 성숙은 쉽게 얻어지는 것이 아니며 한 평생이 걸린다. 더구나 그녀의 중국 문화 및 캐나다 문화는 복수의 종교 참여를 흔쾌히 받아들인다. 불교-기독교 대화를 주장하는 신학자 존 캅(2002)이 지적한 대로 다수의 종교를 가지는 것이 쉬운 환경이 있다. 그리스도인이 불교의 명상법을 채택하는 것은 가능하지만 아브라함의 단일신 신앙을 가진 자에게는 그것이 쉽지 않다. 또한 캅은 그리스도인이 불교 관습을 채택하더라도 완전한 의미에서 그리스도인이자 불교 신자로 살기는 어렵다고 생각한다. 그는 한 전통에 완전히 몰입하지 못하는 사람들에게 효과가 있는 "다수의 전통에 속하는 실험"을 지지하지만 하나의 전통에 뿌리를 내린 가운데 다른 전통의 영감을 통해 끊임없이 변화를 모색하는 방식을 선호한다.

캅의 입장은 기독교와 다른 종교의 상보성(complementarity) 및 수렴(convergence)을 지지하는 자들의 주장과 다르다. 그것은 바티칸 신앙교리성(Congregation for the Doctrine of the

Faith of the Vatican)의 조사를 받은 예수회 사제 쟈크 뒤피(Jaccques Dupuis)와 같은 급진적 인물의 관점을 지지하는 것이다(Dupuis 1997). 앙리 르 소(Henri Le Saux, 그의 인도식 이름은 Abhishiktananada)의 사례 및 데이야르 드 샤르뎅(Teilhard de Chardin)의 그리스도-오메가(Christ the Omega) 개념을 인용한 뒤피(2002)는 이중적 종교 참여가 말세에 드러날 그리스도 안에서의 종교적 통합에 대한 부분적 예시일 가능성을 열어두고 있다. 뒤피의 예수회 동료 수사인 스리랑카의 알로이시우스 피에리스(Aloysius Pieris)는 종교 전통 간의 상보성에 대해서는 공감하지만 목적론적 수렴에 대해서는 의견을 같이 하지 않는다. 불교-기독교 대화에 영향력이 있는 피에리스는 불교와 기독교는 그노시스와 아가페(또는 지혜와 사랑)라는 두 개의 경험적 축에 해당하며 상호 보완적인 성격을 가진다고 주장한다.

> 우리가 마음에 새겨야 할 것은 그노시스(gnosis, 지식)와 아가페(agape, 사랑) 둘 다는 **정확히 필수적**이라는 점이다. 왜냐하면 각각 그 자체는, 해방의 궁극적 원천(Ultimate Source of Liberation)과의 우리의 친밀한 순간을 경험하고 표현하는 매체로서 **부적당**하기 때문이다. 다시 말하면 두 요소는 소위 "구원"이라고 하는 자신을 초월하는 경험을 위해 필요한 상호보완적 개념이라는 것이다. 불교신자든 기독교신자든 각자의 종교 역사가 인정하듯이 가치 있는 영성은 언제나 두 가지 경험적 축, 즉 그노시스적 경험 및 아가페적 경험을 바탕으로 한다(1988, 111).

피에리스는 "수렴"이나 "혼합주의" 또는 "통합"이라는 용어가 각 전통이 가지는 고유의 정체성을 침범하는 인상을 줄 뿐만 아니라 차별성을 부각시키지 못한다는 이유로 이러한 용어들을 가급적 사용하지 않는다. 대신에 피에리스는 여러 유형의 종교를 가진 사람들이 함께 모여 살며 각자의 신앙을 가르치는 운동을 가리키는 "공생"(symbiosis)이라는 용어를 사용한다(1996, 154-61). 예수회 수사인 피에리스는 불교에 관한 박사학위를 받았을 뿐만 아니라 불교 승려들과 함께 수도원에서 지내며 불교에 몰입함으로써 줄리아 칭처럼 "건너갔다가 돌아오는" 경험을 한다.

종교 간의 대화에 대한 어떤 논의에서도 박식함과 너그러운 마음으로 수십 년간 대화에 많은 기여를 한 레이먼 파니카(Raimon Panikkar)에 대한 언급을 빼놓을 수 없을 것이다. 힌두교 아버지와 가톨릭 어머니 사이에 태어난 파니카(1999)는 대화 상대와의 깊은 교감에 필요한 준비 과정으로서 **종교 내** 대화(intra-religious dialogue)라는 용어를 만들어내었다. 종교 간의 대화가 다른 종교를 가진 사람들 간의 대화를 의미한다면 종교 내 대화는 동일인 안에서 두 가지 방식으로 보고 느끼고 사고하며 존재하는 방식이 유지된다. 파니카에 의하면 이것은 "이해"와 내적 "동정" 또는 "공감"을 가지고 다른 사람의 종교 세계로 들어가려는 노력이다. 파니카는 종교의 절충적 혼합을 거부하지만 복수의 종교 참여에 대한 그의 사고는 상호 교류 및 자기 이해에 대한 끊임없는 확장 가능성을 보여준다.

앞서의 논쟁이 기독교와 역사적 종교 전통의 종교 간 만남에 초점을 맞추었다면 뉴에이지로 불리는 새로운 현상의 부상은 종교 정체성을 규명하는 옛 방식에 도전한다. 미국의 뉴에이지는 뉴에이지 음악, 자조적(自助的, self-help) 영적 서적들, 타로카드, 수정구슬, 요가, 여신 숭배, 불교, 초월적 명상, 신이교주의(neo-paganism), 초자연적 현상(occult), 마술, 점성술, 그리고 상업화된 토속 신앙을 포함하는 일련의 다양한 현상을 가리킨다. 주로 아시아와 미국의 토속적 전통으로부터 도출된 뉴에이지 철학은 고대의 믿음 및 관습에 대한 회복에 관심을 가진다. 종교 다원주의가 미국의 **종교적** 풍경을 바꾸었다면 뉴에이지는 미국의 **영적** 풍경을 바꾸어 놓았다고 할 수 있다. 미국 인구의 20%는 자신이 영적이라고 생각하지만 어떤 전통적 종교에도 쉽게 적응하지 못한다.

로버트 워트노우(Robert Wuthnow)는 『천국 이후』(After Heaven)에서 1950년 이후 미국의 영성의 변화에 대해 연구한 후 영적 변화의 특징에 대해 "거룩한 공간에 서식하던 전통적 영성은 구도자적 영성이라는 새로운 영성에 길을 내주었다"고 묘사한다(1998, 3). "거주 영성"(inhabitation spirituality)은 보호와 안전 및 타인과의 연대감을 느낄 수 있는 가정이나 주거지에 대한 소속감을 준다. 그것은 공식적 체계 및 전통적 권위로 규명되며 종교적 유산을 고수한다. 또한 종교적 경계선들은 주로 인종적, 민족적 기원에 바탕을 두고 도출된다. 예를 들면 아일랜드 가톨릭, 베트남 불교 및 인도의 힌두교 등이 있다.

반면에 구도자 영성(spirituality of seeking)은 영구적 처소를 가지지 않는다. 구도자는 탐구자이며 체류자이며 거주자가 아니다. 그들은 확실성과 안전성을 탐구의 자유로 대체하며 적절하다고 생각하는 여러 가지 영적 훈련을 결합한다. 그들은 엄격한 종교적 영역, 권위 있는 가르침 및 종교지도자들의 위선을 받아들이지 않는다. 그들은 종종 자신은 종교적이 아니라 영적이라고 말한다. "종교가 문화적 유산을 전수하는 통로라면 영성은 개인의 정체성 및 성취적 삶을 추구하는 미지의 공간으로 보아야 한다"(Kwok 202, 4).

구도자 영성의 한 형식으로서 뉴에이지는 여러 기독교 단체의 이목을 집중시켰다(Saliba 1999). 복음주의 및 근본주의 주석가들은 뉴에이지를 전통적 기독교 가치관에 대한 중대한 도전으로 보았다. 그들의 저술은 정통 기독교 교리를 재확인하고 뉴에이지 지도자들을 비난하는 한편 그리스도인에게 뉴에이지 사상의 위험에 대해 경고하고 있다. 개신교 주류 교회 및 저자들의 반응은 광범위한 스펙트럼을 보여준다. 일부 저자는 뉴에이지와 기독교 교리가 양립할 수 없다고 강조하지만 다른 저자들은 그들의 논리를 이해하려 하며 양자가 상호 배울 점이 있다고 생각한다.

가톨릭교회의 공식적 반응은 대체로 부정적이며 뉴에이지는 가톨릭의 가르침과 양립할 수 없다고 가르친다. 『가톨릭 교리문답서』(Catechism of the Catholic Church, 1994)은 뉴에이지 운동과 관련하여 유행하고 있는 점, 손금, 점성학 등 일부 풍습에 대해 정죄한다. 한편으로 일부 가톨릭 저자는 뉴에이지에 긍정적 요소가 있다고 생각하며 창조에 대한 긍정적 이해 등 뉴에이지와 가톨릭 전통의 유사성에 주목하고 있다. 그들은 가톨릭이 교리에 벗어나지 않는 뉴에이지 풍습을 이용할 수 있다고 주장한다.

이처럼 다양한 반응에도 불구하고 뉴에이지는 점차 확산되고 있다. "교회에 다니지 않는 미국인"(unchurched America)에 대해 연구한 로버트 풀러(Robert Fuller)는 뉴에이지는 교회와 제도권 종교에 회의를 느낀 사람들의 심리적, 영적 필요를 채워준다고 주장한다(2001). 그는 뉴에이지 현상의 역사적 뿌리를 초월주의, 스웨덴보그주의(Swedenborgianism), 그리고 심령술이 미국에서 우후죽순처럼 번졌던 19세기까지 추적해 들어간다. 교회를 떠난 사람들은 동종요법(homepathy), 지압요법(chiropractics), 최면술(mesmeeerism) 등 대안적 치유 패러다임에 매력을 느끼고 몸과 마음을 연결할 수 있는 다른 영적 체제를 찾아 나섰다. 이러한 경향 가운데 일부는 오늘날의 요가, 태극권, 기치료(reiki), 비접촉촉수치료(therapeutic touch) 등 몸과 마음과 정신을 통합하는 훈련으로 재부상하고 있다.

뉴에이지 음악을 연구한 학자들은 고대 전통과 현대적 사상을 결합한 뉴에이지 음악이 전통적 엘리트주의, 상호주의의 상실(loss of mutuality) 및 가부장적 지배에 도전한다고 주장한다. 음악과 치료의 관계에 대해 연구한 준 보이스-틸만(June Boyce-Tillman)은 뉴에이지가 지배적인 문화에 의해 억눌려 있던 신비적 전통 및 고대 지혜를 다시 부각시키려 한다고 주장한다. 그녀는 공동체 음악, "자연의 소리"에 대한 발견, 표현과 실험의 자유, 호흡과 움직임을 통해 기를 방출하는 훈련 등은 영혼을 우주와 연결할 뿐만 아니라 인격적 생태적 우주적 차원의 치유 능력이 있다고 주장한다.

4. 타종교 자원에 대한 활용

개인은 복수의 종교를 추구하거나 뉴에이지 방식을 채택할 수 있지만 다른 종교 전통의 자원을 기독교 예배 및 회중의 삶에 활용하는 것은 공동체의 정체성 및 교회의 공적인 증거와 관련되기 때문에 복잡한 문제를 초래한다. 많은 기독교 단체는 이러한 자원의 이용에 관한 성명이나 지침을 발표한 바 있다. 1989년 신앙교리성은 주교들에게 비기독교적 명상법의 사용에 관한 서한을 보낸 바 있다. 그 서한은 다음과 같이 말한다.

> 그리스도인의 묵상을 동양의 방식과 접목시키려는 시도에 대해서는 내용과 방법에 대한 철저한 조사를 통해 혼합주의에 빠지지 않도록 해야 한다(para. 12).

또한 신앙교리성은 2000년에는 로마 가톨릭교회와 다른 종교와의 관계를 명확히 하기 위해 "예수는 주"(*Dominus Iessu*, "도미누스 예수")라는 선언을 발표한바 있다. 이 선언은 그리스도를 통한 구원의 유일성을 재확인하는 한편 "교회의 변함없는 선교적 선포는 오늘날 종교 다원주의를 정당화하는 상대적 이론에 의해 실제적으로나 원리적으로나 위협을 받고 있다"(para. 4)고 주장한다. 이것은 종교의 상호성이나 수렴을 명백히 거부하며 교회와 성례의 우선성을 강조한다. 이 문서는 주로 이론적 논증에 대해 다루지만 다른 종교 전통의 예식 및 관습을 다룬 부분도 있다.

> 사실 일부 기도 및 예식은 인간의 마음을 하나님께로 향하게 하는 교육학적 유익을 주는 행위라는 점에서 복음을 준비하는 역할을 하는 것으로 볼 수 있다. 그러나 우리는 이러한 행위에 대해 신적 기원을 부여하거나 그리스도인의 성례에만 적용이 되는 사효적(*ex opere operato*, "엑스 오페레 오페라토," 행해진 일에 의해서) 효력이 있는 것으로 보아서는 안 된다. 더구나 이러한 예식들이 미신이나 다른 오류에 의존하고(참조, 고전 10:20-21) 구원에 장애가 되는 한 결코 간과해서는 안 될 것이다(para. 21).

이 선언은 다른 예식에 대해 독립적인 구원적 효력을 가지지 못하며 복음 성취를 준비하는 사람들로 생각한다. 이 선언은 실제적인 지침을 제공한 것이 아니기 때문에 유익한 예식과 기도를 활용하는 방법 또는 미신이나 오류에 의존한 예식과 구별하는 방법에 대해서는 구체적으로 제시하지 않는다. 한편으로 영국 교회는 1960년대 이후 영연방(the Commonwealth) 안에서 다양한 종교의 사람들과 마주앉아 종교를 초월한 연합예배에 대해 논의해야 했다. 1960년대에 발표된 교회 성명은 대화와 상호 방문을 권장하지만 종교 간 연합예배(interfaith worship)나 지역교회를 이러한 목적에 사용하는 것을 권장하지는 않는다.

그러나 1980년대 후반부터는 이러한 연합예배가 확산됨으로써 목회자 및 평신도 사이에 논쟁을 야기했으며(Braybrooke 1997, 8-13) 영국 교회는 복수의 신앙을 가진 사회에서의 예배에 대한 보다 실제적인 지침을 제시해야 했다(Inter-faith Consultative Grou 1992). 이러한 지침들은 그리스도인의 예배적 순수성을 유지하면서 다른 종교의 자원을 사용하는 문제에 대해 다루고 다른 종교의 경전이나 기도를 기독교 방식에 끼워 맞추려는 시도의 위험성에 대해 경고한다. 또한 예배당 대신 보다 중립적인 장소를 사용할 것을 권장하고 이러한 모임을 교회에서 가질 경우 교회법을 지킬 것을 요구한다.

다른 종교의 자원을 예배나 회중의 삶에 활용함에 있어서 가장 문제가 되는 것은 이러한 전통에 대한 남용(misappropriation)이다. 특히 논쟁이 되는 것은 미국의 토속 신앙에 대한 활용이다. 미국의 토속 기독교는 단체의 상징, 네 방위(four directions), 드럼 사용, 그리고 삼나무와 세이지 또는 담배를 활용한 정결 의식 등이 자신들의 유산이라고 주장하지만(Charleston 2000) 원주민이 아닌 사람들이 이러한 토속적 요소를 사용하는 행위는 문제가 된다.

원주민에 대한 대량학살 및 자신의 문화를 보존하기 위한 그들의 투쟁 역사를 감안할 때 원주민이 참석하지 않거나 원주민 공동체에 대한 책임을 지지 않는 한 이러한 요소를 사용하는 것은 문화적 절도로 볼 수밖에 없다. 체로키족 학자인 로라 도널슨(Raura Donaldson)은 깃털, 바구니 및 담요와 같은 토속적 인공물은 뉴에이지나 백인 페미니스트 등에 의해 상품화된 숭배물이기 때문에 사용을 금해야 한다고 경고한다. 미국의 토속 종교 자원에 대한 남용은 토속 문화에 대한 세계적 침범과 연결된다.

이러한 남용의 심각성을 감안하여 종교 간 연합예배는 신앙이 다른 자들이 함께 하는 경우에만 시행되어야 한다는 점이 중요하다. 이상적으로는 다양한 그룹이 함께 예배하기 전에 복수의 신앙을 가진 공동체(multi-faith community)를 형성해야 할 것이다. 다른 종교의 영적 관습을 예배와 교회의 삶에 활용한다는 것은 단순한 "테크닉"만 따르는 것이 아니라 그들의 영적 전통으로부터 배우게 된다는 사실을 기억해야 한다.

모든 영적 관습은 고유한 배경과 종교적 의미를 가지고 있으며 특정 공동체의 역사에 신학 및 신앙적 기반을 두고 있다. 이러한 관습을 사용하기 위해서는 다른 전통을 존중하는 태도가 필요하다. 카렌 레박(Karen Lebacqz)과 조셉 드리스킬(Joseph Driskill)이 주장한 대로 "어떤 전통을 존중한다는 것은 자신의 목적을 위해 전통이나 그것의 일부를 '사용'할 뿐만 아니라 그것의 순수성을 인정하는 것이다"(2000, 92). 목회자는 교구민을 가르치고 그들에게 이러한 전통을 쉽게 채택하지 않도록 경고할 필요가 있다.

교회에서 시행되는 종교 간 연합예배 외에도 목회자는 병원이나 학교 또는 결혼식이나 장례식에서 연합예배를 요구받을 때가 있다. 에큐메니칼 지도자들은 복수의 신앙 환경에서 사역자 양성(ministerial formation)의 필요성에 대해 오랜 시간 논의해왔다(Amirtham and Ararajah 1986). 이것은 특히 아시아 교회에 중요하며 세계 도처의 교회들이 진지하게 접근해야 할 문제이다. 오늘날 신학교 커리큘럼은 학생들에게 다른 전통에 대해 배울 것을 요구하지 않는다.

영성이 교과목에 포함될 때, 영성 과목은 주로 교단 전통에 초점을 맞추며 복수의 신앙적 관점에서 나온 영적 훈련에 대해서는 거의 소개하지 않는다. 영적 지도를 준비하는 자들은 목회 훈련과 함께 다른 문화나 신앙 전통에 대해 민감해야 한다. 가톨릭 신앙을 가진 릴리 퀸토스(Lily Quintos) 여사는 다양한 종교의 전제(premises) 및 관습에 대한 지식은 영적 지도자로 하여금 다양한 회중의 종교적 행동을 이해하고 그들이 통찰력을 발견하고 영적 성취를 이룰 수 있도록 도울 수 있다고 말한다(1992).

종교 간 만남이 증가할수록 기독교 교회는 자신의 정체성 및 복수의 신앙 환경에서의 사명에 대해 재고하게 된다. 기독교 영성은 종교인에 대한 호소를 지속하고 영적 구도자를 끌어들이기 위해 오늘날의 영적 위기에 대해 말할 수 있어야 하며 다른 전통에 대해 열린 마음을 가져야 한다. 그리스도인은 다른 순례자가 자신의 대화 상대이며 다른 영적 노정에도 가치가 있다는 사실을 점차 인식하고 있다. 고대 도교의 고전 『도덕경』(道德經, Tao Te Ching)은, 이름이 불려질 수 있는 도(道, the way)는 도가 아니라고 말한다. 이 말은 신비, 즉 도를 이해함에 있어서 우리의 언어와 논리의 한계를 보여준다. 그리스도인의 영성은 이러한 신비에 대해, 그리고 인간 정신의 다양성에 대해 겸손과 공감 및 포용적 태도를 가짐으로써 새로운 활력을 되찾게 될 것이다.

참고문헌

Abraham, D., Park, S. A. L., and Dahlin, Y. (eds) 1989: *Faith Renewed: A Report on the First Asian Women's Consultation on Interfaith Dialogue*. Hong Kong: Asian Women's Centre for Culture and Theology.

Amirtham, S. and Ariarajah, W. 1986: *Ministerial Formation in a Multi-faith Milieu: Implications of Interfaith Dialogue for Theological Education*. Geneva: World Council of Churches.

Arai, T. and Ariarajah, W. (eds) 1989: *Spirituality in Interfaith Dialogue*. Geneva: World Council of Churches.

Ariarajah, W. 1989: *The Bible and People of Other Faiths*. Maryknoll, NY: Orbis.

Barstow, A. L. 1994: *Witchcraze: A New History of the European Witch Hunts*. San Francisco: Pandora.

Becher, J. (ed.) 1991: *Women, Religion and Sexuality*. Geneva: World Council of Churches.

Berling, J. A. 1980: *The Syncretic Religion of Lin Chao-en*. New York: Columbia University Press.

_____. 1997: *A Pilgrim in Chinese Culture: Negotiating Religious Diversity*. Maryknoll, NY: Orbis.

Berthrong, J. H. 1994: *All under Heaven: Transforming Paradigms in Confucian–Christian Dialogue*. Albany, NY: State University of New York Press.

Boyce-Tillman, J. 2000: *Constructing Musical Healing: The Wounds that Sing*. London: Jessica Kingsley.

Braybrooke, M. 1997: The development of interfaith services and a history of the discussion about them. In J. Potter and M. Braybrooke (eds), *All in Good Faith: A Resource Book for Multi-faith Prayer*, pp. 5–25. Oxford: The World Congress of Faiths.

Bultmann, R. 1956: *Primitive Christianity in its Contemporary Setting*. London: Thames and Hudson.

Burton, N., Hart, P., and Laughlin, J. (eds) 1973: *The Asian Journal of Thomas Merton*.

New York: New Directions.

Catholic Church 1994: *Catechism of the Catholic Church*. Liguori, Mo.: Liguori Publications.

Charleston, S. 2000: Native American-Christian worship. In J. Beversluis (ed.), *Sourcebook of the World's Religions: An Interfaith Guide to Religion and Spirituality*, 3rd edn, p. 34. Novato, CA: New World Library.

Ching, J. 1998: *The Butterfly Healing: A Life between East and West*. Maryknoll, NY: Orbis.

———. 1999: The house of self. In P. C. Phan and J. Y. Lee (eds), *Journeys at the Margin: Toward an Autobiographical Theology in American-Asian Perspective*, pp. 41–61. Collegeville, MN: Liturgical Press.

Chung H. K. 1990: *Struggle to be the Sun Again: Introducing Asian Women's Theology*. Maryknoll, NY: Orbis.

———. 1991: Come, Holy Spirit – renew the whole creation. In M. Kinnamon (ed.), *Signs of the Spirit, Official Report, Seventh Assembly*, pp. 37–47. Geneva: World Council of Churches.

Cobb, J. B. 2002: Multiple religious belonging and reconciliation. In C. Cornille (ed.), *Many Mansions? Multiple Religious Belonging and Christian Identity*, pp. 20–8. Maryknoll, NY: Orbis.

Congregation for the Doctrine of the Faith 1989: Letter to the bishops of the Catholic Church on some aspects of Christian meditation. *Origins* 19 (28), 492–8.

———. 2000: *Dominus Iesus*: on the unicity and salvific universality of Jesus Christ and the church. *Origins* 30 (14), 1, 211–19.

Devananda, Y. 1989: Living dialogue. In T. Arai and W. Ariarajah (eds), *Spirituality in Interfaith Dialogue*, pp. 67–77. Geneva: World Council of Churches.

Donaldson, L. E. 1999: On medicine women and white shame-ans: New Age Native Americanism and commodity fetishism as pop culture feminism. *Signs* 24 (3), 677–96.

Dupuis, J. 1997: *Toward a Christian Theology of Religious Pluralism*. Maryknoll, NY: Orbis.

_____. 2002: Christianity and religions: complementarity and convergence. In C. Cornille (ed.), *Many Mansions? Multiple Religious Belonging and Christian Identity*, pp. 61–75. Maryknoll, NY: Orbis.

Eck, D. 1993: *Encountering God: A Spiritual Journey from Bozeman to Banaras*. Boston: Beacon.

_____. 2001: *A New Religious America: How a "Christian Country" Has now Become the World's Most Religiously Diverse Nation*. San Francisco: Harper.

_____. and Jain, D. (eds) 1987: *Speaking of Faith: Global Perspectives on Women, Religion, and Social Change*. Philadelphia: New Society.

Fohrer, G. 1973: *History of Israelite Religion*. London: SPCK.

Fuller, R. C. 2001: *Spiritual, but Not Religious: Understanding Unchurched America*. New York: Oxford University Press.

Hadley, J. M. 2000: *The Cult of Asherah in Ancient Israel and Judah: Evidence for a Hebrew Goddess*. Cambridge: Cambridge University Press.

Indian Preparatory Group 1992: An Indian search for a spirituality of liberation. In V. Fabella, P. K. H. Lee, and D. K. S. Suh (eds), *Asian Christian Spirituality: Reclaiming Traditions*, pp. 64–84. Maryknoll, NY: Orbis.

Inter-faith Consultative Group 1992: *"Multi-faith Worship": Questions and Suggestions from the Inter-faith Consultative Group*. London: Church House.

Joyce, T. J. 1998: *Celtic Christianity: A Sacred Tradition, a Vision of Hope*. Maryknoll, NY: Orbis.

Knitter, P. F. 2002: *Introducing Theologies of Religions*. Maryknoll, NY: Orbis.

Kwok P-L. 1995: *Discovering the Bible in the Non-biblical World*. Maryknoll, NY: Orbis.

_____. 2002: Spiritual, and also religious? *The Brown Papers* 26 (3), 1–14.

Lebacqz, K. and Driskill, J. D. 2000: *Ethics and Spiritual Care: A Guide for Pastors, Chaplains, and Spiritual Directors*. Nashville: Abingdon Press.

Neu, D. 2002: *Return Blessings: Ecofeminist Liturgies Renewing the Earth*. Cleveland: Pilgrim.

Panikkar, R. 1987: The Jordan, the Tiber, and the Ganges. In J. Hick and P. F. Knitter (eds), *The Myth of Christian Uniqueness: Toward a Pluralistic Theology of Religions*, pp. 89–116. Maryknoll, NY: Orbis.

_____. 1999: *The Intrareligious Dialogue*, 2nd edn. New York: Paulist Press.

Pieris, A. 1988: *Love Meets Wisdom: A Christian Experience of Buddhism*. Maryknoll, NY: Orbis.

_____. 1996: *Fire and Water: Basic Issues in Asian Buddhism and Christianity*. Maryknoll, NY: Orbis.

Quintos, L. 1992: Experiences of the heart: *The Spiritual Exercises* across cultures. In S. Rakoczy (ed.), *Common Journey, Different Paths: Spiritual Direction in Cross-cultural Perspective*, pp. 89–96. Maryknoll, NY: Orbis.

Race, A. 1982: *Christians and Religious Pluralism: Patterns in the Christian Theology of Religions*. London: SCM.

Saliba, J. A. 1999: *Christian Responses to the New Age Movement: A Critical Assessment*. London: Geoffrey Chapman.

Schneiders, S. M. 1993: Spirituality as an academic discipline: reflections from experience. In M. A. Tilley and S. A. Ross (eds), *Broken and Whole: Essays on Religion and the Body*, pp. 207–18. Lanham, MD: University Press of America.

Smith, W. C. 1978: *The Meaning and End of Religion: A Revolutionary Approach to the Great Religious Traditions*. New York: Harper and Row.

Song, C. S. 1993: Living theology: birth and rebirth. In J. C. England and A. C. C. Lee (eds), *Doing Theology with Asian Resources: Ten Years in the Formation of Living Theology in Asia*, pp. 6–24. Hong Kong: Program for Theology and Culture in Asia.

Thangaraj, M. T. 1989: Journey towards an inclusive spirituality. In T. Arai and W. Ariarajah (eds), *Spirituality in Interfaith Dialogue*, pp. 19–22. Geneva: World Council of Churches.

Thich N. H. 1998: *Teachings on Love*. Berkeley, CA: Parallax.

Thomas, N. 1994: *Colonialism's Culture: Anthropology, Travel, and Government*. Cambridge: Polity Press.

Webb, P. M. 1993: Interfaith and women's spirituality. *The Way Supplement* 78, 23–31.

World Council of Churches 1979: *Guidelines on Dialogue with People of Living Faiths and*

Ideologies. Geneva: World Council of Churches.

Wuthnow, R. 1998: *After Heaven: Spirituality in America since the 1950s*. Berkeley, CA: University of California Press.

Yeo, K. K. 1994: The rhetorical hermeneutic of 1 Corinthians 8 and Chinese ancestor worship. *Biblical Interpretation* 2 (3), 294–311.

주제 색인

ㄱ

가난 166, 177, 187, 196, 207, 219, 221, 364, 411, 419, 499, 653, 672, 695, 747, 750, 751, 753, 757, 759, 763, 764

가르침(didache) 101, 363

『가르침』(didache) 122, 123, 124

가이사랴의 바실(Basil of Caesarea) 128, 315

가치에 관한 유럽의 연구 632

『가톨릭 교리문답서』(Catechism of the Catholic Church) 786

가톨릭 노동자 운동 226

갈라디아서 94

갈라 플라치디아 영묘(Mausoleum of the Galla Placidia) 694

개인 기도 125, 127 422

갤럽(Gallup) 631

『거룩한 사랑의 찬송』(The Hymns of Divine Love) 155

『거룩한 향연과 거룩한 금식』(Holy Feast and Holy Fast) 546, 548, 549

거주 영성 785

『거짓되게 지식이라 불리는 것에 대한 비판과 전복』(Refutation and Overthrow of the Knowledge Falsely So Called) 117

결과의 윤리학 408, 421

결합적 관점 298, 300

결혼 28, 42, 133, 134, 153, 169, 172, 176, 190, 197, 198, 200, 205, 207, 277, 329, 330, 331, 333, 340, 412, 413, 414, 422, 429, 573, 578, 682, 789

경건주의 200, 201, 209, 248, 303, 452, 617

『경건한 소원』(Pia Desideria) 201

『계시』(Showings) 539, 678, 679

고난 신비주의 275, 276, 277

『고대 그리스 종교: 개론』(Hellenistic Religions: Introduction) 97

고대의 지혜 603

고린도전서 101, 106, 334, 772

고린도후서 652

『고백록』(Confessions) 129, 749

고백자 막시무스(Maximus the Confessor) 28

고전 676, 677

고행주의자들(Encratites) 133
골로새서 101, 102
공동기도서 45, 202
과달루페의 우리의 성모(Our Lady of Guadalupe) 245
관상 46, 47, 74, 274, 275, 276, 357, 364, 371, 372, 373, 375, 379, 397, 414, 423, 443, 473, 477, 514, 524, 532, 608
교육이론 30, 732
『교정된 영신수련』(The Spiritual Exercises Reclaimed: Uncovering Liberating Possibilities for Women, 2001) 737
교회론 118, 253, 300, 317, 359, 367
『구도자들의 시대』(A Generation of Seekers) 432
『구속의 별』(Star of Redemption, 1970) 608
국립 성서 교리 및 예전 센터(National Biblical Catechetical and Liturgical Center/NBCLC, Bangalore) 260
『국부론』(The Wealth of Nations) 638
규범적 다원주의(normative pluralism) 377
『그리스도께 이르는 길』(The Way to Christ) 201
『그리스도를 본받아』(Imitatio Christi) 178, 188
그리스도의 두상(Head of Christ) 519
그리스도의 몸 320
그리스도의 육체 295, 314
그리스도의 이름 611
그리스도의 이미지 519
그리스도인의 자유 341
"근래의 저자들이 의미하는 영성은 무엇인가?" (What Do Recent Writers Mean by Spirituality?) 94
금식 77, 101, 123, 133, 188, 246, 292, 392, 544, 546, 548, 652, 757
금욕주의 27, 46, 118, 124, 127, 132, 133, 134, 135, 136, 137, 434, 542, 545, 547, 548, 549, 550, 652, 659, 674
금지된 이미지 523
기도 40, 98, 100
『기도에 관하여』(On Prayer) 315
기도의 효능 584
기독교 교회 344, 362, 367, 369, 375, 452, 512, 518, 519, 521, 522, 523, 593, 594, 639, 750, 770, 773, 775, 789
『기독교 기사 설명서』(The Manual of the Christian Knight) 188
『기독교 신학에 대하여』(On Christian Theology) 679
"기독교 영성 연구에 관한 해석학적 접근" (A Hermeneutical Approach to the Study of Christian Spirituality) 731
기독교 영성연구협회(Society for the Study of Christian Spirituality) 362, 730
기독론 28, 72, 119, 120, 148, 149, 150, 289, 290, 291, 293, 295, 296, 297, 298, 299, 300, 302, 303, 304, 306, 308, 309, 317, 322, 339, 344, 359
기반(Grund/t) 300
"기사"와 "표적" 108
기호학 579, 581, 582, 588, 685

ㄴ

나비 치료 783
『나와 너』(I and Thou) 638
나지안주스의 그레고리 149, 308, 315
남아프리카 257, 754, 755, 756, 758, 760, 762, 765
『내면의 성』(The Interior Castle) 40, 77, 197

노래 125, 145, 147, 179, 252, 256, 258, 389, 395, 396, 417, 418, 423, 584, 661, 683, 708, 771
노예제도 106, 246, 254, 298
누가복음 64, 98, 104, 105, 116
『능력, 젠더 및 기독교 신비주의』(Power, Gender and Christian Mysticism) 648
니케아 공의회 119
니케아 신경 400
닛사의 그레고리(Gregory of Nyssa) 128, 308, 331

ㄷ

다메섹의 요한(John Damascene) 298
다원성 362, 595, 750, 764, 774
다원주의 228, 229, 293, 435, 595, 599, 601, 606, 777, 781, 785, 787
단의론 150, 151
대 그레고리(Pope St. Gregory the Great) 136, 142, 170, 172, 522
『대화록』(Dialogues) 170, 173
덕 윤리학 28, 232, 407, 411, 412
데스몬트 투투(Desmond Tutu) 30, 753, 757, 758, 759, 760, 761, 762, 763, 764, 765
데이비드 트레시(David Tracy) 325, 329, 332, 597
데이비드 페린(David B. Perrin) 30, 31
데이야르 드 샤르뎅(Teilhard de Chardin) 483, 504, 784
도교 247, 782, 783, 789
『도덕경』(道德經, Tao Te Ching) 789
도로시 데이(Dorothy Day) 41

도마복음 117, 295, 772
『도이칠란트호의 조난』(The Wreck of the Deutschland) 353
독신 133, 166, 190, 329
돈 쿠핏 654
『동물은 어떻게 우리를 인간으로 만드는가』(The Others: How Animals Made Us Human) 708
동성애 55, 166, 168, 230, 552
『동시성 안에 있는 모든 것: 음악과 예술이 미국의 종교에 어떻게 활력을 주고 있는가』(All in Sync: How Music and Art are Revitalizing American Religion) 441, 447
『디아테사론』(Diatessaron) 118, 133

ㄹ

라틴 아메리카 27, 236, 239, 240, 245, 257, 751, 752, 753
라틴어 70, 107, 142, 166, 170, 176, 202, 399, 545, 554, 653
러시아 146, 158, 306, 319, 367
로고스 65, 119, 143, 282, 289, 290, 291, 292, 293, 294, 297, 300, 301, 302, 306, 309
로고스(Logos) 492
로마 가톨릭 77, 94, 169, 190, 193, 195, 198, 202, 216, 219, 221, 230, 292, 298, 303, 345, 362, 522, 540, 676, 787
로마 가톨릭교회 189
로마서 101, 102, 122
로마 제국 27, 71, 104, 116, 141, 142, 158, 163, 169, 187, 773
로버트 워트노우(Robert Wuthnow) 411, 431, 443, 437, 447, 452, 785

로욜라의 이그나티우스(Ignatius of Loyola) 196, 272, 339, 356, 673, 680, 687, 694, 749
루드비히 비트겐쉬타인(Ludwig Wittgenstein) 230
루터주의 194
리용의 이레니우스 117
리지외의 성 데레사(St. Therese of Lisieux) 221, 222, 659
리차드 폭스 영(Richard Fox Young) 27
리치(Ricci) 245, 247

ㅁ

마가복음 92, 98, 100, 409
마니교 133, 318
마리아 119, 120, 146, 174, 177, 188, 190, 195, 196, 205, 207, 238, 244, 245, 542
마음과 몸 585
『마음의 습관』(Habits of the Heart) 433
마지막 만찬 107, 122, 371
마태복음 64, 98, 102, 353
마테오 리치(Matteo Ricci) 244
마틴 루터(Martin Luther) 45
막데부르크의 메칠드(Mechthild of Magdeburg) 42, 553, 557
말라기 107
『말로 뭔가를 하는 방법』(How to do Things with Words) 578, 585
말씀과 성령 315, 372, 376, 380, 610
맥퀸(John A. McGuckin) 27
『맨스필드 파크』(Mansfield Park) 340
메노나이트 409
메타서사 43, 52, 230
모라비안 201, 247

모세의 생애 128
목회신학 30, 721, 726, 727
몬타누스주의 292, 295, 318
『몸을 존중하기: 그리스도인의 실천에 관한 묵상』(Honoring the Body: Meditations on a Christian Practice) 727
몹쉬에스티아의 테오도르(Theodore of Mopsuestia) 120, 299, 302
무릎을 꿇는 107, 126
무신론 132, 365, 488, 498, 575, 620, 636
『무지의 구름』(Cloud of Unknowing) 203
무지한 앎 527
묵상(Meditations) 20, 46, 56, 65, 71, 82, 119, 125, 130, 164, 168, 173, 190, 191, 193, 196, 204, 207, 208, 228, 247, 260, 357, 369, 371, 374, 375, 378, 380, 417, 422, 428, 431, 439, 441, 442, 453, 459, 460, 470, 474, 477, 559, 580, 606, 607, 616, 658, 695, 757, 760, 777, 778, 787
묵상적 독서 173, 175
물질과 영 92
『미덕 이후』(After Virtue) 728
미학 29, 50, 512, 514, 515, 516, 522, 523, 524, 525, 526, 528, 529, 530, 531, 532, 533, 686
믿음과 이성 289, 291, 294, 297, 298, 300, 303, 308, 309
『믿음의 실천』(The Practice of Faith) 658

ㅂ

바르톨로메우스 지겐발크(Bartolomaeus Ziegenbalg) 248

『박식한 무지에 관하여』(De docta ignorantia) 187
발타자르(von Balthasar) 29
베네딕트 수도원 40, 170, 171, 173, 733
베드로 105, 107, 108, 117, 118, 776
베드로의 설교 101
『변형』(Metamorphoses) 80
병적인 470
『부서짐과 구속』(Fragmentation and Redemption) 545, 546, 548
부활 65, 67, 73, 91, 92, 95, 98, 100, 104, 106, 109, 110, 117, 119, 122, 123, 125, 152, 192, 196, 268, 270, 275, 281, 291, 307, 319, 321, 328, 333, 341, 344, 368, 369, 373, 378, 380, 383, 395, 398, 404, 406, 421, 424, 499, 503, 520, 521, 600, 604, 611, 616, 658, 666, 753, 764
부활 공동체 761, 762
부활절 62, 106, 123, 131, 418, 419, 499, 503, 782
분별의 학교 371, 372, 378, 380
『분별 있는 황홀경: 신비주의, 성적 차이와 역사의 요구』(Sensible Ecstasy: Mysticism, Sexual difference, and the Demands of History) 558
『불과 태양』(The Fire and the Sun) 514
불교 48, 50, 242, 243, 259, 428, 431, 450, 454, 471, 575, 593, 603, 607, 609, 620, 623, 627, 649, 651, 770, 774, 777, 778, 779, 782, 783, 784, 785
불교의 신비주의 626, 627
비기독교 133, 169, 230, 366, 451, 453, 594, 605, 756, 771, 787
비자아 472
비잔틴 제국 121, 152, 157, 319
비평적 상관관계 459
『텅빈 공간』(The Empty Space) 578

ㅅ

『사나운 풍경의 위안』(The Solace of Fierce Landscapes: Exploring Desert and Mountain Spirituality) 735
사도 바울 19, 92, 102, 110, 232, 319, 616
사도신경 118, 273, 400
『사도적 전통』(Apostolic Tradition) 118, 122, 124
사도행전 94, 101, 103, 104, 105, 106
사막 수도사 69
사막의 영성 136, 735
사해문서 105
사회 과학 22, 80, 298, 348, 358, 443, 444, 448, 449, 452, 453, 488, 586, 621, 670, 673, 721, 729
산스크리트어 249, 251, 261
삼위일체 28, 38, 62, 67, 85, 117, 118, 119, 120, 127, 130, 192, 197, 201, 205, 252, 269, 271, 273, 274, 275, 276, 278, 279, 280, 281, 282, 284, 286, 287, 306, 308, 316, 317, 318, 322, 323, 324, 325, 326, 328, 332, 333, 334, 339, 344, 368, 370, 373, 379, 380, 399, 433, 454, 459, 497, 498, 605, 607, 686
삼중성 323
새로운 역사 기록학 239, 240, 241
새 신학자 시메온[Symeon the New Theologian] 152, 154
생태학 50, 53, 81, 84, 304, 497, 650, 695, 696, 701, 708, 710, 711, 712
성령론 119, 152, 191, 279, 314, 315, 316,

322, 323, 330
『성령에 관하여』(On the Holy Spirit) 315
성례 127, 129, 131, 134, 148, 149, 189, 191, 192, 195, 199, 221, 304, 305, 310, 316, 318, 320, 322, 328, 330, 334, 382, 383, 385, 387, 389, 397, 398, 501, 573, 588, 654, 686, 727, 787
성례성 28, 382, 392
『성스러움의 의미』(The Idea of the Holy) 575
성육신 28, 67, 80, 116, 117, 120, 123, 148, 149, 150, 151, 157, 192, 197, 202, 204, 205, 239, 240, 241, 277, 282, 296, 302, 308, 309, 318, 321, 325, 328, 338, 521, 524, 547, 602, 608, 659, 683, 684, 685, 694, 753
성인(saints) 27, 47, 153, 154, 170, 174, 179, 188, 190, 195, 198, 202, 219, 222, 224, 246, 339, 397, 540, 548, 549, 550, 727
성적 차이와 역사의 요구 558
성직자 개혁 198
성찬(주님의 만찬) 95, 97, 101, 106, 111, 118, 122, 123, 124, 167, 178, 188, 189, 190, 191, 192, 194, 209, 227, 248, 252, 260, 282, 328, 369, 370, 385, 389, 395, 396, 400, 411, 417, 428, 550, 727, 750
『성찰』(Meditations) 200
성화상(icon) 519, 520, 522
세계교회협의회(WCC) 257, 770
『세계 영성 백과』(Encyclopedia of World Spiritualities) 48
세계화 28, 52, 229, 307, 308, 436, 638
세례 41, 47, 95, 99, 101, 103, 105, 108, 111, 118, 122, 123, 133, 135, 189, 192, 193, 226, 247, 259, 320, 321, 328, 368, 389, 396, 400, 409, 411, 422, 581, 588, 619, 772
세속화 80, 92, 213, 223, 526, 529, 665
『소유적 개인주의의 정치 이론』(The Political Theory of Possessive Individualism, 1962) 638
수도원 47, 70, 71, 127, 135, 143, 147, 149, 152, 154, 155, 156, 158, 163, 165, 169, 170, 171, 172, 175, 176, 177, 187, 195, 207, 208, 209, 219, 221, 227, 228, 290, 299, 525, 650, 653, 674, 675, 681, 686, 757, 758, 760, 761, 778, 784
수도원 제도(monasticism) 27, 134
순교 27, 80, 118, 122, 131, 132, 134, 135, 136, 154, 193, 198, 199, 227, 247, 292, 399, 758
『순례자의 길』(The Way of the Pilgrim) 159
『순수 이성 비판』(Critique of Pure Reason) 220
『순전한 기독교』(Mere Christianity) 225
『숲 아래의 태양』(Sun under Wood) 700
스콜라주의 74, 316
『스트로마테이스』(Stromateis) 117
슬라브 153, 157
습관 75, 130, 173, 240, 253, 326, 375, 389, 409, 410, 412, 413, 414, 417, 600, 730
시리아 27, 118, 120, 121, 122, 125, 127, 128, 133, 141, 142, 143, 144, 145, 147, 148, 149, 151, 153, 155, 156, 175
시몬느 베이유(Simone Weil) 33
시에나의 캐더린(Catherine of Siena) 272, 549, 552, 650
시토 수도회 175, 177, 179, 208
시편 63, 68, 70, 71, 74, 75, 80, 125, 190, 194,

349, 385, 393, 399, 417, 686, 739, 740
시학 516, 517
『신들의 충돌』(The Clash of Gods) 518
신부 신비주의 553
신비신학 45, 46, 187
『신비신학: 사랑학』(Mystical Theology: The Science of Love) 317
신비 입문 350
『신비 입문서』(Mystagogia) 151, 282
신비적인 기도 126, 347
신비주의(mysticism) 30, 45, 52, 126, 127, 143, 170, 175, 177, 182, 193, 197, 200, 203, 204, 207, 208, 215, 216, 217, 231, 232, 300, 472, 548, 549, 558, 559, 607, 648, 649, 650, 651, 657, 659, 660, 662, 663, 664, 665, 666, 687, 778
신비주의 문학 655
『신비주의와 종교 전통』(Mysticism and Religious Traditions) 656
신비주의자 46, 47, 55, 144, 164, 165, 167, 181, 198, 200, 203, 208, 216, 217, 225, 227, 231, 233, 365, 372, 470, 471, 472, 544, 545, 550, 553, 559, 649, 650, 651, 652, 653, 654, 655, 656, 659, 660, 661, 662, 663, 664, 665, 666, 677, 679
『신성의 흘러내리는 빛』(The Flowing Light of Godhead) 179
『신앙 감정론』(The Religious Affections) 618
『신앙 생활 입문』(Introduction to a Devout Life) 206, 207
"신약과 그 세계에 관한 연구"(Studies of the New Testament and Its World) 97
신적 실재와의 하나 됨 649, 651

신적 아름다움 218, 512, 521, 527, 529
신플라톤주의 129, 130, 298, 525, 652, 653, 654, 664
『신학과 사회 이론』(Theology and Social Theory) 625
『신학대전』(Summa theologiae) 356, 524
『실낙원』(Paradise Lost) 202
실존적 현상 36, 38
실천 18, 720
심리학 21, 29, 37, 40, 45, 47, 50, 55, 225, 228, 343, 346, 431, 444, 458, 459, 460, 467, 468, 474, 475, 487, 488, 490, 573, 576, 584, 593, 618, 620, 623, 624, 630, 636, 655, 659, 670, 674, 722, 723, 741
십자가의 요한(John of the Cross) 28, 45, 55, 197, 204, 277, 286, 326, 327, 330, 331, 347, 348, 472, 661, 667, 742

ㅇ

아가서 553, 652
아리우스 논쟁 119
아빌라의 데레사(Teresa of Avila) 40, 77, 196, 204, 347, 472, 559
아시아 27, 141, 163, 239, 240, 241, 243, 244, 260, 431, 748, 774, 778, 780, 783, 785, 789
아이들 388, 389, 390, 466, 471, 629, 637, 761
토마스 아퀴나스(Thomas Aquinas)) 28
안디옥 66, 120, 121, 142, 144, 240, 299, 302, 306, 307
안디옥의 이그나시우스(Ignatius of Antioch) 117, 118

『안토니의 생애』(Life of Antony) 135, 153
『알렉산더에서 콘스탄틴까지의 기도: 비평적 문집』(Prayer from Alexander to Constantine: A Critical Anthology) 97
야나기(Yanagi) 532
『어머니로서의 예수: 중세 절정기 때의 영성에 관한 연구』(Jesus as Mother: Studies in the Spirituality of the High Middle Ages) 542
어머니이신 하나님 327
언어와 텍스트 659
에드워드 테일러(Edward Taylor) 42
에디오피아 236, 237, 240
『에디오피아 해방』(Ethiopia Unbound) 236
에베소 93
에베소 공의회 121
에스토니아 623
여성의 몸 396, 545, 550, 552, 780
『연옥에 관한 논문』(Treatise on Purgatory) 198
열광주의 319, 373
『열정과 이해관계』(The Passions and the Interests) 638
영국교회 202, 788
영성 18, 19, 36, 38, 41, 55, 62, 91, 116, 141, 163, 186, 212, 236, 239, 241, 246, 256, 268, 289, 314, 338, 362, 382, 403, 428, 430, 432, 451, 458, 459, 461, 464, 466, 468, 471, 472, 473, 474, 476, 482, 484, 487, 492, 495, 496, 499, 500, 501, 503, 513, 523, 528, 534, 538, 540, 542, 548, 551, 554, 573, 574, 576, 578, 581, 582, 583, 584, 586, 588, 592, 595, 600, 603, 604, 608, 610, 611, 629, 632, 637, 639, 653, 662, 666, 669, 670, 672, 674, 676, 682, 685, 687, 690, 695, 696, 707, 709, 712, 713, 721, 726, 727, 732, 735, 737, 739, 740, 742, 747, 748, 750, 753, 754, 756, 758, 760, 762, 771, 772, 775, 784, 789
영성을 위한 정황 362, 374
영성의 모자이크 233
영적 문화 27, 122
『영적 시장: 베이비부머 세대와 종교 재생』(The Spiritual Marketplace: Baby Boomers and the Remaking of Religion) 432, 434, 437
『영적 찬가』(Spiritual Canticle) 277, 330
『영적이지만 종교적이지 않은: 교회를 다니지 않는 미국인 이해하기』(Spiritual but Not Religious: Understanding Unchurched America) 449
영지주의 117, 134, 294, 295, 469, 492, 690, 772
영혼과 죽음 173
예레미야 72
예루살렘 67, 103, 104, 123, 132, 144, 168, 240, 291, 320, 748
예루살렘 공의회 298, 306, 772
예수 그리스도 38, 65, 91, 94, 95, 98, 108, 119, 123, 156, 198, 237, 238, 253, 298, 299, 301, 302, 339, 368, 375, 378, 403, 408, 533, 771
예수 그리스도의 인격 110
예수의 기도 159, 271
예수의 몸 319, 320
예수의 육체 333
예수의 이름 108, 291
예수회 195, 196, 199, 202, 205, 206, 208, 244, 246, 247, 249, 353, 683, 689, 749, 784

예식 573
예언 30, 663
예전 28, 39, 45, 47, 48, 56, 165, 304, 349, 369, 370, 371, 373, 379, 391, 394, 397, 398, 400, 416, 419, 574, 581, 593, 600, 610
『오랜 외로움』(The Long Loneliness) 226
오리겐(Origen) 42, 65, 66, 119, 126, 131, 136, 149, 280, 315, 495
"오소서 임마누엘"(Veni, Veni Emmanuel) 395
옥스퍼드 운동 221, 252
완전 45, 46, 47, 131, 157, 299, 323, 324, 339, 383, 397, 410, 421, 423, 653, 758
『완전의 길』(The Way of Perfection) 197
요나 64, 65, 66, 67, 68, 70, 73, 74, 80, 83, 85, 776
요나서 26, 63, 76, 79
요나서 주석 66, 79
"요나와 고래"(Jonah and the Whale) 82
요더(John Howard Yoder) 409
요하네스 타울러(Joannes Tauler) 193
요한계시록 101, 117
요한복음 98, 103, 106, 117, 239, 268, 269, 303, 321, 398, 492, 727
요한복음 강의 280
요한복음 주석 280
우르술라 수도회(Ursulines) 195
우주론 53, 91, 97, 110, 166, 317, 486, 491, 495, 496, 503, 504, 636, 701
『우주의 찬가』(Hymn of the Universe) 483
우크라이나 153
『원복』(Original Blessing) 231, 342
『위기에서의 희망』(Hope in Crisis: SACC National Conference Report: 1986) 756
윌리엄 퍼킨스((William Perkins) 617
유교 244, 247, 649, 781, 782
유니테리언(Unitarian) 192, 218
유대교 48, 104, 105, 109, 123, 179, 183, 232, 308, 364, 365, 366, 428, 431, 435, 446, 494, 518, 520, 575, 593, 594, 605, 608, 609, 626, 627, 649, 765, 771, 772, 782
유럽 중심주의 682
유명론 293
유월절 97, 106, 276, 418, 600, 604
육아 388
윤리 21, 95, 99, 102, 110, 218, 231, 232, 296, 315, 364, 374, 375, 376, 378, 403, 404, 405, 407, 408, 409, 410, 420, 422, 424, 435, 436, 467, 490, 500, 501, 502, 585, 597, 598, 599, 600, 601, 602, 626, 627, 637, 662, 696, 697, 709, 711, 712, 713, 720, 732
융(Carl Jung) 468, 576, 622, 655
은둔(anachoresis) 758
음악 42, 144, 145, 164, 165, 194, 250, 254, 321, 329, 349, 355, 392, 414, 418, 441, 660, 680, 770, 771, 773, 777, 778, 780, 785, 786
『이단을 반박함』(Against Heresies) 117, 118
이사야 72, 334, 385
이성주의자 192, 292, 294, 307
이슬람 48, 121, 141, 147, 152, 178, 364, 365, 366, 428, 431, 593, 607, 610, 649, 651, 662
이신론 219, 220, 295

이웃에 대한 사랑 136, 408
인공지능 29, 343, 502
인류학적 접근 50, 52, 53, 487
일본 243, 244, 253, 259, 776, 783
『일상 삶의 에로스』(The Eros of Everyday Life) 701

ㅈ

자기 참여 32, 36, 54, 57, 350, 351, 358, 359, 731
자기 초월 22, 26, 38, 50, 62, 272, 326, 460, 469, 470, 488, 528, 532, 533, 649
자바인(Javanese) 254
자선의 딸들(the Daughters of Charity) 207
자연의 책 482
재세례파 27, 192, 193, 199, 232
"전쟁 레퀴엠"(War Requiem) 354, 394
정교회 45, 157, 230, 333, 367, 396, 428, 431, 650
정신분석 29, 228, 459, 461, 462, 464, 466, 471, 473, 544, 580, 622, 624, 625
정적주의 204, 208, 217, 277
정통 신앙에 관하여 148
『제1원리에 관하여』(On First Principles) 136, 280
제2차 바티칸 공의회 48, 195, 245, 260, 317, 325, 345, 593
제4차 라테란 공의회 178
제5차 라테란 공의회 189
제노아의 캐더린(Catherine of Genoa) 198, 204, 549
제러미 테일러(Jeremy Taylor) 45
제자도 24, 32, 38, 39, 41, 132, 232, 289, 291, 299, 300, 301, 304, 305, 309, 369, 371, 372, 379, 382, 403, 404, 405, 407, 408, 415, 416, 421, 424, 484, 487, 491, 496, 498, 502, 595, 600, 603, 604, 605, 612, 748
『젠더와 종교』(Gender and Religion: On the Complexity of Symbols) 543
조나단 에드워즈(Jonathan Edwards) 45, 78, 217, 218, 415, 617, 618
종교 간의 대화 54, 771, 775
종교개혁 27, 45, 74, 78, 209, 214, 290, 298, 355, 398, 411, 673, 675
『종교론: 교양있는 경멸자들에게 전하는 말』(On Religion: Speeches to its Cultured Despisers) 201
「종교심리학 저널」(Journal of the Psychology of Religion) 622
종교 경험 40, 44, 52, 54, 469, 471, 545, 546, 608, 622, 630, 655
종교의 신비 110
『종교의 신비적 요소』(The Mystical Element of Religion) 655
『종교의 의미와 목적』(The Meaning and End of Religion) 775
『종교적 삶의 기본 형식들』(The Elementary Forms of the Religious Life) 630, 634
주기도문 124, 125, 773
주디스 클라인(Judith Kelin) 32
주부관상 331, 333
죽음의 춤 180
줄리아 칭(Julia Ching) 783, 784
중국 242, 243, 244, 246, 777, 782, 783
중세 문화 297
『중세시대에서 젠더와 차별』(Gender and Difference in the Middle Ages) 552

중세의 영성 29, 163, 164, 165, 166, 167, 169, 170, 172, 173, 175, 183, 675

『지식에 관한 장들』(Chapters on Knowledge) 280

진바우어(Zinnbauer) 446, 632

진화 298, 343, 485, 486, 498, 499, 500, 504, 629, 774

ㅊ

『참여하는 영성: 미국의 주류 종교 전통에서 영성과 사회 변형』(Engaged Spirituality: Spirituality and Social Transformation in Mainstream American Religious Traditions 2002) 444, 445

창세기 63, 279, 398

창세기의 문자적 의미 524

창조성 349, 384, 385, 387, 388, 389, 392, 393, 422, 434, 441, 463, 526, 527, 528, 750

『창조적 영성: 예술가의 길』(Creative Spirituality: The Way of the Artist) 440, 441

『천국 이후: 1950년대 이래로 미국에서의 영성』(After Heaven: Spirituality in America since the 1950s) 437, 440, 785

『천로역정』(Pilgrim's Progress) 452

『천주실의』(The True Meaning of the Lord of Heaven) 247

『첫 번째 변론』(First Apology) 122

『초기 기독교의 종교적 정황: 그리스-로마 종교 안내서』(The Religious Context of Early Christianity: A Guide to Greco-Roman Religions) 97

초대 교회의 기도문 108

『초대 기독교의 종교적 경험』(Religious Experience in Earliest Christianity) 91

초연 327, 747, 749, 750

『초인격적 심리학 저널』(Journal of Transpersonal Psychology) 470

"최고의 사랑"(A Love Supreme) 393

출애굽기 367, 408, 520

충만함(pleroma) 318, 330, 332, 334

츠빙글리(Huldrych Zwingli) 190, 191, 192, 194

치유 101, 108, 109, 135, 165, 166, 167, 173, 232, 256, 282, 307, 326, 366, 370, 371, 374, 375, 378, 380, 404, 408, 414, 420, 437, 441, 445, 454, 468, 477, 519, 588, 666, 697, 699, 709, 750, 752, 753, 786

ㅋ

카리스마 운동 317, 319

카타리파 550

칸트(Kant) 29

칼 맑스(Karl Marx) 304, 360

칼빈 45

칼케돈 121, 300, 302, 307

칼케돈 공의회 150

캐롤라인 워커 바이넘(Caroline Walker Bynum) 29, 541, 542

『캠브리지 고대 역사』(The Cambridge Ancient History) 97

코이네(kione) 헬라어 97

콘스탄티노플 120, 121, 126, 130, 142, 143, 144, 149, 153, 154, 155, 158, 186, 187

콘타키온(Kontakion) 125, 144

퀘이커 27, 204, 318, 588, 620, 655

클레르보의 버나드(Bernard of Clairvaux) 42

ㅌ

타자 30, 51, 52, 57, 84, 205, 213, 273, 278, 279, 280, 281, 304, 309, 384, 482, 513, 600, 602, 604, 649, 650, 651, 656, 658, 659, 660, 663, 701, 707, 708, 720, 726, 740

타종교 50, 771, 787

타티안(Tatian) 118, 133

"태양의 노래"(Canticle of the Sun) 483

터툴리안(Tertullian) 133, 291, 292, 293, 294, 295, 307, 780

텍스트 39, 40, 42, 43, 44, 47, 49, 55, 56, 319, 322, 341, 345, 387, 394, 623, 626, 659, 661, 664, 669, 670, 671, 672, 673, 674, 675, 676, 677, 678, 679, 680, 682, 685, 687, 688, 690, 696, 723, 726, 727, 730, 731, 733, 735, 736, 738, 739, 740, 741

토마스 머튼(Thomas Merton) 41

토빗 67, 400

『토템 연어』(Totem Salmon) 706

톨킨(J. R. R. Tolien) 225

토마스 트러헌(Thomas Traherne) 28, 202, 280, 283, 284, 286

트렌트 공의회 195, 198, 341

틱낫한(Thich Nhat hanh) 779

틸리히(Tillich) 321

ㅍ

파스카의 신비 123, 269, 275, 314, 320, 459, 601, 604

페미니즘 53, 279, 346

펫쩌연구소(Fetzer Institute/National Institute) 475

평화주의 40, 193, 227, 232, 764

탈근대 20, 28, 50, 51, 52, 53, 229, 230, 231, 290, 293, 294, 297, 298, 301, 305, 350, 365, 436, 533, 656, 662, 733

폴 리쾨르(Paul Ricoeur) 40

프란시스 하비에르(Francis Xavier) 243

프로테스탄티즘 317

플라톤 29, 68, 203, 321, 513, 515, 516, 517, 519, 520, 524, 652, 653

피터 반 네스(Peter Van Ness) 39

『필로칼리아』(Philokalia) 158

ㅎ

『하나님께 이르는 정신의 여정』(The Journey of the Mind to God) 275, 452

하나님을 보는 것 128, 157

하나님의 내재 493, 650

학제간 연구 25, 28, 31, 32, 50, 53, 54, 347, 348, 359, 427, 458, 488, 655, 670, 672, 712, 720, 721, 725, 727, 729, 735, 737, 742

합리주의 28, 200, 215, 217, 292, 293, 295, 303, 310

해방신학 30, 724, 747, 748, 751, 752, 753, 756, 763, 764, 766

해방 영성 230, 750, 753, 755, 756, 757, 758, 760, 761, 762, 763, 764, 765, 766

『행동: 비교심리학』(Behavior: An Introduction to Comparative Psychology) 622

헤겔(Hegel) 29

『헤르마스의 목자』(Shepherd of Hermas) 117, 136

헤시카즘 151, 152, 155, 156, 158, 319, 320

헨리 8세 198, 199

헬라어 107, 117, 125, 127, 142, 151, 152, 237, 349, 517, 529, 579

『현대 무신론의 기원』(At the Origins of Modern Atheism) 636

『현재를 기억하며』(Remembering the Present) 256

혼합주의 31, 254, 770, 772, 781, 782, 784, 787

환생 436, 453, 454, 780

회심 27, 28, 63, 71, 78, 80, 130, 179, 192, 203, 207, 208, 232, 252, 260, 324, 325, 326, 328, 329, 409, 452, 517, 518, 617, 618, 619, 620, 621, 622, 652, 653, 752

『훈련된 마음』(The Disciplined Mind) 733

히브리서 110, 111, 393

힌두교 48, 243, 248, 249, 253, 261, 431, 450, 592, 593, 594, 598, 606, 609, 649, 765, 774, 778, 781, 785

기독교 영성 연구
The Blackwell companion to Christian Spirituality

2017년 4월 7일 초판 발행

편　　집　|　아서 홀더
옮 긴 이　|　권택조, 유해룡, 오방식, 최창국, 정은심

편　　집　|　곽진수
디 자 인　|　신봉규, 이재희
펴 낸 곳　|　사)기독교문서선교회
등　　록　|　제16-25호(1980. 1. 18)
주　　소　|　서울시 서초구 방배로 68
전　　화　|　02) 586-8761~3(본사)　031) 942-8761(영업부)
팩　　스　|　02) 523-0131(본사)　031) 942-8763(영업부)
홈페이지　|　www.clcbook.com
이 메 일　|　clckor@gmail.com
온 라 인　|　기업은행 073-000308-04-020, 국민은행 043-01-0379-646
　　　　　　　예금주: 사)기독교문서선교회

ISBN 978-89-341-1643-1 (93230)

* 낙장·파본은 교환해 드립니다.

이 도서의 국립중앙도서관 출판시 도서목록(CIP)은 서지정보유통지원시스템 홈페이지(http://seoji.nl.go.kr)와
국가자료공동목록시스템(http://www.nl.go.kr/kolisnet)에서 이용하실 수 있습니다.
(CIP제어번호: CIP2017005633)